선전용으로 제작된 히틀러 초상화

히틀러 작품 〈톱니꼴 성벽〉

히틀러 작품 〈피난민 쉼터〉

1939년, 히틀러의 50회 생일을 축하하기 위해 브란덴부르크 문과 광장 돌기둥에 화려하게 조명을
밝혔다.

50회 생일 기념으로 콘도르 전투기 모형을 선물로 받고 있다.

1941년 4월, 총통 전용열차가 빈 근교의 역에 도착하였고, 뒤이어 유고슬라비아 침공이 시작되었다.

총통 전용기 이멜만 3호기에서 촬영한 히틀러의 우울한 모습(1942~43).

World Book 236

Adolf Hitler

MEIN KAMPF
나의 투쟁

아돌프 히틀러/황성모 옮김

동서문화사

디자인 : 동서랑 미술팀

나의 투쟁

차례

나의 투쟁 II

히틀러 정치적 유언

히틀러 생애와 저작들

히틀러 생애와 저작들

히틀러, 그는 누구인가
제바스티안 하프너
〈슈테른〉 정치칼럼니스트, 하이네상 수상

1 편력(遍歷)

30세·무직, 직장 경력 없음

아돌프 히틀러의 아버지는 밑바닥에서 올라온 사람이었다. 그는 하녀의 사생아로 태어났으나 고급관리까지 올라가 공을 세우고 이름을 남기고 죽었다.

아들 히틀러는 처음부터 낙오자였다. 실업학교(우리나라의 중고교)도 졸업하지 못하고, 미술학교의 시험에도 실패했다. 열여덟 살부터 스물다섯 살까지 빈(Wien)에서, 그리고 뮌헨에서 직업도 가지지 않고, 직업을 가질 가망성도 없이, 다만 부모가 남긴 유산으로 방랑자 같은 생활을 보냈다. 고아수당도 받았으며, 때때로 그림을 팔아 그럭저럭 먹고살았다.

1914년에 제1차 세계대전이 일어나자, 히틀러는 바이에른군에 지원입대했다. 4년 동안 전선에서 용감하게 싸웠고 제1급, 제2급 철십자훈장을 받았다. 그러나 지휘관으로서의 자질은 갖추지 못했는지 상병 이상으로는 승진하지 못했다. 전쟁 말기에 가스탄을 맞고 부상을 입어 국내 야전병원으로 후송되어 거기에서 종전을 맞이했다.

그 뒤 '병영 거주자'로서 1년 동안 군대에 머물렀으나, 이때에도 인생 계획은 서지 않았고 직업을 얻을 전망도 없었다. 어느 틈엔가 서른 살이 되어 있었다.

그해, 즉 1919년 가을, 작은 극우정당(독일노동자당)에 들어가 곧 두각을 나타냈다. 히틀러의 정치적 경력은 여기서부터 시작되었고, 마지막에는 역사에 그의 이름을 남겼다.

히틀러가 산 기간은 1889년 4월 20일에서 1945년 4월 30일까지의 약 56년 동안의 세월이다. 평균수명보다 약간 짧다. 처음 30년 동안은 아리송한 생활 무능력자로 살았고, 그 뒤에는 갑자기 시골의 거물 정치가로 두각을 나타내어 마침내는 세계 정치를 움직일 정도까지 되었다.

우정이나 애정에도 인연 없는 인생

이 사나이의 인생에는 인간생활의 따뜻함이나 긍지를 줄 만한 것이 전혀 없다. 학력도 직업도 없다. 연인이나 친구도 없다. 결혼을 한 일도 없고 아버지가 된 적도 없다. 정치와 정치에 대한 정열을 빼면 알맹이가 없는 적적한 인생이다.

히틀러가 결혼도 하지 않았고 아이도 없었다는 것은 잘 알려진 사실이다. 최근에 이르러 히틀러가 1917년 프랑스 전선에서 병사였을 무렵, 프랑스 여성과의 사이에 아들을 두었다는 소문이 알려지고 있다. 비록 그것이 진짜라 해도 그는 그 아이를 만난 적이 없으므로 아버지로서의 경험이 없다는 점에는 변함이 없다.

사랑이나 연애도 그의 인생에서는 얘깃거리가 적다. 만난 여성은 몇 명 있지만 많지 않다. 그녀들은 들러리에 지나지 않았고 그 누구도 행복해지지 못했다. 에바 브라운은 업신여김을 당하고 늘 모욕받은 것을 고민하여, 그 사람이 나를 필요로 하는 것은 정해진 때뿐이라고 해서 두 번이나 자살하려고 했다.

에바 이전의 여성, 조카딸이자 애인 겔리 라우발은 정말로 자살해 버리고 말았다. 그 이유는 아마도 에바와 같았을 것이다. 히틀러는 그녀의 죽음을 애석하게 여기고 다른 여성으로 그 자리를 메웠다.

히틀러에게는 친구가 없었다. 운전기사, 수위, 비서와 같은 부차적인 일에 종사하는 사람들이라면 몇 시간이고 함께 있을 수 있었다. 지껄이는 것은 언제나 그 한 사람뿐이었다. 이러한 분위기가 그의 마음을 편안하게 해주었다. 그는 본디 친구와의 교제를 평생 동안 거절했다. 괴링, 괴벨스, 힘러와 같은 측근들과의 관계도 마지막까지 차가운 거리를 두었다.

그를 둘러싼 사람 중에서 오직 한 사람, '너, 자네'와 같은 사이였던 룀도 그는 부하를 시켜서 사살했다(1934년 '장검의 밤'을 일으켜 나치스 돌격대장 에른스트 룀과 그 보좌관들을 제거했다). 평소에 남과 허물없이 지내는 것을 싫어

탁월한 연설가 히틀러 독일노동자당에 입당한 30세 때 강력한 카리스마적 연설가로 두각을 나타 낸다.

했던 히틀러에게 룀과의 오랜 세월의 인연이 불편해졌을 테고, 그것이 그를 살해한 동기가 되었다 여겨진다.

'영감'으로 승부하는 '일을 싫어한 사나이'

히틀러에게는 정식 학력이 없다. 수년 동안 실업학교에 다녔을 뿐, 성적은 형편없었다. 직업 없이 지내는 동안에 책은 많이 읽었다. 그러나 본인 고백에 의하면, 그의 독서란 처음부터 알고 있는 일만을 책 안에서 찾아서 그것을 받아들이는 방식이었다. 정치 분야에서 히틀러의 지식은 신문을 열심히 읽는 사람 정도의 수준이었다.

그가 정신을 쏟아 정독한 것은 전쟁이나 군사기술에 관한 것이었다. 이 분 야에서는 전선의 병사로서 실제 경험이 살아 있어서, 책에 있는 지식을 자기

애견 저먼 셰퍼드와 히틀러 "개는 충실하고 주인을 끝까지 배신하지 않는다." 히틀러가 측근에게 한 말이다.

체험에 비추어 이해하여 자기 것으로 만들었다. 묘한 이야기이지만 전쟁터에서의 체험이 그로서는 유일한 학력이었다.

히틀러는 직업을 가지지 않았다. 구한 적도 없었다. 아니 되도록 직업에 종사하는 것을 거절했다. 그의 일을 싫어하는 경향은 결혼과 인간을 싫어하는 것과 어울려서 그의 성격의 뚜렷한 특징을 이루고 있다.

그를 직업정치가라고 부르는 것도 잘못이다. 정치는 그의 사는 보람이었지만 결코 직업은 아니었다. 정치활동을 시작했을 무렵 그는 화가, 작가, 상인, 선전변사 등 여러 가지로 자신의 직함을 바꾸었다.

그 뒤 어쩌다가 그 누구에게도 책임을 지지 않는 지도자로 뛰어올랐다. 처음에는 당 지도자에 지나지 않았으나 마침내는 진짜 총통이 되었다. 그가 정치가가 되어 처음으로 맡은 직무가 총리였다. 전문가의 눈으로 보자면 매우 기묘한 총리였다. 마음 내키는 대로 여행을 떠나고, 서류를 살피는 것도 그날 기분에 따랐으며, 각의(내각회의)도 불규칙하게밖에 열리지 않았고, 그나마 1938년부터는 한 번도 열리지 않았다.

▲겔리 라우발
1931년 9월 18일, 권총자살했다.

▶에바 브라운
존재를 오랫동안 숨겼다.

민족주의와 사회주의의 융합

히틀러의 개인적 성격이나 건달 같은 실생활과는 달리 그의 정치적 경력에는 상승적인 발전을 엿볼 수 있어 주목할 만하다. 그의 정치 생애는 공공무대에 등장하기 전부터 시작된다. 그리하여 다음 일곱 단계를 뛰어올라 완결되고 있다.

1. 알맹이 없는 인생을 메우기 위해 일찍부터 정치에 열중했다.
2. 오스트리아로부터 독일로 이주했다. 그것은 개인적인 행동에 지나지 않았지만 그가 인생에서 처음으로 일으킨 정치행동이었다.
3. 정치가가 될 결단을 했다.
4. 대중연설가로서 청중에게 최면술을 거는 능력이 있다는 것을 발견했다.
5. 지도자가 될 결단을 했다.
6. 자기 생존 중에 정치계획을 모두 실현할 것, 즉 자기 개인의 인생에 민족 전체의 운명을 따르게 할 결단을 했다(그것은 동시에 전쟁에의 결의이기도 했다).
7. 자살을 결심했다.

예술가에 대한 꿈이 깨어진 열여덟 살, 청년 히틀러는 다른 새로운 분야에 야심을 돌렸다. 그러나 그의 가슴에는 정치에 대한 관심과 정열이 솟아났다. 이것은 시대의 기분에 들어맞는 것이었고 시대의 열기에서 생겨난 것이었다.

제1차 세계대전 전의 유럽은 오늘에 비하면 정치가의 역할이 컸다. 제국주의 열강이 꿈틀거리는 유럽이었다. 어느 나라나 경제경쟁, 식민지 획득, 군비 확대에 끊임없이 고심하고 있었다. 누구에게나 흥분 시대였다. 그것은 또한 계급투쟁과 적색혁명의 유럽이기도 했다. 가난한 사람은 기대를 걸었고, 부자는 두려워했다. 피가 들끓는 시대였다.

부르주아 친구들이 모이는 음식점에서도, 노동자들이 들르는 선술집에서도 정치 이야기에 꽃이 피었다. 노동자든 부르주아든 그때 사람들의 행동 범위는 오늘보다도 훨씬 좁았고 생활 내용도 빈약했다. 그러나 밤의 술집에서는 누구나가 한 나라의 총리가 된 양 한바탕 연설을 하고, 독수리가 되어 나래를 펴고 장밋빛 장래를 향해 깃발을 흔들었다.

별로 할 일이 없었던 히틀러는 낮이나 밤이나 정치가가 된 기분이었다. 당시에는 정치가 인생의 빈 곳을 메워주었다. 이것은 정도 차이는 있지만 거의 모든 사람에게 해당되었다. 젊은 히틀러에게 정치는 인생 그 자체였다.

민족주의와 사회주의, 이 두 가지는 대중을 움직이게 하는 강렬한 강령이었다. 이 두 가지가 그 어떤 형태로 결합되어 화학반응을 일으킨다면, 도대체 어느 정도의 폭발력을 발휘하게 될 것인지 아무도 상상하지 못했다. 민족주의와 사회주의의 융합, 젊은 날의 히틀러 머릿속에 이런 착상이 떠올랐는지는 분명하지 않지만 없었다고는 말할 수 없다.

청년 히틀러를 사로잡은 반유대주의

그러나 빈 시절에 처음으로 형성된 히틀러의 사상기반은 민족주의와 사회주의의 융합이 아니라 민족주의자와 반유대주의의 융합이었다.

히틀러의 경우 민족주의보다도 반유대주의 쪽이 시기적으로 빨랐다. 그의 반유대주의는 동유럽에서 왔다. 히틀러가 태어나서 자란 19세기에서 20세기 초 무렵, 서유럽은 물론 독일에서도 이미 반유대주의는 쇠퇴하고 있었다. 유대인을 동화, 융합시키는 일이 바람직한 것으로 여겨져 그 움직임이 크게 확대되고 있었다. 하지만 동유럽이나 남동유럽에서는 많은 유대인들이 원하든 원하지 않든 격리된 채로 사회의 한구석에 몰려 있었다. 피비린내 나는 사건이 끊이지 않았고, 동화나 융합은 커녕 말살의 기운이 퍼져 있었다.

젊은 히틀러는 반유대주의에 물들었다. 그 경과는 잘 알 수가 없다. 개인적으로도 싫은 경험이 있었다고는 전해지지 않는다. 그 자신도 그런 말을 하지 않았다. 다만 《나의 투쟁》 안에서 "유대인은 인종이 다르다" 주장하고, "인종이 다르니까 제거하지 않으면 안 된다"고 결론을 내리고 있다.

이렇게 해서 동유럽에서 발생한 피비린내 나는 반유대주의는 악성종양처럼 청년 히틀러 안에 깊게 그리고 집요하게 뿌리를 내렸다. 그러나 아직은 이 악성종양이 표면에 나타나 맹위를 떨치는 않았다.

유대인 상점 창에 'Jude' 낙인
당시 동유럽의 반유대주의는 히틀러에게 민족주의와 함께 각인되었다. 나치스가 본격적으로 유대인 박해에 나선 것은 1938년 11월 9~10일부터. 이 이틀 동안 7500개의 유대인 상점, 177개의 유대교 사원이 습격을 받아 파괴되었고, 540만 명이 살해되었다. 이 습격사건을 '수정의 밤' 사건이라 한다.

1913년 그는 인생에서 최초의 정치적 결단을 내렸다. 오스트리아에서 독일로 이주한 것이다. 젊은 날의 히틀러는 오스트리아인이었으나 자기를 오스트리아인이라고는 생각하지 않았으며 독일인이라고 타이르고 있었다. 독일제국이 창설되었을 때 부당하게 배제된 독일인이라는 생각이 강했다.

히틀러가 빈에서 뮌헨으로 옮긴 것은 오스트리아 국내에서의 병역을 기피하기 위한 일이었다는 것은 오늘날 잘 알려진 사실이다. 그러나 그것은 그가 비겁한 겁쟁이였기 때문이 아니었다. 그 증거로 그는 이듬해인 1914년에 군대를 지원했다. 입대한 것은 독일군으로, 오스트리아군이 아니었다.

전쟁이 촉박해 있었다는 것은 1913년 무렵부터 느낄 수가 있었다. 히틀러는 이미 인연을 끊은 합스부르크 왕가를 위해서 싸울 생각은 없었다. 망한 것과 다름없는 조국을 위해 싸울 생각도 없었다. 이 무렵 그는 정치가가 되려고는 생각하지 않았다. 원래 직업도 없는 외국인인 그가 독일제국에서 정치가가 된다는 것은 있을 수 없는 일이었다. 그러나 그의 행동은 처음부터 이미 정치적이었다.

독일제국의 병사로서 종군한 청년 히틀러의 민족주의는 충족되었고, 그런 뜻에서 그는 행복을 느끼고 있었다. 하지만 그의 반유대주의만은 충족되지 못한 채로 있었다. 그의 생각으로 보자면 이 전쟁은 독일제국 내의 유대인을 근절하기 위해 철저하게 이용되어야 했기 때문이다.

독일혁명의 부산물 히틀러

그가 정치가가 될 수 있었던 것은 객관적으로 보자면 1918년의 독일혁명(11월혁명)이 있었기 때문이다. 혁명이 일어나 왕후에 의한 지배와 귀족 특권이 없어진 것이다. 제정시대가 계속되었다면 그런 꿈은 꾸지도 못했으리라.

이리하여 종래의 정치 체제가 크게 흔들려 새로운 정당에도 기회가 생겼다. 1918년과 1919년 사이에 새로운 정당이 우후죽순처럼 물밀듯이 세워졌다. 이렇게 되면 오스트리아 국적밖에 가지지 않은 히틀러에게도 독일 국정에 참가하는 데 아무런 지장이 없었다. 혁명이 일어나 왕후에 의한 지배와 귀족 특권이 없어진 지금 독일의 정치가가 되기 위한 사회적 제약은 거의 없어졌다고 해도 좋았다.

"두 번 다시 혁명을 되풀이해서는 안 된다."

히틀러 개인으로 보아서도 1918년 11월혁명은 정치가가 되려고 결심한 그에게 커다란 계기를 주었다.

그러나 11월혁명은 독일의 승리를 믿고 있었던 청년 히틀러에게는 뒤통수를 얻어맞은 아주 굉장한 사건이었다. 사색과 번민을 거듭하고 있던 그가 도달한 결론은 "이제 두 번 다시 독일에서 1918년 11월과 같은 혁명을 되풀이해

1918년 11월혁명 킬 군항 반란

제1차 세계대전에서 독일 패전이 확실해지자, 해군지도부가 공격 명령을 내렸다. 11월 3일, 킬 항모 수병들이 이 명령을 거부하고 봉기를 일으켜 11월혁명의 시작을 알렸다.

서는 안 된다"는 것이었다.

이것이 그대로 그의 정치강령의 출발점이 되었다. 그리고 이것이야말로 젊은 아마추어 정치가 히틀러가 처음으로 내건 구체적인 목표이자 실제로 그가 이룰 수가 있었던 유일한 목표였다. 사실 제2차 세계대전에서 '1918년 11월'이 되풀이된 일은 없었다.

히틀러가 말한 "이제 두 번 다시 독일에서 1918년 11월과 같은 혁명을 되풀이해서는 안 된다"라는 말에는 무슨 뜻이 내포되어 있었는가?

1. 앞으로 1918년 11월과 같은 상황이 되어도 혁명을 되풀이해서는 안 된다.
2. 혁명을 되풀이하지 않기 위해서는 1918년 11월과 똑같은, 말하자면 혁명 전야적인 상황을 다시 한 번 만들어 낼 필요가 있다.
3. 이를 위한 전제로서 패배한 전쟁, 패배해서 단념한 전쟁을 다시 일으켜야 한다.
4. 그 전쟁은 국내에 혁명을 일으킬 만한 세력이 없는 상태에서, 말하자면 평상의 국가 체제 안에서 일으켜야 한다.
5. 전쟁을 신속하게 수행하기 위해서는 모든 좌익 정당을 폐지시켜야 하며 이와 함께 모든 정당도 일괄적으로 일망타진해야 한다. 좌익 정당을 모조리 잡아 없애되 그것을 지지해 온 노동자 계층까지 없앨 수가 없으니까 그들에게 민족주의를 주입해야 한다.

6. 이를 위해 그들에게 생활보장을 약속하는 사회주의를 제공한다. 이 경우 사회주의와 비슷한 것, 즉 민족주의에 사회주의를 혼합한 '국가사회주의'를 제공한다.
7. 이제껏 노동자를 사로잡은 마르크스주의를 뿌리 뽑지 않으면 안 된다.
8. 마르크스주의 정치가나 지식인을 정치적으로 뿌리째 없애버린다.
9. 고맙게도 마르크스주의자 안에는 유대인이 넘쳐흐르고 있으므로 그들도 한 사람 남기지 않고 뿌리 뽑는다.

그가 정치적 활동을 시작한 것은 1918년 11월에서 1919년 10월인데 히틀러의 국내 정치 프로그램은 이때 모두 갖추어졌다고 해도 좋을 것이다.

히틀러의 유럽 재편 구상

외교정책 프로그램은 11월혁명 시점에서는 아직 그 모습을 드러내지 않았고 6, 7년이 지난 뒤 마침내 외교정책이라는 것을 정리했다.

그가 짜낸 최종적인 결론은 《나의 투쟁》에서도 말한 바와 같이 다음과 같은 것이었다.

"먼저 영국과 이탈리아는 동맹국 또는 호의적 중립국으로 생각한다. 다음에 오스트리아·헝가리제국이 무너진 후에 생긴 작은 국가군 또는 폴란드는 종속국으로 간주한다. 이웃의 적국 프랑스는 알맹이를 제거하여 무력화시킨다. 가장 큰 적은 러시아이고 이는 정복하여 항구적으로 지배한다. 러시아 땅에 독일의 생존권을 확립하여 '독일의 인도'로서 경영한다."

이것은 바로 제2차 세계대전의 바탕이 된 구상이다. 그러나 영국도 폴란드도 히틀러가 맡긴 역할을 제대로 해주지 않았기 때문에 처음부터 실현은 기대하기 어려웠다.

비길 데 없이 뛰어난 연설 능력으로 돌파구를 열다

마침내 히틀러는 정치 무대에 등장하게 된다. 그가 정치활동가로서 공공장소에 모습을 나타낸 것은 1919년 가을에서 1920년 초겨울 무렵이다. 그는 유례없는 자신의 연설 능력으로 돌파구를 열게 된다. 그러나 이것이 그가 독일노동당에 입당하고, 당명을 국가사회주의 독일노동자당이라 바꾸고, 바로 당내의 지도적 지위에 올랐다는 것을 뜻하는 것은 아니다.

히틀러가 입당한 무렵 독일노동자당은 뮌헨 술집의 어두컴컴한 작은 방에 100명도 채 안 되는 거의 무직자와 같은 사나이들이 모이는 아리송한 조직이었다. 그가 돌파구를 여는 것은 뛰어난 연설 솜씨를 발견한 데서 비롯된다. 정확한 날짜도 알고 있다. 1920년 2월 24일, 이날 히틀러는 처음으로 연설을 했고 대단한 성공을 거두었다.

히틀러에게는 집단최면 능력이 있었다는 것은 잘 알려진 사실이다. 마치 찰흙을 이기듯이 대중을 성질이 같은 덩어리로 바꾸는 능력을 이 사나이는 지니고 있었다. 여러 가지 이해를 가진 사람들이 많이 모이면 모일수록 사정이 좋았다. 그러한 대중을 그는 먼저 어떤 종류의 황홀상태로 몰아넣고 그러고 나서 단숨에 쾌감의 절정으로 이끄는 것이었다.

이 집단최면 능력은 히틀러가 정치의 길을 지망하여 최초로 손에 넣은 특수 능력으로 그의 정치생명을 지탱한 단 하나의 자본이었다. 그 힘이 어느 정도 강했는가는 그의 연설에 매혹된 사람들이 남긴 수많은 증언이 이를 증명하고 있다. 그러나 대중에 대한 최면작용보다도 본인에 대한 최면작용이 더 중요했다. 이제까지 스스로를 무능하다 생각하고 있던 사나이가 어느 날 갑자기 기적을 일으키는 능력을 발견했을 때 그 심정이 어땠을까?

이때 그는 자신이 아무도 할 수 없는 일을 할 수 있다는 것을 알았다. 적어도 국내 정치의 장에서 무엇을 하면 좋은가도 알았다. 유명한 우익 정치가 중에서 지금 독일이 어떻게 하면 좋은가를 알고 있는 사람은 한 사람도 없었다. 그는 이때 자신의 특수 능력에 눈뜨고 주위의 무능도 알아차렸다. 이러한 일이 그에게 자기는 매우 뛰어난 정치가이며 '할 수 있는 것은 나밖에 없다'는 자신을 주었을 것이다. 이 사나이의 가슴에는 놀라운 결단이 싹트고 있었던 것이다. "지도자가 되겠다."

구세주를 구한 '공화주의자 없는 공화국'

이 결단이 언제 이루어졌는지는 확실치 않다. 특별한 사건으로 촉진된 것도 아니었다. 다만 이 결단이 히틀러의 정치 초기에 이루어진 것이 아니라는 점은 분명하다. 정치 초년생인 히틀러는 아직 나치스당의 선전원, 국수주의 각성운동의 '앞잡이'로 만족하고 있었다.

그는 아직도 망해 버린 독일제국의 거물 군인들에게 경의를 나타내고 있었다. 한 떼의 거물들이 이 무렵 뮌헨에 모여 여러 형태로 쿠데타를 모의하고 있었다. 그 인물들 중에서도 그는 루덴도르프 장군을 존경했다. 제1차 세계대전 마지막 2년 동안 독일군의 최고사령관으로서 전쟁을 지도한 루덴도르프는 이 무렵 국가 전복을 꾀하는 우익운동의 중심적 인물로서 모든 사람의 주목 대상이었다.

그러나 그와 익숙한 사이가 됨에 따라 최초의 존경심은 사라졌다. 대중을 마음대로 지배할 수 있다는 자신감이 늘어남에 따라 히틀러는 정치가로서나 지식인으로서 그의 경쟁자를 가까이 접근하지 못하게 하는 압도적인 우월감을 느끼게 된 것이다.

1920년대 초 하나의 분위기가 생겨나고 있었다. 야코프 부르크하르트의 말을 빌리자면 "옛날의 권력자를 대신할 그 누군가가 절실히 요구되고 누군가를 위해 일하고 싶은 생각을 억제할 수 없게 된 것이다."

국민의 대부분이 '누군가'를 고대하고 있었다. 그것은 잃어버린 황제 대신으로서뿐만 아니라 다른 이유에서였다. 바로 전쟁에 패배한 분함과 굴욕적인 평화조약에 대한 어찌할 수 없는 분노가 '누군가'를 부르고 있었던 것이다.

1924년에 히틀러의 구술로 기록된 《나의 투쟁》 제1부에 이때 히틀러의 결단이 적혀 있는데 이 결심이 처음으로 실행된 것은 1925년에 나치스당이 새로 결성되었을 때였다.

신생 나치스에는 처음부터 오로지 한 사람의 지도자 퓌러[1]의 의지밖에 없었다. 그 뒤 히틀러는 정치지도자로서 더욱더 큰 결단을 내려 전부터 구상했던 프로그램을 차례로 실현해 간다. 그리하여 전권을 장악한 것은 1934년으로, 이해에 마침내 그 누구에게도 책임을 지지 않는 지도자, 즉 총통이 되었다. 힌덴부르크가 죽은 덕택이었다. 히틀러가 마흔다섯 살 되던 해였다.

---

1) Führer. 나중의 총통.

2 실적

조직을 관리하는 수완

히틀러는 12년 동안 독일을 지배했다. 처음 6년 동안에 설마하고 생각했던 일을 차례로 해치워 모두를 놀라게 했다. 1933년에는 아직도 반수 이상의 독일인이 그를 적대시하고 있었다. 그러나 이 사나이의 실적을 눈으로 보고 그러한 사람들의 마음속에 동요와 곤혹스러움이 생겼으며, 그것은 이윽고 신뢰와 열광으로 바뀌어 갔다.

1920년대 후반의 나치스당은 틀림없이 히틀러가 만들어 낸 것이었다. 나치스당(국가사회주의 독일노동자당)은 30년대 초에 대중을 자기편으로 끌어들이기 전부터 이미 조직력으로서는 다른 어떠한 정당보다도 뛰어났다. 전부터 결속력이 굳은 것으로 알려진 사회민주당 등도 나치스에는 도저히 미치지 못했다.

일찍 발전하여 자기만족에 빠진 사회민주당과는 달리 히틀러가 이끄는 나

치스에는 처음부터 어떤 아리송한 활력이 갖추어져 있었다. 당원들은 모두
가 지배자 단 한 사람의 의지에 따랐다. 히틀러는 당내의 경쟁자나 적대자를
마치 어린이의 팔을 비틀듯이 가차 없이 물리쳐 버리는 요령을 알고 있었다.
이 비범한 능력이 나치스의 장래를 구축했다. 더욱이 나치스 당원은 말단에
이르기까지 전투 의욕으로 가득 차 있었다. 그들은 선거전의 들판을 지축을
울리며 힘차게 나아갔다. 그때까지의 독일에서는 그 누구도 보지 못한 집단
이었다.

1920년대에 히틀러가 만들어 낸 또 하나의 조직이 SA(돌격대)이다. 이것은
말하자면 향토방위군 같은 것으로 그때 다른 어떠한 정치·군사단체보다도
뛰어났다. 돌격대는 어느 단체보다도 호전적이고 앞뒤를 가리지 않았으며, 잔
학함과 살의(殺意)에서 압도적이었다.

1933년 3월 이후 권력을 잡은 히틀러의 통치 방법에는 늘 테러와 법률 위
반이 따라다녔다. 그는 의도적으로 공포를 부채질하면서 되도록 불만이나 저
항이 일어나지 않도록 꾸민 것이다.

처음 6년 동안 히틀러는 테러의 강약과 완급을 잘 다루어 대중심리를 교
묘하게 조종했다. 처음에는 격렬하게 위협하여 공포를 부채질하고 그다음에
는 겁을 주면서 테러의 정도를 조금씩 늦추어 점차적으로 정상적인 상태로
이끌어 갔다. 물론 배후에 테러가 있다는 것은 암시하면서.

이렇게 해서 처음에 히틀러를 거절했던 사람들에게도, 기다리다 못해 초
조했던 사람들에게도 두려움이 단단히 심어졌다. 마음속 깊이 겁을 먹은 사
람들은 아무리 절망에 빠져도 결코 저항하는 일이 없다. 이에 덧붙여 정권의
실적이 더해지면 그들은 더욱더 그 고마움으로부터 벗어날 수가 없게 된다.

경제 문외한이 독일경제를 재건할 수 있었던 이유

히틀러가 가져온 실적 중에서 가장 뛰어난 것은 경제 기적이었다. 히틀러
가 총리가 된 1933년 1월 독일에는 600만 명의 실업자가 있었다. 그런데 불과
3년이 지난 1936년에는 완전고용이 실현되어 있었다. 비참한 빈곤과 실망에
빠진 사람들이 번영을 실감하게 된 것이다. 희망을 잃은 사람들의 가슴에 믿
음과 자신감이 되살아났다. 불황에서 호황으로의 전환이 인플레이션도 없고
임금이나 물가가 안정된 채로 이루어진 것이다. 독일 국민은 이 기적을 앞에

자동차 전용 고속도로 아우토반 건설 1933년부터 히틀러는 고속도로 건설에 건설노동자를 대거 투입함으로써 고용확대를 꾀하는 경제 기적을 일으켰다.

놓고 오직 감사할 따름이었다. 1933년 이후 독일 노동자들은 사회민주당이나 공산당을 떠나 대거 히틀러 쪽으로 몰렸다.

히틀러는 경제학이나 경제정책에도 비전문가였다. 경제 기적을 가져온 착상은 대부분이 그의 생각이 아니었다. 위험을 무릅쓰고 자금을 조달한 것은 히틀러가 아니라 재정 마술사라고 일컬어진 햘마르 샤흐트였다. 그러나 샤흐트를 기용한 것은 바로 히틀러이다. 처음에 국립은행 총재로 발탁, 다음에는 경제장관으로 임명했다. 그는 세금어음이나 메포어음(일종의 위장 국채. '메포'는 유령회사 이름)을 고안하여 자금을 조달, 근로봉사단을 앞세워 아우토반(고속도로)을 건설하여 고용확대를 꾀했다.

히틀러는 경제통은 아니었다. 그는 경제위기를 뛰어넘어 대량 실업을 극복함으로써 권력 자리에 오를 것이라고는 생각도 하지 않았다. 1933년까지 그는 경제에 대해서는 거의 생각한 적이 없었다. 하지만 진가를 발휘할 중요한 사태에 직면하여 경제가 중요하다는 것을 순간적으로 깨달은 정치적 직감이 그에게는 갖추어져 있었다.

온 세계가 경제공황으로 고통받고 있는 와중에 독일 경제만이 기적과 번영을 구가할 수 있었던 것은 독일만이 자국의 경제를 세계에서 분리시켜 블록경제를 만들었기 때문이다. 다만 자금 조달은 아무래도 인플레이션을 일으켰기 때문에 위로부터의 압력으로 임금과 물가를 통제한 것이다.

히틀러가 이런 일을 할 수 있었던 것은 독재정권이었기 때문이다. 그 배후에는 강제수용소를 암시했다. 허가 없이 외국 무역을 하거나 자사 제품 값을 멋대로 올린 업자는 용서 없이 강제수용소에 집어넣었다. 노동자도 임금 인상을 요구하며 파업이라도 벌일 경우 곧 같은 운명에 처해졌다.

히틀러의 전차군단

위에서 말한 경제 기적은 히틀러의 실적 가운데 가장 인기가 높았다. 그러나 그의 히트작은 그것만이 아니었다. 같은 정도로 사람들을 놀라게 한 것은 독일의 재군비, 군비확장이었다. 히틀러가 총리가 되었을 무렵 독일군은 10만 명의 병사밖에 없었다. 근대 무기도 공군도 없었다. 그런데 1938년에는 유럽 최강의 육군과 공군을 가졌다.

경제 기적과 마찬가지로 설마 이 사나이가 군사 기적도 이루어 내리라고는 아무도 생각하지 않았다. 그러나 그가 이것을 이룩한 것을 보고 사람들은 놀라고 감탄했다. 개중에는 "이렇게 지나치게 군비를 갖추어서 무엇을 할 작정인가?" 걱정하는 사람도 없지 않았지만, 국민 대부분은 만족스러워하며 민족의 긍지를 되찾았다.

전차군단의 창설은 히틀러 개인의 공적이자 군사에서 그가 이룩한 최대의 실적이었다. 히틀러가 없었다면 독립 전차군단은 태어나지 못했을 것이다.

1938년을 기준으로 히틀러는 1933년부터 그에게 반대하고 있던 사람들을 거의 다 자기편으로 만드는 데 성공했다. 당시 히틀러의 실적과 성공을 눈앞에 보면서 거기에서 장래의 파국을 읽어내기 위해서는 보통이 아닌 선견지명과 통찰력이 필요했고, 히틀러의 실적과 마력으로부터 벗어나기 위해서는 강한 의지가 필요했다.

사격훈련을 하는 히틀러 유겐트 청소년들
1936년, 초등학생은 나치스 소년단에, 청소년은 유겐트에, 성인이 되면 돌격대, 친위대, 부인회 등에 소속되게 하여 전 국민을 공동체화, 집단화했다.

히틀러의 짖어대는 듯한 연설은 지금 들으면 구역질과 실소를 자아낼 뿐일지도 모르지만, 당시에 그것을 듣는 사람에게는 반론을 허용하지 않는 사실의 뒷받침을 가지고 대중에게 가까이 다가붙었다. 다음은 1939년 4월 28일 히틀러가 행한 연설에서 가려 뽑은 것이다.

"나는 독일을 지배하고 있었던 혼돈을 극복하고 질서를 회복하여 국민경제의 모든 분야에서 생산을 비약적으로 높였다…… 700만의 실업자들을 한 사람도 남김없이 보람 있는 생산활동에 종사토록 하는 일에도 성공했다…… 나는 독일 민족을 정치적으로 하나로 아울렀을 뿐만 아니라, 군사적으로도 비약적 확장에 성공했다. 나는 더 나아가 저 베르사유 조약을 한 장 한 장 휴지로 만드는 노력을 거듭해 왔다.

448개의 항목이야말로 이전에 볼 수 없는 민족과 인간에게 강요된 가장 무서운 굴욕이다. 나는 1919년에 빼앗긴 땅을 제국으로 되찾고 불행의 밑바닥에 시달리는 수백만의 독일인 동포를 다시 고향으로 데리고 왔다. 나는 1000년의 역사를 자랑하는 독일 민족의 생존권을 다시 통일했다. 더욱이 나는 이러한 모든 것을 한 방울의 피도 흘리지 않고, 우리 국민에게도 다른 국민에게도 전쟁의 고통을 맛보게 하지 않고 해치웠다. 21년 전의 나는 아직 이름 없는 노동자였고 병사였다. 그러한 내가 이러한 일을 나 자신의 힘으로 해치운 것이다……."

국유화된 인간들의 공동체

이렇게 해서 그는 거의 모든 국민들을 자기편으로 만드는 데 성공했다. 그것도 10년도 채 안 되는 시간 동안에 이룩한 일이다. 더욱이 그 본질적인 부분은 선동에 의한 것이 아니라 제대로 실적을 쌓은 데서 온 성공이었다.

히틀러는 1920년대에 선동자로서 최면술이나 연설 실력을 구사해서 대중을 도취하게 만들었는데 그것만으로는 한계가 있었다. 그에게 쏠린 독일 국민은 기껏해야 5퍼센트에 지나지 않았고, 1928년의 국회 선거에서 나치스가 얻어낸 표는 겨우 2.5퍼센트였다. 1930~33년이 되어 다시 40퍼센트의 국민이 히틀러를 지지하게 되었는데 이것은 경제공황에 의해서 국민이 최고로 궁핍했기 때문이며, 그 곤궁을 앞에 놓고 정부도 기존 정당도 그들의 무능을 나타내고 있었기 때문이다. 그러나 1933년 이후 나머지 50퍼센트의 지지를 얻어 결정적인 계기로 삼은 수 있었던 것은 주로 그의 실적에 의한 것이었다.

그런데 히틀러 개인이 만들어 낸 커다란 사회적 변화가 한 가지 있다. 그것은 '인간의 국유화'였다. 이것은 히틀러 나치즘(국가사회주의)의 사회주의적 측면이었다. 구체적으로 살펴보자. 나치스 시대 대부분의 독일인은 어떤 생활을 보내고 있었던가? 대개의 생활이 공동체, 집단 안에서 이루어졌다.

초등학생은 나치스 소년단에 소속되고, 청소년은 히틀러 유겐트를 제2의 주거지로 삼았다. 어른이 되면 남성은 돌격대나 친위대에 입대하여 국방 운동경기에 땀 흘렸고, 여성은 독일부인회에서 활동했다.

히틀러는 이와 같은 공동생활 속에서 생기는 안도감, 동료의식, 행복감을 사람들에게 억지로 맛보게 했다.

3 성공

바이마르공화국의 불행한 역사

히틀러의 실적과 성공을 나눈 데에는 그럴 만한 이유가 있다. 실적은 개인의 힘이다. 그러나 성공은 언제나 상대방이 있다. 나의 성공은 상대방의 실패이다.

히틀러가 성공을 거둔 상대방은 모두가 저항력이 없거나 저항할 마음이 없거나 그 어느 한쪽이었다. 바이마르공화국에 최후의 일격을 가했을 때 이 공화정체는 무력하여 사실상 포기되고 있었다. 베르사유 체제를 파멸시켰을 때에도 이 국제 협조의 아성은 이미 내부로부터 동요하고 있었다. 어느 경우나 히틀러는 오로지 쓰러져 가는 것을 쓰러뜨렸을 뿐이다.

바이마르공화국이 탄생했을 때 이를 떠받친 것은 중도좌파, 바로 사회민주당, 자유주의 좌파, 가톨릭중앙당으로 이루어진 3당연합이었다. 이 3당연합은 이미 제정 말기에 제국의회 다수파를 형성하여 1918년 10월 독일제국이 끝날 무렵에 실질적인 의회제를 실현하고 있었다.

1918년 11월혁명 후 3당연합은 국민의회에서 이른바 '바이마르연합'을 이루어 바이마르 헌법을 제정, 정권을 맡았다. 그러나 불과 1년 뒤 국회의원 선거에서 바이마르연합은 국회 의석의 과반수를 잃고, 그 뒤 다시는 과반수를 얻어내지 못했다. 이렇게 해서 바이마르공화국은 발족한 지 얼마 안 되어 제어 불능에 빠졌으며 이러한 상태가 1925년까지 계속되었다.

이것은 히틀러에게 하나의 기회였다. 1925년에서 29년까지 공화국이 건전한 동안에는 그가 나설 자리는 없었다. 1930년의 위기를 틈타 나치스는 단번에 제2당으로 뛰어오른 것이다.

이것을 보고 사회민주당까지도 의회정치를 무시한 브뤼닝의 긴급명령 정책을 '대수롭지 않은 악'으로서 받아들이는 형편이었다. 이에 따라 브뤼닝은 약 2년 동안 아슬아슬한 합헌선(合憲線)에서 정권을 운영할 수가 있었다. 그러나 위기는 점점 높아지고 히틀러의 물결도 가까이 몰려오고 있었다.

브뤼닝은 슐라이허로부터 긴급명령에 의존하는 정권에서 새로운 권위적인 정권으로 이양시킬 것으로 요청받았으나 이를 실행하지 않았다. 그래서 그는 1932년 5월에 할 수 없이 사임했고, 슐라이허가 다음에 내세운 새로운 총리는 파펜이라고 하는 군인 출신의 야심가였다. 이 사나이는 브뤼닝에 못지않게 의회에 바탕을 두지 않은, 오직 승마가 장기인 귀족이었다.

파펜이 구성한 정권은 각료 10명 중 7명이 귀족이었기 때문에 '남작 내각'이라고 불렸으나 이제까지와는 다른 전혀 새로운 방침을 내걸었다. 먼저 파펜은 국회를 해산했다. 그러나 이내 나치스가 의석을 배로 늘려 제1당이 되었다. 이것으로 선택지는 파펜·슐라이허냐 히틀러냐의 어느 한쪽으로 좁아졌다. 히틀러 쪽이 강하다는 것은 처음부터 분명했다. 그 이유는 간단하다. 히틀러는 한 사람, 상대방은 두 사람이었기 때문이다. 게다가 히틀러는 대중을 자기편으로 두고 있었다.

히틀러 최대의 적은 독일의 보수 세력

파펜은 이전부터 히틀러를 한 수 아래 동료로서 자기 정권으로 맞을 생각을 하고 있었다. 그러나 사태가 역전되어 자기가 한 수 아래가 되어 히틀러 총리 아래에서 조종의 끈을 쥐려고 했다. 그러나 그것은 소용없는 일이었다. 히틀러는 그 뒤 보수파를 제치고 1934년 8월에 힌덴부르크가 세상을 떠나자 전권을 장악했다.

히틀러가 전권을 장악하기 이전, 즉 1930~34년의 국내 정권 싸움에서 히틀러가 정면으로 승부해야 했던 유일한 경쟁자는 사실 우익 보수 세력이었다. 이러한 상황은 1934년 이후 히틀러가 권력을 장악한 뒤에도 변함이 없었다. 자유주의 좌파, 가톨릭중앙당, 사회민주당에서 조금이라도 저항하는 자세를 보인 것은 자신의 신념에 충실한 사람들이었다. 그러나 그러한 사람들까지도 거의가 수동적인 자세로 돌아가 국내에 잠복하거나 해외에 망명하거나 했기 때문에 히틀러에게는 전혀 두려워할 만한 존재는 아니었다.

약간 귀찮은 존재가 있었다고 하면, 그것은 공산당의 작은 그룹에 의한 저항운동이나 지하활동이었다. 몇 번이나 소탕되어도 거사를 되풀이하는 그들의 죽음을 무릅쓴 용감한 행동은 인간으로서 존경할 만했지만, 이것도 히틀러의 위치에서 보자면 철저히 단속하면 그것으로 끝이었다.

그러나 우익 보수 세력은 군사, 외교, 관청의 각 분야에 튼튼하게 뿌리내리고 있었기 때문에 이에 대항하기 위해서는 정치적 수완이 필요했다. 어떤 때에는 자기편으로 만들고, 어떤 때에는 철저히 탄압하는 등 까다로운 대응을

베르사유 조약 반대 시위 1919년, 국회의사당 앞. 제1차 세계대전 패전국 독일은 1919년 6월 가혹한 조건이 명시된 베르사유 조약에 서명해야 했다. 조약에 서명한 바이마르공화정이 국민의 불만으로 무너지고, 정당들이 탄생한다. 이때 히틀러가 속한 독일노동자당이 공산당을 누르고 정권을 잡는 다. 히틀러는 군사재무장과 공격적인 외교정책을 펼치면서, 조약 서명 당시 잃었던 라인란트를 힘으로 되찾는 등 굴욕적인 조약을 하나씩 파기해 나갔다. 이로써 히틀러는 독일 국민의 전폭적인 지지를 받았으며 전 국민을 하나로 결속시키는 밑거름이 되었다.

해야 했다.

1934년 여름의 위기(이른바 피의 숙청)가 일어나자, 파펜과 슐라이허는 다시 손을 잡고 선동했다. 하지만 슐라이허는 살해되고 파펜은 국외의 외교관 자리로 좌천되었다. 국방군 보수파 장교들은 1938년과 1939년에 반히틀러 쿠데타를 계획하고 있었다. 그리하여 1944년에는 반히틀러 보수파 그룹의 정치가와 군인들이 연합하여, 7월 20일 마침내 히틀러 암살을 계획했다. 그러나 이 계획은 현실과 동떨어진 보수반동적인 것이었기 때문에 실패하고 말았다.

독일인 긍지에 상처 준 베르사유 조약

이제는 히틀러의 국외에서 성공을 살펴보기로 한다. 그가 외교적 승리를 쟁취할 수 있었던 것은 국내에 있어서와 마찬가지로 그 자신이 강했기 때문이 아니라 상대가 약했기 때문이다. 1930년 바이마르공화국이 이미 빈사 상태로 히틀러 앞에 가로놓여 있었던 것과 마찬가지로, 1935년 유럽의 평화체제도 이미 괴멸 상태에 놓여 있었다. 이를 이해하기 위해서는 1919년에 성립한 유럽의 평화질서, 이른바 베르사유 체제의 역사를 간단히 되돌아봐야 한다.

이것 또한 앞서 본 바이마르공화국의 역사와 마찬가지로 불행한 역사이다. 베르사유 체제나 바이마르공화국이나 멸망 구조는 같았다. 두 경우 모두 태어나면서 결함이 있었던 것이다.

바이마르공화국의 경우는 국가 운영에 없어서는 안 되는 최강의 권력 집단, 즉 독일의 우익 세력을 처음부터 철저하게 뿌리 뽑은 것도 아니고(1918년의 혁명은 그 절호의 기회였다), 이것을 새로운 공화국에 모두 끌어들이는 일도 하지 않았다. 바이마르공화국이 좌절된 것은 이 때문이다.

마찬가지로 베르사유 체제도 유럽의 안정에 없어서는 안 되는 최강국, 즉 독일을 완전히 무력화시키지도 않았고 그렇다고 이것을 질서 체제에 받아들이지도 않았다. 베르사유 체제가 좌절된 것은 이 때문이다.

제1차 세계대전의 전승국들은 패전국 독일을 평화질서 창설의 일원에 포함시키지 않고 이에 모욕을 가한 것이다. 다시 말하면 독일을 분단하거나 점령하여 영원히 저항할 수 없도록 하지 않고, 오히려 독일 통일과 독립을 허용했을 뿐만 아니라 독일 국력을 강화시키고 말았다.

평화조약이라고 하는 것은 승자와 패자가 교섭하여 합의한 뒤에 맺는 것이 관례였다. 그러나 베르사유 조약의 경우 독일 측은 교섭 협의에 참가하는 것도 허용되지 않고 느닷없이 눈앞에 내밀어진 조약안에 서명하지 않으면 전투를 재개한다는 최후통첩을 받은 것이다. 위협받아 할 수 없이 서명한 일에 독일이 도의적 책임을 느낄 리가 없었다. 조약 내용은 명예는커녕 차별적인 항목으로 가득 차 있었다. 그리하여 독일 국민은 '베르사유의 속박 따위는 걷어치우고 말겠다'는 결의를 굳히게 된 것이다. 베르사유 체제는 독일에게 굴욕감을 주고, 이중 유럽 강국에 복수심을 북돋우게 했다. 그 뒤 독일은 신들린 듯이 아수라의 길을 치달아, 그 어떤 수단을 써서라도 복수하겠다는 결심을 굳힌 것이다.

유화정책의 모순

독일 국내에서는 우익이 잠시 동안 바이마르공화국을 받아들여 정권을 인수했다. 이와 마찬가지로 국제사회에서는 독일이 얼마 동안 마지못해 국제평화질서, 바로 베르사유 체제에 경의를 보였다. 그러나 그것은 이 평화질서를 하나하나 분리시키기 위한 제스처에 지나지 않았다.

베르사유 체제는 차례로 무너져 갔다. 슈트레제만, 브뤼닝, 파펜, 슐라이허 등 그들의 외교적 성공은 대단한 것이었다. 로카르노 조약이 체결되어 독일과 유럽 제국과의 긴장이 완화되었다. 독일이 국제연맹에 가입하고, 프랑스가 라인란트로부터 조기 철수했다. 배상금이 줄어들고 독일의 군비 평등이 인정되었다.

이들 성공은 히틀러가 이룩한 성공, 즉 재군비, 징병제 부활, 영국과의 해군협정, 라인란트 진주, 오스트리아 병합, 즈데텐 지방 병합 등과 비교해서 손색이 없었다. 그러나 둘 사이에는 결정적인 차이가 있었다.

히틀러의 전임자들은 성공할 때마다 화해와 국제협조 의의를 강조하고, 영국의 기분을 맞추며 유화정책을 지지하려 노력했다. 이와는 반대로 히틀러는 자신의 성공을 마치 적으로부터 쟁취한 것처럼 어필했다. 이것이 국민에게 받아들여졌다. 독일 국민의 기분은 병적이라고 할 수 있을 정도로 흥분하고 있었던 것이다.

이 무렵 독일인은 가증스러운 베르사유 체제를 쳐부수고 승리할 것을 항상 바라고 있었고, 화해나 국제협조라는 명목 아래 외교적 성공을 거두어도 그다지 기뻐하지 않았다. 히틀러는 자기의 외교적 성공이 기대되고 있다는 것을 충분히 계산에 넣은 뒤, 이것을 화려하게 어필했기 때문에 영국은 차차 기분이 언짢아졌다.

영국 측은 히틀러가 보장을 약속하면서도 언제까지나 이를 이행하지 않는다는 것을 알아차리기 시작했다. 점점 의심이 커졌다. 어쩌면 이 사나이는 자기들이 승인한 일을 본디 목적인 평화유지를 위해서가 아니라 전쟁을 위한 군비강화에 이용하는 것이 아닌가 하고 생각하기 시작한 것이다. 히틀러가 반년 뒤 뮌헨 협정을 깨고 체코에 진군했을 때, 인내의 한계는 도를 넘었다. 유화정책은 파기되고, 영국인들도 마침내 독일과 전쟁할 각오를 한 것이다.

프랑스의 실력을 얕잡아 본 히틀러

히틀러는 이러한 외교적 성공을 대대적으로 어필했다. 그러나 그 때문에 상대방의 마음을 상하게 하여 성공의 뿌리를 썩히는 결과를 가져왔다.

큰 실패의 하나는 1939~41년에 걸쳐서 하지 않아도 좋은 전쟁을 한 것이다. 말하자면 순하게 따르는 여자를 겁탈한 것과 같았다. 제1차 세계대전에서 그토록 애먹였던 프랑스를, 히틀러의 지휘 아래 불과 6주 만에 정복했다는 것은, 기적을 만드는 히틀러의 명성을 확고한 것으로 만들었다. 히틀러는 찬양자들로부터 사상 최강 군사령관으로 존경받은 것이다.

1936년, 히틀러는 한때 상등병으로 종군한 라인란트에 다시 진군했다. 이곳은 6년 전 프랑스가 유화정책에 따라서 철수한 땅이었다. 이때 히틀러 독일의 동정을 살피고 있었던 프랑스는 마치 뱀 앞의 개구리와 같았다. 전쟁에 돌입했을 때 프랑스군의 외침은 패자의 비명에 가까운 것이었다.

그러나 이 성공도 잘 살펴보면 히틀러가 이룩한 성공과 본질적으로는 동일했다. 세계의 눈에는 기적으로 비쳤을지 모르지만 기적과 같은 것은 아니었다. 바이마르공화국을 타도했을 때에도, 베르사유 체제에 인도를 넘겼을 때에도, 독일 국내 우익의 진을 뺐을 때에도, 프랑스를 유린했을 때에도 히틀러는 다만 쓰러져 가는 것을 밀어서 넘어뜨렸을 뿐이었다.

4 오류

히틀러의 세계관은 어디에서 생겨났는가

많은 사람들은 히틀러를 기회주의자, 직감에 의존하는 정치가로 여기고 있는데 이것은 잘못이다. 그는 거래나 적기(適期)에서 본능이나 직감에 의존했다고 해도, 정치에서는 확고한 기본전략을 고수했다. 그가 생각해 낸 이념은 세부적인 면에서는 거친 부분을 볼 수 있지만, 본질적으로는 하나의 체계를 이루어 바로 마르크스주의적인 의미에서의 이론을 형성하고 있었다.

민족이 국가를 만드는 것은 원칙적으로 종(種)을 보존하기 위한 일이다. 다시 말해서 국가는 인종을 보존하기 위한 수단에 지나지 않는다. 이와 같이 국민이 밖으로 정치력을 발휘할 때 그것은 바로 투쟁이 된다. 살려고 하는 자는 싸우지 않으면 안 된다. 영원히 경쟁을 되풀이하는 이 세계에서 싸움을 원하지 않는 자는 살 자격이 없다. 민족 간(또는 인종 간)의 투쟁은 일반적인 진행에서 보자면 전쟁이라는 모습으로 이루어진다.

요컨대 정치란 전쟁이며 전쟁 준비이다. 전쟁 목적은 생존권 획득에 있다. 자기보존 본능에는 한정이 없으며, 영속적 번영에의 욕망도 한이 없기 때문이다. 이에 대해 생명 발전의 무대인 토지에는 한정이 있다. 생존권에 한정이 있기 때문에 아무래도 생존경쟁이 일어난다.

독일 민족에게는 세 가지 사명이 있다. 첫째, 전진하는 힘을 모아 좁아진 독일 민족의 생존권을 벗어나 새로운 대지로 나아가야 한다, 둘째, 전쟁에 승리해서 토지와 인민을 지배하여 예속화한다. 마지막으로 이와 같이 끝없는 전쟁을 되풀이한 뒤 마침내 세계를 지배한다.

'인류 독살자' 대 '세계정치 완성자'

여기까지는 약간 편협하고 과격하며 대담한 느낌이 들지만 이치는 통하고 있다. 그러나 우리가 고개를 갸우뚱하게 되는 것은 히틀러가 '인종'에 대해서 말할 때이다.

히틀러에 의하면 '유일 최고의 인종이 지배 민족으로서' 어느 날엔가는 세계를 지배하지 않으면 안 된다. 하지만 그것은 도대체 누구인가? 어떤 특정한 인종인가? 그렇지 않으면 특정한 민족인가? 독일 민족인가? 아리아 인종인가? 아리아 인종이란 누구를 가리키는가? 게르만 민족만을 가리키는가? 그렇지 않으면 유대인을 제외한 모든 백색 인종을 가리키는가?

그러나 히틀러의 세계관은 이것이 모두가 아니다. 반에 지나지 않는다. 나머지 반은 반유대주의이다. 히틀러에 따르면 민족 투쟁과는 별도로 역사에는 끝없는 또 하나의 싸움이 있다. 그것은 인종 간의 싸움이다. 그렇다고 백색, 흑색, 황색 인종 간의 싸움은 아니다. 여기에서 문제가 되는 것은 백색 인종끼리의 싸움, 아리아 인종과 유대 인종의 싸움이다. 백색 인종은 평소에는 서로 싸우고 있지만 유대 인종에 대해서는 일치단결하는 것이다.

유대와의 싸움은 생존권을 둘러싼 싸움이 아니다. 문자 그대로 사느냐 죽느냐의 싸움, 즉 전멸전이다. 유대인이 마르크스주의적 신조의 힘으로 온 세계의 민족을 지배하면 세계는 인류의 무덤이 되고 이 지구는 수백만 년 전의 옛날과 마찬가지로 허공을 떠돌게 된다. 인류는 일치단결해서 이쪽에서 싸움을 걸어 유대 인종의 씨를 말려야 한다.

유대 근절론을 주장하는 히틀러는 이제는 독일의 한 정치가에 만족하지 않고 인류 구제의 선구자라는 자부심을 가졌다. "내가 유대인을 근절하는 것은 신의 뜻이다." 보어만에게 적게 한 1945년 4월 2일자 마지막 각서에서는 이렇게 끝마치고 있다. "내가 독일과 중앙유럽에 사는 유대인을 소멸시켰다는 것에 대해 사람들은 영원히 감사할 것이다."

대중의 향수와 들어맞은 '생존권' 구상

마르크스주의와 히틀러주의에는 적어도 하나의 공통점이 있다. 그것은 세계사 전체를 하나의 관점에서 설명하려고 한다는 점이다. "이제까지의 모든 사회의 역사는 계급투쟁의 역사"라고 공산주의자들은 말한다. 이에 대해서 대답이라도 하는 듯이 히틀러는 말한다. "모든 세계사적 현상은 인종의 자기 보존 본능의 떨쳐 일어남이다."

히틀러에게 전쟁은 언제나 정복 전쟁이었다. 생존권을 얻어내고 패자를 영속적으로 예속화해서 마지막으로 세계를 지배하는 것이 목적이었다. 그러나 그는 여기에서도 잘못을 저질렀다. 생존권 획득을 위한 전쟁, 그런 일은 히틀러가 전쟁을 일으킬 때까지, 유럽에서는 4~6세기 민족 대이동 이래, 말하자면 1500여 년 동안 한 번도 없었던 것이다. 유럽은 정주(定住)가 이루어져 여러 민족은 토지에 뿌리를 내리고 살고 있었다. 하기야 전쟁이 있었고 강화가 체결될 때마다 영토의 변경도 있었다. 때로는 폴란드의 경우처럼 국토가 이웃나라들에 의해 분할되는 일도 있었다. 그러나 주민은 자기들이 사는 곳에 머물러 있었지 생존권을 주고받는 일은 없었다. 유럽에서는 생존권을 얻어내기 위한 전쟁은 없었던 것이다.

이것을 1500여 년의 시간이 지난 뒤 유럽에 도입한 것이 히틀러였다. 그것은 비참한 화근을 남겼다. 이전에 살고 있던 동방지역으로부터 독일인이 쫓겨난 것은 바로 히틀러가 남긴 전쟁의 상처였고, 짓밟은 폴란드로부터의 보답에 지나지 않았다.

산업혁명 이래 민족의 번영과 권력의 정도는 이미 소유하는 땅의 크기가 아니라 과학기술의 수준에 의해 정해지도록 되어 있었다. 과학기술에는 생존권의 크고 작음은 관계가 없었다. 히틀러가 옛날의 농업국가로 되돌아갈 의향이라면 생존권은 얼마든지 필요할 것이다. 하지만 그것은 농업을 중요시하는 경우뿐이다.

히틀러가 세계 지배를 생각한 것은 그 자체가 잘못된 일은 아니었다. 독일 한 나라만으로 세계를 지배할 수 있다고 진지하게 생각한 점에 잘못이 있었 다. 히틀러 시대의 독일은 분명히 대국이었으며 유럽에서 가장 강한 나라였 다. 그러나 어디까지나 열강 속의 한 강국임에는 변함이 없고 이미 한 차례 유럽의 패권과 세계 권력을 동시에 손에 넣으려다가 좌절된 과거가 있었다.

유치한 잘못이다. 축산업자와 같은 발상으로 인종개량을 추진하여 독일을 강국으로 만들려면 거기에서 파생하는 여러 가지 문제를 제외한다고 해도 여러 세대의 시간이 소요될 것이다.

5 실패

피라미드 구조로 세계 지배를 몽상

히틀러가 하려고 한 일은 독일이 유럽의 패권을 쥐고 러시아를 직접 지배 한 뒤 아프리카, 아시아, 오세아니아에서의 유럽 식민지 지배를 유지하는 일 이었다. 권력의 피라미드가 그의 꿈이었다.

맨 아래 기반에는 옛 유럽이 해외에서 얻어낸 식민지와 새로 얻어낸 러시 아를 둔다. 중간부에는 유럽의 종속국을 계단 모양으로 쌓아올려 굳힌다. 그 리고 그 맨 꼭대기에 독일이 앉는다. 이와 같은 독일인 지배의 대제국을 구축 하여 앞으로의 전망을 밝게 한 후 뒷날 미국과 일본을 상대로 세계 지배를 다투려고 했다.

그러나 히틀러가 현실적으로 이룩한 일은 무엇이었던가. 미국이 서유럽의 패권을 쥐고, 러시아가 동유럽의 패권을 쥐고, 독일이 분단되었다. 그리고 유 럽이 지배하고 있던 식민지는 모두 해체되었다. 미·소 양 대국이 세계 정상에 올라 그 아래에서 이전에 유럽의 지배를 받았던 식민지가 차례로 독립하여 자유를 얻었다.

히틀러는 성과라고 할 만한 일을 아무것도 이룩하지 못했다. 엉뚱한 일을 저지른 것이다. 하지만 그가 미친 엄청난 영향력을 무시해서는 안 된다. 그가 1938년 가을과 1940년의 여름 두 번에 걸친 소기의 목적을 거의 달성해 가고 있었다는 것을 간과해서는 안 된다. 거의 손에 넣었던 것을 놓친 것은 어떤 잘못을 저질렀기 때문인가?

히틀러의 세계관에서 두 가닥의 전혀 다른 시나리오가 동시에 진행되고 있었다. 한쪽 시나리오에서는 여러 민족이, 정확하게 말하자면 백색 인종들이 끝없는 싸움을 계속한다. 생존권을 획득해서 다른 민족을 지배하고 예속화시키기 위해서이다. 승리한 날에는 세계 지배가 기다리고 있다. 다른 한쪽 시나리오에서는 유대인을 멸망시키기 위해 백색 인종이 일치단결해서 싸운다.

히틀러는 처음부터 두 가지 전혀 다른 목적을 동시에 쫓고 있었던 것이다. 한쪽에서는 독일에 의한 유럽 지배를 지향하고, 다른 한쪽에서는 유대인의 절멸을 노리는 것이었다. 그러나 이 두 가지가 양립할 리가 없다. 서로 방해가 될 뿐이었다.

독일 편이었던 유대인을 박해한 대가

유럽을 제압하기 위해서는 쓸데없는 적을 만들어서는 안 되었다. 유대인은 독일의 친구였는데 그들을 적으로 만들어 버린 것이다. 유대인에 신경이 쓰였다면 그들을 내 편으로 만들었어야지 적으로 돌려서는 안 되었던 것이다.

히틀러 시대까지 세계의 유대인들은 압도적으로 독일 편이었다. 제1차 세계대전 때 적들(영국, 프랑스, 러시아, 미국)은 유대인 때문에 고생을 많이 했다. 미국이 영국과 프랑스 쪽에 서서 참전하려고 했을 때 이에 단호히 반대한 것은 유대인이었다. 러시아 제정을 타도하려고 독일이 러시아 혁명의 뒤를 밀어주었을 때 이에 솔선해서 협력한 것도 유대인이었다. 그런데도 히틀러는 반유대주의를 선동하여 불필요하게 많은 적을 만들었다.

초기에는 독일의 유대인들은 일상생활에서 모욕, 중상, 차별 등 학대를 받았다. 그러나 궁극적으로 참극까지는 이르지 않았다. 하지만 친구를 적으로 바꾸는 일은 이것으로 충분했다.

출판업자 사무엘 피셔를 상기해 보기 바란다. 그에게서만 헤세, 츠바이크, 카프카와 같은 대문호가 태어났고, 연출가이자 극장 경영자였던 막스 라인하르트가 현대 연극에 끼친 공헌과 그가 길러낸 배우들은 누구나 잘 알고 있다.

독일은 20세기 초 30년 동안 과학 분야에서나 경제 분야에서 영국과 프랑스를 앞지르고 있었다. 이것은 독일 거주 유대인들이 탁월한 재능을 발휘했기 때문이다.

히틀러의 반유대주의는 뜨거운 손실을 독일에게 안겨주었다. 아인슈타인을 필두로 유대인 과학자들은 줄줄이 국외로 망명했다. 뿐만 아니라 우수한 독일인 과학자까지도 유대인 동료나 스승을 따라서 조국을 떠났다. 그때까지 원자력 연구의 중심은 괴팅겐에 있었는데 1933년 이후에는 그 중심이 미국으로 이동했다. 히틀러의 유대인 박해가 없었다면 아마도 미국에서가 아니라 독일이 최초로 원자폭탄을 개발했을 것이다.

독일에 의한 유럽 지배는 가능했는가

반유대주의가 그토록 큰 피해를 주었음에도 불구하고 히틀러는 소기의 목적을 향해 한없이 가까이 접근했다. 한번은 1938년 가을 영국과 프랑스의 동의를 얻어 동유럽의 패권이 인정되었을 때였고, 또 한 번은 1940년 여름 프랑스에 승리를 거두어 유럽을 점령, 러시아로부터 서유럽 대륙 거의 전 국토를 굴복시켰을 때였다. 유럽 통합의 길이 착착 진행되고 있었던 것이다.

1938년 히틀러는 오스트리아를 병합해서 대독일제국을 이룩했다. 그리고 같은 해 9월, 영국과 프랑스는 뮌헨 협정으로 독일이 보헤미아와 모라비아를 병합할 것을 승인했다. 그때 모라비아는 체코슬로바키아 영토였다. 체코슬로바키아는 동맹국 프랑스를 의지하고 있었는데 배반을 당한 것이다.

뮌헨 협정은 체코슬로바키아를 쪼갰을 뿐만 아니라, 이에 의해 영국과 프랑스는 유럽의 동쪽 반을 내팽개쳐 놓고 정치적으로 후퇴하여 이후 러시아 국경에 이르기까지의 동유럽을 독일 지배에 맡겼다.

뮌헨 협정으로 쪼개진 체코슬로바키아의 나머지 부분도 히틀러의 손에 의해 요리되었고, 폴란드와 헝가리는 히틀러가 체코를 약탈할 때 공범자로 몰려 이를 계기로 독일의 종속국이 되었다. 루마니아와 유고슬라비아는 이전부터 경제적으로 독일에 의존하고 있었는데, 뮌헨 협정으로 프랑스로부터 버림을 받자 정치적으로도 독일에 종속될 수밖에 없었다. 불가리아와 터키는 제1차 세계대전 때 독일의 동맹국이었던 관계로 이번에도 독일에 추종했다.

이렇게 해서 히틀러는 청년시대에 그린 정치 이상을 실현했다. 옛 오스트리아 후에 생긴 나라들과 독일·오스트리아와 러시아 사이에 낀 지역을 제압해서 대독일제국이 이룩되었다. 전쟁을 벌이지 않고 영국과 프랑스로부터도 보증을 받았다. 러시아는 자국의 서부 국경에 독일의 세력이 집중되는 데 이맛살을 찌푸렸으나 속수무책으로 지켜볼 수밖에 없었다.

히틀러가 이제 할 일은 동유럽에 확대된 이 새로운 독일제국의 체제를 정돈하여 양식을 정하고 여러 민족을 새로운 질서로 짜 넣는 일이었다. 이미 전쟁의 필요는 없었다. 전쟁 없이 그것을 이루는 것이 영국과 프랑스가 승인 대신에 내민 암묵의 조건이기도 했다.

50세가 된 독재자의 결의

그러나 히틀러는 새로 획득한 대제국을 평생 동안 조직하고 경영해 가는 데 필요한 인내력을 갖추고 있지 않았다. 이미 1925년 시점에서 그에게는 동유럽 제패보다도 더 큰 계획이 있었다. 러시아를 정복해서 예속화시킬 생각을 가지고 있었던 것이다. 프랑스를 해치우는 것은 준비운동과 같은 일이었다.

뮌헨 협정은 누가 보아도 히틀러의 꿈과 같은 승리였으나 본인은 패배라고 느끼고 있었다. 생각대로 되어가지 않았기 때문이다. 본디 무력으로 쟁취해야 하는 것을 영국과 프랑스로부터 선물로 받은 것이다. 이로써 전쟁이 연기된 것이다. 뜻하지 않은 곳에서 시간을 낭비했다.

그는 1938년에 할 수 없었던 전쟁을 억지로 일으키고 말았다. 체코슬로바키아의 나머지 부분을 아무런 뜻 없이 군사 점령하여 무방비하고 연약한 국가를 해체했다. 이것으로 그는 뮌헨 협정을 부숴버린 것이다. 이것을 보고 영국과 프랑스는 폴란드와 조약을 체결, 갱신했다. 그러자 히틀러는 기다리고 있었다는 듯이 폴란드에 침공하여 전쟁을 일으킴으로써 영국과 프랑스로 하여금 선전포고를 하게 만들었다.

선전포고는 했지만 1939년의 시점에서 영국도 프랑스도 독일과 전쟁할 준비가 되어 있지 않았다. 그래서 그들은 히틀러가 먼저 전쟁을 개시하기를 기다리고 있었다. 히틀러는 프랑스와의 전쟁 준비는 되어 있었으나, 영국과의 전쟁 준비는 되어 있지 않았다.

프랑스와는 달리 영국은 원래부터 히틀러의 계획으로는 동맹국으로서 적어도 우호적인 중립국으로 여겨지고 있었다. 그래서 영국에 대한 침략은 준비되어 있지 않았던 것이다. 준비도 없이 침공한다는 것은 주저되었으나 영국의 해군·공군의 우위를 생각하면 그것은 당연한 일이었다. 그래서 폭탄 테러(런던 폭격)를 시도했으나, 이것은 영국을 굴복시키기는커녕 오히려 영국인의 싸우려는 의욕을 북돋우는 결과를 가져왔다. 1938~39년의 정책이 실패였다는 것을 알리는 최초의 징후였다.

절멸 대상으로서의 프랑스

영국과의 전쟁은 좌절되었지만, 프랑스를 제압한 것으로 히틀러의 불패 신화는 온 유럽으로 퍼졌다. 이로써 히틀러에게 1938년의 뮌헨 협정 이래 두 번째 기회가 찾아왔다. 뮌헨 협정 때에는 동유럽을 지배할 기회였으나 (결국 그는 폴란드 침공으로 깨버렸지만) 이번에는 유럽 전토에 새로운 질서를 세우고 유럽에서의 독일 패권을 항구화할 수 있는 천재일우의 기회였다.

히틀러가 바라기만 하면 1940년 여름, 그는 언제라도 프랑스와 강화를 맺을 수가 있었다. 그리고 프랑스와의 평화 회복을 관용 정신으로 추진하면 히틀러에 의해 석권당한 다른 유럽 여러 나라들도 자진해서 독일과 강화를 바랐을 것이다. 프랑스와 강화를 맺은 뒤 적어도 유럽 방위, 경제 공동체 같은 체제를 낳을 수가 있었을 것이다.

그러나 이와 같은 평화 체제의 수립 가능성을, 1940년 6월부터 1941년 6월까지의 12개월 사이에 히틀러는 생각한 일도 없었고 계획 구상으로 떠올린 적도 없었다. 프랑스를 제압하고 나서 히틀러는 패전한 프랑스에 대해서가 아니라, 지고 있지 않은 영국에 휴전을 제의했다. 영국은 겨우 선전포고를 한 단계였고, 마침내 군대와 예비 병력을 동원하기 시작한 참이었다.

이렇게 해서 히틀러는 프랑스에 대한 승리를 무효로 돌림과 동시에, 유럽을 통일해서 독일이 패권을 쥘 둘도 없는 기회를 놓치고 말았다. 이것은 그가 이제까지 입은 실패의 상처를 더욱 크게 만들었다.

현실을 보지 않는, 아니 보려고 하지 않는 그의 성격적 결함이 가장 뚜렷하게 나타난 것은 1940년 6월에서 1941년 6월까지의 시기였다. 이때 히틀러는 자신도 모르게 자기 운명을 결정한 것이다. 이 시점에서 그는 손에 넣을 수 있는 것은 모두 손에 넣었다는 것을 알지 못했다. 프랑스를 제압한 시점에서 유럽 대륙은 바로 강화의 때를 맞이하고 있었던 것이다.

유럽 대륙에서 평화가 수립되면 영국의 전투 의식은 이내 시들었을 것이다. 그러나 이와 같은 전개 가능성에 대해 히틀러는 전혀 무관심했다. 원래 그는 영국과 정면으로 전쟁할 생각은 없었다.

그리고 영국 배후에서 미국이 위협을 가중시키고 있다는 사실도 히틀러는 오랫동안 진지하게 생각하지 않았다. 그는 미국의 군비가 늦어지고 있다는 것, 미국 국내의 간섭주의파와 고립주의파가 대립하고 있다는 점에 기대를 걸고 있었다. 경우에 따라서는 일본이 미국의 발목을 잡아줄 것이라고 동아시아 동맹국에 의지하고 있었다.

러시아와의 개전을 둘러싼 알 수 없는 일

요컨대 히틀러의 행동 계획에 미국은 들어 있지 않았다. 그가 노린 것은 프랑스를 무찔러 배후를 굳힌 뒤 생존권을 확대하기 위한 전쟁을 러시아와 시작하는 일이었다. 이것저것 생각한 끝에 히틀러는 러시아와의 전쟁을 시작했다. 원래 히틀러의 계획으로는 독일과 러시아가 싸웠을 경우 영국은 적으로 돌아서지 않고 맹우(盟友) 또는 우호적 중립국의 입장을 취해야 했다. 그러나 예상과 달리 영국과 전쟁을 하게 된 데다 이번에는 러시아와 전쟁을 시작한 것이다.

러시아는 원료 및 식료품의 공급국으로서 독일에는 없어서는 안 될 나라, 더욱이 이제까지 충실하게 중립을 지켜준 우방이었다. 히틀러가 러시아와 중립 조약을 파기하고 공격으로 나선 것은, 러시아를 정복해 버리면 그때까지보다 더 믿을 수 있는 원료와 식량 공급국이 될 것이라고 생각했기 때문이다.

1941년 당시, 러시아 국력은 일반적으로 낮게 평가되고 있었다. 히틀러는 러시아가 제대로 저항할 수 없으리라 생각했다. 사실 1941년 전쟁 초반의 독일군 진격은 히틀러의 예상을 증명하는 것처럼 보였다. 모스크바는 바야흐로 함락 직전에 있었다.

전쟁을 시작했을 무렵 영국의 군비는 독일보다도 몇 년 뒤져 있었으나, 영국의 전력은 날로 강화되고 있었다. 미국의 군비도 착착 진행되고 있었음은 물론이다. 영·미 양국이 2, 3년 안에 유럽에 쳐들어올 것은 명약관화한 사실이었다.

1941년 히틀러는 몇 가지 실패를 거듭하여 스스로 무덤을 팠는데 미국에 대한 선전포고는 너무나도 분명한 실패였고, 그가 저지른 실패 중에서 알 수 없는 일임과 동시에 실패의 극치라 할 수 있었다. 이것은 마치 러시아를 상대로 펼친 전격전에서 좌절하여 이미 승리는 바랄 수 없게 된 것을 안 히틀러가, 이렇게 된 이상 갈 때까지 가보자는 각오를 한 것 같다. 왜냐하면 영국도 러시아도 굴복하지 않는 데다가 세계 최강이라고 일컬어지는 미국이 참전하면 패배는 피할 수 없다는 것쯤은 히틀러도 알고 있었기 때문이다. 이것은 히틀러의 최대 실책이었으나, 그 동기에 대해서는 오늘에 이르기까지 명쾌한 설명이 이루어지지 않고 있다.

6 범죄

문자 그대로의 대학살자

히틀러는 정복전쟁으로 세계제국을 구축하려고 했다. 여기에는 엄청난 양의 피가 필요했다. 그럼에도 불구하고 알렉산더 대왕에서 나폴레옹에 이르기까지 위대한 정복자들이 범죄자라고 불리는 일은 없다. 그러나 히틀러가 범죄자라고 불리는 이유는 어디에 있는가? 그는 군사적인 목적이나 정치적 목적에서가 아니라 오로지 개인적인 욕구에서 수많은 죄 없는 사람을 죽였기 때문이다.

히틀러의 대학살은 전쟁 중에 자행되었다. 하지만 그것은 전투행위는 아니었다. 그는 전쟁을 핑계 삼아 전쟁과는 아무런 관계없이 다만 그가 개인적으로 바라고 있었다는 이유만으로 대량 살인을 저지른 것이다.

"전쟁터에서 무수한 인간이 죽어가는 동안에 국내에서 할 수 있는 일이라고 하면 기껏해야 해충을 퇴치하는 정도이다."

그는 《나의 투쟁》에서 이렇게 말하고 있다. 히틀러에게 인간을 죽인다는 것은 해충 퇴치와 다를 바가 없었다.

이러한 대량 학살은 전쟁 수행에 방해가 되었다. 수천 명의 SS(나치스 친위대) 대원이 여러 해 동안 대량 학살에 종사했기 때문에 전선에 병사가 모자라게 된 것이다.

여기에 더하여 먼저 영국과 미국 등 서방측 지도부에, 그 뒤 러시아에 이러한 사실이 전해지자, 연합국 정상들은 이미 외교 교섭을 해도 소용없는 일이며, 전쟁을 뜻있는 형태로 종결시키기 위해서는 히틀러를 재판에 회부하는 수밖에 없다고 확신하게 되었다.

히틀러의 범죄 목록

여기에서는 히틀러가 저지른 범죄를 잔학행위의 상세한 점은 생략하고 사실 내용만을 순서에 따라 간단히 추적해 보기로 한다.

① **사회적 약자 근절** 전쟁이 일어난 1939년 9월 1일, 히틀러는 독일 국내의 환자를 학살하라는 문서명령을 내렸다. 이 명령에 입각하여 그로부터 2년 동안 약 10만 명의 독일인이 '쓸모없는 밥벌레'로서 살해되었다. 그 내용을 보면 요양소 및 보호시설의 환자 7~8만 명, 선별된 강제수용소에 보내어진 환자와 신체장애자 1~2만 명, 정신병원에 입원하고 있는 유대인, 3세부터 13세까지의 특수학교 학생 및 보호시설 원아 약 3000명이다. 살해는 1941년 8월에 정지되었다. 그 이유는 주민 사이에 불안이 퍼져, 그리스도교계의 항의가 있었다는 것과(이것이 주된 이유였지만) 그때까지 병자 근절을 맡고 있던 조직이 히틀러의 명령으로 그 뒤 유대인 근절에 동원되었기 때문이었다.

② **집시 근절** 마찬가지로 1939년 9월부터 독일 국내에서 집시 근절 운동이 시작되었다. 먼저 그들은 일제히 체포되어 강제수용소에 억류되었다. 그 뒤 두 그룹으로 나뉘어 1941년과 43년에 절멸수용소에 보내어졌다. 살해된 인원수는 50만이라 추정되고 있다. 1939년 시점에 독일에서 살고 있었던 약 2만 5000명의 집시 가운데 1945년까지 살아남은 사람은 불과 5000명 정도였다.

③ **폴란드 지도층, 교양층의 근절** 전쟁이 일어나고 약 1개월이 지난 1939년 10월, 폴란드에서의 전투행위를 끝마치자 히틀러는 대량 학살의 제3탄을 쏘았다. 폴란드의 지식인과 지도층이 그 희생양이 되었으며, 살해는 5년에 걸쳐 계속되었다. 이때는 문서에 의한 명령이 아니라 구두에 의한 명령이었다. 히틀러의 명령에 의해 5년 동안 유대인뿐 아니라 비유대계의 폴란드인까지도 인권을 빼앗겨 철저하게 탄압되었다.

신부, 대학교수, 언론인, 기업경영자와 같은 교양 있는 시민이 희생되었다. 공식발표에 의하면 폴란드에서는 6년에 걸친 전쟁 동안에 약 600만 명이 죽었다. 그중 약 300만 명이 유대인이었다. 전사한 폴란드인은 약 30만 명, 난민이 되어 죽은 자 및 자연사한 사람은 약 70만 명, 나머지는 200만 명. 그 반수이상이 지도층에 대한 계획적 대량 학살로 희생되었다고 추정되고 있다.

④ **러시아에서의 포로 학대와 대량 살육** 독일군은 2년에서 3년 동안 러시아를 광범위하게 점령했는데 그동안에 러시아 주민에 대해서 실시한 정책은 러시아인 지도층을 없애버리고 러시아 국민의 인권을 예속화하는 일이었다. 러시아인 지도부의 대량 학살은 국방군의 일이 아니라 4개 출동부대의 손에 맡겨졌다. 이들 출동부대 대원은 전선 후방에서 첫날부터 있는 힘을 다하여 살인 업무에 힘을 쏟았다. 1942년 4월까지 약 4년에 걸친 전쟁의 처음 10개월 동안에 출동부대의 북방 A대는 25만 명을 처형하고 중앙 B대는 7만 명, 남방 C대는 15만 명 그리고 남방전선 D대는 9만 명을 각각 처형했다고 보고했다.

⑤ **유대인 대량 학살** 누구나 알고 있는 것처럼 히틀러가 행한 대량 학살 중에서 가장 처참했던 것이 유대인 학살이었다. 처음에는 1941년 중간부터 폴란드와 러시아의 유대인이 살해되고, 1942년 초부터는 독일 및 독일 지배의 유럽 전역의 유대인이 희생되었다. 이 목적을 위해 '서쪽에서 동쪽까지 갈퀴로 긁어모으듯이' 유대인이 연행되고, 1939년 1월 30일 히틀러는 '유럽에서의 유대 인종 절멸'을 미리 통고하고 나서 일에 착수했다. 히틀러의 명령으로 살해된 유대인 수는 적어도 400만 명 이상, 가장 많은 추정치로는 600만 명에 이르렀다.

히틀러가 학살 주범이었는가

최근 영국의 역사가 데이비드 어빙은 히틀러에게는 유대인 학살의 책임이 없다고 주장했다. 그에 의하면 그 대량 학살은 히틀러의 눈이 닿지 않는 곳에서 친위대 총사령관 힘러가 자기 책임 아래 저질렀다는 것이다.

그러나 우리는 이 말을 믿을 수가 없다. 전쟁이 일어나기 전에 '유대 인종의 절멸'을 통고한 것은 다름 아닌 히틀러 자신이었기 때문이다. 히틀러가 명령자이고 힘러가 그 실행자였다는 것은 본인들이 분명히 말하고 있다.

히틀러는 1942년에 공공장소에서 적어도 5회, 바로 1월 1일, 1월 30일, 2월 24일, 9월 30일, 11월 9일의 5회에 걸쳐서 사전 통고한 대로 일을 실행했다는 것을 자랑하고 있다.

힘러도 유대인을 뿌리째 없애버리는 데 관여했다고 여러 차례 말하고 있다. 하지만 그의 어조는 스스로를 위로하는 것 같은 차분한 어조로, 예를 들어 1944년 5월 5일 다음과 같이 말했다. "자기에게 주어진 지상명령을 수행하는 것이 얼마나 괴로운 일이었는지 짐작이나 할 수 있을까? 그래도 나는 하라는 대로 확신을 가지고 명령에 따라 실행한 것이다."

'지배 민족'이 될 수 없었던 독일인

히틀러는 전쟁 전에 유대인에 대한 노골적인 폭력행위에 대해서 독일 대중이 어떠한 반응을 나타내는지를 두 번 시험해 보았다. 첫 번째는 1933년 4월 1일, 돌격대로 하여금 독일 안의 유대인 상점을 몰아내게 했다. 두 번째는 1938년 11월 9일과 10일, 이때에도 위로부터의 명령으로 대규모적인 유대인 박해를 가했다. 그러나 결과는 히틀러의 눈으로 보자면 두 번 모두 실패였다. 독일 대중은 동조하지 않았던 것이다.

히틀러는 독일에서의 이 결과를 중요하게 생각했다. 유대인에게는 학대를 저질렀으나 독일 시민에게는 배려를 해서 자유롭게 행동하는 여지를 남겨 주었다. 보고도 못 본 체하는 사람도 있었고 화를 내는 척하는 사람도 있었다. 절멸 처리는 독일에서 멀리 떨어진 동유럽의 시골에서 이루어졌다.

독일인의 눈으로 보자면 유대인은 표면상으로는 '이주'된 데 지나지 않았다. 독일인이 눈치채지 못하도록 독일 국내의 유대인을 가능한 한 바로 절멸수용소를 보내지 않고 먼저 보헤미아의 유대인보호지역 테레지엔슈타트로 보냈다. 유대인은 거기에서 얼마 동안 아는 사람에게 편지를 쓸 수가 있었다. 그러나 얼마 뒤 그들은 아우슈비츠로 이송되었다.

히틀러의 범죄를 막기 위해서는 반란이라도 일으키지 않으면 안 되었을 것이다. 그러나 전쟁과 독재체제라고 하는 상황에서 그런 일을 할 수 있었을까?

그는 자기가 저지른 최대의 범죄, 바로 대량 학살을 국민에게 알리지 않았다. 국민을 믿지 못하고 있었기 때문이다. 10년에 걸쳐 그토록 반유대주의 선전을 했음에도 불구하고, 독일 국민은 유대인의 대량 학살을 지지하지 않았다. 그는 독일인을 그 무엇도 두려워하지 않는 '지배 민족'으로 만들 꿈을 꾸

▲'일하면 자유를 얻는다'고 써 있는 아우슈비츠 제1강제수용소 정문　원래는 공동사업 확충에 사용된 표어였다.

▼아무렇게나 구덩이에 던져진 강제수용자들의 처참한 시체

었는데 국민은 그 기대에 호응하지 않았다.

히틀러가 마지막 몇 년 동안 국민을 더욱더 멸시하고 그들과의 접촉을 피하고, 독일의 운명에 냉담해지고, 마침내는 독일을 멸망시켜 버리겠다고 결의하기에 이르게 된 이유들을 여기에서 찾아볼 수 있다.

1941년 12월의 '최후 결단'

1941년 11월 30일, 히틀러는 힘러에게 전화로 이날 베를린에서 유대인을 수송하되 처리(학살)는 하지 말라고 지령을 내린다.

11월 30일을 우리는 주목할 필요가 있다. 이날은 모스크바 함락을 눈앞에 두고 러시아 측이 공세로 전환하는 5일 전이다. 이 공세로 독일군은 패배하고 히틀러는 이미 이 전쟁에 승산이 없다고 각오하게 된다.

또 이날은 히틀러가 미국에 선전포고를 하기 10일 전이며, 이 선전포고로 독일의 전면 패배가 결정적인 것이 된다. 또 이날은 반제 회의(1942년 1월 20일, 그로센반제에서 열린 나치장교들의 회의)의 50일 전에 해당되며 이 회의로 '유대인 문제의 마지막 해결'이 결정되어 독일뿐만 아니라 전 유럽의 유대인 학살이 준비된다.

독일 패배는 피할 수 없는 것이 되었다. 패전 후에는 재판이 기다리고 있었다. 그러나 그런 일은 어떻게 되든 상관없었다. 그는 27일 덴마크 및 크로아티아 외상과의 대화에서 터놓고 말했다. "독일이 이길 수 없으면 망하는 것이 좋다. 나는 아무런 미련이 없다."

그때까지의 히틀러는 앞에서도 여러 번 말한 바와 같이 두 가지 목표를 좇고 있었다. 독일에 의한 세계 지배와 유대인의 절멸이다. 1941년 그는 이에 대해서 시원한 최종 결정을 내렸다. 세계 지배는 이룰 수 없는 꿈으로 단념하고, 유대인 절멸에 전념하기로 한 것이다.

"정치와는 이제 인연을 끊었다"는 말의 뜻

히틀러가 전쟁 후반에 행동력이 둔해지고 무기력에 빠진 이유는 이제 뚜렷해졌다. 그가 그토록 재능을 발휘한 정치에 대해서 히틀러는 이미 관심이 없었다. 1941년 끝무렵 히틀러는 정치를 그만두고 그 이후에는 오직 광기의 살인에 날이 샜다.

히틀러는 군사적 지휘만은 이전보다 열심히 했다. 그것은 시간을 벌어 대량 학살을 수행하여 희생자들을 묻을 장소를 확보하기 위해서였다. 그리하여 1942년부터는 시간 벌기와 학살장 확보에 전술의 중점이 놓였다.

3년 동안 매일 유대인 가족이 주거지나 은신처에서 쫓겨 동쪽으로 수송되어 알몸으로 절멸공장으로 투입되고 화장장의 굴뚝으로부터는 밤낮을 가리기 않고 연기가 피어올랐다.

7 배신

유대인 절멸에서 독일의 완전 파괴로

히틀러가 가장 큰 죄를 저지른 민족이 가장 큰 피해를 받은 것은 아니었다. 러시아는 히틀러에 의해서 1200만 명의 목숨을 잃었다. 그러나 히틀러에 의해 강요된 고난은 러시아를 다시없는 초강대국으로 만들었다.

폴란드에서 히틀러는 600만, 유대인을 제외하면 300만 명의 사람을 죽였다. 하지만 히틀러와 전쟁을 한 덕택으로 폴란드는 전쟁 전과 비교해서 지리적으로나 민족적으로 정리된 나라가 되었다.

히틀러는 유대인을 절멸하려고 했다. 그리하여 그가 지배한 지역에서는 그것이 거의 실현되고 있었다. 그러나 400만에서 600만의 인명을 빼앗은 히틀러의 대학살은 살아남은 사람들로 하여금 국가 건설을 가능하게 했다. 그야말로 2000년 만에 유대인은 히틀러 덕분으로 다시 국가를 가질 수가 있었다. 히틀러가 없었다면 이스라엘은 생기지 않았으리라.

히틀러로부터 가장 큰 피해를 입은 나라는 바로 독일이었다. 독일인도 히틀러에게 가공할 만한 수의 희생을 치렀다. 700만 명 이상이었다. 역설적이게도 독일제국은 지도 위에서 모습을 감추고 말았다.

히틀러는 1945년 독일 전 국토를 황폐화시켰다. 물리적인 황폐만이 아니었다. 히틀러가 뒤에 남긴 것은 시체와, 집을 잃고 굶주려 헤매는 수백만의 인간들이었다. 뿐만 아니라 통치 시스템까지 무너져서 국가 자체가 괴멸되고만 것이다.

1945년 1월에서 4월까지 히틀러는 상황 판단력을 잃고 이미 이 세상에 없는 군대를 지하 상황실에서 지휘하고 억누를 수 없는 분노의 발작과 무기력 사이를 왔다 갔다 하면서 베를린의 깨진 기와 조각과 자갈 속에서 맨 마지막 순간까지 기적의 승리를 꿈꾸고 있었다.

패배를 맞이했을 때 히틀러는 다시 전류가 통한 것처럼 정신이 번쩍 들게 된다. 두 손은 떨리고 있었지만 불의에 먹잇감을 덮쳐 단숨에 해치우는 날쌘 동작은 건재했다. 육체적으로는 피폐했지만 1944년 8월에서 1945년 4월까지 히틀러는 이를 악물고 결정을 내려 믿을 수 없는 한 가지 목표에 이른다. 독일을 완전히 파괴할 것, 바로 그것이었다.

이 최후 국면에서 히틀러가 취한 정치방침은 3단계로 나뉜다. 제1단계(1944년 8월에서 10월)에서 그는 이미 패배한 전쟁을 그만두지 않고 마지막까지 싸우기로 결정했다. 제2단계(1944년 11월에서 1945년 1월)에는 마지막 공격을 가하기 위해서 서부전선으로 밀고 나갔다. 그러나 제3단계(1945년 2월에서 4월)부터는 독일의 완전 파괴를 추진했다.

'12시 5분, 끝까지 싸운다'

히틀러는 어떻게 해서 이와 같은 최종 목표를 세우게 되었는가?

1944년 8월 말의 전황은 1918년 9월 말의 상황과 비슷했다. 1918년 당시 군사독재자였던 루덴도르프는 전쟁을 포기하고 휴전을 제안했다. 그러나 1944년 8월 22일의 히틀러는 루덴도르프와는 정반대 일을 했다. '번개 작전'이라는 지령을 내려 바이마르공화국 시대의 장관, 시장, 국회의원, 정당 간부, 정부 각료를 일제히 체포, 구속한 것이다.

히틀러가 내린 이러한 정적(政敵) 배제 명령은 전쟁의 조기 종결을 사전에 봉쇄하기 위한 조치였다. 비록 이길 가망성이 없어도 마지막까지 싸울 결의를 하여 그 누구의 방해도 받고 싶지 않았던 것이다.

히틀러는 커다란 증오를 안고 있었다. 사람 죽이는 일에 속으로 큰 기쁨을 느끼고 있었다. 이 사나이의 가슴에 깃든 증오의 힘, 살인에 대한 충동은 이제까지는 유대인이나 폴란드인, 러시아인을 향하고 있었으나, 그것이 지금은 독일 국민으로 방향을 바꾸고 있었다.

10월 말 독일에서는 국민돌격대가 편성되고, 16세에서 60세까지의 남자가 본토 결전에 대비하여 동원되었다.

폐허가 된 드레스덴 제2차 세계대전 말, 독일의 모든 도시는 연합군의 공습을 받았다. 엘베강 가의 고도 드레스덴도 1945년 2월 13일부터 15일까지 폭격을 당해 시가지의 85퍼센트가 파괴되는 큰 피해를 입었다. 드레스덴 공습은 독일이 입은 피해의 상징이 되었다.

히틀러는 본토 결전을 결의하여 이를 위해 1944년 가을 다시 한 차례 독일 군에서 격문(檄文)을 날렸으니, 만약에 본토 결전이 오랫동안 이어져서 많은 피를 흘렸다면 최초의 원자탄은 일본이 아니라 독일에 투하되었을 것이다.

그러나 그렇게 되지 않았던 것은 히틀러 덕택이었다. 본토 결전을 위해 비축했던 병력을 헛되이 소모해 버린 것이다. 1944년 11월 히틀러는 다시 한 번 치고 나갈 결의를 굳혔다. 이어 12월 16일 독일군은 아르덴에 최후의 공격을 가했다.

아르덴 공격은 제2차 세계대전의 그 어떤 작전보다도 히틀러의 독창적 작품이었다. 하지만 군사적으로는 미쳤다고밖에 할 수 없는 무모한 계획이었다. 그 무렵 군사기술로 보아 공격하기 위해서는 적어도 적보다 3배 더 많은 병력이 없으면 성공 가망이 없었기 때문이다.

독일 국민은 히틀러가 바라는 것 같은, 앞이 보이지 않는 최후결전은 바라고 있지 않았다. 그들은 1918년 때처럼 전쟁의 결말, 즉 종전을 원했다. 그것도 서방 열강에 점령되는 형태로 가능한 한 관대한 패전을 원하고 있었다.

히틀러의 아르덴 공세는, 그가 1944년에 세운 방어구상으로부터 현저하게 벗어난 것이었다. 그러나 이것도 독일 국민에 대한 배신을 뒷받침하는 것이었다. 본디의 방위구상은 '끝이 없는 공포'를 목표로 하고 있었다. 즉 모든 전선에서 적을 못 박고, 비록 독일군이 불가피하게 퇴각을 해서 땅을 포기하는 일이 있어도 전 국민이 게릴라전으로 저항한다는 작전이었다. 하지만 아르덴 공세는 그와는 반대로 '공포와 함께 마지막을 장식하는', 다시 말해 이길 승산이 없는 최종 결전에 도전하여 전군이 불타 없어져 버리는 것을 목표로 하는 끔찍한 작전이었다.

독일인에 대한 실망과 복수

왜 히틀러는 갑자기 방침을 바꾸었을까? 그에 대한 대답을 들으면 누구나 온몸이 얼어붙지 않을 수 없다. 국민들은 게릴라전에 아무런 뜻이 없다는 것, 국민 대중에게 싸울 의지 같은 것이 없다는 것을 그는 이미 알고 있었다. 국민의 마음도 히틀러의 그것과 동떨어져 있었다.

그렇다면 좋다. 이런 국민에게는 벌을 주어야 한다. 역시 사죄(死罪)가 어울린다. 이것이 히틀러가 내린 마지막 결단이었다.

1945년 3월 18일, 19일의 총통 명령에 의해 히틀러는 독일에게 사형선고를 내린다.

이 무렵 러시아군은 오데르강 유역에 밀어닥치고, 미군은 라인강을 건너고 있었다. 동서 연합군이 독일 중앙에서 만나는 것은 시간문제였다.

"전쟁에 패했다는 것은 국민도 패했다는 것을 의미한다. 독일 국민이 살아가는 데에 필요한 최저 생활기반 같은 것은 걱정해 줄 필요가 없다. 반대로 생활기반 같은 것은 파괴해 버리는 것이 좋다. '이 민족은 약했던 것이다.'"

1945년 3월 18, 19일의 총통 명령이 그대로 충실하게 실행되지는 않았다. 만약에 명령대로 실행되었더라면 독일인은 정말로 얼마 남지 않았을 것이다.

결국 주민으로부터 이렇다 할 저항도 받지 않고 진군해 온 연합군 덕택으로 독일인은 히틀러가 부과한 가혹한 운명을 벗어난 것이다. 히틀러의 명령은 초토(焦土)부대나 SS정찰대에 의해서 수행되었는데 사실 히틀러의 계획이 적군(서방 연합군)의 그것보다도 훨씬 잔혹했다. 적군은 독일 국민이 살아가는 데 필요한 최소한의 생활기반을 파괴하는 일은 하지 않았다.

그렇다면 히틀러가 맨 마지막에 살인의 비수를 적이 아니라, 독일 국민에게 들이댄 목적은 무엇이었는가? 그것은 단 한 가지, 영웅적 결전에 목숨을 걸고 참가하지 않으려고 했던 독일인, 다시 말해 총통으로부터 정해진 역할을 기피한 독일인들에게 벌을 주기 위해서였다.

히틀러는 독일 역사의 필연이었나

국가 번영을 위해 침착 냉정하게 사심을 버리고 헌신하는 태도, 이것이야말로 히틀러에게 결여되었던 자질이었다. 이 사나이는 처음부터 국력을 자기 생각대로 총동원하기 위해 독일국가를 이용했을 뿐이었다. 자신의 사욕을 채우기 위해 독일국가를 봉사시킨 것이다.

독일인에게 히틀러는 신이 보낸 기적이었다. 그러나 이것을 뒤집어 말하자면 밖에서 날아든 정체를 알 수 없는 인간이라는 말이기도 했다. 그는 처음 한동안 하늘에서 보낸 구세주라고 여겨졌다. 하지만 뒤에 그는 지옥 바닥에서 솟아난 악마라는 것이 판명되었다.

당시 독일인은 야심에 찬 민족이었다. 그러나 야심적임과 동시에 정치적으로 갈 곳을 잃어버리고 있었다. 이 두 가지 요소가 히틀러에게 기회를 주었다.

그는 일단 권력을 쥐자 그 무엇에도 귀 기울이지 않았다. 히틀러가 독일인에게 야심을 품은 모습은 조련사나 주인이 자기 경주마에게 지나친 기대를 거는 것과 같았다.

그가 마지막으로 이룩한 것은 그에 대한 모든 기대를 접은 독일인들이었다.

히틀러가 자살하고 몇십 년이 흐른 뒤에도 독일에서는 히틀러주의를 표방해서 그의 유지를 이어받으려는 사람은 하나도 없다.

《나의 투쟁》이란 무엇인가

앙투안 비트킨

저널리스트, 아르테 〈나의 투쟁〉 감독, 히틀러연구 일인자

"끝나지 않는다. 결코 끝나지 않는다."

귄터 그라스 《게걸음으로 가다》[1]

"성, 히틀러. 이름, 아돌프. 직업, 작가."

나치 당수 히틀러는 1925년 독일 세무국에 직업을 이렇게 써냈다. 이 서류는 지금 독일 세무국에 보관되어 있다. 아돌프 히틀러가 작가라니, 뜻밖의 일이다. 국수주의자에 인종차별주의자, 폭력적이고 공격적인 대중선동 연설가, 좌절한 화가 지망생, 결국 독재자로 불린 이 사나이에게서 문학가의 이미지는 찾아볼 수 없으리라.

1923년 뮌헨 폭동은 미수에 그치고 히틀러는 유죄판결을 받아 란츠베르크 교도소에 수감되었다. 이 기간을 효과적으로 쓰고자 했던 그는 교도소 생활 동안 집필에 매진했다. 그리하여 많은 분량의 글을 써낼 수 있었다. 이것이 《나의 투쟁》이다. 이렇게 열정을 바쳐 이루어 낸 책에 그는 자신의 운명을 맡겼다.

그 무렵 히틀러의 지지자는 한 무리의 괴짜들뿐이었다. 하지만 히틀러는 교도소 독방에서 이 세상에 끝을 고하는 것 같은 격렬한 연설문을 써내려갔다. 《나의 투쟁》은 오늘도 끊임없이 최고의 발행부수를 기록하는 정치서적으로 위세를 떨치고 있다. 1933년 히틀러가 권력을 쥐었을 때는 이미 10만 부가 팔려나가고 있었다. 제3제국에서 《나의 투쟁》은 1500만 부가 넘는 무서운 판매량을 기록하며 독일 나치정권의 상징이 되었다. 나치의 바이블이나 다름없

---

1) Im Krebsgang. 제2차 세계대전 말 민간인 9000명 이상이 숨진 선박침몰사건을 다룬 귄터 그라스의 2002년 작품.

는 이 책은 신혼부부 선물이나 아이들 교재로도 많이 쓰였으며, 이 책으로 첨단 기술이 동원된 여러 홍보가 이루어졌다. 더 많은 사람들이 읽을 수 있도록 요약판과 만화판은 물론 점자판까지 출판되기에 이르렀다.

처음에는 독일에서만 출판, 판매되었지만 《나의 투쟁》이 읽힌 것은 독일만이 아니었다. 1930년대에는 20여 개국 언어로 번역되어 수많은 사람들을 열광케 했다. 세계 곳곳의 사람들은 이 책에 매혹되어 열광했지만, 한편으로는 두려워하기도 했다. 프랑스에서는 히틀러가 이끄는 독일군과의 공방뿐 아니라, 이 책의 판권을 둘러싼 분쟁이 일어나기도 했다.

1945년 제3제국이 붕괴되고 히틀러가 죽은 뒤에도 《나의 투쟁》은 여전히 세계적인 베스트셀러였다. 독일 바깥에서는 나치 정권의 연구자료로서 수백만 부가 팔려나갔으며, 미국 잡지 〈캐비닛〉[2]에 따르면 오늘에도 영어판만 매년 10만 부 넘게 팔리고 있다. 프랑스에서는 전쟁 전부터 계속 같은 출판사가 《나의 투쟁》을 출판하고 있다. 《나의 투쟁》이 침투한 곳은 미국이나 프랑스 같은 이웃 나라뿐만이 아니다. 터키는 1년 만에 8만 부라는 판매량을 기록했다. 인도에서도 날개 돋친 듯 팔려나갔고 러시아, 일본, 인도네시아, 이집트, 레바논 등 여러 나라에서 이 책은 기록적인 판매량을 보여주었다. 믿기지 않겠지만 이는 틀림없는 사실이다. 히틀러의 교도소 집필부터 80년, 아우슈비츠 수용소의 유대인 참극이 폭로된 지 60년이 흐른 지금도, 《나의 투쟁》은 여전히 사람들에게 엄청난 영향을 미치고 있다.

서점에서 모습을 감춰도 《나의 투쟁》은 분명 계속 존재하고 있었다. 불온서적처럼 기억의 밑바닥에 꽂혀 두 번 다시 펼치지 않을 듯이 간직되어 있는 책. 호기심을 유발하긴 하지만 혐오하고 있는 책. 잊을 수 없는 어둡고 비참한 추억 같은 한 페이지인 것이다.

하지만 이 책의 유명세에 비해 그 궤적은 잘 알려져 있지 않다. 역사상 최악의 범죄자 손에서 탄생한 이 책이 수십 년에 걸쳐 걸어온 길은 이미 어둠 속으로 흩어져 버렸다. 물론 《나의 투쟁》은 지금까지 몇 번이고 논문과 기사로 다루어졌고 많은 사람의 손에서 분석되어 왔다. 그러나 출판의 경과, 출판되었을 무렵의 평판, 나치 정권과 제3제국에 미친 영향, 독자들의 반응, 외

---

2) Cabinet Magazine. 미국의 예술 전문 잡지.

국어판의 보급상황, 전쟁 뒤의 움직임에 대해서는 어떤 연구도 이루어지지 않았다. 그리고 이 책을 '손에 든' 수백만 독일 사람들이 실제로는 몇 명이나 이 책을 '읽고' 있었는지에 대해서도 정확한 조사는 이루어지지 않았다. 역사학자들은 이런 연구에는 흥미를 보이지 않았고 여론은 눈길조차 주지 않았다. 1945년에 출판금지 처분이 내려진 뒤, 오늘날까지 독일에서 《나의 투쟁》에 대한 연구서가 전혀 출판되지 않았다는 점도 그 사실을 뒷받침하고 있다. 나치에 관해서는 여러 면에서 역사적 논의가 이루어지고 있지만 이 책에 대해서는 그런 논의를 하기보다, 《나의 투쟁》이 걸어온 기구한 운명을 더듬어 가는 것으로 지금까지의 공백을 메꾸는 것이 좋지 않을까 생각한다.

《나의 투쟁》의 역사가 우리에게 귀중한 교훈을 주는 만큼, 당연히 역사적 관점뿐만 아니라 윤리와 정치 문제도 언급해야 할 것이다. 이 글의 목적은 《나의 투쟁》에 대해 생각하고 두 가지 의문에 대한 답을 찾는 것에 있다.

히틀러는 《나의 투쟁》에 자신이 앞으로 실행할 거의 모든 범죄를 낱낱이 밝혀두었다. 얼버무리거나 난해한 말로 도망가는 것이 아니라 공포정치의 프로그램, 인종차별과 전체주의의 수행계획, 세계 정복의 야망까지 모든 것을 담아냈다. 대중은 알 수 있었을 것이다. 1925년 이 책이 서점에 진열되고부터 사람들은 언제든지 이 책을 읽을 수 있었고, 단지 읽는 것만으로도 히틀러가 얼마나 위험한 인물인지 예측할 수 있었다, 아니 예측했어야 하는 것이 당연하다.

독일 철학자 빅토르 클렘페러[3]는 이 의문으로 괴로워했다. 나치의 폭거에 무력할 수밖에 없던 그는 이렇게 말했다. "어째서 이런 책이 여론에 받아들여지는 것인가. 왜 사람들은 사회주의의 바이블이라 불린 이 책을 몇 년이나 보고서도, 히틀러가 권력을 쥐는 것을 용서한 것인가. 제3제국의 성립에 있어서 내가 가장 이상하다 여긴 것은 바로 이 점이다."

물의를 일으킬지도 모르지만, 또 다른 의문이 있다. 《나의 투쟁》에 담겨 있던 사상은 지금도 남아 있는 것일까. 이 책이 지금도 팔리고 있는 이유는 어디에 있는 것일까. 연합국 측은 이 책을 유해물로 간주하고 전쟁 뒤에는 반영

---

3) Victor Klemperer. 독일 언어학자이자 일기작가. 유대인. 인종차별법으로 불안한 삶을 살았던 그는 감옥 안에서 허리띠를 못 매게 됐을 때의 기분을 이렇게 표현했다. "인간의 도덕적 존엄은 신성불가침하다고 철학적으로 논하는 것이 다 무슨 소용인가? 내게는 바지가 흘러내리는 것이 가장 비참한 굴욕이었다."

구적으로 출판을 금지하려 했다. 하지만 이 유해물은 정말로 위험한 것일까.

《나의 투쟁》과 독일 정부

1925년 《나의 투쟁》이 출판되었을 때, 히틀러는 책이 얼마나 팔리는지에는 관심이 없었다고 한다. 그에게 《나의 투쟁》은 단지 개인적 의지표명의 수단일 뿐이었다. 위태로운 처지에 있는 정치가 히틀러에게 그것은 도박이나 다름없었다. 그가 수감되어 있던 사이에 본디부터 굳건하지 않았던 국수적 민족주의운동[4]은 세분화되고 있었다. 여러 그룹으로 나뉘어 지도자라 자칭하는 자들이나 기관신문, 인종차별주의자와 국수주의 예언자 같은 사람들이 죽 늘어서 있는 상황이었던 것이다. 게다가 국가사회주의독일노동당(NSDAP) 안에서도 불화와 분열이 눈에 띄기 시작했다. NSDAP 간부 중에서도 특히 슈트라서[5]와 슈트라이허,[6] 그리고 루덴도르프[7] 등은 자신의 힘을 과시하고자 저마다 파벌을 만들고 있었다. NSDAP 북독일지부는 점차 뮌헨본부에 반발하게 되었으며, 히틀러는 위신을 잃고 그의 주장도 비판받기에 이르렀다.

히틀러는 독일 전역에 자신의 사상을 드러내기 전에 찬동자를 먼저 모으고자 했다. 이를 위해 그는 《나의 투쟁》 마지막에서 자신의 야심을 외치며 동지를 불러모은다. "민족의 피가 더럽혀져 가는 이 시대에 자국의 가장 우월한 인종 보존에 최선을 다한 국가는 언젠가 분명 세상의 지배자가 될 것이다. 우월 인종 보존을 두고 성공 가능성이 있는지를 당이 요구하는 희생과 비교하며 불안해지는 일이 있더라도 이 사실을 결코 잊어서는 안 된다."

실제로 NSDAP가 '불안' 속에 있던 1925년 무렵, 히틀러가 말하는 우월 인종 보존의 '성공 가능성'은 불확실한 상태였다. 그는 자신이 제시한 방침에 당원들이 공감해 주기를 바랐다. 그는 당을 위해, 조국을 위해, 그리고 자기 자

---

4) völkisch. 나치 용어. 인종주의 이데올로기에 입각한 민족주의(국수주의).

5) Gregor Strasser. 독일 정치가. 북부·서부의 조직을 지도하며, 베를린에서 '캄프(투쟁)출판사'를 세워 나치당 강령을 반자본주의적·사회혁명적 방향으로 실현하려 노력했다. 그레고르가 히틀러에게 굴복하자 아우 오토는 나치당과 결별, '혁명적 흑색전선'을 조직했다.

6) Julius Streicher. 정치 깡패라 불렸을 정도로 광적인 반유대주의자. 히틀러의 나치당은 슈트라이허의 노동협회와 통합하며 2만 명이 넘는 세력으로 성장했다.

7) Erich Friedrich Wilhelm Ludendorff. 독일의 장군. 육군을 대확장, 제1차 세계대전 때 8군 참모장으로 타넨베르크에서 대승, 당시 독일 국민의 우상이 되었다.

신을 위해 최선을 다해 줄 찬동자를 원하고 있었던 것이다.

1925년 2월 중순, 히틀러의 정치 경력에 분기점이 되는 사건이 일어났다. 바이에른주(州) 정부에 의한 NSDAP 활동금지령이 풀린 지 얼마 안 됐을 무렵이었다. 2월 26일과 27일, 히틀러는 비어홀 뷔르거브로이켈러[8]에 NSDAP 당원을 불러모았다. 로젠베르크처럼 간부였던 사람들 중에서도 분리주의[9]인 사람들이나 활동하고 있지 않은 사람들을 불러모았기에 결석자는 거의 없었다. 그는 바이에른주 당원들을 장악하고 복귀를 향한 첫걸음을 내딛을 생각이었다. "낡은 싸움은 잊어버리자" 그는 외쳤다. 이날, 그는 유대인에 대해서는 한마디도 언급하지 않은 채, 한 가지만을 강조해서 이야기했다. "마르크스주의에 승리할 것을 약속한다. NSDAP의 승리가 가까웠다." 하지만 이를 실현시키기 위해서는 한 가지 조건이 필요했다. 마르크스주의의 이념과는 다른 이념, 그가 말하는 이념을 갖고 저항하는 것이다.

빤히 보이는 이념이었지만 그래도 청중은 이해한 듯했다. 마르크스의 망령에 대항하기 위해서는 그에 걸맞은 인물이 필요했다. 《나의 투쟁》을 쓴 히틀러라면 마르크스가 될 수 있다. 히틀러는 '작가'가 됨으로써 이미지를 바꾸고 지금까지의 오욕을 씻어냈던 것이다. 그때까지 그는 술집에서 큰소리로 허세를 부리며 쿠데타에 실패한 혁명가에 지나지 않았다. 《나의 투쟁》 출판은 그의 위신을 높여주었고, 이념가로서 재출발할 수 있는 계기가 되어주었다. 이때부터 집회소 출구에서 히틀러의 부하들이 가격까지 명시된 《나의 투쟁》 광고지를 나누어 주는 모습을 심심치 않게 볼 수 있게 되었다.

유대인과 《나의 투쟁》

1938년 11월 10일, 이른바 '수정의 밤' 사건이 일어난다. 정부의 선동으로 시작된 폭주는 독일 남서부 바덴바덴[10]의 유대인 커뮤니티를 습격했다. 다른

---

8) Bürgerbräukeller. 독일 뮌헨에 있었던 대규모 비어홀. 1885년 맥주양조회사의 Bürgerliches Brauhaus가 처음 개점했다.

9) separatism. 분리 혹은 동등한 지위를 요구하는 국가나 민족의 소수집단 사이에서 나타나는 정치운동을 말한다. 예를 들어 1990년에 캐나다 퀘벡주에서 프랑스어를 쓰는 많은 사람들은 영어를 쓰는 시민들로부터의 국가분리를 요구했다.

10) Baden-Baden. 독일 바덴뷔르템베르크주 서부의 도시. 로마 시대부터 알려져 있으며 당시의

마을과 마찬가지로 유대인이 경영하는 점포가 파괴되었고 유대인 수십 명이 목숨을 잃었으며 수천 명이 수용소로 끌려갔다. 무장한 나치당원들은 바덴바덴에서 잔혹한 악행을 저질렀다. 그들은 먼저 유대인 신자를 마을 시너고그[11]에 모았다. 그리고 그 지방 명사였던 프레힝거 박사를 랍비가 설교하는 연단에 오르게 하고, 신자들 앞에서 《나의 투쟁》을 낭독하게 했다. 나치 당원들의 '바이블'이 유대교의 신성한 책을 대신하는 상징적인 광경이었음에 틀림없다. 낭독이 끝나자 나치당원들은 신자들을 밖으로 내보내고 시너고그에 불을 질렀다. 그 뒤, 신자들은 다하우[12]와 부헨발트[13] 수용소로 끌려갔다.

'수정의 밤' 사건이 일어나고 얼마 지나지 않아 독일에 살고 있던 유대인 수천 명이 국외로 망명했다. 《나의 투쟁》을 읽지 않아도 유대인들은 나치가 반유대 사상을 가지고 있음을, 그리고 유대인을 혐오하고 있음을 깨달았던 것이다. 인종차별법과 그 밖에 다른 차별적 조치, 게다가 〈푈키셔 베오바흐터〉[14]와 〈데어 슈튀르머〉[15]에 매일같이 게재되는 희화(戲畫)와 온갖 욕설을 앞에 두고 유대인들은 위협을 느꼈을 것이다. 하지만 반나치 활동가들이 그랬듯이 《나의 투쟁》을 읽었다고 해서 유대인 배척으로 이어지는 요소를 발견해 낸 유대인은 결코 많지 않았다.

이런 점에서 조르주 로완제의 증언은 매우 흥미롭다. 알자스에 거주하고 있는 유대인 로완제는 그 무렵 라인강을 사이에 두고 독일의 움직임을 관찰하고 있었다. 다른 많은 유대교 신자들과 달리 그는 일찍부터 정치에 관심을 가지고 시오니즘 운동을 펼치던 청년단에 소속되어 있었다. 시오니스트 청년단을 지도하는 위치에 있었던 베이유 박사는 1930년대 초반부터 유대인 청년들을 모아 아직 화제에 오른 적이 없던 책을 소개했다.[16] 독일에 머물렀던 그

목욕장 터가 있음. 국제적 온천 휴양지.
11) Synagogue. 유대교 교회당.
12) Dachau. 독일 바이에른주 중부의 도시. 1933년 3월, 유대인 강제수용소가 처음 개설된 곳으로, 이는 아우슈비츠 등 그 후 건설된 수용소의 모델이 되었다.
13) Buchenwald. 독일 중동부 바이마르(Weimar) 부근의 마을. 나치스의 강제수용소가 있었다.
14) Völkischer Beobachter. 나치당 중앙 기관 신문. '국민의 감시자(파수꾼)'란 뜻.
15) Der Stürmer. 1923년 슈트라이허가 반유대주의 보급을 위해 창간한 신문사. 나치당 대중지로 '돌격병'이란 의미이다.
16) Zionism. 시오니즘 또는 시온주의(主義)는 팔레스타인 지역에 유대인 국가를 건설하는 것이 목적인 민족주의 운동이다. 19세기 말 시작되어 1948년 세계에서 유일한 현대 유대인 국가

가 《나의 투쟁》을 가지고 돌아왔다. 베이유는 젊은 로완제를 앞에 두고 말했다. "이 책의 저자는 반유대적 성향이 매우 강한 독일인이네. 읽는 내내 나는 불안에 떨어야 했지. 지금까지 읽은 책 중에서 가장 무섭고 역겨운 책이었네. 이 남자는 굉장한 야심가야. 뛰어난 연설로 사람들을 사로잡겠지. 절대 이 책 한 권으로 만족할 사나이가 아니네. 아주 무서운 사람이야."

그로부터 몇 년 지난 1938년, 로완제는 독일에서 건너온 유대인들이 알자스 지방을 통해 서쪽으로 도망치게 도와주었다. 도망쳐 온 유대인 중에는 이런 말을 하는 사람도 있었다. "당신들은 왜 도망치지 않는 겁니까. 《나의 투쟁》을 읽지 않은 겁니까? 전쟁이 시작될 겁니다. 그놈들은 분명 여기까지 공격해 올 겁니다. 스트라스부르[17]에 남아 있다간 위험할 거라고요." 하지만 로완제는 도망치지 않았다. 로완제는 이어 이렇게 말했다. "이 책은 계속해서 경고하고 있었습니다. 그 경고를 진지하게 받아들였어야 했는데." 그 무렵에는 《나의 투쟁》의 본질을 이해하지 못했었다는 의미인가 물으니 그의 입에서 용솟음치듯 말이 뿜어져 나왔다. "그렇다기보다는 인정할 수 없었던 겁니다. 이해할 수는 있었죠. 읽으면 알 수 있었습니다. 하지만 인정하려 하지 않은 거죠." "뭘 인정할 수 없었다는 겁니까?" "앞으로 일어날 일들. 상상조차 할 수 없는 그런 일은 있을 수 없는 일이라 치부해 버린 거죠."

분명, 상상도 할 수 없는 일이리라. 실제로 '수정의 밤' 사건을 제외하면 전쟁이 일어나기 전에 나치가 대대적으로 유대인을 공격한 적은 없었다. 질서를 존중하는 독일인의 국민성, 그 괴테조차 말하지 않았는가. "무질서를 견디느니 차라리 부정을 저지르겠다"는 말을 히틀러는 잘 알고 있었다. 과격한 폭력행위는 국민의 지지를 얻을 수 없을 뿐 아니라 국제적으로도 비난을 사게 된다. 이언 커쇼[18]의 히틀러 평전에 의하면 히틀러는 반유대주의보다 강국 독일의 부활이라는 주제가 국민의 지지를 모으기 쉽다는 점을 깨닫고 있었다고 한다. 그 때문인지 유대인에 대한 공격적 발언은 1933년 이후 꽤 수그러들었다.

하지만 유대인 대학살로의 전환은 조용히 진행되고 있었다. 공공장소에서

인 이스라엘을 건국하는 데 성공했다.

17) Strasbourg. 프랑스 북동부, 알자스 지방의 라인강에 임하는 하항(河港)도시. 한때 독일 영토였으며, 1945년 4월 유럽회의 총회가 열렸었다.

18) Ian Kershaw. 히틀러 전기 작가.

유대인을 내쫓는 법이 생기고, 모욕적인 행위가 잇따랐다. 그러나 1930년대, 그 시대를 살아가고 있는 사람들이 유대인 차별정책이 대량살인까지 이어지리라 예상하기는 어려웠다. 많은 사람들이 나치의 반유대주의는 기껏해야 반유대법과 철저한 아파르트헤이트[19] 정도가 한계일 것이라 생각하고 있었다.

독일에 살고 있던 유대인들 또한 예외는 아니었다. 그들은 유대인 몰살을 목표로 하는《나의 투쟁》의 본질을 깨닫지 못했고, 그것이 어떤 형태로 현실에 표면화될지도 예상하지 못한 채 첫 번째 희생양이 되어야 했다. 대대적으로 선전된 이 책을 얼마나 진지하게 받아들여야 하는지 알 수 없었던 사람들은《나의 투쟁》을 펼치려 하지 않았다. 독일 국민이 그랬듯이 그리고 히틀러와 적대하는 사람들이 그랬듯이, 유대인들도 상상조차 하지 못했던 '만천하에 드러난 음모'를 눈앞에 마주했으리라.《나의 투쟁》에 적혀 있는 계획이 정말 실현되어 사람들이 무언가를 눈치챘을 때는 이미 너무 늦었다. 그때는 수많은 희생자가 나온 다음이었던 것이다.

발행금지 처분의 한계

히틀러의 죽음

제2차 세계대전이 끝나고 히틀러가 죽은 뒤, 신생 독일정부가《나의 투쟁》에 대한 태도를 바꾸어도 다른 나라에서의《나의 투쟁》출판은 계속되었다. 그중에는 극우 출판사가 발행원이 되어 있는 경우도 있다. 1950년에는 멕시코판, 1969년에는 네오파시스트[20] 몽팔콘[21]에 의한 이탈리아판이 출판되었다. 스페인판과 브라질판에는 서문을 넣어 책 일부에 '비상식적'인 부분이 들어가 있음을 인정함으로써 "히틀러는 신의 계시를 받은 지도자로서 창조적인 사고를 나타내려 했다" 설명하고 있다. 스페인판 발행인 세다데는 네오나

---

19) Apartheid. 남아프리카공화국의 극단적 인종차별정책으로, 1994년 최초의 흑인정권이 탄생하며 철폐되었다.

20) neo-fascist. 신파시즘주의자. neo-fascism. 제2차 세계대전 후에 나타난 유사(類似) 파시스트의 정치운동 또는 사상. 독일의 경우 '네오나치즘'이라고 한다.

21) Monfalcone. 이탈리아 공화국 베네치아·줄리아주(州) 고리치아현(縣)에 있는 인구 약 2만 7000명의 기초 자치제 도시. 아드리아해에 면한 항만·공업 도시로 조선업의 근거지이다.

치즘[22] 단체로 《나의 투쟁》이 '성서와 《돈키호테》에 이어 세계에서 가장 많이 읽히고 있는 책'이라 단언하기를 서슴지 않았다.

하지만 독일은 전쟁으로 이어지는 이런 사상이 다시 퍼져나갈 것을 염려하여 이 책의 출판을 강하게 반대하고 있다. 독일 정부는 《나의 투쟁》을 계속 출판하려 한 프란츠 에어출판사[23]에 여러 조치를 취해 이를 저지했다. 그 결과 저자가 공식적으로 바이에른주에 살고 있었던 점을 들어, 독일 국내법에 따라 《나의 투쟁》 저작권은 바이에른주로 넘어갔다.[24] 에어출판사는 어떠한 형태로든 《나의 투쟁》을 출판할 수 없게 되었으며 해외 출판금지에 대해서는 독일 외무성이 교섭을 하게 되었다. 1948년 10월 15일 뮌헨재판소는 히틀러 개인재산은 모두 국가가 몰수한다는 판결을 내렸다. 해외에서의 《나의 투쟁》 출판 역시 '독일 국가 이미지를 손상시킬 가능성이 있으며' '나치즘의 산물을 불온당한 형태로 사용하고 있는 것을 비난받을' 위험이 있다고 간주되고 있다.

2014년 6월 25일(현지시간) 독일 16개 주정부 및 연방정부 법무장관들은 히틀러가 죽은 지 70년이 되는 2015년까지 독일과 오스트리아에서 출판을 금지했던 《나의 투쟁》을, 저작권 효력이 상실되는 2016년 이후에도 계속 금지하기로 합의했다. 다만 비판적인 주석을 단 학술용 서적은 출판이 가능하다는 여지를 남겼지만 이것도 내용에 오류가 없는지 법원의 판결을 받도록 조치했다.

전쟁책임은 누구에게? 독일인과 《나의 투쟁》

뉘른베르크 재판과 《나의 투쟁》

1946년 1월 8일 국제군사재판 법정에서, 생존해 있는 나치 간부에 대한 심문이 행해졌다. 뉘른베르크 재판소는 11년 전, 히틀러의 차별정책을 명문화한 뉘른베르크법이 제정된 바로 그 장소이기도 하다. 영국인 검사 엘빈 존스

---

22) neo-Nazism. 신나치주의는 나치 독일과 나치즘의 부활을 추구하는 사상을 말한다. 나치즘의 특징인 극우, 민족주의 사상을 가리키는 말이기도 하다.

23) Franz Eher Verlag. 나치당 출판국. 1925년 7월 18일 히틀러의 《나의 투쟁》을 출판했다.

24) 저작권을 가진 바이에른주(州)는 히틀러 사후 70년이 되는 2015년까지 출판을 금지했다.

는 이 재판에서 검사석에 섰다. 젊은 법률가 존스는 1930년대 독일에 오랫동안 머물렀던 적이 있어, 독일 사정에 밝았다. 그는 단도직입적으로 말했다.

"이 법정에 모인 모든 분들께서 이 책을 주목해 주시기 바랍니다. 이것은 피고인들의 신앙표명이라고도 할 만한 것, 아돌프 히틀러의 《나의 투쟁》입니다. (중략) 이 책을 읽은 이상, 피고인들은 자신들의 지도자 히틀러가 얼마나 부당한 목적을 가지고 있었는가 다시금 깨달았을 것입니다. 소송의 원인으로 충분하리라 생각합니다. 《나의 투쟁》은 나치가 가진 공격성의 본질을 쓴 책입니다. 독일 정부는 서면, 내용 등 모든 형태를 인용하여 《나의 투쟁》을 전면적인 규범으로 하는 정책을 만들어 그 폭력적 목표를 실행해 왔습니다. 나치가 저지른 폭력 행위는 긴박한 정치상황에 의해 우발적으로 일어난 것이 아닙니다. 나치가 정권을 잡은 사이에 유럽 및 세계 전체에 일어난 정치적 혼란과는 별개의 것입니다. 전쟁이라고 하는 무력행사에 의해 외교정책을 실현시키는 것이 나치의 신조라고, 《나의 투쟁》에 분명하게 쓰여 있습니다."

피고인석에는 허공을 바라보며, 완고하리만치 정면을 외면하고 있는 검은 선글라스를 쓴 괴링[25]이 있었다. 란츠베르크 교도소 이래 언제나 히틀러의 측근이었던 루돌프 헤스[26]는 넋이 나간 표정을 짓고 있었다. 철저한 반유대주의 신문 〈데어 슈튀르머〉지의 편집장이었던 율리우스 슈트라이허는 거짓 웃음을 짓고 있었지만, 친위대인 칼텐부르너의 얼굴에서는 아무런 표정도 읽을 수 없었다. 법정 안에 논고를 계속 읽어 나가는 존스의 목소리가 울려퍼졌다.

"피고인들은 《나의 투쟁》에 쓰인 사상, 교리, 정책이 독일 국민, 그중에서도 영향을 받기 쉬운 청소년들의 신봉 대상, 행동 원리가 되도록 했습니다. 이 법정에서도 이미 미국인 검사의 지적이 있었던 것처럼, 1933년부터 39년에 걸쳐 독일 국내 학교, 대학, 그리고 히틀러 유겐트에서는 《나의 투쟁》의 프로파간다 활동이 왕성히 이루어졌습니다. (중략) 피고인 및 그 찬동자에 의한 이

---

25) Hermann Wilhelm Göring. 독일의 군인·정치가. 1933년 1월 나치의 정권 획득과 함께 히틀러 아래서 무임소상, 프로이센 내상(內相)에 임명되고, 나치 반대파를 철저하게 억압했다. 1940년 전시 경제 최고 책임자·국가 총원수가 되었다. 1946년 10월 1일 뉘른베르크 군사재판에서 교수형의 판결을 받았으나, 처형 직전 음독자살했다.

26) Rudolf Hess. 독일의 정치가. 1921년 나치 입당, 뮌헨 폭동에 참가하고 히틀러와 함께 투옥되어 옥중에서 히틀러의 《나의 투쟁》 구술을 필기했다. 1934년 나치 부당수를 거쳐 히틀러 제2후계자에 지명되었다. 뉘른베르크 군사재판에서 종신금고형(禁錮刑) 판결을 받았다.

와 같은 선전활동으로 이 책은 젊은이들을 세뇌시키고, 독일 국민 전체의 사상을 왜곡시키기에 이르렀습니다. 어제 친위대의 에리히 폰 뎀 바흐첼레프스키가 발언한 것처럼, 10년이란 기나긴 시간에 걸쳐 슬라브인은 하등민족이다, 유대인은 인간 이하의 존재이다, 라는 말을 반복해서 듣게 되면, 이 수백만의 사람들을 죽이는 게 당연한 일이라 생각하는 것은 충분히 있을 수 있는 일입니다. 《나의 투쟁》은 아우슈비츠의 지옥불과 마이다네크의 가스실로 이어져 있는 것입니다."

그 뒤, 존스는 한 시간 넘게 《나의 투쟁》 주요 부분을 읽어내렸다.

피고인 대부분이 히틀러의 의도를 알아차리지 못했다고 주장하는 가운데, 뉘른베르크 재판에서는 피고인의 죄상을 뒷받침하는 증거로써 《나의 투쟁》이 몇 번이나 인용되었다. "1925년 시점에서 처음부터 이 책에 쓰인 모든 내용은 누구나 알고 있던 것이 아닌가." 연합군 측 검사들은 이렇게 주장했다.

《나의 투쟁》을 제3제국의 바이블이라 했던 괴링은 이 책의 정치적 의미를 과소평가하는 것으로 책임을 회피하려 했다. 이는 그저 '일반서적'일 뿐이며, 나치 계획서는 아니라고 주장한 것이다. 한편 피고인 중 단 한 사람, 샤흐트 박사[27]만은 달랐다. 《나의 투쟁》은 열악한 독일어로 쓰여 있으며, 초기 광신적 지지자의 프로파간다[28]의 산물이다. 그리고 이 책에 쓰인 정책, 특히 외교정책에 대해서 실현 불가능하다 생각하고 있었으므로 히틀러의 계획에 찬동한 것은 아니다"라고 변명했다.

뉘른베르크 재판에 있어서 피고인 측에서도 이렇게 《나의 투쟁》을 예로 들고 있었던 것이다. 2월 중순 반유대주의 신문 〈데어 슈튀르머〉의 편집장 율리우스 슈트라이허는, 반대심문 도중 담당 변호사로부터 연합군 측 검사의 의도를 전해 듣는다. "검찰 측은 〈데어 슈튀르머〉지가 《나의 투쟁》의 프로파간다 활동, 청소년들에 대한 장려 활동을 행하지 않았다면, 히틀러의 부하나 칼텐부르너의 부하, 친위대 간부들이 범죄행위에 가담하지 않았을 것이라고 생각하고 있다." 그러나 1933년부터 유대인 근절을 주장해 온 슈트라이

---

27) Horace Greely Hjalmar Schacht. 독일의 경제인으로 히틀러 정권에서 총재, 경제장관을 지냈으나 침략계획에 반대하여 파면당했다. 독일의 샤흐트 은행을 창설했다.
28) propaganda. 어떤 것의 존재나 효능, 주장 등을 남에게 설명하여 동의를 구하는 일 또는 그 활동을 말한다. 주로 사상이나 교의 따위의 선전을 이른다.

허는 단박에 대답했다.

"이름이 알려진 나치 간부들이 매주 〈데어 슈튀르머〉지를 열독하고 있었다고는 생각지 않는다. 그들이 히틀러의 명령에 따른 것은 그들이 내 신문을 읽어서이기 때문은 아닐 것이다. 히틀러의 책, 《나의 투쟁》이 존재한다. 그 책이 사람들의 규범, 정신적인 규범이 된 것이다." 그 후 법정에서, 언제부터 반유대주의 사상을 가지게 되었는가 하는 질문에 슈트라이허는 《나의 투쟁》을 읽고 '유대인 문제의 역사적 근원'을 알게 된 뒤, 그때부터 반유대주의자가 되었다고 대답했다.

앞서 말했던 영국인 검사 엘빈 존스는 재판 당시 37세였다. 그는 1930년대 유럽에 히틀러라는 괴물이 태어나, 세계가 그 앞에 완전히 무력했던 모습을 자신의 눈으로 지켜보았다. 1946년 1월, 그는 법정에서의 논고를 다음과 같이 마무리했다. 그 말은, 그 자리에 있는 21명의 피고인만이 아니라 독일 국민 전체에게 하는 질문이기도 했다. "수백만이나 되는 남자와 여자, 어린이들을 유혈과 참극의 피해자로 만든 《나의 투쟁》이란 책이 단순한 심심풀이 대상의 글로 그쳐서는 안 된다는 것, 가볍게 생각하거나 무관심해서는 안 된다는 것이 증명되었다. 그러나 안타깝게도 이 책은 지금까지 너무나도 가볍게 여겨져, 간과되어 왔다."

독일 국민은 《나의 투쟁》을 얼마나 읽었는가

종전 직후, 먼저 이름이 알려진 전쟁 범죄자에게 이목이 집중되었다. 하지만 그와 동시에 다른 의문이 샘솟았다. 독일 국민, 극히 평범한 시민들은 과연 《나의 투쟁》을 읽었던 것일까.

1200만이나 되는 독일인이 적어도 한 권씩 이 책을 가지고 있다. 직접 구입한 경우도 있고, 어떠한 기회로 증정받은 경우도 있을 것이다. 그러나 그들은 정말 그 책의 내용을 알고 있는 것일까. 프로파간다의 끝, 상징적인 오브제가 된 이 책. 히틀러 자신이 대중의 이목이 과도하게 모이는 것을 두려워했다고 하는 이 책을 독일인들은 과연 정말로 읽고 있었던 것일까.

독일인 역사학자이며 저널리스트인 귀도 크노프[29]는, 나치 정권 아래 독일

---

29) Guido Knopp. 독일 역사학자이자 다큐멘터리 작가. 특히 제2차 세계대전을 전문적으로 다룬다. 작품으로 《광기와 우연의 역사》《전쟁과 폭력》 등이 있다.

에 대해 연구를 계속해 왔다. 그의 작품으로부터 1940년 시점에서 스무 살 청년이었던 한스의 증언을 들어보자.

"수용소에서 어떠한 일이 벌어지는지 아돌프 히틀러는 알지 못했으리라고 대부분의 사람이 생각하고 있었습니다. 그 히틀러가 범죄자라고는 믿을 수 없었던 것입니다. 《나의 투쟁》을 읽었더라면 좋았을지도 모릅니다. 집에는 《나의 투쟁》이 세 권 있었습니다. 제가 고등학교를 졸업할 때 받은 것, 아버지가 생신 때 받은 것, 여동생이 결혼할 때 받은 것입니다. 우리는 《나의 투쟁》을 읽지 않았습니다. 그게 잘못되었던 것입니다."

나치 정권 아래 독일에서 살고 있던 국민 대부분이 종전 이후 해왔던 전형적인 증언이다. 1946년, 미군에 의한 잠정정부가 8000명의 독일인을 대상으로 진행한 사회학적 조사에서도 거의 동일한 결과가 나왔다. 《나의 투쟁》을 읽었다고 대답한 국민은 극히 소수였다. 그러나 실제로 극단적인 부정의 대답만이 돌아오는 이상, 신뢰성 있는 데이터를 얻는 일은 어렵다.

나치 정권 아래 살았던 독일 국민과 직접 만나 이야기를 들어보아도 《나의 투쟁》을 읽었다고 하는 사람은 아무도 없었다. 가지고 있었던 것은 인정하더라도, 모두 "한 번도 펼쳐본 적은 없다"고 하는 것이다. 그들의 자녀나 손자에게 같은 질문을 해보아도, 그들 역시 같은 대답을 할 것이다. "《나의 투쟁》은 프로파간다(선전선동) 대상이었기 때문에 누구나 심벌로 가지고 있었을 뿐이며, 펼쳐본 적은 한 번도 없다." 과연 진실일까.

이 의문은 역사적으로만 생각해서는 안 된다. 도덕적으로도 생각해야 한다. 1933년 이전에 '《나의 투쟁》을 읽었다'는 것은, 즉 독일 정부를 떠맡게 된 지도자 아돌프 히틀러가 어떤 인물인지 '알고' 있었다는 것을 의미한다. 그리고 1933년 이후 '《나의 투쟁》을 읽었다'는 것은 히틀러의 정치적 의도, 아니 적어도 그가 사물을 생각하는 방식 및 사상이 어떤 것인지 '이해하고' 있었다는 일이 된다. 물론 그 결과를 정확히 예상하는 것은 불가능했다고 해도, 나치의 프로파간다가 그만큼 이 책을 중요시하고 있던 이상, 이 책에는 깊은 의미가 있다고 깨달을 수 있지 않았겠는가. 즉 '《나의 투쟁》을 읽었던' 사람이라면, 히틀러의 의도에 대해 '충분한 예비지식'을 가지고 있었을 게 분명하다는 것이 존스의 주장이다. 이는 독일 국민 전체에게 전쟁 책임을 묻는 것이며, 국경을 넘은 100만 명의 '독자'에 대한 외침이기도 했다.

시대의 증인들은 입을 굳게 다물고 있다. 국민적인 수치라고만 할 뿐 그 무엇도 명확히 밝히지 않는다. 혹시 역사학자라면 그들의 침묵을 대신하여 이 중요한 질문에 대답해 주지 않을까. 그러나 많은 역사학자들은 지금까지의 통념에 따라 풍파를 일으키지 않을 원만론에 기대오고 있다. 이리하여 종전 직후부터 "대부분의 국민은《나의 투쟁》을 읽지 않았다"는 합의가 이루어졌다. 독일 역사학자들은 히틀러의 개인적 자질을 강조하고, 독일의 전쟁 책임은 전부 '그'에게 있다고 보게 되었다.《나의 투쟁》에 관심을 가지는 연구자가 없었던 것은 아니다. 하지만 그들 대부분은 히틀러의 과격한 주장의 독특성과 폭력성을 강조할 뿐,《나의 투쟁》이 국민에게 미친 영향을 고찰하는 학자는 없었다. 독일 국민은 어디까지나 '피해자'이며, '가해자'로 보지 않았던 것이다.

1970년대, 80년대가 되면서 갑자기 공론이 일어났다. 새로운 세대의 저명한 학자들이 히틀러 개인 및 그 책에 모든 책임을 지워온 그때까지의 생각에 의문을 제기하게 된 것이다. 그들은 치안부대, 나치당(黨), 사법, 의사 등 히틀러의 정책에 관여해 온 인물, 또 단체의 역할에 주목했다. 나치즘의 구조를 쫓는 이러한 '기능파'적인 접근은, 나치 정권시대의 독일을 새로운 시점에서부터 고찰하게 되어, 이를 계기로 국민 사이에서도 히틀러의 몽상과 악마적 사상만이 원인은 아니었다는 것을 인정하는 풍조가 생겨났다. 이리하여 역사학자들 사이에서도 한스 몸젠[30]과 같이 히틀러를 '취약한 독재자'로 인식하고, 국가 정치에 있어 히틀러의 역할은 극히 적었으며, 그 자신의 사상보다도 주변 환경과 과격파 분자의 행동에 의해 정치가 움직이고 있었다고 생각하는 사람이 나타났다.

예를 들어 유대인 대학살에 대해서도《나의 투쟁》에 쓰인 기본 계획보다도 1941년 이후 급진파의 주장이 공산권에 대한 '전면전쟁'과 결합한 쪽이 커다란 원인이 되었다고 하는 의견도 있다. 즉 동유럽에 침투하여 영토확장을 실현한 것에 대해 그곳에 거주하는 다수의 유대계 주민이 저항하자, 이에 곧

---

30) Hans Mommsen. 독일 역사학자. 히틀러 암살작전인 '발키리작전'에도 참여했다. 독일 공영방송국(ARD)이 주최한 나치 관련 시사 토론회에서 골드하겐과 논쟁을 벌인 일은 특히 유명하다.

란해하던 친위대가 유대인을 대량 학살하고 가스실의 도입까지 생각했다는 것이 '기능파' 학자들이 후대에 이르러 내놓은 해석이다.

이러한 관점에서 보면, 《나의 투쟁》은 커다란 의미가 없게 된다. 저명한 역사학자이며 기능파의 흐름을 이어받은 한스 몸젠은 지금도 이렇게 말하고 있다.

"결국 《나의 투쟁》의 구입자는 이 책을 의무적으로 살 수밖에 없었든가, 아니면 어떤 가치가 있으므로 산 것이다. 나치의 프로파간다에 커다란 의미가 있었다고는 생각하지 않는다. 신혼부부에게 《나의 투쟁》을 증정한 것은 확실하다. 그러나 그것을 읽은 사람은 거의 없다. 특히 1933년 이후 이 책을 읽은 사람은 거의 없을 것이다. 왜냐하면 이 책은 이미 구체적인 정책으로서의 의미를 잃어버렸기 때문이다."

역사학자 노베르트 프라이는 《총통국가·나치의 지배 1933~1945년》에서 나치의 프로파간다가 문학적 표현보다도 시각 효과를 중시해 온 점, 독일인의 서적에 대한 전통을 고려해 출판물 통제에 대해 비교적 관용적이지 않을 수 없었던 점을 지적하고 있으나, 《나의 투쟁》에 대해 논한 부분은 없다.

이는 역사적 검증의 기반을 어디에 두는가 하는 것만으로는 끝나지 않을 문제이다. 역사학자들도 독일 국민임에는 변함이 없고, 이때까지 정착해 온 독일 역사로부터 자유로운 존재는 아닌 것이다. 독일을 대표하는 역사학자이며 의도파의 계승자인 에버하르트 예켈은 히틀러의 이데올로기 및 《나의 투쟁》에 대해 많은 책을 집필했다. 그러나 그런 그마저도 "《나의 투쟁》의 판매 부수는?", "대체 국민 중 몇 명이 읽었을까요?"라는 소박한 질문에 대해서는 "모르겠습니다"라는 한 마디의 대답밖에 하지 못했다. 오랜 기간 《나의 투쟁》을 연구해 온 인물이 《나의 투쟁》의 판매 부수도, 이 책에 대한 국민의 반응도 모른다는 것이다. 또 한 사람의 저명한 역사학자도 "그런 것에 매달리는 것은 의미가 없다. 아무튼 그 무엇도 논평할 만한 것은 없다"는 냉정한 답변뿐이었다. 하지만 여기에 이르기까지의 경위와 의문점, 그리고 가설과 지론을 펼치자, 이 역사학자는 태도를 부드럽게 바꾸며 인터뷰에 응해 주었다. 실제 인터뷰가 시작되자, 그는 도도하게 말을 계속했다. 그 자신도 이 문제의 중요성을 깨달은 듯했다. 《나의 투쟁》을 그에게 건네주려 하자, 그는 이 책을 손에 드는 것마저 저항감을 느낀다고 밝혔다. 즉 역사학자에게도 이 책은 결코 보통의 책은 아닌 것이다.

현재 역사가들의 연구는 다시금 히틀러 본인에게 주목하는 경향이 강하며, 이때까지의 기능파가 주장한 내용도 포함한, 상당히 변증론적인 것이 주류를 이룬다. 이른바 '신(新)의도파'의 주장은 국가사회주의 사상, 곧 히틀러 자신의 의도에 의해 '독일의 비극'이 일어났다는 것이다. 이리하여 역사학자는 오랜 기간 비속적, 혹은 '의미가 없다'고 치부해 왔던 책,《나의 투쟁》에 다시금 주목하게 되었다. 그러나 그래도 아직 이 책이 독일 국민에게 어떤 영향을 주고, 그들이 어떤 식으로 이 책을 읽었는가에 대한 연구는 전혀 없다고 해도 좋을 것이다.

그러다가 선구적 연구라 할 수 있는 1970년대의 베르너 마저, 그리고 최근들어서는 2006년 독일에서 오트마르 프뢰킹거의 저서가 발행되었다. 오스트리아 국적을 지닌 그는 처음으로 《나의 투쟁》의 정확한 발행 부수를 조사한 학자이다. 또한 그는 독일공립도서관에서 《나의 투쟁》을 열람한 횟수를 조사했다. 그러자 여러 차례에 걸쳐 열람 수가 급증한 시기가 있다는 것을 알게 되었다. 열람 수의 증감은 판매 부수의 증감과 거의 동일하게 움직인다고 한다. 최근 열람 수가 가장 최고점을 찍은 때는 1933년, 히틀러가 정권을 쥐었을 시기로 100만 부의 판매고를 기록했다. 그러나 즈데텐 침공이 있었던 1938년과 폴란드 침공 직전에 해당하는 1939년 끝무렵 등, 국제관계가 긴장했던 시기에도 열람 횟수가 늘어났다.

도서관의 열람 수에는 상당히 큰 의미가 있다. 도서관이라는 장소의 성격상 사람들이 이곳에서 책을 손에 든다는 것은 '읽기' 위함이지, '소유하기' 위함이 아니기 때문이다. 프뢰킹거가 조사할 수 있었던 것은 오래된 열람기록이 남아 있던 일부 도서관에 한정되었으므로, 적은 기록으로부터 정확한 숫자를 추출하는 것은 어려운 일이었다. 하지만 그래도 열람 수에 변동이 있었다는 것은, 즉 사람들이 '더 자세히 알고 싶다, 히틀러의 생각을 알고 싶다, 이 책을 읽으면 히틀러의 외교정책을 알 수 있을까'라고 생각하면서 이 책을 손에 들었다는 것이다. 그때 《나의 투쟁》에는 독자가 존재했다. 단순한 장식품으로 놓여 있던 것이 아니었다.

전 현대사연구소 소장인 프랑스인 학자 파브리스 달메이다도 《나의 투쟁》에 주목하고 있는 한 사람이다. 그는 현재 '독일의 비극에 있어서 《나의 투쟁》의 역할을 과소평가하고 있는' 경향이 주류를 점하고 있는 것을 우려하고 있다. 《나의 투쟁》을 전부 읽었는지 아닌지는 문제가 아니다. 이는 상당히 두꺼운 책이다. 서가에 가지고 있다고는 해도, 모두가 다 읽었을 리는 없다. 그 책은 실제 존재하며, 사람들은 여기저기에서 그 책을 인용한 글을 보고 있다. 그쪽이 중요한 것이다." 달메이다는 또한 신문이 매일같이 《나의 투쟁》을 인용했고, 지부장과 나치당 간부들도 연설 때마다 《나의 투쟁》의 한 소절을 인용했다는 점을 지적했다. 《나의 투쟁》의 한 소절을 인쇄한 팔띠마저 배포되고 있었다. 즉 이 책은 당시의 국민 생활에 깊숙이 침투하여, 책을 전부 읽을 필요가 없을 정도였던 것이다." 또한 《나의 투쟁》의 많은 페이지마저도 당시 사람들에게는 그다지 장애가 되지 않았을 것이라고 달메이다는 말한다.

"전혀 읽을 수 없을 정도의 문장은 아니다. 확실히 지금 우리가 읽으려 하면 쓸데없이 길고 난해하다고 생각할 것이다. 그러나 그때는 이것이 보통이었다. 사람들은 《나의 투쟁》을 미래를 보여주는 예언처럼 읽고 있었다. 예언은 수수께끼와 같아 이해하기 어렵더라도 당연하다고 생각한다. 《나의 투쟁》이 당시 성경에 비유되었던 점에도 주목하고 싶다. 성서는 읽기 쉬운 책이 아니다. 하지만 장대하다. 문장의 반복도 많다. 게다가 신앙심이 있는 사람에게 성서는 지루한 읽을거리가 아니라 집중하게 하는, 살아 있는 서적인 것이다. (중략) 《나의 투쟁》은 그런 의미로 성서에 가까운 존재였다."

히틀러 전기의 저자 이언 커쇼도 당시 독일 국민 심리를 탐구하는 도중 흥미 깊은 자료를 찾아냈다. 친위대 보안부(Sicherheitsdienst)가 비밀리에 행했던 독일 국민에 대한 심리조사 보고서가 남아 있었던 것이다. 1945년 패색이 짙어지자 국민은 독일이 전쟁 책임을 지고 연합군에게 보복당할 것을 두려워하기 시작했다. 겉으로는 연합군의 압도적인 세력을 패전 이유로 내세웠으나, 슈투트가르트 보안부의 보고에 따르면 국민 사이에서는 독일이 전쟁에 책임이 있는 것을 전면적으로 인정하고, 그 원인이 20년 전에 시작한 영토확장 전략이며, '총통은 처음부터 전쟁을 일으킬 계획이었다'라는 견해가 퍼지고 있었다고 한다. 더욱이 히틀러가 해외로 도망가, 그곳에서 다시금 《나의 패배》를 집필하고 있다는 패전 직후의 소문도 해당 보고서에 기록되어 있다.

쇼아(Shoah, 유대인 대학살)의 예언

독일 국민의 전쟁 책임을 논할 때 무엇보다 중요하고 어려운 문제는, 유대인 학살에 관한 부분이다. 《나의 투쟁》의 독자는 나치가 저지른 가장 큰 죄, 유대인 학살을 예측할 수 있었는가 아닌가에 대한 질문이다.

유대인 학살을 몇 가지 조건이 겹쳐 우연히 발생한 결과라고 보는 견해도 있다. 그러나 적어도 그 비극을 예측할 수 있을 만한 이데올로기가 1925년 출판된 《나의 투쟁》에 이미 확실히 실려 있어, 이 책을 읽은 사람이 그것을 눈치챘을 '가능성'이 분명히 있다.

물론 그 책과 독자들에게만 책임이 있는 것은 아니다. 히틀러의 책 말고도 나치의 반유대주의를 나타내는 증거는 얼마든지 있다. 개전 직후에는 《나의 투쟁》을 읽지 않았어도 누구나 유대인 배척정책이 격화할 것을 예상할 수 있었을 것이다. 1939년 1월 30일, 히틀러는 국회에서 연설을 했다. 독일 국민 대부분이 귀를 기울이고 있었을 이 연설에서 히틀러는 피할 수 없는 유럽과의 전쟁을 '유럽 내에서 유대인의 절멸'을 목적으로 하는 것이라고 단언했다. 사회당 의원들은 이 발언이 품고 있는 위험성에 민감히 반응했다. 그 직후인 2월 그들은 비밀리에 출판된 광고서 속에 이렇게 기록해 놓았다. "히틀러의 최종 목표는 대량 살인이라 하며, 1914년 아르메니아인 대학살과 같은 비극을 예상하고 있다. 다른 점이 있다면, 거기서부터 시작된 학살 행위는 아르메니아인 때보다 시간을 들여 용의주도하게 행해지고 있다."

《나의 투쟁》이라는 책이 독자의 알고자 하는 욕구에 더욱 정확히 응할 수 있었던 것은, 실제로 전쟁이 진행 중인 시기였기 때문은 아니었을까. 살인 시스템이 움직이기 시작한 1941년 이후, 이 책은 여러 의문에 대한 답으로 존재하고 있었다. 나치 정권은 이때까지 반유대주의를 공언해 왔으나, 실제로 대량 살인 계획을 실행에 옮기게 되었을 때, 그 내용은 극히 일부 간부들만이 알고 있었다.

1940년 10월 단치히, 동프로이센 지역에서 처음으로 유대인 거주자 제로화(化) 달성의 화려한 막이 올랐을 때 사람들은 무언가를 의심하지 않았던 것일까. 동방전선에서 돌아와 자신이 본 살육행위를 가족에게 말했다는 병사들은 어떻게 생각하고 있었을까. 봉인된 화물열차가 지나가고, 그 안에서 사람들 아우성 소리가 들려왔을 때 누구도 그 행선지에 대해 의문을 가지지 않았을까. 그런 열차가 독일 전 지역을 통과했을 것이다. 먼 동방에 죽음의 수용소가 있다는 소문을 누구도 믿지 않았다는 것인가. 《나의 투쟁》에는 유대인이 없는 세계를 실현하고자 하는 히틀러의 야심이 곳곳에 담겨 있다. 그러나 대부분의 사람은 거기에 무관심했다. 무관심, 아니 오히려 폭력에 익숙해지고 물질적인 고통에 시달리는 사이, 알고 싶지 않고 이해하고 싶지 않다고 생각하게 된 것이다.

하지만 여기서 중요한 것은 국민의 무관심만이 아니다. 장 피에르 파이가 《전체주의 언어》에서 지적한 대로 1925년 이후 히틀러의 말을 반복적으로 들으며 독일 국민은 공포에 익숙해져 버린 것이다. 《나의 투쟁》은 다가오게 마련인 범죄를 국민이 받아들일 수 있는 기반을 만들었다. 사회학자 클라우스 테베라이트는 '파시즘이란 정치와 경제라는 사회적 조직이 아니라, 현실을 연출하는 방법의 하나'라고 쓰고 있다.

《나의 투쟁》은 독일 국민 심리에 이중으로 작용했다. 이 책을 읽고 경계심을 가져야만 했던 독일 국민은, 정반대의 행동을 했다. 그것도 《나의 투쟁》 및 나치 프로파간다 정책이 독일 전체에 침투하여, 독일 국민은 독일이라는 국가의 이름 아래 행해지는 살육행위에 대해 무저항이 되어버린 것이다.

이 역시 음모가 명확히 드러났기 때문에 나올 수 있었던 결론이다.

건망증, 특별사면, 금기

종전 직후, 독일 국민은 도덕적으로 스스로를 되돌아볼 만한 여유가 없었다. 1945년 미군이 행한 조사에 따르면, 응답자의 70퍼센트가 국민 한 사람 한 사람의 전쟁 책임에 대해서 부정하고 있다. 사람들은 한시라도 빨리 성가신 책을 손에서 놓아버리고 싶어 했다.

1945년 5월, 패전 다음 날부터 몇백만이나 되는 사람들이 《나의 투쟁》을 파기하거나 감추려 했다. 장식품 안에 밀어넣거나 강물에 던지거나 하는 사람도 있었다. 대부분의 사람이 '읽지 않았다'고 공언하면서도 이 책을 가지고 있는 것만으로 무언가 찜찜함을 느끼고 있었다. 이 책이 서가나 탁상에 있는 것을 소련, 영국, 프랑스, 미국으로 이루어진 연합군 병사가 보기라도 하면 골치 아파질 것이라고 생각할 만큼 책의 내용을 파악하고 있었던 것이다. 물론 이는 쓸데없는 걱정으로 끝난다. 연합군은 긴급히 처리해야 할 일들이 있었으므로, 민간인의 집을 돌아다니며 《나의 투쟁》을 압수할 만한 여유가 없었다.

《나의 투쟁》의 처분 방법에 있어 상징적인 일화가 있다. 출판역사를 전공한 올덴부르크 대학의 젊은 역사학자 올라프 시몬스가 할머니에게 들은 이야기이다. 주부였던 그의 할머니는 결혼식 때 《나의 투쟁》을 선물받았다. 그리고 연합군이 자신이 사는 마을에 다다랐을 때, 그녀는 순간 이 책을 기름종이로 감싸 정원에 묻었다고 한다. 스토브에서 태우는 편이 확실하지 않았느냐고 손자가 묻자, 그녀는 이렇게 대답했다. "하지만 중요한 물건이라고 생각하고 있었으니까." 2년 후 그녀는 이 책을 파내서, 더럽혀지지 않도록 기름종이를 새것으로 바꾸어 같은 자리에 도로 묻어두었다고 한다. 좀 더 구체적으로 조사해 보던 중 시몬스는 이것이 자기 할머니만의 이야기가 아님을 깨닫는다. 당시 많은 집에서 《나의 투쟁》을 파기하기보다는 눈이 닿지 않는 곳에 감추려고 했던 듯하다.

"모두가 이 책을 버려야만 하는지, 가지고 있어야만 하는지 판단이 서지 않은 상태였다. 실로 복잡한 사정을 가진 특별한 책이라는 것을 모두 알고 있었다. 그러므로 금방이라도 깨질 물건처럼 다루었다. 버리지도 못하고 어딘가에 감춘 채, 몰래 가지고 있었던 것이다." 시몬스는 이렇게 기록했다. 나치 독재정치의 기록을 연구하는 페터 라이헬[31]도 이러한 행동을 다음과 같이 설명하고 있다. "연합군은 나치즘을 독과 같은 것이라고 말한다. 사람들이 실로 《나의 투쟁》에 독이 있다고 생각하기도 했다. 책을 만지는 것마저 싫어했다. 이 책에는 감염력이 있어서, 손으로 만지거나 읽거나 하는 것만으로도 나치에 세뇌된다. 《나의 투쟁》은 히틀러의 비밀병기이며, 그 효력은 전후에도 남아 있다고 생각했던 것이다."

눈 깜짝할 순간에 《나의 투쟁》은 시장에서 사라져 버렸다. 애장판 《나의 투쟁》이 여러 가지 장정본으로 몇십만 부나 인쇄되었음에도, 1950년대에 들어서는 헌책방에서조차 구할 수 없는 판본이 생겨났다. 이것도 독일 국민 심리를 반영하는 것이라고 라이헬은 해석한다.

이러한 국민의 행동에 더해, 1945년에는 연합국에 의한 평의회가 베를린에

---

31) Peter Reichel. 독일 정치학자, 역사학자. 사회주의, 특히 나치에 초점을 맞춘 역사서적을 다수 출판했다.

서 개최되어 탈(脫)나치즘 정책의 한 가지로《나의 투쟁》에 대한 정식 출판금 지령이 내려졌다. 이에 의해 이 책의 배포 및 판매는 일절 금지되었다.《나의 투쟁》은 무대 위에서 완전히 모습을 감추게 된 것이다.

연합군에 의한 잠정정부의 명령을 받고, 독일 전국의 도서관은 행정기관과 도서관에서 소장하고 있던《나의 투쟁》을 한 권도 남김없이 거두어들여 금 서보관고 '기프트캄머[독(毒)의 방]'에 넣었다. 독일에서는 금서를 분류, 보관 하는 특별실을 '기프트캄머'라고 부른다. 도서관 직원들은 나치에 의해 금서 로 지정된 책을 이 방에서 꺼내고,《나의 투쟁》을 시작으로 나치 간부의 저 서를 이 방에 옮겨 넣는 작업에 시달렸다.

잠정정부가 위치한 뮌헨 중심에서 독일은《나의 투쟁》을 봉인하려고 했다. 그러나《나의 투쟁》의 사상은 쉽게 사라지지 않았다. 미군이 독일에서 독일 국민을 위해 촬영한 단편 뉴스 영화가 남아 있었다. 화면 속에서 군인과 공 무원이 인쇄소의 대형 윤전기 옆에서 작업하고 있는 모습이 비추어지며, 내 레이션이 흘러나온다. "이제까지《나의 투쟁》의 인쇄에 쓰였던 윤전기에서, 바이에른주 최초의 자유민주주의 신문이 탄생하려 하고 있습니다." 이것은 아직까지 독일 주요 일간지인 〈쥐트도이체 차이퉁(남독일신문)〉의 탄생을 보 도한 것이다. 나치 간부의 전쟁 책임을 묻는 한편, 국가 재건의 필요성과 미· 소 대립이라는 국제상황에 등이 떠밀려, 독일의 탈(脫)나치화가 진행되었다. 뉴스 화면에 담겨진 메시지는 뚜렷하다. 새로운 마음가짐으로 제3제국의 폐 허 위에 민주적이고 경제력 있는 신생 독일을 재건할 때가 온 것이다.

역사학자 요하임 페스트[32]가 쓴 회상록에 따르면, 독일 주요 도시가 아직 무너진 건물의 잔해 속에 있을 때, 독일인은 히틀러를 여전히 사상 최고의 정 치가로 평가하고 있었다. 1946년 미군의 잠정정부가 행한 조사에서도, 독일 국민의 대부분이《나의 투쟁》을 읽은 적이 없다고 말했으며, 77퍼센트가 '히 틀러의 방식은 너무 심했다'고 하면서도, 55~65퍼센트가 '우수한 인종이 다 른 인종을 지배하는 것은 당연'하다고 했으며, 33퍼센트가 '유대인에게 다른 민족과 동등한 권리를 주어서는 안 된다'고 응답했다. 그들이《나의 투쟁》을 열독했는지 아닌지는 알 수 없다. 그러나《나의 투쟁》에 쓰인 사상이 독일 국

---

32) Joachim Fest. 독일 역사학자. 히틀러 전기《히틀러 평전》의 저자로 유명하다.

민에게 충분히 스며들었다는 사실만은 확실하다.

독일 국민은 과거를 잊기 위해 필사적이었다. 1945년부터 60년에 걸쳐 미국이 행한 여러 조사에서도 이러한 모습을 엿볼 수 있다. 1947년 8월, 국민의 55퍼센트가 '나치 사상 그 자체는 옳지만, 실천방법에 문제가 있었다'고 생각하고 있었다. 1948년이 되자, '탈(脫)나치화와 간부들의 재판 및 처벌이 필요하다'는 응답은 14퍼센트가 된다. 1959년의 조사에서도 17퍼센트이다. 직접 판단을 내리는 위치에 있었던 일부 나치 간부를 제외하고, 업무의 일환으로 나치에게 협력했던 많은 사람들, 판사, 친위대, 의사, 나치당의 하급 관리 등에 대한 재판에는 모두가 무관심했다.

1951년, 신생 독일연방공화국은 유대인 학살의 최종 결정이 행해진 반제회의에도 출석했던 친위대장 호프만을 석방한다. 마찬가지로 이 회의에 참석했던 게오르그 라이브란트 전 대신과 친위대 간부 게르하르트 크롭퍼의 기소 역시 단념했다. 새로운 민주국가 독일 탄생의 중점적인 인물, 아데나워 수상의 관방장관으로 등용된 한스 글롭케는 우수한 법학자였으나, 히틀러의 사상을 구현화한 뉘른베르크법의 기초에 관여한 인물이기도 하다. 글롭케는 목숨을 걸면서까지 히틀러 암살계획을 실행하려고 한 폰 게르스도르프를 패전 후에도 계속 '변절자'로 보고 그가 독일연방군으로 복귀하는 것을 거절했다. 게다가 당시 글롭케의 이러한 결정에 의문을 가지는 목소리는 나오지 않았다. 1949년에는 민주적 선거에 의한 연방의회가 탄생하고, 1951년에는 의원으로 구성된 위원회가 미 고등법무관에게 란츠베르크에 수용되어 있던 나치 잔당의 석방을 요구했다. 미·소 연방에 의해 독일에도 군사 재정비의 필요성이 생겨나며, '그들의 수감은 군사재정비의 족쇄가 된다'는 것이 의원들의 주장이었다.

독일 국회는 대부분 무조건에 가까운 형태로 사면을 의결했다. 이리하여 란츠베르크 교도소에 수감된 사람 중 최대 유력자인 제프 디트리히도 1955년 석방되었다. 히틀러의 측근으로 이름이 알려져 있던 디트리히는 종신형을 선고받았음에도 보석 대상이 되었다. 그는 풀려난 뒤 예전 친위대를 지원하는 단체에서 활동하며 루트비히스부르크에서 유유자적 남은 생을 보냈다. 1966년 그의 장례식에는 6000명의 전 친위대원이 참석했다고 한다.

연합국 군대에 의해 탈(脫)나치화가 진행되며 가장 유감스러운 범죄자들은 처벌받았으나, 그 밖의 사람들은 죄를 용서받았다. 망각, 부인, 히틀러 인기의 잔재, 거기다 정원 깊숙이 묻혀 있는 《나의 투쟁》…….

이러한 종전 후의 혼란 속에서 《나의 투쟁》에 대한 기억은 희미해져 갔다. 어두운 시대의 베스트셀러는 어느새 존재하지 않는 책이 되어버렸다. 전쟁 책임의 증거 역시 한동안 자취를 감추었다.

히틀러 생애와 저작들

《나의 투쟁》 I에 대하여

이 책은 아돌프 히틀러가 지은 《나의 투쟁 *Mein Kampf*》 완역(完譯)이다. 원본 제1부는 1925년에, 제2부는 1927년에 각각 그 초판이 출판되었다. 이 책은 그 뒤 한 권으로 합쳐졌으나, 여기서 제1부는 1926년에 발행된 제2판, 제2부는 다음 해에 발행된 초판(모두 Verlag Franz Eher Nachfolger G. m. b. H., München 발행)을 참조하면서 1936년 발행의 213./217. Ausgabe(Zwei Bände in einem Band, Ungekürzte Ausgabe. Zentralverlag der NSDAP. Frz. Eher Nachf., München 발행)에 의거했다. 내용은 거의 변동이 없으나 '작은 표제'는 약간 바뀌어 있다.

히틀러의 생애

히틀러는 1889년 4월 20일, 독일과 오스트리아의 경계에 위치한 인(Inn)강 근처의 브라우나우에서 태어났다. 혈통은 바이에른 사람이고 국적은 오스트리아인인 그의 아버지 알로이스 히틀러는, 히틀러의 표현을 빌리면 '의무에 충실한 관리(하급 세금징수원)'였다. 그의 아버지는 아들을 자신의 소망이었던 고급 관리로 만들려고 했지만, 히틀러는 관리가 되기보다는 화가가 되기를 고집했다. 아버지의 강압으로 린츠 실업학교에 진학했으나 역시 미술·역사·지리 과목 말고는 성적이 나빴다. 그리고 히틀러는 람바흐수도원 소년합창대의 대원으로 활약하기도 했다. 또한 그의 유명한 웅변술도 이미 그 무렵에 습득된 듯하다. 《나의 투쟁》에서도 다음과 같이 자화자찬하고 있다.

"나의 말재주는 내 친구들과의 어느 정도 박력 있는 대결에서 훈련된 것이라고 생각된다"(제1부 제1장).

▲아기 때의 히틀러

◀소년 시절의 히틀러

　히틀러의 아버지는 그가 린츠 실업학교 2학년에 재학 중일 때 세상을 떠났다. 그는 비로소 어머니로부터 그가 원하던 미술대학 진학을 허락받고 1907년 빈(Wien) 미술대학에 응시했지만 실패했다. 그사이 어머니마저 세상을 떠났다.

　그 뒤부터 히틀러 자신이 "빈은 나에게 가장 철저하기는 했지만 가장 고생스런 인생의 학교였다"(제1부 제3장)고 술회하고 있는 '빈 시절'이 시작된다. 그는 싸구려 하숙, 부랑자 수용소, 독신자 수용소 등을 전전하며 날품팔이 노동자의 비참한 생활을 한다. 히틀러는 '빈 시절'을 《나의 투쟁》에서 다음과 같이 요약 설명하고 있다. "이 사치스러운 도시 속에서 나는 5년간 빈곤에 시달리며 비참한 시절을 보냈다. 나는 먼저 보조 노동자로 일하다 나중에는 시시한 화가 일을 하면서 먹고살았다. 일상의 배고픔을 달래기에는 부족한 약간의 빵을 위해서 일했다. 배고픔은 당시 나의 충실한 호위병으로 한시도 내게서 떠나지 않은 단 하나의 벗이었다"(제1부 제2장). 그러나 그는 그와 동시에 열심히 책을 사서 읽고 오페라 구경에도 열중했다고 조금 모순되는 진술을 하고 있는데, 이것은 어떤 자기 미화를 위한 가식인 듯하다는 견해가

1901년, 오스트리아 린츠 실업학교 1학년 학급사진
맨 뒷줄 오른쪽 끝이 히틀러이다.

많다.

아무튼 히틀러는 그즈음 아리아 인종으로서의 자부심, 반(反)유대주의 사상의 확립 및 노동자와 노동조합에 대한 지식을 다졌으며, 그가 《나의 투쟁》에서 자주 '파괴의 교설', '세계적인 페스트'라고 서술하고 있는 마르크스주의에 대한 견식도 싹텄다. 그는 어느덧 "1913년과 1914년에 나는 처음으로 여러 친구들 사이에서—그 일부는 오늘날 나치스 운동을 충실하게 지지하고 있지만—독일 국민의 장래 문제가 마르크스주의를 아주 없애버리는 문제라고 하는 확신을 주장했다"(제1부 제4장)고 할 정도로 반마르크스주의자가 되어 있었다.

그는 이 무렵 비로소 정치에 눈을 떴다고 고백하고 있으며, "정말 특수한 재능을 가지고 있는 경우 말고는 일반적으로 서른 살 이전에 공적으로 정치에 관여해서는 안 된다"(제1부 제3장)고 확신하고 있다.

1912년 봄, 그는 뮌헨으로 가서 화가 일을 하면서 생계를 유지한다. 생활은 역시 비참했으나 그 자신은 "아무튼 제1차 세계대전 전의 이 시대는 나의 생애에서 가장 행복하고 더할 나위 없이 만족한 시대였다"(제1부 제4장) 말하고 있다. 그러나 이듬해 8월, 그는 징병검사를 기피했다는 이유로 체포되어 16일 바이에른 예비보병 제16연대에 입대한다. 1914년 10월 21일 그는 첫 전투에 참가했다. 그 뒤 1918년 봄, 독일군 대공격에 가담하여 부상을 입고 육군병원에 입원 중 휴전과 독일혁명 소식을 듣는다. 독일혁명 혼란기에 그는 뮌

1918년, 바이에른 예비보병 제16연대 상병 때의 히틀러(오른쪽)
사진의 병사들은 뮌헨 출신자들. 이해에 독일의 패전으로 제1차 세계대전이 끝난다. 미국 국립공문서관 자료.

헨에 있는 원 소속부대 보충대대에서 교화반 사관으로 복무하면서 병사들의 국수주의적 재교육 및 각종 정치집회 조사임무를 수행한다. 그러던 중 1919년 9월에 독일노동자당 집회에 참가하여 그 당원이 된다. 다음 해 그는 당의 세력을 확대하는 한편 나치스의 창립자·조직자가 되고, 1921년에는 당수(黨首)에 선출된다.

국가의 강대화와 생활의 향상을 약속하는 그의 연설은 단순 명쾌하고 힘찬 것이어서 언제나 청중을 감동시켰다. 특히 청소년과 부인들은 그의 무책임한 애국적 언사나 사회주의적 공약에 열광했다. 이와 같이 웅변을 통한 대중조작과 여론형성에 비상한 능력을 가진 히틀러의 야망은 《나의 투쟁》에서 "사람을 설득하는 데는 글보다 말이 더 효과적이며, 따라서 위대한 운동은 위대한 문필가에 의해서가 아니라 위대한 연설가에 의해서 이루어졌다는 사실을 나는 알고 있다"고 한 말에 여실히 드러나 있다. 따라서 그가 자신의 야망을 달성하기 위한 수단으로 웅변의 위력을 빌리고, 이어서 나치스를 군대화하고 돌격대(SA)와 친위대(SS)를 조직하여 정적(政敵)을 공격하거나 당 간부의 신변을 지키고 당내 규율을 유지한 것은 아주 당연한 귀결이다.

히틀러는 무엇보다 국내외 정세의 혼란기를 가장 효과적으로 이용할 줄 알았다. 1923년 인플레이션으로 인한 경제공황과 프랑스군의 루르 점령을 틈타서 나치스는 당원 확대와 세력 증대 방면에서 비약적인 발전을 하여 나치스에 반대하던 군부와 대자본가의 지지를 강화했다.

1923년 11월 유명한 폭동 계획이 실패하여 란츠베르크 감옥에 수감되었다가 풀려나온 뒤인 1925년 2월, 히틀러는 나치스 재건에 착수했다. 1926년 가을에는 경제공황이 더욱 더 심각해지면서 농민들과 중산계급의 지지층을 확충하고 마침내 대자본가와 군부의 호의적 지지를 얻게 되었다. 이어서 히틀러는 대중매체에 의해 '구세주'로 불리게 되었으며, 비행기를 타고 전국을 유세하기까지 했다. 이때 히틀러는 이미 '민중의 대변자'가 되어 있었다. 나치스도 1930년 국회의원 선거에서는 이전의 21석에서 107석을 확보하여 사회민주당에 이어 제2당이 되었으며, 1932년 선거에서는 200여 석을 얻어서 마침내 제1당이 되었다.

1919년의 히틀러(30세)
뮌헨의 제4군 사령부 복무 중, 전후의 혼란을 틈탄 수많은 민족주의 운동을 조사하라는 정보참모부의 명령을 받는다. 그러나 히틀러는 제대와 더불어 그해 9월, 독일노동자에 입당하여 연설가로서의 두각을 나타내기 시작한다.

그리하여 1933년 1월 30일 히틀러는 총리에 취임한다. 그해 3월 5일 선거에서 나치스 단독으로 과반수를 장악한 히틀러 정권은 노동조합·신당 설립 등을 모두 금지하고 역사상 전무후무한 반대파 탄압을 자행, 완전무결한 유일 정당이 되어 냉혹한 '히틀러 1인 독재정권'이 수립되었다. 1934년 6월에는 당내 지도자인 룀 등의 돌격대 간부마저 숙청하여 히틀러는 독재정권의 위험요소를 모두 제거해 버렸다. 그리고 8월 2일 힌덴부르크 대통령이 세상을 떠나자 그는 총통에 취임한 뒤 국민생활을 제복화·군대화하고 사생활까지 지배한다. 이 무렵 부속조직을 제외한 나치스의 조직을 보면 돌격대 450만 명(1933년 말 기준), 친위대 5만 2000명(1933년 기준), 히틀러 유겐트 357만 7565명(1934년 말 기준), 나치스 부인단(婦人團) 270만 9027명(1933년 1월 기준)이다.

히틀러는 1938년 오랫동안 계획해 온 전시체제를 확립하고, 4월에는 전군

에 폴란드 진격 준비를 명령한 뒤 9월 1일에는 자본가와 군부 내의 온건파 반대를 억누르고 폴란드 진격 명령을 내림으로써 제2차 세계대전에 돌입했다. 그는 9월 1일, 독일 국회에서 "나는 항복이라는 말을 모른다. 나는 승리를 손에 쥘 때까지 군복을 벗지 않을 것이다" 신념을 피력했다. 그러나 군 작전에 대한 지나친 간섭으로 히틀러는 군부의 심한 반발

카프 봉기 1920년 3월 정부는 슈투트가르트로 피난하고, 베를린 포츠담 광장 역을 무력으로 점거한 쿠데타군은 총파업을 부르짖었다.

을 샀고, 국내 지배층도 반나치화하여 대중적인 반항까지 야기했다. 1944년 7월 20일에는 슈타우펜베르크 대령에 의한 히틀러 암살계획이 실패로 돌아갔다.

히틀러는 베를린 함락 하루 전인 1945년 4월 30일, 베를린 총통관저 지하실에서 그 전날 결혼식을 올린 비서 에바 브라운과 함께 자살했다.

《나의 투쟁》과 초기의 나치운동

《나의 투쟁》은 히틀러의 머리글에 나와 있듯이, 국사범으로 레히강 기슭의 란츠베르크 요새 감옥에 수감되어 있을 동안에(그 뒤에는 하우스 바텐펠트에서) 그의 협력자였던 에밀 모리스와, 그 뒤 히틀러의 오른팔이 되어 제2차 세계대전 중 영국으로 정치적 망명을 한 루돌프 헤스를 상대로 구술한 것

이다. 원고는 대부분 헤스가 필기했으나, 그 정리는 헤스와 함께 반유대의 신문기자 베른하르트 슈텐프레 신부와 나치 기관지 〈푈키셔 베오바흐터〉의 기자였던 요제프 체르니가 담당했다. 슈텐프레는 문장을 다듬고 문법상 틀린 점을 바로잡고 정치적으로 반감을 살 만한 부분을 삭제했으며, 체르니는 이 책 제1부의 재판(再版) 때 개정 작업을 맡아서 부적절한 용어와 문장을 삭제하거나 바꿨다.

감옥에서 국사범으로 수감되어 있었음에도 불구하고, 그 기간에 어떻게 하여 이와 같은 자유가 허용되어 있었는가 하는 의문에 답하기 위해서는, 바이마

아돌프 히틀러(1889~1945)
1933년 총리, 34년에 힌덴부르크 대통령이 죽자, 총리가 대통령을 겸직하는 총통이 된다. 39년에 폴란드를 침공함으로써 제2차 세계대전을 일으켰다.

르 체제 아래 독일 정치 정세를 약간 알아둘 필요가 있다.

1918년 11월 9일, 제1차 세계대전 패전 결과 독일은 베를린에서 공화제를 선언하고, 이른바 바이마르공화국이 성립되었다. 그러나 이 불행한 공화국은 성립 처음부터 안팎으로 강력한 적에 둘러싸여 있었다. 밖으로는 말할 나위 없이 독일의 전쟁 책임에 대해 물질적 보상을 강하게 강요하는 연합국이 있었고, 안으로는 패전 책임을 국내 사회민주주의자·공산주의자에게 전가하려는 군국주의적인 민족주의자가 있었다.

그때 독일에서는 군주제 붕괴에 따라 그 존립기반이 흔들리고 있었다고는 하지만, 우익세력은 여전히 강력했으며, 그 근간은 호엔촐레른 군주제를 존속하려고 한 보수주의자와 루덴도르프, 힌덴부르크 등이 대표하는 독일 육군 지도부였다.

더욱이 그들은 항복문서에 서명하고, 독일 패전과 그것에 따르는 고난의

Ein Volk, ein Reich, ein Führer!

아돌프 히틀러 1889년, 독일의 국경도시, 오스트리아 브라우나우에서 세무사 아들로 태어난다. 린츠의 실업학교를 그만두고, 빈에서 화가가 되려고 했지만 실력을 인정받지 못해 포기한다. 1914년 8월, 독일 바이에른 보병군대에 지원입대, 제1차 세계대전에 참전한다. 플랑드르 전선에서 영국군과 싸워 부상을 당한 히틀러는, 야전병원에서 독일군이 패배했음을 알게 되고, 정치가의 길을 걷기로 결심했다고 한다. 전쟁 뒤, 독일군 첩보대원으로 활동하던 중에 극우정당 '독일노동자당'에 입당한다. 이 당은 1920년 2월 '국가사회주의 독일노동자당(나치스당)'으로 개명하고, 두각을 나타낸 히틀러가 1921년 7월 당수가 된다. 광고지에는 '하나의 민족, 하나의 제국, 하나의 지도자!'라는 문구가 써 있다.

책임을 회피하고, 이것을 사회민주주의자에게 떠넘기는 데 성공했다. 당시 소박하게도 많은 독일인은, 전선에서의 독일군 무력이 약해지고, 무기의 부족 때문에 항전할 수 없게 되어 항복한 것이라고 믿지 않고, 오히려 후방에서 사회주의자들이 배반하여 이른바 '배후에서 받은 공격' 때문에 패전한 것이라는 풍문을 광적으로 믿고 있었기 때문이다.

이와 같은 정세 아래 정권의 권좌에 오른 사회민주당은 오히려 군주제 온존과 그것의 영국적 입헌군주제로의 옮아감을 표면화할 정도로 좌익 혁명에 반대하는 보수 제2정당의 위치에 서 있었다. 따라서 로자 룩셈부르크나 칼 리프크네히트가 이끄는 공산계 스파르타쿠스단에 대립하여 마침내 잔존하는 10만 육군의 지도자인 힌덴부르크 등과 손을 잡고, 볼셰비키를 탄압하고, 육군의 모든 전통을 계승하려 하기에 이르렀다. 이리하여 옛 독일 육군의 근간은 그대로 두었다. "황제는 사라졌으나 장군은 남았다" 하는 평가는 실로 옳았다.

그러는 동안에 1919년 6월 28일 베르사유 조약이 체결되었다. 이 조약은

▲뮌헨 폭동 직전
1923년 11월 4일, 전
쟁기념비 제막식이
있은 뒤, 국방군 퍼
레이드를 구경하는
히틀러와 측근들.
앞에서 왼쪽부터 알
프레트 로젠베르크,
히틀러, 프리드리히
베버.

▶뮌헨 폭동 한 장면
11월 9일, 무장한 돌
격대가 뮌헨 시내
곳곳을 점거하기 위
해 트럭을 타고 출
동하는 모습.

일찍이 없었을 정도로 조건이 가혹했다. 따라서 여전히 경제적 실권을 장악하고 있었던 보수계층은 물론, 영구적인 민주공화제 확립의 확고한 전망이 없는 사회민주정권 덕분에 전통을 보존한 육군도 이것에 저항하려고 했다. 여기에 더하여 독일 화폐 마르크의 급격한 하락과 그 악성 인플레에 의한 배상 지불의 지체 등이 프랑스의 루르 점령을 불러오기에 이르렀다. 이것은 마르크의 하락을 더욱 가속하여, 베르사유 체제에 대한 민중의 불만과, 그것을 계기로 한 민심의 반연합국적·국가주의적 단결을 초래했다. 최고로 혼란한 사회경제 상태와 반베르사유적 민중 감정과 베르사유 조약의 군사제한 조항의 뒷면을 역이용하여 착착 세력을 키워가고 있던 육군의 군국주의 부활의 물결은, 히틀러가 공화제를 전복시킬 수 있는 절호의 기회를 만들고 있었다.

히틀러는 모든 장소에서 패전과 곤궁의 책임은 바이마르공화제의 책임자—히틀러의 말에 의하면 11월혁명의 범죄자인 사회민주당—에 있다는 점과, 더 나아가서 베르사유 조약을 파기하는 것이 독일 부흥의 지름길이라는 점을 거듭 역설했던 것이다.

그런데 히틀러는 제대 뒤 바로 나치스의 전신인 '독일노동자당'에 입당했다. '독일노동자당'은 마르크스주의·볼셰비즘·평화주의·유대주의 등에 반대하여 1918년 3월 7일 뮌헨에서 만들어진 '더 나은 평화를 위한 자유로운 노동위원회의 뮌헨 지부'를 모체로 한 것이었다. 그것을 안톤 드레크슬러가 이끌고 있었는데, 그 뒤 그는 극우 민족주의 단체인 '게르마니아 교단(敎團)'의 바이에른 지방 조직으로서 1918년 1월에 결성되어, 〈뮌헤너 베오바흐터〉라는 기관지와 1500명의 회원을 거느리고 있었던 '툴레협회' 회원인 칼 하러와 결탁하여 '정치적 노동자 동아리'를 결성했다. 그때가 1918년 10월 20일이었다. 이것은 물론 노동자·병사·농민평의회(이른바 레테) 지배하에서는 비합법 조직이었다. 이와 같은 배경 아래 드레크슬러는 1919년 1월 5일, 25명으로 '독일노동자당'을 결성하고 툴레협회의 전면적인 지지와 후원을 받았다.

히틀러는 《나의 투쟁》에서, 그의 입당 이전의 '독일노동자당'이 최고로 비참한 상태에 있었다고 묘사하고 있으나, 사실은 배경이 상당히 유력했다고 할 수 있다. 히틀러는 이 당에 당원번호 555(501번부터 시작하고 있으므로 실제로는 55번)번으로 등록되어 있다. 1920년 2월 24일 호프브로이하우스의 대집회에서 당은 '25개조' 강령을 발표했는데, 강령 작성에는 드레크슬러, 에카르트,

란츠베르크 감옥에서 출소하는 히틀러　뮌헨 폭동 실패 후 1924년 4월, 5년 금고형을 받고 복역 중 같은 해 12월 20일 가출소한다. 《나의 투쟁》은 옥중에서 구술되었다.

페더가 참여했으며, 히틀러는 집회의 의장으로서 그것을 발표했을 뿐이다.

그러나 이미 1920년 1월에는 툴레협회 회원으로서 '독일노동자당'을 음으로 양으로 후원하고 있던 하러가 히틀러에 의해 당으로부터 추방되었다. 드레크슬러는 당의 제1의장으로서 일인자의 지위를 유지하고 있었으나 히틀러가 집회에서의 능숙한 선동 연설로 점차 그 지위를 굳히고 있었다. 강령 공표 직후에 당명을 '국가사회주의 독일노동자당(NSDAP)'으로 바꾸고, 이 무렵부터 나치스는 눈부신 발전을 이룩했다.

물론 우익세력은 바이에른 지방에서 발전하고 있었던 것만은 아니다. 1920년 3월 13일에 베를린에서는 극우 정치가인 카프가 군부와 결탁해서 '카프 봉기'를 일으켰다. 나치 내부에서는 합법적 의회주의적인 길을 택하려는 드레크슬러와 급진적·폭력적 방법을 택하려는 히틀러 사이에 다툼이 있었는데, 마침내 1921년 7월 29일 히틀러가 당의 전권을 장악하기에 이르렀다.

나치스 조직 그 자체도 점차 정비되어 1920년 여름에 정리대(整理隊)로서 성립했던 방위조직이 그해 봄에는 백인대(百人隊)로 명칭을 바꾸고, 다시 같은 해 9월부터 11월에 걸쳐 비공식적으로나 공식적으로나 '돌격대(SA)'로 고쳤다. 또 〈뮌헤너 베오바흐터〉지는 이미 1919년 8월부터 〈푈키셔 베오바흐터〉지로 개칭하고 있었는데, 1920년 12월 17일에 나치스가 이것을 사들여 기관지로서 주 2회 발행하고 있었다. 1922년 1월 29일과 30일의 당대회에서는 등록 당원 6000명을 헤아리고, 3월에는 히틀러 유겐트의 전신인 나치스당 청년동맹이 발족했다.

1922년 6월 24일부터 7월 27일까지 바이에른 동맹 집회 때 폭행사건 때문에 히틀러가 투옥되고, 같은 해 11월 이후 프로이센을 비롯하여 독일 각지에서 나치스당을 금지하려는 움직임이 있었음에도 불구하고, 당의 세력은 확대일로에 있었다. 그해 말에는 뉘른베르크의 슈트라이허를 당수로 하는 독일사회당이 합류하고, 다음 해 2월에는 〈푈키셔 베오바흐터〉를 일간지로 발행할 수 있게 되었다.

1922~23년 독일 국민의 생활은 최악의 상태에 빠져 있었다. 쿠노의 베를린 중앙정부는 붕괴되고, 독일인민당의 구스타프 슈트레제만이 내각을 조직하면서 육군에 의한 공산당 탄압과 배상금 지급재개에 의한 대외적인 신용회복을 도모했다. 바이에른주 정부는 본디 중앙정부에 비협력적이었으나, 1923년 9월 26일 방침을 바꾸어 중앙정부 정책에 동조함과 동시에, 이것에 반대하리라 예측되었던 극우세력을 억압하기 위해 비상사태를 선포하고, 폰 카르를 바이에른의 치안총감에 임명했다.

이것을 도전으로 받아들인 히틀러는 10월 16일 렌텐마르크 지급공고에 의한 중앙정부의 신용회복 기대가 혁명 수행에 불리하다 판단하고, 게다가 군에 의한 우익혁명이 일어나지 않을 것으로 확신하자, 베를린 중앙정부를 타도하기 위해 먼저 바이에른주 정부의 전복을 꾀했다.

1923년 11월 8일, 바이에른주 정부의 실력자가 뮌헨의 맥주홀 뷔르거브로이켈러에서 연설회를 갖는 기회를 이용해서 유명한 '맥주홀 폭동'을 일으킨 것이다. 그러나 그 결과는 비참한 실패로 끝났다. 히틀러는 체포되고, 1924년 2월 26일부터 재판이 시작되어 4월 1일에 5년 금고형에 처해졌다. 하지만 국가반역죄라면 종신형에 처해지는 것이 보통인데, 불과 5년간의 금고형, 더욱이 6개월 뒤에는 보석이 가능하다는 가벼운 형이었다(실제로는 9개월 뒤인 12월 20일에 보석되었다). 반역죄는 당시의 독일, 특히 바이에른의 국가주의적 경향을 반영하며 공화주의자에게는 엄하게 적용되었으나 공화제에 반대하는 우익에는 관대하게 적용되었던 것이다.

그는 뮌헨 서쪽의 란츠베르크 요새 감옥에 갇혔으나 여기서 훌륭한 방을 제공받고 귀한 손님의 대우를 받았다. 폭동은 실패했으나 이 사건은 그를 재빨리 루덴도르프와 어깨를 겨룰 거물로 만들었으며, 많은 보수적 독일인에게는 영웅·애국자로 추앙받게 해주었다. 《나의 투쟁》은 이 옥중에서 구술되었다. 이 책 첫머리 검은 테두리 안에 나오는 이들은 봉기 당시 희생된 자의 명단이다.

1925년부터 대공황이 일어날 때까지 나치스는 잠시 동안 지하로 잠복했으나, 에베르트 대통령

《나의 투쟁》 초판 표지
1925년(제1부)과 27년(제2부)에 2권으로 출간되었고, 1930년에 합본이 나왔다. 그리고 1928년에 저술되어 제2차 세계대전 뒤에 발견된 《나의 투쟁》 Ⅱ가 있다.

이 갑자기 죽기 하루 전(1925년 2월 27일)에 뷔르거브로이켈러에서 당 재건대회를 열고, 합법적 정권 획득으로 당 방침을 변경했다. 히틀러는 모두가 인정하는 선동적 웅변가였으며 또한 뛰어난 조직가이기도 했다. 나치스 당원 수는 1925년 말에 2만 7000명, 1926년에 4만 9000명, 1927년에 7만 2000명, 1928년에 10만 8000명, 1929년에 17만 8000명으로 꾸준히 늘어나고 있다. 또 당 조직은 가우〔대관구〕·클라이스〔관구〕·오르트〔지구〕를 국회의원 선거구에 대응하여 만들고, 돌격대(SA)를 재편성, 나아가 친위대(SS)를 만들었다.

이리하여 나치스당은 1930년 총선에서 의석 107석을 획득했으며, 그 뒤 두 번의 총선거를 거쳐, 1933년 3월 5일 총선거에서는 의석 288석을 차지했다. 그에 앞서 1월 30일에 힌덴부르크 대통령 밑에서 총리에 취임했던 히틀러는 여기에서 단숨에 나치스 혁명을 추진했다. 3월 23일에는 국회에서 전권부여법(全權賦與法)을 가결하고, 이어서 유대인 배척, 사회민주당 금지, 신당 신설

금지 등의 독재정책을 내세우고, 1934년 8월 2일 힌덴부르크 사망과 더불어 독일국 총통에 취임, 마침내 1935년 3월 16일에는 베르사유 조약의 군사 조항을 폐기하고, 일반병역 의무제를 부활시키는 등 제2차 세계대전의 준비를 착착 진행하기에 이르렀다.

《나의 투쟁》과 히틀러 전설

히틀러의 정권 획득과 그 뒤 독일의 운명에 대해서는 이미 많이 논의되어 왔다. 그 대부분은 바이마르공화국 자체의 문제, 또는 사회민주당의 무정견(無定見), 더 나아가서는 베르사유 체제를 강요한 연합국의 책임에 대해 의견을 말하고 있다. 또, 히틀러 자신의 비범한 정치적 수완으로 돌리는 의견도 있다. 아마도 그 어느 것이나 진실일 것이다.

그러나 무엇보다도 우리가 주의하지 않으면 안 되는 것은, 히틀러에게 국민의 운명을 떠맡긴 국민 각자의 책임이다. 사회주의적 가면 밑에 있었던 히틀러의 진의를 많은 국민이 잘못 본 것이다. 분명히 그 이상으로 히틀러에게 공격 자료를 제공하고, 선동에 편승할 빈틈을 주어 나치스가 확대되게 하고, 드디어는 저 파국으로 치닫게 한 정치가, 일부 산업자본가, 군부의 책임은 엄청난 것이다. 우리는 이것을 타산지석으로 명심해야 한다.

또 한 가지, 《나의 투쟁》에는 실제보다 좋게 보이려고 사실을 숨기고 거짓으로 꾸민 부분이 많다는 점에 주의해야 한다.

《나의 투쟁》 근본사상

제2차 세계대전을 일으켜 유럽대륙을 전쟁 속에 몰아넣고, 숱한 이민족을 박해하여 아우슈비츠 등 여러 강제노동수용소에서 대량 학살을 저지른 히틀러의 근본사상을 이해하기 위해서는 나치스 운동의 바이블이었던 《나의 투쟁》을 읽어볼 필요가 있다. 물론 그의 사상이 정상적이며 합리적이라고는 할 수 없지만 《나의 투쟁》에 나타난 그의 주장은 그 나름대로 일관성을 유지하고 있다.

《나의 투쟁》에서 볼 수 있는 가장 근본적인 사상은 첫째로, 그의 이른바 생물학적인 관점에 입각한 아리아 인종(독일 민족) 지상주의다. 그는 인류를 문화 창조자·문화 지지자·문화 파괴자의 세 부류로 나눈다면 문화 창조자

나치스 당대회 열병하는 히틀러 1927년 8월 21일. 뉘른베르크에서 제3회 나치스 당대회 최종일에
돌격대의 군사행진을 열병하는 히틀러. 이 무렵 나치스당은 지난해의 돌격대 재결성과 당 조직의
확충, 당 강령의 개정을 시행하는 등 세력을 넓혀 보충해 나가고 있었다.

는 아리아 인종뿐이며, 그 밖의 비(非)아리아 인종은 기껏해야 문화 지지자
에 지나지 않는다고 말했다. 그리고 문화 파괴자로서 가상 증오해야 할 민족
은 유대인이라고 했다. 이 같은 히틀러의 인종관은 제2차 세계대전에서 독일
군 포로가 된 다른 민족의 대우에도 나타났다. 영국인은 독일인과 같은 우수
민족으로서 좋은 대우를 받았고, 프랑스인도 상당히 인간적인 대우를 받았
다. 슬라브 인종은 열등 인종으로서 취급을 받았으며, "언제나 다른 민족의
체내에 사는 기생충에 지나지 않아서(제1부 제11장)" 인류 문화의 적이라고 단
정된 유대인에게는 다만 절멸의 운명만이 부여되었을 뿐이다.

　히틀러는 《나의 투쟁》 곳곳에서 유대인을 비난하고 있는데, 그 이유는 그

가 늘 타도해야겠다고 생각한 여러 요소 즉 의회민주주의, 배금(拜金)사상,
국제주의, 마르크스주의, 소련의 볼셰비즘 등이 모두 유대인의 세계 지배음
모에서 파생되고 있다는 이른바 '유대인 악마설'에 기인한다. 그중 하나인 의
회민주주의와 유대인의 음모를 결부시키는 히틀러의 논리를 보기로 하자.

"민주주의는 대부분의 경우 유대인의 요구에 일치했다. 왜냐하면 그것은
인격을 배제하고 그 대신 우둔, 무능 그리고 이에 뒤지지 않는 소심함, 이런
것으로 구성되어 있는 다수를 가져왔기 때문이다"(제1부 제11장). 본디 민주주
의 이념은 인간평등사상을 기조로 함으로써 비로소 성립할 수 있는 것인데,
가장 우수한 민족·인종이 세계를 지배해야 한다는 히틀러의 광신적인 인종
론적 세계관은 그 논리적 필연성으로써 '민족 중에서도 가장 우수한 사람들
이 민족을 지도해야 한다'는 귀족주의적 정치원리를 이끌어 내는 것이다(제2
부 제4장). 곧 사회주의 국가에는 다수결 원리는 존재하지 않고 다만 책임 있
는 인물만이 있다…… 물론 모든 사람에게는 의논 상대가 있다. 그러나 결정
은 한 인간이 내린다. 전부터 프로이센군을 독일 민족의 가장 경탄할 만한
도구로 삼은 원칙이…… 장차 우리의 국가관을 건설하는 근본원칙이어야 한
다. 곧 '모든 지도자의 권위는 아래로, 모든 책임은 위로'이다(제2부 제4장).

이 귀족주의적 원리는 독일의 독특한 사상가 니체의 설명과 비슷한데, 히
틀러가 무솔리니와 회견했을 때 《니체 전집》을 보냈다는 것은 니체의 영향
을 입증하고 있다. 아무튼 자기 자신의 정치적 천재와 민족 지도자로서의 자
질을 확신하는 히틀러로선 개인의 평등을 인정하는 다수결 원리, 의회민주주

REICHSKANZLER
ADOLF HITLER

1933년 1~2월쯤. 우편엽서용으로 촬영한 히틀러 사진　왼쪽 하단에는 '제국 총리 아돌프 히틀러'라 적혀 있다.

◀**국회의사당 방화
사건** 공산주의자
루베의 단독범행으
로 밝혀졌다. 이것
을 계기로 전권을
총통에게 위임하는
'수권법'이 제정되
어, 이때부터 나치
스당 독재가 이루어
진다.

▼**초기 강제수용소**
국회의사당 방화사
건 다음 날 내려진
'민족과 국가를 방
위하기 위한 대통령
긴급령'은 나치스당
에 반발하는 사람
들의 구속을 쉽게
한다. 사진은 '점호'
를 받고 있는 수용
소 모습.

1934년 당대회에서 히틀러 유겐트를 앞에 두고 화려한 몸짓을 취하며 연설하는 히틀러 이해에 힌덴부르크 대통령이 죽고 히틀러가 총리에서 총통 자리에 올랐다. 7월 제국의회에서 룀을 비롯한 정적들을 숙청했다.

의는 결코 받아들일 수 없었다.

다음으로 반유대주의와 반마르크스주의의 일체성에 대한 히틀러의 사상을 간단히 알아보자.

"마르크스주의 이론은 이성(理性)과 인간적 광기의 불가분한 혼재를 나타내고 있지만, 언제나 광기만은 실현되어도 결코 이성 쪽은 실현되는 일이 없다. 인격을, 따라서 또 국민과 그 인종적 특질을 부조건 부인함으로써, 그 이론은 모든 인류문화의 근본적인 기초를 파괴한다. 왜냐하면 문화는 바로 그들 요소에 의존하는 것이기 때문이다"(제1부 제11장). 히틀러의 이 주장은 그의 반마르크스주의 사상을 명백히 드러내는 것으로 보아도 된다. 요컨대 마르크스주의는 그의 인종론(아리아 인종 지상주의)과 인격론(초인적인 지도자 원리, 반민주주의)에 적응되지 못함으로써 광기라고 처단되고 있는 것이다. 히틀러의 이 주장은 다시 한 발 나아가 "'인격과 인종'이 파괴되면 저급한 인간―유대인을 가리킨다―의 지배를 방해하는 본질적인 장해물이 없어진다"고까지 전개되어 결국 반유대주의로 낙착되고 있다.

히틀러는 반마르크스주의를 다시 반슬라브주의, 반볼셰비즘, 동방에 대한 영토확장 등에 연관시킨다. 그 견해를 살펴보면 그는 독일이 취해야 할 영토정책에 대해 다음과 같이 주장한다.

"우리가 오늘날 유럽에서 새로운 영토에 대해 말할 경우, 첫째로 러시아와 그에 종속하는 주변 국가를 떠올리게 될 것이다…… 러시아는 볼셰비즘에 인도됨에 따라 그때까지 그 국가를 존립하고 또 그 존립을 보증해 온 지성이 러시아 민족으로부터 유리되어 버렸다. 아무튼 러시아의 국가구조는 러시아에 있어서 슬라브 민족의 국정능력의 결과가 아니라 오히려 저급한 인종의 내부에 존재하는 게르만 민족적 요소에 의한 국가형성 활동의 놀라운 일례에 불과하다." 그리고 러시아는 히틀러가 말하는 유대인의 손에 떨어졌지만, 유대인은 어디까지나 기생충이고, '조직의 구성분자가 아니라 분해의 효소'에 불과하므로 러시아는 붕괴 직전에 있다고 단정한다(제2부 제4장). 따라서 독일의 동방 영토확장은 히틀러의 인종이론에 의해 정당화될 수 있다.

이와 같이 《나의 투쟁》에서의 히틀러 사상은 비교적 일관된 것이라고 볼 수 있다. 히틀러의 대중심리에 대한 통찰력은 아주 뛰어나며 선전 및 여론조작에 대한 그의 견해 역시 주목할 만한 가치가 있다.

그러나 한 사람의 위대한 독재자·선동가가 스스로의 편견을 내걸어 한 민족의 이성을 정복하고 세계지도를 바꾸어 놓은 광기의 십자군에 대중을 따르게 하는 데 성공했다는 사실은 더없이 중대한 일이다. 따라서 우리는 《나의 투쟁》을 20세기에 생긴 하나의 큰 비극인 제2차 세계대전의 원인을 보다 정확하고 보다 깊게 이해하기 위한 중대한 자료로서 세심히 살펴보아야 할 것이다. 평화를 원하고 민주주의를 소중히 지켜나가려는 우리가 무엇보다도 유념해야 할 것은 당시 히틀러 한 사람에게 국가의 운명을 떠맡겼던 국민의 책임, 그리고 베일에 가려진 히틀러의 참모습을 간파하지 못한 국민의 어리석음이리라.

《나의 투쟁》 II에 대하여

《나의 투쟁》 II의 번역

《나의 투쟁》 II는 워싱턴의 미국 국립공문서보관소(National Archives)에 있는 '제2차 세계대전 기록 부문'(World War II Record Division)의 '독일' 자료 중에서 '아돌프 히틀러'의 마이크로필름(정리번호 105/40)에 수록된 324쪽의 미편집 원고(원고명 HITLER MANUSCRIPT, 이하 '초고'라 한다)를 완역한 것이다.

이 한글판의 원본인 '초고'와 이 글의 편집에 대해 얼마쯤 설명을 붙인다.

초고(마이크로필름)에는 다음의 영문 서류가 첨부되어 있다.

뮌헨   목표번호 588
국가사회주의 독일노동자당 중앙출판국   순위 3

티루슈 거리 11 번지

주(註)
1. 이 문서는 보충보고이다. 뮌헨시 쇼이브나 리히타 거리 35번지에 있는 위 출판국 전 기록부장 요제프 베르크 씨가 우리에게 이른바 아돌프 히틀러 미간행문서의 원고를 제출했다. 이 '초고'는 15년 이전에 작성되어 금고에 보관되어 있었다. 베르크 씨는 '초고'를 간행하거나 또는 누구에게도 보여주지 않도록 엄명을 받았다. 베르크 씨는 이 '초고'에 관해서 추가정보를 진술할 용의가 있다고 했다.
2. 베르크 씨는 또한 출판국의 서적용 긴급사태 창고가 아이히슈테트 근교인 비리바르츠부르크에 준비되어 있다고 말했다.

통신대 육군대위
폴 M. 리크

이 첨부서류보다 앞선 보고는 발견되지 않고 있다. 국가사회주의 독일노동당(나치스)의 중앙출판국에서 서적출판부를 맡고 있었던 요제프 베르크가 1945년 5월에 이 보충보고를 미군 장교에게 건넸다. 베르크는 이 문서가 15년

히틀러와 무솔리니 회견 1934년 6월 14~16일, 국제연맹에서 탈퇴한 독일은, 먼저 탈퇴한 '파시즘 스승' 이탈리아에 접근한다. 베네치아에서 첫 회견을 가진 뒤 회견장을 나오는 히틀러와 무솔리니.

이전 히틀러의 저작이라고 확언을 했다. 이 문서가 압수된 뒤 영국당국을 위해 이 문서의 마이크로필름이 작성되었다. 원본은 다른 문서와 함께 미국에 넘겨졌다. 이 마이크로필름이 미국 국립공문서보관소에 보관되기까지의 경위는 명확하지 않다.

1951년 무렵부터 히틀러의 《독일 외교정책론》 원고가 남겨져 있다는 소문이 나돌기 시작했다. 그 무렵 조사를 한 연구자도 있었으나, 발견되지는 않았다. 1958년 여름, 미시건 대학 역사학 교수였던 게르하르트 바인베르크 박사가 이 문서를 확인하고 1961년에 《히틀러 제2의 책 1928년의 문서》란 표제로 출판했다(Gerhard L. Weinberg(Hrsg.) : *Hitlers Zweites Buch Ein Dokument aus dem Jahr 1928*. Quellen und Darstellungen zur Zeitgeschichte. Bd. 7. Deutsche Verlags-Anstalt, Stuttgart 1961. 여기에서는 이것을 'W판'이라 한다). W판에는 상세한 해설이 붙여져 있다. 그 해설은 초고를 이해하는 데 빼놓을 수 없는 것이다.

엮은이 바인베르크는 해설을 집필했을 뿐만 아니라 '초고'를 보완해 이해하기 쉽게 해놓았다. 이를테면 제7장 첫머리에 "올림픽 월계관을 어느 정도는 쓸 수 있을 것이다"라고 번역한 부분이 있다. 이 부분이 '초고'에서는 "올림픽

1935년 뉘른베르크, '국방군의 날' 군사 행진 바이마르공화국 시대부터 물밑에서 남몰래 진행해 온 독일의 재군비는 이미 완성단계에 이르러 베르사유 조약에 의한 군비제한은 유명무실화되었다.

을 어느 정도는 해낼 수 있을 것이다"로 되어 있다. 초고대로는 이해하기 어렵다. W판은 '올림픽 월계관'을 보충하고 있다. 이처럼 명백히 W판의 보완이 타당하다고 판단되는 경우 여기에서는 W판을 참고로 했다.

W판에서는 장(章)의 구분을 엮은이가 자의적으로 처리하고 있다. 어느 부분에서는 행 전체에 하이픈만이 타이프되어 있는 부분을 장의 끝으로 판단하고, 어느 부분에서는 내용에 따라서 구분한다. 각 장 분량의 균형을 유지하기 위한 대응으로 추측되는데 이것은 원본 내용을 감안하면 반드시 근거

가 결여된 편집상의 폭거라고는 단언할 수 없다.

그러나 이 번역서는 원본이 '초고'인 사실을 존중해 W판의 장 구분에 따르지 않고 하이픈(–)만이 타이프되어 있는 부분을 장의 마지막으로 판단했다. 거기에 따라서 이 번역서는 각 장의 분량에서 균형이 결여되어 있지만 이 처리는 독자도 이해해 주리라 생각한다.

2003년 가을, W판의 영역서가 출판되었다(Krista Smith(transl.) : *Hitler's Second Book*. The Unpublished Sequel to Mein Kampf. Enigma Books, New York, 2003. 이 번역서에서는 이것을 '영역서'로 표기한다). 이 '영역서'에는 게르하르트 바인베르크가 머리말을 보냈다. 이 영역을 위해 바인베르크가 새삼 '초고'를 검토하여 스미스에게 제시한 판단이 이 영문 번역에 반영된 것 같다.

W판에는 이미 상당수의 주석이 달려 있다. 그런데 영역서에는 영어권 독자의 이해를 깊게 하기 위해 일반적인 사항에도, 또 W판 출판 이후의 나치즘 연구서에 따른 학술상 자료소개를 위해서도 W판의 몇 배나 되는 주를 달았다. 이 한글판에서는 평균적인 독자를 겨냥해 'W판'과 '영역서'의 주를 참조하면서 적절히 역주를 달도록 힘썼다. 아무래도 W판과 영역서의 주에 따른 것이 많고 특히 통계상의 수치나 기록에 관해서는 거의 W판이나 영역서를 따랐다.

영역자인 스미스는 이 서책이 "20세기의 중요한 인물의 사고와 성격을 이해하는 데 도움이 된다"고 한 다음, 원문에 충실한 영역과 영어권 독자에게 이해 가능한 번역문과의 사이에 균형을 취하는 것이 어려웠지만 이 영역은 "유럽과 그 밖의 세계 역사에서 매우 중요했던 시대의 이해에 기여할 수 있을 것이다"라는 말로 '역자의 머리말'을 맺고 있다. 또 '영역서'의 머리말을 쓴 바인베르크는 W판 출판 2년 후, 프랑스에서 번역서가 나온 것을 들어 더욱 '많은 점에서 W판의 희작적(戲作的) 모방'과 영국 평론가 O.J. 헬이 1962년에 출판한 "*Hitler's Secret Book,* introduced by T. Taylor translated by Salvator Attanasio : New York, Grove, 1962"에 대해 말하면서 "그 번역은 거의 용인할 수 없고 경솔한 징후를 보여주고 있다"고 비판한 것을 소개했다. 그 뒤 테일러가 해설한, 이 문제가 있는 영역서가 출판되었다. 《히틀러 제2의 책》이 그것이다.

오스트리아 '병합'

1938년 2월, 히틀러는 이탈리아의 뒷배를 잃은 오스트리아를 병합하려고 슈슈니크 수상에게 압력을 가하고 있었다. 수상이 이에 저항하자 3월 11일, 히틀러는 최후의 통첩을 하고, 다음 날 오스트리아에 독일군을 침투시켰다. 오스트리아 국민 대부분은 이를 환영하는 분위기였고, 4월 10일 오스트리아 병합의 찬반을 묻는 국민투표가 이루어졌다. 독일과 오스트리아 두 지역에서 99퍼센트에 이르는 찬성표가 나와, 병합은 승인되었다. 사진은 인스부르크의 마리아 테레지아 거리를 지나가는 독일군 부대. 열렬한 환영을 받고 있다.

또한 이 '초고'의 특징이나 히틀러의 저서, 히틀러에 관한 연구서 등에 대해서는 다음 내용을 참조하기 바란다.

'초고'에는 독일어권, 영어권의 연구자도 해석에 헷갈리는 단어나 표현이 군데군데 있다. 문체도 복잡하다. 이 번역서에서는 되도록 쉽게 이해할 수 있도록 번역하려고 힘썼으나 그래도 타당하지 않은 표현이나 오해가 있으리라고 생각한다. 또 오늘날에는 맞지 않는 부적절한 표현도 많이 볼 수 있는데 시대성과 자료성을 생각해 굳이 그대로 번역했다.

히틀러와 그의 저서에 관한 연구서

히틀러에 관한 도서는 온 세계에서 3000점 이상 출판되고 있는 것으로 알려져 있다. 그 가운데서 히틀러 자신이 말하고 또 직접 쓴 책은 뮌헨에서 발행되고 있었던 나치스 기관지 〈푈키셔 베오바흐터〉에 실린 것을 제외하면 말할 것도 없이 《나의 투쟁》이 중심을 이루고, 연설 등에 관해서는 전후에 출판된 도마루스편 《히틀러 연설과 포고》(Domarus, M. 〔Hg.〕: *Hitler, Reden und Proklamationen, 1923~1945. 4 Bde. München 1965. Neuausgabe 1988.*), 폴른할스편 《히틀러 연설·문서·지령》(Vollnhals, C〔Hg.〕: *Reden Schriften Anordnungen, Februar 1925 bis 1933. 6 Bde. München·London·NewYork 1992~1996*)이 대표적이다.

이들 책 말고도 번역이 되고 있는 서너 점을 들면 H. 라우슈닝편 《히틀러와의 대화》(1972), I. 브레다우편 《히틀러는 이렇게 말했다》(1976), E. 카리크편 《히틀러는 말한다》(1991), H.R. 트레바=로바(해설자) 《히틀러의 테이블 토크 (1841~1944, 상하)》(1994) 등이 있다.

그런데 여기에 하나의 문제가 있다. 《나의 투쟁》이나 앞서 말한 연설·포고·지령 등을 제외한 히틀러의 대화나 연설 등이 진실로 히틀러의 것인지의 여부이다. 일찍이 그 무렵 서독의 잡지에 게재된 《히틀러의 일기》가 가짜라는 것이 밝혀져 주모자가 유죄판결을 받은 적이 있다. 1985년 9월 10일자 한 석간신문은 앞서 말한 라우슈닝편의 《히틀러와의 대화》가, "한 스위스 교사에 의해서 그 본인의 편지 등 많은 증거로 거짓이었음이 상세하게 입증되었다"고 〈디 차이트〉지가 1페이지를 할애해 소개하고 있다는 기사를 실었다.

〈프랑크푸르터 알게마이네 차이퉁〉지의 기자 페스트(J.C. Fest)가 쓴 《히틀러(상하)》는 17개국에서 번역되고 서독에서 엄청난 베스트셀러가 되었는데 페스트는 이 《히틀러와의 대화》를 중요한 자료로 50군데 이상이나 인용하고 있다. 이와 같이 히틀러에 관한 문서는 그것이 진실인지 거짓인지, 충분히 주의해야 한다. 그렇다면 미국의 국립공문서 보관소에 소장되어 있는 이 '히틀러' 초고의 신빙성은 어떨까.

바인베르크와 《제2의 책》 출판관계

미국으로 옮겨진 '히틀러' 초고가 워싱턴의 국립공문서보관소에 있는 것이 명확해진 경과는 앞서 말한 바인베르크의 《제2의 책》 가운데서 이 책의 발행 당시 독일의 튀빙겐에 있었던 로트펠스와 시카고 대학에서 그의 제자였던 바인베르크가 상세하게 설명하고 있으므로 두 사람의 의견을 간명하게 정리한다.

▲**뮌헨회담** 1938년 9월 30일. 왼쪽에서 두 번째 체임벌린(영국), 세 번째 히틀러, 네 번째 무솔리니 (이탈리아), 다섯 번째 달라디에(프랑스). 이 협정은 '뮌헨의 평화'라 불렸지만, 다음 해에 독일은 체코를 병합하고 말았다.

▼**프라하 시내를 달리는 2호, 3호 전차 대열** 뮌헨회담에서의 약속을 어기고, 1939년 3월 15일 독일 군은 체코로 진군했다.

1 바인베르크의 작업

로트펠스에 의하면 《나의 투쟁》 증보편에서 히틀러가 외교 문제를 쓰고 있었던 것은 먼저 1951년 5월에 작가 에리히 라우어(Erich Lauer)에 의해서 현대사연구소에 통지되었기 때문에 같은 해 6월 미국에 있던 헤르만 마우(Herman Mau) 박사가 조사했으나 성과는 없었고, 이어진 조사에서도 볼만한 결과는 나오지 않았다. 그 뒤 나치스 중앙출판국의 전신인 프란츠 에어출판사 사주 막스 아만(Max Amann)의 협력자였던 베르크가 1958년 12월 12일의 편지에서 많은 것을 말했는데, 그 가운데 '히틀러가 막스 아만에게 직접 원고를 구술하고 타이프시킨 것을 정당하다고 생각하기에 충분한' 주장이 기록되어 있다.

같은 해 가을, 워싱턴에서 독일자료의 흔적을 상세하게 조사해 달라는 현대사연구소의 의뢰를 로트펠스는 바인베르크 박사와 상담하고 그에게 위임했다. 그 이유는 바인베르크가 국가사회주의의 외교정책에 관한 중요한 저작을 발표한 바 있고 '압수된 독일문서 가이드'를 작성한 실적이 있으며 또 버지니아주 알렉산드리아 기록센터에 있는 독일 서류를 미국역사협회의 위탁으로 마이크로필름화하는 작업의 책임자이므로 국가사회주의 시대 역사에 관한 독일 서류의 상세한 지식을 가지고 있었기 때문이다. 바인베르크는 아직 알려지지 않았거나 상실된 것으로 생각되고 있던 원고를 조사하고, 발견하고, 더욱 많은 지표로부터 그 '초고'의 신빙성을 명확히 해 문헌학적으로 확신을 가질 수 있는 결론에 도달했기 때문에 '초고'를 편집해 《현대사 자료와 보고 *Quellen und Darstellungen zur Zeitgeschichte, Bd. 7*》로서 출판했다.

2 요제프 베르크의 편지 내용

바인베르크는 요제프 베르크의 편지 가운데서 히틀러가 이 편지를 막스 아만에게 구술하고 아만이 타이핑했다고 말하고 있다. 로트펠스에 따르면 아만은 숙련된 속기사이자 타이피스트인데 초고를 보는 한 잘못 들은 것에 따른 타이프 오류, 철자 오류가 자주 나오고, 구두점의 오용, 정서법에 관한 잘못 등은 이것이 초고 그대로이고 《나의 투쟁》 간행 당시나, 간행 뒤처럼 수정이 이루어지지 않고 있음을 보여준다. 더욱이 변모음(움라우트)과 에스체트 (ß)가 대단히 읽기 어려운 점은 타이핑 기술보다도 사용한 타이프라이터 기

▲1939년 4월 20일, 베를린에서 펼쳐진 히틀러 50세 생일축하 행진 국내외에 강대한 군사력을 과시
했다.

▼페르디난트 포르쉐(1875~1951) 히틀러 50세 생일날에 포르쉐 박사는 '폭스바겐' 오픈카를 선물
했다.

기 그 자체에 약점이 있었던 것으로 생각된다. 아만이 검토한 단어나 문장의 오류는 앞에서 말한 바와 같이 확실하게 지워지고 바른 단어나 문장으로 고쳐져 있었다.

베르크는 1935년 1월 에어출판사 서적출판부를 맡게 되었는데, 그와 함께 방공호에 보관되어 있었던 이 '초고'까지도 이어받았다. 또 이 문서에는 출판사에서의 초고 외에 복사본 일부가 있고 그것은 오버잘츠베르크의 별장에 있었던 것으로 알려져 있는데 그 행방은 오늘날까지 알 수 없다고 바인베르크는 말한다. 그리고 바인베르크는 《히틀러의 테이블 토크》에서 1942년 2월 17일의 히틀러 발언, 1926년에 《나의 투쟁》 제2부 제13장의 별쇄로서 출간한 《남티롤 문제와 독일의 동맹 문제 *Die Südtiroler Frage und das deutsche Bündnisproblem*, München》, 1927년에 출판한 《나의 투쟁》 제2부 등에서 외교문제를 논하고 있는 점을 들고, 특히 1933년에 히틀러 밑에서 일하기 시작한 알베르트 촐러(Albert Zoller)의 《사생활에서의 히틀러 *Hitler private Erlebnisbericht seiner Geheimsekretärin*, Düsseldorf 1949》란 책의 문제점을 지적하면서도 '1925년에 구술한 《나의 투쟁》 제1부에 관련한 미간행 원고에 대해서 말하고 있었다'라고 결론 내리고 있다.

3 히틀러의 '초고' 구술 시기

이 원고는 초고이므로 서명도 장명도 없고 구술한 연도도 적혀 있지 않다. 그러나 이 원고 내용에서 바인베르크는 상당히 정확하게 구술한 시기를 압축하고 있다. 먼저 그는 슈트레제만에 대한 비판(제7, 8장), 점령되어 있었던 라인강 왼쪽 기슭에 대한 논평(제9장), 영 안(Young plan)[1]에 대한 언급이 없는 점(제12장) 등 세 가지 점에서 그 시기를 1927~29년으로 압축했다.

그리고 히틀러가 《나의 투쟁》에서 남티롤 문제에 관한 장의 앞서 말한 공간을 1926년에 행하고, 그 머리말에서 그 이후 2년간에 대해서 말하고 있는 점, 또 1928년 5월 초순의 브론벨크(비도고시치)에서의 비스마르크 탑의 파괴를 '최근 수개월 내'의 사건으로 보고 있는 점, 1928년 6월 뮌헨에서 상연된 오페라 〈조니가 밴드를 연주한다〉를 몇 번이나 언급하고 있는 점, 1928년 처

─────────────

1) 제1차 세계대전 패전국인 독일이 배상금을 지불할 때 그 능력 범위 내에서 각국에 지불할 수 있도록 1929년 6월 최종 해결책으로 제시한 안이다.

국회에서 개전(開戰) 연설을 하는 히틀러 1939년 9월 1일 베를린. "폴란드는 오늘 아침, 내 고유 영토에 정규군으로 포격을 시작했다. 5시 45분을 기해, 우리도 응전을 개시한다."

음 5개월 동안 당이 입은 손해에 대해서 말하고 있는 점, 마지막으로 〈푈키셔 베오바흐터〉지 등 언론의 날짜에서 '구술한 정확한 시기 결정이 가능하다' 말하고 그 시기를 1928년 여름으로 생각하고 있다.

바인베르크는 그 한정한 시기를 〈푈키셔 베오바흐터〉지의 상세한 검토, 특히 선거 전과의 관계에서 5월 20일의 선거종료 후이고 6월이거나 7월, 틀림없이 7월 13일의 연설(후술) 직전에 구술이 이루어졌다고 말한다.

1925년부터 대공황이 오기까지 나치스 당원 수는 한동안 서서히 늘고 있었는데 때가 오길 기다리는 시기였으며, 바인베르크에 따르면 《나의 투쟁》 집필 시기부터 1933년의 권력 장악 시기까지 기간에 '히틀러의 사상 발전, 또는 실제상 발전의 결여'가 명확해져 종래 그다지 주목받지 못했던 1920년대 후반의 국가사회주의의 사적 연구에 중요한 자료를 제공하게 된다.

4 1928년 정치상황과 그 무렵 히틀러의 정치적 견해

그러면 이 초고를 구술필기한 1928년은 어떤 해였을까. 《제2의 책》의 바인베르크의 서론 '1928년의 상황'과 같은 해 7월 13일에 연설하고 18일의 〈푈키셔 베오바흐터〉지 소견에서 그 무렵 특히 정치적 상황을 요약해 본다.

먼저 바인베르크는 1933년 이전의 국가사회주의 독일노동자당의 역사를 3기로 나누고 있다. 1923년 11월까지의 발족 시기, 1925년부터 26년에 걸친 당의 재건 시기, 영 안(案) 반대 국민청원 때 후겐베르크[2]와 손잡은 1929년 여름부터 권력 장악까지의 시기가 그것이다. 이에 대해서 1927년과 28년은 문헌으로 간단하게 접했을 뿐이어서 당의 역사를 상세하게 추적하는 것은 곤란하다. 그러나 남티롤 문제를 둘러싼 이탈리아와의 관계는 중요하다.

히틀러는 일찍부터 이탈리아와의 동맹을 결심하고 이를 위해 남티롤을 희생하지 않을 수 없다는 생각을 하고 있었다. 그가 《나의 투쟁》 제2부 제13장 '전후 독일 동맹정책'에 1926년 2월 12일에 구술한 서문을 붙여 《남티롤 문제와 독일의 동맹 문제》의 제목으로 1만 부를 인쇄해 출판한 것은 앞서 말했다. 이 서문에서 그는 신문이 로카르노 조약[3] 말고는 남티롤에 대해서만 쓰지 않고 있다며 탄식하고, 이 신문의 관심은 무솔리니에게 싸움을 걸기 위한 핑계에 지나지 않는다고 주장하며, 무솔리니에 대한 명예훼손을 회복하기 위해 별쇄로 출판한다고 말하고 있다. 1928년 5월 20일 총선거가 시작되어 슈트레제만[4]이 바이에른에 출마하자 히틀러는 '프랑스의 비호를 받은 슈트레제만'이라는 제목으로 그를 공격했다. 또 사회민주당은 현수막 '폭로된 히틀러'로 히틀러와 에프(Ritter von Epp) 국가사회주의 독일노동자당 최고위 후보자가 남티롤을 포기하는 대신에 무솔리니로부터 경제적 지원을 받고 있다고 주장했다. 이에 대항해서 히틀러와 에프는 고소를 제기했다.

히틀러는 남티롤을 배신한 것은 국가사회주의자가 아니고 유대인과 마르크스주의자이며, 이탈리아와 독일은 공동보조를 취해야만 하고 1914년의 국경은 합리성이 없다고 말하고 있다. 사회민주주의자는 남티롤의 독일인의 일만으로 떠들어대는데 알자스나 주데텐란트의 독일인에게는 아무런 호의도

2) Alfred Hugenberg. 쿠르프사 사장을 지내고 1928년 국가국민당 당수로서 히틀러에게 협력, 히틀러 내각에서 경제장관, 농업장관으로 입각한다. 1865~1951.

3) 1925년 10월 16일 스위스 로카르노에서 독일·프랑스·영국·벨기에·이탈리아 등 7개국이 맺은 안보조약.

4) Gastav Stresemann. 혁명 후 독일인민당을 창설하고 당수가 되어 도스안, 로카르노 조약, 영 안의 체결을 추진하고 소련과의 우호 유지를 도모한다. 1878~1929.

가지고 있지 않다.

이와 같은 사고방식으로 1928년 7월 18일 〈푈키셔 베오바흐터〉지에 실린 4월 13일의 연설내용은 이 초고 내용으로 채워져 있는 듯하다. 그것을 요약해보자.

독일은 식량기반이 없고 따라서 영토를 인구수에 맞추지 않으면 안 된다는 매우 건전한 사상을 잊어버린 결과 민족의 공업화, 민족동포의 쿨리화(이민자)를 가져왔다. 경제진흥으로 민족을 기르고 수출하여 얻은 돈으로 식량과 원료자원을 수입하는 사고는 시민적 사고의 전형이다. 그것으로 전쟁 회피를 바라는 것은 겁 많고 마음 약한 평화사상이다. 또 국외 이주는 국가로부터 가장 행동력이 풍부한 사람들을 빼앗긴다. 민족은 차츰 피를 잃어간다. 더욱이 산아제한은 민족의 최고 성능을 해친다.

우리에게 무기는 없다. 그러나 민족의 힘은 무기가 아니고 의지에 있다. 따라서 최선의 무기는 지도이고 대중에게 전해진 정신 속에 있다. 우리는 싸울 수 없다. 왜냐하면 우리는 먼저 우리들 자신과 싸워야만 하기 때문이다. 우리는 독일 속의 노예부터 처리하지 않으면 안 되는 것이다.

"자유를 획득한다. 토지와 영토를 획득한다. 이것이 우리 목표이다"라고 말하고 "우리는 국경 수정을 원하지 않는다. 10킬로미터나 20킬로미터로 우리 국민의 장래는 개선되지 않는다. 그것은 결코 건전한 외교정책의 목표는 아니다" 주장하고 있다. 그리고 구체적으로 국명을 들어 영국·프랑스·러시아와 독일의 외교관계를 말하고, 마지막으로 "가능한 동맹국은 이탈리아이다"라고 이탈리아와 독일의 이익이 서로 엇갈리지 않는다는 것, 독일과 이탈리아의 공통이익은 프랑스와의 적대관계에서 찾을 수 있고 대립을 공유하고 있음을 명확하게 말하고 있다.

남티롤에 대해서는 "항의 목소리를 높인들 아무런 도움도 되지 않는다. 우리는 오히려 독일과 이탈리아 사이에 다리 놓는 쪽을 택한다"라고 남티롤 문제에 대한 결론을 내놓고 있으며 이 사고는 이 초고 가운데 나오는 이론과 같다. 이와 같이 히틀러는 1928년 당시 유럽에서 독일의 정치적 상황을 정리하고 있다.

▲제2차 세계대전 개
시 1939년 9월 1일,
자유도시 단치히의
폴란드 우체국을 공
격하는 독일 무장친
위대.

◀파리에 입성하는 독
일 국방군 1940년 6
월 14일. 이날 이탈리
아는 영국과 프랑스
에 선전포고를 했다.

전격적인 승리 파리 함락 후 슈페어(왼쪽)와 함께 파리를 방문한 히틀러. 1940년 6월 23일 촬영.

이 '초고'의 미발간 이유

이 '초고'가 바인베르크도 말한 것처럼 내용상으로 보아 비밀문서가 아니고 책으로 출간할 생각이었음에도 불구하고 구술 뒤 《나의 투쟁》의 경우처럼 덧붙여지거나 고쳐지지 않고 있는 점도 틀림이 없다. 초고 그대로 보관되어 있었던 것이다. 그 원인은 무엇일까.

이에 대한 톨란드의 견해는 이미 소개했다. 그러나 그의 사상적 해석으로는 미발간 이유의 설명이 불충분하다. 이에 대해서도 바인베르크가 상당히 이해할 수 있는 이유를 들고 있다. 그는 다음과 같은 이유로 정리하고 있다.

a. 에어출판사의 사주였던 아만은 1928년 여름 《나의 투쟁》의 판매상황이 제1부 출판 이래 최악이고 히틀러의 신작이 나오면 《나의 투쟁》과 경쟁이 될 것이라 판단했다. 이해는 연차대회를 보류하지 않을 수 없을 정도로 출판사가 재정적으로 악화되었던 적도 있어 아만이 출판의 일시적 중단을 충고했다.

b. '초고' 완성 직후 독일의 정치·경제적 상황의 격변으로 인해서 내용에 상당한 수정을 해야만 했다. 즉 1929년 여름부터 국가사회주의 독일노동자당은 영 안(案)에 대한 반대 투쟁을 시작하고 있었고, 상대편의 주요 인물인 슈트레제만이 독일국가국민당 당수가 되어 히틀러와 손잡고 '영 안 반대 국민청원'에서 나치스의 약진을 재정적으로 뒷받침했다. 이 시점에서 이 '초고'에서 볼 수 있는 시민적 정치가에 대한 의견이 타당성을 잃기에 이르렀다.

나는 이 책의 미발간 이유를 그 내용으로 보아 특히 앞의 b설, 즉 히틀러가 국가적 시민적 정치가에 대해서 강한 비판을 하고 있다는 것과 '영 안 반대 국민청원'에서 독일국가국민당 당수 후겐베르크와 손을 잡고 나치스로부터 재정적 지원을 얻었다는 것과의 사이 문제점에서, 시민적 정치가 비판을 다시 쓸 필요성을 강하게 자인하고 있었기 때문이라 생각한다. 이와 함께 슈트레제만의 죽음에 따른 이 책의 내용 변경이 총선거를 비롯한 히틀러의 정치활동에 의해서 초고를 수정하기에 충분한 여가를 발견할 수 없었기 때문인 것으로 보고 있다.

▲공습목표를 향해 급강하하는 독일 Bf110 전투폭격기

▼1940년 9월 7일, 런던은 대규모 공습을 받아 화재 발생

독일·이탈리아·일본 삼국동맹 조인식　1940년 9월 27일, 왼쪽부터 사부로 독일주재 일본대사, 치아노 이탈리아 외무장관, 히틀러. 오른쪽은 발언 중인 리벤트로프 독일 외무장관.

이 '초고'의 특징

이 '초고'에는 《나의 투쟁》에 기록되어 있는 사항보다 더 두드러진 견해는 포함되어 있지 않다. 이것은 이 '초고'가 《나의 투쟁》 속편이라는 것의 참고가 될 만한 증거이기도 하다. 그러나 이것은 출판을 하기 위한 손질이 이뤄지지 않았던 까닭에 《나의 투쟁》보다 거칠고 세련되지 않은 격렬한 언어가 사용되고 있다. 하지만 그것에는 내용적으로 약간의 자료적 가치가 있다. 《나의 투쟁》에 기술되어 있는 것이 더 솔직하게 서술되어 있기 때문에 히틀러의 정치적 견해와 그의 사상의 특수성을 훨씬 명확하게 알 수 있는 것이다. 《나의 투쟁》의 제1부, 특히 그 후반에 기록되어 있는 외교정책이 여기에서 더욱 강하게 표현되어 있다. 그 가운데 주요한 것을 두세 가지 들어보자.

첫째는 《나의 투쟁》 가운데서 미국과의 관계이다. 독일과 미국과의 관계만이 아니고 영국과 미국과의 관계, 특히 경제 문제를 둘러싼 양국의 대립을 명확하게 기술하고 있는 점과 유대인 문제가 더욱 상세하게 기술되어 있는 점이다.

둘째는 일반의 시민적·국민적 정치가의 국경을 제1차 세계대전의 상태로 되돌리기 위한 열강제국과의 유연한 교섭, 특히 베르사유 조약의 경개[5]라는

---

5) 更改. 일정한 채무를 소멸하고 다른 채무를 성립시키는 계약.

1941년 5월 3일, 베를린 크롤오퍼 국회. 발칸반도에서 승전을 선언하는 히틀러 같은 장소에서 그해 12월 11일, 미국에 선전포고를 한다.

사소한 외교 목표를 냉소하는 것에만 머물지 않고 독일의 과잉인구를 러시아에서의 영토획득으로 해소할 방침의 전개를 명확하게 기술하고 있는 점이다. 이 점에서는 독일의 시민적 정치가의 독·러동맹이라는 정치적 환상을 비난하고, 러시아가 볼셰비즘화한 것에 따른 독·러동맹의 비현실성을 행운이라 말하며, 독일의 유일한 진로는 동방에서의 '생존권' 획득이라고 주장하고 있다.

이와 같은 히틀러의 사상을 로트펠스는 '광신적일 정도로까지 공고한 신다위니즘(신다원주의)'이라 주장하고 있는데 히틀러의 그 뒤 '현실 정치'와 이 '초고' 속의 '대외정책' 관계를 살펴보면 둘 사이에 너무나도 큰 일치를 느낄 수 있다. 통상 정치가가 실현을 예상하고 있는 자기 정책에 관해서는 상당히 폭넓은 반대 정책을 공표하는 점을 생각할 때 (전쟁을 포함해서) 히틀러가 그 뒤에 실행한 정치를 이 '초고'에서 정직하게 기록한 것은 그가 말하는 바와 같이 정적을 설득하기 위한 것이 아니라 지지자의 계몽을 위한 것이었다고 해도 국가사회주의 정권 수립 후 독일 대외정책의 해석에 대해서 유럽제국을 크게 헷갈리게 했을 것이다.

요는 히틀러가 자기 경력에 대해서는 상당히 겉치레를 했는데 장래정책에 관해서는 오히려 예언을 바르게 실행했다고 말해야 할 것이다. 다시 말하자면 히틀러는 영국, 이탈리아와 짜고 프랑스를 봉쇄해 서쪽의 안전을 확보한 다음 러시아를 공격할 것을 생각하고 있었던 것이다. 북쪽 바다를 영국에 맡기기 위해 해군력을 충실하게 갖추지 않은 채 영국의 비위를 맞추고 남티롤을 이탈리아에게 맡겨 지중해에서의 이탈리아 해군력의 충실을 고려해 이탈리아와의 동맹을 꾀하고 있었다. 그러나 그의 구상은 영국의 동향에 관해서는 맞지 않았다.

일반적으로 잘 알려져 있는 아우슈비츠에서의 유대인 학살, 히틀러 암살사건에 관여한 많은 사람, 반전운동 관계자에 대한 가혹한 조치 등으로 말미암아 히틀러의 잔혹한 성격이 여기저기에 언급되어 있다. 그와 같은 사건과 관련해 그의 성격의 잔인함이 인간관계, 특히 여성관계에도 들어맞는다고 흔히 생각되고 있는 것 같다. 그러나 여성관계에 대해서 말하자면 배다른 누나 앙겔라의 딸, 즉 조카딸 게리 라우발과의 근친상간, 에바 브라운과의 연애와 결혼에 대해서 이야기될 뿐이고 다른 여성과의 관계는 거의 없는 것으로 알려졌다. 괴링이 대단히 화려한 여성관계를 가지고 있던 것과는 정반대이다. 괴링보다 더 화려한 여성관계를 누릴 만한 위치에 있었던 히틀러가 왜 그렇게 하지 않았는지에 대해서는 그의 질병경계설과 여성관계를 갖는 것에 따른 정치적 평가저하 경계설이 이야기되고 있는데, 한편에서는 그를 '보기 드문 로맨티시스트'라고 지적하고 있다.

이와 같은 히틀러의 성격분석은 틀림이 없을 것이다. 로맨티시스트였기 때문에 화려한 여성관계를 갖지 못했고, 제1차 세계대전 뒤 불과 10년에 군비확충을 역설하고 발트해 연안의 중심이기는 하나 우랄산맥 서쪽의 점령과 그 독일화라는 꿈을 현실화할 수 있다고 생각해 이 초고를 썼을 것이다.

그가 처칠과 같은 '진실로 현실적인 정치가'였다면 실현가능성이 매우 낮은 유럽·러시아의 점령과 같은 망상에 가까운 대외정책은 결코 말하지 않았을 테고 행하지도 않았을 것이다. 《나의 투쟁》 I 과 《나의 투쟁》 II 그 밖에 히틀러 자신의 발언과 그의 성격과의 상세한 연관분석이 요망된다.

▲ 스탈린그라드 공방전
독일군은 1941년 8월 23일 공격을 개시, 11
월 초 스탈린그라드 대부분을 확보했다. 하
지만 11월 23일, 소련군의 맹렬한 반격을 받
아, 반대로 장병 30만 4000명이 포위되어 버
렸다. 영하 35도의 강추위 속에서 병사들은
굶주림과 추위로 차례차례 쓰러졌지만, 히
틀러는 그들에게 영웅적인 최후를 맞이할
것을 명령했다.
1943년 2월 2일까지, 양쪽을 합쳐 197만 명
이 넘는 사상자를 낸 커다란 소모전의 패배
로, 대독일제국의 종말이 시작되었다.

▶ 항복 직후의 파울루스 원수와 참모
독일군 포로 8만 8000명 중, 1955년에 살아
서 독일로 돌아온 병사는 5000명에 지나지
않았다.

《나의 투쟁》에서 무엇을 배울 것인가

문명이 고도로 발달한 현대에 '시간을 잊는다'라고 할 정도로 평화로운 유럽대륙이면서 사람들은 어째서 《나의 투쟁》을 두려워하는가. 《나의 투쟁》은 먼 옛날 일이지만 지금도 존재감을 잃지 않고 있다. 란츠베르크 감옥에서부터 시작하여 제3제국 판테온, 그리고 뮌헨의 폐허에서부터 이스탄불 거리까지 이 책이 거쳐 온 기구한 운명 속에서 우리는 무엇을 배울 수 있을까.

첫 번째 교훈 아무리 편집적이고 폭력적인 정치 프로젝트라고 해도 과소평가하지 말고 신중하게 대처해야 한다. 그 정책이 공표되어 있으며, 그것을 현실에서 실천할 수 있는 사람의 주장이라면 더더욱 그렇다. 파시즘, 국수주의, 인종차별주의, 반민주주의 등의 사상은 지금까지 언제나 현실정치와 관련되어 왔다. 말에는 의미가 있다. 말에 의해서 현실이 변한다. 게다가 현실에서 최악의 모습으로 나타나기도 한다.

지난 50년을 되돌아봐도 텍스트로 공공연히 발표되어 결국에는 현실이 된 비극, 게다가 사람들의 기억에 남은 참극이 여럿 존재한다. 《마오쩌둥 어록》에 기록된 전체주의에 바탕을 두고 국가를 거론하며 문화혁명이 이루어진 결과 1000~2000만 명이 목숨을 잃었다고 전해진다. 크메르 루주의 사상 기관지 〈혁명의 깃발〉의 논설이나 폴포트의 공산당 헌장에 적힌 바른길을 벗어난 계획이 바탕이 되어 200~300만의 캄보디아인의 목숨을 앗아갔다(UN 조사).

르완다에서도 '후투 선언'으로 대표되는 인종차별의 환기, 〈캉구라(깨어나라)〉 잡지를 통한 투치족 말살에 대한 호소가 있다. 1986년 도브리카 코시치를 중심으로 세르비아 학자들이 간행한 잡지 〈세르비아 과학예술 아카데미의 메모랜덤〉 또한 대학살의 징조였다. 슬로보단 밀로셰비치도 이 편광적인 잡지를 읽고 깊은 인상을 받았다고 한다. '유고슬라비아의 다른 민족들이 세르비아 민족을 헐뜯고 있다' '무력투쟁으로 세르비아 민족국가를 건설하자'라는, 악몽이라고 생각할 수밖에 없는 역사인식이 이 잡지로부터 퍼져 나가고 있었다.

두 번째 교훈 첫 번째 것과 모순되는 듯하지만 《나의 투쟁》 그리고 이 책

▲**시칠리아 상륙**　1943년 7월 10일, 미육군 M4A1전차.

▼**노르망디 상륙**　1944년 6월 6일, 미육군 제1보병사단 병사들.

파리 해방 후, 샹젤리제 거리를 개선하는 프랑스 제2기갑사단　1944년 8월 26일 촬영.

이 당시 과소평가되고 있었다는 사실은 현대를 생각해 보면 절대적인 지표가 되지는 않는다. 1930년대의 고된 경험만으로 모든 것을 판단하면 안 된다. 주의해야 할 사태에 대해서 무지한 나머지 눈치채지 못하고 있는 것도 문제지만, 나치즘이라는 새로운 형태에 대응해 내지 못하고 있는 일 또한 근대의 특징적인 문제이다. 지금 《나의 투쟁》의 교훈을 살리는 것이 가능하다. 하지만 그러기 위해선 일단 터키와 인도의 국수주의나 이슬람주의, 몇몇 국가가 내거는 '타도 이스라엘' 사상을 나치즘의 재등장으로서 일괄하는 것이 아니라 개별 사상으로서 검토해야만 한다. 나치즘의 위험을 과소평가한 과거의 실패가 있는 이상, 1930년대 망령을 끄집어내어 서둘러 결론내리는 것은 잘못이다.

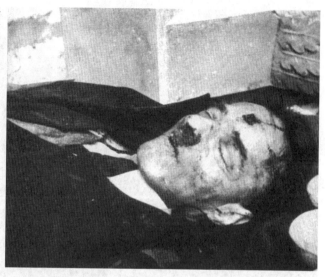

소련군이 발표한 히틀러 유체 사진 히틀러는 1945년 4월 30일 지하 벙커에서 아내와 함께 권총 자살했다. 그 이틀 뒤 베를린 수비대는 소련군에 항복했다.

세 번째 교훈 간행 당시 《나의 투쟁》에 대한 눈에 띄는 반발이 보이지 않았던 것은, 내용에 대한 이해가 부족했다기보다는 국민이 진실된 의미의 정치의식을 가지고 있지 못했던 것이 그 원인이다. 그즈음 독일 국민은 우리가 오랫동안 생각해 왔던 것보다 《나의 투쟁》을 실제로 읽고 내용을 이해하고 있었다는 것을 최근에 알게 되었다. 하지만 장래에 어떤 결과를 낳을까 예상도를 희미하게 엿볼 수 있다고 해도 그걸로 모든 문제가 풀리는 게 아니다. 실제로 해결하려면 용기나 상상력, 의지의 힘이 필요하다. 로니 브로만은 "르완다에서 일어난 일을 눈앞에서 봤을 때, 아우슈비츠에 대해 세계가 침묵했던 의미를 이해했다"라고 적고 있다. 옛 유고슬라비아에서 민족평화의 내전이 일어났을 때 유럽은 침묵했다. '전쟁을 끝내기 위해서 전쟁을 해서는 안 된다'라는 미테랑의 말은 행동하는 것의 어려움을 단적으로 말해 주고 있다.

네 번째 교훈 아무리 성숙한 민주주의 국가라 하더라도 야만행위는 일어나기 마련이다. 민주주의에는 만행을 뿌리 뽑을 힘이 없다. 나치즘은 민주주의의 결함에 편승함으로써 힘을 얻었다. 당시 독일은 이미 기본적인 자유를 보장받아 민주주의와 종교적 소수자를 인지한 선진국이었다. 히틀러 정권은 1930년대 민주주의 국가 독일에서 탄생했다. 온건파 지식인 《나의 투쟁》을 지나간 과거로 치부하려 하지만 그 본질은 뜻밖에 현대에까지 영향을 미치

점령한 독일 국회의사당에서 소련 깃발을 흔드는 소련군 병사　1945년 5월 1일.

고 있다. 당시의 구체적인 정치상황에 뿌리내린 부분은 물론이요 의회, 정당, 과학 등 오늘날에도 자주 듣는 항목에 관한 기록들이 21세기에도 여전히 살아서 숨쉬고 있다.

이를 통해 배워야 할 점은 민주주의가 아무리 침투한다 한들 역사가 퇴보하는 위험은 피할 수 없다는 사실이다. 민주주의 체제만 유지된다면 모든 사람이 행복할 것이라는 믿음은 그릇된 망상이다. 협조성을 중시하는 근대사회가 아프리카, 중동, 유럽시장 그리고 자기 내부의 정치적 폭거 및 무질서와 대치하는 동안 이는 대단히 중요한 바를 시사한다.

다섯 번째 교훈　히틀러가 《나의 투쟁》에서 과격한 반(反)유대주의를 드러낸 때는 권력의 보좌에 앉기 10년 전 일이었다. 아울러 이 책은 나치스들을 유대인 학살로 이끈 출발점이기도 했다. 유럽에 널리 퍼져 있는 반유대주의와 아우슈비츠를 연관시킨 연결고리 또한 이 책이었다. 《나의 투쟁》이라는 책은 말하자면 유대인 학살을 막지 못한 유럽의 모든 나라에 책임을 묻는 거울인 동시에 지금까지 이어지고 있는 반유대주의와 인종차별이 낳을 결과

1943년 5월, 바르샤바 게토 봉기가 진압된 뒤 강제수용소로 내몰리는 유대인

를 경고하고 있다.

여섯 번째 교훈   《나의 투쟁》은 유대인에 대한 증오의 결정체이자 민주주의와 기본적 자유, 계몽주의, 발전주의, 혼교(混交), 개인의 평등을 부정했다. 앞으로도 나치스 정권 시대의 기억을 당사자들만이 아닌 우리 모두가 기억해야 할 것이다. 이런 풍조는 사람들이 유대인 학살 사건을 뒤늦게 안 점과 나치스들의 과거에서 유대인 학살을 빼놓고 지나치리만치 강조해 온 유럽 각 나라의 대응이 얽히고설켜 빚어낸 일이다.

하지만 나치스에게 가장 먼저 빼앗긴 것은 생명이 아니다. 바로 자유로운 사상이다. 이는 유대인에게만 한정되지 않는다. 모든 이가 자신의 문제로 인식하고 《나의 투쟁》과 만나야 한다.

일곱 번째 교훈   《나의 투쟁》을 금지된 책으로 묶는다 한들 아무런 효과도 거둘 수 없다. 피할 수도, 무의식의 수렁에 묻으려 해도 소용없다. 애초부터 불가한 일이다. 《나의 투쟁》은 바로 당신에게 있고 앞으로도 그럴 것이다. 유럽 아닌 모든 나라에서 《나의 투쟁》을 읽고 교훈을 얻는 행위가 금서로 묶는 것보다는 유익할 것이다. 되도록 많은 사람이 이 책에서 제시하는 독해 방법을 체득해 내용을 이해하고 이 책이 지나온 역사적 배경을 알아야 한다. 이 책을 교과서 삼아 떠받드는 자가 있는 한편, 이 책이 해독작용을 발휘하는 경우도 있을 것이다. 이 책의 존재를 잊지 않기를 바란다.

나의 투쟁 I

일러두기

1. 이 한글본 번역대본은 해설(히틀러의 생애와 저작들)에 자세히 수록하였다.
2. 인명·지명 등 고유명사 표기는 각 나라 언어 발음을 충실하게 옮기되, 되도록 교육부 고시 〈외래어 표기법〉과 국립국어원 편찬 《표준국어대사전》의 용례를 따랐다.

머리글

　1924년 4월 1일, 나는 뮌헨 국민재판소 판결에 따라 금고형을 선고받고, 레히강 기슭 란츠베르크 요새 구치소에 수감되었다.

　이와 함께 나는 몇 년간 끊임없이 활동한 뒤 수많은 사람들이 요구하고, 나 스스로도 운동에 도움이 되리라 여기는 저작을 비로소 시작할 수 있었다. 나는 이 책으로 우리 운동 목표를 분명히 해둘 뿐 아니라, 그 운동의 발전을 기록하기로 마음먹었다. 이렇게 하는 것이 어떠한 순수이론의 논문에서보다도 배우는 바가 많을 것이다.

　그리고 이 책의 이해를 돕고 또 유대 신문이 전혀 근거 없이 꾸며낸 내 옛 이야기들을 모조리 없애버리는 데 도움이 되도록 나의 성장에 대해서도 적어둔다. 이 운동에 인연이 없는 사람이 아닌, 진심으로 이 운동을 따르고 지성이 마음속으로부터 계몽을 바라는 이 운동 신봉자에게 이 저작을 바치고자 한다.

　종이에 쓴 글보다 직접 전하는 말이 더욱 사람 마음을 끌어당기며, 이 세상 위대한 운동은 모두 위대한 문필가에 의해서가 아니라 위대한 연설가에 의해서 발전했음을 나는 잘 알고 있다. 하지만 운동의 가르침을 일관되고 통일되게 대변하기 위해서는 그 원칙적인 요소가 영원히 기록으로 남겨져야 한다. 따라서 나는 이 책을 내가 공통된 사업에 바치는 주춧돌로 삼고자 하는 것이다.

레히강 기슭 란츠베르크 요새 구치소에서
아돌프 히틀러

1923년 11월 9일 12시 30분, 뮌헨의 펠트헬른하레 앞과 옛 육군성 안에서 아래 사람들은 민족의 재흥을 굳게 믿으면서 쓰러져 갔다.

　　페리크스 알파르트(상인, 1901년 7월 5일생)
　　안드레아스 바울리도르(모자제조업자, 1879년 5월 4일생)
　　테오도르 카제라(은행원, 1900년 8월 8일생)
　　빌헬름 엘리히(은행원, 1894년 8월 19일생)
　　마르틴 파우스트(은행원, 1901년 1월 27일생)
　　안톤 헤헴베르거(자물쇠장수, 1902년 9월 28일생)
　　오스카 케르너(상인, 1875년 1월 4일생)
　　칼 쿤(요리점 종업원, 1897년 7월 26일생)
　　칼 라포르체(공과대학생, 1904년 10월 28일생)
　　쿠르트 노이바우어(공무원, 1899년 3월 27일생)
　　크라우스 폰 파페(상인, 1904년 8월 16일생)
　　테오도르 폰 데어 프포르텐(주(州) 최고재판소 판사, 1873년 5월 14일생)
　　요한 리크마스(퇴역 육군대위, 1881년 5월 7일생)
　　막스 엘빈 폰 쇼이프너 리히터(공학박사, 1884년 1월 9일생)
　　로렌츠 리터 폰 슈트란스키(기사, 1899년 3월 14일생)
　　빌헬름 볼프(상인, 1898년 10월 19일생)

　이른바 국가 당국은 이 죽어간 영웅들을 함께 매장할 것을 거부했다. 그러므로 나는 공통의 기념으로서 이 책의 제1부를 그들에게 바친다. 그들이 이 책의 피어린 증인으로서 우리 운동의 신봉자를 위해서 끊임없이 앞길을 비춰주시옵기를.

1924년 10월 16일
레히강 기슭 란츠베르크 요새 구치소에서
아돌프 히틀러

제1부
민족주의적 세계관

제1장
이 세상에 첫걸음을

태어난 집

오늘, 나는 인(Inn)강 근처 브라우나우암인(Braunau am Inn)이 바로 나의 출생지가 되었다는 사실에 행복을 느낀다. 왜냐하면 이 작은 도시는 두 개의 독일인 국가[1]의 경계에 자리하고 있고, 적어도 이 두 국가의 재합병이야말로, 우리 청년들이 어떠한 방법을 써서라도 반드시 이루어내야 할 필생의 사업이라 여기기 때문이다!

독일과 오스트리아는 모국인 대독일로 복귀해야 한다. 그러나 그것은 어떤 경제적 고려에 따른 것이 아니다. 그렇다, 정말 그런 것이다. 비록 이 합병이 두 나라에 경제적으로 중요하지 않고, 오히려 그것이 해롭다 할지라도 그것은 이루어져야 한다. **동일한 피는 공통된 국가에 속한다.** 독일 민족은 자기 자식들을 단일국가 안에 살도록 하지 못하는 한, 식민정책 활동에 대한 도덕적 권리를 가질 수 없다. 독일국가 영역이, 독일인의 마지막 한 사람까지 모두 수용하고, 그들의 식량을 확보할 수가 없게 되었을 때 비로소 자기 나라 국민이 곤궁하다는 이유에서 나라 밖 영토를 획득하는 도덕적 권리가 생겨나는 것이다. 그때 쟁기가 칼이 되고, 싸움의 눈물에서 다음 세대를 위한 그날그날의 빵이 생겨난다. 따라서 나에게는 이 작은 국경도시가, 대사명의 상징처럼 여겨지는 것이다. 그러나 또 다른 관점에서도 이 소도시는 오늘날 우리 주의를 끌고 있다.

100년도 더 전에, 보잘것없던 이 소도시는 모든 독일 국민에게 통렬한 감동을 주었던 비극적 재난의 무대로서 적어도 독일 연대기에 영원히 기록할

---

1) 독일과 오스트리아를 가리킨다.

만한 특권을 가졌던 것이다. 우리 조국이 더없이 굴종당하고 있던 시대에 이 땅에서 뉘른베르크의 서적 상인으로서 완고한 '국가주의자'이자 프랑스를 싫어했던 요하네스 파름이 불행 속에서도 열렬히 사랑했던 독일을 위해 쓰러진 것이다. 그는 공모자―오히려 주모자이지만―의 이름을 말하는 것을 완강히 거부했다. 말하자면 레오 슈라게터[2]와 같이 말이다. 말할 필요도 없이 그도 마치 슈라게터처럼 어느 정부 관리에 의해 프랑스에 밀고되었던 것이다. 아우크스부르크의 한 경찰서장이, 이 비극적인 명예를 안고, 제베링 씨의 새로운 독일국가 당국에 모범을 보여주었던 것이다.

바이에른 혈통에 오스트리아 국적을 가진 나의 부모[3]는 지난 세기인 1880년대 끝무렵 이 독일적 순교의 빛에 의해 아름답게 비쳐진 인강 유역 작은 도시에 살고 있었다. 아버지는 의무에 충실한 관리였고, 어머니는 가사에 전념하는 주부로서 언제나 변함없는 깊은 애정으로 우리를 돌보아주셨다. 이 무렵 일은 나의 기억에 그다지 남아 있지 않다. 그 이유는, 그로부터 몇 년 뒤, 아버지는 인강을 내려가 파사우에서 새로운 자리에 부임하기 위해 이 작은 국경도시를 다시 한 번 떠나야만 했기 때문이다. 이렇게 해서 우리는 독일 국내로 들어왔다.

그즈음 오스트리아 세관 관리는 '유랑자' 신세와 다름없었고, 아버지는 결국 린츠로 전근을 갔다. 거기서 정년퇴직하여 연금생활자가 되었다. 물론 연금생활은, 이 노인에게 휴식을 의미하는 것이 아니었다. 가난한 날품팔이 농부[4]의 아들이었던 아버지는 젊었을 때 일찍이 집에 있는 것을 견디어내지 못

---

2) 1923년 프랑스 루르 지방 점령 때 공장파괴 등으로 저항한 독일의 광신적 국가주의자.

3) 예전부터 히틀러의 집안 계통에 대해서는 여러 주장이 있었다. 첫째는 체코 혈통설이고 둘째는 유대 혈통설이다. 그러나 현재에는, 히틀러 연구가 베르너 마저에 의해서 그 어느 쪽도 확증이 없다는 것, 그리고 히틀러가 1889년 4월 20일에 오스트리아·헝가리 제실(帝室) 및 왕실 세관 사무관인 알로이스 히틀러의 (세 번째 결혼의) 넷째아들로 인(Inn)강 근처 브라우나우에서 태어났고, 3년 뒤 파사우로 옮겼으며, 1894년에는 린츠로 옮기고, 1895년 아버지의 퇴직 후에는 1897년까지 람바흐 근교에 있는 하펠트의 훌륭한 저택에서 살았던 것이 분명해지고 있다.

4) 날품팔이 농부란 집만 지니고 있고 농지는 거의 없는 농민을 말한다. 그러나 히틀러의 할아버지는 제분소 직공으로 날품팔이 농부는 아니었으며, 또한 큰할아버지 레포무크는 자작농으로 생활이 넉넉했다. 여기서 그는 아버지의 생애와 자기 자신의 비참함을 고의로 과장하고 있다.

했다. 아직 열세 살도 채 못 된 어린 몸으로 소년은 작은 배낭을 짊어지고 고향인 발트피르텔을 떠났다. '세상 물정에 뛰어난' 마을 사람들의 만류에도, 그는 빈(Wien)으로 향했다. 거기서 수공업을 배우려 했던 것이다. 그것은 지난 세기인 1850년대의 일이었다. 먼 길 중간에 쓸 수 있는 3굴덴의 노잣돈만 가지고 미지의 세계로 들어가려 했던 것이다. 참으로 눈물겨운 결심이었다.

그러나 이 열세 살의 어린이가 열일곱 살이 되었을 때, 그는 직공 시험에 합격했지만 결코 만족하지 않았다. 오히려 그 반대였다. 오랜 세월 계속된 비참한 생활 끝에 그는 마침내 손일을 포기하고 무엇인가 '좀더 훌륭한 사람'이 되리라는 결심을 굳히게 되었다.

지난날 이 마을의 가난한 젊은이에게는 목사라는 직책이 인간으로서 다다를 수 있는 최고의 자리로 여겨졌지만, 안목이 훨씬 넓어진 대도시에서는 국가 관리의 지위가 최고의 것으로 생각되었다. 가난과 비분 때문에, 열일곱 살의 어린 소년은 성인과 같은 불굴의 강인함으로 새로운 결심을 거듭 굳혔고, 결국 관리가 되었다.[5] 그가 관리가 되기까지 거의 23년의 시간이 흐른 것이다. 그리고 또 이 가난한 청년이 무엇인가를 이루기까지는 사랑하는 고향에 돌아가지 않으리라 다짐했던 지난날 맹세의 전제는 일단은 충족된 것처럼 보였다.

마침내 목적은 달성되었다. 그러나 마을에서는 지난날 작은 어린이를 기억해 주는 사람은 아무도 없었다. 그리고 고향 마을은 그에게 친밀감이 없는 낯선 곳이 되고 말았다.

그래서 그는 쉰여섯 살에 연금생활자로서 은퇴생활로 무위도식하며 보내는 일이 견딜 수가 없었다. 그는 북부 오스트리아의 저잣거리인 람바흐 근교에 땅을 사서, 그것을 관리하면서 오랫동안 일만 해오던 일생을 마치고 다시 조상들이 있는 곳으로 되돌아간 것이다.[6]

---

5) 아버지 알로이스는 구두 직공이었으나 꽤 명랑한 성격이었다고 한다. 그는 1855년 오스트리아·헝가리 제국 재무부 수위(국경 감시를 위한 고용인)에 이어 1864년 재무부 수위·보고자로서 관리가 되어 세관 근무 임시 사무관보, 임시 사무관, 검사관보를 거쳐 1875년 세관 사무관, 1892년 임시 상급 사무관으로 그 무렵 초등학교 출신으로서는 이례적으로 승진을 했다. 평생 동안 세 번 결혼했는데 알로이스의 결혼 상대였던 세 사람 모두 상당한 지참금을 가지고 왔었다고 한다.

6) 아버지 알로이스의 생활은 결코 가난하지는 않았다. 지방도시 중산계급의 상층으로 여겨진

개구쟁이

그 무렵 나에게 아마도 처음으로 나의 이상이 이루어진 것 같다. 집 밖에서 피우는 소란이라든가, 멀리 돌아서 가는 등굣길이라든가, 특히 어머니에게 몇 차례 걱정을 끼쳤던 매우 씩씩한 아이들과의 교우관계가, 방에만 틀어박혀 있는 아이들과는 전혀 다른 장난꾸러기로 나를 성장시켰다. 따라서 그무렵 나는 아직 나 자신의 장래 직업에 대해서 진지하게 생각해 본 일이 거의 없었으나, 본디 아버지의 인생 경로에 대해서도 동정해 본 적이 없었다. 그 무렵 벌써 나의 말재주는 내 친구들과의 어느 정도 박력 있는 대결에서 훈련된 것이라고 생각된다. 나는 학교에서 공부도 곧잘 했지만 한편으로는 다루기 힘든 개구쟁이 골목대장이 되어 있었다.

나는 틈날 때마다 람바흐 수도원에서 노래를 배우고 있었으므로 매우 화려한 교회 제전의 엄숙함에 도취될 기회가 많았다. 따라서 마치 아버지에게 있어 지난날 작은 마을의 목사가 그랬던 것처럼 나에게는 당연히 수도원장이 가장 노력할 만한 가치가 있는 것 이상으로 생각되었다.[7] 적어도 그때에는 이것이 사실이었다. 그러나 아버지는 자신의 개구쟁이 아들이 지닌 말재주만으로 아이의 장래를 위해 무엇인가 유망한 결론을 이끌어낼 수 없었기 때문에 소년의 그와 같은 생각을 물론 이해할 수 없었다. 아버지는 이 성질의 갈등을 충분히 걱정하면서 살펴보고 있었다.

전쟁의 감격

사실 이 직업에 대한 일시적인 동경은 매우 빨리 사라져버렸다. 사실 나의 성격에 알맞은 희망이 싹트기 시작했기 때문이었다. 아버지의 장서를 샅샅이 뒤지고 있던 무렵 나는 여러 가지 군사 관련 서적을 보았는데, 그중에는 1870년부터 1871년까지의 독일—프랑스 전쟁에 관한 보급판이 있었다. 그것은 그 시대 삽화가 든 두 권의 잡지였다. 이것이 나의 애독서가 되었고, 이 두 위

다. 연금생활에 들어간 것은 1895년 6월 25일로 만 58세였고, 초등학교 교장의 봉급과 같은 액수의 연금을 받고 고향과는 늘 연락을 취하고 있었다. 처음에 람바흐 근교에서 가축을 기르다가 약간의 손해를 본 뒤 그만두고 1898년 린츠 교외의 레온딩크에서 살았다.

7) 히틀러는 1895~96년까지 피셸하름의 단급(單級) 초등학교에서, 1896~98년까지는 베네딕트회의 람바흐 수도원학교에서 2학년과 3학년을 보내고 그 수도원 소속 소년합창단 성가대원으로 활동했다. 그때 수도원장 하겐의 가문(家紋)이 하켄크로이츠(갈고리 십자)였다고 한다.

대한 영웅적인 투쟁은 곧 나에게 최대의 내면적 체험이 되었다. 그 뒤부터 나는 전쟁이나 군사제도 등에 관한 것에 더욱더 열중했다.

그러나 이것은 다른 관점에서 보아도 나에게 중요한 의미를 가지게 되었다. 처음으로—아직 매우 막연한 관념이긴 했지만—이 전투에 참가한 독일인과 다른 독일인(오스트리아 거주)과의 사이에 어떤 차이가 있을까? 있다면 어떤 차이일까 하는 의문이 끈질기게 나의 뇌리를 떠나지 않았다. 어째서 오스트리아는 이 전쟁에서 함께 싸우지 않았을까? 아버지나 다른 독일인들은 왜 모두 싸우지 않았을까? 우리들 역시 모든 독일인과 같은 처지가 아니겠는가?

우리는 모두 함께 하나의 전체를 이루고 있는 것이 아닌가? 처음으로 이 문제가 나의 작은 머릿속을 어지럽히기 시작했다. 이렇듯 소극적인 질문을 하는 데 대해서 모든 독일인이 비스마르크 정부가 베푸는 행복을 누리지 못하고 있다는 대답을 듣고 나는 속으로 질투를 느꼈다. 나는 이것을 이해할 수가 없었다.

*

직업 선택

나는 상급학교에 가야 했다. 나의 전반적인 특성이나 그 이상의 기질로 보아 아버지는 인문계 김나지움[8]이 나의 소질에 맞지 않는다는 결론에 이르렀다. 아버지는 실업학교가 적합하다고 생각했다. 특히 아버지는 나에게 뛰어난 그림 재주가 있다고 보고 그 생각을 더욱 굳혔다. 아버지는 회화가 당시 오스트리아의 김나지움에서는 등한시되고 있다고 확신했다. 아마도 그 자신이 생업의 고생을 겪어왔으므로 인문계 공부가 그의 눈에는 비실용적이고 중요시할 만한 것이 못 된다고 비쳐졌으리라.

아버지는 원칙적으로 자식도 자기처럼 관리가 될 것이고, 꼭 그래야 한다는 의견을 가지고 있었다. 아버지는 청년 시절이 고생스러웠기 때문에 후년에 이루어낸 당신의 지위가 아주 자연스럽게, 또 전적으로 당신의 철석같은 근면성과 실천력의 결과로서 한층 더 보람 있게 느껴졌으리라. 자수성가한

---

8) Gymnasium. 독일 중등교육기관. 수업연한은 9년.

사람으로서 당신 자식도 가능하면 보다 높은 지위에 오르게 해주고 싶었던 것이다. 아버지는 당신 생애의 부지런함으로 자식의 출세를 보다 쉽게 해줄 수 있다고 믿었으므로 더욱 그랬던 것이다.

일찍이 당신에게 삶의 전부였던 것이 자식에 의해서 거절당한다는 것은 아버지로서는 생각조차 할 수 없는 일이었다. 따라서 아버지의 결심은 단순하고 결정적이며 뚜렷했고, 당신 관점에서는 자명한 것이었다. 말하자면 평생을 통해 괴로운 생존경쟁 때문에 성격이 거만해진 아버지는 이런 문제에 대해서 경험도 적고, 또 무책임한 소년 자신에게 마지막 결정을 내리게 한다는 것은 있을 수 없는 일이라고 생각한 것이다. 더욱이 그런 일은 자식의 앞날을 위해 아버지로서 마땅히 해야 할 책임과 권위라고 생각한 나머지, 바람직하지 않고 비난받을 만한 일이라 할지라도 당신이 이전부터 가지고 있었던 의무 이행의 관념과는 합치할 수가 없었을 것이리라.

그러나 그렇게는 되지 않았다.

생전 처음으로 나는—그때 나는 열한 살이었지만—항의하지 않을 수 없었다. 그래서 아버지도 자신이 정한 계획과 의도를 실천하려고 단단히 결심했지만, 나 자신도 그런 일방적인 명령에 대해서 거부하고 항거할 만큼 완강했고 또 반항적이었다.

관리는 질색이다

나는 관리가 될 생각은 없었다.

어떠한 설득이나 열성적인 훈계도 이런 나의 생각을 바꾸지는 못했다. 나는 관리가 되고 싶지 않았다. 싫었다, 어떠한 일이 있더라도 싫었다. 아버지는 자신의 경험을 이야기하며 나에게 그 직업에 대한 애착과 관심을 가지게 하려고 여러 가지로 애를 썼지만 결과는 그 반대였다. 자유가 없는 인간으로서, 일정한 사무실에 틀어박혀 자기 시간도 갖지 못한 채 의무적으로 자신의 일거수일투족을 서식용지 칸에 담아내야 한다는 것은 생각만 해도 하품이 나올 정도로 싫은 일이었다.

이러한 일은 흔히 말하듯이 '착실하다'고 할 수 없는 한 젊은이에게는 아무래도 좋은 일이었다. 학교 공부는 우스울 정도로 쉬웠으므로 나에게는 한가한 시간이 얼마든지 있었다. 그래서 나는 방 안에 있는 시간보다 밖에 나가 있을 때가 많았다. 만일 오늘날 나의 정치적인 반대자가 애정을 다해서 친절하게도 청년 시절을 포함한 나의 전 생애를 살핀다면 이 '히틀러'라는 사나이는 젊었을 때 형편없는 장난을 즐겼을 거라 확신할지도 모른다. 하지만 나는 그들이 이 즐거웠던 시절의 추억을 지금도 회상하게 해주는 것을 하늘에 감사하고 있다.

당시 들판과 나무숲이 싸움터였고 나는 거기에서 언제나 일어나는 말다툼을 해결했던 것이다. 그런 다음 실업학교에 진학했지만 이 버릇은 좀처럼 없어질 줄을 몰랐다.

그러나 물론 새로운 말다툼은 결판을 내야만 되었다.

오히려 화가다

나를 관리로 만들려는 아버지의 생각이 원칙적으로 관리를 싫어하는 나의 생각과 대립하고 있을 동안에는 이 충돌을 쉽게 참을 수 있었다. 나도 마음속 의견을 억제할 수 있었고 언제나 반항할 필요도 없었다. 나는 마음속 의견을 조용히 간직하기 위해 장차 관리는 절대로 되지 않겠다는 자기확신에 만족하고 있었다. 그리고 나는 이 결심을 바꾸지 않았다. 그러나 내 계획이 아버지 계획과 정면으로 대립하게 되자 문제가 좀더 심각해졌다. 열두 살 때 벌써 이 일이 일어났다.[9] 그것이 어떻게 일어났는지 지금도 알 수 없지만, 어느 날 나는 장차 화가가 되어야겠다는 결심이 섰다.

물론 나는 그림에 자신이 있었다. 아무튼 아버지가 나를 실업학교에 보냈던 이유가 거기에 있었다. 그러나 이 방면에서의 직업교육을 받게 하려고는 그는 한 번도 생각하지 않았을 것이다. 그 반대였다. 아버지는 내가 자신의 생각을 새삼 거부하자 처음으로 너는 애당초 무엇이 되려고 했었냐고 물었다. 나는 결심한 대로 화가가 되겠다고 대답했다. 그러자 아버지는 한참 동안 어이없다는 표정을 지었다.

---

9) 히틀러의 초등학교 성적은 양호했다고 한다. 그러나 일반적으로 관리가 되기 위해서는 초등학교 4학년을 마친 다음 김나지움에 입학하여 라틴어를 공부할 필요가 있었는데도 히틀러의 아버지가 히틀러를 관리로 키우기 위해 실업학교에 입학시켰다는 것은 이상하다. 오히려 아버지가 아들의 그림 재주를 인정하고 있었기 때문에 실업학교에 진학시켰다고 보는 편이 옳을 것이다.

"뭐? 환쟁이가 되겠다고?"

아버지는 나의 이성을 의심했다. 아마도 잘못 들은 것이 아닌가 하고 생각했던 것 같다. 아버지는 물론 그것에 대해 설명을 듣고, 특히 나의 생각이 진지하다는 것을 알고는 무조건 반대했다. 당시 아버지의 결단은 아주 단순한 것이었다. 그때 아버지는 나에게 실제로 무슨 재주가 있을지도 모른다는 것은 전혀 생각해 보지도 않았던 것이다.

"환쟁이라니! 내가 살아 있는 한 그건 절대로 안 돼."

그러나 아들도 다른 여러 특성과 함께 아버지로부터 똑같은 고집을 이어받았는지 역시 같은 대답을 했다. 물론 그 뜻은 반대였다.

물론 이것은 매우 좋지 않은 결과를 낳았다. 아버지는 사뭇 분개했고, 아버지를 매우 사랑하고 있던 나 역시 화를 냈다. 아버지는 내가 화가가 되기 위해 공부하고자 하는 희망을 모두 금지하고 말았다. 나는 한 걸음 더 나아가 그 이상 아무것도 공부하지 않을 작정이라고 선언했다. 아무튼 이 노인이 그의 권위를 가차 없이 관철하려고 하는 한, 이러한 선언만으로 불리한 처지에 빠질 수밖에 없었던 나는 침묵하면서 나의 협박을 실행에 옮겼던 것이다. 내가 실업학교 공부를 게을리하는 것을 보면, 아버지도 좋든 싫든 아들이 그토록 절실하게 갈망하는 앞길을 차마 막지는 못하리라는 생각에서였다.

나의 이 계산이 옳았는지 어쨌는지는 모른다. 아무튼 학교 성적이 곧 눈에 띄게 떨어진 것만은 사실이었다. 내가 좋아하는 것, 장차 화가로서 갖추어야 할 모든 것을 배웠다. 그러나 무의미하다고 생각하는 것이나 그 밖에 마음이 끌리지 않는 것에서는 철저히 게으름을 부렸다. 이 무렵 학교 성적은 과목이나 내 가치 평가에 따라 늘 극단성을 나타냈다. '수'나 '우'가 있는가 하면 '양'과 '가'도 있었다. 특히 지리 성적이 뛰어나게 좋았고, 세계사는 더욱 좋았다. 내가 좋아하던 이 두 과목은 우리 반에서는 단연 으뜸이었다.[10]

---

10) 베르너 마저에 의하면 히틀러는 실업학교에서도 미술·역사·지리 성적은 좋았다. 그러나 린츠 실업학교 1학년 때 '품행—우, 근면—양, 자연사와 수학—가'의 성적으로 낙제했다. 또 마저는 실업학교에서 성적이 나빴던 것은 그의 지성과 재능으로 보아서 분명히 어울리지 않으며, 세동적인 공부를 강제적인 감독 아래 받은 데 대한 반발 때문이라고 보고 있다. 린츠 실업학교에서 독일어와 프랑스어를 가르쳤던 휴머 교수는, 히틀러는 재능은 풍부했지만 학교라는 틀에 끼워넣기는 어려웠고 부지런하지도 않았다고 한다. 2학년 때 아버지가 죽은 뒤 성적은 수학이 불합격이었다. 추가시험에서 합격, 3학년 때에는 프랑스어가 불합격이었

젊은 국가주의자

몇 년이 지난 지금 나는 그 무렵 성적을 떠올리다 두 가지 중요한 사실을 발견했다.

첫째, 내가 국가주의자가 되었다는 점

둘째, 역사의 의미를 이해하고 해석하는 법을 배웠다는 점이다.

독일·오스트마르크[11]

옛 오스트리아는 '**다민족국가**'였다.[12]

독일 국민은 당시 적어도 이 사실이, 국민 각자의 일상생활에 어떤 의미를 가지는가에 대해서 조금도 생각하지 않았다. 사람들은 독일-프랑스 전쟁에서의 영웅적인 군대의 멋진 개선 행진 이후, 차차 국외의 독일인으로부터 소원해지고, 또 일부에서는 이미 그들의 가치를 인정하지 않게 되었거나 또는 인정할 능력조차 상실했다. 특히 독일계 오스트리아인에 대해서는 애초에 근본적으로 건전한 민족과 부패한 왕국을 간단히 혼동해 버리고 있었다.

만일 오스트리아에 있는 독일인이 진정으로 최상의 피를 가지고 있지 않았다면, 오스트리아는 독일국가라고 하는 그릇된 생각[13]이 바로 독일 국내에서 생길 수 있을 정도로, 5200만의 오스트리아 국가에 독일의 강력한 영향력을 행사할 만한 힘을 가질 수 없었다는 것을 사람들은 모르고 있었다. 이것은 매우 중대한 결과를 불러오는 매우 불합리한 일이지만, 오스트마르크의 1000만 명의 독일인에게는 실로 훌륭한 증명서였다. 독일어나 독일 학교 또는 독일 제도를 둘러싼 오랫동안의 치열한 투쟁에 대해서는 독일 국내의 몇

다. 그 후 게으른 성격 탓에 다른 학교로 전학한다는 조건으로 3학년을 마치고 슈타이엘 실업학교로 전학했다. 그곳에서도 4학년 때 독일어와 수학에서 낙제점을 받은 히틀러는 여기서 체념하고 퇴학한 것 같다. 지리와 세계사는 4학년 때에는 모두 성적이 '미'였다.

11) 오스트마르크란 오스트리아의 옛 이름.

12) 오스트리아 국민은 독일계·헝가리계 민족 말고도 체코인·폴란드인·슬로바키아인·세르비아인 등 여러 민족으로 구성되어 있었다.

13) 신성로마제국 성립 이래 제국 자체가 독일의 통일국가처럼 보이기도 했으나, 사실상은 많은 영방(領邦)으로 분열, 대립하고 있었다. 18세기 이후는 오스트리아와 프로이센이 각기 단일의 강국으로서 존재했다. 그러나 독일인은 오스트리아를 언제나 독일국의 일부로 여기고 있었다. 이에는 오스트리아인 대다수가 독일어를 공용어로 사용하던 것이 가장 큰 원인으로 보인다.

몇 사람이 어렴풋이나마 알고 있는 데 그쳤다.

마침내 이 비참한 곤궁이 몇백만 우리 민족을 억지로 본국으로부터 이탈시키려 하고, 외국의 지배 아래 공통된 조국을 꿈꾸고 그것을 동경하면서 적어도 신성한 모국어의 요구권만은 유지하려고 시도하고 있는 지금, 사람들은 자기 민족을 위해 투쟁한다는 것이 무엇인지 광범위하게 이해하게 되었다. 지금에 와서 독일국의 옛 오스트마르크에서의 독일주의의 위대함을 올바르게 평가할지도 모르지만, 독일주의라고 하는 것은 누구에게도 의지하지 않고 마지막에는 독일어 영역을 유지하기 위한 작은 소모전을 통해, 독일국을 우선 동쪽에서 지킨 것이다. 당시 독일국은 오히려 식민지에 더 관심을 가질 뿐 눈앞에 있는 자기 살과 피에는 주목하지 않았던 것이다.

독일주의의 투쟁

모든 투쟁에서 그러하듯 옛 오스트리아의 언어 투쟁에도 세 가지 계층이 있었다. **투쟁자, 기회주의자,** 그리고 **반역자**가 그것이다.

일찍이 학교 시절에 이 분류가 시작되고 있었다. 생각건대 언어 투쟁의 주목할 점은 일반적으로 그 물결이 미래의 주인공들 요람인 학교에 가장 거세게 몰아쳤다는 점이다. 이 투쟁은 어린이를 둘러싸고 이루어졌으며 이 투쟁의 최초 나팔은 어린이를 향해서 불어댔다.

"독일 소년이여, 그대는 독일 사람이라는 것을 잊지 마라." "소녀여, 그대는 독일의 어머니가 된다는 것을 잊지 마라."

젊은이의 마음을 아는 사람이라면, 그들이야말로 가장 기꺼이 이러한 투쟁의 절규에 귀 기울인다는 점을 이해할 수 있을 것이다. 또 그들은 그들 특유의 여러 방법과 독자적인 무기로 이 투쟁의 대열에 기꺼이 뛰어들었다. 그들은 비독일적인 노래 부르기를 거부하고 사람들이 독일 영웅들의 위대함을 잊게 하면 할수록 한층 더 도취된다. 먹을 것을 절약해 모은 돈을 어른들의 투쟁자금으로 내놓는다. 그들은 독일인이 아닌 교사에 대해서는 믿을 수 없을 정도로 민감하고 반항적이다. 자기 민족의 금지된 휘장을 달고 그 때문에 벌을 받기도 하고 매를 맞으면 오히려 기뻐한다. 이처럼 그들은 어리지만 어른들의 정확한 거울로서 그 정신은 오히려 더 선량하고 순수하다.

나도 일찍이 어렸을 때 옛 오스트리아의 민족 투쟁에 참가한 적이 있다. 이 때문에 경고를 받거나 형벌을 받기도 했지만, 남(南)마르크나 학교연맹[14]을 위해 헌금하고, 수레국화(菊花)나 검붉은 금빛의 깃발(옛 독일 국기의 배색)로 정신을 강조하고, '하일'[15]이라고 인사하고 황제의 노래[16] 대신 〈도이칠란트 위버 알레스〉[17]를 불렀다. 그 과정에서 젊은이들은 일반적인 다민족국가 국민이 그들의 민족성에 관해서 언어 말고는 아무것도 모르는 시기에 벌써 정치적으로 훈련되었던 것이다. 그 무렵 내가 기회주의자가 아니었다는 것만은 확실하다. 결국 나는 열광적인 '독일국가주의자'가 되었다. 물론 이것은 오늘날의 당파적 개념과는 다르다.

이러한 발전은 나의 경우 매우 빨리 이루어졌다. 열다섯 살 때 이미 왕당적 **'애국주의'**와 민족주의적 **'국가주의'**를 구별할 줄 알았던 나는 그 무렵 벌써 후자에만 친밀감을 느끼고 있었다.

합스부르크 왕국의 내면 상태에 대해 연구한 적이 없는 사람에게는 이러한 경과가 아마도 매우 낯설게 느껴질지도 모른다. 특히 학교에서는 의도적으로 오스트리아 역사의 극히 일부분만 가르치고 있었고, 이 차별적인 세계사 수업은 민족 투쟁의 싹이 되기에 충분했다. 이 국가의 운명은 그와 같이 독일 전체의 생명과 발전에 밀접하게 결부되어 있었다. 따라서 역사를 독일사와 오스트리아사로 나눈다는 것은 전혀 생각도 할 수 없는 일처럼 여겨졌다. 그렇다, 마침내 독일이 두 개의 세력권으로 나누어지기 시작했을 때 오히려 이 분열까지도 독일 역사가 되었던 것이다.

빈에 보관되어 있는 고대 신성로마제국 황제의 옥새는 영원한 공동체의 보증으로서 한층 더 훌륭한 매력을 발산하고 있는 것처럼 여겨진다.

합스부르크 왕국이 붕괴되던 날, 모국 독일과 합병하려고 하는 독일계 오스트리아 민족의 불가항력적인 절규는 결코 잊을 수 없는 고국 땅으로 복귀하려는 그리움이, 온 민족의 마음속 깊이 잠재해 있던 감정의 결과였다. 그러나 이것도 개개의 독일계 오스트리아인에 대한 역사 교육이 이러한 일반적인

---

14) 모두 독일 국외에서의 독일주의 옹호를 위한 단체이며, 이것이 히틀러 정권 획득 후에 Volksbund für das Deutschtum im Ausland(외국에서의 독일주의 유지를 위한 민족연맹)로 발전했다.

15) '만세'라는 뜻.

16) 오스트리아 국가(國歌).

17) Deutschland über Alles. 독일 국가. '세계에 으뜸가는 독일'이라는 뜻.

그리움의 원인이 되지 않았더라면 결코 설명되지 않을 것이다. 역사 교육에 야말로 절대 마르는 일이 없는 샘이 있다. 그것은 특히 망각의 시대에 말없는 경고자로 찰나적인 영화(榮華)를 초월하여, 언제나 과거를 회상함으로써 새로운 미래를 속삭이는 것이다.

역사 교육

이른바 중·고등학교에서의 세계사 교육은 아직까지도 개선할 점이 아주 많다. 역사 교육의 목적이 결코 역사상의 날짜나 사건의 암기나 내용을 그저 통독하는 일이 아니며, 언제 이러저러한 전쟁이 있었다거나 언제 장군이 태어났다거나, 또는 (대개는 그다지 중요하지 않은) 어떤 군주가 조상 대대로 물려받은 왕관을 머리에 쓰고 있었다는 일 등이 학생들에게 중요하지 않다는 것을 알고 있는 교사는 매우 드물다. 아니 실제로 신에 맹세코 그런 것은 결코 중요한 것이 못 된다.

역사를 '배운다'는 것은 역사적인 사건으로서 우리 눈에 보이는 것을 실제로 일어나게 한 원인의 힘을 발견하고 찾아내는 것이다. 독서나 학습의 기술이라고 하는 것은 또한 다음과 같은 점이다. 곧 **본질적인 것을 간직하고 본질적이 아닌 것은 잊어버려야 한다는 점이다.**

내가 이전에 다행히도 역사와 관련해 훌륭한 스승을 알게 되었다는 것은 그 후 나의 삶 전체에 다분히 결정적인 영향을 끼쳤다. 그는 수업 때나 시험 때도—역사를 그와 같이 생각하고 있는 교사는 아주 적지만—이러한 관점에 숙달하게 하는 법을 알고 있었다. 린츠 실업학교 재학 당시 나의 스승이었던 레오폴트 푀치 박사[18]가 바로 그분이다. 이분의 머릿속에는 하나의 역사관이 정말 이상적인 상태로 구체화되어 있었다. 그는 나이가 들었음에도 아주

---

18) 마저는 이 기간의 히틀러의 역사관 형성을 그 뒤에 조작한 것에 지나지 않는다고 보고 있다. 푀치는 그 무렵 린츠 시의회의 독일 민족적 인민당의 대표자로서 활약하여 학생들에게 범(汎)독일연맹의 이론을 불어넣었다. 또한 푀치는 히틀러가 말하는 것처럼 학생들이 열중했던 유일한 교사였다. 히틀러는 《나의 투쟁》에 헌사(獻辭)를 붙여서 루드비히 푀치 박사에게 보냈으나, 그는 이에 냉담한 반응을 보이며 오히려 자기 이름은 루드비히가 아니라 레오폴트라고 주의를 주었다. 《나의 투쟁》 속의 이름은 그 뒤에 바로잡았다. 푀치는 히틀러가 정권을 잡은 뒤에도 그를 싫어했다. 히틀러가 역사를 좋아한다는 증거를 확고히 하기 위해서 (성적을 고려한다면) 푀치의 비위를 맞추었다는 주장이 옳을 것이다.

친절했으며, 엄격한 태도와 놀랄 만한 웅변 솜씨로 눈길을 끌었다. 특히 그의 웅변은 매우 감동적이었다. 지금도 나는 이 백발의 스승을 생각하면 곧잘 감동하곤 한다. 그는 우리에게 불을 뿜는 듯한 말투로 때로는 현재를 잊게 했고, 마술사처럼 우리를 과거로 끌고 들어가 몇천 년 전 안개 속에 묻혀 있던 무미건조한 역사의 추억을 생생한 현실로 되살려내는 것이었다. 그 무렵 우리는 이따금 열정에 이끌려 눈물을 흘리면서 스승의 열변에 귀 기울이곤 했다.

포치 박사는 현대에서 과거를 해명하고 또 과거에서 현대에 대한 인과관계를 추출하는 방법을 알고 있었기 때문에 다른 교사들과 달리 당시 우리가 궁금해하던 시사 문제의 모든 것에 관해서 설명해 주었다. 우리의 작은 국가주의적 열광이 그에게는 우리를 교육하는 수단이 되고 있었다. 말하자면 그는 수차례 국가주의적 명예심을 호소하는 것만으로 다른 수단을 쓰는 것보다도 훨씬 빨리 우리 개구쟁이들을 길들일 수가 있었던 것이다.

가장 좋아하는 과목, 역사

나는 그 교사 덕분에 역사를 가장 좋아하는 학생이 되었다. 물론 나는— 그가 바라던 일은 아니지만—그 무렵 이미 혁명가가 되어 있었다.

이러한 교사 아래에서 독일 역사를 배운 사람으로서, 국민의 운명이 이렇게도 불리한 방법으로 지배 왕가[19]의 영향에 노출되어 있는 국가에 대해서 적대시하지 않는 사람이 있을까? 과거와 현재를 통해 부끄러워해야 할 자기 이익을 위해서 몇 번이고 독일 민족의 이해관계를 배반한 왕가에 대해 누가 마지막까지 충성을 다할 수 있겠는가? 이 오스트리아 국가가 우리 독일인을 사랑하고 있지 않았을 뿐만 아니라 오히려 관심조차 두지 않았던 것이 아닌가 하는 사실을 우리는 어렸을 때부터 잘 알고 있었던 것이다.

역사적 인식

합스부르크 왕가가 한 일에 대한 역사적 인식은 하루하루 견문에 의해 한층 넓어지고 굳어졌다. 북부에서나 남부에서나 이민족의 독이 우리 민족의 육체를 좀먹고, 빈까지도 점점 독일의 도시가 아닌 것으로 보이기 시작했다.

---

19) 합스부르크 왕가.

'오스트리아 대공의 집'[20]은 언제나 될 수 있는 한 체코화(化)되었다. 그리고 오스트리아·독일주의의 가장 증오할 만한 적인 프란츠 페르디난트 대공을 총탄으로 쓰러지게 한 것은 다름 아닌 영원한 정의와 가차 없는 보복을 내리는 신의 철권(鐵拳)이었다. 그 총탄은 대공 스스로가 주조(鑄造)를 도운 것이었다. 그러나 그 대공이야말로 낙하산식으로 오스트리아를 슬라브화하려는 후원자였던 것이다.

사람들이 독일 민족에 강요한 무거운 짐은 실로 컸던 것으로 중과세와 피의 희생은 일찍이 없었던 일이었다. 눈먼 장님이 아닌 바에야 이런 모든 희생은 무익하다는 것을 인식하게 되었다. 그때 우리를 가장 괴롭힌 것은 여전히 이 모든 체계가 도덕적으로 독일과의 동맹에 의해 흐지부지 덮여버렸다는 사실이었다. 그 결과 옛 왕국 안의 독일주의가 점차로 단절되어간다는 것이 독일 자체에 의해서도 어느 정도까지 인정되고 있다는 사실이었다. 합스부르크의 위선은 외부에 오스트리아가 여전히 독일국인 양 보이게 했지만, 동시에 그것과 이 왕가에 대한 증오를 불같은 분노와 모욕으로까지 확대시켰다.

다만, 독일국 자체에서는 당시 모든 사람 가운데 '선량(選良)'만이 이에 대해서 아무것도 몰랐다. 마치 장님이 된 것처럼 그들은 시체 쪽에 붙어서 부패의 징후 속에서도 여전히 '새로운' 생명의 징표를 발견할 수 있다고 믿었던 것이다.

젊은 독일국이 오스트리아라는 사이비 국가와 불건전한 동맹을 맺고 있다는 사실 안에 훗날 세계대전이라는 붕괴의 싹이 트고 있었던 것이다. 나는 앞으로 이 책 속에서 좀더 근본적으로 이 문제에 대해 파고들 것이다. 여기서는 단지 내가 아주 어렸을 적에 이미 어떤 통찰에 이르고 있었다는 점, 그리고 그것을 결코 잊어버리지 않았을 뿐만 아니라 더욱 심화시키고 있었다는 점을 확인해 두고 싶다.

곧 독일주의의 확보는 오스트리아의 멸망을 전제로 한다는 것, 그리고 국가주의적 감정은 왕당적 애국주의와는 결코 같지 않다는 것, 그중에서도 합스부르크 왕가는 숙명적으로 독일 국민을 불행하게 만들고 있었다는 것을. 그 무렵 일찍이 나는 이런 인식에서 너무나도 당연한 결론을 끌어내고 있었

---

20) 1918년까지 오스트리아 황태자는 대공(大公)이라 불렀다. 따라서 이것은 오스트리아 황태자의 궁전을 말한다.

다. 그것은 우리 독일·오스트리아의 고향에 대한 열렬한 사랑과 오스트리아 국가에 대한 깊은 증오였다.

바그너 숭배

이러한 학교에서 나에게 주어진 역사적인 사고방식은 그 뒤에도 결코 잊지 않았다. 세계사는 차차 현대의 역사적인 행동, 곧 정치에 대한 이해를 깊게 하는 엄청난 샘이 되었다. 나는 그 무렵 단순히 '배움'을 원한 것이 아니라 '가르침'받기를 원했다.

나는 아주 젊었을 때 이미 정치적 '혁명가'가 되었지만, 예술적으로도 그러했다.

오스트리아 북쪽 지방도시에는 당시 비교적 괜찮은 극장이 있었다. 거의 모든 작품이 상연되었다. 열두 살이 되었을 때 나는 비로소 〈빌헬름 텔〉을 보았다. 그로부터 2, 3개월 뒤 〈로엔그린〉을 보았는데 내가 오페라를 구경한 것은 그것이 처음이었다. 나는 단번에 매료되었다. 바이로이트의 거장[21]에 대한 젊은이의 감격은 그칠 줄 몰랐다. 몇 번이고 나는 그의 작품에 사로잡혔다. 지방에서는 상연이 뜸했기 때문에 그 뒤 깊은 인상을 남길 수 있는 가능성이 있었다는 것은 오늘날 내게 특별한 행운이 아니었나 싶다.

이들은 모두 특히 혈기왕성했을 때(나에게는 오직 괴롭기만 한 때였지만)를 지난 뒤에 아버지가 나를 위해서 선택해 준 직업에 대해 깊은 혐오감을 느꼈다. 나는 관리로서는 결코 행복할 수 없다고 더욱 확신했다. 그리고 실업학교에서 나의 그림 소질이 인정받은 후로는 그 결심은 한층 더 굳어졌다.

이에 대해서는 어떠한 간청도 어떠한 협박도 나의 결심을 흔들지 못했다. 나는 화가가 될 작정이었다. 절대로 관리는 되지 않을 생각이었다.

다만 이 무렵 특징이라면 차츰 건축에 대하여 흥미를 느끼기 시작했다는 점이다. 그러나 건축에 대한 흥미는 나의 화가로서의 재능을 뒷받침해 주는 것이라 생각했다. 따라서 나는 예술가로서의 틀이 이렇게 넓어져가고 있다는 점에 내심 기뻐하고 있었다. 나의 결심이 언젠가 변할는지도 모른다는 생각은 꿈에도 하지 않았다.

---

21) 바그너.

*

부모의 죽음

그러나 나의 직업 문제는 내가 생각했던 것보다도 훨씬 빨리 결정되었다.

열세 살 때 나는 갑자기 아버지를 여의었다. 평소 매우 건강했던 아버지에게 뇌출혈 발작이 일어난 것이다. 우리 가족은 깊은 슬픔에 싸이게 되었다. 아버지는 본인이 더없이 열망하고 있었던 것, 즉 자식에게 그 자신의 가난하고 어려웠던 과거와는 다르게 좀더 생계가 확실한 장래를 설계해 주려던 꿈을 이루지 못한 채 세상을 떠난 것이다. 아버지의 갑작스런 죽음은 자식인 나에게 큰 충격을 안겨주었다.

우선 당장 겉으로는 아무런 변화도 없었다.

어머니는 분명 생전의 아버지 희망에 맞추어 나의 교육을 앞으로도 계속한다는 것, 말하자면 나에게 관리로서의 인생 항로를 가게 하기 위해서 공부를 계속 시킨다는 것을 의무로 여겼다. 그러나 나는 절대로 관리가 되지 않겠다는 결심을 전보다 더 굳히고 있었다. 중등학교의 교육과 교재 따위가 나의 이상과 동떨어지기 시작함에 따라, 나는 속으로 학교 공부에 한층 더 냉담해졌다.

그러던 차에 내가 돌연 병을 앓으면서 뜻밖에도 이 고민을 해결할 수 있었다. 그리하여 몇 주일 동안 나의 장래 문제에 관해서 가족들이 벌이던 논쟁에 결말이 났다. 의사는 내 병을 폐결핵으로 진단하고 장차 나를 사무실과 같은 환경에 들어가게 해서는 안 된다는 간곡한 충고를 어머니에게 해주었던 것이다. 실업학교도 앞으로 1년간 휴학해야 했다.[22] 아무튼 내가 그처럼 오랫동안 간절히 바라고 있었던 일, 또 아버지와의 사이에 그토록 심각하게 대립해 왔던 일이 이 갑작스러운 병으로 인해 한꺼번에 쉽게 풀려버렸다.

어머니는 나의 건강을 염려한 나머지, 그 뒤 실업학교를 나와 미술학교로 옮기는 것을 승낙했다. 이렇게 되자 아름다운 꿈같은 나날이 하루하루 계속되었다. 그러나 그 꿈은 오래가지 못했다. 아니, 단순한 꿈으로 끝나고 말았다. 그 2년 뒤 어머니의 죽음이 이 아름다운 꿈을 한순간에 허물어뜨리고 만

---

22) 이 설명을 많은 히틀러 연구가들은 믿지 않는다. 그가 중병을 앓았다는 증거는 전혀 찾을 수가 없다.

것이다.[23]

어머니마저 죽음이 임박했다. 어머니의 질병은 처음부터 거의 완치 가망이 없었으며 그 과정 또한 매우 길고도 고통스러웠다. 나의 충격은 엄청났다. 그도 그럴 것이 나는 아버지를 존경한 만큼 어머니도 깊이 사랑하고 있었기 때문이다.

갑자기 닥친 괴로운 현실 앞에 나는 모든 것을 급하게 결정할 수밖에 없었다. 얼마 안 되는 아버지의 유산도 어머니의 중병 때문에 대부분 없어지고 말았으며, 아버지의 고아연금은 먹고 지내는 데만도 부족했다. 마침내 나는 빵을 얻기 위해서 어디서든 일을 해야 했다.[24]

빈으로의 이주

손에는 옷가지가 든 짐가방만을 들고, 마음속에는 철석같은 의지를 품고서 나는 빈으로 떠났다.[25] 50년 전 이미 아버지가 이루었던 것을 나도 역시 운명으로부터 쟁취하길 바란 것이다. 나 또한 '무엇인가'가 되려고 했다. 그러나 관리는 결코 되지 않으리라 마음먹었다.

---

23) 히틀러는 어머니가 오랜 기간 병상에 누워 있다가 조금 나아졌을 때 빈의 미술대학에 응시했고, 입시에 실패한 뒤에도 빈에 머물러 있었기 때문에 어머니의 임종을 지켜볼 수 없었다. 이에는 장례식 때 비로소 나타났다는 주장(예칭거)과 정성껏 간호했다는(쿠비체크, 마저) 주장이 맞서고 있다.

24) 이 점에 대해서는 전혀 믿어지지 않는다. 히틀러는 아버지의 고아연금으로 그때의 대학 졸업자의 수입보다 나은 수입을 얻고 있었다는 것과 상당한 유산이 있었다는 것이 정설(定說)로 되어 있다.

25) 1908년 2월 중순쯤으로 추정된다. 그러나 짐가방 하나가 아니라 상당한 돈(독신 청년으로서는 꽤 사치스런 생활을 할 수 있을 정도)을 가지고 빈으로 간 것으로 보인다.

제2장
빈 시절의 수업과 고난 시대

어머니의 죽음은 어떤 점에서 나의 운명을 결정짓고 말았다. 어머니가 병상에 누워 있을 때 나는 미술학교 입학시험을 치르러 빈으로 갔다. 당시 나는 이 시험에 쉽게 합격하리라 확신하고, 커다란 미술 도구 보따리를 가지고 출발했다. 나는 실업학교 때부터 학급에서 그림 실력이 뛰어나기로 유명했다. 그 뒤로도 나의 그림 실력은 일취월장했고 나는 자기만족에서 오는 긍지와 행복감에 가득 차서 최고의 결과를 기대하고 있었다.

다만 한 가지 이해할 수 없었던 것은 나는 화가로서의 재능보다도 도안가로서의 재능, 특히 건축의 거의 모든 분야에서의 재능이 더욱 두드러졌다는 점이다. 그와 동시에 나의 건축학에 대한 흥미는 더해갔다. 그 흥미는 내가 열여섯 살이 되기 전에 갔던 2주간의 빈(Wien) 여행[1] 이후 더욱더 강해져 있었다. 그때 나는 황실 박물관 미술품 전시실을 방문했는데 나의 시선은 그림보다는 박물관 건물의 구조에 쏠리고 있었다. 매일 아침 일찍부터 밤늦게까지 이름난 곳을 모두 뛰어다녔지만 나의 관심을 강하게 끈 것은 언제나 건물 그 자체뿐이었다. 이 때문에 나는 몇 시간이고 오페라극장 앞에 서 있기도 했고, 의사당 건물에 빠져 눈이 휘둥그레진 채 한참을 서 있기도 했다. 환상도로(環狀道路)는 나에게 《아라비안나이트》의 마법처럼 다가왔다.

건축가로서의 재능
이렇게 해서 나는 다시 아름다운 도시로 왔다. 나는 몹시 초조하면서도 한편으로는 자신감에 차서 입학시험 결과를 기다리고 있었다. 거의 합격할 것으로 확신하고 있던 나에게 불합격 통지는 청천벽력과 같은 것이었다. 그러

---

1) 히틀러는 16세가 되기 전 처음으로 빈에 왔다고 말하고 있으나 그 이듬해인 1906년 5월이라는 설도 있다.

나 그것은 현실이었다. 나는 곧바로 학장을 만나 내가 불합격한 이유를 설명해 달라고 요청했다. 그는 나의 그림에 대해서 거의 확신에 가까운 결론을 내렸다. 즉 나의 그림 실력은 화가보다는 건축분야에 적합해 보이니 회화과 대신 건축과를 지망하는 편이 낫겠다는 것이었다.[2] 그는 그때까지 내가 건축학교는 물론이고 건축 수업조차 받아본 적이 없다는 것도 몰랐다.

나는 깊은 절망에 빠져 난생처음으로 나 자신에 불화를 느끼고 실러 광장에 있는 한센[3]의 웅장하고 호화로운 건물을 떠났다. 왜냐하면 나의 소질에 대해 들은 뒤 정확히 왜 그런지, 무엇 때문인지 모른 채 오랫동안 고민해 온 갈등이 갑자기 눈부신 전광(電光)처럼 노출된 듯 느껴졌기 때문이다.

며칠 동안 나도 언젠가 건축가가 되어야겠다고 생각했다. 물론 그 길은 대단히 험난할 것이다. 반항심으로 실업학교에서 게으름 피웠던 대가를 이제와 치르게 되었기 때문이다. 미술대학 건축과에 가기 위해서는 기술을 배우는 건축학교를 나와야 했고, 또 거기에 들어가기 위해서는 그 전에 중등학교 졸업시험을 치러야 했는데, 이런 모든 조건이 나에게는 빠져 있었다. 다시 말해 예술가가 되려고 하는 나의 꿈은 애초부터 이루어질 가능성이 없었던 것이다.

어머니가 죽은 뒤[4] 세 번째로 빈에 갔을 때—이번에는 여러 해 머물렀지만—벌써 몇 년이 흘러서인지 마음의 평온과 결단력이 회복되어 예전의 강한 성격이 또다시 나타나기 시작했다. 이로써 나는 결정적으로 나의 목표인 건축가가 되기로 결심했다. 거기에는 사람들이 그것에 굴복하는 저항은 없고, 깨뜨려야 할 저항만이 있었다. 나는 일찍이 가난한 마을의 구둣방 자식에서 관리 자리까지 오른 아버지의 모습을 머릿속에 그리면서 이 저항에 맞서려고 했다. 더구나 나의 경우는 아버지 때보다 형편이 좋아서 저항에 이길 가능성도 훨씬 많았다.

당시 너무나 혹독하게 느껴졌던 나의 운명은 지금에 와서 모두 신의 뜻이

---

2) 1907년 9월 미술대학 회화과에 응시하기 위해 빈에 왔다. 입시 성적표에는 '재능 빈약. 입시 회화 불가'로 되어 있었으나 어머니에게는 알리지 않았다.

3) 한스 크리스찬 한센(1803~1883)을 말한다. 덴마크 건축가. 그리스식 건축에 뛰어났다.

4) 어머니가 죽자 1908년 2월 빈으로 간 뒤부터는 가지고 온 돈으로 멋대로 생활을 하고 있었다. 1909년 11월까지 하숙생활을 하고 11월부터 12월까지 마이트링크 부랑자 수용소에서 살면서 낮에는 보조 노동자로 일하고 그해 크리스마스 전에 합숙소로 옮겨갔다.

아니었나 싶다. 곤궁의 여신이 나를 끌어안고 때때로 억지로 나를 꺾어버리려고 시험했기 때문에 나의 저항 의지는 더욱 커졌고, 마침내 나의 의지가 승리를 거둔 것이다.

내가 강해졌다는 것, 그리고 강해질 수 있었다는 것에 대해 나는 그 무렵 혹독했던 나의 운명에 감사하고 있다. 또 그 이상으로 더욱 고마운 것은 그 시대가 쾌적한 생활의 공허함에서 나를 떼어놓았고, 어머니를 찾는 연약한 어린이를 요람에서 끌어내어 '근심부인(夫人)'을 새로운 어머니로 주고 반항심이 강한 자를 비참과 곤궁의 세계에 던져넣음으로써 뒷날 내가 싸워야 할 것이 무엇인지 가르쳐주었던 것이다.

*

비참했던 몇 해

이 무렵 나는 또 두 가지의 위험에 대해서 눈을 뜨게 되었다. 나는 이 두 가지에 대해서 이전에는 그 이름조차 몰랐고, 또 그것이 가지는 독일 민족의 생존에 대한 무서운 뜻도 전혀 이해하지 못하고 있었다. 바로 마르크스주의와 시오니즘(유대주의)이 그것이었다.

빈—많은 사람들이 환락의 축소판이라 여기고, 놀러 다니기를 즐기는 사람들에게는 화려한 장소로 알려진 이 도시가 나에게는 유감스럽게도 내 생애 가장 비참했던 시절을 생생하게 되씹게 하는 곳이다. 오늘도 이 도시는 내게 슬픈 기억을 불러일으킬 뿐이다. 이 사치스러운 도시[5] 속에서 나는 5년간 빈곤에 시달리며 비참한 시절을 보냈던 것이다. 이 5년 동안 나는 먼저 보조 노동자로 일하다 나중에는 시시한 화가 일을 하면서 먹고살았다.[6] 일상의 배고픔을 달래기에는 부족한 약간의 빵을 위해서 일했다. 배고픔은 당시 나의 충실한 호위병으로 한시도 내게서 떠나지 않은 단 하나의 벗이었고, 모든 일에서 충실하게 내 몫을 나누어 가졌다. 내가 책을 살 때마다 그 관심이 일어났다. 오페라극장에 한 번 다녀오면 며칠을 배고픔으로 허덕였다. 이 무정한 벗과의 싸움은 계속되었다. 그러나 나는 이 무렵 예전과 달리 열심히 공부했

---

5) 율리시스(오디세우스)가 찾아간 사치스러운 도시를 말한다.
6) 히틀러가 식비가 밀리고 매일 극장을 드나들다 점점 생활비마저 쪼들리던 일은 사실인 것 같다.

다. 건축학과 음식비를 절약하여 가끔 오페라를 구경하는 것을 제외하고는 책만이 나의 유일한 친구였다.[7]

나는 그 무렵 이것저것 닥치는 대로 많은 책을 읽었다. 일이 좀 한가할 때는 쉴 새 없이 공부했다. 이 시기에 했던 공부는 오늘날 내 지식의 자양분이 되었다. 그러나 이것만이 아니다.

세계관 형성

이 시기에 나의 세계관과 세계상이 이루어졌다. 그것이 나의 현재 행동의 튼튼한 기초가 되었다. 이전에 내가 만들어낸 것에서 더 배울 것도 수정할 것도 없었다. 오히려 그 반대였다.

나는 오늘날 모든 창조적 사상은 그것이 일반적으로 존재하는 한, 원칙적으로 청년 시절에 나타난다고 굳게 믿고 있다. 나는 오랜 생활경험을 바탕으로 비상한 철저함과 조심성을 통해 작용하는 어른의 지혜와 무한한 풍요로움으로 만들어진 사상과 이념을, 그 수효가 너무 많아 당장은 소화시킬 수 없는 젊은이의 독창성과 구별한다. 젊은이의 독창성은 건축재료나 미래 계획을 제공하는 것으로 거기서 보다 현명한 어른이 돌을 끄집어내어 자르고 건물을 세우는 것이다. 그것은 이른바 어른의 지혜가 젊은이의 독창성을 질식시키지 않는 범위 안에서만 가능하다.

*

소시민적 눈가림의 제거

내가 그때까지 아버지 집에서 지내온 생활은 다른 사람들의 생활과 거의 같다. 나는 걱정 없이 새로운 나날을 기대할 수가 있었고, 사회문제 같은 것은 생각해 보지도 않았었다. 내가 어렸을 때 환경은 소시민(소부르주아) 계층에 속해 있어 순수한 직공과는 거리가 먼 세계에 살고 있었다. 왜냐하면 언뜻 보기에 기이하게 생각될지 모르겠지만, 경제적으로 그다지 넉넉지 못한 소시민 계층과 품팔이 노동자와의 구별 한계는 생각보다는 훨씬 깊기 때문이다.

---

7) 이것은 믿기 힘들다. 정말 읽었다 해도 그것은 팸플릿이나 통속서적에 불과했던 것 같다.

이 원인은—이것을 거의 적대시라고 해도 좋지만—최근 직공의 수준에서 막 벗어난 사회계층은 다시 예전처럼 비천한 지위로 떨어지지 않을까, 또는 그렇지 않더라도 행여 그들과 같은 취급을 받게 되지 않을까 하는 염려 속에서 살고 있었던 데 있다. 또한 이 하층계급의 문화적인 빈곤과 서로의 환경에 중첩된 조잡한 기억들이 얽혀 사회적 지위가 낮았을 때의 문화적·생활적 단계와 다시 접촉하는 일이 견디기 어려운 무거운 짐이 되는 것이다.

상류계급 사람이 최하층 사람들에게 무심코 접근하는 일이 있는데 이는 이 '신출내기'에게는 결코 불가능한 일로 보인다.

사실 신출내기라고 일컬어지는 사람은 이전에 자신의 힘만으로 당시의 사회적 지위에서 더 높은 지위로 싸워 올라온 사람이기 때문이다.

그러나 매우 가혹한 이 싸움은 이따금 동정심마저 잃게 한다. 자신의 괴로운 생존경쟁이 뒤에 남겨진 사람들의 비참함에 대해 무감각해지게 하는 것이다.

운명은 이런 점에서 나에게 자비를 베풀었다. 지난날 아버지가 빠져나온 가난과 불안의 세계로 나를 다시 돌려놓고 내가 한정된 소시민적 교육의 눈가림에서 벗어날 수 있게 해준 것이다. 이때 나는 처음으로 인간에 대해 알고 공허한 외견(外見)이나 조잡한 외관과 내부의 본질 간의 차이를 배우게 됐다.

빈의 사회적 대립
세기가 바뀌고 빈(Wien)은 사회적으로 유럽에서 가장 뒤처진 도시 중 하나가 됐다. 빛나는 부(富)와 혐오스런 빈곤이 뚜렷하게 교차되는 가운데 중심가에서는 다민족국가의 위험한 매력을 모두 갖춘 5200만 국민의 맥박이 정확하게 느껴졌다. 현기증이 날 정도로 화려하고 아름다운 궁정은 자석처럼 타국의 부와 지성을 유혹하고 있었으며, 합스부르크 왕국에서는 강한 중앙집권제가 실시되고 있었다.

그 안에서 이 민족의 다양성을 확고한 형식으로 유지해 가기 위해서는 단 하나의 가능성이 제시되고 있었다. 그러나 그 결과는 최고급 관청이 수도이자 권력자가 있는 도시에 집중된 일이었다.

하지만 빈은 정치적으로나 정신적으로 도나우 왕국의 오래된 중심이었을 뿐만 아니라 경제적으로도 마찬가지였다. 고급 장교, 관리, 예술가나 학자 세력과 보다 많은 노동자 세력이 대립하고 있었으며, 귀족주의와 상업의 부에 피가 스며나오는 것 같은 가난이 대립하고 있었다. 환상도로(環狀道路)의 궁전 앞에는 몇천 명에 이르는 실업자가 빈둥거리고 있었고, 옛 오스트리아의 개선도로 밑에는 운하의 진흙탕 속에 부랑자들이 들끓고 있었다.

사회문제를 연구하는 데 빈만큼 좋은 도시도 없을 것이다. 그러나 속아서는 안 된다. 이 연구는 위에서 아래를 내려다보아서는 안 된다. 숨이 끊어질 듯한 살모사의 목조름을 경험한 일이 없는 사람은 그 독니에 대해 결코 알 수가 없다. 그들에게서는 피상적인 잡담이나 그릇된 감상 이외에는 아무것도 나오지 않는다. 양쪽 모두 저마다 단점이 있다. 하나는 문제의 핵심에까지 투철할 수 없고, 다른 하나는 그 위를 지나쳐버린다는 것이다.

다수의 선택받은 사람이나 자수성가한 사람들 대부분에게서 볼 수 있듯이, 거만하고 가끔 주제넘고 눈치가 없으며 언제나 '민정(民情)에 통하려' 치마나 바지를 입은 유행마담의 사회적 가난에 대한 무관심만큼 지독한 것은 없다. 아무튼 이러한 인간들은 그들의 직관이 결여된 이해력으로서는 쉽사리 파악할 수 없을 정도로 훨씬 죄가 크다. 따라서 그들에 의해서 실행된 사회사업의 배려는 언제나 아무 소용이 없게 되고, 경우에 따라서는 강하게 거부—물론 이것은 민중이 은혜를 모른다는 증거가 되지만—당하기도 하여 깜짝 놀라는 것이다.

'사회적 활동'은 그것과는 아무런 관련도 없고 특히 은혜를 바라는 권리 같은 것은 절대로 있어서는 안 되며, 사회적 활동이라는 것은 자비를 나누어 주는 것이 아닌 권리를 회복해 주어야 하는 것임을 그런 부류의 사람들은 인정하려고 하지 않는다.

나는 이러한 태도로 사회문제를 배우는 것에서 벗어났다. 사회문제는 나를 괴로운 생활로 끌고 들어갔지만, 그것은 나를 '학습'에 초대하기 위한 것이 아니라 오히려 나 자신을 시험해 보기 위해서였던 것 같다. 그럼에도 집토끼가 수술의 고통을 견디어내고 병이 나아 건강하게 된 것은 수술 덕이 아니었다.

*

나는 그 무렵 느꼈던 일련의 생각들을 지금에 와서 완벽하게 재현할 수는 없지만 가장 본질적이고 나에게 때때로 충격적이었던 인상을 최근에 터득한 얼마간의 교훈과 함께 기록하고자 하는 것이다.

*

보조 노동자

당시 일자리를 얻는 것은 나에게는 그리 힘든 일은 아니었다. 왜냐하면 나는 숙련공이 아닌 단순 보조 노동자로서, 때로는 임시 노동자로 일하면서 식비를 벌려고 했기 때문이다.

그때 나는 유럽의 먼지를 다리에서 털어버리고 확고한 뜻을 가지고 신세계에 입성해 새로운 생존의 기초를 닦아 제2의 고향을 만들어가려는 친구들과 같은 처지에 있었다. 그들은 직업이나 지위와 같이 모든 활동에 장애가 되던 관념이나 환경과 전통에서 벗어나 눈앞에 펼쳐진 모든 이익을 잡고 어떠한 일이라도 닥치는 대로 함으로써 점차 건실한 일이라면 어떠한 종류이든 수치스러운 일이 아니라는 생각을 하게 되었다. 나 역시 그들과 같이 신세계를 향해 뛰어들기로 결심했다.

밥벌이의 불확실성

나는 곧 할 일은 항상 있다는 것을 알게 되었다.[8] 그러나 그와 동시에 그것은 아주 쉽사리 없어진다는 것도 알았다.

매일 빵을 살 돈을 벌 수 있는 것이 아니라는 사실은 미래의 새로운 생활에 있어 가장 견디기 힘든 부분 중 하나였다.

숙련 노동자는 미숙련 노동자와는 달리 쉽게 해고되지 않는다. 하지만 그들 또한 전혀 피해를 입지 않는 것은 아니다. 그들은 일이 없어 빵을 벌지 못하는 대신 공장 폐쇄나 자진 파업이라는 문제가 있다. 여기에서는 불확실한 나날의 벌이가 경제 전체에 더할 나위 없는 보복인 것이다.

과장된 면도 있으나 실제로 보다 쉬운 노동과 보다 짧은 노동 시간에 매료되어 대도시로 나오는 젊은 농민은 대부분 대도시가 내뿜고 있는 눈부신 빛에 현혹되어 농촌을 빠져나오는 젊은 농민으로 아직은 확실한 밥벌이에 익숙

---

8) 제2장 '최초 테러' 참조.

해져 있다. 그들은 새로운 일자리가 가망이 없다면 현재 일자리를 버리려 하지 않는다. 농촌의 노동력 부족률은 높고, 실제 장기 실업률은 매우 낮다.

그런데 대도시로 가는 젊은이가 계속해서 착실하게 농촌에서 생계를 이어가는 사람보다는 자질이 나쁘다고 믿는 것은 잘못이다. 오히려 그 반대이다. 내가 경험한 바에 따르면, 고향을 떠난 사람들이 오히려 더 건전하고 실천력이 뛰어나다. 이런 '이주자' 중에서 미국뿐 아니라 미지의 대도시로 가기 위해 고향을 떠나는 젊은 사람도 마찬가지로 불안한 운명에 몸을 맡길 각오가 되어 있는 것이다.

대개 그들은 어느 정도 돈을 가지고 대도시로 오기 때문에 상당 기간 동안 일자리를 얻을 수 없다 하더라도 실망할 필요는 없다. 그러나 건전한 일자리를 단기간 내에 잃어버리면 난처해질 수 있다. 새로운 일자리를 발견한다는 것은 불가능하다고까지 말할 수 없지만 겨울에는 더 힘들어진다. 처음 몇 주일은 이럭저럭 지낼 수 있다. 노동조합 금고에서 받는 실업수당으로 어느 정도 현실적인 문제는 해결할 수 있다. 하지만 마지막 한 푼까지 써버린 뒤 실업 상태가 길어져 실업수당마저 끊기면 더 큰 어려움을 겪게 된다. 이렇게 되면 굶주린 상태로 돌아다니다 가끔 마지막 물건까지도 전당포에 맡기거나 팔아버리고, 입고 있는 옷가지가 전부가 되어 결국은 육체적·정신적으로 황폐해지고 마는 것이다.

겨울에 잠잘 곳조차 없으면(이런 경우가 대부분이지만) 상황은 더욱 심각해진다. 설령 간신히 일자리를 얻었다 해도 같은 일이 되풀이될 것이다. 두 번째는 첫 번째와 비슷한 고생일지 몰라도 다음에 닥칠 세 번째 고생은 보다 더 괴로운 것이 될지도 모른다. 두 번 세 번 고난을 겪다 보면 이 반복되는 불안정함에 차츰 적응하게 된다. 마침내 이 반복이 습관이 되어버리는 것이다.

노동자의 운명

이러한 과정을 통해 원래 근면했던 사람도 그 인생관 전체가 느슨해지다 마침내는 소소한 이익을 위해서도 타인에게 이용당하는 도구가 되어버린다. 그는 그 자신에게는 아무런 잘못이 없는데도 이따금 실직하게 된다. 이것은 이미 경제적 권리의 투쟁이 아닌 국가적·사회적 또는 일반적·문화적 가치가 파괴되는 것과 관련이 있다. 하지만 여기에서 언젠가는 다소를 막론하고 어떻게 되든 상관없게 된다. 그는 파업을 좋아하지 않는다. 좋아하더라도 이제는 파업에 대한 열의가 없어지고 어떻게 되든 상관없다는 심정이 된다.

나는 이러한 경우를 몇천 번이고 똑똑히 지켜보았다. 이 움직임을 오래 보고 있으면 있을수록 사람들은 더욱 잔혹하게 뭉개져버렸기에 탐욕스럽게 끌어당기는 이 대도시가 점점 더 혐오스럽게 느껴졌다.

그들이 처음 이 도시에 들어왔을 때까지는 여전히 국민으로서 대우를 받고 있었지만 이런 상태로 머물고 있으면 점점 국민이 아니게 되어버린다.

나는 생계를 위해 이 세계적인 도시의 곳곳을 돌아다니며 운명의 힘을 몸과 마음으로 충분히 경험하면서 깨달은 것이 한 가지 더 있다. 취직에서 실직, 실직에서 취직으로 빠르게 상황이 바뀌면서 수입과 무일푼 사이의 제한된 동요가 오래 계속됨에 따라서 많은 사람들이 절약정신과 현명하고 규칙적인 생활의 중요성을 망각하고 산다는 것이다. 사람들은 보통 호황기에는 최대한 넉넉한 생활을 하다 불경기에는 배고픔을 안고 사는 일에 서서히 익숙해진다.

그러나 그것이 다가 아니다. 벌이가 좋을 때는 그 뒤의 이성적인 배분을 생각하지만, 배고플 때는 이것이 이성적인 배분에 대한 감각을 마비시키고 동시에 이것으로 고통받고 있는 사람들에게 싫증이 날 만큼의 부유한 생활 모습을 오랜 신기루 속에서 마술처럼 보여줌으로써 이익과 임금이 이것을 조금이라도 허락하는 한 이러한 병적인 욕망을 자제할 수 없게 부추기는 것이다. 간신히 일자리를 얻은 자가 갑자기 이성을 잃고 모든 계획을 포기한 채 매일매일 되는 대로 살아가는 이유가 여기에 있다. 이런 행동은 보잘것없는 주급생활의 탕진으로까지 이어진다. 왜냐하면 거기에서 현명한 돈의 사용법을 잊어버리기 때문이다. 7일간은 무리일지라도 처음 5일간은 충분할 것이다. 그 후는 3일간, 마침내는 단 하루가 되고 마지막에는 하룻밤 사이에 주급을 몽땅 날리고 마는 것이다.

이들은 대개 집에 아내가 있다. 대부분의 경우 그들도 이 생활에 물들고 만다. 남자가 아내에게 잘하는 경우, 특히 그들 나름의 방식으로 아내를 사랑하고 있는 경우에는 더욱 그러하다. 그 경우 주급은 2, 3일 만에 다 날아간다. 돈이 있을 때는 마음껏 먹고 마시다 마지막 며칠간은 같이 굶어야 하는 것이다. 그래서 아내는 남몰래 이웃집을 다니면서 약간의 빚을 지고 가게에도 외상이 생기게 된다. 그렇게 해서 고통스러운 마지막 2, 3일을 견디어내는 것이다. 점심에는 초라한 식탁이 차려지고 때로는 아무것도 없는 경우도 있다. 그리고 급료 받을 날을 기다리며 급료일에 대해서 이야기하고 계획을 세운다. 이와 같이 그들은 배가 고플 동안 다시 찾아올 행복을 꿈꾸고 있는 것이다.

그러면서 어린아이들까지도 아주 어릴 적부터 이런 고생에 익숙해진다.

그러나 가장이 처음부터 처자식 생각은 하지 않고 제멋대로 행동하면 나쁜 결과를 가져온다. 싸움과 불화가 생겨 남편이 아내에게 서먹서먹하게 대하면서 남편은 점점 술과 가까워진다. 그는 토요일마다 취해 가족의 생계 문제를 놓고 아내와 티격태격하게 된다. 더욱이 아내는 대개 공장에서 야릇한 술집으로 향하기 마련인 남편을 기다렸다가 그의 주머니에서 몇 푼이라도 빼앗아야만 한다. 남편은 일요일 밤이나 월요일 저녁때쯤 완전히 취해 난동을 부리다 마지막 한 푼까지 다 써버린 뒤 간신히 집으로 돌아온다. 그리고 가끔 '신이여 불쌍히 여기소서'와 같은 장면을 연출하는 것이다.

나는 처음에는 혐오를 느끼기도 하고 곧잘 분개하기도 했지만, 그 뒤 이 괴로운 비극의 모든 내막을 파악하고 좀더 근본적인 원인을 알기 위해 수백 가지 예를 찾아 직접 체험해 왔다. 이것은 나쁜 사회환경으로 인한 불행한 희생인 것이다.

그때의 주택 사정은 더 우울했다. 빈의 보조 노동자들이 거주하는 주택의 비참함은 말로 표현할 수 없었다. 비참하기 이를 데 없는 주택, 독신자 합숙소와 대중 합숙소[9] 그리고 그곳에서 봤던 먼지와 구토를 일으키는 오물이나 불쾌한 것들을 떠올리면 지금도 몸서리가 쳐질 정도이다.

이 비참한 구덩이에서 해방된 노예들의 물결이 다른 염치없는 사회나 인간 동료들[10]이 있는 곳으로 흘러든다면 무슨 일이 벌어졌을까? 또 앞으로 무슨 일이 벌어질까?

실제로 이 예사롭지 않은 사회[11]는 생각이 없는 사회이다. 이 예사롭지 않은 사회는 경솔하게 사물을 다루고 있는 것이다. 그들은 감수성이 둔하기 때

---

9) Herberge und Messenquartier라고 되어 있다.
10) 노동자 사회의 사람들.
11) 노동자 사회의 사람들.

문에 지금 이 순간에 화해하지 않는다면 머잖아 보복당할 운명이 들이닥칠 것이 틀림없는데도 이를 예기치 못하는 것이다.

오늘 나는 나를 이 학교에 다니도록 한 섭리에 얼마나 감사하고 있는지 모른다. 그래서 나는 마음에 들지 않는 일도 게을리할 수가 없었다. 이 학교는 나를 빠르게, 그리고 철저하게 교육시켰던 것이다.

그 무렵 내가 주위 사람들에 의해 절망하지 않기 위해서는 나 스스로 그들의 외면적인 관습이나 생활과 그들이 타락해 가는 원인을 구별할 줄 알아야 했다. 절망하지 않고 이 모든 것을 견뎌나가기 위해서는 이 방법뿐이었다.[12] 모든 고난과 불행 그리고 비극은 절망과 타락에서 비롯된다. 생존 경쟁이라는 쉽지 않은 투쟁에서 만일 내가 연약한 감수성에 빠졌던들 나는 그 타락과 절망에서 빠져나올 수 없었을 것이다. 아니다. 이것은 그렇게 이해되어서는 안 된다.

개선에의 길

그 무렵 이미 나는 이 상태를 개선하기 위해서는 오직 두 가지 길밖에 없다는 것을 알고 있었다.

곧 우리 발전의 보다 좋은 기초를 만드는 가장 깊은 사회적 책임감과 이에 대응해서 개선하기 힘든 괴물을 타도할 단호한 결심이 그것이다.

자연이 가장 관심을 기울이는 것은 현상 유지가 아니라 종(種)의 담당자로서의 젊은 사람의 규율이다. 마찬가지로 인간생활에서도 현존하고 있는 악을 인공적으로 교화하는 것보다도—이것은 인간의 기질로 보아 99퍼센트 불가능한 일이지만—오히려 처음부터 장래 발전을 위해 보다 건전한 길을 확보하는 일이 중요하다.

사회적 활동의 본질

나는 빈에서 생활을 위해 투쟁하는 동안 다음과 같은 일에 확신을 가지게 되었다.

---

12) 그동안 사정으로 미루어 많은 히틀러 연구가는 히틀러가 쓴 노동자 생활이 정규 노동자나 보조 노동자의 것이 아니라 오히려 부랑자의 생활이며, 그 점에서 히틀러가 정규 노동자로 일한 적이 없다고 주장한다. 그러나 마저는 반드시 그렇다고 말하고 있지 않다.

곧 결코 사회적 활동이 우스꽝스럽고 무의미한 복지를 꿈꾸는 일에 그 목적이 있다고 인정해서는 안 된다. 오히려 각자를 타락으로 이끌거나 또는 적어도 잘못 인도하는 것 같은, 우리의 경제생활이나 문화생활 구조 안에 있는 근본적인 결함을 없애는 일을 목적으로 함을 인정해야만 한다는 것이다.

매국적인 범죄에 대해 결정적이고 가차 없는 처벌 방법으로 맞서면서 발생하는 곤란은 적어도 이러한 시대 현상의 내면적인 동기나 원인에 관한 판단이 확고하지 못한 데 있다.

이 불확실함은 다만 자기가 이와 같은 타락의 비극에 대해서 책임이 있다고 느끼고 있는 일에 그 근거가 있다. 그러나 그것은 진지하고 단호한 결의를 마비시키고, 그 때문에 자기보존에 가장 필요한 조치를 취하는 일 앞에서도 흔들리고 약해져 확실한 판단을 내리지 못해 그렇게 되고 마는 것이다.

자신의 책임이라고 하는 의식의 그림자에 사로잡히지 않게 될 때 비로소 내면적인 안정과 함께 들풀의 싹을 단호하게 베어버리고 잡초를 뿌리 뽑는 외면적인 힘을 가지게 되는 것이다.

오스트리아는 사회적인 사법이나 입법에 대해 전혀 몰랐으며, 나쁜 폐해를 억누르는 데 있어서조차 매우 분명하게 약점을 드러냈던 것이다.

'국민적 긍지'의 결여

사실 이 시대만큼 많은 것들이 나를 놀라게 한 적도 없다. 그 무렵 동료들의 경제적 비참, 풍기상 또는 도덕상의 천박, 여기에 정신적인 문화의 저속함까지.

우리 부르주아지(자본가계급)가 비참한 부랑자의 입에서 독일인이든 아니든 마찬가지이며, 다만 필요한 수입만 있으면 어디에서나 마찬가지로 만족한다는 말을 듣고 얼마나 도덕적 격분을 느꼈던가.

그들은 이 '국민적 긍지'의 결핍을 극단적으로 한탄했으며, 이와 같은 생각에 대해서 강한 혐오감을 드러냈다.

그러나 이들 부르주아계급 가운데 과연 몇 사람이나 어째서 자신들의 사고방식이 우리 국민성과 다른가를 반성했을까? 아니 몇 사람이나 국가적 위대함이 국민적 긍지에 의존한다는 사실을 알고 있었을까?

문화적, 예술적 생활의 모든 영역에서 자신의 조국이나 국민이 위대하다는 것을 각자가 계속해서 발견하는 일이 종합적인 결과로서 이토록 혜택받은 민족의 일원이라고 하는 당연한 긍지를 그들에게 가지게 하고 있는 것인데, 그것을 과연 얼마나 많은 사람들이 이해하고 있을까. 조국에 대한 긍지는 이들 모든 영역에서의 조국의 위대함을 아는 데 달려 있음을 조금이라도 느끼고 있는 사람이 얼마나 있을까?

그런데 조국에 대한 긍지를 위한 이 전제가 '민중'에게 많이 알려져 있지 않은 것에 대해 고민하는 부르주아지는 과연 얼마나 되는가?

'다른 나라 역시 사정은 마찬가지'이지만 이곳 노동자 '역시' 이것을 자신들의 국민성 탓으로 돌릴 수는 없다. 설사 그렇다 하더라도 그러한 일이 자기태만의 핑계는 될 수가 없다. 그러나 사실은 그렇지 않다. 왜냐하면 예를 들어 우리가 항상 프랑스 민족의 '편협한 애국주의' 교육이라 말하고 있는 것 또한 문화의—프랑스인처럼 말한다면 '문명'의—모든 분야에 있어 프랑스의 위대함을 최고로 내세우고 있는 것 말고는 아무것도 아니기 때문이다. 프랑스 젊은이들이 그들 조국의 정치적 또는 문화적 위대함을 이처럼 내세우는 한, 그들은 결코 객관적 관점으로 교육받지 못하고 오히려 모두가 생각하는 주관적 관점에 서게끔 교육받는 것이다.

이때 이 교육은 언제나 일반적이고 매우 큰 관점에 제한되어야 하고, 필요하다면 영원히 반복하여 민중의 마음속에 새겨넣어야 한다.

그런데 우리의 경우에는 소극적인 태만죄 이상으로 학교에서 배울 수 있는 개개인의 적은 행복마저도 적극적으로 파괴시키고 마는 것이다. 우리 민족을 정치적으로 해치려는 쥐새끼들은 그것이 곤궁과 비참함에 빠져 있지 않는 한 민중의 추억 속에 남아 있을지 모를 약간의 행복마저도 갉아먹고 마는 것이다.

그러나 다음과 같은 것을 한번 머릿속에 떠올려보기 바란다.

노동자 아이들의 고난의 길

두 칸짜리 비좁은 지하실에서 노동자의 일곱 식구가 살고 있다고 하자. 다섯 아이 가운데에는 사내아이가 하나 있다. 지금 세 살이라고 해두자. 세 살이라면 세계에 대한 인상이 갓 떠오를 무렵이다. 머리가 좋은 아이라면 어른이 되어서도 이 무렵 기억이 남게 마련이다.

집이 비좁고 옹색하여 아이들 사이에는 자주 다툼과 불화가 일어난다. 이들은 서로 도우면서 생활하고 있는 것이 아니라, 서로 부대끼면서 생활하고 있는 것이다. 넓은 집에 산다면, 잠깐 떨어져 있는 것만으로도 곧 화해할 수 있는 아주 하찮은 대립도 여기서는 끝이 없다. 그것은 싸움으로까지 번지게 된다. 아이들의 경우에는 물론 이것이 대수로울 것은 없다. 아이들이란 곧잘 싸우기도 하지만 또 곧잘 언제 싸웠느냐는 듯이 잊어버리니까. 그러나 이 싸움이 부모 사이에서 이루어지고, 그것도 거의 매일 계속된다면 그들의 참상이 드러나게 되어 아이들이 가난을 경험할 수 있다는 점에서 바람직할는지 모르지만 아이들 장래에는 나쁜 영향을 미칠 것이다. 더 나아가 만일 이 불화로 말미암아 만취한 아버지가 어머니에게 폭력을 가한다면 어떻게 될까?

이런 환경을 모르는 사람으로서는 상상할 수 없는 일이다. 여섯 살이 되면 이 불쌍한 사내아이는 어른들까지도 무시무시하다고 느낄 사태를 알게 된다. 도덕적으로 중독되고 신체적으로는 영양실조가 되어 불쌍하게도 작은 머리는 서캐투성이가 된 채 이 어린 '국민'은 민중학교[13]에 들어가는 것이다. 간신히 읽기와 쓰기만은 알게 되지만, 대개 그것으로 그친다.

가정에서는 공부가 화제에 오르지도 않는다. 오히려 그 반대이다. 게다가 이들 부모는 아이들 앞에서 교사와 학교에 대해 입에 담을 수 없는 욕설을 퍼붓는다. 심지어 그들의 어린 자식을 꿇어앉히고, 도리를 가르치기는커녕 교양 없는 욕지거리로 일관하는 날이 대부분이다. 그러면 이 어린아이가 가정에서 배우게 되는 것은 당대의 훌륭한 인물들에 대한 존경이나 인류에 대한 가치 있는 어떤 것이 아닌 제도에 대한 공격과 교사에서 국가원수에 이르는 많은 대상들에 대한 비방뿐이다. 종교에 관해서도, 도덕에 관해서도, 국가나 사회에 관해서도 모든 것이 공격 대상이 된다. 모든 것을 비방하고 음란한 방법으로 매우 천박한 사고의 수렁 속으로 끌어들인다.

이 아이가 열네 살이 되어 학교를 졸업하면, 실제의 지식이나 기능으로 볼 수 없을 정도로 어리석고, 그 나이로 보기에는 소름 끼칠 정도로 부도덕하며 파렴치한 행동을 서슴지 않고 저지르게 된다. 이 무렵부터 이미 신성한 것과 위대한 것에 대해 아무것도 알지 못하고, 오히려 저열한 생활에 대해서는 예

---

13) 독일이나 오스트리아의 초등학교.

민하게 느끼며 잘 알고 있는 인간은 장차 살아가는 과정에서 어떤 지위에 오를 수 있을까?

젊은 권위 멸시자

세 살 어린이에서 모든 권위를 경멸하는 열다섯 살이 되었다. 이 젊은이는 더럽고 음란한 것보다 더 감격적인 자극이 될 만한 것은 없다고 생각한다.

그는 이제 이 생활이라고 하는 한 단계 높은 학교로 가게 된다. 이제부터 그는 어렸을 때 아버지로부터 배운 것과 똑같은 생활을 시작한다. 그는 늘 싸돌아다니고 아무도 그가 언제 집에 돌아오는지 모르게 된다. 한술 더 떠서 그는 기분 전환을 한답시고 일찍이 어머니였던, 그러나 지금은 무너져가는 권위를 향하여 화풀이까지 한다. 신과 세상을 저주하던 그는 마침내는 어떠한 특별한 원인으로 죄의 판결을 받고 소년교도소에 들어간다.

그는 거기서 최후의 완성단계에 들어서게 된다. 하지만 사랑하는 시민들은 이 젊은 '시민'에게 '국민적 정열'이 결여되어 있는 것에 크게 놀란다.

그들은 연극이나 영화 또는 통속문학이나 에로 잡지에서 매일 물통에서 물을 흘려보내듯 민중 속으로 독극물이 흘러들어가는 것을 보는 것이다. 그러고는 이 민중에게 '도덕적 내용'이 적다는 것과 그의 '국민적 무관심'에 놀란다. 마치 엉터리 영화나 에로 신문이나 그 유사물이 조국의 위대함을 인식시키는 기초를 주고 있기라도 하는 것처럼 말이다. 저마다의 인간이 그 이전에 받은 교육에 대해서는 전혀 도외시하고 있다.

나는 이전에는 전혀 예기치 못했던 것을 그 무렵 재빠르게 배우고 철저하게 이해했다.

국민화의 예비 조건

어느 민족을 국민화하기 위해서는 먼저 저마다 교육을 실시할 수 있는 기초로서 건전한 사회 상태를 만들어야 한다. 왜냐하면 가정교육과 학교교육에 의해서 자기 조국의 문화적·경제적인, 특히 정치적인 위대함을 충분히 아는 자가 아니면, 이러한 민족의 일원으로서 자긍심을 가질 수 없고, 또 가지려 하지 않을 것이기 때문이다. 그래서 나는 내가 사랑하는 것만을 위해서 싸운다. 나는 존경하는 자만을 사랑하고 적어도 알고 있는 것만을 존경하는 것이다.

*

도안가 겸 수채화가

사회문제에 관심을 가진 지 얼마 안 되어, 나는 이 문제를 근본적으로 측면에서부터 연구하기 시작했다. 그것은 내 앞에 열린, 이제까지 알 수 없었던 새로운 세계였다.

1909년에서 1910년에 걸쳐 나는 이미 보조 노동자로 일하며 매일 그날의 식비를 벌어들일 필요는 없었다. 그런 상황에서 나 자신의 상태도 어느 정도 변화되어 있었다. 그때 벌써 나는 도안가 겸 수채화가로서 자립생활을 하고 있었다.[14] 이것으로 돈벌이를 한다는 것은 결코 쉬운 일이 아니었으며, 간신히 생활만 지탱할 뿐이었다. 그러나 내가 선택한 직업으로서는 좋았다. 이전처럼 저녁때 일터에서 돌아오면 지친 나머지 책을 읽다가 곧 잠들어버리는 정도는 아니었다. 나의 지금 일은 물론 장래의 직업과 함께 행하고 있었다. 또 나는 당시 나의 시간을 전보다 훨씬 잘 배분할 수가 있었다.

나는 빵을 얻기 위해서 그림을 그렸고, 기쁨을 얻기 위해서 공부했다. 그렇게 해서 사회문제에 대한 직관교육에 필요한 이론적 보충을 꾀할 수 있게 되었다. 나는 이들 모든 분야에 대해서 책 속에서 얻을 수 있는 최대한의 것을 연구하고 그 위에 나 자신의 생각을 심화시켰다.

그 무렵 나의 주위 사람들은 아마도 나를 이상한 사람이라고 생각했을 것이다.

동시에 나는 불타는 듯한 열의를 가지고 건축학 공부에도 심혈을 기울였다. 건축학은 음악과 함께 예술의 여왕으로 여겨지던 때라 내게 그 일은 단순한 일이 아니고 최고의 행복이었다. 나는 밤늦게까지 책을 읽거나 그림을 그리면서도 지루한 줄 몰랐다. 그러면서 시간이 얼마나 걸릴지는 몰라도 나의 아름다운 꿈을 꼭 이루리라는 신념을 굳혀갔다. 나는 스스로 건축가로서 장차 이름을 떨치리라고 확신했다.

그와 더불어 나는 정치에 관한 모든 것에도 커다란 흥미를 느꼈지만, 그런

---

14) 많은 연구자들은 당시 히틀러가 화가로서 자립하고 있었던 것이 아니라, 여전히 고아연금과 작은어머니의 원조를 받고 있었다고 말한다. 그러나 마저는, 술과 담배를 하지 않고 여자도 모르는 히틀러가 매일 한 장씩 그린 그림을 팔아 꽤 돈을 벌었지만 고아연금도 받고 있었다고 말한다.

것들은 그다지 중요한 것이 아닌 것처럼 생각되었다. 반면 나에게 그것은 일반적으로 이성이 있는 모든 사람의 분명한 의무로 느껴졌다. 정치에 대해서 아무 지식이 없는 자는 다른 어떤 것에 대해서 비평하거나 불평할 권리도 없다고 생각되었다.

따라서 정치에 관해서도 나는 많이 읽고 많이 배웠다.[15]

독서법

내가 생각하는 '읽는 것'은 이른바 '지식층(인텔리겐치아)' 사람들이 생각하는 '읽는 것'과 어느 정도 차이가 있을 것이다.

끝도 없이 많이 '읽는' 사람, 한 권 또 한 권, 한 글자 또 한 글자 읽는 사람들이 있다. 그렇지만 그들을 박식하다고 말할 수는 없다. 그들은 물론 다량의 지식을 가지고 있다. 그러나 그들의 두뇌는 자신이 받아들인 이 재료를 분류하거나 정리할 줄 모른다. 그들은 책 속에서 자기에게 가치 있는 것과 가치 없는 것을 가려내는 기술이 부족하다. 즉 어떤 것은 영원히 기억하고, 어떤 것은 되도록 무시하는 식의 쓸데없고 귀찮은 지식은 제외하는 기술이 결여되어 있다.

게다가 독서라는 것은 그 자체가 목적이 아닌 목적을 위한 수단일 뿐이다. 첫째로 독서는 저마다 개인의 소질과 능력을 이끌어내고 그 골격을 충실히 하기 위해 조력자 역할을 해야 한다. 그래서 독서는 저마다 자기 직업에—그것이 원시적인 밥벌이든, 비교적 높은 사명을 만족하기 위한 것이든 간에—필요한 도구나 자료를 공급해야 하는 것이다. 둘째로 독서는 일반적인 세계상을 전달해야 한다. 어떤 경우든 독서는 그때그때 읽는 내용이 책의 차례나 읽은 순서에 따라서 기억에 남는 것이 아니고, 모자이크 무늬의 돌처럼 일반적인 세계상 안에서 그것들에게 주어져야 할 지위에 자리를 잡고 독자의 머릿속에 그 영상이 형성되도록 도움을 주어야 할 것이다.

그렇지 않을 경우에는 기억해 둔 허섭스레기들로부터 착잡한 혼란만 생긴다. 그것은 무가치할 뿐만 아니라 다른 한편으로는 그 불행한 소유자에게 자

---

15) 이에 대해서는 팸플릿이나 신문조차도 읽지 않았다는 설, 어느 정도 읽기는 했지만 계통적인 공부는 전혀 하지 않았다는 등 여러 가지 설이 있다. 그가 관련 서적을 한 권도 거론하지 않았다는 것이 이런 주장을 뒷받침하고 있다고 보아도 좋을 것이다.

만심만 심어준다. 왜냐하면 그들은 실제로 진지하게 '교양이 있다' 믿고, 인생에 관해서 무엇인가 이해하고 있으며, 지식을 가지고 있다고 믿기 때문이다. 이런 종류의 교양이 계속 늘어나면서 그들은 세상의 실제로부터 더욱더 멀어지고, 요양소에서 또는 정치가로서 의회에서 생애를 마치게 되는 경우가 드물지 않은 것이다.

그러한 두뇌를 지닌 사람은 결코 그의 혼란한 지식 속에서 시대의 요구에 적합한 것을 끌어낼 수가 없다. 왜냐하면 그의 지식은 실제 생활에 따라서 정리되어 있지 않고 그가 읽은 책의 순서에 따라서, 또 그 책 내용이 그의 머리에 들어온 순서에 따라서 자리잡고 있기 때문이다. 만일 운명이 그의 매일매일의 생활 요구에 따라서 그에게 언제나 이전에 읽은 것을 올바르게 적용하도록 경고한다면 운명은 다시 한 번 책과 페이지의 수를 말해야 한다. 그렇지 않을 경우에는 이 불쌍한 자는 영원히 올바른 것을 발견할 수가 없기 때문이다. 그러나 운명은 그렇게 하지 않으므로 이 영리한 자는 위기에 직면하면 언제나 극도로 당황해서 경련을 일으킬 정도로 같은 곳만 찾고, 마침내는 뚜렷하게 그리고 확실하게 그릇된 '처방전'을 택하는 것이다.

만일 그렇지 않다면, 사람들은 병리학적 소질 대신에 깡패 같은 비열함을 가지고 있다고 믿는 일 말고는 최고 지위에 있고 교양이 풍부한 우리 정부 영웅의 정치적 행위를 이해할 수가 없으리라. 하지만 올바른 독서 기술을 가지고 있는 사람은 어떠한 책, 어떠한 잡지나 팸플릿을 읽어도 유용하다든가 또는 일반적으로 알아둘 가치가 있다는 이유에서 오래 기억해 두어야겠다고 생각하는 모든 것에 당장 주의를 기울일 것이다. 이러한 방법으로 얻어진 것이 이러저러한 문제에 대해서 이미 머릿속에 있는 관념들 속에서 의미 있는 자리를 발견하면 그 즉시 그것이 잘못된 점을 바르게 잡아주든가, 그 상(像)의 정확성이나 명확함을 높여주는 것이다.

지금 인생에 갑자기 그 어떤 검토나 해결을 요하는 문제가 생긴다면, 이런 방법으로 책을 읽을 경우 곧 기존 관념의 기준을 파악하여 거기에서 이 문제와 관계된 과거 10년간에 걸쳐 모아진 개별적으로 쓸모가 있는 모든 것을 끌어내어 문제를 해명하거나 해결할 때까지 검토하거나 새로운 검사를 하기 위해 지성을 제공하는 것이다. 독서란 이런 경우에만 그 의의와 목적을 가진다.

이를테면 그러한 방법으로 필요한 단서를 그의 지성에 제공하지 않는 연설자는 그 견해가 아무리 정당하고 또 현실에 적합하더라도 항변이 있을 때 자신의 견해를 충분히 해명하기 힘들 것이다. 토론 때마다 그의 기억은 전혀 도움이 되지 않는다. 그는 자기 자신의 주장을 증명할 근거도, 상대의 주장을 반박할 근거도 찾아낼 수가 없는 것이다. 그것도 연설자의 경우처럼 청중 앞에서 개인이 창피를 당하는 정도라면 참을 수 있지만, 운명이 아무리 박식하다 해도 이러한 무능력자를 국가 지도자로 임명한다면 상황은 최악이 된다.

나는 젊었을 때부터 지금까지 올바르게 읽도록 노력해 왔다. 게다가 다행스럽게도 기억력이나 이해력이 좋았다. 그런 의미에서 빈 시절은 나에게 얻는 바도 많았고, 가치 있는 시대였다. 일상의 생활경험은 여러 가지 문제를 언제나 새로 연구하고자 하는 자극이 되었다. 결국 나는 현실을 이론화하여 기초를 세우고, 이론을 실제로 시도해 보려는 자세를 취했기 때문에 이론 속에서 질식한다든가, 현실 속에서 천박화하는 것에서 벗어날 수가 있었던 것이다.

이렇게 하여 이 시절에 나는 사회문제 이외에 두 가지 가장 중요한 문제에 대해서 일상생활의 경험에서 가장 철저하고 이론적인 연구를 하기로 마음을 정하고, 또 그렇게 자극을 받았던 것이다.

그 무렵 만일 이 문제에 전혀 몰두하지 않았더라면 나는 마르크스주의의 가르침과 본질에 한 번도 깊이 몰두하는 일은 없었을 것이다.

*

사회민주당

나는 청년 시절에 사회민주당에 대해서 거의 알지 못했고 아는 것도 올바르지 못했다. 나는 사회민주당이 무기명 보통선거권을 위해서 투쟁해 온 것을 속으로 기뻐하고 있었다. 당시 내가 이해한 바로는 이것이야말로 내가 매우 증오하고 있었던 합스부르크 왕가의 통치를 약화시키는 지름길이었기 때문이다. 오스트리아 제국은 독일인을 희생시키지 않고는 그들의 통치권을 결코 유지할 수 없었을 것이고, 또 독일적 요소를 서서히 슬라브화하는 대상조차도—슬라브인의 국가 유지력은 더할 나위 없이 의문으로 여겨졌기 때문에—생명력 있는 국가를 보증하는 것을 의미하지 않는다는 확신을 가지고 있었다.

그래서 나는 도저히 국가일 수도 없고, 1000만 독일인에게 사형선고나 다름없는 일을 서슴지 않고 저지르는 국가를 틀림없이 붕괴시킬 수 있다고 확신이 가는 모든 방향을 환영하고 있었다. 언어적 혼란이 의회를 부패시키고 분열시키면 시킬수록 이 바빌론과도 같은 국가가 멸망할 시기가 가까워지고, 그와 더불어 우리 독일계 오스트리아 민족이 해방되는 시기도 가까워질 것이 틀림없다. 그래야만 언젠가는 조국과의 재통일이 이루어질 수 있을 것이었다.

따라서 나에게는 이와 같은 사회민주당의 활동이 마음에 들지 않는 것은 아니었다. 이 운동은 결국 노동자의 생활 조건을 향상시키는 것을 목표로 하고 있었으므로—당시 순진한 나는 이것을 그대로 믿을 정도로 바보였다—역시 이것은 노동자에게 불리한 것이 아니고 유리한 것처럼 생각되었다. 다만 내가 가장 반발한 것은 게르만주의 유지를 위한 투쟁에 대해서 그들이 적의를 나타내고 있었던 점과 슬라브 '동포'의 호의를 갈망하고 있는 한심스러운 아첨이었다. 그러나 슬라브인들은 이 구애(求愛)를 그것이 실제적인 양보와 결합되어 있는 경우에만 받아들였고, 그렇지 않은 경우에는 예의 거만한 태도를 견지하면서 마치 귀찮은 거지를 대하듯 돈만 던져주었다.

17세 무렵 '사회민주주의'와 사회주의는 나에게 동일한 개념처럼 생각되었으며 '마르크스주의'란 말도 거의 모르고 있었다. 여기에서도 일찍이 없었던 민중 기만에 대하여 나의 눈을 뜨게 하기 위해서는 다시 운명의 주먹이 필요했다.

그 무렵까지 나는 사회민주당을 다만 두서너 번의 대중 시위 때 방관자로서 알고 있었을 뿐 그 지지자의 정신성이나 교설의 본질 같은 것에 대해서는 조금도 아는 바가 없었다. 그러다가 갑자기 사회민주당의 교육과 세계관을 만들어내는 것과 접촉하게 되었다. 더욱이 적어도 20, 30년은 필요한 것을 2, 3개월 동안에 얻었던 것이다. 다시 말해서 이것은 사회도덕이나 이웃 사람이라는 가면 아래 떠돌고 있는 페스트와 같은 것이어서, 인류는 이것을 될 수 있는 한 빨리 이 땅에서 추방하지 않으면 도리어 인류가 이 때문에 멸망하게 될 것이라는 논리이다.

사회민주당원과의 첫 만남

나는 건축 현장에서 처음으로 사회민주당원과 만났다. 그것은 처음부터 매우 불쾌한 것이었다. 나는 옷차림도 깨끗한 편이었고 말씨도 공손했으며 사람을 대하는 예의도 갖추고 있었다. 나는 나 자신의 운명과 싸워야만 했으므로 주위의 사소한 일에 관심을 둘 여유가 없었다. 굶지 않기 위해서, 또한 조금씩이라도 교양을 넓히기 위해서 일자리만을 찾고 있었다. 만일 이때 2, 3일 안으로 당장 태도를 결정해야 할 일이 일어나지 않았다면 아마도 그런 새로운 환경에는 전혀 관심을 가지지 않았으리라. 나는 조직에 가입할 것을 권유받았던 것이다.

노동조합 조직에 대한 나의 지식은 그 무렵 거의 백지 상태에 가까웠다. 나는 이 존재가 목적에 합당한지 합당하지 않은지도 증명할 수가 없었다. 그래서 가입하라는 권유를 거부했다. 나는 그에게 거부 이유로서, 가입의 타당성을 모르겠고 또 남으로부터 강요받기는 싫기 때문이라고 말했다. 그런데도 그들이 나를 일자리에서 곧 내쫓지 않았던 것은 아마 가입의 타당성에 대한 나의 의문 때문이었던 것 같다. 그들은 2, 3일 안으로 전향을 시키든가, 시키는 대로 일을 하게 만들 수 있다고 생각한 모양이었다. 아무튼 그들은 그런 점에서는 근본적으로 나를 잘못 보고 있었다. 그러나 2주일 후에는 만일 내가 가입을 바라고 있었다 해도 어쩔 수 없는 상황이 되었다. 그 2주일 동안에 나는, 이 세상 그 어떤 권력도 내가 조직에 가입하도록 강요할 수 없을 정도로 상황을 자세히 알게 되었다. 그동안 조합원들이 나에게 그 정도까지 나쁜 인상을 주었던 것이다.

처음 며칠 동안 나는 화가 났다. 점심시간이면 일부 사람들은 음식점으로 가고 다른 사람들은 대개 일터에 남아 매우 초라한 점심을 먹었다. 결혼한 사람의 경우에는 그의 아내가 초라한 밥그릇에 점심을 담아왔다. 주말이 되면 이렇게 일터에 모이는 사람이 더 많아졌다. 나는 나중에서야 그 이유를 알 수 있었다. 그들은 거기에서 정치 토론을 하고 있었던 것이다.

나는 우유 한 병에 빵 몇 쪽으로 점심을 때우며 구석진 곳에 떨어져 앉아 주의 깊게 그들을 연구하기도 하고 나 자신의 비참한 운명에 관해서 생각하기도 했다. 나는 그들의 말을 충분히 듣고 있었다. 그들은 가끔 나에게 접근하여 가입에 대한 언질을 주고는 했다. 어떤 경우에는 사뭇 자극적으로 굴었다. 그들은 모든 것을 부정했다. 곧 국민은 '자본가계급'—이 말을 얼마나 자주 들어야 했는지 모른다—이 만든 허구이며, 조국은 부르주아계급이 노동자계급을 착취하기 위한 도구이고, 법률의 권위는 프롤레타리아를 탄압하는 수단이며, 학교는 노예와 노예 소유자를 사육하기 위한 시설이고, 종교는 착취당할 운명을 가진 민중을 심한 지적장애인으로 만드는 수단이며, 도덕은 어리석은 양들의 유순성을 상징한다는 것 등이다. 거기에서 이 가공할 만한 수렁 속으로 끌려들어가지 않는 자는 한 사람도 없었다.

최초 테러

처음에 나는 되도록 태연하려고 했다. 그러나 더 이상 가만히 있을 수가 없었다. 나는 나의 입장을 분명히 밝히며 반론을 펴기 시작했다. 그리고 내가 적어도 그들이 지금 논쟁하고 있는 문제에 대하여 일정한 지식을 가지고 있지 않는 한, 이것은 아무런 소용이 없다는 것을 알게 되었다. 그래서 나는 그들이 나름대로 지식을 끌어내오는 방식을 따라 책이나 팸플릿을 닥치는 대로 모조리 읽어갔다.[16]

그 뒤 건축 현장에서는 가끔 격론이 벌어졌다. 날이 갈수록 내가 그들보다 더 많은 지식을 가지고 논쟁에 뛰어들자 어느 날 그들은 이성을 가장 간단하게 정복하는 수단에 호소하기에 이르렀다. 바로 폭력과 테러였다. 그들은 당장 일자리를 떠나든가, 아니면 높은 발판에서 떨어져 죽든가 둘 중 하나를 택하라고 강요해 왔다. 혼자였던 나는 그들에게 저항하는 것은 아무 소용없는 일이라고 생각했다. 나는 경험이 풍부했으므로 첫 번째 제의를 따르기로 했다.

나는 치밀어오르는 울분을 참고 그곳을 떠났다. 그러나 그 와중에도 이 사건을 전혀 외면할 수는 없다고 생각했다. 아니 무엇보다 울분이 폭발한 다음이라 나는 용기를 되찾았다. 그래서 다시 한 번 건축 현장에 가보기로 결심했다. 더욱이 생활이 어려웠던 탓에 그 결심은 더욱 강해졌다. 두서너 주일 사이에 저축했던 얼마 안 되는 돈을 다 써버리고 난 다음이라 곤궁은 이루 말할 수 없을 지경이었다. 바야흐로 싫든 좋든 그렇게 하지 않을 수가 없었다.

---

16) 히틀러가 처음으로 육체노동을 한 것이 이것이라 여겨지고 있다.

결국 처음과 같은 일이 다시 벌어졌고 또 처음과 같은 상황으로 끝이 났다.

그 무렵 나는 마음속으로 갈등하고 있었다. 이래도 그들은 위대한 민족의 한 사람으로서 가치 있는 인간일까?

그것은 실로 고뇌에 찬 문제이다. 왜냐하면 만일 그 답이 옳다면 민족을 둘러싼 투쟁은 노력의 대가도 희생가치도 없는 것이기 때문이다. 그것은 최선의 것을 그와 같은 인간 찌꺼기들에게 주는 셈이 된다. 그러나 그 대답이 그르다면 이 역시 우리 민족이 이미 인간이 되기에는 너무나 가난하다는 것을 뜻한다.

나는 고민하고 추구하는 가운데 매일매일 불안감에 휩싸인 채 이미 이 민족에게서 배움을 받을 수 없는 대중이 가공할 만한 세력으로 팽창해 가는 것을 보고 있었다.

사회민주당의 신문

이제 나는 약간 다른 감정을 가지고 어느 날 빈의 노동자 시위 집단이 4열 종대로 끝없이 늘어서 있는 모습을 바라보고 있었다. 나는 거의 두 시간 가까이 그곳에 서서 숨죽인 채 거대한 용이 양옆을 누비며 천천히 움직이는 모습을 바라보고 있었다. 나는 불안에 휩싸여서 간신히 광장을 벗어나 집으로 천천히 돌아왔다. 도중에 나는 어느 담배가게에서 〈노동자 신문〉이라는 발행 역사가 긴 오스트리아 사회민주당의 중앙기관지를 보았다. 내가 신문을 읽기 위해 곧잘 들르던 값싼 대중 카페에도 그것은 놓여 있었다. 그러나 나는 이 초라한 신문을 단 2분도 들여다보지 못했다. 이 신문의 논조가 여전히 나에게 정신적 부식제(腐蝕劑)처럼 느껴졌기 때문이다.

하지만 시위에서 받은 침울한 인상 때문인지 내 마음의 소리가 이 신문을 한 번 사서 꼼꼼히 읽어보라고 재촉했다. 저녁때가 되자 나는 계속 끓어오르는 울화를 억누르면서 여기저기서 가져다 붙인 듯한 허위선전지를 읽었다. 지금 나는 그 어떤 이론적 문헌에서보다도 매일 읽는 사회민주당의 신문에서 그들 사고과정의 내면적 본질을 연구할 수가 있었다.

이론적 문헌 속의 자유라든가 아름다움, 품위에 관한 번쩍이는 명문구나 외견상으로는 매우 깊은 지식을 고심해서 표현하고 있는 호언장담, 혐오스런 인도적 도덕―모두가 예언자적 확신의 철면피로 쓰여 있지만―은 새로운 인간 구제의 가르침이라는 짐승과 같은 비열함도 마다 않고, 온갖 중상과 그 럴듯하고 교묘한 거짓말을 수단으로 하고 있는 일간신문과 대체 뭐가 다르다 는 말인가. 전자는 상류계급은 물론 중류계급 '지식층'의 어리석은 호인을 위 한 것이고, 후자는 대중을 위한 것이다.

나는 이 교설과 조직의 문헌과 신문에 푹 파묻혀 우리 민족을 다시 생각하 게 되었다. 처음에는 나로서는 뛰어넘을 수 없는 심연(深淵)으로 생각되던 것 이 점점 전보다 훨씬 큰 사랑을 느끼게 하는 것이다.

이 어처구니없는 중독활동을 알게 되면 바보가 아닌 바에야 희생자에게 죄가 있다고는 하지 못하리라. 몇 년 뒤 내가 점점 자립함에 따라 사회민주당 성공의 내부 원인에 대한 나의 통찰력도 보다 더욱 깊어졌다. 이제 나는 '좌 익 신문만 읽어라' '좌익 집회에만 참석하라' '좌익 책만을 읽어라' 등의 잔학 한 요구의 의미를 이해하게 되었다. 이 관용 아닌 교설의 불가피한 결과를 확 실한 형태로 보게 된 것이다.

대중심리

대중심리는 어중간하고 유약한 것에 대해서는 감수성이 둔한 법이다. 마치 여성과 같은 것이다. 그녀들의 정신적 감각은 추상적인 이성의 근거 등에 의 해서 결정된다기보다는 오히려 부족함을 보충해 주는 힘에 대한 정의하기 곤 란한 감정적인 동경에 의해서 결정되는 것이다. 따라서 약한 자를 지배하기 보다는 강한 자에게 굴복당하는 것을 한층 더 즐겨한다.

대중 또한 애원하는 자보다는 지배하는 자를 더 좋아하고 자유주의적인 자유를 시인하는 것보다는 다른 교설의 병존을 허용하지 않는 교설에 의해 속으로 한층 더 만족감을 느낀다. 그들은 또 그것을 어떻게 다루어야 할 것 인가를 모르기 때문에 자유를 주면 이내 버림받을 것 같은 불안을 느낀다. 그들은 자신들이 파렴치한 정신적 테러를 당하고 있다거나 울화가 터질 정 도로 인간적 자유를 학대받고 있다는 것도 느끼지 못한다. 이 때문에 그들은 목적이 확실한 이 방약무인한 힘이나 잔학성 앞에 언제나 굴복하고 마는 것 이다.

만일 사회민주당 앞에 좀더 진실성 있고 동시에 그들과 마찬가지로 잔학한 실행력을 갖춘 교설이 나타난다면 설사 그 투쟁이 험난하고 길더라도 후자가 이길 것은 불을 보듯 뻔한 일이다.

사회민주당의 전술

2년도 채 못 되어 나는 사회민주당의 교설은 물론 그 기술적 수단도 확실히 파악했다.

나는 그들의 추악한 정신적 테러 행위에 대해서도 알게 되었다. 이 테러 행위는 먼저 이런 공격에 대해서 도덕적으로나 정신적으로나 무력한 부르주아지에게 행해졌다. 동시에 그들은 가장 위험하다고 느끼는 적에 대해서도 허위 사실로 상대를 비방하는 상투적인 방법을 이용해 정면에서 쉴 새 없이 공격하는데, 그 공격은 상대가 신경이 마비되어 그 신경이 다시 안정을 회복하기 위해서 밑기 짝이 없는 것을 희생물로 삼을 때까지 멈추지 않는다. 그러나이 바보들은 이것만으로는 마음을 놓을 수가 없다.

연기가 새로이 시작된다. 그리하여 광포한 적색 공포가 암시적인 마비 상태가 될 때까지 연거푸 되풀이된다.

사회민주당은 경험상 힘의 가치를 잘 알고 있기 때문에 어쨌거나 뭔가 드문 자질을 그 본질 속에 갖고 있다고 판단되는 세력에 대해서는 몇 번이고 돌격을 감행한다. 그러나 반대파라도 약자일 경우에는 자기들이 인정하거나 추측하는 정신적 특성에 따라 때로는 주의 깊게, 때로는 큰 소리로 그들을 칭찬하는 것이다.

그들은 무력하고 의지가 약한 천재보다도 소극적인 인물이라도 힘이 있는 자를 더 두려워한다. 정신과 힘이 약한 자에 대해서 그들은 적절하게 칭찬해준다.

사회민주당은 그런 방법만 쓰면 마치 안녕이 유지되는 것처럼 보일 수 있다는 점을 알고 있다. 그사이에 그들은 불굴의 정신으로 영리하고 조심성 있게 진지를 하나하나 점령해 나간다. 다른 것에 이목이 집중되는 것을 원하지 않을 때나, 대수롭지 않은 일로 감정을 불러일으키거나 악의 있는 적을 새삼 자극하고 싶지 않을 때는 몰래 공갈을 놓거나 사실상 절도를 해서 잠깐 동안이라도 점령하는 것이다.

이것은 모두 인간 약점을 정확하게 계산한 뒤 발견한 전술로서, 상대편이 독가스 전법으로 싸우는 방법을 배우지 않은 한, 그 결과는 수학적 통계상

거의 성공한다고 볼 수 있다.

약한 사람들은 이런 경우 사느냐 죽느냐의 문제를 고민해야 한다. 이 밖에도 나는 개인이나 대중에게 가하는 육체적 테러의 의미도 알게 되었다. 여기에서 또한 심리적인 효과가 정확하게 계산되고 있다.

일터에서의, 공장에서의, 집회장에서의, 때로는 집단 시위에서의 테러는 상대가 같은 정도의 테러로 대항하지 않는 한 반드시 성공으로 끝난다.

그렇게 되면 이 정당은 어처구니없게도 목청을 높여 사람 살리라며 울부짖는다. 오래전부터 모든 국가의 권위를 무시해 왔던 그들이지만 이제는 시시한 분란이 일어도 자신들의 목적을 달성하기 위해서 고함을 지르면서 정부권력에 호소하는 것이다. 곧 그는 꽤 높은 관직에 있는 어리석은 자를 데려온다. 그들은 이를 위해 아마도 언젠가는 자기가 두려워하고 있는 반대자에게도 호의를 보여줄 것이라는 바보 같은 기대를 갖고, 이 세계적인 페스트가 상대편을 쓰러트리는 데 도움을 줄 것이다.

이와 같은 일격이 자기편은 물론 상대편의 대중 의지에 어떤 인상을 주는가는 책에서가 아니고 생활에서 민중의 마음가짐을 알아낸 자가 아니면 헤아릴 수가 없다. 왜냐하면 자기편에서 보면 이 승리가 자기 권리의 승리라고 생각되는 대신, 맞아서 쓰러진 반대편은 대개 이후의 저항이 일반적으로 성공할 것인가 여부에 대해서 절망적인 심정이 되기 때문이다.

나는 무엇보다도 육체적인 테러 방법을 알면 알수록 거기에 속하는 몇십만 대중에게 미안한 마음이 점점 더 커졌다.

나는 당시 고생하던 시절에 진정으로 감사하고 있다. 그 시절만이 나에게 내 민족의 참모습을 가르쳐주었고, 희생자와 유혹자를 구별할 수 있게 했다.

이 인간 유혹의 결과는 희생이라고밖에는 달리 형용할 수 없다. 왜냐하면 내가 지금 이 최하층 사람들 생활에서 두서너 가지 상(像)을 그려내려 한다면, 그것을 완전하게 하기 위해서는 이런 밑바닥에서도 특히 당시의 꽤 나이먹은 노동자들 속에서 간혹 발견되는 헌신과 더할 나위 없이 성실한 우정, 그리고 비상한 절제나 조심스러운 겸손 속에서만 광명을 발견할 수 있다고 확신하기 때문이다. 이러한 미덕은 이미 대도시의 일반적인 영향을 받아 젊은 세대 사이에서는 차차 잊혀가고 있지만, 아직도 여기에는 생활의 비열함을 초월한 매우 건전한 피를 가진 다수의 사람들도 있는 것이다.

그리고 이처럼 선량하고 진심으로 칭찬받을 만한 사람들이, 정치활동에서는 우리 민족의 원수와 함께 대열짓는 일을 돕고 있는 것은 그들이 이 새로운 교설의 비열함을 이해하려 하지 않고 또 이해할 수 없었기 때문이며, 그밖에 어느 누구도 그들 일을 걱정해 주는 노력을 하지 않았기 때문이고, 결국 사회환경이 기존의 온갖 반대 의지보다 강했기 때문이다. 아무튼 한때 그들이 빠져들었던 곤궁이 그들을 사회민주당 진영으로 가게 만든 것이다.

부르주아지의 죄
부르주아지(자본가계급)는 여러 번에 걸쳐 가장 졸렬하고도 부도덕한 방법으로 일반적이고 인간적인 정당한 요구에 대해서까지 반대했으며, 매번 그 과정에서 어떠한 이익을 얻거나 기대할 수 없었던 노동자들, 심지어 매우 진지한 노동자들까지도 노동조합에서 정치활동 쪽으로 빠지게 되었다.

수백만 노동자들은 처음에는 모두 사회민주당의 적이었다. 그러나 그들의 저항은 매번 비정상적인 방법으로 가로막히고 말았다. 부르주아 정당 측에서 사회적 성질의 요구라면 모든 것을 반대하는 태도를 취했기 때문이다. 그들은 노동조건 개선, 소년노동 폐지, 임신한 여성의 경우 분만 때까지 적어도 수개월 동안 특별보호를 받아야 한다는 등의 온갖 요구를 단순하게 또 편협하게 거부했다. 이처럼 사회민주당은 오히려 노동조합의 약점을 반기며 그들의 요구에 사사건건 딴죽을 걸어 대중을 자기 그물 속으로 끌어들였다. 이 정치적인 부르주아지는 이런 식으로 범한 죄를 결코 두 번 다시 되돌릴 수 없다. 왜냐하면 그와 동시에 사회적 폐해를 제거하기 위한 온갖 시도에 저항하고, 증오의 씨를 뿌리면서 자기들만이 일하는 민중의 이해를 대표하노라 주장하는 모든 민중의 원수의 주장까지도 정당하게 보이게 했기 때문이다.

이처럼 그들은 먼저, 옛날부터 정당에 최대의 손님끌기 봉사를 하고 있는 조직인 노동조합의 존립에 대해서 실제로 도덕적인 기초를 제공한 것이다.

노동조합 문제
나는 빈에서의 수업 시절에 좋든 싫든 간에 노동조합 문제에 대한 태도를 정하지 않을 수 없었다.

나는 노동조합이 사회민주당 자체와 불가분의 관계를 가지고 있다고 보았으므로 결단을 내리는 것도 빨랐지만 그만큼 오류도 범했다. 물론 나는 노동조합을 단호히 거부했다. 이 말할 필요도 없이 중요한 문제에 직면하면서도 나는 또 운명의 힘을 빌리지 않을 수 없었다. 그 결과 나의 당초 판단은 뒤바뀌고 말았다.

스무 살 나이로 나는 노동자의 일반적·사회적 권리를 옹호하고 노동자 개인의 보다 나은 생활 조건을 쟁취하기 위한 수단으로서의 노동조합과 정치적 계급 투쟁을 위한 정당의 도구로서의 노동조합을 구별할 줄 알았다.

사회민주당은 노동조합 운동의 중요한 의의를 이해하고 있음으로써 자기들의 도구를 확보하고 그와 함께 성공도 확보할 수 있었다. 부르주아지는 이것을 이해하지 못했기 때문에 자기들의 정치적인 지위를 유지하기 위해서 돈이 들었던 것이다. 그들은 주제넘게 거부라는 방법으로써 논리적 전개의 마지막 숨통을 끊을 수 있다고 믿고 있었지만 실제로는 비논리적인 길로 강요하기 위해서였다.

생각건대 노동조합 운동 자체가 반조국적이라는 것은 불합리한 표현이며, 또 잘못된 생각이다. 오히려 그 반대가 옳다. 만일 노동조합 운동이 국민의 중심을 이루는 계급의 지위 개선을 목적으로 하고 그것을 실행했다면, 그것은 반조국적, 반국가적인 것이 아니라 오히려 문자 그대로 국가적 활동이다. 노동조합 운동은 사회적 전제를 세우는 데 기여하며 사회적 전제가 없이는 국민교육이라는 것은 전혀 생각할 수가 없기 때문이다. 이 운동은 사회의 암적 존재를 제거해 민족의 정신적, 육체적 병균을 사멸시킴으로써 마지막에는 민족 통일체의 건강에 공헌하게 되는 것이다.

따라서 노동조합의 필요성 여부 문제는 사실상 쓸데없는 것이다. 고용주들 사이에 사회에 대한 이해가 거의 없거나 정의감이나 공정성이 아주 결여된 자가 있는 한, 그들에게 고용되어 있으면서 우리 민족의 일부를 구성하고 있는 자가 개인적인 탐욕이나 몰상식에 대하여 일반의 이익을 지킨다는 것은 단순히 그들의 권리일 뿐 아니라 의무이기도 하다. 왜냐하면 민족체(民族體) 안에서 성실성과 신뢰를 유지한다는 것은 민중의 건강을 지키는 일과 마찬가지로 국민의 이익과 관련되기 때문이다.

이들 모두는 민족 공동체의 성원이라는 자각이 없는 비열한 기업가에 의해서 매우 위태로운 상태에 놓여 있다. 그들의 탐욕이나 냉혈적인 활동으로 말미암아 장래에 심각한 폐해가 생기는 것이다. 따라서 그 원인을 제거하는 것은 국민의 이익을 위한 일이지 결코 그 반대가 아니다.

그에게 실제로 또는 상상으로 부정이 가해질 경우 각자가 자유롭게 결론을 끌어내고 각자가 좋아하는 방법을 취하면 된다고 말하지 않기 바란다. 그렇다! 이것은 미리 승부를 짜놓고 거짓으로 하는 전쟁이며, 관심을 딴 데로 돌리는 시도로 보일 것임에 틀림없다. 악랄하고 비사회적 여건을 제거한다는 것은 국민의 이익이 되느냐, 안 되느냐 중 하나일 것이다. 만일 이익이 된다면, 그에 대한 투쟁은 성공 가능성이 있는 무기로 이루어져야 한다.

그러나 노동자는 혼자서 대기업가의 힘에 맞서 목적을 성취하기는 힘들다. 여기에서는 보다 앞선 권리가 중요한 것이 아니고—이것이 인정되면 사실상 모든 투쟁이 존재할 이유가 없지만—보다 큰 힘이 중요한 것이다. 그렇지 않고 정의감만 있다면 투쟁은 훌륭하게 마무리되거나, 엄밀히 말하면 투쟁 자체가 발생하지 않았을 것이다.

그렇다, 비사회적인 또는 인간으로서 비열한 태도가 저항을 불러일으킬 때는 이 해악을 제거하기 위해서 법률적·사법적인 관청이 만들어지지 않는 한, 이 투쟁은 다만 보다 큰 힘에 의해서만 결정될 수가 있다. 더욱이 처음부터 승리할 가능성을 단념하지 않기 위해서는, 마치 한 사람처럼 단결된 다수의 노동자만이 기업가 개인과 그 집중력에 대항할 수 있다는 것은 자명한 사실이다.

이와 같이 노동조합 조직은 매일매일의 생활에서 얻는 실제적인 성과로 사회사상을 강화하고 동시에 언제나 불만과 불평을 일으키는 자극물을 제거할 수가 있다.

만일 그렇지 못하면 그것은 대부분 사회적 폐단의 법적 규제에 대해 이를 방해할 수단을 알고 있거나, 그것을 정치적 영향에 의해 저지하기도 하는 자의 죄로 돌아가는 것이다

정치적 부르주아지가 노동조합 조직의 의의를 이해하지 못하고, 또는 좋게 말해 이해하려 하지도 않고 오히려 그것에 저항함에 따라 사회민주당은 논의의 여지가 있는 이 운동에 관심을 가진 것이다. 이리하여 그들은 미래를 멀리 내다보고 확고한 기초를 다진 뒤 이미 두서너 차례 위험한 시기에 마지막 지주로서 공을 세웠던 것이다. 물론 그것과 더불어 그 내적인 목적은 새로운

목표가 생기면서 차차 몰락했다. 사회민주당은 그들이 장악한 이 운동을 그들의 근본 과제로 제한하지 않았다.

그렇다! 그렇게는 결코 생각하지 않았다. 20, 30년 동안에 그들의 교묘한 술수에 걸려 사회적 인권옹호의 수단은 국민경제 파괴의 도구가 되었다. 노동자의 이해관계는 이때 조금도 장해가 되지 않았다. 왜냐하면 정치적으로도, 한쪽이 불성실하게 강요를 하더라도 다른 한쪽이 어리석은 양과 같은 인내를 가지고 있기만 하다면, 언제라도 경제적 압박 방법을 사용해서 강요하는 것이 허락되어 있기 때문이다. 이 경우는 어느 쪽이나 모두 그대로였다.

*

노동조합의 정치화

세기의 전환기에 접어들면서 노동조합 운동은 종래의 과제[17]에 봉사하는 일에서 손을 떼고 있었다. 해가 감에 따라서 그것은 더욱더 사회민주당 정책의 세력권으로 들어가서 마침내는 계급 투쟁의 철퇴에 이용되기에 이르렀다.

그와 함께 모든 노동자계급의 실제적 요구를 대표한다는 것은 정치적으로 교활하게 생각해서 대중의 사회적·문화적인 어려움을 제거하는 것이 이제는 바람직하지 않다고 여겨져서 차츰 문제가 되지 않게 되었다. 게다가 노동조합 운동은 자기욕구를 만족시키면 이미 무기력한 투쟁 단체로서 영구히 이용할 수 없다는 위험에 빠지게 되는 것이다.

이러한 불길한 예감이 드는 조합 운동의 전개는 계급 투쟁의 지도자들에게 공포감을 느끼게 했다. 그들은 실제로 축복받아야 할 사회개선을 모두 즉석에서 거부하고, 더욱이 단호하게 반항적 태도를 취한 것이다. 게다가 그들은 그와 같은 자의적이고 이해하기 어려운 태도에 근거를 부여하는 데 결코 어려움을 느끼지 않았다.

그들은 대중의 요구가 점차 확대됨에 따라 충족되는 요구의 양이 상대적으로 적거나 작게 느껴지는 것을 이용해 언제나 대중에게 악마적인 시도로 신성한 요구를 약간 만족시켜 노동자계급의 타격력을 손쉬운 방법으로 약화시키려 하고 있는 것이 문제라고 강조했다. 대중의 빈약한 사고력을 생각한다

---

17) 경제 투쟁을 말한다.

면 사람들은 그 결과에 대해서 놀랄 필요는 없다.

부르주아 진영에서는 이러한 사회민주당 전술의 속 보이는 불성실성에 격분했지만, 거기에서 그들은 자신들의 행동 방침에 대한 사소한 결론조차도 꺼낼 수 없었다. 그들은 이제까지의 문화적·사회적 비참함의 밑바닥에서 노동자계급이 실제로 일어나는 것을 사회민주당이 두려워하고 있는 틈을 타, 이런 방향으로 최대의 노력을 기울여 계급 투쟁의 대표자로부터 점차 이 도구를 빼앗아야만 했다.

그러나 이것은 이루어지지 않았다. 사람들은 스스로 공격하여 반대쪽 입장을 점령하는 대신에 밀리고 압박당하는 것을 오히려 좋아하고, 마침내는 전적으로 불충분한 원조[18]에 손을 내밀었지만, 이미 때가 늦어 거의 효과가 없었기 때문에 그 또한 간단히 부정되었던 것이다. 이처럼 실제로는 모든 것이 옛날 그대로의 상태에 머물렀고, 오히려 불만이 이전보다 커졌을 뿐이었다. 그 무렵 정치적 지평선이나 개인의 생존 위에 머지않아 자유노동조합이 도래할 것이라는 뇌운이 드리워져 있었다.

그것은 국민경제의 안전과 독립, 국가의 불변과 개인의 자유에 반대하는 가장 무서운 테러 장치의 하나였다. 특히 자유노동조합은 민주주의 개념을 부정하고 웃어넘길 수 있는 빈말로 치부하고 자유를 모욕했다. 그들은 형제와 같은 친밀성을 두고 "그대, 동료가 될 것을 원치 않는다면, 내 그대의 머리뼈를 부숴버리리라" 하며 영원히 민주주의를 비웃었다.

이렇게 해서 그 무렵 나는 이들 인류의 벗을 알았던 것이다. 해가 지남에 따라 그들에 관한 나의 견해는 넓어지고 깊어졌다. 나는 그것을 바꿀 필요는 없었다.

*

사회민주당의 비밀을 푸는 열쇠

사회민주당의 외면적 특질에 대해 알면 알수록 이 교설의 내부적 핵심을 파악하고 싶은 욕망은 더욱더 커졌다.

당의 공적 문서는 이 경우 아무런 소용이 없다. 그것이 경제문제를 다루고

---

18) 노동자계급 요구에 어느 정도 호응한 사회적 입법조치 등을 말한다.

있는 한 그 주장이나 논증에도 오류가 있고, 정치적 목적을 다루고 있는 한 거짓말이다. 더욱이 나는 새로운 궤변적인 표현법과 서술법에 대해 내심 반발심을 느꼈다. 명료하지 못한 내용이나 이해할 수 없는 의미의 문장을 장황하게 늘어놓고, 쓸데없는 말장난이 난무했다.

이 이성의 미로 속에서 집에 있는 것처럼 편안하게 느끼거나 자기가 가장 모르는 것 속에서 언제나 보다 더 심원한 진리를 찾아내는 일부 민중, 즉 속담에 있는 것 같은 겸허함의 뒷받침을 받아, 이 문학적인 허무주의의 오물에서 '내면적 체험'을 파악하려고 하는 자는 이 퇴폐적인 대도시의 보헤미안뿐일 것이다.[19] 그러나 나는 이 교설의 이론적 허위와 불합리를 그 현상의 사실과 비교하는 사이에 차츰 그 내면적인 요구의 명확한 이미지를 보게 되었다.

그때 암담한 예감과 혐오스런 공포가 엄습해 왔다. 나는 내 앞에 나타난 이 교설을 보았다. 그것은 이기주의와 증오로 만들어져 있고, 수학 법칙에 따르면 승리로 이끌 수는 있지만, 동시에 인간을 틀림없이 파멸로 인도하는 것이었다.

그동안에 나는 이 파멸의 교설과 그때까지 내가 몰랐던 민족의 본질과의 관계를 이해했다.

유대 민족에 관한 지식만이 사회민주당의 내면적인 의도와 함께 현실적인 의도를 파악할 수 있는 열쇠를 쥐고 있다.

이 민족을 알고 있는 사람은 이 정당의 목적과 의미에 관한 잘못된 관념의 베일을 벗길 수 있다. 그리고 사회에 대한 판에 박힌 문구의 안개와 아지랑이 속에서 마르크스주의의 찡그린 얼굴이 비웃으면서 나타나는 것이다.

*

유대인 문제

'유대인'이라는 말이 처음으로 나에게 특별한 인상을 남긴 것이 언제였는지 밝히기란 지금에 와서 아주 불가능한 일은 아니지만 곤란한 일인 것은 확실하다. 아버지가 살아 계셨을 때 고향집에서 이 말을 들은 적이 있었는지 기억나지 않는다. 나이 드신 아버지는 이 말을 특별히 강조하는 것은 이미 문화

---

19) 제10장의 '내면적 체험' 참조.

적으로 시대에 뒤떨어진 일이라고 생각했던 성싶다. 아버지는 더없이 강력한 국가주의자였으며 나에게도 그 영향이 미쳤다. 하지만 아버지는 살아생전에 어느 정도 세계시민적 사고방식을 가지고 계셨다.

학교에서도 내가 물려받은 이 인상을 바꿀 만한 유인(誘因)은 찾을 수 없었다.

실업학교에서 나는 한 유대 소년을 알게 되었다. 우리는 모두 그를 조심스럽게 대했다. 그는 단지 말이 없었고, 이쪽에서도 여러 가지 경험으로 지혜가 생겨서 특별히 신뢰하지 않았기 때문이다. 그래서 나도 다른 아이들도 그것으로 어떻게 하겠다는 생각이 없었다.

열네댓 살 때 나는 어느 정도 정치적 이야기에 있어 유대인이라는 말과 자주 부딪혔다. 이에 나는 가벼운 혐오를 느꼈고, 종교적인 논쟁이 내 앞에서 벌어질 때는 언제나 불쾌한 감정을 억누를 수가 없었다. 그러나 당시에 나는 이 문제를 그 정도로밖에 보고 있지 않았다.

린츠에는 유대인이 아주 소수밖에 살고 있지 않았다. 여러 세기를 거치며 그들의 겉모습은 유럽화되고 인간미가 느껴졌다. 실제로 나는 그들을 완전한 독일 사람으로까지 여기고 있었다. 이렇게 생각한다는 것이 불합리하다는 것을 나는 거의 알지 못했다. 왜냐하면 이교도라는 것만이 유일한 구별의 징표라고 생각하고 있었기 때문이다. 나는 그들이 단지 그 이유 때문에 박해당하고 있는 것으로 생각하고 있었으므로 그들에게 불리할 수 있는 발언에 대한 나의 반감은 종종 혐오감으로 비칠 정도였다.

조직적인 반유대단체의 존재에 대해서 나는 아직 아무것도 모르고 있었다. 이렇게 해서 나는 빈으로 왔다.

처음에는 건축 영역에서 수많은 인상에 사로잡히고, 자기 운명의 중압감에 억눌려 이 거대 도시의 민족 구성에 대해서 제대로 파악하지 못하고 있었다. 그 무렵 수년간 빈의 인구 200만 명 가운데 약 20만 명이 유대인이었음에도, 내게는 유대인이 눈에 띄지 않았다. 내 눈도 내 의식도 처음 몇 주일 동안은 수많은 가치 있는 것과 회상으로 말미암아 진전된 것이 없었다. 차차 평정을 되찾으면서 흥분으로 엉망이 되었던 이미지가 분명해지기 시작했을 때, 처음으로 나는 주위의 새로운 세계를 꼼꼼히 둘러보다 거기서 유대인 문제와 마주친 것이다.

나는 내가 그들을 알게 된 경위를 특별히 미화시키려는 것은 아니다. 나는 아직까지도 유대인 속에서 오직 종교적 측면만을 보고 있었다. 그러므로 인간적인 관용의 차원에서 이 경우 또한 종교적 투쟁을 거부하는 태도를 견지했다. 나는 먼저 빈의 반유대주의 신문이 내걸고 있는 논조가 대민족의 문화적 전통에 어울리지 않는다고 생각했다.

나는 중세의 어떤 사건[20]을 생각하면 힘이 빠져, 굳이 이것이 되풀이되는 것을 보고 싶지 않다. 이런 종류의 신문은 일반적으로 일류 신문으로 분류되지 않았기 때문에—그것이 어디에서 비롯하는 것인지 당시 나 자신은 충분히 알 수 없었다—나는 그것을 혐오스러운 질투의 결과라 여기고, 비록 그것이 잘못된 견해라 할지라도 근본적인 견해 차이에서 오는 결과라고는 생각하지 않았다.[21]

내가 보는 바로는, 진정한 대신문이 이런 모든 공격에 대답하는 형식은 무한히 품위가 있는 형식이며, 나에게 있어 그 이상으로 존경할 만한 것이라고 여겨지는 것에는 전혀 언급하지 않고 간단히 묵살했다. 그러므로 나의 이 생각은 더욱 강해졌다.

이른바 세계적인 신문

나는 이른바 세계적인 신문(《노이에 프라이에 프레세(Neue Freie Presse)》《비너 타크블라트(Wiener Tagblatt)》) 등을 열심히 읽었다. 그리고 이들 신문이 독자에게 주는 내용의 광대함과 세세한 서술의 객관성에 놀랐다. 나는 그 고상한 논조를 타당하다고 인정하되, 실제로 문체의 열렬함에 대해서는 종종 만족하지 않고 속으로만 불쾌한 감정을 가지고 있었다.

당시 나는 빈을 그렇게 생각하고 있었으므로 내가 나 자신에게 준 이 설명으로서 충분히 해명되리라 생각하고 있다. 그러나 나를 자주 반발하게 만든 것은 이들 신문이 궁정에 대해 기사를 쓸 때 시시덕거리듯 위엄 없는 형식을 사용한다는 것이었다. 그들은 궁정에서 작은 사건이라도 일어나면, 신이 나서 감격에 넘친 어조로 또는 한숨 섞인 당황한 어조로 독자에게 호소한다. 게다

---

20) 유대인 박해사건.

21) 마저는 히틀러의 아버지가 반유대주의자였다는 것, 린츠 실업학교에 반유대주의 교사가 있었다는 것 등에서 히틀러 역시 빈에 오기 전부터 반유대주의자였다고 보고 있다.

가 거창한 사건, 특히 공전(空前)의 '가장 현명한 군주'에 관한 기사를 쓸 때면 거의 큰 들꿩이 교미하듯 난리를 벌인다. 하지만 나에겐 이 모든 것이 만들어낸 것으로 느껴졌다.

나의 관점에서 보면 자유민주주의는 여기에 오점이 있었다. 그들은 한편으로는 궁정에 아부하면서 또 이렇게 어울리지 않는 형식으로 국민의 품위를 망가뜨리는 것이다. 이것이 빈의 '큰' 신문에 대해 내가 비관적인 생각을 가지게 한 최초의 어두운 그림자였다.

빌헬름 2세 비판

지금까지와 마찬가지로 나는 빈에 있는 동안에도 독일에서 일어난 모든 사건에 대해 그것이 정치 문제를 다루고 있든 문화 문제를 다루고 있든 상관없이 언제나 열정적으로 참여했다. 자랑스러운 마음으로 경탄하면서 나는 독일 제국의 흥륭과 오스트리아의 쇠퇴를 비교했다. 외교사에서는 대개 기쁜 일이 많았지만, 국내 정치사에서는 오히려 안타깝고 암담한 일이 많았다.

이 시대에 빌헬름 2세에 대한 항쟁은 당시의 나로선 찬성할 수 없었다. 나는 실질적으로 그가 단순한 독일 황제이기에 앞서 독일 해군의 창설자였음에 주목했다. 따라서 의회가 황제에게 내린 연설 금지령에 나는 최고로 화를 냈다. 내가 보기에 실제로 그것은 결정권이 없는 자에 의해 내려진 결정이며, 의회 내의 숫타조들은 단 한 차례 회의에서 황제 가문의 모든 왕조가—그 가장 하찮은 것을 포함해서—몇 세기 동안에 지껄인 것보다도 더 많이 무의미한 소리들을 한 패거리가 되어 떠들어댔기 때문이다.

비판할 권리만을 요구하는 얼간이들이 의회에서는 '입법자'로서 국민에 의해 방목되고 있는 나라에서, 제관(帝冠)을 쓴 자가 이 천박하고 수다스러운 자들이 모여 있는 의회로부터 '비난'받은 데에 대해 나는 화가 난 것이다.

그러나 나는 다음과 같은 일로 더 화가 났다. 말하자면 가장 쓸모없는 궁정의 당나귀 앞에서도 여전히 굽실거리고, 우연히 꼬리를 흔든 일에 관해서도 상식과 이성을 잃는 빈의 신문이 겉으로는 걱정스런 표정으로, 하지만 내심 서툴게 숨겨진 악의를 가지고서—나에게는 그렇게 보였던 것인데—독일 황제에 대한 의문을 표명한 것이다. 독일제국의 내정에 간섭하려는 의도는 없지만—그렇다, 질색이다—친절한 방식으로 상처에 손가락을 대는 것은 마찬가지로 상호동맹의 정신에 의해 의무를 다하는 것이며, 반대로 신문으로서의 진실에도 충분히 부합하는 것이다 등등. 그리고 상처받은 부위에 넣은 이 손가락으로 마음껏 찔러대는 것이다. 이때 나는 피가 솟구쳤다.

내가 대신문을 점점 주의 깊게 관찰하게 된 것은 이 일에서부터였다. 그때 반유대신문의 하나인 〈도이체 폴크스블라트〉가 이에 대해 진지한 태도를 취하고 있었다는 것을 나는 언제나 인정하지 않을 수 없다.

신문의 프랑스 숭배

또 나의 신경을 자극한 것은 그 무렵 대신문이 쓰고 있던 프랑스 숭배에 관한 혐오스러운 기사들이었다. 사람들은 이 '위대한 문화국민'에 대한 감미로운 송가(頌歌)를 눈으로 보고 자신들이 독일인이라는 사실을 전부 부끄럽게 생각해야 했다. 이 한심스러운 프랑스 숭배 사조는 한 번이 아니라 때때로 나에게 이 '세계적 신문'을 내동댕이치게 만들었다. 그때 나는 언제나 〈도이체 폴크스블라트〉만 반복해서 읽었다. 물론 이것은 작은 신문이었지만, 이 문제에 관한 한 뭔가 보다 더 순수하게 여겨졌다. 이 신문의 날카로운 반유대적 논조에는 동의하지 않았으나, 두서너 가지 깊이 생각하게 하는 논거도 이곳저곳에서 찾아볼 수 있었다.

아무튼 이것을 계기로 나는 차츰 당시 빈의 운명을 규정하고 있었던 인물과 운동을 알게 되었다. 칼 루에거 박사와 기독교사회당이 바로 그것이었다.

처음 빈에 왔을 때, 나는 둘 모두에게 적의를 가지고 있었다. 그 사람도 운동도 내 눈에는 '반동적'으로 보였던 것이다. 그러나 나는 그 사람과 그의 활동에 대해 알 기회가 생기면서 그러한 적의를 거두어야 했다. 그리고 차츰 그 결정은 그에 대한 존경으로 발전했다. 오늘날 나는 이전에 못지않게 이 인물을 모든 시대를 통틀어 가장 유능한 독일인 시장(市長)으로 보고 있다.

그리고 기독교사회주의 운동에 대한 나의 관점이 그와 같이 바뀜에 따라 나의 선입견이 얼마나 많이 바뀌었는지 모른다.

반유대주의로의 전향

이렇게 해서 서서히 나의 반유대주의에 관한 생각은 시간이 지남에 따라 변화해 갔다. 그러나 이것은 나의 전환기 가운데 가장 힘든 과정을 요구했다.

이 전환기에 나는 최대의 내면적·정신적 격투가 필요했다. 그리하여 수개월에 걸친 이성과 감정의 격투 끝에 결국 이성이 승리하기 시작했고, 2년 뒤 이성이 감정을 내쫓고 그 뒤 감정은 이성의 가장 충실한 파수병이자 신고자가 되었다.

성장해 가는 감정과 냉철한 이성이 결전을 벌일 무렵, 빈 거리는 나에게 관찰교육으로 이루 말할 수 없을 정도의 도움을 주었다. 그 무렵에 나는 예전처럼 무작정 이 거대한 도시를 배회했던 것이 아니라 트인 눈으로 건물 이외에 사람도 주시할 만큼 성숙해 있었다.

언젠가 나는 시내 중심가를 걷다가 우연히 검은 카프탄[22]을 입은 검은 곱슬머리의 사람을 만났다.

이 사람도 유대인일까 하는 의문이 맨 먼저 떠올랐다. 린츠에서는 그와 같은 차림새를 본 적이 없었다. 나는 몰래 그 사람을 주의 깊게 관찰했다. 그러나 이 낯선 사람을 오래 바라보고 그 특색을 살필수록 나의 머릿속에는 또 다른 의문이 떠올랐다. 이 사람도 독일인일까?

이때 나는 여느 때처럼 이 의문의 답을 책에서 끌어내보려고 했다. 당시 나는 몇 헬러를 지불하고 내 생애 처음으로 반유대주의 팸플릿[23]을 샀다. 유감스럽게도 이들 팸플릿은 모두 원칙적으로 독자가 이미 유대인 문제에 대해 상당히 알고 있거나 매우 잘 이해하고 있다는 전제하에 출발하고 있었다. 결국 그 논조는 대부분 그 주장에 대한 매우 천박하고 극도로 비과학적인 논증이었으므로 나에게 또다시 의문이 생기게 했다.

결국 나는 몇 주일 또는 몇 달씩이나 퇴보한 상태가 되었다.

문제는 매우 크고 비난은 끝이 없는 것처럼 여겨졌다. 나는 잘못을 저지르지나 않을까 하는 두려움과 불안으로 고통받으며 자신감을 잃어갔다.

물론 여기에서는 특정 종파에 속하는 독일인을 문제 삼는 것이 아니라, 어떤 민족 자체를 다루고 있음이 분명했다. 왜냐하면 내가 이 문제에 집중하기 시작하여 처음으로 유대인에 관심을 가지게 된 이래, 빈에 관해서 이전과 다

---

22) 근동(近東) 여러 민족, 특히 동유럽 유대인들이 입는 긴 상의.
23) 이것은 1906년 이후, 광신적인 인종차별주의자 게오르크 란츠 폰 리벤페르스에 의해 출판되어 하켄크로이츠 마크를 붙였던 잡지 〈오스타라〉일 것이라 추측되고 있다. 한때 발행부수가 10만 부에 이르렀다고 한다. 그러나 〈오스타라〉가 아니라는 주장도 강하다.

른 인상을 받았기 때문이다. 나는 항상 어딜 가나 유대인을 만났다. 그리고 그때마다 그들이 다른 사람들과 다르다는 사실이 더 확실해지기 시작했다. 특히 시내 중심부와 도나우 운하의 북부 구역에는 외견상으로도 독일 민족과 닮지 않는 민족들이 밀집해 있었다.

내가 의문을 품고 있던 일들도 결국은 일부 유대인들의 행동을 보고 해결되고는 했다.

빈에서는 유대인들 사이에서 상당히 광범위하고 큰 운동이 벌어지고 있었는데, 이것이야말로 유대인의 민족성을 가장 분명하게 증명하는 것이었다. 시온주의[24]가 그것이다.

물론 이러한 견해는 마치 일부 유대인들만 지지할 뿐 대부분의 유대인들은 이에 반대하고 거부감을 보이는 듯했다. 그러나 이 겉모습을 좀더 자세히 살펴보면, 순수한 편의주의에서 나온 거짓말이라고까지는 말할 수 없어도 최소한 불쾌한 변명으로는 볼 수 있었다. 왜냐하면 자유주의적인 사고방식을 가진 유대인들이 실제로 시온주의자들을 거부하는 것은 그들이 유대인이 아니기 때문이 아니라, 유대인으로서 공공연하게 유대교에 대한 신앙고백을 한다는 것은 비현실적이면서도 위험한 일일 수 있기 때문이다.

하지만 그들이 마음속으로 한패라는 것은 전혀 변함이 없었다. 시온주의 유대인과 자유주의 유대인 사이의 이 외견상의 투쟁은 결국 얼마 있지 않아 우리에게 구역질을 느끼게 했다. 그것은 완벽한 진실이 아닌 거짓으로, 그들이 늘 주장해 왔던 그 민족의 도덕적인 고상함과 순수성에 적합하지 않는 것이었다.

일반적으로 이 민족은 도덕성 말고도 청결도 자체에 문제가 있었다. 그 사람들의 겉모습을 보기만 해도 물을 좋아하지 않는다는 것이 문제임을 알 수 있고, 유감스럽지만 종종 눈을 감고 있어도 느낄 수가 있다. 그 뒤로 이따금 나는 카프탄을 입고 있는 사람들의 냄새만으로도 기분이 나빠졌다. 게다가 여전히 그들은 더러운 의복을 입고 있었고 겉모습도 늠름하지 못했다.

이미 이러한 이유만으로도 사람들의 주의를 끌 수 없었다. 게다가 공교롭

---

24) 시온은 예루살렘 부근 언덕의 이름이다. 시온주의란 유대인이 종교와 민족정책 차원에서 그들의 옛 고향 팔레스타인을 부활시키고자 했던 사상이나 운동을 말한다. 이는 제2차 세계대전 이후 1948년에 이스라엘공화국이 세워지면서 실현되었다.

게도 이 선택된 민족에게 육체적인 불결 이상으로 도덕적 오점이 있다는 걸 알고는 더욱 혐오감을 품지 않을 수 없었다.

이윽고 어떤 영역에서의 유대인의 활동방식에 대한 통찰이 서서히 깊어졌다. 이때처럼 깊이 고민해 본 적도 없었다. 어떠한 형식이 되었든 간에 문화생활의 형식에서 부정한 일이나 파렴치한 일이 벌어졌을 때 적어도 그 일에 유대인이 관련되지 않은 적이 있었던가?

이러한 종기를 조심스레 절개하자마자, 사람들은 썩어가는 시체 속의 구더기처럼 갑자기 비친 빛에 눈이 부셔 눈을 뜨지 못하는 유대인들을 종종 발견했던 것이다.

신문, 예술, 문학, 연극에서의 활동에 눈을 떴을 때, 나의 눈에 비친 것은 유대인이 가지고 있는 무거운 짐이었다. 온갖 미사여구로 꾸며진 그 어떤 명언도 전혀 쓸모가 없거나 무의미한 것이었다. 광고탑 속에서 호평을 받는 영화나 으스스한 졸작(拙作)을 만든 정신적 창작자의 이름을 발견하고 잠시 지켜보고 서 있는 것만으로도 충분하다. 그것은 민중 사이에 나돌았던 이전의 흑사병보다도 더 악질적인 전염병으로 정신적인 페스트라 할 수 있다. 더욱이 이 해독이 얼마나 많이 만들어지고, 뿌려졌던가! 물론 이러한 예술 제조업자의 정신적·도덕적 수준이 낮으면 낮을수록 그만큼 무한히 그들을 영글게 하며 원심분리기 이상으로 그 오물을 다른 사람들의 얼굴에 뿌려대는 것이다. 그럴 경우 그들의 수가 무한하다는 것을 생각해 주기 바란다. 자연이 한 사람의 괴테를 수만에 이르는 당대의 엉터리 소설가를 동원해 괴롭히고, 가장 악질적인 세균 보균자로서 사람들의 영혼을 해친다는 점을 생각해 주기 바란다.

무서운 일이다. 유대인이야말로 이 불명예스럽기 짝이 없는 사명을 위해 자연에게 집단으로 선택받은 것처럼 보인다는 것을 대충 지나쳐서는 안 된다.

그들이 선택된 자라고 하는 이유를 거기에서 찾아야 하지 않을까? 당시 나는 공적인 예술생활 가운데 이 불결한 작품의 창작자들을 하나하나 주의 깊게 조사하기 시작했다. 그 결과는 내가 유대인에 대해서 이제까지 취해 왔던 태도에 비해 더욱 나쁜 것이었다. 거기서는 여전히 감성이 아무리 반대를 하더라도 나의 이성이 그 결론을 끌어내야만 했다.

모든 문학작품 속의 오점, 예술작품 속의 잡동사니들, 연극작품 속의 바보 같은 언행 등의 90퍼센트는 국내 전체 인구의 1퍼센트도 안 되는 민족의 채무로 돌아간다는 사실은 간단히 무시할 수 없는 일이었다. 사실 그대로였다. 또 나는 여기에서 내가 사랑하는 '세계적 신문'을 이와 같은 관점에서 조사하기 시작했다.

여기서도 주의 깊게 살피면 살필수록 내가 지난날 발견했던 놀라움의 대상들이 더욱더 적어졌다. 나는 문제들을 점점 더 견디기 힘들었다. 나는 속으로 그 천박하고 단조로운 내용들을 거부하지 않을 수 없었다. 서술의 객관성이 이제 나에게는 훌륭한 진리라기보다 오히려 거짓으로 보였다. 알고 보니 이 신문의 편집자는 유대인이었다.

이전에는 거의 보이지 않았던 수천 개의 일들이 이제는 주목할 만한 것으로서 눈에 띄게 되었다. 그 밖에 이제까지 나에게 생각하는 유인(誘因)을 제공했던 것에 대해 다시 한 번 이해하고 판단하는 것을 배웠다.

이 신문의 자유주의적 지향을 이제는 다른 빛 속에서 보았다. 공격에 대한 회답의 품위 있는 논조도 그 묵살도 나에게는 이제 영리하고 비열한 속임수로 보였다. 화려하게 쓰인 극평(劇評)은 항상 유대인 작가와 관련되어 있었고, 그들의 비판은 독일인이 아닌 사람으로는 향하지 않았다. 이제 고집스럽게 빌헬름 2세를 가볍게 풍자하는 일도 없었는데, 이 모두가 프랑스의 문화나 문명을 칭찬하는 것과 마찬가지로 수단에 지나지 않는다는 것도 알게 되었다. 소설의 시시한 내용은 이제 외설이 되었고, 나는 그 말에서 다른 민족의 목소리를 들었다. 그런데 전체적인 의미는 분명히 유대인에게 해로운 것이었다. 이것은 의도적인 것이었다.

그러나 누가 이것에 관심을 가질 것인가? 이 모든 것은 단지 우연이었을까?

그래서 나는 차차 불안해졌다. 그리고 이러한 발전은 내가 다른 일련의 사건에서 얻은 통찰에 의해 속도가 붙기 시작했다. 이것은 대부분의 유대인에 의해 아주 공공연히 과시되고 실증되고 있는 것을 사람들이 볼 수 있는 것처럼 그들의 관습이나 도덕의 일반적 견해였다.

동시에 길거리는 또다시 종종 유해한 객관적인 교훈을 보여주었다. 매춘제도와 소녀 매매에 대한 유대인의 관계 역시 남프랑스의 항구도시를 제외하면, 아마도 다른 어떤 서유럽 도시에서보다도 여기 빈에서 연구하는 게 훨씬 쉬웠다. 저녁때 레오폴트슈타트의 거리나 골목을 나서면 한 발짝 뗄 때마다 원하든 원하지 않든 세계대전 전까지 대부분의 유대 민중이 보지 못했던 광경을 볼 수 있었다. 전쟁이 동부전선에 있었던 병사에게 마찬가지 광경을 목격할 수 있는, 좀더 좋게 말하면 보지 않을 수 없는 기회를 주었던 것이다.

유대인이 대도시의 폐물인 이 증오스런 매춘업, 즉 얼음처럼 차갑고 파렴치한 일을 하고 있는 포주라는 것을 그러한 방법으로 처음 알게 되었을 때 등골이 오싹해지는 것을 느꼈다.

그러나 그다음에는 분개했다. 이제 나는 유대인 문제를 논의하는 것을 회피하지 않았다. 그렇다, 이제 나는 그것을 바랐던 것이다. 하지만 이와 같은 경로를 통해 내가 문화생활, 예술생활의 온갖 방면에서 그리고 그 갖가지 표현에 입각해서 유대인을 찾아내는 것을 배웠을 때, 나는 갑자기 설마 하고 여겨질 만한 곳에서 유대인과 부닥쳤다.

사회민주당 지도자로서의 유대인

나는 유대인을 사회민주당 지도자로서 인정했을 때 헛된 꿈에서 깨기 시작했다. 오랫동안 겪어왔던 나의 내면적 갈등도 이와 함께 끝났다.

나는 노동자 친구들과 매일 접촉하면서, 이미 놀랄 만한 그들의 변절성(變節性)을 발견하기에 이르렀다. 그들은 한 가지 문제에 관해서 며칠, 때로는 몇 시간 사이에 여러 다른 입장을 취하는 것이다. 인간이라는 것은 혼자 지껄이고 있을 때는 언제나 이성적인 사고방식을 취하다가, 대중의 세력권에 들어가버리면 어째서 갑자기 그것이 상실되는지 나로서는 알 수가 없었다. 그래서 나는 종종 절망에 빠졌다. 나는 몇 시간에 걸쳐 그들을 설득한 뒤 이번에야말로 가능성이 보인다고 생각했다. 나는 불합리한 사고에 빠진 그들을 계몽하는 데 성공했다고 내심 기뻐했지만, 다음 날에도 다시 처음부터 설득하는 일을 되풀이해야 했다. 모든 것은 헛일이었다. 시계추와 같이 영원히 그들의 틀을 벗어나 있는 것 같은 생각이 자꾸만 들었다.

그들이 자기들의 숙명에 불만을 품고, 그들을 가끔 그렇게도 가혹하게 때려눕힌 운명을 저주하며, 그들이 이 운명의 무정한 집행인으로서 생각하고 있는 기업가를 미워하고, 그들의 관점으로 그들의 처지에 대해 무정한 당국을 매도하며, 식료품 가격에 대해서 시위를 하고, 그들의 요구를 위해 거리를 누비고 다녔던 일, 이러한 모든 것을 그때 나는 이해할 수 있었다. 이 모든 일은 누구나 이성에 호소하지 않고서도 이해할 수 있었다. 그러나 이해할 수 없었던 것은, 자신들의 민족성을 증오하여 그 위대함을 멸시하고 그 역사를 더럽히며 위대한 사람들을 시궁창에 집어넣게 한 그들의 끝없는 증오심이었다.

자기 민족, 자기 마을, 자기 고향에 대한 이 투쟁은 무의미하고 불가해한 것이었다. 그것은 부자연스러움이었다.

사람들은 그들을 이 악덕에서 일시적으로 회복시킬 수는 있었다. 하지만 그것도 며칠, 기껏해야 몇 주일 정도였다. 그 뒤 전향했다고 여겨지는 사람을 만나보면 그들은 다시 원상태로 돌아가 있었다. 부자연스러움이 예전처럼 그들의 발목을 잡고 있었다.

*

유대적 궤변

사회민주당의 신문을 유대인이 주도하고 있다는 것을 나는 차차 분명히 깨닫게 되었다. 그러나 나는 이 상태에 특별한 의미를 부여하지 않았다. 다른 신문의 상태도 마찬가지인 것 같았다. 그렇지만 한 가지 이상한 일이 있었다. 내가 받은 교육과 이해력이 미치는 한에서는 정말 국가주의적이라고 부를 만한 신문 중에는 유대인이 관련된 것이 하나도 없었다는 점이었다.

그래서 나는 억지로라도 이런 종류의 마르크스주의 신문기사를 읽으려 했지만, 읽을수록 혐오감만 커지므로 이번에는 이 총괄적인 나쁜 일 제조업자들을 좀더 자세하게 알려고 했다. 이들은 발행인을 비롯해서 모두가 유대인이었다.

나는 어떻게 하다 손에 넣은 사회민주당의 팸플릿에서 그 편집자에 대해 조사했다. 유대인이었다. 나는 거의 모든 지도자에 대해서도 살펴봤다. 의회의원이든 노동조합의 서기이든, 또 단체 의장이든 거리의 선동자이든 그 대부분이 한결같이 '선택된 민족'[25]에 속하고 있는 사람들이었다. 이 같은 불쾌한 현상은 계속 반복되고 있었다.

---

25) 유대 민족을 말한다.

아우스테를리츠, 다비트, 아들러, 엘렌보켄 등의 이름은 영원히 잊히지 않을 것이다.[26] 이제 한 가지 사실은 분명해졌다. 몇 개월 동안 나는 어느 정당의 시시한 대표자들과 심한 논쟁을 벌여왔는데, 그 당이 주로 특정 이민족의 지도를 받고 있다는 사실이 바로 그것이다. 왜냐하면 유대인은 자신들이 독일인이 아니라는 사실을 속으로 기뻐한다는 것을 내가 결정적으로 의식하고 있었기 때문이다.

하지만 이제 나는 우리 민족의 유혹자를 완전히 알았다. 노동자라고 하는 것이 보다 훌륭한 지식이나 보다 뛰어난 설명에 굴복하지 않을 만큼 완고하지는 않다고 하는 확신을 얻는 데는 내가 빈에서 보낸 1년으로 충분했다. 나는 차차 그들의 독자적인 교설에 정통하게 되었다. 그리고 그것을 내 속마음의 확신을 위해 투쟁할 때의 무기로 돌렸다. 거의 언제나 내 쪽이 이겼다.

시간과 인내라고 하는 매우 곤란한 희생을 치른 뒤에만 대중을 구할 가망이 있었다. 그러나 유대인은 결코 그들의 의견을 바꾸려고 하지 않았다.

그 무렵 나는 순진하게도 그들의 교설이 바른길을 벗어났음을 분명하게 보여주기 위해 나의 좁은 교제 범위에서 혀를 깨물고 목이 마르도록 연설하면 그들 역시 그들의 광적인 마르크스주의가 얼마나 해로운지 확신을 갖게 될 것이라 믿었다. 하지만 나는 바로 반대의 일에 맞부딪친 것이다. 마치 사회민주당의 이론과 그 실현의 파괴적 효과에 관한 통찰이 깊어지는 것만이 그들의 결심 강화에 봉사하는 것처럼 여겨진 것이다.

그들과 다투면 다툴수록 그들은 계속해서 궤변을 늘어놓았다. 처음에 그들은 상대의 우둔함을 고려한다. 그러나 이미 달아날 길을 발견할 수 없게 되면 간단히 자신을 바보로 보이도록 하는 것이다. 무슨 일을 해도 쓸모가 없고, 어떤 주제에 있어 더 이상 맞받아치기 힘들어지면 그들은 정확하게 이해할 수 없는 체하거나 다른 주제로 바꾸거나 포기하거나 뻔한 말을 하고, 그것이 받아들여지자마자 다시 본질적으로 다른 재료를 끌어들여 또다시 꼬

---

26) 아우스테를리츠란 〈노동자 신문〉의 주필인 프리드리히 아우스테를리츠, 아들러는 사회주의자인 막스 아들러와 빅토르 아들러, 다비트는 요한 네포무크 다비트일 것이다. 당시 신문계에 유대인이 지배적 권력을 행사하고 있던 것은 사실이지만 〈노이에 프라이에 프레세〉를 비롯한 대부분의 신문이 유대인의 손으로 독일주의를 옹호하고 오스트리아의 친(親)슬라브주의에 반대하고 있었다.

리가 잡히면 대화를 피하며 자세한 것은 아무것도 모른다고 한다.

그러한 사도(使徒)를 아무리 공격해도 그들은 항상 해파리의 점액 같은 것으로 손을 휘감았다가, 그 점액이 손가락 사이로 빠져나가면 또다시 모여서 결합한다. 그러나 그들이 주위로부터 시선을 받으면 동의하지 않을 수 없게 되고, 이것으로 적어도 한 걸음 자기 의견에 접근시켰다고 여기면, 다음 날에는 오히려 반대가 되어 놀라는 데 이어 헛수고했다는 허탈함에 빠진다. 유대인은 어제의 일은 아무것도 몰랐고, 마치 아무 일도 일어나지 않았고 하지 않았던 것처럼 그들의 낡은 불법적인 일에 대하여 몇 번이고 이야기한다. 그리고 그것에 분개하여 반박하면 놀란 척하며 그의 주장이 옳다는 것은 전날 이미 증명되었다는 주장만 고집한다.

나는 이따금 우두커니 선 채로 있었다. 사람들은 그들의 달변과 거짓말 실력 중 어느 쪽에 더 놀래야 좋을지 몰랐다.

나는 차차 그들을 미워하기 시작했다. 이러한 모든 것에는 단 한 가지 예외가 있었다. 사회민주당의 원래 담당자나 선전가가 내 눈에 띄게 됨에 따라 나의 민족애가 성장하지 않을 수 없게 된 일이다. 이 유혹자의 악마와 같은 교활함에 희생된 우리 동포를 누가 저주할 수 있단 말인가? 이 종족의 궤변에 가까운 거짓말을 이기는 것이 나 자신에게도 얼마나 어려운 일이었던가! 그러나 진실을 입으로 왜곡시키고 금방 한 말을 아무렇지도 않게 부정하고 다음 순간에는 그것을 자신에게 이용하는 인간에게는 그와 같은 승리의 결과가 얼마나 무익한 것이었던가.

그렇다, 나는 유대인을 알면 알수록 더욱 노동자를 대범하게 보지 않으면 안 되었다. 나의 눈으로 보자면, 가장 무거운 죄는 노동자에게가 아니라, 노동자를 동정하고 강철과 같은 정의감으로 민족의 아들에게 필요한 것을 주고는 있지만, 유혹자와 해로운 자를 벽에 처박는 노력을 불필요하다고 생각하는 모든 자들에게 있는 것이다.

마르크스주의의 기초 연구

나날의 생활경험에 자극되어 이제 나는 마르크스의 교설 근원 자체를 연구하기 시작했다. 그 노력은 하나하나 확실한 결실을 맺었고, 나는 매일같이 그 효과를 주의 깊게 바라봤다. 나는 결론을 어느 정도 상상해서 머리에 그릴 수가 있었다. 의문이 있다면, 이 창시자는 그가 만들어낸 것의 성과를 이미 오래전에 최후의 형태에서 바라보고 뚜렷하게 마음속에 그리고 있었는지, 그리고 그들 자신이 오류에 희생이 됐는지 하는 것뿐이었다.

양쪽 모두 나의 느낌으로 말한다면 가능한 일이었다. 어떤 경우에는 가장 극단적인 것을 저지하기 위하여 이 불쾌한 운동의 제일선에 나서는 것이 사려 있는 사람의 당연한 의무였을지 모른다. 그러나 다른 경우에는 이 민족의 전염병의 최초 창시자는 참다운 악마였음에 틀림없었다. 왜냐하면 괴물의— 인간의 것이 아닌—두뇌 속이 아니라면 그 활동의 결과로서 인류문화를 파괴로 이끌고 동시에 세계를 황폐화시킬 것이 틀림없는 조직을 위한 계획이 의의 있는 내용을 가지게 될 리가 없기 때문이었다.

이 경우에는 투쟁이 마지막 희망으로 남았다. 운명이 그 축복을 저울에 달아 누구에게 내려주든 간에 인간의 정신, 지성, 의지가 가질 수 있는 한 모든 무기를 가진 투쟁만이 마지막 희망으로 남았던 것이다. 그래서 나는 이제 운동의 기초를 연구하기 위해 이 교설 창시자와 친해지기로 했다. 나는 처음에 생각하고 있던 것보다도 빨리 목적을 달성했는데, 이것은 내가 그즈음 약간이나마 유대인 문제에 관한 지식을 습득하고 있었기 때문이다.

그러한 지식이 있었기 때문에 나는 사회민주당 건설자들이 호언하던 이론과 활동을 실제로 비교할 수가 있었다. 유대 민족이 사상을 숨기기 위해, 혹은 위장하기 위해 한 말에 대해 사회민주당이 나에게 이해시키고 가르쳐주었기 때문이다. 따라서 그들의 실제적인 목표는 말속에서 찾을 수가 없고, 그 사이에 교묘하게 숨겨져 잠자고 있는 것이다.

내가 이제까지 마음속으로 경험한 가장 큰 전환 시기가 찾아왔다. 나는 연약한 세계시민에서 벗어나 열광적인 반유대주의자가 되었다. 다시 한 번—그것이 마지막이었지만—훨씬 깊은 중압감 속에서 불안으로 압박받는 듯한 느낌이 들었다.

내가 인류의 오랜 역사 속에서 유대 민족의 활동을 연구하고 관찰했을 때 갑자기 걱정스러운 문제가 떠올랐다. 신비로운 운명이 우리 같은 불쌍한 인간에게는 이해되지 않는다는 이유에서 이 소민족의 최후 승리를 영원히 변함없는 결의로 바라고 있는 것은 아닌가 하는 문제였다.

영원히 오직 이 지상에서만 사는[27] 이 민족이 지상을 보수로서 받게끔 되어 있는 것은 아닐까? 우리는 자기보존을 위해 싸울 객관적 권리를 갖고 있는 것은 아닐까? 또는 이것도 우리가 주관적으로 판단한 것에 지나지 않는 것일까?

내가 마르크스주의 교설에 몰두하고 유대 민족의 활동을 냉정하고 명확하게 관찰하고 있는 사이에 운명 자체가 그 대답을 주었다.

문화 파괴자로서의 마르크스주의

마르크스주의라는 유대적 교설은 자연의 귀족주의적 원리를 거부하고, 힘과 강력함이라고 하는 영원한 우선권 대신에 대중의 수와 그들의 공허한 무게에 집착한다. 마르크스주의는 그처럼 인간에게 있는 가치를 부정하고, 민족과 인종의 의의에 이의를 제기하며 그와 함께 인간성에 있어서 그 존립과 문화의 전제를 빼앗아가고 만다. 마르크스주의는 우주의 원리로서 인간이 생각할 수 있는 모든 질서를 마지막으로 이끈다. 그리고 이 인식할 수 있는 최대의 유기체에 그런 법칙을 적용한 결과는 단지 혼돈뿐인 것처럼 지상에서는 이 별의 주민에게는 오직 자기파멸이 있을 뿐이다.

유대인이 마르크스주의 신조의 도움을 받아 이 세계의 여러 민족을 이긴다고 한다면, 그들의 왕관은 인류의 죽음을 상징하는 화관(花冠)이 될 것이고, 더 나아가 이 행성[28]은 다시 수백 년 전처럼 아무도 살지 않는 에테르 속을 회전할 것이다.

영원한 자연은 그 순리를 거스르는 행위를 가차 없이 처벌할 것이다. 그러므로 나는 오늘날 전능한 조물주의 정신에 따라 행동해야 할 것이다. **그것이 바로 유대인을 막고 주님의 일을 위해 싸우는 것이다.**

---

27) 유대인은 그리스도를 박해했으므로 죽은 뒤에도 하느님이 계신 곳으로 갈 수 없다는 것이 그리스도교인들의 생각이다.

28) 지구를 말한다.

제3장

나의 빈 시절의 일반적·정치적 고찰

정치가

나는 오늘날 인간은 정말 특수한 재능을 가지고 있는 경우 말고는 일반적으로 서른 살 이전에 공적으로 정치에 관여하는 것은 바람직하지 않다고 확신하고 있다. 왜냐하면 이 무렵에까지 대부분은 일반적인 세계관의 토대가 만들어지고, 그런 연후에야 비로소 여러 가지 정치 문제를 음미하고, 그에 대한 독자적 관점을 결정적으로 확정할 수 있기 때문이다. 이처럼 기초적인 세계관을 획득하고, 그렇게 함으로써 개개의 시사 문제에 대한 자기 견해가 확실해져 적어도 내면적으로 충분히 성숙한 인간이 된 다음에 국가의 정치적인 지도에 참가해야 하며, 또 참가해도 좋다고 생각한다.

그렇지 않을 경우에는 본질적인 문제에 있어서 그의 지금까지의 견해를 바꿔야 한다든가 또는 훨씬 이전에 지성이나 신념이 거부한 어떤 관념을 그에 관한 더 나은 지식이나 인식에 반하면서까지 고수해야 하는 위험이 따른다. 첫째로, 이것은 그 개인에게 매우 괴롭고, 그는 이제 동요되고 있으므로 이전처럼 당연히 그의 동료들이 그를 굳게 믿고 따라올 것이라 기대할 수 없기 때문이다. 한편 그에게 지도받고 있던 사람들로서는 지도자에 나타난 이러한 갑작스러운 변화로 인해 어쩔 줄 모르게 되고, 지금까지 싸워온 것에 대해서 어떤 수치감을 느끼게 되는 경우도 드물지 않다.

둘째로, 특히 오늘날 우리가 가끔 볼 수 있는 일이 일어난다. 지도자들이 이미 자기가 말한 것을 믿지 않게 됨에 따라 그의 변론은 헛되고 천박해지며, 수단의 선택에 있어서도 비열해지는 것이다. 그 자신이 이미 자기의 정치적 표명을 진지하게 보증하려고 생각지 않고 있는 동안에(인간은 자기 자신이 믿지 않는 것을 위해서는 죽지 않는 법이다) 숭배자에 대한 요구가 마침내는 '정치가'가 되기 위해 지도자로서 마지막까지 남겨놓은 것을 희생할 정도까지 이르게 된다. 즉 더욱더 염치없는 뻔뻔스러움과 수치를 모를 만큼 발달한 거짓 수단이 짝이 되어 마치 무절조가 유일한 절조인 것 같은 인간이 된다.

진지한 인간에게는 불행이지만, 이러한 자가 국회의원이 되어 의회에 나오게 되면 그에게 정치의 본질이란 단지 그의 생활과 그의 가족을 위한 우유병을 오래 확보하기 위한 영웅적 투쟁이 될 뿐이라는 것을 사람들은 처음부터 알고 있어야만 한다. 그리고 처자가 이것에 집착하면 할수록 그는 의석을 지키기 위해 더욱 끈질기게 싸운다. 정치적 본능을 갖고 있는 타인은 모두 그것만으로 벌써 그의 개인적인 적이다. 새로운 운동이 시작될 때마다 그는 혹시 이것이 자기에게 일어날지도 모르는 종말의 시작이 아닐까 우려하고, 위대한 인물을 만나면 혹시 이 인물로부터 언젠가 위협받을 염려는 없을까 엉뚱한 추측을 한다.

의회에 들어간 이러한 빈대에 대해서 좀더 깊이 말해 보겠다. 서른 살이 되어도 그는 아직 인생에서 배워야 할 것이 많을 것이다. 그러나 그것은 단지 원칙적으로 그가 받아들인 세계관이 제시하고 있는 뼈대 안에서 보충하고 채우는 데 지나지 않는다. 그의 학습은 이미 원리적인 재학습이 아니라 보충일 뿐이고, 그의 추종자들도 지금까지 그에게서 잘못 가르침을 받아왔다는 답답한 감정에 괴로워할 필요가 없다. 그렇게 되면 반대로 지도자의 눈에 보이는 조직적인 성장이 그들에게 만족감을 주게 된다. 그의 학습은 다만 그 자신의 교설의 심화를 의미하는 것뿐이기 때문이다. 그리고 이것이 그들의 눈에는 그들이 지금까지 견지해 온 관점이 옳았다는 것에 대한 증거가 된다.

자기의 일반적인 세계관의 토대가 잘못되어 있다는 인식 때문에 그것을 버려야만 하는 지도자는 그의 지금까지의 결점이 있는 통찰을 인식하고 최종적으로 결론을 내릴 각오가 있을 때 비로소 훌륭한 행동을 할 수 있는 것이다. 이와 같은 경우에 적어도 그는 앞으로의 정치면에서의 공적 활동을 단념해야만 한다. 왜냐하면 그는 이미 기초적 인식부터가 잘못되어 있어 또다시 잘못을 저지를 가능성이 있기 때문이다. 아무튼 그는 시민의 신뢰를 얻거나 요구할 권리는 결코 갖추고 있지 못한 것이다.

물론 오늘날 이와 같은 훌륭한 행동을 할 만한 사람이 얼마나 있는가는 현 정치에서 '흥정하는 것'을 사명으로 느끼고 있는 비열한 자들의 일반적인 어리석음만으로도 알 수 있다. 정치를 위하여 선출된 자는 그들 중에 거의 한 사람도 없다.

나는 지금까지 비록 타인 이상으로 정치에 몰두했다고 믿고 있지만 어떠한 형식이든 공적으로 행동하기를 삼갔다. 단지 극히 소수의 동료들 사이에서 내심 감동받거나 이끌린 것에 대해 말했다. 아주 작은 범위에서의 이 이야기들은 그 자체가 많은 귀중한 것을 갖고 있었다. 말하자면 나는 '연설'하는 기법은 거의 배우지 않았지만, 그 대신 자신의 단순한 의견이나 이의를 곧잘 털어놓는 사람들을 알게 되었다. 그때 나는 자기교육을 위한 공부를 계속할 시간도 기회도 놓치지 않았다. 그러한 기회를 얻는 데 당시 독일에는 빈(Wien)만큼 좋은 곳도 없었다.

*

정치사상

옛 도나우 왕국의 일반적인 정치사상은 먼저 그 범위에 있어서 프로이센의 일부, 함부르크, 북해 연해를 제외한 동시대의 옛 독일의 정치사상보다 더 크고 포괄적이었다. 나는 이제까지는 물론, 이 경우 '오스트리아'라고 하는 명칭 안에 대합스부르크 제국의 영역, 곧 모든 점에서 봐서 독일의 식민 결과 단지 이 나라 형성의 역사적 원인이었을 뿐만 아니라 정치적 의미에서 인위적으로 만들어진 나라에, 여러 세기에 걸친 국내의 문화생활을 부여할 수가 있던 힘은 주로 그 주민 안에서 나온다는 것을 알고 있다. 시대가 바뀔수록 이 나라의 존립과 미래는 바로 제국의 배세포(胚細胞)의 보존에 달려 있게 되는 것이다.

이 오래된 세습 영지가 끊임없이 신선한 혈액을 국가적·문화적 생활에 순환시켰던 제국의 심장이었다고 한다면, 그때 빈은 두뇌이고 동시에 의지였다. 외관상 화려하고 아름다운 점을 내세워 전체의 추악한 노쇠현상을 잊게 하는 이 도시에 그와 같은 다민족 집단에서 통일적인 여왕으로 군림하는 힘이 있다는 것을 느끼게 했다.

빈의 마지막 흥륭

제국이 내부적으로 여러 민족이 피투성이 투쟁으로 격렬하게 경련을 일으키고 있음에도, 외국 특히 독일은 오로지 이 도시의 좋은 모습만을 바라보고 있었다. 당시 빈은 겉으로는 아마도 최후이자 최고의 전성기를 보내고 있는 것처럼 보였기 때문에 독일도 큰 착각을 할 수밖에 없었다.

참으로 천재적인 시장의 지배 아래 늙은 제국 황제의 존엄한 거주지는 다시 한 번 놀라울 만큼 젊은 삶에 눈뜨고 있었다. 공식적으로는 이른바 '정치가'로 꼽히지 않았지만, 오스트마르크의 식민 민족 계통에서 태어난 최후의 위대한 독일인이며, 동시에 이 '제국의 수도이자 국왕의 거주지'인 빈의 시장인 루에거 박사는 연이어 시의 경제와 문화정책의—감히 말하는 바이지만—모든 영역에서 전에 없던 업적을 남겼다. 그는 전체 제국의 심장부를 강화하고 이 우회로를 통해 당시 그 어떤 '외교관'이라 불리던 자들보다 더 위대한 정치가가 되었다.

오스트리아의 독일인

그럼에도 '오스트리아'라고 일컬어지고 있는 다민족국가는 마침내 몰락했지만, 이것은 결코 예부터 오스트마르크에 있는 독일인의 정치적 수완 탓이라고는 말할 수 없고, 알맞은 시기를 만났을 때 아주 확실한 전제가 주어지지 않는다면, 1000만의 국민이 다민족으로 구성된 인구 5000만의 국가를 영속적으로 유지할 수가 없다는 불가피한 결과였다.

독일계 오스트리아인은 큰 뜻을 품고 있었다. 그들은 항상 대독일제국의 틀 안에서 생활하는 데 익숙했고, 독일에 관련된 과제에 대한 감각을 결코 잃지 않고 있었다. 그들은 이 국가에서 좁은 오스트리아 제국 직할지 영역을 넘어 독일 영역을 보고 있던 유일한 인간이었다. 게다가 운명이 마침내 그들을 공통된 조국에서 분리시켰을 때 그들은 이 거대한 과제를 해결하고 조상들이 끊임없는 투쟁으로 동부에서 쟁취한 독일주의를 지금도 유지하려 했던 것이다. 그 경우 또한 다음과 같은 점에 주의해야 한다. 즉 분열된 힘만으로는 이것이 가능하지 않았다는 것이다. 왜냐하면 가장 뛰어난 자의 마음과 추억은 결코 공동의 조국을 잊은 것이 아니라 그 나머지만이 고향에 머물고 있었기 때문이다.

확실히 독일계 오스트리아인의 일반적 시야는 비교적 넓었다. 그 경제적 관계는 가끔 다양한 형식을 갖는 이 제국의 거의 전부를 포괄하고 있었다.

기술자나 관리 같은 지도적 인물은 대부분 독일계 오스트리아인이었다. 그들은 또한 유대인이 그 고유 분야에 손을 뻗치지 않는 한, 외국무역의 담당자였다. 정치적으로도 독일계 오스트리아인만이 국가를 통합하고 있었다. 군대 복무기간 중에는 좁은 고향 지역을 넘어 다른 지역으로 파병되기도 했다. 독일계 오스트리아 출신 신병은 독일 연대에 입대했다 할지라도 그 연대 자체는 빈이나 갈리시아는 물론 헤르체고비나에도 설치되어 있었다. 장교단은 항상 독일인이었으며 상급관리 계급도 압도적이었다.

끝으로 예술이나 과학 분야에서도 독일인이 우세했다. 니그로 민족도 손쉽게 만들어낼 수 있을 정도의 엉터리 근대 예술품을 제외한다면, 참다운 예술정신의 소유자나 보급자는 오직 독일인뿐이었다. 음악·건축·조각·회화에 있어서도 빈은 결코 뒤처지지 않았고, 퍼내도 마르지 않고 다하지 않는 풍요로움으로 이 이중 제국[1] 전반을 지탱하고 있는 원천이었다.

마지막으로 외교정책 담당자 역시 소수의 헝가리인을 제외하면 모두가 독일인이었다. 그렇지만 이미 이 제국을 유지하려고 하는 모든 시도는 헛된 일이었다. 거기에는 본질적인 전제 조건이 빠져 있었기 때문이다.

오스트리아 여러 민족의 원심성

오스트리아라는 다민족국가를 위해 개개 민족의 원심력을 극복하는 가능성은 오직 한 가지뿐이다. 이 나라가 중앙집권적 통치로 내부 결속을 강화하든가, 아니면 국가가 전혀 고려되지 않든가였다.

여러 지혜가 머리에 떠오를 때에는 최고 지위에 있는 자[2]도 이러한 생각을 가졌지만, 대개는 곧 잊어버리든가, 아니면 실행이 곤란하다고 해서 다시는

---

1) 프로이센·오스트리아전쟁 결과 독일에 패한 오스트리아는 국가 질서를 재건하기 위해 1867년 헝가리 왕국의 건설을 인정하면서 오스트리아 황제가 헝가리 왕위를 겸하는 이중 제국이 세워졌다. 외교·재정·국방은 공동 관리하되 정치는 저마다 서로 다른 정부와 의회에 의해 실시했다. 두 나라 모두 전제국가였으나 오스트리아에서는 입헌군주제를 채택, 1907년 보통선거가 시행되었다. 그러나 체코인 등 국내 슬라브 민족의 반대가 강했으며, 사회주의 운동도 이에 합류했다. 또 오스트리아는 외교적으로는 독일과 함께 발칸반도의 범독일주의를 추진하고, 1908년 보스니아 헤르체고비나를 합병하여 제1차 세계대전의 간접적인 원인을 만들었다.
2) 오스트리아 황제를 말한다.

뒤돌아보지 않았다. 제국을 보다 더 연방국가적으로 형성한다는 생각은 모두 뛰어난 권력이 있는 강력한 국가적 배세포를 가지고 있지 않았으므로 으레 실패로 끝났다. 게다가 비스마르크가 쥐고 있는 독일제국과는 반대로 오스트리아 국가에는 다른 본질적인 국내적 전제 조건이 포함되어 있었다. 독일에서는 언제나 공통의 문화적 기반이 있었기 때문에 정치적 전통을 극복하는 것만이 문제였다. 무엇보다도 먼저 독일제국은 소수 이민족의 파편을 빼면 오로지 한 민족에 속하는 자만을 포함하고 있었다.

그러나 오스트리아에서는 상황이 정반대였다. 오스트리아는 헝가리를 빼면 각 지방마다 그들 자신의 위대성을 나타내는 정치적 추억이 전혀 없거나 있다 하더라도 시간이라는 스펀지에 흡수되거나 적어도 희미해지고 애매해져 있었다. 그 대신에 바야흐로 민족주의 시대로 들어가 여러 지방에서 민족주의적 세력이 발전하고, 왕국에 변화가 생기고 민족국가가 형성됨에 따라[3] 그 극복은 더욱 곤란해지지 않을 수 없게 되었다. 그 여러 민족은 인종적으로는 오스트리아 여기저기에 흩어져 있는 개개 민족의 동류나 지류로서 그들 쪽에서 이후에 오히려 독일계 오스트리아인이 할 수 있는 이상의 흡인력을 발휘할 수가 있었던 것이다.

빈조차 오랫동안 이 투쟁에서 버틸 수가 없었다. 부다페스트가 대도시로 발전하면서 빈은 처음으로 경쟁자를 맞게 되었다. 더구나 그 경쟁자의 과제는 전 왕국의 연계가 아니라 오히려 왕국의 일부를 강화하는 일이었다. 이윽고 프라하가 그 예를 따르고, 다시 렘베르크·라이바흐 등이 뒤를 이었다. 지난날 지방도시였던 이들은 개개 지방의 국가적인 수도로 상승함에 따라 점점 그 지방의 자립적인 문화생활의 중심점을 이루었다. 그러나 이와 동시에 이들의 민족적·정치적 본능이 그 정신적 바탕을 가지고 심화되었다. 이들 민족의 이 추진력이 공통된 이익의 힘보다도 강해질 때가 언젠가 올 것임에 틀림없었다. 그렇게 된다면 오스트리아는 파멸할 것이 뻔했다.

이 진전은 요제프 2세가 죽은 뒤에 그 경과가 매우 분명하게 확인되었다. 그 촉진 원인의 일부는 왕국 자체에 있었으나, 다른 일부는 그때 독일제국의 외교적 상황 결과가 만들어낸 일련의 이유들에 관련되어 있었다. 만일 이 국

---

3) 불가리아, 세르비아 등을 가리킨다.

가를 유지하기 위한 투쟁을 진지하게 수행하려면 역시 가차 없는 불굴의 중앙집권화만이 해답이다. 그러나 그 경우 먼저 공통 국어를 원칙적으로 확립함으로써 순수하게 형식에 있어서 통일됨을 강조하고, 그것으로 행정에 대한 기술적 방책을 마련해야 했다. 그것 없이는 결코 통일국가란 존립할 수 없는 것이다.

마찬가지로 그것을 할 수 있어야만이 비로소 학교나 교육에 의한 통일국가 관념이 계속적으로 양성되는 것이다. 이것은 10년이나 20년 만에 이루어지지 않는다. 일반적으로 식민 문제에 있어서는 늘 순간적인 에너지보다도 불굴의 정신이 더 큰 의미가 있는 것처럼 여러 세기를 계산에 넣어야 하는 것이다. 나아가 행정이나 정치적 지도도 매우 강력하게 일원화되어 행해져야만 한다는 것은 아주 분명한 사실이다.

왜 그렇게 되지 않았는가 또는 더 적절히 말해서 왜 그렇게 하지 않았는가 하는 것을 확인하는 일은 나로서는 무척 유익한 일이었다. 이 게으름의 죄를 지은 자에게만 이 제국의 와해에 책임이 있는 것이다.

낡은 오스트리아는 다른 나라 이상으로 위대한 지도자에게 의존했다. 게다가 여기에는—지도력 그 자체도 아주 무능했지만—민족주의적인 기초 위에 끊임없이 그 유지력을 가지고 있는 민족국가의 기초가 결여되어 있었다. 통일적인 민족국가는 주민의 자연적인 타성과 그것과 결합된 저항력에 의해서 가끔 놀랄 정도로 오랜 기간 동안 내부적으로 붕괴하지 않고, 악질적인 행정과 지배를 견디어낼 수 있다. 더욱이 그와 같은 신체에는 마치 생명이 없고 숨이 끊어져 죽어버릴 것같이 보일 때에도, 결국은 죽었다고 생각했던 것이 갑자기 다시 일어나 파괴할 수 없는 생명력의 놀랄 만한 징표를 다른 인간들에게 보여주는 일이 흔히 있다.

피의 차이 결과

그러나 이런 일은 동일 민족으로 구성되어 있지 않은, 공통된 피에 의해서보다 오히려 공통된 주먹으로 유지되어 있는 나라의 경우에는 사정이 다르다. 이런 나라들의 지배력이 지닌 약점은 국가의 겨울잠을 초래하는 것이 아니라, 유력한 의지가 지배하고 있는 시대에는 확대되지 못하고, 핏속에 존재하고 있던 낱낱의 본능을 모두 눈뜨게 하는 원인이 되는 것이다. 몇 세기에 걸친 공통된 교육, 공통된 전통, 공통된 이해관계 등에 의해서만 이 위험은 완화될 수 있는 것이다. 따라서 그러한 국가 조직은 국가가 젊으면 젊을수록 더욱더 강한 지도력에 의존되게 된다. 사실 뛰어난 권력자나 재주가 넘치는 영웅에 의해서 만들어진 국가라 하더라도, 그 위대한 건설자가 죽으면 곧 붕괴하는 일이 종종 있다. 더욱이 몇 세기가 지난 뒤에도 이 위험이 극복되었다고는 말할 수 없다. 위험은 줄고 있을 뿐이고, 공통된 지배력의 약점이나 교육의 힘, 모든 전통의 숭고함이 여러 종족의 독자적 생명 충동의 비약을 더 이상 극복할 수 없게 되자마자, 갑자기 위험이 눈뜨게 되는 경우가 가끔 있는 것이다.

이것을 이해하지 못했던 것은 합스부르크 왕가의 비극적인 죄일 것이다. 합스부르크 가문의 어느 뛰어난 한 사람에게 운명이 다시 한 번 그의 국토의 미래에 대해 횃불을 들게 했지만, 다시 그것도 영원히 꺼지고 말았다.

요제프 2세

신성로마제국 황제 요제프 2세는 그의 가문이 제국의 외곽으로 밀려나 있는 것처럼 여겨져, 만일 최후의 순간에 선조의 게으름을 다시 한 번 보상하지 아니한다면, 바빌론과 같은 여러 민족의 소용돌이 속에 자신의 가문이 언젠가는 사라져버리고 말 것이라는 불안을 느꼈다. 이 '인류의 벗'은 초인적인 힘으로 선조의 과실을 막아, 몇 세기에 걸쳐 등한시된 것을 10년 안에 회복시키려고 했다. 그의 사업에 단 40년만이라도 허락되고, 그 뒤로 두 세대만이라도 이 사업을 계속했다면 이 기적은 아마도 이루어졌을 것이다. 그러나 그가 겨우 10년 남짓을 통치한 뒤 심신이 모두 쇠약해져 죽자, 그의 사업도 무덤에 묻혀 영원히 카푸친 수도회[4] 사당에 잠들어 다시는 깨어나지 않았던 것이다.

그의 후계자들은 정신적으로나 의지상으로나 그 과제를 진척시키지 못했다. 그런데 유럽에 처음으로 새로운 시대의 혁명적 폭풍의 조짐이 불타오르자 오스트리아에서 또한 서서히 불붙기 시작했다. 그러나 마침내 불길이 타

---

4) Ordo Minorum Cappuccinorum. 1525년 마테오 다 바시오가 프란체스코 수도회에서 나와 세웠는데, 설립 취지는 성 프란체스코의 계율에 따르고, 프란체스코 수도회 설립 당시 정신으로 돌아가 청빈한 생활을 철저하게 지키는 데 있었다. 수도회 이름은 수도복에 딸린 두건(카푸친)에서 비롯되었다. 빈에 있는 오스트리아 황제 무덤은 '카푸치나 그루프트'라고 한다.

올랐을 때, 이 불길은 사회적 또는 일반 정치적 원인보다도 오히려 민족적 원천으로부터의 추진력에 의해 부채질되었던 것이다.

도나우 왕국의 붕괴

1848년의 혁명[5]은 곳곳에서 계급 투쟁 형태를 취했는지 모르지만 오스트리아에서는 새로운 인종 싸움의 발단이었다. 그 무렵 독일인은 그 원인을 잊어버리거나 또는 인식하지 않고 혁명적인 봉기에 참여하는 동안, 그것과 함께 자신의 숙명에 봉인을 하고 말았다. 독일인은 서유럽 민주주의 정신이 눈뜨는 것을 도왔고, 이 정신은 곧 독일인으로부터 그 존립의 기반을 빼앗아버리고 말았다.

공통된 국어를 미리 정하여 확립하지 않고서 의회의 대표단을 형성함으로써 왕국 내 독일 우세의 종언을 위한 주춧돌이 놓이게 되었다. 이 순간부터 그와 동시에 국가 자체 또한 상실되었다. 그 뒤 계속되는 것은 오로지 제국의 역사적 청산뿐이었다.

이 붕괴 과정을 살펴보는 것은 유익하면서도 충격적인 일이었다. 이 역사가 내린 심판의 집행은 하나하나 저마다 다른 형태로 실행되었다. 대부분의 사람들이 붕괴 현상을 그냥 지나친 것은 오로지 오스트리아를 멸망시키고자 한 신의 의지를 입증하고 있다.

나는 여기서 개개의 것을 말하고 싶지 않다. 그것은 이 책의 과제가 아니기 때문이다. 나는 오로지 여러 민족과 여러 국가의 변하지 않는 몰락의 원인으로서 우리의 현 시대에도 의의를 가지고, 결국 나의 정치적인 사고방식의 기초를 확립하는 데 도움이 된 모든 과정을 근본적인 고찰 범위 내에서 인용하고자 한다.

---

5) 프랑스 2월혁명의 영향으로 1848년 3월에 독일 곳곳에서 일어난 이른바 3월혁명을 일컫는다. 오스트리아 빈에서는 3월 13일 폭동이 일어나 보수반동의 우두머리 메테르니히는 영국으로 망명하여 헌법 제정의 움직임이 일어났다. 혁명은 다시 독일 전체로 파급되어, 5월에는 프랑크푸르트 국민의회가 성립되고, 독일 통일, 헌법 제정을 의결했다. 그러나 10월에는 빈에서, 11월에는 베를린에서 반혁명이 일어나고 혁명은 실패로 끝났다.

의회주의

그 밖의 일에 대해서는 날카로운 시선을 주지 않는 속물들에게도, 분명히 오스트리아 왕국의 부패를 나타낼 수 있는 제도 중에서 그 첨단에 있고 가장 많은 힘을 보유한 제도는 의회 또는 오스트리아에서 말하는 라이히스라트[6]이다.

이 단체의 본보기는 분명히 영국, 곧 고전적 '민주주의'의 나라에 있었다. 거기에서 이 축복받은 기구를 완전히 전용하여 그것을 될 수 있는 대로 바꾸지 않고 빈에 두었던 것이다.

중의원과 귀족원이라고 하는 형태로 영국의 양원 체계가 엄숙히 되살아났다. 다만 '건물' 자체가 약간 달랐다. 배리[7]가 일찍이 도도히 흐르는 템스강 곁에 의사당 터를 잡고 세계에서 으뜸가는 대영제국의 역사를 자랑하기 위해 호화스런 건축물에 1200개의 벽감,[8] 까치발, 기둥 장식을 골라냈다. 그리하여 조각과 그림으로 상원과 하원은 국민의 명예로운 전당이 되었다.

그러나 빈에서는 이 점에서 처음부터 어려움이 있었다. 왜냐하면 덴마크인 한센이 새로운 의회의 대리석 건물에 마지막 파풍(破風)을 달았을 때, 그 장식을 고대 예술에서 빌려올 수밖에 없었기 때문이다. 로마나 그리스의 정치가나 철학자가 지금은 이 '서유럽적 민주주의' 극장 건물에 아름다움을 더하고, 상징적 아이러니라고 할 수 있는 것은 양원 위에 사두마차(四頭馬車)가 동서남북의 하늘을 향해 서로 끌어당기고 있어, 이것으로 그때 국내에서 벌어지고 있던 일이 외부에 가장 잘 표현되고 있는 것이다.

'여러 국민들'은 이 건물 안에서 오스트리아의 역사가 찬미되고 있는 것을 모욕이고 도발이라면서 거부했다. 마찬가지로 독일제국 자체에서도 세계대전의 포성이 처음 울릴 때까지 발로트[9]가 만든 의사당 건물을 그 비명(碑銘)으로 독일 민족에게 감히 바치려고 나서는 사람이 없었다.

내가 스무 살도 채 되지 않았을 무렵 프란첸스링에 있는 이 호화로운 건물

---

6) 오스트리아 국회를 이른다.
7) 찰스 배리 경(1795~1860). 영국 건축가로 런던의 국회의사당(1840~1860)을 지었는데, 영국 고딕 복고양식을 채용하여 영국 건축 조각의 일대 비약을 이루었다고 일컬어진다.
8) 壁龕. 장식을 목적으로 벽면을 오목하게 파서 만든 공간.
9) 독일 건축가.

을 처음 방문하여 방청자로서 중의원 회의를 참관했을 때, 나는 더없이 불쾌한 감정에 휩싸였다.

나는 훨씬 이전부터 의회를 증오하고 있었다. 그렇지만 단연코 제도 그 자체를 미워한 것은 아니다. 반대로 자유로운 감정을 가지고 있는 인간으로서 나는 이것 말고는 정치의 가능성이 있다고는 전혀 생각하지 않았다. 왜냐하면 어떤 독재정치의 사고방식은 나의 합스부르크 가문에 대한 자세에서 말한다면, 자유를 거역하고 모든 이성에 반대하는 범죄인 것처럼 여겨졌기 때문이다.

나는 젊었을 때 신문을 많이 읽은 탓에 나 자신도 모르게 영국 의회에 대한 어떤 찬미의 관념이 심어진 뒤 이를 쉽게 떨쳐버릴 수 없었던 것이 나의 '독재에 대한 증오'에 적지 않은 영향을 주고 있었다. 영국에선 하원 또한 그 임무에 품위를 갖고 책임을 진다(신문은 이것을 실로 아름답게 그려낼 줄 알았다)고 하는데 그 품위가 우리에게 강력한 인상을 주었다. 도대체 민족 자치에 있어 보다 더 고도의 형식이 있을 수 있을까? 그러나 바로 그렇기 때문에 나는 오스트리아 의회의 적이었다. 나는 그 전체 행동양식이 위대한 본보기에 어울리지 않는다고 생각했다. 그리고 거기에 이제 다음과 같은 일이 덧붙여졌다.

즉 오스트리아 국가에서의 독일인의 운명은 오스트리아 의회에서의 독일인의 처지에 달려 있었다. 무기명 보통선거권을 도입할 때까지 독일인은 의회에서 대단한 세력은 아니었지만 어쨌든 다수를 차지하고 있었다. 이 상태에서도 이미 위험했다. 왜냐하면 사회민주당의 국가적으로 믿을 수 없는 태도에 의해—낱낱의 이민족에 속해 있는 자들을 배반하게 하지 않기 위하여—독일에 대한 문제라면 늘 독일인의 이익에 비판적인 태도를 취했기 때문이다. 사회민주당은 이미 독일인의 정당으로 볼 수가 없었고, 보통선거권의 도입과 함께 독일인의 우위도 순수하게 숫자상에 머물렀다. 그러므로 국가를 더한 층 비(非)독일화하려는 과정에는 이미 방해물이 없었다.

당시 이러한 이유에서 나는 국민적 자기보존 충동에 의해 독일인을 대표하지 않고 언제나 배신만 하는 의회를 별로 달갑지 않게 생각했던 것이다. 그러나 그 결함은 다른 많은 경우와 마찬가지로 또한 사물 그 자체가 아니라 오스트리아 국가에 귀속되는 것이었다. 나는 이전에는 대표단 속에서 독일인이

다시 다수를 차지하게 되면 이 낡은 국가가 여전히 존속하는 한 원칙적인 태도에 있어서 이것에 반대할 이유는 이미 존재하지 않으리라 믿고 있었다.

마음속으로 이렇게 생각한 나는 처음으로 이 신성시되고 반박받고 있는 장소로 들어갔다. 물론 그것은 단지 호화로운 건물의 숭고한 아름다움에 의해 성역화되어 있을 뿐이었다. 독일 땅에 세워진 그리스풍의 놀랄 만한 건축이었다.

그러나 이윽고 나는 눈앞에 펼쳐지고 있는 가련한 광경을 보자마자 몹시 분노했다. 때마침 중요한 경제적 의의를 가진 문제에 대해서 태도를 결정하기 위해 몇백 명의 민족대표가 출석해 있었다. 이 참관 첫날만으로도 몇 주일 동안 생각에 잠겼다.

제안의 지적인 가치는 그 연설을 일반적으로 이해할 수 있는 한 정말 형편없는 '수준'의 것이었다. 왜냐하면 어떤 의원은 독일어로 말하지 않고 그들의 모국어인 슬라브어나, 좋게 말해 사투리로 지껄이고 있었기 때문이다. 내가 지금까지 신문에서 읽고 알고 있었던 일을 이제 직접 귀로 들을 기회가 온 것이다. 과장된 몸짓으로 온갖 음조를 뒤섞어 부르짖고 거칠게 움직이는 사람들 물결, 그런 가운데 사람이 좋아 보이는 노인 하나가 방울을 요란스럽게 흔들면서 달래도 보다가 또 타이르듯이 진지하게 호소하며 의회의 존엄을 되찾으려고 얼굴에 땀을 흘리며 열심히 애쓰고 있었다. 웃지 않을 수가 없었다.

2, 3주일 뒤 나는 다시 의회를 찾아갔다. 상황이 달라져 있었다. 인식을 새로이 해야만 했다. 의석은 완전히 텅텅 비어 있었다. 아래쪽에서는 잠을 자고 있었다. 두세 명의 의원이 자리에 앉아 서로 하품을 하고 있었으며, 한 사람이 연설을 하고 있었다. 부의장이 있었지만 그 역시 무료한 듯 의석을 쳐다보고 있었다.

맨 처음 의혹이 머리를 들었다. 그래서 나는 시간적 여유가 있을 때마다 자주 가서 그때그때의 광경을 조용히 주의 깊게 살펴보았다. 그리고 이해할 수 있는 한 연설에 귀를 기울이고 이 서글픈 국가의 선량들의 조금이나마 지적인 얼굴 모양을 연구했다. 그리하여 차츰 내 독자적인 사상을 이루어갔다.

그러나 내가 이전에 이 제도의 본질에 대해서 가지고 있었던 생각을 완전히 바꾸거나 제거하는 데는 하루 동안 조용한 관찰만으로도 충분했다. 나는 이미 이 사상을 오스트리아에 채용한 잘못된 형식에는 반대하지 않는다. 그렇다, 나는 의회 그 자체를 인정할 수 없게 된 것이다. 그때까지 나는 오스트리아 의회의 불행은 독일인이 다수를 차지하지 않는 데 있다고 생각하고 있었다. 하지만 이제 이 제도의 모든 양식과 본질 자체에 화근이 있다고 여겨졌다.

당시 나에게는 수많은 의문이 떠올랐다. 나는 이 제도 전체의 기초로서 민주주의의 다수결원리를 연구하기 시작했다. 그러나 또한 국민의 선량으로서 이 목적에 봉사할 인물의 지적·도덕적 가치에도 많은 주의를 기울였다. 나는 이와 같이 그 제도와 그 제도의 담당자를 동시에 알게 된 것이다.

2, 3년이 지나면서 다시 현대의 가장 위엄 있는 환상의 모델이 내 인식과 통찰 속에 조각처럼 뚜렷이 떠올랐다. 말하자면 국회의원이다. 그는 결코 그 이상 본질적인 변화를 할 필요가 없는 형태로 나에게 인상지워지기 시작했다. 이번에도 실제적인 현실에 대한 관찰교육은 처음에만 잠깐 매우 매혹적으로 여겨지지만, 그럼에도 인류를 파멸시키는 현상으로 꼽아야 하는 이론적 함정에서 나를 지켜주었던 것이다.

오늘날의 서유럽 민주주의는 마르크스주의의 선구이고, 마르크스주의는 그것 없이는 전혀 생각할 수조차 없음에 틀림없다. 민주주의가 먼저 이 세계적 페스트에 배양기를 제공하고, 거기서 다시 이 전염병이 퍼질 수가 있었던 것이다. 그 의회주의라고 하는 외면적인 표현형식으로 민주주의는 다시 '오물과 불에서 태어난 기형아'[10]를 만들어낸 것이다. 그때 유감스럽게도 내게는 이 '불'이 이내 다 타버린 것처럼 생각되었다.

나는 지금도 이 문제를 빈에서 검토하도록 제기해 준 운명에 대단히 감사해야만 한다. 왜냐하면 내가 그때 독일에 있었다면 충분히 검토도 않고 간단히 답을 내고 말았으리라고 우려되었기 때문이다. 만일 내가 이 의회라고 하는 우스꽝스러운 제도를 처음으로 베를린에서 알았다면 아마도 나는 반대 방향으로 기울었을 것이다. 그리고 민족과 독일제국의 복지를 독일 황제 중심 사상의 권력을 주로 강화하는 데서만 찾았을 것이다. 그리하여 시대와 인간을 이해하려 하지 않고, 동시에 맹목적으로 대립하고 있는 자의 쪽에 뚜렷하고 타당한 이유도 없이 섰을 것임에 틀림없다.

---

10) 괴테의 《파우스트》에서 인용한 말.

오스트리아에선 이것이 불가능했다. 여기에선 하나의 잘못에서 다른 잘못으로 간단히 빠져들 수 없었다. 의회는 아무런 쓸모도 없었지만 합스부르크 왕가는 그 이상이었다. 단연코 그 이상으로 말이다. 여기선 의회주의를 거부하는 것만으로는 아무 일도 되지 않았다. 왜냐하면 여전히 '그러면 무엇을 할 것인가' 하는 문제가 분명히 남아 있었기 때문이다. 라이히스라트를 거부하고 폐지해 버리면 유일한 정치권력으로서 실제로 합스부르크 왕가만이 남을 것이다. 이렇게 생각하는 것만으로도 특히 나로서는 도저히 참을 수가 없었다.

나는 이 특별한 경우의 어려움을 연구해서, 그렇지 않으면 이처럼 젊은 나이로는 밟고 넘길 수 없을 정도로 이 문제 자체를 더욱 철저하게 관찰하도록 하겠다.

책임의 결여

먼저 그리고 무엇보다 많이 나를 생각하게 한 것은 개개인이 대개 책임감을 분명히 갖고 있지 않다는 사실이었다. 의회는 무엇인가를 결의한다. 그 결과가 아무리 엉뚱한 일이라고 해도 아무도 그것에 책임을 지지 않고, 아무도 책임을 꾸짖는 일이 없다. 도대체 파탄에 직면하여 정부가 총사직하는 것만으로 무슨 책임을 졌다는 것인가? 또는 내각을 바꾸고 의회를 해산하는 것만으로 해결된다는 말인가? 도대체 다수의 우유부단한 인간들에게 어느 세월에 책임을 지울 수가 있을 것인가? 책임감이라는 것은 본디 개인에게 결부되어 있는 것이 아니란 말인가?

그러나 주로 다수의 인간 의지와 기호를 고려하면서 입안하고 수행한 행동에 대해서 정부의 지도적 인사에게 실제로 책임을 지게 할 수 있을까? 또는 지도적인 정치가의 과제는 창조적인 사상이나 계획 자체를 만들어내는 것이 아니라 오히려 그의 기획의 독창성을 텅 빈 두뇌를 가진 양떼에게 이해시키고, 그들의 호의어린 찬성을 얻기 위한 기술에서만 볼 수 있는 것일까?

정치가의 기준은 그가 큰 방침을 정하거나 커다란 결단을 내려 정치가다운 영리한 기술과 같은 고도의 설득 기술을 갖고 있다는 데 있는 것인가?

지도자의 무능이란 이리하여 어떤 일정한 이념에 대해 우연히 모인 군중의 과반수를 얻지 못한다고 하는 일로 증명되는 것인가?

실제로 이 군중이 애당초 그 성과가 그 위대함을 나타내기 전에 그에 관한 이념을 이해한 일이 일찍이 한 번이라도 있었던가? 이 세상의 모든 독창적인 사업은 대중의 타성에 대한 천재의 눈에 보이는 항의가 아닌가?

정치가는 그의 계획을 위해서 군중의 비위를 맞춰 호의를 얻을 수 없다면 무엇을 해야 할 것인가? 그것을 매수해야만 하는가? 아니면 시민의 우둔함을 고려해 근본적으로 필요한 것으로 인정된 과제를 수행하기를 단념하고 은퇴해야만 하는가? 또는 그럼에도 불구하고 버티고 있어야만 하는가?

그와 같은 경우 참다운 품격을 가진 자는 인식과 품위, 좀더 좋게 말해 훌륭한 지조와 해결하기 어려운 갈등에 빠지지 않을까? 이 경우 일반적 의무와 개인적 명예에 대한 의무 사이를 가르는 경계는 어디에 있는가?

참다운 지도자란 모두 이러한 경우에 정치적 모리배로 떨어지는 것을 거부하지 않아도 괜찮은가? 그리고 반대로 모든 모리배들은 궁극적인 책임은 결코 그에게 있지 않고 파악하기 어려운 군중이 져야만 한다는 데서 정치에서 '흥정하는' 것을 실제로 천직으로 느껴도 좋은가?

지도자 사상의 파괴

우리 의회의 다수결원리가 지도자 사상 전체를 파괴로 이끄는 필연성은 없는가? 그런데 이 세상의 진보는 거의 다수의 두뇌에 의거한 것이지 한 사람의 두뇌에 의거한 것은 아니라고 믿고 있는가?

또는 장래를 위해서 이 인류 문화의 전제를 빼놓을 수 있다는 정도로 생각하고 있는가? 반대로 오늘날 지금까지보다 더 그것이 필요하다고 생각되지 않는가?

다수결이라는 의회주의 원리는 개인의 권리를 부정하고 그 대신 그때그때의 군중의 수로 이것을 대치함으로써 자연의 귀족주의적 근본사상을 욕보인다. 물론 그 경우 귀족이라고 하는 관념은 결코 우리 1만 명의 상층계급의 오늘날 퇴폐 속에 구체화되고 있는 것은 아니다.

이 근대 민주주의 의회 주권이라고 하는 제도가 얼마나 피해를 가져다주고 있는지는 물론 유대인 신문의 독자는 그가 자주적으로 생각하고 음미하는 것을 배우지 않는 한 상상하기 어려운 것이다. 첫째로, 이것은 정치생활 전체에 현대의 가장 믿을 수 없는 열악한 현상이 범람하고 있는 원인이다. 대부분이 창조적인 공적이나 일이 아니라, 오히려 다수의 호의를 얻거나 흥정하는 일로 이루어져 있는 정치활동에 참다운 지도자가 어떻게 말려들어가든 이 활동은 소인배에 대응해서 그들을 매혹할 것임에 틀림없다.

인물의 배제

이런 쓸데없는 인물이 오늘날 정신과 능력에 있어 왜소해지면 질수록, 또는 자기 자신의 실제 모습을 비참하게 느끼면 느낄수록 더욱더 그에게 거인과 같은 힘이나 독창성을 바라지 않게 된다. 오히려 촌장의 교활함에 아첨하는 체제, 페리클레스의 현명함[11]보다도 이런 종류의 현명함이 바람직하게 보이는 체제를 그는 찬양할 것임에 틀림없다. 그때 이런 바보는 자기 행위에 대한 책임 때문에 괴로워할 필요는 절대로 없다. 그는 이런 종류의 걱정으로부터는 벌써 오래전에 근본적으로 해방되어 있다. 그는 그의 '정치가적' 자질 부족의 결과가 어떠하든, 그의 운명은 벌써 오래전에 정해져 있다는 것을 충분히 알고 있기 때문이다. 곧 그는 언젠가는 자기와 비슷한 정도의 위대한 인물에게 그 자리를 내주어야 한다. 생각건대 개개인의 수준이 저하됨에 따라 대정치가의 수가 증가하는 것이 이런 몰락의 징후인 것이다.

그러나 그것은 의회주의의 다수에 대한 의존도가 증가함과 더불어 점점 쇠약해져갈 것이다. 왜냐하면 위대한 인물은 바보 같은 무능자나 요설가(饒舌家)의 심부름꾼이 되는 것을 거절하고, 반대로 대부분의 대표자들은—그들도 이와 같이 바보이지만—그들보다 뛰어난 두뇌를 가진 자를 마음속으로 증오하고 있기 때문이다.

선두에 서 있는 지도자가 그 지능의 수준이 출석자의 수준과 같은 정도라는 사실을 알고 있는 시르다 시의회[12] 같은 의회의 대표자들에게는 항상 위안이 되는 것이다. 누구나 이따금 자기 정신을 그들 속에서 빛낼 수 있는 기쁨을 갖기 때문이다. 특히 갑이 지도자가 된다면, 언젠가 을이라 해서 지도자

---

11) 기원전 495년 무렵~기원전 429년. 고대 그리스의 가장 뛰어난 정치가의 한 사람으로, 아테네 민주정치의 완성자라고 일컬어지고 있다. 기원전 462년 아레오파고스 회의의 실권을 빼앗아 평의회를 민중재산소로 옮겨, 관리 선출에 추천제를 사용하고 관리에 일당을 지급하는 등 국가제도의 민주화에 힘썼다.
12) 독일 작센의 도시. 주민의 어리석은 행동이 전설로 전해지고 있다.

가 되지 말란 법이 없기 때문이다.

그러나 민주주의의 이 발명은 최근에 이르러 진짜 치욕으로까지 발전된 특성, 곧 우리의 이른바 '지도자들' 대부분의 비겁한 특성에 가장 꼭 들어맞는다. 몇몇 중요한 일을 모두 실제로 결정할 경우 이른바 대다수라고는 하지만 치마의 그늘에 숨을 수가 있다는 것은 얼마나 행복한 일인가!

이러한 정치 강도를 한번 보기 바란다. 온갖 일을 행할 경우 얼마나 그들이 자기를 위해 필요한 공범자를 확보하고, 그와 동시에 언제라도 책임에서 벗어나기 위해 대다수의 찬성을 근심스러운 듯이 구걸하는가. 이런 종류의 정치적 활동은 정말 품위 있고 또한 용기 있는 자는 싫어하고 미워하지만, 모든 저열한 성질을 가진 자들—자신의 행동에 대하여 개인적으로 책임지려고 하지 않고 방어물을 구하는 자는 비겁한 룸펜이다—을 매혹하는 주된 이유는 이것이다. 하지만 만일에 국민의 지도자가 일단 이러한 저열한 인간들로 이루어진다면 곧 나쁜 보복이 오리라. 그렇게 되면 이미 결정적 행동에 대하여 용기를 불러일으킬 수 없고, 결단을 내리기보다는 굴욕적인 명예훼손을 감수하게 된다. 아무튼 가차 없는 결의를 수행하기 위해 이미 자기의 몸과 머리를 내던질 각오가 되어 있는 자가 없기 때문이다.

사실 한 가지 절대로 잊어선 안 될 일이 있다. 즉 다수는 이 경우에도 결코 한 사람의 대리자가 될 수 없다는 것이다. 다수는 언제나 바보의 대표일 뿐만 아니라 비겁자 대표이다. 백 사람의 바보로부터는 한 사람의 현인도 태어나지 않지만, 마찬가지로 백 사람의 비겁자로부터는 하나의 호탕한 결단도 나오지 않는다.

그러나 개개 지도자의 책임이 가벼워지면 가벼워질수록 자기는 실로 보잘것없는 존재임에도 국민에 대하여 불후의 노력을 바치기 위해 부름받고 있다고 느끼는 자의 수효도 점점 많아지고 있다. 참으로 그들은 정말 언제나 자기 차례가 올 것인가 고대하고 있다. 그들은 길게 줄을 늘어서고, 괴롭고 유감스럽다는 느낌으로 자기들 앞에서 기다리고 있는 자의 수효를 세며, 인간적인 고려로 자기들이 차에 태워질 시간을 계산하고 있는 것이다. 그러므로 그들은 자기들 눈앞에 어른거리는 관리의 경질을 애타게 고대하고, 그들의 차례를 앞당겨주는 어떠한 추문에도 고마워한다.

그렇지만 누군가가 자신이 차지하고 있는 지위를 결코 양보하려 하지 않을 때는 그들은 이것을 거의 공통의 연대책임이라는 신성한 협정위반이라고 느낀다. 그러면 그들은 점차 버릇이 나빠져서 이 얌체가 마침내 실각하고, 그 따뜻해진 자리를 다시 일반에게 내줄 때까지 결코 얌전히 있지 않는다. 그리고 나머지 사람들은 그가 그리 쉽게 그 자리에 복귀하지 못할 것이라고 생각한다. 왜냐하면 이와 같은 무뢰한들이 그 자리를 포기하도록 강제당하자마자 다른 사람들이 고함을 지르거나 욕을 퍼붓거나 해서 그를 거기에서 떼어 놓지 않는 한, 그는 다시금 기다리고 있는 자들의 일반 대열로 끼어들려고 하기 때문이다.

이러한 모든 것에서 생기는 결과는 국가의 가장 중요한 지위나 관직에 있어서는 놀라울 정도로 빠른 경질이다. 어떠한 경우에도 그 결과는 바람직하지 않고 이따금 그야말로 파멸적으로 작용한다. 왜냐하면 실제로 우둔한 자나 무능한 자만이 이 관례에 희생될 뿐 아니라 더 큰 범위에서 참다운 지도자들도 운명이 이 사람을 그 지위에 놓아둘 경우 희생되기 때문이다. 사람들은 일단 이것을 인식하자마자, 특히 이러한 인물이 그들의 열에서 나오지도 않았는데 감히 이 숭고한 사회에 침입해 왔을 때는 즉시 방위를 위한 완강한 저항선을 이룬다. 사람들은 원칙적으로 그들끼리만 있으려 하고 무(無)에서 무엇인가 하나를 낳을 수 있는 두뇌를 가진 사람을 모두 공동의 적으로서 증오한다. 그리고 이 방면에서 그 본능은 다른 모든 방면이 결여되어 있는 만큼 한층 날카로운 것이다.

그 결과로 언제나 지도자층의 정신적 빈곤화가 더욱더 확대되어간다. 그때 국민이나 국가를 위해 어떤 결과가 생겨날지는 이런 부류의 '지도자들'에 개인적으로 속하지 않는 한 모든 인간이 스스로 판단할 수 있다.

옛 오스트리아는 이미 가장 순수한 형태의 의회주의 정부를 가지고 있었다. 확실히 그때그때의 수상은 황제나 국왕에 의해 임명되었으나 이 임명 자체는 의회 의지의 집행 말고는 아무것도 아니었다. 그러나 하나하나의 장관 직위를 깎아 거래하든가 흥정하는 일이 이미 순수한 서유럽 민주주의였다. 그 결과 또한 응용된 원칙에 맞아떨어졌다. 특히 하나하나의 인물 경질은 더욱 단기간에, 마침내는 거의 독촉하듯이 행해졌다. 그에 따라 지난날 '정치가들'의 위대성은 더욱 저하되고, 마침내는 단지 의회적 모리배라고 하는 소인배 유형만이 남게 된다. 그 정치가의 가치는 그때그때 연립을 임시방편으로 처리할 수 있다는 것, 곧 실제의 일에는 이 국민 대표자들이 적합하다는 것을 보여주는 가장 하찮은 정치적 행위를 수행하는 일로 그 능력이 측정되고 인정되는 것이다.

빈이라고 하는 학교는 이 분야에서 그와 같은 최상의 통찰을 가져다주었다. 그 이상으로 나를 끌어당긴 것은 이들 국민 대표자가 가지고 있는 능력과 지식을 그들에게 주어진 과제와 비교하는 일이었다. 물론 이 경우에는 원하든 원하지 않든 이 국민의 선량들의 지적 수준에 대해서 좀더 자세히 연구해야만 되었다. 그때 또한 우리의 공적 생활의 이 화려한 현상을 드러내는 데 도움이 되는 과정에 대해서도 필요한 주의를 게을리할 수가 없었다.

또한 이들 신사의 참다운 능력이 조국의 업무에 어떻게 배치되어 사용되고 있는지, 그 종류와 방법, 다시 말하면 그들 활동의 기술적 과정을 철저하게 조사하여 살펴볼 가치가 있었다.

이 내부 상태에 파고들어 인물이나 사물의 근본을 가차 없는 날카로운 객관성으로 연구하려는 결심을 굳히면 굳힐수록 의회생활의 전체 모습이 더욱 통탄할 만한 것이 되었다. 사실 무엇인가를 검토하거나 태도를 결정하거나 할 때마다 그 담당자를 통해 유일하고 공평한 근거로서 두 마디째는 '객관성'이란 말로 논하는 제도에 대해선 이상과 같이 설명한 견해는 매우 적당하다. 이들 신사들 자신과 그 불쾌한 존재의 법칙을 조사해 보면 그 결과는 오직 아연할 뿐이다. 객관적으로 살펴보면 이 의회주의만큼 잘못된 원칙은 없다.

이 경우 국민 대표자의 선거가 어떠한 방법으로 실시되는가, 또는 일반적으로 어떠한 방법으로 그들이 관직에 오르고 새로운 현직에 이르게 되는가 하는 것은 전적으로 도외시하기로 하자. 이와 함께 일반의 요구나 필요를 충족시키는 일이 아주 사소한 문제가 된다고 하는 것은 대중의 정치적 이해력이 아직 일정한 일반적인 정치관에 이를 정도로 진보되지 않았고, 그 때문에 필요한 인물을 찾아내는 일이 어렵다는 것을 잘 알고 있는 사람이라면 누구라도 이내 분명하게 알 수 있을 것이다.

여론

우리가 항상 '여론'이라고 말하는 것은 개인 스스로 얻은 경험이나 인식에 입각하는 것은 극히 일부분이고, 대부분은 이에 대해 때때로 아주 한없이 철저하게, 그리고 지속적으로 이른바 '계몽'이라는 종류의 것에 의해서 불러 일으켜지는 것이다.

신앙상의 태도 결정이 교육의 결과이고 종교상의 요구 자체가 인간의 속마음에 잠자고 있는 것에 지나지 않는 것과 마찬가지로, 대중의 정치적 의견도 가끔 전혀 믿을 수 없을 정도로 강인하고 철저한 가공을 마음과 이성에 베푼 궁극의 결과에 지나지 않는다.

이 경우 선전이란 말이 매우 잘 들어맞는데, 정치적 교육에 가장 밀접하게 관련되고 있는 것은 신문이다. 신문은 첫째로 이 '계몽활동'을 수행함으로써 성인에게 하나의 학교 역할을 하고 있다. 다만 이 수업은 국가의 손에 있지 않고, 어떤 부분은 가장 열등한 세력의 손안에 있다. 나는 젊을 때 빈에서 이 대중교육기관의 소유자나 정신적인 제조자에 대해 올바로 알게 되는 절호의 기회를 가졌다. 나는 처음에는 국가 안에 있는 이 불쾌한 큰 세력이 일반인이 확실히 품고 있는 내심의 소원이나 관념을 완전히 바꿔버리려고 할 때, 어떻게 해서 그토록 짧은 기간 내에 일정한 의견을 만들 수 있는지 놀랐다. 며칠 만에 우스꽝스러운 일에서 중요한 국가적 행위가 만들어지고, 그와 동시에 반대로 매우 중요한 생활상의 문제는 일반적으로 망각되거나, 좀더 분명히 이야기하면 대중의 기억과 의식 속에서 간단히 도둑질해 가고 마는 것이다.

이와 같이 해서 2, 3주일 지나는 동안에 마법처럼 아무것도 없는 곳에서 이름이 만들어지고, 그 이름이 민중의 엄청난 희망과 결부되어 실제로 뛰어난 인물이라도 평생 얻지 못하는 인기를 만들어내는 것이다. 이때 한 달 전에는 아무도 들어보지 못한 이름으로, 정치생활이나 그 밖의 공적 생활에서 오래전부터 정평이 있는 사람들이 가장 건전한데도 간단히 그 시대·사회로부터 말살되고 말든가 또는 그들의 이름이 이윽고 저열하고 무뢰한 심벌이 되게끔 강요하는 터무니없는 비방이 퍼부어지는 것이다.

이 깡패 신문의 위험을 완전히 올바로 평가하기 위해서는 갑자기 주문을 건 것처럼 동시에 수많은 방향에서 청결한 의복에 저열한 비방과 명예훼손의 오물통을 뒤집어씌우는 천박한 유대인의 방식을 연구해야 한다.

이러한 정신적인 도둑과 같은 기사를 쓸 때는 자기의 비열한 목적을 이루기 위해 할 수 없는 일이란 아무것도 없다. 그는 그때 가정의 가장 은밀한 일에까지 파고들어 불행한 희생자에게 치명적 타격을 줄 만한 비참한 사건을 버섯을 찾아내는 것 같은 본능으로 끝까지 찾아낸다. 그러나 공적 생활에서는 물론 사적 생활에서조차도 전혀 아무것도 냄새나는 것을 찾아내지 못하면, 몇 번이고 취소하더라도 그것만을 다루다 보면 뭔가 나올 뿐만 아니라, 그의 놀이 동료들에 의해 비방거리를 이내 찾아내어 몇백 번이고 되풀이한 결과, 대개의 경우 그것에 대한 희생자의 저항이 전혀 불가능하다는 확신을 갖고 쉽게 비방하는 것이다. 그때 이러한 부랑자들은 다른 인간에게는 믿어지지 않을 정도로 또는 이해조차 할 수 없는 동기에서 무엇인가를 꾸미는 것이다. 신이여, 지켜주소서.

그렇듯 인간쓰레기들은 사랑해야 할 동시대 사람들을 가장 무례한 방법으로 공격하면서 품위 있는 문어나 점잖은 문구와 같은 그럴듯한 언사와, 그럴듯한 먹구름 속에 숨어 '저널리스트의 의무'라든가 그와 비슷한 시시한 헛소리를 지껄이고, 더구나 무슨 총회나 회합 또는 이러한 페스트들이 많이 모인 자리에는 매우 특수한 종류의 명예, 곧 '저널리스트의 명예'에 대해서 잔소리를 늘어놓으며, 그곳에 모여든 무뢰한들은 서로 정중하게 확인하는 것이다.

그러나 이 인간쓰레기들이 이른바 '여론'의 3분의 2 이상을 만들고 있고 그 거품에서 의회주의라고 하는 사랑의 신이 나타난 것이다. 이 과정을 정확하게 그려내고 완전히 거짓에 찬 불성실을 설명하기 위해서는 몇 권의 책이 소요될 것이다. 하지만 이것을 도외시하고 그 활동과 더불어 주어진 결과만이라도 관찰한다면, 가장 옳은 믿음을 가진 사람이라도 이 제도를 객관적으로 본 광기를 상상하는 데 이것으로 충분하리라 생각한다.

이 미치광이같이 위험한 인간의 착란은 민주주의적 의회주의를 참다운 게르만적 민주주의와 비교하자마자 가장 손쉽고 빠르게 이해할 수 있다.

다수결원리

전자의 주목할 만한 점은 다음과 같다. 곧 일정한 수의 남녀—이를테면 500명의 남자, 최근에는 여자도—가 선출된다. 이제 어떠한 일이라도 최후의 결정을 내리는 것이 그들의 의무이다. 그들만이 실제상의 정부이다. 왜냐하면 그들로부터 외면적으로는 국가 사무를 관리하는 내각을 출범시킨다고 해도,

이것은 다만 보이기 위한 것에 불과하기 때문이다. 실제로 이른바 이러한 정부는 사전에 일반 의회의 승인을 얻지 않으면 아무것도 실행할 수가 없다. 그러나 마지막의 결정은 정부에 있고, 의회의 다수자에 있으므로, 정부는 동시에 아무런 책임 추궁도 받지 않는다. 어떠한 경우에도 정부는 오로지 그때그때의 다수 의지의 집행자에 불과하다.

사람들은 정부의 정치적 능력을 알기 위해서는, 다수자의 뜻에 순응하든가 아니면 다수자를 자기편으로 끌어들이든가 하는 기술에 의해서만 판단할 수 있을 뿐이다. 그러나 정부는 그와 함께 사실상의 통치자 지위로부터 그때마다의 다수자에 대응하는 거지 위치에까지 전락하는 것이다.

그렇다. 정부의 가장 긴급한 과제는 바야흐로 일반적으로 일이 있을 때마다 현재의 대다수의 호의를 어떻게 확보하는가, 아니면 보다 호의 있는 새로운 다수를 어떻게 만들 것인가 하는 점에 있다. 이것이 달성되면 다시 정부는 단기간의 '통치'를 계속할 수가 있고, 이것이 달성되지 않는다면 그만두면 되는 것이다. 본디 그때의 정부는 의도가 옳은가 어떤가에는 전혀 중점을 두지 않으며, 그와 더불어 모든 책임은 사실상 면제되고 마는 것이다.

이것이 어떠한 결과로 인도될 것인가는 아주 간단한 고찰에서 추측할 수 있다. 곧 직업이나 개인의 능력에 따라 선출된 국민 대표자 500명의 내부 구성은 분열되어 대부분 가엾은 모습을 보일 것이다. 왜냐하면 이들 국민으로부터 선출된 자들이 마찬가지로 정신이나 지성을 고려해 선출된 자라곤 아무래도 믿을 수 없기 때문이다.

분별심이 있다고 할 수 없는 선거인의 투표용지에서 정치가가 동시에 100명이나 탄생한다고 희망적으로 생각하지 않기를 바란다. 일반적으로 보통선거에서 천재가 탄생할 것이라고 하는 당찮은 말에는 아무리 날카롭게 대항하더라도 지나치지 않다. 첫째로, 한 국가 안에서 아주 드물게 그것도 아주 오랜만에 딱 한 번 참다운 정치가가 탄생되는 것이지, 동시에 100명 또는 그이상으로 한꺼번에 탄생되는 일은 없다. 둘째로, 대중이 뛰어난 천재들에 대하여 본능적으로 혐오감을 느끼고 있다. 선거에 의해 위대한 인물이 발견되기 전에 낙타가 바늘구멍을 지나가고 있을 것이다. 실제로 대중의 평균수준을 넘는 뛰어난 자는 대개 세계사에 개인적으로 나타나는 것이 보통이다.

그러나 500명이라는 상당한 수의 인간이 국민의 가장 중요한 이해에 대해서 표결하고 정부를 지정한다. 그리고 정부는 하나하나의 경우와 모든 특수한 문제에 대해 또다시 의원 각하의 동의를 얻어야만 한다. 그러므로 사실상 정치는 500명에 의해 이루어지는 것이다. 대개 정치는 그와 같은 것이다.

하지만 이 국민 대표의 독창성은 전혀 문제 밖이라 하더라도 해결을 기다리고 있는 문제가 얼마나 다양한가, 해결하거나 결정하거나 하는 분야가 얼마나 넓은가 하는 것을 생각하기 바란다. 그리고 언제나 아주 소수만이 지금 다루고 있는 사항에 대해서 지식과 경험을 갖고 있을 뿐인 인간들의 대집회에 마지막 결정권을 위임하고 있는 통치제도가 이 때문에 얼마나 부적당한가를 잘 알 수 있을 것이다. 가장 중요한 경제적 조치까지도 경제적 예비교육을 그중의 10분의 1만이 받고 있는 데 불과한 논단에 제출된다. 그것은 어떤 일의 마지막 결정을 이것에 관한 온갖 전제 조건을 완전히 결여하고 있는 사람들의 손에 맡기는 것이라고 할 수 있다.

마찬가지로 다른 모든 문제에 대해서도 그러하다. 이 제도의 구성은 변하지 않으므로 언제나 결정은 무지하고 무능한 다수자에 의해 이루어질 것이다. 다루어지는 문제는 공공생활의 거의 모든 영역에 확대되어 있으므로 그것에 대해 판단하든가 결정하든가 하는 의원은 끊임없이 교대되는 것이 전제되어야 하리라. 그렇지만 비유해 말하면 고도의 외교 문제를 다룬 그 사람에게 교통 문제까지 처리하게 하는 것은 불가능하다. 그들이 몇 세기에 겨우한 번 나타날 정도의 만능 천재라면 사정은 다를 것이다.

하지만 유감스럽게도 대개는 보통 '두뇌'가 없는 것이 문제이며, 마찬가지로 편협하고 자만심이 강하고, 게다가 교만한 딜레탕트[13]나 더없이 악질의 정신적 창부사회가 문제인 것이다. 또 가장 위대한 인물까지도 주의 깊게 생각하지 않으면 안 될 사상에 대해서 이들 지배자들이 가끔 이해할 수 없는 경솔함을 가지고 이야기하거나 결정하는 원인은 여기에 있다. 국가 전체가, 즉 실제 국민의 장래에 대해서 가장 중요한 의의가 있는 것에 관한 조치가 거기에서는 마치 인종의 운명이 아닌 샤프코프나 타로크의 한 놀이[14]—그쪽이 그들에게는 훨씬 어울리는 것이지만—가 탁자 위에 벌어지는 것처럼 취급된다.

이와 같은 의회의 모든 의원이 처음부터 줄곧 이러한 무책임에 사로잡혀

---

13) 예술이나 학문을 그저 재미나 취미로 하는 사람을 놀림조로 빗댄 말.
14) 트럼프놀이의 하나.

있었다고 믿는 것은 확실히 정당하지 못하리라. 그렇다, 단연코 그렇다.

성격의 부패

그러나 이 조직이 한 사람 한 사람을 강제해서 그에게는 전혀 관계가 없는 문제에 대해서 태도를 결정하게 하고 있는 동안 차차 그의 성격이 그릇되기 시작한다. "여러분, 우리는 이 사항에 대해서는 아무것도 모릅니다. 적어도 나 개인은 전혀 아무것도 모르는 것입니다"라고 선언하는 용기를 낼 수 있는 자는 없을 것이다(게다가 이런 일은 그다지 도움이 안 된다. 왜냐하면 이런 종류의 솔직함은 전혀 이해되지 않을 뿐만 아니라, 이런 우직함 때문에 일반적인 놀이를 아주 망가뜨리는 일 같은 것은 없기 때문이다). 하지만 인간을 알고 있는 사람이라면 이런 상류사회에서는 아무도 자진해서 가장 바보가 되고 싶어하지는 않는다는 것, 그리고 어떤 사회에서는 정직이 언제나 바보를 의미한다는 것을 알 것이다.

이리하여 처음에는 고결한 대표자도 필연적으로 일반적인 허위와 눈속임의 궤도에 내던져진다. 한 개인이 다른 태도를 취하더라도 사태 그 자체에는 아무런 변화가 없다는 확신이 한두 사람에게는 아직도 생길지 모를 정직한 충동을 깡그리 뭉개버리고 마는 것이다. 그는 마침내 자기 자신은 아직도 다른 사람들 중에서 가장 나쁘지는 않다, 자기가 관계하고 있음으로써 사태가 더욱 악화되는 것을 막았다고 자기 스스로 믿게 할지도 모른다.

물론 사람들은 다음과 같은 이의를 제기할 것이다. 분명히 개개의 의원은 이런저런 사항에 특별히 정통하고 있지는 않지만, 그의 태도 결정은 당사자의 정책 지도자로서의 당파에 의해 조언을 받는 것이며, 그 당파는 본디 전문가로부터 충분히 설명을 받는 특별위원회를 갖고 있다고.

이것은 얼핏 보아 옳은 일처럼 생각된다. 그러나 문제는 다음과 같은 데 있다. 말하자면 가장 중요한 이해에 있어서 태도 결정을 하기 위해 필요한 지식을 갖고 있는 자가 2, 3명밖에 없는데 왜 500명이나 뽑느냐는 것이다. 그렇다. 바로 이것이 사실의 참모습인 것이다.

오늘날 민주주의적 의회주의의 목적은 아마도 현인의 회의를 이루는 것이 아니고 오히려 정신적으로 종속적인 하찮은 무리를 불러모으는 데 있다. 하나하나의 인격적 편협이 크면 클수록 일정 방향으로 지도하는 일이 더욱 쉬워진다. 다만 그렇게 함으로써 오늘날의 나쁜 의미에서의 정당정치가 이루어지는 것이다. 그렇게 하지 않으면 본디의 흑막이 항상 개인적으로 책임지게 되는 일 없이 언제나 주의 깊게 배후에 숨어 있을 수가 없는 것이다. 왜냐하면 국민에게 그 정도로 해로운 어떠한 결정이라도 누구의 눈에 똑똑히 악당으로 보이는 자들에게 책임이 돌아가지 않고 당파 전체의 어깨에 걸리게 되기 때문이다.

그러나 그와 동시에 실제의 책임이 모두 없어진다. 왜냐하면 책임이란 개개의 인물의 의무감 속에만 있는 것이지 국회 회기 중의 허튼소리에는 없기 때문이다.

유대적 민주주의

이 제도는 정직하고 성실해서 개인적 책임을 질 각오가 있는 남자라면 그것을 반드시 증오해야 함에도, 더할 수 없는 거짓말쟁이고 동시에 특히 햇볕을 두려워하는 잠행자에게만 환영받고 있다.

그러므로 이런 종류의 민주주의는 또한 그들 내적인 목적에 따라 현재나 장차 영원히 태양을 두려워해야 하는 인종의 도구이다. 단지 유대인만이 그들 자신처럼 불결하고 정직하지 못한 이 제도를 칭찬할 수 있는 것이다.

＊

게르만적 민주주의

이것에 대립하고 있는 것이, 모든 책임을 완전히 떠맡을 의무를 지고 있는 지도자를 자유롭게 선출하는 진정한 게르만적 민주주의이다. 거기에는 개개인의 문제에 대한 다수결은 없고, 다만 자기 결단에 대한 능력과 생명을 거는 오직 한 사람의 결정만이 있을 뿐이다.

이러한 전제 아래 이와 같은 위험한 과제에 한 몸 바칠 각오가 되어 있는 자는 좀처럼 없으리라고 이의가 제기된다면, 이에 대해서는 단 한 가지의 대답이 있을 뿐이다. 말하자면 고맙게도 가까이에 있는 가치가 없는 야심가나 부도덕한 인사가 음모에 의해 민족 동포의 정부를 다스릴 수가 없고, 떠맡아야 할 책임의 크기에 따라 무능력자나 약자가 꽁무니를 뺀다면, 바로 이러한 곳에 게르만적 민주주의의 의의가 있다.

그러나 그럼에도 불구하고 언젠가 그와 같은 자가 숨어들려고 한다면 사람들은 그를 쉽사리 찾아내 가차 없이 호통 칠 것이다. "물러가라, 비열한 놈아! 발을 거두어들여라. 계단이 더러워진다! 왜냐하면 역사의 판테온[15]에 오르는 층계는 음흉한 도둑을 위해 있는 것이 아니라 영웅을 위해 있기 때문이다!"

*

붕괴에 부닥친 이중 제국

나는 빈 의회에 2년 동안 출석하고서 이와 같은 생각에 이르렀다. 나는 그 뒤 다시는 의회에 들어가지 않았다. 낡은 합스부르크 국가가 최근에 더욱 뚜렷하게 취약해진 것은 의회정치의 역할이 컸다. 그 영향으로 독일인의 우세가 깨어지면 깨어질수록 더욱 여러 민족이 서로 어부지리를 노리는 체제로 타락했다. 국회에 있어서조차 이것이 항상 독일인의 희생으로 행해지고, 그것과 더불어 마지막으로는 제국의 손실을 가져오는 것이었다. 왜냐하면 이미 세기의 전환기에는 아무리 우직한 인간이라도 왕국의 흡인력으로는 각 지방의 분리 지향을 더 이상 막을 수가 없다는 것이 분명한 상태였기 때문이다.

그뿐만이 아니었다. 국가가 자기를 유지하기 위해 써야만 할 수단이 가련한 것이 되어감에 따라 국가에 대한 일반의 경멸감이 더욱 높아졌다. 헝가리에 있어서뿐만 아니라 낱낱의 슬라브인 지방에서도 왕국의 약체화를 결코 자신의 수치로 느끼지 않게 될 만큼 공통된 왕국과 동일하지 않은 것처럼 느끼고 있었다. 사람들은 도리어 그와 같은 노쇠의 조짐을 기뻐했다. 아무튼 사람들은 왕국의 재흥보다도 그 멸망을 바라고 있었던 것이다.

그러나 완전한 붕괴는 의회에서 어떠한 공갈에 대해서도 위엄 없이 양보하고 그것을 이행함으로써 막히게 되었다. 그 경우 국내에선 하나하나의 민족이 서로 반목하고 될 수 있는 한 교묘히 어부지리를 차지하려는 일로 말미암아 독일인이 보상을 해야만 했다. 그럼에도 일반적인 발전 방향은 독일과 반대 방향으로 향하고 있었다. 특히 왕위계승권으로 프란츠 페르디난트 대공이 어느 정도 영향력을 행사하기 시작한 이래 하향적으로 계획이나 법규의 체코화가 촉진되기 시작했다. 가능한 한 온갖 수단으로 이 이중 제국의 미래

---

15) '가장 신성한 신들의 전당' 또는 '모든 신들의 신전'이란 뜻.

지배자는 비독일화를 원조하고 또는 비독일화를 촉진시키려고 했으며, 적어도 비호하려고 했다. 그렇게 해서 순수한 독일인의 도시들은 국가 관리의 경질에 의해서 서서히, 그러나 헤매지 않고 착실히 복수의 언어사용의 위험지대로 빠져들어갔다. 하(下)오스트리아에 있어서조차 이 과정이 점차 빠른 속도로 진전되기 시작했고, 많은 체코인은 빈을 벌써부터 자신들의 최대 도시로 여기고 있었다.

그 가족이 이미 체코어만으로 이야기를 하고 있었던 이 새로운 합스부르크 가문의 지도적인 사고방식은(대공비는 본디 체코 백작의 딸로 왕자와 신분이 다른 결혼을 했다. 그녀는 반독일적 입장을 전통적으로 지키고 있는 계층 출신이다) 중부유럽에 정통 러시아에 대한 방어벽으로서 엄격한 가톨릭적 기초 위에 서 있는 슬라브 국가를 점차 세우는 것이었다. 그것과 더불어 지금까지 가끔 합스부르크 가문 사람들에 의해 행해진 것처럼 다시금 종교가 순수한 정치사상을 위해, 적어도 독일 관점에서 본다면 불행한 사상을 위해 도움되기에 이른 것이다.

그 결과는 여러 가지 점으로 봐서 슬퍼할 결과 이상의 것이었다. 합스부르크 왕가도 가톨릭교회도 기대한 대가를 얻을 수 없었다.

합스부르크 왕가와 독일주의

합스부르크 왕가는 왕위를 잃고, 로마는 큰 나라를 잃었다. 왜냐하면 왕위가 종교적 힘을 그 정치적 재량에 사용함으로써 왕위 자체가 처음에는 물론 있을 수 없다고 생각하고 있었던 어떤 정신을 불러일으켰기 때문이다.

온갖 수단으로 옛 왕국 안의 독일주의를 근절하려는 시도에 대한 대응으로 오스트리아 안에서 범독일주의 운동이 일어났다. 전세기의 80년대에 근본적으로 유대적 입장에 선 맨체스터학파의 자유주의[16]가 이 왕국에 있어서도 절정에 이르렀다. 그러나 이것에 대한 반동은 옛 오스트리아에서는 모든 경우에 다 그러하지만, 첫째로 사회적 관점에서가 아니라 국가적 관점에서 나왔다. 자기보존 충동이 독일인을 가장 날카로운 형태로 방어하도록 한 것이다. 둘째로, 경제적 고려도 서서히 결정적인 영향을 미치기 시작했다. 그와

---

16) 영국 맨체스터 상업회의소를 본거지로 하여 스미스, 리카도 등의 고전학파 경제학이 내세운 자유방임주의와 자유무역주의를 선전한 사람들을 맨체스터학파라고 한다.

동시에 일반적인 정치적 무질서에서 두 개의 당파가 이루어졌다. 하나는 보다 더 국가주의적인 당, 다른 하나는 보다 더 사회주의적인 당인데, 둘 다 장래를 위해서 흥미 깊은 것이고 유익한 것이었다.

1866년 전쟁[17]이 패배로 끝난 뒤 합스부르크 왕가는 전장에서 복수하려는 생각을 갖고 있었다. 단지 멕시코에서의 막시밀리안 황제의 죽음이―그 불행한 원정의 원인을 사람들은 먼저 나폴레옹 3세에 돌리고, 그 참사가 프랑스인에 의해서 야기되었다고 해서 일반적인 분노를 불러일으켰다―프랑스와의 긴밀한 제휴를 방해하고 있었다. 그럼에도 당시 합스부르크 왕가는 기회를 엿보고 있었다.

1870년과 1871년의 전쟁[18]이 그토록 유례없는 승리를 거두지 않았다면 아마도 빈 황실은 자도바[19]의 복수를 위해 유혈의 일전을 강행했을지도 모른다. 그러나 싸움터로부터 맨 처음, 그것도 기적적이고 거의 믿어지지 않을 정도의 영웅적 보고가 이르렀을 때 모든 군주 가운데 '가장 현명한 군주'[20]는 시기가 부적당하다고 보고 이 나쁜 도박에 대하여 될 수 있는 대로 좋은 표정을 지었던 것이다.

독일계 오스트리아인의 반란

이 두 해의 용감한 싸움은 또 하나의 매우 커다란 놀라움을 가져왔다. 왜

---

17) 프로이센·오스트리아전쟁(보오전쟁). 독일 통일을 둘러싸고 소(小)독일주의 프로이센과 대(大)독일주의 오스트리아 사이에 있었던 전쟁. 비스마르크는 교묘한 외교정책으로 이탈리아, 프랑스, 러시아가 중립을 지키게 한 뒤, 몰트케 작전 아래 오스트리아 주력을 이내 격파하고, 불과 7주 만에 오스트리아를 항복시켜 '프라하 조약'을 맺었다. 그 결과 오스트리아는 독일에서 쫓겨났으며 프로이센의 북독일연방 조직이 승인되어 독일 통일의 기초를 만들었다.

18) 프로이센·프랑스전쟁(보불전쟁). 스페인 국왕 선출문제를 둘러싼 두 나라의 분쟁. 1870년 7월 19일 프랑스가 선전포고. 프로이센은 독일 여러 나라의 협력을 얻어 연전연승. 9월 2일 나폴레옹 3세가 항복. 공화정권 성립. 1871년 2월 베르사유에서 평화협정, 5월 프랑크푸르트에서 강화조약 체결. 프랑스는 독일에 배상금 50억 프랑을 지불하고, 알자스·로렌 대부분을 할양(割讓). 그사이 1월 18일에 베르사유에서 독일제국 성립이 선포되었다.

19) 독일에서는 쾨니히그레츠 전투라고 말한다. 프로이센·오스트리아전쟁 때 보헤미아에 침입한 프로이센군 주력이 1866년 7월 3일 오스트리아군 주력을 쳐부수고 전쟁의 대세를 판가름한 싸움.

20) 프란츠 요제프 1세를 이른다.

냐하면 합스부르크 왕가 사람들에게 이 태도 변경은 결코 속마음의 충동에서가 아니고, 여러 사정의 강제에 응한 것이었기 때문이다. 그러나 옛 오스트마르크의 독일 민족은 독일제국 승리의 도취에 감동되어 조상이 꿈꾸던 재흥을 훌륭하게 실현시키려고 했다.

이 점에서 정말 그릇된 판단을 해서는 안 된다. 곧 진정으로 독일을 생각하는 오스트리아인은 쾨니히그레츠 전투[21] 중에도, 이제는 구식 연방이라는 부패한 노쇠에 사로잡혀 있어서는 안 된다—그것은 실제로 그렇지 않았지만—고 하는 제국의 재흥을 위해서 비극적이긴 했지만 필연적인 전제 조건을 인식하고 있었던 것이다.

그들은 합스부르크 왕가가 그 역사적 사명을 마침내 끝내고, 새로운 독일제국은 그 황제에게, 그 늠름한 지조로 봐서 '라인의 왕관'에 어울리는 원수(元首)[22]를 고를 수 있다는 것을 무엇보다도 먼저 그리고 가장 철저히 이해하게 되었던 것이다. 일찍이 국민에게 프리드리히 대왕을 영원한 재흥을 위한 빛나는 상징으로서 제공한 왕실의 자손에게 운명이 이 봉토(封土)를 수여한 일이 얼마나 많이 칭송되어야만 할까.

세계대전 뒤 합스부르크 왕가가 단호하게 이중 국가의 위험한 독일인 요소(그들의 내적인 심정은 의심할 여지도 없었다)를 서서히, 그러나 용서 없이 절멸시키는 일에 착수했을 때—왜냐하면 이것은 슬라브화정책의 필연적인 결과이기 때문에—맨 마지막 선고를 받은 민족의 반항이 근세 독일사에서 다시는 볼 수 없을 만큼 강렬하게 불타올랐다.

처음으로 국민적·애국적 심정을 가진 사람들이 반란의 무리가 된 것이다. 반역은 국민에 대한 것이 아니고, 국가 그 자체에 대한 것도 아니며, 그들의 확신에 의하면 자기 민족을 멸망으로 이끌 수밖에 없는 부류의 정부에 대한 것이었다. 그리하여 근세 독일 역사상 처음으로 전통적인 왕당파적 애국주의가 국민적 조국애와 민족애로부터 분리된 것이다.

국가 권위는 자기 목적에 있지 않다
국가 권위는 그것이 민족 이해에 따라 적어도 민족에게 해를 미치지 않을

---

21) 주석 18 참조.
22) 프로이센의 호엔촐레른 왕가를 가리킨다.

때만 존경과 지지를 요구할 권리를 가지고 있다. 이것을 분명하게 확인하기에 이르렀다는 것은 1890년대 독일계 오스트리아인의 범독일주의 운동의 공적이었다.

자기 목적으로서의 국가 권위란 있을 수 없다. 왜냐하면 이 경우 세계의 어떤 전제정치도 범하기 어려운 신성한 것이라고 말할 수 있기 때문이다. 만일 정치권력에 의해 멸망에 이른 민족이 있다면, 그 민족에 속하는 자가 모두 반역하는 것은 그때에는 권리일 뿐 아니라 의무이기도 하다.

그러나 그러한 경우가 언제 발생하는가 하는 문제는 이론적 논문으로는 결정되지 않고 힘과 그 성과에 의해서 결정되는 것이다. 아무튼 정치권력이란 그것이 아무리 나쁘더라도, 또 민족의 이해를 몇 번이고 배신하더라도 국가의 권위 유지에 대한 의무를 요구하는 법이다. 그러므로 그러한 권력을 억압함으로써 자유와 독립을 수립해야 할 민족적 자기보존 충동은 적이 자기를 유지하기 위해 사용하는 것과 똑같은 무기를 사용해야만 된다. 따라서 투쟁은 전복되어야 하는 권력이 '합법적' 수단을 쓰는 한 '합법적' 수단을 가지고 수행될 것이다. 하지만 또 압제자가 비합법적 수단을 쓴다면, 비합법적 수단 앞에서 물러날 필요도 없다.

일반적으로 다음과 같은 일은 결코 잊어서는 안 된다. 인간존재의 최고 목적은 국가를 유지하거나 정부를 유지하는 일이 아니라 종의 보존이라는 점이다. 그리고 일단 이 종이 압박당하든가, 그 이상으로 절멸될 것 같은 위험이 있을 경우에는 합법의 문제는 이미 부차적인 역할을 할 뿐이다. 그때에도 지배 권력은 몇 번이고 이른바 '합법적' 수단을 그 행동에 사용할지도 모른다. 그렇지만 압박받는 자의 자기보존 충동이 온갖 무기를 가지고 싸우는 것은 항상 더할 데 없이 숭고하며 정당하다고 인정되는 것이다. 단지 이 원칙이 승인됨으로 해서 이 지상의 여러 민족의 내적·외적 노예화에 반대하는 자유 투쟁이 매우 힘차게 역사 속에 전해 내려오고 있는 것이다.

인권은 국권을 파괴한다

인간으로서의 권리는 국가의 권리를 깨뜨린다. 어떤 민족이 인권 투쟁에서 질 때 그것을 운명의 저울에 달아본다면, 이 세상에서 존속하는 행복을 누리기에는 그 자체가 너무 가볍다는 것을 알게 될 것이다. 그것은 자기 존재를 위해서 싸울 각오도 능력도 없는 자에게는 영원히 공정한 섭리가 모든 것에 종말을 정해 놓고 있기 때문이다. 세계는 겁쟁이 민족을 위해서 있는 것이 아니다.

*

범독일주의 운동

그러나 전제정치가 이른바 '합법성'의 가면을 쓰고 있는 것이 얼마나 쉬운가는 다시 한 번 오스트리아의 예가 더할 나위 없이 뚜렷하게, 가장 철저하게 보여주고 있다.

그때 합법적인 국가권력은 대부분이 비독일인으로 이루어진 의회의 반독일적 터전과 마찬가지로 반독일적 왕가를 바탕으로 하고 있었다. 이 두 가지 요소 중에 국가 권위의 모두가 구체화되어 있었다. 이런 처지에서 오스트리아 내 독일 민족의 운명을 바꾸려고 한다는 것은 당찮은 일이었다. 그러나 유일하게 가능한 '합법적' 방법과 국가 권위의 숭배자들은 그와 동시에 합법적 수단으로는 실행할 수 없기 때문에 중지해야 한다는 의견이었다. 하지만 이것은 불가피한 필연성을 가지고—게다가 단기간 사이에—왕국 안의 독일 민족 종말을 의미하게 되었을 것이다. 사실 독일인은 이런 운명에 놓이기 전에 이 나라가 멸망했기 때문에 살아남을 수 있었던 것이다.

물론 안경을 낀 이론가는 항상 민족을 위해서보다 오히려 학설을 위해 기꺼이 죽을 것이다. 그는 인간이 법률을 만들었으므로 결국 인간은 법률을 위해 산다고 믿는다. 모든 이론적인 틀에 박힌 인간이나 그 밖의 국가적인 주물숭배(呪物崇拜)의 섬나라 근성 고립주의자를 놀라게 하여 이 불합리를 한 번에 없애버린 것은, 그때의 오스트리아에서의 범독일주의 운동의 공적이었다.

합스부르크 왕가가 온갖 방법으로 게르만주의를 괴롭히려고 하고 있는 동안, 이 당은 '숭고한' 지배 왕가 자체에 공격을, 그것도 가차 없는 공격을 가했다. 이 당이 처음으로 이 부패한 국가의 실제를 파헤쳐 수백만 사람들의 눈을 뜨게 했던 것이다. 조국애라고 하는 영광스러운 관념을 이 비극적인 왕국의 손아귀에서 해방시킨 것은 이 당의 공적이다.

당의 발족 초기에는 그 지지자가 엄청나게 많았고 사실 구름처럼 모여들었다. 그러나 성공은 계속되지 않았다. 내가 빈으로 왔을 때 이 운동은 이미 그동안에 힘을 얻은 기독교사회당의 그늘에 가려져 거의 의미를 가지지 못할 만큼 압도되어 있었다.

한편의 범독일주의 운동의 성쇠 과정과 다른 한편의 기독교사회당의 전에 없던 번창 과정은 나에게 있어 전형적인 연구대상으로서 뜻깊은 것이 될 게 틀림없었다. 내가 빈에 왔을 때 나의 동정은 완전히 범독일주의 운동 쪽에 기울어져 있었다.

그들이 의회에서 '호엔촐레른 왕가 만세'라고 외치는 용기를 불러일으킨 것은 나에게 감명을 줌과 동시에 기쁨을 주었다. 그들이 여전히 자신들을 독일제국의 일부분이라고 간주한 것과 한순간이라도 이것을 공적으로 나타내는 것을 잊지 않고 있다는 것이 즐거운 확신과 함께 나를 고무시켰다. 그들이 게르만주의에 관한 모든 문제를 단호하게 표명하고 결코 타협을 받아들이지 않는 것이 나로서는 우리 민족의 해방을 위해 전진할 수 있는 유일한 길로 생각되었다. 그러나 이 운동이 처음에는 놀라운 번영을 누리다가 지금에 와서는 이렇듯 침체되어 있는 것을 나는 이해할 수 없었다. 동시에 기독교사회당이 이처럼 거대한 세력이 된 것은 더욱더 알 수 없는 일이었다. 기독교사회당은 당시에 그야말로 인기 절정에 올라 있었다.

그때 내가 이 두 운동의 비교에 착수했을 때 또다시 운명이 나의 그 무렵 비참한 환경에 촉진되어 이 수수께끼의 원인을 이해하기 위한 가장 좋은 가르침을 베풀어주었다.

쇠네러와 루에거

나는 먼저 양당의 지도자로서, 창설자로 보이는 두 인물에 대해서 살펴보기 시작했다. 곧 게오르크 폰 쇠네러와 칼 루에거 박사이다.

순수하게 인간적으로 본다면, 그들은 모두 이른바 의회주의적 인품의 테두리나 정도를 훨씬 넘어서 월등한 인물이었다. 일반적인 정치적 부패의 진흙탕 속에서 그들의 모든 생활은 깨끗해서 감히 트집 잡을 수 없는 것이었다. 그럼에도 불구하고 처음에 나는 범독일당의 쇠네러 쪽에 호의를 가지고 있었지만, 차츰 기독교사회당의 지도자에게도 관심이 갔다.

그들의 능력을 견주어볼 때 그때 이미 쇠네러는 원리적인 문제에 있어선 더욱 뛰어나고 심오한 사상가처럼 생각되었다.[23] 그는 오스트리아 국가의 필연적인 붕괴를 다른 누구보다도 바르고 똑똑하게 인식하고 있었다. 특히 독일제국에 있는 사람들이 합스부르크 왕가에 대한 그의 경고를 좀더 잘 듣고 있었다면, 독일이 전유럽에 대적하여 일으킨 세계전쟁의 불행은 결코 일어나지 않았을 것이다.

당시 쇠네러는 문제를 그 내면적 본질에 따라 인식하고는 있었지만 인간을 보는 관점에서 많은 잘못을 저지르고 있었다.

한편 여기에 루에거 박사의 강점이 있었다. 그는 보기 드문 인간통(人間通)이었다. 그는 특히 인간을 실제 이상으로 보는 것을 경계했다. 이처럼 그는 인생의 현실적인 가능성을 많이 고려했는데, 반면 쇠네러는 이 점에 있어서 거의 이해가 없었다. 또한 범독일당이 생각한 모든 일은 이론적으로 보면 옳았다. 그러나 동시에 그 이론적 인식을 대중에게 전하거나, 본디 늘 한정된 대중의 이해력에 적응한 형태로 그것을 불어넣은 힘과 이해력이 부족했기 때문에 모든 인식은 단지 예언자적 지식이었고 언제나 실제로 현실화되는 일이 없었다.

하지만 이와 같은 실제상의 인간적 지식이 결여되고 있었던 것이, 그 뒤의 경과에서 전체의 운동이나 옛날부터의 제도가 갖는 힘의 평가를 그르치게 했던 것이다.

마지막으로 쇠네러는 물론 여기서는 세계관이 근본적인 문제라는 것을 인식하고는 있었으나, 이와 같은 거의 종교적인 신념의 담당자로서 일차적으로 대중만이 적합하다는 것을 모르고 있었다. 유감스럽게도 그는 이른바 '부르주아지' 계급이라고 하는 것이 그들의 경제적 지위 때문에 저마다 많은 것을 상실하게 될까 겁낸 나머지 꽁무니를 빼어 투쟁 의욕이 몹시 제한되는 것을

23) 쇠네러(1842~1921)의 할아버지는 페인트공으로 가난했으나, 아버지는 하급 귀족의 칭호를 얻을 정도까지 올랐다. 게오르크 폰 쇠네러는 1873년 오스트리아의 하원의원이 되어 자유파에 속해 있었으나, 같은 해 경제공황 때 사회개혁적 요구를 내걸고, 1876년에는 자유파에서 탈퇴했다. 1876년 문화투쟁 시대에는 범독일주의 입장에서 가톨릭 반대를 주장하고, 나아가 보스니아·헤르체고비나 점령이라는 오스트리아 정부 정책에 반대하여, 빈 대학생을 중심으로 하는 과격 민족주의 그룹의 영웅이 되어, 확실하게 반유대주의와 독일제국 숭배자로 전향했다. 1885년 린츠 강령에 반유대주의 항목을 삽입한 그는 비스마르크 숭배자이기도 했다. 그 뒤 그의 운동의 성쇠는 히틀러의 설명에 거의 가깝다.

거의 이해하지 못하고 있었다.

그리고 대체로 세계관은 대중이 이 새로운 교설의 옹호자로서 필요한 투쟁을 스스로 담당할 각오가 되어 있을 때만이 분명히 승리의 가망이 있는 것이다. 하층 민중계급의 중요성에 대한 이해가 결여되어 있었기 때문에 사회문제에 대해서도 충분한 견해를 전혀 갖지 못했다.

그러한 모든 점에 있어서 루에거 박사는 쇠네러의 반대였다. 근본적으로 인심 세태를 잘 알고 있었다는 것이 그로 하여금 실현 가능한 힘을 올바르게 판단하게 하고, 동시에 현존 제도의 과소평가로부터도 지켜주었으며, 아마 바로 그 때문에 자신의 의도를 이루는 수단으로서 쓸모 있게 하는 것을 가르쳤을 것이다.

그는 또한 오늘날 상층 부르주아지의 정치적 투쟁력이 새로운 큰 운동으로 승리를 쟁취하기에는 너무나도 적고 불충분하다는 것을 정확히 알고 있었다. 그러므로 그는 자기의 정치활동 중점을 생존이 위협받고, 그 때문에 투쟁심이 마비되기보다 오히려 자극을 받고 있는 계층을 확보하는 데 두었다. 마찬가지로 그는 모든 기존의 권력 수단을 이용하고 현존하고 있는 유력한 제도를 자기편으로 삼아 예부터 있는 힘의 원천을 그의 운동을 위해 될 수 있는 대로 크게 이용하려는 경향을 가지고 있었다.

그래서 그는 새로운 당의 목표를 먼저 몰락의 위협을 받고 있는 중산계급에 둠으로써 강인한 헌신성과 불굴의 투쟁심을 가지고 있는, 쉽게 동요되지 않는 지지층을 확보했던 것이다. 가톨릭교회에 대해서도 더할 수 없이 현명한 관계를 유지하여 얼마 동안은 젊은 성직자를 자기편으로 끌어들였다. 옛 성직자의 정당은 그 싸움터를 포기하도록 강요하고 또는 더욱 교활하게 서서히 한 발 한 발 기반을 얻기 위해 새로운 당에 합류시켰던 것이다.

그러나 이것만이 루에거의 본질적인 성격이라고 본다면 그것은 그를 매우 옳지 않게 본 것이다. 왜냐하면 그는 현명한 전술가이고 또한 참으로 위대한 천재적 개혁자의 자질을 갖고 있었기 때문이다. 물론 이 경우에도 지금 현실로 존재하는 가능성과 그 자신의 능력을 정확히 알고 있었기 때문에 제약을 받고 있었다.[24]

---

24) 루에거(1844~1910)는 가난한 가정에서 태어나 고학으로 빈 대학을 마치고, 1870년 법학박사 학위를 받았다. 그는 본디 보수적인 사상을 지녔으며, 대독일주의자로서 범독일주의 운

이 참으로 뛰어난 인물이 세운 목표는 어디까지나 실제적인 것이었다. 그는 빈을 정복하려고 했다. 빈은 왕국의 심장이었고, 이 도시에서 부패한 왕국의 병들고 노쇠한 육체의 마지막 생명의 불빛이 흘러나오고 있었다. 심장이 건강해지면 건강해질수록 육체의 다른 부분도 더욱 신선하게 소생될 것이었다. 이 사고방식은 원칙적으로 올바른 것이었지만 단지 일정하게 제한된 시기에만 통용될 수 있는 것이었다.

여기에 이 사람의 약점이 있었다. 그가 빈의 시장으로서 이룩한 일은 가장 좋은 의미에서 불멸이었다. 그러나 그는 이것으로 왕국을 구할 수는 없었다. 때는 이미 늦었다. 이것을 그의 대항자 쇠네러는 좀더 분명히 보고 있었다. 루에거 박사가 실제로 착수한 일은 눈부시게 성공했다. 하지만 그것으로 그가 소망한 일은 실현되지 않았다.

쇠네러가 추구한 일은 성공하지 못했다. 그러나 그가 걱정하고 있었던 일은 유감스럽게도 무섭게 적중했다. 그리하여 두 사람 모두 그 이상의 목표에는 도달하지 못했다. 루에거는 이미 오스트리아를 구할 수 없었고, 쇠네러는 이미 독일 민족의 몰락을 막지는 못했다.

양당이 실패한 원인을 연구하는 일은 현대에 있어서 대단히 유익하다. 이것은 특히 내 친구에게 쓸모 있는 일이다. 왜냐하면 많은 점에서 오늘날의 상태는 당시와 비슷하고, 한때 한쪽의 운동을 종말로, 다른 한쪽을 헛수고로 이끈 실패를 이렇게 해서 피할 수가 있기 때문이다.

쇠네러의 실패 원인

오스트리아에 있어서의 범독일주의 운동의 붕괴에는 내가 보는 바로는 세 가지 원인이 있다.

첫째로, 새로운 그 내면적 본질에 따른 혁명적인 정당으로서 사회문제의

동에 반대하고 있었다. 그는 자유파가 소홀히 하고 있었던 하급계층을 자기편으로 끌어들이고, 1885년에는 민주파로서 오스트리아 의원에 선출되어 당시 가장 인기 있는 정치가이기도 했다. 그러나 그는 본디 반유대주의자는 아니었다고 한다. 쇠네러와 루에거에 대한 기술은 히틀러가 루에거의 대중을 향한 반유대주의적 선동에 현혹된 점을 제외하고라도, 비교적 타당한 평가를 하고 있는 것 같다. 그러나 마저는, 그때 이러한 평가를 할 수 있을 정도까지 히틀러가 성장했다는 것은 있을 수 없는 일이라고 말한다. 아마도 훨씬 뒤에 공부한 결과일 것이다. 하지만 이 무렵 히틀러가 반유대주의자 동맹의 회원이었던 것은 사실이다.

의미에 대해서 뚜렷한 관념을 전혀 가지고 있지 않았다는 점이다.

쇠네러와 그 지지자들은 먼저 부르주아 계층에 의지했기 때문에 결과는 매우 약하고 온건할 수밖에 없었다.

독일의 부르주아지, 특히 그 상층부는 개개인으로서는 자각하지 못하고 있을지 모르지만, 평화주의적이어서 국민이나 국가의 내부 일이 문제가 되면 전적으로 자포자기에 빠져버린다. 좋은 시대라면, 다시 말해서 좋은 정부의 시대라면 이런 태도는 이 계층이 국가에게 매우 가치 있는 기초가 된다. 그러나 보다 나쁜 시대에서는 그것은 바로 파괴적으로 작용한다. 그렇지 않아도 실제로 심각한 투쟁 일반의 실행을 가능하게 하기 위해서는 범독일주의 운동은 무엇보다도 먼저 대중의 지지를 확보하는 데 전력해야만 했다. 그들은 이것을 하지 않기 때문에, 이 운동은 처음부터 이런 물결이 단기간에 퇴조하지 않게 하기 위해 가장 필요했던 본질적인 활기를 잃어버렸던 것이다.

그러나 이 원칙이 처음부터 중시되고 또 실행되지 않는 한, 이 신당은 소홀히 한 일을 그 뒤에 되찾게 되는 모든 가능성을 잃어버리고 만다. 왜냐하면 매우 많은 온화한 부르주아 분자를 채용하면 이 운동의 근본적 경향이라는 것은 항상 한 방향으로만 흘러가고, 좀더 넓은 대중으로부터 힘을 얻을 보다 더 큰 가능성은 모두 상실하게 되기 때문이다. 그 결과 그러한 운동은 단순한 혹평이나 비평에서 벗어날 수가 없게 된다. 많든 적든 거의 종교적인 또는 비슷한 희생정신과 연결되어 있는 신념은 이미 찾아볼 수도 없게 된다. '적극적'인 협동에 의해, 곧 이 경우에는 주어진 것을 승인함으로써 투쟁의 냉혹함을 점차 둔화시키고 마지막에는 게으른 평화에 도달하려고 하는 노력이 그것을 대치하는 것이다.

범독일주의 운동 또한 처음부터 대중 속에서 그 지지자를 얻으려는 일에 중점을 두지 않았으므로 똑같은 전철을 밟았다.[25] 이 운동은 '부르주아적인 귀족과 완화된 급진파'를 얻었다.

두 번째 원인은 이 결점에서의 급속한 몰락이다. 오스트리아 안에서 독일인의 지위는 범독일주의 운동이 등장한 시대에 이미 절망적이었다. 의회는 해마다 서서히 독일 민족을 멸망시키는 체제로 되어갔다. 막다른 골목에서

---

25) 이 부분의 기술은 약간의 주관성과 자료 부족을 제외하면, 거의 히틀러의 견해는 옳다고 할 수 있다.

구출하려는 모든 시도는 이 제도를 없애는 일 말고는 거의 성공할 가망이 없었다.

그것과 함께 이 운동에 원칙적으로 중요한 문제가 생겼다. 곧 의회를 없애버리기 위해선 의회로 들어가서—흔한 표현을 쓰자면—'내부에서 무너뜨릴' 것인가, 아니면 외부에서 이 제도 자체에 대하여 공격하는 싸움을 할 것인가 하는 일이다. 사람들은 들어가서 패하고 나왔다. 물론 그들은 들어가지 않을 수 없었다.

범독일당과 의회

이들 세력에 대항해 바깥으로부터 투쟁한다는 것은 불굴의 용기로 전신을 무장하고 또 거기에 한없는 희생을 각오해야 한다는 것을 의미한다. 그러나 그와 동시에 사람들은 황소의 두 뿔을 움켜잡고 여러 차례 박치기를 당하여 땅에 내동댕이쳐질 것이다. 아마도 손발이 부러지기 전에는 다시 일어나지 못하리라. 그리고 이 맹렬한 싸움 뒤에 비로소 용감한 공격자에게 승리가 주어지는 것이다. 마지막으로 백절불굴이 성공의 보상이 되기까지는 오로지 커다란 희생만이 이 경우의 새로운 투쟁자를 얻을 수 있는 것이다.

하지만 그것을 위해서는 대중에 속하는 민족의 자녀들이 필요하다. 그들만이 이 싸움을 피투성이가 될 마지막까지 해낼 수 있는 결의와 강인성을 충분히 가지고 있다. 그러나 이 대중을 바로 범독일주의 운동은 가지고 있지 못했던 것이다. 그래서 그들은 의회에 들어가는 것 말고는 남겨진 방법이 아무것도 없었다.

이 결심을 오랫동안 마음속으로 괴로워하거나 오로지 숙고하거나 한 결과였다고 믿는 것은 잘못이리라. 아니, 그들은 다른 방법을 전혀 생각하지 않던 것이다. 이와 같은 불합리한 일에 관여하는 것은 오직 원칙적으로 분명히 잘못된 것으로 인식되고 있는 제도에 스스로 관여하는 것이며, 그 의미와 영향에 대해 대체로 분명하게 알고 있지 못했던 관념에 침전된 것이었다.

일반적으로 그 당은 실제로 이제 '온 국민의 집회장'에서 이야기할 기회를 얻은 것이므로 상당히 광범위한 대중의 계몽이 쉬워지리라고 기대하고 있었다. 또 악의 근원에 대한 공격은 틀림없이 바깥으로부터의 돌격보다도 좀더 효과가 있을 것임이 자명한 일로 생각되었다. 의원의 면책특권이 보호를 받고 있으므로 하나하나 투사의 안전이 강화되고 그에 따라 공격력도 강해질 수 있다고 믿었다.

물론 실제 사정은 본질적으로는 달랐다. 범독일당 의원이 지껄이는 집회장은 커지기는커녕 오히려 작아졌다. 그 이유는 저마다 오로지 자기가 지껄이는 것을 들을 수 있는 범위에 대해서만 이야기하거나 신문에 보도된 연설의 골자만 읽는 자에게 국한되었기 때문이다.

그러나 청중에 대한 최대의 직접적인 집회장은 의사당의 강당이 아니라 대공개 민중집회장이다. 왜냐하면 의회 의사당에는 단지 몇백 명밖에 없고 그것도 대개는 오로지 일당을 벌기 위해서만 거기에 있으며, 결코 한두 사람의 '민중의 선량'의 지식으로 계발되려고 우연히 그곳에 와 있는 것이 아닌데 비해, 민중집회장에는 연설자가 말하려는 것을 듣기 위해서만 몇천 명이 모여들기 때문이다.

하지만 무엇보다도 먼저, 그들은 항상 결코 그 이상 배우려고 하지 않고, 그것에 필요한 지식이 결여되어 있으며, 게다가 이를 위해 필요한 약간의 의지조차 갖고 있지 않는 똑같은 청중이라는 것이다.

이와 같은 민중의 선량 중 한 사람이라도 스스로 올바른 진리에 경의를 나타내고 또 그 진리에 도움이 되려고 하는 자는 결코 없으리라. 아니, 전향을 했을 경우 이제부터 다음 회기에도 선출될 수 있다는 희망을 가질 수 있는 이유를 그가 가지지 못하는 한 누구 한 사람 그렇게 하는 자는 없을 것이다.

그와 같이 이제까지의 당이 다음 선거에서 패배할 것 같은 낌새가 보일 때야 비로소 이 사나이다운 긍지를 지닌 자는 움직이기 시작해 좀더 잘될 것으로 여겨지는 당이나 방향에 참가할 수 있는지 여부를 생각한다.

그 경우 물론 이 입장의 변경에 있어서 소나기와 같은 도의적 이유를 말하는 것이 보통이다. 그러므로 현존 정당이 민중의 비위를 상하게 하여 참담한 패배를 당할 가능성이 닥쳐오고 크게 무너질 것으로 여겨지면 항상 대전환이 시작된다. 다시 말해 의회의 쥐들은 당이라고 하는 배를 버리는 것이다.

그러나 이것은 더 좋은 지식이나 의도와 관계되는 것이 아니라 오로지 예언자적 재능과 관련되는 것에 지나지 않으며, 바로 그 재능이 이처럼 의회의 빈대에게 정확한 시간을 예고하고 언제라도 다른 따뜻한 당이라고 하는 침대로 들어가게 하는 것이다. 그럼에도 이러한 '집회장'에서 이야기하는 것은 실제로 잘 알려진 동물[26]에게 진주를 던져주는 것과 같은 일이다. 정말 헛된 일이다. 여기에서 결과는 제로 이외의 아무것도 아니다. 그리고 사실 그랬다. 범독일당 의원들은 목이 쉬도록 지껄여보았지만 효과는 전혀 없었다.

그리고 신문도 그것을 묵살하든가 단편적인 부분만 전하고, 일관성은 물론 가끔 의미조차 왜곡되거나 완전히 상실되기도 했다. 이 때문에 일반 여론이 이 새로운 운동의 의도에 대하여 매우 나쁜 인상밖에 가지지 않았던 것이다. 개개인이 말한 것은 전혀 무의미했다. 사람들이 그들에 대해서 쓴 것을 읽는 쪽이 중요했다. 그러나 이것은 그들의 연설에서 발췌한 것일 뿐이고, 토막토막 잘려 있기 때문에 불합리하게 보였고 그럴 수밖에 없었다. 더구나 그때 그들이 실제로 열었던 유일한 집회에 모인 의원은 500명도 채 안 되었다. 그리고 이것만으로 충분히 뜻을 다하고 있었다. 하지만 가장 나빴던 것은 다음과 같은 것이었다.

곧 범독일주의 운동은 그것이 첫날부터 신당운동을 문제로 하지 않고 오히려 새로운 세계관이 문제라는 것을 이해하고 있었다면 성공을 좀더 기대할 수 있었을 것이다. 새로운 세계관만이 이 거대한 싸움을 끝까지 가능케 하는 내면적 힘을 불러일으킬 수 있었다. 그러나 그러기 위해서는 지도자로선 단지 최선의 또한 가장 용기 있는 인물만이 쓸모가 있었던 것이다.

세계관을 위한 싸움이 몸을 바쳐 희생할 마음가짐이 되어 있는 영웅에 의해 이루어지지 않는다면 이윽고 죽음을 겁내지 않는 투사는 이미 찾아볼 수 없게 될 것이다. 여기서 그 자신의 생존을 위해 싸우는 자는 이미 거의 공동체를 위해 싸운다고 하는 심정을 잃어버렸기 때문이다.

이 전제 조건을 채우기 위해선 각자가 이 새로운 운동은 후세를 위해 명예와 영예를 바치는 것이지만, 현대에 있어선 아무것도 제공할 수 없다고 하는 것을 알아야만 한다. 어떤 운동이 쉽게 얻을 수 있는 직책이나 지위를 간단히 주면 줄수록 이 정치적 일용 노무자가 성공을 거두고 있던 당을 마침내 그 숫자로 압도할 때까지 더욱더 많은 열등자가 들어오는 것이다. 곧 한때는 성실한 투사였던 자가 과거 운동을 전혀 재인식하지 않고, 새로이 가입한 자는 그 자신을 골치 아픈 '부적임자'로서 결정적으로 물리치게 되는 것이다. 그

---

26) 돼지를 이른다.

리고 이와 함께 그러한 운동의 '사명'은 끝나고 만다.

범독일주의 운동이 의회에 영혼을 팔자마자 이 운동은 지도자나 투사 대신 '의원'을 얻었다. 그와 동시에 운동은 흔해 빠진 세속적인 정당의 수준으로 떨어지고 숙명적인 운동에 순교자와 같은 완강함으로 대항할 힘을 잃었다. 범독일주의 운동은 싸우는 대신 이제 '연설하는 일'과 '협상하는 일'을 배웠다. 그리고 곧 새 의원은 의회적 웅변이라고 하는 '정신적' 무기로 새로운 세계관을 위해 싸우는 것이 필요하다면 자신의 생명을 내던지고 그 결과도 불확실하고 어느 경우에나 아무것도 얻어지는 것이 없는 것만 같은 싸움에 뛰어들기보다도 위험이 적으므로 더 매혹적인 직무라고 느꼈던 것이다.

아무튼 이제 의석을 차지했으므로 지지자들은 외부에서 기적을 바라고 기대하기 시작했다. 물론 기적은 일어나지 않았고 전혀 일어날 수 없었다. 그러므로 얼마쯤 지나자 사람들은 마음이 조마조마해지기 시작했다. 왜냐하면 사람들이 자신의 의원에게서 들을 수 있는 것은 결코 선거인의 기대에 부응하는 것이 아니었기 때문이다. 이것은 너무나 뻔한 일이었다. 왜냐하면 반대파 신문이 범독일당 의원의 활동 모습을 있는 그대로 민중에게 전하는 것을 경계했기 때문이다.

그러나 새로운 민중의 대표자가 의회나 지방의회에서 '혁명적' 투쟁에 관해 어느 정도 온건한 방법에 흥미를 가지면 가질수록 그들은 더욱더 민중의 광범한 계층에 대해 다시 더 위험한 계몽활동을 펼칠 각오가 약화되었다.

민중집회란 직접적이고 개인적이기 때문에 참으로 효과적이며 이와 같은 방법만이 대부분의 민중을 얻을 수 있는 유일한 길인데도 그것이 점점 뒷전으로 밀려났다.

민중집회 연단에서 민중을 대상으로 연설하는 대신에 이른바 '선량'의 머리에 주입시키기 위해서 민중집회 강당의 맥주 탁자가 결정적으로 의회 연단으로 바뀌자마자, 범독일주의 운동과 민중운동이길 포기했다. 그리고 잠시 뒤에는 조금이나마 진지하게 학구적인 토론을 하는 단체로 전락해 버렸다.

따라서 신문에 의해서 전해진 나쁜 인상은 결코 개개인의 개별적 집회에 의해 시정되지 않았다. 그래서 마침내 '범독일주의'라는 말은 대중의 귀에 몹시 거슬리게 되었다.

연설의 의의

오늘날 문필에 종사하는 기사(騎士)나 자만을 일삼는 자는 모두 다음 사항을 잘 기억해 두는 것이 좋겠다. 이 세계에서 가장 위대한 혁명은 결코 타조의 깃털 펜으로 인도된 것이 아니라는 것을!

그렇다. 펜에는 언제나 혁명의 이론적인 기초를 세우는 일만이 남겨져 있다. 그러나 종교적·정치적인 방법으로 위대한 역사적인 격변을 일으킨 힘은 옛날부터 이야기되고 있는 영원한 '말의 마력'뿐이었다.

대부분의 민중은 무엇보다도 먼저 늘 연설의 힘에 의해서만 움직인다. 그리고 위대한 운동은 모두 대중적인 운동이며, 인간적 정열과 정신적 감수성의 화산 폭발이며, 잔인하고 곤궁한 여신에 의해서 또는 대중에게 던져진 말의 횃불에 의해서 선동된다. 따라서 결코 아름다움을 논하는 문필가나 살롱 영웅의 레몬주스 같은 심정 토로에 의한 것이 아니다.

민중의 운명은 오로지 뜨거운 정열의 흐름만이 전환시킬 수가 있다. 그리고 정열은 다만 정열을 스스로 안에 간직하고 있는 자만이 일깨울 수 있는 것이다. 또 정열만이 정열에 의해서 선발된 자에 대해서 망치로 때리듯 민중의 마음의 문을 열 수 있는 말을 부여하는 것이다. 그러나 정열이 내뿜어지지 않고 입이 닫혀져 있는 자를 하늘이 자기 의지의 고지자(告知者)로 선정한 예는 없다.

그러므로 모든 문필가는 그의 지성과 지식이 이를 위해 충분히 갖추어져 있다면 '이론적'으로 실증하기 위하여 잉크병 옆에 있으면 된다. 왜냐하면 그는 지도자로서 태어난 것도 아니고 지도자로 선출된 것도 아니기 때문이다.

대중에 대한 효과

그래서 위대한 목표를 가진 운동은 민중과의 폭넓은 관계를 잃지 않도록 지나치게 꼼꼼할 만큼 노력해야만 한다. 어느 문제라도 먼저 이런 관점에서 음미하고 이에 따라 결정을 내려야만 한다. 나아가 대중에의 영향력을 감소시키거나 약화시킬지도 모르는 것을 모두 피해야 한다. 그것도 '민중 선동적' 이유에서가 아니라 대다수 민중의 강력한 힘이 없이는, 위대한 이념도 그것이 아무리 숭고하고 고원하게 보이더라도 실현될 수가 없다는 간단한 인식에서이다.

냉혹한 현실에서도 목표에 이르는 길을 결정해야만 한다. 싫은 길을 가고 싶지 않다는 것은 이 세상에서 이따금 목표를 단념하는 것을 뜻한다. 그것을 원하든 원치 않든 그러한 것이다. 범독일주의 운동은 의회주의 입장에서 그 활동의 중점을 민중에 두는 대신, 의회에 두자마자 미래를 잃고 순간적인 쓸모없는 승리만을 얻었다.

범독일주의 운동은 보다 더 안이한 투쟁을 선택했다. 그리고 그것과 함께 이미 최후의 승리를 얻을 가치를 잃었다. 나는 이 문제를 이미 빈에서 될 수 있는 한 아주 철저하게 생각했다. 그리고 나의 관점에서 그때 독일 민족의 지도를 맡는 데 적임이라고 여겨진 이 운동이 붕괴하게 된 주요 원인의 하나는 그들의 위와 같은 '인식 부족'에 있었던 것이다.

범독일주의 운동을 분열시킨 맨 처음 두 가지 결점은 서로 친밀한 관계에 있었다. 위대한 혁명의 내적 추진력에 대한 지식이 결여되어 있다는 것 때문에 대다수 민중의 의의가 충분히 평가되지 못했다. 여기서 사회문제에 관한 무관심이 생기고 국민의 하층계급의 마음을 사로잡는 노력이 불완전, 불충분해졌으며 이것을 더욱 부추기는 의회로 향한 태도가 생겨났던 것이다.

만일 그들이 모든 시대에 혁명적 저항력의 역군으로서의 대중이 갖고 있는 엄청난 힘을 인식하고 있었다면, 사회적인 방향에 있어서나 선전적인 방향에 있어서도 다른 활동이 이루어졌을 것이다. 그 경우 또한 운동의 중점은 의회가 아닌 작업장이나 길거리에 두어졌을 것이다.

마찬가지로 세 번째 잘못은 대중의―대중은 뛰어난 사람들에 의해 일단 일정한 방향으로 움직여지면 박차를 가하는 수레처럼 공의 강도와 한결같은 지속성을 가하는 법인데―가치를 인식하지 못했다는 점으로, 여기에 마지막의 맹아(萌芽)가 포함되어 있었다.

로마교회로부터의 분리운동

범독일주의 운동이 가톨릭교회와 힘든 투쟁을 겪은 것은 민중의 정신적 본질의 이해가 불충분했다는 점에서 뚜렷이 설명할 수가 있다. 이 새로운 당이 로마에 맹렬한 공격을 가한 원인은 다음과 같은 점에 있다.

곧 합스부르크 왕가가 끝내 오스트리아를 슬라브 국가로 개조하도록 결심을 하자마자, 이 선에서 적당하다고 여겨지는 온갖 수단이 동원됐다. 종교상의 제도도 다시없이 비양심적인 지배 왕가에 의해 새로운 '국가이념'에 필요한 것으로 제공되었다.

체코의 주임사제를 이용한 것은 오스트리아의 일반적인 슬라브화라고 하는 이 목표에 도달하기 위해서 취한 많은 수단 가운데 하나에 불과했다. 그 경과는 아마도 다음과 같이 일어났다. 곧 순수한 독일인의 교구에 체코인 주임사제가 임명되었다. 그들은 서서히, 그러나 착실하게 체코 민족의 이익을 교회의 이익보다 우선시하고 비독일화 과정의 배세포가 되었다.

독일인 성직자는 이러한 조치에 대해 유감스럽게도 전혀 생각한 대로 대항하지 못했다. 그들 자신이 독일적 의미에서의 이 투쟁에 전혀 도움이 되지 않았을 뿐만 아니라, 상대의 공격에도 필요한 저항을 펼칠 수 없었다. 그리하여 독일주의는 한편으로는 종파의 남용이라고 하는 우회로를 지나면서, 다른 한편으로는 방어가 불충분하기 때문에 서서히 그러나 끊임없이 되밀렸다.

이것은 앞서 말한 것처럼 사소한 일로 생겼던 것인데, 유감스럽게도 큰일에 있어서도 사정은 별로 다르지 않았다. 여기서도 합스부르크 왕가의 반독일적인 기도는—첫째로 상급 성직자에 의해 행해진 것이지만—독일인의 이익 대표 자신이 완전히 배후에 숨어 있는 동안 분명한 방해를 받지 않았던 것이다.

일반적인 인상은 여기서는 가톨릭 성직자에 의해 독일인의 권리가 몹시 손상되고 있다는 것 말고는 있을 수 없었다. 그러나 그와 함께 교회가 반드시 독일 민족과 함께 있다고 느껴지지 않았으며 부당하게도 독일의 적 쪽에 선 것처럼 보였다. 하지만 모든 악의 근원은, 특히 쇠네러의 의견에 따르면, 바로 가톨릭교회의 지도부가 실제로 독일 안에 없기 때문에, 그것만으로 우리 민족의 이해에 대립한다는 점에 있었다.

그때 이른바 문화 문제는, 이미 오스트리아에선 모든 것이 그랬지만, 완전히 배후에 숨겨져 있었다. 가톨릭교회에 대한 범독일 운동의 태도에 결정적이 된 것은 교회의 과학 등에 대한 태도보다도 오히려 독일인의 권리를 충분히 대변하고 있지 않다는 점, 그리고 반대로 특히 슬라브적 월권과 탐욕을 끊임없이 촉진한 점에 있었다.

그런데 게오르크 쇠네러는 중간에서 그만둘 사람이 아니었다. 그는 아직도 자기만이 독일 민족을 구할 수 있다는 확신을 갖고 교회에 대한 싸움을 시작했다. '로마로부터의 분리'[27) 운동은 적의 아성을 분쇄할 강력하기 짝이 없는, 그러나 물론 극도로 곤란한 공격 형태라고 생각되었다. 만일 성공했다면 독일에 있어서의 불행한 교회 분열이 극복되고 독일제국과 독일 국민의 내면적인 힘도 그 승리에 의해 아주 크게 증강될 수 있는 것이었다.

하지만 이 투쟁은 그 전제도 결론도 옳지 않았다. 의심할 것도 없이 독일인에 관한 모든 문제에 있어서 독일 국적을 가진 가톨릭 성직자의 국민적 저항력은 비독일 국적의, 특히 체코의 성직자에 비해서 훨씬 약했다.

마찬가지로 독일인 성직자가 독일인의 이익을 위해 대표해서 자신의 몸을 희생하겠다고는 생각하지 않았다는 사실은 바보가 아니라면 누구나 다 알고 있었던 일이다.

맹목적인 사람이 아니라면 누구나 무엇보다도 먼저 우리 독일인들이 모두 더할 나위 없이 고통을 겪지 않으면 안 되는 사정이 여기에 있다는 것을 인정해야만 했다. 그 사정은 다른 민족에 대해서도 마찬가지이지만 자기 민족에 대해서도 우리의 태도가 객관적이었다는 것이다.

체코인 성직자는 그들의 민족에 대해서는 주관적인 태도를 취하고 교회에 대해서만 객관적이었지만, 독일의 주임사제는 교회에는 주관적이고 국민에 대해서는 언제나 객관적이었다. 이 현상은 우리가 다른 수많은 경우에서도 똑똑히 볼 수 있는 불행한 현상이다.

이것은 결코 가톨릭파에서 특별히 볼 수 있는 유전적 소질이 아니지만 우리의 경우에는 이것이 단기간에 거의 모든 제도, 특히 국가적 또는 이념적 제도를 좀먹고 있는 것이다.

이를테면 우리나라의 관료가 국가를 다시 세우려는 시도에 대해서 취하는 태도를, 이런 경우에 다른 민족의 관리가 취할 것이라고 여겨지는 태도와 비교해 보는 것만으로도 충분하다. 또는 전혀 다른 세계의 장교단이 똑같이 국민의 이해를 '국가의 권위'라는 판에 박은 문구의 명분으로 무시해 버리고 마

---

27) 오스트리아 자유파의 교권(敎權) 제한운동과 비스마르크의 문화투쟁의 영향을 받아, 가톨릭교회가 합스부르크 왕가와 결탁하여 독일 민족운동을 억눌렀기 때문에 학생들의 반항이 왕가에서 가톨릭교회에 대한 반항으로 고조되었다. 쇠네러는 1898년 끝무렵 의회에서 '로마로부터의 분리'를 외치고 다음 해 '범독일파'의 가톨릭으로부터의 대중적 탈퇴를 계획하고 스스로 루터파로 개종했으나, 겨우 1만 명이 그를 따랐을 뿐이라고 한다.

는 "이것은 우리의 경우에는 지난 5년 이래의 자명한 사실이고, 게다가 그것은 특별한 공적이 있는 것으로 간주되고 있었다"는 일이 과연 믿어질 수 있을까?

이를테면 유대인 문제에 있어서도 오늘날 두 종파는 국민의 이익이나 종교상의 실제 요구에도 대응하지 않는 태도를 취하고 있는 것이 아닐까? 유대인의 랍비[28]가 인종으로서의 유대인을 위해서는 약간의 의미밖에 없는 온갖 문제에 대해서 취하는 태도와 우리 대부분의—그러나 친절하기 이를 데 없는 두 종파의—성직자의 태도를 비교해 봄이 좋을 것이다!

우리는 추상적인 이념의 옹호가 문제되면 언제나 이런 현상을 보게 된다. '국가의 권위', '민주주의', '평화주의', '국제적 유대' 등은 우리 경우에는 언제나 거의 단단하고 순수한 교의적 관념이 된 공공연한 개념이다. 곧 일반 국민 생활에 필요한 것의 판단이 모두 이 관점에서만 생기는 것이다.

일단 이루어진 선입관이라는 시각 아래에서 온갖 문제를 고찰한다는 이 혐오스런 방식은 객관적으로는 자기 신조에 모순되는 것을 주관적으로 생각해 보는 능력을 모두 말살하고, 마침내 수단과 목적을 완전히 뒤엎어버리게 된다.

국가적 고양(高揚)의 온갖 시도에 대해서도 이것이 다만 악질적인 부패한 정부를 폐지하는 것부터 시작된다면 사람들은 '국가의 권위'에 대한 위반이라고 반대할 것이다. 그러나 '국가의 권위'는 이런 광신적 객관자의 입장에서 보면 목적을 위한 수단이 아니라 오히려 자신의 한심스런 모든 생활을 채워주는 데 충분한 목적 그 자체이다.

이리하여 이를테면 독재를 시도하는 경우에 그 담당자가 프리드리히 대왕과 같은 인물이고, 의회의 다수를 차지하는 현재와 같은 국가의 재주꾼이 무능한 소인배이거나 저능한 인간이라 할지라도 이런 원칙 지상주의자에게는 민주주의의 원칙 쪽이 국민의 복지보다도 신성하게 보이기 때문에 그들은 격분해서 저항할 것이다.

이와 같이 어떤 자는 다른 사람이 가장 축복해야 할 정부라도, 그것이 그의 '민주주의' 관념에 들어맞지 않는 한 거부하는 반면에, 다른 자는 민중을

---

28) 유대교 율법학자.

파멸시키는 더할 나위 없이 악질적인 폭군정치를 '국가의 권위'가 현재 거기에 구체화되어 있다는 이유에서 옹호할 것이다.

그와 똑같이 우리 독일의 평화주의자는 모두 국민에게 고혈을 짜내는 모든 압제에도, 가장 사악한 군대의 권력에서 나온 것이라 하더라도 투쟁에 의하지 않고서는, 곧 폭력에 의하지 않고서는 이 운명을 바꿀 수가 없는 경우에는 가만히 침묵을 지키고 있을 것이다.

왜냐하면 폭력은 사실 그의 평화사회 정신에 위반하기 때문이다. 독일의 국제적 사회주의자는 연대적인 다른 세계로부터 여러 가지로 휘말려들지 모르나, 그 자신은 그에 대해서 형제와도 같은 호의로 대하고, 보복이나 항의조차 그들이 바로 독일인이라는 이유로 전혀 생각하지 않을 것이다.

이것은 슬퍼할 만한 일인지도 모른다. 그러나 사태를 바꾸려고 한다면 먼저 그것을 인식하고 있어야 한다. 독일인의 이해가 일부 성직자에 의해서 간신히 대표되고 있는 것도 마찬가지 사정이다.

이것은 그 자체로선 짓궂은 악의도 아니고, 말하자면 '위'로부터의 명령에 의해서 초래되고 있는 것도 아니다. 그처럼 국가적인 결단이 부족한 것은 어렸을 때부터 독일 정신에 관한 교육이 결여되어 있었던 결과이며, 다른 한편으로 우상으로까지 되어 있는 이념에 철저하게 매몰되어버린 결과이다.

민주주의, 국제적 색채를 띤 사회주의, 평화주의 등에 대한 교육은 매우 완고하고 배타적이다. 따라서 그들의 관점에서 보면 이것은 순수하게 주관적이다. 그와 함께 다른 일반적인 세계상도, 독일주의에 대한 태도가 아주 젊을 때부터 매우 객관적이었으므로 이 원칙적인 관념에 영향을 받고 있는 것이다. 이리하여 평화주의자는 그들이 주관적으로 완전히 자신의 이념에 충실하고 있음으로써(그가 틀림없는 독일인인 한) 자기 민족에게 아주 공정하지 못한 어떠한 곤란한 위협이 가해진 경우에도 언제나 객관적 정당성을 구하고, 순수한 자기보존 충동에서 자기와 같은 군중의 위치에 자기를 놓고 결코 함께 싸우려고는 하지 않는다.

이것이 또 종파 하나하나에 얼마나 잘 들어맞느냐 하는 것은 다음 물음과 같은 사실을 보면 알 수 있을 것이다. 프로테스탄티즘은 그것이 분명히 그 발생과 그 이후의 전통 일반 속에 기초를 갖는 한 본디 독일인의 이해를 상당히 잘 대변하고 있다. 그러나 프로테스탄티즘은 이 국가적 이익의 옹호가 그 관념의 세계나 전통적 발전의 일반적인 진로에 없거나, 또 그 어떤 이유로 전혀 거부되는 분야에서 이루어져야 하게 되면 곧 단념해 버리고 만다.

따라서 프로테스탄티즘은 국내의 순결 문제라든가, 국가에의 전심(專心) 문제라든가, 독일의 본질, 독일어, 더 나아가서 독일 자유의 방어 등이 문제가 되자마자, 물론 이들 모든 것이 프로테스탄트 자체 속에 기초를 가지고 있기 때문에 언제나 모든 독일주의의 촉진을 위해 개입해 올 것이다.

그러나 국민이 그 가장 증오할 만한 적에게 달라붙어 있는 상태에서 구출해 내려고 하면, 항상 유대주의에 대해서 본디 다소 독단적인 태도를 취하고 있기 때문에 곧 최고도의 반감을 나타내며 반대한다. 하지만 그 경우 이 유대인 문제를 해결하지 않고서는 독일이 다시 일어나거나 융성함을 따로 시도한다는 것은 전혀 무의미하고 불가능한 일일 것이다.

나는 빈 시절에 이 문제를 선입관에 사로잡히지 않고 검토하는 데 충분한 시간과 기회를 가졌다. 또 그때 매일의 교제 속에서 이 생각이 정당하다는 것을 여러 번 확인할 수 있었다.

이 잡다하기 이를 데 없는 민족의 중심점에서 곧 다음과 같은 것이 매우 뚜렷해졌다. 말하자면 독일의 평화주의자만이 자국민의 이익을 언제나 객관적으로 관찰하려고 하는 것이지, 유대인은 결코 유대 민족의 이해를 그렇게 보지 않는다. 또 독일의 사회주의자만이 어느 의미에서 '국제적'이며, 그들은 국제적인 동료들에게 훌쩍훌쩍 울어 보이거나 질금질금 울어 보이지 않고서는 자기 민족의 정당성을 얻을 수 없다고 생각하고 있다. 그러나 체코인이나 폴란드인 등은 결코 그렇게 생각하지 않는다. 요컨대 그때 이미 나는 재앙의 일부는 그 신조 자체 속에 있지만 다른 일부는 자기 민족 일반에 대한 우리의 아주 불충분한 교육과 그것 때문에 자기 민족에 대한 헌신이 제한되어 미미한 데 있다는 점을 이해했다.

이리하여 가톨릭주의 그 자체에 대한 범독일주의 운동의 맨 처음 이론적 근거가 없어졌다. 사람들은 독일 민족을 이미 소년시대부터 자기 민족의 권리를 지켜나가도록 교육하고, 자아를 유지하는 일에 있어서조차도 우리의 '객관성'이라고 하는 저주로 동심을 더럽혀서는 안 된다. 그렇게 해서 이윽고 (그리고 또 급진적인 국가주의 정부가 있다면) 아일랜드나 폴란드 또는 프랑스에 있어서와 마찬가지로 독일에서도 가톨릭이 더욱더 독일적으로 되어갈 수 있을 것이다.

그러나 이것에 대한 가장 강한 근거가 마침내 우리 민족이 역사의 심판 앞에 자신의 존재를 지키기 위해 흥망을 건 전쟁에 가담한 그 무렵에 제공되었던 것이다.

당시 위로부터의 지도가 상실되지 않는 한, 민족은 실로 압도적으로 그 의무와 책임을 다했다. 프로테스탄트의 목사든 가톨릭의 주임사제든 상관없이 그들은 모두 전선에 있어서뿐만 아니라 그 이상으로 후방에서 우리의 항전력을 오래 유지시키기 위해 끝없이 이바지했다. 이 몇 년간, 특히 개전 당시 양 진영에는 유일하고 신성한 독일제국이 있을 뿐이었다. 그 존립과 미래를 위해 각자는 똑같이 자기의 신에 매달렸던 것이다.

오스트리아에 있어서 범독일주의 운동은 일단 다음과 같이 스스로에게 물어야만 했다. 말하자면 오스트리아의 독일주의 유지는 가톨릭 신앙 아래에서 가능한가, 불가능한가? 만일 가능하다면 그 경우 정당은 종교상 또는 종파상의 일로 고민해서는 안 되며, 만일 불가능하다면 그때는 종교개혁이 이루어져야만 하고 결코 정당이 개입해선 안 되는 것이다. 정치조직이라는 우회로를 통해 종교개혁에 이를 수 있다고 믿는 자는 자신이 종교적 관념의 성장이나 교의나 그 교회의 영향이 어떠한 것인가에 대해서 아무것도 모른다는 것을 보여줄 뿐이다.

이 경우 실제로 두 임금을 섬길 수 없다. 이때 나는 한 종교의 건설이나 파괴를 한 국가의 건설이나 파괴보다도 본질적으로 중대하다고 생각하고 있었다. 하물며 한 정당에 있어서랴.

위에서 말한 공격이 단지 다른 쪽의 공격을 막을 뿐이라고 말해선 안 된다! 물론 어떠한 시대에도 비양심적인 사나이가 종교를 자기의 정치적 장사 밑천으로 삼기를(왜냐하면 장사만이 거의 언제나 주로 이러한 자에게는 관심 대상이기 때문이다) 피하지 않았다. 그러나 여기에 더하여 아마도 뭔가 다른 일을 자기의 저열한 본능에 이용하는 것처럼, 종교나 종파를 남용하는 다수의 악당 악행을 종교나 종파 자체의 책임으로 돌리는 일도 마찬가지로 분명히 잘못이다.

이러한 의회의 무능력자나 게으른 자에게는 최소한 자기의 정치적 부정거래를 합리화할 수 있는 기회가 제공되었을 때처럼 좋은 것은 없다. 왜냐하면 사람들이 종교나 종파에 그의 개인적인 저열한 언행에 대한 책임을 지게 하고, 그로 인해 공격을 시작하자마자 이 거짓말쟁이는 곧장 큰 소리로 전 세계에 그의 지금까지의 조치가 얼마나 옳았는지, 또 종교와 교회의 구제에 그의 말이 얼마나 기여했는지에 대한 증언을 구하기 때문이다.

어리석고 잘 잊어버리는 같은 시대 사람들은, 그의 거창한 외침소리에 속아 대개는 벌써 모든 투쟁의 참다운 주모자를 기억하고 있지 않든가 망각하게 된다. 이로써 이 악당은 이제 실제로 본디 목적을 이루게 되는 것이다.

이것이 종교와는 전혀 무관하다는 것을 그 교활한 여우는 잘 알고 있다. 그러므로 그는 정직하지만 서투른 상대가 연기에서 실패하고, 언젠가 인간의 성실성과 신앙심에 절망하고, 모든 일에서 손을 떼고 마는 동안 더욱 몰래 미소짓는다.

그러나 다른 점에서 보더라도 종교 자체나 교회조차 개인의 잘못에 대하여 책임이 있다고 하는 것은 옳지 않을 것이다. 눈앞에 있는, 눈에 보이는 조직의 위대함을 일반적으로 인간의 평균적인 불완전함과 비교하여 그때 선과 악의 관계가 아마도 어딘가에서 다른 것보다도 좋다는 것을 인정해야만 할 것이다. 물론 사제들 중에도 그 신성한 직무를 단지 자신의 정치적 야심을 만족시키기 위한 수단으로 봐서는 안 되며, 더 나아가 정치적 투쟁에 있어서는 더 높은 진리의 수호자가 되어야지 허위와 비방의 대변자여선 안 된다는 것을 곧잘 통탄할 정도 이상으로 잊고 있는 자가 있다. 그러나 그와 같이 체면을 더럽히는 한 사람의 사제가 있는 반면 몇천 명의 정직하고 자신의 사명에 가장 성실하게 몸을 바치고 있는 성직자도 있다. 그들은 허위에 가득 차고 타락한 오늘날 질퍽한 진흙 바다에 작은 섬처럼 우뚝 솟아 있는 것이다.

사제복을 입은 타락한 한 사람이 한번 짐승과 같은 방식으로 인륜에 벗어난 짓을 저질렀다고 하더라도 나는 교회 자체에 죄가 있다고는 보지 않으며 또 그리 보아서도 안 된다. 그와 같이 다수 중의 한 사람이 민족성을 더럽히고 배신했다고 하더라도 본디 이러한 일이 보통인 시대에 있어서는 또한 죄가 있다고 해선 안 된다. 특히 오늘날 그와 같은 한 사람의 에피알테스[29]에 비해 민족의 불행을 찢어지는 듯한 마음으로 공감하고, 우리 민족 가운데 제

---

29) 그리스 신화의 거인.

일류 사람들과 똑같이 하늘이 우리에게 또다시 미소지을 때가 올 것을 열망하고 있는 수천 명의 사람들이 있다는 것을 잊어버려서는 안 될 것이다.

그러나 여기에서는 그러한 일상다반사가 문제가 아니라, "원칙적인 진실성이라든가 교리적 내용이 문제이다"라고 대답하는 자에게는 또 하나의 다른 문제를 제시하고 필요한 대답을 줄 수 있을 뿐이다.

만일 당신이 운명에 의해 여기에서 진리를 밝히기 위해 선발되었다고 믿는다면 그렇게 하라. 하지만 더 용기를 갖고 정당이라고 하는 우회로를 통해 이것을 하려 해서는 안 된다. 왜냐하면 이것 또한 간책이고 오늘의 더 나쁜 것 대신에 미래의 더 좋은 것을 대치하는 것이기 때문이다.

만약 용기가 부족하다면 또는 당신의 선함이 당신에게조차도 완전히 분명하지 않다면 손을 떼라. 그러나 어느 경우든지 당신이 당당히 감히 해야 할 일을 감히 하지 않는 경우 정치운동의 우회로를 통해 음흉한 수단으로 실행하려고 하지 말라.

정당은 종교문제가 민족에 서먹서먹하고 자기 인종의 관습이나 도덕을 파괴하지 않는 한 어떠한 종교문제에도 개입해서는 안 된다. 그것은 종교가 정당의 불법행위와 관계를 맺어선 안 되는 것과 마찬가지이다.

교회 위엄을 짊어지고 있는 자가 민족을 해치기 위해 종교적인 제도나 교의를 이용해도 결코 같은 방법으로 흉내내거나 같은 무기로 싸우거나 해선 안 된다.

정치적 지도자에게는 자기 민족의 종교적인 교의나 제도가 항상 불가침한 것이어야 한다. 그렇지 않으면 그는 정치가가 아니며, 만일 그에게 그 능력이 있다면 종교개혁자가 되어야 할 것이다.

그 밖의 태도는 특히 독일에선 파멸로 이끌리게 될 것이다. 나는 범독일주의 운동과 로마에 대한 투쟁을 연구할 당시 그리고 특히 그 뒤에 다음과 같은 확신에 이르렀다.

곧 이 운동은 사회문제의 중요성에 관한 이해가 적었으므로 민족 속의 실제로 투쟁력 있는 대중을 잃었다. 의회에 들어간 일이 힘찬 정열을 빼앗고, 이 운동은 이 제도에 독특한 약점을 짊어지게 되었다. 가톨릭교회에 대한 싸움이 이 운동을 많은 계층 중에서, 특히 하층계급에서 불가능하게 만들고, 그와 함께 본디 국민이 자기 고유의 것이라고 불러 세울 수 있는 최선의 요소를 한없이 빼앗아갔다는 것이 바로 그것이다.

오스트리아의 문화투쟁[30]의 실제적 효과는 거의 제로나 다름없었다. 확실히 교회에서 10만 명의 신자를 빼앗을 수는 있었다. 그러나 교회는 그것으로 그다지 심각한 피해는 입지 않았다. 이 경우 교회는 잃어버린 '어린양'에 사실상 한 방울의 눈물도 흘릴 필요가 없다. 왜냐하면 교회는 훨씬 이전부터 교회에 진심으로 심복하고 있지 않는 자만을 잃었기 때문이다.

이것이 새로운 종교개혁과 옛날의 종교개혁의 차이점이었다. 한때는 교회의 가장 우수한 구성원의 다수가 내심의 종교적 확신에서 교회를 버렸다. 그런데 이번에는 본디 열성이 없는 자들만이 떨어져나간 데 지나지 않고, 그것도 사실은 정치적 성질을 가진 속셈에서였던 것이다.

참으로 정치적 관점으로 보더라도 이 결과는 우스꽝스럽고 동시에 슬퍼할 만한 것이었다. 성공 가망이 있었던 정치적인 독일국민 구제운동은 또다시 무너져버렸다. 그것이 필요한 가차 없는 냉철한 마음으로 이루어지지 않고 단지 분열로 이끌 것이 뻔한 영역으로 잘못 들어섰기 때문이다. 그러나 한 가지만은 확실히 진실한 것이 있다.

한 사람의 적에 대한 집중

범독일주의 운동이 만일 대중심리를 조금만 더 이해하고 있었더라면, 이 운동은 이런 실패로 끝나지는 않았을 것이다. 사람들이 일반적으로 성과를 빼앗아 가지려면, 순수하게 심리적인 고려를 해서라도 결코 대중에게 둘이나 또는 그 이상의 적을 제시해서는 안 된다. 그렇게 하지 않으면 투쟁력을 완전히 분열로 이끌어가기 때문이라는 것을 이 운동의 지도자가 알고 있었다면, 이 이유만으로 범독일주의 운동의 칼끝은 오로지 하나의 적에게만 향했을 것이다. 어떤 정당이 무엇인가를 결정할 경우 지극히 하찮은 일조차 실제로는 도달할 수 없는데, 모든 것을 욕심내는 만물박사에 의해서 지도되는 것 이상으로 정당에 있어 위험한 일은 없다.

또 낱낱의 종파에는 실제로 더욱 많은 비난할 점이 있을지 모르지만, 정당은 잠시라도 다음과 같은 사실에서 눈을 떼어선 안 된다. 곧 지금까지의 모든

---

30) 반가톨릭교회의 투쟁. 주석 22, 26 참조.

역사의 경험에 따르면 순수한 정당이 아주 비슷한 처지에서 한 번도 종교개혁에 다다를 수 없었다는 사실이다. 그러나 사람들은 역사를 실제로 이용해야만 할 때 그 가르침을 상기할 수가 없기 때문에 역사를 연구하는 것이 아니며, 이제까지는 사정이 바뀌어서 역사의 영원한 진리는 이미 적용될 수 없다는 것을 믿기 위한 것도 아니다.

사람들은 역사에서 바로 현재에 대한 이용을 배우는 것이다. 이것을 이루지 못하는 사람은 정치적 지도자라고 자만해서는 안 된다. 그러한 사람은 실제로 자만하고 있는데, 비록 매우 공상적인 바보이고, 아무리 좋은 의지를 가지고 있다 하더라도 그것이 그의 실제상의 무능을 보충하지는 못한다.

대개의 경우 어떠한 시대에서나 참으로 위대한 민중 지도자의 기술이란 첫째로 민중의 주의를 분열시키지 않고 오히려 언제나 어떤 유일한 적에 집중시키는 데 있다. 민중 투지의 쏠림이 집중적이면 집중적일수록 운동의 자석적 흡인력은 더욱더 커지고 타격 강도도 강해지는 것이다.

여러 적을 인식하는 것은 약하고 불안정한 성격의 소유자에겐 쉽사리 자신의 정당성을 의심하게 하는 계기만을 만들어내기 쉬우므로, 개별적으로 있는 적이라도 한 범주에 속해 있는 것처럼 생각하게 하는 것이 위대한 지도자의 독창력이다.

동요하는 대중은 자기가 다수의 적과 싸우고 있는 것을 알면 이내 객관적인 태도를 취하여, 실제로 다른 모든 자들이 잘못한 것이고 오로지 자기 민족이나 자기 운동만이 올바른 상태일까 하고 의심을 품게 된다.

그리고 그와 동시에 먼저 자신의 힘이 쇠약해진다. 그러므로 내적으로는 다른 적을 항상 하나로 묶어야만 한다. 그리하여 자신의 지지자인 대중의 눈에는 오로지 하나의 적에 대해서만 투쟁이 벌어지고 있는 것처럼 비치게 해야 한다. 이것이 자신의 정의에 대한 믿음을 강화시키고 정의를 공격하는 자에 대한 분격을 높여주는 것이다. 지난날 범독일주의 운동이 이 점을 이해하고 있지 않았던 것이 그 결과를 실패로 이끈 것이다.[31]

---

31) 쇠네러파가 고립된 원인의 하나는 분명히 문화투쟁에 있고, 반대파에게 민중의 종교 감정을 이용한 세력 확대를 허용함과 동시에, 가톨릭의 강력한 성직자 계급을 모두 범독일주의의 반대자로 밀어붙인 데 있었다. 그러나 실각의 직접적인 원인은 쇠네러의 협력자였던 볼프가 그를 배반하고 떨어져나간 데 있었다.

이 운동의 목표는 올바르며 의도 역시 순수한 것처럼 생각되었다. 그러나 그것이 채용한 방법이 잘못되어 있었다. 그것은 물론 올라야 할 정상에서 눈을 떼지 않고, 또 더할 데 없이 위대한 결의와 힘을 갖고 출발한다. 하지만 길 자체에는 주의를 기울이지 않은 채 언제나 시선을 목표에 두고, 등산길의 상태는 보지도 않거니와 조사도 않은 채 마침내 그 때문에 등산에 실패하는 등산가와 똑같았다.

기독교사회당의 길

그 크나큰 경쟁상대인 기독교사회당의 경우는 사정이 반대였던 것으로 여겨진다. 기독교사회당이 걸은 길은 현명했고, 또 올바르게 선택한 것이었다. 그러나 목적에 대한 뚜렷한 인식이 결여되어 있었다. 범독일당이 실패한 거의 모든 점에 있어서 기독교사회당이 취한 태도는 타당하고 아주 계획적이었다.

기독교사회당은 대중의 중요성에 관하여 잘 이해하고 있었고, 발족한 날부터 사회적 성격을 분명히 강조함으로써 적어도 어느 정도 대중을 확보하고 있었다. 본질적으로 소하층 중산계급 및 수직공(手職工)의 지지 확보에 초점을 맞춤으로써 참을성 있고 헌신적이며 동시에 성실한 추종자를 얻었다.

기독교사회당은 종교제도에 대한 모든 투쟁을 피하고, 그렇게 함으로써 그와 같은 강력한 조직—교회는 본디 그러한 것이지만—의 지지를 확보했다. 그 결과 기독교사회당은 주로 유일하고 참으로 큰 상대만을 갖게 된 것이다. 대규모적인 선전의 가치를 인식하고 자기 지지자인 대중의 심리적 본능에 영향을 미치는 데 있어서는 전문가였다.

그렇지만 이 당 또한 오스트리아의 구제라고 하는 꿈에 그리던 목표에 이를 수가 없었던 이유는 그 방법의 두 가지 결점과 그 목적 자체에 관한 애매함에 있었다.

종교적 바탕에 선 반유대투쟁

이 새로운 운동의 반유대주의는 인종적 인식 위에서가 아니라 종교적 관념 위에 세워져 있었다. 이 잘못을 저질렀기 때문에 그것이 마찬가지로 제2의 잘못을 불러일으켰던 것이다. 기독교사회당의 창설자에 따르면, 이 당이 오스트리아를 구제하려면 인종 원리의 입장에 서서는 안 되었다. 왜냐하면 짧은 기간에 국가의 전반적 해체가 일어날 것이 틀림없었기 때문이다. 당 지도자의 생각에 따르면, 특히 빈 자체의 상태는 온갖 분열적 요소를 되도록 무시하고 그 대신 모든 것을 통일하는 관점을 강조하는 것이 필요했다.

그때 빈은 이미 특히 체코적인 요소가 강하게 혼입되어 있었으므로 처음부터 반독일적이 아닌 이 당은 온갖 인종문제에 대해서 더할 데 없이 너그러운 태도를 취하는 것만이 필요했다. 오스트리아를 구하려 한다면 이 점을 무시해서는 안 되었다. 그래서 이들은 자유무역주의적인 맨체스터파에 대한 싸움에 의해 특히 빈에 많이 있었던 체코계의 소기업가를 포섭하려고 했다. 그리고 그때 종교적 바탕 위에 서서 유대주의와 싸움으로써 옛 오스트리아의 모든 민족의 차이를 초월한 강령을 찾아냈다고 믿었던 것이다.

이러한 바탕 위에 선 이러한 투쟁이 유대인을 약간 걱정시켰을 뿐이었다는 것은 분명하다. 최악의 경우라도 한 그릇의 세례수가 언제나 장사와 유대주의를 동시에 구원했던 것이다.

기독교사회당의 외견적 반유대주의

이런 피상적 근거로 결코 이 문제 전부를 진지하고 과학적으로 다룰 수는 없었다. 이런 방식만으로는 그러한 종류의 반유대주의를 이해하지 못할 것임에 틀림없는 대부분의 사람들은 일반적으로 싫어했다. 사람들은 순수하게 감정적인 감각에서 벗어나 진실한 인식에 이르려고 하지 않았기 때문에 이념이 다한 힘은, 그것에 의해 거의 정신적으로 한정된 범위에 머물렀다.

지식계급은 원칙적으로 거부적 태도를 취했다. 사태는 점점 모든 사건이 일어날 때마다 새로운 유대 개종의 시도에 불과하다든가, 또는 전적으로 어떤 경쟁자적인 질투의 표현이라는 느낌을 주기에 이르렀다. 그러나 동시에 이 싸움은 내면적인 보다 고상한 신성함의 특징을 잃고 많은 사람들, 그중에서도 극악하지 않은 사람들에게는 부도덕하고 비난할 만한 일로 생각되었던 것이다. 이는 인류의 생활이 문제이고, 모든 비유대 민족의 운명이 그 해결에 달려 있다는 확신이 결여되어 있었던 것이다.[32]

---

32) 이에 대해서는 주석 23을 참조.

이 어중간한 태도에 의해 기독교사회당의 반유대주의 노선은 그 가치를 잃었다. 그것은 외견적인 반유대주의이며 아무것도 없는 것보다 더욱 나빴다. 왜냐하면 사람들은 안심하고 상대방의 귀를 잡아끄는 줄로만 알고 있었는데 사실은 반대로 자기 코가 잡힌 채 끌려다니고 있었기 때문이다.

그러나 유대인은 이윽고 이런 종류의 반유대주의에 익숙해지고, 그것이 그들의 존재를 방해하기보다는 그들에게 그것이 없어지게 되면 확실히 아쉽게 느껴질 것이 틀림없었던 것이다.

기독교사회당이 여기에서 이 다민족국가에 큰 희생을 지불하지 않으면 안 되었다면 독일주의 그 자체의 옹호에 좀더 큰 희생을 치러야 했다. 만일 사람들이 빈 자체에서 발밑의 터전을 잃고 싶지 않았다면 '국가주의적'이어서는 안 되었다. 사람들은 이 문제를 온건하게 관망하며 회피함으로써 합스부르크 국가를 구원할 수 있다고 믿었다. 그리고 바로 그런 까닭에 붕괴에 이르게 한 것이다. 그러나 이렇게 해서 운동은 오랫동안 정당을 그 내적 추진력으로 채울 수 있었던 강력한 힘의 원천을 잃고 말았다. 기독교사회당은 이리하여 평범한 하나의 정당이 되었다.

나는 일찍이 두 운동을 한편으론 내심의 고동치는 소리를 느끼며, 다른 한편으로는 이미 그때 나에게는 전 오스트리아의 독일주의의 쓰라린 상징으로 생각된 보기 드문 인물에 대한 경탄에 매혹되어 세심한 주의로 추구했다.

엄청난 장례행렬이 죽은 시장(市長)을 시청에서 환상도로 쪽으로 이끌어 갔을 때, 나도 이 비극을 보는 수십만의 사람들 속에 있었다. 마음속으로 감동을 느끼면서 그때 이 사나이의 사업 또한 이 나라를 멸망으로 이끄는 필연적인 숙명에 의해 무(無)로 돌아가지 않을 수 없었던 것이라는 느낌을 가졌다. 칼 루에거 박사가 독일에서 태어났다면, 그는 우리 민족의 위대한 인물의 대열 속에 끼었을 것이다. 그가 아무것도 할 수 없는 이 나라에서 일했다고 하는 것이 그의 업적 및 그 자신에게 큰 불행이었다.

그가 죽었을 때 이미 발칸반도에서 일어난 작은 불길은 날이 갈수록 탐욕스럽게 급격히 확대되어가고 있었다. 그가 아직 막을 수 있다고 믿었던 일을 보지 않고 죽은 것은 운명의 자비였다.

범독일당과 기독교사회당

그러나 나는 범독일주의 운동의 실패와 기독교사회주의 운동의 실패 원인을 찾아내려고 했다. 그리고 옛 오스트리아에서는 국가를 공고하게 건설하는 일이 불가능하다는 것을 별도로 치더라도 이 양당의 실패는 다음과 같은 점에 원인이 있다는 확고한 믿음을 얻었다.

말하자면 범독일 운동은 그 독일 갱신의 목표에 관한 원칙적인 의도에서는 물론 옳았다. 그렇지만 방법 선택에 있어서는 실패였다. 이 운동은 국가주의적이었지만, 유감스럽게도 대중을 획득할 만큼 충분히 사회적이 아니었다. 그러나 그 반유대주의는 인종문제의 중요성에 대한 올바른 인식에 바탕을 두고 있었지 종교적 관념에 기초한 것은 아니었다. 어떤 특정한 종파에 대한 투쟁은 이에 대해서 실제적으로나 전술적으로도 잘못된 것이었다.

기독교사회주의 운동은 독일 재흥의 목표에 대해선 명확한 관념을 갖고 있지 않았으나, 당으로서 나아갈 길을 찾는 경우에는 이해력도 있었고 운도 좋았다. 그 운동은 사회문제의 중요성도 파악하고 있었으나, 유대주의에 대한 투쟁에 있어서 잘못을 저지르고 국민사상의 힘에 대해선 전혀 몰랐다.

만일 기독교사회당이 민중에 대한 빈틈없는 지식에 더하여 인종문제의 중요성에 대해서 범독일주의 운동이 파악하고 있던 것과 같은 올바른 관념을 갖고 있었다면, 그리고 마침내 당 자체가 국가주의적이었다면, 또는 범독일주의 운동이 유대인 문제의 목표나 국민사상의 중요성에 관한 올바른 인식에 덧붙여 기독교사회당의 실제적인 교활성, 특히 그 사회주의에 대한 태도를 받아들이고 있었다면 내 의견으로는 틀림없이 이미 그때에 그 성과를 가지고 독일 운명에 성공적으로 관여할 수 있었으리라. 그러나 그렇게 되지 못한 것은 대부분 오스트리아 국가의 본질에 기인했던 것이다.

나는 내 확신이 어느 당에 있어서도 실현되고 있다고는 생각하지 않았으므로 뒷날 기존의 어떤 조직에 들어가려고 하거나, 하물며 함께 싸우리라는 결심은 할 수 없었다. 나는 당시 이미 모든 정치운동이 독일 민족의 국가적 재흥을 피상적이 아니라 대규모로 수행하기에는 부적당하며 능력도 없다고 생각하고 있었다.

합스부르크 국가에 대한 혐오의 커짐

그러나 합스부르크 국가에 대한 나의 혐오는 그때 더욱더 커졌다. 내가 특히 외교문제에 몰두하기 시작함에 따라 이 국가구조는 오로지 독일주의에는 불행할 수밖에 없다는 확신이 더욱 뿌리를 내렸다. 마침내 나에게는 독일 국민의 운명이 이제는 이 땅에서 결정되는 것이 아니고, 독일제국 자체에 의해서 결정되는 것을 더욱 뼈저리게 느꼈다. 하지만 그것은 일반적인 정치문제에 대해서뿐 아니라 문화생활 전반의 온갖 현상에 대해서도 들어맞았던 것이다.

오스트리아 국가는 또한 순문화적·순예술적인 활동 영역에서 온갖 쇠퇴의 징후를 나타내고, 최소한 독일 민족에 대하여 무의미함을 나타냈다. 이것은 건축 분야에서 가장 두드러졌다. 적어도 빈에서는 환상도로의 완성 이래 독일에서 발흥하기 시작한 설계에 대하여 건축 과제가 중요하지 않았다는 점만으로 이미 오스트리아 근대 건축은 특히 커다란 성과를 얻지 못했던 것이다.

그래서 나는 점차 이중생활을 하기 시작했다. 지성과 현실은 나에게 오스트리아에서 힘들지만 수확이 많은 학교를 마칠 것을 명했다. 하지만 마음은 다른 고장에 있었다.

당시 나는 이 국가의 내면적 공허함과 이 국가를 구원할 가능성이 없다는 것을 인식하면 인식할수록 짓누르는 듯한 불만에 사로잡혔다. 그리고 그때 이 국가는 모든 점에서 독일 민족의 불행일 수밖에 없다고 하는 확신을 느꼈던 것이다. 이 국가는 참으로 위대한 독일인을 모두 압박하고 방해할 것임에 틀림없고, 동시에 반대로 모든 비독일적 현상을 조장할 것이라고 확신했던 것이다.

낡은 모자이크상―오스트리아

이 나라의 수도에서 볼 수 있는 인종집단은 나에게는 불쾌했고, 체코인·폴란드인·헝가리인·루마니아인·세르비아인이나 크로아티아인 등 여러 민족의 혼합은 혐오스런 것이었다. 그러나 그보다도 인류의 영원한 박테리아는 더욱 불쾌했다. 유대인, 거듭 말하거니와 유대인이었다.

나에게는 이 거대한 도시가 인종적 신성모독의 구현인 것처럼 보였다. 소년시절 내 독일어는 하바이에른 사람이 쓰고 있는 사투리였다. 나는 그것을 잊을 수도 없었고, 빈의 하층사회의 사투리를 배울 수도 없었다. 내가 이 도시에 오래 살면 살수록 이 오랜 독일문화의 땅을 좀먹기 시작한 다른 민족의 혼합에 대한 증오감이 더욱 높아져갔다. 그럼에도 이 국가가 여전히 오랫동안 계속될 것이라는 생각은 내겐 정말 가소로운 일로 생각되었다.

오스트리아는 당시 낡은 모자이크와 같은 것이었다. 낱낱의 돌조각을 결합시키고 있는 접착제는 낡고 힘없는 것이 되어 있었다. 이 예술품에 손을 대지 않는 한 그것은 아직도 그 존재를 그럴듯하게 보일 수 있었다. 그렇지만 일격을 가하자마자 숱한 작은 파편으로 흩어지고 마는 것이다. 이리하여 문제는 다만 그 일격이 언제 오느냐 하는 것뿐이었다.

나의 심장은 결코 오스트리아 왕국을 위해서가 아니라 언제나 오로지 독일제국을 위해서 고동치고 있었으므로 나로선 이 국가의 붕괴 시기가 독일민족의 구제가 시작되는 때라고밖에 생각되지 않았다. 이러한 모든 이유에서 훨씬 이전의 소년시절부터 내가 품고 있었던 남모른 희망과 애정을 끌어당긴 그 땅으로 가야겠다는 동경이 더욱더 강해졌다. 나는 언젠가 건축가로서 성공을 하고 크고 작음을 불문하고 그때 나에게 제시해 줄 범위에서 내 민족에게 나의 성실한 봉사를 바치리라 결심했다.

그러나 마침내 나는 행운의 몫을 받아 언젠가 실제로 나의 더할 나위 없이 열렬한 마음의 욕구, 곧 내가 사랑하는 고향이 내 조국 독일제국에 합방되는 일을 할 수 있는 지위에서 일할 수 있게 되기를 바라고 있었다.[33]

이러한 열망이 얼마나 컸는가는 오늘날에도 아직 많은 사람들이 이해하지 못할 것이다. 하지만 나는 운명에 의해 지금까지 이 행복이 거절되거나, 냉혹하고 무정하게도 이 행복을 또다시 빼앗긴 자에게 호소한다. 나는 모국으로부터 떼어놓아졌더라도 언어라고 하는 신성한 보물을 위해 싸우고 있는 사람들, 조국에 대한 그 충성심 때문에 박해받아 고통 속에 있는 사람들, 그리고 비통한 마음으로 다시 성실한 어머니의 가슴으로 돌아갈 때를 간절히 바라고 있는 사람들, 이런 모든 사람들에게 호소하는 것이다. 그리고 나는 그들이 이것을 이해해 주리라는 것을 알고 있다.

독일인이면서 사랑하는 조국에 속할 수 없다는 것이 무엇을 의미하는지

---

33) 이것은 히틀러가 뮌헨으로 이주한 것을 그 뒤 정당화하기 위한 변명에 지나지 않은 것으로 생각된다. 사실은 병역기피죄를 문책받을까 두려워서였다고 히틀러 연구가들은 일치된 주장을 하고 있다.

스스로 절감하고 있는 자만이 모국에서 떨어진 어린이의 마음에서 끊임없이 불타고 있는 깊은 동경을 헤아릴 수 있는 것이다. 그들은 조국의 문이 열리고 공통된 제국에서 공통된 피가 평화와 안녕을 다시 찾아낼 때까지 오래오래 그것을 이루는 데 고뇌하고 만족과 행복을 거절당하는 것이다.

내 인생의 학교

빈은 나에게 가장 철저하기는 했지만 가장 고생스런 인생의 학교였고 지금도 그러하다.[34] 나는 이 도시에 어린 나이로 처음 발을 들여놓았다. 그리고 냉정하고 착실한 사람이 되어서 이 도시를 떠났다. 나는 이 도시에서 크게는 세계관의 밑바탕을, 작게는 정치를 보는 법을 배웠다. 나는 그 뒤로는 다만 개별적으로 보충할 필요가 있었을 뿐 결코 이것을 버린 일은 없었다. 나는 그때 수업시절의 진정한 가치를, 물론 오늘에 이르러서야 비로소 충분히 평가할 수가 있었다.

따라서 나는 이 시절을 어느 정도 상세히 다루었던 것이다. 아무튼 이 시절은 아주 작은 초보에서 시작하여 5년도 채 안 되는 동안에 큰 대중운동으로까지 발전하려고 하는 당의 원칙에 속해 있는 이들 문제에 관하여 최초의 관찰교육을 나에게 베풀어주었던 것이다. 이렇듯 젊은 시절에 운명에 강요되어 또 자기 학습을 통해서 개인적인 견해의 바탕이 형성되어 있지 않았다면, 유대주의·사회민주주의, 좀더 적절하게 말하면 모든 마르크스주의, 사회문제 등에 대한 나의 태도가 오늘날 어떻게 되어 있을지 나는 모른다.

왜냐하면 비록 조국의 불운이 몇천 명, 몇만 명의 사람들에게 이 붕괴의 내부적 원인에 대해 관심을 불러일으킬 수 있다 하더라도, 긴 세월의 고투를 겪은 뒤 비로소 스스로 운명의 주인에게 드러나는 철저함과 더욱 깊은 통찰로는 결코 이끌어질 수가 없을 것이기 때문이다.

---

34) 여기에서 히틀러는 빈 시절을 되돌아보며 미화하고 있는데, 많은 히틀러 연구가에 따르면, 이것은 아주 엉터리에 지나지 않는다. 그의 생활태도와 행동을 자세하게 연구한 사람들은 반유대 감정의 형성을 빼면, 빈 시절의 히틀러에게는 이러한 허세를 부릴 정도의 여유는 경제적으로나 시간적으로나 없었고, 몇 년이 지난 뒤 이 시절의 행동을 정당화하는 이론을 찾아낸 것으로 보고 있다.

제4장
뮌헨

1912년 봄, 나는 드디어 결심하고 뮌헨으로 왔다.[1] 나에게는 도시 자체가 마치 몇 해 전부터 그 성곽 안에 살고 있었던 것처럼 낯익은 듯이 생각되었다. 이것은 실제로 한 걸음 한 걸음씩 이 독일 예술의 수도로 이끌어준 내 연구 때문이었다. 뮌헨을 모르면 독일을 보지 못한 것일뿐더러, 뮌헨을 보지 않은 자는 무엇보다 독일 예술을 알 수가 없는 것이다.

아무튼 세계대전 전의 이 시대는 나의 생애에서 가장 행복하고 더할 나위 없이 만족한 시대였다. 비록 나의 수입은 여전히 매우 적었지만, 나는 물론 그림을 그리기 위해서 생활하고 있는 것이 아니라, 그림을 그림으로써 나의 생활을 유지하고, 또 연구를 하기 위해서였다.[2] 나는 내가 정한 목표가 언젠가는 꼭 이루어질 것이라는 확신을 가지고 있었다. 그리고 이것만으로 그 밖의 하루하루 생활상의 자질구레한 걱정거리를 쉽사리 참고 견딜 수가 있었다.

더욱이 내가 이곳에 체류하기 시작한 초기부터 내가 알고 있는 다른 고장보다 훨씬 이 도시에 매혹된 내심의 애착이 있었다. 독일 도시이기 때문이다! 빈에 비하면 얼마나 뚜렷한 차이가 있을까. 그 여러 종족이 사는 바빌론 도시는 생각만 해도 가슴이 답답해진다. 게다가 이곳 사투리는 내게는 매우 친근한 것이었다.

1) 1912년 봄이라고 하는 것은 사실과 다르다. 많은 기록에는 1913년 5월 24일 빈을 출발하여 26일에 뮌헨에서 무국적자로서 주소 신고를 하고 있다. 같은 해 8월 11일 린츠시(市) 경찰국은 징병검사에 출두하지 않은 것에 대해 추궁하기 시작했고, 빈 경찰본부가 뮌헨 이주 사실을 밝혀내고 린츠시 경찰국으로부터 뮌헨 주재 오스트리아 총영사 앞으로 징병검사 영장이 발송된다. 기피 이유가 정치적인 것이었는지 심리적인 것이었는지는 알 수 없다.

2) 뮌헨의 슈라이스하이머 거리의 재단사 포프의 집에 세 들어 있던 히틀러의 생활이 빈 시절보다 더 나아졌는지 어땠는지에 대해서는 매달 100마르크로 어느 정도 생활을 할 수 있었다는 주장과 여전히 가난에 허덕이고 있었다는 주장 등 두 가지 주장이 있다.

특히 하(下)바이에른 사람과의 접촉이 일찍이 나의 소년시절 추억을 떠올리게 했다. 내게 있어선 진실로 사랑스럽고 귀중한 것이며, 또 많은 것들이 그렇게 사랑스럽고 귀중하게 여겨졌다. 그리고 야성적인 힘과 예술적인 분위기의 놀랄 만한 결합, 호프브로이하우스에서 오데온에 이르는 비할 바 없이 곧은 선, 피나코테크 미술관에 이르는 10월 축제가 나를 가장 강하게 사로잡았다.

내가 오늘도 이 도시에 이 세계에서 어느 곳보다 더 애착을 느끼고 있는 것은 이 도시가 나 자신의 생활의 발전과 불가분의 관계로 결합되고, 결합된 채로 있다고 하는 사실에 그 바탕을 두고 있다. 그러나 그때 내가 일찍부터 정말 내심의 만족이라고 할 행복을 느낀 것은 훌륭한 비텔스바하의 왕성(王城)이 수학적인 지성을 갖추고 있었기 때문만이 아니고, 풍부한 정서를 가진 모든 사람에게 작용하는 그 매력에 의한 것이었다.

독일의 잘못된 동맹정책

내 직업으로서의 일 말고도 가장 많이 나의 관심을 끌어들인 것은 여기서도 매일의 정치적인 사건, 그중에서도 특히 외교 사건의 연구였다. 나는 독일의 동맹정책이라는 우회로를 지나 후자에 이르렀다. 나는 동맹정책에 대해 오스트리아 시절부터 이미 절대로 잘못된 것이라 생각하고 있었다. 언제나 빈에서는 독일제국의 자기착오의 정도를 충분히 알고 있지 못했었다.

나는 그때 다음과 같은 생각으로 기울어져 있었다. 어쩌면 다음과 같은 것을 단순한 핑계로 삼아 자신에게 그럴듯하게 들려주고 있었는지도 모른다. 곧 어쩌면 베를린은 이 동맹국이 사실은 약해서 그다지 믿을 만한 것이 못될 것이라고 일찍부터 알고 있었지만, 다소 알 수 없는 이유에서 이 생각을 동맹정책을 지탱하기 위해서 억제하고 있었을 것이다. 또 갑자기 중지하면, 틈만 엿보고 있던 외국이 놀라서 들고일어날지도 모르고, 또는 국내의 속물을 불안하게 만드는 것도 바람직하지 못하다고 판단했을 것이다.

물론 민중과 교제해 보고 내가 무엇보다 놀란 것은 이 신념이 잘못된 것임을 곧 알았다는 것이다. 놀랍게도 합스부르크 왕국의 본질에 대해서 그 밖의 일은 잘 알고 있는 계층조차 아무것도 모른다는 것을 여러 곳에서 확인해야만 했다. 특히 민중 사이에서는 동맹국을 우리가 위급할 때 반드시 힘껏 도와줄 성실한 강국으로 봐도 좋다는 망상에 사로잡혀 있었다. 대중은 이 왕국을 항상 '독일국가'라고 여겼으며 의지할 수 있다고 믿고 있었다. 사람들은 여기에서 그 힘을 독일 자신과 마찬가지로 수백만으로 추정할 수 있다고 생각했다. 그리고 첫째로 오스트리아는 벌써 오랜 옛날에 독일적 국가제도를 중단했다는 것, 둘째로 이 나라의 국내 사정은 시시각각 붕괴로 치닫고 있다는 것을 완전히 잊어버리고 있었다.

나는 그때 이 국가구조가 거의 끊임없이 맹목적으로 커다란 파국을 향해 치닫고 있다는 것을 이른바 공적인 '외교관'보다도 더 잘 알고 있었다.[3] 왜냐하면 민중의 기분은 언제나 오직 위로부터 주입된 여론의 발로였기 때문이다. 그러나 위에서는 이 동맹국을 마치 돈처럼 숭배하게 했다. 성실성이 결여된 곳은 애교로 잘 보충할 수 있을 것이라 생각하고 있었다. 그때 사람들은 말이 언제나 현금의 가치가 있다고 여겼다.

빈에 있었을 무렵 나는 이미 가끔 나타나는 정치가의 공적인 연설과 빈 신문의 내용과의 차이를 살펴보다 화가 나곤 했다. 그럼에도 불구하고 빈은 적어도 외견상은 독일 도시였다. 하지만 빈에서, 좀더 적절하게 말하면 독일 오스트리아를 떠나 이 나라의 슬라브 지역에 왔을 때는 사정이 얼마나 달라져 있었던가!

거기에서 삼국동맹이라고 하는 실로 고상한 눈가림의 연기가 어떻게 판단되고 있는가를 알기 위해 사람들은 프라하의 신문만을 손에 넣을 필요가 있었다. 여기에서는 이 '정치가적 걸작'에 대해서는 이미 쓰디쓴 비웃음과 경멸 말고는 아무것도 존재하지 않는다. 두 황제가 바야흐로 서로의 이마에 키스를 하고 있는 바로 이 평화로운 시기에 사람들은 니벨룽겐적 이상의 미광(微光)을 실제상의 현실로 바꾸려고 할 때가 되면, 이 동맹은 없는 거나 마찬가지라고 하는 것을 전혀 감추지 않았던 것이다.

그렇지만 몇 년 뒤 동맹이 그 실효성을 나타낼 때 이탈리아가 삼국동맹에서 뛰쳐나가고, 나머지 이국동맹(二國同盟)을 궁지에 버려둔 채 마침내 이탈리아 자신이 적이 되었을 때 사람들은 얼마나 분개했던가! 일반적으로 사람들이 이러한 기적, 곧 이탈리아가 오스트리아와 함께 싸울 것이라고 하는 기

---

3) 마저는 이에 대해서도 사실과 다르다는 견해를 가지고 있다.

적을 한순간이라도 감히 믿었다는 것은 외교에 대해 눈뜬장님이 아닌 자에게는 전혀 이해할 수 없었다. 그러나 물론 오스트리아 자체에 있어서도 사태는 조금도 바뀌지 않았다.

오스트리아에서는 동맹사상의 신봉자는 합스부르크 왕가와 독일인뿐이었다. 합스부르크 왕가는 타산과 강요에서였으며 독일인은 선량한 믿음과 정치적인 우둔함에서였다.

선량한 믿음이란 독일인은 이 삼국동맹에 의해서 독일제국 자체에 커다란 봉사를 하고, 이것을 강화하여 안전에 도움이 된다고 생각했기 때문이다. 그러나 정치적 우둔함이란 처음 생각했던 것이 적중하지 않았고 오히려 그들이 그 때문에 양국을 구렁텅이에 빠뜨리는, 죽어버린 국가에 독일제국을 묶어놓는 데 조력을 다했기 때문이다.

그리고 무엇보다도 그들 자신이 이 동맹만으로 더욱 비독일화되고 말았기 때문이다. 왜냐하면 합스부르크 왕가는 독일과의 동맹에 의해서 독일 측으로부터의 간섭을 모면할 수 있었다고 믿었고, 유감스럽게도 그것은 옳았지만 그들은 독일주의를 서서히 구축하는 국내정책을 손쉽게 위험 없이 해낼 수가 있었기 때문이다. 사람들은 우리의 유명한 '객관성'에 의해서 독일 정부로부터의 공격을 전혀 걱정할 필요가 없었을 뿐만 아니라, 또 오스트리아의 독일주의 자신에게도 항상 동맹과 관련하여 어쩌면 건방진 입이 슬라브화의 비열한 방책에 대해서 벌어지려고 하는 것을 이내 침묵하게 할 수가 있었던 것이다.

독일제국의 독일인 자신이 합스부르크 정부를 인정하고 신뢰를 나타내고 있을 때 오스트리아의 독일인은 어떻게 해야만 되었을까? 전체 독일사회의 중심에서 자기 민족의 배신자로서 낙인찍히기 위해 그들은 반항을 해야만 했을까? 수십 년 동안 바로 자기 민족을 위해 전에 없던 희생을 치른 그들이 말이다!

그러나 합스부르크 왕국의 독일주의가 먼저 근절된다면 이 동맹은 어떠한 가치를 갖는 것일까? 독일에게 이 삼국동맹의 가치는 바로 오스트리아에서의 독일인의 우위를 확보하는 데 달려 있었던 것은 아닌가? 아니면 사람들은 정말로 슬라브적인 합스부르크 제국과 여전히 동맹하여 살아갈 수 있다고 믿고 있었던 것일까?

공적인 독일 외교와 마찬가지로 오스트리아 국내의 다민족 문제에 대한 여론 전체의 태도도 이미 우둔하기는커녕 완전한 광기였다! 사람들은 동맹에 7000만 민족의 미래와 안전을 맡기고 있었다. 게다가 이 동맹의 유일한 기초는 상대에 의해 해마다 계획적으로 주저하는 일 없이 착실하게 파괴되고 있었다. 그 경우 어느 날인가 빈 외교와의 협약은 남지만 동맹국의 원조는 상실될 것이 틀림없었다.

이것은 애당초 이탈리아의 경우에도 마찬가지였다. 독일에서 좀더 분명히 역사를 연구하고 민족심리학을 연구했다면 아마도 사람들은 언젠가 퀴리날리스[4]와 빈 황실이 함께 전선에 서주리라고는 한때나마 믿을 수 없었을 것이다. 비록 적으로 여기지는 않더라도 그토록 광신적으로 미워하고 있는 합스부르크 국가를 위하여 정부가 단 한 사람의 이탈리아인이라도 전선에 보내는 일이 있다면 사실 그 전에 이탈리아는 화산이 되었으리라.

나는 이탈리아인이 오스트리아 국가에 가하는 격렬한 경멸과 깊이를 헤아릴 수 없는 증오가 몇 번이고 빈에서 불타오르는 것을 보았다. 합스부르크 왕실이 수세기에 걸쳐 이탈리아의 자유와 독립에 대하여 저지른 죄는 비록 잊으려는 의지가 있다 해도 잊을 수 없을 만큼 컸다. 그러나 이탈리아 민족에게도 그 정부에게도 그런 의지는 전혀 존재하지 않았다. 그러므로 이탈리아로서는 오스트리아와 공존하는 데에는 오로지 두 가지 가능성만이 있었다. 말하자면 동맹 아니면 전쟁이었다.

이탈리아 사람들은 전자를 선택함으로써 차분히 후자를 준비할 수 있었던 것이다. 특히 오스트리아와 러시아의 관계가 더욱 군사적 대립을 격화시킨 이래 독일의 동맹정책은 무의미하고 또 위험했다. 이것은 사고에 크고 올바른 경로가 전혀 결여되어 있다는 것을 나타내는 전형적인 경우였다.

도대체 어째서 동맹을 맺었던 것인가? 물론 오로지 자신만의 힘에 의존해 지탱하기보다는 독일의 미래를 더 잘 유지하기 위해서였다. 그러나 독일제국의 미래는 독일 민족의 생존 가능성을 유지하는 문제 바로 그것이었다.

그 경우도 물론 문제는 다음과 같은 것만으로 여겨진다. 곧 가까운 장래에 독일 국민의 생활은 어떠한 형태를 취해야 할 것인가 그리고 일반적인 유럽

---

4) 이탈리아 정부를 말한다.

의 세력관계 틀 안에서 사람들은 이 발전에 더욱 필요한 기초와 필수적인 안정을 어떻게 보존할 수 있을 것인가 하는 점이다. 독일 정치의 외교상 활동에 대한 전제를 확실히 관찰한다면 사람들은 다음과 같은 확신에 이르지 않을 수 없었다.

곧 독일은 해마다 약 90만 명씩 인구가 늘어난다. 이 새로운 국민의 대군을 먹여 살려야 하는 곤란은 해마다 커지고, 만일 굶주림과 빈곤의 위협을 제때 예방할 수단과 방법을 찾아내지 못하면 언젠가는 파국으로 끝날 것이 틀림없을 것이다.

독일정책의 네 가지 길

이런 무서운 장래의 재앙을 피하기 위해서는 네 가지 길이 있었다.

1. 프랑스의 예에 따라서 출생 증가를 인공적으로 제한하여 인구과잉 문제에 대처할 수도 있었다. 자연 자체는 매우 궁핍한 시대라든가, 기상적으로 나쁜 상태일 때나, 심한 흉년일 때에도 일정한 지방이나 인종의 인구증가에는 역시 제한을 가하는 것이 상례이다. 물론 무정하기도 하며 또 동시에 현명한 방법이다.

자연은 생식력 자체를 저지하지는 않지만, 태어난 사람을 곤란한 시련과 궁핍에 몰아넣고, 강인성이나 건강에서 열등한 자를 모두 또다시 영원한 어둠 속으로 돌아가도록 강제함으로써 태어난 자의 존속을 방해하는 것이다. 그래도 여전히 생존의 불공평에 굴하지 않았던 자는 1000배나 큰 시련을 견디어낸 견고하고 건전한 자로서 다시 생식에 적합한 것이다. 이리하여 근본적인 도태 과정을 처음부터 되풀이할 수가 있다.

자연은 그처럼 개개인에 대해서 잔인하게 대립하고, 그리하여 그가 생활의 폭풍에 견딜 수 없을 경우엔 즉각 불러들임으로써 인종과 종족을 강하게 유지할 뿐 아니라 최고 능력에까지 끌어올리는 것이다. 그와 함께 수효의 감소는 사람을 강화하는 것이 되고, 결국은 종족의 강화가 된다.

인간이 수효의 제한을 행하려고 할 경우에는 사정이 달라진다. 인간은 자연을 나무로 조각한 것이 아니며, '인간적'인 것이다. 인간은 이 잔인한 전지(全知)의 여왕보다도 더 잘 알고 있다. 인간은 각 개인의 존속 의지를 제한하지 않고, 오히려 생식 그 자체를 제한한다. 이것은 오히려 항상 자기 자신만을 볼 뿐 인종을 보지 않는 자에게는 반대 방법보다도 훨씬 인간적이며 정당하다고 생각된다. 그러나 유감스럽게도 또 그 결과는 정반대이다.

자연은 생식을 자유롭게 내버려두면서, 존속은 극도로 곤란한 시련 속에 맡겨두고, 넘치도록 많은 개체 속에서 가장 좋은 것을, 살아갈 만한 가치가 있는 자를 가려낸다. 이렇게 자연은 그것만을 유지하고 그리고 마찬가지로 그 종의 존속 유지의 담당자가 되게 하는 것인데, 반면에 인간은 생식을 제한하면서도 일단 태어난 모든 자를 어떤 대가를 지불하더라도 유지하려 하고 악착스러워진다.

신의 의지를 정정하는 것이 그에게는 인간적인 것임과 동시에 현명한 듯이 생각된다. 그리고 다시 한 번 어떤 점에서 자연을 뛰어넘고, 게다가 자연의 부족한 부분을 증명했다고 기뻐하고 있다. 물론 실제로는 수를 제한했지만 동시에 낱낱의 가치는 저하되었다. 신의 사랑스러운 새끼원숭이들은 이것을 보려고 하지도 않을뿐더러 들으려고 하지도 않는다.

왜냐하면 일단 생식 자체가 제한되고 출생수가 감소되자마자 가장 강한 자나 가장 건강한 자만이 사는 것을 허락받는 자연적인 생존경쟁 대신 가장 약한 자나 가장 병약한 자도 어떠한 대가를 지불하더라도 '도우려고' 하는 당연한 욕망, 또 자연과 자연 의지를 경멸하는 일이 길면 길수록 더욱 비참한 것이 되지 않을 수 없는 자손을 위해 씨앗을 남겨두려고 하는 당연한 욕망이 생기기 때문이다.

그러나 결국 이러한 민족은 언젠가 이 세계에서 생존권을 박탈당할 것이다. 왜냐하면 인간은 어느 기간 동안은 존속 유지의 의지라고 하는 영원한 법칙에 반항할 수 있지만, 머잖아 보복이 오기 때문이다. 보다 더 강한 종족이 약자를 몰아낼 것이다. 살려고 하는 충동은 최후 형태에 있어선 강자로 대체하기 위해 약자를 멸망시키는 자연의 인간다움을 그 대신 놓도록 하기 위해 개개인의 이른바 인간성이라고 하는 우스꽝스런 속박이 계속해서 파괴되기 때문이다.

이렇게 해서 독일 민족의 증가를 스스로 제한하는 방법으로 독일 민족의 생존을 확보하게 하려는 자는 독일 민족으로부터 미래를 빼앗는 것이다.

2. 두 번째 길은 우리가 오늘날 이따금 되풀이해 제안되고 또 칭찬되고 있다고 듣고 있는 것, 곧 국내의 식민화(국토개발)이다. 이 제안을 많은 사람들

이 좋은 의미로 생각하고 있지만, 대부분의 사람들은 상상할 수 있는 한에서 생각할 수 있는 한의 커다란 손해를 입을 것이라고 잘못 이해하고 있다.

틀림없이 토지의 수익성은 일정 한도까지 끌어올릴 수 있다. 그러나 오직 일정 한도까지이며 무한이라고는 할 수 없다. 일정 기간 사람들은 이러한 우리 국토의 이용도를 증가시킴으로써 기아의 위험 없이 독일 민족의 증가로 인한 곤란을 방지할 수 있을 것이다. 하지만 생활상의 요구는 보통 주민 수보다 빠른 속도로 증가한다는 사실이 이것에 대립한다.

의식(衣食)에 대한 인간의 요구는 해마다 커진다. 이를테면 오늘날에도 약 100년 전 우리 조상의 요구와는 견줄 수 없을 정도의 상태가 되어 있다. 그러므로 생산 증가가 인구 증대의 모든 전제를 다했다고 생각하는 것은 잘못이다. 그렇다, 이것은 어느 정도까지밖에 맞지 않는다. 왜냐하면 적어도 토지의 증산물 일부는 인간의 커진 필요를 만족시키기 위해 사용되기 때문이다.

단지 한편에서는 크게 절약하고 다른 한편에서는 열심히 일을 한다 해도 여전히 토지 자체에서 생산되는 것의 한계가 온다. 아무리 부지런히 일하더라도 그 이상 토지에서 생산하는 일이 불가능하게 된다. 예를 들어 또 일정 기간 연기를 한다 하더라도 또다시 숙명이 찾아온다.

처음엔 굶주림이 흉작 등이 있을 때 이따금 나타나는 데 지나지 않는다. 인구수의 증가와 함께 이것이 더욱 자주 나타나게 되고, 마침내는 보기 드문 풍년으로 곡물 창고가 채워져 있을 때만 굶주림이 오지 않는 것이다. 그러나 그 경우에조차 곤궁은 여전히 나아지지 않고, 굶주림이 그러한 민족의 영원한 동반자가 될 때가 가까워지는 것이다. 그렇게 되면 또다시 자연이 도와서 생존을 위해 스스로 골라낸 자 중에서 도태를 시키든가, 아니면 인간이 다시금 스스로를 돕지 않으면 안 된다. 다시 말해 인종 및 종에 대하여 이미 설명한 바와 같은 중대한 결과를 동반하는 인구 증가의 인위적 방해에 손을 뻗치는 것이다.

이러한 미래는 언젠가는 온 인류에 닥쳐온다. 그러므로 개개의 민족은 이 숙명으로부터 벗어날 수가 없는 것이라고 사람들은 또한 반론할 수가 있을 것이다. 이것은 얼핏 봐서 참말로 옳다. 그렇지만 이 경우 다음과 같은 일을 숙고해야만 할 것이다.

확실히 일정한 시점에 이르렀을 때에는 토지 생산력은 계속 늘어나는 인구와 이미 균형을 이룰 수가 없게 되므로, 온 인류는 인종 증가를 멈춰야 한다. 그리고 또다시 자연으로 하여금 결정하게 하던가 아니면 될 수만 있다면 자조(自助)에 의해, 이 경우에도 물론 오늘보다는 바른 방법으로 필요한 균형을 유지시켜주지 않을 수 없게 될 것이다.

현재로서는 오로지 그러한 위기 상황에 쫓기고 있는 인종은 자기에게 필요한 토지를 이 세계에서 확보하는 데 충분한 힘과 강력함을 갖지 못한 인종뿐이지만, 이것이 다음엔 모든 민족에게 한결같이 해당될 것이다. 왜냐하면 지금 이 지상에는 엄청 큰 면적의 토지가 여전히 이용되지 않고 존재하고 있으며, 오로지 개척자를 몹시 기다리고 있는 상태이기 때문이다. 그러나 이 토지는 본디 어떤 일정한 국민 또는 인종에게 미래를 위한 보류지대로서 남겨진 것이 아니라, 그것을 얻는 힘을 가진 민족을 위한 그리고 그것을 열심히 개척하는 근면성을 가진 민족을 위한 토지라는 것 또한 마찬가지로 옳은 것이다.

자연은 정치적 경계를 모른다. 자연은 먼저 생물을 이 지구상에 두고 여러 힘의 자유로운 경쟁을 눈여겨보고 있다. 그리고 용기와 근면에 있어서 가장 강한 자가 자연의 총애하는 아들로서 생존의 지배권을 얻게 된다.

다른 인종들이 이 지상의 커다란 면적에 매달려 있을 때 만일 어떤 민족이 국토개발에 머물러 있다면, 어느 시기가 되면 다른 민족은 끊임없이 증가하고 있는데 그 민족은 자기 제한을 하지 않을 수 없게 될 것이다. 언젠가는 이런 경우가 생긴다. 그리고 실제로 어떤 민족이 자유롭게 처리할 수 있는 생활권이 적으면 적을수록 그것은 더욱 빨라진다.

아무튼 유감스럽게도 자주 총체적으로 가장 좋은 국민이, 보다 더 바르게 말하면 오직 하나뿐이며 참다운 문화적 인종, 온갖 인종의 진보 담당자만이 그 평화주의에 현혹되어 새로운 토지 획득을 단념하고 국토개발에 만족하기로 결의하고 있지만, 열등한 여러 국민들이 이 세계의 커다란 생활권을 확보할 줄 알고 있으므로 이것은 다음과 같은 결과를 불러올 것이다.

곧 문화적으로는 뒤떨어져 있지만 타고나길 잔인한 민족은 가장 큰 생활권을 가지고 있기 때문에 그 위치에서 여전히 증가를 계속할 수가 있다. 문화적으로는 뛰어나지만 소극적인 인종은 그 제한된 토지 때문에 언젠가는 그 인구 증가를 제한하지 않으면 안 된다. 다시 말하면 세계는 이렇게 해서 문화적으로는 열등하지만 실행력이 있는 민족의 소유에 귀속하게 될 것이다.

그래서 아직은 먼 앞날의 일이지만, 단 두 가지 가능성만이 남는다. 즉 세계는 우리 근대 민주주의 관념에 따라서 모든 결정이 수적으로 보다 더 강한 인종에 이로운 결과로 끝나든가 또는 세계는 자연적인 힘의 질서라는 법칙에 의해 지배되어 정복력이 강한 잔학한 의지를 가진 민족이 이기게 되어, 이에 따라 자제하는 국민이 패하든가 하리라. 그러나 이 세계가 언젠가 아주 격렬한 인류 생존의 투쟁에 휩싸일 것이라는 점은 누구도 의심할 수 없다.

마지막으로는 자기보존 욕구만이 영원한 승리를 차지한다. 이 욕망 아래에서는 우둔함, 두려움, 아는 체하는 자만심이 섞여서 나타나는 이른바 인간성은 3월의 태양 아래에서 봄눈 녹듯이 녹고 만다. 영원한 투쟁 속에서 인류는 발전해 왔다. 영원한 평화 속에서 인류는 멸망하는 것이다.

하지만 우리 독일인에게 있어서는 '국토개발'의 강령은 매우 불행한 일이다. 그것은 평화주의적인 마음가짐에 따라 평온한 선잠 생활 속에서 생존을 '버는' 일이 용납되는 방법이 발전되었다고 하는 주장을 곧 우리 사이에 강화시키기 때문이다. 이 주장이 일단 우리 사이에서 진지하게 받아들여진다면, 그것은 이 세계에서 우리에게 어울리는 장소를 확보하려는 모든 노력의 종말을 의미하는 것이다.

이와 같은 방법으로도 생활과 미래를 확보할 수 있다는 확신을 평범한 독일인이 품기 시작하자마자 독일 사람에게 필요한 삶을 적극적으로, 따라서 효과적으로 주장하려고 하는 모든 시도는 헛되고 말 것이다. 그러나 국민의 이러한 태도에 의해 참으로 효과적인 모든 외교정책은 묻히고, 그와 함께 독일 민족의 앞날도 묻히고 말리라.

이 결과를 잘 알고, 그러한 치명적으로 위험한 사고방식을 우리 민족에게 심어주려 하며, 그것에 성공하는 자는 항상 1차적으로 유대인이라는 것은 우연이 아닐 것이다. 유대인은 그들의 기대에 어긋나지 않는 것만을 잘 알고 있다. 유대인은 스페인적 축재 사기꾼을 위해 감지덕지 희생되어준다는 것을 모를 리 없으며, 자연을 놀리고 가혹하며 무정한 생존경쟁을 헛된 것으로 만들려 하고, 그 대신 '그때그때의 편의'에 따라, 때로는 노동에 의해, 때로는 아무런 일도 않고서 이 지구의 지배자가 되는 수단이 발견될 것이라고 그들을 속일 줄을 알고 있는 것이다.

모든 독일의 국토개발은 첫째로 사회적 폐단을 없애고, 특히 일반적인 그릇된 생각으로부터 토지를 떼어놓는 데 도움이 될 뿐이다. 하지만 새로운 토지나 토양 없이는 국민의 미래를 확실하게 하는 데는 결코 충분하다고 할 수 없다. 이것은 아무리 강조해도 지나치지 않다.

우리가 다른 방법을 선택한다면 이윽고 우리는 우리 국토의 마지막 한계점에 이르고 말뿐만 아니라 우리의 힘도 다하고 말 것이다.

마지막으로 다음과 같은 사항이 확인되어야 한다. 곧 국토개발에 의해서 어떤 일정한 작은 토지에 구속되는 일, 마찬가지로 또 출산 제한에 의해 초래되는 동일한 마지막 결과는 해당 국민을 군사정책상 아주 불리한 상태로 이끄는 것이다.

민족의 거주 지역 크기 안에는 그것만으로 외적인 안전성을 결정하는 본질적 요소가 있다. 어떤 민족이 자유롭게 이용하는 지역의 범위가 크면 클수록 그만큼 자연의 수호도 커진다. 왜냐하면 항상 비좁은 토지 안에 한정된 민족에 대한 군사적 결말을 짓는다는 것은 보다 더 빨리, 따라서 보다 더 쉽게, 특히 보다 더 효과적이고 완전한 방법으로 얻을 수가 있는데, 영토가 큰 국가는 이와는 반대이기 때문이다.

그러므로 국가 영토가 크다고 하는 것은 언제나 무분별한 공격에 대해서 확실한 방비가 된다. 왜냐하면 그 경우 장기에 걸친 고통스러운 투쟁에 의해서만 바라던 결과에 이를 수 있기 때문이다. 전적으로 특별한 이유가 존재하지 않는 한 무모한 기습을 하기에는 모험이 너무나 크다고 여겨지기 때문이다. 따라서 국가가 크다고 하는 것에서는 이미 민족의 자유와 독립을 더 손쉽게 유지할 수 있는 바탕이 있는 것이다. 반대로 이러한 구조가 작으면 그것을 함부로 점령하려고 도전하는 것이다.

사실상 늘어나는 인구와 병행해서 토지를 확대하여 그 사이에 균형을 만들려고 하는 최초의 두 가지 가능성은 또한 독일제국의 이른바 국가주의적 단체에 의해 거부되었다. 이러한 태도를 취한 이유는 물론 앞에서 이야기한 것과는 달랐다.

말하자면 출산 제한에 대해서는 그들은 무엇보다 먼저 하나의 도덕관으로 해서 거부하는 태도를 취했다. 국토개발을 사람들이 분노하며 거부한 것은 사람들이 거기서 대토지 소유에 대한 공격으로 잘못 생각하고, 그 속에서 사유재산에 대한 일반적 투쟁의 실마리를 찾았기 때문이다. 특히 후자를 후원하는 학설이 주장한 형식으로 보자면 사람들이 그와 같이 받아들인 것도 옳았던 것이다.

대체로 대중에 대한 방어책은 아주 서투르고 또 결코 문제의 핵심을 찌르고 있지 못했다. 따라서 늘어나는 민족 수에 맞게 노동과 빵을 확보하기 위해서는 단 두 가지 길밖에 없었다.

3. 사람들은 넘쳐나는 몇백만 명을 해마다 이주시키기 위해 새로운 토지를 구하여 자급원칙으로 계속 국민을 먹여 살리든가, 아니면

4. 외국의 수요에 따라서 상공업을 일으키고 그 매출액에 의해 생활을 꾸려나가든가 해야 했다.

그러므로 영토확대 정책이든 식민지 상업정책이든 어느 한쪽을 택해야 했다. 이 두 가지의 길은 여러 방면에서 주목되고, 검토되고, 추천되고 그리고 마침내 후자가 결정적으로 채용될 때까지 싸움은 계속되었다. 둘 중에서 더 건전한 길은 물론 전자였을 것이다.

새로운 땅의 획득

과잉인구를 이주시키기 위한 새로운 영토를 구하는 것은 현재가 아니라 미래를 주시한다면 무한히 많은 이익이 된다. 온 국민을 바탕으로 해서 건전한 농민계급을 유지해 가는 가능성조차 결코 충분히 평가되어 있다고는 할 수 없다.

오늘날 우리 대부분의 고민은 본디 농촌의 민중과 도시의 민중 사이의 불건전한 상태에서 비롯된다. 중소 농민의 단단한 기둥은 어느 시대를 막론하고 우리가 오늘날 가지고 있는 것과 같은 사회적인 질병에 대한 가장 좋은 방어이다. 그러나 이것은 국민이 경제의 국내 순환에 있어 날마다 빵을 얻어내는 유일한 해결방법인 것이다. 상공업은 그 불건전한 지도적 지위에서 물러나 국가적인 수요 공급의 균형경제라고 하는 일반적인 테두리 안에 들어간다. 그와 함께 둘 다 이미 국민을 부양하는 바탕은 아니고, 그 보조 수단이 된다. 상공업은 모든 분야에서 자국의 생산과 수요의 균형만을 과제로 삼음으로써 전 국민의 부양을 조금이나마 외국으로부터 독립시키고, 특히 주요 시기에 이렇게 해서 국가의 자유와 국민의 독립을 안전하게 하는 것을 돕는

것이다.

물론 이와 같은 영토확대 정책은 카메룬에 있어서가 아니라 오늘날에는 주로 유럽에서 실현되고 있다. 사람들은 그와 동시에 냉정하고 진지하게 어떤 민족에게 이 세계에서 다른 민족보다 50배나 많은 토지나 영토가 주어지고 있는 것은 분명 신의 의지일 수는 없다고 하는 관점에 서야만 한다. 이 경우 사람들은 정치적인 경계에 의해 영원한 권리의 경계에서 멀어져서는 안 된다. 이 지상이 참으로 모든 사람의 생활공간을 가지고 있다면 우리에게도 생활에 필요한 토지가 주어져도 좋을 것이다.

물론 누구나 이를 좋아하지는 않으리라. 하지만 그 경우에는 자기보존의 권리가 그 효력을 나타낸다. 그리고 호의적인 해결이 거부되면 바로 주먹으로 나가야 한다. 만일 일찍이 우리 조상이 그 결의를 오늘날과 같은 평화주의적 당찮은 일에 바탕을 두고 있었다면 우리는 지금 영토의 불과 3분의 1쯤밖에 소유하고 있지 못했을 것이다. 그리고 그 경우 독일 민족은 유럽에서 이미 아무것도 이룩한 바가 없었을 게 틀림없다.

그렇다. 독일제국의 두 개의 동쪽 국경 주(州) 및 이것과 더불어 오늘날까지 우리를 존립시켜온 우리 국가와 민족의 영역 크기에서 오는 내부적 강인성은 우리가 자기생존을 위해 싸우기 위한 자연적인 결단력 덕택인 것이다.

또 하나의 이유에서도 이 해결은 정당했다고 말할 수 있으리라. 곧 오늘날 유럽 국가의 대부분은 피라미드를 거꾸로 한 것과 같다. 그 유럽의 바닥은 식민지, 외국무역 등과 같은 다른 무거운 짐에 비해서 우스울 정도로 작다. 유럽에 온 세계의 첨단이 있고, 온 세계에 그것의 바탕이 있다고 해도 좋을 것이다. 바탕을 여전히 자기 대륙에 가지고 있으며, 다만 그 첨단만이 다른 대륙과 접하고 있는 미합중국과는 다른 것이다. 그런 까닭으로 이 나라는 일찍이 없었던 국내의 힘을 가지고 있고, 대부분의 유럽 식민지 국가는 취약한 것이다.

영국도 예외는 아니다. 아무튼 사람들은 대영제국을 볼 때 앵글로색슨계의 세계 그 자체를 보고 있다는 사실을 쉽게 잊어버리고 만다. 영국의 지위는 오로지 미합중국과 언어와 문화에 있어서 공통되어 있기 때문에 그렇지 않아도 다른 유럽의 여러 나라와는 비교될 수가 없는 것이다.

그러기 때문에 독일이 건전한 영토확대 정책을 실시할 유일한 가능성은 유럽 자체 속에서 새로운 토지를 획득하는 데 있었다. 식민지는 그것이 대규모의 유럽인 식민지로 알맞지 않다고 생각되는 한, 이 목적에 봉사할 수 없다. 그러나 19세기에 있어서는 이미 평화적인 방법으로 그런 식민지 영역을 얻을 수가 없었다. 따라서 다만 곤란한 투쟁방법으로만 이와 같은 식민정책을 실시할 수가 있었던 것이다. 그리고 유럽 이외의 지역보다도 오히려 고향인 대륙의 영토를 위해 싸우는 편이 한층 더 목적에 알맞았던 것이다.

이와 같은 결의는 물론 더 나아가서 일관된 헌신이 필요하다. 어중간한 방법이나 우물쭈물한 태도로는 맨 마지막 정신력까지 긴장시켜야 비로소 수행될 수 있다고 생각되는 과제에 접근할 수가 없다. 그때는 또 독일제국의 모든 정치적 지도력이 이 유일한 목적을 향해서 집중되어야만 했다. 이러한 과제나 조건을 인식하는 것 말고 다른 고려에 이끌리는 방책은 결코 생기지 않았다. 이 목적은 투쟁으로만 이룰 수 있다는 것을 확실히 인식하고 냉정하며 침착하게 싸움에 임해야만 되었던 것이다.

친영반로(親英反露)

여기서 동맹은 모두 전적으로 이 관점에서 검토하고, 그 이용 정도에 따라서 평가해야만 했다. 사람들이 유럽에서 토지와 영토를 바란다면, 그때는 대체로 러시아의 희생으로만 가능했다. 그 경우 독일의 칼을 가지고 독일의 쟁기에는 경작할 땅을, 그러나 국민에게는 나날의 빵을 주기 위해 새로운 독일제국은 또다시 옛날의 튜턴 기사단의 길을 걸어야 했다.

이와 같은 정책을 위해서는 물론 유럽에는 단 하나의 동맹국이 있었다. 바로 영국이었다. 영국과 동맹을 맺어야만 배후가 보호되고, 새로운 게르만의 행군을 시작할 수가 있었다. 또한 그 권리는 우리 조상들의 권리보다도 결코 작지는 않을 것이다. 우리의 평화주의자라 하더라도 비록 맨 처음의 쟁기라는 것이 이전에는 칼이라고 불리었다 치더라도 동방의 빵을 먹는다는 것은 거부하지 않는다.

결국 영국의 호의를 얻기 위해서는 그 어떠한 희생이라도 지나치게 크다고 해서는 안 되었다. 식민지와 해상세력을 단념하고 영국 공업에 대해 경쟁을 삼가야 했다. 절대적으로 분명한 태도만이 이와 같은 목적에 이를 수가 있었던 것이다. 말하자면 세계무역과 식민지를 포기할 것, 독일 해군을 단념할 것,

육군에 대해서 국가의 온갖 권력기능을 집중할 것 등이다. 그 결과는 분명히 일시적으로는 억제되었는지도 모른다. 그러나 위대하고 힘찬 앞날이기도 했다.

이 의미에서 영국의 이해가 좋았다면 그런 시기가 있었다. 독일이 자기 나라의 인구증가 때문에 어떤 타개책을 찾아야만 했고 그리고 영국과 손을 잡고 그것을 유럽에서 찾든가, 아니면 영국과 손을 잡지 않고 세계에서 찾아야 하는가를 영국인은 매우 잘 이해하고 있었기 때문이다.

세기의 전환기에 런던 쪽에서 독일에 접근하려고 한 때가 있었는데, 이 생각은 무엇보다도 영국이 앞서 말한 것과 같았기 때문이다. 최근 몇 년 동안 우리가 참으로 무섭게 생각하고 관찰할 수 있었던 일이 그때 처음으로 나타난 것이다. 사람들은 영국을 위해서 '불 속의 밤'을 주워야만 한다는 생각으로 싫은 느낌을 받았다. 마치 동맹이란 일반적으로 상호거래의 원칙과는 다른 원칙일 수 있는 것 같았다. 그러나 이러한 거래는 영국과는 매우 잘 할 수가 있었다. 영국 외교는 언제나 상호이행 없이는 아무것도 기대할 수 없다는 사실을 모를 만큼 어리석지는 않았던 것이다.

여기서 현명한 독일외교가 1904년의 일본 역할[5]을 맡고 있었다고 생각해 보자. 그러면 그 결과가 얼마만큼 독일의 이익이 될 수 있었는지 헤아릴 수가 없는 것이다. 결코 세계대전에까지 이르지는 않았을 것이 틀림없다. 1904년의 피는 1914년에서 1918년[6]에 걸쳐 흘린 피를 10배나 절약했을 것이다. 그렇게 했다면 독일은 오늘날 전 세계에서 어떠한 지위를 차지하고 있을 것인가?

오스트리아와의 동맹 폐지

물론 이 경우에 오스트리아와의 동맹은 아무런 의미가 없었다. 왜냐하면 이 국가적인 미라는 전쟁을 끝까지 밀고 나아가기 위해서 독일과 손잡은 것이 아니라, 영구한 평화를 유지하기 위해서 맺었던 것이고, 또한 평화는 영리하게도 천천히, 그러나 분명하게 왕국 내의 독일주의를 아주 없애버리기 위한 데 이용할 수가 있었기 때문이다.

하지만 이 동맹은 다음 이유에서도 불가능했다. 바로 직접 국경이 맞닿아

---

5) 러일전쟁을 이른다.
6) 제1차 세계대전을 이른다.

있는 곳에서 행해지고 있는 비독일화 과정에 종말을 가져올 만한 힘과 결의를 한 번도 가져본 적이 없는 나라로부터는 독일의 국가적 이익을 적극적으로 대표하는 것 등을 전혀 기대할 수 없었기 때문이다. 독일이 믿을 수 없었던 합스부르크 국가에서 1000만 동포의 운명에 관한 힘을 빼앗을 만한 국가적 통찰과 단호한 결단을 갖지 못했다면, 앞을 내다보는 결단성 있는 계획에 언젠가는 손을 댈 것이라고는 하는 것은 전혀 기대할 수가 없었다. 오스트리아 문제에 대한 옛 독일제국의 태도는 온 국민의 운명을 결정하는 싸움에 있어서 그 행동의 시금석이었던 것이다.

아무튼 오스트리아의 동맹 능력의 가치는 오로지 독일적 요소의 유지라는 이유로 결정된 것이기 때문에, 해마다 독일주의가 점점 더 억눌리는 것을 방관해서는 안 되었다.

그러나 이런 방법은 전혀 취해지지 않았다. 이 사람들은 무엇보다도 전투를 두려워했다. 그럼에도 불구하고 마침내는 가장 불리할 때, 전쟁에 말려들고 말았다. 사람들은 서둘러 운명으로부터 도망치려고 했다. 하지만 그 운명은 곧 뒤따라와 그들을 붙잡았다. 그들은 세계평화의 유지를 꿈꾸고, 세계전쟁에 이르렀던 것이다.

그리고 이것이 왜 독일의 앞날을 이루는 제3의 길에 일찍이 한 번도 주목하지 않았느냐 하는 가장 중요한 이유였다. 새 영토의 획득은 오로지 동쪽에서만 이루어질 수 있다는 것을 알고 있었지만 그러기 위해서는 전쟁이 필요하다 여기고 어떠한 대가를 치르더라도 평화를 바랐던 것이다. 왜냐하면 독일 외교정책의 모토는 먼 옛날에 어떠한 방법을 사용해도 독일 국민을 유지하는 것이 아니라 오히려 온갖 수단을 다하여 세계평화를 유지하는 것이라고 여겼기 때문이다. 그리고 이것이 어떠한 성과를 거두었는지는 잘 알려져 있다. 나는 이 점에 대해서 나중에 따로 말할 생각이다.

경제확장정책

이리하여 제4의 가능성이 남았다. 바로 공업과 세계무역, 해군과 식민지가 그것이다. 물론 이런 발전은 처음에는 꽤 쉽게 그리고 또 아마도 신속하게 달성될 수 있다. 토지나 영토의 식민 활동은 때때로 여러 세기나 계속되는 완만한 과정을 거친다. 그 내면적인 강인성은 그때 갑자기 불타오르는 것이 아니라 천천히 일어나기는 하지만, 근본적이고 끊임없이 성장한다는 사실에서 찾아야 할 것이다. 그것이 몇 년 동안 팽창할 수 있지만 단단한 강인성이라고 하기보다는 비누거품과도 같은 공업의 발전과의 차이점인 것이다. 군함을 만드는 것은 끈질긴 투쟁을 하여 농장을 열고 농민을 식민화하는 것보다는 물론 빠르다. 하지만 이것은 또 후자보다는 보다 빨리 수포로 돌아가는 것이다.

그럼에도 불구하고 독일이 이 길을 걸었을 경우에는 사람들은 적어도 이 발전이 어느 날엔가는 마침내 전쟁이 될 것임을 확실하게 인식하고 있어야만 되었다. 친밀하고 예의 바른 태도로 평화적인 마음가짐을 끊임없이 강조하면서 사람들이 야단스럽게 거드름을 피우면서 말하는 것처럼, '여러 민족의 평화적 경쟁' 속에서 자기의 바나나를 따올 수가 있다. 따라서 무기를 들 필요가 없다고 생각하는 것은 아이들뿐이다.

그렇다, 우리가 만일 이 길을 걷는다면 그 경우 언젠가는 영국이 우리의 적이 될 것이 틀림없다. 영국이 뒷날 거리낌 없이 우리의 평화적인 활동에 대해서 무법적인 이기주의자의 횡포함으로 대립하는 일에 대해 분노하는 것은—독일인 자신의 됨됨이에 달려 있지만—아주 어리석은 일이다. 우리라면 물론 이와 같은 짓은 하지 않을 것이다.

친로반영(親露反英)

유럽의 영토확대 정책이 오로지 영국과 제휴하고, 러시아를 적으로 삼음으로써 할 수 있었다면, 다른 한편으로 그와 반대로 식민지 및 세계무역 정책은 러시아와 결탁해서 영국에 대립하는 일에 의해서만 생각할 수 있는 것이었다. 그러나 그때 사람들은 여기서도 가차 없이 결론을 이끌어내야 했다. 그리고 무엇보다도 먼저 오스트리아와 손을 끊어야 했다.

어느 면으로 보더라도, 세기의 전환기에는 이 오스트리아와의 동맹은 전적으로 미친 짓이었다. 그런데 사람들은 러시아와 동맹하여 영국에 대항하는 일도, 마찬가지로 영국과 손을 잡고 러시아에 대항하는 일도 전혀 생각하지 않았다. 이 둘 다의 결과는 전쟁이 될 것이기 때문이다. 그리고 이를 피하기 위해 사람들은 일반적으로 공업정책부터 추진하기로 결의했다. 그뿐 아니라 '평화스런 경제적' 세계정복에 있어서는 이제까지의 폭력정책을 단연 좌절시켜야 한다는 사용설명서를 가지고 있었다.

그러나 사람들은 가끔 이에는 전혀 확신이 없었던 것 같았다. 특히 영국으로부터 전적으로 이해할 수 없는 협박이 올 때마다 그러했다. 따라서 사람들은 해군의 건설도 결의했지만 그것도 영국을 공격하거나 섬멸하기 위한 것이 아니라, 위에서 말한 '세계평화'와 '평화적' 세계정복의 '방어'를 위한 것이었다. 그것은 또 모든 점에서 그 선박의 수뿐만 아니라, 낱낱의 함선의 톤수나 장비 등으로 봤을 때 최후의 결말로서 '평화적 의도'를 나타내기에는 다소 소극적이었다.

경제적·평화적 정복

'경제적·평화적' 정복을 운운하는 것은 일찍이 국가정책의 지도원리로 든 것 중에서 무의미하기 짝이 없는 것이었다. 사람들이 이런 일을 할 수가 있다는 증인으로서 영국을 내세우기를 주저하지 않았던 것이 그 무의미함을 한층 더 크게 하고 있다. 그때 우리의 대학교수와 같은 역사학설이나 역사관이 함께 저지른 죄는 거의 회복할 수가 없는 것이고, 역사를 이해하거나 파악하든가 하지 않고 역사를 '배우는' 자가 얼마나 많은가 하는 것에 대한 적절한 증명이기도 하다.

바로 영국에서 이 설이 정확히 부정되어 있다는 점을 사람들은 알아야 할 것이다. 하지만 어떠한 민족이라 할지라도 무력에 의한 경제적 정복에 대해 영국 국민만큼 아주 무자비하게 더욱 잘 준비하고 뻔뻔스럽게 변호한 자는 없다. 정치력에서 경제적 이익을 이끌어내고, 모든 경제적 강권을 또다시 곧 정치권력으로 만들어낸다는 것이 바로 영국 정치의 특징이 아닌가? 그럼에도 불구하고 영국을 인간적으로는 아주 겁쟁이이고 자기의 경제정책에는 자기의 피를 걸지 않는다고 생각하는 것은 얼마나 잘못된 것인가!

영국 민족이 '국민군'[7]을 갖지 않았다는 것이 여기선 결코 반증이 되지 않았다. 왜냐하면 여기에서는 그때그때의 국방군 제도가 문제되는 것이 아니고, 오히려 기존하는 형식에 심어넣을 의지와 결단이 문제이기 때문이다. 영국은 언제나 필요한 만큼의 무기를 가지고 있었다. 영국은 언제나 어떤 성과

---

7) 한 나라에서 징병제도로 이루어진 군대를 이르는 말.

를 이룰 수 있는 무기를 가지고 싸웠다. 용병으로 충분하면 용병만으로 싸웠다. 그러나 온 국민의 숭고한 피를 흘리는 희생만이 승리를 가져올 때에는 거기까지 깊숙이 손을 뻗었다. 하지만 언제나 싸움에 대한 결의를 잃지 않고, 싸움에 대한 강인성과 가차 없는 실행이란 점에서는 늘 변함이 없었던 것이다.

독일 만화 속의 영국인

그러나 독일에서는 학교·신문·만화잡지에 의해서 영국인이나 영국제국의 본질에 대해서, 더할 나위 없이 악질적인 자기기만을 불러올 것임에 틀림없는 관념을 사람들에게 서서히 심어주었다. 왜냐하면 이런 당찮은 말에 사람들이 서서히 전염되고, 그 결과 과소평가를 하고, 그것이 가장 준엄하게 보답되었기 때문이다.

이 오류는 영국인이 교활함과 동시에 인격적으로는 전혀 믿을 수 없을 정도로 비겁한 장사꾼이라고 확신했을 만큼 깊었던 것이다. 영국처럼 커다란 세계적인 제국이 단순한 음모나 사기적인 방법만으로는 간단히 성립될 수 없다는 것이 유감스럽게도 우리 순수학문의 숭고한 교사로서는 알 수가 없었다. 두서너 경고자의 말은 귓등으로 들었든가 묵살되고 말았던 것이다.

나는 지금까지 확실히 기억하고 있지만, 우리가 플랑드르 지방에서 영국 보병과 직접 부딪쳤을 때 우리 친구 얼굴에 나타난 놀람이 어떠했던가. 처음 며칠 동안의 싸움에서 벌써 이 스코틀랜드군은 만화잡지나 통신전보로 믿고 있었던 것과 사실은 정반대였다는 확신이 그때 아마도 모두의 머리에 떠올랐던 것이다.

그때 나는 처음으로 선전 형식의 유효성에 대해서 관찰하기 시작했다. 그러나 이 오류는 물론 유포자에게는 형편이 좋은 것이었다. 비록 잘못된 예이긴 하지만, 이 예로 경제적인 세계제패의 정당성을 실증할 수가 있었다. 영국인이 할 수 있었던 일은 우리에게도 가능할 것이 틀림없고, 그때 저 특수한 영국적 '불신'을 갖지 않고 매우 위대한 정직성을 가지고 있다는 것이 아주 특별한 강점이라고 생각되었다. 왜냐하면 이것으로 큰 나라의 신용과 동시에 작은 나라의 호의를 그만큼 쉽사리 얻을 수 있다고 생각했기 때문이다.

우리의 정직성이 다른 나라에게는 내심 무서운 것이었다는 것을, 우리가 이러한 모든 일을 매우 진지하게 스스로 믿고 있었으므로 우리는 그때 모르고 있었던 것이다. 다른 세계가 이러한 태도를 전혀 특수한 교활과 음흉의 표현이라 보고 있었으며, 혁명이 일어나서야 비로소 우리의 정직한 의향이 아주 어리석었던 것을 깊이 통찰하고 놀라자빠졌는데도 말이다.

삼국동맹의 내면적 취약성

이 세상의 '경제적·평화적인 정복'이 무의미하다고 하는 것만으로도 당장 삼국동맹의 무의미함은 확실히 이해할 수가 있었다. 그것과는 별도로, 그렇다면 도대체 어느 나라와 동맹을 맺어야만 했을까? 물론 오스트리아와 동맹을 맺더라도, 유럽만이라도 전쟁으로 정복하는 일에 착수할 수 없었다. 바로이 점에 처음부터 이 동맹의 내부적인 취약성이 있었다.

비스마르크 같은 사람은, 이러한 응급조치를 감히 할 수 있었지만, 적어도 비스마르크가 이룩한 동맹을 위한 본질적 전제가 이미 오래전에 없어진 시대에 있어서 서투른 후계자들로서는 이미 아무것도 할 수가 없었다. 왜냐하면 비스마르크는 오스트리아 안에 여전히 독일 국가가 존재한다고 믿고 있었기 때문이다. 그러나 보통선거권이 차츰 도입됨과 동시에 이 나라는 의회정치로 통치되는 비독일적 혼란 상태에 빠져버린 것이다.

이제 오스트리아와의 동맹은 인종정책 측면으로도 전혀 해로웠다. 사람들은 독일 국경에 새로운 슬라브 강국이 생겨나는 것을 감수하고 있었다. 이나라는 머잖아 독일에 대하여 이를테면 러시아에 대한 것과는 아주 다른 태도를 취할 것이 틀림없었다. 동시에 이 왕국에 있어서의 동맹사상의 유일한 담당자가 영향력을 잃고 결정권이 있는 지위로부터 구축되는 것에 비례하여 동맹 자체가 해마다 내부적으로 공허해지고 약화되었다.

이미 세기의 전환기에 오스트리아와의 동맹은 오이동맹(墺伊同盟)과 거의 같은 단계에 이르고 있었다. 여기서도 두 가지 가능성만이 있었다. 즉 합스부르크 왕국과 동맹을 계속하든가, 아니면 독일인의 탄압에 대한 항의를 하든가였다. 그러나 이러한 일이 한번 시작되면 대부분 그 결말은 공공연한 전쟁이 되는 것이 보통이었다.

또한 삼국동맹의 가치는 심리적으로도 이미 보잘것없는 것이었다. 왜냐하면 동맹의 견고성이란 그 당사자들이 목적을 현상 그 자체의 유지로 제한하면 제한할수록 그와 함께 줄어드는 것이기 때문이다. 그리고 반대로 동맹은 하나하나의 조약국이 그것에 의해 일정하고 명확한 포괄적 목적에 도달할 수 있는 희망을 가질 수 있으면 있을수록 더욱 강해지는 것이다. 어디에나 적용되는 일이지만 여기서도 강하다는 것은 방어가 아니라 공격에 있는 것이다.

1912년 루덴도르프의 건의서

이것은 또 그때 여러 방면에 의해서 인정되고 있었다. 유감스럽게도 이른바 '그 직에 있는 사람'만이 인정하지 않았다. 특히 그때 참모본부 소속 장교인 루덴도르프 대령은 1912년의 건의서에서 이 약점을 지적했다. 물론 이것은 '정치가' 쪽에서는 아무런 가치나 의의도 인정하지 않았다. 왜냐하면 겉보기에 일반적으로 명료한 이성은 다만 보통인간의 목적에 합당하도록 나타날 뿐, 원칙적으로 '외교관'에 관한 한 이것이 제외되는 것 같았기 때문이다.

1914년의 세계대전이 오스트리아에 의해 간접적으로 일어나고, 따라서 합스부르크 왕가도 참가해야만 되었던 것은 독일로서는 약간은 다행이었다. 왜냐하면 만일 반대로 독일에서 일어났다면 독일은 고립되어 있었을 것이기 때문이다. 합스부르크 국가는 독일에 의해 일어난 전쟁에는 결코 참가할 수 없었을 테고 또 참가하려고도 하지 않았을 것이다. 사람들은 그 뒤 이탈리아를 탄핵했을 것이지만 그것이 오스트리아에 대해서 좀더 빨리 제기되었을 것이다. 적어도 그 처음에는 혁명으로부터 국가를 구하기 위해 오스트리아는 '중립'에 머물러 있었을 것이 틀림없다. 오스트리아의 슬라브 민족은 이미 1914년에 독일을 위한 원조를 허용하기보다는 왕국을 때려부수고 있었을 것이다.

그러나 도나우 왕국과의 동맹이 가져온 위험과 곤란이 얼마나 큰 것이었는가를 그때 이해할 수 있었던 사람은 거의 없었다. 첫째 오스트리아에는 그 썩은 국가를 계승하리라고 생각하여, 따라서 시간이 지남에 따라 독일에 대한 어떤 증오를 생기게 하지 않을 수 없었던 많은 적(敵)이 있었다. 왜냐하면 독일이야말로 여러 방면에서 기대되고 바라고 있는 왕국의 붕괴를 저지하고 있는 바탕이라고 이해되고 있었기 때문이다. 결국 빈은 베를린이라는 우회로를 통해서만 도달해야 하는 것이라고 믿기에 이르렀던 것이다.

유혹적 유산으로서의 오스트리아

둘째로 그와 함께, 독일은 가장 가망성 있는 동맹의 가능성을 잃어버린 것이다. 그 대신에 러시아와 이탈리아와도 더욱더 커다란 긴장의 도를 더했던 것이다. 왜냐하면 로마에서는 일반적 기분은 이탈리아인의 마지막 한 사람의 마음속까지도 반오스트리아적인 기분이 잠자고 있으며, 게다가 종종 불타오르는 것과 같을 정도로 친독일적이었기 때문이다.

사람들이 일단 상공업정책을 택한 이상, 이미 러시아와 싸울 원인은 마찬가지로 조금도 없었다. 양 국민의 적만이 이 싸움에 왕성한 흥미를 가질 수가 있었다. 사실 여기서도 온갖 수단으로 두 나라 사이를 전쟁으로 선동하고 부추긴 것은 유대인과 마르크스주의자였다.

마지막으로 그리고 셋째로, 이 동맹은 독일이 헤아릴 수 없는 위험을 감수해야만 했다. 왜냐하면 이제 비스마르크 제국에 실제로 적대하고 있는 큰 나라가 오스트리아 동맹국의 희생으로 모든 나라가 부유하게 되는 것을 약속할 수 있는 지위에 있었으므로, 독일에 대항하기 위해 모든 나라를 언제라도 쉽게 동원할 수 있었기 때문이다.

도나우 왕국에 대항해서는 모든 동유럽을 선동할 수가 있었다. 특히 러시아와 이탈리아를, 영국 왕 에드워드의 주도적 활동에 의해서 만들어진 세계 연합은 만일 독일의 동맹국인 오스트리아가 반드시 그와 같은 유혹적인 유산이라고 여겨지지 않았더라면 결코 성립되지 않았을 것이다. 이 유산이 있었기 때문에 이질적인 욕망과 목표를 갖고 있는 나라들을 유일한 공격전선에 가담시킬 수가 있었던 것이다. 어느 나라나 독일에 대한 공동전선에 의해서 오스트리아의 희생으로 저마다 부(富)를 증가시킬 수 있다고 생각하고 있었다. 그런데 이와 같은 불행한 동맹에 터키가 이름을 숨긴 동반자로서 속하고 있다고 여겨진 것이 위험을 엄청나게 키웠다.

그러나 국제적인 유대인의 세계적 금융가가 광범위한 초국가적 금융경제 지배에 아직도 복종하지 않는 독일을 멸망시키려고 여러 해 동안 열망해 온 계획을 수행하기 위해서는, 이 오스트리아라고 하는 먹이가 필요했던 것이다. 그것에 의해서만이 사람들은 바야흐로 몇백만이 진군하는 군대의 순수한 숫자에 의해 강화되고 용기가 뒷받침되고 마침내는 불사신인 지크프리트에 육박하는 각오를 가진 연합군을 만들어낼 수가 있었던 것이다.

나에게는 이미 오스트리아 시대부터 언제나 불만으로 가득 찼던 합스부르크 왕국과의 동맹은 이제 장기간에 걸친 내면적 검토의 대상이 되기 시작했으며, 그 뒤에도 애매하게 이제까지 품고 있었던 생각을 한층 더 강화시킬 따름이었다.

그때 이미 나는 언제나 왕래하고 있던 작은 그룹에서 몰락하도록 되어 있는 이 국가와의 불행한 협정은 시기를 놓치기 전에 풀지 않으면 독일의 파멸적인 붕괴에까지 이르게 될 것이라는 나의 확신을 감추지 않았다.

마침내 세계대전의 사나운 폭풍이 모든 이성적인 숙고를 단절한 것처럼 여겨지고, 가장 냉정하게 현실을 살펴야 할 지위에 있는 사람마저도 같이 감격에 도취되었을 때에도, 나의 이 바위같이 굳은 확신은 한순간도 동요하지 않았다. 나 자신이 전선에 서 있는 동안에도 이 문제가 이야기될 때마다 이 동맹은 파기되는 것이 빠르면 빠를수록 그만큼 독일 국민에 도움이 되고, 또한 합스부르크 왕국을 파기함으로써 그만큼 독일의 적을 적게 할 수 있다면 결코 희생을 치른 것이 아니라고 주장했던 것이다. 왜냐하면 몇백만의 병사가 철모를 끈으로 졸라맨 것은 타락한 왕국을 계속 지탱하기 위해서가 아니라 오히려 독일 국민을 구제하기 위해서였기 때문이다.

세계대전 이전에 몇 차례, 적어도 어떤 진영에서는 마치 그 동맹정책이 취한 방향에 흐릿한 의혹이 떠오른 것처럼 보였다. 독일의 보수 계층은 때때로 너무나 지나친 확신에 경고를 하기 시작했는데, 그러나 이것은 온갖 이성적인 것이 그러하듯이 한 귀로 흘러버려졌던 것이다. 사람들은, 그 효과는 거대하면서도 희생은 제로에 가까운 세계'제패'의 올바른 길을 걷고 있다고 굳게 믿고 있었다.

그러나 저명한 '관계당국자'가 아닌 사람들은 '관계당국자'가 무엇 때문에, 또한 어찌해서 하멜른의 쥐잡이[8]와 같이 사랑하는 민족을 뒤로 끌어당기면서 곧바로 파멸로 나아가고 있는지를 말없이 방관하는 것 말고는 별다른 도리가 없었다.

---

8) 하멜른 도시에 쥐가 들끓고 있었을 때 피리를 불어 쥐를 꾀어내어 바다에 빠져 죽게 한 일을 말한다.

국가와 경제

모든 민중에게 '경제적 제패'라는 당찮은 일을 실제 정치의 방책으로 하고, 그 반면 '세계평화'의 유지를 정치 목표로서 온 민중에게 제시하고 더욱이 이해시킬 수까지 있었다는 것에 대해서는 우리의 모든 정치사상이 일반적으로 불건전한 것에 상당히 깊은 원인이 있었다.

독일의 기술과 공업의 개선 행렬, 독일 무역의 상승일로를 걷고 있는 성과와 함께 이것들은 모두 오로지 강력한 국가를 전제로 해서만 가능한 것이라는 인식이 점점 상실되어갔다. 반대로 많은 친구들 사이에서는 다만 이 현상 덕분으로 국가 자체가 존재해 있고, 국가 자체가 먼저 경제적 이익에 따라서 통치되어야 할 하나의 경제적 제도이며, 그래서 그 존립도 경제에 의존하고 있는 것이라는 믿음을 주장하기에 이르렀다. 또한 그 상태가 가장 건전하고 가장 자연스러운 것이라 여겨지고, 또 찬양되었던 것이다.

그러나 국가는 특정한 경제개념이나 경제적인 발전과는 전혀 무관한 것이다. 국가는 경제 과제를 실행하기 위해 어떤 일정하게 한정된 생활권에 경제적인 계약집단을 모은 것이 아니고, 종(種)의 발전 유지를 더한층 가능하게 하고 섭리에 의해 규정된 자신의 존재 목표를 이루기 위한 심리적, 정신적으로 똑같은 생물의 공동사회 조직이다. 국가의 목적과 의미는 바로 이것이며 다른 어떤 것도 아니다. 그때 경제는 이 목표를 이루어내는 데 필요한 많은 보조수단의 하나에 지나지 않는다.

하지만 경제는 국가가 처음부터 부자연스럽기 때문에 잘못된 바탕에 서 있지 않는 한 결코 국가의 원인도 목적도 아니다. 국가 그 자체는 전제 조건으로서 영토적 한계를 갖는 것을 절대 필요로 하지 않다는 것이 이것으로도 확실해진다. 이것은 스스로 종족 동포의 부양을 확보하려 하고, 따라서 자신의 노동으로 생존경쟁을 이겨낼 각오가 있는 민족에게만 필요한 것이다.

수벌처럼 다른 인류 속에 잠입할 수 있고 온갖 핑계를 내세워 자신을 위해 다른 사람을 부릴 수 있는 민족은 독자적인 일정한 경계를 가진 생활권 없이도 국가를 이룰 수 있다. 이것은 첫째로 그 기생성 때문에 특히 오늘날 정직한 모든 인류가 고뇌하고 있는 민족, 곧 유대 민족에 해당하는 것이다.

유대국가는 지역적으로 한 번도 경계가 있었던 일이 없고, 공간적으로는 보편적으로 제한이 없고, 오로지 한 인종의 집합이라고 하는 점에 제한이 있었을 뿐이다. 그러므로 이 민족은 언제나 국가 안에 한 국가를 이루고 있었다. 이 국가를 '종교'라는 깃발 아래 항해시키고, 그리하여 아리아인[9]이 종교상의 신조로 인정하는 마음가짐이 되어 있는 너그러움에 의해 자신의 안전을 확보해 온 것은 지금껏 본 일이 없는 가장 천재적인 속임수에 속한다. 왜냐하면 실제로 모세의 종교[10]는 유대인의 보존을 위한 가르침, 바로 그것이기 때문이다. 그러므로 이 종교는 일반적으로 유대인의 보존을 위해 문제가 될 수 있는 사회학적·정치적·경제적인 지식 분야를 거의 모두 포괄하고 있는 것이다.

인간이 공동사회를 이룬 맨 처음의 동기는 종족의 보존 충동이다. 따라서 국가는 민족적인 유기체이지 경제적 조직은 아니다. 그 차이는 그것이 특히 오늘날의 이른바 '정치가들'에게는 전혀 이해되지 않을 만큼 커다란 것이다. 그러므로 정치가들은 또한 국가란 실제로 영원히 단지 종족과 인종의 보존 의지 선상에 있는 본성의 활동 결과인데도 국가도 경제에 의해 건설할 수 있다고 믿고 있다.

그러나 이 본성은 항상 영웅적인 덕이며 결코 소매상인적인 이기주의는 아니다. 더구나 종족의 보존은 저마다의 헌신적 희생정신을 전제로 하고 있기 때문이다. 시인이 한 말의 의미는 바로 여기에 있다. "네가 생명을 걸지 않는다면 삶을 얻지 못할 것이다."[11] 이것은 종족의 보존을 확보하기 위해선 개인 존재의 헌신이 필요하다는 뜻이다. 그러므로 국가 형성과 유지를 위해서는 동질동종(同質同種)을 기초로 한 일정한 공감대와, 그러기 위해서 모든 수단을 다하여 나아갈 각오를 본질적인 전제로 한다.

만일 이 본성을 가짓수나 모양이 아주 다양한 국가의 존재형식의 전제로서 제시할 수 없다면 이것은 자신의 영토에 있는 여러 민족의 경우에는 영웅적 덕의 형성에 이끌리고, 기생 민족의 경우에는 거짓말쟁이의 위선이나 음

---

9) 인도·유럽어족에 속하는 인종. 본디 기원전 1500년쯤 중앙아시아로부터 인도나 이란으로 이주한 고대 민족이다. 언어를 포함한 문화상의 공통점으로 보아 이들이 서쪽으로 옮겨간 것으로 보인다. 인도인·이란인·그리스인·로마인·게르만인·슬라브인·켈트인을 포함하는 인도·유럽어족 또는 인도·게르만어족을 아리아인이라고 통틀어 이른다. 그러나 히틀러는 슬라브인을 주로 게르만인을 가리키고 있다.
10) 유대교를 말한다. '구약성서'는 본디 유대교 경전이다.
11) 독일의 실러 시에서 인용.

흉한 잔학행위에 이끌릴 것이다.

그러나 국가의 형성은 언제나 적어도 본디 이 본성의 경주(傾注)에 의해 생길 것이다. 더 나아가 자기보존을 위한 격투에서 서로가 싸울 경우, 영웅적인 덕을 거의 갖고 있지 못한 또는 적의 기생 민족의 허위와 책략에 대항할 수 없는 민족은 패배하고 만다. 다시 말해 그 민족은 정복되고, 그와 함께 머잖아 죽어 없어지고 말 것이다. 하지만 이 경우에도 패배는 언제나 영리함이 부족해서가 아니라 오히려 인도적 신념이라는 외투 아래에 숨는 일만을 생각하고 있는, 결단력과 용기의 결여에 그 책임이 돌아가는 것이다.

국가를 이루고 국가를 유지하는 본성이 경제와 얼마나 인연이 먼 관계에 있는가는 다음과 같은 사실이 매우 잘 대변하고 있다. 바로 국가의 내면적인 강력함이 이른바 경제적 번영과 일치하는 일은 거의 드물고, 오히려 이 번영은 숱한 보기에 따르면 국가가 이미 멸망에 접근하고 있다는 것을 나타내고 있는 것 같다. 그러나 만일 인간의 공동체 형성이 경제력이나 경제적 충동으로 돌릴 수 있는 것이라면 최고도의 경제적 발전은 그와 함께 국가의 가장 강력한 세력을 뜻해야만 되며 그 반대여서는 안 될 것이다.

경제력이 국가를 이루고 국가를 유지한다고 하는 믿음이 모든 면에서 역사적으로 그 반대라는 것이 분명하게 또한 철저하게 나타나는 나라에서도 통용되고 있다는 것은 참으로 이해하기 어려운 묘한 기분을 자아내게 한다. 특히 프로이센은 국가 형성을 가능하게 하는 것이 물질적 특성이 아니라 관념적인 덕뿐임을 놀랄 만큼 확실하게 나타내고 있다. 이 지지 아래서만이 비로소 경제도 번영할 수 있고, 순수한 국가 형성의 능력이 붕괴함과 함께 경제 또한 재차 붕괴하기에 이른다.

바로 지금 우리는 무섭고도 슬픈 일이지만, 이 과정을 바라볼 수가 있다. 인간의 물질적 이익이 가장 번영할 수 있는 것은 언제나 그것이 영웅적 덕성의 비호 아래 있을 때뿐이다. 그러나 그것을 생존의 첫째 조건으로 하려면 곧 그것은 자기 존립의 전제를 무너뜨리는 것이 된다.

독일에서는 힘의 정책이 한창 무르녹아졌을 때 언제나 경제 상태도 번영하기 시작했지만 경제가 우리 민족 생활의 유일한 내용이 되어 그 결과 이념적 덕성이 질식했을 때에는 다시 국가는 무너지고, 이윽고 경제도 그것에 휩쓸렸던 것이다.

그런데 국가를 이루거나 국가를 유지하는 힘이란 현실적으로 무엇인가 묻는다면, 그것은 두서너 마디로 요약할 수 있다. 바로 전체를 위해 개인을 희생하는 능력과 의지라고 말이다. 이 덕이 경제와 아무런 관계가 없다는 것은 다음의 간단한 인식에서 추정할 수 있다. 인간은 결코 경제를 위해서 자기 몸을 희생시키지 않는다. 다시 말해서 인간은 장사를 위해서 죽지 않고 오로지 이상을 위해서 죽는다는 것이다.

영국 사람들이 민중의 마음을 인식하는 데 심리적으로 뛰어나다는 것은 그들이 싸울 경우에 주는 동기부여를 통해서 가장 잘 나타난다. 우리가 빵을 위해서 싸우고 있는 데 비해 영국은 자유를 위해서, 그것도 자신의 나라 국민을 위해서가 아니라, 작은 나라의 국민을 위해서 싸웠다는 사실이다. 우리는 이 뻔뻔스러움에 대해 비웃거나 그것에 대하여 화를 내거나 했지만, 그것이야말로 독일의 이른바 정치가들이 세계대전 이전부터 얼마나 사려가 없고 어리석었는가를 잘 대변해 주는 것이다. 인간으로 하여금 자유로운 의지나 결의로 목숨을 바칠 수 있는 힘의 본질에 대해서 거의 생각해 보지 않았던 것이다.

1914년 독일 민족이 아직도 이상을 위해 싸우고 있음을 믿고 있는 한 그들은 확고했다. 하지만 나날의 빵을 위해서 싸우게 하자마자 이 도박을 오히려 내던지고 말았던 것이다. 그리고 우리의 현명한 '정치가'들은 이러한 생각의 변화에 놀랐다. 인간은 자신이 경제적 이익을 위해 싸우는 순간부터 되도록 죽음을 피하는 법이다. 왜냐하면 죽음은 그들이 이 싸움의 대가를 항상 가져가버리기 때문이라는 것을 그들은 전혀 알지 못했기 때문이다. 자기 자식을 살리려고 하는 간절한 바람은 연약한 어머니조차 영웅으로 만든다. 그리고 종족과 그것을 비호하는 가정이나 국가를 유지하기 위한 투쟁만이 언제나 남자로 하여금 적의 창 앞에 대항하게 하는 것이다.

다음의 명제는 영구히 쓰이는 진리로서 정립해도 좋다. 곧 국가는 아직껏 평화로운 경제 수단에 의해 세워진 적이 없고, 그것이 영웅적 덕망의 영역에 있는지 교활하고 간교한 영역에 있는지는 모르지만, 언제나 오로지 종의 보존 본능에 의해서만 세워지는 것이다. 다시 말해서 전자가 바로 아리아인의 노동국가, 문화국가를 만들어냈고, 후자가 유대인의 기생국가를 만들어냈다. 그렇지만 어떤 민족이나 어떤 국가에서 경제 그 자체가 이 충동을 압박하기 시작하자마자 경제 자체는 압제와 억압을 일으키는 원인이 된다.

상업정책 및 식민지정책이라는 평화적인 방법으로 세계를 독일 민족으로 개척하거나 더 나아가 정복하거나 할 수 있다는 세계대전 이전의 믿음은 실제로 국가를 이루고 유지하는 유용한 능력 및 그로부터 나오는 모든 통찰과 의지력 및 일을 행하는 결단력을 잃은 전형적인 징표였다. 그리고 이에 대한 자연법칙의 형벌이 그 결과로서의 세계대전이었다.

부패의 계기

그다지 깊이 연구하지 않은 자에게는, 분명히 독일 국민의 이 태도는―그것이 사실상 일반적인 태도였지만―풀 수 없는 수수께끼라고밖에 여겨지지 않았다. 그러나 독일이야말로 바로 순수한 힘의 정책의 바탕 위에서 일어난 나라의 대표적인 훌륭한 본보기였다. 독일의 배세포인 프로이센은 찬란한 영웅들에 의해서 일어난 것이지 결코 금융조작이나 상거래에 의해 일어난 것이 아니었다. 그리고 독일제국 자체가 또한 힘의 정책적인 지도와 군인과도 같은 결사적인 용기의 지극히 훌륭한 보답이었다.

독일 민족이 이와 같이 그의 정치적인 본능의 약화에 굴복하는 일이 어째서 있을 수 있었을까? 그것은 여기서는 낱낱의 고립된 현상이 문제가 아니라 참으로 무서울 정도로 많은 수가 별안간 도깨비불처럼 맹렬하게 타올라서 민족의 몸 여기저기 달라붙고, 또는 독이 있는 궤양처럼 곧 여기저기 국민을 침식해 가는 부패의 계기가 문제였기 때문인 것이다. 그것은 마치 독의 흐름이 끊임없이 건전한 이성과 소박한 자기보존 충동을 한층 더 마비시키기 위해서 이 한때 영웅의 육체의 모세혈관에 이르기까지 신비한 힘에 의해서 흘러들어간 것처럼 생각되었다.

나는 1912년부터 1914년까지 독일제국의 동맹정책과 경제정책에 관한 내 태도를 결정하는 일을 통해서 이들 모든 문제를 수없이 마음속에 떠올려보았다. 이 수수께끼의 해답으로서는 언제나 전혀 다른 관점에서이지만, 일찍이 빈 시절에 이미 배워서 알고 있었던 그 힘이 남아 있었다. 다시 말해 마르크스주의의 교설과 세계관 그리고 그 조직적 효과였다.

나는 태어나서 두 번째로 이 파괴의 교설에 파고들었다. 그리고 이번에는 물론 일상적 환경의 인상이나 영향에 지배되는 일 없이 정치적 생명의 일반적 과정의 고찰에 의해 지시를 받으면서 파고들었던 것이다. 나는 새삼 이 새로운 세계의 이론적 문헌에 온 정신을 기울이고, 그 영향을 되도록 분명히 하려고 시도하면서 더 나아가 정치적·문화적 그리고 경제적인 생활에 있어서의 이들 활동의 실제적인 현상이나 사건을 그것과 견주어보았다.

이제 처음으로 나는 이 세계적 페스트를 지배하려고 하는 시도에 주의를 돌렸던 것이다.

마르크스주의에 대한 독일 태도

나는 비스마르크가 만든 반사회주의법을 그 의도나 투쟁이나 결과에 대해서 연구했다. 그리고 나는 조금씩 내 독특한 확신에 참으로 확고한 바탕을 다졌다. 그래서 이때부터 이 문제에 있어서의 내 속마음의 관념은 이미 결코 바뀌지 않게 되었다. 이와 함께 마르크스주의와 유대인과의 관계를 한층 더 철저하게 살펴보게 되었다.

이전에 빈에 있었을 때는 특히 독일이 움직일 수 없는 커다란 상처럼 생각되었던 것인데, 지금은 나에게 불안한 의혹이 일어나게 했다. 나는 조용하게 혼자서 그리고 친지들의 작은 모임에서 독일의 외교정책과 당시 일반적으로 독일에 대해서 가장 중요한 문제였던 마르크스주의를 믿을 수 없을 정도로 경솔하게 다루었던—나로서는 그렇게 생각되었지만—일에 대해서 주장했던 것이다.

나는 마르크스주의 특유의 의도에 따라서 언젠가는 무서운 효력을 나타낼 것임에 틀림없는 위험에 사람들이 어째서 그렇게 맹목적으로 돌진할 수 있는 것인지 도대체 이해할 수가 없었다. 그때 이미 나는, 오늘날에도 광범하게 이루어지고 있는 일이지만, 내 주위의 사물에 대해서 비겁하고 비참한 인간이 모두 "우리에게 결코 아무 일도 일어나지 않는다"는 위로의 말을 하고 있는 것을 탓하고 있었다. 이것과 비슷한 정신의 페스트가 확실히 일찍이 크나큰 제국을 멸망시켰던 것이다. 독일만은 다른 모든 인간의 공동사회처럼 동일한 법칙에 굴복하지 않는다고 누가 믿을 것인가?

1913년과 1914년에 나는 처음으로 여러 친구들 사이에서—그 일부는 오늘날 나치스 운동을 충실하게 지지하고 있지만—독일 국민의 장래 문제가 마르크스주의를 아주 없애버리는 문제라고 하는 확신을 주장했다.

불행한 독일의 동맹정책 안에서 나는 오로지 이 교설이 가지는 분해 작용에 의해 일어난 하나의 결과 현상을 보았다. 왜냐하면 가장 무서운 것은 이것에 사로잡힌 자가 그렇지 않으면 더할 나위 없이 준엄하게 거부되는 이 세계관에 의해서 빚어지는 결과가, 어떻게 그 행동과 의욕에서 나오고 있는가를 이따금 스스로 예감조차 못하고, 이 해독이 건전한 경제관이나 국가관의 온갖 바탕을 거의 눈에 보이지 않게 파괴해 버리는 것이었기 때문이다.

　독일 민족의 내면적 몰락은 곧잘 세상일이 그렇듯이 사람들이 자기 생존의 파괴자를 알지 못한 채 그때 이미 훨씬 이전부터 시작되고 있었던 것이다. 자주 그들은 병을 치료하려고 했지만 병원체를 가진 징후의 모양을 잘못 보고 말았다. 사람들은 이것을 몰랐고 또는 인식하려고 하지 않았기 때문에 마르크스주의에 대한 투쟁도 돌팔이 의사의 쓸모없는 잔소리 정도의 가치밖에 없었던 것이다.

제5장
세계대전

젊은 날 제멋대로 분방한 생활을 보내고 있을 무렵, 명예의 전당이 분명하게도 소상인이라든가 관리를 위해서만 세워진 것 같은 시대에 태어난 것만큼 나를 슬프게 한 일은 없었다. 역사적 사건의 큰 물결은 벌써 가라앉아버린 듯, 실제로는 오로지 '여러 민족의 평화적인 경쟁'만이, 곧 폭력적 방위 방법 말고는 얌전하게 상대방을 속이는 것만이 미래에 속하고 있는 것처럼 생각되었다. 낱낱의 국가는 차차 기업처럼 되기 시작하고, 서로 기반을 빼앗거나, 단골이나 주문을 서로 따내려고 하거나, 어떻게든 서로를 속이려고 했고, 이들의 목소리는 모두 크기는 했지만 해가 되지 않는 함성을 지르면서 치고 나왔다.

이 발전은 그치기는커녕, 언젠가는(일반인이 추천하는 바에 의하면) 온 세계를 하나의 커다란 백화점으로 바꿔버릴 것처럼 보였다. 또한 그 입구에는 닳고 닳은 암상인이라든가 가장 사람 좋은 행정관의 불후의 흉상이 영원토록 놓일 것이다.

장사꾼으로는 영국인, 행정관으로는 독일인을 둘 수 있다. 그러나 가게 주인으로는 물론 유대인이 희생되어야 한다. 왜냐하면 유대인은 그들 자신이 말하는 바에 따르면, 결코 돈을 번 적은 없고, 영원히 오로지 '지불'할 뿐이며, 더구나 대부분의 언어를 구사할 줄 알기 때문이다.

도대체 어째서 100년 전에 태어나지 않았을까? 해방전쟁[1] 무렵이었다면, 남자는 '장사'를 하지 않고서도 실제로 무엇인가 가치가 있었을 것이 아닌가?

그래서 나는 너무나도 늦게 시작된 이 세상의 여행길―나로선 그렇게만 생각되었다―에 대하여 가끔 분노를 느끼고, 나에게 가까이 오고 있는 '안

---

1) 나폴레옹의 러시아 원정 실패 뒤, 1813년 독일 라이프치히에서 프로이센-오스트리아-러시아 연합군이 나폴레옹군과의 싸움을 결정하고, 1815년까지 계속됐다.

녕과 질서'의 시대를 운명의 부당한 속임수라고 여겼다. 그렇지 않아도 나는 젊었을 때부터 이미 '평화주의자'가 아니었고, 이 방향으로 아무리 교육하려 시도해도 헛일이었다.[2] 그래서 남아프리카전쟁[3]이 일어난 것이 나에게는 멀리서 번쩍이는 번갯불처럼 보였다.

나는 날마다 신문을 기다리고 전보나 통신을 열심히 읽었다. 그리고 멀리서나마 이 영웅적 투쟁을 목격하는 것만으로도 행복했다. 나는 러일전쟁이 일어났을 때 이미 성숙해 있었고 또 주의 깊게 살펴보았던 것이다. 나는 대부분 민족적 이유로 해서 한쪽에 가담했고, 우리 의견을 결정할 때에는 곧바로 일본인 편에 섰던 것이다. 러시아인의 패배 속에서 오스트리아 슬라브주의의 패배를 보았기 때문이다.

다가오는 파국

그로부터 몇 해가 흘렀다. 그리고 일찍이 소년시절에 병적인 중병으로 여겨졌던 것이 바야흐로 폭풍 전야의 고요로 느껴졌다. 나의 빈 시절 동안 이미 줄곧 태풍의 전조인 후덥지근한 더위가 발칸 일대를 뒤덮었다가 곧 으스스한 암흑 속으로 다시 사라져버렸지만 밝은 햇빛이 가끔 번쩍이긴 했다. 그때 발칸전쟁[4]이 일어났다. 그리고 이와 함께 신경과민이 되어 있던 유럽 전체에 최초의 광풍이 불어닥쳤다.

바야흐로 오려고 하는 시대는 무겁게 내리누르는 악몽처럼 사람들을 압박하고, 열병과도 같은 열대의 작열하는 햇볕은 달걀을 부화시킬 기세로 파국이 다가오고 있다는 느낌은 끊임없는 불안 때문에 마침내 '신이여, 막을 수가 없다면 운명으로 하여금 자유로운 진행을 허락하소서' 하고 열망하게 되

---

2) "젊었을 때부터 '평화주의자'가 아니었다"는 히틀러의 주장은 잘못이다. 그러나 제1차 세계대전 직전에 전쟁을 기대하고 있었던 것은 분명하다.

3) 흔히 보어(Boer)전쟁이라 이르는 전형적인 제국주의 침략전쟁. 남아프리카에 네덜란드계의 보어인이 세운 트랜스발공화국에서 19세기 끝무렵 다이아몬드와 금이 발견되자, 영국인이 이것을 지배하려고 했다. 트랜스발은 오렌지 자유국과 동맹을 맺고 1899년 10월부터 1902년 5월까지 저항했으나, 결국 영국 식민지가 되고 말았다.

4) 1912년과 1913년, 두 차례에 걸쳐 발칸반도에서 일어난 전쟁. 제1차는 터키에 대항해 불가리아·세르비아·그리스·몬테네그로 4개국의 발칸동맹국들이 벌인 전쟁이었다. 제2차는 터키로부터 되찾은 땅의 분할을 둘러싸고 동맹국 가운데 하나인 불가리아와 다른 3개국 사이에 일어난 전쟁이다. 제1차 세계대전의 직접적인 원인 가운데 하나가 되었다.

었다. 이리하여 그때 또 최초의 강력한 번갯불이 땅 위를 내리쳤다. 폭풍이 일어났다. 하늘의 벼락소리에 세계대전 포대의 포성이 가해진 것이다.

위대한 슬라브 벗의 살해

프란츠 페르디난트 대공의 암살 소식이 뮌헨에 알려졌을 때(나는 마침 집에서 죽음의 경과를 부정확하게 들었을 뿐이었다) 나는 이 왕위 계승자가 끊임없이 슬라브화 공작을 행한 데 분격한 독일인 학생이 독일 민족을 이 내부의 적으로부터 해방하고자 발사한 권총의 탄환에 쓰러진 것이 아닐까 하는 걱정이 먼저 들었다. 그 결과가 어떻게 될 것인가 하는 것은 곧 상상할 수가 있었다. 말하자면 바야흐로 온 세계에 '정당하다고 인정'되고 '논거가 분명히 밝혀진' 새로운 추구의 물결이 일어날 것임에 틀림없었다. 그러나 그 뒤 곧 암살 용의자의 이름을 듣고, 게다가 그가 세르비아인으로 확인되었다는 보도를 읽었을 때 헤아릴 수 없는 운명의 징벌에 가벼운 전율마저 느꼈다.

슬라브 최대의 벗이 광신적인 슬라브주의자의 흉탄에 쓰러진 것이다. 최근 몇 년간 세르비아에 대한 오스트리아의 관계를 끊임없이 관찰할 기회를 가진 자라면, 돌은 이미 구르기 시작했으며, 이제는 멈추게 할 수 없다는 것을 한순간도 의심할 수가 없었다.

오스트리아 최후통첩

사람들은 빈 정부가 낸 최후통첩의 형식과 내용에 대해서 오늘날 비난을 퍼붓고 있지만, 그것은 옳지 못하다. 세계의 그 어떠한 나라도 같은 상태나 같은 처지에 놓였다면, 이것 말고 다른 방법은 취할 수가 없었을 것이다. 오스트리아 남쪽 국경에는 냉혹하고 치명적인 적이 있고, 끊임없이 왕국을 도발하여 마침내는 오스트리아 제국의 붕괴에 좋은 기회가 올 때까지 조금도 늦추려 하지 않았다. 사람들이 늦어도 이런 경우가 늙은 황제의 죽음과 함께 올 것임에 틀림없다고 두려워하고 있었던 것에는 그만한 근거가 있었다. 그러나 그때에는 아마도 옛 왕국은 이미 일반적으로 강력하게 대항할 지위에는 있지 않았다.

오스트리아 국가는 최근 몇 년 동안 틀림없이 프란츠 요제프가 두 눈으로 노려봄으로써 성립되고 있었다. 그래서 이 제국의 늙은 화신의 죽음은 대중 감정으로서는 본디 제국 자체의 죽음으로서 느껴졌던 것이다. 더구나 그것은 특히 슬라브화 정책의 가장 교활한 술책에 속해 있었으며, 오스트리아 국가의 존립은 본디 이 군주의 경탄할 만한 독자적 통치 기술에 의존하고 있다는 겉모습을 드러내고 있었다. 이것은 아첨이다. 이 아첨은 이 황제의 실제 공적 이상이었기 때문에, 빈의 궁정은 대단히 기분이 좋았다. 이 칭찬 속에 숨어서 틈만 노리고 있는 가시를 사람들은 발견할 수가 없었던 것이다.

왕국이 모든 시대를 통해 이 '가장 현명한 군주'의 뛰어난 통치 기술—사람들은 보통 그렇게 말했지만—위에 서 있으면 서 있을수록 여기서도 언젠가는 운명이 공물(貢物)을 받기 위해 문을 두드렸을 때, 사태가 더욱더 파괴적으로 될 것임에 틀림없다는 것을 사람들은 알지 못했다. 어쩌면 더 이상 알려고 하지 않았는지도 모른다.

도대체 옛 오스트리아는 그 황제 없이도 그러한 경우를 생각할 수 있었을까? 일찍이 마리아 테레지아⁵⁾가 겪었던 것 같은 비극이 곧 되풀이되지 않았을까? 그렇다, 어쩌면 피할 수 있었을지도 모를 전쟁에 뛰어든 일로 빈 정부가 비난을 받는다면 사람들은 실제로 빈 정부에 대해서 잘못을 저지른 것이 된다. 전쟁은 이제 피할 수가 없고 기껏해야 1년이나 2년 정도 연기시킬 수 있을 정도의 것이다. 그러나 불가피한 결말을 항상 연장하려고 하다 마침내 가장 불리한 때 억지로 전쟁을 치르게 된 것은 참으로 독일과 오스트리아에 있어서 외교의 재난이었다. 사람들은 평화를 유지하려고 하는 또 한 번의 시도가 전쟁을 가장 불리한 때 일으켰으리라고 굳게 믿게 되었다.

그렇다, 이 전쟁을 바라지 않았던 자는 그 결과에 책임질 용기를 가져야만 했다. 하지만 이것은 오스트리아를 희생시킴으로써만이 이루어질 수 있었으리라. 그래도 여전히 전쟁은 일어났을 것이다. 다만 온 세계를 적으로 삼는 싸움으로는 되지 않았을지도 모르지만, 그 대신에 합스부르크 왕국의 분할이라고 하는 형식으로 일어났을 것임에 틀림없다. 이때 사람들은 함께 싸우든가 아니면 팔짱을 끼고 운명이 펼쳐지는 대로 맡겨두고 방관하고 있든가를 결정해야만 했다.

그러나 오늘날 전쟁이 일어나는 것을 그 누구보다도 저주하고, 누구보다도

---

5) 오스트리아의 여황제·헝가리와 보헤미아의 여왕(재위 1740~1780). 황제 레오폴트 2세와 마리 앙투아네트의 어머니이다. 오스트리아에서 계몽 절대주의적, 중상주의적 정치를 실시했다.

현명한 듯이 판단하고 있는 자야말로 전쟁에 개입한다고 하는 가장 숙명적인 조력을 한 자이다.

사회민주당은 몇십 년 동안 러시아에 대한 가장 파렴치한 전쟁을 선동해왔다. 그러나 중앙당은 종교적 관점에서 오스트리아 국가를 독일정치의 가장 중요한 축과 중심점으로 삼아왔다. 이제 사람들은 이 미친병의 결과를 짊어져야만 했다. 올 것은 와야 했고 더 이상 피할 상황이 아니었다. 독일 정부의 책임은 그 경우 오로지 평화를 유지하기 위해 전쟁을 시작할 알맞은 시기를 언제나 놓치고 있었던 점, 세계평화의 유지를 위해 동맹에 끌려들어가서 마침내 세계대전을 결의하면서까지 세계평화의 유지라는 충동에 대항한 세계연합에 희생되었다는 점에 있었다.

하지만 빈 정부가 그때 다른 좀더 온건한 형식의 최후통첩을 내고 있었다 하더라도 이미 사태는 전혀 바뀌지 않았을 것이다. 기껏 정부 자체가 민중의 격분에 의해 버려졌을 정도였으리라. 왜냐하면 대중의 눈으로 보면 최후통첩의 어조는 신중하고, 결코 지나치거나 난폭한 것이 아니었기 때문이다. 오늘날 이것을 부인하려고 하는 자는 기억력이 나쁜 돌대가리거나 아주 고의적인 거짓말쟁이다.

1914년의 전쟁은 맹세코 대중에 강요된 것이 아니고 온 민중이 스스로 간절히 바랐던 것이다. 사람들은 일반적인 불안 상태에 마침내 결론을 내리려고 했다. 이 가장 곤란한 투쟁에 200만 명이 넘는 독일의 성인 남자나 소년이 맨 마지막 피 한 방울까지 흘리면서 지키리라 각오하고 자발적으로 국기 아래 섰다는 것만으로 그것을 이해할 수 있다.

*

독일의 자유를 위한 투쟁

그때 나는 청년시절의 초조한 기분에서 해방된 것처럼 느꼈다. 나는 오늘날에도 주저 없이 말할 수 있지만, 폭풍과 같은 감격에 눌려서 무릎을 꿇고, 신이 이 시대에 살게끔 허락하는 큰 행복을 내려준 데 대해 진심으로 말할 수 없이 감사했다.

지상에서 일찍이 없었던 맹렬한, 자유를 위한 싸움이 시작되었던 것이다. 왜냐하면 운명이 펼쳐지자마자, 곧 이번에는 세르비아나 오스트리아의 운명이 문제가 아니라, 독일 국민이 사느냐 죽느냐의 문제라고 할 확신이 보다 많은 대중의 마음속에 어렴풋하게 나타나기 시작했기 때문이다.

민중이 이 몇 년 동안 자신의 미래에 대해서 예견할 수 있는 최후의 기회를 갖게 되었다. 그렇게 해서 최대의 투쟁이 시작되자마자, 동시에 열광적인 감격에 흥분하여 필수적이면서도 진지한 조화된 목소리가 크게 울려왔다. 왜냐하면 이 인식만이 국민적인 반항을 단순한 모닥불 이상의 것으로 만들었기 때문이다. 그러나 진지함은 불가피하게 필요했다. 그 이유는 당시에 일반적으로 지금 막 시작한 전쟁이 어느 정도 오래갈 것인가 하는 것을 전혀 모르고 있었기 때문이다. 사람들은 겨울에 새로이 평화로운 일을 계속하기 위해 다시 집으로 돌아가기를 꿈꾸고 있었다.

인간은 자기가 원하는 것을 기대하고 믿는다. 국민의 압도적 대다수는 이미 오랫동안 불안한 상태에 지쳐 있었다. 그래서 사람들은 오스트리아와 세르비아와의 분쟁에 대한 평화적 조정 같은 것은 벌써 전혀 믿지 않았고, 결정적 대결을 바라고 있다는 것도 알고 있었다. 나 또한 이런 몇백만 명에 속해 있었다.

암살 소식이 뮌헨에 알려지자, 곧바로 두 가지 생각이 내 머리를 스쳤다. 첫째로 전쟁은 결국 불가피하리라는 것 그리고 둘째로 이제 합스부르크 국가는 동맹을 유지할 수밖에 없다는 것이었다. 내가 늘 가장 두려워하고 있었던 것은 독일 자체가 아마도 이 동맹 때문에 오스트리아가 이것에 직접적인 실마리를 주는 일 없이도 언젠가 분쟁에 끼어들어, 더욱이 오스트리아 국가는 국내 정치상황으로 보아 스스로 동맹국의 후원자가 될 결단력을 가지지 못할지도 모른다는 가능성이었다. 오스트리아 제국의 상당수를 차지하는 슬라브 민족은 스스로 정한 의도를 곧바로 사보타주하기 시작할 것이 틀림없다. 그리고 동맹국에 필요한 원조를 주기보다는 오히려 국가 전체를 산산조각으로 부수는 것을 선택할 것이다. 하지만 이 위험은 이제 사라졌다. 이 늙은 국가는 바라든 바라지 않든 싸워야만 하게 되었다.

자유를 위한 투쟁의 의의

이 분쟁에 대한 나 자신의 입장 또한 매우 간단하고 뚜렷했다. 나에게는 오스트리아가 세르비아에게 무엇인가 속죄시키기 위해 싸우고 있는 것이 아니라, 독일이 자기존속을 위해 그리고 독일 국민이 그 사활 때문에 자유와 미래를 위해서 싸우고 있는 것이다. 바야흐로 비스마르크의 일을 위해 싸워 얻어내야만 했다. 일찍이 조상이 바이센브루크에서 세당이나 파리에 이르는 싸움에서 거룩한 피를 흘려 얻어낸 것을 지금은 젊은 독일이 새로 얻어내야만 했다. 그러나 이 전쟁이 만일 승리로 끝났다면, 그 경우 우리 민족은 다시 한 번 대외적인 세력을 가지고 대국민의 일원이 되고, 그때 비로소 또다시 독일제국은 사랑하는 평화를 위해 나날의 빵을 어린아이들에게 절약할 필요도 없이 힘찬 평화의 성곽으로서의 열매를 보여줄 수 있었을 것이다.

나는 한때 소년으로서 또 청년으로서 적어도 한 번은 국민적 격정이 헛된 망상이 아니라는 것을 행동에 의해 입증해 보고 싶은 소망을 여러 번 가졌다. 그것이 마음으로부터 옳다고 생각할 수도 없는 일에 만세를 외친다는 것은 언제나 죄악인 것처럼 생각되었다. 왜냐하면 모든 장난이 끝나고 운명의 여신이 무정한 손으로 민족이나 인간을 그 지조의 진실성과 영속성의 저울에 달기 시작한 장소에서 한 번도 시험되지 않은 채 이 말을 사용하는 사람이 있었기 때문이다. 이리하여 몇백만의 다른 사람들과 마찬가지로 나의 마음도 이제 마침내 이 느슨해진 감정에서 벗어날 수 있다는 자랑스러운 행복으로 부풀어올랐다.

나는 몇 번이고 〈도이칠란트 위버 알레스〉를 노래하고 큰 소리로 만세를 외쳤다. 이 확신의 진실성을 나타내기 위해 이제 영원의 심판자인 신의 법정에 증인으로 설 수 있게 되었다는 것은 내겐 거의 뒤늦게나마 내려진 은혜에 가까운 것처럼 생각되었다. 왜냐하면 나는 처음부터 전쟁이 일어난다면—그것은 불가피하다고 여겨졌다—어쨌든 곧바로 책을 던져버릴 것이 분명했기 때문이다. 그러나 그것과 마찬가지로 나는 또 내 부서는 내적 목소리가 제시한 곳이어야 한다는 것을 알고 있었다.

나는 먼저 정치적 근거로 해서 오스트리아를 저버리고 있었다. 전쟁이 시작된 지금 이 생각을 먼저 올바르게 고려해야만 했던 것은 확실한 일이었다. 나는 합스부르크 국가를 위해 싸우고 싶지 않았다. 하지만 우리 민족과 그것이 구체화된 독일제국을 위해서는 언제라도 죽을 각오가 되어 있었다.[6]

---

6) 제4장의 주 1과 주 2를 견주어볼 것.

바이에른 연대 입대

8월 3일, 나는 바이에른 국왕 루트비히 3세에게 직접 바이에른 연대에 들어가게 해달라고 요청했다. 내각은 그 무렵 확실히 바빴다. 이튿날 청원의 회신을 받았을 때 나의 기쁨은 컸다. 내가 떨리는 손으로 봉투를 뜯고, 바이에른 연대로 지원하라는 권고가 적힌 내 요청의 허락서를 읽었을 땐 환희와 감사가 그칠 줄을 몰랐다. 그래서 며칠 뒤 나는 군복을 입었다. 그리고 그로부터 거의 6년 뒤에 군복을 벗었다.[7]

이와 같이 모든 독일인에게 있어서 그러했던 것처럼, 나에게도 이 세상에서의 생활에서 가장 잊어버릴 수 없는, 가장 위대한 시기가 이제야 시작되었다. 이 아주 맹렬한 고투의 사건에 대해서 모든 과거사는 천박한 무(無) 속으로 사라져버리고 말았다. 이 맹렬한 사건에서 10년이 지난 오늘, 나는 자랑스러운 슬픔과 함께 운명이 은혜를 베풀어 내게 참가할 것을 허락한 우리 민족의 영웅적인 투쟁의 초기 몇 주일 동안을 되돌아보는 것이다.

바로 어제의 일처럼 차례로 그때 광경이 떠오른다. 내가 사랑하는 전우에 끼어 군복 차림으로 처음 행군하고 훈련 받고 마침내 출정의 날이 온 것까지 떠오른다. 그때 나뿐만 아니라 다른 많은 자들도 그랬지만, 나를 괴롭힌 오직 하나뿐인 걱정은 전선에 나가는 점이 너무 늦지 않을까 하는 것이었다. 이 일만으로 나는 곧잘 침착성을 잃었다. 새로운 영웅적 행위를 듣고 승리의 환호가 오를 때마다 약간의 비통함이 그 속에 숨어 있었다. 왜냐하면 새로운 승리가 있을 때마다 우리의 출정 지연의 위험성이 늘어나는 것처럼 여겨졌기 때문이다.

첫 출전

그리하여 마침내 우리 의무를 다하기 위해 뮌헨을 떠날 날이 왔다. 우리가 독일의 상징이자 젖줄인 라인강을 원수의 탐욕으로부터 지키기 위해 조용한 흐름을 따라서 서쪽으로 내려갔을 때, 처음으로 나는 라인강을 보았다. 부드러운 아침 안개의 베일을 통해서 아침 햇빛의 연한 광선이 우리 머리 위에서

---

7) 8월 16일 예비보병 제16연대에 입대했다. 대학생과 지식인 지원병이 많았으며 맨 처음 연대장의 이름을 따서 '리스트 연대'라고 불렸던 이 연대에는 훗날 나치스 당원으로 활약한 루돌프 헤스, 마리스 아만이 있었다.

니더발트 기념비를 비추기 시작했을 때, 끝없이 계속되는 수송 열차로부터는 아침 하늘 높이 옛 〈라인의 수호〉가 울려퍼져 가슴이 터질 것만 같았다.

그러고 나서 축축하고 차가운 플랑드르 지방의 밤이 찾아온다. 우리는 한밤중 내내 묵묵히 행진한다. 그리고 안개를 뚫고 하루해가 비치기 시작했을 때, 갑자기 강철의 인사가 우리 머리 위를 쉿 하고 날아가 날카로운 총성이 울리며 소총 탄알이 우리 대열의 습지에 도발적으로 꽂힌다. 그러나 미처 이 작은 화약 연기가 채 가시기도 전에 죽음의 최초 초대에 대하여 200명의 목청에서 맨 처음 돌격 소리가 울려퍼졌다. 그러고 나서 총성은 다시 탕탕 울리고 메아리치고 으르렁대고 짖어대기 시작했다. 그리고 모두 핏발 선 눈으로 더욱 빠르게 앞으로 나아갔다.

갑자기 무밭과 울타리를 지난 곳에서 싸움이 시작되었다. 육박전이다. 그러자 먼 곳에서 노랫소리가 우리 귀에 밀어닥쳐왔다. 점점 가까이 중대에서 중대로 흘러와 바로 죽음이 우리 대열에 덤벼들었을 때 노래가 우리에게까지 도착했다. 우리는 다시 계속했다.

"도이칠란트, 도이칠란트 위버 알레스, 위버 알레스 인 데어 벨트!"

나흘 뒤 우리는 본디 자리로 되돌아갔다. 이제는 걸음걸이조차 변하고 말았다. 열일곱 살의 소년도 이젠 어른처럼 보였다.

리스트 연대의 지원병들은 올바른 전투법을 배우지 못하고 있었을 것이다. 하지만 그들은 죽는 것을 고참병과 마찬가지로 알고 있었던 것이다. 이것이 시작이었다.

지원병에서 고참병으로

이렇게 해서 한 해 한 해가 지나갔다. 그러나 전투의 낭만 대신에 전율이 다가왔다. 감격은 차차로 싸늘해지고, 열광적인 환성도 죽음의 불안으로 질식되고 말았다. 저마다 자기보존 충동과 의무의 재촉 사이에서 격투를 벌일 시기가 다가왔다. 나도 이 싸움에서 벗어날 수는 없었다. 죽음이 미친 듯이 날뛸 때, 무엇인가 어렴풋한 것이 언제나 반항을 꾀하고, 약한 육체로 하여금 이것을 이성으로 생각하게 하려고 한다. 하지만 이것은 그와 같은 거짓꾸밈으로 한 사람 한 사람을 현혹시키려는 비겁함에 지나지 않았다. 그렇게 되면 이동에는 무거운 기분이 따라다니고 경계가 시작되어 단지 양심의 마지막 한 조각이 간신히 결단을 내리는 일이 가끔씩 일어났다. 그러나 주의를 일깨우는 이 소리가 높아지면 높아질수록, 더욱 큰 소리로 더욱 철저하게 유혹하면 할수록 반항심은 점점 더 날카로워지고 마침내 오랜 내면적 싸움 끝에 의무감이 승리를 얻는 것이다.

이미 1915년부터 16년에 걸친 겨울에 내 경우는 이 투쟁이 결판났다. 드디어 내 의지가 완전히 이겼던 것이다. 나는 첫무렵에는 환호를 지르고 웃으면서 돌격할 수가 있었지만 이제는 침착하고 결의도 굳어져 있었다. 그러나 이것은 가장 영원히 계속되는 것이었다. 이제야 비로소 운명이 신경을 쥐어뜯거나 지성을 거부하는 일 없이 맨 마지막 시험에 착수할 수가 있었다.

젊은 지원병으로부터 고참병이 되었던 것이다.[8] 그리고 이 전환은 군대 전체에 실현되었다. 군대는 끝없는 전투로 노련하고 강인해져 있었다. 폭풍우에 견딜 수 없는 자는 역시 폭풍우에 의해서 부서졌다.

불멸의 기념비

그러나 거기서 처음으로 사람들은 이 군대에 가치판단을 내려야 했다. 2, 3년 뒤 하나의 전투에서 다른 전투로 몰려 항상 인원수와 무기에서 뛰어난 세력과 싸우고, 굶주림을 참고, 결핍을 견디어오는 동안에, 이제 비로소 이 군대의 우수성을 평가할 때가 온 것이다.

비록 몇십 년이 흐르더라도 영웅적인 정신에 대해 이야기하는 사람은 세계대전에서의 독일군을 결코 상기하지 않을 수 없을 것이다. 또 지난날 베일 속에서 회색 철모로 된 강철 같은 전선이 뚜렷이 나타나서, 굴하지 않고, 겁나지 않는 불멸의 기념비가 된다. 그래서 독일인이 생존하는 한 그들에게 이것이 일찍이 자기 민족의 자식이었음을 상기하게 될 것이다.

그때 나는 병사였다. 정치를 논하려고는 생각하지 않았다. 그리고 사실상 그럴 시기도 아니었다. 오늘날에 와서도 나는 설사 가장 비천한 마부라도 조국에 끊임없이 훌륭한 봉사를 했다는 점에 있어서는 가장 높은 이른바 '의원' 이상이었다고 확신하고 있다. 나는 이들 요설가를 이때처럼 미워한 적이 없

---

8) 1914년 10월 21일, 싸움터를 향해 출발하여 10월 말에서 11월에 걸친 전투에서 리스트 연대는 3500명에서 600명으로 줄어들었다. 히틀러는 전령병이었다. 그는 11월 1일 상등병으로 진급, 12월 1일자로 2급 철십자훈장을 받았다.

다. 왜냐하면 뭔가 할 말을 가지고 있는 진실한 인간은 마주 보고 있는 적에게 외치든가, 그러지 않으면 목적에 맞게 변설의 재능은 집에 놔두고 묵묵히 어딘가에서 의무를 다하고 있었기 때문이다.

그렇다, 그때 나는 이러한 모든 '정치가'를 몹시 미워했다. 그리고 그것이 나에게 가능했다면 곧바로 의원의 참호 보병대대를 만들어주었을 것이다. 그렇게 하면 그들은 진지하고 정직한 사람들을 화나게 하거나 해치지 않고 마음껏 제멋대로 지껄일 수 있었을 것이기 때문이다.

감격의 인위적인 억제

이와 같이 나는 그때 정치에 대해서 아무것도 알려고 하지 않았다. 그러나 실제로는 국민 전체에 관한, 특히 우리 사병들에 관계된 일정한 현상에 대해서는 태도를 결정하지 않을 수 없었다.

그때 나를 분노하게 한 일이 두 가지가 있었다. 그 첫째로, 이미 맨 처음 승리를 알리는 소식이 있은 뒤, 어떤 신문이 천천히 그리고 아마도 많은 사람들이 처음에는 눈치를 채지 못하게 하여 일반의 감격에 두 서너 방울의 쑥의 쓴 즙을 치기 시작했다. 이것은 하나의 호의나 선의, 더더욱 일종의 배려라고 하는 거짓꾸밈으로 저질러졌다. 승리의 지나친 축하행사에 대한 불안이었다. 이런 형식의 축하는 대국민의 축하로서는 어울리지 않는 동시에 훌륭한 것이 못된다고 그 사람들은 꺼렸던 것이다.

독일군의 용감성과 씩씩한 용기는 아주 분명했다. 그래서 사람들이 그것에 대해서 지나치게 환희에 넘쳐 분별없는 감동을 받는 것은 좋지 않다. 외국에 대해서도 조용하고 품위 있게 기쁨을 표현하는 편이 정도에 지나친 환호보다는 나을 것이다. 마지막으로 우리 독일인은 지금도 전쟁이 우리 의도가 아니었기 때문에, 우리는 언제나 인류의 융화를 위해 우리가 할 수 있는 일로 이바지한다는 것을 공공연히 남자다운 태도로 고백하는 것은 수치가 아니라는 점을 잊어서는 안 된다. 그러기에 큰 소리로 외치며 군사 행위의 순수성에 먹칠을 하는 것은 영리한 행동이 못되는 것이다. 왜냐하면 다른 세계는 이러한 행동을 거의 이해하지 않을 것이기 때문이다. 진정한 영웅이 자기 행위를 말하지 않고 그리고 침착하게 잊어버리고 마는 겸손보다 사람을 감동시키는 것은 없다. 왜냐하면 모든 일이 귀착하는 곳은 바로 이곳이기 때문이다.

사람들은 그러한 놈의 긴 귀를 잡고 긴 기둥까지 끌고 가서 줄로 묶어 올리고 삼류 문사로 하여금 그의 미적 감각이 승리를 축하하고 있는 국민을 더이상 모욕할 수 없게 만드는 대신, 실제로 사람들은 승리의 환호의 '어울리지 않는' 방식에 대하여 경계하기 시작했던 것이다.

사람들은 감격이란 한 번 꺾이면 이미 필요에 응해서 깨어나게 할 수 없다는 것을 조금도 깨닫지 못했다. 감격은 도취이고 그 상태로 계속 유지돼야만 한다. 이 감격의 힘도 없이 인간으로서 생각할 수 있는 한의 가장 거대한 요구를 국민의 정신적 본성에 두는 이 전쟁을 어떻게 계속 끌고 나갈 수 있겠는가?

나는 대중의 심리를 충분히 알고 있었기 때문에 사람들은 '미적인' 북돋움만으로는 쇠를 뜨겁게 유지하는 데 필요한 불을 타오르게 할 수 없다는 것도 잘 알고 있었다. 나의 눈으로 볼 때 사람들이 이 열정의 끓는점을 높이기 위해 아무것도 하지 않았다는 것은 제정신이 아니었다고 할 수 있다. 그리고 다행히도 존재하고 있던 열정까지 끊어버리려고 한 것은 나로서는 절대로 이해할 수가 없었다.

마르크스주의에 대한 오해

둘째로 나를 분노하게 만든 것은 사람들이 마르크스주의에 대해 정당하다고 생각하고 행한 그 태도였다. 내가 보기에 그것은 사람들이 이 페스트에 대해서 전혀 아무런 예감도 갖고 있지 않음을 증명하는 일과 같은 것이었다. 정당은 이제 인정하지 않는다고 확신함으로써 마르크스주의가 알아서 사양할 것이라고 사람들은 진지하게 믿고 있었던 것 같다.

여기에선 일반적으로 정당이 문제가 아니라 온 인류를 파멸로 이끌 것이 틀림없는 교설이 문제였고, 사람들은 이것을 유대화한 대학에서는 들을 수 없고, 더구나 많은 사람들, 특히 우리 고급 관리들의 습성이 된 어리석은 자만심으로 인해 책을 들고 대학의 교과과정에 속하지 않는 것을 배우는 일은 노력할 만한 가치가 없다고 생각하고 있었기 때문에 사람들에게는 이해되지 않았다.

더할 나위 없는 격렬한 변혁도, 대개 아직도 국가제도가 사적 제도보다 뒤처졌기 때문에 이와 같은 '두뇌의 사람들'에게는 전혀 자취를 남기지 않고 지나가버린 것이다. "농민은 모르는 것은 먹지 않는다"고 하는 민중의 속담은 신에 맹세하건대 그들에게 가장 잘 적용되는 것이다. 소수의 예외가 또 여기서 도리어 원칙을 입증하는 것이다.

1914년 8월 그때 독일 노동자를 마르크스주의와 동일시한 것은 어리석기 짝이 없는 일이었다. 독일 노동자는 그때 실제로 이 유해한 전염병의 포옹으로부터 벗어나 있었다. 그렇지 않았다면 노동자는 결코 전쟁에 나갈 수조차 없었을 것이다. 그러나 사람들은 지금에 와서는 마르크스주의가 '국가적인' 것이 되었으리라고 생각할 만큼 아주 어리석었다. 대단한 지혜의 작용이라 할 것이다. 오로지 그것은 오랜 세월에 걸쳐 공직에 있는 위정자들 가운데 누구나가 이 교설의 본질을 연구하는 것을 적어도 노력할 만한 가치가 없다고 보았다는 것을 시사하고 있다. 왜냐하면 그렇지 않았다면 이런 잘못을 저지르지 않았을 것이기 때문이다.

모든 비유대 국민 국가의 전멸을 언제나 궁극의 목표로 하는 마르크스주의는 1914년 7월에 그들에 의해 덫에 걸려 있던 노동자계급이 잠에서 깨어나, 시시각각 조국에 대한 봉사의 길을 걷기 시작하는 것을 보고 놀라지 않을 수 없었다. 불과 며칠 사이에 이 부끄러운 민족의 배반의 안개와 속임수가 사라져버리고, 유대인 지도자들이 마치 60년이나 대중에 쏟아넣은 당찮은 일이나 잘못된 관념의 자취가 마치 봄눈 녹듯이 사라진 것처럼 갑자기 혼자 쓸쓸하게 남게 된 것이다. 이것은 독일 노동자계급을 속이려고 하는 자들에게는 나쁜 순간이었다. 하지만 지도자들은 그들에게 닥친 위험을 깨닫자마자 급히 거짓의 숨은 두건을 귀까지 깊이 눌러쓰고 뻔뻔스럽게도 국가적인 북돋움을 함께 연출한 것이다.

하지 않으면 안 되었던 일

그러나 이제 이 유대인 민족 독살자의 사기적 패거리 모두에게 준엄한 조치를 취할 시점에 와 있다. 그래서 아비규환과 통곡 소리가 일어나든 말든 재빨리 정리하지 않으면 안 되었다. 1914년 8월 국제적 연대라는 유대어는 한꺼번에 독일 노동자계급의 머리에서 사라져버렸다. 그 대신 몇 주일 뒤에는 미국의 유산탄(榴散彈)이 행군 종대의 철모 위에 친밀한 축복을 쏟아붓기 시작했다. 독일 노동자가 또다시 민족을 위한 길을 발견했을 때, 국민을 그릇된 길로 이끌고 있는 선동자를 아주 무자비하게 없애버리는 것은 바로 이때 책임감 있는 정부의 의무였을 것이다.

싸움터에서 가장 선량한 자가 쓰러져 있을 때, 국내에서는 적어도 해충을 없애버리는 것쯤은 할 수 있었다. 그러나 그 대신 황제 폐하는 몸소 오래전부터의 범죄자에게 손을 내밀고 음흉한 국민 암살자들을 보호해 주고 그들에게 안정된 상태로 있을 수 있게 했다.

이렇게 해서 지금으로서는 뱀처럼 음흉한 자들은 전보다 주의 깊게, 그러나 더욱더 위험이 많은 활동을 계속할 수 있었다. 정직한 자가 국토의 평화를 꿈꾸고 있는 동안 거짓 맹세한 범죄자들은 혁명을 조직하고 있었다. 그때 사람들이 이 말이 안 되는 애매한 결심을 한 것을 나는 마음속으로 더욱더 불만스럽게 여겼다. 하지만 그 결말이 그처럼 무섭게 될 줄은 그때 나도 아직 생각할 수 없었다.

노골적인 폭력 행사

사람들은 그때 무엇을 하지 않으면 안 되었던가? 모든 운동의 지도자들을 곧바로 감옥에 가두고, 재판에 회부해서, 국민의 귀찮은 존재를 없애는 일이었다. 사람들은 이 페스트균을 없애버리기 위해서는 용서 없이 군대의 모든 무력을 이용하지 않으면 안 되었다. 당은 해산시켜야 했다. 의회는 필요한 때는 총검으로 본심에 되돌아가게 하되, 가장 좋은 방법은 당장 폐지시키는 일이었다. 오늘날 공화국이 당을 해산시킬 수 있는 것처럼, 사람들은 그때 보다 많은 근거에서 이 수단에 호소하지 않으면 안 되었다. 어쨌든 민족 전체의 사활이 걸려 있었던 것이다.

그러나 물론 다음과 같은 것이 문제가 되었다. 말하자면 도대체 정신적 이념을 무력으로 뿌리 뽑을 수 있을까? 조잡한 폭력으로 '세계관'을 극복할 수 있을 것인가? 하는 문제이다. 나는 그때 여러 번 이 문제를 스스로에게 물어보았다. 유사한 경우를, 특히 종교적 기초로 역사 속에서 발견할 수 있는 경우를 숙고했을 때 다음과 같은 원칙적인 인식이 분명해졌다.

바로 관념 및 이념, 마찬가지로 일정한 정신적 기초를 갖는 운동은 그것이 잘못된 것이든 참된 것이든 상관없이 어느 정도 발달하고부터는 기술적인 권력 수단을 가지고서도 이 유형의 무기가 동시에 새로운 선동적 사상·이념 또는 세계관의 뒷받침이 없을 때는 분쇄할 수 없다는 것이다.

오로지 폭력만을 사용하고, 그 전제로서의 정신적 기초 관념이라고 하는 추진력이 없을 경우에는 이념의 담당자 마지막 한 사람까지 철저하게 뿌리 뽑고 마지막 전통까지 파괴하는 형식을 취하지 않는 한, 이념과 이념을 유포하는 일을 결코 없애버릴 수 없다. 그렇지만 이것은 대개 이러한 국가라고 하는 단체가 이따금 한없이, 또 때로는 영원히, 정치적으로 중요한 권내(圈內)에서 없어지는 것을 의미한다.

왜냐하면 이러한 유형의 희생은 경험에 의하면 민족의 가장 좋은 분자에게 적중하기 때문이다. 다시 말해서 정신적 전제 없이 이루어지는 모든 박해는 도덕상 정당하다고는 생각할 수 없고, 민족의 실로 가치 있는 분자를 채찍질하여 반항하게 하고, 부당하게 박해받는 운동이 정신적 내용을 획득하는 데 온 힘을 기울이기 때문이다. 이것은 많은 경우 오로지 조잡한 폭력에 의한 이념 탄압의 시도에 대한 반감에서 생겨나는 것이다.

따라서 박해가 늘면 늘수록 속마음으로 믿는 자의 수효가 증가한다. 따라서 새로운 교설의 철저한 섬멸은 그 절멸을 더욱 크게 하고 언제나 높이는 방법으로만 실시되고, 그 결과 마침내 해당 민족이나 국가로부터도 참으로 가치 있는 피를 모두 빼앗아가게 된다.

그러나 이것은 보답이 찾아온다. 이른바 국내의 순화(純化)는 일반적인 무력화라고 하는 보상 위에서만 행해질 수 있기 때문이다. 그렇지만 이러한 과정도 본디 지배할 교설이 어떤 일정한 작은 범위를 이미 넘어버렸을 때는 이미 언제나 헛일이다.

그러므로 여기서도 모든 생물과 마찬가지로 유년시절 초기가 가장 빨리 사라져버릴 가능성에 노출되어 있다. 그런데 나이가 많아짐에 따라 저항력이 커지고 늙어 쇠약해지면 비로소 다른 형식과 다른 이유에서이긴 하지만 다시 새로운 청춘에 양보하는 것이다. 그러나 사실상 정신적 기초가 없는 폭력에 의해 교설이나 그 조직적 표현을 뿌리 뽑으려고 하는 시도는 거의 모두 실패로 돌아간다.

또 다음과 같은 이유에서 바란 것과 정반대로 끝나는 일도 드물지 않다.

곧 노골적인 폭력이라는 무기를 가지고 하는 투쟁 방법의 첫째 전제는 끈질김이라는 이야기가 된다. 그것은 어떤 교설 등을 억누르기 위해서는 그 방법을 계속적으로 한결같이 적용하는 경우에만 그 의도를 이루어낼 수 있다고 하는 것이다.

그러나 여기서 또 폭력이 동요되고 너그러운 태도로 바뀌자마자 억눌러야 할 교설은 곧 되살아날 뿐만 아니라 압박의 파도가 잔잔해진 뒤에는 견디어낸 고난을 넘는 격분이 낡은 교설에 새로운 지지자를 끌어들여, 지난날 신봉자는 전보다 더 커다란 반항심과 더 깊은 증오심을 가지고 이것을 지지한다. 이미 분산된 변절자도 일단 위험이 사라지면 또다시 지난날 입장으로 복귀하려고 하여, 이 교설은 박해받을 때마다 새로운 가치를 얻을 수 있는 상태가 되어간다. 폭력을 영원히 한결같이 적용하는 데 있어서만이 성공을 위한 제1전제가 있다. 그렇지만 이 끈질김은 언제나 오직 일정한 정신적 확신의 결과이다. 확고한 정신적 기초에서 생긴 것이 아닌 모든 폭력은 동요되는 불안정한 것이 된다. 다만 열광적인 세계관에만 있을 수 있는 안정성이 결여되어 있는 것이다. 폭력은 개인의 그때그때의 에너지나 아주 사나운 결단에서 나오는 것이며, 그러기 때문에 인격이나 본질적 성격이나 강도(強度)의 변화에 종속하는 것이다. 그리고 더 나아가 다음과 같은 이유가 덧붙여진다.

세계관의 공세

모든 세계관은 종교적 요소가 많든 정치적 요소가 많든—여기서는 한계를 정하기가 힘든 적이 있지만—반대자의 이념 세계를 소극적으로 없애버리기 위해 싸우기보다는, 오히려 자기 이념을 적극적으로 실현하기 위해 싸운다. 그 때문에 이 싸움은 방어보다도 공격이다. 그때 이 목표는 자기 이념의 승리이므로 목표 설정에서 이미 유리한 지위에 있다.

이에 반해서 적의 교설을 없애버린다는 소극적 목표는 언제 달성될 것인지, 언제 확보되었다고 보아도 좋을지 하는 것을 정하기가 어렵다. 그러므로 세계관의 공격은 세계관의 방위보다 조직적이며 강력하기도 하다. 일반적으로 그렇듯이, 여기서도 판정은 공격에 속하지 방어에는 속하지 않는다. 그러나 정신적 세력에 대해서 폭력을 가지고 하는 투쟁은 칼 그 자체가 새로운 정신적 교설의 담당자·선포자·공포자로서 나타나지 않는 한, 오로지 방어에 불과하다.

이리하여 우리는 다음과 같이 총괄적으로 단정할 수 있다. 바로 어떤 세계관을 권력을 사용해서 타도하려고 하는 온갖 시도는 그 투쟁이 어떤 새로운 정신적 견해를 위한 공격이란 형식을 취하지 않는 한 결국 실패한다. 서로 대립하는 두 가지 세계관의 싸움에 있어서만 이 잔혹한 힘의 무기를 끊임없이 가차 없이 사용하여 그 지지자측에 결단을 가져다줄 수 있는 것이다.

그러나 이 점에서 이제껏 마르크스주의 타도는 언제나 실패했다. 비스마르크의 반사회주의자 입법이 온갖 노력에도 불구하고 마침내 실패한 것도, 실패하지 않을 수 없었던 것도 이유는 바로 그것이다. 새로운 세계관의 북돋움을 위해 싸울 수가 있는 그 세계관의 발판이 없었던 것이다. 왜냐하면 이른바 '국가 권위'나 '안녕과 질서'라는 허튼소리가 사활이 걸린 싸움의 정신적 동인으로서 알맞은 밑바탕을 이룰 수 있다는 것은 중앙관청의 고급 관리의 속담 같은 지혜만이 생각할 수 있을 것이기 때문이다.

부르주아계급 정당

이 투쟁의 참다운 정신적인 담당자가 없었으므로 비스마르크는 그의 반사회주의자 입법 수행을 그 자체가 이미 마르크스주의적 사고방식에서 나온 제도의 재량과 의향에 맡겨야 했다. 철혈 재상은 그의 마르크스주의자에 대한 투쟁의 운명을 부르주아 민주주의의 호의에 맡김으로써 고양이에게 생선 가게를 맡겼던 것이다.

그러나 이 모든 것들은 오로지 철저한 마르크스주의에 대항하는 맹렬한 정복욕을 가진 새로운 세계관이 결여되어 있었던 필연적인 결과에서 빚어졌다. 따라서 비스마르크의 투쟁 결과는 매우 심한 실망을 가져왔을 뿐이었다. 그런데 세계대전 또는 그 초기 상태는 어느 정도 다른 점이 있었을까? 유감스러운 일이지만 그렇지가 않았다.

사회민주주의의 대용물은 없다

나는 그때 지금의 마르크스주의의 구체화로서의 사회민주주의에 대한 국가 정부의 태도를 반드시 바꿔야 된다고 하는 생각에 몰두하면 할수록, 점점이 교설에 대한 쓸모 있는 대용물이 결여되어 있다는 것을 깨달았다. 만일 사회민주주의가 깨졌다고 가정한다면, 대중에게 무엇을 주어야 하는가?

많든 적든 이제 지도자를 잃어버린 노동자의 큰 무리를, 자신의 길로 끌어들일 수 있다고 기대할 수 있는 운동은 없었다. 계급 정당에서 떠난 열광적인 국제주의자들이 이번엔 당장 부르주아 정당, 곧 어떤 새로운 계급조직에 들어갈 것이라고 생각한다는 것은 어리석어도 이만저만 어리석은 일이 아니었다. 왜냐하면 이들 여러 조직에는 불쾌할지 모르지만, 부르주아 정치가는 정치적으로 자기에게 불리한 영향이 시작되지 않는 한, 대개의 계급적 차별이 분명한 사실로 생각되고 있다는 것을 부정할 수 없기 때문이다. 이 사실을 부정한다는 것은 오로지 어리석고 둔한 철면피든가 거짓말쟁이임을 증명할 뿐이다.

사람들은 일반적으로 대중을 실제 이상으로 어리석고 둔하다고 생각하지 않도록 주의해야만 한다. 정치적인 사항에 있어서는 지성보다도 감정이 올바로 판정하는 일이 드물지 않다. 대중의 이 감정의 오류에 대해서 그 어리석은 국제주의적 태도가 충분히 대변하고 있다는 의견은 평화주의적 민주주의가 그에 못지않게 미치광이 같고 그리고 그 담당자 거의가 부르주아 진영에서 나와 있다는 것을 간단히 지시함으로써 바로 철저히 논박할 수 있다.

몇백만의 부르주아지가 매일 아침 경건하게 유대의 민주주의 신문을 믿고 있는 한, 분쟁은 같은 조합이라 하더라도 결국은 같은 오물을 삼키고 있는 '동포'의 어리석음을 비웃는 것은 신사숙녀로서 어울리지 않는 일이다. 아무튼 그 제조업자는 유대인이다.

사람들은 지금 남아 있는 것을 부인할 경우에는 더욱 조심해야 한다. 계급문제에 대해서는 특히 선거 전에 일부 사람들이 즐겨 진실이라고 여기게 하는 것 같은 이념 문제만의 사항은 아니라는 사실은 부정할 수가 없다. 우리 민족 대부분의 계급적 자만심은 특히 수공업 노동자에 대한 경멸과 마찬가지로 몽유병자의 환상에서 비롯되는 현상은 아니다. 그것은 그렇다 치더라도 페스트—마르크스주의는 본디 페스트이지만—가 널리 퍼지는 것을 막을 수 없는 상태에서는 잃어버린 것을 또다시 회복할 수 없다는 것을 이른바 지식층이 전혀 이해하지 못한다면, 그것은 우리 지식층의 사고력 빈곤을 나타내는 것이다.

그들 스스로가 말하듯 부르주아 정당은 결코 프롤레타리아 대중을 자기 진영에 묶어두질 못한다. 왜냐하면 여기서는 두 세계가 대립하고 있고, 일부분은 자연스럽게, 일부분은 인위적으로 분리되고 있기 때문이며, 그 상호 간의 대립 상태에는 오직 투쟁이 있을 뿐이기 때문이다. 그러나 여기서는 젊은 쪽이 이길 것이다. 그리고 이것이 마르크스주의일 것이다.

실제로 1914년의 사회민주주의에 대한 투쟁은 거의 상상할 수 있었다. 그러나 실제의 대용품이 모두 결여되어 있다는 점에서 이 상태가 언제까지 오래 유지될 것인가 하는 의문이 남는다. 여기에 커다란 틈이 존재하고 있었다.

정치활동에 대한 최초 생각

세계대전 전부터 계속 이런 의견을 가지고 있었던 나는 기존 정당의 하나에 참여할 결심을 할 수 없었다. 세계대전이 계속되고 있는 동안 나의 이 생각은 바로 '의회주의적' 정당 이상의 운동이 결여되어 있으므로 사회민주주의에 대해서 가차 없는 투쟁을 하는 것은 확실히 불가능하다는 점에서 한층 더 강해졌다.

나는 친한 친구에게 이 점에 대해 거리낌 없이 의견을 말하고 있었다. 게다가 언젠가는 정치적으로 활동을 하겠다는 생각이 나에게 일어났다.

바로 이것이 내가 세계대전이 끝난 뒤 내 직업과 더불어 연설자로서 활동하고자 하는 내 생각을 나의 몇몇 친구에게 가끔 단언하고 있었던 이유였다. 또한 이것은 매우 진지한 문제였다고 나는 믿고 있다.

제6장
전시(戰時) 선전

모든 정치적 사건을 주의 깊게 검토했을 때, 나는 이전부터 끊임없이 선전 활동에 바로 사회주의·마르크스주의적 조직이 노련한 기술로 이 도구를 지배하고 사용하는 것을 보았다. 그때 나는 선전의 바른 이용이 부르주아 정당으로서는 거의 이해할 수 없었고, 또 이해할 수 없는 현실적인 기술이라는 것을 일찍부터 깨닫고 있었다. 다만 기독교사회주의운동만이 특히 루에거 시대에 이 도구를 어느 정도 능숙하게 사용하여 매우 많은 성과를 거둔 것을 알고 있었다.

그러나 선전을 바르게 이용하면 얼마나 커다란 효과를 거둘 수 있느냐 하는 것을 사람들은 전쟁을 하고 있는 동안 비로소 이해했다. 하지만 유감스럽게도 이 마당에서 다시 모든 것을 상대편으로부터 배워야만 했다. 왜냐하면 우리 측 활동은 이런 점에서는 단순히 뒤떨어진 정도가 아니었기 때문이다. 독일 측의 교화 전반에 걸친 완전한 실패, 특히 모든 병사에 대한 차마 눈 뜨고 볼 수 없었던 실패가 나의 경우 지금에야 더더욱 철저하게 선전 문제에 몰두하는 동기가 되었다.

그때 사색하는 시간은 지나칠 정도로 충분했다. 그러나 유감스럽게도 사실상의 지도는 적이 지나칠 정도로 잘 가르쳐주었다. 왜냐하면 우리가 이 점에서 빠뜨리고 있었던 것을 상대방은 일찍이 없었던 교묘함과 실로 천재적인 계산으로 맞아주었기 때문이다. 이 적의 전시 선전으로부터 나 또한 헤아릴 수 없이 많은 것을 배웠다. 막상 제일 먼저 이것을 배워야 할 사람들은 아무 것도 하는 일 없이 세월을 보냈다. 이런 사람들의 한편에선 남에게 교훈받을 만큼 바보는 아니라는 자기도취에 빠져 있었고, 또 다른 한편에서는 배우려는 참된 의지가 결여되어 있었다.

도대체 우리에게는 선전이라는 것이 있었던가? 유감스럽게도 오직 아니라고 대답할 수밖에 없다. 이 방면에 현실적으로 계획된 모든 것은 당초부터 불충분했고, 잘못투성이였다. 그것들은 조금도 도움이 되지 않았을 뿐 아니라, 때로는 해를 끼칠 정도였다.

형식은 충분하지 않았으며, 본질적으로는 심리적으로 잘못되어 있었다. 나는 독일의 전시 선전을 주의 깊게 살펴본 결과 이렇게 말하지 않을 수 없었다.

"첫째 문제, 바로 선전은 수단이냐 목적이냐 하는 것에 대해서 사람들은 전혀 모르고 있었던 것 같다."

선전은 수단

선전은 수단이며, 따라서 목적의 관점에서 판단되어야 한다. 그러기 때문에 선전 형식은 그것이 봉사하는 목적을 원조하는 데 효과 있게 적합해야 한다. 목표의 중요성은 일반적 필요의 관점에서 보자면 여러 가지일 수 있고, 그와 함께 또 선전은 그 내면적 가치에서 여러 종류로 바뀌는 것도 분명한 일이다.

전쟁을 하고 있는 동안 그것을 향해 싸워온 목표는 인간으로서 생각할 수 있는 가장 숭고하고 가장 강력한 것이었다. 그것은 우리 민족의 자유와 독립, 앞날을 위한 식량 확보 그리고 국민의 명예였다. 그것은 오늘날 여러 가지 반대 의견이 있음에도 존재하고 있고, 좀더 좋게 말하면 존재해야 한다. 왜냐하면 명예가 없는 민족은 자유와 독립을 머잖아 잃어버리는 것이 상례이고, 명예가 없는 룸펜 세대는 자유를 누릴 가치가 없으므로, 이것은 오직 보다 높은 정의에 알맞은 것이기 때문이다. 그러나 비열한 노예가 되고자 하는 자는 명예를 가져서는 안 되고, 또 가질 수도 없다. 그렇지 않으면 오히려 명예는 이내 일반적인 경멸로 돌아가기 때문이다.

선전의 목적

독일 민족은 인간 존재를 위한 투쟁을 했다. 그리고 이 투쟁을 도와주는 것이 전시 선전의 목적이었을 것이다. 이것이 승리하기까지 도와주는 것이 목적이어야 했다.

그러나 민족이 이 행성 위에서 자기생존을 위해 싸운다면, 따라서 삶이나 죽음의 운명 문제가 국민에게 가까이 온다면 인도주의나 미학이라든가 하는 고려는 모두 무(無)로 돌아가고 만다. 왜냐하면 이들 관념은 모두 우주의 에테르 속에 떠 있는 것이 아니라, 인간 생각의 환상에서 생긴 것이며, 인간과 결부되어 있기 때문이다.

인간이 이 세상에서 분리되면, 그들의 개념도 무로 사라져버리고 만다. 왜냐하면 자연은 그것을 모르기 때문이다. 그러나 또한 그것은 인간 중에서도 민족의, 보다 더 듣기 좋게 말하면 인종 중의 소수의 것들에게만—그 자신의 감정에 입각하는 정도에 따르지만—고유한 것이다. 이 개념의 창조자요 담당자인 인종이 없어지자마자, 인도주의와 미학은 인간이 살고 있는 세계로부터조차 사라져버릴 것이다.

그러나 그와 함께 이러한 모든 개념은 어떤 민족이 이 세상에서 목숨을 걸고 싸우는 경우에는, 오로지 부차적인 의미를 가지는 데 지나지 않는다. 실제로 그것에 의해서 투쟁 중인 민족의 자기보존력이 위축될 우려가 있다고 한다면, 실제 싸움 형식을 결정하는 것으로서는 완전히 제외되는 것이다. 그리고 이것이 언제나 눈에 보이는 유일한 결과이다.

인도주의 문제에 대해서는 이미 몰트케가 다음과 같은 말을 하고 있다.

"전쟁할 때에는 언제나 행동의 간결 속에 인도주의가 있다. 그 때문에 가장 격렬한 전투법이 대개 그것에 해당한다."

하지만 사람들이 그 경우에 미학이니 뭐니 하고 잠꼬대 같은 소리를 하면서 진보하려 한다면, 실제로는 오직 한 가지 답이 있을 뿐이다. "민족의 생존 투쟁의 의미에 대한 운명 문제는 미학에 대한 모든 의무를 지향하는 것이다."

인간 생활 속에 줄 수 있는 가장 아름답지 못한 것은 노예의 멍에이며, 그것을 목에 걸고 있는 일이다. 또는 슈바벤의 데카당파들은 독일 국민의 오늘날 운명을 '미적'이라고 느낄까? 그러나 사람들은 이러한 문화적 향수의 현대적인 발명자로서의 유대인과 이에 대해 실제로 서로 말을 나눌 필요는 없다. 유대인이라는 존재는 모두 신과 비슷한 모습[1]의 미학에 대한 육화적(肉化的) 반항체이니까.

하지만 일단 투쟁 때문에 인도주의라든가 미의 관점이 나뉜다면, 이는 또

---

1) 인간을 이른다.

선전의 기준으로 적용될 수가 없다.

선전은 전쟁에 있어서 목적을 위한 수단이었다. 그렇지만 이 목적은 독일 국민의 생존을 위한 투쟁이었다. 따라서 선전 또한 이에 들어맞는 원칙에서만 생각해 볼 수 있었다. 잔학하기 이를 데 없는 무기도, 그것이 보다 신속한 승리를 조건으로 한다면 인도적이었다. 그리고 국민에게 자유의 존엄을 확보하는 것을 돕는 방법만이 미학이었다. 이것이 생사를 건, 그와 같은 투쟁에 있어서 전시 선전 문제에 대한 유일하고 가능한 태도였다.

이른바 권위 있는 지위에 있는 많은 사람들이 이에 대한 태도가 확실했었다면, 이 무기의 형식과 이용에 대해 결코 그처럼 불안해하지는 않아도 되었을 것이다. 왜냐하면 선전은 그것이 숙련자의 손에 있으면 실로 두려워해야 할 무기이긴 하지만, 또한 단순한 무기에 지나지 않기 때문이다.

선전은 오로지 대중에 대해서만

바로 결정적인 의의를 가지는 두 번째 문제는 다음과 같았다. 곧 선전은 누구에게 해야 하는가? 학식이 있는 지식층에 대해서인가, 아니면 교육 수준이 낮은 대중에 대해서인가?

선전은 영원히 오로지 대중에게만 행해져야 한다! 지식층이라든가, 오늘날 유감스럽게도 가끔 지식층으로 불리는 자에 대해서는, 선전이란 불필요하며 학술적 교화라는 것이 있다. 그러나 선전이란 그 내용상으로 보아 학문이 아니다. 그것은 광고지의 표현 그 자체가 예술이 아닌 것과 같다. 광고지의 기술은 형태나 색에 의해 대중의 주의를 끄는 기획자의 기량에 달려 있다. 예술전시회의 광고지는 오로지 그 전시회의 예술품에 대중의 주의를 환기시키기 위한 것이다. 이것이 달성되면 될수록, 광고지 그것 자체의 기술은 더욱 훌륭한 것이 된다. 광고지는 대중에게 전시회의 취지에 대한 관념을 널리 전해야 한다. 그러나 결코 여기에 출품된 예술의 대용품이어서는 안 된다. 따라서 예술 그 자체에 몰두하고자 하는 자는 광고지를 연구하는 것 이상으로 연구하지 않으면 안 된다. 실제로 그러기 위해서는 전시회를 '어정거리는' 일만으로서는 결코 충분하지 않다. 그에게는 작품 하나하나를 철저하게 살펴보는 데 몰두하여 차차 공정한 판단을 내리는 것을 기대해도 좋다. 오늘날 우리가 선전이란 말로 부르고 있는 것도 사정은 비슷하다.

선전의 과제

선전의 과제는 사람마다 학문적 훈련이 아닌, 어떤 일정한 사실, 어떤 과정·필연성 등에 대중의 주의를 끄는 데 있다. 따라서 선전의 의의는 무엇보다 먼저 대중의 시야 안에 들어와야 한다.

그러기 때문에 그 기술은 뛰어난 방법으로 어떤 사실의 현실성, 어느 과정의 필요성, 필요한 것의 정당성 따위에 대해서 일반적 확신이 가능하도록 하는 데 전적으로 존재한다. 그렇지만 선전은 그 자체가 필요한 것이 아니고, 또 그래서도 안 되며, 그 과제는 바로 광고지의 경우와 마찬가지로 대중의 주의를 끌어들이는 것이어야 한다. 그 과제는 본디 학문적 경험이 있는 자나, 교양을 구해 통찰을 얻고자 노력하는 자의 교화에 있는 것이 아니기 때문에, 그 작용은 항상 보다 더 많은 감정으로 향하게 되고, 이른바 지성에 대해서는 크게 제한되어야 한다.

선전은 모두 대중적인 것이어야 하며, 그 지적 수준은 선전이 목표로 하는 것 가운데 가장 낮은 정도의 사람이 알 수 있게 맞춰져야 한다. 그러므로 획득해야 할 대중의 수효가 많으면 많을수록 지적 수준을 더욱 낮추어야 한다. 그래서 전쟁을 기어이 이루어내기 위한 선전을 할 때와 마찬가지로, 그 목표가 모든 대중에게 영향을 미쳐야 하는 경우에는 대중에게 지적으로 높은 요구는 피한다는 주의는 아무리 해도 지나치다고 할 수가 없다.

선전에 학술적인 점이 적으면 적을수록 그리고 그것이 오로지 대중의 감정을 한층 더 고려하면 할수록 더욱더 효과적이 된다. 더욱이 이것이 그 선전 홍보가 바른가 잘못되었는가의 가장 좋은 증거이며, 두서너 명의 학자나 미학도를 만족시켰는지의 여부가 아니다.

선전의 심리

선전 기술은 바로 그것이 대중의 감정적인 관념을 파악하여 심리적으로 올바른 형식으로 대중의 주의를 끌어 더욱더 그 마음속으로 파고드는 데 있다. 이것을 우리의 똑똑한 체하는 친구들이 이해하지 못하는 것은 오로지 그의 우둔함과 자만심의 증거일 뿐이다.

그런데 사람들이 선전 기술이 대중을 향해야 하는 태도가 필요하다는 것을 이해한다면, 여기서 더 나아가 다음과 같은 교훈이 생겨난다. 바로 학술적인 교화처럼 선전에 다양성을 부여하려는 것은 잘못이다.

대중의 수용 능력은 매우 한정되어 있고, 이해력은 적으나 그 대신 망각력은 크다. 이 사실에서 모든 효과적인 선전은 중점을 크게 제한해야 한다. 이것을 강령처럼 이용하여 그 말에 의하여, 목적한 바가 최후의 한 사람의 머리에까지 떠오를 수 있도록 지속적으로 행해야 한다.

사람들이 이 원칙을 잊어버리고, 이것저것 닥치는 대로 집어넣으려고 하면 주의는 산만해지고 효과는 아득하게 된다. 왜냐하면 대중은 주어진 소재를 소화하는 일도, 기억해 두는 일도 할 수 없기 때문이다. 동시에 결과는 다시 약해지고 마침내는 없어져버리고 말기 때문이다. 표현의 선이 굵어지면 질수록, 그 전술을 정하는 방법은 심리적으로 더욱더 옳아야 한다.

예를 들면 오스트리아나 독일의 만화 선전이 제일 먼저 그랬던 것처럼 상대를 비웃는 듯한 예는 근본적으로 잘못이었다. 실제로 부닥쳐보니 당장 상대편 사람들에 대해 아주 다른 신념을 가져야만 했기 때문에 근본적으로 잘못되어 있었고, 더욱이 가장 무서운 보복이 뒤따랐기 때문이다. 그것은 독일 병사가 적의 저항이라는 직접적 인상에 부딪쳐, 지금까지 자기네들을 계몽해 준 것에 속았다고 느끼고, 자신의 투쟁욕이나 확고부동한 마음가짐이 강화되는 것과는 반대 현상이 일어났기 때문이다. 기가 죽은 것이다.

이에 반해 영국인이나 미국인의 전시 선전은 심리적으로 건전했다. 그들은 자국의 국민들에게 독일인을 야만인이라고 생각하게 선전함으로써, 개개의 병사들에게 사전에 선전이 전쟁 공포에 대한 마음의 준비를 하게 하여 환멸을 일으키지 않게끔 애썼다. 지금 자기를 겨누고 있는 아무리 무서운 무기도, 그들에게는 오로지 그들에게 지금까지 주어진 계몽이 옳은 것이었음을 확인하는 이상으로는 느껴지지 않게 하는 한편, 극악한 적에 대한 분노와 증오심을 높이게 함과 아울러, 정부의 주장이 옳았다는 신념을 더욱 강하게 만들었던 것이다.

왜냐하면 그들은 자기네들의 무기가 아마도―정말로―한층 더 참으로 무서운 효력이 있다는 사실을 생각할 겨를조차 없이, 그들 자신이 적측으로부터 체험한 무기의 참혹한 효력이 이미 전부터 알고 있는 야만스런 적의 '잔학성'의 증거라는 것을 점점 생각하기에 이르렀기 때문이다.

그래서 영국 병사는 자기 나라에서 거짓을 배웠다고는 결코 느끼지 않았다. 그런데 유감스럽게도 독일 병사의 경우는 마침내 자기편에서 오는 모든 것을 '사기'다 '허튼소리'다 하며 거부했던 일이 아주 많았다. 이 모든 것은 사람들이 선전을 위해서는 아무리 천재적인 심리연구자라 할지라도 지나치게 충분한 것은 없다고 생각하는 대신에, 닥치는 대로 바보 같은 것(또는 다른 한편으로는 머리가 좋은 인물)을 임명하면 된다고 생각한 결과였다.

그래서 독일의 전시 선전은 온갖 심리적으로 옳은 심사숙고가 완전히 결여되어 있었으므로 '계몽' 효과가 정반대로 작용하는 유례없는 교육과 지도의 사례를 드러낸 것이다. 그러나 넓은 시야와 둔하지 않은 육감을 가지고 있는 사람으로, 4년 반의 긴 세월 동안 계속 돌진해 오는 적의 선전의 파도를 자기 내면에 새기고 있었던 자에게는 이런 적으로부터 배울 것이 한없이 많았다.

절대로–주관적–일방적인 것

그렇지만 가장 나쁜 것은 사람들이 모든 선전활동 일반의 가장 으뜸가는 전제를 이해하지 못하고 있었다는 점이다. 다시 말해 선전에 사용되는 모든 문제에 대해 원칙적으로 일방적·주관적 태도를 취했다. 이 방면에서 온갖 죄가 저질러졌다. 더구나 전쟁 첫무렵에는 상층부에서 비롯되었다. 사람들이 그렇게도 많은 무의미한 일이 실제로 순전히 어리석었기 때문이었을까 하고 의심했던 것은 물론 옳았다.

이를테면 사람들이 어떤 새로운 비누를 선전하려는 광고지에서 또 다른 비누 역시 '품질이 좋다'고 썼다면 사람들은 뭐라고 할 것인가? 사람들은 이런 행동에 어이가 없어 머리를 내저을 수밖에 없을 것이다.

정치 광고에서도 사정은 바로 이와 같은 것이다. 선전의 과제는 이를테면 여러 가지 권리를 고려하는 것이 아니고 바로 선전에 의해 대표할 만한 것을 전적으로 강조하는 데 있다. 선전은 그것이 상대편에게 좋은 조건인 한, 대중에게 이론적인 정당성을 가르쳐주기 위해서 진리를 객관적으로 탐구할 것이 아니라, 끊임없이 자기에게 쓸모 있는 것이어야 한다.

전쟁의 책임에 대해서 오로지 독일만이 이 파국의 발발에 책임이 있는 것이 아니라고 논한다는 것은 이런 관점에서 보면 근본적으로 잘못되어 있었다. 오히려 실제로는 사실의 경과는 그렇지 않았다 하더라도, 사실 그러한 것처럼 이 책임을 모두 적에게 뒤집어씌우는 것이 옳았으리라. 그런데 이런 엉거주춤한 결과는 무엇이었던가?

객관성에 미친 독일인

국민 대중은 외교관으로 성립되어 있는 것이 아니고 또 정치법학자만으로 이루어진 것도 아니며, 전적으로 순수한 이성적 판단으로 되어 있는 것도 아니다. 그들은 동요하고 의혹이나 불안에 기울기 쉬운 평범한 인간으로 구성되어 있다. 일단 자기 나라의 선전에 의해서 적측의 일말의 권리까지 인정하게 되면 이미 자기 권리에 의혹을 가져오는 근거를 두는 것이 된다. 대중은 상대편의 부정(不正)이 어디서 끝나며, 자신의 부정이 어디서 비롯된 것인지, 그때 판단할 수 있는 처지가 못 된다. 그런 경우에 그들은 불안해져서 잘못된 억측 같은 것을 하게 된다. 특히 상대방이 마찬가지로 무의미한 짓을 하지 않고, 무엇이든 책임을 이쪽으로 돌리려고 하는 경우가 그렇다. 그래서 단결하여 일원적으로 행해지는 적의 선전을 마침내 우리 민족이, 더구나 자기 나라 선전 이상으로 믿는다는 것은 확실하지 않을까?

독일인처럼 본디 객관성에 미치광이가 되어 있는 민족이고 보면 더욱 그렇다! 왜냐하면 독일인의 경우는 자기 민족이나 국가의 더할 나위 없는 무거운 짐이나 파멸의 위험을 범하면서까지, 적에 대해서 아무튼 부정한 짓을 하지 않도록 모든 사람들이 노력하기 때문이다. 권위 있는 지위에서는 물론 생각할 수 없는 일이지만 대중에게는 이것이 전혀 의식되지 않는 것이다.

민중의 압도적인 다수는 냉정한 숙고보다는 차라리 감정적인 느낌으로 사고방식이나 행동을 결정한다. 그들은 여성적인 소질을 가지며, 여성적인 태도를 취한다. 그리고 이 감정은 복잡하지 않고, 매우 단순하고 폐쇄적이다. 이 경우 섬세함은 존재하지 않으며, 긍정이냐 부정이냐, 사랑이냐 증오냐, 정이냐 부정이냐, 참이냐 거짓이냐이지 결코 반은 그렇고 반은 그렇지 않다든가, 또 일부분이 그렇다는 식은 아니다.

이 모든 것을 특히 영국의 선전가들은 정말로 천재적으로 알고 있었으며 또한 그에 맞게 실행하고 있었다. 거기에는 의심을 불러일으킬 만한 애매한 것은 사실 없었다.

대중 감정의 유치함을 매우 잘 알고 있었던 증거는 이 상태에 알맞은 섬뜩

한 느낌을 주는 선전 안에 있다. 가차 없는 천재적인 방법으로 전선에서의 도덕적인 견고성에 대한 예비 조건을—사실상 최대 패배의 경우까지도—확보했고, 나아가 독일이라는 적을 전쟁 발발의 유일한 책임자로서, 마찬가지로 정확하게 못 박았던 것이다. 거짓말이지만 무제한의 뻔뻔스럽고 일방적인 완고함에 의해서만 이 거짓이 선전되고, 감정적이고도 언제나 극단적인 대중의 태도를 고려했기 때문에 믿어졌던 것이다.

이러한 선전 방법들이 얼마나 효과적이었는가는 그것이 4년 뒤에도 여전히 강하게 적의 편을 들 수 있게 했을 뿐 아니라, 우리 민족까지도 갉아먹기 시작한 사실이 더할 나위 없이 정확하게 보여주고 있다.

우리의 선전이 이러한 성과를 거두지 못한 것은 전혀 놀라운 일이 아니다. 우리의 선전은 그 내면적인 애매함 속에 이미 비효율의 씨눈이 있었던 것이다. 마침내 그 내용 때문에 선전이 대중에게 필요한 인상을 심어주는 일이 불가능하게 되었다. 이런 의미 없는 평화주의자식의 맹물로 인간이 목숨을 걸 정도로 그의 정신을 드높이기를 바란다는 것은 우리의 멍청한 '정치가'가 아니면 불가능한 일이다. 그리하여 이 초라한 작품은 무의미했고 또 해롭기조차 했다.

그러나 가장 뛰어난 선전 공작도 언제나 기초적인 원칙이 날카롭게 고려되지 않으면 성과가 없다. 선전은 짧게 제한하여 이를 계속 되풀이해야 한다. 이 끈질김이 세상일의 대부분 경우가 그렇듯, 여기서도 성공에 이르는 첫째이며 가장 중요한 전제가 된다.

선전 분야야말로 탐미주의자나 우둔한 자에 의해 결코 지도되어서는 안 된다. 전자로부터는 그 내용이 형식상·표현상 대중에게 통하게 되기보다는 그 매력이 문학적 다과회의 경향으로 흘러버리게 되며, 후자는 독특한 신선감이 결여되어 있어서, 언제나 새로운 자극을 찾게 되므로 이 점을 배려해서 경계해야만 한다.

이와 같은 사람들은 이내 모든 것에 대해 싫증을 느끼고 만다. 그들은 변화를 바라고, 그들처럼 냉담하지 않은 동시대 사람들이 필요로 하는 것을 그들의 입장에서 결코 생각하거나 이해하지 못한다. 그들은 언제나 선전의, 보다 좋게 말하면 그들에게 너무나 고리타분하고 진부하며 시대에 뒤떨어진 것처럼 보이는 그 내용의 첫 번째 비판자이다. 그들은 언제나 새로운 것을 원하고, 변화를 구하며, 이렇게 해서 모든 효과적인 정치적 대중 획득의 진짜 원수가 된다. 왜냐하면 선전의 조직과 내용이 대중의 요구에 맞춰지기 시작하자마자, 선전은 모든 통일성을 잃고 그 대신에 완전히 산만해져버리기 때문이다.

하지만 선전은 우둔한 사람들에게 끊임없이 흥미 있는 변화를 공급해 주는 일이 아니라 확신시키는, 더욱이 대중에게 확신시키기 위한 것이다. 그러나 이것은 대중의 우둔함 때문에 하나의 일에 대해서 지식을 가지고 싶어하는 기분이 들 때까지 언제나 일정한 시간이 필요하다. 가장 간단한 개념조차 몇천 번 되풀이하는 것만이 결국 기억될 수가 있는 것이다.

바꿀 때마다 선전에 의해 주어져야 하는 내용을 바꿔서는 결코 안 되며, 오히려 결국은 항상 같은 것을 말해야 한다. 따라서 강령은 물론 여러 방면에서 설명되어야 하겠지만, 모든 언급의 결론은 언제나 강령 그 자체야만 한다. 그렇게 함으로써만 선전은 통일적이며 정리된 효과를 미칠 수 있고 또 효과를 보게 된다.

결코 벗어나서는 안 될 굵은 선만이 언제나 변함없이 시종일관된 강조와 함께 궁극적인 성과를 올리는 것이다. 그러나 더 나아가 이러한 꾸준함이 얼마나 거대하고 거의 이해할 수 없을 만큼의 성과로 이어가는지는 경탄과 함께 알게 될 것이다. 모든 광고는 장사 분야이건 정치 분야이건 꾸준함과 일관된 통일성이 성과를 가져다주는 것이다.

적의 전시 선전

여기에서도 적의 전시 선전의 보기는 모범적이었다. 곧 소수의 관점에 제한하여, 오직 대중을 고려하여 끊임없는 끈기를 가지고 실행했다. 전쟁이 계속되는 동안 일단 옳다고 인정된 근본적인 사고방식과 실시 형식은 약간의 변경도 이루어지지 않고 사용되었다. 그것은 처음에는 그들 주장의 뻔뻔스러움으로 본궤도를 벗어난 것처럼 보였지만, 그 뒤에는 불쾌한 것이 되었고 마침내는 믿게끔 되었다. 4년 반 뒤에 독일에서 혁명이 일어났다. 그때의 강령은 적의 전시 선전에서 나온 것이었다.

영국인은 또 한 가지 것을 알고 있었다. 이 정신적인 무기에 대해서 성공은 오직 대중에게 이용할 때에만 가능하고 그 성과는 비용을 충분히 뽑을 수 있다는 것을.

선전은 우리의 경우 실직한 정치가의 마지막 생계수단이나 병역기피자의
편안한 피난처였는데, 영국에서는 첫째가는 무기로 생각되고 있었다. 사실
우리나라에서 그 성과는 전체적으로 제로에 가까웠다.

제7장
혁명

심리적인 대량 학살

1915년과 더불어 적의 선전이 우리를 향해 시작되어, 1916년에 이르러 그것은 더욱더 집중화되었다. 마침내 1918년에 들어서면서 마치 홍수와도 같이 밀려들었다. 그러자 서서히 유혹의 효과가 나타나기 시작했다. 군대는 점점 적들이 마음먹은 대로 생각하기에 이르렀다.

그런데다 독일의 반격은 전혀 쓸모가 없는 것이었다. 그때 군대의 정신적·의지적 지도자 가운데에는 물론 이 분야에서도 싸움에 응하려는 의도와 결의가 있었다. 그러나 여기에 필요한 기구가 없었다. 거기에다 심리적으로도 이 계몽 공작을 군대 자신에게 시킨다는 것은 잘못이었다. 계몽이란 효과적이기 위해서는 조국에서 나온 것이 아니면 안 된다. 이미 4년 내내 결국은 오로지 조국을 위해서 용기와 고난이라고 하는 불멸의 행위를 이룩해 낸 사람들에 의해서만 효과를 기대할 수 있었다.

그런데 조국에서는 무엇이 왔는가? 그 무능함은 어리석음이었던가, 범죄였던가? 1918년의 한여름에 마른강 남쪽 기슭에서 철수한 뒤, 특히 독일 신문은 매일같이 내 화가 끓어오르도록 군대 영웅들의 이 정신적 낭비에 마침표를 찍을 수 있는 자가 한 사람도 없는가라는 의문이 일어났을 정도로 비참하고 졸렬하다 못해 범죄라 할 만한 바보 같은 태도를 취했던 것이다.

1914년, 우리가 일찍이 없었던 승리의 돌진으로 프랑스를 소탕했을 때 프랑스에서는 무엇이 일어났던가? 이탈리아는 이존조 전선에서 괴멸했을 무렵에 무엇을 했던가? 또 1918년 첫무렵 독일 혼성군단의 공격이 그 배치를 근본적으로 바꾸는 것처럼 여겨졌을 때, 그리고 장거리 중포가 길게 뻗어 파리를 포격하기 시작했을 때 프랑스는 다시 무엇을 했던가?

거기에서는 언제나 후퇴를 서두르고 있는 연대가 국민적 정열의 채찍질에 얼마나 용기를 얻었던가! 패배한 전선의 병사 가슴에 마지막 승리를 거둘 수 있다는 용기를 심어주려고, 선전과 교묘한 선동이 얼마나 눈부시게 활동했던가!

그동안 우리에게는 무슨 일이 일어났던가? 무(無)인가, 아니 그것보다도 더 나쁜 일이 일어났던 것이다. 그때 나는 최근 신문을 읽고, 거기에서 저질러지고 있는 이 심리적인 대량 학살을 직접 보았을 때, 곧잘 노여움과 분격으로 타올랐던 것이다. 만일 섭리가 나를 선전 공작의 이 무능자 또는 범죄적인 무능자나 의욕이 없는 자들과 바꾸어놓아 주었다면 전쟁의 운명은 달라져 있었을 것이라는 생각이 나를 자주 괴롭혔다.

이 몇 개월 동안에 나는 처음으로 운명의 장난을 느꼈다. 운명은 내가 조국의 다른 장소에서 다른 임무를 맡을 수도 있었는데도, 나를 전선으로, 더구나 어떤 니그로 병사라도 제멋대로 총을 쏘아 나를 죽일 수 있는 장소에 놓았던 것이다!

왜냐하면 그때의 나는 이미 이것을 수행할 수 있다는 확신을 충분히 가지고 있었기 때문이다. 그러나 나는 무명의 800만 명 가운데 한 사람이었다. 그러니 묵묵히 이 지위에서 자신의 의무를 가능한 한 잘 이행하는 쪽이 더 좋았던 것이다.

최초 적의 선전 광고지

1915년 여름 처음으로 적의 선전 광고지가 내 손에 들어왔다. 그 내용은 서술 형식이 어느 정도 달랐지만, 거의 변하지 않고 있었다. 바로 독일의 궁핍은 더욱더 커지고, 점점 더 이길 승산이 없어져감에도 불구하고 전쟁은 언제까지 계속될는지 알 수가 없다. 그러니까 고향의 민중은 평화를 애타게 바라고 있다. 그러나 '군국주의'와 '황제'가 이것을 허락지 않는다. 따라서 온 세계는—이것은 매우 널리 알려져 있는 일이지만—결코 '독일 민족'에 대해 전쟁을 하고 있는 것이 아니고, 오로지 유일한 책임자, 바로 황제를 상대로 싸우고 있다. 따라서 이 전쟁은 평화로운 인류의 이 적이 없어질 때까진 끝나지 않을 것이다. 자유주의적·민주주의적 국민은 전쟁이 끝난 뒤, 독일 국민을 영원한 세계평화 동맹에 가입시킬 것이다. 그것은 '프로이센 군국주의'를 섬멸하는 순간부터 확립될 것이라고.

또한 그와 같은 주장을 한층 더 잘 설명하기 위해 '고향에서 온 편지'가 인쇄되어 있는 경우도 드물지 않았지만, 그 내용은 이 주장을 확인하고 있는 것처럼 여겨졌다.

일반적으로는 그때 이러한 시도를 사람들은 모두 비웃었다. 광고지는 읽힌 뒤, 다시 후방의 상급 사령부에 보내졌으며, 바람이 다시 위로부터 그 적재물을—광고지 수송을 맡고 있었던 것은 대부분 비행기였다—참호에 보내줄 때까지는 대개 잊어버리고 있었다.

이런 종류의 선전에 의해 이윽고 한 가지 일이 주의를 끌지 않을 수 없었다. 곧 바이에른 병사가 있는 모든 전선에는 이상하게 시종일관 프로이센에 대한 저항이 일어난 것이다. 한편에서 모든 전쟁에 대한 본디의 죄와 책임이 프로이센에 있다고 확언할 뿐만 아니라, 다른 한편으로는 특히 바이에른에 대해서는 조금도 적의가 없으나, 바이에른이 프로이센 군국주의에 봉사하고 불 속의 밤을 줍기 위해 협력하는 한 물론 바이에른을 도울 수 없다고 확언하는 것이었다.

이런 종류의 선전은 실제로 이미 1915년에 일정한 효과를 거두기 시작했다. 프로이센에 반대하는 감정이 군대 사이에 눈에 띄게 퍼졌다. 그러나 상층부로부터는 아직 단 한 번도 이것에 대하여 조치가 취해지지 않았던 것이다. 이것은 이미 단순한 태만죄 이상의 것이었다. 그것은 머잖아 가장 불행한 보복이 올 것임에 틀림없다. 더욱이 '프로이센'에 대해서가 아니라 독일 민족에 대해서 말이다. 그리고 확실히 바이에른 자신도 그것에서 벗어날 수 없었던 것이다.

이 방면에서 적의 선전은 일찍이 1916년부터 절대적인 효과를 거두기 시작하고 있었다.

고향에서 온 비참한 편지

그와 함께 고향에서 직접 오는 비참한 내용의 편지가 벌써 오래전부터 영향을 미치고 있었다. 이제는 이미 적기가 그것을 특별히 광고지 같은 것으로 전선에 뿌릴 필요가 전혀 없게 되었다. 또 이에 대해서 '정부 당국'으로부터의 두서너 가지 별로 효과가 없는 '경고'를 제외하고는 아무런 일도 이루어지지 않았다. 전선은 여전히 이 해독으로 가득 차 있었다. 이것은 철없는 아낙네들이 집에서, 물론 이것이 적의 승리에 대한 확신을 더할 나위 없이 강하게 하는 길이며, 따라서 일선에 있는 그녀들의 가족들의 괴로움을 연장시키고 더 심하게 한다는 것도 생각하지 않고, 공동으로 제작한 것이었다. 독일 부인네들의 지각없는 편지는 그 뒤 몇십만 젊은이의 생명을 헛되게 했던 것이다.

이리하여 1916년에는 이미 이런 방향에서 우려할 만한 여러 현상이 나타났다. 싸움터의 젊은이들은 불평을 늘어놓으며 '일부러 어기대며 심술궂게 나왔고', 그렇지 않아도 많은 일에 불만이었고, 또 당연한 결과이지만 가끔 분통을 터뜨렸다. 그들은 배가 고팠고, 참아야 했으며, 고향의 가족들은 비참한 상태에 놓여 있는데도 다른 장소에는 모든 것이 풍부하여 흥청거리는 꼴이었다. 게다가 전선에 있어서조차 이런 점에서는 모든 것이 질서를 잃어가고 있었다.

그때 이렇게 정세가 돌아가는 일이 심상치 않았다. 그러나 이것은 여전히 '내부'의 일이었다. 처음에는 불평을 말하고 불만을 터뜨린 바로 그 사람이 몇 분 뒤에는 마치 그것이 분명한 일인 것처럼 잠자코 그들의 의무를 다했던 것이다. 맨 먼저 불만을 터뜨린 그 중대가 독일 운명이 200미터의 진흙구덩이에 달려 있기라도 하듯 그들이 지켜야 할 참호의 한 부분에 달라붙어 있었다. 그 전선은 역시 옛날 그대로의 훌륭하고 용감한 군대였다.

나는 전선과 고향 사이의 두드러진 차이를 알게 되었다.

부상

1916년 9월 끝무렵, 나의 혼성 군단은 솜강 전쟁터로 떠났다. 그것은 우리에게 있어, 그 뒤 연이어 일어난 무서운 물량전쟁의 시작이었다. 그리고 그 인상은 사실 글로 나타내기가 힘들었다. 전쟁이라기보다는 오히려 지옥이었다.

독일군의 전선은 몇 주간에 걸친 연속 집중포화의 회오리바람 속에서 사수하고 있었다. 때로는 얼마간 후퇴했지만 재차 돌격했다. 그러나 결코 무너지지는 않았다.

1916년 10월 7일, 나는 부상을 입었다.[1] 나는 다행히도 후방으로 돌아가 수

---

1) 9월 끝무렵 솜강 대전투에서 히틀러는 처음으로 기갑전투를 경험하고, 10월에는 바폼에서 싸우다가 왼쪽 대퇴부에 가벼운 부상을 입고 10월 9일부터 12월 4일까지 입원한다.

송열차로 독일로 보내졌다.

내가 고향을 보지 못한 지 벌써 2년이 지나고 있었다. 이러한 상태에서는 거의 한없는 세월이 지난 것 같았다. 군복을 입고 있지 않은 독일인이 어떤 모습을 하고 있는지, 나는 거의 상상할 수조차 없었다. 헤르미스의 부상자 집합 야전병원에 누워 있을 때, 간호를 하고 있는 한 독일 여성이 갑자기 내 곁에 누워 있는 병사에게 말을 걸었는데, 그때 나는 거의 경련하듯이 놀랐다. 그런 목소리는 2년 만에 처음이었다!

우리를 고향으로 실어 나르는 열차가 점점 국경에 가까워지면 질수록 사람들의 마음은 더욱더 침착성을 잃어가고 있었다. 2년 전 젊은 병사로서 우리가 지나간 장소는 모두 통과했다. 브뤼셀, 루뱅, 리에주 그리고 마침내 높은 박공과 그 예쁜 미늘창을 보고 비로소 독일 집임을 깨달았다.

조국이다! 1914년 10월, 우리가 국경을 지났을 때 우리는 폭풍 같은 감격에 불탔으나 지금은 평정과 감동이 있었다. 모두 행복했다. 운명은 우리가 목숨을 걸고서 고난과 싸워 지켜야만 했던 것을 다시 한 번 우리에게 보여주었던 것이다. 모두 남에게 자신의 눈을 보이는 것이 부끄러울 지경이었다. 출정할 때와 거의 비슷한 날에 나는 베를린 근교의 베리츠 야전병원에 닿았다.

얼마나 변했는가! 솜강 전쟁터 진흙 속에서 이 쾌적한 건물의 하얀 침대에 눕게 되다니! 사람들은 처음에는 침상에 누우려고도 하지 않을 정도였다. 먼저 이 새로운 세계에 천천히 익숙해질 필요가 있었다. 그러나 유감스럽게도 이 세계는 또 다른 측면에서 보아도 새로웠다.

비겁한 자만심

전선에서의 군대 정신은 여기에서는 이미 불청객과 같았다. 전선에서는 아직 알려져 있지 않았던 무엇인가를 나는 여기에서 처음 들었다. 즉 자신의 비겁함에 대한 칭찬을! 왜냐하면 외지(外地)에서도 불평을 털어놓든가 '일부러 어기대며 심술궂게 나오는' 것을 들을 수는 있었으나, 이것은 결코 의무의 침해를 요구하는 것도 아니고, 더구나 겁쟁이를 찬미하는 것도 아니었기 때문이다.

그렇다, 비겁한 자는 어디까지나 비겁한 자로 여겨져 그 이상 아무것도 아니라고 쓰이고 있다. 그리고 비겁한 자에 대한 경멸은 사람들이 참된 영웅에게 바치는 찬미와 마찬가지로 일반적이었다. 그러나 여기 야전병원에서는 어떤 점에서는 거의 정반대였다. 지조 없는 선동자들이 큰소리치고, 온갖 방법으로 야하고 천한 웅변을 시도하며, 착실한 병사의 의식을 웃음거리로 만들고, 비겁한 자의 지조 없음을 모범적인 것으로서 추어올리려고 했던 것이다.

그중에서도 몇몇 한심한 작자들이 기세를 올렸다. 한 사람은 야전병원에 들어오기 위해 스스로 손을 철조망에 긁었다고 자랑했다. 더욱이 그는 이러한 웃음거리에 지나지 않은 부상에도 불구하고, 속임수로 후방인 독일로 보내진 것과 같은 수법으로, 이미 장기간 이곳에 있는 것 같았다. 게다가 이 벌레 같은 녀석은 그래도 뻔뻔스럽게 자신의 비겁한 행동을 용감한 병사가 장렬히 전사하는 것보다 용감한 행위라고 떠벌리고 있었다. 많은 병사들은 묵묵히 듣고 있었으나 어떤 병사는 밖으로 나가버렸다. 그러나 몇 사람은 역시 찬성하고 있었다.

나는 목구멍까지 구토가 치밀었다. 하지만 이 선동자는 이 병원에서 태연히 허용되고 있었다. 어떻게 해야 했을까? 그가 누구이며 어떠한 인간이라는 것을 관리자들은 정확하게 알고 있어야만 했고, 또한 알고 있었던 것이다. 그럼에도 아무런 조치도 취해지지 않았다.

나는 다시 정상적으로 걸을 수 있게 되었을 때 베를린으로 가는 허가를 얻었다. 가난함은 여기저기서 눈에 띄게 아주 심했다. 도시는 몇백만 명의 굶주림으로 고통받고 있었다. 불만은 컸다. 병사들이 방문한 여러 집의 상태는 병원의 상태와 비슷했다. 이러한 놈들은 자신의 생각을 퍼뜨리기 위해 일부러 그러한 장소를 찾는 것 같은 인상을 받았다. 그렇지만 뮌헨 자체의 상태는 더욱 나빴다!

도망쳐 숨다

내가 완쾌되어 야전병원을 나와 보충대대로 갔을 때, 이 도시는 나에게는 이미 낯선 것처럼 여겨졌다. 거기에는 오로지 불평불만과 험담만이 있었다. 보충대대 자체도 분위기가 말이 아니었다. 여기에서는 고참 교관들이 그야말로 졸렬한 방법으로 종군한 병사들을 다루고 있었는데, 그들은 단 한 시간도 전장에 가본 일이 없었고, 오로지 그 이유만으로도 이미 고참병들과 원만한 관계를 유지할 수가 없었다. 고참병들은 전쟁터에서 복무한 사람이라면 알 수 있는 어떤 특질을 지니고 있었다. 마찬가지로 전쟁터에서 온 장교는 적어도 이해할 수 있었으나, 이 보충대대의 지휘자들은 전혀 알지 못하고 있었다.

전쟁터에서 돌아온 장교는 물론, 병참부 지휘관과 달라서 사병들로부터 완전히 존경받고 있었다. 그러나 그것을 전혀 별도로 한다면, 일반적인 기분은 비참했다. 도망쳐 숨는다는 것은 이미 영리함의 표시로서 두루 쓰였다. 반면에 충실하게 참는다는 것은 내면적인 연약함과 편협함의 특징으로 두루 쓰였다.

사무국은 유대인이 차지하고 있었다. 거의 모든 서기는 유대인이며, 거의 모든 유대인은 서기였다. 나는 이 선택된 민족의 용사들이 넘쳐남에 놀랐고 그리고 전쟁터에 약간밖에 없었던 그들의 대표와 비교하지 않을 수 없었다. 경제생활의 경우 사태는 더더욱 나빴다. 여기서 유대 민족은 사실상 '빼놓을 수 없는 자들'이 되어 있었다.

거미는 천천히 민족의 털구멍으로 피를 빨아먹기 시작하고 있었다. 그들은 군수회사라는 돌아가는 길을 통해서 국민적 자유경제의 목을 점점 죄는 수단을 찾아내고 있었던 것이다. 한없는 기업 집중의 필요성이 강조되었다. 그리하여 1916년과 1917년에는 거의 모든 생산이 이미 유대인의 금융 지배 아래 있었다.

반프로이센 선동

그러나 민중의 증오는 누구에게 향하고 있었을까? 그즈음 나는 어떤 숙명이 다가오고 있다는 것을 깨닫고 놀랐다. 그것은 적당한 때 방향을 바꾸지 않으면 파멸로 이끌 것임에 틀림없었다.

유대인이 온 국민으로부터 훔치고 자기 지배하에 압박하고 있는데, 사람들은 '프로이센'에 대항하여 선동하고 있었다. 전선에서와 마찬가지로 국내에서도 이 악랄한 선전에 대하여 상부로부터는 아무런 대책이 이루어지지 않았다. 프로이센의 붕괴가 바이에른의 재흥을 가져다주는 것도 아니고, 더구나 반대로 한쪽의 붕괴가 다른 한쪽을 절망적으로 구렁텅이에 빠뜨릴 것이 틀림없다는 사실을 전혀 모르는 것처럼 여겨졌다.

이런 행동은 나에게 더할 나위 없이 유감이었다. 나는 거기에 일반의 주의를 자신에게서 돌려 남에게 넘겨씌우는 유대인의 천재적 술책을 볼 수 있었다. 바이에른 사람과 프로이센 사람이 다투고 있는 동안 유대인은 둘을 코끝으로 농락하고 있었다. 바이에른 사람이 프로이센에 대해서 비난하고 있는 동안에 유대인은 혁명을 조직하고 바이에른과 프로이센을 동시에 쓰러뜨렸던 것이다.

나는 독일 종족의 이 저주스런 불화에 견딜 수가 없었다. 그래서 다시 전쟁터로 돌아가는 것을 기뻐했다. 이를 위해 나는 뮌헨에 도착하자 곧바로 지원서를 냈다. 1917년 3월 첫무렵 나는 다시 내 연대로 돌아갔다.[2]

군대의 새로운 희망
1917년 끝무렵 군대의 의기소침함이 극도에 이른 것은 극복된 것처럼 보였다. 모든 군대는 러시아 붕괴 뒤 다시 새로운 희망과 새로운 용기를 얻었다. 전쟁은 역시 독일 승리로 돌아가리라는 확신이 군대를 더욱더 사로잡기 시작했다. 다시 노랫소리가 들리게 되었다. 그리고 불행을 내다보는 자도 드물어졌다. 사람들은 다시 조국의 미래를 믿었다.

특히 1917년 가을의 이탈리아 전선 붕괴는 참으로 놀라운 영향을 미쳤다. 아무튼 이 승리로 사람들은 러시아의 전쟁터 이외에서도 전선을 무너뜨릴 수 있다는 가능성의 조짐을 보았던 것이다. 영광스런 신념이 바야흐로 다시 수백만의 마음에 넘치고, 그들은 안도된 심정으로 1918년의 봄을 학수고대했다. 적은 분명히 의기소침해 있었다. 이 겨울은 여느 때보다 얼마간 조용했다. 폭풍 전야의 고요가 온 것이었다.

그러나 바로 전선에서는 이 끝없는 전쟁에 종국적인 결말을 짓기 위해 마지막 준비에 착수하고 있었고, 서부전선으로 인원과 물자가 끊임없이 보내졌다. 군대가 대공격의 훈련을 받고 있을 동안 독일에서는 전쟁을 통하여 가장 큰 사기가 벌어졌다. 독일이 이길 까닭이 없었다.

마지막 순간에 승리가 독일국가에 미소를 보내려는 찰나, 어이없는 일격으로 독일군의 봄철 공세의 싹을 짓밟고 승리를 불가능하게 만들기 위해 가장

---

2) 이제까지의 너무나 비참했던 생활에 비해서 군대에서는 한 인간으로서 대해 주는 것을 기뻐하고 후방생활을 싫어한 점, 또 계급질서와 명령의 단순명료한 생활이 마음에 딱 들어맞았던 점 등이 지적되고 있다.

적당하다고 생각되는 수단이 단행되었다. 군수공장의 파업이 일어난 것이다.

이 파업이 성공한다면 독일 전선은 무너져야만 했다. 그리고 승리가 독일 깃발에 미소를 보내서는 안 된다는 〈포어베르츠〉지[3]의 소원이 달성될 것임에 틀림없었다. 전선은 탄약 부족으로 몇 주일 안에 무너져버릴 것이 분명했다. 그와 함께 공격은 막히고 연합군은 구원되고 그리고 국제자본이 독일 지배자가 되고, 마르크스주의의 민족 기반이란 내적인 목적이 이루어질 것임에 틀림없었다.

국제자본의 지배권을 수립하기 위한 국민경제의 파괴, 이 목적이 달성된 것은 한편으론 우둔성과 너무 믿는 경향, 다른 한편으로는 끝없는 비겁함 덕분이었다.

물론 군수공장의 파업은 전선에 무기가 모자라게 된다는 점에선 궁극적으로 바라던 성과를 얻지 못했다. 군수품 부족 자체가 계획대로 군대를 파멸에 떨어뜨리기보다 그 음모 자체가 더 빨리 붕괴했다. 그러나 그것에 의해서 일어난 도덕적 손상은 그만큼 엄청나게 컸다!

첫째로 본국 자체가 전혀 승리를 바라고 있지 않는데, 군대가 대관절 무엇을 위해 싸우고 있는가? 엄청난 희생과 궁핍은 과연 누구를 위한 것이냐? 병사는 승리를 위해서 싸워야 한다. 그런데 본국에선 파업이라니!

그리고 둘째로 적에게 미친 영향은 어떠했겠는가?

러시아 붕괴

1917~1918년 겨울 비로소 연합군의 하늘에 먹구름이 짙어졌다. 4년 동안 그들은 독일 용사에 부딪쳐 그것을 붕괴시킬 수가 없었다. 그러나 칼은 혹은 동부에서, 혹은 남부에서 휘둘러야 했으므로, 그때 독일이 자유로이 방어하기 위해 가졌던 것은 방패뿐이었다. 바야흐로 마침내 거인의 뒤쪽은 비게 되었다. 적 한 사람을 결정적으로 넘어뜨릴 수 있을 때까지 많은 피를 흘렸다. 이제 막 서부에서는 방패에 칼이 더해질 것이 틀림없었다. 그리고 적은 지금까지 방어를 깨뜨릴 수가 없었으나 이번에는 공격을 당해야만 했다. 적은 공격을 무서워하고 승리를 걱정했다.

---

3) 독일사회민주당 중앙기관지인 일간신문.

런던이나 파리에서는 잇따른 회의에 분주했다. 그러나 전선에서는 잠자는 듯한 침묵이 두루 퍼졌다. 갑작스레 그들의 각하들은 그들의 뻔뻔스러움을 잃어버렸다. 적의 선전마저도 이미 곤란해졌다. 독일 승리가 희망이 없다는 것을 증명하는 일이 이제는 쉽지 않게 되었다.

연합군의 의기소침

하지만 똑같은 현상이 침묵하고 있던 전선의 연합군에서도 일어났다. 적의 신사 제군으로부터 뻔뻔스러움이 갑자기 사라졌다. 그들에게도 천천히 으스스한 암영이 떠오르기 시작했다. 독일군에 대한 그들의 속생각이 이제는 달라지고 말았다. 지금까지 그들에게 독일군은 패배할 것이 뻔한 바보라고 여겨졌었는지 모른다. 그러나 지금에 와서는 동맹국 러시아를 섬멸시킨 자로서 그들 앞에 서 있었다. 독일 공격력이 동부에 묶여 있었던 것이 필요성에 의한 것이었지만, 이제 그들에게는 독창적인 전술로 여겨졌다.

3년간 동부 독일군은 러시아를 공격했다. 처음에는 아무런 성과조차도 없었던 것처럼 여겨졌다. 연합국들은 이 무의미한 공격을 비웃었다. 왜냐하면 결국 인간 수가 압도적으로 많은 거인 러시아가 승리할 것이 틀림없었기 때문이다. 그리고 독일은 출혈로 쓰러질 것이 뻔했다. 사실은 이 희망을 확인하는 것처럼 보였다.

처음에 탄넨베르크 전투에서 러시아의 아주 많은 포로들이 도로와 철도에 의해 독일로 옮겨지기 시작한 1914년 9월 이후 이 흐름은 거의 끝이 없었다. 그러나 패배하고 섬멸된 군대 뒤를 이어 계속 새로운 군대가 일어났던 것이다. 이 거인 나라는 무진장으로 쉴 새 없이 새로운 병사를 황제에게 바치고 또 새로운 희생자를 싸움터로 보냈다.

언제까지 독일은 이 싸움을 계속해 나갈 수 있을 것인가? 독일이 마지막 승리를 거둔 뒤에도 여전히 러시아군이 정말로 최후의 전투에 나오지 않는 날은 언제까지라도 오지 않을 것이 틀림없을까? 그렇게 되면 어떻게 될 것인가? 사람들이 생각하기로는 러시아 승리는 느릴지 모르지만 올 것임에는 틀림없었다.

이제 이 부질없는 희망은 모두 끝장이 났다. 다시 말해 공동의 이익이라는 제단에 더할 나위 없이 커다란 피의 희생을 바친 동맹국은 힘이 다 빠지고 사정없는 공격자 앞에 쓰러졌던 것이다. 공포와 몸서리가 이제껏 맹신하고 있었던 연합군 병사의 마음에 숨어들었다. 그들은 닥쳐올 봄을 두려워했다. 무릇 독일이 서부전선에 겨우 일부 병사만을 배치할 수 있었을 뿐이었는데도 이제껏 독일을 이길 수 없었는데, 이 믿을 수 없이 영웅적인 나라의 온 힘이 서부 공격에 집중되리라고 여겨지는 지금, 사람들은 어찌 승리를 기대할 수 있겠는가?

남(南)티롤 산맥의 그림자는 불안스럽게 환상을 더하여 플랑드르의 안개 속에까지 카도르나[4]의 패군이 음울한 그림자를 드리우고 있었다. 그리고 승리의 신념은 닥쳐오려는 패배를 앞두고 두려움에 자리를 양보했다.

혁명 직전의 독일

싸늘한 밤의 어둠 속에서 재빨리 쳐들어오는 독일군 돌격대의 규칙적인 차바퀴 소리가 들려오는 듯이 여겨져, 불안한 걱정이 닥쳐오려는 심판을 고대하고 있었을 때, 갑자기 독일에서 눈부시게 빨간 화염이 타올라 적의 전선의 마지막 포탄 자국에까지도 그 빛을 던진 것이다. 독일 혼성군단이 대공격을 위하여 마지막 훈련을 끝낸 순간, 독일에서 총파업이 일어났던 것이다.

먼저 세계가 아연했다. 그러나 그 뒤 12시간 사이에 적의 선전은 이 구원에 안도의 숨을 내쉬고 기력을 되찾았다. 단숨에 연합국 병사의 침체된 확신을 다시 높이고 승리 가능성을 새롭게 자기 것으로 믿도록 만들고, 닥쳐오려는 사건에 대한 불안스런 걱정을 단호한 확신으로 바꾸는 수단이 발견되었던 것이다. 그들은 이제 막 독일군 공격을 기다리고 있는 여러 연대에게 이 전쟁의 종결을 결정하는 것은 독일군 돌격의 대담성이 아니라 자기 방어의 인내력이라는 확신을 최초의 대결전에 선물로서 줄 수가 있었다. 독일이 바라는 온갖 승리를 지금 쟁취한다 하더라도 본국에서의 혁명이 승리를 가로막아 승리한 군대는 설 자리가 없었던 것이다.

교묘하기 짝이 없는 선전이 전선의 군대를 분기시키고 있는 동안 영국·프랑스·미국의 신문은 이 신념을 독자의 가슴에 심어주기 시작했다.

"독일은 혁명 직전이다! 연합군 승리는 절대적이다!"

---

4) 이탈리아의 장군 이름.

이것은 동요하고 있는 푸알뤼와 토미[5]를 일깨우는 가장 좋은 약이었다. 이제 소총이나 기관총이 다시 발사되어, 갑작스런 경악에 휩쓸려 도주하는 대신, 희망에 찬 저항이 나타났다.

군수공장 파업 결과

이것이 군수공장 파업 결과였다. 그것은 적의 민중에게 승리에 대한 믿음을 강화시켰고, 연합군 전선의 무기력한 절망을 멀리 쫓아버렸다. 그 결과 몇천 명의 독일군은 이것을 자기 피로써 보상해야 했다. 그러나 이 가장 비열한 악행의 주모자는 혁명 독일의 최고의 국가적 지위를 얻을 가능성이 있는 자들이었다.

물론 독일 측에서는 당장 이 행위의 뚜렷한 반응은 이겨낼 수 있었던 것 같았다. 하지만 상대편에서는 그 효과가 나타나지 않을 리가 없었다. 그 저항하는 모양은 모든 것을 포기하고 있던 군대의 무목적 상태를 벗어나 그에 대신하여 승리를 위해 싸우려는 용감성으로 나타났다.

왜냐하면 서부전선이 독일 공격을 오로지 수개월 동안만 견디어내면 승리는 누가 생각해도 틀림없었기 때문이다. 그래서 연합국의 각 의회마다 사람들이 장래의 가능성을 깨닫고 독일 멸망을 위한 선전을 계속하는 데에 필요한 최초의 자금을 가결시켰다.

불멸의 월계관 마지막 꽃다발

나는 다행히도 처음 두 번의 공격과 마지막 공격에 참가할 수 있었다.[6] 이것은 내 생애 가장 커다란 인상으로 남았다. 커다랗고 말하는 까닭은 이마지막 싸움이 1914년과 마찬가지로, 전쟁이 방위 성격을 벗어나 공격 성격을 띠었기 때문이다. 적의 지옥에서 3년을 버티고 마침내 보복의 날이 왔을 때, 독일군의 참호와 교통로에 가득 안도의 숨이 감돌았다.

늘 이기는 군대는 다시 환호성을 울리고 불멸의 월계관의 마지막 꽃다발

---

5) 제1차 세계대전 때 프랑스 병사와 영국 병사의 별명.
6) 예비보병 제16연대로 돌아온 히틀러는 1917년의 아라스 전투와 이어 이페르 세 번째 전투에 참가한다. 그사이 9월 17일 제3급 군사공로 십자장을 받았다. 이어서 1918년 봄 독일군 대공세에 참가하여 그해 5월 18일에 흑색 부상자 수장(袖章)을, 8월 4일 1급 철십자장을 받았다.

을 승리를 잉태한 깃발에 걸었다. 다시금 조국의 노래가 끝없는 행진대오를 따라 하늘까지 울려퍼졌다. 그리고 마지막에 신의 은총이 배은망덕한 자들에게 미소지었던 것이다.

*

괴멸적 현상의 증대

1918년의 한여름 전선에는 침울한 불안이 감돌고 있었다. 본국에서는 싸우고 있었다. 무엇을 위해서인가? 야전군 각 부대마다 사람들이 여러 가지 말로 쑤군대고 있었다. 전쟁은 이제는 가망이 없을 것이다. 그리고 역시 승리를 믿는 자는 바보뿐이다. 민중은 이 이상의 인내에 이미 아무런 관심도 갖고 있지 않을뿐더러, 그것은 자본가와 왕가뿐이다. 이러한 말들이 본국에서 전해지고 전선에서도 이야깃거리가 되었다.

전선은 처음에는 이것에 대하여 거의 관심을 나타내지 않았다. 보통선거권이 우리에게 무슨 관계가 있었던가? 그 때문에 우리가 4년간이나 싸워왔단 말인가? 그런 방법으로 묘지 속에 있는 죽은 영웅들로부터 전쟁의 목적을 훔치는 짓은 비열한 도둑 행위였다. 이전에 젊은 병사들은 플랑드르에서 "무기명 보통선거권을 달라"고 외치며 죽은 것이 아니라 "도이칠란트 위버 알레스 인 데어 벨트" 하고 외치며 죽어갔던 것이다. 작지만 참으로 중대한 차이다.

그러나 선거권에 대해 부르짖고 있는 자는 대부분 그들이 이것을 싸워 얻으려는 곳에는 없었다. 전선은 모든 정당의 잡동사니들을 전혀 몰랐다. 그때 진지한 독일인이 있는 곳에는 의원 나리들은 대부분 없었던 것이다.

그러므로 오래전부터 전선에 있던 병사들에게는 에베르트·샤이데만·바르트·리프크네히트 등[7]이 제시한 이 새로운 전쟁목표는 그다지 마음에 와닿지 않았다. 사람들은 어떻게 이 징병기피자들이 군대를 따돌리고 국가 지배권을 횡령하는 권리를 갑자기 손에 넣을 수 있었는지 전혀 알지 못했다.

---

7) 프리드리히 에베르트는 사회민주당원이며 바이마르공화국 대통령에 오른다. 필리프 샤이데만은 사회민주당원이며 독일혁명에서 가장 빨리 공화국을 선언, 초대 수상이 된다. 칼 리프크네히트는 사회민주당 극좌의 투사이며, 스파르타쿠스단을 조직하고, 그 뒤에 독일공산당을 창립한다.

나의 개인 입장은 처음부터 확고해져 있었다. 나는 이 상스러운 민중기만적 정당 사기꾼 녀석들을 모두 미워하고 있었다. 이러한 무리들에게는 국민의 복지가 문제가 아니고, 빈 지갑을 채우는 것이 문제라는 것을 훨씬 전부터 나는 잘 알고 있었다. 그리고 그들은 이것을 위해 온 민족을 희생시키고 필요하다면 독일을 멸망시키는 것조차 각오하고 있었다. 그들은 내 눈으로 볼 때 교수형에 처해져야 했다. 그들의 희망을 고려한다는 것은 노동계층의 이익을 한 무리의 소매치기를 위해 희생시키는 일이다. 그리고 사람들이 독일을 포기할 각오가 되어 있을 때만이 이 희망을 채워줄 수가 있었던 것이다.

젊은 보충병의 무능

그러나 전투를 하고 있는 군대의 거의 대부분은 여전히 그와 같이 생각하고 있었다. 본국에서 오는 보충병은 점점 질이 떨어질 뿐이었다. 따라서 그들이 온다는 것은 전투력이 강해지는 것이 아니라 약해지는 것을 의미했다. 특히 젊은 보충병은 대부분 쓸모가 없었다. 이들이 이전에 예페르 전투에 청년을 보냈던 그 민족의 아들이라고는 믿을 수가 없었다.

8월과 9월에는 적의 공격 효과가 이전의 우리 방어선의 공포와는 비교가 안 될 만큼 적었음에도 불구하고, 붕괴 현상이 한층 더 급속히 증대했다. 이에 비해서 지난날 솜강 전투와 플랑드르 전투는 두려웠다.

9월 끝무렵 나의 혼성군단은 지난날 우리가 젊은 지원병 연대로서 돌격했던 장소에 세 번째 왔다. 얼마나 감회 깊은 일인가!

1914년 10월과 11월에 우리는 여기서 포화의 세례를 받았던 것이다. 우리 마음은 조국애로 넘치고 입으로는 노래를 쉴 새 없이 부르면서 우리 젊은 연대는 춤추러 가듯 싸움터로 향했다. 더할 나위 없이 숭고한 피가 그렇게 함으로써 조국의 독립과 자유를 지킨다는 믿음으로 거기에 기꺼이 바쳐졌던 것이다.

1917년 7월 우리는 우리 모두에게 가장 신성한 이 땅을 또다시 밟았다. 여기에는 이때 비할 데 없는 거룩한 조국을 위해 눈을 빛내며 죽어간 가장 좋은 벗들—아직 대부분이 아이들이었다—이 잠들고 있었던 것이다.

일찍이 연대와 함께 싸움터에 나간 우리 고참병들은 외경(畏敬)의 감동으로 '죽음에 이르기까지의 충성과 복종'의 이 거룩한 땅에 섰다. 우리 연대가 3년 전 훈련한 이곳을 이제 괴로운 방어전으로 지켜야만 되었다.

3주 동안 집중포격으로 영국군은 플랑드르 대공격을 준비했다. 그때 죽은 자의 영혼이 다시 살아난 것처럼 생각되었다. 연대는 더러운 진창에 매달려 하나하나의 구덩이나 포탄 흔적 안에서 이를 갈며 물러서지 않고 동요하지도 않았다. 지난날과 마찬가지로 1917년 7월 31일 영국군의 공격이 마침내 시작될 때까지 이 지점에서 더욱 줄어들고 적어져갔다.

8월 첫무렵 우리는 해방되었다. 연대가 몇 개 중대로 축소되었다. 온몸이 진흙투성이가 되어 인간이라기보다 유령처럼 비틀거리면서 물러났다. 하지만 200~300미터의 포탄 자리를 빼고는 영국군은 오로지 죽음만을 발견했던 것이다.

그런데 1918년 가을 우리는 1914년에 돌격한 땅에 세 번째로 섰다. 우리가 한때 휴식했던 코미네라는 작은 고을이 이제 싸움터가 되었다. 물론 싸움터는 같았지만 사람들은 바뀌어 있었다. 지금은 군대 안에서도 '정치'가 토론되고 있었다. 고향의 해독이 여기저기 그러했던 것처럼 여기서도 활동적인 것이 되기 시작했다. 젊은 보충병은 완전히 쓸모가 없었다. 보충병은 고향에서 왔던 것이다.

황십자 가스중독

10월 13일부터 14일 밤, 예페르 전방인 남부전선에 영국군의 가스 공격이 단행되었다. 그때 그들은 황십자 가스를 사용했다. 그것은 우리 몸으로 체험한 적이 없어 그 효력을 우리는 몰랐다. 이날 밤, 나 자신이 그것을 체험해야만 했다. 또 10월 13일 저녁때 우리는 베르비크 남쪽 언덕에서 가스 포탄을 몇 시간에 걸쳐 집중포격을 당했다. 그 포격은 정도 차이는 있었지만 밤새도록 맹렬히 이어졌다. 이미 한밤중 무렵 우리 일부는 후퇴했다. 그중에는 즉사한 전우도 몇 명 있었다. 아침 무렵 나도 15분마다 심한 고통을 받았다. 그리고 7시 전에 전투에 대한 나의 마지막 보고서를 가지고 타는 듯이 아픈 눈으로 고꾸라지고 비틀거리며 돌아왔다.

몇 시간 뒤 이미 눈은 이글이글 타오르는 숯불로 변하고, 나는 아무것도 볼 수가 없었다. 이리하여 나는 포메라니아의 파제발크 병원에 도착해 그곳에서 이 세기의 가장 비열한 혁명을 체험해야 했다!

공화국

뭔가 뚜렷하지는 않지만, 우울한 기분이 오랫동안 공중을 떠돌고 있었다. 사람들은 앞으로 2, 3주일 사이에 '시작된다'고 서로 이야기하고 있었다. 나는 그것이 무슨 뜻인지 상상조차 할 수가 없었다. 처음에는 봄의 총파업과 같은 것인가 생각했다. 불길한 소문이 자꾸만 해군에서 흘러나왔다. 해군이 동요하고 있다는 것이다. 그러나 이것도 나에게는 많은 대중의 사건이기보다는 병사들 저마다의 상상에서 나온 것이리라 여겨졌다. 야전병원에서조차 모두가 전쟁이 되도록 빨리 끝났으면 좋겠다고 곧잘 이야기하고 있었다. 하지만 '곧'이라고는 아무도 이야기하지 않았다. 나는 신문을 읽을 수가 없었던 것이다.

11월이 되자 모두들 긴장감이 높아졌다. 그리고 어느 날 갑자기 불행한 사태가 일어났다. 해군 병사들이 트럭을 타고 와서 혁명을 외쳤다. 몇몇 유대인 청년이 우리 민족 생존의 '자유와 아름다움과 품위'를 위한 투쟁의 '지도자'였다. 그들 가운데 전선에 나간 적이 있는 자는 한 사람도 없었다. 세 명의 서아시아 사람은 이른바 '임질 야전병원'을 거쳐 병참부에서 본국으로 돌려보낸 자들이었다. 이제 그들이 본국에서 붉은 걸레조각을 흔든 것이다!

그 무렵 나는 얼마쯤 완쾌되어가고 있었다. 눈알이 쑤시는 듯한 아픔이 가라앉고 천천히 주위 사물의 대략적 윤곽을 확실하게 구별할 수 있었다. 적어도 나중에는 어떤 직업을 가질 수 있을 정도로는 눈이 회복되리라는 희망을 품어도 되었다. 물론 다시 그림을 그릴 수 있게 되리라는 것은 이미 바랄 수 없었다. 아무튼 그런 흉악한 일이 일어났을 때 나는 회복 중이었던 것이다.

내가 처음으로 바란 것은 이 반역이 얼마쯤 단순한 지방적인 문제로 머무는 일이었다. 나는 또 2~3명의 전우에게 이 점을 강조하려 했다. 특히 바이에른 야전병원의 내 친구들은 이 점에 대해서 잘 알고 있었다. 그곳 분위기는 '혁명'과는 전혀 다른 것이었다. 나는 뮌헨에서도 광란이 생기리라곤 상상할 수도 없었다. 숭배할 만한 비텔스바흐 가문[8]에의 충성은 확실히 2~3명의

---

8) 옛 바이에른 왕가.

유대인 의지보다는 견고한 것처럼 생각되었다. 그러므로 나는 이것은 해군의 폭동 문제이고 가까운 시일 안에 진압되리라고밖에 믿어지지 않았다.

며칠이 지났다. 그리고 그것과 함께 내 생애에서 가장 무서운 확신이 찾아왔다. 이제 소문은 더욱더 압도적이 되었다. 내가 지방 문제라고 생각하고 있었던 일이 전면적인 혁명임에 틀림없었다. 게다가 전선으로부터는 굴욕적인 보고가 날아왔다. 사람들은 항복하려고 했던 것이다. 그렇다, 도대체 그러한 일이 있을 수 있겠는가?

11월 10일 목사가 야전병원으로 와서 간단한 이야기를 했다. 그래서 우리는 모든 것을 알았던 것이다. 나 또한 극도로 흥분하여 그 짧은 대화에 참석했다. 호엔촐레른 왕가가 이미 독일 황제의 왕관을 쓸 수 없게 되었다는 것, 조국이 '공화국'이 되었다는 것, 사람들은 이 전환에 신이 축복을 거부하지 않도록, 그리고 장래에도 우리 민족을 버리지 않도록 기도하지 않으면 안 된다는 것을 그가 우리에게 알렸을 때, 나이 먹고 품위 있는 이 목사는 몹시 떨고 있는 것처럼 보였다. 그때 그는 말을 아끼며 왕가를 그리워하고 포메라니아에 있어서의, 프로이센에 있어서의, 아니 독일 전체에 대한 왕실의 공적을 칭찬하려는 것 말고는 아무것도 하지 못했다.

그리고―그때 그는 어렴풋이 흐느끼기 시작했다―또 이 소강당은 일동의 최고로 낙담한 마음으로 가득 차 있었다. 누구 한 사람 눈물을 금할 수 없었으리라고 생각된다. 하지만 노인이 다시 이야기를 계속하려 하면서 우리는 이제 이 긴 전쟁을 그만두어야 한다는 것, 그렇다, 우리 조국은 이제 패전의 쓰라림을 맛보고 우리를 승자의 은총에 내맡기는 것인 만큼 앞으로 무거운 압제에 놓이리라는 것, 휴전은 지금까지의 적의 도량을 믿고서 수락하게 되었다는 것을 말하기 시작했을 때, 나는 더 이상 참을 수 없었다. 더 이상 오래 거기 있을 수가 없게 되었다. 나는 눈앞이 또다시 캄캄해져 비틀거리면서 침실로 돌아와 침대에 몸을 던지고 불타는 듯한 머리를 이불과 베개에 파묻었던 것이다.

나는 어머니 무덤 앞에 선 날 이래 두 번 다시 운 일이 없었다. 나는 젊었을 때 잔인한 운명의 손에 잡히면 반항심이 불타올랐던 것이다. 이 긴 전쟁 가운데 죽음이 많은 사랑하는 전우나 친구를 우리의 전열(戰列)에서 빼앗아 갔을 때도 한탄하는 일은 거의 죄악처럼 생각되었다. 그들은 아무튼 독일을 위해 죽은 것이다! 그리고 마침내 나 자신이—무서운 전투도 앞으로 얼마 남지 않았을 때—숨어든 가스에 의해 쓰러지고 두 눈이 나빠져 영원히 장님이 되지 않을까 하는 두려움으로 한때 절망에 빠지려 할 때도 양심의 목소리가 나를 크게 꾸짖었다. '가엾은 사나이여, 너는 몇천 명의 네 전우가 너보다 몇백 갑절이나 나쁜 상태에 빠져 있는데 그래도 울려고 하느냐' 그리하여 나는 그때도 둔감하게 묵묵히 나의 운명을 좇았던 것이다. 하지만 지금 나는 울지 않을 수 없었다. 지금 비로소 나는 조국의 불행에 비한다면 개인적인 고뇌라는 것이 얼마나 작은 것인지 깨달았던 것이다.

모든 희생은 헛일이었다

이리하여 모든 것은 헛일이었다. 끝없이 몇 달이나 계속된 굶주림도 목마름도 허사였다. 더구나 우리가 죽음의 불안에 떨면서도 우리 의무를 다했던 그때의 모든 순간도 헛일이었다. 그때 쓰러진 200만의 죽음도 보람이 없었다. 조국을 믿고, 두 번 다시 조국에 돌아가지 않겠다고 일찍이 출정했던 몇백만의 사람들 무덤은 모두 파헤쳐져서는 안 되었던 것은 아닐까? 무덤은 파헤쳐져서는 안 되었다. 그리고 말 없는 진흙투성이가 되고, 피투성이가 된 영웅들이 이 세상에서 사나이가 자신의 민족에게 바칠 수 있는 가장 큰 희생을 이렇게도 비웃음에 가득 찬 배신으로 고향에 복수의 악령으로써 보내져서는 안 되었던 것이 아닐까?

이따위 일을 위해 1914년 8월과 9월에 그들 병사들은 죽었던 것일까? 이런 일을 위해 같은 해 가을에 지원병 연대는 고참 전우의 뒤를 좇아갔던 것일까? 이런 일을 위해 열일곱 살 소년은 플랑드르의 땅에 묻힌 것일까? 독일 어머니들이 그때 결코 재회할 수 없다는 비통한 기분으로, 가장 사랑하는 젊은이들을 출정시켰을 때, 그녀들이 조국에 바친 희생의 의미는 이것이었던가?

이러한 모든 것이 바야흐로 한 무리의 야비한 범죄자들 손에 조국을 내주기 위해 일어난 일이란 말인가? 이런 일 때문에 독일 병사는 뜨겁게 타오르는 태양이나 눈보라치는 폭풍 속에서 굶주리고 목마르고 얼어가면서 잠 못 이루는 밤과 끝없는 행군을 피곤 속에서 참아냈던 것일까? 이런 일 때문에 병사는 항상 조국을 적의 침략에서 지켜야 할 유일한 의무를 생각하고 후퇴하지 않고 집중포격의 지옥 속에서 독가스전의 열 속에서 쓰러져갔단 말인가?

확실히 이들 영웅들도 하나의 비명(碑銘)에 값하는 것이었다.

"나그네여, 그대 독일에 간다면 조국에 전해 주오. 우리 조국에 충성하고 의무에 충실하여 이곳에 잠들어 있다고."

그럼에도 조국은 어떠했는가? 하지만 우리가 생각해야 될 것은 이것이 유일한 희생이었을까 하는 점이다. 지난날 독일은 가치에 있어서 뒤떨어져 있었던가? 자기 나라 역사에 대해서도 의무는 없었던 것일까? 우리는 아직도 지난날 명예를 우리에게 적용할 가치가 있었던 것일까? 그리고 어떻게 장차 이 행위를 정당화시켜야만 되었을까?

비참하고 타락한 범죄자여! 내가 이때 이 끔찍한 사건을 확실히 하려고 하면 할수록 더욱 분격과 치욕의 불명예감이 이마에 불타올랐다. 이 비탄에 견준다면 눈의 고통쯤 무슨 대수란 말인가?

그 뒤에 온 것은 무서운 나날과 더욱 나쁜 밤들이었다. 나는 모든 것이 아주 사라졌다는 것을 알았다. 적의 자비를 기대하는 것은 고작 바보나 거짓말쟁이나 범죄자가 할 수 있는 일이다. 밤마다 나의 마음속에 이러한 행위의 원흉에 대한 증오가 커져만 갔다.

정치가가 되기로 결심

그 뒤 며칠이 지나 나는 또 나 스스로의 운명을 깨닫게 되었다. 내가 바로 얼마 전까지 몹시 걱정하고 있었던 나 스스로의 장래에 대한 생각 따위를 떠올리니 이제 웃지 않을 수 없었다. 이러한 토대 위에 집을 세우려 하다니, 정말 기가 막히지 않은가? 결국 나에게도 훨씬 이전부터 몇 번이나 걱정하고 있었으나, 오로지 감정적으로 아무래도 믿을 수 없었던 일이 일어난 데 불과하다는 것이 뚜렷해졌다.

황제 빌헬름 2세는 마르크스주의 지도자들에게 융화의 손길을 뻗은 최초의 독일 황제였으나, 무뢰한들은 명예를 갖고 있지 않다는 것을 눈치채지 못했다. 그들은 다른 한편으로는 황제의 손을 잡고 있으면서도 다른 한편에서는 이미 단검을 만지작거리고 있었던 것이다.

유대인이란 계약 따위는 없고 오로지 엄격한 양자택일만이 있을 뿐이다.

그래서 나는 정치가가 되기로 결심했다.[9]

---

9) 싸움터에 있었을 때 전우 슈미트 에른스트에게 미래 직업에 대하여 여러 번 논의했으나, 건축가가 될 것인가, 정치가가 될 것인가 하는 점은 명확하지 않았다고 한다. 훗날 병원에서 결심한 것이다.

제8장
나의 정치활동 시작

1918년 11월 끝무렵 나는 뮌헨으로 돌아왔다.[1] 나는 다시 나의 연대인 보충대대로 갔으나, 그곳은 '병사평의회'의 손에 들어가 있었다. 전체 움직임은 지긋지긋했다. 나는 할 수만 있다면 되도록 빨리 그곳을 떠나기로 결심했다. 출정 중의 성실한 벗 슈미트 에른스트[2]와 함께 나는 트라운슈타인으로 와서 진영이 해체될 때까지 머물렀다.

1919년 3월 우리는 다시 뮌헨으로 돌아왔다. 정세는 불안하고, 혁명의 확대는 필연적으로 다가오고 있었다. 아이스너[3]의 죽음은 이 발전에 오로지 박차를 가했을 뿐이며, 마침내 노동자 병사 평의회[4]의 독재로 이끌었던 것이다. 더 자세히 말하자면, 전체 혁명의 원흉이 본디 목표로서 지향하고 있었던 것과 같은 일시적인 유대인 지배로 이끌었던 것이다.

그 무렵 내 머릿속에는 끝없는 계획이 맴돌고 있었다. 며칠간 나는 사람들이 도대체 무슨 일을 할 수 있는지 숙고했다. 그러나 아무리 생각해도 그 결과는 언제나 내가 이름 없는 인간으로서, 무엇인가 목적에 들어맞는 행동을 취하기 위한 조그마한 전제조차도 가지고 있지 않다는 것을 평범하게 확인할 뿐이었다. 내가 그때 기성 정당에 들어갈 결심을 할 수 없었던 이유에 대해서는 나중에 말하겠다.

이 새로운 평의회에 의한 혁명이 이루어지고 있는 동안, 나는 처음으로 중앙평의회의 비위를 거스르는 행동을 취했다. 1919년 4월 27일 이른 아침에 나

---

1) 히틀러는 바이에른 군대로 돌아온 뒤 트라운슈타인에 배치되었다가 이어 보병 제2연대 제2 복원중대로 옮겨져 뮌헨으로 돌아왔다. 30세 직전.
2) 전우(戰友). 제7장 주석 9를 참조.
3) 쿠르트 아이스너. 독일사회민주당원. 유대인. 제1차 세계대전 이전에는 〈포어베르츠〉의 편집자. 1918년 11월 뮌헨혁명 지도자로서 바이에른 정부 수상이 되었다. 1919년 2월 암살당했다.
4) 독일혁명 때 노동자와 병사가 각 지역마다 자주적으로 만든 일종의 지도부.

는 체포될 뻔했다. 그러나 3명의 병사는 들이댄 기병총(騎兵銃) 앞에서 용기를 잃고 온 길로 되돌아갔다.[5]

뮌헨 해방 며칠[6] 뒤, 나는 보병 제2연대의 혁명경과조사위원회에 출두하라는 명령을 받았다. 이것이 어느 정도 나의 정치적인 적극적 활동의 시작이었다.

그리고 몇 주일 있다가 나는 국방군 소속자를 위해 열린 어느 '강습'[7]에 참가하라는 명령을 받았다. 거기서 병사는 공민 사상에 대한 일정한 기초를 배우게 되어 있었다. 내게 있어서 이 모임의 가치는 오로지 현재 정세를 근본적으로 깊이 의논할 수 있는, 나에게 같은 생각을 가진 2~3명의 동료를 알 수 있는 기회가 주어졌다는 데 있었다. 우리는 정도 차이는 있었으나 모두가 다음과 같이 확신하고 있었다.

곧 독일은 중앙당이나 사회민주당과 같은 11월혁명의 범죄 정당에 의해선 커지기 시작하고 있는 붕괴로부터 구제되지 않는다. 그러나 이른바 '부르주아적·국가주의적' 조직 역시 가장 좋은 의욕을 가지고 있다 할지라도 일어난 일을 그 이상 개혁할 수는 결코 없다. 여기에는 많은 전제가 결여되어 있었으나 그것이 없이는 이와 같은 일을 이루어낼 수 없었다. 그때 우리의 견해가 옳았다는 것은 다음에 이어지는 시대가 증명해 주었다.

신당 결성 논의

그래서 우리의 작은 모임에서 신당 결성이 논의되었다. 그때 우리의 마음속에 떠오른 근본 사상은 그 뒤 '독일노동당'으로서 실현된 것과 같았다. 새로 결성된 운동 명칭은 처음부터 대중에 접근하는 가능성을 나타내는 것이어야만 했다. 왜냐하면 이 특질이 없었더라면 모든 일은 무의미하고 불필요한 것으로 여겨지기 때문이었다. 그래서 우리는 '사회혁명당'이라는 명칭을 생각해 냈다. 이것은 새로운 조직의 사회관이 사실상 혁명을 의미했기 때문이다. 그뿐만 아니라 다음과 같은 깊은 이유가 있었다.

---

5) 이것은 사실이 아니다. 이는 다른 에프의용군 때의 사건과 바꿔치기된 것이라고 마저는 주장하고 있다.

6) 5월 2일 뮌헨은 반혁명의용군과 향토방위군이 점령하여 평의회 정권은 끝났다.

7) 제대병과 귀환병에게 반혁명 정신을 주입시키는 계몽교육.

자본의 두 종류

나는 꽤 젊었을 때부터 경제문제에 몰두했는데, 항상 사회문제 그 자체의 고찰에서 생기는 범위 내에 머무르고 있었다. 그 뒤 마침내 독일 동맹정책의 검토를 위해 이 테두리가 넓어졌던 것이다. 이 동맹정책은 대부분 장래의 독일 민족의 부양을 위해 일어날 수 있는 기초에 대해서 분명치 않았던 것과 마찬가지로 경제의 그릇된 평가에서 생긴 결과였다.

그러나 이러한 사고방식은 모두 자본이라는 것은 어떠한 경우에도 오로지 노동 성과에 불과하며, 따라서 노동 그 자체와 마찬가지로 인간 활동을 촉진시키든가 또는 막을 수 있는 원인에 의한 정정에 모두 뒷받침되어 있다는 의견에 서 있었다.

그 경우에도 자본의 국가적 의미는 다음과 같은 점에 있을 것이다. 곧 자본 자체는 국가의 크기 및 자유와 힘에, 다시 말하면 국민에게 완전히 의거해 있는 것이며, 이 의존이야말로 자기 보존 또는 그 이상의 증대라는 단순한 충동에서 이 자본에 의해 국가와 국민의 번영을 이끌 것임에 틀림없다고. 그와 같은 자유로운 독립국가에의 자본 의존상태는 이처럼 국가 쪽에서는 국민의 자유·힘·강력함 등과 같은 것 때문에, 자본이 한 역할을 맡도록 하게 된다.

그와 더불어 자본에 대한 국가 과제는 비교적 간단명료했다. 곧 국가는 이것에 대하여 자본을 국가의 하인으로 해두고 국민의 지배자라고 여겨지지 않게끔 배려하는 일뿐이었다. 그래서 그 태도에는 두 가지 한계를 정할 수 있었다. 말하자면 한편으로는 생활력이 있는 국가적, 독립적 경제 유지, 다른 한편으로는 노동자의 사회적 권리 확보이다.

나는 이전에는 그 존재와 본질이 오로지 투기에 바탕을 둔 자본과, 창조적 노동의 종국적 성과로서의 순수한 자본의 구별을 바람직하게 확실히 인식할 수가 없었다. 또한 나에게는 맨 처음 문제 제기가 빠져 있었다. 문제 제기가 나를 찾아오지 않았던 것이다.

그런데 앞서 말한 강습에서 강연한 여러 연사 가운데 한 사람에 의해 이것이 아주 철저하게 주어졌다. 바로 고트프리트 페더[8]이다. 난생처음 나는 국제

---

8) 1918년 가을부터 잡지 〈남독일 월보〉에서 두각을 나타낸 극우파의 대학 강사로 공학석사. 투레협회에 소속되어 있었다.

적인 주식거래와 대부자본의 원리적 설명을 들었던 것이다. 나는 페더의 강연을 처음으로 들은 뒤 곧바로 지금 신당 수립을 위한 가장 본질적인 전제의 한 가지에 대한 길을 발견했다는 생각이 머릿속에 번뜩였다.

*

내가 보는 바로는 페더의 공적은 용서 없이 잔혹하게 주식과 대부자본의 투기적 성격과 국민경제적 성격을 규정하고 이자라는 영구불변의 전제를 폭로한 점에 있었다. 그의 논지는 모두 원칙적인 문제에 있어서 옳았다. 비평가들은 그의 이론에 대해서 처음부터 그 이념의 이론적 정당성은 문제삼지 않고, 오히려 그것이 실제로 수행될 수 있느냐 없느냐 하는 것에 의문을 품고 있었다. 그러나 남들의 눈에는 그와 같이 페더의 논지에 약점이었던 것이 나의 눈에는 훌륭한 것으로 비쳤다.

*

강령 입안자의 과제

강령 입안자의 과제는 어떤 문제의 실행 가능성에 대해 여러 가지 정도를 결정하는 것이 아니라, 문제 자체를 보다 분명하게 하는 데 있다. 다시 말해서 그들은 방법보다는 목표에 관계하는 것이다. 그러나 이 경우 어떤 이념의 원리적 정당성을 결정하는 것이며, 그 실시의 곤란함을 결정하는 것은 아니다. 강령 입안자가 절대적 진리 대신 이른바 '합목적성'이라든가 '현실성' 따위를 고려하려고 하자마자, 그의 일은 탐색하고 있는 인류의 북극성 역할을 그만두고 그 대신 평범한 처방전이 되고 만다.

강령 입안자와 정치가

어떤 운동의 강령 입안자는 그 목표를 뚜렷하게 해야 하며, 정치가는 그 실현에 애써야 한다. 그러므로 전자는 그 사고방식에 있어 영원한 진리에 따라 규정되며, 후자는 그 행동에 있어 오히려 그때그때 실제 현실에 따라 규정된다. 전자의 위대함은 그의 이념의 절대적·추상적인 정당성에 있고, 후자의 위대함은 주어진 사실에 대한 올바른 태도와 그 효과적인 이용에 있다. 그때 그에게는 강령 입안자의 목표가 지침이 되는 별로서 도움이 되는 것이다.

정치가의 자질에 대한 시금석으로서 사람들이 그의 계획이나 행위 결과를 보고 있는 동안에는, 곧 이와 같이 그 실현 정도로 판단하고 있는 동안에는 강령 입안자의 궁극적인 의도는 결코 이루어지지 않는다.

왜냐하면 인간 사상은 진리를 파악하고, 수정같이 맑은 목표를 세울 수는 있을지 모르지만, 그 완전한 이행은 일반적인 인간의 불완전함이나 불충분함으로 인해 좌절되기 때문이다.

이념이 추상적으로 바르고, 따라서 강력해지면 질수록 그 완전한 실현은 그것이 실제 인간에 의존하는 한 더욱더 불가능하게 된다. 그러므로 강령 입안자와 자질은 그 목표 실현에 따라 평가되는 것이 아니라 그 목표의 올바름이나 그것이 인류 발전에 미친 영향으로 측정되는 것이다. 그렇지 않은 경우에 종교 창시자는 이 세상 가장 위대한 인간으로 고려되어져서는 안 된다.

왜냐하면 그들의 윤리적 의도의 실현은 오히려 결코 완전에 가까운 것조차 될 수 없기 때문이다. 사랑의 종교조차 그 효과에 있어서는 그 숭고한 창시자 소원을 어렴풋이 반사하는 데 지나지 않는다. 그러나 그의 의미는 사랑을 일반적인 인간적 문화나 인륜이나 도덕을 발전시키려는 방향에 있다.

강령 입안자와 정치가의 과제가 매우 큰 차이를 보이는 것은 한 인물 속에서 둘이 거의 결합하지 않는 원인이기도 하다. 이것은 특히 이른바 작게 '성공한' 정치가에 타당하다. 그들의 활동은 주로 비스마르크가 정치 일반을 얼마간 조심스럽게 특징짓는 것처럼 오로지 '할 수 있는 일의 요령'뿐이다. 이러한 '정치가'는 위대한 이념으로부터 자유로워지면 질수록 그만큼 쉽게, 이따금 그만큼 명확하게, 더구나 어느 때보다도 신속하게 성과를 나타내는 법이다. 물론 그와 함께 성과는 이 세상의 덧없음에 바쳐지고 가끔 그것을 창조한 사람이 죽은 뒤 살아남는 일은 없다. 이러한 정치가의 일은 대체로 후세에게는 무의미하다.

왜냐하면 현대에 있어서의 그들의 성공은 그 자신의 후세에게도 의미를 남길 만한, 모든 위대하고 결정적인 문제나 사상과는 관계가 없는 일에만 입각하고 있기 때문이다.

훨씬 나중 시대에도 가치와 의미를 갖는 그러한 목표를 수행한다는 것은 이를 위해 싸우는 사람에게는 대개 보답되지 않고 대중에게 이해되는 일도 드물다. 앞을 내다본 장래의 계획은 훨씬 그 뒤에 겨우 실현될 수 있으며 그리고 일반적으로 그 이익은 후세에 비로소 도움이 되므로, 대중은 그러한 장래의 계획보다도 맥주나 우유의 가격 인하 쪽이 우선은 더 잘 이해되는 것이다.

그러므로 정치가의 대부분은 언제나 바보의 친족인 어떤 자만에서 대중의 일시적 동정을 잃지 않기 위해 정말로 어려운 앞날의 계획으로부터는 멀리 떨어져 있다. 그 경우 이러한 정치가의 성공이나 의의는 주로 현대에 있으며 후세를 위해서는 존재하지 않는 법이다. 작은 인간은 항상 여기에 조금도 신경을 쓰지 않는다. 그들은 그것으로 만족하고 있는 것이다.

강령 입안자의 경우 사정은 다르다. 그의 의미는 거의 언제나 앞날에만 있다. 그도 그럴 것이 강령 입안자는 가끔 사람들이 '세속을 벗어남'이라는 말로 특징짓는 일이 드물지 않기 때문이다. 왜냐하면 만일 정치가의 기술이 실제로 할 수 있는 일의 요령으로서 널리 쓰인다면, 그 경우 강령 입안자가 불가능한 것을 구하고 바란다면 오로지 신의 뜻에 맡길 수밖에 없기 때문이다. 그는 현대의 승인을 얻는 일을 거의 언제나 단념해야 한다. 그러나 그 대신 그의 사상이 불멸일 경우에는 후세의 영예를 얻는 것이다.

인류의 오랜 시대에 있어서 정치가가 강령 입안자와 융합하는 일이 어느 때에는 있을 수 있다. 하지만 이 융합이 긴밀하면 할수록 더욱 정치가의 활동에 저항하는 정도도 한층 커질 것이다. 그는 가까이에 있는 모든 속물에게도 이해가 될 만한 요구를 위해 일하고 있는 것이 아니며 매우 적은 사람밖에 이해하지 못하는 목적을 위해 일하는 것이다. 따라서 그의 생애는 사랑과 미움으로 갈라지게 된다. 이 사나이를 이해하지 못하는 현대의 항의는 그가 실제로 그것을 위해 일하고 있는 후세의 승인과 치열하게 싸우는 것이다.

역사상의 마라톤 선수

왜냐하면 미래를 위한 인간의 일이 크면 클수록, 현대는 그 일을 이해하는 것이 한층 더 곤란해지고, 또 투쟁도 그만큼 고되고 성공하는 것도 드물기 때문이다. 그럼에도 불구하고 몇 세기 지나는 동안에는 한 인간의 것에 꽃이 피고, 그의 만년에 찾아올 영예의 어렴풋한 빛이 그를 비치는 일이 있을지 모른다. 물론 이처럼 위대한 사람은 역사상 마라톤 선수에 지나지 않는다. 현대의 월계관은 죽어가는 영웅의 관자놀이에 그저 얼마쯤 닿을 뿐이다.

그러나 현대로부터는 이해되지 않음에도 이념이나 이상을 위해 투쟁을 관철할 각오가 있는 이 세상 위대한 용사는 그들 속에서 헤아려질 수가 있다. 그들은 언젠가는 민족의 마음에 더 가까이 서게 될 사람들이다. 민족이라는 것은 대개 이전에 현대가 위인에 대해서 저지른 죄를, 그 경우 저마다 지나간 과거에 있어서 보상할 의무를 느끼는 것처럼 생각된다. 그들의 생애와 노력은 감동적인 고마움과 넘치는 경탄의 마음으로 칭송되며, 특히 비관적인 시대에는 좌절된 마음이나 절망적인 영혼을 다시 분기시킬 수가 있다.

그러나 여기에는 참으로 위대한 정치가뿐만 아니라 그 밖의 위대한 개혁자도 모두 속한다. 프리드리히 대왕과 나란히 마르틴 루터나 리하르트 바그너도 서는 것이다.

국제자본과의 싸움

나는 처음으로 고트프리트 페더의 '이자 예속의 타파'에 대한 강연을 들었다. 그때 나는 곧바로 여기에는 이론적인 진리가 문제되어 있고, 독일 민족의 앞날에 대해서 헤아릴 수 없는 의미가 담겨 있는 것이 될 것임에 틀림없다고 생각했다. 국민경제에서 주식자본을 날카롭게 분리함으로써, 자본 일반에 대한 싸움과 동시에 독립된 민족적 자기보존의 토대를 위협당하는 일 없이 독일 경제의 국제화에 반항하는 가능성을 제시한 것이다. 나는 곤란하기 그지없는 싸움이 이제 막 적대 민족에 대해서가 아니라, 국제자본에 대해서 공격해야 한다는 것을 몰랐을 때보다도 훨씬 뚜렷하게 독일 발전이 눈에 비쳤던 것이다. 페더의 그 강연 속에서 나는 다가올 투쟁에 대한 힘센 구호를 감지했던 것이다.

그리고 여기서도 그다음의 발전은 우리의 그때 느낌이 얼마나 옳았던가를 증명하고 있다. 오늘날 우리는 교활한 우리 부르주아 정치가들로부터도 더이상 비웃음받지 않는다. 오늘날에는 그들이 의식적으로 거짓말을 하고 있지 않는 한, 국제적인 주식자본은 가장 큰 전쟁 선동자일 뿐만 아니라, 투쟁이 끝난 지금까지도 평화를 지옥으로 만들기 위해서는 그 무엇도 방치해 두지 않는다는 것을 알아차리고 있기 때문이다.

국제 금융자본과 국제 대부자본에 대한 싸움은 독일 국민이 경제적 독립과 자유를 이루어내기 위해 가장 중요한 강령이 되었다. 이른바 정치가의 다른 주장에 대해선 다음과 같이 대답할 수 있다. '이자 예속의 타파'를 수행함으로써 가공할 경제적 결과가 생겨나리라고 걱정하는 것은 모두 쓸데없는 일이다. 왜냐하면 첫째로, 지금까지의 경제처방은 독일 민족에게 몹시 해로운 것이 되었기 때문이다. 국민적인 자기주장 문제에 대한 여러 견해의 결정은 우리에게 훨씬 이전에 비슷한 전문가에 의해 주장된 의견을 매우 강력히 되돌아보게 한다.

예컨대 철도건설 문제에 있어서 바이에른 위생국의 예이다. 이 고귀한 사람들로 이루어진 단체의 그때 두려움은 그 뒤 잘 알다시피 실현되지 않았다. 이 새로운 '증기 마차'인 열차의 손님은 현기증을 일으키지 않았고, 구경꾼 또한 병에 걸리지 않았다. 그리고 이 새로운 발명품을 보지 않게 하기 위한 판자 담장을 사람들은 그만두었다. 오로지 이른바 모든 '그 방면의 전문가'의 머리에만 담장이 후세까지 남아 있었던 것이다.

유일한 신조, 곧 민족과 조국

둘째로, 사람들은 다음과 같은 일을 깨달아야만 되었다. 바로 이념이라는 것은 어느 것이나, 또한 그것이 최선의 이념일지라도 그 자체가 목적인 양 자부하면 위험해진다. 그러나 실제는 목적을 위한 수단에 불과한 것이다. 나에게는 그리고 모든 참된 국가사회주의자에게는 단 하나의 신조만이 있다. 바로 민족과 조국이다.

우리가 투쟁할 목적은 우리 인종, 우리 민족의 존립과 증식 확보, 민족의 자식들 부양, 피의 순결 유지, 조국의 자유와 독립이며, 또 우리 민족이 만물 창조주에게서 위탁받은 사명을 이루어낼 때까지 자랄 수 있도록 하는 것이다.

무릇 모든 사상이나 이념, 교설과 지식은 이 목적을 위해 봉사해야 한다. 또한 모든 것은 이 입장에서 음미되어야 하며 그 목적에 맞는 정도에 따라 이용되거나 거부되어야 한다. 그러기 때문에 모든 것은 생활에만 도움이 되는 것이어야 하므로 어떠한 이론도 죽은 신조로 굳어져버릴 수 없는 것이다.

그와 같이 고트프리트 페더의 인식은 내가 철저하게 그 무렵까지 거의 알지 못했던 영역에 관계를 가지게 하는 원인이 되었다.

나는 다시 공부하기 시작했다. 그리고 그때 비로소 유대인 칼 마르크스의 평생 작업의 의도 내용을 이해하게 되었다. 국민경제에 대한 사회민주당의 투쟁이 진정으로 국제적인 금융 및 주식자본의 지배를 위한 기반을 준비하는 것뿐이라는 사실을 깨달은 것과 마찬가지로, 그의 《자본론》도 이제 비로소 나에게 올바르게 이해가 된 것이다.

*

'교육담당 장교'[9]

그러나 더 나아가 다른 점에서 보았을 때, 이 강습은 나에게 더할 나위 없이 커다란 영향을 미쳤다. 어느 날, 나는 토론을 신청했다. 참가자의 한 사람이 유대인을 위해 한바탕 겨루어야 한다 생각하고, 장황하게 유대인을 변호하기 시작했다. 이에 자극되어 나는 항변했다. 출석해 있던 참가자의 압도적 대다수는 나의 의견에 편들었다. 하지만 그 결과는 내가 2~3일 후 이른바 '교육담당 장교'로서 그때 뮌헨연대에 편입되도록 결정된 일이었다.

그 무렵 군기는 아직도 상당히 풀어져 있었다. 노병(勞兵)평의회 시대의 여파를 입고 있었던 것이다. '자발적인' 복종—사람들은 쿠르트 아이스너 아래에 있는 돼지우리를 아름답게 그렇게 부르고 있었던 것이다—대신 다시 군기와 복종을 도입하는 일은 아주 천천히 그리고 주의 깊게 이행하지 않으면 불가능했다. 그와 동시에 군대 자체에는 국가적, 조국적 감정이나 사상을 가르쳐야 했다. 나의 새로운 활동영역은 이 두 방면에 걸쳐 있었다.

나는 크나큰 열의와 애정을 가지고 시작했다. 왜냐하면 이제 막 나에게는 한꺼번에 많은 청중 앞에서 이야기를 할 기회가 주어졌고, 내가 전부터 언제나 알고 있지는 못했지만 순수한 느낌에서 간단히 받아들이고 있던 것이 이제 적중했기 때문이다. 다시 말해 나는 '연설할' 수가 있었던 것이다. 또 물론 목소리도 매우 좋은 상태라 적어도 작은 중대의 실내라면 어디서나 충분히 알아들을 수가 있었다.

이만큼 내게 행복한 임무는 없었다. 왜냐하면 제대 전에 내 마음에 쏙 드는 제도, 바로 군대에 도움을 줄 만한 봉사를 할 수 있었기 때문이다.

나는 또 성공했다고 말해도 좋았다. 나는 자신의 강연을 통해서 몇백, 아

---

9) 교육담당 장교란 보통 군무에서 휴가를 얻어 공부하고 있는 장교를 이르는 말로, 히틀러는 오로지 '신임자(信任者)'였다고 한다.

마도 몇천이라는 전우를 다시 그 민족과 조국으로 이끌고 돌아왔다. 나는 군대를 '국가화'하고, 그것에 의해 일반적인 군기를 강화하는 데 도움을 줄 수 있었다.

여기서 다시 나는 훗날 새로운 운동의 주춧돌을 놓기 시작한 같은 뜻을 가진 수많은 전우를 알게 되었던 것이다.

독일노동자당

어느 날 나는 '독일노동자당'이라는 이름으로 가까운 날 중에 집회를 열려고 하는—거기에서는 고트프리트 페더도 강연할 것이 틀림없었겠지만—아마도 정치 단체로 여겨지는 단체가 어떠한 것인지 보고 오도록 상관으로부터 명령을 받았다. 나는 아무튼 거기에 가서 그 단체를 살펴보고 보고해야만 했다.[1]

그때 군부 측이 정당에 보이고 있었던 호기심은 뻔했다.[2] 혁명은 병사들에게도 정치적 활동의 권리를 부여하고, 이제 가장 경험이 없는 자라도 그 권리를 충분히 행사하고 있었다.[3] 병사들의 동정이 혁신 정당에서 국가주의적 운동이나 분기의 방향으로 돌아가기 시작한 것을 중앙당[4]이나 사회민주당이 유감이나마 인정하지 않을 수 없었던 순간부터 사람들은 군대로부터 다시 선거권을 빼앗아 정치 활동을 금지하는 것이 옳다고 본 것이다.

중앙당과 마르크스주의가 이 조치를 취한 것은 잘 이해되었다. 왜냐하면 만일 사람들이 이 '시민권'—사람들은 병사들의 정치적 동등권을 혁명 뒤 그렇게 부르고 있었다—의 박탈에 착수하지 않았다면, 몇 년 뒤에는 벌써 11월혁명의 국가는 존재하지 않았을는지도 모르고, 이에 따라서 또 이 이상 국

---

1) 그때 뮌헨에는 '독일적 노동자의 평화를 위한 자유위원회' '게르만 기사단'과 같은 반유대 단체의 위장 단체인 '투레협회' '정치적 노동자클럽' 등의 극우단체가 있었다. 그 가운데 하나인 '독일노동자당'을 히틀러는 상관인 마이어 대위의 지시로 조사했다.

2) 이 주장은 옳다.

3) 지난날 독일에서는 병사에게는 선거권이 주어져 있지 않았다. 제1차 세계대전 뒤 주어졌으나 그 뒤 회수되었다.

4) 가톨릭계 정당, 지금 '기독교민주동맹'의 전신.

가적인 능욕이나 모욕을 주지 않았을지도 모르기 때문이다. 그때 군대는 국내에 있어서의 연합국의 흡혈귀나 앞잡이를 국민들로부터 몰아내는 가장 좋은 길을 걷고 있었다. 그러나 또 이른바 '국가주의적' 정당이 11월혁명 범죄자의 지금까지의 견해를 수정하는 일에 감격하고 찬성하여, 이리하여 국가주의적 고양의 도구를 쓸모없게 만드는 일을 도운 것은 역시 이러한 호인 중의 호인의 여느 때와 같은 독단적 관념이 어디로 낙착하느냐 하는가를 다시 보여주었다.

중앙당이나 마르크스주의는 군대에서 위험한 국가주의적 독니를 빼버리는 일만을 생각하고 있었는데, 실제로 정신적으로 노쇠해 있는 부르주아지는 모두 진지하게 군대는 다시 본디대로의 군대가 될 것이라고, 다시 말해 독일 군사력의 보배가 될 것이라고 생각하고 있었다. 그 독니만 없으면 군대는 영원히 경찰로 머물고 적 앞에서 전투를 할 수 있는 군대는 되지 않는다. 이것은 그 뒤 충분히 실증되었다.

또는 우리 '국가주의적 정치가들'은 군대가 국가주의적 이외의 것으로 발전할 수 있으리라고 믿고 있었던 것일까? 이 생각은 이러한 신사들에게 지긋지긋할 정도로 잘 어울린다고 생각된다. 왜 그런가 하면 전쟁 중 그들은 병사가 아니라 수다쟁이, 다시 말해 의회꾼이었기 때문이며, 일찍이 세계 제1급 병사였다는 더할 수 없이 힘찬 과거를 회상하는 사나이의 가슴속에 무엇이 있는지를 조금도 이해하고 있지 못했기 때문이다.

그리하여 나는 앞에 말한, 지금까지 전혀 몰랐던 당의 집회에 가기로 결심했다. 내가 저녁때 뮌헨에 있는 예전의 슈테른에커브로이의 '친위대원실'—그 뒤 이곳은 우리의 역사적인 방이 되었다—에 갔을 때 그곳에는 주로 하급계층 사람들이 20명에서 25명쯤 참석해 있었다.

페더의 강연은 강습 이래 이미 알고 있었으므로 나는 단체 그 자체의 관찰에 주의를 집중하여 기울이고 있었다.

내가 받은 인상은 좋지도 나쁘지도 않았다. 즉 다른 많은 사람들도 하고 있는 것과 같은 신당 창립이었다. 때마침 그 무렵은 지금까지의 발전에 만족하지 못하고 기존 정당에도 신뢰를 둘 수 없게 된 자들이 저마다 스스로 신당을 세우는 데 적합하다고 느끼는 시대였다. 그래서 여기저기서 이러한 단체가 지면에서 느닷없이 나타났다가 이윽고 자취도 없이 또 사라지는 것이었다. 창립자들은 주로 단체에서 정당이나 하나의 운동을 만들어내는 것이 무엇을 의미하는지 전혀 알지 못하고 있었다. 그러므로 이 창립 단체는 거의 언제나 스스로 우스꽝스러운 속물근성 속에 질식하고 말았던 것이다.

2시간여 동안 들은 다음 나는 '독일노동자당'도 이런 거구나 하고 생각했다. 이윽고 페더의 이야기가 끝나자, 나는 한숨을 돌렸다. 충분히 보았고 이제 돌아가리라 생각하고 있었다. 그때 자유토론을 한다는 알림이 있어 좀더 남아 있고 싶은 생각이 들었다. 하지만 이것 또한 갑자기 한 '교수'가 발언할 때까지는 모두 무의미하게 끝날 것 같았다.

그는 먼저 페더의 논거 정당성에 의문을 가졌으나 그 뒤—페더의 매우 훌륭한 답변이 있은 뒤—갑자기 '사실의 바탕'에 입각하여 강령의 특히 중요한 점으로서, 바이에른을 '프로이센'으로부터 '분리'시키는 투쟁을 일으켜야 한다는 것을 매우 열심히 이 신당에 추천했다. 이 사나이[5]는 뻔뻔스럽게도 이 경우 특히 독일·오스트리아는 곧바로 바이에른에 합병할 것이라는 점, 그리고 좀더 나은 평화가 올 것이라는 따위와 같은 많은 무의미한 일을 주장했다. 그래서 나는 마찬가지로 발언을 요구하고 이에 대한 내 의견을 학식 있는 분에게 말씀드리는 것 말고는 방법이 없었다. 성공이었다.

이 연설자는 내 이야기가 끝나기도 전에 물벼락을 맞은 푸들처럼 회의장에서 사라져버렸다. 내가 이야기를 하고 있을 때 사람들은 놀란 듯한 얼굴로 듣고 있었다. 그리고 내가 청중에게 마지막 인사를 나누고 나오려고 할 때 한 사람이 나를 뒤쫓아와 이름을 밝히고—나는 그의 이름을 확실히 알지 못했지만—이것을 부디 읽어달라고 간절히 부탁하면서 분명히 정치적 팸플릿으로 여겨지는 소책자를 내 손에 쥐어주었다.[6]

이것은 나에게 매우 기쁜 일이었다. 왜냐하면 이제부터는 이렇게 흥미 있는 집회에 참석하지 않더라도 아마도 좀더 간단히 이 지루한 단체를 알 수 있으리라 생각되었기 때문이다. 게다가 얼핏 보았지만 이 노동자풍의 사나이

---

5) 바우만 교수를 이른다.

6) 드레크슬러의 '나의 정치적 깨달음—독일의 한 사회주의적 노동자의 일기에서'. 드레크슬러는 뮌헨의 철도 공구공으로 반유대주의 조직인 '독일적 노동자의 평화를 위한 자유위원회' 뮌헨 지부를 만들고, 이어서 스포츠 기자 칼 하러(투레협회 회원)와 '정치적 노동자클럽'을 만들었고 '독일노동자당'과도 관계하고 있었다.

는 나에게 좋은 인상을 주었다. 이렇게 해서 나는 그곳을 떠났다.

나는 그때 여전히 제2보병연대 안의 작은 방에서 살고 있었다. 거기에는 아직도 혁명의 자취가 매우 뚜렷하게 남아 있었다. 나는 종일 외출을 했는데, 대개는 제41저격병연대라든가 또는 집회나 어딘가 다른 부대의 강연 등에 나가고 있었다. 밤에만 내 방에서 잤다. 나는 날마다 아침 5시 전에는 언제나 눈을 떴기 때문에 이 작은 방에서 삶을 이어가고 있는 생쥐에게 딱딱한 빵이나 껍질을 2~3조각 바닥 위에 놓아주고 이 귀여운 작은 동물이 맛있는 음식 주위를 뛰어다니는 것을 지켜보곤 했다. 나는 내 인생에서 이미 많은 고난을 겪어왔으므로 이 작은 동물의 굶주림과 또 만족하는 기분을 충분히 상상할 수 있었다.

이 집회가 있었던 이튿날 아침에도 나는 5시에 눈을 뜨고 침대에 누운 채 생쥐가 뛰어다니는 것을 보고 있었다. 더 이상 잠을 잘 수 없었기 때문에 문득 지난밤 일을 떠올렸다. 그리고 그 노동자가 나에게 건네준 소책자를 생각해 냈다. 그래서 읽기 시작했다. 그것은 작은 팸플릿이었다. 그 속에서 지은이, 곧 그 노동자는 자기가 어떻게 해서 마르크스주의와 노동조합의 상투적 문구의 혼란 상태에서 다시 국가주의적인 사상에 이르게 됐는지 밝히고 있었다. 따라서 표제도 '나의 정치적 깨달음'이라고 되어 있었다.

나는 일단 읽기 시작하다 결국에 그 소책자를 재미있게 다 읽어냈다. 더구나 거기에는 나 스스로가 12년 전부터 몸소 겪어왔던 것과 비슷한 과정이 반영되어 있었던 것이다.[7] 나도 모르는 사이에 나는 자신의 발전을 생생히 되새길 수 있었다. 나는 하루 내내 두세 번 이에 대해서 추억했다.

그러고는 이윽고 그것은 잊혀갔다. 그러나 그때 1주일도 채 지나지 않았는데 엽서 한 장을 받고 놀랐다. 그것은 당신을 '독일노동자당'에 가입시켰으니까 다음 주 수요일에 당 위원회에 나오라는 내용이었다.

위원회

나는 이러한 당원 '획득' 방법에는 마땅히 어이가 없었다. 그에 대해서 화를 내야 할지 웃어야 할지 몰랐다. 나는 기존 정당에 가입할 생각이 전혀 없

---

7) 이것을 마저는, 히틀러와 아무 관련도 없는 인생길을 걸어온 직공 드레크슬러에 대한 친근감이 깃든 히틀러의 제스처에 지나지 않는다고 말하고 있다.

었으며, 나 자신이 독자적인 정당을 만들 생각이었다. 이러한 무리한 요구는 물론 나에게는 문제가 되지 않았다.

나는 그들에게 서면으로 답변을 보내려고 했으나, 그때 호기심이 생겨 몸소 찾아가 답변하기로 마음먹었다.

수요일이 되었다. 그 모임이 열린다는 선술집은 헤른 거리 '아르테 로젠바트'였다. 몇 년 만에 한 번 길을 잃어 들어오는 사람도 있으리라 싶은 아주 보잘것없는 곳이었다. 마땅히 1919년이면 놀랄 일도 아니다. 큰 식당조차 메뉴는 매우 간소했고 그다지 마음에 들지 않았다. 그러나 이 선술집을 나는 그때까지 전혀 알지 못했다.

나는 아무도 앉아 있지 않고 불빛도 흐린 객실을 지나 별실로 통하는 문을 찾았다. 그리고 '회의'를 하고 있는 곳으로 들어섰다. 반쯤 부서진 가스등의 흐릿한 불빛 속에서 한 테이블을 둘러싸고 네 젊은이가 앉아 있었다. 그 속에 그 소책자의 지은이도 있었다. 그는 곧 아주 기쁜 듯이 나에게 인사를 하고 '독일노동자당'의 새 당원으로서 환영해 주었다.

나는 조금 어리둥절했다. 실제의 '전국 의장'이 곧 온다고 해서 나도 입장 발표를 미루고 잠시 기다리기로 했다. 마침내 의장이 나타났다. 페더 강연 때의 슈테른에커브로이 집회의 지도자가 그였다.

나는 그동안 또다시 호기심을 느끼고 지금부터 무슨 일이 일어날까 기다렸다. 그래서 나는 한 사람 한 사람의 이름을 기억했다. 이 '전국적 조직'의 의장은 하러였고, 뮌헨의 위원장은 안톤 드레크슬러였다.

거기서 지난번 회의의 의사록이 낭독되고 서기장에 대한 신임결의가 있었다. 그리고 회계보고 차례였다. 총계 7마르크 50페니히가 이 조직의 재산이었다. 이에 대하여 회계담당에 전면적인 신뢰가 발표되었다. 이것이 다시 의사록에 기입되었다. 그리고 의장이 킬에서 한 통, 뒤셀도르프에서 한 통 그리고 베를린에서 한 통 온 편지에 대한 회답문을 읽었다. 그것에 대하여 전원이 양해했다. 그 뒤 도착 서류가 보고되었다. 베를린에서 한 통, 킬에서 한 통, 뒤셀도르프에서 한 통, 그 도착은 큰 기쁨으로 맞이한 것 같았다. 그들은 서신 왕래가 잦아진 것은 '독일노동당'의 중요성이 확대되어감을 보여주는 가장 긍정적인 조짐이라고 풀이했다. 그리고 다시 새로 보낼 답장에 대한 긴 토론이 있었다.

너무하다, 너무해! 이것은 분명히 가장 심한 가짜 단체이다. 이런 조직에 들어가야 한단 말인가?

다음으로 신입회원이 이야깃거리가 되었다. 다시 말해 나를 붙잡는 것이 문제가 되었던 것이다. 그래서 나는 질문을 하기 시작했다. 그러나 2~3개의 취지를 제외하고는 아무것도 없다. 강령도 없다. 선전지도 없다. 인쇄물 따위는 아무것도 없다. 당원증도 없었다. 더구나 시시한 도장도 물론 없다. 확실한 좋은 신념과 착한 의지가 있을 뿐이었다.

나는 웃을 수조차 없었다. 왜냐하면 이것이야말로 모든 기존 정당, 그 강령, 그 의도, 이들 모두가 완전히 어찌할 바를 모르는, 아주 절망적인 존재의 전형적인 징표 말고는 그 무엇도 아니었기 때문이다. 이 몇몇 젊은이들을 거기에서 외면적으로 이렇게 우스꽝스러운 행위로 몰고 가는 것은 그들의 내적 목소리의 발로뿐이었다. 그것이 그들에게는, 물론 의식적이라기보다 감정적으로 기존 모든 정당이 완전히 독일 국민을 북돋기 위해서도, 그 내면적인 상처를 회복시키기 위해서도 적합하지 않은 것으로 보였던 것이다.

나는 서둘러 타자로 친 취지를 훑어보았다. 그리고 거기에서 알고 있는 것이 아니라 모색하고 있는 것임을 알아차렸다. 많은 점이 거기에서는 모호하거나 분명하지 않고 모자란 부분도 많았다. 그러나 고심해서 인식을 바꾸려하고 있는 징표로서 쓰일 수 있는 것은 아무것도 없었다.

이들이 느끼고 있는 것을 나도 알고 있었다. 그것은 기존 말의 의미에서의 정당보다 나은 것이어야 하는, 어떤 새로운 운동에의 그리움이었다. 내가 이날 밤 다시 병영에 돌아왔을 때 이 단체에 대한 내 판단은 이미 끝나 있었다. 나는 내 생애의 분명히 가장 곤란한 문제에 맞닥뜨리고 있었다. 바로 여기에 가입해야 할 것인가, 아니면 거절해야 할 것인가였다.

이성은 거절하라 말하고 있을 뿐이었다. 하지만 감정이 나를 진정시키지 않았다. 그리고 내가 이 조직 전체의 미치광이 같은 모습을 눈앞에 떠올릴수록 그때마다 감정이 변호하는 것이었다. 나는 며칠 동안 안절부절못했다.

나는 이것저것 잘 생각하기 시작했다. 정치에 관여한다는 것은 이미 훨씬 전에 마음먹은 일이었다. 이것이 어떤 새로운 운동에 있어서만 일어날 수 있다는 것도 마찬가지로 분명했다. 다만 실행 계기가 이제껏 계속 빠져 있었을 뿐이었다. 나는 오늘 무엇인가 시작하면 내일은 벌써 그만두고, 가능하면 무엇인가 새로운 일로 이행해 가는 그런 사람은 아니었다.

신당에 가입하는 일이 왜 이렇게 어려웠는가 하는 주요 이유는 바로 이러한 신념 때문이었다. 나는 이것이 내게 영원한 결심이 되고, 이때 다시 본디 위치로 되돌아가는 일 같은 것은 결코 할 수 없다는 것을 알고 있었다. 따라서 이것은 나에게 있어 일시적인 장난이 아니라 절실하고 진지한 것이었다.

그때 이미 나는 무엇이고 시작했지만 무엇 하나 실행하지 못하는 인간에 대하여 본능적인 혐오를 느끼고 있었다. 어느 골목에나 있는 '주제넘게 나서는 친구들'을 싫어하고 있었다. 이러한 인간 활동은 오히려 아무것도 하지 않는 것보다 더 나쁘다고 여기고 있었다.

이제 운명 자체가 나에게 암시를 주고 있는 것처럼 여겨졌다. 나는 결코 기존 대정당에는 가지 않았으리라. 그 이유는 나중에 더 자세히 말할 것이다. 이 우스꽝스런 작은 조직은 내가 볼 때 아직 하나의 '조직'으로 굳어져 있지 않고 참다운 인간적 활동의 가능성이 한 사람 한 사람에게 허락되고 있는 장점을 가진 것처럼 여겨졌다. 여기서라면 아직 활동할 수 있다. 그리고 운동이 작으면 작을수록 더욱더 빨리 그 운동을 바른 모습으로 만들 수가 있는 것이다. 여기에서는 아직 운동의 내용이나 목표나 방법을 정할 수가 있었다. 기존 대정당의 경우에는 이미 처음부터 결여되어 있었지만.

내가 깊이 생각하려고 하면 할수록 내 마음속의 확신은 더욱더 커졌다. 다시 말해 이러한 작은 운동으로부터 언젠가는 국민의 고양을 준비할 수가 있을 것이다. 그러나 매우 낡은 관념에 사로잡혀 있거나 또는 새 정부 이익의 몫을 나누어 갖고 있는 많은 의회 정당으로부터는 결코 그 이상의 것이 기대될 수가 없다. 왜냐하면 여기서 널리 알려야 하는 것은 새로운 세계관이지 새로운 선거의 강령이 아니었기 때문이다. 물론 이 의도를 실현에 옮기려고 한다는 것은 더할 나위 없이 어려운 결단이었다.

무명인

도대체 이 과제를 위해 나 스스로에게 어떤 예비 조건이 갖추어져 있는 것일까? 재산도 없고 가난한 것은 아직 나로서는 매우 견디기 쉬운 일로 여겨졌다. 그러나 더 곤란한 것은 내가 역시 이름이 알려지지 않은 한 사람, 우연히 살리기도 하고 죽이기도 하는, 더구나 가장 친한 주위 사람조차도 그것을 깨달을 만큼 배려해 주지 않는 수백만 명 가운데 한 사람이라는 것이었다. 게다가 학교에 다니지 않았다는 데서 틀림없이 생겨나게 될 어려움이 여기에 덧붙여졌다.

이른바 '지식층'은 본디 언제나 의무교육을 완전히 받지 못하고 필요한 지식을 얻지 못한 자에게는 모두 한없는 경멸의 태도로 대하는 법이다. 어떤 인간이 무엇을 할 수 있느냐는 것은 결코 문제가 되지 않고, 도리어 그는 무엇을 배웠느냐가 문제시되는 것이다.

이러한 '교육받은 사람들'에게는 아무리 형편없는 돌대가리라도 그가 충분한 졸업장을 가지고 있으면, 그가 이 귀중한 종이주머니를 갖고 있지 못한 명석한 청년보다 훨씬 가치가 있는 것이다. 나는 이러한 '교양 있는' 사람들이 나에게 어떤 태도를 취할지 쉽게 상상할 수 있었다.

또한 그때 나는 인간을 꾸밈없는 현실에서, 유감스럽게도 대부분 실제 이상으로 높게 평가하고 있었는데, 그런 점에서 잘못 알고 있었던 것이다. 인간은 그러한 것이기 때문에 물론 어디에서나 그러하듯 예외자가 언제나 빛을 내는 법이다. 그러나 그것으로서 나는 늘 영원히 학생으로 머물고 있는 자와 진실로 유능한 인간 사이를 구별하는 것을 알았다.

당원번호 7번

이틀 동안 몹시 고민을 거듭하고 심사숙고한 끝에 마침내 나는 한 발 앞으로 나아가야 한다고 확신하게 되었다. 그것은 나의 생애를 결정하는 가장 중요한 결단이었다. 이제 물러난다는 것은 있을 수 없고 또한 그것은 허용될 수 없는 일이었다.

그래서 나는 독일노동자당의 당원으로서 등록하고 번호 7이라 기록된 임시당원증을 받았다.[8]

---

8) 이것은 일부러 거짓말한 것으로 생각된다. 히틀러는 독일노동자당 실행위원회의 7번째 번호였으나 당원으로서는 55번째이며 당원번호는 555였다. 당원번호가 501번부터 시작되고 있었기 때문이다. 실행위원회 번호는 안톤 드레크슬러(철도공구) 제1위원장, 칼 하러(신문기자), 미하엘 로터(기관차 운전사) 제1서기, 아돌프 빌크호퍼(학생) 제1회계계, 요한 B. 케르블 제2서기, 프란츠 기리슈(줄칼 직공) 제2회계계, 히틀러(화가) 선전계장 순이었다. 히틀러의 연설 솜씨에 대해서는 마이어 대위가 극찬하고 있다.

제10장
붕괴의 원인

어떤 물체가 떨어져 내렸을 때, 그 떨어진 길이는 언제나 그 물체가 처음 있었던 장소에서 지금 장소까지의 거리로 측정된다. 민족이나 국가의 몰락에 대해서도 같은 말을 할 수 있다. 따라서 이전의 지위, 아니 오히려 높이라고나 불러야 할 것이 결정적인 의미를 가져온다. 언제나 일반적인 한계를 넘어 높이 뛰어난 자만이 또한 눈에 띄게 떨어져 내리고 몰락할 수 있다. 그래서 모든 사려가 깊은 사람들, 또 감수성이 예민한 사람들에게 독일제국의 붕괴는 몹시 괴롭고도 충격적인 일이었다. 그럴 것이 그 붕괴는 현재 눈앞에 맞닥뜨린 굴욕적인 곤경에서는 더 이상 생각조차 할 수 없을 정도의 높이로부터의 몰락이었기 때문이다.

이미 독일제국의 건국 자체가 온 국민을 감격시키는 사건의 기적에 의하여 금빛으로 테두리가 장식되어 빛나고 있었다. 한 제국이 비길 데 없는 승리의 전진을 거듭한 뒤 마침내 불후의 영웅적 정신의 보답으로서 자손을 위해 성립했던 것이다. 의식적이든 무의식적이든 간에 그러한 것은 아무튼 상관없지만, 독일인은 누구나 이 나라는 의회의 여러 당파의 속임수나 사기로 인해 탄생한 것이 아니라, 숭고한 건국에 의해 그 태생부터 이미 다른 나라들의 표준을 넘어 우뚝 솟아 있다는 감정을 품고 있었다.

왜냐하면 독일인은 제후나 민중이나, 앞으로 한 국가를 만들어 새로이 제관(帝冠)을 그 상징으로서 바치리라고 결심하고 있다는 의사 표명을 엄숙히 행했는데, 그 표명은 참으로 의회의 연설전(演說戰)에 있어서의 수다 속에서가 아니라, 파리 포위전의 최전선에서의 포성의 굉음 속에서 거행되었기 때문이다. 그것은 결코 감쪽같이 속여서 공격한 것이 아니며, 비스마르크 국가의 건설자는 최전선의 연대였지 절대 도망병이나 징병 기피자 따위는 아니었던 것이다.

이와 같은 비할 바 없는 국가의 탄생과 그 포화에 의한 세례는 그것만으로도 벌써 독일제국을 빛나는 역사적 영광으로 감쌌던 것이다. 그러한 영광은 가장 오래된 나라들에게만—그것도 드물게—주어질 수 있는 것이었다. 그리고 찬란한 번성함이 시작되었던 것이다!

해외를 향한 자유로운 진출은 국내에서의 하루하루의 빵을 보증했다. 국민은 인구 증가와 함께 현세의 재화를 증가시켰다. 그러나 국가의 명예와 그에 따르는 온 민족의 명예는 옛 독일연방과의 차이를 더욱 뚜렷하게 표시할 수 있었던 하나의 군대에 의하여 지켜지고 옹호되었다.

독일제국과 독일 민족이 맞닥뜨리고 있는 몰락은 너무나도 심각했으므로 누구나 현기증에 사로잡힌 사람처럼 감각이나 의식을 잃어버린 듯 보인다. 사람들은 이미 이전의 높이를 회상할 수가 없으므로 그때의 위대함이나 빛남이 오늘날의 어려움과 견주어서 꿈처럼 비현실적으로 보이는 것이다.

붕괴의 조짐

그러므로 사람들은 너무도 탁월한 면에 그저 현혹되어, 무서운 붕괴의 조짐을 찾는 것을 잊고 있다는 것도 분명하다. 그럼에도 불구하고 그 조짐은 아무튼 이미 존재하고 있었음이 틀림없었다.

물론 그러한 사실은 독일을 돈벌이나 산재(散財)를 위한 단순한 체류지 이상의 것으로 생각한 사람들에 의해서만 두루 쓰이는 일인 것이다. 왜냐하면 그 사람들만이 오늘날 상황을 붕괴라 느낄 수 있기 때문이다. 이에 반해 다른 사람들에게는 이 상황은 그들이 오랫동안 소망하면서도 오늘날까지 채워지지 못했던 바람의 실현인 것이다.

그러나 조짐은 그때 분명하게 존재하고 있었는데도, 오로지 그것으로부터 그 어떤 교훈을 끌어내리고 애쓴 사람이 매우 적었다는 것뿐이다. 하지만 오늘날에는 이 사실은 과거보다 한층 더 필수적이다.

붕괴의 원인

병원체가 알려져 있지 않으면 병을 치료할 수 없는 것처럼, 정치적인 질병 치료도 같은 경우라 말할 수 있다. 물론 질병의 외면적인 형태, 다시 말해 눈에 띄는 증상을 우리는 내면적인 원인보다 한층 쉽게 보고 발견하게 된다. 이와 같은 사실은 참으로 어째서 많은 사람들이 외면적인 결과를 일반적으로 인식하는 이상으로는 나가지 못하고, 더구나 그러한 결과를 원인으로 잘못 생각하며, 또 그와 같은 원인 존재를 전혀 부정하려고까지 애쓰고 있느냐 하는 것에 대한 이유이다.

그러므로 오늘날에도 우리 대부분은 독일 붕괴가 주로 일반적인 경제적 궁핍 그리고 거기서 비롯한 결과에 의한 것이라고만 생각하고 있다. 이러한 여러 결과는 거의 모든 사람들이 개인적으로 다 함께 떠맡아야 한다. 따라서 이것들은 모든 개인이 파국을 이해하기 위한 그럴듯한 이유인 것이다. 그러나 대중은 붕괴를 정치적·문화적·윤리적·도덕적 견지에서 보는 일은 거의 없다. 이러한 면에서는 감각이나 지성이 전혀 쓸모없는 인간이 많다.

만일 대중이 그렇다면 그래도 참을 수가 있다. 하지만 지식층 사이에서도 독일 붕괴가 주로 '경제적 파국'으로 여겨지고, 따라서 그 치료가 경제에 기대되고 있다는 것은 오늘날까지 조금도 회복의 길에 들어서지 못하고 있는 원인 가운데 하나이다. 여기에서도 경제에는 오로지 두 번째 또는 순전히 세 번째 역할밖에 주어지지 않고, 정치적·논리적·도덕적 그리고 혈연적인 요소에야말로 첫 번째 역할이 주어지는 것을 사람들이 파악한 다음에야 비로소 오늘날 불행의 원인이 이해되며, 그에 따라 또 치료 방법도 발견될 수 있을 것이다.

독일의 붕괴 원인을 묻는다는 것은 따라서 결정적인 의미를 가지지만, 패배의 극복을 당면 목적으로 삼는 것과 같은 정치 운동에 있어서는 특히 그렇다. 그러나 지난날 그와 같은 탐구에 있어서도 보다 더 많이 눈에 띄는 결과를 좀처럼 눈에 띄기 힘든 원인과 착각하지 않도록 엄격히 조심하지 않으면 안 된다.

오늘날 불행에 대한 가장 쉽고, 가장 일반화되어 있는 설명은 그것이 완전한 패배에 의한 결과이며, 그 때문에 이 패전이 오늘날 재해의 원인이라는 취지의 것이다. 이 당찮은 말을 진지하게 믿는 사람도 많이 있으리라고 생각되지만 그와 같은 설명이 단순한 거짓말이며 진실이 아니라는 것을 알면서 말로 하는 사람은 더욱 많다. 의도적인 거짓은 오늘날 정권의 단물을 빨고 있는 사람들 전체에 두루 쓰인다. 왜냐하면 이 전쟁이 어떻게 끝나든 대중과는 전혀 무관하다는 것을 이전에 되풀이해서 열렬히 대중을 향하여 훈계하고 있던 것은 바로 혁명의 포고자들이었기 때문이다.

그들은 반대로 기껏해야 '대자본가'만은 터무니없는 국가 간의 싸움이 승리로 끝나는 일에 관심을 가질 수 있어도, 독일 국민 자체나 독일 노동자는 결코 그렇게 될 수 없다고 아주 진지하게 보증하지 않았던가? 그러기는커녕 이들 세계 조정의 사도들은 완전히 반대로 독일의 패배에 의해서는 오로지 '군국주의'가 아주 없어질 뿐이며, 다른 한편으로 독일 국민은 멋진 부활을 축복하게 되리라고 단언하지 않았던가?

무릇 이러한 패거리들 중에서는 연합국의 아량을 칭찬하고, 모든 피비린내나는 싸움의 책임을 독일에 덮어씌우지 않았던가? 그러나 그것은 군대의 패배도 국민에 대해 특별한 결과를 불러오지 않고 끝나리라는 의사 같은 것을 밝히지 않아도 할 수 있었던 것이 아니었는가? 아마 혁명에 의하여 독일 국기(國旗)의 승리가 저지될지도 모르지만, 그에 의해서 독일 국민은 국내 및 국외에서의 자유를 마침내 손에 넣을 수 있게 되리라는 상투어로 이 모든 혁명이 꾸며져 있었던 것이 아닐까? 그렇지 않는가? 그대들, 불쌍한 거짓말쟁이들이여!

붕괴의 책임자

이제, 군대의 패배에 붕괴 죄를 씌우는 것은 그야말로 유대적인 뻔뻔스러움에 틀림없다. 왜냐하면, 그럼에도 불구하고 모든 반역자의 중앙기관인 베를린 〈포어베르츠〉지는 "독일 국민은 이번에야말로 승리하여 국기를 조국으로 가지고 돌아갈 수는 없을 것이다!" 하고 썼기 때문이다. 그리고 이제 그것이 우리나라 붕괴 이유라고 할 작정일까?

이와 같은 건망증이 심한 거짓말쟁이들과 싸우려는 것은 물론 아주 쓸데없는 일이리라. 따라서 나는 만일 이 당찮은 말이 유감스럽게도 전혀 사려가 없는 많은 인간에 의하여, 악의나 의식적인 거짓말에서가 아니더라도 잇달아 마구 지껄여지게 되는 일이 없다면, 그에 대해서는 전혀 군소리를 하지도 않을 것이다. 또 이러한 나의 의론은 우리 계몽의 투사를 위한 방책이 되도록 의도된 것이며, 이것들은 어쨌든 전해진 말이 이따금 곡해되기 쉬운 시대에는 대단히 필요한 것이다.

그러므로 패전이 독일 붕괴에 책임이 있다는 주장에 대해서는 다음과 같이 말해야 할 것이다. 곧 확실히 패전은 우리 조국의 앞날에 대하여 큰 의미를 지녔다. 그러나 패전은 원인이 아니며 그것 스스로는 여러 원인에서 생겨난 하나의 결과에 지나지 않는다. 생사를 건 이번 싸움이 불행한 결말을 짓는다면, 매우 파괴적인 결과에 이를 것임에 틀림없다는 것은 통찰력이 있고 더구나 악의가 없는 사람들에게는 아주 확실하다. 하지만 유감스럽게도 이 통찰이 알맞은 시기에 결여된 듯싶은 인간도 존재했다. 또는 양심에 반하여 이 진리를 더욱 부인하고 부정해 버리는 인간도 존재했다. 이들 사람들은 대부분 자기들의 남모를 소원을 채운 뒤에 그들 자신도 그것을 일으키는 데 도움을 주게 된 파국을 나중에 갑자기 알아차린 사람들이다. 그러나 그들이야말로 붕괴에 책임이 있으며 그들이 별안간 멋대로 말하거나 알았거나 한 것처럼 패전에 책임이 있는 것은 아니다.

왜냐하면 패전은 전적으로 그들의 활동 결과에 지나지 않고, 그들이 현재 주장하려 하고 있는 것처럼 '나쁜' 지휘의 결과는 아니기 때문이다. 적들 또한 겁쟁이로 이루어져 있지 않았으며 그들도 죽음을 각오하고 있었다. 적의 수효는 전쟁 첫날부터 독일군보다 많았고 그들의 기술적 동원에는 온 세계의 병기창이 이용되었다. 4년이라는 긴 시간 동안 온 세계와 싸웠던 독일의 전승은 모든 영웅 정신과 '조직'에 뒷받침되면서도 오로지 뛰어난 지휘 덕택이었다. 이 사실은 따라서 결코 이 세상에서 부인될 수 없다. 독일군의 조직과 지휘는 이 지상에서 지금까지 볼 수 있었던 것 가운데 가장 센 것이었다. 그것의 결점 따위는 일반적인 인간 능력 자체의 한계에 따른 것이었다.

이 군대가 붕괴했다는 것은 우리가 오늘날 느끼고 있는 불행의 원인이 아니라 다른 범죄의 결과에 불과했으나, 확실히 그 결과 자체는 그 이후에는 누구의 눈에도 똑똑히 보이는 붕괴의 실마리가 되었다. 그것이 진실하다는 것은 다음 사항에서도 알 수가 있다.

민족은 패전으로 멸망하는가

과연 군대의 패배는 국민 및 국가의 그와 같은 철저한 괴멸에 이르러야만 되는 것일까? 괴멸이라는 것이 전쟁에 패한 결과라는 것은 언제부터 비롯된 일인가? 도대체 민족은 패전 그 자체에 따라 멸망하는 것일까?

이러한 것에 대해서는 매우 간단히 대답할 수가 있다. 민족이 군사적 패배에 따라 자신의 내면적인 부패·비겁·무절조, 요컨대 무자격에 대한 보복을 받는 것이라면, 대답은 예스이다. 그러나 만일 그렇지 않으면, 군사적인 패배는 어느 민족이 이전에 존재했다는 사실의 묘비(墓碑)가 되기보다는 오히려 미래의 보다 큰 재흥의 자극이 될 것이다. 역사는 이 주장이 정당하다는 것에 대해서 끝없이 많은 예증을 우리에게 주고 있다.

안타깝게도 독일 국민의 군사적 패배는 부당한 파국이 아니라, 영원한 인과응보에 의한 정당한 징벌이다. 우리에게 이 패배는 너무나 뚜렷할 정도로 당연한 일이다. 패배는 아마도 분명하면서도 대부분의 사람 눈에 띄지 않고 있거나 또는 사람이 두렵기 때문에 타조의 방식대로 보려고도 하지 않았던, 그러한 내면적인 타락 현상 전체 속에서도 가장 크고, 더구나 외면적인 것임에 지나지 않는다.

사람들은 아무튼 독일 민족이 이 패배를 맞이했을 때 더불어 생겨나는 현상에 주목해야 한다. 많은 단체에서 매우 파렴치하게도 조국 불행에 대해 그야말로 기쁨을 나타내지 않았던가? 그러나 실제로 그와 같은 죄를 지은 자가 아니고 누가 이런 일을 기뻐할까? 그렇다. 더 나아가서는 마침내 싸움터를 들뜨게 한 것을 자랑한 일은 없었는가? 그리고 이것은 적에 의해 행해진 것은 아니었다. 아니, 아니, 이와 같은 수치를 독일인은 스스로 머리에 뒤집어 쓴 것이다! 독일인이 불행을 맞닥뜨린 일을 부당하다고들 말할 수 있을까? 또 언제부터 그들은 되돌아와서 전쟁 책임은 우리 서로에 있다는 등의 말을 하는가? 더구나 충분히 알면서 그리고 양심에 반하면서까지 말이다!

아니다, 다시 한 번 말하지만 아니다. 독일 민족이 패배를 받아들인 태도 속에서 분명하게 볼 수 있는 것은 우리가 무너진 참된 원인은 몇몇 진지에서의 순수하게 군사적인 실패나 공격의 패배 등과는 전혀 다른 데서 찾아야 된다는 것이다. 왜냐하면 실제로 전선 자체가 약화되어 그 전선의 실패에 의하여 조국의 재앙을 불러온 것이라면, 독일 민족은 틀림없이 패배를 전혀 다른 식으로 받아들였을 것이기 때문이다.

만일 그렇다면 사람들은 그 뒤 일어나는 불행을 이를 악물며 견디었거나, 고뇌에 짓눌려 한탄했을 것이다. 또 그렇다면 우연의 장난이나 운명의 의지에 의하여 승리자가 된 적에 대해서 격렬한 분노로 마음이 꽉 찼을 것이다. 그리고 또 국민은 로마 원로원과 마찬가지로 지금까지의 희생에 대한 조국의 감사하는 마음 및 독일제국에 절망하지 않기를 기원하는 소원을 담고, 패배한 군단을 맞이했을 것이다. 그리고 항복조약마저도 지성의 힘에 의해서만 서명되었음에 지나지 않고, 다른 한편 심장은 이미 앞날의 부흥을 꿈꾸며 고동치고 있었을 것이다.

세 사람에 한 사람은 반역자

오로지 운명에게만 답례해야 하는 패배는 이상과 같이 받아들여져야 했을 것이다. 그 경우 사람들은 웃거나 춤추지는 않았으리라. 또 겁이 많다는 것을 자랑하든가 패배를 찬양하지는 않았을 테고, 싸우고 있을 부대를 모욕하거나 군기나 모장(帽章)을 흙탕으로 더럽히지도 않았을 것이다. 그러나 무엇보다도 먼저, 영국 장교인 레핑턴 대령으로 하여금 "독일인은 세 사람 중 한 사람은 반역자다"와 같은 모욕적인 말을 하게 한 놀라운 현상은 일어나지 않았으리라. 아니, 이러한 페스트가 5년 이래 다른 나라들이 우리에게 보내고 있었던 존경을 뿌리째 익사시킨 그 치명적인 홍수에까지 넘쳐흐르게 하는 일은 결코 없었을 것이다.

패전이 독일 붕괴의 원인이라는 주장이 거짓말임은 이상과 같은 점에서 분명히 알 수 있다. 아니, 이 군사적 붕괴는 그 자체가 이미 평화로운 시대부터 독일 국민을 덮치고 있었던 병의 조짐과 병원체 전체에서 생긴 결과에 지나지 않았다. 이것은 윤리적, 도덕적 중독 및 자기보존 충동의 쇠약에서 생겨나고, 또한 여러 해에 걸쳐 국민과 국가의 기초를 뒤집어엎기 시작하고 있던 이들 중독이나 쇠약의 여러 전제 조건에서 생긴, 누구의 눈에도 확실한 최초의 파국적 결과였다.

위험한 탄핵자의 도덕적 무장해제

그러나 유대인 및 그들의 마르크스주의적 투쟁 조직의 모든 그 끝을 알 수 없는 거짓말은 다름 아닌 단 한 사람의 초인적인 의지력과 실행력으로, 자기가 예견할 수 있었던 파국을 막아내고, 국민을 구렁텅이에서의 굴복과 불명예 시대에서 이를 피하게 하려고 애쓴 사나이에게 붕괴의 책임을 지게 했던 것이다. 그들은 루덴도르프가 세계대전의 패배에 책임이 있다고 낙인을 찍음으로써 조국의 반역자에 맞서 일어설 수 있는 유일한 위험한 탄핵자의 손에서 도덕적 정의라는 무기를 뺏고 말았던 것이다. 그들은 그때 그야말로 올바른 원칙, 곧 거짓말이 크면 믿어줄 수 있다는 일정한 요소가 늘 존재한다는 원칙에서 출발했다.

왜냐하면 국민 대중의 마음은 본질적으로 의식해서 일부러 악인이 된다기보다는, 오히려 다른 것에 의해서 손쉽게 타락하는 것이며, 따라서 그들 심정의 단순한 우둔함으로 인해 작은 거짓말보다 큰 거짓말의 희생이 되기 쉽기 때문이다. 물론 그들 자신도 가끔 작은 거짓말을 하는 것이지만, 큰 거짓말을 하는 것은 아무튼 너무나 부끄럽게 느끼고 말기 때문이다.

그와 같은 큰 거짓말은 그들의 머리에는 좀처럼 들어갈 수 없으며, 따라서 불명예롭기 그지없는 왜곡을 하는 따위의, 그야말로 터무니없는 뻔뻔스러움은 남의 경우에도 가능할 것이라고 믿을 수가 없을 것이다. 그렇기는커녕 이것에 대해서 설명을 받아도 역시 오랫동안 계속해서 의심하고 동요할 것이며, 적어도 무엇인가 한 가지 정도의 이유는 역시 진실이라고 받아들일 것이다. 따라서 실제로 극히 뻔뻔스러운 거짓말로부터는 언제나 그 무엇인가가 남아서 이어져갈 것이다.

이상은 이 세상의 모든 큰 거짓말쟁이나 큰 거짓말쟁이 단체가 아주 밑바닥까지 알고 있으며, 따라서 비열하게도 이용하고 있는 사실인 것이다.

그러나 거짓말과 중상모략이 이용될 수 있는 가능성에 대한, 이 진리를 가장 잘 알고 있는 자는 어느 시대에나 유대인이었다. 워낙 그들 모든 존재가 이미 비길 데 없이 커다란 거짓말 위에 세워져 있기 때문이다.

곧 그 거짓말이란 애당초 한 인종—더구나 그 인종이 어떤 인종이란 말인가!—이 문제일 텐데, 그들 사이에서는 하나의 종교 단체가 문제라고 주장되고 있다는 점이다. 하지만 인류의 가장 위대한 정신의 소유자 한 사람에 의하여 근본적인 진리를 나타내는 영원히 타당한 격언으로써 그들이 영원히 그와 같은 존재라고 말했다. 그 사람[1]은 그들을 '거짓말의 대가(大家)'라 일컬었다. 이 점을 인식하거나 또는 믿으려고 하지 않는 자는 결코 이 세상에서 진리가 승리하도록 돕지 못할 것이다.

---

1) 독일 철학자 아르투어 쇼펜하우어(1788~1860)를 말한다. 그는 염세주의자로 유명하다.

파국은 잠행성 질병보다는 낫다

독일 민족에게 있어, 잠행성 질병 기간이 갑자기 이와 같이 무서운 파국으로 인해 줄어들었다는 것은 매우 행복한 일이었다고 생각해도 좋으리라. 왜냐하면 그렇지 않았을 경우에는, 국민은 아마도 완만하나마 그만큼 보다 분명하게 멸망했을 테니까. 질병은 혹시 만성이 되었을지 몰라도, 붕괴라는 급성 형식을 취하게 되어 적어도 대다수 민중의 눈에 뚜렷하게 보이게 되었다.

인간이 결핵보다는 페스트 쪽을 손쉽게 이겨낼 수 있었던 것은 우연이 아니었다. 한쪽은 가공할, 인류 잠을 깨게 하는 죽음의 물결이 되어 찾아오지만, 다른 한쪽은 천천히 잠행적으로 찾아온다. 한쪽은 엄청난 공포를 불러오지만, 다른 한쪽은 차츰 냉정하게 만든다. 그 결과로서, 인간은 한쪽에 대해서는 조금도 용서하지 않고 정력을 기울여 맞섰지만, 다른 한쪽에서는 결핵을 약한 수단으로 막으려고 힘썼다. 따라서 인간은 페스트를 이겨냈으나 결핵에는 자신이 지배당하고 있다.

민족체의 질병에 있어서도 똑같은 관계가 성립된다. 그것이 파국적으로 출현하지 않는 경우에는 인간은 차츰 그에 익숙해져 마침내 그 때문에 꽤 많은 시간이 지난 뒤이기는 하지만 역시 그만큼 더욱 확실하게 멸망한다. 따라서 운명이 이 완만한 부패 과정에 끼어들어 갑작스러운 타격으로써 질병의 결말을 환자 눈앞에 보이고자 결심한다면—물론 애처롭긴 하지만—그야말로 행복한 일이다. 그러한 파국이 이상과 같이 끝나는 일이 한두 번이 아니기 때문이다. 파국은 그와 같은 경우 이제 최대한의 결의에 의해 시작되는 철저한 치료의 원인이 되기 쉽다.

병원체와 증세

그러나 그와 같은 경우에도 그 전제 조건으로 문제가 되고 있는 질병의 유인인 내면적인 원인 인식이 또한 필요하다. 가장 중요한 것은 여기에서도 병원체를 그것에 의해 생겨난 증세로부터 구별하는 일이다. 이 구별은 민족체 안에 병독이 오래 존재하면 할수록 그리고 이것이 민족체에 이미 뻔한 속성으로 되고 있으면 있을수록 그만큼 더욱 곤란해질 것이다.

왜냐하면 사람들은 일정한 기간이 지나버리면 무조건 해로운 독물을 자기 민족성의 구성 요소로 생각해 버리든가 또는 필요악으로서 감수하게 되어, 그 결과 알려지지 않은 병원체의 탐구가 더 이상 필요하다고 전혀 생각하지 않게 되어버리는 일이 매우 쉽게 일어날 수 있기 때문이다.

그렇게 해서 세계대전 이전의 오랜 평화로운 시대에는 어떤 질병이 아주 곧잘 나타나고 있었고, 더구나 질병으로서 인식되고 있었다. 그러나 사람들은 그 병원체에 대해서는 조금의 예외를 빼고는 거의 신경을 쓰지 않았다. 그 예외라고 하는 것은 여기에서도 주로 경제생활의 현상을 말하는 것이었다. 이러한 경제 현상은 개개인에게 다른 전체 영역에 나타나는 그러한 질병보다도 한층 강하게 의식되었다. 진지하게 숙고해야 할 그러한 많은 몰락의 조짐이 존재하고 있었다.

*

세계대전 그 전의 독일 몰락 조짐

경제에 관해서는 더욱 다음의 문제가 지적되어야 될 것이다. 곧 세계대전 이전의 독일 인구의 급격한 증가로 인해 필요한 나날의 빵을 만들어내는 문제는 더욱더 절실함을 증가시켜, 마침내 정치적·경제적인 사고와 행동에 중요성을 더해 왔다. 유감스럽지만 사람들은 유일하고 올바른 해결에 착수할 결심을 하지 못하고, 보다 손쉬운 방법으로 목적을 이룰 수도 있다고 믿었다. 새로운 영토의 획득을 단념하고, 그것을 세계경제의 정복이라는 망상으로 메꾸려 했던 것은 마침내 끝없는 그리고 불리하기도 한 공업화로 나가지 않으면 안 되었다.

중요한 의미를 가진 첫째 결과는, 공업화를 위해 농민계급이 약화된 것이었다. 농민계급이 약해지는 것과 비례하여 대도시의 프롤레타리아계급 대중이 더욱더 증가하여 마침내는 균형이 완전히 상실되고 말았던 것이다.

이제 막 가난과 부유의 심한 변동도 상당히 두드러졌다. 풍요와 빈곤이 서로 이웃하여 생활하고 있었기에 그 결과는 몹시 비통한 것이 될 수 있었고, 또 반드시 그렇게 되어야만 했다. 가난과 빈번한 실업은 인간을 농락하기 시작하고 그 경고로서 불만과 증오를 남긴 것이다. 그 결과는 정치적인 계급 분열인 것처럼 여겨졌다. 온갖 경제 번영에도 불구하고 여전히 불만은 더욱 커지고 깊어졌다. 그리고 마침내 '그 이상 더 해 나갈 수가 없을 것이다'라는 신념이 일반화될 때까지 그 불만은 커져만 갔던 것이다. 그러나 사람들은 무엇이 일어나면 좋을까 하는 데에는 뚜렷한 생각을 갖고 있지 않았으며 또 가질 수조차 없었다. 이와 같은 모습으로 나타나려고 했던 심각한 불만의 전형적인 조짐이 존재했다.

화폐의 지배

국민의 상업화가 가져온 그 밖의 결과는 그보다 더 나빴다. 경제가 국가의 결정적인 지배자 지위에 오르는 데 따라 화폐는 바로 신이 되고, 모든 것은 이것에 봉사하고, 누구나가 이 앞에 굴복해야만 했다. 하늘의 신들은 더욱더 시대에 뒤지고 시든 것이 되어 구석으로 밀려나고, 대신 마몬[2]의 우상에 향불이 피워졌다. 정말로 난처한 타락이 시작되었다. 국민에게 있어, 다른 어느 시대보다 더 위기의 습격이 예상되어 극도의 영웅적 신념이 필요한 시대에 타락이 시작되었으니, 특히 난처했던 것이다. 독일은 '평화적, 경제적인 노동'의 길을 걷고 나날의 빵을 확보하는 노력을 언젠가는 무력으로써 옹호할 각오를 해야 했다.

화폐의 지배는 유감스럽게도 그에 대해서 가장 반대해야 했던 지위에서도 인정되었다. 다시 말해 독일 황제는 특히 귀족들을 금융자본의 세력 범위에 끌어들였는데 이것은 잘되어가지 않았다. 비스마르크조차 유감스럽게도 이에 대해서 밀어닥친 위험을 깨닫지 못했던 것을 황제를 위해 물론 고려해 주어야 한다. 그러나 그것과 함께 정신적인 미덕이 실제로 화폐의 그늘에 숨고 말았다. 왜냐하면 그런 길을 먼저 결정했으므로 검의 귀족이 얼마 안 되는 사이에 금융귀족의 그늘에 물러나야 했기 때문이다.

화폐의 조작, 작전 쪽이 전투보다 성공하기 쉽다. 그러므로 참다운 영웅이나 정치가에게도 가까운 유대인 은행가와의 거래는 더 이상 흥미 없는 일이었다. 참으로 공적이 있는 사나이는 값싼 훈장의 수여 따위에는 이미 관심을 가질 수 없기에 스스로 사양한 것이다. 그러나 이와 같은 사건의 전개는 순수하게 혈통적인 면에서 보더라도 아주 슬퍼해야 할 일이었다. 귀족은 더욱더 그의 태생의 인종적 전제를 잃고 대부분은 도리어 '비족(卑族)'이라 불리는 편이 훨씬 어울릴 정도가 되었다.

---

2) 시리아 사람들의 '재물의 신.' 재물, 부(富)의 상징.

개인 소유권이 차츰 물리쳐지고, 주식회사 소유로 모든 경제가 천천히 옮겨간 것은 중대한 경제적 몰락 현상이었다.

주식의 국제화

그러므로 먼저 노동이 양심 없는 유대인 상인의 투기 대상으로 떨어진 것도 아주 당연한 일이었다. 임금노동자로부터 소유물의 몰수, 소외는 제한 없이 강화되었다. 증권거래소는 큰 성과를 거두기 시작하고, 느리지만 확실하게, 국민 생활을 그들의 감시와 관리하에 두려고 준비했던 것이다.

독일 경제의 국제화는 이미 세계대전 이전에 주식 발행이라는 간접 방식으로 준비되고 있었다. 물론 일부의 독일 산업은 그와 같은 운명에서 역시 단호히 몸을 지키려고 애썼다. 그러나 그들도 마침내는 가장 충실한 한패인 마르크스주의 운동의 조력을 얻어 끝까지 싸운 탐욕스러운 금융자본의 집중 공격에 희생되어 쓰러졌다.

독일 '중공업'에 대한 영구적 투쟁은 마르크스주의에 의해 추구된 독일 경제 국제화의 확실한 발단이었다. 물론 독일 경제는 혁명과 마르크스주의의 승리에 의하여 비로소 완전히 몰락될 수 있었다. 내가 이 글을 쓰고 있는 동안에 마침내 독일 국철(國鐵)에 대한 총공격도 성공하여 국철은 이제 막 국제 금융자본의 손에 양도되었다. '국제적' 사회민주주의는 이것으로써 또다시 그 최고 목표의 하나를 이룩했던 것이다.

독일 국민의 이러한 '경제적 동물화'가 어느 정도 성공했느냐는 마침내 전후 독일 산업의, 특히 상업의 지도적 지위에 있는 한 사람이 독일을 부흥시키는 데 역할을 다할 수 있는 것은 오로지 경제뿐이라는 주장을 널리 알린 점으로 보아도 매우 분명할 것이다. 이 당찮은 일은 프랑스가 학교교육을 무엇보다도 다시 인문주의적 기초 위에 두고, 그것에 의해 국민과 국가가 존속하는 것은 말하자면 경제 덕택이며, 영구적이고 이상적인 여러 가치에 의한 것이 아니라는 착각을 미리 막으려 했던 그러한 시기에 이야기가 되었던 것이다.

그때 슈티네스[3]라는 사람이 내놓은 이 주장은 도무지 믿을 수 없을 정도

---

3) 독일 실업가 후고 슈티네스(1870~1924)는 제1차 세계대전의 인플레이션 시대에 이른바 슈티네스콘체른을 만들었다.

의 혼란을 불러왔다. 아무튼 그의 의견은 단번에 널리 퍼져 이제 놀랄 만한 속도로 운영에 의해 혁명 뒤 독일 내에 '정치가'로서 해방된 돌팔이 의사나 수다쟁이들의 중심 사상이 되었기 때문이다.

＊

어정쩡함-교육의 결함

최악의 타락 현상의 하나로서 세계대전 이전 독일에는 여기저기에 더욱더 퍼지고 있었던 모든 문제에 대한 어정쩡함이 있었다. 그것은 언제나 그 어떤 문제에 대한 자기 불확실성의 결과이며, 갖가지 이유에서 나오는 비겁의 결과이다. 이 병은 교육에 의하여 한층 더 조장되었다.

세계대전 전의 독일 교육은 매우 많은 약점을 가지고 있었다. 그것은 아주 일면적인 방법으로 순수한 '지식'을 주입시키는 목적으로 편성된 것으로 '능력'이 목표로 되는 일은 적었다. 개인적인 성격 형성—이것이 일반적으로 가능한—은 한층 경시되고, 기꺼이 책임을 맡는 심정을 장려하는 일은 아주 적었으며, 의지와 결단력을 위한 교육은 전혀 없었다. 그 교육의 결과는 강한 인간이 아니라 오히려 온순한 '지식 축적'이 되어 나타났다. 우리 독일인은 세계대전 이전에 분명히 그와 같은 인간으로 여겨졌고, 또 그 때문에 존중되기도 했다. 매우 쓸모가 있다고 해서 독일인은 사랑을 받았으나, 바로 의지가 약하다고 해서 거의 존경받지 못했다. 독일인의 거의 모든 민족 중에서도 가장 손쉽게 국민성과 조국을 상실한 것도 이유가 없는 것은 아니다. "허리를 낮추면 어디나 널리 쓰인다"고 하는 훌륭한 속담이 모든 것을 말해 주고 있는 것이다.

＊

군주정치의 무덤을 파는 사람

그러나 이 유순함이 그것으로써 군주와 교섭을 갖는 것이 허용되어 있었던 유일한 형식을 결정하고 말았을 때, 바로 이것은 불행한 것이 되었다. 이 형식은 이에 따라 황제 폐하가 송구스럽게도 바라는 것을 부인하는 일 없이 무슨 일이든 모두 시인할 것을 요구했다. 하지만 다름 아닌 이 형식 대신, 자유로운 남자의 체면이야말로 가장 필요한 것이었다. 그렇지 않으면 군주제도는 언젠가는 이러한 추종에 의해 멸망할 운명에 있었다.

어쨌든 있는 것이라고는 추종뿐이며, 그것 말고는 아무것도 존재하지 않았다! 그리고 오로지 비참한 추종자나 아부자, 요컨대 예로부터 성실하고 착실하고 존경할 사람에 비교하여 거룩한 옥좌 곁을 보다 더 편하게 느끼는 모든 퇴폐한 인간만이 이 추종을 왕관 소유자와 사귀기 위하여 자기들에게 부여된 오직 하나뿐인 형식이라고 여길 수 있는 것이다.

이 '매우 예의 바른' 아첨꾼들은 그야말로 지배자나 고용주 앞에서는 아주 온순하면서도, 다른 인간에 대해서는 이미 예부터 극도로 뻔뻔스럽게 행동하고 있었던 것이다. 그리고 그들이 뻔뻔스럽게도 자기 말고 같은 죄인들을 향해서 자기 한 사람만이 '군주주의자'라고 즐겨 말할 경우 그것이 최고에 이른다. 이것은 귀족이든 아니든 기생충밖에 할 수 없는 실로 수치를 모르는 행동이다! 왜냐하면 이런 인간은 여전히 군주정치, 특히 군주정치를 옹호하는 사상의 무덤을 파는 자이기 때문이다. 그것 말고는 달리 생각할 도리가 없다.

하나의 주장을 단호히 옹호하려고 하는 사나이는 결코 비굴한 사람이라든가 줏대가 없는 추종자는 아닐 것이며 또한 그럴 수도 없다. 하나의 제도를 유지하고 촉진하는 데 열성적인 사람이라면 온힘을 기울여 이것에 몰두할 것이며, 그 속에 어떠한 결함이 존재할 경우 아마도 그것을 용인할 수 없을 것이다. 그는 그때 물론 군주정치의 민주주의적인 '친구'가 전혀 거짓된 방식으로 그렇게 하듯이 대낮에 떠들고 돌아다니는 일은 하지 않을 것이다. 그는 틀림없이 황제, 곧 왕관 소유자인 그 사람에게 매우 진지하게 경고하고 결심하도록 애쓸 것이다. 그때 스스로의 의지에 따라 행동하는 것이 분명히 파멸로 이끌 것이 틀림없고 또 이끌 때에도 여전히 그것을 하는 일이 황제의 자유가 될 때, 그런 견지에 그는 서지 않을 것이고 설 수도 없을 것이다.

그는 그러한 경우 군주정치를 군주로부터 옹호해야 할 것이며, 더욱이 어떠한 위험을 무릅쓰고라도 그렇게 해야만 할 것이다. 그때그때 군주의 인격 속에 이 제도의 가치가 존재하고 있다면 이것은 아마도 상상할 수 있는 제도 가운데 최악의 것이 될 것이다. 왜냐하면 사람들이 즐겨 주장하는 대로 뛰어난 지혜와 이성 또는 성격을 가지고 있는 군주들은 아주 드물기 때문이다. 그러나 그와 같은 일은 오로지 직업적인 추종가와 아부꾼만이 믿는 것이며, 이에 반해서 성실한 사람들—마침내 이러한 사람들이야말로 국가에 가장 가치 있는 사람들이지만—은 모두 그와 같은 당찮은 일을 변호하는 데에는 오로지 반발을 느낄 뿐이리라. 그들에게는 비록 그때 군주가 문제가 되어 있더라도 바로 역사는 역사이며 진실은 진실이다. 아니, 위대한 인간인 위대한 군주를 모시는 행복은 국민에게 아주 드물게밖에 주어지지 않는다. 그러기 때문에 국민은 운명의 악의가 적어도 가장 나쁜 잘못을 단념했다면 그것만으로도 만족해야 한다.

군주정치의 이념

그러므로 신이 왕관을 프리드리히 대왕과 같은 천재적 영웅이나 빌헬름 1세와 같은 현명한 인물의 머리에 얹기를 결의한 경우 말고는 군주정치 이념이 갖는 가치나 뜻이 군주의 인격 자체 안에 존재하는 일은 있을 수 없다. 이러한 것은 몇백 년에 한 번 나타나는 일이며, 결코 자주 일어나는 일은 아니다. 그러나 이 경우 이념이 인물에 앞선다.

왜냐하면 이제 이 제도의 뜻은 오로지 제도 자체에 있어야 하기 때문이다. 하지만 그것에 의해서 군주 자신이 복종하는 패거리에 떨어지고 만다. 그도 이제는 이 기계의 한 톱니바퀴에 지나지 않게 되어 톱니바퀴로서 기계에 구속당한다. 그는 또 이제는 더 높은 목적에 복종해야 한다. 그 경우에도 이미 가만히 있음으로써 왕관 소유자로 하여금 왕관에 상처를 입히는 일을 하는 사람이 아니라 그것을 막아서는 사람이야말로 '군주주의자'인 것이다. 이념 속에 뜻이 있는 것이 아니라 '신성한' 개인 속에 뜻이 있는 것이라고 기어코 믿으려 한다면 정신병이라는 것이 분명한 왕후의 폐위를 꾀하는 것도 결코 허용되지 않으리라.

군주정치의 전사

오늘날 이제는 이러한 의미 부여를 그만둘 필요가 있다. 왜냐하면 적지 않게 그 한심한 태도에 군주정치의 붕괴에 원인이 되었던 망령들이 최근에 와서 더욱더 옛날 얼굴을 내보이고 있기 때문이다. 하나의 우직한 뻔뻔스러움으로 이제 또다시 이러한 패들은 '자기들 임금님'에 대해 한층 요란히 논하기 시작했고—그러나 불과 몇 년 전 그들은 위기를 맞이하여 그 임금님을 그야말로 한심하게도 죽게 내버려두었던 것이다—그들의 허위적인 장광설에 찬동하지 않는 모든 사람들을 나쁜 독일인이라고 몰아붙이기 시작했다.

하지만 실제로 이러한 망령들은 1918년 붉은 완장[4]을 보자, 그들의 임금님을 팽개치고 저마다 따로따로 도망쳤다. 그리고 황급히 창을 산책용 스틱으로 바꾸고 퇴색한 넥타이를 매고는 평화로운 '시민'이 되어 흔적도 남기지 않고 자취를 감춘 겁쟁이와 똑같은 사람들이 되었다. 이들 왕의 '용사'들은 그때 갑자기 사라져버렸지만 혁명의 폭풍이 다른 사람들의 활약 덕분으로 진정되고 다시 '국왕 만세, 만세'를 하늘 높이 외칠 수 있게 된 뒤에야 마침내 이 왕관의 '봉사자와 고문관'은 조심스레 다시 모습을 나타내기 시작했다.

그리고 이제 그들은 모두 얼굴을 드러내고 이집트의 향연[5]에 또다시 그리움의 시선을 모으고, 충성심이나 공명심에 불타지 않을 수 없을 테지만 그것도 아마 언젠가 다시 맨 처음 붉은 완장이 모습을 보이기 시작할 때까지일 것이며, 고양이 앞의 쥐와 같이 옛 군주제의 이익에 참여하고 있는 망령은 모두 또다시 도망칠 것이다!

군주들이 이와 같은 일에 스스로 책임이 없다고 한다면 그들은 오늘날 그들의 옹호자들 탓으로 돌려 사람들은 마음속으로부터 진심어린 연민을 받게 될 것이다. 그러나 군주는 어떻든 간에 이러한 기사들 손에 의해 아마도 자기 왕좌를 잃는 일은 있을지언정, 그들이 왕관을 위해 싸워주는 일은 없다고 확신해도 좋다.

하지만 이러한 추종은 우리 전체 교육의 결함이요, 그 결함은 이제 이 점에 대해서 특히 무서운 방법으로 벌했다. 왜냐하면 추종에 의해서 이들 비참한 망령이 모든 궁정에 붙어 있을 수 있고 동시에 군주정치의 기초를 차츰 무너뜨릴 수 있었기 때문이다. 그 뒤 드디어 건물이 흔들리게 되었을 때 망령은 사라져버린 듯이 보였다. 물론 추종자나 아첨꾼은 그들 주인을 위해 스스로를 희생하지 않는다. 군주들이 이 사정을 결코 알지 못하면서 거의 근본적

---

4) 1918년 11월 8일 밤, 황제의 퇴위를 요구하는 총파업 결정에 이어, 다음 날 9일 독립 사회민주당, 스파르타쿠스단 지도 아래 혁명화한 대중 및 군대의 일부가 궁궐로 몰려간 사건을 일컫는 것으로 보인다. 에른스트 톨러의 《독일의 청춘》 참조. 또한 좌익의 붉은 완장을 히틀러가 나치 운동에 역이용한 데 대해서는 2부의 본문 중에서 히틀러 자신이 이야기하고 있다.
5) 구약성서의 〈출애굽기〉(16 : 3)에 나오는 말로 미식(美食) 또는 안락한 생활의 비유로 사용된다. 직역하면 '이집트의 고기 냄비.'

으로 배우려고 하지 않는 것이 예부터 그들의 멸망 원인이었던 것이다.

책임에 대한 비겁

잘못된 교육의 한 가지 결과 현상은 책임에 대한 비겁성과 그것에서 생겨 나오는 중대한 문제의 처리 자체에 나타나는 의지의 나약함이었다.

우리의 이 페스트의 근원은 전적으로 무책임이 순수 배양으로 번식시키고 있는 의회제도에 있다. 유감스럽게도 이 병은 느리지만 그 밖의 생활 전반에도 퍼지고 정치생활이 가장 강하게 침범되었다. 사람들은 일반적으로 책임을 피하기 시작하고 그 결과 부적절한 미봉책을 좋아했다. 워낙 그러한 방법을 사용하면 개인이 짊어져야 할 책임 한도를 언제나 가장 작은 범위로 제한시킬 수 있다고 생각되었기 때문이다.

사람들은 우리나라 사회생활에 나타나고 있는 참으로 해로운 일련의 현상에 대한 낱낱의 정부 태도만 보더라도 이 일반적인 어중간한 태도와 책임을 피하는 비겁성이 가지는 무서운 뜻을 쉽게 이해할 것이다. 나는 수없이 많은 실례에서 다만 두서너 가지 경우만 들어보겠다.

세 가지 신문 독자 그룹

다름 아닌 저널리스트들 사이에서는, 신문을 국가 중의 '국가'라고 즐겨 나타내는 버릇이 있다. 사실 신문의 의미는 뭐니 뭐니 해도 정말로 크나큰 것이다. 신문은 일반적으로 말해서 아무리 높이 평가해도 과대평가되는 일은 있을 수 없다. 그것은 현실적으로 상당한 나이가 든 사람들에 대해서 교육을 계속 맡아보기 때문이다. 신문 독자는 그때 일반적으로 세 가지 그룹으로 나눌 수 있다.

말하자면 첫째는 읽은 것을 전부 믿는 사람들, 둘째는 전혀 믿지 않는 사람들, 셋째는 읽은 것을 비판적으로 받아들이고 그 뒤에 판정하는 두뇌를 갖고 있는 사람들이다.

첫째 그룹이 숫자상으로 두드러지게 가장 많다. 그들은 대중으로 이루어져 있으며, 따라서 국민 중에서는 정신적으로 가장 단순한 부분을 나타내고 있다. 그러나 그들을 직업으로 나타낼 수는 없고, 기껏 일반적인 지적 정도로 나타낼 수가 있을 뿐이다. 스스로 생각할 만한 소질도 없으며, 또 그와 같은 교육도 받고 있지 않은 사람들은 모두 이 그룹에 속한다. 그리고 그들은 반은 무능하고 반은 무지해서 흰 바탕에 검게 인쇄하여 제공된 것을 전부 믿는다. 또 확실히 자기 머리로 생각할 수도 있겠지만, 그럼에도 생각하는 일에 단순히 게으름을 피워서, 남들은 틀림없이 올바르게 머리를 썼겠지 하고 조심스럽게 가정하고, 그 타인이 이미 생각한 것을 고맙게 전부 그대로 받아들이는 게으름뱅이도 이 그룹에 속한다. 그런데 대중을 뜻하는 이러한 모든 사람들에게 신문의 영향은 그야말로 놀랄 만한 것이다. 그들은 주어진 것을 스스로 음미할 환경에도 있지 않고, 그럴 의사도 없으므로, 모든 시사 문제에 대한 그들의 일반적 태도란 거의 빠짐없이 다른 데로부터의 외적 영향에 환원될 수 있다. 이러한 것은 그들에 대한 계몽이 진지하고 진리를 사랑하는 방면에서 기도된다면 유리하겠지만, 인간쓰레기나 거짓말쟁이가 이에 손을 내밀 때에는 오히려 해롭게 된다.

둘째 그룹은 숫자상으로는 아주 적어진다. 그들의 일부는 처음에는 첫째 그룹에 들어 있었으나 오랫동안 쓰디쓴 환멸을 경험한 뒤 이제는 반대쪽으로 옮겨와서 오로지 인쇄되어 눈에 비치는 것이라면 무엇이든 이미 믿지 못하게 된 분자로 이루어져 있다. 그들은 신문이란 신문은 모두 미워하여 거의 읽지 않든가, 그 내용이 그들 의견으로 볼 때에는 순전히 허위와 거짓만으로 이루어져 있는 데 불과하므로 예외 없이 그러한 내용에 분개하든가 한다. 아무튼 진실에 대해서도 늘 의심하고 덤빌 것이므로 이러한 사람들은 아주 다루기가 힘들다. 그들은 그러기 때문에 모든 적극적이고 정치적인 일에 대해서는 쓸모없는 인간이다.

마지막으로 셋째 그룹은 숫자상으로 두드러지게 가장 적다. 그들은 태어날 때부터의 소질과 교육에 따라서 스스로 생각하는 것에 길들여져 모든 일에 대해서 그들 자신의 판단을 내리려 애쓰고, 또 읽은 것은 모두 근본적으로 다시 한 번 자기 스스로 되씹어서 그 뒤에 결론을 끌어내는 정신적으로 정말 세련된 두뇌를 가진 사람들로 이루어진다. 그들은 언제나 자기 머리를 활동시키면서가 아니면 신문을 읽지 않을 것이다. 그러므로 편집자 입장은 쉬운 일이 아니다. 저널리스트는 이와 같은 독자를 실제로는 조건부로밖에 사랑하지 않는다.

셋째 그룹에 속하는 사람들에게는 신문이 꾸며낼 수 있는 당찮은 일도 거의 위험이 없거나, 매우 의미가 있다고까지 생각된다. 아무튼 그들은 생활 과정 중에서 저널리스트 따위는 보통 진실을 가끔 말하는 데 지나지 않는 사기꾼으로 여기는 일에 습관이 되어 있다. 그러나 유감스러운 일은 이와 같이 뛰어난 인간 가치가 그들의 지능에만 있는 데 불과하고 그 수에는 없다는 것이다. 이러한 사실은 현명하다는 데에는 의미가 없고 다수가 전부인 그러한 시대에 있어서의 불행인 것이다. 대중의 투표용지가 모든 일에 판결을 내리는 오늘날에는 결정적인 가치는 그야말로 최대 다수의 그룹에 있다. 그리고 이것이야말로 첫째 그룹, 말하자면 우둔한 사람들이나 가볍게 믿는 자의 군중인 것이다.

국가와 신문

이러한 사람들이 보다 저열한, 보다 무지한 또는 순전히 악의 있는 교육자의 손에 떨어지는 것을 막는 것은 국가와 국민의 가장 중요한 이익이다. 국가는 따라서 그들 교육을 감시하고, 온갖 부정을 막아야 할 의무를 가진다. 국가는 그때 특히 신문을 감시해야 한다. 왜냐하면 신문의 영향은 일시적이 아니라 계속적으로 주어지므로, 이러한 인간에게 매우 강렬하고 더욱이 효과적이기 때문이다.

이러한 교육이 변함없는 상태로 영원히 되풀이되는 일 가운데 신문이 갖는 그야말로 비길 데 없는 의미가 있다. 따라서 바로 이 점에서 온갖 수단은 하나의 목적에 도움이 되게 해야 한다는 것을 국가는 잊어서는 안 된다. 국가는 이른바 '신문의 자유'라는 싱거운 거짓말에 미혹되어, 그 의무를 게을리하고, 국민에게 필요하고 유익한 정신의 양식을 제공할 수 없도록 구슬려져서는 안 될 것이다. 국가는 단호한 결의로 민중 교육의 이 수단을 차지하고 그것을 국가와 국민에게 도움이 되게 해야 하리라.

그런데 세계대전 이전 독일 신문은 어떠한 양식을 사람들에게 제공했던가? 그것은 생각할 수 있는 한에서 가장 사악한 독물이었던 것이 아닐까? 우리 국민의 마음에 다른 나라들이 독일을 천천히이기는 하지만 확실히 억누르려고 이미 착수하고 있던 시기에 최악의 평화주의가 심어졌던 것이 아니었을까? 이 신문은 평화로운 시대에서부터 이미 국민의 머리에 자기 나라 권리에 대한 의심을 주입하고 그 결과 처음부터 국민의 방위 수단을 선택할 권리에 제한을 해왔던 것이다.

'서유럽 민주주의'의 당찮은 일을 우리 민족 입에 맞도록 요리하는 데 익숙해져 있었으므로 마침내는 국민이 모든 열렬한 장광설에 사로잡혀 자기들 장래는 국제연맹에 맡기면 된다고까지 믿게 된 것도 이 독일 신문의 탓이 아니었던가? 우리 민족을 비참한 부도덕성에서 물들게 하는 데 신문이 협력하지 않았던가? 도덕이나 윤리는 신문에 의하여 웃음거리가 되었으며 시대에 뒤떨어지고 편협하고 고루한 것이라고 설명되지 않았던가? 그 결과 마침내 우리 민족도 '현대풍이 되고 만 것'이다.

신문은 끊임없는 공격에 의하여 국가 권위의 기초를, 마침내 이 건조물이 붕괴하려면 단 한 번 공격으로 충분하다는 데까지 무너뜨리지 않았던가? 신문은 전에 국가의 것은 국가에 주자고 하는 모든 사람들의 의지에 반대해서 온갖 수단으로 싸우지 않았던가? 더 나아가 끊임없는 비판으로 군대를 비난하거나 일반적인 병역의무를 방해하거나 군사 공채를 사람들에게 거부하도록 권유하는 등등으로 마침내 그 결과가 이제는 필연적이 되게 만들지는 않았던가?

이른바 자유주의 신문 활동은 독일 민족과 독일제국의 무덤을 파는 인부가 하는 일이었다. 마르크스주의의 거짓말투성이가 신문들에 대해서는 이때 전혀 말할 필요도 없을 것이다. 그들에게 거짓말은 고양이에 대한 쥐와 마찬가지로 살아가는 데 반드시 필요한 것이다. 워낙 그들의 과제는 오로지 민족이 갖는 민족적, 국가적 버팀대를 꺾어 그것에 의해서 국제자본과 그 지배자인 유대인의 노예적 속박에 국민을 충분히 길들이는 것이었기 때문이다.

유대인 신문의 전술

그러나 이 국민의 대량 독살에 대해서 국가는 무엇을 꾀했던가? 아무것도, 그야말로 전혀 아무것도 하지 않았던 것이다. 두서너 가지 처벌로 끝이었다. 그 대신에 아부를 사용하거나 신문의 '가치' '의미' '교육적 사명', 그것과 비슷한 얼토당토않은 것을 더욱더 칭찬하든가 해서 이 페스트의 환심을 사기를 바랐던 것이다. 이에 대해 유대인은 비열하게 억지웃음을 띠면서 그러한 칭찬을 받아들여 교활하게 감사하고, 이에 보답했다.

하지만 국가의 이러한 수치스러운 실패의 이유는 위험을 알아채지 않았던 데 있는 것이 아니라, 오히려 천벌이 내리길 바랄 정도의 소심함과 그것에서 생겨나는 모든 것에 대한 어정쩡한 결단 및 조치에 있었다. 그 누구에게도 단호하고 철저한 수단을 사용할 용기가 없고, 여기에서도 다른 경우와 마찬가지로 정말 어정쩡한 계획으로써 얼마쯤 시험해 보았을 뿐이며, 심장을 푹 찌르는 대신, 기껏해야 살무사 같은 인간들을 화나게 했을 뿐이다. 그러므로 모든 것은 옛날대로 멈추고 있을 뿐만 아니라, 반대로 극복되지 않으면 안 되는 여러 제도가 갖고 있는 힘이 해마다 늘어가는 결과가 되었다.

국민을 차츰 타락시켜가는, 주로 유대계 신문에 대한 그때 독일 정부의 방위전은 모두 제대로 행해지지 않았고, 결단도 없었으며, 무엇보다 아무런 뚜렷한 목표를 갖지 못했던 것이다. 여기에서는 추밀고문관적인 지성은 완전히 쓸모가 없었으며 이 싸움의 의미 평가에 있어서도, 수단의 선택과 확실한 계획 결정에 있어서도 마찬가지로 무기력했다. 그들은 무계획적으로 이것저것 서툴게 치료를 하다가 너무 심하게 물렸을 때에는 가끔 그와 같은 신문사의 살무사를 2, 3주간 또는 2, 3개월간 가두었으나 그 뱀의 소굴 자체는 정중하게 가만히 놓아두었던 것이다.

물론 부분으로는 이것 또한 한편에서는 유대인의 더할 나위 없이 교활한 전술의 결과인 동시에 다른 한편에서는 참으로 추밀고문관적인 아둔함 또는 순진함의 결과였던 것이다. 유대인은 매우 현명했으므로 자신들의 모든 신문이 똑같이 공격당하게 하지는 않았다. 아니, 그 신문들의 일부는 다른 것을 감싸기 위해서 존재했던 것이다. 마르크스주의의 신문이 인간에게 신성할 수 있는 모든 것에 대해서 가장 야비한 방법으로 출병하여, 국가와 정부를 가장 비열한 방법으로 공격하거나 민중의 대부분을 꼬드겨 서로 싸우게 만들었다.

다른 한편으로 부르주아 민주주의적 유대 신문은 평판이 좋은 객관성의 겉보기로 몸을 감싸는 것을 터득하고 있었으며, 또 머리가 텅 빈 사람은 겉면만으로밖에 판단할 수 없고 내적 핵심을 꿰뚫을 수 있는 능력을 가지고 있지 않은 것을 충분히 알고 있으므로 모두 조심성 없는 말을 쓴다는 것은 지나치게 빈틈없을 정도로 삼갔다. 그래서 이러한 사람들에게 있어 사물 가치가 그 내용에서가 아니라 겉면에 의해 측정되게 되고, 또 인간적 약점 덕분에 그들에게도 정성들인 고려가 기울여지는 것이다.

품위 있는 신문

종합신문 〈프랑크푸르트 차이퉁〉은 이와 같은 사람들에게 모든 품위의 화신이었고, 물론 지금도 그러하다. 워낙 이 신문은 결코 조잡한 표현은 쓰고 있지 않으며, 모든 육체적인 야만성을 물리치고, 언제나 '정신적' 무기에 의한 투쟁에 하소연한다. 기묘하게도 이 정신적 투쟁이야말로 다름 아닌 가장 정신이 모자란 우매한 인간들이 가장 깊게 매달리고 있는 것이다. 이것은 인간을 자연의 본능에서 분리시켜 궁극적 인식으로 이끌 수 없는 상태로, 어떤 종류의 지식을 주입한, 우리의 어정쩡한 교양의 결과이다. 왜냐하면 그와 같은 인식에 이르기 위해서는 근면과 충분한 의욕만으로는 아무런 효과도 없고, 거기에 필요한 지성, 그것도 타고난 지성이 있어야 하기 때문이다.

궁극적 인식은 언제나 본능의 근원을 이해한다는 것이다. 다시 말해 인간은 결코 어정쩡한 교양에 의한 자부심이 간단히 배려해 주듯이 실제로 자연의 지배자, 주인으로 승진했다고 믿는 그러한 망상에 결코 빠지는 것이 허용되지 않는다. 그와 반대로 그는 자연이 지배하고 있다고 하는 근본적인 필연성을 깨달아야만 한다. 그리고 그는 위쪽을 노리는 영원한 투쟁이나 격투의 이 자연법칙에 그의 존재도 얼마나 엄격히 종속되어 있는지를 파악해야 한다.

그러면 행성이 태양 주위를 돌고 있고, 달이 행성 주위를 움직이고 있는 세계에서는—거기에서는 언제나 힘만이 약자를 지배하는 것이며 그리고 약자를 유순한 하인이 되도록 강요하든가 때려부수든가 하는—인간에게 특별한 법칙이 적용될 수 없다는 것을 느끼게 될 것이다. 인간에게도 이 궁극적 지혜, 신의 영원한 근본 법칙이 지배한다. 그가 그 법칙을 깨닫도록 애쓸 수는 있으나, 결코 그 법칙에서 벗어날 수는 없다.

그런데 유대인은 그야말로 정신적으로는 매춘부 같은 독일인 사회를 향하여 이른바 지식층 신문을 쓰고 있다. 그와 같은 사회의 사람들을 위해서만 〈프랑크푸르트 차이퉁〉 신문이나 〈베를리너 타게블라트〉 신문이 발행되었던 것이며, 그들에게 말투가 맞추어지고 그 영향도 그들에게 가해지고 있는 것이다. 이들 신문은 겉보기에 피상적이며 조잡한 형식을 매우 주의 깊게 피하면서도, 동시에 다른 그릇에서 독자의 마음에 독극물을 퍼붓고 있다. 아름다운 말투나 말주변으로 쓸데없는 수다를 떨면서 이들 신문은 독자에게 마치 순수한 학문과 도덕이 그들 행동의 원동력인 것처럼 믿게 하고 있는 것이다.

그런데 사실 이것은 신문 일반에게 향해지는 무기를 적대자로부터 빼앗으려고 하는 천재적이고도 간사한 속임수에 지나지 않는다. 왜냐하면 한쪽 신문이 넘칠 듯한 고상함을 갖고 있으므로 아둔한 사람들은 모두 그것을 더욱 믿어버려, 다른 신문에서는 단지 가벼운 폐해가 일어나고 있을 뿐이라고 믿기 때문이다. 그리고 이것은 결코 '신문의 자유'에 해를 주는 데까지 나아갈 수 없는 것으로 된다. 이 처벌되는 일이 없는 대국민 사기와 중독화의 부정(不正)을 사람들은 신문의 자유라 부르고 있다. 따라서 사람들은 이 암살적 행위에 대해서 엄격한 수단을 취하기를 망설이지만 실제로 그들이 그와 같은 짓을 하면 당장이라도 '고상한' 신문을 자신의 적으로 돌리는 것을 두려워해야 하며, 그러한 두려움도 충분한 이유를 갖는 것이다.

어쨌든 이들 악덕 신문의 하나에 엄격한 수단을 취하려고 꾀하기가 바쁘게 곧 다른 모든 신문이 그쪽을 편들게 될 것이기 때문이다. 결코 싸움 방식을 시인하기 위한 것은 아니다, 어림없는 일이다. "오로지 신문 및 언론의 자유 원칙을 문제삼을 뿐이다. 오로지 이 원칙만은 옹호되어야 한다." 그들은 이렇게 말하는 것이다. 이 외침 소리를 듣고는 고집이 센 남자들도 약해지고 말 것이다. 워낙 정말로 '고상한' 신문의 입에서 그것이 나오기 때문이다.

그러므로 이 독극물은 아무런 거리낌도 없이 우리 국민의 혈관에 들어가 효력을 나타낼 수가 있었는데, 국가는 이런 경우에도 이 병을 지배할 힘을 가지지 못했다. 국가가 그것에 대해 취한 우스울 만큼 어중간한 방법 속에 독일제국에 밀어닥치고 있던 붕괴를 볼 수 있었다. **왜냐하면 이미 자기 자신을 온갖 무기로 지키려고 결의하지 않는 그러한 제도는 실제로 자기를 포기하고 있는 것이기 때문이다.** 온갖 어정쩡함은 내부적 붕괴의 뚜렷한 징표이고, 그 징표에 이어 머잖아 계속 외면적인 붕괴가 생겨야 하며 또 생길 것이다.

생각하건대 오늘날 세대는 만일 옳게 지도된다면 이 위험을 쉽게 이겨낼 것이다. 그들은 여러 사건에 맞닥뜨려왔으나 이들 사건은 아직 기력을 완전히 잃고 있지 않았던 사람들의 신경을 조금이나마 강화시킬 수 있었다.

장래에도 유대인은 일단 자신들의 사랑스러운 보금자리에 손이 미치고 신문의 횡포에 결말이 지어지고 또 이 교육수단이 국가에 봉사하게 되고 이미 이방인의 손, 국민 적의 손에 맡겨지지 않게 된다면 반드시 자신들의 신문에서 크게 떠들어멜 것이다. 그러나 내가 생각하건대 이 대소동은 옛날 우리 조상을 괴롭혔을 정도로는 우리 젊은이를 괴롭히지는 않을 것이다. 30센티미터의 유탄(榴彈) 한 발은 언제나 1000명의 유대 신문의 살무사와 같은 인간들보다 더 큰 소리로 울린다. 따라서 그들에게는 그저 혀를 차게 내버려두기로 하자!

*

매독

국민의 가장 중요한 사활적 문제에 맞닥뜨려서 세계대전 이전의 독일 지배자층에 있어서의 어정쩡함과 아둔함에 대한 그 밖의 실례로서는 다음 것이 있다. 국민의 정치적·윤리적·도덕적 악풍과 병행하여 이미 몇 년 전부터 그것에 뒤지지 않게 무서운 민족체에 대한 건강상의 해독이 퍼졌다. 매독이 특히 대도시에서 더욱더 유행하기 시작했는데, 다른 한편 결핵도 마찬가지로 거의 전국에서 수많은 이를 죽음의 길로 몰아넣고 있었다.

이 두 경우는 모두 국민에 대한 결과는 무서운 것이었음에도 불구하고, 사람들은 그것에 대해서 분기하여 단호한 조치를 취할 수가 없었다. 특히 매독에 대해 국민과 국가의 지배자층이 취한 태도는 완전한 '속수무책'이었다고 볼 수밖에 없다. 진지하게 그 극복을 생각할 수 있다면 물론 현실적으로 이루어지고 있는 이상으로 손을 넓혀야 했다. 아리송한 종류의 치료법이 발견되거나 또 그 약을 능란한 장삿속으로 사용한다고 하는 것은 이 병에는 이미 아무런 효과도 거둘 수 없다.

여기서도 문제가 되는 것은 원인에 대한 싸움뿐이며 현상 제거는 아니었다. 그러나 그 원인은 첫째로 우리의 사랑을 더럽히는 매춘에 있다. 그 결과가 설사 이 무서운 병은 아니었다 하더라도 매춘은 민족에게 가장 심각한 해독을 끼칠 것이다. 왜냐하면 한 민족을 느리지만 확실히 멸망시키기 위해서는 이 타락에 따르는 도덕적 황폐만으로도 충분하기 때문이다. 우리 정신생활의 이러한 유대화와 결합 본능의 황금만능주의화는 머잖아 우리 후세의 모든 것을 못 쓰게 만들어버릴 것이다. 왜냐하면 자연스런 감정을 가진 힘에 넘치는 어린이 대신에 경제적 형편에만 맞는 비참한 결과가 나타날 것이기 때문이다. 어쨌든 경제 형편이 더욱더 우리 결혼의 기초가 되고 유일한 전제가 되고 있으니까 말이다. 사랑은 어딘가 다른 곳에서 기분 풀이를 하는 것이다.

자연적인 결혼 전제의 멸시

어느 기간에는 물론 사람들이 이러한 점에서 자연을 멸시할 수도 있다. 그러나 그 응보는 나타나지 않을 리 없고, 이런 경우 오로지 늦게 나타나는 데 지나지 않는다. 또는 보다 적절히 말한다면, 그 인간은 보답을 가끔 너무도 뒤늦게 알아채는 법이다.

하지만 결혼에 대한 자연적 전제를 끊임없이 경멸해 왔던 결과가 얼마나 파괴적인 것이냐 하는 것은 우리나라 귀족에 의해 충분히 알 수 있다. 한편으로는 순수하게 사회적 제약에 따라서 그리고 다른 한편으로는 경제상 이유에 따라서 행해진 생식의 결과를 거기에서 볼 수가 있다. 한편으로는 일반적으로 허약한 자손을, 다른 한편으로는 패혈증을 가져왔다. 왜냐하면 모든 잡동사니의 유대 여자는 전하(殿下)의 자손―그들은 전혀 그렇게는 보이지 않는다―을 보충하는 데 알맞은 것이라 여겨지고 있기 때문이다. 어느 경우도 완전한 퇴폐로 끝나고 있다.

우리나라 부르주아지는 오늘날 같은 길을 걸으려 애쓰고 있으며, 결국 같은 목표로 끝날 것이다. 사람들은 마치 그와 같은 거동에 따라 사건 그 자체가 생기지 않고 끝낼 수 있는 것처럼 서먹하게 이 불유쾌한 사실에 눈을 가리고, 급히 지나가려고 꾀한다. 아니, 우리나라 대도시 주민이 더욱더 애정생활에서 더럽혀져 있고, 바로 그것으로 인해 매독성 전염병이 더 넓은 범위에 퍼져 있다는 사실은 단순히 부정할 수 없으며 또 현존하고 있는 것이다.

이 대량 전염의 가장 두드러진 결과는 한편으로는 정신병원에서 볼 수 있지만 다른 한편으로는 유감스럽게도 우리 가족―어린이들―속에서 찾아볼 수 있다. 특히 이 어린이들은 우리 성생활에서 쉴 새 없이 퍼지는 성병의 전염에서 생긴 슬프고도 비참한 산물이다. 아이들의 병 속에 부모들의 부도덕이 그 모습을 나타내고 있는 것이다.

결혼에 대한 태도

이와 같이 불쾌한, 그야말로 가공할 사실에 타협해 나가기 위해서는 갖가지 방법이 있다. 첫째는 일반적으로 아무것도 보지 않든가, 더 적절하게 말한다면 아무것도 보려고 하지 않는 방식이다. 이것은 물론 가장 단순하고 손쉬운 '태도'이다.

둘째는 웃음거리가 되는 그리고 거짓말투성이의 본성을 감추고 시치미를 떼는 행동을 함으로써, 이러한 영역의 일에 대해서는 오직 커다란 죄악이라는 듯이 말하며, 특히 이와 같은 붙들린 죄인 앞에서는 언제나 마음속으로부터의 분격을 드러내는 방식이다. 그리고 이러한 신을 배반한 해악을 앞에 두고는 신앙심이 깊은 체하고 눈을 감든가, 사랑하는 신에게 다음과 같이 기도하든가 하는 것이다. 말하자면 꼭 하느님—만일 가능하다면 그들이 죽고 난 뒤에—이 소돔과 고모라의 도시 전체에 유황과 역청을 비오듯 내리게 하고,[6] 그 결과 이 몰염치한 인간에게 다시 한 번 신앙심을 일게 하는 그러한 본때를 보여주도록 하는 것이다.

마지막으로 셋째는 이 해악이 장차 아마도 일어날 것이며, 또 일어날 가공할 결과를 매우 확실히 내다보고는 있지만, 그들은 결국 이 위험에 대해서 어쩔 수 없는 일이므로 그냥 되는 대로 내버려둘 수밖에 별도리 없다 믿어버리고, 그저 어깨를 움츠리기만 하는 방법이다.

이상의 모든 방법은 물론 쉽고 간단하지만 오로지 국민은 그와 같은 게으름의 희생이 되어 멸망한다는 것만은 결코 잊어서는 안 된다. 다른 민족의 경우에도 결코 더 잘되고 있지 않다는 변명도 말할 것 없이, 국민의 파멸이라는 사실에는 거의 아무런 변화를 가져올 수 없다. 다만 타인도 불행을 당하고 있는 것을 보고 생기는 감정이 주로 많은 사람들 자신의 고통을 완화시켜 온 경우는 있다. 그러나 그렇다고 하면 더더욱 어느 민족이 스스로 이 해독을 다스리는 맨 처음 유일한 지배자가 될 수 있을까. 그리고 어느 국민이 그것으로 멸망할 것인가 하는 것이 된다. 이것이야말로 궁극적인 문제이다.

이 문제는 또 인종 가치의 시금석 바로 그것이다. 이것을 견디지 못하는 인종은 그야말로 사멸하고, 더 건전하며 완강하고 저항력 있는 인종으로 대체될 것이다. 왜냐하면 이 문제는 첫째로 자손과 관계되어 있으므로 조상 죄의 보답이 10세대 뒤의 세대에까지 미친다는 그야말로 가공할 만한 심판이 중

---

6) 구약성서 〈창세기〉 19 : 24에 이와 같은 서술이 있다. 소돔과 고모라는 주민의 악덕 때문에 신에 의해 멸망되었다고 전해지는 사해(死海) 근처에 있었던 고대 도시.

요한 여러 문제의 하나이기 때문이다. 그러나 이것은 혈통과 인종에 대한 범죄에 대해서만 타당한 진리이다.

혈통과 인종에 대한 죄

혈통과 인종에 대한 죄란 이 세상에서의 원죄이며, 그 죄에 굴복한 인간들의 파멸을 나타내는 것이다.

세계대전 이전의 독일은 바로 이 한 가지 문제에 대해서, 얼마나 한심한 태도를 보였던가. 우리나라 대도시 청년에게 병독이 전염되는 것을 막기 위하여 무엇이 이루어졌는가? 우리 애정생활의 병독 전염 및 금전화를 공격하기 위하여 무엇이 행해졌는가? 또 그것에서 결과되는 민족체의 매독화를 극복하기 위해서 무엇이 이루어졌는가? 그 대답은 마땅히 행해졌어야 했다고 생각되는 것을 확인함으로써 아주 쉽게 나오는 것이다.

무엇보다 사람들은 이 문제를 가볍게 보아서는 안 되었고, 그 문제 해결에 몇 세대에 걸친 사람들의 행복이나 불행이 걸려 있다는 것을, 아니 그 해결이 우리 민족 전체의 앞날에 있어 결정적이지 않으면 안 된다고 할 것까지는 없더라도 적어도 결정적일 수 있다는 것을 이해해야 한다. 그러나 그와 같은 인식은 가차 없는 조치와 외과적 수술을 우리에게 강제했다.

우리에게 가장 필요한 것은 무엇보다도 먼저, 온 국민이 이 무서운 위험에 주의를 집중하고, 그것에 따라서 저마다 그 투쟁의 의미를 진심으로 깨달을 수 있다는 확신이었다. 저마다 강제에 의하지 않고 그 필요성을 깨달을 수 있었을 때 비로소 참으로 결정적인 그리고 때로는 견디기 힘든 의무나 책임을 빈틈없이 효과적으로 수행할 수가 있는 것이다. 하지만 그러기 위해서는 그 밖의 주의를 분산시키는 시사문제를 모두 물리치는 매우 대규모적인 계몽이 필요하다.

유일한 과제에 대한 집중

불가능하게 보이는 요구나 과제를 충족시키는 것이 문제인 경우에는, 예외 없이 한 민족의 모든 주의를 오로지 이 한 가지 문제에 한정시켜 통일해야 한다. 더욱이 그 해결에 실제 생사가 걸려 있는 것처럼 주의시켜야 한다. 오로지 그러한 경우에만 한 민족은 참으로 위대한 일이나 노고를 기꺼이 맡아 행할 수도 있을 것이다.

이 원칙은 낱낱의 인간에게도 그가 위대한 목표에 도달하려는 의욕이 있는 한에서는 타당하다. 개인도 계단처럼 단락을 지으면서 앞으로 나아갈 때에야만 이 목표를 이룩할 수가 있을 것이다. 또 그 경우에도 그는 언제나 어느 특정의 한정된 과제에 다다르는 일에 이 과제가 충족된 듯이 여겨지고, 그리고 새로운 단락의 측량이 기도될 수 있을 때까지 모든 노력을 기울여야만 할 것이다.

정복되어야 할 행로를 이러한 낱낱의 단계로 분할하려 하지 않고, 또 더욱 여러 단계를 계획적으로 온갖 힘을 일률적으로 집중하여 하나씩 이겨내려고 노력하지 않는 자는 결코 궁극목표에까지 이를 수가 없으며, 어딘가 도중에서 아마도 길에서 벗어나 우왕좌왕할 것이다. 목표를 향하여 접근하려는 이 노력은 하나의 기술이며, 이리하여 한 걸음씩 행로를 이겨내기 위해 최후의 정력까지도 때로는 주입해야 한다.

따라서 인생 행로의 그 같은 험난한 구간을 돌파하는 데 필요한 맨 처음 예비조건은 바로 지금 이룩해야 하는 또는 오히려 이겨내야 한다고 말하는 편이 좋은 것이다. 그러한 부분적 목표가 인간이 유일하게 주목할 만한 것이고, 이 극복에 모든 것이 달려 있는 목표라고 지도력이 국민 대중으로 하여금 성공적으로 믿게 해야 한다는 것이다. 국민 대중은 본디 모든 행로를 분명히 확인하지 못하고 따분해하거나 그 과제에 절망하거나 하는 법이다.

대중은 어떤 일정한 범위에서는 목표에 주의를 기울일 테지만 그 행정을 오로지 작은 부분적인 구간만 내다볼 수 있는 데 불과하다. 그것은 마치 여행 목적지는 잘 알고 있지만 끝없는 길을 나누어서 그 하나하나를 마치 바라는 목표 바로 그 자체인 것처럼 믿고 나아가는 편이 보다 더 잘 그 행정을 이겨낼 수 있는 여행자와 비슷하다. 오로지 그와 같이 해야만 그는 절망하지 않고 계속 앞으로 나아갈 수 있는 것이다.

과제로서의 매독 극복

그러므로 사람들은 온갖 선전 수단을 이용하여 매독 극복 문제를 국민의 **참다운 유일한 과제**라고 생각할 수 있도록 제시해야 할 것이며, 결코 **그것도 하나의 과제**구나 하는 식으로 믿도록 제시해서는 안 된다. 이 목적을 위해서는 매독의 해악이 가장 무서운 불행임을 충분히 인식할 때까지, 온갖 수단을 이용해서 전 국민이 그야말로 이 문제 해결에 모든 일이, 곧 자기들의 미래나 파멸도 모두 걸려 있다는 확신에 이를 때까지 사람들의 머리에 주입시켜야 한다.

이처럼 필요하다면 몇 년이나 걸릴 만큼 준비를 한 뒤에야 비로소 모든 국민의 주의력과 결의가 매우 강력하게 불러일으켜질 것이고, 그 결과 바야흐로 매우 곤란하고 큰 희생이 뒤따르는 조치라도 아마 이해되지 않거나 또는 별안간 대중의 의향으로부터 버림받는 위험을 저지르는 일 없이 채택할 수가 있는 것이다. 왜냐하면 이 병독 전염을 진지하게 공격하기 위해서는 엄청난 희생 및 똑같이 커다란 노고가 필요하기 때문이다.

매독에 대한 싸움은 매춘제도와의 싸움, 편견이나 낡은 풍습에 대한 싸움, 지금까지의 사고방식이나 일반적인 의견에 대한 싸움, 그중에서도 이상의 것에 못지않게 어떤 집단의 거짓투성이 고상한 체하는 위선에 대한 싸움을 필요로 한다.

매춘제도와의 투쟁

이러한 것과 맞서 싸우는 권리, 그것도 단순한 도덕적인 것에 불과한 권리를 위한 첫째 전제는, 다음 세대 사람들의 조혼을 가능하게 하는 것이다. 그야말로 만혼 속에서만—사람이 어떻게 해서 핑계를 달든 간에 자기 마음대로이지만—아무튼 인류의 수치임에는 변함없는 제도를 보존하도록 강요하는 원인이 발견된다. 이 제도는, 즐겨 자기 자신을 신의 '닮은 모습'이라 여기고 있는 피조물에게는 그야말로 어울리지 않는 제도라 할 수 있겠다.

매춘제도는 인류의 불명예이지만, 그것을 도덕적 설교나 신앙심이 깊은 의지 등으로 없앨 수는 없다. 이 제도의 제한 및 맨 마지막 철폐에는 수많은 선행 조건 모두를 없애는 것이 선결 문제이다. 그 첫째는, 인간 본성에 알맞은, 특히 남자의 조혼 가능성을 조성하는 것임에는 변함이 없다. 왜냐하면 여자는 그야말로 이 점에서는 본디 수동적 부분에 불과하기 때문이다.

일부 사람들이 오늘날 이미 얼마나 정도에서 벗어나 있는가, 아니 이해하기 힘들 만큼까지 되어 있느냐 하는 것은, 이른바 '상류'사회의 적지 않은 어머니들이 자식들 때문에 '따끔한 꼴'을 당하여 이미 뼈저리게 느끼고 있는'

남편을 발견한 일에 감사하고 있다고 이야기하는 것을 듣는 것으로도 알 수 있으리라. 주로 그러한 남편은 거의 부족하지 않으며, 오히려 그 반대일 정도이므로 물론 가엾은 딸들은 이러한 젊은 혈기에 따른 도락에서 안정된 남편을 발견하는 것을 행운으로 여길 것이다.

그리고 자식들은 이 현명한 결혼의 확실한 결과일 것이다. 더구나 되도록 산아제한이 속행되고, 모두 태어나면 아무리 비참한 것이라도 기를 수 있을 것임에 틀림없으므로 자연도태가 방해되기에 이르는 것을 고려한다면, 사실상 왜 이러한 제도가 일반적으로 아직도 존속하고 있는 것인가, 또 어떠한 목적을 갖고 있는 것인가 하는 문제만 남는다.

이래서는 매춘 그 자체와 완전히 똑같지 않을까? 후세에 대한 의무는 이미 아무런 역할을 다하지 않는 것은 아닌가? 또는 궁극적인 자연권이라든가, 자연의 의무를 유지하기 위해 이와 같은 범죄자적으로 무분별한 방법을 취해서는 어떠한 저주가 자식들이나 그 후손들에게 내려질지 모르는 것일까? 문화 민족은 이렇게 하여 타락하고 또 차츰 파멸되어가는 것이다.

조혼

결혼도 그 자체를 목적으로 하는 것일 수는 없고, 종(種)과 인종의 증가 및 유지라고 하는 보다 위대한 목표에 봉사해야 한다. 이것만이 결혼의 뜻이며 과제인 것이다.

그러나 이러한 전제로 볼 때, 결혼의 정당성은 그것이 이 과제를 만족시키는 방법에서만 판단할 수가 있다. 이 점으로 보아 이미 조혼은 옳은 것이다. 아무튼 젊은 부부만이 건전하고 저항력 있는 자손을 낳을 수가 있는 능력이 부여되고 있기 때문이다.

마땅히 조혼이 가능하려면, 그것이 없이는 조혼을 전혀 생각할 수 없는 그러한 사회적 전제 조건이 필요하게 된다. 그러므로 이 아주 작은 문제의 해결만도 사회적 견지에서 보는 철저한 조치 없이는 이루어질 수 없는 것이다. 이 조치에 어떠한 의미가 있는가는, 이른바 '사회주의적' 공화국이 주택문제를 해결할 수 없다는 것만으로 많은 혼인을 전적으로 막고 그 때문에 매춘을 돕고 있는 그러한 시대에는 좀더 잘 이해할 수 있을 것이다.

가족과 그 양육 문제를 거의 고려하지 않는 봉급 분배에 대한 우리나라의 불합리한 방식은 이상의 것과 마찬가지로 매우 많은 사람들에게 조혼을 불가능하게 하는 원인이다. 따라서 매춘의 참된 극복은 오로지 사회관계의 근본적인 개혁에 따라 현재 일반적으로 행해지고 있는 것보다도 좀더 빨리 결혼할 수 있게 해야만 비로소 접근할 수 있는 문제이다. 이것이 이 문제를 해결하는 첫 번째 전제 조건이다.

건전한 신체에 건전한 정신이

둘째 전제는 교육과 훈련으로 수많은 해악을 없애버려야 한다. 그러나 이것들에 대해서는 오늘날 일반적으로는 거의 신경쓰고 있지 않다. 무엇보다 먼저, 지금까지의 교육에 정신적 지도와 신체적 단련 사이에 균형이 잡혀야 한다.

오늘날 김나지움 제도[7]라고 불리는 교육제도는 그리스의 본보기를 모욕하는 것이다. 우리나라 교육에서는 결국 건전한 정신은 건전한 신체에만 깃들 수 있다는 것을 잊어버리고 있다. 낱낱의 실례를 제외하고 국민 대중에게 주목할 때, 특히 이 명제는 절대적인 타당성을 가지고 있는 것이다.

세계대전 이전의 독일에서는 일반적으로 말해서 이러한 진리가 전혀 생각할 수 없었던 시기가 있었다. 사람들은 신체를 그야말로 부당하게 다루어 '정신'의 일면적인 단련에 따라 국민이 위대해지기 위한 보다 확실한 보증이 얻어진다고 믿었다. 하지만 그것은 착각이어서, 이 실수는 사람들이 생각하고 있었던 것보다 훨씬 빨리 대가를 치르게 되었다.

볼셰비즘[8]의 물결이 공복과 계속되는 영양실조에 의하여 퇴화된 주민이 살고 있는 곳, 곧 중앙 독일 작센 및 루르 지방에 더할 나위 없는 지반을 발견한 것도 결코 우연은 아니다. 이러한 모든 지방에서는 이른바 지식층으로부터도 이 유대적 질병에 대한 진지한 저항이 발견되지 않았는데, 그것은 바로 지식층 자신이 비록 곤궁 탓이라기보다는 오히려 교육 탓이라 해도 육체적으로 완전히 퇴화되어 있었다는 간단한 이유에서인 것이다.

우리나라 상류계층에서의 오로지 정신주의적인 교육 태도는 정신보다는

---

7) 제1장의 주석 8 참조.
8) 원래는 러시아 사회민주당의 다수파, 러시아어로 볼셰비키(1917년 혁명 이후의 러시아 공산당원) 사상을 말하며, 일반적으로 과격 사상을 의미한다.

주먹이 만사를 해결하는 시대에는 무엇인가 성취하는 것 따위는 말할 것도 없이, 그저 자기 계층을 유지하는 것마저도 불가능하게 만든 것이다. 허약한 신체는 종종 인간을 비겁하게 만드는 첫째 원인이 된다.

순수하게 정신적인 교육을 지나치게 강조하고 육체적 단련을 게을리하면, 아직 너무 어린 나이에 성적 관념이 싹트는 것을 촉진하게 된다. 운동이나 체조에 의해서 무쇠같이 단련된 청년은 오로지 정신적인 양식을 섭취하고 방안에 갇혀 있던 자보다 관능적 만족의 요구에 지는 일이 적다. 합리적인 교육 제도는 이 점을 고려해야만 한다. 더욱이 그러한 교육은 건전한 청년이 여자에게 거는 기대는 젊을 때부터 타락한 약골의 기대와는 다르리라는 것을 간과해선 안 된다. 따라서 모든 교육은 청년의 자유 시간을 그들 육체의 유익한 단련에 쓰도록 하는 데 그 목표를 두어야만 한다.

청소년은 그 나이에 건들건들 쏘다니든가 거리나 영화관으로 발길을 돌릴 권리가 없다. 그들은 주어진 그날그날의 일과 후에는 젊은 신체를 단련하여 건강하게 만들어 앞으로 그의 생활이 너무나 연약하다고 여겨지지 않도록 해야만 한다. 이를 위해 준비하고 또 수행하고 키를 잡고 이끌어주는 일이 교육 과제이지 이른바 지혜를 오로지 주입하는 일이 그 과제는 아니다. 교육은 자신의 육체를 처리하는 것이 개인마다 관련된 사항이라는 관념을 없애버려야 한다. 후세를 희생시키고, 그럼으로써 인종에게 죄를 저지르는 그런 자유는 결코 존재하지 않는다.

정신독화(精神毒化)에 대한 투쟁

신체 교육과 병행하여 정신의 독화에 대한 싸움이 시작되어야 한다. 우리의 모든 사회생활은 오늘날 성적 관념과 성에 대한 자극의 온실과 닮아 있다. 아무튼 사람들이 우리나라 영화·연극·쇼의 메뉴를 본다면, 그것들이 적당한 음식물이 아니라는 것 그리고 특히 청년에게 그렇지 않다는 것을 아마 부정할 수 없을 것이다. 진열창에도 광고탑에도 대중의 주의를 끌기 위해 아주 저속한 수단을 사용하려고 노력한 흔적이 나타나 있다. 이것들이 청년들에게 터무니없이 심각한 해악을 미칠 것이라는 점은 그들의 정신을 깊이 파고들어 생각해 보는 능력을 잃지 않은 사람들이라면 아마도 누구에게나 분명한 일일 것이다.

이러한 관능을 일으키게 하는 환경은 그와 같은 사물에 대해 아직 전혀 이해할 필요가 없는 나이 또래의 아이들에게 상상과 자극을 준다. 이런 종류의 교육 결과는 오늘날 청년들을 보면 분명하듯이 결코 기꺼운 일은 아니다. 그들은 조숙하며, 따라서 또 일찍 나이를 먹고 만다. 우리나라 열네댓 살 아이들의 정신생활을 보고 소름 끼치는 사건이 법정에서 이따금 알려지는 일이 있다. 그러므로 이러한 연령층 가운데 이미 매독이 그 희생자를 노리기 시작하고 있다는 사실에 누가 놀랄까? 그리고 또 실로 신체적으로는 허약하고 정신적으로는 타락한 많은 젊은이가 대도시 매춘부를 통해 결혼의 초보 교육을 받고 있음을 본다는 것은 이 얼마나 비참한 일인가?

아니, 매춘제도에 도전하려는 자는 첫째로 그 제도의 정신적 바탕을 없애는 데 원조를 아끼지 말아야 한다. 그는 우리나라 대도시 '문화'가 가진 도덕적 전염병의 재해를 물리쳐야만 한다. 더욱이 단호하게 당연히 일어날 것이라고 예상되는 온갖 고함소리나 비명에 머뭇거리는 일이 있어선 안 된다. 우리가 청년들을 그들이 현재 있는 환경의 구렁텅이에서 구해 내지 않으면 그들은 그 수렁 속에 빠지고 말 것이다. 이 사태를 보려 하지 않는 자는 그것을 지지하는 자이며, 그리하여 성장하는 세대 속에 마침내 존재하고 있는 우리 장래를 차츰 오염시키는 공범자가 되는 것이다.

우리 국민문화의 이러한 청소는 거의 모든 영역으로 확대되어야 한다. 연극·예술·문학·영화·신문·광고·진열창은 부패하고 있는 세상의 온갖 현상에 따른 더러움을 씻어버리고, 윤리적이고 정치·문화의 이념에 이바지하는 것이 되어야만 한다. 사회생활은 우리 현대적인 에로티시즘이 발산하는, 욕지기나는 향수 냄새로부터 벗어나야만 하고, 마찬가지로 모든 사나이답지 못한 고상한 체하는 위선으로부터도 해방되어야 한다. 이러한 모든 사태에 대해서 목표와 방침은 우리 민족 심신의 건전함을 보존하려는 배려에 따라 결정되어야 한다. 개인적인 자유의 권리는 인종 보존의 의무 앞에서는 물러서는 것이다.

불치자(不治者)의 단종(斷種)

이 조치를 실시한 뒤, 비로소 이 질병 자체에 대한 의료상 투쟁을, 그 결과에 대해서 얼마쯤 희망을 가지면서 실행할 수가 있다. 그러나 그때에도 어정쩡한 치료여서는 안 되므로, 여기에서도 가장 엄하고도 어디까지나 철저한 결의를 해야 한다. 불치의 병자에게 언제나 다른 건강한 사람들에게 전염할 가능성을 허용하고 있는 것은 미지근한 일이다. 이것은 한 사람에게 고통을 지우지 않기 위해서 100명의 타인을 파멸시키는 인도주의와 똑같다.

모자람 있는 인간이 그와 똑같이 모자람 있는 자손을 생식하는 것을 불가능하게 하자는 요구는 가장 명석한 이성의 요구이며, 그 요구가 계획적으로 수행된다면, 그것이야말로 인류의 가장 인간적인 행위를 뜻한다. 그 요구는 몇백만의 불행한 사람들에게 부당한 고뇌를 모면하게 할 수 있을 것이며, 그럼으로써 일반적인 건강 증진을 가져올 것이다. 이 방향으로 엄격히 전진하려고 결심하는 것은 성병의 확대에 대해서도 제방을 쌓는 일이 될 것이다. 왜냐하면 이 방면에서는 필요하다면 불치의 병자를 무자비하게 격리해야만 될 것이기 때문이다. 불행하게도 그 병에 걸린 자에 대한 야만적인 조치도 같은 시대와 후세 사람들에게는 축복이다. 100년의 일시적인 고통은 몇천 년을 고통에서 건질 수 있고 또 건질 것이다.

매독이나 그 안내인인 매춘에 대한 싸움은 인류의 가장 커다란 과제의 하나이다. 그것이 커다란 이유는 그때 각각의 문제 자체의 해결이 문제가 아니라 바로 수반 현상으로서, 이 질병의 계기를 만드는 그러한 수많은 해독을 없애는 일이 문제이기 때문이다. 왜냐하면 육체 병은 이 경우 오로지 윤리적·사회적·인종적 본능의 병 결과에 불과하기 때문이다.

그러나 이 싸움의 게으름이나 비겁함 때문에 끝까지 싸우지 않는다면 그 경우에는 300년이 지난 뒤의 민족을 눈여겨보면 될 것이다. 결코 절대자를 모독하길 바라지 않더라도 신과 비슷한 모습을 이미 거의 볼 수 없을 것이다.

옛 독일국의 무능

하지만 옛 독일에서는 이 질병과 대결하기 위해 어떠한 일이 시도되었을까? 냉정하게 생각해 보면, 그것에 대해서는 실로 한심한 대답이 나온다. 아마도 그 병의 결과에 대해서는 충분히 숙고할 수 없더라도, 정부 사람들 사이에서 이 병의 무서운 해악이 아주 잘 알려져 있었던 것은 분명하다. 그러나 그 투쟁에서는 완전히 무능하며 철저한 개혁 대신 오히려 비웃을 만한 조치를 택했던 것이다. 그 병에 이것저것 비전문적인 치료를 하고, 원인은 그대로 방치했던 것이다. 모든 매춘부들을 의사에게 진찰시켜 실행 가능한 한 그녀들을 감시하고 그리고 병이 확실한 경우에는 어딘가 병원에 집어넣고, 외면적인 치료가 끝난 뒤 거기에서 다시 다른 사람들에게 풀어놓았던 것이다.

예방 조항

물론 '예방 조항'도 만들어졌는데, 그에 따르면 아주 건강하지 않은 자 또는 낫지 않은 자는 성행위를 삼가야 하며, 그에 따르지 않으면 처벌된다는 것이다. 이 조치 자체는 확실히 옳다. 그러나 실제로 실시되었느냐 하는 점에서는 완전 실패작이었다. 첫째로 여자가 성행위에 의하여 불행을 만났다면―우리 교육 또는 오히려 그녀들 교육이라고 하는 편이 낫지만, 오로지 그러한 교육의 결과로서도―주로 그녀 건강을 빼앗은 비열한 도둑에 대한 증인으로서―워낙 부수되는 불쾌한 사정도 드물지는 않으므로―더구나 법정에 끌려들어가는 것을 거부할 것이다.

바로 이 조항은 그녀에게 거의 유리하게 되어 있지 않다. 그녀는 어떻든 간에 대개의 경우 이 조항에 따라서 더욱 괴로움을 받게 되는 사람이 될 것이다. 아무튼 동정심 없는 주위 사람들이 던지는 멸시는 그것이 남자의 경우보다는 더더욱 그녀에게 심각하게 느껴질 것이다. 마지막으로 병을 옮긴 사람이 자기 남편인 경우에는 그녀는 어떻게 생각하면 좋을까? 그녀는 남편을 고소해야 할 것인가? 그렇게 하지 않을 경우에는 어떻게 해야 할 것인가?

그러나 남자의 경우에는 유감스럽게도 많은 술을 마신 뒤 이런 재난을 당하는 일이 너무나도 많다는 사실이 덧붙여진다. 여하튼 그러한 상태에서는 거의 그의 '연인'의 질을 판단할 수 없는 것이다. 이러한 사실을 본디 병을 지닌 매춘부도 충분히 잘 알고 있으므로, 그녀는 언제나 이런 이상적인 상태에 있는 사내들을 꾀어내려고 하는 것이다. 그 결과 나중에 가서 불쾌하게도 뜻밖의 사태에 놀라게 된 사내가 진지하게 생각해 봐도 자비심 많은 그 장본인을 이미 생각해 낼 수가 없다. 이러한 일은 베를린 또는 뮌헨과 같은 도시에서조차 드문 일이 아니다. 여기에 덧붙여서 온갖 대도시의 매력에 그렇지 않아도 황홀해 있는 시골 사람들도 곧잘 문제가 된다.

끝으로, 병이 있는가 건강한가 하는 것을 누가 알 수 있을까? 겉으로는 완치된 자가 병이 도져 처음에는 스스로도 알아채지 못하고 무서운 재난을 일으키는 등 숱한 실례가 있지 않은가? 따라서 이 병의 전염에 책임 있는 자를 법률로 처벌하는 것에 의한 예방의 실제적 영향은 그야말로 제로에 가깝다. 바로 똑같은 말을 매춘부의 감시에 대해서도 할 수 있다. 그리고 마지막으로 치유 자체가 오늘날에도 아직 불확실하며 의심스럽다. 확실한 것은 오직 하나, 성병의 전염은 온갖 조치에도 불구하고 더한층 퍼지고 있다는 사실이다. 그리고 그것이 그러한 조치의 무익성을 가장 적절하게 뒷받침하는 것이다.

민족정신의 매춘화

그러한 사정이므로 그 밖에 역시 행해진 일이 모두 불충분한 것과 마찬가지로 웃음거리가 될 일이었다. 국민의 정신적 매춘화는 막아내지 않았으며 또 적어도 막아내기 위해 아무 일도 이루어지지 않았다. 그러나 이러한 일을 무엇이든 경솔하게 맡으려는 버릇이 있는 사람은 이 질병의 만연에 대한 기초적 통계를 한 번이라도 연구하고, 200년 동안 볼 수 있었던 증가를 비교하고, 그 뒤 앞으로 병의 진행을 깊이 파고들어 생각해 보는 것이 좋을 것이다. 그리고 만일 불쾌한 찬 기운이 등골을 달리는 것을 느끼지 않는다면, 그 사람은 그야말로 당나귀 정도의 단순한 머리의 소유자임에 틀림없다.

옛 독일에 있어 이미 그와 같이 무서운 현상에 대해서 취해진 태도가 나약하고 또 미지근했다는 것은 민족의 타락을 확실하게 나타내는 조짐이라 평가되어 마땅하다. '만일 자기 건강을 위해 투쟁하는 힘이 더 이상 존재하지 않는다면, 이 투쟁 세계에 있어 살 권리는 사라진다.' 이 세계는 힘에 가득 찬 '완전한 사람'의 것이며 나약한 '불완전한 사람'의 것은 아니다. 옛 제국의 가장 분명한 몰락 현상의 하나는 일반의 문화 정도가 차츰 저하한 점이었다. 여기에서 나는 문화라는 말로써 지금 '문명'이라 불리고 있는 것을 생각하고 있는 것이 아니다. 문명이란 오히려 반대로, 진정한 정신 수준 및 생활 수준의 적인 듯 생각된다.

지금 세기가 되기 전에 이미 그때까지는 완전히 이상한 것, 미지수의 것으로 여겨질 수 있었던 요소가 우리 예술 속에 끼어들기 시작했다. 확실히 보다 이전에도 곧잘 취미의 탈선이 보였지만, 그러한 경우에도 역시 후세 사람들이 적어도 어떤 종류의 역사적 가치를 인정할 수 있는 그러한 예술가적 탈선이었다. 그러나 이미 우리가 보아오듯 예술가적 탈선이란 그런 것이 아니라 오히려 아둔함에까지 떨어진 정신적 퇴폐가 낳는 산물 같은 것은 아니었다. 나중에 가서는 물론 보다 뚜렷해지는 정치적 붕괴가 이러한 탈선 속에서 이미 문화적으로 예상되기 시작했던 것이다.

예술의 볼셰비즘

예술의 볼셰비즘은 볼셰비즘 일반의 유일 가능한 문화적 생활양식이며 정신적 표현이다. 이것을 미심쩍게 여기는 사람은 마침내 볼셰비즘화된 나라들의 예술을 생각하기만 하면 된다. 그렇게 하면 놀랍게도 우리가 지금 세기에 들어서 큐비즘[9]이라든가 다다이즘[10] 등의 총괄적 개념으로써 서로 알게 된 정신착란적, 퇴폐적 인간 병적인 기형이, 그러한 나라에서 국가적으로 공인된 예술로서 찬미되고 있는 것을 볼 수 있을 것이다. 이 현상은 바이에른의 인민위원회 공화국이라는 짧은 기간에 있어서조차 벌써 나타난 것이다. 이미 여기에서 사람들은 모든 공공 광고나 신문의 선전도안 등이 얼마나 뚜렷이 정치적 퇴폐뿐만 아니라, 문화적 퇴폐까지 나타내고 있는가를 알 수 있었다.

60년쯤 전에는 오늘날 생기고 있을 정도의 크기를 가진 정치적 붕괴는 생각할 수 없었던 것처럼, 1900년 이래 미래파나 입체파의 묘사에 나타나기 시작한 문화적 붕괴도 그때는 아직 생각되지 않았다. 60년 전에는 이른바 다다이즘적 '체험'의 전시회는 전혀 불가능하다 생각되었을 테고 그 주최자들은 정신병원에 집어넣었을 것이다. 그런데 오늘날 그들은 미술협회에서 사회까지도 맡고 있는 것이다. 이 질병은 그때는 얼굴을 내밀 수조차 없었다. 왜냐하면 여론이 이것을 받아들이지 않았으며 국가가 보고만 있을 이유도 없었기 때문이다. 국민이 정신착란의 손아귀로 내몰리는 것을 저지하는 것은 국가, 다시 말해 지도자의 직무에 속하는 일이기 때문이다.

그러나 이와 같은 사건 전개는 아마 언젠가는 틀림없이 정신착란으로 끝날 것이다. 이런 종류의 예술이 실제로 일반 사람들의 판단과 똑같은 시대에는 인류의 가장 중요한 변화의 하나가 일어나고 있을 것이기 때문이다. 곧 인간 정신의 퇴화는 그것과 함께 시작되고 있을 것이 틀림없지만 결코 그 종말을 예측할 수는 없을 것이다.

---

9) 모든 형상을 입체적으로 나타내려고 하는 예술양식. 입체파라 번역한다.
10) 모든 사회적·예술적 전통을 거부하고 반도덕·반예술·반이성을 주장한 예술운동.

이 관점에서 지난 25년 동안 일어난 우리 문화생활의 전개를 바라볼 때, 얼마나 우리가 이 퇴화에 끌려들고 말았는가를 보고 놀랄 것이다. 우리는 여기저기서 우리 문화를 머잖아 파멸시킬 것이 틀림없는 유행의 시작이 될 조짐과 마주친다. 이러한 유행 중에서도 우리는 차츰 썩어가는 세계의 몰락 현상을 볼 수가 있다. 이 병을 더 이상 이겨낼 수 없는 그러한 민족에 재앙이 있으라!

연극의 타락

그러한 병은 독일에서는 예술이나 문화 전반의 거의 모든 분야에서 찾아볼 수 있었다. 거기에서는 모든 것이 고개를 넘어버리고, 깊은 수렁으로 급히 떨어지고 있는 듯이 보였다. 연극은 눈에 띄게 깊이 빠졌다. 그리고 적어도 궁정 극장이 예술의 매춘화에 여전히 항거하고 있지 않았더라면 연극은 아마도 그때 이미 완전히 문화 요소로서는 실격했을 것이다. 궁정 극장과 기타 두서넛의 훌륭한 예외를 제외하면 무대에서 상연되는 것은 그것을 보러가는 것을 아주 피하는 편이 국민에게 있어 보다 유용한 그러한 종류의 것이었다.

이러한 이른바 '예술의 전당' 대부분에도 이미 청년이 관람하는 것이 전혀 금지되었다는 것은 내적 타락의 슬픈 조짐이었다. 그것은 '미성년자는 들어갈 수 없습니다!'라고 하는 삼류 극장의 일방적인 관람에 대한 경고로써 그야말로 파렴치한 일이지만 곧잘 공인되기까지 했던 것이다.

기본적으로 먼저 청년의 교양을 위해 존재해야 하며, 결코 늙고 권태로운 연령층의 쾌락에 봉사하는 것이어서는 안 되는 장소에서 이러한 예방책이 취해져야만 했던 점을 생각해 보자. 모든 시대의 위대한 극작가는 이와 같은 조치에 대해 도대체 뭐라고 할까? 실러였다면 얼마나 분노했을까! 또 괴테라면 얼마나 분개하고 외면했을까!

위대한 과거의 비방

그러나 분명 실러나 괴테나 셰익스피어도 근대의 독일 시문학의 영웅들에게는 실제 아무런 의미도 없는 것이다! 실러 등은 낡고 진부한 시대에 뒤떨어진, 아니 극복되어진 망령이다. 곧 그 시대의 특징이기는 하지만 그들 자신이 오로지 지저분한 작품을 생산했을 뿐만 아니라, 지난날 모든 참으로 위대한 작품이 그들에 의해 모독된 것이다. 물론 이러한 일은 그러한 시대에는 언제나 볼 수 있는 현상이다. 어떤 시대의, 그 시대의 사람들의 창작물이 천하고 한심하면 할수록 그만큼 이전 시대의 보다 위대한 고상함과 품위 있는 증인은 미움받는 것이다. 그러한 시대에 사람들은 무엇보다도 인류의 지난날 기념물을 일반적으로 말살하기를 즐기고, 그 결과 온갖 비교 가능성을 없애버리고, 자기 위조품을 여전히 '예술'인 양 잘 보이게 할 것이다. 따라서 어떠한 새로운 제도도 그것이 비참하고 한심스러운 것일수록 그만큼 지나간 시대의 증거를 철저하게 벗어버리려고 한다.

한편, 참으로 가치 있는 인류의 모든 혁신은 무관심하게도 지난날 세대가 남긴 훌륭한 성과에 결부될 수가 있다. 아니 그렇기는커녕, 가끔 그러한 성과를 처음으로 일반에게 인정시키기 위한 노력마저 하는 것이다. 그러한 혁신은 지난날과 비교되어 퇴색해 버리는 것을 조금도 두려워할 필요가 없고, 나아가서 인류 문화의 공유재산에 대단히 가치가 있는 이바지를 하는 것이다.

따라서 그러한 혁신은 가끔 바로 그 공헌의 가치를 충분히 인정시키기 위해서 지난날 작품 자체 회상의 불을 북돋우는 것이다. 마침내 그렇게 해서 새로운 선물이 확실하게 현대인의 충분한 이해를 얻기 위해서이다. 오로지 자기로서는 가치 있는 것을 아무것도 이 세상에 보낼 수 없는데도, 마치 뭔가 대단한 것을 이 세상에 주고자 하는 자에 한하여 현실적으로 이미 존재하고 있는 모든 것을 미워하고 또 가장 즐겨 부인하거나 없애버리기조차 할 것이다.

이러한 일은 결코 일반적인 문화 영역에 새로 생긴 현상에만 타당한 것이 아니고 정치의 새로운 현상에 대해서도 말할 수 있는 일이다. 혁명적인 새로운 운동은 그 자체가 열등하면 할수록 더욱더 낡은 정치 형태를 미워한다. 이 경우에도 자신의 위조품을 뭔가 주목할 만한 것으로 보이고 싶은 생각이 지난날 더 뛰어난 좋은 것을 얼마나 맹목적으로 미워하기에 이르는가 볼 수 있다.

예를 들면 프리드리히 대왕에 대한 역사적 추억이 없어지지 않는 한 프리드리히 에베르트[11]가 사람들에게 경탄받는 것도 제한적인 것에 지나지 않는

---

11) 독일사회민주당 대표(1919~25)로 독일 바이마르공화국 초대 대통령을 지냈다.

다. 상수시에 살았던 영웅 프리드리히 대왕은 일찍이 브레멘의 선술집 주인이었던 에베르트에 견주면 거의 태양과 달의 비교와도 비슷하다. 태양빛이 사라진 다음 비로소 달은 빛날 수 있다. 따라서 모든 인류의 초승달 친구들이 항성들을 미워하는 것은 너무나 뚜렷한 일이다.

정치생활에서 이처럼 무능한 인간들이 운명에 의하여 일시적으로 권력을 얻게 될 경우 지칠 줄 모르고 열심히 과거를 모독하고 더럽힐 뿐만 아니라 가장 피상적인 수단으로 자기 자신을 일반의 비판에서 어떻게든 모면하게 하려는 것이 일반적인 전례이다. 그 실례로는 신독일국, 곧 이른바 바이마르 국가의 공화국 보호법이 있다.

따라서 뭔가 새로운 이념·교의·세계관 또는 정치적·경제적 운동이 지난날 전체를 부정하려고 애쓰거나 중상하거나 가치 없는 것으로 보이려고 하고 있는 경우에는 이 동기부터 극도로 조심해서 믿지 않도록 해야 한다. 주로 그런 증오의 이유는 오로지 그 자신의 열등감이나 악의 그 자체에 있는 것으로 여겨진다. 인류의 참으로 이로운 혁신이란 언제나 그리고 영원히, 최후의 확실한 기초공사가 끝난 데서부터 건설을 진행시켜가야 할 것이다. 그 혁신은 이미 존재하고 있는 진리를 이용하는 것을 부끄러워할 필요가 없으리라.

왜냐하면 인류의 문화 전체나 인간 자신도 세대가 저마다 따로따로 건축석재를 나르고 이어갔던, 단 하나의 긴 발전의 결과에 불과하기 때문이다. 따라서 혁명의 의미와 목적은 전체 건축물을 파괴하는 것이 아니라 나쁘게 이어진 곳이나 부적당한 곳을 없애고, 그렇게 해서 방해물이 사라진 건전성을 되찾은 부분을 더 넓게 짓고 증축해 가는 데 있는 것이다.

이렇게 해야만 우리는 인류 진보에 대해 이야기할 수 있고 이야기할 이유가 있는 것이다. 그렇지 않을 경우엔 세계는 결코 혼돈으로부터 구출되지 못할 것이다. 왜냐하면 그때는 과거를 부정할 권리가 모든 세대에 주어지게 되고, 따라서 그러한 세대가 자기 일을 하기 위해 필요한 전제로서 지난날 성과를 파괴하는 일도 허용될 것이기 때문이다.

볼셰비즘의 정신적 준비

그러므로 세계대전 이전에 우리나라의 전체 문화 상태에 대해 가장 슬퍼해야 할 것은 오로지 예술적·일반적 문화 창조력의 완전한 무능뿐만 아니라

보다 위대한 지난날 기념물을 모독하고 없애버린 증오였다. 거의 예술, 특히 연극과 문학의 모든 분야에 걸쳐 세기가 바뀔 무렵 가치 있는 새 작품이 생산되기 시작했다기보다는 오히려 가장 좋은 옛 작품이 멸시되고, 저열한 것, 극복된 것으로 치부되기 시작한 것이다. 마치 가장 치욕적인 저열한 시대가 일반적으로 무엇인가를 이겨낼 수 있을 것 같았다.

그러나 이와 같은 지난날을 현대인의 시각에서 감추려는 노력에서 이들 미래 사도들의 악의를 아주 확실하게 읽을 수 있었다. 그에 따라 사람들은 여기에서 비록 그것들이 잘못된 것이든 아니든, 새로운 문화 해석이 아니라 그 반대로 문화 일반의 기초를 파괴시키는 과정과 이에 따라 가능하게 되는 건전한 예술 감각의 백치화가 문제라는 것을 깨달아야 했을 것이다. 그리고 더 나아가서는 정치상의 볼셰비즘의 정신적 준비가 문제인 것이다. 어쨌든 페리클레스 시대가 파르테논[12]에 의해서 구체적으로 표현되고 있다고 한다면, 볼셰비즘적 현대는 입체파의 우스꽝스러운 그림으로 나타나고 있기 때문이다.

내면적 체험

그것과의 관계에서 우리 국민 일부에 그 결과가 다시 나타나 있는 점에 대해서도 이야기해야 한다. 그들은 교양 및 지위로 보아 문화적 치욕에 반항할 의무가 있었다고 여겨지는 사람들이다. 자기들 창작의 정수를 인정해 주려고 하지 않는 사람을 더할 나위 없이 심한 태도로 공격하고, 시대에 뒤떨어진 속물이라는 낙인을 찍는 볼셰비즘의 예술적 사도들의 외침소리에 대한 두려움만으로, 사람들은 진지한 저항을 버리고, 어떻게 생각되든 이미 운명으로서 복종한 것이다. 사람들은 이들 반쯤 바보나 사기꾼들로부터 몰이해를 비난당하는 것을 매우 두려웠기 때문이다.

사람들은 이 같은 정신적 퇴폐자나 간사한 거짓말쟁이들의 작품을 이해하지 못하는 것을 마치 치욕이나 되는 것처럼 여기고 있었다. 물론 문화 신봉자는 자기들의 터무니없는 생각을 훌륭한 것으로 가장하기 위한 아주 간단한 수단을 지니고 있었다. 곧 그들은 모든 이해할 수 없고 확실히 제정신이 아닌 엉터리 생각을, 이른바 '내면적 체험'이라 하여 깜짝 놀라고 있는 같은 시대

---

12) 그리스 아테네 아크로폴리스 언덕에 있는 신전. 기원전 438년 무렵 세워진 도리아식 건축물의 본보기로 여겨진다.

사람들에게 들려주고 있는 것이다. 그리고 이 경우 그 같은 안이한 방법으로 거의 모든 사람들의 입으로부터 반박하게 될 말을 처음부터 빼앗아버리고 있었다. 왜냐하면 그것도 하나의 내면적 체험일 수 있는 데 대해서는 전혀 의심할 여지가 없었기 때문이다. 그러나 건전한 세계에 정신병자나 범죄인의 환각을 제공해도 괜찮은지에 대해선 충분히 의심할 수 있는 것이다. 모리츠 폰 슈빈트나 뵈클린[13] 등의 작품 역시 내면적 경험이었다. 하지만 그것들은 실로 천성이 풍부한 예술가의 내면적 경험이었지 결코 어릿광대의 그것은 아니었다.

이상으로 사람들은 우리나라의 이른바 지식층이 갖는 가엾은 비겁함을 아주 잘 배울 수 있었다. 지식층은 우리 국민의 건전한 본능의 이러한 독화(毒化)에 대한 참된 저항을 게으르고 뻔뻔스러운 당찮은 말과 절충하는 일을 국민 자신에게 맡겼던 것이다. 예술을 이해하는 자로 보이기 위해 사람들은 모든 예술적 놀림을 참고 결국에는 선악의 판단이 아주 모호해져 버렸다. 그러나 전체적으로 보면 이것은 악화되어가고 있는 시대적 조짐이었다.

*

현대의 인구 집중

심상치 않은 조짐으로서 다음과 같은 점도 확인되어야 한다. 곧 19세기에 접어들어 우리나라 도시는 문화의 소재지 성격을 더욱 잃기 시작하여 단순한 인간의 거주지로 전락하기 시작했다. 오늘날 우리나라 대도시의 프롤레타리아계급이 그 주소와 거의 유대감을 갖지 못하는 것은 대도시에서는 개인의 우연적인 체재 장소만이 문제가 되고, 그 이상은 아무것도 아니라는 데서 생기는 결과이다.

한편 이것은 사회 사정에 따라 제약된 빈번한 주소 변경과 관계있는 것으로, 이러한 사회 사정은 사람들에게 자기가 살고 있는 도시와 밀접한 교섭을 가질 만한 시간을 주지 않기 때문이다. 또 다른 원인은 우리나라 현재 도시가 일반적으로 문화적으로 무의미하고 보잘것없다는 데서 찾을 수 있다.

해방전쟁[14] 시대에는 독일 도시는 아직 그 수가 적었을 뿐만 아니라 크기

---

13) 두 사람 모두 독일인 화가. 슈빈트(1804~71), 뵈클린(1827~1901).
14) 제5장의 주석 1을 참조.

도 알맞았다. 소수의 참다운 대도시는 주로 왕궁 도시였고, 그 자체로서 언제나 거의 일정한 문화적 가치를 갖추고 있었으며, 대개 일정한 예술적 양상도 갖추고 있었다. 5만 명 이상의 주민을 가진 이 얼마 되지 않는 도시는 오늘날과 같은 인구를 가진 도시와 견주어볼 때 학문적·예술적 재화가 풍부했다. 뮌헨은 6만 명을 헤아렸을 즈음 독일에서 일류 예술 소재지의 하나로 이미 이루어지고 있었다.

오늘날 거의 모든 공장 소재지가 이 인구수의 몇 배가 되고 있다고는 할 수 없어도 적어도 같은 수에는 이르고 있다. 그러나 이 공장 지역은 대체로 참된 가치가 있고 그 지역 특유의 것이라 할 수 있는 것은 전혀 갖고 있지 않다. 그것들은 순전히 주택과 임대 아파트가 밀집된 것일 뿐 그 이상 아무것도 아니다. 이와 같은 무의미함에도 불구하고 어떻게 이러한 도시와 어떤 특별한 유대가 성립될 것이라고 생각할 수 있겠는가. 다른 어떠한 도시에도 있는 것 이상은 아무것도 제공할 수 없고, 저마다의 독특한 색채가 빠져 있으며, 예술이나 예술처럼 보이는 것마저도 모두 조심스럽게 외면하고 있는 도시에 누가 특별한 애정을 품을 수 있겠는가.

그뿐만이 아니다. 참다운 대도시도 인구 증가에 비례해서 차츰 참된 예술 작품이 상대적으로 적어지고 있다. 이들 대도시는 더욱 개성을 잃는 듯하며 더 대규모이긴 하나 작고 하찮은 공장 소재지와 아주 비슷한 광경을 나타내고 있다. 근대에 들어서 우리나라 대도시의 문화적 내용에 추가된 것은 매우 불충분하다. 우리나라 모든 도시는 지난날 명성과 재화로 근근이 살아가고 있는 것이다.

사람들이 오늘날 뮌헨에서 루트비히 1세[15] 때 창조된 것을 모두 없애버린다고 해보자. 그러면 눈에 띄게 두드러지는 예술적 창작품이 그때 이후 얼마나 조금밖에 늘지 않았나를 알고 놀랄 것이다. 이는 베를린이나 다른 거의 모든 대도시에도 해당된다.

옛날의 공공 기념물
그러나 본질적인 사항은 역시 다음과 같은 점에 있다. 곧 우리나라 대도

---

15) 독일 카롤링거 왕조의 황제(778~840). 카를 1세의 셋째아들.

시는 오늘날 도시의 모든 인상을 좌우하고, 모든 시대의 기념물이라 부를 수 있는 기념비적 작품을 갖고 있지 않다. 하지만 이와 같은 것을 고대의 여러 도시에서는 볼 수 있었고, 그곳에는 거의 저마다 자랑할 만한 특별한 기념 건축물이 있었다. 고대 도시의 특징은 사유 건축물에서 볼 수 있는 것도 아니고, 짧은 시대를 내다보고 지은 것도 아닌, 영원한 앞날을 위해 세워졌다고 생각되는 공공 기념물 가운데 있었다. 왜냐하면 그 기념물로 개인적 소유자의 부가 반영되는 것이 아니라 공공의 위대함과 의미가 반영되어야 했기 때문이다.

따라서 오늘날 우리는 거의 이해할 수 없는 그러한 방법으로 개개의 주민을 그 도시와 연결시키는 데 매우 알맞은 기념물이 생겨난 것이다. 본디부터 주민이 염두에 둔 것은 사적 소유자의 빈약한 집보다는 오히려 전체 공공체의 웅장하고 화려한 건축물이었다. 이 건축물에 비교하면, 주택은 실제로 중요하지 않은 부차적인 것으로 가치가 낮아진 셈이다.

만일 사람들이 고대의 공공 건축물과 동시대 주택과의 크기 균형을 견주어본다면, 공적인 일에 우선적인 위치를 부여한다는 원칙을 이와 같이 강조한 남다른 무게와 힘을 비로소 이해할 수 있을 것이다. 오늘날 우리가 고대 세계의 폐허나 황폐한 들판에 얼마 되지는 않지만 아직도 솟아 있는 거대한 것을 보고 경탄하는 것은 옛날의 영업용 호화 건물이 아니라 사원이나 국가 건축물이었다. 다시 말해서 그 소유자가 공동체였던 건물이다. 로마 끝무렵 화려함에서조차 첫째가는 지위를 차지한 것은 개개의 시민 별장이나 저택이 아니라 국가의, 즉 온 국민의 사원·목욕탕·경기장·원형경기장·수도공회당 등이었다.

게르만의 중세에서조차도 전혀 다른 예술 해석에 따른 것이긴 하지만, 똑같은 지도 원칙이 보존되어 있다. 고대의 아크로폴리스나 판테온 속에 나타나 있던 것이 지금은 고딕[16]의 대성당이란 양식 속에 포함되었다. 이 같은 기념비적 건축물은 중세 도시의 목골 건축(木骨建築), 목조 건축이나 벽돌 건축의 작은 무리를 내려다보는 거인처럼 솟아 그것들 곁에서 임대 아파트가 더욱 높이 솟아오르고 있는 오늘날에도 그 지방의 특징과 인상을 결정짓는

---

16) 뾰족한 아치와 지붕이 특징인 중세 끝무렵과 르네상스 직전의 건축 및 미술 양식.

상징이 되었다. 대사원·시청·시장의 건물, 또 방벽 망루는 마침내 모두 고대의 견해와 일치하고 있었음을 확실하게 알리고 있는 것이다.

백화점과 호텔—현대적 문화의 표현

그러나 오늘날 국가 건축과 사유 건축의 관계는 실로 얼마나 지독한 것이 되었는가? 로마의 운명이 베를린을 덮쳤다고 상상해 보자. 그렇게 되면 자손들은 장래의 어느 날엔가, 우리 시대 가장 거대한 공사로서, 두서너 명의 유대인이 가지고 있는 백화점이나 몇몇 회사가 경영하는 호텔을 들어 우리 시대 문화를 특징적으로 나타내는 것으로 경탄할 것이다. 베를린 같은 도시에 서조차 볼 수 있는 국가 건축물과 금융이나 상업을 위한 건축물 사이에 지배하고 있는 극단적인 불균형을 비교해 보라.

국가 건축물에 쓰는 금액부터가 이미 많은 경우 참으로 가소로울 만큼 충분하지 못하다. 공장은 영원을 위해 지어지는 것이 아니라 대개는 눈앞의 필요에 의해서만 지어지는 데 지나지 않는다. 그 경우 더 숭고한 사상 따위는 도무지 고려되고 있지 않다.

베를린 궁성은 그것이 만들어진 시대에는 현대의 판에 박은 새로운 도서관 따위와는 다른 의미를 가진 공사였다. 전함 한 척을 만드는 데도 약 6000마르크의 금액이 드는데, 영원을 지향해야 할 국가의 가장 훌륭한 건축물인 국회의사당에는 그 금액의 절반도 의회에서 동의되지 않았던 것이다. 어디 그뿐인가. 내부 장식의 의안이 가결 단계에 이르렀을 때는 국회는 석재 사용을 반대하고 벽을 석고로 칠할 것을 명령했다. 확실히 이 경우는 예외적이게도 의원들은 참으로 옳은 일을 한 것이다. 석고로 굳어진 머리에는 석벽이 걸맞지 않으니까 말이다.

이처럼 오늘의 우리나라 도시에는 주민 공동체의 두드러진 상징이 빠져 있고, 따라서 주민 공동체가 각 도시마다 자기 자신의 상징을 찾아내지 못한다 해도 놀랄 일이 아니다. 황폐가 필연적으로 올 것이다. 그것은 오늘날 대도시 주민이 자기 도시의 운명에 대해 완전히 무관심하다는 사실 속에 실제로 효과를 나타내기 시작하고 있다.

그러한 일 또한 우리나라 문화가 몰락해 가고 우리나라의 전반적 붕괴가 일어나고 있다는 증거이다. 이 시대는 가장 보잘것없는 유효성, 좀더 적절하게 말한다면 화폐에 봉사하는 일에 눌려서 꼼짝 못하고 있다. 그러나 그 경우 그런 화폐의 신 밑에서는 영웅주의에 대한 감수성 따위가 거의 남아 있지 않은 것에 놀랄 것도 없다. 오늘의 현상은 바로 직전의 시대가 뿌린 것을 거두고 있는 데 지나지 않는다.

*

종교 관계

이와 같은 몰락 현상은 모두 마침내 일정한 사람들에게 한결같이 승인된 세계관이 없었던 결과인 동시에, 그 결함에서 생긴 시대가 가진 하나하나의 큰 문제에 대한 판단과 태도가 일반적으로 불확실했던 데서 온 결과인 것이다. 따라서 교육을 비롯한 모든 것이 어중간하고 불확실하며 책임을 두려워한 나머지, 마침내 해악이라고 충분히 알고 있으면서도 비겁하게 그것을 참아버리는 것이다. 인도주의적 혼미가 널리 퍼지고, 폐해에 나약하게 타협하고, 개인을 존중하는 것으로써 몇백만의 앞날을 희생시킨다.

어느 정도 이 같은 일반적인 마음 분열이 유행하고 있었던가는 세계대전 전의 종교 상태를 보아도 알 수 있다. 여기서도 일원적이고, 효과적인 세계관적 신앙을 국민의 대부분은 먼 옛날에 잃어버리고 말았던 것이다. 그때 교회로부터 공개적으로 인연을 끊은 신자들은 전혀 무관심한 사람들보다도, 더 작은 역할밖에 다하고 있지 못했다.

신교·구교 두 파가 저마다의 가르침에 새로운 신자를 끌어들이려고 아시아나 아프리카의 전도에 매달리고 있는 동안에—그 활동은 특히 이슬람교 신앙의 실천 강도에 견준다면, 매우 얌전한 효과밖에 나타낼 수 없었다—유럽 그 자체에서는 몇백만 그리고 더 나아가서는 몇백만의 착실한 신자를 잃어버리고 있다. 그들은 종교생활에 대해서 일반적으로 냉담하게 행동하든가, 그렇지 않으면 역시 자기 스스로 독자적 길을 걷든가 어느 한쪽이다. 그 결과는 특히 윤리적으로 보아 소망스러운 일이 아니다.

또한 각 교회마다 교의 기초에 대한 더더욱 심해지고 있는 투쟁도 주목해야 한다. 그러나 이 인간세계에서 교의 없이 종교적 신앙이 실제로 계속된다는 것은 생각할 수 없다. 국민 대중은 철학자 집합이 아니다. 더구나 바로 이 대중에게는 흔히 신앙은 윤리적 세계관의 유일한 바탕인 것이다. 여러 대용

수단도 결과적으로는 그것들이 지금까지의 종교적 신조를 대신하는 쓸모 있는 대상(代償)으로 인정될 수 없는 경우에는 별로 효과적이지 않음이 증명되고 있다. 그렇지만 종교적 교의와 신앙이 드넓은 사회층을 현실적으로 포섭해야 한다면, 이 신앙 내용이 절대적인 권위를 가지고 있다는 것이 모든 효력의 바탕인 것이다.

따라서 몇십만의 우수한 사람들은 그와 같은 것 없이 이성적으로 현명하게 살아갈 수 있다고 해도, 다른 몇백만 사람들에게는 전혀 없어서는 안 되는 그때그때의 생활양식이 일상생활에 대하여 갖고 있는 것이야말로 국가에는 국가의 원리이며 그때그때의 종교에 대해서는 교의인 것이다. 그것에 의해 비로소 불확실하며 수많은 풀이가 가능하고, 순수하게 정신적인 이념도 똑똑히 경계가 그어지고 하나의 형식에 들어가게 된다. 이와 같은 형식을 갖지 않으면 이념은 결코 신앙이 되지 못할 것이다. 그렇지 않으면 이념은 어떤 형이상학적 개념, 간단히 말해 철학적 의견을 넘어설 수 없을 것이다. 따라서 교의 그 자체에 대한 공격은 국가의 일반적인 법률적 기초에 대한 싸움과 매우 비슷하다. 그리고 이 투쟁이 완전한 국가적 무정부 상태로 결말을 짓는 것과 마찬가지로 전자의 공격도 무가치한 종교적 허무주의로 끝날 것이 틀림없다.

그러나 정치가가 어떤 종교의 가치를 평가할 경우 그 종교에 가끔 뒤따르는 결점에 의하기보다도 오히려 분명히 더 좋다고 여겨지는 대용물이 갖는 장점에 의해 평가할 필요가 있다. 그리고 그와 같은 대용물이 겉보기에 빠져 있는 경우 현존하는 것을 파괴할 수 있는 자는 바보나 범죄자뿐이다.

물론 종교적 관념에 순수한 속세 문제를 지나치게 부과함으로써 매우 빈번히 이른바 정밀과학과 아주 불필요한 충돌을 일으키고 있는 사람들은 이 별로 바람직하지 않은 종교 상태에 대해 그 책임이 적지 않다. 이와 같은 충돌의 경우 맹렬한 투쟁의 결과이긴 하지만, 승리는 거의 언제나 과학에 주어지고, 종교는 단순히 피상적인 지식의 테두리를 넘을 수 없는 모든 사람들이 보는 바로는 중대한 손해를 입게 될 것이다.

종교의 정치적 악용
하지만 오히려 종교적 신념을 정치적 목적을 위해 악용함으로써 일어나는 황폐는 가장 불쾌하다. 자기들 정치에 보다 적절하게 말하자면, 오히려 사업에 효과가 있을 수단을 종교 속에서 찾아내려는 그런 비열한 부정 상인은 실제로 아무리 날카롭게 제재를 가해도 충분하다고는 할 수 없다. 이와 같이 염치없는 거짓말쟁이들은 물론 다른 죄인들에게 들리도록 스텐토르[17]와 같은 큰 목소리로, 자기들 신앙고백을 온 세계를 향해 외치고 있지만, 그것은 필요하다면 죽기라도 하기 위한 것이 아니고, 보다 나은 생활을 할 수 있기 위해 그렇게 하고 있는 것이다.

서로 통하는 대가만 있으면 단 한 번의 정치적 부정거래를 위해 모든 신조의 정신이 그들에게 있어서는 상품이 된다. 10개 의석을 위해서 그들은 모든 종교의 불구대천의 적인 마르크시즘과도 손을 잡는다. 장관 자리를 위해서는 그들은 아마도 악마하고라도 결혼할 것을 허락하리라. 물론 그것은 얼마쯤 남아 있는 체면이 악마를 쫓아버리지 않는 경우의 이야기지만.

세계대전 이전의 독일에서 종교생활이 많은 사람들에게 불쾌한 냄새를 느끼게 했는데, 여기에는 이른바 '기독교' 정당 측이 기독교를 악용한 데 책임이 있었고, 마찬가지로 가톨릭 신조를 정당과 동일시하려 한 사람들의 몰염치에도 책임이 있다.

이 바꿔치기는 많은 쓸모없는 인간들을 의석에 앉혔으나, 다른 한편으로 교회에 재앙을 불러온 치명적인 것이었다. 그러나 그 결과는 국민 모두가 짊어지지 않으면 안 되었다. 그때 거기서 일어난 종교생활의 해이에 의한 결말은 그러잖아도 모두가 연약하게 또 불안정해지기 시작하여 관습과 도덕의 전통적 기초의 붕괴가 임박하고 있던 그러한 시대에 나타난 것이다.

이러한 것은 또한 우리 민족체에 생긴 금이며 틈새였다. 그것은 특별한 무게에 눌리지 않는 한 위험하지는 않았지만 커다란 사건으로 중압에 눌리어 국민의 내면적 긴밀성의 문제가 결정적으로 중대한 의미를 갖기 시작하자 엄청난 불행을 일으키지 않을 수 없었다.

---

17) 호메로스 《일리아드》에 나오는 50명에 맞서는 성량(聲量)을 지녔다는 인물.

독일 정치의 무목표

그와 마찬가지로 정치 영역에서도 주의 깊게 살펴보는 자에게는 해악이 존재하고 있었다. 이와 같은 해악은 가까운 앞날에 개선하거나 변경을 꾀하지 않으면, 독일 국가의 다가오는 몰락의 조짐으로 여겨질 수 있었고, 또한 그와 같이 생각되어야 했다. 독일의 국내 및 외교 정책에서 목표가 없음은 의도적으로 눈을 감고 있지 않는 한 누구에게나 분명한 사실이었다.

타협정책은 비스마르크의 "정치란 가능한 것에 대한 기술이다"라는 견해와 매우 잘 일치되고 있는 것처럼 보였다. 그러나 비스마르크와 그 뒤 독일 수상 사이에는 얼마간 차이가 있었다. 그 차이가 전자로 하여금 정치 본질에 대해 그와 같은 의사를 나타내게 했지만, 다른 한편으로는 그 똑같은 견해가 그의 후계자 입에서는 전혀 다른 의미가 주어져야 했던 것이다. 아무튼 비스마르크는 이 명제를 가지고, 어떤 일정한 정치목표를 이룩하는 데 있어 모든 가능성이 사용되어야 한다는 것, 특히 모든 가능한 수단이 고려되어야 한다는 것을 말하려고 했을 뿐이다.

그러나 그의 후계자는 이 의사 표현 속에서 정치적 사상이라든가 정치적 목표조차 갖지 않아도 좋으며 그 필요성에서 개운하게 해방되는 것으로 이해했다. 그리고 정치적 목표는 그때 독일국의 지도층에 있어서 현실적으로는 이미 존재하지 않았다. 왜냐하면 그들에게는 어떤 특정한 세계관에 의한 기초 부여도, 또 정치생활 전반의 발전을 지배하는 발전 법칙에 대해 뚜렷한 인식도 없었던 것이다.

세계대전 그 전 의회정치의 무능

이 방면에서 혼탁을 보고, 또 국정의 무계획과 깊은 사려가 없음을 꾸짖으며, 따라서 정치의 내면적인 약점과 허무함을 너무나 잘 알고 있는 사람들도 적지 않았으나, 그들은 정치생활에서 국외자에 지나지 않았다. 정부 관직에 있는 사람들은 오늘날에도 아직 그렇듯이 휴스턴 스튜어트 체임벌린[18]과 같은 사람의 인식을 아주 냉담하게 무시했다. 이와 같은 사람들은 스스로 무엇

---

18) 영국인으로 나치즘 이념의 선구적 사상가(1853~1927). 주요 저서 《19세기 기초》.

인가를 생각하기에는 너무 어리석었고, 타인에게서 필요한 것을 배우기에는 너무 우쭐했다. 이것은 옥센셰르나[19]로 하여금 "세계는 지혜의 한 조에 의해 지배된다"고 외치게 한 아주 영원한 진리이다.

물론 거의 모든 성의 참사관들은 그 조각이 하나의 원자로 구체화된 것에 지나지 않는다. 독일이 공화국이 되고부터는 이런 일은 이미 해당되지 않는다. 그러기에 공화국 보호법에 의해서도, 그와 같은 사상을 토의하는 것은 제쳐두고라도 믿는 것조차 금지되고 있다. 그러나 옥센셰르나에게는 그가 살았던 시대에 살고, 결코 오늘날 이와 같은 분별 있는 공화국에 살지 않게 된 것이 행운이었다.

이미 세계대전 이전부터 국가의 힘이 구체화되어야 할 제도, 곧 의회, 라이히스타크는 여러 면에서 최대 약점으로 이해되고 있었다. 비겁과 무책임이 여기서도 완벽하게 결합되어 있었다.

오늘날 자주 독일의 의회정치는 "혁명 이후 무능해졌다"는 말을 듣지만 그것은 사려가 없는 표현의 한 예이다. 그 말은 자칫하면 마치 혁명 전에는 무엇인가 그렇지 않았던 것처럼 받아들여진다. 현실적으로는 이 의회라고 하는 제도는 전적으로 파괴적으로밖에 작용할 수 없으므로, 대부분의 사람이 눈가리개를 쓰고 아무것도 보지 않고 또 보려고도 하지 않았던 시대에도 이미 그 제도는 그러한 작용을 하고 있었다. 왜냐하면 독일이 무너진 것은 이 제도에 힘입은 바가 적지 않기 때문이다. 그리고 파국이 좀더 빨리 시작되지 않았던 것은 제국의회의 공로로 생각할 수는 없다. 그 공로는 독일 국민과 독일제국의 이 무덤 파는 자들의 활동에 대해서 평화시에도 여전히 반대하고 있던 저항에 바쳐져야 한다.

어정쩡한 의회

이 제도가 직접적 또는 간접적으로 만들어내고 있는 막대한 수에 이르는 파괴적인 해악 가운데 나는 오로지 하나의 폐해를 들어보려고 한다. 그것은 모든 시대에 볼 수 있는 이 가장 무책임한 제도가 갖는 내면적 본질에 대응하는 것이다. 다시 말해 내정과 외교에 대해 독일의 정치적 지도층이 보인 소

---

19) 스웨덴 총리(재임 1612~1654). 행정개혁으로 유명하며 30년전쟁 때 외교활동과 군대를 지휘해 크게 명성을 얻음. 생몰년 1583~1654.

름 끼치는 어정쩡함과 나약한 태도이다. 그것은 첫째로 제국의회 활동에 돌려져야 할 일이지만, 또한 정치적 붕괴의 주원인이 되었다.

아무튼 이 의회의 영향 아래 있는 것은 모두 어정쩡했다. 다만 좋을 대로 아무것이나 보면 곧 이해할 수 있을 것이다. 제국의 외교 면에서의 동맹정책은 어정쩡하고 나약했다. 평화를 보존하려다가 결국은 전쟁을 향해 나가지 않을 수 없었던 것이다. 폴란드 정책도 어정쩡했다. 진지하게 단호한 수단을 한 번도 취한 일이 없고 자극만 주고 있었다. 그 결과는 독일주의의 승리도 아니고 폴란드 사람들과의 화해도 아니었다. 그 대신 오로지 러시아와의 적대 관계가 생겨난 것이다.

알자스와 로렌 지방 문제 해결도 어정쩡했다. 가차 없는 주먹으로 단호히 프랑스라는 괴물 머리를 부수고 그다음에는 알자스인에게 평등권을 인정해 주는 것이 필요했는데, 그 어느 것도 이루어지지 않았다. 또 절대로 그것은 할 수가 없었던 것이다.

아무튼 최대 정당의 여러 진영 안에 또한 최대 반역자들이 있었다. 예를 들면 중앙당에는 베터레가 있었다. 그러나 이와 같은 모든 일을, 그 존재가 마침내 독일의 존속에 관련되는 힘, 곧 육군까지도 이 일반적인 어정쩡함에 희생되게 만들지 않았더라면 아직 참을 수가 있었을 것이다.

육군에 대한 의회정치의 범죄

이른바 '독일제국의회'가 여기서 저지른 죄악은 오로지 그것만으로도 어떠한 시대가 되더라도 독일 국민의 저주를 짊어지기에 충분하다. 아주 하찮은 이유에서 이와 같은 의회주의 정당의 룸펜들은 국민의 손에서 자기보존의 무기, 곧 우리 민족 자유와 독립을 지키는 둘도 없는 방비를 빼앗아 없애버렸다.

오늘날 플랑드르 평야에 있는 무덤을 연다면, 그 속에서 피투성이된 고발자가 일어서 나올 것이 틀림없다. 가장 우수한 젊은 독일인이 몇십만이나 말이다. 그들은 이와 같은 양심을 가지고 있지 않은 의회정치 범죄자들 때문에 열악하고 어정쩡한 훈련을 받고, 죽음 신의 품속으로 내몰린 것이다. 조국은 그들과 몇백만의 불구자와 사상자를 냈다. 그리고 그것도 단순히 몇백 명의 국민을 배반하는 자들로 하여금 정치상의 부정 거래나 협박 또는 공론적인 이론을 기계적으로 지껄이도록 하기 위해서였다.

유대주의가 그들의 마르크스주의적·민주주의적인 신문에 의해 독일 '군국주의'에 대한 거짓말을 온 세계에 널리 퍼뜨리고, 그렇게 함으로써 모든 수단을 다하여 독일에 책임을 뒤집어씌우려 하고 있을 때, 또 한편에서는 마르크스주의적·민주주의적 정당은 독일 국민력의 포괄적인 양성을 모두 거부한 것이다. 그때 그 거부에 따라서 이루어진 엄청난 범죄라고 하는 것은, 다음 전쟁이 일어날 경우에 물론 온 국민이 무장하지 않으면 안 되며, 따라서 자신들의 이른바 '국민 대표'를 맡고 있는 이 터무니없는 의원들의 비열함 때문에 몇백만 독일인이 열악하고 어정쩡한 훈련을 받은 채, 적 앞에 끌려가야 하리라는 것을 조금이라도 생각한 사람들이라면 누구나 곧 깨달았을 것이 틀림없다.

그러나 그 범죄에 의해 생긴, 곧 이 의회 뚜쟁이들의 잔인하고 천한 악행에서 나온 결과는 전혀 생각하지 않더라도, 전쟁 시작 때 이와 같은 훈련된 병사의 모자람은 패전으로 이르게 될 수밖에 없었던 것이다. 이것은 그 뒤 세계대전에서 무섭도록 증명되었다.

독일 국민의 자유와 독립을 위한 이 전쟁이 패배한 것은 이미 평화시대에 나타나고 있었던, 온 국민력을 조국 방위를 위해 징발할 때 나타난 어정쩡함과 나약함의 결과였다.

*

잘못된 함선 건조 정책

육상에서 신병이 고작 말뿐인 훈련밖에 받지 못했다고 한다면, 해상에서는 국가의 자기보존을 위한 무기를 많든 적든 무가치하게 만드는 똑같은 어정쩡함이 효과를 나타내고 있었다. 그러나 유감스럽게도 해군의 지도층 자신이 철저하지 못한 정신에 감염되어 있었다. 조선소에 놓인 독일의 모든 함선이 같은 시기에 진수된 영국 것에 비해 얼마간 작게 만들어지고 있던 경향은 앞날을 내다보지 못하는 것이었으며, 매우 생각이 짧은 일이었다. 처음부터 수량으로 가상 적국과 어깨를 나란히 할 수 없는 함대는 특히 이 수의 부족분을 군함 한 척 한 척이 가진 적을 뛰어넘는 전투력으로 보충해야 했다. 우월한 전투력이 문제이지 성능에 있어서 거짓으로 꾸며낸 우월성이 문제가 아닌 것이다.

사실 현대 기술은 매우 진보되어 있고, 여러 문명국 사이에 거의 차이가 없으므로, 한 강대국의 군함이 다른 나라의 같은 톤수의 군함보다도 결정적으로 큰 전투 가치를 가질 수 있다고는 생각되지 않는다. 하물며 보다 적은 배수량을 가지고 보다 큰 것에 대해 우월해진다는 것은 그 이상 생각할 수 없는 어리석은 일이다.

사실 독일 군함의 보다 더 작은 톤수는 속력과 장비를 희생함으로써 비로소 가능했다. 이 사실을 정당화하려고 사용한 틀에 박힌 문구는 확실히 평화시 이에 대해 지도층이 사용한 논리 중에 아주 심한 결함이 있었다는 것을 알려주었다. 예컨대 그들은 독일의 함포 장비는 영국 것에 비해 확실하게 뛰어나므로 독일의 280밀리 포는 영국의 305밀리 포에 비해 사격 성능에 있어서 결코 뒤지지 않는다고 설명했던 것이다!

그러나 바로 그러한 이유에서 305밀리 포로 바꾸는 것이 우리 의무였을 것이다. 왜냐하면 목표는 같은 전투력 획득이 아니라 훨씬 뛰어난 전투력 획득이어야 했기 때문이다. 그렇지 않으면 당연히 육군에서도 420밀리 박격포 발주는 당연히 쓸데없는 일이었을 것이다. 아무튼 독일의 210밀리 박격포는 그때 존재했던 모든 프랑스의 곡사포를 두말할 것 없이 훨씬 뛰어넘고 있었으며, 마찬가지로 305밀리 박격포로도 요새를 함락시킬 수 있는 것이 확실했다. 하지만 육군 지도층은 올바르게 생각한 반면 해군 쪽은 유감스럽게도 그렇지 못했다.

우월한 대포 성능과 탁월한 속력을 단념한 것은 근본적으로 잘못된 이른바 '위기의식'에 모조리 기인한 것이었다. 해군 지도층은 바로 함대 확장 형식으로 공격을 포기하고, 필연적으로 처음부터 방어에 몰두한 것이다. 그리고 이 점에서 그들은 또한 결정적 승리를 단념한 것이다. 결정적 승리는 영원히 공격 속에만 있고 또 있을 수 있는 일이기 때문이다.

속력이 더 느리고 장비가 뒤진 군함은 대체로 더 빠르고 강력하게 장비된 적함에 의해 적의 유리한 사정거리 내에서 격침될 것이다. 이것은 우리나라 많은 순양함이 통렬히 느꼈을 것이 틀림없다. 해군 지도층의 평상시 견해가 얼마나 근본적으로 잘못되어 있었던가는 전쟁이 이를 증명했다. 전쟁은 되도록 낡은 함선은 고쳐 다시 꾸미고 새로운 군함에는 함포를 개량하도록 하는 교훈을 일깨운 것이다. 만일 스카게라크[20] 해전에서 독일 함선이 영국 함선과 똑같은 톤수·장비·속력을 가졌다면, 영국 해군은 독일의 더 정확하고 효과적인 380밀리 포탄의 폭풍 아래 물속에 가라앉았을 것이다.

일본은 이전에 이와는 다른 함대정책을 추진했다. 일본에서는 원칙적으로 모든 새 군함에 가상의 적보다 뛰어난 전투력을 갖추는 일에 오로지 중점을 두었다. 일본 함대가 공격적 출동이 더욱더 가능하게 된 것도 그 정책 덕분이었다.

육군 지도층은 그러한 근본적으로 잘못된 사고방식에서 벗어나 있었으나, 한편 해군은 유감스럽게도 이미 더 나은 '의회주의적' 대표를 갖고 있어서 의회 정신에 사로잡혀 있었다. 해군은 어정쩡한 관점을 바탕으로 조직되고, 나중에 가서도 같은 관점에서 확장되었다. 그럼에도 불구하고 여전히 불멸의 명성을 해군이 얻을 수 있었던 것은 간신히 뛰어난 독일 군비 생산 노동자의 기술, 장교와 수병 하나하나의 능력과 유례없는 영웅 정신 덕분이었다. 이전 해군의 최고 지도층이 독창성 면에서 그들에 지지 않았다면 그들 희생도 헛일이 되지는 않았을 것이다.

그와 같이 아마도 평상시 해군의 지도적 인물이 바로 의회정치보다 더 우수한 기능을 가지고 있었던 것이 해군의 재앙이 된 것이다. 유감스럽게도 해군 건설에 있어서도 순수한 군사적 관점 대신에 의회적 관점이 결정적인 역할을 하기 시작한 것이다. 어정쩡함, 나약함, 여기에 더하여 의회제도 특유의 빈약한 논리적 사고 등이 해군 지도층의 정신에 영향을 주고 있었다.

어정쩡함에 대한 육군의 투쟁

육군은 이미 강조한 것과 같이 그와 같은 근본적으로 틀린 사고방식에서 아직은 멀리 있었다. 특히 참모본부 소속의 당시 대령이던 루덴도르프는 제국의회가 국민의 사활 문제에 대해 대개는 그것을 부결해 버린 범죄적 어정쩡함과 나약함에 대해 절망적인 싸움을 하고 있었다. 그때 이 장교가 줄기차게 싸움을 했음에도 헛일이었다고는 하지만, 그 책임의 반은 바로 의회가, 나머지 반은 만일 가능하다면 그들보다도 더욱 가엾은 태도와 나약성을 나타

---

20) 덴마크와 노르웨이 사이 북해 만입부(灣入部).

냈다고 할 수 있는 독일 총리 베트만홀베크에게 있었다. 이것은 독일을 무너뜨린 책임자들이 자기 혼자 국가적 이익의 이런 방임에 반대한 바로 그 인물에게 오늘날 붕괴 책임을 뒤집어씌우려고 하는 것을 전혀 방해하지 않는 것이다. 이들 타고난 사기꾼들에게는 크든 작든 거짓말 같은 것은 문제가 되지 않는다.[21]

이러한 극히 무책임한 자들의 터무니없는 경솔함으로 말미암아 국민에게 지워진 모든 희생을 깊이 생각하고, 헛되이 희생된 모든 사망자와 신체장애자를 염두에 둔다면, 또한 끝없는 굴욕과 불명예와 우리가 오늘날 당면하고 있는 헤아릴 수 없는 비참함을 생각한다면, 그리고 이러한 모든 것이 다만 파렴치한 야심가나 관직을 구하는 무리에게 장관 자리로 가는 통로를 열어주었을 뿐이라는 것을 안다면 그때는 이들 비열한 인간은 참으로 무뢰한·불량배·인간쓰레기·범죄자와 같은 말로밖에 부를 수 없는 것이다. 그렇지 않다면 이러한 표현이 언어의 관용 속에 존재하는 의미와 목적을 전혀 이해할 수 없게 될 것이다. 아무튼 이러한 국민에 대한 반역자들에 견준다면 뚜쟁이는 모조리 오히려 신사라 할 수 있다.

*

그러나 옛 독일국의 모든 실제적인 어두운 면은 기묘하게도 그로 인해 국민의 내면적 견실성이 해를 입게 되었을 때, 겨우 눈에 띄게 된 것이다. 참으로 그러한 경우에는 불쾌한 진실이 곧장 대중을 향해 외쳐지지만, 그렇지 않을 때에는 많은 일에 대해 오히려 조심스럽게 침묵되었고, 그 일부는 완전히 부정되기조차 했던 것이다. 더구나 어떤 문제를 공공연하게 다루면 아마도 개량이 이루어질 수 있었을지도 모르는 경우 그러한 태도가 취해진 것이다. 그때 정부의 권위자들은 선전 가치와 본질에 대해서는 거의 아무것도 알지 못했다.

선전을 현명하게 되풀이해서 사용하면 국민으로 하여금 천국을 지옥으로 여기게 할 수도 있고, 반대로 아주 비참한 생활을 천국으로 생각하게 할 수

---

21) 본디 이름은 테오발트 폰 베트만홀베크. 독일제국의 총리를 지냄. 독일의 국제적 고립을 불러와 1차대전의 발발을 막지 못했으며, 군이 요구하는 벨기에 침공을 승인해 미국의 참전을 불러왔다. 생몰년 1856~1921.

도 있다. 이 사실을 유대인만이 알고 있었으며, 그들은 그에 따르기도 하고 행동도 하고 있었다. 독일인, 보다 더 알맞게 독일인 정부는 그 점에 대해 어렴풋한 예감조차도 가지고 있지 않았다. 이런 모든 점으로 말미암아 우리는 전쟁 가운데 가장 심한 시련을 겪어야 했다.

*

독일인의 장점

여기에 제시되었거나 그 밖에 끝없이 존재하고 있던 세계대전 이전 독일인의 생활에 있어서의 모든 해악에는 많은 장점도 함께 존재하고 있었다. 공정하게 살펴보면, 우리가 가진 결점은 대개는 다른 나라나 국민에게도 있으며, 뿐만 아니라 우리를 훨씬 압도하는 결점도 많다는 것조차도 인정해야 한다. 더구나 그들은 우리가 가지고 있는 실제적인 장점의 많은 부분을 갖고 있지 않았다.

이와 같은 장점 가운데 첫 번째 것으로, 독일 민족이 거의 모든 유럽 민족 가운데서 아직도 자국 경제의 국민적 성격을 보전하려고 가장 많이 노력하고 있으며, 나쁜 조짐이 있음에도 불구하고 국제적인 금융지배에의 예속성이 가장 적었다는 것을 특별히 들 수 있다. 물론 그것은 위험한 장점이며 뒷날에는 세계대전을 일으키는 가장 큰 원인이 되었다.

그러나 이 장점 및 많은 다른 장점을 별도로 한다면, 수많은 건전한 국민적 힘의 원천에서 우리는 그 성질이 모범적일 뿐만 아니라 부분적으로는 아마도 유례가 없는 것이었던 세 가지 제도를 들춰내야 한다.

옛것 새것 두 통치의 대표자

첫째 것으로는 정체(政體) 그 자체와 근대에 들어서 그러한 정체가 독일에서 찾아낸 특징이다.

여기에서는 사실상 하나하나의 군주들은 무시해도 좋을 것이다. 그들은 인간으로서 그 대지와 그 대지의 아들들이 가지고 있는 것이 예사인 모든 결점을 피할 수 없었다. 만일 이 점에 대해 너그럽지 않다면, 그때에는 아마도 현상에 대해 절망하지 않을 수 없을 것이다. 왜냐하면 현재의 통치 대표자들도 바로 인물로서 본다면, 확실히 정신적으로나 도덕적으로 매우 평범한 인간이며, 아마도 사람들이 오랫동안 생각한 끝에 겨우 생각이 날 정도의 사람들이기 때문이다.

독일혁명의 '가치'를 1918년 11월 뒤 혁명에 의해서 독일 민족에게 선사된 인물의 가치 및 크기로써 헤아린다면, 이미 보호법[22] 따위로 입을 틀어막을 수 없는 후세 사람들의 판단에 대해서는 부끄러워 얼굴을 가려야 할 것이다. 그리고 후세 사람들은 그러한 법률이 없으므로, 우리들 누구나가 이미 알고 있는 것을, 다시 말해 우리 새 독일 지도자들에게는 지혜와 미덕이 결핍된 데 반비례해서 입과 악덕이 발달하고 있었음을 얘기할 것이다.

확실히 군주정치는 많은 사람들에게, 특히 대중에게 서먹서먹한 것이 되었다. 그것은 군주들이 언제나—우리는 감히 말하는 바이지만—아주 현명한 인물에 의해서 그리고 특히 매우 성실한 인물에 의해 둘러싸여 있다고는 할 수 없었다는 사실의 결과였다. 유감스럽게도 일부 군주들은 솔직한 성질을 가진 사람보다 아첨꾼을 더욱 좋아했다. 그래서 그들 또한 이들 아첨꾼들에게 교육을 받았다. 이것은 세계가 많은 낡은 사고방식을 크게 바꾸어버린 시대, 더구나 이 대변동이 궁정에 예부터 계승되어온 수많은 관습의 비판에까지 미치지 않을 수 없었던 그러한 시대에는 아주 중대한 해악이었다.

옛 통치의 심리적 잘못

그러므로 세기의 전환기에는 일반 사람은 이미 군대 대열 앞을 말을 타고 지나가는 황태자에 대해서도 특별한 존경심을 품을 수 없었다. 정부 관리들은 그와 같은 열병(閱兵)이 국민의 시각에 어떻게 비치는가에 대해서 전혀 올바르게 생각하지 못했던 것 같다. 만일 올바로 생각하고 있었다면, 아마도 그와 같은 불행한 사태까지는 결코 이르지 않았을 것이다. 이러한 고귀한 사람들의, 언제나 모조리 순수하다고는 할 수 없는 인도주의적 몽상 또한 사람들 마음을 끌기보다는 오히려 반감을 불러일으켰다.

예컨대 어떤 황태자가 어느 일반 식당에서 잘 알려진 것을 시식했는데, 그것은 옛날이라면 아마도 아주 훌륭한 것으로 보였겠지만, 그때에는 효과가 반대였다. 그런 경우 고귀한 분이 자기가 맛본 음식이 아주 조금이긴 하지만

---

22) 바이마르 공화국 보호법.

평상시와 달랐다는 것을 실제로는 눈치채지 못했다는 것은 쉽사리 상상할 수 있다. 그러나 민중은 그런 것을 알고도 남았다. 그렇게 해서 아마도 매우 훌륭했던 의도도, 비록 사람들을 정말 분노하게 하지는 않더라도 가소로운 것이 된 것이다.

매번 속담처럼 얘기되고 있는 군주의 절도, 다시 말해 매우 일찍 일어나 밤늦게까지 공식 정무에 힘쓴다는 것, 더 나아가서는 절박한 영양 부족의 위험에 끊임없이 노출되어 있다는 것 따위에 대해서 서술하는 것은 대단히 염려스럽게 생각된다는 발언을 불러일으켰다. 군주가 자기 스스로 무엇을 어느 정도 많이 잡수시는가를 아는 것을 사람들은 사실상 조금도 바라지 않았다. 사람들은 군주에게 '충분한' 식사 시간을 물론 기꺼이 바쳤으며, 또한 군주에게 필요한 수면을 방해하는 일은 꿈에도 바라지 않았다. 사람들은 오로지 군주가 언제나 개성을 가진 인간으로서 자기 가문의 이름과 국가에 명예를 가져오고 통치자로서 자신의 의무를 다하기만 하면 만족했다. 동화를 이야기하는 것은 거의 무익할 뿐만 아니라 도리어 더욱 큰 손해를 주었던 것이다.

그러나 이런 일이나 그와 비슷한 수많은 사항은 그럼에도 불구하고 하찮은 일에 지나지 않았다. 본디 국민들은 위로부터 지배받고 있으며, 따라서 개인은 아무것도 더 이상 근심할 필요가 없다는 확신이 유감스럽게도 국민의 아주 큰 부분에 더욱더 영향을 주기 시작한 것은 더한층 나쁜 일이었다. 정부가 실제로 좋은가, 그렇지 않으면 적어도 최선을 다하고자 애쓰고 있는 한 아직 문제는 없었다. 그렇지만 일단 그 자체는 선(善)을 바라고 있던 옛 정부 대신에 보다 새로운, 보다 절도가 없는 정부가 등장하기라도 하면 재앙을 일으켰다. 그때 의지가 모자란 온순함과 유치한 신앙은 오로지 상상할 수 있는 한 가장 심각한 재앙이 되었다. 그러나 이와 같은 그리고 많은 다른 약점에 대해서 다른 한편으로 전혀 의문의 여지가 없는 여러 가치가 존재하고 있었다.

군주정체의 안정성

그 장점의 첫째는, 군주정체에 의해 통제되어 전체 국가 지도가 안정되어 있었던 일과 국가에 있어서의 최고 지위가 공명심이 왕성한 정치가의 야심에 찬 투기로 인한 혼란에서 벗어나 있었던 일이다. 게다가 이 제도 자체의 존엄성이나 이미 거기에 기초한 제도의 권위도 생각할 수 있다. 또한 마찬가지로 관리층이나 특히 군대가 정당정치적 의무 수행의 수준보다 높아진 것도 있다. 더욱이 이에 덧붙여서 국가 정점이 군주에 의해 인격 및 책임 완수의 본보기로서 개인에 구체화하고 있었다는 장점도 있다.

아무튼 군주는 의회에 다수결이라는 우연의 누적보다 훨씬 더 강력하게 책임을 져야 한다. 천하가 두루 아는 독일 통치의 청렴성은 첫째로 이 점에 돌려졌어야 할 것이다.

마지막으로 독일 국민에 대해서 갖는 군주정치의 문화적 가치는 고도의 것으로서 다른 결점을 아주 잘 보충할 수 있다. 독일의 왕성(王城)은 모두 변함없이 예술적 취미의 수호자였다. 취미도 현재 유물적인 시대에서는 어느 것이나 차츰 없어지고 있지만 확실히 19세기 독일의 여러 왕후가 예술과 학문을 위해서 행한 것은 모범적이었다. 오늘의 시대는 어쨌거나 그것들과 비교될 수도 없다.

*

육군—대리가 통하지 않는 학교

우리 민족체 해체가 시작되어 천천히 그것이 확대되고 있던 이 시대에 가장 가치가 큰 요소로는 오로지 육군만이 기록되어야 한다. 육군은 독일 국민의 가장 강력한 학교였다. 모든 적의 증오가 바로 국민의 자기보존과 이 자유 보호소로 향해진 것도 이유 없는 일이 아니었다. 육군이 모든 열등한 자로부터 중상당하고 비난받으며 더구나 두려움도 받았다는 사실을 확인하는 일 이상으로 이 유례없는 제도에 대한 빛나는 기념비가 바쳐질 수 없는 것이다.

베르사유의 우리 민족에 대한 국제적 착취자들[23]의 분개가 맨 처음 옛 독일군으로 향해진 것은 이 군대가 주식거래소의 위력에서 우리 국민의 자유를 지키는 방패였음을 더욱더 잘 이해시켜준다. 이 경고 세력이 없었다면 우리 국민에 대한 베르사유의 의도는 이미 훨씬 이전에 수행되었을 것임에 틀림없다. 독일 국민이 육군에게 힘입은 바를 단 한 마디로 줄인다면 '모든 것'이었다.

---

23) 베르사유 평화회의.

육군이 절대적인 책임감 교육을 시행한 때는 이 특성이 이미 거의 어렴풋해지고, 모든 무책임의 본보기인 의회로부터 시작되는 책임 회피가 더욱더 유행하고 있었다. 육군은 또한 인간적인 용기를 가르쳤는데, 그때는 비겁함이 전염병처럼 널리 퍼지기 시작하여 공공복지를 위해 힘쓰려는 희생정신은 거의 어리석은 것으로 여겨졌다. 또한 자신의 '자아'를 가장 소중하게 여기고, 또 조장하는 방법을 이해하고 있는 자만이 간신히 현명한 자로 여겨지고 있었던 것이다. 육군은 국민 행복이 흑인·독일인·중국인·프랑스인·영국인 등 사이의 국제적 친선이라는 새빨간 거짓말의 판에 박은 문구 속에서 찾을 것이 아니라, 우리 민족성이 가진 힘과 단결 속에서 찾아야 된다는 것을 독일인 한 사람 한 사람에게 여전히 가르치고 있던 학교였다.

육군은 결단력을 교육하고 있었는데, 그 무렵 다른 생활에서는 이미 우유부단과 의심이 인간 행동을 사로잡기 시작하고 있었다. 아는 체하는 자들이 여기저기에서 앞장서고 있던 때 육군은 언제나 어떠한 명령도 명령을 하지 않는 것보다는 낫다는 원칙을 지키려고 노력했다. 이 유례없는 원칙 안에서 아직 타락하지 않은 튼튼한 건강성을 볼 수가 있었다. 이 건강성은 육군과 그 교육이 그 근본적인 힘을 영속적으로 회복하는 데 주의하지 않았더라면, 우리들 일반적인 생활로부터는 훨씬 이전에 사라져버렸을 것이 틀림없다.

우리는 현재 독일 지도층이 어떤 행위건 분발해서 해보지도 못하는 놀랄만한 우유부단만이라도 어쨌든 볼 필요가 있다. 그러나 다만 약탈적인 새로운 조약에 서명을 강요당했을 때만은 예외였다. 그 경우 그들은 물론 책임을 모두 거절하고, 의회 속기사와 같이 신속하게 그들에게 제출하기만 하면 되게 되어 있는 모든 것에 서명한 것이다. 워낙 이 경우에는 결단이 쉽게 내려졌기 때문이다. 아무튼 결단이 그들에게 명령되어 있었기 때문이다.

육군은 이상주의와 조국 및 그 위대성에 대한 헌신을 교육했는데, 한편 기타 생활에서는 탐욕과 유물주의가 널리 퍼져 있었다. 육군은 계급 분리에 대해서 국민의 일치단결을 가르쳤으며, 여기에 유일한 결점으로서 '1년 지원병제도'가 있었다. 왜 결점인가 하면 그것으로 인해 무조건 평등이라는 원리가 무너져 고등교육을 받는 자가 다시 공통된 경우의 틀 밖에 놓이게 되었기 때문이며, 또한 다름 아닌 그 반대의 것이 이익이 있었음에 틀림없었기 때문이다.

아무튼 우리 상층계급이 세상 물정을 너무 몰라 자기 국민에 대해 더욱 거리를 벌려가고 있는 점을 생각하여 육군이 만일 적어도 그들의 질서 속에서만이라도 이른바 지식층의 차별 대우를 모두 피했더라면, 바로 그들이야말로 특히 축복에 가득 찬 일을 할 수 있었을 것이다. 이러한 일이 이루어지지 않은 것은 하나의 잘못이었다. 그러나 이 세계에서 어떤 제도가 실수를 저지르지 않고 존재할 수 있을까? 어쨌든 이 제도에서는 좋은 점이 압도적이었으므로 얼마쯤 결함은 인간 불완전의 평균보다는 훨씬 낮았다.

하지만 머릿수를 세어 무엇이든 다수결로 하는 시대에 다수 위로 더 나은 두뇌 소유자를 끌어올린 것은 옛 독일제국 육군의 최고 공적으로 평가되어야 한다. 육군은 숫자를 맹목적으로 숭배하는 유대적·민주주의적 사상에 대해서 인격에 대한 신념을 지지한 것이다. 따라서 군대는 실제로 새 시대가 가장 필요로 했던 것, 다시 말해 사나이다운 사나이를 길러냈던 것이다. 무기력과 여성화가 일반적으로 퍼져 있는 타락생활의 흙탕 속에서 육군 대열로부터 해마다 35만의 강건한 청년이 기세 좋게 쏟아져 나왔다. 그들은 2년간 훈련으로 청년의 유약함을 버리고 강철과 같이 단단한 육체를 얻었던 것이다. 그리고 이 동안 복종하는 것을 배운 젊은이는 그 뒤 비로소 명령하는 것을 배울 수 있었다. 걸음걸이로 만기병(滿期兵)은 구별되었던 것이다.

이것이 독일 국민의 최상급 학교였다. 그리고 시기와 탐욕에서, 국가의 무기력함과 그 시민의 무방비를 필요로 하고 또 바라고 있던 무리의 격렬한 증오가 이 학교에 집중된 것도 이유가 없지는 않았다. 많은 독일인이 속임을 당해서인지 또는 악의에서인지 보려고 하지 않았던 것을 다른 나라 사람들은 잘 알고 있었다. 그것은 독일 육군이 독일 국민의 자유와 그들 자식들의 양육에 봉사하는 가장 강력한 무기였다는 점이다.

*

유례없는 관리단
정체와 육군에 이어 제3의 것으로는 옛 독일제국의 유례없는 관리단이 동맹에 참가하고 있었다. 독일은 세계에서 가장 잘 짜여 있고, 가장 잘 통치된 나라였다. 독일의 국가 관리는 자칫하면 관료주의적이며 옛날식이라고 욕을 듣기도 했으나, 그렇다고 다른 나라에서는 보다 나았던 것도 아니다. 그뿐인

가. 오히려 더 나빴다. 다른 나라들이 가지고 있지 않았던 것은 이 장치의 놀랄 만한 견실성과 그것을 짊어지고 있던 사람들의 깨끗하고 믿을 만한 마음가짐이었다.

역시 얼마쯤 구식이더라도 정직하고 충실한 편이, 진보적이고 현대적이라도 성격이 열등해서 오늘날 볼 수 있듯이 무지하고 무능력한 것보다는 바람직한 것이다. 왜냐하면 세계대전 이전의 독일 통치는 실로 관료주의적으로 견실하기는 했으나 상업상으로는 좋지 않았다고 오늘날 즐겨 말하고 있지만, 다음과 같이 대답을 할 수 있기 때문이다.

곧 세계 어느 나라가 국영철도에 관해서 독일보다 더 잘 관리되고, 상업적으로 더 잘 짜인 기업을 가지고 있었던가 하고 반문할 수 있는 것이다. 마침내 이 본보기 기관이 국민 손에서 몰수되어, 지금의 공화국 창설자들이 말하는 의미에서 사회화되는 데 충분한 기회가 성숙되었다고 보일 때까지 무너져버린 것은 혁명에 의한 것이었다. 다시 말해 독일혁명 배후세력이었던 국제금융자본에 이바지할 정도까지 파괴된 것이다.

그 무렵, 독일 관리단과 행정기구가 특히 눈에 띄었던 것은 그것들이 개개의 정부에서 독립해 있었다는 점이다. 이들 정부의 그때그때 정치적 의향은 독일 관리의 지위에 아무런 영향도 미칠 수 없었다. 혁명 뒤에는 물론 이와 같은 것이 근본적으로 바뀐 것이다. 자질과 능력 대신에 당파적 유대로 대체되고 자주적·독립적 성격은 쓸모 있는 것이라기보다는 오히려 방해 요소가 되고 말았다.

국가 권위

옛 독일제국의 훌륭한 힘과 강력함은 정체와 육군 및 관리단에 바탕을 두고 있었다. 그것들은 첫째로 오늘의 국가에 완전히 빠져 있는 특성, 곧 국가 권위의 원인이었다. 아무튼 이 권위는 의회나 주의회의 떠버리에게서 생겨나는 것은 아니고, 그 권위를 지키기 위한 법률이나 그 권위를 뻔뻔스럽게 부인하는 자를 위협하기 위한 판결에서도 생겨나지 않는다.

국가 권위는 하나의 공동체 지도와 통치에 대해 제시되어도 좋고 또 제시될 수 있는 일반적인 신뢰에서 생겨나는 법이다. 이 신뢰는 또 오로지 한 나라 정부와 행정관청의 청렴과 성실성을 진심으로 확신하는 결과이며, 마찬가지로 법 정신과 일반적 도덕관이 갖는 감정이 하나 되는 결과인 것이다. 왜냐하면 정부조직이란 권력 압박에 의해 지속되는 것이 아니라, 그 조직의 건전성과 국민 이익을 대변하고, 더 나아가게 하는 진실성에 대한 믿음에 의해 지속되기 때문이다.

*

무너진 가장 깊은 원인

따라서 세계대전 전에 어떤 종류의 해악이 얼마나 심하게 국민의 내면적인 강력성을 썩어 문드러지게 하고, 무너뜨리려고 위협했는지 모르겠지만, 다른 나라들이 이와 같은 거의 모든 병으로부터 독일 이상으로 고통받았음에도 불구하고, 위기의 결정적 순간에 자유를 잃고 무너지지는 않았다는 점을 새겨두어야 한다. 그러나 세계대전 이전의 독일 약점에 대해서는 마찬가지로 큰 장점이 나란히 존재하고 있었음을 생각할 때, 붕괴의 궁극적 원인은 좀더 다른 영역에 있을 수 있으며 또 있음에 틀림없다. 그리고 이것은 사실이기도 한 것이다.

옛 독일제국이 무너진 궁극적 원인은 인종 문제 및 그것이 민족의 역사적 발전에 대해서 갖는 의미를 인식하지 않았다는 데 있다. 왜냐하면 민족 생활에서 일어나는 모든 사건은 우연한 현상이 아니며, 비록 인간이 자기 행위의 내면적 근거에 대해서 의식하지 못하는 경우에도, 종(種)이나 인종의 자기보존과 증식의 충동이 진행되는 자연법칙적 과정이기 때문이다.

제11장
민족과 인종

길가에 너무 흔히 굴러다니기 때문에 오히려 일반 세상 사람들이 돌아보지 않거나 적어도 인식되는 일이 없는 진리라는 것이 있다. 세상 사람들은 더러 이러한 분명한 이치를 무심코 지나쳐버리고는 누군가 그것을 발견하고 일깨워주면 크게 놀란다. 콜럼버스의 달걀은 몇천, 몇만 개나 굴러다니지만 오로지 콜럼버스와 같이 이를 발견하는 사람은 좀처럼 만날 수 없을 뿐이다.

이와 같이 인간은 예외 없이 자연 정원을 돌아다니며, 거의 모든 것을 알고 이해하고 있다고 여긴다. 그러나 그들은 아주 드문 경우 말고는 자연 섭리 가운데 가장 두드러진 원칙의 하나, 곧 이 지상의 모든 생물의 종자가 내면적으로 격리되어 있다는 원칙을 장님처럼 보지 못하고 무심코 지나쳐버린다.

아주 표면적인 관찰만으로도 자연의 생명 의지가 끝없이 존재하는 모든 표현 형식에 타당하고, 거의 철칙이라고도 할 수 있는 자기 내면에만 제한된 생식 형식을 발견할 수 있다. 동물은 어느 것이나 같은 종 동료끼리만 한 쌍이 된다. 박새는 박새한테 간다. 참새는 참새에게, 수컷 황새는 암컷 황새에게, 들쥐는 들쥐에게, 생쥐는 생쥐에게, 수늑대는 암늑대에게로 간다.

독특한 상태에서만 이것은 바뀔 수 있을 뿐이다. 곧 붙들려서 강제당하는 경우라든가, 그 밖에 같은 종 내부의 결합이 불가능한 경우이다. 그러나 그 경우 자연은 모든 수단을 사용해서라도 그에 저항하기 시작하는데, 가장 확실한 자연 항의는 잡종에 대해서 그 뒤 생식 능력을 거부하든가, 또는 그 뒤 자손 임신 능력을 제한하든가 한다. 하지만 거의 모든 경우 자연은 질병이나 적의 공격에 대한 저항력을 빼앗아버린다. 그것은 지나칠 정도로 자연스러운 일이다.

정도가 아주 똑같지는 않은 두 생물을 교배하면 모든 결과는 어버이의 중간 정도로 나타난다. 곧 이렇게 된다. 자식은 인종적으로 열등한 편에 속하는 어버이보다는 우수할지 모르지만 아무튼 더 우수한 편의 어버이만큼 높게는 안 된다. 그 결과로서 그는 이보다 높은 편과의 싸움에서 이윽고 패배하게 될 것이다. 그러므로 이와 같은 교배는 생명 그 자체를 더욱 고도의 것으로 진화시켜가려고 하는 자연 의지에 어긋난다.

이 의지가 행해지기 위한 전제는 더 우수한 것과 더 열등한 것과의 결합 속에서가 아니라 전자의 철저한 승리 속에 있다. 더 강한 것은 지배해야 하며, 보다 더 약한 것과 결합해서 그 때문에 자신의 우수한 점을 희생시켜서는 안 된다. 다만 타고난 약골만이 이런 것을 잔인하다고 느낄 뿐이다. 그러나 실제로 그러하기에 그도 약하고 어리석은 인간으로 머문다. 왜냐하면 이 법칙이 지배하지 않는다면 모든 유기적 생물에 가능하다고 여겨지는 진화를 전혀 생각할 수 없게 될 것이 틀림없기 때문이다.

이와 같이 자연 속에 일반적으로 타당한 종족의 순수 혈통에 대한 충동의 결과는 오로지 단순히 낱낱의 종족을 외부로부터 날카롭게 구획할 뿐만 아니라, 자기 스스로의 내부에서 그 종족의 한결같은 본질성을 보전하는 것이기도 하다. 여우는 변함없이 여우이다. 거위는 거위, 호랑이는 호랑이이며, 구별은 기껏해야 낱낱의 실례에서의 힘, 강함, 현명성, 재능, 인내력 등이 저마다 정도를 달리하고 있는 점에 있을 뿐이다. 따라서 거위에 대해 어떤 인간적인 자의성을 그 근성 바탕에 가질지도 모르는 그러한 여우 따위는 도저히 발견하지 못할 것이다. 그것은 쥐에 대해서 우호적인 애정을 가진 고양이가 없는 것과 마찬가지다.

따라서 여기서도 서로의 싸움은 타고난 혐오에 의한 것보다, 오히려 굶주림과 성적 애정으로부터 일어난다고 할 수 있다. 어느 경우에도 자연은 조용히, 아니 만족스럽게 지켜보고 있다. 날마다 빵을 위한 투쟁은 모든 나약한 자, 병약하고 더 결단력이 부족한 자를 패배시키지만, 한편 암컷을 위한 수컷의 싸움은 가장 강건한 것에게만 생식 권리나 그 가능성을 가지게 된다. 그러나 여전히 싸움은 종의 건전함과 저항력을 촉진하는 수단이며, 따라서 그 종의 진화 원인으로서 지속된다.

만일 이 과정이 틀린 것이라면 진화와 발전은 모두 중단되고 오히려 반대 현상이 나타날 것이다. 왜냐하면 열등한 것은 수적으로는 가장 월등한 것을 언제나 압도하므로, 같은 생명보존과 번식 가능성이 있다면 보다 더 열악한 것이 매우 빨리 증가해서, 마침내 가장 뛰어난 것은 불가피하게 밀려나기 때문이다. 그러나 이와 같은 일은 자연이 보살펴준다. 자연은 더 약한 부분을 매우 엄격한 생활조건에 복종시켜서 그것만으로도 수가 제한되도록 하는데, 더구나 남은 것에서도 마침내 마구잡이 증가를 허용하지 않고, 여기서도 새롭고 무정한, 힘과 건전함에 바탕을 두는 도태에 부딪치게 하는 것이다.

그리고 자연은 보다 더 약한 낱낱의 생물이 보다 더 강한 것과 결합하는 것마저 바라지 않으며, 마찬가지로 더 뛰어난 인종이 보다 더 뒤떨어진 인종과 혼혈하는 것은 그 이상으로 바라지 않는다. 왜냐하면 그렇지 않을 경우 자연에 의해 옛날부터, 아마도 몇십만 년이나 계속되어온 보다 더 고도로 진화시켜가는 작업 전체가 일거에 다시 무너져버릴 것이 틀림없기 때문이다.

역사적 경험은 이러한 것에 대해 수많은 실례를 내놓고 있다. 그것은 놀랄 정도로 뚜렷하게 아리아 인종[1]이 더 뒤떨어진 민족과 혼혈했을 경우, 그 결과로서 반드시 문화민족으로서의 종말을 맞이했다는 것을 보여주고 있다. 그 주민의 거의 대부분이 뒤떨어진 유색인종과는 거의 혼혈한 일이 없는 게르만적[2] 요소로 성립되고 있는 북아메리카는, 주로 로망 민족[3]의 이주민이 더러 드넓게 원주민과 혼혈한 중앙아메리카나 남아메리카와 견주어 다른 종류의 인간성과 문화를 가지고 있다. 이 하나의 실례만으로도 인종 혼혈의 영향이 아주 뚜렷하게 인식되는 것이다. 아메리카 대륙의 인종적으로 순수하고 혼혈된 일이 없는 게르만인은 그 대륙 지배자로 성장했다. 그들은 자신이 또한 피의 모독에 희생되지 않는 한 지배자 지위를 유지할 것이다.

인종 교배의 결과

따라서 모든 인종 교배의 결과는 아주 간단히 말하자면 언제나 다음과 같다.

a. 보다 뛰어난 인종의 수준 저하.

---

1) 유럽 대부분, 소아시아, 페르시아, 인도, 아프가니스탄 지역에 사는 인도·아리아어를 사용하는 인종. 나치즘에서는 특히 유대인과 구별하여 쓰고 있다. 예컨대 아리아화(化)라고 하면 관공서나 실업계에서 유대인을 내쫓는 일이었다.
2) 아리아 인종의 하나인 게르만족. 게르만 어파에 속함. 그 대표적 자손은 독일인이다.
3) 로망스어, 라틴어계(예를 들어 프랑스어, 스페인어, 이탈리아어, 포르투갈어 등) 국어를 말하는 민족.

b. 육체적·정신적 퇴행과 그에 따라 느리기는 하지만 확실히 진행되는 폐병의 시작이다.

이와 같은 전개를 일으킨 것은 누가 뭐라 해도 영원의 창조자 의지에 어긋난 죄를 범하는 것 말고는 아무것도 아니다. 그러나 죄이기 때문에 그 행위에도 보복이 있다. 인간이 자연의 논리에 반항하기를 꾀하면 자기 자신 또한 인간으로서의 존재를 모조리 힘입고 있는 원칙과 투쟁하는 처지에 빠지게 된다. 그래서 자연에 반대하는 인간 행동은 자기 스스로 파멸에 이를 수밖에 없다.

물론 이런 경우 오늘의 평화주의자에게서 순전히 유대인적인 뻔뻔스럽고 어리석은 항의가 나올 것이 틀림없다.

"인간은 자연을 정복하고 있는 것이 아닌가!"

매우 많은 사람들이 이 유대인적인 어리석은 생각을 무분별하게도 기계적으로 흉내내어, 마침내 그들 스스로가 자연 정복자의 역할을 하고 있다고까지 실제로 생각하기에 이르고 있다. 하지만 이 경우 그들이 자유롭게 쓸 수 있는 무기로는 관념밖에 없고, 더구나 그 관념이라는 것이 몹시 조잡한 것이어서 그것을 가지고 생각한다면 결코 세계를 이해할 수 없는 것이다.

인간과 관념

그러나 인간은 어떠한 일에 대해서도 자연을 정복한 일은 없으며, 기껏해야 자연의 영원한 수수께끼와 비밀을 덮어 감추고 있는 터무니없이 커다란 베일의 저쪽 끝, 또는 이쪽 끝을 잡고 들어올리고 있는 데 지나지 않는다. 또한 그는 실제로 아무것도 발명한 것은 없고 모두 발견한 데 지나지 않는다. 그리하여 그는 자연을 지배하는 것이 아니라, 낱낱의 자연법칙이나 비밀에 대한 지식을 바탕으로 하여 이러한 지식이 전혀 없는 다른 생물의 지배자 지위에 오른 데 지나지 않는다.

이상의 모든 점을 완전히 도외시한다 하더라도, 어떤 관념이 인류의 생성과 존재에 대한 전제를 정복하지는 못한다. 왜냐하면 관념 그 자체는 오로지 인간에 의존하는 것이기 때문이다. 인간이 없으면, 이 세계에 인간 관념 같은 것은 존재하지 않으며, 따라서 관념 그 자체는 아무래도 언제나 인간 존재에 의해서, 그렇기 때문에 또 그 존재의 전제 조건을 만든 모든 법칙에 의해서 제약되고 있는 것이다.

그리고 그것뿐만 아니다! 일정한 여러 관념은 일정한 인간에게 연관되어 있기도 하다. 이것은 그 내용이 정밀한 과학적 진리가 아니라 감정 세계에 기원을 가지고 있는 사상 또는 오늘날 대단히 멋있고 분명하게 표현되고 있는 대로 따르자면, '내면 체험'을 그려내는 사상에 아주 타당하다. 엄격한 논리 그 자체와는 아무런 관계가 없으며, 오로지 순수한 감정 표현, 윤리적 개념 따위를 나타내고 있는 이들 모든 관념은 인간 존재에 얽매여 있으며, 인간의 정신적인 상상력과 창조력 덕분에 관념도 존재할 수 있는 것이다. 바로 그렇기 때문에 이 일정한 인종이나 인간 보존이 이러한 관념의 존속을 위한 전제 조건인 것이다.

예컨대 이 세계에서 평화주의 사상이 현실적으로 승리하기를 진심으로 바라고 있는 사람이 있다면, 그는 독일인에 의한 세계 정복을 바라고 모든 수단을 써서 온 힘을 다해야 할 것이다. 만일 그 반대가 된다면 최후의 독일인과 함께 최후의 평화주의자도 죽어 없어질 것이 틀림없으리라.

왜냐하면 다른 국민은 이 평화주의라고 하는 자연과 이성에 어긋난 터무니없는 생각에 유감스럽게도 우리 민족이 빠진 만큼 그렇게 깊이 빠진 일은 예부터 거의 없었기 때문이다. 그러므로 좋거나 나쁘거나 평화주의를 이루기 위해서는 전쟁마저도 불사한다는 것을 굳은 의지로 결의할 필요가 있을 것이다. 다름 아닌 이 평화주의를 미국의 구세주 윌슨도 의도했다. 또는 적어도 우리 독일 몽상가들은 그렇게 믿었다. 그렇기 때문에 분명히 그 목적은 이루어졌다.

실제로 평화주의적·인도적 관념도 다음의 경우 아마도 매우 좋은 것이 될 것이다. 바로 최고 인간이 자신을 이 지상 유일한 지배자로 만들어버릴 정도로까지 미리 세계를 정복하여 복종시켜버린 경우이다. 이때에는 그 관념으로부터 해로운 결과가 나올 가능성은 그 관념의 실제적인 적용이 드물게 되고 나중에는 불가능하게 될 정도로까지 없어질 것이다. 그러므로 무엇보다 투쟁이 먼저이고 그 뒤 아마도 평화주의로 될 것이다. 그렇지 않은 경우에는 인류는 그 발전의 절정을 지나쳐버리고, 그 결말은 어떤 윤리 관념의 지배가 아니라 야만이며 마침내 혼돈이다.

이 점에 대해 물론 두서너 사람들은 웃을지도 모른다. 그러나 이 행성은 이미 몇백만 년 동안 에테르 속을 인간 없이 움직이고 있었으며, 만일 인간이 자신의 고급 존재를 두서너 명의 제정신이 아닌 이데올로그들의 관념이 아니고, 자연법칙의 인식과 단호한 그 적용에 힘입고 있는 것을 잊을 경우에는 이 행성은 언젠가 다시 그와 같은 상태로 되돌아갈 것이다.

인종과 문화

우리가 오늘날 이 지상에서 감탄하고 있는 모든 것—과학·예술·기술·발명—은 오로지 소수 민족, 아마도 본디 '**유일**'한 인종의 독창적 산물임에 지나지 않는다. 이러한 모든 문화의 존속 또한 그들에게 의존하고 있다. 그들이 멸망한다면 그들과 함께 이 지상의 아름다운 것도 무덤 속으로 떨어지는 것이다.

예컨대 아무리 대지가 인간에 큰 영향을 줄지라도, 그 영향의 결과는 언제나 저마다 문제가 되는 인종에 따라 차이가 있을 것이다. 어떤 생활환경이 생산성이 빈약하다는 것은 어느 인종으로 하여금 최고 능률을 올리도록 몰아칠 테지만, 다른 인종의 경우 모든 결과를 수반하는 오로지 매우 괴로운 빈곤이나 결정적인 영양 부족의 원인이 되는 데 지나지 않을 것이다. 민족의 내적 소질은 외적 영향이 실제로 어떻게 작용하는가 하는 방식을 언제나 결정한다. 어느 민족에게는 굶주림을 가져오는 것이 다른 민족에게는 강인한 노동을 가르친다.

지난날 위대한 문화는 모조리 본디 창조적이었던 인종이 피를 망침으로 인해 죽어 없어졌기 때문에 멸망한 데 지나지 않았다. 그와 같은 멸망의 궁극적 원인은 언제나 모든 문화가 인간에 의존하고 있는 것이지, 그 반대가 아니라는 것, 그렇기 때문에 일정한 문화를 보존하기 위해서는 그것을 창조한 인간이 유지되지 않으면 안 된다는 것을 잊어버린 데 있다. 하지만 이 유지는 가장 뛰어난 것, 보다 강한 것이 승리한다는 필연성과 권리에 대한 법칙과 연관되어 있다. 살기를 바라는 자는 따라서 싸우지 않으면 안 된다. 이 영원한 싸움 세계에서 싸울 것을 바라지 않는 자는 살 가치가 없다.

비록 그러한 일이 곤란하다고 해도 아무튼 그러한 것이다! 그러나 자연을 정복할 수 있다고 믿고 마침내는 자연을 비웃는 그런 **인간**이 짊어지지 않으면 안 되는 운명이 대단히 가혹한 것이라는 사실은 확실하다. 곤궁과 불행과 질병이 그런 경우 자연의 대답이다!

인류에 대한 법칙을 오해하고 업신여기는 인간은 그의 것으로 예정되었다고 여겨지는 행복을 현실적으로 빼앗기고 만다. 그는 가장 뛰어난 인종의 무적(無敵)의 진군을 막아내고, 그로 인해 또한 모든 인간적 진보를 위한 전제 조건도 막아내는 것이다. 그 결과 그는 인간의 감수성을 가지고 있으면서도 구제할 수 없는 비참한 동물의 세계로 들어가는 것이다.

*

문화 창조자로서의 아리아 인종

어떤 인종 또는 여러 인종이 인간 문화의 맨 처음 담당자였는가, 따라서 우리가 인간성이라는 말로 모두 포괄하고 있는 것의 실제 창시자였는가 하는 점에 대해서 논쟁하는 것은 쓸데없는 짓이다. 현대에 있어서 이 문제를 제기한다는 것은 보다 간단하며, 이런 경우 대답도 손쉽게 나오며 또한 분명하기도 하다. 우리가 오늘날 인류 문화로서, 이를테면 예술, 과학 및 기술의 성과에 대해서 눈앞에 보이는 것은 거의 모두가 오로지 아리아 인종의 창조적 산물이다.

바로 이 사실은 아리아 인종만이 애초부터 고도한 인간성 창시자이며, 그렇기 때문에 우리가 '인간'이라는 말로 이해하고 있는 것의 원형을 만들어냈다고 하는, 전혀 근거가 없다고는 할 수 없는 귀납적 추리를 받아들이는 것이다. 아리아 인종은, 어떠한 시대에도 그 빛나는 이마에서 언제나 천재의 신성한 불꽃을 번쩍이고, 고요한 신비의 밤에 지식 불을 밝히며, 인간에게 이 지상 다른 생물의 지배자가 되는 길로 오르게 한 그 불을 언제나 새롭게 피어오르도록 만든 인류의 프로메테우스이다. 사람들이 그를 내쫓는다고 한다면, 그때는 깊은 어둠이 아마도 몇천 년이 채 되기 전에 다시 지상에 깔릴 것이다. 그리고 인간 문화도 없어지고 세계도 황폐할 것임에 틀림없다.

만일 인류를 문화 창조자, 문화 지지자, 문화 파괴자의 세 종류로 나눈다면 첫째 것의 대표자로서 아마 아리아 인종만이 고려될 것이다. 모든 인간 창조물의 기초나 벽은 그들에 의해서 만들어져 있고, 다만 외면적인 형태와 색채만이 낱낱의 민족이 갖는 특징에 의해서 결정된 데에 지나지 않는다.

그들은 모든 인류의 진보에 대해서 훌륭한 건축 자재 및 설계도를 제공했기 때문에 다만 완성만이 그때그때의 인간과 인종의 존재 방식에 알맞게 적응해서 이룩된 것이다. 예컨대 몇십 년도 되지 않아서 동아시아의 모든 나라가 그 기초는 결국 유럽의 경우와 마찬가지로 헬레니즘 정신[4]과 게르만의 기술인 그러한 문화를 갖게 될 것이다. 단지 **외면적** 형식—적어도 부분적으로는—만이 아시아적 특징을 갖추게 될 것이다.

일본은 많은 사람이 그렇게 생각하고 있듯이, 자기들 문화에 유럽 기술을 덧붙인 것이 아니라, 유럽의 과학과 기술이 일본 특성에 의해서 꾸며진 것이다. 실제 생활의 기초는 비록 일본 문화가—내면적인 구별이므로 겉보기에는 더욱 유럽인 시각에 들어오기 때문에—생활의 색채를 한정하고 있더라도 더 이상 일본 고유 문화는 아니며, 그것은 유럽이나 미국의, 따라서 아리아 민족의 거대한 과학적·기술적 역작(力作)인 것이다. 이와 같은 업적을 바탕으로 해서만이 동양도 일반적인 인류의 진보를 따라갈 수 있는 것이다. 이런 것들은 하루하루의 빵을 위한 싸움의 바탕을 만들어내고, 그것을 위한 무기와 도구를 낳으며, 오로지 표면적인 포장만이 서서히 일본인의 특성에 조화된 데 지나지 않는다.

오늘 이를테면 유럽과 미국이 멸망하고, 모든 아리아인의 영향이 더 이상 일본에 미치지 않게 되었다고 하자. 그 뒤 짧은 기간 동안은 그래도 지금 일본의 과학기술은 계속 나아갈 것이 틀림없다. 그러나 몇 년 안에 이미 샘물은 말라버리고, 일본적 특성은 강화되어갈지라도 지금의 문화는 경직되어 70년 전 아리아 문화의 큰 물결에 의해 깨어난 잠 속으로 다시 떨어져 갈 것이다. 그러므로 지금의 일본 발전이 아리아적 원천에 생명을 힘입고 있는 것과 마찬가지로, 일찍이 먼 옛날에도 외국 영향과 외국 정신이 그때 일본 문화의 각성자였던 것이다. 그 문화가 나중에 화석화되거나 완전히 경직해 버렸다는 사실은 그것을 가장 잘 증명하고 있다.

이러한 경직은 본디 창조적인 인종 본질을 잃어버리든가, 문화 영역의 최초 발전에 원인과 소재를 준 외부로부터의 영향이 나중에 없어져버릴 경우에만 한 민족에 나타날 수 있다. 어떤 민족이 다른 인종으로부터 그 문화를 본질적인 기초 재료로서 받아들여 동화하고 가공해도 그 뒤에 외부로부터의 영

---

4) 그리스 문화, 그리스 정신을 말한다.

향이 끊어져버리면 또다시 경직되는 것이 확실하다면, 그와 같은 인종은 아마도 '문화 지지적'이라고 불릴 수는 있으나 결코 '문화 창조적'이라고 불릴 수는 없다.

이런 관점에서 민족 하나하나를 검토하면 존재하는 것은 거의 예외 없이 본디 **문화 창조적** 민족이 아니고 거의 언제나 **문화 지지적** 민족뿐이라는 사실이 명료해진다. 언제나 민족 발전의 다음과 같은 개념이 생긴다.

곧 아리아 종족은—더러 매우 기묘할 정도로 적은 인원수로—다른 민족을 정복하고, 새로운 영역의 특수한 생활 환경(비옥함, 풍토의 상태 등)에 의해 자극되면서 또한 인종적으로 뒤떨어진 인간을 대량 보조수단으로 자유로이 이용할 수 있는 혜택을 누리면서, 그들 속에 잠들어 있던 지적·창조적인 능력을 발전시킨다. 그들은 가끔 몇천 년, 아니 몇백 년도 채 되기 전에 문화를 창조한다.

이들 문화는 앞에서 이미 말한 바 있는 대지의 특수한 성질이나 정복된 인간에 조화를 유지하면서도 자기 본질의 내면적 특징을 본원적으로 완전히 갖고 있다. 그러나 마침내 정복자가 자기 피의 순수보존이라는 처음에는 지켜지고 있던 원리를 범하게 되면 억압되고 있는 주민과 혼혈하기 시작하고, 그와 함께 자기 존재에 종말을 고한다. 왜냐하면 낙원에서의 인간 타락에는 여전히 그곳으로부터의 추방이 기다리고 있기 때문이다.

1000년 이상 지난 뒤 억압된 인종에 정복자의 혈액이 남긴 흰 기운이 섞인 피부의 색조 속에, 또는 지배자가 본디 창조자로서 일찍이 창조했음에도 현재는 경직되고 만 문화 속에 이전의 지배 민족에 의한 최후의 뚜렷한 흔적이 더러 나타나고 있다.

왜냐하면 실제 정신적 정복자가 피정복 민족의 핏속으로 사라지자마자 인류 문화적 진보의 횃불을 위한 연료 또한 사라지고 말았기 때문이다! 옛날 지배자의 피에 의한 색조가 이 지배자의 기념으로서 흐릿한 빛깔을 보존하고 있듯이, 문화생활의 밤도 일찍이 빛을 가져온 자들이 남겨놓은 창조물에 의해 부드럽게 밝혀지고 있다. 이들 창조물은 모두 옛날로 돌아간 야만 상태를 구석구석까지 비추고 있으며, 경솔하고 성질 급한 관찰자에게는 거의 대부분 그가 들여다보고 있는 것은 오로지 지난날의 거울임에도 불구하고 현재 민족의 모습을 눈앞에서 보고 있다고 여기게 하는 것이다.

따라서 이와 같은 민족은 두 번에 걸쳐, 아니 좀더 자주 자기 역사를 통해서 반드시 지난날 만났던 일을 기억하지 않고도 그들에게 문화를 가져다준 인종과 접촉할 수 있다. 한때 주인 피의 여진이 이 새로 나타난 것에 무의식적으로 이끌리고 강제됨으로써 비로소 가능했던 일이 지금은 자기 의지로 성취될 수 있게 된다. 새 문화의 큰 물결이 들어와 그 담당자가 다시 이민족의 혈액에 의해서 멸망하기까지는 계속되는 것이다.

이러한 뜻을 탐구하여 오늘날 우리 역사과학이 유감스럽게도 거의 모두 그렇듯이 외면적 사실 표현에 압도당하지 않는다고 하는 것이 이후 문화사 및 세계사의 과제일 것이다. 그러나 '문화 지지적' 국민의 발전에 대한 이 간략한 스케치 속에 이미 이 지상의 참된 문화 창시자인 아리아 인종 자신의 생성과 활동 및 소멸의 모습이 나타나 있다.

일상생활에서도 이른바 천재가 세상에 나타나기 위해서는 특별한 기회, 아니 더러는 형식적인 자극을 필요로 하지만, 민족생활에서의 천재적 인종도 사정은 마찬가지이다. 일상의 단조로움 속에서는 매우 중요한 인간도 때로는 가볍게 여겨지며, 주위 사람들의 평균 이상으로 솟아나는 일이 없는 것이 보통이다. 그러나 다른 사람들이 절망하거나 곤혹하는 그러한 상황이 나타나자마자, 두드러지지 않은 보통 인간 중에서 천재적 성질이 분명히 신장해서 그 사람을 지금까지 평범한 시민생활 속에서 보고 있었던 모든 사람들이 깜짝 놀라는 일도 드물지 않다. 그러므로 예언자는 자기 고향에서 존경받는 일은 드문 것이다.[5]

이러한 것을 관찰하기 위해서는 전쟁이 가장 좋은 기회이다. 보기에는 순진한 어린이들 중에서 다른 자가 절망하는 곤란한 시기에 돌연히 결사적인 결의와 얼음과 같은 냉정한 생각을 가진 영웅이 성장한다. 이 시련기가 오지 않으면 누구도 수염이 나지 않은 소년 속에 젊은 영웅이 숨어 있다는 사실을 거의 눈치채지 못할 것이 틀림없다. 천재를 등장시키기 위해서는 거의 대부분 어떤 자극이 필요했다. 어느 인간의 의지를 좌절시켜버리는 운명의 철퇴가 다른 인간을 별안간 강철로 단련시켜 일상의 덮개가 깨어지고 찢어짐과 동시에 지금까지 숨겨져 있던 핵심이 놀라고 있는 세상 사람들의 눈앞에 적

---

5) 신약성서 〈마태복음〉 13 : 57에 예수 그리스도의 말로서 "예언자는 자기 고향과 자기 집 밖에서는, 존경을 받지 않는 법이 없다"라고 되어 있다.

나라하게 드러난다. 그럴 때 이 사람들은 매우 놀라서 그들과 겉보기로는 같은 부류의 인간이 돌연 특별한 존재가 된 사실을 믿으려 하지 않는다. 이러한 과정은 아마도 모든 뛰어난 인간에 대해서 되풀이되는 것이다.

예컨대 발명자는 발명이 이루어진 날에야 비로소 그의 명성을 얻을 수 있다고 하더라도, 독창력 자체가 그제야 그 인간 속에 들어왔다고 생각하는 것은 잘못이다. 독창력의 불꽃은 진실로 창조적인 인간 두뇌에 태어날 때부터 존재하고 있다. 참된 독창력은 언제나 타고난 것이며 결코 배우거나 습득하는 것이 아니다.

그러나 이것은 이미 강조한 바와 같이, 인간 하나하나에게만 타당한 것이 아니고 인종에 대해서도 말할 수 있는 것이다. 창조적으로 활동하고 있는 민족은 비록 표면적인 관찰자 시각에는 인식될 수 없다 해도 예부터 철두철미한 천분을 가지고 있는 것이다. 여기서도 또한, 밖으로부터의 인식은 언제나 실행된 행위 결과 속에서만 가능하다. 왜냐하면 그 밖의 사람들은 독창력 그 자체를 인식할 수가 없고 오로지 이 발명·발견·건축물·회화 등등의 형태를 취해서 눈에 보이는 현상을 인식할 수 있을 뿐이기 때문이다. 하지만 이런 경우에도 그 사람들이 이 인식에 이르기까지는 더러 오랜 시간이 걸리는 것이다. 개개의 뛰어난 인간 생활에서 천재적이거나 비범한 소질도 오로지 특별한 사정에 격려를 받아야 비로소 실제적인 실현에 힘쓰는 것과 마찬가지로, 민족 생활에서도 존재하고 있는 창조적인 능력이나 소질의 실제적인 사용은 대부분의 경우 일정한 전제 조건이 거기에 주어질 때 비로소 이루어질 수 있는 것이다.

우리는 이런 것을 인류 문화 발전의 담당자였고 지금도 그러한 **유일한** 인종—아리아 인종—에 의해 가장 확실하게 알 수 있다. 운명이 이 인종을 여러 특별한 상황 속에 끌어들이자마자 이들 상황은 그들에게 존재하고 있던 잠재적 소질을 연이어 발전시켜 뚜렷한 모양으로 틀에 들어붓기 시작한다. 그들이 그러한 경우에 창시하는 문화는 거의 언제나 존재하고 있는 대지, 현지의 기후 및 정복된 인간에 의해 결정적으로 한정을 받는다. 물론 이 마지막 것은 대체로 최대의 결정적 요소이다. 문화 활동에 대한 기술적 전제 조건이 소박하면 할수록 조직적으로 집중되고 응용됨으로써 기계의 힘을 대용하는 것 같은 인간의 존재가 필요하다.

보다 더 뒤떨어진 인간을 이와 같이 이용할 수 없었다면, 아리아 인종은 결코 그들의 장래 문화를 향한 첫걸음을 내디딜 수 없었을 것이 틀림없다. 그것은 아리야 인종이 길들이는 방법을 알고 있던 개개의 유용한 동물의 도움이 없었다면, 오늘날 바로 이 동물을 서서히 필요 없게 만든 기술에 그들이 이를 수 없었으리라는 것과 정확히 똑같다.

"무어인은 의무를 다했으면 물러가도 된다"[6]는 말은 유감스럽게도 너무 충분할 만큼 깊은 의미를 가지고 있는 것이다. 여러 세기 동안 말(馬)은 인간에게 봉사했고, 이제 와서는 자동차에 의해 말 그 자체를 무용지물로 만든 발전의 기초를 만들기 위해서 노력해야 했다. 몇 년도 채 지나지 않는 동안 말은 그 활동을 정지해 버리고 말겠지만, 말의 이전의 협력이 없었더라면 인간은 아마 오늘의 상태에까지 도달하기에 아주 곤란했을 것이 틀림없다.

그러므로 보다 더 높은 문화의 형성에는 보다 더 뒤떨어진 인간 존재가 하나의 가장 본질적인 전제 조건이었다. 왜냐하면 오로지 그들만이 그것이 없으면 더 고도의 발전을 전혀 생각할 수 없는 그러한 기술적 보조수단의 부족을 보충할 수 있었기 때문이다. 인류 최초의 문화가 길들인 동물보다도 오히려 더 뒤떨어지는 인간의 이용에 바탕을 두었다는 것은 분명하다.

정복된 인종이 노예가 된 뒤 비로소 같은 운명이 동물에게도 덮치기 시작했으며, 많은 사람들이 아마도 믿고 싶어하듯이 그 반대는 아니었다. 왜냐하면 먼저 패배한 자가 쟁기를 끌고 그다음에 비로소 말이 끌게 되었기 때문이다. 하지만 평화주의의 바보들만이 이것을 새삼스럽게 인류의 타락 징표로 여길 수 있는 데 지나지 않는다. 그들은 바로 이러한 발전으로 인해 오늘날 이 사도(使徒)들이 이 세상에 허튼소리를 강요할 수 있는 그러한 단계까지 이르게 되었음을 깨닫지 못하고 있다.

인류의 진보는 끝없는 사닥다리를 올라가는 것과 비슷하다. 먼저 아래쪽을 밟지 않고서는 위쪽에 전혀 이를 수가 없다. 따라서 아리아 인종은 현실이 이끄는 길을 걸어야 했으며 현대의 평화주의자가 공상하고 꿈꾸는 길을 가서는 안 되었다. 현실의 길은 곤란하고 괴로운 것이긴 하나, 오로지 그 길만이 다른 길이 인류로 하여금 몽상하게 만드는 곳으로 인도한다. 하지만 평

---

6) 실러의 《피에스코의 반란》 제3막 제4장에 거의 똑같은 대사가 있다. 또 무어인은 독일어로 '검은 말'이란 뜻도 있다. 히틀러도 여기서는 그와 같은 뜻을 포함시키고 있는 것으로 보인다.

화주의자들이 이끄는 길은 유감스럽게도 이곳에 가깝게 하기보다는 오히려 더욱 멀어지게 한다.

그러므로 아리아 인종이 더 뒤떨어진 민족을 만나 그들을 정복하고 자기 의지에 복종시킨 장소에서 맨 처음 문화가 탄생한 것은 조금도 우연한 일이 아니다. 그 경우 이들 민족은 생겨나고 있던 문화에 봉사하는 맨 처음 기술적인 도구였던 것이다.

혼혈의 결과

그것으로써 아리아 인종이 나아갈 길이 뚜렷하게 지시되었다. 그들은 정복자로서 열등한 인간을 거느리고, 그와 같은 인간의 실제적인 활동을 자기들 명령 아래 두고 자기들 의욕에 따라 자기들 목표를 위해 규제한 것이다. 그러나 그들이 이들 인간을 그처럼 괴롭기는 해도 유용한 활동으로 이끌 때, 그들은 피정복자의 생활을 보호했을 뿐만 아니라, 그 사람들에게 아마도 이전에 이른바 '자유'로웠을 때보다도 한층 더 좋은 신상까지도 준 것이다.

그들이 지배자 지위를 단호히 견지하고 있는 한 현실적으로 지배자로만 그치지 않고 문화의 보유자이며 추진자이기도 했다. 왜냐하면 문화는 오로지 그들의 능력, 따라서 그들의 실제적 생존에 기초하고 있었기 때문이다. 피정복자들이 그들 자신을 끌어올리기 시작하고 아마 언어상으로도 정복자에 가까워지게 되자 지배자와 노예 사이의 뚜렷한 경계선도 무너졌다. 아리아 인종은 그들 피의 순수성을 버리고 그와 함께 자기 자신을 위해 창조한 낙원의 집을 잃었다. 그들은 인종의 피가 뒤섞임에 따라 몰락하고 서서히 자신의 문화 능력을 잃어버려, 마침내는 정신적으로뿐만 아니라 육체적으로도 자신들의 선조들을 닮기보다는 오히려 정복당한 원주민을 닮기 시작한 것이다. 어떤 시기는 그들도 아직은 현존하는 문화재로 살아갈 수 있었으나 그 뒤 경직이 나타나서 그들은 세상에서 잊히고 말았다.

이리하여 문화와 국가는 새로운 창조물에 자리를 비우기 위해 무너지고 만다. 혼혈과 그로 인해 일어나는 인종의 수준 저하는 모든 문화가 사라지는 유일한 원인이다. 왜냐하면 인간은 패전에 의해 멸망하는 것이 아니라 오직 순수한 피만이 가질 수 있는 저항력을 잃음으로 해서 망하는 것이기 때문이다. 이 세계에서는 뛰어난 인종이 아닌 자는 모두 폐물이다. 모든 세계사적 사건은 좋든 나쁘든 여러 인종의 자가보존 충동의 표현에 지나지 않는다.

*

아리아 인종 의의의 근거

아리아 인종의 본성이 갖는 뛰어난 의의의 내적 근거에 대한 물음에는 다음과 같이 대답할 수 있다. 곧 그 의의는 자기보존의 충동 그 자체를 보다 강하게 소질로써 가지고 있는 데 있는 것이 아니라, 오히려 그 충동을 특별한 방법으로 나타나는 것에서 구할 수 있다는 사실이다. 생존에의 의지는 주관적으로 보면 어느 것이나 마찬가지로 큰 것으로, 오로지 실제로 구체화하는 형식에서만 서로 다른 데 지나지 않는다. 가장 원시적인 생물에서는 자기보존 충동이 자아에 대한 관심 이상으로 드러날 수 없다. 우리는 이 경향을 에고이즘이라고 부르는데, 에고이즘은 이런 경우 시간까지도 포함해 버려, 그 결과 순간 자체가 모든 것을 요구하고 다가올 시간에는 아무것도 주려고 하지 않는 데까지 나아간다.

동물은 이런 상태 속에서 다만 자기만을 위해 살고, 오직 그때그때의 공복 때문에 먹이를 구하며 자기 생존을 위해서만 싸운다. 자기보존 충동이 이와 같은 방법으로 나타나는 한 하나의 공동체를 이루기 위한 바탕이 설령 가족의 가장 원시적 형식이라고 해도 전혀 결여되고 있다. 수컷과 암컷 사이의 공동체조차도 단순한 결합을 넘어서 자기보존 충동의 확대를 요구하는데, 그럴 경우 자아를 위한 관심과 투쟁은 다른 반쪽 부분에게도 향하게 되는 것이다. 수컷은 더러 암컷을 위해서도 먹이를 찾지만 거의 모든 경우 둘은 자식을 위하여 먹을 것을 찾는다. 한쪽을 지키기 위해서 거의 항상 다른 쪽이 편들며, 따라서 이 경우 희생정신이 아주 단순하기는 하지만 그 최초 형식이 생기고 있다.

가족의 좁은 틀의 한계를 깨고 이 정신이 확장되면 보다 더 큰 결합 그리고 마지막에는 정식 국가를 이루기 위한 토대가 생긴다. 지상의 가장 열등한 인간에게는 이런 희생은 매우 작은 범위에만 존재하고 있을 뿐이며 대부분의 경우 가족의 형성 범위를 넘지 않는다. 그러기에 순수한 개인적 이익을 기꺼이 무시하려고 하는 마음가짐이 크면 클수록 포괄적인 공동체를 건설하는 능력도 높아진다.

공동체에 대한 봉사

개인적인 노동을 쏟아넣고, 필요하다면 남을 위해서 자기 생명까지도 희생하려고 하는 이 의지가 아리아 인종에서는 가장 강력히 길러지고 있다. 아리아 인종은 기꺼이 봉사하려는 정신이 가장 클 뿐만 아니라, 모든 능력을 공동체에 기꺼이 봉사하려는 정도가 가장 큰 것이다. 그들의 경우 자기보존 충동은 가장 고상한 형식에 이르렀는데, 그때 그들은 자아를 공동체 생활에 자진해서 종속시키고, 필요할 때에는 희생까지 했다.

아리아 인종의 문화를 이루고 개조하는 능력의 원천은 지적인 천분에서만 찾을 수 있는 것이 아니다. 그들이 그것밖에 가지고 있지 않다면 지적 천분에 의해서 그 능력은 언제나 오로지 파괴적으로 작용할 수 있을 뿐이며 결코 조직적으로 작용하지는 않았을 것이다. 왜냐하면 모든 조직의 가장 내면적인 본질은 한 사람 한 사람이 자기 개인적 의견이나 관심을 주장하는 것을 단념하고, 두 가지 모두 많은 인간을 위해서 희생한다는 데 기초를 두고 있기 때문이다.

이 일반성이라는 우회로를 통해서 비로소 그들은 자기 몫을 되찾는다. 예를 들면 그들은 이제 직접 스스로를 위해 일하는 것이 아니라 자기 활동과 함께 공동체 테두리 속으로 들어가는데, 그것도 오로지 자기 이익을 위해서뿐만 아니라 전체 이익을 위해 그렇게 한다. 이 신념의 가장 훌륭한 설명은 그들의 '노동'이라는 말에 따라 주어진다. 그들은 이 말에 따라서 결코 생활의 유지 자체를 위한 활동을 이해하고 있지 않으며, 일반 이익에 모순되지 않는 창조만을 생각하고 있다. 다른 경우에 그들은 인간 활동을 나타내는 데 있어, 그것이 그의 동포들의 행복을 고려하지 않고 자기보존 충동에 봉사하는 한 절도·폭리·강탈·강도 등의 말을 쓰고 있다.

자아의 관심을 공동체 보존을 위해 짓눌러버리는 이 신념은 실제로 모든 참된 인간적인 문화의 첫째 전제조건이다. 거기에서만 창시자는 거의 보상받지 못한다 하더라도, 후세에는 매우 풍성한 번영을 가져오는 인류의 모든 위대한 역작이 생긴다. 오로지 그것으로만 어째서 그렇게 많은 사람들이 그들 자신에겐 다만 가난과 검약을 강요하면서 공동체 존재의 바탕을 확실하게 하는 조촐한 생활을 성실하게 견딜 수 있는가를 이해할 수가 있다. 모든 노동자·농민·발명자·관리 등은 스스로는 변함없이 행복하고 유복하게 되지 못하면서 일을 하고 있다. 하지만 그들은 설령 자기 행위의 더 깊은 의미를 스스로 늘 알아차리진 못한다 하더라도, 이 고상한 이념의 담당자인 것이다.

공동체에 대한 희생 능력

인류의 부양과 모든 인간적 진보의 바탕으로서의 노동에 해당되는 것은 무엇보다 인간과 그 문화의 보호에 해당된다. 공동체 생활을 위해서 자기 생명을 바치는 것은 모든 희생정신 가운데 최고의 것이다. 오로지 이것만이 인간 손으로 구축된 것이 다시 인간 손으로 파괴되거나 자연에 의해서 전멸되는 것을 막는다.

바로 우리 독일어에는 이런 뜻으로서 행위를 훌륭하게 나타내는 말로 '의무의 수행(Pflichterfüllung)'이 있으며, 이 말은 자기 자신을 만족시키는 것이 아니라 공중에 봉사하는 행위를 뜻한다. 이와 같은 행위를 할 수 있는 근본적인 태도를 우리는—에고이즘이나 이기주의와 구별해서—'이상주의'라고 이름짓는다. 우리는 그 말에 의해서 오로지 개인의 공동체에 대한, 그의 동포에 대한 희생 능력을 이해하는 것이다.

그러나 이상주의는 무엇인가 여러분의 감정 발현을 나타내는 것이 아니라, 실은 우리가 인류 문화라고 말하고 있는 것의 전제 조건으로 과거에 있었고, 현재에 있으며, 또 미래에도 있을 것이라는 것, 더욱이 이상주의만이 '인간'이라는 개념을 창조했다고 하는 것 등을 계속 다시 인식하는 것은 매우 중요한 일이다. 아리아 인종은 이 내면적인 지조에 의해 이 세계 속에서 그들의 지위를 차지했으며, 세계에 인간이 존재하고 있는 것도 그 지조 덕분이다. 왜냐하면 그 지조만이 순수한 정신의 창조력을 갈고닦았으며, 이 힘이 조잡한 완력과 천재적인 지성의 훌륭한 결합을 통해서 인류 문화의 기념비를 만들어냈기 때문이다.

그들의 이상주의적인 지조가 없으면, 모든 정신의 실로 눈부신 능력도 오로지 정신 그 자체에 불과하고, 내면적 가치를 가지지 않는 외면적 겉치레이며, 결코 창조력은 아닐 것이다.

가장 순수한 이상주의, 가장 깊은 인식

그런데 참된 이상주의는 개인 관심이나 생명을 공동체에 종속시키는 것을 말하는 것이지만, 그것은 또 모든 종류의 조직적 형태를 이루는 전제 조건을 의미하는 것이므로, 이상주의는 궁극적으로는 자연의 최고 의지에 대응하는 것이다. 이상주의만이 인간을 이끌어서 힘과 강력함의 특권을 기꺼이 승인시키며, 그렇게 해서 온 우주를 이루며 조직하고 있는 그 자연 질서 앞에 인간을 하찮은 존재로 만든다.

가장 순수한 이상주의는 무의식 안의 가장 깊은 인식과 일치한다. 이런 사실이 얼마나 타당하며, 또 참된 이상주의가 어느 정도 불성실한 공상과 멀리 떨어져 있는가는, 예컨대 타락하지 않은 어린이, 건전한 소년에게 의견을 말하게 해보면 곧 알 수 있다. 어느 '공상적' 평화주의자의 장광설(長廣舌)을 이해하지 못하고 거부하는 청년은 그의 민족 전체의 이상을 위해서 젊은 생명을 기꺼이 내던지는 것이다.

이런 경우 무의식적으로 본능은 필요하다면 개인을 희생해서라도 종(種)을 보존하려고 하는 보다 더 깊은 필연성에 따라 평화주의적 떠버리패들의 공상에 항의한다. 평화주의자들은 알쏭달쏭한 말을 하고 있지만, 사실은 비겁한 이기주의자이므로 발전 법칙을 어긴다. 왜냐하면 이 발전은 공동체를 위한 개인의 헌신에 의해 이루어지는 것이지, 아는 체하는 비겁한 패거리나 자연 비판자의 병적인 관념에 의해 실현되는 것은 아니기 때문이다.

그러므로 이상주의적인 지조가 바로 사라질 위험에 처해 있는 시대에는 우리는 공동체를 이루며 그렇게 함으로써 문화의 전제 조건을 창출하는 힘의 약화를 곧 인식할 수 있는 것이다. 이기주의자가 어느 민족의 지배자가 되기만 하면, 질서 유대가 느슨해지고 열심히 자기 행복을 추구하는 가운데 인간은 천국에서 지옥으로 떨어지는 것이다. 분명 후세 사람들까지도 자기 이익에만 빠졌던 사람들은 잊어버리고 자기 행복을 단념한 영웅을 칭송한다.

*

아리아 인종과 유대인

아리아 인종과 가장 심하게 대조적인 입장을 취하고 있는 것은 유대인이다. 세계 어느 민족도, 이른바 '선택된' 민족 이상으로 자기보존 충동이 강하게 발달하고 있는 민족은 없다. 이에 대한 가장 좋은 증거로서는 이 인종이 존재하고 있다는 단순한 사실만으로 이미 충분하다. 지난 2000년 동안 내면적 소질이나 성격 등이 유대 민족만큼 거의 변화하지 않은 그러한 민족이 어디 있을까? 마지막으로 어느 민족이 이보다 더 파란 많은 체험을 해봤을까? 또 어느 민족이 그럼에도 불구하고 언제나 독일 민족으로서 인류의 놀랄 만한 파국 속에서 변하지 않고 헤쳐나왔을까? 이러한 사실은 생명에 대해서, 종의 보존에 대해서 얼마나 백절불굴의 의지가 존재하고 있었는가를 증명한다!

유대인의 지적 성질은 몇천 년에 걸쳐 교육된 것이다. 유대인은 오늘날에는 '영리하다'로 통하고 있으며, 또 어떤 의미로는 모든 시대에 그러했다. 그러나 그들의 지성은 자신이 진화한 결과가 아니라 이민족을 모범삼은 실물교수(實物敎授)의 결과이다. 인간 정신도 단계를 거치지 않으면 높이 올라갈 수 없다. 정신은 위로 한 걸음씩 올라갈 때마다 과거의 바탕이 필요하다. 더구나 일반적인 문화 속에서만 그 바탕이 나타날 수 있다는 넓은 의미에서 그러하다. 모든 사고 작용은 근소한 부분만이 자기 인식에 입각하고 있으며, 그 대부분은 지나온 시대 경험에 입각한 것이다. 일반적인 문화 수준은 대개 알아차리지는 못하지만 개개인에게 예비지식을 매우 풍부하게 공급한다. 그러기에 이렇게 준비된 개인은 손쉽게 자기 발걸음을 앞으로 내디뎌 나갈 수 있다.

예를 들면 오늘날 소년은 지금껏 몇백 년 동안 나타난 실로 수많은 기술 성과 아래 성장하고 있는 것이며, 100년 전에는 가장 뛰어난 지식의 힘을 가진 사람들에게조차 수수께끼였던 많은 사항이 비록 그에게 그러한 방면에서의 우리 진보를 뒤쫓아가고 이해하는 데는 결정적인 의미가 있다고 해도 그것을 뻔한 것으로 보고 더 이상 마음에 두지 않는 것이다.

천재적 지식의 힘의 소유자마저도 전 세기의 20년대에 죽었다가, 오늘 갑자기 무덤에서 나왔다면, 그의 정신을 오늘 시대에 적응시키는 일조차 오늘날 열다섯 살의 보통 소년의 경우보다 한층 더 곤란할 것이 틀림없다. 왜냐하면 그에게는 한없이 많은 예비교육이 모두 결여되어 있지만, 현대인은 성장하는 동안 그때그때 일반적인 문화 현상 속에서, 말하자면 무의식적으로 그것에 동화되고 있기 때문이다.

그러나 유대인은—곧 확실해질 이유에서—결코 자기 문화를 가지고 있지 않았기에 그들의 지적 작업의 기초는 늘 남에게서 얻고 있었던 것이다. 그들의 지성은 모든 시대를 통해서 그들 주위에 있는 문화권을 따라서 발달했다. 결코 그 반대 과정이 일어난 일은 없었다.

왜냐하면 유대 민족의 자기보존 충동이 약하기는커녕 다른 민족보다 훨씬 강하다 해도, 또한 그들의 정신적 능력이 자칫 다른 인종의 지적 천분에 필적하는 듯한 인상을 주었다 해도 문화 민족에 대한 가장 본질적인 전제, 곧 이상주의적 태도가 완전히 결여되어 있기 때문이다.

유대 민족에 있어서의 희생정신은 개인의 노골적인 자기보존 충동을 넘지는 않고 있다. 외관상의 강한 동족 감정은 이 세계의 다른 많은 생물에서도 볼 수 있는 매우 원시적인 집단 생활 본능에 기인하는 것이다. 그 경우 집단 생활 충동이 언제나 공통된 위험에 의해서 목적에 합당하거나 피할 수 없는 것으로 보일 때 한해서 상호부조에까지 이르는 데 지나지 않는다는 사실은 주목할 필요가 있다. 지금 당장 먹이를 함께 습격하고 있는 같은 무리 속의 이리들은 주린 배를 채우고 나면, 다시 한 마리씩 동물이 되어 흩어지고 만다. 말에 대해서도 같은 말을 할 수가 있다. 그들은 습격자에게는 단결해서 막아내려고 하지만 위험을 극복하고 나면 다시 뿔뿔이 흩어진다.

유대적 이기주의의 결과

유대인의 경우에도 사정이 똑같다. 그들의 희생심은 외견상의 것일 뿐이다. 그것은 각 개인마다 생존에 있어서 무조건 필요한 기간 동안에만 계속되는 데 지나지 않는다. 그러나 공통의 적을 이겨내고 모두를 위협하던 위험이 사라져서 사냥감이 숨어버림과 동시에 유대인 서로 간의 외면적인 조화는 중단되고, 본디부터 존재하던 소질이 다시 자리잡는다. 유대인은 공통된 위험이 그와 같이 강요하든가, 공동 먹이가 유혹할 때에만 일치하는 것으로, 이두 가지 이유가 사라져버리면 매우 심한 이기주의 본성이 당연한 것으로 되며, 일치된 민족에서 손바닥을 뒤집듯이 서로 피투성이 싸움을 벌이는 쥐의 무리로 바뀐다.

이 세계에 유대인만 있다면, 그들은 진흙탕이나 오물에 숨이 막히면서도, 증오에 가득 찬 투쟁 속에서 서로 속이며 뿌리째 뽑아버리고자 애쓸 것이 틀림없다. 오로지 그것은 그들의 겁으로 나타나고 있는 희생심의 완전한 결여가 이런 경우에도 이 투쟁을 우스꽝스러운 구경거리로 만들어버리지 않는다면 말이다.

그러므로 유대인이 투쟁에서, 좀더 적절하게 말한다면 그들이 이웃을 강탈하는 경우에 단결하고 있다는 사실로 미루어 그들에게 어떤 종류의 전형적인 희생심이 존재한다고 추론하는 것은 근본적인 잘못이다. 이런 경우에도 유대인을 이끄는 것은 개인의 노골적인 이기주의 말고는 아무것도 아닌 것이다.

따라서 유대인 국가도—이것은 어떤 인종의 자기보존과 증식을 위한 활발한 유기체라고 정의되는데—영역적으로 전혀 한정되어 있지 않다. 국가 조직을 일정한 공간을 가지고 이해하는 것은 언제나 국가적 인종이라는 이상주의적인 지조, 특히 노동이라는 개념의 올바른 파악을 전제로 해야 하기 때문이다. 바로 이 태도가 결여되는 정도에 따라서, 공간적으로 한정되어 있는 국가를 이룩하려는 시도뿐만 아니라 보존하려는 시도조차도 헛일이 된다. 그와 함께 문화를 성립시킬 수 있는 유일한 밑바탕도 없어지고 만다.

유대인의 겉치레 문화

따라서 유대 민족은 모든 외견상의 지성적 특성을 가지고 있음에도 불구하고, 아직 참된 문화, 특히 자기 문화를 가지고 있지 않다. 왜냐하면 유대인이 오늘날 겉치레 문화에서 가지고 있는 것은 다른 민족의 것이었던 것이 그들 손에 의해서 거의 못쓰게 되어버린 문화재인 것이다.

인류 문화 문제에 대한 그 태도에 대해서 유대주의를 비판할 때, 본질적 특징으로서 늘 주의를 게을리해서는 안 되는 것은 결코 유대인의 예술 따위는 존재하지 않았다는 것, 그러므로 오늘날에도 존재하지 않는다는 것, 특히 모든 예술 가운데 여왕 지위를 차지하는 두 분야인 건축과 음악은 유대인 전체의 독창성에 전혀 힘입은 바가 없다는 것이다. 이 예술 분야에서 그들에 의해 행해진 것은 개량을 시도했다가 오히려 개악을 한 것이라든가, 또는 정신적인 도둑질이다. 따라서 창조적인, 더구나 문화적인 천분이 있는 인종을 선별하는 특질은 유대인에게 결여되어 있다.

유대인이 오로지 뒤에서 공감하면서, 좀더 적절히 말하면 타락시키면서 다른 민족의 문화를 계승하고 있는가는 그들이 '독창적 연구'가 가장 적게 든다고 생각되는 예술, 즉 연극에서 가장 많이 발견되는 사실로 보아서도 확실하게 알 수 있다. 그러나 이런 경우에도 그들은 사실 '어릿광대'에 지나지 않으며, 좀더 확실히 말하면 원숭이 흉내인 것이다. 여기에서마저 그들은 정말 위대한 것에 요구되는 궁극적 재능이 결여되어 있기 때문이다. 이 분야에서조차도 그들은 독창적인 창작자가 아니라 피상적인 모방자이며, 그 경우 거기서 사용되는 모든 비꼼과 속임수도 결코 그들의 창작 능력이 내면적으로 생명을 결여하고 있는 것을 끝내 감추지 못한다.

그러나 그때 유대계 신문은 아주 호의적으로 후원하고, 오로지 유대인이기만 하면 누구라도, 설령 아무리 평범하고 서투른 배우일지라도 관계치 않고 '호산나' 하고 대단한 듯 찬미의 환성을 올린다. 그러므로 다른 사람들은 자신도 모르게 사실은 가련한 희극배우를 보고 있는 데 지나지 않는데도 예술가를 보고 있다고 생각하게 된다.

아니, 유대인은 그 어떤 문화 형성력도 가지고 있지 않다. 왜냐하면 그것이 없을 경우에는 인류의 참다운 보다 더 높은 발전이 불가능할 것 같은 이상주의가 그들에게는 존재하지 않으며, 또 존재한 적도 없기 때문이다. 그러므로 그들의 지성은 결코 건설적으로 활동하지 않을 것이며, 오히려 파괴적으로 작용하며, 아마 아주 드물게 기껏 사람을 자극하는 정도일 것이다. 더구나 이런 경우 "언제나 악을 원하지만 그럼에도 언제나 선을 행하는 힘"[7]의 원형으로서 작용할 것임에 지나지 않는다. 유대인에 의해 인류의 어떤 진보도 이루어지는 일은 없으며, 오히려 그들을 무시함으로써 진보는 이루어지는 것이다.

유대인은 유목민이 아니다

유대인은 일정한 영역 경계를 가진 국가를 결코 소유하지 않았으며, 따라서 자기 고유의 것이라고 부를 만한 문화도 갖지 않았으므로, **유목민** 계통으로 헤아려야 할 민족인 것처럼 보는 관념이 생겨났다. 이것은 아주 위험한 잘못이다. 유목민이 일정하게 제한된 생활권을 가지고 있는 것은 아주 확실한 일이며, 그들은 그 생활권을 자리잡고 살아가는 농민처럼 경작하지 않고 다만 자기 영역을 함께 떠돌아다니고 있는 그들의 가축 수익으로 생활하고 있는 데 지나지 않는다. 이 외면적인 이유는 정착을 간단히 허용하지 않는 토지

---

7) 괴테 《파우스트》 제1부 1336행에 나오는 메피스토펠레스의 대사.

의 부족한 산출력에서 찾을 수 있다. 그러나 보다 깊은 원인은 어느 시대, 어느 민족의 기술적 문화와 어떤 생활권의 자연적 빈곤 사이의 불균형에 있다.

아리아 인종이라 할지라도 거기에서는 1000년 이상 걸려 발전시킨 기술을 사용함으로써 간신히 단체적 식민에 의해 넓은 토지 지배자가 되어 생활필수품을 거기서 조달하게 되는 지역도 있는 것이다. 아리아 인종이 이 기술을 가지고 있지 않았다고 상상한다면 그들은 이 지역을 피하든가, 유목민과 마찬가지로 끊임없이 떠돌아다니면서 살았을 것이다. 그것도 그들의 1000년에 걸친 정착의 훈련과 습관이 이런 생활을 아주 견디기 어려운 것으로 보이지 않게 하는 것이 전제된 다음 일이다.

아메리카 대륙의 개척 시대에 수많은 아리아 인종이 덫으로 사냥을 하기도 하고 포수 등이 되어서 생계를 꾸려나가고, 더욱이 더러는 여자나 어린이들을 데리고서 상당한 대집단으로 항상 이주하여 그들의 존재는 완전히 유목민의 그것과 같았다는 점을 잘 생각해야 한다. 그러나 그들의 수적 증가와 더 뛰어난 수단에 의해 황무지를 일구고 원주민에 대항할 수 있게 되자, 정착지가 국내에 급격히 더욱더 늘어간 것이다.

유대인은 기생충

아마 아리아 인종도 처음에는 유목민이었으며 시대 흐름과 함께 정착하게 되었을 것이다. 하지만 그렇기에 그들은 결코 유대인 같은 인종은 아니었던 것이다! 아니, 유대인이 유목민은 아니다. 유목민이라 해도 '노동'이라는 개념에 대해서 일정한 태도를 이미 가지고 있었으며, 이 태도는 뒷날 발전을 위한 밑바탕으로서 발전에 대한 필연적이며 정신적인 전제 조건이 존재하는 한 쓸모가 있었다.

그러나 이상주의적인 근본적 견해가 설사 아주 희박했다 해도 유목민에게는 주어져 있었다. 따라서 유목민은 그들의 전체적인 존재 양식에 걸쳐 아리아 민족과는 아마도 관계가 없는 것처럼 보인다고 해도 그들이 성격에 맞지 않는 것은 아닐 것이다.

이에 반해 유대인에게는 대개 그러한 태도는 존재하지 않으며, 그렇기에 그들은 유목민도 아니고, 언제나 다른 민족의 체내에 사는 **기생충**에 지나지 않는다. 더욱이 그들이 더러 지금까지 살고 있던 생활권을 포기해 온 것은 그들 의도에 따른 것이 아니라 내쫓긴 결과이며, 그들이 때때로 악용한 숙주인 민족에 의해서 추방을 당했다. 그들의 자기번식은 모든 기생충의 전형적인 현상이며, 그들은 언제나 자기 인종을 위해서 새로운 숙주를 찾고 있다.

그렇지만 이것은 유목생활과는 아무런 관계도 없다. 왜냐하면 유대인은 자기가 차지한 지역을 다시 비우려 하지 않고 그 자리에 계속 남아 있으며, 더구나 폭력에 의해 아주 힘들게 겨우 내쫓을 만큼 완고하기 때문이다. 그들이 언제나 새로운 나라로 뻗어가는 것도 거기에 그들의 생존을 위한 일정한 조건이 주어지는 시기가 와야 비로소 가능하다. 그들은 그렇지 않다면 유목민과 달리 지금까지의 주거를 바꾸는 일은 없을 것이다. 그들은 계속 전형적인 기생충으로 남아 있다. 다시 말해 악성 간균과 같이 좋은 숙주를 끌어들일 수만 있으면 더욱더 퍼져나가는 기생동물인 것이다. 그리고 그들의 생존의 영향도 기생동물의 그것과 비슷하다. 그들이 나타나는 곳에서는 어디서든 머잖아 숙주 민족은 없어져버린다.

유대인은 이와 같이 해서 모든 시대를 통하여 다른 민족의 국가 속에서 생활하며 거기서 자신의 국가를 이룩하고 있었다. 이 국가는 물론 외적인 사정이 그 본질을 모조리 폭로해 보이지 않는 한 '종교 공동체'의 명칭 아래 가장해서 행동하는 것이 보통이었다. 그러나 그들은 일단 자신을 보호하는 덮개가 없어도 될 만큼 충분히 강해졌다고 믿게 되면 드디어 베일을 벗고, 갑자기 아주 많은 사람들이 이전에는 믿거나 보려고도 하지 않았던 것, 바로 유대인이 되었던 것이다.

다른 국민과 다른 국가의 몸속에 사는 기생충으로서 유대인 생활에는 확실히 어떤 특성이 존재하고 있다. 그것이 일찍이 쇼펜하우어로 하여금 이미 인용한 대로 유대인을 '거짓말의 명수'라고 말하게 한 것이다. 유대인은 생존하기 위해 거짓말을 해야 하며 또한 끊임없이 거짓말을 하지 않으면 안 된다. 이것은 생존을 위해 북유럽인이 따뜻한 옷차림을 강요당하는 것과 마찬가지이다.

유대인의 종교 공동체

다른 민족 내부에서 그들의 생활은 그들이 하나의 민족이 아니라 특수하기는 하지만, 하나의 '종교 공동체'라는 여론을 일반에게 성공적으로 환기시키는 경우에만 계속 보증된다. 그러나 이것은 가장 큰 거짓말이다. 그들은 다른 민족의 기생충으로서 자신의 생존을 계속해 나가기 위해서는 자신의 고유한 존재 양식을 포기해야 한다. 하나하나의 유대인이 지성적이면 지성적일수록 이 사기도 한층 성공한다.

확실히 숙주 민족의 대부분이 마침내는 유대인이 특별한 신앙을 갖고 있기는 하지만, 실제로는 프랑스인 또는 영국인, 독일인 또는 이탈리아인이라고 진심으로 믿어버릴 만큼 사태가 진전될 수 있다. 특히 평소에 지식의 역사적 단편만이 주입되고 있는 것처럼 여겨지는 국가 관리들이 이 몰염치한 사기에 제일 쉽게 희생된다.

자주적으로 생각한다는 것은 이들 사회에서는 때때로 신성한 출세에 어긋나는 진정한 죄로 여겨지며, 그 결과 예컨대 바이에른 내각이 오늘날 아직도 유대인이 어떤 **민족**에 속하며, 어떤 '**종파**'에 속하지 않는다는 점에 대하여 조금도 인식하지 못한다고 해도 놀랄 필요는 없다. 그러나 유대인이 가지고 있는 신문들을 한 번 보는 것만으로도 가장 낮은 지력의 소유자조차도 이것을 곧 확실히 알 수 있다. 물론 〈다스 유디쉬 에포케〉지는 아직도 관보는 아니므로 이와 같은 정부 권력자들의 지성에 의해서는 인정되지 않을지도 모른다.

유대인은 언제나 일정한 인종적 특성을 갖춘 민족이었으며, 결코 종파는 아니었다. 오로지 그들은 생활상의 필요에서 그들 민족에 향해진 불쾌한 주의를 딴 데로 돌릴 수 있는 수단을 이미 일찍부터 찾았던 것이다. 그러나 종교 공동체라는 남에게서 빌린 개념을 몰래 도입하는 일 말고는 보다 더 목적에 적합하고 동시에 더 무해한 어떤 수단이 존재했을까?

왜냐하면 이 경우에도 모든 것은 빌린 것이며, 더 적절히 말하면 훔친 것이기 때문이다. 그들의 본디 특성에 의해 이상주의를 어떠한 형식으로도 갖지 못하고, 따라서 저세상에 대한 신앙도 그들과 완전히 무관하다는 점만으로 유대인은 종교제도 따위는 가질 수 없다. 그리고 어떠한 형식이든 영원불멸에 대한 확신을 결여한 종교는 아리아 인종의 견해로는 생각할 수가 없다. 실제로 탈무드[8]는 저세상의 준비를 위한 책이 아니고 이 세상에서의 실제 상

---

8) 유대인의 율법과 그 해설서.

황, 더구나 유익한 생활을 위한 책에 지나지 않는다.

유대교의 교의

유대교의 교의는 첫째, 유대인 피의 순수성을 보존하기 위한, 또 유대인 서로 간의 교제와 그 이상으로 다른 사람들, 곧 비유대인과의 교제까지도 규제하기 위한 명령이다. 그러나 여기서도 결코 윤리 문제는 취급되지 않고, 극단적으로 검소한 경제적 문제가 거론되고 있다. 유대교 교리의 윤리적 가치에 대해서는 오늘날 상당히 깊은 연구가 이루어져 있으며, 어느 시대에나 존재하고 있었다(유대인 측에서 하지 않은 연구를 말한다. 유대인 자신의 그 주제에 대한 허튼소리는 목적에 들어맞고 있다).

이들 연구는 이런 종류의 종교가 아리아적 개념에서 보자면, 실로 으스스한 감이 드는 것임을 가르쳐준다. 그렇지만 역시 최상의 특징 표시는 이 종교 교육의 산물, 곧 유대인 자신에 의해서 주어진다. 그들의 생활은 오로지 이 세상의 것에 지나지 않고, 그들 정신은 참된 그리스도교와는 내면적으로 전혀 무관하며, 그 본질은 2000년 이전에 새로운 교의의 위대한 창시자, 바로 그리스도에게조차도 그렇게 생각되었다. 물론 그리스도는 자기 견해를 유대 민족에게 조금도 감추지 않았으며, 필요할 때에는 주님이 계신 신전에서, 그때에도 변함없이 종교를 오로지 영업을 해나가기 위한 단순한 수단으로 생각하고 있었다. 이 모든 인류의 적을 쫓아내기 위해서는 채찍까지도 들었다. 그런데 그 때문에 그리스도는 당연히 십자가에 못 박혔지만, 이와 반대로 우리나라 오늘의 그리스도교 정당은 선거에는 유대인 투표를 구걸하고, 나중에는 무신론적 유대 정당과 정치적 부정 거래를 꾀하려고 노력하는 데까지 품위를 떨어뜨리고 있다. 그것도 자기 민족의 이익에 반해서까지.

유대인이란 인종이 아니라 하나의 종파라는 이 최초, 최대의 거짓말 위에 피할 수 없는 귀결로서 계속해서 거짓말이 쌓여만 간다. 유대인 언어에 관한 거짓말도 이에 속한다. 언어는 그들에게는 자기 사상을 나타내기 위한 수단이 아니라 그 사상을 감추기 위한 수단이다. 그들은 프랑스어로 말하면서도 유대적으로 생각하고 있고, 독일어 시(詩)에 기교를 부리고 있어도 오로지 자기 민족성의 본질을 누리고 있다.

유대인은 다른 민족 지배자가 되지 않는 한 좋건 싫건 다른 민족의 언어를 사용하지 않으면 안 된다. 그러나 만일 다른 민족이 유대인 노예가 된다면 그들은 모두 하나의 세계어(예컨대 에스페란토!)를 배워야 될 것이 틀림없다. 그 결과 그런 수단에 의해서도 유대인은 그들을 더 쉽게 지배할 수 있을 것이다!

시온의 현자

이 민족의 모든 존재가 얼마나 끊임없는 거짓말에 바탕을 두고 있는가 하는 점은 유대인이 철저하게 싫어하고 있는 《시온 현자의 의정서》[9]에 의해 매우 잘 나타나고 있다. 그것은 틀림없이 위작(僞作)이라고, 〈프랑크푸르트 차이퉁〉 신문은 되풀이해서 세계를 향해서 부르짖고 있으나, 이야말로 그것이 진짜라는 것의 가장 좋은 증명이다. 많은 유대인이 무의식적으로 행할는지 모르는 것이 여기서는 의식적으로 설명되고 있다. 그리고 그 점이 문제인 것이다.

이 비밀 폭로가 어느 유대인 머리에서 나오고 있는지 그것은 아무래도 좋다. 하지만 그것이 바로 가공할 만한 확실성을 가지고 유대 민족의 본질과 활동을 밝히고 있으며, 그들의 내면적 관련과 최후의 궁극적 목표를 드러내고 있다는 점이 결정적이다. 그러나 의정서에 대한 최상의 비판은 현실이 해주고 있다. 이 책의 관점에서 최근 200년간 역사적 발전을 재음미하는 자는 유대 신문의 그 외침도 곧 이해할 것이다. 왜냐하면 이 책이 일단 어느 민족에게 널리 알려질 때에는 유대인에 의한 위험은 이미 없어져버렸다고 생각해도 좋기 때문이다.

*

유대인의 발전 과정

유대인을 알기 위해서는 그들이 다른 민족의 내부에서 또는 몇백 년 시간의 흐름 속에서 걸어온 길을 연구하는 것이 가장 좋은 방법이다. 그 경우에도 필요한 인식에 이르기 위해서는 오로지 한 예에 대해서만 추적하면 충분하다. 그들의 발전 과정은 항상 모든 시대를 통해서 똑같았지만, 그것은 그들

---

9) 유대인의 비밀회의 의사록이라고 일컬어지는 것. 유대인에 의한 세계지배를 주장하고 있다고 한다.

에 의해서 침식된 민족도 언제나 똑같았던 것과 모두 마찬가지이다. 따라서 그와 같은 관찰에서는 그들의 발전을 일정한 시기로 분류하는 것은 옳은 일이다. 나는 이런 경우를 간단히 하기 위해서 알파벳 순서로 시기를 나타내기로 한다.

로마인 침입이 진행 중일 때 맨 처음 유대인이 게르마니아[10]에 왔는데, 그것도 여전히 상인으로서였다. 그러나 민족 대이동의 폭풍 속에서 그들은 다시 사라진 것처럼 보였다. 그러므로 최초 게르만 국가형성 시대가 새롭게 그리고 오늘까지도 계속되고 있는 중앙 및 북부 유럽의 유대화의 시초로 여겨진다. 어디서든지 유대인이 아리아 민족들과 만났을 경우에는 언제나 같거나 비슷한 발전이 시작된다.

*

(a) 맨 처음 정착지가 확정되면, 그와 동시에 유대인은 재빠르게도 바로 거기에 와 있다. 그들은 상인으로 와서 처음에는 자기 민족성을 감추는 일에 별로 관심을 두지 않는다. 유대인은 아직 유대인이다. 아마도 그 이유의 일부는 그들과 숙주 민족 사이의 외면적인 인종 차이가 너무나 크고, 그들의 언어적 지식은 아직 적으며, 더구나 숙주 민족의 폐쇄성은 그들이 다른 민족의 상인 말고 그 무엇인가로 감히 보이게 하기 위해서는 너무 견고하기 때문일 것이다. 그들의 민첩성과 숙주 민족의 경험 부족 덕분에 유대인으로서의 그들의 특징을 유지하고 있는 것은 결코 그들 불이익이 되기는커녕 오히려 이익이 된다. 이국인은 친절하게 환영받는 것이다.

(b) 차츰 그들은 생산자로서가 아니고 오로지 중개인으로서 완만히 경제활동을 시작한다. 1000년에 걸친 상인으로서의 노련함에 의해 그들은 아직 서툴고 한없는 정직성을 가진 아리아 인종보다는 훨씬 우세하다. 그리하여 상업이 단기간 내에 그들의 독점 아래 들어갈 위험에 처해진다. 그들은 돈놀이를 시작하는데, 그것도 여전히 고리대로 시작한다. 실제로 그들은 그것에 의해 이자를 도입한다. 이 새로운 제도의 위험성은 처음에는 사람들이 알아

___
10) 게르마니아는 '게르만인의 거주지'란 뜻으로, 고대 로마인은 처음에 그들에 의해 라인강 왼쪽 물가로 이동되었던 여러 부족을 게르만인이라 불렀다. 그 뒤 라인강과 도나우강의 북쪽에 사는 모든 부족도 그와 같이 부르게 되었다.

채지 못하고 오히려 당장의 편리성 때문에 환영받기조차 한다.

(c) 유대인은 이제 완전히 그곳에 정착해 버린다. 다시 말해서 그들은 도시나 마을의 특수한 구역에 정착해서 차츰 국가 안에 국가를 형성한다. 상업도, 모든 금융업도 그들에게는 자신의 가장 고유한 특권으로 생각되며 그들은 그것을 가차 없이 이용한다.

(d) 금융업과 상업은 남김없이 그들의 독점물이 되어버린다. 그들의 높은 이자는 마침내 반항을 불러일으키며, 그들의 증대해 가는 그 밖의 뻔뻔스러움은 격노를, 그들의 부(富)는 늘 시기심을 불러온다. 그들은 토지까지도 자신의 상업상 대상물 범위에 끌어들여 그것을 팔 수 있다. 보다 적절히 말한다면, 거래 가능한 상품으로까지 끌어내릴 때 더는 참을 수 없게 된다. 그들 자신은 전혀 토지를 일구지 않고 다만 착취를 위한 재산으로만 여기고 있기에 그 토지 농부는 실로 머물러 있을 수는 있으나, 오로지 현재의 주인 측으로부터 아주 비참한 강탈을 당하지 않으면 안 되므로, 그들에 대한 혐오가 차츰 공공연한 증오로 확대된다. 그들의 흡혈귀와 같은 폭정이 너무나 심해, 그 결과 그들에 대한 폭동이 나타난다. 이 이민족은 점점 주의 깊게 관찰되기 시작하고, 그들 속에서 더욱더 좋지 못한 특징이나 성격이 발견되기에 이르러, 마침내 둘 사이 틈을 조정할 수 없을 정도까지 된다.

마침내 지극히 쓰라린 곤궁 시기에 그들에 대한 분노가 폭발해서 착취당하여 몰락한 대중이 신의 저주물에 저항하여 자기 자신을 방어하기 시작한다. 대중은 몇백 년의 세월이 지나감에 따라 그들의 실체를 알게 되어 그들이 단지 존재하는 것만으로도 이미 페스트와 같이 위험하다는 사실을 알아차린다.

(e) 이제 유대인은 자신의 본디 성격을 드러내기 시작한다. 기분이 상할 정도로 아첨을 해서 그들은 정부에 접근하여 그들 돈의 힘을 움직인다. 이와 같이 해서 더욱더 그들 희생자를 새로 착취하기 위한 특허장을 확보한다. 가끔 이 영원한 흡혈귀에 대한 민족의 격분이 이글이글 타오른다 해도, 이 분노는 불과 몇 년도 안 되어서 유대인이 조금 전에 사라졌던 그 장소에 다시 나타나, 옛날 생활을 처음부터 다시 시작하는 데 조금도 방해하지 않는다. 어떠한 박해도 그들 방식의 인류 착취를 금지시킬 수 없고, 어떠한 박해도 그들을 내쫓을 수 없으며, 박해할 때마다 그들은 곧 되돌아온다. 그것도 지난

날의 모습 그대로인 채 말이다.

적어도 가장 사악한 것만은 막아내기 위해 사람들은 유대인의 토지 취득이 법률로 전혀 불가능하도록 만들고 그들의 고리대금업자들로부터 토지를 회수하기 시작한다.

(f) 제후의 권력이 강화되기 시작함에 따라 그들은 더욱더 제후에게 다가간다. 그들은 '특허장'이나 '특권'을 졸라서 언제나 재정적으로 곤란한 군주들에게 상응한 지불을 함으로써 만족할 정도로 그것을 받아낸다. 그들에게 있어서는 아무리 지출이 많다 해도, 그들은 몇 년이 안 되어 지출한 돈을 복리 이자와 함께 거두어들인다. 그것은 불행한 국민의 육체에 달라붙은 진정한 흡혈충이며, 제후 자신이 다시 돈이 필요하게 되어 빨린 피를 몸소 그들에게서 빼앗아낼 때까지는 떨어지는 일이 없다.

이 놀이는 늘 새롭게 되풀이되는데, 그럴 때 이른바 '독일 제후'의 역할은 유대인 자신의 역할과 마찬가지로 비열하다. 이들 군주는 실제로 그들의 친애하는 국민에게는 신의 벌이었으며, 그들과 견줄 수 있는 것으로는 오늘날 여러 장관 정도밖에 찾아볼 수 없다.

독일 국민이 유대인의 위험에서 최종적으로 벗어나지 못한 것은 이 독일 제후의 탓이다. 유감스럽게도 그 점에 있어서는 뒷날에 와서도 조금도 바뀌지 않았다. 그들이 일찍이 국민에게 저지른 죄에 대해서는 유대인으로부터 1000배나 더한 당연한 대가가 제후에게 주어진 데 지나지 않았다. 제후는 악마와 동맹해서 지옥으로 떨어졌다.

(g) 따라서 유대인의 제후 농락은 제후를 퇴폐로까지 끌고 간다. 그들이 국민 이익에 더 이상 봉사하지 않고, 그 대신 자기 백성들로부터 부당한 이익을 거두어들이게 됨에 따라, 느리기는 하지만 확실하게 국민에 대한 제후 지위가 흔들리게 된다. 유대인은 그들의 최후를 정확히 알고 있으며, 그것을 되도록 촉진하려고 노력한다. 유대인은 그들을 참된 과제로부터 차츰 멀어지게 하며, 매우 사악한 아첨으로 파고들어, 악덕으로 이끈다.

이와 같이 해서 자기를 더욱 없어서는 안 되는 존재로 만듦으로써 제후의 끊임없는 재정 곤란을 촉진한다. 금전 문제 전반에 관해 유능한, 더 적절히 말하면 파렴치한 유대인은 언제나 착취당하고 있는 백성에게서 점점 더 많은 돈을 짜내는 일을 아니 강탈하는 것을 터득하고 있다. 따라서 이들 백성은 더욱 죽음의 길을 재촉하게 되는 것이다. 이리하여 어느 궁정이나 저마다 '궁정 유대인'—사랑하는 국민을 절망할 때까지 괴롭히지만 제후에게는 끊임없는 위안을 마련하는 괴물을 그렇게 부르는 것이지만—을 가지고 있다.

인류의 이 장식품이 마침내 문자 그대로 외면적으로도 잘 차려입고 세습 귀족계급으로까지 출세하는 것에 대해 누가 놀랄 것인가? 유대인들은 이 귀족제도를 오로지 웃음거리로 만들 뿐만 아니라 독살하는 것조차 거드는 것이다. 이제 그들은 당연한 일이지만 자기 지위를 자기 번영을 위해 사용할 수 있다.

마지막으로 그들은 그 나라의 현지인이 가지고 있는 가능성과 권리 전부를 소유할 수 있기 위해서는 오로지 세례를 받기만 하면 된다. 그들은 이 일을 끝마침으로써 실제로 수없이 새로운 아들을 낳아서 교회를 즐겁게 하고, 한편 사기가 성공한 것으로 해서 이스라엘을 즐겁게 한다.

(h) 이제 유대인에게 어떤 변화가 나타나기 시작한다. 그들은 지금까지는 유대인이었다. 다시 말해 그들은 유대인 말고는 어떤 것으로 보이게 하려는 일에는 그다지 중점을 두지 않았다. 그리고 이것은 또한 매우 명확한 인종적 특징이 양쪽에 있었으므로 불가능하기도 했다. 프리드리히 대왕 시대에 아무도 유대인에게서 이민족 말고 다른 무엇인가를 찾아내려고 하지 않았다. 괴테 역시 앞으로 그리스도교와 유대인 간의 결혼은 더 이상 법률로 금해서는 안 된다는 사상에 놀랐다. 그러나 누가 뭐라고 해도 괴테는 신에 맹세코 반동도 아니었고 더구나 노예도 아니었다. 그가 말한 것은 피와 이성의 소리 말고는 아무것도 아니었다. 이렇게 해서—궁정에서의 모든 부끄러운 행위에도 불구하고—국민은 본능적으로 유대인을 자기 몸 안에 들어 있는 이질적인 물체로 여겨서 그들에게도 거기에 상응하는 태도를 취했다.

하지만 이제는 이러한 것은 바꿔야 했다. 1000년 이상 세월이 흐름에 따라 그들은 숙주 민족 언어에 아주 능통해졌기 때문에, 앞으로 그들의 유대주의를 얼마쯤 감소시키고, 한편 그들의 '독일주의'를 한층 더 정면으로 드러낼 수 있다고 믿는다. 왜냐하면 그것이 처음에는 아주 우스꽝스럽게, 아니 미치광이 짓으로 보이기도 하지만, 그들은 그래도 역시 뻔뻔스럽게 행동하며 '게르만인'으로, 이 경우에는 '독일인'인 체하기 때문이다. 생각할 수 있는 한 가장 비열한 사기가 여기에서부터 시작된다.

그들은 게르만주의에 관해서는 사실상 독일어—그것도 아주 심할 정도로—를 더듬더듬 말하는 기술 말고는 아무것도 가지고 있지 않다. 그렇지만 그것 말고는 결코 독일인과 관계할 수 없었으므로, 그들의 독일 민족성은 오로지 언어에만 의존한다. 그러나 인종은 언어 속에 있는 것이 아니라 오로지 핏속에 있다. 이 점을 실로 자기 언어 보존에는 거의 중점을 두지 않지만, 자기 피의 순수성을 보존하는 것에는 모든 고려를 다하는 유대인이 가장 잘 알고 있다.

인간은 어렵지 않게 언어를 바꿀 수 있다. 다시 말해서 다른 언어를 사용할 수 있다. 하지만 그 경우 새로운 언어로 이전의 사상을 나타낼 것이므로 그의 내면적인 본질은 바뀌지 않을 것이다. 1000가지 언어를 말할 수 있음에도 불구하고 언제나 똑같은 유대인으로 남아 있는 유대인이 이것을 가장 잘 나타내고 있다. 그들이 2000년 전에 곡물 상인으로서 오스티아 항구에서 라틴어를 말했다 해도 또는 밀가루로 폭리를 챙기는 상인으로서 오늘날 유대인 말투가 섞인 독일어를 말한다 해도 그들 성격의 특징은 계속 똑같다. 그들은 언제나 똑같은 유대인이다. 이 확실한 사실이 오늘날 장관이나 고급 경찰에게 이해되지 않는 것도 물론 분명하다. 왜냐하면 현재 우리나라의 모범적인 국가 당국의 이들 공복만큼 본능과 지력이 모자라는 자가 빈둥거리며 돌아다니는 일은 거의 없기 때문이다.

왜 유대인이 갑자기 '독일인'이 되려고 하는지 그 이유는 간단하다. 그들은 제후 권력이 천천히 흔들리기 시작하는 것을 느끼고, 따라서 빠른 시기에 그가 서야 할 발판을 얻으려고 꾀하는 것이다. 그리고 더 나아가 경제 전체에 대한 그들의 금융 지배가 이미 매우 진전되어 있으므로, 그들은 그 '국가 시민권'을 모두 소유하지 않고서는 그 거대한 조직을 더 이상 지탱할 수 없고 앞으로 그 영향력을 더 이상 증대시킬 수도 없다.

그들은 이 둘을 모두 바란다. 왜냐하면 그들은 더 높이 오르면 오를수록 지난날 베일 속으로부터 일찍이 그들에게 약속된 목표가 더욱 매력적으로 머리를 쳐들어 탐욕의 열병에 들뜬 그들의 아주 명석한 머리도 세계지배의 꿈이 거의 실현될 단계에 왔다고 보기 때문이다. 이리하여 그들의 유일한 노력이 '국가 시민권'의 완전 획득을 실현하는 쪽으로 집중된다. 이것은 유대인 지구로부터의 해방의 이유이다.

(i) 이리하여 '궁정 유대인'으로부터 서서히 '국민 유대인'으로 발전한다. 당연히 유대인은 이전과 마찬가지로 고귀한 군주 주위에 머물러 있으며, 아니 그들은 오히려 더욱더 이 사회에 스며들려고 애쓴다. 그러나 그와 동시에 그들 종족의 다른 부분이 사랑할 만한 국민에게 아첨한다. 만일 사람들이 얼마나 그들이 몇백 년 동안 대중에 대해서 죄를 저질렀는가, 또 그들이 대중을 되풀이해서 얼마나 무자비하게 짜내어 그 피를 다 빨았는가 하는 것을 생각할 때 그리고 또 얼마나 국민이 그런 일로 인해서 그들을 점점 미워하게 되고, 마지막에는 실로 그들의 존재 속에 겨우 유대인 이외의 민족에 대한 천벌만을 보게 되었는가 하는 것을 생각할 때 사람들은 유대인에게 있어 이 전향이 얼마나 곤란한 것이 되지 않을 수 없는가를 이해할 수 있을 것이다.

확실히 가죽까지 벗겨진 희생자에게 갑자기 자기를 '인류 친구'로 보이게 하는 것은 힘든 일이다. 실제로 유대인은 처음에는 지금까지 그들이 국민에 대해 지은 죄를 보상하는 것처럼 과시하기 시작한다. 그들은 인류의 '자선가'로 변장하기 시작한다. 그들의 새로운 선행은 실제의 동기가 있으므로, 그들은 옛 성서의 말, 바로 "오른손이 하는 것을 왼손이 모르게 하라"로 충분하다고만은 여길 수 없는 일이다. 그들은 좋든 싫든 스스로가 얼마나 대중의 고통을 공감하고 있는지, 또 이를 위해서는 스스로 모든 것을 바치려 하고 있는지를 되도록 많은 사람들에게 알리지 않으면 만족할 수 없다.

이 타고난 겸손함을 가지고 그들은 자기 공덕을 다른 사람들이 정말 믿기 시작할 때까지 세상을 향해 요란스럽게 선전한다. 이것을 믿지 않는 자는 그들을 몹시 모욕하고 있는 것이다. 그들은 짧은 기간 내에 지금까지 대체로 자기들만이 늘 부당한 일을 당해 왔고, 결코 그 반대는 아니었던 것처럼 사태를 왜곡하기 시작한다. 몹시 우둔한 사람들은 그것을 믿고 이 불쌍하고 '불행한 사람들'을 동정하지 않을 수 없다.

이어 여기서 주의하지 않으면 안 되는 것은 유대인은 모든 헌신적 태도에도 불구하고 개인으로서는 물론 조금도 가난해지지 않는다는 것이다. 그들은 분배 방법을 잘 알고 있다. 아니 많은 경우 그들의 선행은 참으로 비료에 견줄 수가 있다. 왜냐하면 비료는 경작지에 대한 사랑에서 뿌려지는 것이 아니라, 앞으로 자기 이익에 대한 예상에서 주어지는 것이기 때문이다. 아무튼 비교적 짧은 기간 내에 유대인이 자선가이며 인류 친구가 된 것을 모든 사람이 인정한다. 얼마나 기묘한 변태인가!

그러나 유대인 이외의 사람들에게는 많든 적든 분명한 것으로 여겨지고 있는 것이 유대인에게는 조금도 분명하지 않다는 오로지 그 이유만으로 최고 경악을, 아니 많은 사람들에게 뚜렷한 찬미를 불러일으킨다. 따라서 다른 인류보다도 그와 같은 행위를 하는 그들 쪽이 훨씬 더 높이 평가받는 일도 일어난다. 게다가 유대인은 갑자기 자유주의자가 되어 인류에 필요한 진보에 열중하기 시작한다.

그들은 이와 같이 해서 천천히 새로운 시대 대변자가 되어간다. 그들은 물론 실로 국민 이익이 되는 경제 기초를 더욱 철저히 파괴한다. 그들은 주식이라는 간접 수단으로 국민 생산의 순환과정에 스며들어 그것을 돈으로 마음대로 할 수 있는, 더 적절히 말하면 거래가 가능한 대상으로 만들어 그렇게 함으로써 기업체로부터 개인적인 소유권의 기초를 빼앗아버린다. 이로 말미암아 비로소 고용주와 피고용인 사이에 뒷날 정치적 계급 분열을 일으키는 내면적 불화가 나타난다.

마침내 유대인의 경제문제에 대한 영향이 이제는 무서운 속도로 증권거래소를 통해 확대되어간다. 그들은 국민 노동력의 소유자가 되거나 그 정도는 아니라 해도 적어도 그 감독자가 된다.

자신의 정치적 지위를 강화하기 위해 그들은 지금 아직도 자기들에게 여기저기서 제약을 가하고 있는 인종적·시민적 제한을 없애려고 노력한다. 그들은 이 목적을 향해 그들의 타고난 끈기를 총동원하여 종교적 관용을 위해 싸운다. 그리고 완전히 그들 손에 들어가버린 프리메이슨단[11] 제도는 그들 목표를 변호하고 또 관철하기 위한 훌륭한 도구가 된다. 지배자층도 정치적·경제적 부르주아계급 상층부도 프리메이슨단의 의사대로 그것을 전혀 알아차리지 못한 채 그들의 책략에 빠져버린다.

오로지 민중 그 자체 또는 오히려 각성해서 스스로 자기 권리와 자유를 위해 싸우고 있는 계급만은 프리메이슨단에 의해 더 깊이, 또 더 넓은 층에 걸쳐 충분히 침투될 수 없다. 그러나 이 사람들을 충분히 포섭한다는 것이

---

11) 기원은 석공조합을 모체로 만든 비밀결사로, 현재는 널리 온 세계에서 회원을 모아, 그 수효가 400만을 넘는다고 한다. 회원 서로 간의 부조와 우애를 목적으로 하고, 더 나아가 이상 사회 실현을 목표로 삼고 있는 단체이다.

가장 필요한 일이다. 왜냐하면 유대인은 자기 앞의 진로를 개척해 주는 자가 없으면 자신이 지배적 역할로까지 상승할 수 없을 것이라고 느끼기 때문이다. 그리고 그들은 이 일을 해주는 자를 부르주아계급 안에 더구나 그 계급의 가장 넓은 층 속에서 찾아낼 수 있다고 생각하고 있다. 그러나 장갑 직공이나 아마포 직공은 프리메이슨단의 고상한 그물로는 잡을 수 없으므로, 여기에서는 더 거칠기는 하지만 결코 효과는 떨어지지 않는 수단이 시도되어야 된다.

그리하여 유대인에 봉사하는 두 번째 무기로서 신문이 프리메이슨단에 가세한다. 신문을 소유하기 위해 그들은 끈기와 수완을 충분히 발휘한다. 그들은 신문을 통해서 차츰 공공생활 전체에 달라붙어 농락하고 지도하고 조종하기 시작하는데, 그것도 그들이 오늘날 '여론'이라는 이름 밑에 20, 30년 전에 견주면 훨씬 잘 알려져 있는 힘을 이루고 조종하는 입장에 있기 때문이다.

이런 경우에 그들은 개인적으로는 언제나 자기가 한없이 지식욕에 불타고 있는 것처럼 보이게 하고 모든 진보를 칭찬하는데, 물론 그 진보는 주로 다른 사람들을 파멸로 이끄는 사람을 가장 잘 칭찬한다. 왜냐하면 그들은 반드시 자기 민족성을 진흥할 가능성 유무에 따라 모든 지식이나 발전을 평가하기 때문이다. 그리고 그 가능성이 결여되어 있는 경우에는 그들은 모든 빛에 대해 용서 없는 불구대천의 원수가 되고 또 참된 문화일지라도 모두 미워하기 때문이다. 그들은 그와 같이 해서 다른 사람의 수업에서 얻어낸 모든 지식을 오로지 자기 인종의 이익을 위해서만 사용한다. 그러나 그들은 이러한 자기 민족성을 전에는 볼 수 없었을 정도로 감독한다.

그들은 '계몽·진보·자유·인간성' 등으로 가득 찬 것처럼 보이는데, 다른 한편으로 그들 자신은 자기 인종을 매우 엄격하게 다른 인종으로부터 떼어 놓는다. 물론 그들은 더러 자기 딸들을 세력 있는 그리스도 신자의 아내로 삼는 일은 있지만, 자기 사내아이들은 원칙적으로 언제나 순수하게 보전한다. 그들은 다른 인종 피는 못쓰게 만들지만 자기 피는 보호한다. 유대인 남자는 거의 여자 그리스도 신자와 결혼하지 않지만, 남자 그리스도 신자는 유대인 여자와 결혼한다. 그러나 혼혈아에게선 그래도 여전히 유대인의 경향이 강하게 나타난다. 특히 고위 귀족의 일부는 완전히 부패한다.

유대인은 그러한 일을 완전히 이해하고 있으므로 자기 인종적인 적의 정신적 지도자층을 이와 같은 방법으로 계획적으로 '무장해제'한다. 그러나 이 일을 위장하거나 그들 희생자를 안심시키기 위해 그들은 인종과 피부색을 가리지 않고 더한층 모든 인간의 평등에 대해서 이야기한다. 우둔한 사람들은 그들의 말을 믿기 시작한다.

그렇지만 그들의 모든 존재양식은 변함없이 이민족적인 냄새를 아주 강하게 몸 주변에 풍기고 있으므로, 특히 국민 속의 대중은 간단히 그들의 그물에 걸리는 일은 없다. 그래서 그들은 자기들의 신문을 통해서 실제로는 조금도 닮지 않은 상태로, 반대로 자기가 바라고 있는 목적에 쓸모가 있도록 자기 초상을 그리게 한다. 특히 우스꽝스러운 신문은 유대인을 해가 없는 소민족으로 나타내려고 노력한다. 곧 이 소민족은 확실히 자신의 특성을 가지고 있지만—다른 민족들도 그러한 것과 마찬가지로—아마도 약간 서먹서먹한 기분을 일으키는 그들 표정 속에서까지도 어쩌면 우스꽝스러울지는 몰라도 언제나 마음속으로부터 정직하고 선량한 영혼이 자연히 나타나고 있다고 하기 위해서 말이다. 이러한 노력이 언제나 그들을 위험한 존재라기보다는 오히려 하찮은 것으로 보이도록 하는 것이다.

그러나 이 단계에서 그들의 궁극적인 목표는 민주주의가 승리하는 것이다. 또는 그들이 이해하는 바로는 의회주의의 지배이다. 민주주의는 거의 대부분 그들의 요구와 일치한다. 왜냐하면 그것은 인격을 물리치고, 그 대신 우둔·무능 그리고 이런 것에 못지않은 비겁함 같은 것들로 특징지어지는 다수를 끌어들이기 때문이다. 이 최종 결과는 군주제 붕괴로 나타날 것이며, 그것은 머잖아 틀림없이 일어날 것이다.

(j) 거대한 경제 발전은 국민의 사회층을 변화시킨다. 조그만 수공업은 차츰 없어져가며, 따라서 노동자의 자립된 생존을 가질 수 있는 가능성은 더욱더 적어지므로, 그들은 틀림없이 프롤레타리아화한다. 산업 '공장 노동자'가 생기는데, 그들의 가장 본질적 특징은 그들이 아무리 생활을 계속하고 있어도 자립할 수 있는 상황을 결코 맞이할 수 없다는 점에서 찾을 수 있다. 그들은 언어의 가장 진실한 의미에서 무산자이며, 그 만년은 괴로움밖에 없고, 이미 거의 생활이라고 표현될 수도 없다.

이전에 이미 같은 상황이 한 차례 일어난 적이 있는데, 그것은 해결되도록 강제적인 압력이 가해져 없어지기도 했던 것이다. 농부나 수공업자와는 다른 새로운 계급으로서 서서히 관리 및 봉급 노동자—특히 국가에서 사용되는—가 가담해 왔다. 그들도 문자 그대로 무산자였다. 국가는 이 불건전한 상태의 해결책을 마침내 발견했는데, 그것은 스스로는 만년 생활에 대해 아무런 준비도 할 수 없는 국가 고용인의 부양을 떠맡고 연금제도를 실시하는 것이었다. 차츰 이 예를 따르는 사기업도 점점 늘어나서 오늘에는 상시 고용인 정신 노동자는 그가 근무하고 있는 기업이 이미 일정한 크기에 이르렀거나, 넘고 있는 한 거의 모두가 퇴직연금을 받고 있다. 그리고 국가 관리들의 만년 생활을 보장해 줌으로써 비로소 전쟁 전의 독일 관리 전체의 가장 훌륭한 특성이었던 사심 없는 의무에 대한 충실한 태도가 육성되었다.

이와 같이 해서 무산 상태가 되어 있던 계급 전체가 현명한 방법에 의해 사회적 불행에서 벗어나고 그와 동시에 온 국민의 내부로 편입되어갔다.

공장 노동자계급

그런데 그 문제는 또다시, 그리고 이번에는 훨씬 대규모로 국가와 국민에게 다가왔다. 끊임없이 새롭게 몇백만에 이르는 많은 인간이 신흥 산업에서 공장 노동자로 일하며 날마다 빵을 얻기 위해 농촌에서 대도시로 끊임없이 옮겨왔다. 이 새로운 계급의 노동 및 생활 상황은 비참한 정도가 아니었다. 옛 직인(職人)이나 농부의 낡아빠진 노동 방법을 많고 적든 간에 기계적인 새로운 형식으로 전용하는 것부터가 벌써 아무래도 잘되지 않았다. 그 어느 쪽 일도 이제 산업 공장 노동자가 하지 않으면 안 되는 노력과는 비교가 되지 않았다.

옛날 수공업에서는 아마 시간은 별로 중요하지 않았겠지만, 새로운 노동 방법에서는 시간 역할을 차츰 중요시하게 되었다. 옛날 노동 시간을 형식적인 공업적 대기업에 이어갔다는 것은 참으로 비참한 영향을 가져왔다. 왜냐하면 예전 노동의 실제 능률은 오늘과 같이 노동 방법이 강화되어 있지 않았으므로 아주 적은 것이었기 때문이다. 따라서 옛날에는 하루 14~15시간의 노동 시간도 견딜 수 있었지만, 1분 1분을 모두 최대한으로 끝까지 이용하고 있는 이러한 시대에는 이제 도저히 견딜 수 없는 일이었다. 실제로 옛날 노동 시간의 새로운 공업적인 작업으로의 이와 같은 어리석은 전용의 결과는 이중 의미에서 불행이었다. 무엇보다 먼저 노동자의 건강이 나빠지게 되어 더 높은 정의에 대한 믿음이 무너지고 말았다. 그리고 마침내 이에 더하여 한쪽에서는 비참한 해고가 생기고, 다른 한쪽에서는 그것으로 인해 고용주의 지위가 더욱 높아져가는 것이 확실했다.

시골에서는 사회문제는 일어날 수 없었는데, 그것은 주인과 머슴이 같은 일을 하고, 특히 같은 음식을 먹고 있었기 때문이다. 그러나 여기서도 변화가 생겼다. 이제 고용인과 고용주의 분리는 생활 모든 영역에서 완성된 것처럼 생각된다. 그 경우 이미 얼마나 우리나라의 내면적 유대화가 진행되어 있는가는, 사람들이 경멸까지는 가지 않는다 해도 수공업에 대해 거의 존경을 하지 않는 것으로 엿볼 수 있다. 그것을 독일적이라고는 생각할 수 없다.

사실은 유대화가 된 우리 생활의 외국화에 의해서 비로소 수공업에 대해 이전에 나타내고 있었던 존경은 육체노동 전반에 걸쳐 일반적이 된 어떤 종류의 멸시로 바뀌었다. 그리하여 거의 아무런 존경도 받지 못하는 새로운 계급이 출현하기 때문에, 국민이 스스로 그 새로운 계급을 일반사회에 재편입하는 힘을 갖게 될 것인가, 아니면 신분적 차이가 계급적 분열로까지 확대될 것인가 하는 물음이 언젠가는 제기될 것임에 틀림없다.

그러나 한 가지만은 확실하다. 바로 그 새로운 계급은 자기 동료 안에 가장 불량한 사람이 아니라 정반대로 어느 경우에도 가장 활기찬 사람을 가지고 있었다. 이른바 문화의 도가 지나친 고상함은 아직 여기에서는 해체적, 파괴적인 영향을 주고 있지는 않았다. 새로운 계급의 대부분은 아직 평화주의자의 나약함이라는 독에 의해 중독되지 않고 늠름하며, 또 필요한 때는 잔혹하기도 했다.

부르주아계급이 이 매우 심각한 문제를 전혀 유의하지 않고 무관심하게 방치해 두고 있는 동안, 유대인은 이 문제가 앞으로 제공할 무한한 가능성을 알아차린다. 그리고 그들은 한편으로는 인류 착취의 자본주의적 방법을 막 다른 데까지 조직해 가면서, 다른 한편으로는 자기 정신이나 지배의 희생자에게 접근하여 단기간 내에 자기 자신에 대해 이루어지는 희생자들의 투쟁에서 지도자가 된다.

물론 '자기 자신에 대해서'라고 하는 것은 오로지 비유적으로 말한 데 지나지 않는다. 왜냐하면 이 거짓말 명수는 여전히 자신을 결백하게 보이게 하고 죄를 다른 사람에 뒤집어씌우는 기술을 잘 알고 있기 때문이다. 그들은 대중을 지도할 만큼 뻔뻔스러우므로 대중은 고금을 통해서 볼 수 없는 매우 비열한 배신이 이루어지리라고는 생각지도 않는다. 그럼에도 불구하고 이것은 진실이었다.

유대인의 전술

이 새로운 계급이 일반적인 경제 변화에서 빠져나와 발전해 나가자마자, 유대인은 이미 자기 자신이 더욱 전진하기 위해서 이용할 수 있는 새로운 선도자를 확실히 발견하고 있다. 그들은 처음 부르주아계급을 봉건적 세계의 성(城)을 때려 부수는 쇠몽둥이로 이용했으나, 이제는 부르주아계급에 대항하여 노동자를 이용하게 되었다. 예전에 그들은 부르주아계급의 그늘에서 시민권을 몰래 손에 넣는 것을 알았는데, 지금은 노동자의 생존을 위한 싸움 속에서 자신이 지배자가 되는 길을 찾기를 바란다.

이제부터 노동자는 오로지 유대 민족의 앞날을 위해서 싸운다는 과제를 갖는 데 지나지 않게 된다. 그들은 무의식중에 그들이 극복하려고 생각하고 있었던 권력에 오히려 봉사하게 된다. 그들은 외견상으로는 자본을 공격하도록 만들어지지만, 그런 경우에도 바로 이 자본을 위해서 매우 손쉽게 투쟁을 하게 만들어지는 것이다. 그때 유대인은 국제자본에 반대해서 언제나 욕을 퍼붓고 있으나, 실지로는 국민경제를 머릿속에 두고 있다. 다시 말해 유대인은 국민경제가 파멸되고, 그로 인해 국제적인 주식거래소 패거리들이 그 시체가 뒹굴고 있는 전쟁터에서 승리의 환성을 올릴 수 있기를 바란다. 유대인의 그런 때의 조치는 다음과 같다.

그들은 노동자에게 접근해서 그 사람들의 운명을 동정하는 것처럼, 또는 비참하고 가난하기도 한 그 사람들의 숙명에 분개마저 하고 있는 것처럼 보이게 해서 신뢰를 얻는다. 그들은 온갖 하나하나의 실제상의, 또는 상상 속의 그 사람들 생활의 곤란함을 연구해서 그와 같은 생활의 변혁에 대한 동정을 불러일으키려고 애를 쓴다. 아리아인이라면 몰라도 누구에게나 잠들어 있는 사회정의에의 욕구를 그들은 끝없는 교활함을 이용하여 운 좋게 더 나은 사람들에 대한 증오로까지 높이고, 그때 사회적 폐해를 없애기 위한 투쟁에 매우 확실한 세계관적 각인을 찍는다. 그들은 마르크스주의 이론을 창시한다.

마르크스주의 세계관의 핵심

그들은 이 이론이 굉장히 많은 사회정의의 주장과 떨어질 수 없이 통합되어 있다고 밝힘으로써 그 이론 보급을 촉진시키는 동시에, 성실한 사람들에게 그와 같은 주장에 따를 것을 지겹도록 재촉한다. 왜냐하면 이 주장이 그와 같은 형식이나 부수물을 수반하고 행해지는 한, 처음부터 부당하고 실현 불가능하게 보이기 때문이다. 그것은 이 순수한 사회적 사상이라고 하는 망토 아래 참으로 악마적인 의도가 숨겨져 있는 까닭이다. 아니, 그 의도는 매우 뻔뻔스러운 노골성으로 완전히 공개되어 있다고도 말할 수 있을 것이다.

이 이론은 이성과 인간적 광기의 분간하기 어려운 혼합물을 나타내고 있는데, 언제나 광기만은 실현되어도 결코 이성 쪽은 실현되는 일이 없는 것이다. 인격을, 또 국민과 그 인종적 내용을 무조건 부인함으로써 그 이론은 온 인류 문화의 근본적 기초를 무너뜨린다. 왜냐하면 문화는 바로 그와 같은 요소에 의존하기 때문이다.

이것은 마르크스주의 세계관의 참된 내면적 핵심이라고 해도 좋으나, 그것은 오로지 이 범죄자적 두뇌에서 잘못 태어난 것을 '세계관'이라고 불러도 좋다고 할 때의 이야기이다. 인격과 인종이 무너지면, 상스러운 인간—그것은 유대인이지만—의 지배를 방해하는 본질적인 장해물은 없어진다.

바로 경제적, 정치적인 당찮은 일 속에 이 이론의 진의가 존재하고 있다. 왜냐하면 그 당찮은 일 때문에 진실로 총명한 사람들이 모두 이 이론에 봉사하는 것이 막히게 되고, 다른 한편으로 정신 작용이 빈약한 자나 경제에 대해 낮은 교양밖에 없는 패거리들만이 깃발을 펄럭이며 이 이론에 참가하는 데 지나지 않기 때문이다. 그러나 이 운동—이 운동에서도 그 존속을 위해서는 지식층이 필요하다—을 위한 지식층은 유대인이 자신의 동료 중에서 '희생물로 바친' 자들이다.

이와 같이 해서 순수한 수공업 노동자 운동은 유대인의 지도 아래 성립한다. 그것은 외견상으로는 노동자 지위를 높이는 것을 목표로 하고 있으나 사실은 모든 비유대 민족의 노예화를 꾀하여 마침내는 그 민족들의 멸종을 바라는 것이다.

마르크스주의 세계관의 조직화

이른바 지식층 사회에 국민적 자기보존 충동의 일반적인 평화주의적 마비를 목표로 프리메이슨이 가져온 것은 오늘날 더욱더 유대적인 것으로 되어 있는 대신문의 활동에 의해서 대중, 특히 부르주아계급에 전파된다. 이 두 파괴 무기에 이제 제3의 그리고 훨씬 무서운 무기로서 야만스러운 폭력 조직이 더해진다. 마르크스주의는 공격대 및 돌격대로서, 두 가지 최초 무기에 의해서 파괴 공작을 준비하고, 이미 와해될 정도로 성숙시켜놓은 것을 마무리짓는 것이다.

이리하여 참으로 교묘한 합동 공작이 실시된다. 그 결과 많거나 적거나 신화적일 뿐인 국가 권위의 대표자로 언제나 일컬어지기를 바라는 바로 그 여러 제도가 그에 대해서 대부분의 경우 무능했다고 해도 놀랄 필요는 없다. 우리나라 고위의, 또 최고 국가 관리단 안에 유대인은 모든 시대를 통해서(얼마쯤 예외를 무시한다면) 자기 파괴 공작을 매우 순순히 원조해 주는 자를 찾아내고 있다. '위'에 대한 추종적인 노예 근성과 '아래'에 대한 고압적인 오만성이, 더러는 천벌받을 편협성과 마찬가지로 이 계급을 두드러지게 하는 것이다. 이 편협성을 이길 수 있는 것이라면, 가끔 눈에 띄는 아주 놀랄 만한 자부심 정도밖에 없다. 그리고 이런 것들은 유대인이 우리나라 관청에 대해서 필요로 하며, 따라서 또 바라기도 하는 특성이다.

바야흐로 시작된 실제적인 투쟁은 대강 설명하자면 다음과 같다. 곧 오로지 단순하게 세계의 경제적 정복에만 그치지 않고 세계의 정치적인 예속화까지 요구하는 그들 투쟁의 궁극적 목표에 대응하여 유대인은 마르크스주의 세계론의 조직화를 반씩 나눈다. 그것들은 외견상으로는 서로 분리되어 있는 것처럼 보이지만 사실은 불가분의 전체를 이루고 있다. 바로 정치 운동과 노동조합 운동이다.

노동조합 운동은 선전 운동이다. 그 운동은 많은 기업가의 탐욕과 가까운 앞날은 내다볼 수 없기에 노동자가 하지 않으면 안 되는 곤란한 생존투쟁에서 노동자에게 원조와 보호를 제공하고, 따라서 더 나은 생활 조건을 쟁취할 가능성을 제공한다. 노동자가 조직화된 민족 공동체, 곧 국가가 노동자에 대한 일을 거의 배려하지 않는 시대에 자신의 인간으로서 생활 권리의 옹호에 대하여 부분적으로는 책임 의식이 거의 없거나, 더러는 무정하기도 한 그러한 패들의 맹목적인 자유재량에 맡기고 싶지 않다면, 그들은 이 방어를 자기 손으로 행하지 않으면 안 된다. 그런데 이른바 민족적 부르주아지들이 금전상 이익에 눈이 어두워 이 생존 투쟁을 몹시 심하게 막는다면, 다시 말해서 비인간적인 긴 노동 시간의 단축, 연소자 노동의 폐지, 여성 보호와 원조, 공장이나 주거의 위생상황 개선 등을 위한 모든 시도에 오로지 반대할 뿐만 아니라 때때로 그곳을 게으르게 한다면, 반드시 이에 응해서 빈틈없는 유대인은 그와 같이 억압되고 있는 사람들을 돌본다.

유대인들은 차츰 노동조합 운동의 지도자가 되어 가는데, 이것은 매우 편한 일이다. 그들에게는 진지하게 사회적 결함을 실제로 없앤다는 것은 중요하지 않으며, 오로지 그들에게 맹목적으로 복종하고 있는 경제적 돌격대를 국민경제의 독립을 무너뜨리기 위해 교육하는 일에만 그 목적이 있다.

왜냐하면 건전한 사회정책의 지도란 끊임없이 한편으로는 국민 건강 유지, 다른 한편으로는 독립된 국민경제의 보전이라는 원칙 사이를 조정하는 것일 텐데, 투쟁을 하고 있는 유대인에게는 이 두 가지 기준이 무시될 뿐만 아니라, 그 기준의 배제야말로 그들의 생활 목표가 되기 때문이다. 그들은 독립된 국민경제의 유지를 바라지 않고 오히려 그 파멸을 바란다.

그러므로 노동조합 운동의 지도자로서 그 운동의 목적에서 벗어나 있을 뿐만 아니라, 그 목적 수행이 실천상 불가능하든가 또는 국민경제의 파멸을 의미하는 그러한 주장을 내놓는 데 조금도 양심의 가책을 느끼지 않는다. 그들은 또 건전하고 씩씩한 종족을 자기 눈앞에 두고 싶어하지 않으며 썩어 빠지고 억누를 수 있는 어리석은 백성을 바란다.

이 소망은 다시 그들로 하여금 아주 우스꽝스러운 주장을 하게 한다. 그 실제적 수행이 불가능하다는 것을 그들 자신이 잘 알고 있으며, 따라서 그러한 주장은 조금도 사정을 바꿀 수가 없을 뿐만 아니라, 기껏해야 대중을 난폭하게 흥분시키는 데 지나지 않는다. 그러나 그들은 거기에 관심이 있는 것이며 대중의 사회적 지위를 현실적으로 성실히 개선해 나가는 일에는 전혀 관심이 없다.

따라서 노동조합 관계에 있어서 유대인의 지배는 거대한 계몽활동이 대중에게 영향을 미쳐서 그들의 결코 끝나지 않는 비참함에 대해서 대중의 그릇된 인식을 바로잡아주든가 또는 국가가 유대인과 그들 사업을 해치우지 않는 한 확실한 것이다. 왜냐하면 대중의 통찰이라는 것이 오늘과 마찬가지로 대단한 것은 없고, 국가도 오늘날과 같이 무관심한 이상, 이 대중은 여전히 가장 먼저 경제문제에 대해 매우 염치없는 약속을 해주는 자를 따를 것이기 때문이다. 그런 점에서는 유대인은 달인이다. 왜냐하면 그들의 모든 활동은 조금도 도덕적 배려에 의해 방해받지 않기 때문이다.

이렇게 하여 그들이 이 영역에서 단기간 내에 모든 경쟁자를 쫓아버리게 되는 것은 필연적인 일이다. 그들 내면에 있는 모든 탐욕적인 잔인성에 어울리게 그들은 노동조합 운동을 아주 잔인한 폭력 사용 쪽으로 몰고 간다. 유대인의 유혹을 알아보고 반대하는 자가 있다 해도 그 사람들의 용기나 인식도 테러로써 깨어지고 만다. 그와 같은 활동의 결과는 엄청난 것이다. 실제로 유대인은 국민에게 신의 은총일 수 있는 노동조합을 통해서 국민경제의 기초를 무너뜨린다. 이와 동시에 정치적 조직화도 진행된다.

정치조직은 노동조합 운동이 대중을 자기를 위해 준비하고, 폭력과 강제로 정치조직 속으로 몰아넣는 한에서는 노동조합 운동과 협력한다. 그것은 더 나아가 정치조직이 그 거대한 기관을 먹여 살리기 위한 끊임없는 자금원이다. 그것은 개개인의 정치적 제어기관이며 정치적 성격을 갖는 모든 큰 시위로 몰아내는 구실을 한다. 그러나 마지막으로 그것은 경제적 이해에는 관여하지 않고, 자기 주요 투쟁 수단인 노동포기, 부분파업이나 총파업을 정치적 이념에 이용한다.

그 내용이 가장 교양이 모자란 인간 정신의 이해력에 알맞은 신문을 창간함으로써, 정치적·노동조합적 조직은 마침내 국민의 최하층 사람들의 난폭하기 짝이 없는 행동을 북돋울 수 있는 선동적 수단을 손에 넣게 된다. 그 신문의 과제는 결코 사람들을 저급한 정신상태의 구렁에서 끌어내어 보다 더 높은 단계로 끌어올리는 것이 아니라, 그들의 가장 상스러운 본능에 장단을 맞추게 하는 일이다. 그것은 생각하는 것을 싫어하고 가끔 잘난 체하기도 하는 대중에 대한 것이므로 투기적이기도 하고 이익도 있는 일이다.

특히 이 신문은 국민적 독립 및 국민의 문화적 고양이나 경제적 자립을 원조한다고 여겨질 수 있는 모든 것에, 그야말로 열광적인 중상의 싸움을 걸어 혹평을 퍼붓는다.

이 신문은 무엇보다도 먼저 유대인의 지배 가능성에 대해 허리를 굽히려고 하지 않는 사람들 또는 그 독창적인 능력 자체로 이미 유대인에게 위험하다고 여겨지는 사람들, 이러한 절조 있는 인물 모두에 대해 시끄럽게 고함을 지르는 것이다. 왜냐하면 유대인에게 미움을 받기 위해서는 그들과 싸울 필요가 없으며, 자기 이외의 사람이 장차 싸움을 걸려는 생각을 품을지도 모른다든가, 그의 탁월한 독창력으로 말미암아 유대인에게는 적대적인 민족의 힘과 위대성을 확장시키는 사람일지도 모른다는 개념만으로 이미 충분하기 때문이다.

이 같은 사항에 관한 그들의 확실한 본능은 모든 사람의 내면적인 본성을 탐지해서 그들의 정신에 동조하지 않는 사람들은 확실하게 그들의 원망을 산다. 유대인은 공격당하는 측이 아니라 공격하는 측이므로 그들을 공격하는 자는 물론 저항하는 자까지도 그들의 적으로 여긴다. 그러나 매우 대담하고 정직한 사람들을 쓰러뜨리기 위해 그들이 사용하는 수단은 정정당당한 싸움이 아닌 거짓말과 중상이다. 이 경우 그들은 어떤 일에도 뒤로 물러나지 않고 매우 비열하므로, 우리 민족이 살아 있는 유대인 모습에서 모든 악의 상징으로서 악마의 화신을 보고 있다고 해도 놀랄 필요는 없다.

유대인의 내적 본성에 대해서 대중이 알고 있지 못하다는 점이나 우리나라 상류계층의 감수성이 결여되어 편협하다는 점 등이 민족을 손쉽게 유대인의 거짓말 선전의 희생물로 만들어버린다.

상류계급은 타고난 비겁함으로, 유대인에 의해 이와 같이 거짓말과 중상으로 공격받는 사람들을 돌보지 않고, 또 대중은 우둔함과 단순함으로 인해 모든 것을 믿어버리는 것이 보통이다. 그러나 국가의 여러 관청은 완고하게 침묵하고 있든가, 거의 모든 경우에 유대인의 신문 홍보를 종결시키기 위해, 부당하게 공격받고 있는 사람들을 박해한다. 이것이 그와 같은 관직에 앉아 있는 당나귀들 눈에는 국가 권위의 보호, 안녕질서의 보증으로 비치는 것이다.

유대인의 마르크스주의적인 무기에 대한 공포가 차츰 성실한 사람들의 머리와 마음을 악몽과 같이 괴롭힌다. 사람들은 이 무서운 적에 대해 떨기 시작하며 그와 동시에 그들이 결정적인 희생물이 되어버린다.

조직 센터로서의 팔레스타인

(k) 국가에 있어서 유대인의 지배는 완전히 안정되었다고 생각된다. 그래서 그들은 이제 다시는 유대인이라고 자기를 부를 수 없게 되었을 뿐만 아니라, 또한 그들의 민족적·정치적 사상의 궁극적 목표를 거침없이 인정하기도 한다. 그들 인종의 일부는 이미 아주 당당하게 자기가 이민족이라는 것을 공언하는데, 그럴 때에도 역시 거짓말을 멈추지 않는다. 왜냐하면 시온주의로 다른 세계의 사람들에게, 유대인의 민족자결은 팔레스타인 국가 창설로서 만족할 것임을 진실이라고 생각하도록 노력하면서, 유대인들은 더할 나위 없이 교활하게 또 현명하게 다시 어리석은 비유대인을 속이기 때문이다.

그들은 팔레스타인에 스스로 거주할 목적으로 유대 국가를 건설하려는 생각은 전혀 하고 있지 않으며, 오로지 자신의 주권을 가지고, 다른 국가 개입을 받지 않는 그들의 국제적인 세계 기만조직의 센터, 곧 진짜 룸펜들의 은신처나 장차 사기꾼들 대학을 만들기를 바라고 있는 데 불과하다.

하지만 아직 일부 유대인이 독일인이나 프랑스인 또는 영국인으로 가장해서 속이고 있는 시대에 다른 일부가 뻔뻔스럽게도 공공연히 자기를 유대 인종이라고 표명하는 것은 그들의 자신감이 높아진 조짐일 뿐만 아니라, 그들의 안정감을 나타내는 것이다. 얼마나 분명하게 그들의 승리가 눈앞에 임박했다는 것을 알고 있는가 하는 점은 그들이 다른 민족에 속하는 사람들과 교제할 때의 무서운 방식으로 알 수가 있다.

검은 머리의 유대인 청년은 얼굴에 악마와 같은 기쁨을 나타내면서, 아무런 의심도 품지 않는 소녀를 오랜 시간 숨어 기다린 뒤, 그들의 피로 그녀를 더럽히고, 그렇게 함으로써 그 소녀가 속해 있는 민족으로부터 그녀를 강제로 빼앗는다. 모든 수단을 다해서 그들은 정복하려는 민족의 인종적 기초를 무너뜨리려고 한다. 그들 스스로 계획적으로 부인과 처녀를 타락시킴과 동시에, 더 넓은 범위에 걸쳐 다른 민족의 혈통적 경계선을 없애는 데에도 머뭇거리지 않는다.

흑인을 라인 지방에 데려온 것은 유대인이었고 지금도 그렇지만, 그런 경우에 언제나 똑같은 속셈과 분명한 목표가 그들에게 있다. 곧 유대인은 그로인해서 불가피하게 생기는 혼혈화를 통해 자신들이 증오하는 백인종을 파멸시키고, 또 고도의 그 문화적·정치적 위치에서 망가뜨려서 자신들이 그들의 지배자 지위에 오르려고 꾀하는 것이다.

왜냐하면 자신의 피를 자각하고 있는 인종적으로 순수한 민족은 결코 유대인에 의해 정복될 수 없기 때문이다. 유대인은 이 세계에서는 영원히 오로지 혼혈 민족의 지배자로 머물러 있을 것이다. 따라서 그들은 계획적으로 한 사람 한 사람을 계속적으로 못쓰게 만들어 인종적 수준을 떨어뜨리려고 시도한다.

프롤레타리아계급의 독재

그리고 정치적으로 그들은 민주주의 사상을 프롤레타리아계급의 독재로 대체시키기 시작한다. 마르크스주의로 조직된 대중 안에 유대인은 자기에게 민주주의를 불필요하게 만들고, 또한 그것을 대신해서 민족을 독재적으로 잔인한 주먹으로 정복해서 지배하게 해주는 무기를 발견한 것이다. 그들은 두 가지 방면에서 계획적으로 혁명화를 목표로 노력한다. 바로 경제적·정치적 방면이다.

내부로부터의 공격에 대해서 너무나 강력하게 저항하는 민족에게 그들은 자신들의 국제적 세력을 동원해서 적의 그물로 휘감기게 하여 그 민족을 전쟁으로 몰아넣고, 마지막에는 필요하다면 전쟁터에까지도 혁명의 깃발을 세우는 것이다.

그들은 경제적으로 이익을 올리지 못하게 된 공공기업이 국유화가 폐지되어 그들의 금융 지배에 종속될 때까지 국가를 계속 흔들어댄다. 정치적으로 그들은 국가에 자기보존 수단을 허용하지 않고, 모든 국가적 자기주장과 방위 기초를 무너뜨리며, 지도에 대한 신념을 아주 없애버리고, 그 국가의 역사와 과거를 경멸하며, 모든 진실로 위대한 것을 시궁창 속에 버린다.

문화적으로 그들은 예술·문학·연극을 악풍에 오염시켜 자연 감수성을 비웃고, 미와 숭고, 고귀와 선에 관한 모든 개념을 무너뜨려서 그 대신 인간을 그들 특유의 상스러운 기질의 영향 아래 끌어들인다. 종교는 희롱당하고 관습과 도덕은 시대에 뒤떨어진 것으로 나타나며, 이 세계에서의 생존을 건 싸움에서 민족을 지탱해 주는 최후의 것까지도 붕괴하기에 이른다.

민주주의적 유대인에서 피에 굶주린 유대인으로

(1) 그런데 커다란 최후의 혁명이 시작된다. 유대인은 정치권력을 쟁취했으므로 그들이 몸에 붙이고 있던 얼마 안 되는 베일을 벗어던진다. 민주주의적 유대인에서 피에 굶주린 유대인, 민족의 폭군이 나타난다. 몇 년 안 되는 사이에 그들은 국민적인 지식층을 뿌리째 뽑아서 민족으로부터 그 자연적인 정신적 지도자를 빼앗음으로써 이들 민족이 끊임없는 예속이라고 하는 노예 신분으로 전락하도록 준비를 갖춘다.

이와 같은 종류의 가장 무서운 실례는 러시아에서 찾을 수 있다. 거기에서는 유대인 저널리스트와 증권거래소의 악당들에게 대민족의 지배권을 확실히 양도해 주기 위해서 3000만의 인간이 실로 광신적인 야만성으로 말미암아 일부분은 비인도적인 고통 속에 살해되거나 굶어 죽었다.

그러나 그 결말은 오로지 유대인에게 억눌려 있는 민족의 자유에 종말을 고한 것에 그치지 않고, 이 민족의 기생동물 자신도 종말을 고하는 것이다. 희생자가 죽은 뒤 흡혈귀도 머잖아 죽게 마련이다.

*

혼혈 민족

만일 우리가 독일 와해의 모든 원인을 우리 자신의 눈으로 검토한다면, 그 경우 최후의 그리고 결정적인 원인으로서 인종 문제, 특히 유대인의 위험을 깨닫지 않았다는 사실이 남을 것이다.

1918년 8월 전쟁터에서 패배한 것은 별일 없이 쉽게 견딜 수 있을 것임에 틀림없다. 이 패배는 우리 민족의 수많은 승리와는 관계가 없었다. 패배가 우리를 파멸시킨 것은 아니고, 우리는 이 패배를 준비하고 있던 힘에 의해서 파괴된 것이다. 왜냐하면 그 힘은 몇십 년 전부터 계획적으로 우리 민족으로부터 정치적, 도덕적인 본능과 힘을 빼앗았는데, 오로지 그런 것만이 민족 생존을 가능하게 하며, 따라서 또한 그 권리를 주는 것이기 때문이다.

옛 독일국은 우리 민족의 인종적 기초의 보존이라는 문제를 주의하지 않고 지나쳐버려서, 이 세계에서 생명을 주는 유일한 권리조차 가볍게 보았다. 스스로 혼혈을 행하거나 혼혈을 방임한 민족은 영원한 신의 섭리가 명하는 것을 위반하는 것이며, 그들이 보다 강한 민족에 의해서 멸망될 때 그들에게 가해지는 것은 부정이 아니라 오로지 정의의 회복에 지나지 않는다. 만일 한 민족이 자연으로부터 주어지고, 그 피에 기인하고 있는 자민족의 본질적 특징에 이미 유의하려고 생각하지 않게 되었다면, 자민족의 지상에서의 생존을 상실한다고 해도 이미 불평을 말할 권리는 없다.

지상에 있는 모든 것은 더 좋게 고쳐져야만 한다. 패배는 뒷날 모든 승리의 아버지가 될 수 있다. 모든 패전은 고양의 원인이 되며, 모든 곤란은 인간 에너지의 결실이 되고, 모든 억압은 새로운 정신적 재건에 힘을 줄 수 있다. 이것은 물론 피가 순수하게 보존되어 있는 한에서의 이야기이다. 오로지 피의 순수성을 상실한 경우에만 내면적 행복이 영원히 파괴되고, 인간은 영원히 끝없는 심연으로 떨어진다. 그 결과는 결코 육체나 정신으로부터 없어질 수 없다.

만일 이 유일무이한 문제를 가지고 다른 모든 생활 문제를 음미하고 견준다면, 이 문제로 측정됨으로써 우리는 비로소 그와 같은 것들이 웃어넘길 정도로 작은 문제임을 알게 될 것이다. 이들 모든 것은 모두 시간적으로 제약이 되어 있다. 그러나 피를 순수하게 보존하느냐 보존하지 않느냐 하는 문제는 인간이 존재하는 한 존속할 것이다.

세계대전 전에 있어서 진실로 중대한 타락 현상은 모두 결국에는 인종적 근거로 환원된다. 일반적인 법률 문제 또는 경제생활의 결함, 문화적 퇴폐 현상 또는 정치적 타락현상, 실패한 학교 교육 문제 또는 신문에 의한 성인에게 준 나쁜 영향 등은 어느 것이 문제가 되든지 간에 모두 언제나, 또 어디서든지 가장 깊은 바닥에서는 자기 민족의 인종적 이해에 대한 부주의 또는 이민족의 인종적 위험을 보지 못한 데 그 원인이 있다.

옛 독일국의 겉치레 번영

따라서 모든 개혁의 기도, 모든 사회적 구호 사업과 정치적 노력, 모든 경제적 호황 및 정신과학의 모든 외견상의 발전도 모두 결국에는 그렇게 중요하지 않았다. 국민과 그 국민에게 이 지상의 생활을 가능하게 하고 또 확보하는 유기체인 국가는 내면적으로 보다 건전하게 되지 않고, 뚜렷이 더욱더 병들어 쇠퇴해 갔다. 옛 독일국의 모든 겉치레 번영은 내면의 결점을 감출 수가 없어서, 옛 독일국을 정말 강화하는 시도는 모두 가장 중대한 문제를 대충 보아 넘겼기 때문에 언제나 되풀이하여 실패했다.

내면의 적을 깨닫지 못한 일

여러 정치적 경향을 지지하면서 독일 민족체 여기저기를 응급처치하고 있던 사람들, 아니 어느 부분에 대해서는 지도자들의 특정 부분조차도 본디부터 나쁘거나 또는 악의를 가진 인간이었다고 생각하는 것은 잘못임에 틀림없다. 그들의 활동은 오로지 그들이 가장 잘했을 경우에도 기껏 우리의 일반적 질병 형태를 발견하고, 그것을 이겨내려고 시도한 데 지나지 않으며, 맹목적으로 병원체를 무시하고 말았다는 이유만으로 성과가 없었다고 선고받는 데 지나지 않았다.

옛 독일국의 정치적 발전의 경로를 체계적으로 추적한다면 냉정한 재검사에 의해서 독일 국민이 통일된, 따라서 국운이 상승하던 시대까지도, 내면적인 타락은 이미 완전히 진행하고 있었다고 하는 것 그리고 모든 겉치레의 정치적 성과나 상승하는 경제적 부(富)에도 불구하고, 일반적 상황은 해마다 나빠졌다고 하는 것 등이 통찰될 것임에 틀림없다. 제국의회의 선거조차 마르크스주의자 투표의 외면적인 팽창 속에서 더욱 접근해 오는 내면적인, 따라서 외면적이기도 한 붕괴를 나타냈던 것이다.

이른바 부르주아 정당의 모든 성과는 무가치한 것이었는데, 그 이유도 오로지 그들이 이른바 부르주아계급 선거에서 승리하고서도 마르크스주의의 밀물이 밀어닥치는 것을 막아내지 못했다는 것에만 그치지 않고, 무엇보다도 먼저 그들 자신이 이미 해체의 효소를 몸 안에 가지고 있었기 때문이다. 그런 것을 알지 못한 채 부르주아계급 세계는 마르크스주의적 관념의 치명적인 독에 의해 이미 내면적으로 퍼져 있었으며, 그들의 저항은 온 힘을 다해서 싸울 결심을 하고 있는 상대를 원칙적으로 거부한다고 하는 것보다는 공명심에 불타고 있는 지도자들의 경쟁 상대에 대한 시기심에서 때때로 나타났다. 이 긴 세월에 걸쳐 오로지 홀로 확고하게 변함없이 싸운 자들이 있는데, 그들이 바로 유대인이었다. 그들의 육망성[12]은 우리 민족의 자기보존 의지가 꺼져가는 것에 비례해서 더욱 높이 떠올랐다.

---

12) 六芒星. '다윗 별' 또는 '솔로몬 문장(紋章)'이라고도 하는 6각 별. 여기에서는 유대인을 나타내고 있다.

따라서 1914년 8월에 공격을 결의한 민족이 전쟁터에 돌진한 것이 아니라, 오히려 우리 민족체 내에서 진행되고 있던 평화주의적, 마르크스주의적 마비에 대한 국민적인 자기보존 충동의 마지막 불빛이 깜박인 데 지나지 않았다. 이 운명의 세월에 있어서도 내부의 적을 알아채지 못했으므로 외부에 대한 저항은 모두 헛일이었으며, 신의 섭리는 무적의 검에 보답하지 않고 오히려 영원한 인과응보의 법칙을 따랐다.

독일 국민의 게르만 국가

이와 같은 내면적 인식을 함으로써, 우리에 대해서 새로운 운동의 주요 원리와 목적이 형성되어갔다. 이러한 것들은 우리 신념에 따르면 독일 민족의 몰락을 막을 수 있을 뿐만 아니라, 장차 국가가 그 위에 존립할 수 있는 화강암과 같은 굳건한 기초를 만들 수 있는 유일한 것이었다. 이 국가는 민족과는 관계없는 경제적 이익이나 관심의 체제가 아닌 민족적 유기체를 나타내는 것이다. 말하자면 **독일 국민의 게르만 국가**를 나타내는 것이다.

제12장
국가사회주의 독일노동자당의 최초 발전시대

나는 이 책 제1부의 끝부분에서 우리 운동 최초의 발전시대를 그리고, 그 것으로 말미암아 일어난 일련의 여러 문제를 간단히 말하려고 생각하는데, 이것은 운동의 정치적 목표에 대한 논문을 쓰기 위함이 아니다. 이 새로운 운동의 목표와 과제는 매우 커다란 것으로, 그것을 다루기 위해서는 그것만 으로도 넉넉히 한 권의 책이 될 것이다. 그러므로 나는 이 책 제2부에서 이 운동의 강령적 기초를 깊이 논의하고, 우리가 '국가'라고 하는 말에서 생각하 고 있는 것에 대한 하나의 관념을 제시할 것을 꾀하리라.

나는 그런 경우 '우리'란 말로써, 결국은 모두가 같은 것을 열망하면서도, 마음속으로 생각하고 있는 것을 하나하나 상세하게 서술할 말을 찾아내지 못하고 있는, 몇십만의 사람들 모두를 생각하고 있다. 왜냐하면 모든 위대한 개혁에서 주목해야 할 사실은 그 개혁의 주창자는 처음에는 오로지 한 사 람밖에 없는데도, 그것을 지지하는 자가 몇백만이나 존재한다는 것이기 때 문이다. 개혁 목표는 가끔 이미 몇백 년 이전부터 몇십만 사람들의 마음속에 동경에 찬 소망인데, 한 사람의 인간이 그와 같은 일반적인 의욕의 고지자로 서 감히 나타나서, 그에 대한 기수가 되어 새로운 이념으로 옛날의 그리움을 승리로 이끌 때까지는 단순한 소망에 그치는 것이다.

그러나 몇백만의 사람들이 속으로 오늘날 존재하는 상황을 근본적으로 변혁하고 싶다는 소망을 가지고 있다는 것은 그들이 고민하고 있는 심각한 불만으로 말미암아 알 수가 있다. 이 불만은 여러 방식으로 나타나고 있다. 어떤 사람은 무기력하게 되어 희망을 잃지만, 다른 사람은 증오·분노·격앙 의 포로가 되고, 더 나아가 후자는 무관심에 빠지고, 전자는 도를 지나친 격 노를 일으키는 식이다. 선거에 질린 사람들이나 좌익의 열광적인 과격파에 기우는 사람들의 존재도, 이 내면적인 불만을 증명하는 것으로 보아도 좋으리라.

그리고 첫째로 이 '젊은 운동' 또한 이러한 사람들에게 희망을 걸어야 했다. 운동은 만족한 자, 권태로운 자의 조직을 만들 것이 아니라, 고민하고 고생하며 번민하는 자, 불행하고 불만인 자를 결집시킬 것이며, 특히 민족체의 겉면을 헤엄치는 것이 아니라 그 밑바탕에 뿌리내리려야 한다.

*

혁명 뒤 상황

순수하게 정치적으로 보았을 때, 1918년에는 다음과 같은 광경이 벌어졌다. 곧 하나의 국민이 반으로 쪼개졌다. 한쪽은 문제도 안 될 만큼 소수로, 모든 육체노동자를 제외한 나머지의 국민적 지식계층을 포함하고 있다. 그들은 겉으로는 국민적이지만, 그들에게는 이 국민적이라는 말로써 이른바 국가적 이익, 이것은 왕가의 이익과 동일하다고 여겨지고 있으나, 이 이익을 매우 진부하게 또 나약하게 옹호하는 것밖에 생각할 수 없다. 그들은 자신의 사상과 목표를 정신적인 무기로 옹호하려고 하는데, 그 무기는 단편적이고 피상적이어서, 적의 야만성에 대해서는 그 자체가 이미 아무 쓸모가 없는 것이다. 무서운 타격을 단 한 번 당하는 것만으로, 조금 전까지 지배하고 있던 이 지식계급은 뻗어버리고 떨면서 비겁하게도 무정한 승리자의 멸시를 모두 참는다.

그들에 대해 두 번째 계급으로서 광범한 노동자 대중이 대립하고 있다. 이 계급은 정도의 차이는 있지만 급진적인 마르크스주의 운동에 장악되고 있으며, 모든 정신적 저항을 폭력으로 타파할 결의를 하고 있다. 그들은 국민적이기를 바라지 않고, 의식적으로 국가적 이익의 촉진은 모두 거부하며, 반대로 모든 다른 나라로부터의 억압을 거든다. 그들은 수적으로 훨씬 많으며 그것이 없이는 국가 부흥을 생각할 수 없고, 또 불가능한 국민의 구성 요소를 포괄하고 있다.

왜냐하면 1918년에는 물론 이미 독일 민족의 다시 일어남은 외적인 힘을 다시 얻지 않으면 불가능하다는 것이 아주 분명했기 때문이다. 그러나 이를 위한 전제는 우리 부르주아 '정치가'들이 언제나 쓸데없이 지껄이는 것처럼 무기가 아니라 의지의 힘이다. 독일 민족은 일찍이 무기를 아주 충분히 가지고 있었다. 우리는 무기로 자유를 지키지 못했지만, 그것은 국민의 자기보존 충동 에너지, 곧 자기보존 의지가 결여되어 있었기 때문이다. 가장 좋은 무기도 그것을 사용할 마음 준비가 되어 있지 않고, 그것을 기꺼이 사용하려 하고 그 사용을 결의하는 정신이 결여되어 있는 한 죽어버린, 아무 가치도 없는 도구에 지나지 않는다. 독일은 무방비 상태가 되었으나, 그것은 무기가 부족했기 때문이 아니라 민족 존속을 위해 무기를 유지하는 의지가 모자랐기 때문이다.

오늘날 특히 우리 좌익 정치가는 무기를 갖지 않았던 것이 자기들이 우유부단하고 온순한, 그러나 실제로는 반역적인 외교정책을 어쩔 수 없이 펼치게 된 원인이라고 선전하는 데 힘쓰고 있으나, 이에 대해 우리는 한 마디로 대답해야 된다. 아니, 그 반대가 옳다고. 국가적 이익을 포기하는 당신들의 비국민적·범죄적 정책으로 인해서 당신들은 일찍이 무기를 넘겨주고 말았다. 그리고 이제 당신들은 무기 부족이 당신들의 경멸해야 할 비참한 행위를 정당화하는 원인으로 보이게 하려고 노력한다. 이렇듯이 당신들의 행위 모두가 거짓말이며 가짜라고.

그러나 이와 같은 비난은 조금도 다름없이 우익 정치가에게도 해당된다. 왜냐하면 그들의 가엾은 비겁함 덕분으로 1918년에 지배권을 손에 넣은 유대인 천민이 국민으로부터 무기를 훔칠 수가 있었기 때문이다. 따라서 그들 또한 오늘날 우리한테 무기가 없다는 사실이 그들에게 현명한 신중성('비겁함'이라고 해야 할 것이다)을 강요하고 있다고 주장할 이유도 권리도 없는 것이다. 그와 반대로 우리 무방비는 그들 비겁함의 결과이다.

그러기에 독일의 힘을 회복하는 문제는, 우리는 어떻게 무기를 제조할 것인가 하는 것이 아니라, 우리가 한 민족으로 하여금 무장하게 할 수 있는 정신을 어떻게 불러일으킬 것인가 하는 것이다.

만일 이 정신이 한 민족을 지배한다면 바라는 대로 그 가운데 어느 것이나 무기로 통하는 아주 다양한 길을 발견할 것이다! 그러나 겁쟁이에게 권총 10자루를 주어도 공격을 받을 경우 그는 한 발도 쏠 수 없을 것이다. 따라서 그의 경우 그 권총은 용기 있는 사나이가 한 자루의 울퉁불퉁한 지팡이를 갖는 것보다도 훨씬 작은 가치밖에 없는 것이다.

정치적 힘의 회복

우리 민족 정치적 힘의 회복 문제는 첫째로 다음과 같은 이유에서 이미 우리 국민의 자기보존 충동을 건전하게 하는 문제이다. 곧 모든 준비되고 있는 외교정책이나 국가 자체의 평가라는 것은, 경험에 따르면 지금 가지고 있는 무기에 의존하기보다는 인식되고 있거나 또는 상상되고 있는 국민의 정신적 저항 능력에 의해서 더욱 크게 좌우된다는 것이다.

어느 국민의 동맹 가능성은 격심하게 타오르는 국민의 자기보존 의지나 영웅적인 결사의 용기가 뚜렷하게 존재하고 있는 것에 의해서 보다 더 강하게 결정되는 것이며, 현존하는 생명이 없는 무기 양에 따라서 결정되는 일은 훨씬 드물다. 왜냐하면 동맹은 무기로 맺어지는 것이 아니라 인간으로 맺어지는 것이기 때문이다.

따라서 영국 국민은 그들의 지도자층과 대중의 정신 속에 한번 시작된 싸움은 시간과 희생을 무릅쓰고 모든 수단을 다해서 최후 승리까지 관철하려 결의하고 있는 그 야만성과 끈기가 기대되는 한, 세계에서 가장 귀중한 동맹 관계라고 생각하지 않으면 안 될 것이다. 그때에는 현존하고 있는 군비(軍備)를 다른 여러 나라의 군비와 비교할 필요는 전혀 없다.

독일 국민의 부흥은 우리들 정치적인 자기보존 의지를 되찾는 문제라는 것이 이해된다면, 그것을 위해서는 본디 의욕은 적어도 국민적인 구성원을 얻는 것으로는 충분하지 않으며, 의식적으로 반국민적인 대중을 국민화하는 것에 의해서만 그 부흥이 가능한 것도 분명하다.

대중의 획득

따라서 젊은 운동의 목표는 스스로의 주권을 가진 독일국가의 재건이므로 그 투쟁은 철저하게 대중의 획득을 지향하지 않으면 안 될 것이다. 일반적으로 우리나라의 이른바 '국민적 부르주아 계층'이 아무리 비열하다 해도 그리고 그들의 국민적 신념이 아무리 불충분한 것으로 보인다 해도, 그런 경우에 이 사람들 측에서 강력한 국가주의적 내정과 외교에 대한 진지한 저항을 장래에 기대할 수 없다는 것은 확실하다. 잘 알려진 고루한 근시안적 이유로써 독일의 부르주아 계층이 이미 옛날 비스마르크와 같은 인물에 대해서 행한 것처럼 다가올 해방 시기에 소극적인 레지스탕스를 고집하는 일이 있다고 해도, 그들의 적극적 반대 따위는 천하가 다 아는 공인된 그들의 비겁성을 생각하면 결코 두려워할 필요는 없다.

국제주의 입장에 선 우리 국민 동포의 대중에 대해서는 사정이 다르다. 그들은 단순 소박하기 때문에, 폭력으로 해결하려는 사고방식에 보다 강하게 찬성할 뿐만 아니라, 그들의 유대인 지도자는 그들 이상으로 잔인하고 무정하다. 그들은 이전에 독일 군대의 근간을 꺾어버린 것과 마찬가지로 모든 독일의 북돋움을 꺾어버릴 것이다. 그러나 그들은 특히 의회주의로 지배되고 있는 국가에서는 그들의 다수 힘으로 국가주의적 외교정책을 모두 방해할 뿐만 아니라, 독일의 힘이 보다 높이 평가되는 것도, 따라서 동맹 가능성도 모두 막아버리게 될 것이다.

왜냐하면 우리만이 우리나라 1500만에 이르는 마르크스주의자, 민주주의자, 평화주의자, 중앙당 후원자 등의 패거리들이 가지고 있는 결점을 알아차리고 있을 뿐만 아니라, 그런 것은 외국에 더욱 잘 알려져 있기 때문이다. 여러 외국은 우리나라와의 사이에 가능한 동맹 가치를 이와 같이 큰 부담이 되는 세력에 따라 계산하고 있다. 어떤 나라도 국민의 활동적 부분이 어떠한 결정된 외교정책에도 아주 소극적 태도밖에 반영되지 않는 국가와는 동맹하지 않는 것이다.

더더욱 국민을 배반하는 이들 당파 지도자는 단순한 자기보존 충동만으로라도 모든 북돋움에 적대적인 태도를 취할 수밖에 없으며, 또 그렇게 될 것이라는 사실이 이상의 사실에 덧붙여진다. 독일 국민이 우리 국가를 엄습한, 과거에 없었던 붕괴에 원인과 기회를 제공한 사람들과 담판하지 않고, 다시 한번 지난날 지위를 되찾을 수 있다는 것은 역사적으로 보아서 전혀 생각할 수 없다. 왜냐하면 후세의 심판은 1918년 11월을 대역죄로서가 아니고 조국에 대한 반역죄로서 인정할 것이 틀림없기 때문이다.

따라서 모든 외부로부터 독일 독립을 회복한다는 것은 무엇보다 먼저 우리 국민의 내적 의지의 일치를 되찾는 것과 결부되어 있다. 그러나 순전히 기술적으로 생각해 보아도, 외부에 대해서 독일을 해방시키려는 사상은 대중의 마음속이나 이 자유사상에 봉사하려는 정신적 준비가 갖추어져 있지 않는 한 무의미하게 생각된다. 순전히 군사적으로 본다면, 특히 장교라면 누구나 조금 생각하면 외국과의 싸움은 학생 부대로는 할 수 없고, 이를 위해서는 국민의 두뇌 말고 주먹 또한 필요하다는 것을 이해할 것이다.

이 경우 이른바 지식층에만 의존하는 국가 방위는 보상할 수 없는 재보를 허비했다는 사실에도 주의해야 된다. 1914년 가을에 지원병 연대원으로서 플랑드르 평원에서 전사한 독일의 젊은 지식층의 죽음은 훗날에 몹시 애석하게 여겨졌다. 그들은 국민이 가지고 있던 가장 훌륭한 재보였으며, 그들을 잃은 것을 전쟁이 한창일 때에는 이미 보충할 수 없었다. 그러나 돌격해 가는 대대가 그 대오 속에 노동자 대중을 갖고 있지 못할 경우에는 전쟁 그 자체가 수행되지 않을 뿐 아니라, 우리 민족체의 내부 의지 통일이 결여되어 있는 경우에는 기술적인 면에서의 준비도 실현되지 않는다.

베르사유 평화조약에 의해 무장해제된 채 허송세월하지 않으면 안 되도록 엄격히 감시받고 있는 우리 민족은 자유와 인간의 독립성을 얻어내기 위한 그 어떠한 기술적 준비도, 내부 앞잡이 패들이 완전히 정리되어 타고난 무절조에 의해 두루 아는 바와 같이 은 30닢 때문에 모든 것을 배반하는 그러한 인간[1]밖에 남지 않게 될 때까지는 실행할 수 없다. 하지만 이런 인간들은 어떻게든지 처리될 수 있다. 이에 반해 정치적 신념에서 국가의 드높임에 반대하는 몇백만의 인간은 이겨내기 어려울 것처럼 보인다. 그들이 적대하는 원인인 국제적 마르크스주의 세계관을 극복하고 그들의 심장과 두뇌에서 그것을 없애버리지 않는 한 극복은 곤란하다.

따라서 어떠한 관점에서, 곧 외교정책 준비, 군대의 기술적 장비 또는 전쟁 그 자체, 그 어느 것으로부터 우리나라의 국가적·민족적 독립을 다시 빼앗을 가능성을 음미해도 모두 마찬가지이며, 우리나라 국가적 독립이라는 사상을 우리 민족 대중의 마음에 불러일으키는 것이 모든 것의 전제로서 남는다.

그러나 외면적 자유를 되찾지 않으면, 모든 국내의 개혁 자체는 가장 좋은 경우라 할지라도 식민지로서의 우리나라 생산력 증강을 의미하는 것에 지나지 않는다. 이른바 경제적 번영의 모든 것에서 생기는 잉여는 우리의 국제적 관리인인 나라들 이익이 되는 데 불과하며, 모든 사회적 개선도 가장 좋은 경우에도 그들을 위해 노동생산성을 높일 뿐이다. 어떠한 문화적 진보도 결코 독일 국민에게는 몫을 주지 않을 것이다. 무릇 문화 진보는 어느 민족의 정치

---

1) 그리스도를 은 30닢으로 배반한 유다를 가리키는 것이지만 여기서는 유대인을 가리킨다. 신약성서 〈마태복음〉 26 : 14~16 참조.

적 독립과 존엄에 아주 밀접하게 연관되어 있다.

*

대중의 국민화

따라서 독일국가의 앞날에 유리한 해결은 우리 민족 대중의 국민적 신념과 연관되어 있는 것이므로, 그 활동이 오늘을 만족시키는 데 그치지 않고, 오로지 앞으로 예상되는 결과로써 온갖 자기행위를 음미해야 할 그러한 운동의 최고이자 최대 과제 또한 이 국민적 신념을 목표로 해야 된다. 이렇게 하여 우리는 1919년에는 이미 이 새로운 운동이 최고 목표로서 무엇보다 먼저 대중의 국민화를 성취해야 된다는 점을 확실히 인식하고 있었다. 거기에서 전술적 관점으로 일련의 주장이 생겼다.

⑴ 국가 부흥에 대중 마음을 끌기 위해서는 어떠한 사회적 희생도 너무 크다고 할 수는 없다.

비록 우리나라 임금노동자에게 오늘날 아무리 큰 경제적 양보가 이루어진다 하더라도, 그 양보가 이 넓은 계층을 다시 민족 속으로 끌어들이는 데 쓸모가 있다면, 그 양보 같은 것은 온 국민의 이익과 견주어서 문제도 안 되는 것이다. 유감스럽게도 더러는 우리나라 기업가 계급 가운데서 볼 수 있는 그런 근시안적인 고집불통만이, 우리 국민 내부의 민족적 단결심이 회복되지 않는 한 결국 그들에게 경제적 호황도 존재하지 않으며, 따라서 경제적 이득도 있을 수 없다는 점을 인식하지 못하는 것이다.

만일 독일 노동조합이 전시 중에 차질 없이 노동자계급의 이익을 지켰다면, 또 만일 조합이 전시 중에도 그때 배당금에 탐욕스런 기업가 계층에 대해서 곧잘 파업으로 그들이 대표하고 있는 노동자 요구에 동의할 것을 강요하고 있었다면, 그리고 또 만일 조합이 국가 방위라는 관심사에 대해서도 똑같이 열광적으로 자신의 독일주의 신봉을 공언하고, 또 만일 조합이 마찬가지로 다른 것은 고려하지 않고 조국에 속하는 것을 조국에 주고 있었다고 하면 결코 전쟁에 지지 않았을 것이다. 그러나 어떠한 경제적 양보 또는 최대 양보조차도 승전이 갖는 엄청난 의미에 견주면 얼마나 우스울 만큼 하찮은 것이었을까!

따라서 독일 노동자를 독일 민족으로 되찾을 것을 시도하는 운동은 이 문제에 있어서 경제적 희생 따위는 국민경제의 유지와 독립이 그것으로 말미암아 위협받지 않는 한 아무런 의미도 없다는 것을 인식해야 된다.

(2) 대중에 대한 국민교육은 사회적 향상이라는 우회로를 통해서 비로소 가능한데, 그것은 오로지 그 길에 의해서만 한 사람 한 사람이 국민의 문화적 재산에 대한 관여도 가능한 일반적인 경제적 전제를 만들어내기 때문이다.

(3) 대중의 국민화는 결코 어중간하거나, 이른바 객관적 관점에서의 유약한 강조 정도로는 일어나는 것이 아니고, 오로지 추구하려고 생각한 목표를 향해서 용서 없는 태도, 열광적인 일방적 태도를 취함으로써 가능하게 되는 것이다. 따라서 결국 한 민족은 우리나라 오늘날의 부르주아계급이 이해하고 있는 의미로는, 곧 이러저러한 많은 제한이 붙은 의미로는 '국민적'이 될 수 없으며, 극단적인 것에 으레 붙어 다니는 열렬함을 가진 국민주의만이 필요한 것이다. 독(毒)은 반대의 독에 의해서만 파괴되며, 무기력한 부르주아적 정서만이 중간 길을 천국으로 통하는 길이라고 생각하는 데 지나지 않는다.

민족 대중은 대학교수나 외교관으로 이루어지는 것이 아니다. 그들이 추상적인 지식을 조금밖에 가지고 있지 않는 것은 그들의 기분을 감정 세계에 보다 더 많이 두기 때문이다. 그들의 긍정적이든가 부정적인 태도는 그 점에 기인하는 것이다. 그들은 이 두 가지 방향 가운데 한쪽 활동만을 느끼는 것이며, 이 두 가지의 중간을 떠돌고 있는 불완전한 상태에는 결코 감수성을 가지지 않는다. 그러나 그들의 감정적 태도는 동시에 그들을 몹시 견고하게 만든다.

신념은 지식보다도 동요시키기가 어려우며, 애정은 존경보다도 변화되는 일이 적고, 원한은 혐오보다도 영속적이다. 이 지상에서 가장 크나큰 혁명의 원동력은 어떤 시대에도 대중을 지배하고 있는 과학적 인식에 있기보다는 오히려 그들을 부추기고 있는 열광 또는 이따금 그들을 몰아세우는 히스테리에 있었다. 대중을 얻기를 바라는 자는 그들 마음의 문을 여는 열쇠를 알아야 한다. 그 열쇠는 객관성도 아니고 따라서 우유부단함도 아니며 의지와 힘이다.

(4) 민중의 마음을 얻는다는 것은 자기 목표에 대해서 적극적인 싸움을 수행하는 것과 함께 이 목표의 적대자를 없애버리는 경우에만 성공할 수 있다.

민중은 어떤 시대에도 적에 대해 용서 없는 공격을 가하는 중에 자신의 정의의 증명을 발견하며, 반대로 적대자 근절을 단념하는 것은 설령 자신이 옳지 않은 증거라고 느껴지지 않는다 해도 자기 정의에 대한 불확실성처럼 느낀다.

대중은 본능 덩어리에 불과하며, 그들 감정은 적으로 여기는 사람들 간에 서로의 악수를 이해하지 못한다. 그들이 바라고 있는 것은 더 강력한 자의 승리와 더 약한 자의 근절 또는 약한 자의 무조건적 예속이다.

우리나라 대중의 국민화는 우리 민족 혼을 사로잡기 위해서 모든 적극적인 투쟁을 함으로써 국제적인 대중의 독살자를 없애버릴 수 있어야 비로소 성공할 것이다.

(5) 무릇 오늘의 큰 문제는 모두 일시적인 것에 지나지 않으며, 특정한 원인에서 생긴 결과적인 현상을 나타내는 데 그친다. 그러나 그것들 중 하나만은, 곧 민족의 인종적 보존 문제만은 근원적인 의미를 가지고 있다. 핏속에서만 인간의 힘도, 약점도 그 기초를 가지고 있다. 자기 인종적 기초가 갖는 의미를 인식하지 못하거나 또 존중하지 않는 민족은 그레이하운드의 속력도, 푸들의 영리함도 결코 가르친 것이 아니라 그 종의 타고난 성질이라는 것을 모르고, 푸들에게 그레이하운드의 성질을 가르치려고 하는 인간과 똑같다.

자기 인종의 순수성 유지를 단념하는 민족은 그것으로 인해서 자기 모든 면에 나타나는 생명의 통일을 단념하는 것이 된다. 그들의 존재양식이 제 모습을 갖추지 않는 것은 그들의 피가 엉망진창으로 뒤섞여버린 데서 생겨난 자연스럽고 필연적인 결과이며, 그들의 정신적·창조적 힘의 변질은 그들의 인종적 기초가 변화된 결과에 불과하다.

오늘날의 독일 민족에게서 그들과는 본디 본질적으로 인연이 먼 의견이나 악덕을 없애려고 생각한다면, 먼저 그와 같은 의견이나 악덕을 생기게 하는 다른 민족의 병원체에서 독일 민족을 구출해야 할 것이다.

인종 문제, 따라서 유대인 문제를 매우 확실하게 인식하지 않으면, 독일 국민의 다시 일어남은 결코 이루어지지 않을 것이다. 인종 문제는 세계사를 이해하는 열쇠를 줄 뿐만 아니라, 인류 문화 전반까지도 뚜렷하게 해준다.

(6) 오늘날 국제주의 진영에 들어가 있는 우리 민족 대중을 국가주의적인 민족 공동체에 편입하는 것은 정당한 신분상 이익을 지키는 것의 단념을 의미하는 것은 아니다. 신분이나 직업의 이해가 서로 다르다고 하는 것은 계급

분열과 같은 것이 아니고, 우리의 경제생활에 생기는 당연한 결과이다. 직업적 그룹 분류는 참된 민족 공동체와 조금도 대립하는 것이 아니다. 왜냐하면 민족 공동체는 그 민족 자체에 관계되는 문제의 모든 것에 걸쳐 민족을 통일하는 데서 이루어지는 것이기 때문이다.

계급으로까지 되어 있는 어느 신분을 민족 공동체—또는 그냥 국가라 하더라도—에 편입시킨다는 것은 상위 계급을 끌어내림으로써가 아니라 하위 계급을 끌어올림으로써 이루어진다. 또 이 과정을 담당하는 것은 결코 상위 계급일 수는 없고, 자신의 동등한 권리를 위해 싸우고 있는 하위 계급이 아니면 안 된다. 오늘날 부르주아계급은 귀족의 조치에 의해 국가로 편입된 것이 아니라 스스로의 지도 아래 자기 행동력에 따라 국가 구성원이 되었다.

독일노동자는 유약한 형제애적 장면의 연속 같은 우회로에서는 독일 민족 공동체의 테두리 안에까지 높일 수 없고, 의식적으로 자신의 사회적·문화적 상태를 가장 중요한 구별이 없어졌다고 여겨도 좋을 때까지 높이는 것이 필요하다. 이 발전을 목표로 하는 운동은 그때 자기 편을 먼저 노동자 진영으로부터 불러모아야 할 것이다. 이 운동은 인텔리가 이처럼 추구해야 할 그 목표를 이미 남김없이 파악해 버린 경우에만 그와 같은 지식층을 붙잡을 수 있는 데 지나지 않는다. 그와 같은 변화와 전진 과정은 10년이나 20년으로는 끝나지 않을 것이고, 경험으로 보면 많은 세대 교체가 필요하다.

오늘날 노동자가 국민적인 민족 공동체를 향해 전진해 갈 경우에 가장 어려운 장애는 그들의 신분상의 이익 옹호가 아니라 그들의 민족 및 조국에 적대하는 지지도와 태도 속에 있다. 같은 노동조합이 열광적인 국가주의로써 정치적 및 민족적 관심사로 지도되어간다면, 몇백만의 노동자는 민족의 가장 가치 높은 구성원으로 만들어지며, 그 경우 단순한 경제적 관심사에 대해 생기는 한 사람 한 사람의 투쟁은 고려되지 않을 것이 틀림없다.

독일노동자를 성실하게 그 민족으로 되돌리고, 국제주의 환상에서 깨어나게 하려는 운동은 특히 기업가 계층 내의 지배적 의견에 대해 가장 격렬하게 반대하지 않으면 안 된다. 곧 그들에 따르면 민족 공동체에서는 임금노동자는 고용주에 대해서 저항하는 일 없이 경제적 항복을 해야 하며, 임금노동자가 정당한 경제적 생존을 위한 이익을 지키는 모든 노력조차도 민족공동체에 대한 공격으로 여기지 않으면 안 되는 것이다. 이 의견을 지지한다는 것은 의식적인 거짓말을 지지하는 것이다. 왜냐하면 민족 공동체는 한편뿐 아니라 다른 편에게도 그 의무를 부담시키기 때문이다.

만일 노동자가 공공복지나 국민경제의 존속을 고려하지 않고, 자기 힘에 의지해서 터무니없는 요구를 한다면, 그들은 참된 민족 공동체의 정신을 범하는 것이 확실하지만, 반면에 기업가가 비인간적이고 착취적인 경영관리를 하여 국민적 노동력을 낭비하고, 그 땀의 결정에서 몇백만의 돈을 폭리로 취한다면, 그들 또한 이 공동체를 심하게 파괴하는 것이다. 그때 그들은 자기가 국민적이라고 행동할 권리도, 민족 공동체에 대해 말할 권리도 없다. 그들은 오로지 이기적인 룸펜에 지나지 않는다. 왜냐하면 그들은 사회적 불안을 가지고 들어옴으로써 이러나저러나 국민에게 손해가 될 것이 틀림없는 뒷날 투쟁을 일으키기 때문이다.

따라서 이 젊은 운동이 그 지지자를 퍼내야만 하는 저수탱크는 첫째로 우리 임금노동자 대중일 것이다. 필요한 것은 그들을 국제주의 환상으로부터 깨어나게 만들어 사회적 곤경에서 해방시키는 동시에 문화적 비참에서 벗어나게 해주고, 국민으로서 느끼며, 국민적이기를 바라는 단결된 귀중한 구성요소로서 민족 공동체 속에 끌어들이는 일이다.

만일 국민적인 지식층 속에 민족과 그 장래에 대해 지극히 따뜻한 마음을 갖고, 또 이들 대중의 혼을 붙잡기 위한 싸움의 의미를 정말 깊이 이해하고 있는 사람들이 있다면, 그 사람들은 이 운동의 대열 속에서 귀중한 정신적 근간으로 열렬히 환영받을 것이다. 그러나 이 운동 목표는 결코 부르주아적이며 무정견한 선거인들을 얻어내는 것일 수는 없다. 그런 경우 이 운동은 그 전체적 성격으로 인해 넓은 층 사람에 대한 조직력을 마비시켜버리는 대중까지 짊어지지 않으면 안 될 것이다.

왜냐하면 이 운동의 테두리 안에서 위아래에 걸친 가장 드넓은 대중을 일괄 지도한다는 사상은 이론적으로는 훌륭함에도, 역시 이에 대해서는 다음과 같은 사실을 생각해야 하기 때문이다. 바로 일반적인 시위를 함으로써 부르주아 계층의 대중에게 심리적 영향을 주면, 확실히 여러 가지 감정을 불러일으키거나 더욱이 인식까지도 넓힐 수 있으나, 인격적 특성 또는 좀더 바르게 표현한다면 그 생겨남과 형성에 몇백 년이 걸린 악덕을 없앨 수는 없다. 둘의 문화적 수준이나 둘의 경제적 이해 문제에 대한 태도 차이는 현재에도 아주 크기 때문에 회합에서의 도취가 없어지자마자 곧바로 그 차이는 장애물이 되어 나타날 것이다.

마지막으로 본디 국민적인 내부에서의 조직 변경을 꾀하는 것이 목표가 아니고 비국민적 진영이 획득하지 않으면 안 되는 점에 주의할 것이다. 그리고 이러한 시각이 결국 이 운동 전체의 전술적 태도를 결정하는 것이다.

(7) 이 일면적인, 그렇기에 확실한 입장은 운동의 선전 속에서도 표현되어야 하며, 또한 선전적 이유에서도 요구되는 것이다. 선전이 이 운동에서 유효하기 위해서는 그것은 오로지 한 방면으로만 향해지지 않으면 안 된다. 왜냐하면 그렇지 않을 경우에는 문제가 되고 있는 두 진영의 지적 교양이 다르므로, 한쪽에서 이해되지 못하거나 다른 한쪽에서 분명한 일, 따라서 따분한 일이라고 거부될 것이 틀림없기 때문이다.

낱낱의 표현법이나 말투조차도 매우 극단적인 두 계층에게는 같은 효과를 가질 수 없다. 만일 선전이 소박한 표현법을 그만둔다면, 대중 감각으로 통하는 길을 잃어버린다. 이에 반해서 선전이 대중의 감정 언사가 갖는 말이나 몸짓의 솔직성을 사용한다면, 이른바 지식층은 야비하고 진부하다고 여겨 받아들이지 않을 것이다.

오늘은 도로 청소부, 열쇠공, 시궁창 청소부 등의 청중을 앞에 놓고 말하고, 내일은 대학교수나 학생 등의 청중 앞에서 필요상 같은 사상 내용의 강연을 해서 같은 효과를 거둘 수 있는 인간은 이른바 웅변가 중에서도 100명에 10명도 안 될 것이다. 그러나 열쇠공과 대학교수를 동시에 앞에 놓고 둘의 이해 능력에 일치할 뿐만 아니라, 둘을 똑같이 효과적으로 감동시키거나 우레와 같은 박수갈채를 불러일으킬 만큼 도취시키는 방식으로 말을 마칠 수 있는 인간은 1000명의 웅변가 중 아마도 오로지 한 사람밖에 없을 것이다.

그러나 사람들은 훌륭한 이론 가운데 가장 훌륭한 사상조차도 대부분의 경우 보통사람에 의해서 가장 평범한 인간에 의해서만 보급될 수 있다는 사실을 언제나 잊어서는 안 된다. 여기서는 어떤 이념의 천재적 창조자가 신경 쓰는 사항이 문제가 아니라, 이 이념의 대변자가 무엇을 어떤 형식으로, 또 어떠한 성과를 가지고 대중에게 전달하느냐가 문제인 것이다.

사회민주당뿐만 아니라 마르크스주의 운동 전체에 통하는 강력한 선전력은 대부분이 그들이 호소한 청중의 단일성과 거기에 따르는 일면성에 기인하는 것이다. 그런 경우 그들 이념이 겉보기에 부족하면 부족한 만큼, 아니 폭이 좁으면 좁은 만큼, 그만큼 더욱 쉽게, 그 지적 수준이 주장된 일의 수준에 대응하고 있던 대중에게 받아들여지고 동화되어갔던 것이다.

그러한 이유로 이 새로운 운동에서도 마찬가지로 단순하고 확실한 선이 그어졌다. 다시 말해 선전은 내용과 형식에 있어서 대중에 알맞지 않으면 안 되며, 그것의 정당성은 오로지 유효한 성과로써 계산되지 않으면 안 된다. 드넓은 계층이 모인 대중 집회에서는 출석한 지식층과 지적으로 가장 가까운 연설가가 가장 훌륭한 것은 아니며, 대중의 마음을 사로잡는 자가 가장 훌륭한 연설가인 것이다.

그와 같은 집회에 참석하고 있는 지식층이 노리고 있는 하층계급 사람들의 마음에 연설가가 주는 영향을 분명히 볼 수 있음에도 불구하고 그 연설을 지적인 높이라고 하는 점에서 혹평한다면, 그의 사고의 완전한 무능성과 이 젊은 운동에 대한 그들 인간으로서의 무가치함이 증명되고 있는 것이다. 이 운동에 있어서는 운동 과제와 목표를 이미 확실하게 파악하고 있고, 따라서 선전활동도 오로지 그 결과에 의해서 평가할 줄 알며, 그 선전이 자기 자신에게 준 인상에 의해서는 평가하지 않는 그러한 지식층만이 문제가 된다. 왜냐하면 선전은 본디 국민적인 생각을 하고 있는 사람들에게 즐거움을 주려는 것이 아니라, 우리 민족의 적을—그들이 우리와 같은 피를 가지고 있는 한—이겨내는 일에 봉사해야 하기 때문이다.

일반적으로는 이제 이 젊은 운동에 대해서 내가 전시 선전 대목에서 간단히 정리한 그 요지가 운동 독자의 계몽활동의 방식과 실시를 결정하고, 그것들에게 잣대를 부여해도 좋다고 생각된다. 그 요지가 옳았다는 것은 그 성공이 증명했다.

(8) 정치적 개혁 운동의 목표는 계몽활동이나 권력자에 영향을 주는 것 등으로는 얻을 수 없으며, 오로지 정치권력을 얻음으로써만 이룰 수 있다. 모든 세계를 움직여가는 이념에는 그 요지를 실시할 수 있는 수단을 보증하는 권리뿐만 아니라 의무조차 있다. 성공 여하가 그와 같은 행동의 옳고 그름에 대한 지상의 유일한 심판자이지만, 그때 성공이라는 말로써, 1918년 때와 같은 권력의 획득 그 자체가 이해되어서는 안 되며, 민족에게 축복에 찬 권력의 성취야말로 성공이라는 말의 의미인 것이다.

따라서 쿠데타는 독일의 경솔한 검사(檢事)가 오늘날 그렇게 생각하고 있는 것처럼, 혁명가가 국가권력의 쟁취에 성공한 경우에 그것으로 곧 성공했다고 여겨서는 안 되며, 이와 같은 혁명 행위의 바닥에 있는 의도와 목표가 현실화되어서 국민이 지난날 통치 아래 있었을 때보다도 더욱 행복하게 되었을 때 비로소 성공했다고 말해야 한다. 그것은 1918년 가을 악한들에 의한 행동이 스스로 그렇게 부른 독일혁명에는 들어맞지 않는 것이다.

그러나 정치권력의 쟁취가 개혁적 의도의 실천적인 수행에 대한 전제를 이루는 것이므로, 개혁적 의도를 가진 운동은 그 성립한 최초의 날부터 대중운동이라는 자각을 가지되, 결코 문학적인 다과모임이나 속물적인 당구놀이 모임이라고 생각해서는 안 된다.

최고 권위—최고 책임

(9) 이 젊은 운동은 그 본질 및 내부 조직으로 보아 반의회주의이다. 다시 말해 이 운동은 일반적으로 그 자체의 내적 구조에 있어서도 그러하듯이 다수결의 원리를 거부한다. 왜냐하면 이 원리에서 지도자는 오로지 남의 의지와 의견의 집행자로 떨어져버리기 때문이다. 이 운동은 일의 크고 작음을 불문하고, 최고 책임과 결합된 무조건의 지도자 권위 원칙을 주장한다. 이 원칙의 운동에 있어서 실천적인 결과는 다음과 같다.

곧 한 지구(地區) 그룹의 제1의장은 바로 상급 지도자에 의해 임명된다. 그는 이 지구 그룹의 책임을 가진 지휘자이다. 모든 위원회는 그의 지배 아래 있으며, 거꾸로 그가 위원회에 지배되는 것이 아니다. 표결위원회는 존재하지 않으며, 작업위원회만이 존재한다. 작업은 책임지휘자, 곧 제1의장이 분배한다. 마찬가지 원칙이 바로 상급 조직, 소관구(小管區), 중관구 또는 대관구에도 적용된다.

언제나 지도자는 위에서 임명되며, 동시에 무제한 권력과 권위가 주어진다. 오로지 당 전체 지도자만이 당 규칙에 의해 전당대회에서 선출된다. 그러나 그는 이 운동의 독점적 지도자이다. 모든 위원회는 그의 지배 아래 있으며, 거꾸로 그가 위원회에 지배되는 것이 아니다. 그는 결정을 내리며, 그렇게 함으로써 자신의 두 어깨에 책임을 진다. 그가 이 운동 원칙을 어기거나 운동 이익에 잘 봉사하지 않는다고 하면, 새로운 선거라는 심판 앞에서 그에게 책임을 묻고 그의 지위를 빼앗는 것은 운동 지지자의 자유이다. 그때 그를 대신하여 더 능력 있는 새 인물이 나타나는데, 그는 똑같은 권위와 똑같은 책임을 갖는다.

이 원리를 오로지 운동 자체의 대열 속에서만이 아니라, 온 국가에 대해서도 결정적인 원리로 삼는 일은 이 운동 최고 과제의 하나이다. 지도자가 되려고 하는 자는 최고 제약 없는 권위를 가지면서 궁극적인 가장 중대한 책임도 짊어진다. 그러한 것을 못하거나, 또는 비겁하여 자기 행위의 결과에 책임을 지지 못하는 자는 지도자가 될 자격이 없다. 영웅만이 지도자에 알맞다.

인류의 진보와 문화는 다수결의 결과가 아니고, 오로지 개인 독창력과 행동력에 기인하고 있다. 이와 같은 개인을 가르쳐 저마다의 자격에 부응하는 곳에 배치하는 것은 우리 민족의 위대성과 힘을 회복하기 위한 하나의 전제이다. 따라서 이 운동은 반의회주의적이며, 운동이 의회제도에 참가하는 것조차도 오로지 그것을 파괴하기 위한, 곧 우리가 인류의 가장 심각한 퇴폐 현상의 하나로 인정하지 않으면 안 되는 제도를 없애기 위한 활동이라는 의미밖에 가질 수 없다.

종교 논쟁의 거절

(10) 이 운동은 자기 정치 활동의 테두리 밖에 있는 문제나 자기에게 원칙적인 의미를 가지지 않기 때문에 중요하지 않은 문제에는 어떠한 견해 밝힘도 단호하게 거절한다. 운동 과제는 종교상 개혁과 같은 점에 있는 것이 아니고, 우리 민족의 정치적 재조직에 관한 것이다. 운동은 두 종파[2]가 우리 민족의 존속에 대해서 하나같이 귀중한 주춧돌이라고 보고 있으며, 따라서 우리 민족체의 윤리적·종교적·정신적 안정화에 애쓰는 이 기초를 자기 당파적 이익의 도구로 타락시키려 하는 그러한 정당과 싸운다.

군주정치도 공화정치도 아니다

이 운동은 마지막으로 어느 특정한 정체(政體)의 회복이나 어느 다른 정체에 대해서 투쟁하는 것을 자기의 과제라고는 생각하지 않고, 그것이 없으면

---

2) 가톨릭과 개신교.

공화정체도 군주정체도 마침내 존립할 수 없는 그러한 원칙적 기초를 창조하는 것을 과제로 한다. 그 사명은 군주정체를 창설하는 것도 아니고, 공화정체를 안정시키는 것도 아니며, 게르만 국가의 창조에 있다.

이 국가의 외면적인 형식 문제, 다시 말해 국가가 관을 쓰느냐 어쩌느냐 하는 문제는 원칙적으로는 중요하지 않으며, 그것은 오로지 실제로 형편에 맞느냐 어떠냐에 의해서 결정되는 데 지나지 않는다.

자기 생존이라는 커다란 문제와 과제를 미리 파악하고 있는 민족에게는 외면적 형식 문제는 이미 민족 내부에서의 투쟁까지 이르지는 않을 것이다.

조직이라는 필요악

(11) 운동의 내부 조직 문제는 형편의 좋고 나쁨의 문제이지 원리상의 문제는 아니다. 가장 좋은 조직이란 운동의 지도층과 하나하나의 지지자 사이에 최대 매개 장치를 삽입하고 있는 조직이 아니라, 적어도 그러한 장치를 가지고 있는 조직을 말한다. 왜냐하면 조직 과제는 어느 특정한 이념—그것은 언제나 오로지 한 사람의 머리에서 나온다—을 다수의 인간에 매개함과 동시에 그 이념을 현실화하는 것을 감시하는 일이기 때문이다. 따라서 조직은 모든 점에서 필요악에 불과하다. 그것은 기껏해야 목적을 위한 수단이며, 최악의 경우 그 자체의 목적이 된다.

세계는 정신적인 인물보다도 기계적인 인간을 더 많이 산출하므로, 대개 조직 형식은 이념 자체보다 한층 더 쉽게 만들어진다. 모든 실현을 지향하고 있는 이념 진행, 특히 개혁적 성격을 가진 그 진행은 대담하게 그려보자면 다음과 같다.

곧 그 어떤 독창적 사상이 자기 인식을 다른 인류에 전하는 것을 사명이라 느끼고 있는 인간 두뇌에서 생긴다. 그는 자기 직관을 설교하며, 차츰 일정한 범위의 지지자를 얻는다. 이와 같이 한 인간의 이념이 직접적, 개인적으로 다른 동포에게 전달된다는 과정은 가장 이상적이며 가장 자연스럽다. 그러나 새로운 교의의 지지자가 상승적으로 늘어나면, 차츰 그 이념의 소유자가 계속해서 개인적으로 수많은 지지자들을 직접 감화하고, 지도하고, 지휘하는 것이 불가능해진다.

단체가 커진 결과 직접적이고 가장 친근한 접촉이 어려워짐에 따라 양자를 결합하는 조직이 필요하게 된다. 곧 이상적인 상태는 그것으로 끝나고, 그 대신 조직이라고 하는 필요악이 나타난다. 조그만 하부 그룹이 이루어진다. 이것은 정치 운동 안에서는 예컨대 지구 그룹으로서 뒷날 조직을 낳게 되는 배세포인 것이다.

본부의 권위

그럼에도 교의의 통일성을 잃지 않으려면, 정신적 창설자 및 그에 의해서 교육된 추종자 집단의 권위가 절대적인 승인을 받은 것으로 여겨질 때까지는 그와 같은 하부 조직을 만들 수가 없다. 운동에 본부로서의 중심 지점이 있다는 것은 지리정치학[3]적으로 보아 이런 경우 아무리 높이 평가해도 지나치지 않다. 메카 또는 로마와 같은 토지가 가지고 있는 마술적 매력으로 둘러싸인 지점이 오로지 존재한다는 것만으로, 내부적 통일의 존재나 이 통일을 나타내는 정점을 인지하는 것으로부터 생길 수 있는 힘이 결국 운동에 보탬이 되는 것이다.

따라서 최초 조직적인 배세포를 만드는 경우에는 이념의 본디 발상지에 대해서 오로지 그 의미 부여를 계속할 뿐만 아니라, 그곳을 매우 의미 깊은 지점으로까지 높여가기 위해 주의를 게을리해서는 안 된다. 운동의 발상지 및 지휘 지점이 갖는 정신적·도덕적·실제적인 거대한 의미를 그와 같이 강화하는 것은 한없이 늘어난 운동의 최하부 배세포가 새로운 연합의 조직적 형식을 요구하는 바로 그 정도에 따라서 진행되지 않으면 안 된다.

왜냐하면 지지자 하나하나의 수적 증가와 그들과 그 이상 직접 접촉이 불가능하게 된 것이 최하부 조직 형성을 불러온 것과 마찬가지로 이 최하부 조직 형성의 수많은 증가는 결국 다시 보다 상부 연합, 곧 정치적으로는 대관구 연합, 또는 소관구 연합이라고도 부를 수 있는 것을 강요하게 되기 때문이다.

정점으로서의 본부 권위를 최하부 지구 그룹에 대해 확보해 나가는 것은 아마도 아직 쉬운 일일 테지만, 이 지점을 앞으로 이루어져 가는 더 상부의 조직 형식에 대해 유지해 간다는 것은 이미 곤란해질 것이다. 그러나 이러한

---

3) 스웨덴 정치학자이며 범게르만 지리학자인 루돌프 헬렌(1864~1922)이 만든 말이다. 정치지리학·경제지리학을 외교정책에 응용한 것으로, 나치즘의 국토 팽창 정책의 이론적 뒷받침이 되었다.

것은 운동이 통합성을 잃지 않고 존속해 가기 위한, 따라서 어떤 이념을 수행해 가기 위한 전제이다.

마지막으로 이와 같은 더 큰 중간 조직이 또 새로운 조직 형식으로 결합된다고 해도, 그것들에 대해서조차 원점으로서의 창설 지점이나 거기서의 추종자들이 가지고 있는 절대적인 지도적 성격을 유지해 간다는 것은 더욱더 어려워질 것이다.

따라서 조직을 기계적으로 이룬다는 것은 본부의 정신적인 관념상의 권위가 무조건 유지되고 있는 것처럼 보이는 한, 그 정도에 긴밀하게 호응해서 비로소 허용된다. 정치적 조직에서는 이 점에 대한 보증은 때때로 오로지 실제 권력에 의해서만 부여되는 것처럼 생각된다.

운동의 내부 구조

지금까지 말한 데에서 운동의 내부 구조에 대한 다음과 같은 방침이 생겼다.

(a) 처음에는 모든 일을 유일한 장소, 곧 뮌헨에 집중할 것. 무조건 믿을 수 있는 지지자 단체를 교육해서 그 이념을 앞으로 보급하기 위한 일파를 이룰 것. 앞날을 위해 필요한 권위를, 되도록 크고 확실한 성공을 한 장소에서 거둠으로써 획득할 것.

운동과 그 지도자를 널리 알리기 위해서는 마르크스주의 교의가 무적이라는 신앙을 하나의 장소에서 모든 사람들이 볼 수 있도록 동요시킬 뿐만 아니라, 그에 대항하는 운동이 가능하다는 것을 실증할 필요가 있었다.

(b) 뮌헨에서의 본부 지도의 권위가 절대적으로 승인되었다고 여길 수 있을 때 비로소 지구 그룹을 이룩할 것.

(c) 소관구, 대관구, 또는 주(州)의 저마다 연합체 형성은 그것들의 필요성 자체에서뿐만 아니라, 본부에 대한 무조건 승인이 확실한 것으로 되었는가의 여부에 따라 결정되어야 한다. 그러나 조직체 창설 여부는 지도자로서의 자격이 있다고 생각되는 인물이 현존하고 있는가 없는가에 달려 있다. 이 경우에 두 가지 방법이 있다.

(a) 운동은 능력이 있는 인재를 뒷날 지도층으로서 교육하고 이의 양성을 위해 필요한 자금을 마련한다. 운동은 이와 같이 해서 얻은 인재를, 다시 계

획적으로 전술적 및 기타 형편을 고려해서 배치한다. 이 방법은 보다 더 쉽고 신속하기도 하다. 그러나 이 방법에는 엄청난 자금이 필요하다. 왜냐하면 이와 같은 지도자적 인재가 운동을 위해 일할 수 있게 하려면 아무래도 급료를 지불해야 하기 때문이다.

(b) 운동은 자금이 부족하므로 공직적 지도자를 임명할 수 없기 때문에 얼마간 명예직으로서 활동해 주는 사람들에게 의지할 수밖에 없다. 이 방법은 더 시간이 걸리며 또한 더 곤란하기도 하다.

운동 지도층은 지지자 가운데서 지휘에 자신을 내던지고, 그 지역 운동을 조직하고 이끌어 나가는 능력과 의욕이 있는 인물이 나타나지 않는 한, 형편에 따라서는 드넓은 지역을 활발하지 않은 상태로 방치해 두지 않으면 안 된다.

때로는 드넓은 지역에 인물이 한 사람도 없는데, 다른 장소에는 그와 반대로 둘이나 셋까지도 거의 같은 능력의 인물이 있는 경우가 일어날지도 모른다. 그와 같은 발전 과정에서 생기는 곤란은 크며, 몇 년이나 걸려 겨우 극복될 수 있는 것이기도 하다.

그러나 조직체 형성에 필요한 전제는 언제나 그것을 이끌 능력이 있는 인물이며, 그것 말고는 아무것도 있을 수 없다. 장교가 없으면 모든 조직 형태를 갖춘 군대도 무가치한 것처럼 알맞은 지도자를 갖지 않는 정치적 조직은 마찬가지로 무가치하다. 운동에 있어서는 지도를 하고 전진의 원동력이 될 수 있는 그러한 지도자가 없기에 지구 그룹의 조직화에 실패하기보다는 그와 같은 그룹 형성을 단념하는 편이 차라리 바람직하다.

주로 지도자에게는 의지뿐 아니라 재능도 갖추어져 있게 마련이지만, 그 경우 지적 수준 그 자체보다도 의지력과 실행력이 더 중요하게 인정되어야만 하며, 더 나아가 재능과 결단력 및 끈기가 결합되어 있을 때 가장 가치가 있다.

관용성 없는 열광

(12) 어떤 운동의 앞날은 지지자가 그 운동만이 오직 정당한 것이라고 주장하고, 같은 성질의 다른 조직에 대해서 최후까지 밀어붙이는 열광, 아니 너그럽지 못함에 따라서 좌우된다.

어떤 운동의 세기가 같은 성질을 가진 다른 운동과 통합함으로써 더 커진다고 믿는다는 것은 아주 큰 잘못이다. 그와 같은 방법으로 인한 증대는 애초에는 물론 외형적 크기의 증가, 따라서 피상적인 관찰자의 눈에는 세력의 증가를 의미하지만, 사실은 나중에 가서 활동적으로 되어가는 내부적 쇠약의 병균을 인수받았을 뿐이다.

왜냐하면 비록 어떤 것을 가지고 사람들이 두 운동의 동질성에 대해서 말할 수 있다고 해도 그와 같은 동질성 따위는 현실적으로는 존재하지 않기 때문이다. 워낙 그와 같은 동질의 경우에는 실제상 두 개의 운동이 아니라 하나의 운동만이 존재함이 틀림없기 때문이다. 그리고 구별이 어디 있든지―구별이 지도자의 재능 상위에 기인하는 것뿐이라 해도―문제가 아니고, 구별은 존재하는 것이다. 그러나 모든 발전의 자연법칙은 두 개의 전혀 같지 않는 조직 결합을 바라지 않는 것이며, 보다 강한 편의 승리와 그 법칙으로 제약된 투쟁에서만 가능한 승리자의 힘과 강력성의 함양을 요구하고 있다.

거의 비슷한 정당 조직이 통합되면 당장의 이익은 생길지도 모르지만, 마침내 그와 같은 방식으로 얻어진 성과는 모두 그 뒤에 나타나는 내부적 쇠약의 원인이 된다. 어떤 운동의 위대성은 오로지 그 내부적인 힘의 자유로운 발전에 의해, 또한 모든 경쟁자에 대해 최후 승리를 거둘 때까지 그것이 끊임없이 상승해 감으로써 보장된다.

뿐만 아니라 운동의 강력성, 따라서 그 존속 정당성은 일반적으로 운동이 투쟁원칙을 자기가 발달하기 위한 전제로 승인하는 한에 있어서만 계속 증대할 수 있으며, 완전한 승리의 운명이 자기 쪽으로 기울어진 순간에 자기 힘은 고개를 넘어 내리막길이 되었다고 할 수가 있다.

그러므로 운동에 있어서는 시간적으로 당장 성과를 가져오는 것이 아니라 무조건적인 불관용성에서 생겨나는 오랜 투쟁의 지속을 통해서 장기적인 성장도 부여할 수 있는 형식으로 이 승리가 추구되어야만 유익한 것이다.

자기가 성장하려면 오로지 동일 조직의 이른바 합병에 의해서만 커지는, 따라서 그 강력성도 타협의 산물인 그러한 운동은 온실 식물과 비슷하다. 그것들은 무럭무럭 성장하지만 몇백 년 세월을 견디고 맹렬한 폭풍에 저항하는 힘이 결여되어 있다.

어떤 이념을 이 세계에서 구현하고 있는 모든 강력한 조직의 위대성은 그 조직이 열광적으로 자신의 정당성을 확신하고 다른 모든 것에 대해 그의 의지를 비타협적으로 관철하는 종교적 열광 속에 존재하고 있다. 어떤 이념이 그 자체로 정당하며, 이런 식으로 무장되어 이 지상에서의 투쟁을 시작할 경우에는 그 이념은 무적이며, 그것에 대한 어떤 박해도 모두 그 내부적 강화를 가져올 뿐이리라.

그리스도교가 위대한 것은 어느 정도 비슷한 성질을 가지고 있던 고대의 철학적 의견과 타협 교섭을 시도한 것에 있는 것이 아니라, 자기 교의의 엄격한 열광적 전도(傳道)와 그 변호에 입각한 것이었다. 비록 몇몇 운동이 합병에 따라 외견상 우위를 갖는 일이 있었다 해도 그것은 독립을 유지하면서 자기 자신을 위해 싸우는 교의와 그 조직이 끊임없이 그 힘을 키워간다면 충분히 쫓아갈 수 있는 것이다.

투쟁을 위한 교육

(13) 이 운동은 원칙적으로 그 구성원들이 투쟁을 자연적으로 성장하게 내버려두어도 좋은 것이 아니라 스스로 추구하지 않으면 안 되는 것으로 여기도록 그들을 교육해야 한다. 따라서 그들은 상대의 적의를 두려워해서는 안 되며, 오히려 자기 존재 자격을 부여해 주는 전제로 느껴야만 한다. 그들은 우리 민족 및 우리 세계관에 대해서 적이 품는 증오의 발현(發現)을 피해서는 안 되며, 오히려 고대해야 한다. 그리고 거짓말과 중상도 이 증오의 발현 가운데 하나인 것이다.

유대인 신문 지상에서 비난되지 않고, 따라서 중상이나 비방을 받지 않는 자는 존경할 만한 독일인은 아니며, 진짜 국가사회주의자도 아니다. 우리 태도의 가치, 우리 신념의 공명성, 우리 의욕의 힘을 재는 가장 좋은 측정기는 우리 민족 불구대천의 적 쪽에서 우리에게 나타내는 적의이다.

운동 지지자 및 넓은 의미로의 온 민족에게 유대인과 그 신분은 언제나 거짓말을 하고 있으며, 단 한 번의 진실조차도 오로지 한층 더 큰 허위를 은폐하기 위한 것이고, 따라서 그 자체 또한 고의적인 거짓이라는 것을 거듭거듭 알려야 한다. 유대인은 거짓말의 명수이며 사기는 투쟁을 위한 그들의 무기이다.

모든 유대인의 중상과 거짓말은 우리 투사들의 육체가 받는 영광스런 상처이다. 그들에게 가장 많이 비난받는 사람은 우리와 가장 가까운 자이며, 그들이 가장 극단적으로 미워하는 사람은 우리들의 가장 좋은 친구이다.

아침에 유대인 신문을 읽고, 그 속에 자기가 중상되고 있는 기사를 발견하지 못하는 자는, 전날을 보람차게 보내지 못한 것이다. 왜냐하면 만일 효과적으로 지냈다면, 그는 유대인에게서 박해되고, 비방되고, 중상되며, 모욕당하고, 나쁜 평판을 얻었을 것이 틀림없기 때문이다. 그리고 오로지 우리 민족과 모든 아리아 인종과 아리아 문화의 이 불구대천의 적에게 좀더 효율적으로 대항한 자만이, 자기에게도 이 인종의 중상과 이 민족의 투쟁이 향해지고 있는 기사를 발견할 기대가 허락되는 것이다. 이 원칙이 우리 지지자들의 살과 피가 된다면 운동은 확고해지고 그 무엇도 맞서지 못할 것이다.

인물에 대한 존경의 교육

(14) 이 운동은 인물에 대한 존경을 모든 수단을 다해서 부추겨야 한다. 모든 인간적인 것의 가치는 인물 가치 안에 있다는 것, 또 모든 이념과 모든 작업은 인간의 독창력의 산물이라는 것, 더욱이 중요 인물에 대한 숭배는 오로지 이 인물에게 감사의 뜻을 나타내는 데 그치지 않고 연대감으로써 감사하는 사람들을 결합시키는 것 등, 이상과 같은 것을 이 운동은 결코 잊어서는 안 된다.

인격은 대체될 수 없다. 만일 그가 기계적인 구성 요소가 아니라 문화적·창조적인 구성 요소를 구현하고 있는 경우에는 더욱 그렇다. 명인은 대체될 수 없으며, 다른 사람이 그가 반쯤 그리다가 남겨놓은 그림을 대신 완성할 수 없는 것처럼 위대한 시인이나 사상가, 위대한 정치가 장군은 대체될 수 없다. 왜냐하면 그들 활동은 언제나 기예(技藝) 영역에서의 일이며, 그것은 기계적으로 훈련되는 것이 아니라 신의 은총에 따라 타고난 것이기 때문이다.

이 지상에서의 가장 큰 혁명과 성과, 최대의 문화 업적, 정치 영역에 있어서 불후의 행동 등, 이것들은 영원히 어떤 사람의 이름과 불가분하게 결합되어 있으며, 그 이름에 의해서 대표된다. 어떤 위대한 인간에 경의를 나타내기를 그만두는 것은 모든 위대한 남녀 이름에서 솟아나는 헤아릴 수 없는 힘을 잃어버리는 것을 뜻한다.

유대인은 이러한 것을 가장 잘 알고 있다. 바로 인류와 그 문화를 파괴하는 점에서만 위대한 위인을 가진 유대인은 그와 같은 위인을 우상적으로 숭배하도록 배려한다. 그들은 오로지 여러 민족이 저마다 고유한 위인을 존경하는 것을 품위 없는 일인 것처럼 극렬히 주장해서, 거기에 대해서 '개인 숭배'의 낙인을 찍는 것이다.

어떤 민족이 이 유대인의 월권과 뻔뻔스러움에 져버릴 만큼 비겁하게 되자마자, 그 민족은 자기가 가지고 있는 커다란 힘을 단념하는 것이 된다. 왜냐하면 이 힘은 대중을 존경하는 데서 오는 게 아니라, 천재를 숭배하는 것 그리고 천재에 의한 선양과 교화에 말미암은 것이기 때문이다.

인간 의지가 좌절되고 정신이 절망해 버릴 경우 지난날의 황혼 속에서 곤궁과 불안, 불명예와 비참, 정신적 예속과 육체적 강제와 같은 모든 것을 정복한 위인이 그들을 내려다보며, 실망한 인간에게 자기 영원의 손을 뻗는 것이다. 그 손을 잡는 것을 부끄러워하는 민족에 재앙이 있으리라!

*

운동이 무시되는 위험

우리의 운동이 생겨난 최초 시대에는 우리의 명칭이 문제되지 않았고, 알려지지도 않았으며, 또 그와 같은 이유만으로도 벌써 성공이 의심스럽게 생각되는 것 등을 우리는 무엇보다도 고민했다. 이 최초 시기에는 역사의 연설을 듣기 위해서 모이는 사람들이 오로지 6, 7명밖에 안 되었는데, 가장 곤란했던 일은 이 매우 작은 동아리 안에서 운동의 거대한 미래에 대한 신념을 깨우치고 또 유지해 나가는 일이었다.

6, 7명의 남자들, 모두 전혀 이름 없는 가엾은 친구들이 하나의 운동을 이룰 의도를 가지고 모여 있는 것을 상상해 보라. 이 운동은 지금까지 강력한 대정당이 하지 못했던 일, 곧 한층 커진 힘과 존엄을 가진 독일국의 재건을 언젠가는 이룩하려고 모인 것이다. 사람들이 그때 우리를 공격했다면, 아니 그것은커녕 우리를 다만 비웃어주었다 해도, 어쨌든 우리는 행복감에 젖었을 것이 틀림없다. 우리가 우울했던 까닭은 오로지 완전히 무시당했기 때문이었으니까. 우리는 그때 그와 같았고 내가 가장 고민한 것도 그 일이었다.

비참했던 이른바 '집회'

내가 이 몇 사람 모임에 들어갔을 무렵에는 당도 운동도 화제가 되지 못했다. 나는 이 조그만 조직과 최초로 만났을 때 나의 인상을 문장 속에 이미 적어놓았다. 그때 이어서 계속된 몇 주간은 이 당의 조잡하기 짝이 없는 모습을 연구할 시간과 기회를 가졌다. 그 광경은 신에 맹세하는 바이지만, 목이 졸린 듯이 우울한 것이었다. 아무것도 없었던 것이다. 본디 전혀 아무것도 없었던 것이다.

당이라는 명칭은 있어도 그 위원회는 실제로는 모든 당원으로 이루어져 있었던 것이며, 그들은 자기들이 극복하려 노력하고 있던 것, 곧 작기는 하지만 의회였다. 여기서도 표결이 지배했다. 큰 쪽의 의회가 적어도 중요한 문제에 대해서, 몇 달 동안 목이 쉬도록 떠들고 있는 데 대해서 이 작은 모임에서는 다행스럽게도 자기들에게 도착한 한 통의 편지에 대한 답장으로 끝없는 토론이 시작되었다!

물론 이 세상은 이와 같은 모든 것에 대해서, 당연한 일이지만 대개 아무것도 알지 못했다. 뮌헨에서는 몇몇 지지자와 그들의 지인들 말고는 아무도 이 당의 이름조차 알지 못했다.

매주 수요일에는 뮌헨의 어느 카페에서 이른바 위원회가 열렸으며, 1주에 한 번 저녁 강의가 열렸다. 이 '운동' 구성원 모두가 위원회에 자리를 가지고 있었으므로, 출석자는 당연히 언제나 같았다. 그래서 마침내 이 작은 모임의 틀을 넘어서 새로운 지지자를 획득하는 일이 필요했다. 그러나 무엇보다도 먼저 이 운동 명칭을 어떤 희생을 치르더라도 유명하게 만드는 것이 가장 큰 과제가 되어야 했다.

우리는 그때 다음의 수법을 사용했다. 달마다, 나중에는 2주일마다 우리는 한 번씩 집회를 열려고 했다. 그 초대장은 타자기로, 이따금 일부는 직접 손으로 종이쪽지에 써서 만들었고, 처음 몇 번은 우리 자신에 의해 분배되고 배달되었다. 각자는 자신이 아는 사람들에게, 한두 사람이라도 이와 같은 집회에 한 번 나오도록 권유하려 애썼다.

그러나 그 결과는 비참했다. 지금도 기억하는데, 이와 같은 초기 시대 어느 날 내가 약 80매의 광고지를 배달하고, 저녁때 우리는 거기에 참석할 대중을 기다리고 있었다.

'의장'은 마침내 한 시간 늦게 '집회'를 시작해야 했다. 우리는 또다시 7명, 여전히 7명이었다. 우리는 초대장을 뮌헨의 어느 문구점에서 타자기로 쳐서 복사하는 것으로 방법을 변경했다. 그 결과 다음 집회에서 청중이 조금 늘어났다. 이와 같이 해서 그 수는 차츰 11명에서 13명으로, 드디어 17명, 23명, 34명으로 늘었다.

맨 처음 집회

우리 가난뱅이 패들이 아주 적은 돈을 모음으로써 겨우 그때 뮌헨의 독자적인 신문 〈뮌히너 베오바흐터〉의 광고 지면에 집회를 공고할 수 있을 만큼 자금이 조달되었다. 이번 결과는 확실히 놀랄 정도였다. 우리는 집회를 뮌헨 호프브로이하우스켈러(뮌헨 호프브로이하우스의 페스트잘과 혼동하지 말 것)에서 개최하고자 했는데, 그곳은 꼭 130명을 받아들일 수 있는 조그만 홀이었다. 이 방은 나에게는 아주 큰 홀로 느껴졌으며, 우리 동료 모두가 그날 밤 '거대한' 건축물을 사람으로 채우는 데 성공할 것인가 아닌가 근심하고 있었다.

7시에는 111명이 출석하여 집회가 열렸다. 뮌헨의 어느 대학교수가 주요 보고연설을 하고, 나는 두 번째 연사로 처음 대중 앞에서 연설하게 되었다.

그때 당의 제1의장이었던 하러에게는 이 일은 아주 무모한 행위로 보였다. 평상시 확실히 공정한 이 신사는 내가 다른 일이라면 무엇이든지 할 수 있을지 몰라도 연설만은 할 수 없는 사나이라고 아주 확신하고 있었다. 그는 뒤에도 이 의견을 굽히려 하지 않았다. 그러나 상황은 그렇게 되지 않았다. 나에게는 이 최초의 공식적이라 할 수 있는 집회에서 연설 시간 20분이 허용되어 있었다.

나는 30분 동안 연설했다. 그리고 내가 이전에, 아무튼 그 이유는 모르지만, 오로지 속으로 느끼고 있었던 것이 이제 현실로 증명되었다. 나는 연설을 할 수 있었던 것이다! 30분 뒤 이 작은 홀에 있었던 사람들은 강한 충동을 받았으며, 그 감격은 무엇보다도 먼저 출석자의 희생심에 대한 나의 호소가 기부금 300마르크를 모았다는 사실로 나타났다.

그리고 이에 말미암아 우리는 큰 걱정에서 벗어나게 되었다. 왜냐하면 그때 우리는 심한 재정난으로 운동을 위해 취지서를 인쇄하거나 유인물을 배포할 수조차 없었기 때문이다. 이제 조그만 기금을 위한 바탕이 마련되어 그 뒤에는 거기에서 적어도 가장 필요한 것, 가장 필수적인 것이 지불될 수 있었다. 하지만 다른 관점에서도 이 최초의 꽤 큰 집회의 성공은 깊은 의미가 있었다.

운동 근간으로서의 병사들

그때 나는 신참의 힘에 가득 찬 몇몇 젊은이들을 위원회에 끌어들이기 시작했다. 나는 오랜 군대 생활 중에 상당히 많은 믿을 만한 친구들을 알게 되었는데, 그들은 이제 차츰 나의 설득에 따라서 이 운동에 참가하기 시작했다. 그들은 정력적인 젊은이였으며, 규율에 익숙했고, 군대 시절부터 불가능한 것이 없는, 하고자 하면 무엇이든지 할 수 있다는 원칙 아래 살아왔다.

이와 같은 새로운 피의 영입이 얼마나 필요했는가를 나 자신은 협력한 지 몇 주일도 되지 않아 알아차릴 수 있었다.

그때 당 제1의장이었던 하러는 본디 저널리스트였으며 확실히 넓은 교양을 지니고 있었다. 그러나 그는 당 지도자로서는 몹시 중대한 결점을 가지고 있었다. 바로 그는 대중적 연설가가 아니었다. 그의 일처리 자체는 매우 꼼꼼하고 양심적이며 정확하기는 했지만 그에게는—아마도 위대한 연설가 재능이 모자라는 것이 원인이었으리라—눈부신 열변이 부족했다.

그때 뮌헨 지구 그룹 의장이었던 드레크슬러는 평범한 노동자였으나, 마찬가지로 연설가로서 그렇게 뛰어나지 않았으며, 더구나 그는 병사도 아니었다. 그는 군대에 복무한 일이 없고 전쟁 중에도 병사가 아니었으므로, 그의 본디 성격부터가 유약하고 확고하지 않은 데다가, 모호하고 연약한 본성의 인간을 남자로 단련시킬 수 있었던 오직 하나뿐인 학교에도 가지 못했던 것이다.

이리하여 이들 두 사나이는 마음속에 운동 승리에 대한 열광적인 신념을 가지고 있을 뿐만 아니라, 굽히지 않는 의지와 힘으로써 또 필요하다면 지극히 잔인한 냉혹함으로써 새로운 이념의 상승을 방해할지도 모르는 장애물을 쓸어버릴 수 있는 그러한 성질의 인간이 아니었다.

이 목적에 알맞은 것은 오로지 정신과 육체가 저 군대적 미덕, 다시 말해 그레이하운드와 같은 민첩성, 가죽과 같은 강인성, 크루프 철강과 같은 견고성 등으로 아마 가장 잘 그려낼 수 있는 미덕을 자기 것으로 만든 인간뿐이었다.

나는 그때 아직도 병사였다. 나의 육체와 정신은 거의 6년 동안이나 가차 없이 단련되었으므로, 나는 애초에 이 모임에서는 아마도 이질적인 존재로 느껴졌을 것이 틀림없었다. 나로서도 그것은 불가능하다, 또는 그것은 안 될 것이다, 그런 짓은 구태여 하지 마라, 아직 그것은 너무 위험하다 등등의 말을 잊어버리고 있었다.

왜냐하면 물론 형세가 위험했기 때문이다. 좌익들은 이와 같은 부르주아 계급 모임이 본질적으로는 무해하며, 따라서 자기들에게 위험하지 않다는 것을 이 모임 회원들보다도 잘 알고 있었기에 거의 주의를 기울이지 않았지만, 그들은 자기들에게 위험하다고 여겨지는 운동은 온갖 수단을 써서 해치울 결심을 하고 있었다. 그와 같은 경우에 가장 효과적인 수단은 어느 시대에서나 폭력이었다.

1920년에는 독일의 많은 지방에서 대중에 호소하여 공공연하게 그들의 출석을 감히 권유하는 것과 같은 국가주의적 집회를 연다는 것은 전혀 불가능했다. 그러한 집회 참가자는 피투성이가 되도록 머리를 얻어맞고 내쫓기게 되었다. 물론 그러한 일은 대단한 것이 아니었다. 워낙에 매우 큰 이른바 부르주아계급의 대집회까지도 10여 명의 공산당원에 의해서 마치 개 앞의 토끼처럼 흩어져 도망치는 것이 예삿일이었기 때문이다.

그러나 지금까지 국제주의적이고 마르크스주의적인 유대인 주식거래소에 이용되어온 대중 획득을 자신의 확실한 목표로 내건 운동은 마르크스주의적 민족 기만자에 의해서 가장 미움받는 운명에 있었다. 이미 '독일노동자당'이라는 이름부터가 자극을 주었다. 따라서 적당한 기회가 있으면 곧, 그때에 아직도 승리에 도취하고 있었던 마르크스주의의 선동자와의 대결이 시작되리라는 것은 쉽사리 상상되었다.

두 번째 집회

그때 운동의 조그만 모임 사람들은 이와 같은 투쟁에는 어떤 종류의 불안을 느끼고 있었다. 그들은 이미 때려 눕혀지지나 않을까 하는 두려움 때문에 될 수 있는 한 세상 앞으로 나오려 하지 않았다. 그들은 마음속으로는 최초의 큰 집회가 반드시 해산되고 그리고 운동도 영원히 끝장나고 말 것으로 추측하고 있었다. 나는 그들이 이 싸움을 피하지 않고 대항해서 폭력을 막아낼 수 있는 무장을 해야 한다는 견해를 내세워 곤경에 처해 있었다. 폭력은 정신에 의해서가 아니라, 폭력에 의해서만 깨뜨릴 수 있다. 최초 집회의 성공은 이 방향에서 나의 견해를 강화했다. 그들은 두 번째 얼마쯤 큰 집회를 열 수 있다는 용기를 갖기에 이르렀다.

1919년 10월쯤 에벌브로이켈러에서 두 번째 한층 큰 집회가 열렸다. 주제는 브레스트리토프스크[4]와 베르사유였다. 연설자는 4명이었다. 나도 1시간 가까이 연설했는데 첫 번째 집회보다도 훨씬 성공했다. 청중은 130명을 넘었다. 방해하려는 음모가 한 번 있었으나 나의 동료에 의해 곧바로 저지되었다. 폭도는 머리에 큰 상처를 입은 채 계단을 뛰어내려갔다.

2주 뒤, 같은 홀에서 다음 집회가 열렸다. 참석자 수는 170명을 넘었고, 홀은 여전히 꽉 들어찼다. 나는 또다시 연설했는데 이번에도 지난번 집회보다 큰 성공을 거두었다. 나는 좀더 큰 홀을 열망했다. 드디어 우리는 거리의 반대쪽 가장자리에서 바라는 장소를 찾아냈는데 그것은 다하우어 거리의 '도이체 라이히'였다.

새로운 장소에서의 최초 집회는 지난번보다 참석자가 줄어서 겨우 140명에 지나지 않았다. 위원회에서는 희망이 또다시 꺾이기 시작했다. 집회에 의문을 품는 자들은 참석자가 적은 원인을 우리의 '시위·집회'가 너무나 자주 되풀이되는 점에 있다고 믿었다.

세찬 논쟁이 있었으나 나는 그중에서 70만 인구를 가진 도시에서는 2주에 한 번뿐이 아니라 1주마다 열 번의 집회라도 별것이 아니며 실패가 있었다고 해서 갈팡질팡해서는 안 되고, 또 우리가 가고 있는 길은 옳으며 언제나 한결같이 인내해 가면 머잖아 성공할 것이 틀림없다는 견해를 지지했다. 대체로 이 1919년에서 1920년에 걸친 겨울 내내 이 젊은 운동의 결정적인 위력에 대한 믿음을 강화해 신념으로 만들고 산이라도 움직일 수 있는 열광에까지 높이기 위한 유례없는 투쟁으로 지새웠다.

같은 홀에서 열린 다음 집회는 또다시 내가 옳다는 것을 증명했다. 참석자

---

4) 소련 서부의 도시 이름. 1918년 12월, 여기서 독일은 러시아와 단독 강화, 곧 브레스트리토프스크 조약을 맺었다. 베르사유는 1919년 6월 이른바 베르사유 조약이 맺어진 파리 궁전이지만, 여기서는 연합국의 대독일 평화조약을 가리킨다.

수는 200명을 넘어서 외면적으로도 재정적으로도 훌륭한 성공이었다. 나는 다음 개최를 곧 준비하도록 재촉했다. 2주도 되기 전에 다음 집회가 열리고 청중 수는 270명을 넘었다. 2주일 뒤 우리는 일곱 번째로 젊은 운동의 지지자와 찬조자를 불러모았는데 이 장소가 최대한 수용할 수 있을 만큼, 곧 400명이 넘는 사람이 참석했다.

운동의 내부 구성

이때 이 젊은 운동의 내부 구성이 이루어졌다. 그럴 때 조그만 모임 안에서 때때로 많거나 적거나 열렬한 논쟁이 생겨났다. 여러 각도에서—오늘날에도 그렇듯이 이미 그때도—젊은 운동의 당이라는 이름에 혹평이 행해졌다. 나는 그와 같은 비평을, 언제나 오로지 그와 같은 사람들의 실제상을 무능력과 정신적인 평범성을 증명하는 것으로만 보고 있었다. 외면적인 것을 내면적인 것으로부터 구별하지 못하고, 운동의 가치를 되도록 과장해서 인상을 주는 이름으로 평가하려고 하는 사람들은 어느 시대에나 존재한다. 그런 경우에는 대단히 불행한 일이지만, 우리 조상의 어휘가 가장 많이 사용되고 있다.

그때 모든 운동은 자기 이념의 승리나 또 목표를 이루지 못하는 한, 1000번 이름을 바꾸어봤자 역시 당이라는 것을 사람들에게 이해시키는 것이 곤란했다.

만일 어떤 사람이 동포에게 이로울 것이라고 생각되는 대담한 하나의 사상을 실제로 이루기를 바란다면, 그는 먼저 자기 의도에 편들 각오가 되어 있는 지지자를 찾아야 할 것이다. 그리고 설령 그의 의도가 오로지 현존하는 정당을 파멸시키고, 당파 분열을 끝내는 점에만 있다고 해도 이 견해 주창자나 이 결의 선전자는 목표가 이루어질 때까지는 바로 그들 자신의 당인 것이다.

만일 실제 성과가 자기 지혜와 반비례하고 있음에도, 어떤 구식 민족주의적 이론가가 모든 신흥 운동이 당으로서 가지고 있는 성격을 그 이름을 바꿈으로써 변화시킬 수 있다고 자부한다면 그는 궤변가이며 사기꾼이다. 사실은 그 반대인 것이다.

만약 어떤 것이 비민족적이라고 한다면, 그야말로 특히 고대 게르만적인 표현을 난잡하게 사용하는 일이다. 이와 같은 표현은 오늘날에는 알맞지 않으며, 게다가 어떤 특별한 것도 표현하지 않고, 오히려 자칫하면 운동 의미를 그 외면적인 어휘 속에서만 찾아내도록 이끌 수 있는 것이다. 이것은 모조리 횡포인데, 오늘날 많은 경우에 볼 수가 있다.

독일 민족주의 편력 학생

요컨대 나는 그때 이미 그리고 그 뒤에도 되풀이해서, 실제 일에는 영점이나 다름없는데도 자부심은 결코 누구에게도 지지 않는 독일 민족주의 편력 학생을 경계하라고 경고해야 했다. 이 젊은 운동은 대부분 소개장에 자기들은 벌써 30년 또는 40년이나 같은 이념을 위해서 싸워왔다는 고백밖에 없는 사람들이 들어오지 않도록 경계해야 했으며, 지금도 그렇다.

그러나 40년 동안 하나의 이념을 위해 일하고도 최소 성과조차 가져오지 못했고, 그뿐만 아니라 적의 승리도 막을 수 없었던 인간은 40년 동안 활동으로 자기 무능함을 증명한 것이다. 그 위험성은 무엇보다도 이와 같은 성질을 가지고 있는 자는 평회원으로서 운동에 가입하려는 것이 아니라, 자기가 예부터 활동해 왔다는 이유만으로 그 뒤 활동을 하기 위한 적당한 장소라고 자인하는 지도자 모임에 대해서 허풍을 떠는 데 있다. 이와 같은 패들에게 젊은 운동을 맡긴다면 재앙이 있으리라!

40년 동안 일하면서 큰 사업을 철저히 망쳐버린 상인이 새로운 사업의 창립자로서 별로 쓸모가 없는 것과 마찬가지로 바로 그 정도의 세월 동안 어떤 위대한 이념을 망치고 희석화시키고 만 민족주의자의 므두셀라[5]도 새로운 젊은 운동의 지도자로는 알맞지 않다!

그 밖에 이와 같은 모든 사람들 가운데 운동에 봉사하고 새로운 교의 이념에 이바지하기 위해서 새로운 운동에 들어오는 자는 일부분에 불과하며, 대부분의 경우 이 운동의 보호 아래 또는 운동이 제공하는 가능성에 따라 그들은 낡아빠진 이념을 다시 주장하기 위해 들어오는 것이다. 그들은 새로운 교의 이념에 기여하고자 하지 않고 그들 자신의 이념으로 인류를 다시 한 번 불행하게 만들려고 들어오는 것이다. 그러나 그것이 어떤 종류의 이념인가를 말하기란 매우 곤란하다.

---

5) 구약성서 〈창세기〉 5 : 21~27 참조. 969세에 죽었으며, '오래 산 사람'이란 뜻.

양철검과 박제 곰가죽

고대 게르만의 영웅들이나 태고 시대의 돌도끼·투창·방패 등에 대해서 몽상하고 있어도, 현실적으로는 생각할 수 있는 한 최대 비겁자라고 하는 것이 그러한 본성을 가진 사람들의 특징이다. 왜냐하면 고대 독일의 것과 용의주도하게 닮은 양철검을 공중에 휘두르며, 수염이 난 머리에 황소 뿔이 달린 박제된 곰 털가죽을 쓴 동일인이 현대에 대해서는 언제나 정신적인 무기로 투쟁할 것만 설교하고, 공산주의자의 고무로 만든 경찰봉 앞에서는 예외 없이 서둘러 도망쳐버리기 때문이다. 후세 사람들은 새로운 서사시 속에 이 사람들의 영웅적 존재를 찬미하는 기회가 거의 없을 것이다.

나는 이러한 사람들을 너무나 잘 알고 있었으므로, 그들의 너절한 연극 앞에서 더할 수 없는 역겨움을 느꼈다. 그러나 그들은 대중에게 익살맞은 인상을 주므로, 유대인이 이와 같은 민족주의적 희극 배우를 보호하고, 독일국가의 앞날을 위한 참된 투사보다도 오히려 그들이 바람직하다고 생각하는 것은 모두 이유가 있다. 그때 이와 같은 인간들은 역시 지나치게 자부심이 강해서 그들의 완전한 무능이 모든 점에서 입증되었음에도, 모든 것에 대해 아는 체한다. 그리고 그들은 영웅들을 단순히 과거 속에서만 존경하는 것이 아니고, 그들 또한 스스로의 행위에 의해 비슷한 인상을 후세에 주려 노력하고 있는 성실하고 정직한 모든 투사에게 참된 무거운 짐이 된다.

또 이와 같은 사람들 가운데 누가 타고난 우둔성이나 무능에 따라 행동하고 있는가, 또는 누가 일정한 이유에서 오로지 그와 같이 행동하고 있는 데 지나지 않는가 하는 점을 구별한다는 것은 아주 어려운 경우가 더러 있다. 특히 고대 게르만적 기초에 의존하는 이른바 종교개혁자에 대해서는, 나는 언제나 그들이 우리 민족의 부흥을 바라지 않는 다른 나라에서 파견되었을지도 모른다는 감정을 품고 있다. 왜냐하면 그들의 모든 활동은 민족으로 하여금 공동 적인 유대인에 대한 공동의 투쟁으로부터 벗어나게 하는 대신 민족의 힘을 무의미한 동시에 파멸적이기도 한 국내의 하찮은 종교 투쟁에 소모하고 있기 때문이다.

그러나 바로 이러한 이유에서 운동을 지도할 경우 무조건적인 권위를 내포하는 강력한 본부 권력을 창설할 필요가 있다. 이 창설에 의해서 비로소 이 같은 위험한 구성 분자의 행위를 종식시킬 수가 있다. 물론 이 이유에서 통일적이며 엄중히 지도·지휘되고 있는 운동에 대한 최대 적이 이들 민족주의적인 영원한 유대인의 유랑집단 가운데서도 발견된다. 그들은 이 운동 안에 자기부정을 제지하는 힘을 미워하고 있다.

'민족주의적'이라고 하는 말의 거절

이 젊은 운동은 이전에 어떤 일정한 강령을 정했는데, 그때 '민족주의적'이라는 말을 사용하지 않았던 것에는 이유가 있었다. 민족주의적이라는 개념은 그 뜻이 한정되어 있지 않기 때문에 운동에 있어서 가능한 원칙이 아니며, 그와 같은 운동 구성원이 되기 위한 규범을 제공하는 것도 아니다. 이 개념이 실제상 정의할 수 없는 것일수록, 또 그 해석을 보다 많이 보다 넓게 허용할수록 그 개념은 사람들에 인용될 가능성도 한층 커진다. 이런 종류의 규정되기 어려운 그리고 여러 가지 해석이 가능한 개념을 정치 투쟁 속으로 가지고 들어간다는 것은 모든 확고한 투쟁 단체를 해산으로 몰고 가는 것이다. 왜냐하면 투쟁 단체는 한 사람 한 사람에게 그들의 신념과 의도의 규정 그 자체를 방임해 둘 수가 없기 때문이다.

오늘날 누가 '민족주의적'이라는 말을 짊어지고 모든 일에 거만한 얼굴을 하고 방황하고 있는가, 또 얼마나 많은 사람들이 이 개념에 대해서 자기 견해를 가지고 있는가 하는 물음에 대한 대답도 부끄러워해야 할 것이다. 바이에른의 어느 잘 알려진 대학교수는 정신적 무기의 사용으로는 유명한 투사이며, 마찬가지로 많은 정신적 업적으로 베를린에도 진출하고 있는데, 그는 민족주의적이라는 개념을 군주정치의 견해와 동일시했다. 이 박식한 두뇌는 지난날 우리 독일의 군주정치와 오늘날 민족주의적 견해가 동일하다는 것에 대해 자세히 설명하는 것을 지금까지 잊어버리고 있다. 또 나는 이 신사는 그것을 쉽게 할 수 없을 것이라 염려하고 있다. 왜냐하면 대부분의 독일 군주제 이상으로 비민족주의적인 것은 전혀 상상할 수 없기 때문이다. 만일 그렇지 않다면, 그런 것들은 없어지지도 않았을 것이며 또는 그 소멸이 민족주의적 세계관이 옳지 않다는 증거를 제출하고 있음에 틀림없다.

그리하여 모든 사람들이 이 개념을 바로 자기가 이해한 것처럼 해석한다. 그러나 정치적 투쟁 운동을 위한 기초로서는 그와 같은 의견의 다양성은 문제가 될 수 없다.

20세기 이와 같은 민족주의적 요한[6]들이 세상물정을 모르는 것이나, 특히 민족정신에 무지한 것에 대해서는 나는 언급조차 하지 않으리라. 그들이 어떤 사람들인가는, 좌익에 잘 이용되고 있는 우스운 꼴로 충분히 해명되고 있다. 그들에게 지껄이게 해서 비웃어주리라.

　나는 이 세계에서 자기 적에게 미움받을 수가 없는 사람은 우리 편으로서 큰 가치가 없다고 생각한다. 따라서 이와 같은 인간이 우리의 젊은 운동에 나타내는 우정도 오로지 무가치할 뿐만 아니라 언제나 해로운 데 불과했으며, 또 우리가 첫째로 '당'이라는 이름을 선택한 주요 이유도 그 점에 있었다. 우리는 그렇게 함으로써만이 이들 민족주의적 몽유병자의 모든 집단을 우리로부터 쫓아버릴 것을 기대할 수 있었다. 그리고 우리가 두 번째로 '국가사회주의 독일노동당'이라고 이름 붙인 주요 원인이기도 했다.

정신적 무기―얌전한 노동자

　이 이름의 앞부분 표현은 우리로부터 고대 열광자, 곧 이른바 '민족주의적 이념'이라는 말에 쓸데없는 궤변을 붙이거나 이 주문만 끊임없이 음미하고 있는 피상적인 인간들을 멀리해 주었다. 또 뒷부분은 '정신적인 칼을 찬 기사'라는 거추장스러운 패들 그리고 '정신적 무기'를 자기들의 사실상 비겁성을 숨기는 방패로 생각하고 있는 가엾은 애송이들 모두로부터 우리를 해방시켰다.

　물론 우리는 그다음 시대에는 특히 이 후자의 무리들로부터 가장 격렬한 공격을 받았으나, 그것은 행동에 의해서가 아니라 오로지 펜에 의해서뿐이었다. 이와 같은 민족주의적인 거위깃 펜으로부터는 전혀 그것 말고는 어느 것도 기대할 수 없었을 것이다. 그들에게는 '폭력으로 공격해 오는 자에게는 우리도 폭력으로 막는다'는, 우리의 원칙이 그 자체만으로도 물론 으스스함을 가지고 있었다. 그들은 우리가 야만스럽게도 고무로 만든 곤봉을 숭배하고 있을 뿐만 아니라, 우리 자신에게 지성이 모자라다고까지 말하며 집요하게 비난했다.

　대중 집회에서는 겨우 50명 정도의 무지한 무리들이라도 말과 주먹을 내

---

6) 세례자 요한은 그리스도가 걷는 길을 평탄하게 하는 구실을 했다. 여기서는 창시자란 뜻. 신약성서 〈마태복음〉 3장 참조.

세워 말을 못하게 한다면, 데모스테네스[7]와 같은 웅변가조차도 침묵시킬 수 있다는 사실이 그와 같은 돌팔이들에게는 그 어떤 인상도 주지 않는다. 그들은 타고난 겁쟁이여서 그와 같은 위험에는 관계하려 하지 않는다. 왜냐하면 그들은 '시끄럽게', '주제넘게' 활동하는 것이 아니라 '온순하게' 일하기 때문이다.

나는 오늘날에도 우리의 젊은 운동에 이른바 '온순한 노동자' 그물에 걸리는 위험에 대해서 아무리 경고해도 지나치지 않다고 생각한다. 그들은 겁쟁이일 뿐만 아니라 언제나 무능력자이며 게으름뱅이이기도 하다. 흔히 사실을 알며 위험이 존재하고 있는 것을 인정하고, 자기 시각으로 구제 가능성을 발견하고 있는 인간이라면, '온순하게' 일하는 것이 아니라 모든 공중 앞에 나와서 악에 대해서 투쟁과 그 치료를 떠맡는다고 하는 인류에 부과되어 있는 의무와 책임을 가질 것이다. 이러한 일을 다하지 않으면, 그는 비겁함이나 무능력 때문에 아무런 쓸모도 없는 의무를 저버린 비참한 약골인 것이다.

그러나 이들 '온순한 노동자'의 대부분은 대개 무엇인가 알고 있는 것처럼 행동한다. 그들은 모두 아무것도 못하면서 온 세계를 자기들 마술로 속이려고 한다. 그들은 게으르지만 자기들이 주장하는 '온순한' 일로 엄청나고 근면한 활동을 하고 있는 것 같은 인상을 가지게 한다. 요컨대 그들은 사기꾼이며, 타고난 정치적 암거래 상인으로, 다른 사람의 성실한 일을 미워하는 패들이다. 이와 같은 민족주의적인 나방이 '온순함'의 가치를 주장하자마자, 우리는 그들이 온순한 상태로 아무것도 만들지는 않고 훔치는 것이며, 남의 일의 결과를 훔치는 것이라는 사실을 99퍼센트 보증할 수 있다.

게다가 거만함과 자부심이 강한 뻔뻔스러움으로, 실제로는 게으르고 햇빛을 두려워하는 무뢰한들은 남의 일을 비난하며 구석구석까지 혹평을 시도하고, 그렇게 해서 사실상 우리 민족 불구대천의 적을 돕는다.

비록 최저 선동가라 해도 그가 자기 적에게 둘러싸인 채 음식점 식탁 위에서서 사나이답게 솔직히 자기주장을 펴는 용기를 가지고 있다면, 이들 거짓말쟁이이자 비열한 위선자를 1000명 합친 것보다 더 많은 일을 해치울 수 있다. 그는 확실히 한두 명을 전향시켜 운동에 참가시킬 수 있을 것이다. 그의

___
7) 아테네 정치가·웅변가(기원전 384~기원전 322).

일이 재검토된다면, 그의 행동 효과라는 것은 그 일이 성공했는가 어떤가에 의해 확인될 수 있으리라. 오로지 자신의 온순한 일을 칭찬하고, 그러기 때문에 비열한 익명이라는 보호막으로 자신을 감추고 있는 비겁한 사기꾼만은 전혀 쓸모가 없고, 그들은 말의 가장 참된 의미에서 우리 민족 부흥에 있어서 식객으로 생각해도 좋은 것이다.

*

제1회 대중 대집회

1920년 초에 나는 대대적인 첫 번째 대중 대회를 열 것을 재촉했다. 이 일에 대해서는 의견 차이가 생겼다. 몇몇 지도적 당원은 그 일이 지나치게 빠르므로, 그 결과는 불길한 것이 될 것이라고 주장했다. 적색 신문은 우리에 대해서 쓰기 시작하고 있었으며, 우리는 차츰 그들에게서 증오를 받고 있었으므로 아주 만족이었다. 우리는 토론 연사로서 다른 집회에도 나가고 있었다. 물론 우리 연사들은 이내 야유를 받았다. 그럼에도 성과는 있었다. 사람들은 우리를 알게 되었다.

그리고 우리에 대한 지식이 깊어 우리에 대한 미움도 커졌다. 따라서 우리가 첫 번째 대중 대집회를 열면, 좌익 진영에서 아주 대규모적인 우리 친구들의 방문을 받을 것으로 기대해도 좋았다.

집회가 엉망진창이 될 확률이 높은 것은 나도 잘 알고 있었다. 그러나 이 투쟁은 지금 아니면 2, 3개월 뒤에는 반드시 해결되어야만 했다. 이미 첫날부터 운동을 무턱대고 용서 없이 옹호함으로써 이 운동을 영원한 것으로 만드는 일은 모조리 우리들 책임이었다. 무엇보다도 나는 좌익 지지자들의 기질을 매우 잘 알고 있었으므로, 가장 철저한 투쟁은 가장 빨리 감명을 환기할 뿐만 아니라, 지지자까지도 얻어낼 수 있다는 것을 이해하고 있었다. 이 투쟁에 대해서 우리는 이제 결심하지 않으면 안 되었다.

그때 당의 제1의장이었던 하러는 계획된 시기에 대해서 내 견해에 동의할 수 없다고 생각했다. 그리고 그 결과 그는 성실하고 정직한 인간이었으므로 운동 지도자 지위에서 물러났다. 그 대신에 안톤 드레크슬러가 취임했다. 나 자신은 선전 조직을 맡았고, 그 일을 이번에야말로 가차 없이 수행해 갔다.

그리하여 아직 유명하지 않은 이 운동의 제1회 대중 대집회 거행일자는

1920년 2월 24일로 결정되었다.

여러 준비는 내가 직접 지휘했다. 준비는 매우 간단했다. 일반적으로 말해서 모든 기구는 일순간에 결단을 내릴 수 있도록 조정되었다. 시사문제에 대해서는 대중 집회 형식에 따라 24시간 안에 태도가 결정될 것이었다. 집회 예고는 광고지와 유인물로 하기로 결정했는데, 그 내용은 내가 선전에 대해 논술한 곳에서 간략한 줄거리를 이미 적어놓은 그 관점에 따라 결정되었다. 곧 대중에 대한 효과를 고려할 것, 몇 가지 점에 집중할 것, 같은 것을 끊임없이 되풀이할 것, 교의 텍스트를 의심할 바 없는 주장 형식으로 자기확신을 가지고, 또 자부심을 가지고 요약할 것, 보급에는 최대 끈기를 갖고 효과의 기대에는 인내를 가질 것 등이었다.

색깔은 원천적으로 붉은색이 선택되었다. 붉은색은 가장 자극적인 색깔이어서 우리의 적을 가장 격렬하게 분개시키고 도발하고 그로 인해 싫든 좋든 우리를 그들에게 알리고 기억시킬 것이 틀림없었다.

마르크스주의와 중앙당의 단결

그다음 시기에는 바이에른에서도 마르크스주의와 중앙당의 정당으로서의 내적 단결이 매우 분명히 나타났으나, 그것은 이 지방에서 정권을 잡고 있던 바이에른 인민당이 우리 광고지가 급진적인 노동자 대중에게 주는 효과를 약화시키고, 나중에는 저지해 버리려고 시도한 노력 속에 엿볼 수 있다. 경찰은 광고지에 간섭할 다른 수단을 발견할 수 없었으므로 결국 '교통상의 고려'를 이유로 들고나오지 않으면 안 되었다.

그리고 마침내 주(州) 안의 얌전한 적색 동맹자를 위해서 이른바 독일 국민인민당[8]의 지원적인 조력 아래 몇십만의 국제주의에 의해 선동되고 타락한 노동자를 독일 민족으로 되찾으려 하고 있는 이 광고지를 완전히 금지해 버렸다. 이 광고지는 이 젊은 운동이 그 시대에 싸운 격렬한 분투를 가장 잘 증명할 수가 있다.

---

8) 옛 보수당을 중심으로 하는 군주정치 부활을 주창한 대지주 정당. 1919년의 국민의회 선거에서 의석 44석을 얻었다. 참고로, 이른바 바이마르 헌법을 제정해야 했던 이 국민의회 선거에서 사회민주당은 163, 중앙당 91, 독일민주당 75 의석이었다. 공산당은 선거를 거부했다. 물론 그 무렵에는 히틀러의 모임은 정식 정당이라고 할 수 없는 것이었다.

그와 같은 광고지는 또한 후세를 위해서 우리의 신념이 가지고 있는 의도와 정당성을 증명하고 우리 민족 대중의 국민화, 따라서 국민으로서의 탈환을 자기들에게 번거로운 일로 저지한 이른바 '국민주의적 관청'의 횡포를 증명할 것이다.

그 광고지들은 바이에른에 국민주의적인 정부가 본디 있었다고 하는 그러한 의견을 없애버리는 데도 기여할 것이다. 그리고 그것들은 1919년부터 1923년까지 있었던 국민주의적 바이에른은 무슨 국민주의적 정부 탓이 아니라 차츰 국민적 감정을 지니기 시작한 민중에 대해서 오로지 정부가 어쩔 수 없이 고려하게 된 결과라는 것을 후세에게 문서로써 증명할 것이다. 정부는 이 회복 과정을 저지하고 불가능하게 하기 위해 모든 수단을 다 사용했다.

푀너와 프리크

그때 두 사람의 인물만은 제외했다. 곧 경찰국장 에른스트 푀너와 그의 충실한 조언자였던 프리크 장관은 이미 그때 독일인으로서 그 뒤 관리가 되려는 용기를 가진 보기 드문 고관이었다. 책임 있는 지위에 앉아 있는 자로서 대중 비위를 맞추지 않고, 자기 민족에 책임을 느끼며, 자신이 무엇보다도 사랑하고 있는 독일 민족의 부흥을 위해서는 모든 것을, 또 필요하다면 자기 생명까지도 걸고 희생할 각오가 되어 있던 자는 오로지 에른스트 푀너뿐이었다.

그는 자기들에게 맡겨져 있는 국민 재화의 번영 등에는 아랑곳하지 않고, 또 민족 이익이나 민족에게 필요한 자유의 고양보다 우두머리의 명령에 따라 자기 행동 규범을 정하고 있는 그러한 부패한 관리들에게는 실제로 언제나 눈엣가시였다.

그는 특히 우리의 이른바 국가 권위의 파수꾼 대부분과는 달리 민족과 국가에 반역하는 패들의 적의를 무서워하지 않고, 오히려 이 적의를 상실한 사나이라면 으레 가져야 할 보물로서 열망하는 그러한 성질의 인간에 속해 있었다. 유대인이나 마르크스주의자의 증오 및 그들의 거짓말과 중상에 가득 찬 모든 투쟁은 우리 민족의 비참한 상태 한가운데 있는 그에게는 오로지 하나뿐인 행복이었다.

그는 화강암같이 굳은 충직성과 고대풍 소박함 그리고 독일사람다운 솔직성을 가진 사나이이며, '노예이기보다는 차라리 죽음을'이라는 말은 그에게 있어서는 빈말이 아니라 그의 전체 성격의 본질을 이루고 있는 것이었다. 그와 그의 협력자 프리크 박사는 나의 시각으로 본다면 관직에 있는 사람들 가운데 국민주의적 바이에른의 건설 협력자로 여겨질 권리를 가진 하나뿐인 인물들이다.

강령의 초안

그런데 우리는 첫 번째 대중 집회의 개최에 앞서서 필요한 선전 자료를 준비해야 할 뿐만 아니라, 강령 요지까지도 인쇄해야 했다.

특히 강령 초안 잡기에 즈음해서 우리가 의도한 지도 방침을 나는 제2부에서 철저히 설명할 것이다. 여기서는 오로지 젊은 운동에 형식과 내용을 부여하기 위해서뿐만 아니라, 그 목표를 대중에게 이해시키기 위해 이 강령이 만들어졌다는 것을 말하는 것으로 그치겠다.

이른바 지식층은 이에 대하여 비웃고 야유하며 또 비평하려고 시도했다. 그러나 우리의 그때 견해가 옳았다는 것은 이 강령의 효과로 입증되었다.

나는 최근 몇 년 동안 새로운 운동이 수없이 발생하는 것을 보았는데, 그것들은 모두 다시 자취도 없이 사라지고 흩어지고 말았다. 오로지 하나만 남았고, 그것이 '국가사회주의 독일노동자당'이었다. 그리고 오늘날 나는 어느 때보다도 더 우리 당이 도전을 받고 무력화가 기도되고 또는 하찮은 정당의 장관들이 우리의 연설이나 집필을 막을 수 있다 해도, 우리 사상의 승리는 결코 그들에 의해 막히는 일이 없을 것이라는 확신을 가지고 있다.

오늘날 존재하고 있는 국가관 전체 및 그 주장자가 이미 이름조차도 잊히는 경우에도 국가사회주의적 강령의 기초는 앞으로 국가 주춧돌이 될 것이다.

1920년 1월까지 4개월 동안 집회활동은 차츰 우리들 최초의 팸플릿, 최초의 선전지 및 우리들 강령을 인쇄하는 데 필요한 소액 자금을 저축할 수 있게끔 했다.

내가 이 책 제1부의 끝마침으로서 운동의 제1회 대중 대집회를 선택한 것은 이 집회에 따라서 당이 조그만 결사의 좁은 테두리를 깨뜨리고, 오늘의 가장 강력한 동기, 곧 여론에 비로소 결정적인 영향을 미쳤다고 하는 이유에서이다.

그때 나 자신은 오로지 한 가지 일만을 적정하고 있었다. 그것은 바로 홀이 꽉 찰 것인가, 아니면 텅 빈 홀에서 연설하게 될 것인가였다. 나는 만일 사람만 온다면 이날은 젊은 운동에 있어서 대성공의 날이 될 것이 틀림없다는 마음속의 굳은 확신을 가지고 있었다. 그래서 나는 그날 밤을 몹시 기다렸다.

7시 30분 정각에 개회할 예정이었다. 7시 15분에 나는 뮌헨의 플라츨에 있는 호프브로이하우스의 페스트잘에 들어갔는데, 심장은 기쁨으로 터질 것 같았다. 거대한 방, 그때 나에게는 거대하게 보였는데, 그 방은 사람들로 입추의 여지가 없었다. 웅성대고 있는 사람들은 거의 2000명을 헤아릴 정도였다. 그리고 특히 우리가 호소할 대상으로 생각하고 있던 사람들이 와 있었다. 홀의 절반을 훨씬 넘는 부분이 공산당원과 독립사회당원[9]으로 채워져 있는 것같이 생각되었다. 따라서 우리의 제1회 대시위는 그들에 의해 당장에 끝나도록 결정되어 있었던 것이다.

강령의 최초 설명

그러나 딴 결과가 나타났다. 맨 처음 연사가 연설을 마친 뒤, 내가 연단에 올라섰다. 몇 분도 채 안 되어 야유가 빗발처럼 쏟아지고, 홀 안에서는 맹렬한 충돌이 일어났다. 아주 적은 수의 충실한 전우들과 그 밖의 지지자들이 방해자와 주먹다짐을 벌였고, 조금 있다 겨우 얼마쯤 질서가 회복되었다. 나는 다시 연설을 계속할 수가 있었다. 30분 뒤 찬성의 박수소리가 욕지거리나 으르렁거리는 소리를 차츰 압도하기 시작했다.

그리고 이제 나는 강령을 들고 거기에 대한 최초 설명을 시작했다. 15분이 지나고, 또 15분이 지나는 동안 야유는 찬성의 환호에 의해서 점점 압도되어 갔다. 그리고 내가 마침내 25개조 강령을 조목조목 대중에게 제안하고, 그들에게 이것들에 대한 판단을 한 사람씩 말해 달라고 요구했을 때, 이들 강령은 차례차례로 더욱 높아지는 환호를 따라서 만장일치, 또 만장일치로 채택되어갔다. 그리고 이렇게 하여 맨 마지막 조항이 대중의 마음에 받아들여졌을 때, 내 앞에는 새로운 확신, 새로운 신념, 새로운 의지로 결합된 사람들로

---

9) 그때의 좌익 정당의 하나. 1920년에 갈라져 좌파는 공산당으로, 우파는 사회민주당에 저마다 합쳐졌다.

가득 찬 홀이 있었다.

4시간가량 흐른 뒤 홀이 비워지기 시작해 군중이 북적거리며 밀고 밀치면서 느릿느릿한 강의 흐름처럼 출구로 나아갈 때, 나는 이제야말로 이 운동의 원칙이 독일 국민 속에 파고들어간 것이며 더 이상 잊히지 않으리라는 것을 알았다.

운동이 그 나아갈 길을 잡다

하나의 불이 타올랐다. 이 불길에 따라서 앞으로 칼이 만들어질 것이 틀림없다. 그리고 이 칼은 게르만의 지그프리트에게 자유를, 독일 국민에게 생명을 회복시켜줄 것이다.

그리고 다가올 다시 일어남과 함께 나는 용서 없는 복수의 여신이 1918년 11월 9일의 위증죄[10]를 향해서 앞으로 성큼성큼 내딛는 것을 느꼈다.

이렇게 해서 홀은 서서히 비워져갔다.

마침내 운동은 자기가 나아갈 길을 잡았다.

---

10) 그때 내각에 참여하고 있던 사회민주당 간부들이 독일혁명을 이루어내기 위해 취한 전술을 말한다. 특히 각료였던 샤이데만의 행동을 가리키는 것으로 보인다.

제2부
국가사회주의 운동

제1장
세계관과 당

부르주아적 '강령위원회'

1920년 2월 24일, 우리 새로운 운동의 제1회 대공개 대중 시위가 열렸다. 뮌헨의 호프브로이하우스의 페스트잘에서 신당의 25개조로 된 강령의 테제가 군중 2000여 명에게 제시되고, 그 각 조항마다 찬성 환호 아래 승인되었다.

그와 함께 잡동사나나 다름없는 인습적 관념이나 견해 또는 아득한, 오히려 해로운 여러 목표를 모조리 없애버릴 투쟁의 지도 원리와 방침이 처음으로 주어졌다. 부패한, 비겁한 부르주아사회와 마르크스주의의 큰 파도와 같은 개선 행렬 속에 숙명의 수레바퀴를 마지막 순간에 정지시키려고 하는 새로운 힘이 나타난 것이다.

이 새로운 운동이 이 거대한 투쟁을 위해 필요한 의의와 요구되는 필수적인 힘을 얻기 위해서는 정치적 생활에 하나의 새로운 강령을 강요하는 것이 아니라, 원리적인 중요성을 가진 하나의 새로운 세계관이 맨 앞에 서 있다는 신성한 신념을 처음부터 동지의 마음속에 눈뜨게 해야 한다고 생각되었다.

이른바 '정당 강령'이라는 것이 흔히 얼마나 한심한 관점에서 임시변통으로 만들어지고, 때때로 아주 새로워지거나 개조되는가를 생각해 볼 필요가 있다. 이러한 잘못 만들어진 강령을 평가하는 데 필요한 이해력을 얻기 위해서는, 특히 이들 부르주아적 '강령위원회'를 움직이고 있는 동기를 엄밀히 따져봐야 한다.

강령을 새로 결정하거나 또는 기존 강령을 바꾸거나 하는 것은 언제나 오로지 한 가지 걱정, 곧 다음 선거의 귀추가 걱정되기 때문이다. 이들 의회주의적 정치가들의 머릿속에 친애하는 민중이 또다시 반역하고, 낡은 정당이라는 마차에서 나와 달아날 것 같다는 걱정이 조금이라도 떠오르기만 하면, 그들은 곧바로 수레의 채를 새로 바꾸어 칠하는 것이 상례이다. 그렇게 하면 점성술사와 정당 천문학자, 이른바 '경험이 풍부한', '노련한', 대개는 늙어빠진 의회 정치인들이 찾아온다.

그들은 그의 '풍부한 정치적 수업 시대'에 대중이 마침내 분통을 터뜨린 이와 비슷한 경우를 생각해 낼 수가 있으므로, 같은 일이 또다시 닥쳐오고 있다고 느끼는 것이다. 그래서 그들은 케케묵은 처방전을 다시 꺼내 '위원회'를 만들고, 친애하는 민중 사이를 돌아다니면서 여론을 듣거나, 신문 기사를 찾아 친애하는 많은 민중이 무엇을 좋아하고, 무엇을 싫어하며 그리고 무엇을 원하고 있는가를 가까스로 찾아낸다.

모든 직업군, 물론 모든 피고용인 계급은 남김없이 조사되고, 그들의 가장 비밀스러운 욕구까지 연구된다. 그러면 위험하다 여겨지던 반대당의 '불쾌한 구호'조차 갑자기 재검토할 필요가 있는 것이 되고, 전혀 무해하며 예부터 낡은 당의 지식 보고(寶庫)에서 당연한 일로 인정되어온 것처럼 되기까지 하여 이 구호를 본디 고안하여 선전한 반대당을 아연케 만드는 일도 그리 드물지 않다.

그리하여 여러 위원회가 모여서 낡은 강령을 고쳐 바로잡고, 새로운 강령을 만들어 각 사람마다 그가 원하는 바를 주는 것이 된다(이 경우 신사들은 전쟁터에 있는 병사가 헌 셔츠가 이투성이가 되면 새것과 바꾸듯이, 자기 확신을 미련 없이 바꿔버리는 것이다). 농민은 농업 보호를, 공업가는 제품 보호를, 소비자는 구매력을 보호받고, 교원은 봉급이 오르고, 관리는 연금이 개선되고, 과부나 고아는 나라에서 충분한 배려가 있을 것이며, 교통은 편리해지고, 요금은 내리고, 게다가 세금도 전부는 아니더라도 상당히 가벼워질 것이다.

그러나 어떤 계급에 대한 일을 잊고 있거나 또는 민중 사이에 퍼지고 있는 요구를 듣지 못하거나 하는 일이 더러 일어난다. 그렇게 되면 흔히 속물이나 그들 아내들이 다시 안정되고 만족할 것 같은 가망이 보여 안심할 수 있을 때까지, 밀어넣을 수 있는 것은 무엇이든 마지막 판에 급하게 이것저것 주워 모아 마구 쑤셔넣고 마는 것이다. 그럴 경우에 사람들은 속으로 준비가 다 되었다 생각하고, 친애하는 신과 유권자 시민의 어찌할 수 없는 어리석음을 믿고, 그들이 말하는 독일을 새로이 이루어내기 위한 싸움을 시작할 수가 있는 것이다.

'민중 대표'의 생활에서

그런데 드디어 선거일이 끝나고, 의원들도 4년간을 위한 최후 민중 대회를 마치고, 어리석은 대중을 길들이는 일에서 보다 상위의, 쾌적한 과제를 처리하는 일로 옮기게 되면 강령위원회는 다시 없어진다. 그리고 이것저것을 새로이 이루어내기 위한 싸움도, 다시 사랑하는 나날의 빵을 위한—의회에서는 이것이 세비(歲費)로 불리지만—싸움 형태를 취하게 된다.

매일 아침 이 민중 대표는 의회에 가는데, 안으로 쑥 들어가지는 않는다 하더라도 적어도 출석부가 있는 대기실까지는 간다. 민중을 위해 몸이 쇠약해지도록 봉사하고, 그는 거기에서 이름을 써넣는다. 그리하여 당연한 품삯으로서, 이 끊임없이 기진맥진할 정도의 노력에 대한 약간의 보수를 받는다.

4년 뒤, 아니면 그 밖의 '의회 회사'의 해산이 또다시 가까워진 위기적인 몇 주간이 계속되면, 신사들에게는 갑자기 다루기 힘든 충동이 덮쳐온다. 굼벵이가 매미로 바뀌는 것 말고는 도리가 없듯이 이들 의회 애벌레들은 커다란 공동의 고치를 떠나 날개를 팔랑대며 친애하는 민중 속으로 날아간다. 그는 다시 유권자들에게 연설하고, 자기가 얼마나 활약했는가를 늘어놓고, 상대 후보자가 얼마나 악의적이며 고집스러운가에 대해 이야기한다. 그러나 몰이해한 대중으로부터는 감사 박수 대신, 더러는 난폭하고 실로 증오에 찬 말을 듣기도 한다.

이러한 민중의 배은망덕이 어느 정도까지 높아졌을 때는 오로지 하나뿐인 수단만이 남는다. 바로 다시 한 번 정당에 광을 내는 것이다. 강령이 고쳐질 필요가 있으며, 위원회는 새로이 숨을 쉬기 시작하고 그리고 또다시 처음부터 사기극이 되풀이된다. 우리 인간의 어쩔 수 없는 어리석음을 보면 그 효과에 대해 놀랄 것이 없다. 신문에 조종되고, 새로운 매혹적인 강령에 눈이 현혹되어 '부르주아'든 '프롤레타리아'든 그 어느 쪽을 막론하고 그 무정견(無定見)한 선거인은 본디대로 같은 마구간에 돌아가서 다시 옛 사기꾼을 뽑고 마는 것이다.

이리하여 노동계급의 대표자나 후보자는 또다시 의회 애벌레로 변하여 4년 뒤 아름다운 나비로 변신하기 위해 공직생활이라는 나뭇잎에 붙어 배불리 먹어댄다. 이 모든 과정을 이 냉엄한 현실에서 바라보고, 이러한 눈속임이 언제나 되풀이되는 것을 보아야 하는 것만큼 우리를 우울하게 만드는 것은 없다. 마르크스주의의 조직적인 세력과의 싸움을 수행해 낼 만한 힘이 그러한 정신적 토양에서 부르주아 진영에 생기지 않는 것은 당연하다.

마르크스주의와 민주주의 원리

그 신사들은 또한 결코 제정신으로 이 일을 생각하고 있지는 않다. 이 백인종의 의회주의적 치료 마술사들의 잘 알려진 편협함과 정신적 열등함을 보면, 그들 스스로 서유럽 민주주의의 길을 걸어 마르크스주의의 가르침과 싸우고 있다고 진지하게 자부할 수는 없을 것이다.

마르크스주의에 있어서 민주주의와 그에 관계되는 모든 것은 적을 무력하게 하고, 또한 멋대로 자유롭게 바라는 길을 가기 위해 쓰는 수단에 지나지 않는 것이다. 곧 마르크스주의자들의 일부는 현재 아주 교활한 방법으로 민주주의의 여러 원칙과 불가분하게 결합되어 있는 것을 진실인 양 보이려 하고 있으나, 사람들은 이들 '신사'들이 위급할 때[1] 서유럽 민주주의적 의미로서의 다수결을 서푼의 값어치도 없다고 생각하고 있었음을 부디 잊지 말기 바란다!

부르주아 의원들이 이 기념할 만한 편협함으로 자신들의 절대다수를 믿고, 독일제국의 안전이 보증되고 있다고 여겼던 그때, 그사이에 마르크스주의자들은 길거리 부랑자와 도망병과 정당 깡패와 유대인 저널리스트들 무리와 함께, 재빨리 정권을 빼앗아 그런 종류의 민주주의에 요란스러운 소리로 뺨을 때리는 일이 일어난 것이다. 그러므로 그 경우 그와 같은 부르주아 민주주의를 믿고 있는 의회 마술사들의 좋은 성품으로는 분명히 지금 또는 장래에 대하여 이 세계적인 페스트균의 보유자와 관여자의 야수와도 같은 결심을 간단히 서유럽적 의회주의의 주문(呪文)으로 막을 수 있을 것이라고 망상하고 있는 것과 같았다.

마르크스주의자들은 국민적 정신계를 없애버리려 생각하고 있지만, 자기 범죄 목적을 위해서 설령 간접적으로라도 지지받을 수 있는 한, 민주주의와

---

[1] 11월혁명 때를 말한다.

더불어 나아갈 것이다. 그러나 우리 의회주의적 민주주의의 마법 솥에서 갑자기 많은 수의 사람을 끓어오르게 하며—그리고 그것이 오로지 정당한 다수결의 입법에만 따른다 할지라도—진정으로 마르크스주의를 탄압하려 하고 있다는 확신에 오늘 다다른다면, 의회 속임수는 곧바로 종말을 고할 것이다.

적색 인터내셔널 기수들은 민주주의 양심에 호소하는 대신, 프롤레타리아 대중에게 불타는 듯한 격렬한 자극을 준다. 그리고 그들 투쟁은 우리 의회 회의장의 곰팡내 나는 공기로부터 빠져나와 한번에 공장에서, 또 길거리에서 뿌리박을 것이다. 민주주의는 그것으로써 간단히 처리되고 말 것이다. 그리고 의회에서 민중의 사도[2]의 지적인 요령만으로는 할 수 없었던 일이, 선동된 프롤레타리아 대중의 쇠지레와 쇠망치로, 마치 1918년 가을[3]과 마찬가지로 전광석화처럼 이루어질 것이다. 즉 서유럽 민주주의 방식으로 유대인의 세계 제패에 대항할 수 있다고 자만하는 일이 얼마나 미친 짓인가를, 그것들은 부르주아사회 사람들에게 절실히 알게 해줄 것이다.

규칙이라는 것은 고압적인 태도로 나올 때나 자기 이익이 될 때에만 존재하여, 자기 이득이 되지 않게 되자마자 내던져버리고 마는 노름꾼을 상대로 하여 규칙에 얽매여 있다는 등의 일은 앞에서 말한 바와 같이 정말 사람이 좋다고밖에 말할 수 없다.

아무튼 이른바 부르주아적 경향의 정당의 경우에는 모든 정치적 투쟁이라고 하는 것은 사실상 오로지 의석 하나하나의 쟁탈전일 뿐이다. 그때 온갖 견해와 원칙은 형편에 따라 배의 모래주머니처럼 바닷속에 처박히고 만다. 그러므로 그들 강령도, 물론 거기에 응해서 적당하게 정해지고 있으며—물론 반대로—그들 힘도 그 잣대에 따라 평가된다. 부르주아 정당에는 우뚝 솟은 위대한 이념의 저항할 수 없는 충격과, 그 이념을 무조건 믿게 할 수 있는 설득력으로써 대중을 언제나 따르게 하고 이 이념을 지켜 나가려고 하는 광신적인 투쟁 의욕을 결합시키는 위대한 자석과 같은 매력이 모자라는 것이다.

---

2) 의원(議員).
3) 11월혁명 때.

세계관 대 세계관

한편에서 몹시 파괴적인 하나의 세계관이 온갖 무기를 가지고 현존하는 질서를 교란시키려 할 때, 다른 한편에서는 하나의 새로운, 우리 경우에는 하나의 새로운 정치적 신념 형태를 몸에 지니며, 그리하여 약하고 무른 방위적 구호를 지양하고, 용감하고 사나운 공격의 고함소리로 이를 대체시켰을 때에만 언제나 대항할 수가 있는 것이다.

그러므로 특히 바이에른 중앙당 주변의 이른바 국민적 부르주아적 장관들로부터 오늘날 우리 운동이 '혁명'의 뜻을 품고 활동하고 있다는 등 사치스러운 비난을 받지만, 그러한 섣부른 정치론을 좋아하는 바보에 대해서는 다만 다음과 같이 대답할 뿐이다.

"그렇고말고, 우리는 너희들이 범죄에 해당할 만한 어리석음으로 게을리해 온 일을 보완하려 노력하고 있다. 너희들 의회주의적인 더러운 거래 원칙에 따라 국민들은 깊은 수렁으로 끌려들어간 것이다. 그런데 우리는 공격 형태를 취하여 새로운 세계관을 세우고, 그 근본 원리를 열광적으로 단호히 지킴으로써 언젠가 우리 민족이 자유의 전당에서 다시 올라갈 수 있는 계단을 구축한다."

그러므로 우리 운동이 처음 시작되던 시대에 첫째 배려는 언제나 이 새롭고 숭고한 신념을 위한 투사들이 단순한 의회적 이익 촉진 단체가 되지 않게끔 경계하는 데 돌려져야 했다.

그 첫 번째 예방 조치는 그게 아니더라도 그 내면적인 위대함만으로 오늘날 정당정치가의 연약한 정신을 몰아내기에 적절한 듯한 발전을 목표로 삼은 강령을 만드는 일이었다.

그리고 우리가 강령에 따라 목표로 삼는 점을 명확히 형성할 필요가 있다고 인정했던 일이 얼마나 옳았던가 하는 것은 마침내 독일을 붕괴에까지 끌고 간 저 파국적인 결함을 보면 가장 뚜렷하게 알 수 있다.

이런 나약함을 알게 되면, 하나의 새로운 국가관이 이루어질 것이 분명하다. 그리고 그 새로운 국가관 자체가 새로운 세계관의 본질적 구성 요소인 것이다.

'민족주의적'이라는 개념

이 책 제1부에서 '민족주의적'이라는 말이 개념적으로 너무 분명하지 않기에 하나의 단결된 투쟁 단체를 이룰 수가 없다는 정도로 이 말을 설명해 두었다. 오늘날에는 서로의 견해가 본질적인 점에서 매우 동떨어진 모든 것들이 모두 '민족주의적'이라는 동의어 아래 활개를 치고 있다. 그러므로 나는 '국가사회주의 독일노동자당'의 과제와 목표로 옮겨가기 전에 '민족주의적'이라는 개념과 노동당과의 관계를 설명해 두고자 한다.

'민족주의적'이라는 개념은 '종교적'이라는 말과 거의 마찬가지로 명확하게 한정되어 있지 않고, 여러 가지 다른 의미로 풀이할 수 있으며, 또한 실제로도 제한 없이 쓰이고 있는 것으로 생각된다.

이 말 속에 무엇인가 아주 엄밀한 것을 상정한다는 것은 사상적으로 이해하는 면에서도, 실제로 작용하는 효과면에서도 매우 어렵다. 종교적이란 말만 하더라도 이 말의 적용이 일정하며 뚜렷한 형태를 띠었을 때 비로소 관념적으로 파악할 수가 있다.

어떤 사람의 성질이 '내면적으로 매우 종교적'이라고 할 경우 그것은 대단히 좋은 말이며 평소에 그런 뜻으로 쓰기 쉽다. 분명히 소수 사람들은 그러한 매우 일반적인 표현에 만족을 느낄 것이다. 게다가 그 말은 일정하고 조금이나마 날카로운 정신상태의 상(像)을 의미할 수도 있으리라. 그러나 대부분 대중은 철학자도 성인도 아니기에 이러한 매우 일반적인 종교적 이념으로는 대개 각 개인에게 저마다 다른 생각이나 행동을 자유롭게 부여하는 것을 의미할 뿐이며, 내심의 종교적 갈망이 순수한 형이상학적인 관념세계 안에서 명확한 특정 신앙이 이루어졌을 때 생기는 것 같은 그러한 효험에 이르는 일도 없다.

이 신앙이라는 것은 확실히 그 자체가 목적이 아니고, 목적을 위한 수단에 지나지 않는다. 하지만 그것만이 목적에 이르도록 할 수 있는 필요불가결한 수단이다. 그러나 이 목적은 단순히 관념적일 뿐만 아니라, 궁극적으로는 뛰어나게 실천적인 것이다. 사람들은 일반적으로 가장 숭고한 미의 고결함이 마침내 오로지 논리적인 합목적성에만 존재하는 것과 마찬가지로, 최고 이상은 언제나 가장 심각한 생활의 필요에 상응한다는 것을 알아야만 한다.

종교적인 감각에서 의심을 허락지 않는 신앙

신앙이란 것은 인간을 동물적인 무위(無爲)의 생활수준 위로 끌어올리는 힘이 있으므로, 인간 존재를 확고하게 만들고 안전하게 지키는 데 이바지하고 있다. 만일 인간들이 종교 교육을 모두 없애버리고, 종교와 동등한 가치가 있는 것으로 대체하지도 않은 채 오늘날 인류로부터 종교 교육에 따라 유지되고 있는 종교적 신앙적인 잣대—그것은 그 실제적 의미에서는 윤리적 도덕적 원칙이지만—를 없애버린다고 가정한다면, 인간들은 그 결과 인간 존재의 기초가 몹시 동요하는 것을 알 수 있으리라.

그리하여 인간은 분명히 높은 이상에 봉사하기 위해 살고 있을 뿐 아니라, 또한 거꾸로 이 높은 이상이 인간으로서 존재의 전제를 이루고 있다고 생각해도 좋다. 그와 같이 순환이 이루어지고 있는 것이다.

이미 이 '종교적'이라고 하는 일반적 표현 속에는 물론 이를테면 영혼불멸이라든가 존재의 영원함이라든가 신의 존재 등의 온갖 원칙적인 생각이나 확신이 포함되어 있다. 하지만 이러한 생각은 모두 그것이 개인에게 있어서는 아무리 이해가 되는 것일지라도 감정적인 예감이나 인식이 의심을 허락하지 않는 신앙의 합법적인 힘을 얻기 전에는, 이러한 한 사람 한 사람의 비판적 음미 아래 긍정이나 부정이라는 동요 상태에 있는 것이다.

이 의심을 허락하지 않는 신앙이야말로 첫째로 종교적인 근본적 관념을 인식하는 데 돌파구를 뚫고 길을 열어주는 투쟁의 원동력인 것이다. 이러한 명확하고 뚜렷한 신앙이 없이는 종교심은 그 불명료한 다양성 때문에 인간 생활에 있어 가치가 없을 뿐 아니라 아마도 일반적인 혼란을 가져오게 될 것이다.

민족적 감각에서 정치적 신조로

'민족주의적'이라는 말에 대해서도 '종교적'인 개념과 같은 것이 해당된다. 또한 민족주의적이라는 말에도 이미 갖가지 근본적인 인식이 자리하고 있다. 이러한 인식 역시 훌륭한 의미를 갖고 있는지는 모르겠으나, 형식이 뚜렷하지 않기에 어떤 정당의 테두리 안에서 근본적인 요소로 작용하려면, 얼마쯤이나마 인정할 만한 의견이 되기까지, 먼저 그 가치를 높여야 한다.

왜냐하면 오로지 막연하게 그리워하는 것만으로는 자유를 얻어낼 수 없는

것과 마찬가지로 어떤 세계관에 알맞은 이상과 그 이상에서 나오는 요구도 인간의 순수한 감정이나 내적 의지만으로는 실현할 수 없기 때문이다. 그렇다, 독립을 향한 이상적 충동이 전투 조직을 군사적 권력 수단이라는 형태로 획득했을 때 비로소 민족이 갈망하고 있는 요구가 훌륭한 현실로 옮겨질 수 있는 것이다.

모든 세계관은 그것이 모조리 옳고, 인류를 위해 견줄 데 없이 가치 있는 것일지라도 그 근본 원칙이 어떤 투쟁 운동의 기치가 되지 못할 때는 민족생활의 실제적 형성에 있어선 무의미한 것이 될 것이다. 다른 한편 그 활동이 이념의 승리를 달성하고, 그 당의 교의가 한 민족 공동사회의 새로운 국가적 원칙이 되지 않는 한, 당으로서 존재해야 할 것이다.

그러나 어떤 일반적인 정신적 관념을 앞으로 발전 기초로서 도움이 되게 하려면, 그 첫째 전제가 되는 것은 이러한 관념의 본질, 종류 및 범위를 철저하게 명확히 하는 일이다. 왜냐하면 그러한 기초 위에서만 그러한 신념이 내면적으로 균질성을 얻어서 투쟁에 필요한 힘을 발전시킬 수 있는 운동이 이루어지기 때문이다.

일반적 관념에서 정치적인 프로그램이 만들어지고, 어떤 일반적 세계관에서 일정한 정치적 신념이 이루어지지 않으면 안 되는 것이다. 그 신념은 그 목표가 실제로 이룩할 수 있는 것이어야 하므로, 이념 그 자체에 봉사할 뿐 아니라, 이 이념의 성취를 위해 존재하고, 또한 이용되어야 하는 투쟁 수단에 대해서도 고려해야 한다.

강령 입안자가 공포해야 하는 추상적으로 올바른 정신적 관념은 정치가의 실제적인 인식과 연관되어야만 한다. 그리하여 인류를 이끄는 별로서의 영원한 이상은 일반 인간 결점에 의해 좌절하지 않기 위해서는 이 인류의 약점을 고려하여 처음부터 유감스럽게도 타협하지 않으면 안 된다. 영원한 진리나 이상의 영역에서 인간이라는 작은 존재에게 가능한 것을 이끌어내어 거기에 구체적인 모습을 부여하기 위해서는 민중 심리를 아는 자가 진리 탐구자에게 협력해야 한다.

정치적 신조에서 투쟁 단체로

최고 진실이라는 일반의 세계관적 이상의 관념을 일정하게 제한된 엄격한 조직을 가진, 정신적으로나 의지적으로나 통일된 정치적 신념을 가지고 투쟁하려는 단체로 이행시킨다는 일은 그 이념이 승리할 가능성이라는 것이 솜씨 좋은 실현에만 달려 있으므로 가장 중요한 일이다.

이런 진리를 자기 혼자로서는 얼마쯤이나마 분명하게 느끼고 있으며, 일부 사람들은 아마도 이해하고 있는 몇백만 무리 속에서 한 사나이가 나타나 의문을 허락지 않는 힘으로 대중의 동요하고 있는 관념계에서 확고한 원칙을 만들어내고, 자유롭게 파도치는 대로 떠돌고 있는 정신계에서 통일된 신념과 의지를 가진 단단한 바위 같은 단결이 생겨날 때까지 이 원칙의 정당성을 위해 투쟁을 계속해야만 하는 이유가 바로 여기에 있는 것이다.

이러한 행동에 대한 일반적인 권리는 그 필연성에 근거하고, 그 행동에 대한 개인적 권리는 그 성과에 기초한다.

*

인종과 인격에 반대하는 마르크스주의

우리가 '민족주의적'이라는 말에서 그 의미에 가장 잘 맞는 핵심을 꺼내려고 한다면 다음과 같은 것을 확인할 수 있다. 곧 오늘날 독일에서 널리 쓰이는 우리 평범한 정치적인 세계관은 보통 국가에는 실제로 그 자체에 창조적으로 문화를 이룩할 수 있는 힘이 주어져 있지만, 국가는 인종적 전제와는 전혀 관계없이 오히려 경제적 필요에서 생겨났거나, 기껏해야 정치적인 권력욕에서 자연히 나온 것이라는 관념에 입각하고 있다. 이 근본 관념은 이론적으로 일관된 교육을 계속하면, 어떤 인종의 원동력을 오인할 뿐만 아니라 인격의 과소평가에까지 이르게 된다. 왜냐하면 인종 하나하나의 일반적인 문화 형성 능력에 대해 차이가 있다는 점을 부정하는 것이, 이 가장 큰 잘못을 개개인의 인격 판단에도 미치고 말 것이 분명하기 때문이다.

여러 인종의 질이 동일하다는 가정은 민족에 대해서나 개인에 대해서도 같은 견해를 갖게 하는 근거가 된다. 그러므로 국제적 마르크스주의 자체는 또한 실제적으로 이미 옛날부터 존재하고 있던 세계관적인 견해와 해석을 일정한 정치적 신조 형태로 유대인 칼 마르크스가 전용한 데 불과하다.

마르크스주의 가르침의 놀라운 정치적 성공은 예부터 있던 이러한 해독의 밑바탕이 없었다면 결코 이룩되지 않았을 것이다. 칼 마르크스야말로 차츰 타락해 가는 세계 늪지 속에서 그의 가장 본질적인 독소를 예언자의 날카로운 눈으로 인식하고, 그것을 추출하여 이 지상의 자유로운 여러 국민의 독립적 존재를 급속히 붕괴시키기 위해 마술사와 같이 짙은 용액으로 만들어 낸 몇백만 명 가운데 한 사람일 뿐이다. 그리고 이 모든 것은 자기 인종[4]을 위한 것이었다.

이처럼 마르크스주의 가르침은 오늘날 일반에게 널리 쓰이고 있는 세계관의 간결한 정신적 발췌이다. 이러한 근거에서 보면 분명 마르크스주의에 대한 우리의 이른바 부르주아사회 사람들의 모든 투쟁은 불가능하며, 실로 웃음거리에 지나지 않는다. 왜냐하면 이러한 부르주아사회에도 본질적으로 이같은 독소가 침투해 있으며, 그 사회는 마르크스주의의 세계관과는 일반적으로 이미 그 정도와 인물이 다를 뿐, 그 세계관에 충성을 맹세하고 있기 때문이다. 부르주아사회는 마르크스주의적이며, 마르크스주의 자체가 세계를 계획적으로 유대인에게 넘기려고 시도하고 있는데도 특정 인간집단(부르주아지)의 지배 가능성을 믿고 있을 뿐인 것이다.

인종과 인격에 입각한 민족주의적 태도

이에 반해서 민족주의적 세계관은 인류의 의미를 인종적 근원 요소에서 이해한다. 그것은 원칙적으로 국가를 오로지 목적을 위한 수단으로 보고, 국가의 목적을 인간의 인종으로서의 존재를 유지하는 일이라고 생각한다. 그러므로 민족주의적 세계관은 결코 인종 평등을 믿지 않을 뿐만 아니라, 오히려 인종 가치에 우열이 있음을 인정하고, 이러한 이해에서 이 우주를 지배하고 있는 영원한 의지에 따라 뛰어난 자, 강한 자의 승리를 추진하고, 뒤떨어진 자나 약한 자의 종속을 요구하는 것이 의무라고 여긴다.

따라서 원칙적으로는 민족주의적 세계관은 자연의 귀족주의적 근본 사상에 이바지하며 이 법칙이 모든 개체에까지 적용된다는 것을 믿는다. 그것은 오로지 인종 사이에 있는 여러 가치 차이를 인정할 뿐만 아니라, 또 한 사람 한 사람의 가치에도 차이가 있는 것을 인식한다. 군중으로부터 개인 인격의 중요성을 추출하여 민족주의적 세계관은 해체적인 마르크스주의와는 거꾸

---

4) 유대인. 마르크스는 유대인이었다.

로 조직적으로 움직인다.

민족주의적 세계관은 인류가 이상적인 것이 될 필연성을 믿는다. 왜냐하면 다른 한편으로는 바로 여기에 인류 존재를 위한 전제를 인식하기 때문이다. 그러나 어떤 윤리적 이념이 더 높은 윤리를 가지고 있는 인종의 생존을 위협하는 경우에는, 민족주의적 세계관은 또한 그 이념에 생존권을 허용할 수가 없다. 왜냐하면 잡종화되고, 흑색 인종화된 세계에서는 모든 인간적인 아름다움과 숭고와 같은 개념이나 인류 장래를 이상화하려는 모든 관념이 영원히 없어지고 말 것이기 때문이다.

유럽 대륙에서는 인간적인 문화나 문명이 아리아 인종의 존재와 불가분하게 연관되어 있다. 아리아 인종이 멸망하거나 몰락한다면, 이 지구상은 또다시 문화가 없는 암흑의 베일에 싸인 시대로 가라앉고 말 것이다.

민족주의적 세계관에서 보자면, 인류 문화를 짊어질 담당자를 멸망시킴으로써 인류 문화의 존립을 손상시키는 일이야말로 가장 저주받을 죄이다. 감히 신의 모형을 모독하려는 자는 이 기적의 자비로운 창조주를 모독하고 낙원으로부터 추방하는 데 협조하는 자이다.

자유로운 힘의 경쟁 촉진

그렇게 하여 민족주의적 세계관은 자연의 내적 요구에 응한다. 왜냐하면 그것은 끊임없이 보다 더 뛰어난 상대방을 키울 것이 분명한 힘의 자유로운 경쟁을 부흥시켜, 마침내 가장 우수한 인류가 이 지상을 얻어서 지구 안팎의 여러 영역에서 자유롭게 활약할 길을 열어주기 때문이다.

우리는 모두 먼 미래에 틀림없이 인류에게 문제가 생길 것이나, 그것을 극복하기 위해 최고 인종만이 지배 민족으로서 온 지상의 모든 수단과 가능성의 도움을 받아 그것을 이겨낼 준비를 갖추게 되리라는 예감을 가지고 있는 것이다.

*

당을 위한 정리

이리하여 민족주의적 세계관을 그것이 뜻하는 내용에 따라 일반적으로 정리해 가면, 저마다 다른 풀이에 이를 것이 확실하다. 사실 최근 독일에 생기는 새로운 정당으로서 이러한 세계관을 가지지 않은 정당을 찾기란 어렵다. 하지만 이것이야말로 다른 많은 존재에 대해 자기 독자적 존재를 주장함으로써 민족주의라는 그 개념 차이를 보여준다. 그와 같이 통일적인 통제 조직에 따라서 지도되고 있는 마르크스주의 세계관에는 뒤범벅된 관념이 대립하고 있다. 이미 이념적으로도 적(敵)이 단결하고 있는 전선에 대해 인상이 약한 것이다. 승리라는 것은 이러한 빈약한 무기로 얻어지는 것은 아니다!

정치적으로 조직화되고, 마르크스주의에 따라 지도되고 있는 국제적 세계관에 대해서 마찬가지로 통일적으로 조직되고 지도되는 민족주의적 세계관이 대립한다면, 같은 투쟁 에너지를 갖고 있는 경우에도 승리는 영원한 진리 쪽으로 돌아갈 것이다.

그러나 세계관을 조직적으로 파악한다는 것은 언제나 그 세계관을 뚜렷하게 정식화(定式化)하는 기초가 있어야만 가능하다. 그리고 '신앙에 대해 교리가 나타내고 있는 관계'가 형성되어 가고 있는 '정당에 대한 당의 근본 원리의 관계'로서 그대로 적용된다.

그러므로 민족주의적 세계관은 국제주의를 위해 마르크스주의 정당 조직이 자유롭게 행하는 것 같은 투쟁적 대변을 가능케 하는 도구를 만들어야 한다.

국가사회주의 독일노동자당은 이 목적을 추구한다.

민족주의적 세계관의 승리를 위한 전제는 이러한 민족주의 개념을 당과 같은 모습으로 확정하는 것이라는 점은, 이러한 당을 만드는 데 반대하는 사람들마저 적어도 간접적으로는 인정하고 있는 다음과 같은 사실에 의해 가장 분명하게 입증된다. 다시 말해 민족주의적 세계관은 결코 어느 한 사람의 '세습적인 재산'이 아니라 실로 몇백만의 마음속에 잠자고 있거나 '살아 있다'고 큰 소리로 반대하는 사람들이야말로, 바로 그러한 관념이 일반적으로 존재하고 있다는 것만으로는 정당정치 형태로서 전형적으로 대표하고 있는 적대적 세계관의 승리를 결코 막을 수 없었다는 것을 입증하고 있는 것이다.

만일 그렇지 않았다면 오늘날 독일 민족은 이미 커다란 승리를 거두고, 벼랑 끝까지 내몰린 처지는 결코 되지 않았으리라. 국제주의적 세계관이 승리를 거둔 것은 그 대표로서 돌격대처럼 조직된 정당이 있었기 때문이다. 반대의 세계관이 굴복당한 것은 지금까지 통일적으로 이루어진 그 세계관의 대표가 없었기 때문이다. 세계관이라고 하는 것은 그 일반적인 관념을 하나하나의 자유로운 풀이에 맡겨두는 것이 아니라, 정치 조직의 뚜렷함과 함께 잘 정돈된 형태에 있어서만 투쟁하고 승리를 거둘 수 있는 것이다.

정치적 신조의 형성

그러므로 나는 일반적 세계관의 범위가 정해지지 않고 형태가 없는 소재 중에서 핵심 이념을 뽑아낸 뒤, 그것을 얼마쯤 교의적인 형태로 고쳐서 이 명확하게 한정된 것에 의해 그것을 믿고 있는 사람들을 통일적으로 정리해 가는 데에 특히 나 자신의 참된 사명이 있다고 생각했다.

다시 말하면 국가사회주의 독일노동자당은 일반적인 민족주의적 세계관의 기본 사상 가운데서 본질적인 근본 특질을 꺼내어 실제의 현실, 시대, 기존의 인재 및 인간의 약점을 고려하여 거기서 정치적 신조를 만들어 냈다. 그러나 이 신조는 이제 그 자체 대중을 되도록 엄격히 조직적으로 통합함으로써 민족주의적 세계관의 투쟁을 승리로 이끄는 전제를 이루고 있는 것이다.

제2장
국가

1920년과 1921년쯤 이미 우리 새로운 운동은 오늘날까지 살아남아 있는 부르주아사회의 사람들로부터, 현존하는 국가 지위를 부정하는 것이라고 때때로 비난을 받았다. 이것을 이유로 하여 온갖 경향을 가진 정치적 사기꾼들은 이 미숙하고 까다로운 새로운 세계관의 포고자에 대해 갖은 수단으로 압박을 가하여 투쟁할 권리가 있는 것처럼 추론했다. 그들은 물론 그때 오늘날 부르주아사회 사람들 자신도 '국가'라는 개념에 대해 아무런 통일적인 것을 생각할 수가 없고, 거기에 대해서 통일적인 정의도 존재하지 않으며, 또한 정의를 내릴 수도 없다는 것을 일부러 잊고 있다.

아무튼 독일의 국립대학에서 학설을 설명하는 자는 흔히 국법학 교수로서 지위를 차지하고 있는 것이 보통이며, 그들의 최고 사명은 무엇보다 먼저 그들의 빵을 얻는 호구지책이라고도 할 수 있는, 약간이나마 불운한 지위를 위해 설명하고 해석하는 것이어야 한다. 국가 존립이 불가능할수록 국가의 존재 목적에 대한 정의는 더욱더 철저하지 못하고, 인위적이며 아리송한 것이된다. 이를테면 국가로서의 존재가 바로 20세기 최대 기형아를 구현하고 있는 듯한 나라[1]에서, 국립대학 교수가 국가의 의의와 목적에 대해 무언가 쓸만한 것이 이제까지 있었던가?

국법학을 가르치고 있는 오늘날 교수에 대해서 진리 탐구의 의무감 따위는 없고 오히려 일정한 목적과 연관시키는 일이 중요하다는 것을 생각할 경우 이것은 어려운 과제이다. 그리고 그 일정한 목적은 오늘날 국가라고 불리는 인간적 메커니즘이라고도 할 수 있는 괴물을 어떠한 희생을 치르더라도 유지해 가는 일인 것이다. 따라서 이러한 문제를 논의할 때 현실적 잣대를 되

---

1) 바이마르 공화제 아래 독일을 말한다.

도록 피하고 그 대신 '윤리적·도덕적', 그 밖의 이념적 가치와 과제와 목표를
뒤섞기에 전념한다는 사실은 놀랄 일이 못 된다.

국가에 대한 세 가지 유력한 생각
주로 세 가지 국가 관념으로 나눌 수가 있다.

(1) 국가를 단순히 **어떤 정부의 권력 아래 얼마쯤 자발적으로 모인 사람들
의 총화로 보는** 그룹.

이 그룹에 속하는 사람이 가장 많다. 특히 오늘날 합법주의의 선봉자가 이
무리에 있다. 그들 눈으로 보자면, 이러한 기구에서는 일반적으로 인간 의지
는 아무 역할도 하지 않는다. 그들에게는 국가가 존립하고 있다는 사실만으
로 이미 신성불가침성이 자리잡고 있다. 인간 두뇌에서 나온 이러한 정신착
란을 유지하기 위해 사람들은 이른바 **'국가 권위'**를 개처럼 열심히 우러러 사
모할 필요가 있다. 이러한 사람들의 머리로는 하나의 수단에서 즉각적으로
궁극의 목적이 만들어지는 것이다. 국가는 이미 인간에게 봉사하기 위해 있
는 것이 아니라, 아무리 비천한 정신의 소유자라도 그가 어딘가의 관리라면
그 사람까지도 포함해서 국가 권위를 숭상하기 위해 인간이 존재하는 것이
된다.

이 조용하고 신들린 것 같은 숭배 상태가 불안한 상태로 변하지 않도록 안
녕과 질서를 유지하기 위해서만 그들이 말하는 국가 권위가 존재하는 것이
다. 그렇게 되면 국가 권위는 이미 목적이 아니며 더구나 수단도 아니게 된다.
국가 권위는 안녕과 질서에 대해 배려해야 하고, 이번에는 안녕과 질서가 반
대로 국가 권위 존재를 가능하도록 해주어야 한다. 모든 생활은 바로 이 양
극 안에서 순환하고 있는 것이다.

바이에른에서는 이러한 관념은 첫째로 '바이에른 인민당'이라고 알려진 바
이에른 중앙당의 정치꾼들이 대표하고 있다. 오스트리아에는 흑색과 황색 기
치의 정통파 사람들이 있고, 독일국 자체에도 유감스럽지만 더러 이른바 보
수적 분자들이 있는데, 그들의 국가 관념은 이 길을 따르고 있다.

(2) 제2그룹은 국가 존재에 적어도 두서너 가지 조건을 붙이는 사람들이
그 속에 들어가야 하는 만큼 수적으로도 얼마 되지 않는다. 그들은 단순히
똑같은 행정뿐 아니라, 가능하다면 또 **'똑같은 언어'**—비록 일반 행정 기술

상의 견지에서만이라도—일 것을 요구한다. 국가 권위는 이미 국가의 유일한 독점적 목적이 아니라 국민의 복지 증진이 이에 더해진다.

'자유' 사상이, 그것도 대개는 그릇된 자유 사상이 이러한 사람들의 국가관에 살며시 스며든다. 통치 형식은 그것이 존재하고 있다는 사실만으로도 불가침의 것이라고는 생각되지 않으며, 그것이 목적에 맞는가 하는 것이 음미된다. 국가가 오래되었다는 존엄만으로는 오늘날의 비판을 면치 못한다.

아무튼 이것은 국가로부터 첫째로 개인의 경제생활에 유리한 상태를 기대하고, 그 때문에 실제적 관점에서 일반적인 경제상의 손익 관점에 따라 판단하는 견해이다. 이 관점의 주된 대표자는 보통의 우리 독일 부르주아지 사람들, 특히 자유주의적 민주주의자들이다.

(3) 제3그룹은 숫자상 가장 적다. 그들은 국가를 언어적으로 특색을 가지고, 통일된 국가를 이루고 있는 민족의, 대개는 매우 불명확하게 여겨지고 있는 **권력정치적 경향**을 실현하는 수단으로 본다. 국어를 통일시키고자 하는 이 의지는 그 경우, 오로지 이 국가가 그것에 의해서 대외적 권력을 증대시키기 위한 힘이 있는 기초를 만들려고 하는 희망뿐 아니라, 그에 못지않게—게다가 근본적으로 잘못되어 있지만—국어 통일에 의해, 일정한 방향으로의 국가화를 실현할 수 있다는 생각을 나타내고 있다.

잘못된 '게르만화' 관념

지난 100년 동안 이러한 사람들 가운데서 대개는 선량한 신념에서이지만, '게르만화'라는 말이 남용된 것을 보는 것은 실로 애통한 일이었다. 나 자신도 청년시대에 이 말을 전혀 믿을 수 없을 만큼 그릇된 의미로 받아들여, 현혹되었던 것을 지금도 기억하고 있다. 범독일주의 사람들에게서조차, 오스트리아의 독일인이 정부의 장려와 원조 아래 오스트리아에 있는 슬라브 민족의 게르만화를 반드시 이룰 수 있을 것이라는 의견을 그때 들을 수가 있었다. 그때 사람들은 게르만화가 토지에 대해서만은 적용될 수 있으나, 인간에게는 결코 적용될 수 없다는 사실에 대해서 조금도 깨닫지 못했던 것이다. 왜냐하면 사람들이 일반적으로 '게르만화'라는 말 속에서 이해하고 있었던 것은 강요에 따라 독일어를 겉보기로만 말하게 되었다는 것뿐이었기 때문이다.

그러기에 말하자면, 흑인이나 중국인이 독일어를 다 배우고, 앞으로도 독일어를 말하고 그리고 독일 정당의 어딘가에 투표한다고 해서 그들이 게르만 민족이 되리라 믿는다는 것은 거의 상상할 수 없는 잘못된 생각이다. 이러한 게르만화는 모두 실제에 있어서는 나쁜 게르만화[2]라는 것이 우리 부르주아적 국가주의자들에게는 도저히 이해되지 않았던 것이다. 왜냐하면 오늘날 공통된 언어를 강요함으로써 지금에 와서는 뚜렷이 눈에 띄는 여러 민족 간 차이가 없어지고, 마침내 혼합된다면 그것은 잡종화의 시작이며, 우리 처지에서는 게르만화가 아니라 오히려 게르만적 요소를 파괴시키는 것을 의미하기 때문이다. 역사적으로도 정복 민족이 외적 권력 수단으로 피정복 민족에게 자기 언어를 강제할 수는 있지만, 1000년 뒤에는 그 언어가 다른 민족에 의해 사용되고, 그리하여 승리자가 사실은 패자가 된 일이 자주 생겨나고 있는 것이다.

민족성, 보다 더 정확하게 말하면 인종은 언어 속에 있는 것이 아니라 핏속에 있는 것이므로, 패자의 피를 그러한 과정에 의해 바꿀 수가 있다면 그때 비로소 게르만화에 대해 이야기할 수가 있을 것이다. 그러나 그것은 불가능하다. 혼혈에 의해 변화시킬 수는 있으나, 뭐니 뭐니 해도 그것은 보다 우수한 인종의 수준 저하를 뜻하는 것이다. 그러한 일을 하면, 궁극적인 결과는 일찍이 정복 민족에게 승리를 가져온 특질을 그야말로 멸망시키는 것이 되리라.

특히 뒤떨어진 인종과 결혼한 경우, 태어난 혼혈아가 우수한 민족 언어를 이전보다 아무리 능숙하게 잘 쓴다 해도 문화적인 여러 힘은 없어지고 말 것이다. 얼마 동안은 다른 정신 사이에 어떤 격투가 벌어질 것이다. 그리고 차츰 몰락해 가고 있는 민족이 마지막 불이 꺼지려는 순간처럼 어느 정도까지 놀라운 문화적 가치를 나타내는 일이 있을지도 모른다. 그러나 그것은 오로지 뛰어난 민족에 속하는 낱낱의 요소나 또는 혼혈아일지라도 최초 잡교(雜交) 때 우수한 피가 아직도 우세를 차지하여 투쟁하려고 한 것이지, 결코 혼혈의 결과 태어난 것은 아니다. 혼혈에는 언제나 문화적인 역행의 움직임이 나타날 것이다.

오늘날 오스트리아에서 요제프 2세가 의도한 의미로서의 게르만화가 행

---

2) 원문은 Entgermanisation. 히틀러는 순수 게르만화를 의도했다.

해지지 않았음은 다행한 일이었다고 보아야 할 것이다. 만일 그것이 성공했더라면, 아마도 오스트리아 국가 유지에는 도움이 되었겠지만, 독일 국민의 인종적 수준은 언어의 공통화에 의해 낮아지고 있었을 것이다. 몇 세기 동안 어떤 군거 본능이 의심할 나위 없이 결정화되었을지 모르지만, 군중 자체의 가치는 떨어졌을 것이다. 국가를 이루는 민족은 태어났을 테지만, 문화를 만드는 민족은 없어졌을 것이 분명하다.

이 혼혈 과정의 중지가 뛰어난 선견지명 때문이 아니라, 합스부르크 가문의 근시안적인 편협함 때문이었다고 할지라도 독일 국민에게는 다행이었다. 그렇지 않았다면 독일 민족은 오늘날 이미 문화 원동력으로 거의 여겨질 수가 없었을 것이다.

그러나 오스트리아뿐 아니라 독일에 있어서까지도, 이른바 국가주의자들은 똑같은 그릇된 사고 과정으로 움직였으며 현재도 움직이고 있다. 동부를 게르만화한다는 뜻으로, 많은 사람들이 요구한 폴란드 정책은 유감스럽게도 거의 언제나 똑같은 잘못된 논거 위에 서 있었다. 여기에서도 사람들은 폴란드적 요소의 게르만화가 그들을 순수하게 언어상으로 독일화함으로써 일어날 수 있다고 믿고 있었다. 여기서도 또한 그 결과는 불행한 것이 되었을 것이다. 다시 말해서 인종이 다른 민족이 독일어로 다른 사상을 나타내고, 우리 독자적인 민족성의 우수함과 존엄성이 그들 독자적인 열등함과 함께 응결되는 것이다.

유대 말투의 독일어를 쓰는 유대인이 미국에 갔을 때, 많은 미국인이 그것을 모르기에 그들을 우리 독일인으로 취급한다. 이와 같이 해서 간접적으로 우리 독일인에게 가해지는 해독은 오늘날 실로 놀라울 정도이다. 그러나 물론 동부에서 온 이 이투성이의 이주 민족이 대부분 독일어를 사용한다는 순수한 겉보기 사실로, 독일인 계통이나 독일 민족에 속하는 증거가 된다고는 누구도 생각지 않을 것이다.

토지만을 게르만화할 것

역사상 유효하게 게르만화된 것은 우리 조상이 칼로써 얻어서 독일 농민을 이주시킨 땅이었다. 하지만 그때 그들이 우리 민족 육체에 이민족 피를 한데 섞어놓은 한에서는 그들은 우리 내면적인 본질을 불행하게도 분열시킨 결과가 된 것이다. 그것이—유감스럽게도 언제나 칭찬을 받는—독일적 초개인주의 형태로서 효력을 나타내는 것이다.

이 제3그룹에 속하는 사람들에게도 국가는 역시 어떤 의미에서는 그것 자체가 목적이며, 그러므로 국가 유지라는 것이 인간 존재의 최고 과제가 된다.

이상은 다음과 같이 총괄할 수가 있다. 곧 이러한 관념은 모두 문화 형성력과 가치 형성력이 본질적으로 인종적 요소에 기인하며, 이리하여 국가는 그런 의미에서 인종의 유지와 향상 및 모든 인류 문화 발전의 근본 조건을 최고 과제로 삼아야 한다는 인식에 그 가장 깊은 뿌리를 내리고 있지 않다는 것이다.

국가의 본질과 목적에 관한 이 잘못된 관념과 관점을 극단적으로 추구한 결론은 더구나 유대인 마르크스가 이끌어 낸 것이다. 다시 말해서 부르주아 사회 사람들은 국가 개념을 인종적 의무로부터 분리시킴으로써—남들이 한결같이 인정할 수 있는 정식(定式)에 이르지 못하고—그들 스스로 국가 자체를 부정하는 마르크스주의 교설에 길을 열어준 것이다.

그러므로 이 분야만 보더라도 마르크스주의 인터내셔널에 대한 부르주아지의 투쟁은 반드시 실패로 끝날 것이다. 부르주아지는 그들의 독자적인 이념 세계를 유지하는 데 꼭 필요한 기초를 이미 오래전부터 희생물로 바치고 있었다. 교활한 적은 부르주아지의 독자적 구조가 약한 것을 알고, 부르주아지가 원하지 않았다고는 하지만 실제로 그들 자신이 제공한 무기를 가지고 반격해 오고 있다.

그러므로 민족주의적 세계관의 바탕에 서 있는 새로운 운동으로서는, 국가의 본질과 존재 목적에 대한 견해가 통일적 형식을 갖도록 배려하는 것이 첫째 의무이다.

국가는 그 자체가 목적이 아니다

그러므로 본질적인 인식은 다음과 같다.

국가는 목적이 아니라 수단이다. 국가는 물론 보다 높은 인류 문화를 형성하기 위한 전제이긴 하나 그 원인은 아니다. 그 원인은 오히려 문화를 이루는 능력이 있는 인종의 존재에만 있는 것이다.

지구상에 모범이 될 만한 몇백 개의 국가가 있을 수 있다 할지라도, 문화를 짊어지고 있는 아리아 인종이 없어진다면, 오늘날 가장 뛰어난 민족의 지적인 수준에 어울리는 문화란 것은 존재할 수 없을 것이다.

다시 한 걸음 나아가서 다음과 같이 말할 수 있다. 곧 지적 능력과 탄력성이 그것을 짊어질 인종이 없기 때문에 없어진다고 한다면, 설령 인류가 국가를 형성한다고 해도 반드시 인류는 멸망에 맞닥뜨릴 것이다.

이를테면 오늘날 지구 표면이 어떠한 구조상 이변에 따라 뒤집혀서 넓고 아득한 대양 가운데서 새로운 히말라야와 같은 산들이 생겨난다면, 단 한 번 무서운 파국으로 인류 문화는 멸망하고 말 것이다. 물론 국가는 존속하지 않고, 모든 질서의 유대는 풀어지고, 몇천 년의 발전 증거는 파괴되고, 오로지 물과 진흙만 가득 차 넘치는 시체의 대황야가 될 것이다.

그러나 만일 이 무서운 혼란 속에서 문화 창조력이 있는 어떤 인종이 다만 몇 사람만이라도 살아남는다면, 설령 1000년 뒤에라도 혼란이 평정으로 바뀌면 지상에는 다시 인간 창조력의 증거가 나타날 것이다. 다만 문화 창조력이 있는 인종과 그 담당자들 가운데 마지막 한 사람이 멸망해 버리면 지상은 영원히 황폐할 것이다.

반대로 우리 자신이 현재 예를 본다면, 국가 형성의 맨 처음 단계에 그 인종 담당자에게 창조성이 결여되어 있을 경우에는 이 국가는 몰락을 막을 수 없다. 아득한 옛날 큰 동물이 다른 동물에 굴복하여 자취도 없이 사라져버린 것과 마찬가지로 인간 또한 그들의 자기보존에 필요한 무기를 발명하는 특정한 지적 능력이 없다면 그것만으로도 굴복할 것임에 틀림없다.

문화적 수준은 인종에 따라 정해진다

국가 그 자체가 일정한 문화적 수준을 창조하는 것은 아니다. 국가는 오로지 문화적 수준의 원인을 이루는 인종을 유지할 수 있을 뿐이다. 그렇지 않은 경우에 국가 그 자체는 여러 세기 동안 같은 국가로서 존속할지 모르나, 그 동안 국가가 인종 혼합을 막지 않는 결과로 문화적 능력과 그것에 좌우되는 민족의 일반적인 생활상은 이미 훨씬 이전에 심한 변화를 겪고 있을 것이다. 이를테면 오늘날 국가는 형식적인 기구로서 아직도 일정 기간 그 존재를 유지할 수 있을 것처럼 보일 수도 있으나, 우리 민족체의 인종적인 중독은 오늘날 이미 가공할 만큼 뚜렷한 문화적 몰락을 일으키고 있다.

그와 같이 우수한 인류 존립의 전제가 되는 것은 국가가 아니라 이 목적에 필요한 능력이 있는 민족이다.

이 능력은 원칙적으로는 언제나 존재하고 있으나, 오로지 일정한 외적 조건에 따라서 실제적으로 성취가 이루어지도록 자극되어야 한다. 문화적·창조적인 재능이 부여되고 있는 국민, 좀더 분명히 말한다면 인종은 설사 좋지 못한 외적 환경이 이 소질을 현실화하는 것을 허용하지 않는 경우라도 잠재적으로 이 유용성을 자기 안에 가지고 있는 것이다. 그러므로 그리스도교 이전의 게르만 민족을 '문화가 없는 민족', '야만인'이라고 부르는 것은 또한 매우 잘못된 것이다. 그들은 결코 그렇지 않았다. 오로지 북방 향토의 준엄함이 그들 창조력의 발전을 방해하는 사정 아래 그들을 강요한 데에 지나지 않는 것이다.

만일 그들이 고대 그리스·로마의 세계가 없었다 하더라도 기후가 좋은 남쪽 광야에 와서 뒤떨어진 민족의 소재 속에서 최초 기술적 수단을 획득했더라면, 그들 속에 잠자고 있던 문화 형성력은 그리스인의 경우와 마찬가지로 실로 찬란하게 꽃피웠을 것이다. 그러나 이 문화 창조의 원동력 자체는 또한 북쪽 기후에서만 생긴 것은 아니다. 라플란드인[3]을 남쪽으로 데려온다 하더라도 에스키모인과 마찬가지로 거의 문화다운 것을 만들지 못할 것이다. 그렇다, 이 훌륭한 창조적 능력은 바로 아리아 인종에게 주어진 것이며, 그들이 이것을 자기 속에서 잠자게 두느냐 아니면 이것에 눈뜬 생활을 주느냐 하는 것은, 좋은 환경이 이것을 허락하느냐 아니면 황량한 자연이 이를 방해하느냐에 달린 것이다.

여기에서 다음과 같은 인식이 생긴다.

국가사회주의 국가관

국가는 목적을 위한 수단이다. 국가 목적은 같은 인종의 공동사회를 육체적·정신적으로 유지하고 조성하는 데 있다. 이 유지라는 것 자체는 첫째로 인종적 존립을 담고 있으며, 그리하여 이 인종 속에 잠자고 있는 모든 힘을 자유롭게 발전시키는 것이다. 이 능력 가운데 일부는 언제나 첫째로 육체적 생활

---

3) 스칸디나비아반도와 핀란드 북부, 러시아 콜라반도를 포함한 유럽 최북단 지역인 라플란드에 살고 있는 주민.

의 유지에 봉사하고, 다른 부분만이 정신적 발전의 촉진에 봉사한다. 그러나 사실 언제나 전자는 후자의 전제를 이룬다. 이 목적에 봉사하지 않는 국가는 잘못 만들어진 것이며, 실로 기형아이다. 이러한 국가가 사실상 존재한다고 해도, 해적단의 성공이 약탈 행위를 정당화할 수 없는 것과 마찬가지로 이 상태를 바꾸지 못한다.

우리 국가사회주의자는 새로운 세계관의 주창자로서 이른바 '용인된 사실'―그 점에서 잘못되어 있는―을 바탕으로 해서는 안 된다. 이러한 경우 우리는 이미 새롭고 위대한 이념 주창자가 아니라, 오늘날 거짓말쟁이 쿨리 (하층 노동자)가 될 것이다. 우리는 형식으로서의 국가와 내용으로서 인종 사이의 차이를 매우 엄격히 구별해야 한다. 이 형식은 그 내용을 유지하고 보호할 수 있을 때에만 의미를 가지며, 그렇지 않은 경우에는 가치가 없다.

그러므로 민족주의 국가의 최고 목적은 문화 공급자로서 보다 높은 인류의 아름다움과 품위를 만들어내는 인종의 본원적 요소 유지에 힘쓰는 것이다. 우리는 아리아 인종으로서 이 민족의 유지를 보증하는 데에만 그치지 않고, 그 정신적·이념적 능력을 한층 더 키움으로써 최고 자유에까지 이끌어가는 민족의 살아 있는 유기체로서만 국가를 생각할 수가 있다.

그러나 오늘날 우리를 속이고 국가로서 믿게 하려는 것은, 대개 그 결과로서 나타나는 말할 수 없는 비참함을 수반한 가장 깊은 인류의 실책에서 태어난 괴물에 지나지 않는다.

우리 국가사회주의자들은 이러한 관념을 가지고, 오늘의 세계에서 혁명가로서 서 있으며, 또한 혁명가로서 낙인찍히는 것을 잘 알고 있다. 하지만 우리 사상과 행동은 결코 우리 시대 찬성과 반대에 의해 결정되는 것이 아니라, 우리가 인식한 진리에 연관되어 있는 의무에 따라 결정되는 것이다. 또 우리는 후세의 보다 더 높은 통찰이 우리의 오늘날 행동을 이해하는 데 그치지 않고, 그것의 정당성을 확인하고 존경하리라고 확신해도 좋을 것이다.

*

국가 평가의 관점

이상과 같은 사실에서 또한 우리 국가사회주의자들은 국가를 평가하기 위한 기준을 이끌어낸다. 이 가치는 저마다 민족 관점에서 보면 상대적인 것이겠지만, 인류 그 자체의 관점에서 보면 절대적인 것이다.

어떤 국가의 가치는 다른 세계와 비교하여 이 국가가 문화적으로 얼마만큼 높은 수준에 있는가 또는 얼마만큼 세력이 있는가에 따라 평가할 수 있는 것이 아니라, 그 경우 문제가 되는 민족에게 있어서 이 제도[4]가 어느 정도 가치가 있는가에 의해서만 오로지 평가할 수 있다.

어떤 국가가 그것에 의해 대표되는 민족 생활 조건에 적응하고 있을 뿐 아니라, 바로 그 국가가 존재하고 있기에 이 민족이 실제로 살아갈 수 있다고 할 때, 그 국가는 모범적이라고 할 수 있다. 그 경우 그 국가 구조가 다른 세계에서 어느 정도 일반적·문화적 중요성을 갖고 있는가도 똑같이 생각할 수가 있다. 왜냐하면 국가 과제는 능력을 만들어내는 것이 아니고 현존하는 힘을 위해 길을 열어주는 것에만 있기 때문이다.

그러므로 거꾸로 어떤 국가가 아무리 문화적으로 수준이 높더라도, 인종적으로 복합되어 이 문화 담당자를 몰락으로 이끈다면, 그 국가는 열등국이라고 말할 수 있다. 왜냐하면 그 국가는 실제로 국가가 만들어낸 것이 아니며, 살아 있는 국가적 통합에 의해 보증되는 문화 창조력을 가진 민족 결실인 이 문화의 존속을 위한 전제를 사실상 그것으로써 파괴하고 말기 때문이다.

국가는 바로 내용이 아니라 형식이다. 그러므로 **어떤 민족의 그때그때 문화적 수준의 높이는 국가 가치를 재는 잣대가 될 수 없다.** 그 국가 안에서 민족이 생활을 하고 있긴 하지만, 문화적으로 높은 천분(天分)을 타고난 민족이 흑인족보다 가치가 높은 문화를 만들어낸다고 하는 것은 매우 뚜렷한 일이다. 그럼에도 전자의 국가조직이, 국가로서의 목적 수행이라는 점에서 본다면, 흑인족보다도 못할 수가 있다. 설사 최선의 국가가 존재하고, 최선의 국가 형식을 갖고 있을지라도 능력이 전혀 모자라고 존재하지 않는다면 그 민족으로부터 능력을 이끌어낼 수 없다. 그와 같이 열등 국가가 있어서 인종적으로 문화 담당자의 타락을 국가가 허용하거나, 아니면 촉진함으로써 본디 그 민족에게 존재한 능력이 다음 시대에는 없어져버리는 수도 있다.

그러므로 국가 가치에 대한 판단은 첫째로, 국가가 일정한 민족에 대하여 가지고 있는 상대적 유용성에 의해서만 정해질 수 있는 것이지, 결코 그 국가

---

[4] 국가라고 하는 제도.

가 세계에서 차지하고 있는 고유의 중요성에 따라 결정되는 것이 아니다.

이 상대적인 판단은 간단하게 할 수가 있다. 하지만 오로지 절대적 가치에 대한 판단은 이 절대적 판단이 본디 단순히 국가에 의해 정해지는 것이 아니라, 오히려 그때그때 민족의 가치와 수준에 따라 결정되기에 매우 어렵다.

그러므로 국가의 더 높은 사명에 대해 이야기할 때, 그보다 높은 사명은 본질적으로 민족 속에 있는 것이며, 국가는 국가 존재라고 하는 유기적인 힘에 따라서 민족으로 하여금 그 자유로운 발전이 가능하도록 할 뿐이라는 것을 결코 잊어서는 안 된다.

따라서 우리 독일인에게 필요한 국가는 어떻게 세워야 하느냐고 묻는다면, 우리는 무엇보다 먼저 그 국가는 어떤 부류의 국민을 가져야 하는가, 국가는 어떠한 목적에 봉사해야 하는가를 명확히 이해해야 한다.

인종적 분열의 결과

유감스럽게도 우리 독일 민족은 이미 통일적인 인종적 핵심을 바탕으로 하고 있지 않다. 온갖 인종의 구성 요소가 융합하는 과정은 이와 같이 새로운 인종이 만들어졌다고 말할 수 있을 단계까지는 아직 나아가지 않고 있다. 그와 반대로 특히 30년전쟁[5] 뒤 우리 민족이 부닥친 피의 해독은 우리들 피를 해체로 이끌었을 뿐만 아니라, 우리들 정신까지도 해체로 이끌었던 것이다.

우리 조국의 국경이 개방되어 있는 것이나, 이들 국경 지대에서 비게르만적 다른 민족과 교류하고 있었던 일, 그러나 특히 독일국 자체의 내부에 다른 민족의 피가 오늘날까지 강력하게 흘러듦으로써, 그 끊임없는 갱신 때문에 완전히 융합할 시간이 없었던 것이다. 새로운 인종이 만들어지기보다도, 오히려 여러 인종적 요소가 병존하고 있고, 그 결과 특히 하나의 무리라면 서로 모이는 것이 보통인 위급할 때, 독일 민족은 풍향에 따라 사분오열로 흩어지는 것이다.

인종상의 기초적 요소가 지역적으로 여러 개로 나뉘어 살고 있을 뿐 아니

---

5) 1618~1648년 독일을 중심으로 유럽의 여러 나라 사이에 일어난 종교전쟁. 신교·구교 대립이 원인이었으나 베스트팔렌조약에 따라 프랑스 승리로 끝났다. 그 결과 네덜란드와 스위스가 독립하게 되었다.

라, 동일지역에도 여러 인종이 살고 있는 것이다. 북유럽계[6] 인종과 더불어 고산계[7]가, 고산계와 더불어 디나르족[8]이 있으며, 그 둘과 함께 베스티슈족[9]이 있고, 그 사이에 혼혈 민족이 있는 상태이다. 이것은 한편으로는 매우 불리하다. 곧 독일 민족에게는 단일 핏속에 그 바탕을 두고 있으며, 특히 위급할 때 그와 같은 여러 민족이라면 그 경우 모든 하찮은 내부 차이를 곧 던져버리고, 공통된 적에 대해 통일된 군집의 전선을 만들어 대항하여 국민을 몰락으로부터 지킨다고 하는, 저 확고한 군집 본능이 모자라는 것이다.

사람들이 우리를 가리켜서 초개인주의라고 부르는 것은 여러 인종상 근원적 요소가 혼합되지 않은 채, 순수한 형태로 병존하고 있는 데 기인한다. 평화 시대에는 이 초개인주의가 때때로 쓸모가 있을지도 모른다. 그러나 요컨대 이 초개인주의가 우리 세계 제패를 실패로 이끈 것이다.

독일 민족이 역사상 다른 민족에게 이익이 되었던 것과 같은 단결된 통일을 갖고 있었다면, 오늘날 독일국은 아마도 지구상의 여왕이 되었을 것이다. 그리하여 세계사도 다른 양상을 보이고 있을 것이다. 그리고 오늘날 많은 눈먼 평화주의자가 찔끔찔끔 울어대면서 구걸하여 얻기 바라는 일도 이러한 방법으로 실현할 수 없다고는 어떠한 사람도 단언하지 못하리라. 다시 말해 **평화라는 것은 여성적인 평화론자와 같은 울음이 헤픈 여자의 종려나무 잎에 의해 유지되는 것이 아니라, 세계가 더 높은 문화를 이루는 데 유익하게 하려는 지배 민족의 승리의 칼에 의해 수립되는 것이다.**

혈통상 단일 민족이 없었다는 사실이 우리를 말하기 어려운 고난 속으로 빠뜨렸다. 그것은 독일의 많은 소군주에게 대도시를 내주는 결과가 되었으나, 독일 민족으로부터 지배자가 될 권리를 빼앗고 말았다.

오늘날에도 아직 우리 민족은 이 내부 분열로 고통을 받고 있다. 그러나 과거와 현재에 있어 우리에게 불행을 가져오고 있는 것이 미래에 있어서는 우리의 행복이 될 수도 있다. 왜냐하면 우리 근원적인 인종 구성 요소의 완전한 혼혈이 이루어지지 않고, 따라서 통일된 민족체 형성이 방해된 것은 한편

---

6) 원문은 nordische. 스칸디나비아에서 사는 민족.

7) 원문은 ostische. 알프스산맥 서부에서 동유럽에 걸쳐 사는 인종. 머리칼과 눈이 흑갈색.

8) 원문은 dinarisch. 독일 동남부와 티롤, 스위스에서 살고 있다. 코카소이드 인종에 속한다.

9) 원문은 westische. 지중해 서남부 연안 지방에 살았던 종족.

으로는 커다란 손해였으나, 다른 한편에서는 적어도 그것에 의해 우리의 가장 우수한 피가 일부분은 순수하게 유지되어, 인종적 저하를 피할 수 있었다는 점에서 매우 다행한 일이었기 때문이다.

분명 우리 인종적인 원요소[10]가 완전히 혼혈이 되었더라면, 확실히 하나의 단결된 민족체가 이룩되었을 것이다. 그러나 그것은 모든 인종잡교(人種雜交)가 보여주듯이 본디 인종의 구성 요소 가운데 최고 것이 가지고 있던 것보다 열등한 문화 능력을 갖는 것에 의해 채워졌을 것이다. 완전한 혼혈이 이룩되지 않은 사실, 곧 오늘날에도 여전히 우리 독일 민족체 안에서 혼혈되지 않고 있는 대부분이, 우리 앞날에 대해 가장 가치 있는 보물로 볼 수 있는 북방 게르만계 사람들이라는 사실은 다행한 일이다.

인간은 인간으로서 완전히 똑같은 가치를 가진다고 보는 것 같은 모든 인종 법칙에 대해서 무지한 음울한 시대에 있어서는, 개개의 인종적 원요소에 차이가 있다는 사실을 명확히 하는 일이 결여되어 있었을지도 모른다. 우리 민족체의 구성 요소가 완전히 혼합되어 있었더라면, 그것에 의해 이루어진 통일 때문에 아마도 외면적인 힘이 주어지기도 했을 테지만, 운명이 인류 최고 목표를 실현하기 위해 골라낸 오로지 하나뿐인 담당자가 통일 민족이라는 일반적인 인종 잡탕 속에서 몰락하여 인류 최고 목표를 이룰 수 없게 되었으리라는 사실을 오늘날 우리는 알고 있다.

그러나 우리 도움 없이 자비로운 운명에 의해 방지되어 온 것을 오늘날 우리는 새로 얻게 된 인식의 관점에서 조사하고 평가해야 한다.

독일 민족의 사명
지상에서 독일 민족의 사명에 대해 이야기하는 사람은 그 사명이 우리 민족의, 아니 온 인류의 가장 귀중하고 흠없이 남아 있는 구성 요소를 유지하고 촉진시키는 일을 그의 최고 과제로 삼는 국가를 이루는 일 말고는 다른 것이 될 수 없다는 것을 알아야 한다.

그리하여 국가는 비로소 내면적인 최고 목표를 유지하는 것이다. 평화적으로 서로 거짓말을 할 수 있게 하기 위해 안녕과 질서를 유지한다는 우스꽝스

---

10) 原要素. 원문은 Urelemente.

러운 강령에 대해서 전능한 신의 은총에 따라 이 지상에 만들어진 가장 훌륭한 인류를 유지하고 만든다는 과제는 참으로 거룩한 사명이라 생각된다.

오로지 자기 스스로를 위해서만 존재를 요구하는 죽은 메커니즘적 국가관 속에서 높은 이상에 봉사한다고 하는 유일한 목적을 가진 생생한 조직이 이루어져야 하는 것이다.

국가로서의 독일국은 이 민족 속에서 인종적 원요소로서 가장 가치 있는 부분을 모아서 유지할 뿐 아니라, 차츰 확실하게 지배적 지위로 끌어올리도록 이끄는 과제를 지닌 모든 독일인을 포함해야 한다.

*

국가의 생존경쟁을 위한 무기

그와 동시에 근본적으로 경직된 상태 대신에 투쟁 시대가 온다. 그러나 이 세상의 통례대로 여기서도 "쓰지 않는 쇠는 녹슨다", "승리는 언제나 공격에만 있다"는 등의 말이 적용된다. 그때 눈앞의 투쟁 목표가 크면 클수록 그리고 대중이 그 목표에 대해 이해하고 있는 것이 적으면 적을수록—세계사 경험에 따르면—그 효과는 한층 더 크나큰 것이다. 또한 이 목표가 올바르게 파악되고, 투쟁이 흔들리지 않는 인내로 수행된다면 이 성과의 의미도 더욱 크나큰 것이 된다.

오늘날 관직에 있는 정치가 대부분에게는 '**기존 상태**'를 유지하기 위해 일하는 편이 **앞으로 올 것을 위해** 투쟁해야 하는 것보다 물론 안심이 될지도 모른다. 그들은 국가라는 것을 단순히 그들 스스로의 생존을 위해 존재하는 메커니즘으로 보고, 거꾸로 그들 생존은—그들이 늘 말하고 있는 것처럼—'국가에 속해 있다'고 보는 편이 훨씬 쉽다고 느낄 것이다. 마치 민족으로부터 생겨난 것이 논리적으로 민족 이외의 다른 것에 봉사할 수 있다거나 또는 인간이 인간 이외의 것을 위해 일할 수 있는 것처럼 여겨진다.

앞에서도 말했듯이 국가 권위를 지구상의 어떤 민족의 자기보존 충동의 최고 화신으로 보기보다는 오로지 어떤 조직의 형식적 메커니즘으로 보는 편이 물론 쉽다. 왜냐하면 후자의 경우 빈약한 정신을 갖고 있는 자에게는 국가도 국가 권위도 다 같이 그 자체가 목적이지만, 반면에 전자의 경우 그것은 존재를 건 영원한 거대한 생존경쟁에 봉사하는 강력한 무기에 불과하며, 그것은 형식적인 메커니즘이 아니라 생명 유지를 위한 공통된 의지 표시이므로, 저마다 따라야 하는 무기에 지나지 않기 때문이다.

따라서 완전히 사물의 근원적 의미에 따른 우리의 새로운 관념을 위한 투쟁에 있어서도, 단순히 육체적일 뿐 아니라 유감스럽지만 더러는 정신적으로도 시대에 뒤떨어진 사회에서는 투쟁 협력자를 거의 찾을 수가 없을 것이다. 다만 노인이라도 젊은 마음과 신선한 감정을 가진 예외자는 이러한 층으로부터도 우리에게로 오겠지만, 그들 생활 문제의 최후 의미가 주어진 상태를 유지하는 데 있다고 보는 자는 결코 오지 않을 것이다.

세계사는 소수자에 의해 만들어진다

악의는 없으나 정신이 해이하고 무관심하거나 또는 현상 유지에만 흥미를 갖고 있는 수많은 큰 무리가 우리와 대립하고 있다. 우리가 강력히 싸워도 승리할 가망이 없을 것으로 여겨지지만, 우리 과제의 위대함과 그 성공 가능성의 바탕은 바로 거기에 있다. 소심자를 처음부터 쫓아버리거나 또는 주눅 들게 만들어버릴 때의 고함소리, 이것이 참된 투사의 집합 신호가 되는 것이다. 그리고 다음과 같은 것을 사람들은 분명히 해두어야 한다.

어떤 민족으로부터 최고 에너지와 실행력을 가진 일정 수의 사람들이 하나의 목표를 위해 단결하여 나타나고, 따라서 대중의 게으름으로부터 결정적으로 빠져나왔다면, 이 얼마 안 되는 비율의 사람들은 전체 지배자로까지 높아진 것이다. 그때 세계사는 소수자에 의해—수에 있어서 이 소수자 가운데 의지와 결단의 다수자가 나타날 때—만들어지는 것이다.

그러므로 오늘날 많은 사람들에게는 어려운 것으로 여겨질지도 모르는 것이 실제로는 우리 승리의 전제이다. 바로 우리 과제의 위대함과 어려움 속에서야말로 투쟁을 위해 가장 좋은 투사만을 발견할 확률이 높다. 그리고 이러한 선발 가운데 바로 성공에 대한 보증이 있는 것이다.

*

잡종의 열등성

일반적으로 자연은 지상 생물의 순수성 문제에서 어떤 종의 바로잡음을 하는 위치에 서 있다. 자연은 잡종을 그다지 좋아하지 않는다. 특히 제3, 제

4, 제5 세대쯤 되는 잡교의 첫무렵에 태어나는 것은 심한 고통을 받는다.[11] 그들은 본디 최고 성분이 가지고 있는 가치를 잡교에 의해 잃어버릴 뿐 아니라, 피의 통일이 없기에 생존하려는 의지력과 결단력의 통일마저도 모자란다. 온갖 위기 순간에도 인종적으로 통일되어 있는 존재라면 정확하고도 통일적인 결단을 내리지만, 인종적으로 분열되어 있을 때에는 불안정해지거나 엉거주춤한 태도밖에 취하지 못한다.

종합해 보면, 인종적으로 분열되어 있는 경우에는 인종적으로 통일되어 있는 경우에 견주어 확실히 불리할 뿐만 아니라, 실제로도 급속히 몰락할 가능성이 있다는 것을 뜻하고 있다. **순종은 견디어낼 수 있는 경우에도 잡종은 견디어내지 못하는 경우가 셀 수 없이 많다.** 여기에 자연의 바로잡음을 볼 수가 있다. 그러나 이것이 한층 더 진전된 경우가 더러 있다. 자연이 잡종의 생식 가능성을 제한하는 것이다. 이렇게 해서 자연은 잡교 일반에 따라서 계속적인 번식을 방해하고 그럼으로써 그들의 죽어 없어짐을 일으킨다.

이를테면 어떤 인종에서 한 사람 것이 인종적으로 열등한 자와 결합했다고 하면, 그 결과는 먼저 수준 자체가 낮아지겠지만, 더 나아가 자손이 인종적으로 혼혈되지 않은 주위 사람에 비해 허약해질 것이다.

가장 뛰어난 인종으로부터 피를 더 이상 혼입(混入)하는 것이 완전히 봉쇄된다면, 서로 잡종끼리의 잡교를 계속함으로써 잡종은 자연에 의해 저항력이 낮아져 죽어버리거나, 아니면 몇천 년 동안 가지각색의 잡다한 잡교에 의해 본디의 단일한 요소가 완전히 뒤섞여 그 단일 요소를 이미 찾아볼 수 없는 새로운 혼혈물이 이루어질 것이다.

그와 함께 새로운 민족이 일정한 집단적 저항 능력에 의해서 이루어질지도 모르지만, 제1차 잡교 때에 협력한 가장 우수한 순종과 견주어보면, 그 정신문화적 의미는 본질적으로 낮아질 것이다. 그러나 또한 이처럼 새로운 혼혈 민족이 이루어질 경우에도 보다 우수하고 혼혈되지 않은 단일 인종이 경쟁 상대로 서 있는 한, 혼혈 민족은 서로 간의 생존경쟁에서 지고 말 것이다.

몇천 년 동안 집단적으로 이룩되고, 내면적으로 모든 긴밀한 통합을 갖게 된 이 새로운 민족은 그럼에도 불구하고 인종으로서 수준이 일반적으로 낮

---

11) 병약 등 육체적 부족함을 말하는 것으로 보인다.

아져 있고, 그것이 원인이 되어 정신적 탄력성과 창조력이 제한되고 낮아져 있기 때문에 마찬가지로 통일적인, 그러나 정신적·문화적으로 우수한 인종과 전쟁을 했을 경우 승리를 거두기에는 충분하지 못한 것이다.

이리하여 다음과 같은 가치 있는 명제를 세울 수가 있다.

인종의 자연적 갱신 과정

모든 인종 잡교는 이 잡교 자체의 경우에 우수한 부분이 더 순수하게, 아무튼 인종적인 통일에 있어서 존재하고 있는 한, 잡종 쪽이 머잖아 언젠가는 몰락할 것이다. 우수한 인종적 순수함을 갖는 최후 한 사람이 잡종화했을 때, 비로소 잡종에 대한 위험이 없어진다.

또 인종적으로 순수한 요소의 근간이 존재하고, 그 이상 잡종화가 이루어지지 않는 한, 비록 점진적으로 인종의 해독화를 없애주는 느리긴 하지만 자연적인 갱신 과정을 위한 바탕이 거기에 존재한다.

이러한 과정은 강한 종족 본능을 가진 생물의 경우, 오로지 그것이 특수한 환경이나 어떤 특별한 강제에 의해서 정상적이고 종족적으로 순수한 생식의 길에서 내던져졌을 때 저절로 시작된다. 이 강제 상태가 끝나자마자, 아직 순수한 채로 남아 있는 부분은 즉시 또 동종 간의 교배에 애쓰고, 그리하여 그 이상 혼혈을 막게 된다. 잡종 수가 이미 끝없이 증가해 버려서 순종 채로 있는 것이 진지하게 저항해도 문제가 되지 않으면 관계없지만, 잡종화의 결과는 그와 함께 다시 스스로 배후에 가라앉아 버리고 만다.

인종 혼합의 위험

한번 본능을 잃어버리고, 위급한 경우 자기에게 맡겨진 의무를 잘 모르는 인간은 그 잃어버린 본능을 뚜렷한 인식에 의해서 보충하지 않는 한, 일반적으로 자연 쪽에서 하는 그러한 바로잡음을 기대할 수가 없다. 필요한 보상활동을 하기 위해서는 이러한 인식이 필요하다. 그러나 일단 맹목적이 된 인간이 인종의 울타리를 마구 부수어 마침내 자신의 가장 좋은 부분의 마지막 남은 것까지 잃어버릴 위험성은 매우 크다. 그 경우 실제로 오늘날 악명 높은 세계 개혁가들이 이상화하는 것과 같은 통일된 잡탕이 남을 뿐이다.

하지만 그 잡탕은 얼마 되지 않아서 이 세계로부터 모든 이상을 쫓아버리고 말 것이다. 물론 큰 무리는 **이렇게 해서 이루어질 수 있다**. 군거 동물이 모든 종류의 요소로 만들어질 수 있다. 하지만 문화 담당자로서의, 좀더 정확하게 말하면 문화 기초자, 문화 창조자로서의 인간은 결코 이러한 혼혈로부터는 생기지 않는다. 인류 사명은 그와 함께 끝났다고 볼 수 있다.

이 세상이 이러한 상태에 빠지는 것을 원치 않는 자는 첫째로 더 이상 혼혈화가 근본적으로 정지되도록 배려하는 일이 무엇보다도 시급한 게르만 국가들 과제라는 생각으로 돌아가야 한다.

두루 아는 바와 같이 오늘날 악명 높은 독일 겁쟁이 세대들은 물론, 곧바로 이에 반대하여 떠들고, 가장 신성한 이 인권 침해에 대해 한탄하고 불평할 것이다. 그렇다, 가장 신성한 인권은 오로지 하나 있을 뿐이다. 그리고 이 권리는 동시에 가장 신성한 의무이기도 하다. 바로 그것은 가장 뛰어난 인류를 보존함으로써 인류의 보다 거룩한 발전 가능성을 주기 위해 피를 순수하게 보전하도록 배려하는 일이다.

그와 더불어 민족주의 국가는 인간과 원숭이 사이에서 잘못 태어난 것이 아니라, 신과 닮은 모습을 낳는 것을 임무로 하고 있는 결혼에 신성함을 부여하기 위해 무엇보다 먼저 결혼을 끊임없는 인종오욕(人種汚辱)의 수준으로부터 높여주어야 한다.

이른바 **인도적인** 근거에서 이에 대해 항의한다는 것은 오늘의 시대에는 부적당하다. 그것은 오늘날에는 한편으로 타락해 가고 있는 모든 자에게 증식의 가능성을 주어, 출생자 자신에게도 같은 시대 사람들에게도 말할 수 없는 고통을 안겨주고 있다. 다른 한편으로는 어느 약방에서나, 심지어 노점 상인까지도 가장 건전한 부부에게마저 피임 도구를 팔고 있기 때문이다.

오늘날 이 안녕과 질서가 유지되고 있는 국가에 있어 그 대표자, 이 용감한 부르주아적·국가주의적 사회의 사람들 눈에는 그와 같은 매독 환자, 결핵 환자, 유전병자, 신체장애자나 지적장애인의 단종(斷種)은 범죄이지만, 이에 대해 가장 뛰어난 몇백만의 사람들이 아이를 낳는 능력을 실제로 저지하고 있는 일은 전혀 악으로 여기지 않으며, 이 위선사회 도덕에 어긋나지 않고, 오히려 근시안적인 게으름으로 인해서 유익하다 여겨지고 있다.

왜냐하면 그렇지 않으면 사람들은 그 사람들의 양육과 유지를 위한 전제를 어떻게 만들 것인가에 대해서 적어도 끊임없이 골치를 썩어야 할 것이기 때문이다. 더욱이 그 사람들은 우리 민족의 건전한 담당자로서 훗날 태어날 자손에 대해 똑같은 과제에 이바지해야 하는 것이다.

민족주의 국가와 인종 위생

이러한 모든 시스템이 얼마나 엄청나게 이상으로부터 멀어져 있고 천한 것인가! 사람들은 이미 후세를 위해 가장 좋은 것을 길러내려 애쓰지 않고, 사물을 되는 대로 맡겨버린다. 그때 또한 신과 닮은 모습을 가장 강조하고 있는 우리 교회도 신과 닮은 모습을 모독하고 있는 것은, 언제나 정신에 대해 이야기하면서 그 정신의 담당자인 인간을 타락시키고 천한 인간으로 떨어뜨리는 교회의 오늘날 방식과 아주 똑같은 선상에 있다.

그렇다면 그것으로 좋지만, 자기 나라에서는 그리스도교 신앙의 효력이 적다거나, 또 이 육체적으로는 쓸모없이 되고, 그와 함께 당연히 정신적으로도 타락한 비참한 어중이떠중이들의 놀라운 '무신앙'에 대해, 멍청한 표정을 지어 놀라고, 그 대신 호텐토트나 줄루족[12]에게 교회 축복을 주어 그 성공으로 보상하려고 한다.

우리 유럽 여러 민족이 육체적·도덕적으로 나병과 같은 상태에 빠져 고맙게도 몰락하고 있는데, 경건한 선교사는 중앙아프리카를 돌아다니며, 우리 '고급 문화'가, 거기서도 원시적이고 뒤떨어지기는 하나 건전한 사람의 자식으로부터 부패한 잡종의 자식을 만들게 될 때까지 흑인을 선교하는 것이다.

우리 두 그리스도 교회[13]가 바라지도 않고, 알지도 못하는 흑인에게 선교하여 무거운 짐을 지게 하는 대신, 우리 유럽 사람들에게 건강하지 않은 어버이의 경우에 병약하여 자기 스스로나 또는 세상의 다른 사람들에게나 오로지 불행과 고통을 가져오는 데 지나지 않는 아이를 낳기보다는 건강하고 가난한 어린 고아를 불쌍히 여겨 그들에게 부모를 주는[14] 편이 신의 뜻에 맞는 일이라는 것을 친절하게 그러나 진지하게 가르치는 편이 훨씬 이 세상의 가장 거룩한 뜻에 합당할 것이다.

---

12) 호텐토트는 아프리카 남부와 서남부에 살고 있는 흑인종. 줄루족은 아프리카 동남부에 사는 반투계 흑인종.
13) 가톨릭과 개신교.
14) 고아들을 기르는 일.

민족주의 국가는 오늘날 이 영역에서 모든 사람이 등한시하고 있는 것을 메워야 한다. 민족주의 국가는 인종을 일반적 생활의 중심점에 두어야 한다. 그 국가는 인종의 순수한 보전을 위해 힘써야 한다. 그 국가는 어린이가 민족의 가장 귀중한 보물임을 확실히 해야 한다. 오로지 건전한 자만이 아이를 낳아야 하며, 자기 자신이 병약하고 결함이 있음에도 아이를 낳는 것은 오로지 치욕일 뿐이며, 오히려 아이를 낳는 일을 그만두는 것이 최고 명예라는 점에 유의해야 한다. 그와 반대로 국민의 건전한 아이를 낳지 않는 것은 비난받아야 마땅하다. 그 경우 국가는 몇천 년 미래의 보호자로서 생각해야 하며, 이 미래에 대해서는 개인 희망이나 욕심 등은 아무것도 아닌 것으로 생각하고 희생해야 한다.

국가는 이러한 인식을 실행하기 위해 최신 의학 수단을 써야 한다. 국가는 무엇인가 분명히 병을 가진 자나 악질 유전병이 있는 자나 더 나아가 이것을 물려줄 수 있는 자는 모두 생식불능으로 선고하고, 실제로 이것을 실행해야 한다. 이와 반대로 국가는 국가 재정적으로 무책임한 경제 관리 때문에 자식이 많은 것이 부모의 저주가 되어, 건전한 여자의 임신이 제한되는 일이 없도록 힘써야 한다. 국가는 오늘날 자식이 많은 가족의 사회적 전제를 무관심하게 다루고 있으나, 이 게으르고 범죄적인 무관심을 없애버리고, 국가 자체가 민족의 가장 귀중한 축복에 대한 최고 보호자의 위치에 서야 한다. 국가는 성인보다도 아이들 일을 더 걱정해야 한다.

육체적·정신적으로 건강치 못하고 무가치한 자는 그 고통을 자기 자식의 신체에 전해서는 안 된다. 민족주의 국가는 이런 점에서 거대한 교육활동을 해야 한다. 그리고 이 교육활동은 언젠가는 오늘날 부르주아 시대의 전쟁에서의 승리보다도 더 위대한 사업으로 나타날 것이다.

국가는 이 교육에 따라, 병약하거나 허약하거나 한 것은 수치가 아니라 오로지 딱한 불행에 지나지 않지만, 이 불행을 자기 이기주의에서 아무런 죄도 없는 아이에게 짊어지움으로써 오명을 씌우는 일은 범죄이며, 따라서 치욕이므로, 이에 대해서 죄 없는 병자가 자기 자식을 갖는 것을 그만두고, 자기 민족의 건전함을 위해 뒷날 강력한 사회의 힘찬 일원이 될 것을 약속받고 있는 미지의 가난한 민족의 어린 자손에게 사랑과 정을 쏟는 것은 최고 지조나 칭송할 만한 인간성의 존귀함을 증명하는 일이라는 것을 저마다에게 가르쳐야 한다.

그리고 국가는 이 교육활동에 따라 국가의 실제적 활동을 순수하게 정신적으로 보충하도록 해야 한다. 국가는 이런 의미에서 이해나 몰이해, 찬성과 비난을 고려하지 말고 행동해야 한다.

600년 동안만이라도 육체적으로 악화되어 있는 자나 정신적으로 병이 든 자로부터 생식 능력과 생식 가능성을 저지하는 일은 헤아릴 수 없는 불행에서 해방될 뿐 아니라, 오늘날 거의 이해할 수 없을 만큼 건강 회복에 이바지할 것이다. 그와 같이 민족의 가장 건전한 담당자가 아이를 만드는 일을 의식적·계획적으로 촉진하는 일이 실현된다면, 그 결과는 처음에는 현재 우리의 육체적인 동시에 또 정신적인 퇴폐의 싹이 완전히 없어진 인종이 생길 것이다.

왜냐하면 어떤 민족이나 어떤 국가가 일단 이 길을 걷기 시작한다면, 그 뒤에는 저절로 그 민족의 인종적으로 가장 가치가 높은 핵심과 그 생식력을 높이고, 마침내 온 민족에게 고도로 선택된 인종적 보물의 축복을 주는 일에 주목하게 되기 때문이다.

인종의 순수한 변방 식민지

거기에 이르기 위한 길은 첫째로, 국가가 얻은 새로운 땅의 식민(植民)을 방임해 두지 않고, 특별한 잣대에 맡기는 것이다. 이 때문에 만들어진 전담 인종위원회가 저마다에게 이민 증명서를 발행해야 한다. 그러나 이것은 어떤 인종상의 순수성을 확정한 것이어야 한다. 이와 같이 차츰 가장 인종적으로 순수하고, 따라서 인종적으로 가장 유능한 일꾼뿐인 주민이 있는 변방 식민지의 기초가 만들어진다. 그와 함께 그들은 온 민족의 귀중한 국민적 보물이 되며, 그들의 성장은 민족 동포 한 사람 한 사람을 긍지와 즐거움으로 가득 채울 것이다. 왜냐하면 그들 가운데 우리 민족의, 오히려 인류 앞날의 최후 대발전의 싹이 보호받고 존재하고 있기 때문이다.

민족주의적 세계관은 민족주의 국가에서 인간이 더 이상 개나 말이나 고양이를 기르고 향상시키는 일에 열중하지 않고, 인간 자신을 향상시키는 보다 존귀한 시대, 곧 어떤 사람은 자각하여 잠자코 그만두고, 다른 사람은 기꺼이 몸을 바쳐 아이를 만드는 그러한 시대에 이를 것임에 틀림없다.

몇십만의 사람들이 교회 계율에 얽매여 그것을 의무로 생각하고, 자발적으로 독신을 견디는 그러한 세계에서도 이러한 일이 가능하다는 것은 부정할 수 없다. 그러한 계율 대신에 끊임없이 행해지는 인종을 해치는 유전적 죄악을 막아야 한다. 그리고 전능한 조물주를 위해 신이 인간을 만드신 것과 같이 인간을 낳아야 한다는 경고를 낸다면, 출산을 포기하는 일은 불가능하게 될 것이 분명하다.

독일 청년에 대한 호소

물론 이 일은 오늘날 가엾은 많은 속물들에게는 결코 이해되지 않을 것이다. 그들은 이를 비웃거나 비스듬히 어깨를 움츠리고,[15] 여러 가지 핑계를 댈 것이다. "그것 자체는 매우 좋은 일이다. 그러나 실제로는 될 수 없을 것이다"라고. 과연 너희들로는 도저히 할 수가 없다. 너희 세계는 이러한 일을 위해서는 걸맞지 않는다! 너희들에겐 오로지 한 가지 걱정만이 있다. 즉 너희들의 개인생활이다. 그리고 너희들에게는 오로지 하나의 신이 있을 따름이다. 곧 너희들의 돈이 그것이다! 하지만 우리는 너희들에게 볼일이 없다. 자기들 개인적 생활을 이 세상 최고 행복으로 생각하기에는 너무도 가난한 많은 사람들, 자기들 생존을 지배하고 있는 것을 돈이라 생각하지 않고 다른 신을 믿고 있는 많은 사람들을 위해 일하는 것이다.

우리는 무엇보다도 먼저 힘찬 많은 우리 독일 청년들에게 호소한다. 그들은 위대한 전환기 속에서 성장하고 있고, 그들 아버지들의 게으름과 무관심이 저지른 죄가 그들을 투쟁으로 몰고 갈 것이다. 독일 청년은 언젠가 새로운 민족주의 국가의 건설주가 되거나, 최후 목격자로서 부르주아사회 완전한 붕괴와 종말을 체험할 것이다.

부르주아지의 무기력

왜냐하면 어떤 세대가 많은 결함으로 말미암아 고통받고 있으며, 그것을 스스로 인정할 뿐 아니라 스스로 고백하고 있음에도 오늘날 우리 부르주아 사회에서 일어나고 있듯이 거기에 대해 아무것도 할 일이 없다고 하는 그럴

---

15) 유럽계에 독특한 의혹, 당혹, 경멸을 나타내는 몸짓.

듯한 변명으로 만족하고 있다면, 그러한 사회는 앞으로 몰락할 것이기 때문이다. 그런데 우리 부르주아사회의 특색이라고 할 수 있는 것은 바로 부르주아지 자신이 그 결함을 더 이상 부정할 수 없다는 데 있다. 많은 자들이 게으르고 나쁘다는 것을 그들은 인정하지 않을 수 없다.

그러나 그들은 재앙에 저항하고, 6000만에서 7000만에 이르는 민족의 힘을 격분한 에너지로 불러모아 위험에 대항하려는 결심을 하지 못하는 것이다. 그러기는커녕 어딘가에서 그것이 이루어지면, 이에 대해 쓸데없는 욕이나 하고, 멀리에서이기는 하지만 그 방법이 이론적으로 불가능하다고 증명하려 하거나, 성공하리라고는 여겨지지 않는다고 말해 보기도 한다. 그런 경우 그 근거가 너무도 터무니없어서 오히려 그들 자신의 왜소함이나 정신적 태도를 드러내는 증거가 된다.

예컨대 민족을 알코올의 무서운 해악의 굴레에서 구출하기 위해서 마침내 어떤 대륙 전체가 금주를 선고한 경우, 우리 유럽 부르주아지는 이에 대해서 쓸데없이 눈을 크게 떠 보이거나 머리를 흔들거나 우월감을 보여 웃거나—이것이 특히 이 가장 웃기는 사회의 사람됨을 잘 나타내는 것이지만—하는 일 말고는 아무것도 하지 않는다. 그러나 이 모든 것이 쓸모가 없고, 또한 세계 어딘가에서 숭고불가침한 관행에 대항하여 그것이 성공한다고 해도, 위에서 말한 바와 같이 적어도 이를 의심하거나 얕잡아볼 것임에 틀림없다. 그 경우 사람들은 이 최대 부도덕을 없애버리려는 이 싸움에 대해서 조금도 두려워하지 않고 부르주아적 도덕 관점에서 저항하려 한다.

그렇다, 우리는 다음 일에 대해 절대로 속아서는 안 된다. 곧 오늘날 부르주아지는 인류의 모든 숭고한 과제를 위해서는 이미 무가치하게 되어 있다. 간단하고 분명히 말해서 질이 떨어지고 너무 나쁘기 때문이다. 그리고 그렇게 지나친 질의 악화는—내 생각으로는—열악함을 바라기 때문이 아니라, 오히려 믿을 수 없을 만큼의 무성의한 태도와 거기서 생기는 모든 것 때문이다. 그러므로 '부르주아 정당'이라고 하는 총괄 개념 아래 떠돌고 있는 정치 클럽도 오래전부터 특정한 직업 집단이나 계급의 이익 단체 말고는 아무것도 아니며, 이들의 가장 숭고한 과제는 되도록 이기적인 이익을 대변하는 일뿐이다.

이러한 정치적인 '부르주아' 길드[16]에게는 투쟁 이외의 것이 쓸모가 있음은 분명하다. 특히 적대자가 조심성스러운 아주 작은 인물이 아니라 극도로 선동되고, 최후 결심까지 하고 있는 프롤레타리아 대중으로 이루어져 있을 때에는 더욱 그러하다.

*

민족주의 국가의 교육 원칙

만일 우리가 국가 최우선 과제를 민족에게 봉사하고, 민족 복지를 위해 가장 좋은 인종적 요소를 유지하고 보호하며 발전시키는 일이라고 인식한다면, 이러한 배려가 민족 및 인종의 모든 작은 동포의 출생까지 퍼질 뿐 아니라, 이 젊은 자손이 앞으로 보다 나은 발전을 위해 가치 있는 성원이 되도록 교육해야 하는 것은 물론이다.

보통 정신적 성취의 전제가 바로 인종적 자질이라는 천부적인 인간의 소질에 있듯이, 또한 개인에 있어서도 교육은 무엇보다도 먼저 육체적인 건강에 주의하고, 이를 더 나아지게 해야 한다. 왜냐하면 일반적으로 생각하면 건전하고 강인한 정신은 오로지 건강하고 힘찬 신체에만 머무르기 때문이다. 천재가 이따금 육체적으로 불완전하거나 병약하다는 사실은 이 주장을 전혀 뒤집지 못한다. 이것은 예외일 뿐이며—어디서나 그렇듯이—예외 없는 규칙은 없다. 그러나 만일 한 민족이 대부분 육체적으로 쇠약해 있다면, 이러한 늪에서는 진실로 위대한 인물은 절대 나오지 못할 것이다. 어쨌든 그러한 인물이 활동한다 해도 이미 그 이상 커다란 효과를 거두지는 못할 것이다. 타락한 오합지졸은 그를 전혀 이해하지 않거나, 아니면 의지가 약해져 이러한 한 마리 독수리의 높은 날아오름을 더 이상 뒤따르지 못할 것이다.

민족주의 국가는 이것을 인정하여 전체 교육활동을 첫째로, 단순한 지식 주입에만 두지 않고 건강한 신체 양육과 향상에 두어야 한다. 그때에야말로 둘째로, 정신적 능력의 육성이 찾아온다. 그리고 여기서도 그 첫 번째는 인격 발전, 특히 기꺼이 책임감을 갖도록 교육하는 일과 연관되어 있는 의지력과 결단력의 촉진에 있으며 그리고 비로소 마지막으로 학문적 훈련이 오는 것이다.

---

16) 주로 상인 조합, 동업조합.

그 경우 민족주의 국가는 다음 전제로부터 출발해야 한다.

실제로 학문적 교양은 별로 없으나, 육체적으로는 건강하여 선량하고 견고한 성격을 가졌으며, 기분 좋은 결단력과 의지력에 찬 인간은 재주가 뛰어난 허약자보다도 민족 공동체에게 있어서는 가치가 있다는 사실이다.

유식한 사람들로 이루어진 민족은 만일 그 경우 그들이 육체적으로 타락하고 의지가 약하고 비겁한 평화주의자라면, 하늘을 정복하는 일은 물론 이지상에 생존을 확보할 수도 없을 것이다. 운명을 결정하는 험난한 투쟁에 있어서는 지식이 없는 자가 패배하는 일은 거의 없고, 오히려 언제나 지식이 있기에 가장 약한 결론을 꺼내어, 그 결론을 마지못해 실행에 옮기는 자가 패하는 것이다.

마침내 여기에서도 일정한 조화가 이루어져야 한다. **썩은 육체는 빛나는 정신을 불어넣어도 전혀 아름다워지지 않는다.** 더욱이 육체적으로 무거운 장애를 가지고 있으며, 성격은 허약하여 흔들리고 비겁한 인간이라면, 최고의 정신적 교양도 전혀 훌륭한 것이 되지 못할 것이다. 그리스 아름다움의 최고 형태를 불멸의 것으로 만든 것은 훌륭한 육체미와 빛나는 정신과 가장 고결한 영혼과의 놀라운 결합이다.

"결국 오로지 유능한 사람만이 행운은 잡는다"고 한 몰트케의 말이 정당하다면, 정신과 육체의 관계에 대해서도, 또 정신은 그것이 건전하다면 대체로 긴 안목으로 볼 때 건전한 신체에만 머문다는 것은 확실하다.

그러므로 민족주의 국가에서는 육체적 단련은 개인 문제가 아니고, 또 무엇보다도 먼저 부모에 관한 것이며, 두 번째나 세 번째에 비로소 공동체에 관계하는 그런 문제도 아니며, 국가에 의해 대표되고 보호되고 있는 민족의 자기보존의 요구인 것이다. 순수한 학문적 교육에 관해서는 이미 오늘날 국가가 개인의 자결권에 간섭하고, 그에 반대해서 전체 권리를 인정하는 동시에 원하건 원치 않건 부모에게 상의하지 않고 아이를 강제 취학시키고 있는 것처럼, 민족 유지 문제에 있어서는 민족주의 국가는 더욱 고도로 개인의 무지나 몰이해에 대해 언젠가 그 권위를 관철해야 한다.

국가는 아이의 신체가 유아 때부터 목적에 맞게 훈련되고, 장래 생활에 필요한 단련을 받도록 그 교육활동을 짜야 한다. 국가는 무엇보다도 온실 속의 화초 같은 세대가 만들어지지 않도록 배려해야 한다.

이러한 보호나 교육활동은 이미 젊은 어머니에게서부터 시작되어야 한다. 몇십 년에 걸친 세심한 연구에 의해서 출산 때 전염병 걱정 없는 청결함을 바라는 일이 가능해지고, 산후열(産後熱)을 감소시킬 수가 있게 된 것과 마찬가지로, 간호사와 어머니 자신을 근본적으로 교육함으로써 이미 태어난 뒤 몇 년 사이에 앞날의 발육을 위해 훌륭한 기초가 되는 육아법을 도입할 수가 있어야 하며, 또 할 수 있을 것이다.

운동의 가치

학교 그 자체는 민족주의 국가에 있어서 육체적 단련을 위해 아주 많은 시간을 할애해야 한다. 어린아이는 그에게 주입된 소재를 이성적으로 전혀 분간할 수 없다. 경험에 따르면 오로지 어느 특정 부분을 기억하며, 그 경우에 주로 본질적인 것 대신에 불필요하고 하찮은 일에 집착하는 어린 두뇌에 무거운 짐을 지우는 일이 있어서는 안 된다.

오늘날 중·고등학교교육과정에 있어서조차 체조가 한 주에 겨우 두 시간이 배당되고, 더구나 필수가 아니라 저마다 자유 선택에 맡겨져 있는데, 이것은 순수한 지적 교육과 견줄 경우 심히 불균형한 일이다. 젊은 사람이 적어도 오전과 오후에 각각 한 시간씩, 더욱이 모든 종류의 운동이나 체조로 육체적으로 훈련되지 않는 날이 없도록 해야 한다.

이 경우 특히 한 가지 운동을 잊어선 안 된다. 그것은 매우 많은 '민족주의자들'로부터 조잡하고 품위 없는 것으로 여겨지는 권투이다. 권투에 대해 '교양 있는 사람들' 사이에 그릇된 생각이 얼마나 퍼져 있는가는 믿을 수 없을 정도이다. 젊은 사람들이 펜싱을 배우고, 그리하여 여기저기 결투를 하고 다니는 것은 당연하고 명예로운 일이라고 생각한다. 그러나 그들이 권투를 하면, 그것이 난폭하다니! 왜 그런가? 권투만큼 공격정신을 촉진하고, 전광석화와 같은 결단력이 필요하며, 육체를 강철처럼 단련시키는 운동은 없다.

두 젊은 사람이 의견 차이를 칼날이 선 한 조각 강철보다는 주먹으로 다투어 결말을 짓는 편이 더 조잡하지 않다. 또 공격을 받은 자가 그 공격자로부터 달아나서 경찰관에게 고발하는 대신, 스스로의 주먹으로 자신을 지키는 일은 야비하지 않다. 그러나 젊고 건강한 소년은 무엇보다 먼저 얻어맞는 것을 견디는 법을 배워야 한다. 그것은 물론 오늘날 우리 지적인 투사들의 눈에는 야만으로 여겨질지도 모른다. 하지만 실로 평화적인 탐미주의자나 육체적으로 부패한 무리를 키워내는 것이 민족주의 국가의 과제는 아니다.

존경할 만한 소시민이나 정숙한 노처녀는 민족주의 국가가 이상으로 삼는 인간이 아니고, 남성적인 힘의 화신임을 뽐내는 남자, 또한 이러한 남자를 세상에 내보낼 수 있는 여자가 민족주의 국가의 이상인 것이다. 이와 같이 일반적으로 운동은 개개인을 강하게 만들고 민첩하고 용감하게 할 뿐 아니라 시련에도 견딜 수 있게 단련하고 가르쳐야 한다.

우리 모든 상류 지식계층이 오래전부터 고상한 예법만 배우지 않고, 그 대신 철저하게 권투를 배웠더라면, 뚜쟁이나 이와 비슷한 무뢰한에 의해 독일 혁명이 이루어지는 일은 결코 없었을 것이다. 왜냐하면 이러한 결과는 혁명을 성공시킨 자가 대담하고 용감한 실행력을 갖고 있어서가 아니라, 국가를 지도하고 거기에 대해 책임이 있던 자가 비겁하고 초라할 정도로 결단력이 없어서 나온 것이기 때문이다.

그러나 우리 지적 지도자는 모두 더욱더 지적으로 교육되었고, 따라서 적이 정신적 무기 대신 망치를 휘두르는 순간에 무방비 상태일 수밖에 없었던 것이다. 이것은 모두 당연했다. 왜냐하면 특히 우리 고등교육은 원칙적으로 인간을 교육하지 않고, 오히려 관리·기술자·화학자·법률가·저널리스트를 교육하고, 더 나아가서 이들의 정신성이 죽어 없어지지 않도록 교수들도 만들고 있었기 때문이다. 우리의 지적 지도는 언제나 빛나는 일을 한 데 반해 우리의 의지적인 지도는 대개 모든 비판을 받지 않을 수 없었다.

자기 확신의 암시력

근본부터 겁쟁이 기질의 인간은 교육에 의해서도 용기 있게 될 수 없다는 것은 확실하다. 그러나 그 자신이 본디 비겁하지 않은 자라도 그가 받은 교육의 결함에 따라 육체적인 힘과 튼튼함에서 다른 사람보다 뒤떨어질 경우, 그의 특성을 잘 키워줄 수 없는 것 또한 확실하다. 육체가 튼튼하다는 확신이 있으면 얼마나 자신의 용기가 부추겨지며, 또한 공격 정신이 솟아나는가 하는 것은 군대를 보면 가장 잘 알 수 있다.

군대에도 본디 영웅만이 있었던 것은 아니고, 보통 평균적인 인간이 있었다. 그러나 독일군의 평시 훌륭한 단련이 이 크나큰 조직체 전체에 우리 적도 상상할 수 없을 정도로 자기 우수성에 대한 암시적 믿음을 심었던 것이다. 왜냐하면 1914년 한여름부터 가을에 걸친 몇 달 동안 적을 소탕하면서 나아가는 독일군을 불멸의 공격 정신과 용기로 이끈 것은 기나긴 평화 시대에 더러 약한 신체를 가지고 있는 자 속에서 믿을 수 없을 정도의 능력을 끌어내어 최대 격전 속에서도 자신감을 잃지 않게 가르친 지칠 줄 모르는 교육이었기 때문이다.

오늘날 붕괴하여 다른 나라의 유린에 무방비 상태로 노출되어 있는 우리 독일 민족이야말로 자신 속에 있는 저 암시력을 필요로 하고 있다. 그러나 이 자신은 이미 어릴 적부터 젊은 동포에게 내면화되어야 한다. 모든 젊은 동포의 교육이나 훈련은 전체적으로 보아 자신들이 남보다 절대로 뛰어나다는 확신을 주도록 시도되어야 한다. 젊은 동포는 자기 체력이나 힘의 강인함에 있어, 민족 전체가 무적이라고 하는 신념을 다시 획득해야 한다. 왜냐하면 독일국으로 하여금 승리로 이끈 것은 각 개인마다 자기 자신에 대해 전체적으로 그들 지도부에 대해 가지고 있던 믿음의 총합계였기 때문이다. 독일 민족을 다시 높여준 것은 자유를 다시 얻을 수 있다는 확신이다. 그러나 이 확신은 몇 백만 사람이 한 사람 한 사람 똑같이 느낀 결론으로서만 가능한 것이다.

여기서도 사람들은 다음과 같은 착각에 빠져서는 안 된다. 곧 우리 민족의 붕괴는 엄청난 것이었지만, 언젠가 이 어려움에서 벗어나려고 하는 노력 또한 마찬가지로 엄청나게 클 것임에 틀림없다. 우리 민족이 안녕과 질서를 목적으로 하고 있는 오늘날 부르주아적 교육활동에 따라서 우리의 몰락을 의미하고 있는 오늘날 세계 질서를 언젠가는 깨고, 우리를 얽어매고 있는 노예 사슬을 적의 얼굴에 내동댕이치는 힘을 얻을 수 있다고 믿는 자가 있다면, 그것은 매우 큰 잘못이다. 오로지 국민 의지력과 자유에 대한 갈망과 최고 열정이 흘러넘침으로써만이 일찍이 빼앗겼던 것을 다시 빼앗아올 수 있을 것이다.

*

교육활동에서의 자부심

청소년의 옷차림도 또한 이 목적에 알맞아야 한다. 오늘날 청소년도 "옷이 날개라"는 옛날 속담의 의미를 부패한 의미로 반대로 해석하는 것 같은 유행

병에 전염되고 있는 것은 정말 한심스러운 일이다.

청소년의 경우야말로 옷차림 또한 교육의 일익을 맡아야 한다. 여름에 길고 꽉 끼는 바지를 입고, 목까지 오는 윗옷을 입은 청소년은 그런 옷을 입은 것만으로도 육체 단련에 대한 자극을 잃고 있는 것이다. 사실 야심—부드럽게 말한다면 자부심—이 개발되어야 하기 때문이다. 이것은 누구나 살 수 없는 아름다운 옷에 대한 자만심이 아니라, 모든 사람이 그 형성에 조력하여 이루어지는 아름답고 균형잡힌 육체에 대한 자부심이다.

이것은 또 뒷날을 위해서도 쓸모가 있다. 처녀는 자신의 기사(騎士)를 알아야 한다. 오늘날 육체적인 아름다움이 겉치장 유행에 의해서 완전히 뒷전으로 밀려나는 일이 없다면, 안짱다리의 혐오스러운 유대인 사생아에 의해서 다수의 처녀가 현혹되는 일은 전혀 없을 것이다. 또한 서로 아름다운 육체를 발견하고 협력하여 새로이 아름다운 아이를 민족에게 주는 일은 국민 전체에게 이익이 되기도 한다.

오늘날 독일에는 군대 훈련이 없고, 따라서 평상시 우리 다른 교육 체제에 의해 소홀히 되고 있는 것을 적어도 부분적으로 보완하던 유일한 시설이 없어지고 말았기에 이러한 모든 것은 물론 가장 긴급한 일일 것이다. 그리고 군대 훈련에서도 그 성과는 저마다 훈련되었다는 것뿐만 아니라, 양성(兩性)의 관계에도 그것이 미친 영향도 있었다. 젊은 처녀는 민간인보다 군인을 더 좋아한 것이다.

학교시절 군대시절 사이의 감독

민족주의 국가는 육체 단련을 오로지 정규 취학 기간에만 행하거나 감독할 것이 아니라, 학교를 나와서도 청소년이 육체적으로 자라는 동안은 그들의 행복을 위해 이 자라남이 커지도록 배려해야 한다. 학교시절이 끝나자마자 젊은 시민을 감독하는 국가 권리가 갑자기 중단되고, 군대에 들어가면 되살아난다고 믿는 것은 무의미하다. 이 권리는 의무이며, 의무로서 언제나 한결같이 존재하고 있다. 건강한 인간에 대한 관심을 갖고 있지 않은 오늘날 국가는 이 의무를 심하게 등한히 해왔을 뿐이다. 국가는 오늘날 청소년을 엄격하게 훈육하고 언젠가 건전한 남자와 건전한 여자로 성장할 때까지 육체적으로 한층 더 훈련시키는 대신에 거리나 창녀집에서 타락하게 내버려두고 있다.

어떤 형식으로 국가가 이 교육을 실시하느냐 하는 것은 오늘날 문제가 되지 않는다. 본질적인 것은 국가가 그것을 실시하고 이 목적을 위해 효과적인 방법을 발견하는 일이다. 민족주의 국가는 실로 지적 교육뿐만 아니라 학교를 졸업한 뒤의 육체적 훈련을 국가 과제로 보아야 하며, 국가 시설에 의해 실시해야 한다.

이때 이 교육은 대개 뒷날 병역을 위한 준비 교육이 될 수 있다. 그렇게 하면 군대는 이제까지와 같이 가장 초보적인 훈련 교본의 기초 개념을 젊은 사람들에게 가르치지 않아도 될 것이며, 또 오늘의 뜻과는 다른 유형의 신출내기 병사가 입영해 올 것이며, 아마도 육체적으로는 거의 나무랄 데 없는 준비 교육을 받은 젊은이를 병사로 만들기만 하면 될 것이다.

최후·최고 학교로서의 군대

민족주의 국가에서는 이와 같이 군대는 이미 각 개인에게 '앞으로 가!', '제자리에 서!'를 가르치는 것이 아니라, 애국적 교육의 최후·최고 학교로 볼 수 있다. 젊은 신병은 군대에서 필요한 총기 사용법을 배우는 동시에 그것 말고도 다른 장래 생활을 위해서도 한층 더 교육을 받아야 한다. 그러나 군대 교육에서는 옛 군대에 최고 공적으로서 가르쳐져야 했던 것, 곧 이 학교에서 소년은 어른으로 변해야 하며, 오로지 복종하는 것을 배울 뿐만 아니라, 이 것에 의해서 앞으로 명령하기 위한 바탕까지도 획득해야 하는 것을 선두에 내세워야 한다. 군대에서는 당연히 비난당할 때 침묵하는 것을 배워야 할 뿐 아니라, 필요한 경우에는 부당한 비난에도 침묵하고 견디는 것을 배워야 한다.

또한 군인은 자기 자신의 힘을 굳게 믿고, 함께 경험한 단체 정신의 강점을 파악하고, 독일 민족의 맞수가 없음을 확신하게 되어야 한다.

병역을 마친 뒤 그에게 두 종류의 증서를 교부해야 한다. 곧 그에게 공적인 활동을 허락하는 권리 증서로서의 **'국가 시민증서'**와 결혼을 위해 육체적으로 건전하다는 것을 확인하는 **'건강증명서'**가 그것이다.

소년 교육과 마찬가지로 민족주의 국가는 소녀 교육을 같은 관점에서 지도할 수 있다. 거기서도 첫째로 육체적 훈련에 중점을 두어야 하며, 그 뒤 비로소 심적 가치 촉진에, 마지막으로 지적 가치 촉진에 중점을 두어야 한다. 여자 교육의 변함없는 **목표**는 장차 어머니 됨에 있어야 한다.

*

성격의 갈고닦음

둘째로, 민족주의 국가는 모든 방법을 동원해 **성격**을 갈고닦는 데 힘써야 한다. 분명히 저마다 본질적인 성격 특성은 근본적인 소질에서 나온다. 곧 이 기주의 소질이 있는 자가 언제까지나 이기주의로 있는 것은 바로 근본부터 이상주의자인 사람이 언제까지고 이상주의자인 것과 같다. 그러나 이 완전히 두드러진 두 성격 사이에 모호하고 불명확한 몇백만의 사람이 존재한다. 타고난 범죄자는 어디까지나 범죄자이다. 하지만 범죄자적인 어떤 경향을 부분적으로만 가지고 있는 많은 사람들은 올바른 교육에 따라서 민족 공동체의 가치 있는 구성원이 될 수 있다. 그러나 반대로 나쁜 교육에 따라 우유부단한 성격은 실제로 나쁜 요소로 바뀔 수 있다.

침묵에 대한 교육

세계대전 가운데 우리 민족이 침묵을 지키지 못한다는 점에 대해 얼마나 불평을 들었던가! 그러므로 중대한 비밀조차도 적에게 알려지지 않는 상태로 두는 것이 얼마나 어려웠던가! 그러나 세계대전 전에 독일 교육이 저마다 침묵을 지키는 것을 가르치기 위해 무엇을 했는가 하는 문제를 제기해 보자. 유감스럽게도 이미 학교에서조차 '작은 **밀고자**'가 침묵하고 있는 많은 학교 친구들보다 더 환영받지 않았던가? 밀고는 훌륭한 '솔직함'이고, 침묵은 비난받을 고집으로 여겨져 왔으며, 지금도 역시 그렇지 않은가? 일반적으로 사람들은 침묵을 남자답고 가치 있는 미덕이라 말하려고 노력하지 않았던가? 아니다.

왜냐하면 오늘날 학교 체계의 시각으로 보자면, 그것은 가치 없는 일이기 때문이다. 그러나 이 가치 없는 일이 국가에 몇백만이라는 재판 비용을 쓰게 하고 있다. 왜냐하면 명예훼손이나 이런 종류 소송의 90퍼센트는 오로지 침묵이 결여된 데에서 비롯되고 있기 때문이다. 무책임한 발언이 마찬가지로 경솔하게 쓸데없는 말을 통해 퍼진다.

우리 국가경제는 언제나 중요한 제조법 등을 경솔하게 누설함으로써 손해를 입고 있다. 그뿐 아니라 국방에 대한 비밀스런 각오마저도 민중이 침묵하는 법을 배우지 않고 모두 지껄여버리기에 전부 헛된 생각으로 끝나고 마는 것이다. 그리고 전쟁 때에는 이 쓸데없는 수다가 전쟁을 패배로 이끌고, 전쟁의 불행한 결과에 실질적으로 이바지하는 결과가 된다. 또한 여기서도 사람들은 청소년 때 실행하지 못한 것은 늙어서도 할 수 없다는 것을 확신해야 한다. 이를테면 교사가 원칙적으로 좋지 못한 밀고를 하도록 부추겨서 시시한 아이들의 장난을 알려고 하지 않는 것이 또 이것에 필요하다.

젊은이는 자기 자신의 세계를 가지고 있으며, 그들은 어떤 단결된 연대성을 가지고 어른과 대립하고 있다. 그리고 이것은 아주 확실한 일이다. 열 살짜리가 같은 또래 무리와 어울리는 일은 어른과 어울리는 일보다 자연스럽고 더 흔하다. 친구를 고자질하는 아이는 '배신'을 하고 있는 것이며 그리고 동시에 엄격하게 말하고 크게 확대시킨다면, 나라의 '반역자' 심정과 그대로 통한다는 것을 증명하고 있는 것이다. 그런 소년은 결코 '착하고 예의 바른' 아이로 볼 수 없으며, 야비한 인격의 아이로 여길 수 있다. 교사에게 있어서 자기 권위를 높이기 위해 이런 종류의 악덕을 이용하는 것이 편리할지 모른다. 그러나 그와 더불어 아이 마음에 뒷날 무서운 영향을 주는 심정의 싹을 키워주게 된다. 어릴 때 밀고자였던 아이가 커서 큰 악당이 된 예는 수없이 많다!

이것은 많은 실례 가운데 하나에 지나지 않는다. 오늘날 학교에서는 훌륭하고 고귀한 인격을 의식적으로 발전시키는 일은 거의 없다. 언젠가는 이 일에 전혀 색다른 중점이 놓여져야 한다. 성실·헌신·침묵은 대민족이 **반드시 필요로 하는** 덕이며, 학교에서 이를 가르치고 훈련하는 것은 오늘의 우리 교육과정을 시행하는 것보다 더욱 중요하다. 또 우는소리로 불평거나 아우성치는 일을 바로잡는 일도 이 영역에 속한다. 어릴 때부터 고통이나 모욕 또한 잠자코 참고 견디어야 할 때가 있는 법이라고 가르치는 것을 교육이 잊어버린다면, 뒷날 위기 시점, 예컨대 언젠가 그 남자가 전선에 갔을 때 모든 서신왕래가 서로 간에 오로지 푸념으로 가득 찬 울먹이는 편지를 조장하는 데만 쓰였다고 해도 놀랄 일은 아니다.

독일 소년에게 초등학교가 지식 위주 교육을 줄이고 그 대신 보다 더 자제하는 것을 가르쳤더라면, 1915년부터 1918년에 걸쳐 충분히 그것은 보답되었을 것이다. 그와 같이 민족주의 국가는 그 교육활동에서 육체적인 훈련과 함께 성격 도야에 바로 최고 가치를 두어야 한다. 오늘날 민족체 안에 있는 수많은 도덕적 결점은 이러한 목적을 정한 교육에 의해서 전부 없어지지는 않을지라도 매우 줄어들 수는 있다.

*

의지력과 결단력의 양성

의지력과 결단력의 함양은 책임감 육성과 마찬가지로 가장 중요하다. 이전에 군대에는 어떤 명령이라도 언제나 명령이 없는 것보다 낫다는 원칙이 있었는데, 이것은 젊은이의 경우에는 어떤 대답도 언제나 대답이 없는 것보다 낫다는 것을 뜻한다.[17] '틀린 말을 하지 않을까' 하는 불안에 대답을 하지 않는 것은 틀린 대답을 하는 것보다 더욱 부끄러운 일이어야 한다. 이러한 가장 초보적인 원칙에서 젊은이는 실행에 대한 용기를 갖도록 교육시켜야 한다.

1918년 1월부터 12월쯤 어떤 지위에 있는 자도 마음대로 움직이지 못하고, 위로는 황제를 비롯해 아래로는 군단장에 이르기까지 이미 누구 하나도 자주적인 결단력을 낼 수가 없었다는 것이 흔히 탄식되었다. 이 무서운 사실은 우리 교육제도에 대한 경고[18]이다. 왜냐하면 이 무서운 파국에서는 일반적으로 작은 형태로 존재하고 있던 것이 거대하게 왜곡되어 표면화된 것에 지나지 않기 때문이다.

오늘날 독일이 진지한 저항력을 갖지 못한 것은 무기가 없기 때문이 아니라, 이 의지가 모자라기 때문이다. 이 모자람은 우리 온 민족 속에 침투하여, 위험이 따르는 모든 결단을 피하여 마치 '호랑이를 잡으려면 호랑이 굴에 들어가야 한다'[19]는 것을 모르고 있는 것과 같다. 이것을 모르고 어떤 독일 장군은 이 가엾은 의지력의 모자람을 나타내는 전형적인 말을 내뱉었다. 바로 "나는 51퍼센트의 성공률이 있는 경우에만 행동한다." 이 '51퍼센트'에야말로

---

17) 이 부분 원문이 오자로 원뜻이 분명치 못하므로 이곳 번역은 초판본을 따랐다.
18) 원어는 Menetekel. 천사 손이 벨사살 왕을 겨냥해 바빌론의 몰락을 경고하는 내용을 벽에 쓴 고사(故事)를 가리킨다. 〈다니엘서〉 5 : 24 참조.
19) 원문은 "die Grösse Tat nicht gerade im Wagnis bestünde"로 되어 있다.

독일 붕괴의 비극이 있는 것이다.

운명으로부터 먼저 성공 보증을 요구하는 자는 그와 함께 스스로 영웅적 행위 의미를 그만두는 것이다. 왜냐하면 영웅적 행위 의미는 정세가 죽음의 위험을 내포하고 있음을 잘 알면서도 '아마도 성공할 수 있을 것이다'라고 한 걸음 내딛는 데 있기 때문이다. 다른 방법으로는 분명히 죽을 수밖에 없는 암환자에게 감히 수술을 할 때, 51퍼센트의 확률을 계산할 필요는 없다. 그리고 수술하여 나을 확률이 50퍼센트도 못 된다 할지라도, 다른 경우에는 생명을 아깝게 여기지 않으므로, 용기 있는 사나이라면 감히 그것을 할 것이다. 그렇지 않으면 그는 살려달라고 하소연할 권리가 없다.

오늘날 비겁하게도 의지력과 결단력이 없는 전염병은 요컨대 주로 우리 청소년 교육이 원칙적으로 그릇된 결과이며, 그 무서운 영향은 그 뒤 생활에도 전해져 지도적 정치가들이 시민적 용기를 결여하고 있는 데에서 더할 나위 없는 궁극적인 결과를 발견하고 있다.

책임감의 양성

오늘날 널리 퍼져 있는 책임을 회피하려는 비겁함도 같은 선상에 있다. 여기서도 잘못은 청소년 교육 속에 있고, 모든 사회생활을 꿰뚫어 의회주의적 정치제도 속에서 그 불멸의 완성을 발견한다.

이미 학교에서조차 유감스럽지만 사람들은 어린 죄인이 '후회하고' 고백하는 일이나 '회개하고 다음부터는 하지 않겠다고 맹세하는' 편이 솔직하게 고백하는 것보다도 가치가 있는 것으로 보고 있다. 더구나 후자는 오늘날 많은 민중 교육자에게는 흔히 바로잡기 어려운 타락의 가장 뚜렷한 징표로 생각되고 있다. 그리고 그러한 많은 아이들에게 그러한 성질―그것은 귀중한 가치가 있고, 온 민중의 공유재산을 이루고 있는 것이지만―로는 교수대에 오를 것이라고 위협한다.

민족주의 국가는 앞으로 의지력과 결단력의 훈련에 가장 주의를 기울여야 하지만, 그와 함께 민족주의 국가는 이미 어릴 적부터 청소년의 마음에 기꺼이 책임지는 기질과 고백하는 용기를 심어줘야 한다.

민족주의 국가가 이 필요한 의의를 충분히 인정할 때에만 국가는 이 교육 활동을 몇 세기 동안 지속시킨 뒤 마침내 그 결과로서 오늘날 우리를 이처럼 파국적인 붕괴로 몰고 간 이들 약점에 더 이상 지지 않는 민족체가 이룩될 것이다.

＊

학문적 교육의 원칙

오늘날 국가의 전체 교육활동에 있어서 본질적인 학문적 학교교육은 얼마간 변경만을 가하는 것만으로도 민족주의 국가에 넘겨줄 수 있다. 그 변경은 세 영역에 걸쳐 있다.

첫째로 젊은 두뇌는 그것을 이용할 수 없고, 그러하기에 다시 잊어버리는 95퍼센트나 되는 지식에 부담받아서는 안 된다. 특히 오늘날 초등학교와 중등학교의 교과과정은 엉거주춤하다. 대개 낱낱의 교과는 배워야 할 내용들이 너무나 많다. 그래서 오로지 그 일부만이 개개인의 학생 머릿속에 남고, 또 이 많은 것 가운데 일부분밖에 쓰이지 않는다. 다른 한편으로 그것은 어느 일정한 분야에서 일을 하고 빵을 벌기 위해서는 충분하지 않다.

김나지움이나 상급 실업학교를 나온 보통의 국가 관리로 서른다섯이나 마흔 살 된 사람을 예로 들어, 그 옛날 학교에서 애써 익힌 지식을 시험해 보면 된다. 그때 배운 것 가운데 남아 있는 것이 얼마나 적은가! 물론 다음과 같이 대답할 것이다.

"그렇다. 옛날에 배운 대부분의 것은 그 뒤 갖게 되는 지식의 바탕이 된다는 목적뿐 아니라, 정신적인 이해력·사고력, 특히 두뇌의 기억력 훈련에도 의도한 것이었다."

이것은 부분적으로는 옳다.

두뇌의 부담 과중은 안 된다

하지만 젊은 두뇌가 거의 제대로 써먹지도 못하고, 중요성이 많고 적음에 따라 개별적 요소를 추리거나 평가할 수도 없는 많은 인상을 흘러넘치게 하는 데 위험이 있다. 그런 경우 대개 본질적이 아닌 것뿐 아니라, 본질적인 것도 잊어버리고 무용지물이 되고 만다.

게다가 많이 배우게 한다는 가장 주된 목적 역시 상실하고 만다. 왜냐하면 많이 배우게 하는 목적은 헤아릴 수 없이 많은 교재를 가지고 머리를 써서 배울 수 있게 해주는 것이 아니라, 개개인이 필요하고, 그것에 따라 공공에 도움이 되는 해박한 지식을 뒷날의 생활을 위해 부여해 주는 데 있기 때문이다.

인간이 젊을 때 많은 지식을 너무나 지나치게 주입시킴으로써 그 뒤 이것을 모두 잊어버렸거나, 아니면 그 가운데 본질적인 것을 이미 오래전에 잊어버리고 말았다면, 이는 헛된 생각이 된다. 이를테면 왜 몇백만의 사람들이 몇 년 뒤에는 오로지 일부분밖에 이용하지 못하고, 그 때문에 또한 대부분은 완전히 잊어버리고 마는 외국어를 두세 가지나 배워야 하는지 이해할 수 없다. 왜냐하면 예컨대 프랑스어를 배우는 학생이 10만 명 있다면, 그중에서 겨우 2000명 정도만이 그 뒤 이 지식을 참되게 이용하고, 그 밖의 9만 8000명은 지난날 배운 것을 실제 응용할 기회가 생애 동안 거의 없기 때문이다.

따라서 그들은 젊은 시절 많은 시간을 자기 일생에 아무런 가치도 의미도 없는 일에 바친 것이 된다. 이 교재가 일반교양에 속해 있다는 다른 의견도 옳지 않다. 사람들이 평생에 걸쳐 지난날 배운 것을 자유로이 사용했을 때, 오로지 그것을 주장할 수 있는 데 지나지 않기 때문이다. 그러므로 실제로는 이 언어 지식을 이용하는 2000명 때문에 그 밖의 9만 8000명이 쓸데없이 고통당하고 귀중한 시간을 빼앗겨야 하는 것이다.

언어교육의 원칙

이 경우 날카로운 논리적 사고의 연습이 된다고—라틴어가 그에 해당되지만—일컬어지는 언어가 문제되는 것은 아니다. 그러므로 프랑스어 같은 언어는 젊은 학생에게는 일반적인 윤곽만을, 아니 좀더 분명히 말한다면 그 내면적인 개관을 전하는, 곧 이 언어의 특질에 대한 지식을 주고, 문법·발음·문장 구조 등의 원칙적인 것을 도입하여 범례를 들어 설명한다면 본질적으로 목적에 알맞을 것이다.

일반 요구에 대해서는 이것으로 충분하며 쉽게 개관하고 기억해 둘 수 있으므로, 실제로 통달할 수도 없는 데다 나중에 잊어버리고 마는 언어를 전부 억지로 주입하는 지금의 방법보다 의미가 있을 것이다. 이 경우 젊은이는 가장 주목해야 할 것만 배울 수 있고, 따라서 가치 유무에 의한 선택은 이미 그 전에 되어 있으므로, 압도적으로 넘쳐나는 교재 가운데서 개개의 우연히 연결되는 단편을 익힌다는 위험도 면할 수 있을 것이다.

이렇게 습득된 일반적 기초는 대부분 사람들에게는 앞날의 생활을 위해서도 충분할 테고, 다른 한편으로 이 언어를 뒷날에 실제로 필요로 하는 사람은 이 바탕 위에 더 나아가 짜맞추고 자유로이 선택하여 철저하게 연구할 수 있는 것이다.

역사교육의 원칙

특히 기존에 행해지던 역사교육 교수법 개혁이 이루어져야 한다. 독일 민족만큼 역사를 많이 배우는 민족은 없을 것이다. 그러나 우리만큼 역사교육을 잘 이용하지 않는 민족도 없을 것이다. 만일 정치가 생성 중의 역사라면, 우리 역사교육은 또한 우리 정치활동이 하는 방법에 따라 방향이 결정된다. 여기서도 사람들이 좀더 나은 정치교육을 하겠다는 결심을 하지 않는다면, 우리 정치활동의 가엾은 결과에 대해서 불만을 털어놓아 보았자 아무 소용이 없다.

지금의 우리 역사교육의 결과는 99퍼센트까지가 통탄할 정도의 것이다. 위대하고 분명한 줄거리는 잊히고 있는 반면, 사실·연대·출생일·인명 등이 조금 기억에 남아 있는 것이 보통이다. 본디 중요하고 본질적인 것은 전혀 가르쳐지지 않고, 날짜의 홍수나 많은 사건 가운데서 내면적인 원인을 발견한다는 것은 개개인의 얼마쯤 독창적인 소질에 맡겨지고 있다. 사람들은 이 통렬한 단정에 대해 생각할 수 있는 한 저항할 수 있을 것이다.

그러나 한 번만이라도 정치 문제, 특히 외교 문제에 대해서 우리 의원의 집회에서 행해지는 연설을 주의해서 살펴보아라. 그 경우 여기에서는 독일 국민에게 뽑힌 인물들—적어도 그렇게 주장되고 있지만—이 토론하고 있는 것인지, 아무튼 이들 대부분 사람들이 중등학교 교실에 앉아본 일이 있는지, 더욱이 일부 사람은 대학까지 갔었는지 생각해 볼 필요가 있다.

거기서 사람들은 의원들의 역사적 교양이 얼마나 불충분한가를 올바르게 인정할 수가 있을 것이다. 그들이 전혀 역사를 배우지 않고 오로지 건전한 본능만을 가지고 있었다면 분명히 이보다는 나았을 것이며 국민을 위해 좀더 쓸모가 있었을 것이다.

역사교육에서야말로 교재의 압축이 이루어져야 한다. 가장 중요한 것은 커다란 발전의 흐름을 인식하는 데 있다. 역사교육이 이 점으로 제한되면 제한될수록 더욱더 각 개인에게는 자신의 지식에서 그 뒤 이익이 생겨나며, 그 지식이 종합되어 공동체에 이바지할 것을 기대할 수 있다. 왜냐하면 사람들은 단순히 지난날에 있던 일을 알기 위해 역사를 배우는 것이 아니라, 역사 속에서 장래를 위해 자기 민족의 존속을 위한 지침을 얻기 위해 역사를 배우는 것이기 때문이다. 이것이 **목적**이며 역사교육은 그것을 위한 수단에 지나지 않는다.

그러나 오늘날에는 여기서도 수단이 목적이 되고 목적은 완전히 없어졌다. 근본적인 역사 연구는 이들 낱낱의 날짜를 모두 기억하는 것이 필요하며, 그것에 따라 커다란 흐름을 분명히 파악할 수 있기 때문이라고 말해서는 안 된다. 이 흐름을 확정하는 것은 전문 과학의 과제이다. 하지만 보통 평범한 인간은 역사학 교수가 아니다. 그들에게 역사라는 것은 첫째로, 자기 민족의 정치 사건에 대해 자신의 태도를 결정하는 데 필요한 역사적 통찰의 잣대를 부여하기 위해 있는 것이다. 역사학 교수가 되고 싶은 사람은 나중에 좀더 근본적으로 연구에 전념하면 된다. 이러한 사람은 물론 모든 것의 가장 자질구레한 일까지 연구해야 한다. 그러나 독일의 오늘날 역사교육은 이를 위해서도 충분하지 않다. 왜냐하면 오늘날 역사교육은 보통 평범한 인간에게는 너무 드넓은 것이지만 그럼에도 불구하고 전문 학자에게는 너무 빈약한 것이기 때문이다.

또한 인종 문제가 아주 중요한 문제로 다루어지는 그러한 세계사가 맨 마지막에 서술되게끔 배려하는 일은 민족주의 국가의 과제이다.

*

일반교육과 전문교육

요컨대 민족주의 국가는 일반적인 학문적 교육을 본질적인 것을 포함하는 단축된 형태로 만들어야 할 것이다. 거기서부터 가장 기초적인 전문적 교양의 가능성이 제시되어야 한다. 한 사람 한 사람의 인간은 일반적인 커다란 특징을 파악한 지식을 바탕으로 갖고 오로지 자기의 앞으로의 생활 분야에 대해서만 기초적인 전문교육, 개별교육을 받으면 충분하다. 이때 일반교육은 모든 학과에 있어 필수과목이며, 전문교육은 한 사람 한 사람의 선택에 맡겨져야 한다.

이것에 따라 이루어진 교육과정과 시간수 단축은 체육·성격·의지력·결단력 교육에 도움이 될 것이다.

우리 오늘날 학교교육, 특히 중·고등학교교육이 앞으로의 직업을 위해 얼마나 무의미한 것인가는 3개의 전혀 성격이 다른 학교를 나온 사람이 같은 지위에 앉을 수 있다는 사실에 의해 가장 잘 증명된다. 결정적으로 중요한 것은 실제로 일반교양뿐이며, 주입된 전문 지식은 아니다. 그러나—이미 말했듯이—전문 지식이 필요한 곳에서도 그것은 우리의 오늘날 중·고등학교 교과과정 안에서 물론 얻을 수 없다. 따라서 민족주의 국가는 앞으로 이러한 어중간한 것을 완전히 없애버려야 한다.

*

인문교육의 가치

학문적인 교육과정의 두 번째 개혁할 점은 민족주의 국가에 있어서 다음과 같은 것이어야 한다. 곧 우리 학문적 교육은 더욱더 수학·물리학·화학 등의 실제적인 학과로 향하는데, 이것이 오늘날 물질적 시대의 특징이다.

기술이나 화학이 지배하고, 적어도 외면적으로는 그것이 일상생활의 가장 뚜렷한 특징인 시대에는 이런 것이 필요하겠지만, 국민의 일반교육이 언제나 이 방면으로만 놓인다는 것은 매우 위험하다.

거꾸로 일반교육은 늘 이상적 상태에 있지 않으면 안 된다. 일반교육은 오히려 인문과목에 따라야 하며, 앞으로 전문교육을 계속 받을 수 있는 기초적 능력만을 주어야 한다. 그렇지 않으면 사람들은 국민의 유지를 위해 늘 모든 기술적 능력과 그 밖의 다른 능력보다도 더 중요한 힘을 포기하는 것이 된다.

특히 역사교육에서는 고대 시대에 대한 공부를 제외해서는 안 된다. 로마사를 전체적 흐름에서 올바르게 파악하는 일은 오늘을 위해서뿐만 아니라, 확실히 모든 시대에 있어 처음부터 끝까지 내내 변치 않는 가장 좋은 교사이다. 고대 그리스 문화의 이상도, 그 전형적인 아름다움과 더불어 보존되어야 한다. 모든 민족마다 차이가 있다고 해서 보다 더 큰 인종적 공동사회를 잘게 나누어서는 안 된다.

오늘날 맹위를 떨치고 있는 투쟁은 참으로 위대한 목표를 갖고 있다. 바로 몇천 년이 자기와 연관되고, 그리스 정신과 게르만 정신을 함께 담고 있는 문화가 그 존재를 위해 싸우고 있는 것이다.

일반교육과 특수한 전문 지식은 뚜렷한 구별을 지어야 한다. 전문 지식은 오늘날에는 늘 순수한 맘몬[20]만을 섬기도록 더욱 강요받고 있으므로, 일반교육은 적어도 그보다는 이상적인 위치에서 균형을 유지해야 한다.

여기서도 우리는 의연하게 다음 원칙을 마음에 새겨야 한다.

공업과 기술, 상업과 산업은 언제나 이상주의적 소질이 있는 민족 공동체가 필수적인 전제를 제공하는 경우에만 번영할 수 있다. 그리고 이 전제는 물질적인 이기주의 안에 있는 것이 아니라, 의연하게 자기 스스로를 잊는 희생 정신 안에 있는 것이다.

*

흔해빠진 '애국'교육

오늘날 청소년 교육을 전체적으로 보면, 훗날 젊은 사람들이 자신의 인생 행로에서 진보하는 데 필요한 지식을 주입하는 것을 첫째 목표로 삼고 있다. 이것을 사람들은 "젊은이는 훗날 인류 사회에서 쓸모 있는 한 사람이 되어야 한다"는 식으로 표현하고 있다. 그러나 사람들은 그 진정한 방법으로 언젠가는 나날의 빵을 버는 능력이라는 것을 생각한다. 또한 이와 함께 수행되는 피상적인 시민교육도 처음부터 기초가 흔들리고 있다.

국가 자체는 오로지 하나의 형식에 불과하기에 국가를 위해 사람을 교육하거나, 나아가 국가를 위해 의무를 지게 하는 일도 매우 어렵다. 형식은 간단하게 무너질 수 있다. 그러나—이미 보아왔듯이—'국가'라는 개념은 오늘날 확실한 내용을 가지고 있지 않다. 그러므로 흔해빠진 '애국' 교육밖에 남아 있지 않다.

옛날 독일에서는 교육 중점이 다수의 작은 제후들의 더러 무분별한, 대개는 매우 어리석은 신격화에 있었으므로 그 대부분이 처음부터 우리 민족의 참된 위인을 올바르게 인식할 수가 없도록 만들고 있었다. 따라서 그 결과 우리 대중은 독일 역사에 대한 지식이 매우 불충분하게 되었다. 여기서도 커다

---

20) 제1부 제10장의 주석 2를 참조. 부와 강욕(强慾)의 신.

란 흐름이 빠져 있었다.

이런 방법으로는 참다운 국민적 열광에 이를 수 없음은 뻔한 일이다. 우리 민족의 역사적 발전으로부터 얼마쯤 이름을 들어 그것을 온 독일 민족의 공유재산으로 삼고, 그렇게 하여 같은 지식과 같은 열광으로써 온 국민을 단 하나의 연대감으로 묶는 기술이 우리 교육제도에 결여되어 있었다.

사람들은 우리 민족의 진실로 중요한 인물을 훌륭한 영웅으로서 현대인의 눈에 비치게 하고, 일반의 이목을 이들 인물에게 집중시켜 통일된 감정이 우러나게 할 줄 몰랐다. 여러 교재 가운데 국민에게 영예가 될 만한 것을 가려 뽑아 그것을 객관적인 서술 수준에까지 높여 이러한 빛나는 예로써 국민의 긍지를 불러일으킬 줄도 몰랐다.

이것은 그때 이러한 형태로는 사람들의 호감을 살 수 없는, 비난받는 국수주의로 생각되었을 것이다. 우직한 왕당적 애국심 쪽이 최고의 국민적 긍지라는 끓어오르는 열정보다 더 호감이 가고, 보다 더 견디기 쉬운 것으로 여겨지고 있었던 것이다.

전자는 언제나 봉사할 준비가 되어 있고, 후자는 언젠가는 지배자가 될 수 있는 것이었다. 군주에 대한 애국심은 퇴역 군인 단체로 끝나버리고, 국민적 열정은 그 행방을 결정하기가 곤란했을 것이다. 그것은 준마와 같은 것이어서 누구나 탈 수는 없다. 그 무렵 세력가들은 이러한 위험으로부터 오히려 몸을 피하고 있었다는 것은 무언가 이상한 일일까?

언젠가 전쟁이 시작되어, 십자포화나 독가스전이 애국적 심정의 내면적 견고함을 철저하게 시험하리라고는 아무도 미처 생각지 못했던 것 같다. 그러나 일단 그것이 시작되자, 최고의 국민적 열정이 없기에 더할 나위 없이 무서운 보복이 왔던 것이다. 사람들은 황제나 제후와 같은 지배자를 위해 목숨을 버릴 생각은 추호도 없었으며, 그들 대부분은 '국민'이라는 것을 잘 알고 있지 못했다.

독일에서 혁명[21]이 일어나고, 그와 더불어 군주에 대한 애국심이 자연히 없어진 뒤 역사교육의 목적은 실제로 이제는 단순한 지식 획득에 그치고 있다. 이러한 국가는 국민적 열광을 불러일으킬 수 없으며, 국가가 바라는 것을

---

21) 독일 11월혁명.

결코 얻지 못한다. 왜냐하면 '국가주의 원리'가 지배하는 시대에는 철저한 저항력이 있는 '왕당적 애국심'을 줄 수도 없고, 하물며 공화제적인 열광 같은 것은 더욱 줄 수 없기 때문이다. 독일 민족이 '공화국을 위해'라는 표어 아래 4년 반이나 싸움터에 남아 있지 않으리라는 것에 대해서는 물론 의심할 여지도 없었으니 말이다. 이 기묘한 조직을 만든 자들이야말로 전쟁터에서 가장 빨리 달아난 자들이다.

사실상 이 공화국이 방해받지 않고 존립되고 있는 이유는 오로지 모든 방면[22]에 자발적으로 공물을 바치고, 영토 할양에 자진해서 조인할 각오가 있다고 확언하고 있는 덕택이다. 이 공화국은 모든 약자가 그를 이용하는 사람에게 거친 사람보다 바람직하게 느껴지는 것처럼 다른 모든 나라의 동정을 받고 있다. **물론 적의 이런 동정 안에는 바로 이 특수한 국가 형식에 대해서 또한 이것을 없애는 것과 같은 비판이 있었던 것이다.**

우리 적은 독일 공화국을 좋아하고 존립시켜 준다. 왜냐하면 그들은 우리 민족을 노예화하는 데 있어 이보다 더 좋은 동맹자를 전혀 발견할 수 없기 때문이다. 다만 이 사실 덕택에 이 훌륭한 조직이 오늘날 존속하고 있는 것이다. 그러기에 이 공화국이 실제로 모든 국민적 교육을 포기할 수 있으며, 국기당[23] 영웅들의 '만세' 외침으로 만족하고 있는 것이다. 더욱이 이 영웅들은 돌발적으로 이 깃발을 자기들 피로 지키지 않으면 안 될 때에는 토끼처럼 달아나버리고 말 것이다.

민족주의 국가는 자기 존재를 위해 싸워야 한다. 국가는 도즈안(案)[24]의 서명에 따라 그 존속을 유지하지도, 도즈안에 따라 지켜질 수도 없을 것이다. 그러나 국가는 바로 사람들이 이제는 포기할 수 있다고 생각하는 것을 국가의 존립과 방위를 위해 필요로 하고 있다. 국가 형식과 내용이 비할 데 없고 가치가 있으면 있을수록 적의 질투와 저항도 더욱 커진다. 그 경우 가장 좋은 방어는 무기에 있는 것이 아니고 그 시민에 있다. 요새 벽이 국가를 지키는 것이 아니라, 최고의 조국애와 열광적인 국민적 열중으로 가득 찬 남녀의

---

22) 연합군을 이른다.
23) 國旗黨. Reichsbanner. 제1차 세계대전 뒤 독일 공화제를 옹호하는 정치단체 이름. 검정·빨강·금색의 국기색을 당의 기치로 삼았다.
24) 미국 재정가 도즈가 제1차 세계대전 뒤 독일 배상금 지불을 위해서 만든 안.

살아 있는 벽이 지키는 것이다.

그러므로 셋째로는 학문적 교육의 경우에 다음과 같은 것이 고려되어야
한다.

국민적 긍지의 환기

민족주의 국가는 학문에 있어서도 국민의 긍지를 부추기기 위한 수단을
인식해야 한다. 세계사뿐 아니라 모든 문화사도 이런 관점에서 가르쳐져야 한
다. 발명자는 발명자로서 위대하게 생각될 뿐 아니라, 민족 동포로서 더욱더
위대하게 여겨져야 한다. 모든 위대한 행위에 대한 찬미의 마음은 자기 민족
의 일원으로서 그 행복한 완성자에 대한 자랑으로써 다시 만들어져야 한다.
그러나 독일 역사에 나오는 위대한 여러 이름 가운데서 가장 위대한 것을 가
려 뽑아 청소년에게 그것이 흔들리지 않는 국민 정서의 기둥이 되게끔 인상
깊이 비치게 만들어야 한다.

교과과정은 이런 관점에 따라 계획적으로 조직되어야 하며, 교육은 젊은이
가 학교를 졸업할 때 어중간한 평화주의자나 민주주의자 또는 그 밖의 어정
쩡한 것이 아니라 '한 사람의 완전한 독일인'이 되도록 해야 한다.

이 국민 정서가 처음부터 순수하여 단순히 헛된 겉치레가 아니도록 하기
위해, 청소년 시절부터 무쇠와 같은 원칙이 아직 교육을 받아들일 능력이 있
는 머릿속에 강력하게 주입되어야만 한다. 곧 자기 민족을 사랑하는 자는 민
족을 위해 기꺼이 몸을 바치는 희생에 의해서만 그것을 실증하는 것이다. 오
로지 이익에 의해서만 우러나는 국민 정서는 존재하지 않는다. 마찬가지로 어
느 계급만을 포함하는 등의 국가주의라는 것도 존재하지 않는다. 만세의 외
침도 만일 그 배후에 일반적이고 건전한 민족성을 유지하려는 위대한 사랑의
배려가 없다면, 아무것도 국가주의임을 증명하지 못하며, 또한 그럴 권리도
없다.

사람들이 이미 자신의 지위를 부끄러워할 필요가 없어졌을 때 비로소 자기
민족의 긍지에 대한 바탕이 존재하게 된다. 그러나 어떤 민족이 그 가운데 절
반이 비참하고, 고뇌로 여위고, 아니면 완전히 타락해 있다면, 그것은 아무도
거기에서 민족의 긍지를 느끼지 않을 것이 분명할 만큼 좋지 못한 모습이다.
민족이 한 사람도 빠짐없이 심신이 건전할 때에야 비로소 그 민족에 속해 있

다는 기쁨이 모든 경우에 우리가 국민적 긍지라고 이름 붙이는 저 높은 감정에까지 정당하게 높아질 수가 있다. 하지만 이 최고 긍지를 느끼는 것은 실로 민족의 위대함을 아는 자뿐이다.

국가주의와 사회주의 감정과의 친밀한 결합은 젊었을 때 마음에 심어져야 한다. 그렇게 하면 훗날 공통된 사랑과 공통된 긍지에 의해 서로 맺어지고 단련되어 영구히 흔들리지 않는 무적의 국가 시민으로 이루어진 민족이 될 것이다.

과격한 애국주의에 대한 불안은 무기력이다

우리 시대 과격한 국수주의에 대해서 가지고 있는 불안은 민족의 무기력을 의미한다. 현대는 모든 넘치는 힘이 모자랄 뿐 아니라, 또한 불쾌하게 생각되므로 현대인은 운명에 따라 위업을 이루는 데 더 이상 선발되지 않는다. 왜냐하면 지상의 가장 위대한 변혁은 만일 그 추진력이 열광적인, 오히려 히스테릭하다고 할 수도 있는 정열 대신, 오로지 '안녕질서'라고 하는 부르주아적 덕성이라고 한다면 불가능했을 것이기 때문이다.

그러나 이 세계는 확실히 위대한 변혁을 향해 나아가고 있다. 그리고 오로지 그것이 아리아 인종의 행복이 되느냐, 아니면 영원히 유대인의 이익이 되느냐 하는 문제만이 있을 수 있다.

민족주의 국가는 거기에 어울리는 청년교육에 따라, 뒷날 지구상 최후이며 최대 판결을 위해 준비가 갖추어진 세대를 유지하도록 배려해야 한다. 그리하여 이 길을 맨 먼저 가는 민족이 이길 것이다.

*

인종 의식의 주입

민족주의 국가의 모든 훈련과 교육활동은 그 정점을 교육에 맡겨진 청소년의 마음과 두뇌 속에서 인종적 의식과 인종적 감정을 본능적으로나 지성적으로 불태우는 일에 두어야 한다. 남자아이건 여자아이건 피의 순수성의 필요와 본질에 대해 궁극적인 인식을 얻지 않은 채 학교를 떠나서는 안 된다. 그리하여 우리 민족의 인종적 기초를 유지하는 전제가 만들어지고, 또한 이 전제에 의해 앞으로 문화적으로 한층 더 발전하기 위한 기초가 다시 확보될 것이다.

왜냐하면 모든 신체적·정신적 교육은 만일 그것들이 자기와 자기 특성을 유지하려 근본적으로 각오하고 결심하고 있는 그러한 사람에게 도움이 되지 않는다면, 마침내 무가치하게 될 것이기 때문이다.

그렇지 않은 경우에는 우리 독일인이 오늘날 이미 깊이 탄식하고 있는 것과 같은 사태가 생겨날 것이다. 비록 이러한 비극적 불행이 아마 지금까지 충분히 인식되지 않았을 테지만 말이다. 곧 **우리는 미래에 있어서도 단순히 문화의 밑거름에 그칠 것이다.** 그것도 우리 민족 한 사람이 없어진 것을 오로지 한 사람의 시민이 없어졌다고만 보는 오늘의 우리 부르주아적 관념의 편협한 견해에서뿐 아니라, 우리 지식과 능력이 어떤 것이든, 그것은 물론 우리 피를 타락시킬 것이 분명하다고 하는 비통하기 짝이 없는 사실을 인식하는 의미에서도 그러하다.

우리가 다른 인종과 결혼하는 일을 여러 번 되풀이함으로써 우리는 다른 인종의 기존 문화 수준을 한층 더 높이는 것이 되지만, 우리 스스로의 문화 수준에서는 영원히 낮아지는 일이다.

게다가 인종이라는 관점 아래 행해지는 이 교육도 그 최후의 마무리는 군대에서 해야 한다. 왜냐하면 일반적으로 병역 시대가 일반 독일인의 보통교육의 종결로 생각되어야 하기 때문이다.

*

인재의 국가적 선발

민족주의 국가에 있어서는 신체적·정신적 교육 방법이 매우 중요함과 동시에 그를 위한 인간 선발이라는 것 자체도 중요하다. 사람들은 오늘날 이것을 가볍게 취급하고 있다. 일반적으로 유복한 생활을 하고 있는 상류층 부모를 가진 아이들은 역시 높은 교육을 받을 가치가 있는 것으로 생각되고 있다. 재능 문제는 그 경우 부수적으로 다루어진다. 재능 자체는 언제나 오로지 상대적으로 평가될 수 있을 뿐이다.

농민의 아이들이 일반적 지식에서 부르주아 아이들보다 못한 경우에도, 여러 세대 동안이나 넉넉한 생활을 누려온 부모를 가진 아이들보다 훨씬 많은 재능을 가질 수도 있다. 부르주아 자녀들의 지식 그 자체가 넓다는 것은 재능 유무에는 전혀 관계가 없고, 그것은 그 아이들이 여러 방면의 교육이나 넉넉한 생활환경 때문에 끊임없이 받아온 인상이 본질적으로 상당히 크다는 점에 근거하고 있다. 만일 재능이 있는 농민의 아이가 어릴 때부터 똑같이 그러한 환경에서 자랐다고 한다면, 그의 정신적 능력은 전혀 다른 것이 되어 있을 것이다.

실제로 출신보다는 오히려 타고난 소질이 더 크게 영향을 주는 유일한 분야는 오늘에는 아마도 예술일 것이다. 여기서는 사람은 오로지 '학습하는' 것이 아니라 모든 것이 본디 타고난 것이어야 하고, 그 뒤 이미 가지고 있는 재능을 더욱 개발한다는 의미에서 얼마쯤 유망한 발전에 맡겨지며, 부모 돈이나 재산은 거의 문제가 되지 않는다. 그러므로 여기에서도 천재라고 하는 것은 넉넉한 생활이나 또는 부(富) 따위와는 전혀 관계가 없다는 것을 가장 잘 알 수 있다. 가장 위대한 예술가가 다시없이 가난한 집안 출신이라는 것은 그리 드문 일이 아니다. 더 나아가 시골의 가난한 아이가 뒷날 매우 명성이 높은 대가(大家)가 되어 있는 경우도 많다.

그러한 것을 인정하면서도 정신생활의 모든 면에 그것을 적용하지 않는 것이 바로 오늘날 사고가 아주 천박함을 나타내고 있는 것이다. 사람들은 예술의 경우에 부정할 수 없는 일이 이른바 실제적인 여러 학문에는 적용되지 않는다고 생각하고 있다. 의심할 여지없이 노련한 조련사가 영리한 푸들에게 도저히 믿기 힘든 재주를 가르칠 수 있는 것과 마찬가지로, 인간에게도 일정한 기계적 숙련을 가르쳐줄 수가 있다. 그러나 동물 조련의 경우, 재주를 배운 것은 동물의 이해력 자체에서 나온 것은 아니다. 인간의 경우에도 마찬가지이다.

사람들은 다른 방면의 재능 같은 것은 생각하지 않고, 인간에게 일정한 학문적 요령을 익히게 할 수는 있다. 하지만 그것은 동물의 경우와 마찬가지로 전혀 생명이 없고 내면적인 영감이 없는 과정이다. 사람들은 일정한 지적 훈련의 밑바탕 위에 보통 이상의 지식을 평범한 사람에게 주입할 수 있다. 그러나 이 역시 죽은 지식이며, 마침내는 헛된 지식이다. 그것은 실제로 살아 있는, 사전과 같은 인간을 낳는다. 하지만 그럼에도 특수한 상태나 인생의 결정적인 순간에 있어서는 모두가 비참하게도 쓸모가 없다. 그는 어떠한 필요한 경우에도 또한 그것이 아무리 하찮은 경우에도 언제나 다시 한 번 가르침을 받아야 하며, 자기 스스로의 힘으로 인류 발전에 아무런 공헌도 할 수 없다. 그와 같이 기계적으로 훈련된 인식은 기껏해야 현대의 국가공무원의 일에 쓸모 있을 정도이다.

어떤 국민의 인구 전체에 있어 일상생활에서 일어날 수 있는 영역의 모든 것에서 재능 있는 자가 발견되는 것은 확실한 일이다. 지식 가치라고 하는 것은 거기에 알맞은 재능을 가진 개개의 사람에 의해, 죽은 지식에 영혼이 불어넣어지면 불어넣어질수록 더욱더 커진다는 것도 분명한 일이다. **창조적인 성과는 일반적으로 능력과 지식이 합쳐졌을 때에만 이루어질 수 있다.**

오늘날 인류가 이 점에서 얼마나 수많은 죄를 저지르고 있는가는 역시 다음과 같은 예가 보여줄 것이다. 가끔 〈그라프〉 잡지 여기저기에 처음으로 흑인 변호사·교사·목사뿐만 아니라 훌륭한 흑인 테너가수 등등이 나타났다는 기사가 실려 독일 속물들의 눈을 휘둥그레지게 만들고 있다. 어리석은 부르주아지가 이러한 기적과 같은 교육을 알고 놀라서, 근대 교육 기술의 이 거짓말 같은 결과에 대해 존경심으로 가득 차 있는데, 유대인은 교활하게도 그런 사실에서 그들이 여러 민족에게 심어주려고 하는 '**인간 평등**'이라는 이론의 타당성에 대한 새로운 증거를 만들어내려고 생각한다. 이 타락한 부르주아사회의 사람들은 여기에서는 정말로 모든 이성에 어긋나는 죄가 문제라는 사실을 상상조차도 하지 않는 것이다.

최고 문화 인종에 속하는 몇백만 사람이 정말로 시시한 지위에 머물러 있어야 하는데, 태어날 때부터 반은 원숭이나 다름없는 인간을 오랫동안 조련하여 변호사로 만들었다고 믿는 일이 범죄적인 황당무계한 일이라는 것을 생각지 않으며, 호텐토트나 줄루족이 지적 직업으로까지 조련되고 있는데, 가장 천분(天分)이 있는 수십만의 사람들을 오늘날 프롤레타리아의 진흙 구덩이에 타락시킨다면, 영원한 조물주의 의지를 모독하고 있다는 것도 생각하지 않는다. 왜냐하면 이것은 푸들을 조련하는 경우와 똑같은 것으로, 학문적인 '교육'이 아니기 때문이다. 같은 노력과 배려를 지적 인종에게 쏟는다면 어떠한 사람들도 같은 일에 1000배나 빨리 숙달할 것이다.

그러나 만일 이 경우 언젠가는 예외가 아니게 되고 더 많은 것이 문제가 된다면, 이 사태는 정말로 견디기 힘들게 될 것이다. 이미 현재에도 재능이나 소질을 타고났으면서도 고등교육을 받을 수가 없다면 몹시 견디기 어렵다. 사실 몇십만의 매우 소질 있는 자들이 고등교육을 받을 수 없는데, 몇십만의 전혀 재능 없는 자들이 해마다 고등교육을 받을 가치가 있다고 생각한다는 것은 참을 수 없는 일이다. 그 때문에 국민이 입는 손실은 이루 헤아릴 수 없을 정도이다. 최근 몇십 년 동안 중요한 발명이라는 부(富)가 특히 북아메리카에서 매우 증가했는데, 이는 결국 북아메리카에서는 최하층의 사람이라도 본질적으로 재능만 있으면 고등교육을 받을 가능성이 유럽의 경우보다 많았다는 사실에 기인한다.

발명을 위해서는 주입된 지식으로는 불충분하며, 오로지 재능에 따라 영혼이 불어넣어진 사람이어야 한다. 그러나 오늘날 독일인은 이 점에 가치를 두지 않고 있다. 좋은 점수만이 가치가 있다고 생각하는 것이다.

여기서도 민족주의 국가는 뒷날 교육에 관여해야 할 것이다. **민족주의 국가의 과제는 어떤 현존하는 사회 계급에 결정적인 권리를 주장하는 것이 아니라, 모든 동포 가운데 가장 능력 있는 두뇌의 소유자를 뽑아서 관직이나 고관에 앉히는 것이다.** 민족주의 국가는 보통 아동에게 초등학교에서 일정한 교육을 하는 것만이 의무가 아니라, 재능 있는 자를 그 재능에 따른 길로 이끄는 것 또한 의무이다.

민족주의 국가는 특히 국립 중등 교육기관의 문을 재능 있는 자에게는 모두 어떠한 계급의 출신이건 완전히 평등하게 열어주는 것을 그 최고 과제로 생각해야 한다. 국가는 이 과제를 수행해야 한다. 왜냐하면 이것만이 죽은 지식의 대표자들로부터 국민의 독창적 지도층을 기를 수 있기 때문이다.

또한 다음의 이유에서 국가는 이 방면에 미리 유의해야 한다. 곧 특히 독일에서는 지식계급이라는 것은 자기네끼리만으로 뭉쳐 있으며, 하층계급과의 생생한 결합이 없는 만큼 굳어져 있다. 이것은 두 가지 방면에서 보복이 온다.

첫째로, 이 때문에 지식층에는 대중에 대한 이해와 동정심이 없다. 그들은 대중과의 관계에서 이미 오랫동안 떨어져 있었고, 민중에 대해 필요한 심리적 이해를 여전히 가질 수가 없다. 그들은 민중과는 인연이 없게 되었다.

둘째로, 이들 지식계급은 필요한 의지력이 없다. 다시 말해 격리된 지식층에 있어서는 이 의지력이 소박한 대중에 있어서보다 언제나 약하기 때문이다. 그러나 학문적 교양에서 우리 독일인이 부족하지 않다는 것은 하느님도 아는 사실이다. 하지만 의지력이나 결단력에서는 그만큼 모자라는 점이 많았다. 이를테면 우리 정치가가 '재주와 슬기에 넘쳐' 있으면 있을수록 그들의 실제 상 일은 대개 더욱 둔해졌던 것이다.

세계대전에 대한 정치적 준비나 기술적 무장이 부적절했던 것은 우리 민족을 **'교양이 적은 두뇌'**의 소유자가 통치하고 있었기 때문이 아니라, 오히려 지식과 지성은 가득 채워져 있으나 건전한 본능을 빼앗기고, 에너지와 대담성이 모자란, **'교육을 너무 많이 받은'** 사람이 통치자였기 때문이다. 우리 민족이 사색하는 약골 정부 아래 생존을 건 투쟁을 해야 했던 것이 하나의 재앙이었던 것이다.

만일 우리가 베트만 홀베크[25] 대신에 씩씩한 민중계급의 인간을 지도자로 가졌더라면, 일반 보병의 영웅적인 피를 헛되이 흘려보내지는 않았을 것이다. 마찬가지로 지나치게 순수하게 지적으로 고도의 교육을 받은 우리 지도층은 11월혁명의 불한당들에게는 최고의 맹우(盟友)였다. 이 지식층은 그들에게 맡겨진 국민적 보물을 충분히 박차를 가해 키우는 대신, 가장 굴욕적인 방법으로 억압함으로써 그것이 적에게 성공을 가져다주는 전제를 만들어냈던 것이다.

가톨릭교회 민중과의 결합성

이 점에서 가톨릭교회는 전형적인 가르침의 예로서 볼 수가 있다. 가톨릭교회 주교들의 결혼 금지에는 성직을 위한 후계자로 자신들의 계열에서가 아니라, 언제나 민족의 대중 가운데서 뽑아야 한다는 속박이 그 바탕에 있다. 그러나 이 독신주의의 의미가 대부분의 사람에게는 전혀 이해되지 않고 있다. 이것이 이 오래된 제도에 정착하고 있는, 믿을 수 없을 만큼 강인한 힘의 원인인 것이다.

왜냐하면 이렇게 함으로써 이 성직이라는 영예를 지닌 대군을 끊임없이 민중의 최하층 가운데서 보충하기 위해서 교회는 민중의 감정세계와 본능적으로 결합해 있을 뿐 아니라, 많은 민중 속에서만 영원히 존재하는 에너지와 실행력의 총화를 확보할 수 있기 때문이다. 여기에서 이 크나큰 조직의 놀라

---

25) 1909년부터 1917년까지의 독일 재상. 군부의 압력을 받아 무제한 잠수 전쟁에 동의했지만 군부에 의해 실각되었다.

운 젊음과 정신적 탄력성 그리고 강철 같은 의지력이 태어난다.

　교육제도에서 기존 지식층이 하층으로부터 신선한 피의 유입에 따라 늘 갱신하도록 배려하는 것은 민족주의 국가의 과제이다. 국가는 동포 전체 가운데서 매우 조심스럽게, 엄밀하게, 선천적으로 분명히 능력 있는 인재를 발탁하여 공동체에 이바지하도록 할 의무가 있다. 왜냐하면 국가와 정치가는 온갖 계급 사람들에게 일자리를 주기 위해 있는 것이 아니라, 그들에게 주어진 과제를 충분히 실현하게 해주기 위해 존재하기 때문이다. 따라서 이것은 원칙적으로 능력도 있고 의지도 강한 인물이 이 과제를 수행하기 위해 교육될 때에만 가능한 일이다. 이는 모든 관리로서의 지위에 대해서뿐만 아니라 국민의 정신적 지도에 대해서, 모든 영역에서 일반적으로 말할 수 있는 것이다.

　또한 가장 유능한 인물을 그들에게 알맞은 분야에 맞춰 교육하여 민족 공동체에 이바지하게 하는 데 성공하는 일은 민족의 위대함의 한 요소이기도 하다. 만일 똑같이 좋은 소질을 가진 두 민족이 서로 경쟁한다면, 모든 정신적 지도에 있어 가장 좋은 재능이 있는 자가 대표하고 있는 쪽이 승리를 차지할 것이며, 그 지도가 오로지 어떤 일정한 신분이나 계급을 위한 커다란 공동의 구유와 같은 것으로, 저마다 선천적 재능을 가진 자를 고려하지 않는 민족은 패배할 것이다.

노동 가치

　물론 오늘의 우리 세계에서는 이는 불가능한 것으로 여겨진다. 사람들은 곧바로 이론을 제기할 것이다. 이를테면 고급 관리의 아들이, 어버이가 직공이었던 다른 사람 쪽이 재능이 있다고 해서 직공이 될 것이라고는—우리가 말하듯이—기대할 수 없다고. 육체노동에 대한 오늘날 평가로 본다면 이것은 옳을지도 모른다. 그러기에 또 민족주의 국가는 노동이라는 개념에 대해 근본적으로 다른 태도를 취해야 할 것이다.

　국가는 만일 필요하다면 몇 세기가 걸리더라도 교육에 의해 육체노동을 가볍게 보는 폐단을 스스로 깨뜨려버려야 한다. 국가는 원칙적으로 개개인을 그의 일 종류에 따라서가 아니라 그 일을 하는 자세와 성과에 따라서 평가해야 한다. 이것은 가장 어리석은 삼류 문필가가 펜으로 일을 하고 있다는 이유만으로, 가장 총명한 정밀기계공보다도 높이 평가되는 시대에는 정말로 기괴하게 여겨질지도 모른다. 그러나 이미 말한 바와 같이 이 잘못된 평가는 사물 본성 안에 있는 것이 아니라, 인위적으로 심어진 것으로 그 이전에는 없었던 일이다. 오늘날 이 부자연스런 상태는 바로 지금의 물질화된 시대의 일반적인 병적 현상에 기인하는 것이다.

모든 노동 가치에는 원칙적으로 두 가지 요소가 있다. 바로 **'순실리적인 것과 관념적인 것'**이다. 실리적 가치는 전체 생활을 위해 행하는 노동의 중요성, 더구나 실리적 중요성에 바탕을 둔다. 민족 동포가 어느 완성된 일에서 이익을, 더구나 직접 간접의 이익을 많이 받으면 받을수록 그 실리적 가치도 더욱 더 크다고 평가할 수가 있다. 이 평가는 저마다 자기 노동에 대해서 받는 물질적 보수 형태로 구체적으로 나타난다. 그런데 이 순수한 실리적 가치에 대해 관념적인 가치가 있다. 이것은 이루어진 일의 중요성을 실리적으로 측정하는 데 있는 것이 아니라, 그 본디의 필요성에 입각한다.

물론 발명의 실리적 이익이 평범한 소매점원의 그것보다 클 수는 있다. 그러나 사회가 그러한 대사업에 있어서와 마찬가지로 이러한 아주 작은 일로 뒷받침되고 있는 것도 확실하다. 사회는 사회에 대한 한 사람 한 사람의 일의 이익을 평가하는 경우 실리적으로 구별할지도 모른다. 그리고 그것이 그때그때 임금 지불에 따라 나타날 수도 있다. 하지만 저마다 모두 자기 분야—그것이 무엇이든지—에서 최선을 다하려 노력하고 있을 때, 관념적으로는 모두 똑같다고 인식되어야 한다. 사람을 평가하는 경우에는 이 점에 따라야지 보수로 평가해서는 안 된다.

이상적인 국가에서는 각 사람마다 그의 능력에 따른 일을 할당해야 하는데, 다시 말하자면 주어진 일에 대해 유능한 두뇌 소유자를 교육하도록 배려해야 하지만, 능력은 원칙적으로 가르쳐지는 것이 아니라 선천적인 것임이 확실하다. 그러므로 자연으로부터 선사받은 것이지 인간의 공적은 아니기에 대부분의 부르주아처럼 한 사람 한 사람에게 어느 정도까지 맡겨진 일에 따라 평가할 수는 없다. 왜냐하면 이 일은 그의 태생이 어떤 것이냐 하는 것과 거기서 비롯되는, 그가 사회에서 받은 교육에 따른 것이기 때문이다.

인간의 가치 평가라는 것은 그가 사회로부터 책임이 지워진 과제를 올바르게 행하느냐 하는 그 방법에 바탕이 주어져야 한다. 왜냐하면 하나하나의 인간이 다하는 일은 그의 존재 목적이 아니라, 오로지 그것을 위한 수단에 지나지 않기 때문이다. 오히려 그는 인간으로서 한층 더 교육되고 세련되어야 한다. 그러나 이것은 언제나 어떤 국가라는 것을 바탕으로 해야 하는 문화 사회의 테두리 안에서만 할 수 있는 일이다.

이 바탕을 유지하기 위해 그는 무엇인가 이바지해야 한다. 이 이바지 형식은 자연에 의해 결정된다. 그것은 민족 공동체가 그에게 준 것을 근면하고 성실하게 민족 공동체에 되돌려주는 데에만 있다. 이것을 행하는 자가 가장 높은 평가와 가장 높은 존경을 받을 가치가 있다.

물질적 보수는 사회를 위해 한 일이 그 나름 이익을 가져온 자에 대해 주어질 것이다. 하지만 관념적 보수는 자연이 그것을 주었고, 민족 공동체가 교육한 여러 힘을 그의 민족에게 봉사하기 위해 바친 모든 자가 요구할 수 있는 평가에 놓여 있어야 한다. 그렇게 되면 성실한 직공이 되는 것은 이미 부끄러운 일이 아니며, 오히려 무능한 관리로서 조물주로부터는 햇빛을, 선량한 민중으로부터는 나날의 빵을 훔치는 것이 부끄러운 일이다. 더 나아가 처음부터 견디지 못할 만한 사람에게는 일을 주지 않는 것도 분명한 일로 여겨질 것이다. 게다가 또 그와 같은 활동이 일반적으로 같은 법률적 시민으로서 인정되고 있는 권리에 대해 유일한 기준이 된다.

현대는 사실 스스로 해체되고 있다. 곧 현대는 보통선거권을 도입하고, 평등권에 대해 지껄이고 있으나, 이에 대한 기초는 아무것도 발견하지 못한다. 현대는 물질적 보수에 따라 인간 가치를 나타낼 수 있다고 생각하여 일반에게 줄 수 있는 가장 고상한 의미로서 평등성의 기초를 무너뜨리고 있다. 왜냐하면 평등이라는 것은 하나하나의 업적에 입각하지 않으며, 결코 입각할 수가 없기 때문이다. 그러나 그것은 저마다 그에게 주어진 특별한 의무를 다하는 형태에서 가능하다. 이렇게 해서만 인간 가치를 판단하는 경우 자연의 우연[26]이 물리쳐지고, 하나하나는 스스로 자기 가치를 만들게 될 것이다.

모든 인간 집단이, 수입의 많고 적음에 따라서만 평가할 줄 아는 현대 사회에서 사람들은 이에 대해—이미 말한 것과 같이—이해하지 않는다. 하지만 이것은 우리 이상을 포기하는 이유가 될 수는 없다. 오히려 그 반대이다. 즉 내면적으로 병들어 있고 부패해 있는 현대를 구제하려고 하는 자는 무엇

---

26) 신분 차이 따위를 말한다.

보다 먼저 이 질병 원인을 밝히는 용기를 불러일으켜야 한다. 그리고 이것이 국가사회주의 운동이 추구하는 바가 되어야 한다. 곧 모든 속물근성에서 벗어나 우리 민족 안에서 새로운 세계관의 전위적인 투사가 될 수 있는 힘을 모아 조직하는 일이 바로 그것이다.

*

등급별 임금

물론 사람들은 다음과 같이 반론을 내어놓을 것이다. 일반적으로 관념적 평가를 실리적 평가로부터 분리하는 것은 곤란하다. 사실 육체노동에 대한 낮은 평가는 그 낮은 임금에 의해 일어나는 것이다. 게다가 또 이와 같은 임금은 개개인이 그 국민의 문화적 보물에 관여하는 일을 제한하는 원인이기도 하다. 그리고 그 때문에 바로 인간의 이념적 문화는 손상되고, 인간활동 자체와는 아무런 관계도 가질 필요가 없게 되었다. 육체노동이 혐오당하는 것은 열등한 보수로 인해 수공 노동자의 문화 수준이 필연적으로 낮아지고, 그 결과 일반적으로 낮은 평가를 받는 것이 당연하게 된 사실에 기초를 두고 있다.

여기에는 매우 많은 진리가 있다. 그러나 그렇기 때문에 사람들은 앞으로 임금 등급의 커다란 차이를 발견하게 된다. 그렇게 되면 일이 정체되리라고 말해서는 안 된다. 만일 고도의 지적인 일을 하려는 동기가 오로지 높은 보수에 있다고만 한다면, 그것은 시대가 타락해 있다는 슬픈 징표이다. 만일 이 관점이 지금까지 이 세계의 유일한 기준적인 것이었다고 한다면, 인류는 그 가장 훌륭한 과학적·문화적 보물을 결코 가지지 못했을 것이다. 왜냐하면 가장 위대한 발명, 가장 혁신적인 학문상 업적, 인류 문화의 가장 훌륭한 기념물은 돈에 대한 충동에서 이루어진 것이 아니기 때문이다. 거꾸로 그 탄생은 가끔 바로 부(富)의 현세적 행복을 단념하는 것을 의미했다.

오늘날에는 돈이 생활의 유일한 지배자가 되어 있는지도 모른다. 그러나 언젠가 인간은 보다 높은 신들 앞에 무릎을 꿇을 것이다. 대개의 사람들은 오늘날 금전과 재산에 대한 갈망에만 그 존재 이유를 발견하고 있는지도 모른다. 하지만 그러한 인간이 없어졌다고 해서 인류가 가난하게 될 만한 사람은 그들 가운데 거의 없다.

저마다 그의 생활에서 필요한 것이 주어지는 시대, 그러나 그때 인간이 물질적 향락을 위해서만 살려고 하는 것은 아니라는 원칙을 북돋아주는 시대가 오리라는 것을 지금부터 알려주는 일도 우리 운동의 과제이다. 그것은 앞으로 성실하게 일하는 사람에게는 누구든, 어떤 경우든 동포로서, 인간으로서 보기 흉하지 않은 어엿한 생활을 할 수 있게끔 알맞게 한정된 임금의 등급 규정을 표시해야 한다.

이상과 현실

그것은 이상적인 상태이며, 그런 일이 이 세계에서는 실제로 있을 수 없으며, 사실상 결코 이루어지지 않는다고 해서는 안 된다. 우리도 언젠가는 결점 없는 시대를 불러올 수 있다고 믿을 만큼 어수룩하지는 않다. 그러나 이것은 알고 있는 결점과 싸우고, 약점을 이겨내고 그리고 이상을 위해 노력하는 의무로부터 해방되었다는 것은 아니다. 준엄한 현실은 스스로 많은 제한만을 가할 것이다. 하지만 그렇기에 먼저 인간은 최종 목표에 이바지하도록 힘써야 한다. 그리고 실패의 타격은 그러한 관점으로 보아 조금도 없애버려서는 안 된다. 잘못이 섞여 들어간다는 이유만으로 법률을 정지할 수도 없고, 약이 있어도 언제든 병자가 생긴다고 해서 약을 거부할 수 없는 것과 마찬가지이다.

사람들은 이상의 힘을 너무 낮게 평가하지 않도록 주의해야 한다. 이 점에 대해 오늘날 만일 미심쩍은 자가 있다면—그가 이전에 병사였다면—나는 영웅주의가 이상적 동기에서 생기는 힘의 더할 수 없이 강력한 증거였던 저 시대를 상기시켜 주고 싶다. 왜냐하면 그때 사람들로 하여금 생명을 버리게 만든 것은 나날의 빵에 대한 배려가 아니라 조국애이며, 조국의 위대함에 대한 신념이며, 국민 영예에 대한 일반적 감정이었기 때문이다. 그리고 독일 민족이 혁명의 현실적 구속에 따르기 위해 이 이상에서 떠나 무기를 배낭과 바꾸었을 때 비로소 그들은 이 세상 천국에 가는 대신에 일반적인 경멸과 그에 못지않은 일반적 곤궁이라는 연옥 속으로 빠졌던 것이다.

그렇기 때문에 오늘날 '현실주의적인 공화국'의 수학 교사[27]에게 '이상주의적인 제국'에 대한 신념으로 맞서는 일이 정말로 무엇보다도 필요한 것이다.

---

27) 바이마르 공화제의 이상이 없다는 것을 비꼰 것.

제3장
국적 소유자와 국가의 시민[1]

오늘날 어떻게 해서 국가의 시민이 되는가

일반적으로 오늘날 잘못하여 국가라 불리고 있는 구조 속에는 두 부류의 인간만이 있다. 바로 국가의 시민과 외국인이다. 국가의 시민이란 출생이나 귀화에 의하여 시민권을 얻은 모든 사람을 말한다. 외국인이란 이와 같은 권리를 다른 나라에서 얻은 모든 사람을 말한다.

이 중간에 떠돌이별과 같은, 이른바 무국적자가 있다. 그들은 현존하는 어느 국가에도 속하지 않으므로, 시민권 같은 것은 전혀 갖고 있지 않는다는 명예를 지닌 인간이다.

시민권은 이미 말한 바와 같이 오늘날에는 첫째로 어느 국가의 국경 안에서 출생함으로써 얻게 된다. 이 경우 인종이라든가, 어느 민족에 속해 있는가 하는 것은 흔히 문제가 되지 않는다. 이전에 독일 보호령에서 살고 있던 흑인이 지금은 독일 국내에 살고 있다면, 그는 자기 자식을 '독일국가 시민'으로서 낳는다. 마찬가지로 유대인이나 폴란드인, 아프리카나 아시아 인종의 아이도 누구든 손쉽게 독일국가 시민으로 등록할 수 있는 것이다.

출생에 따른 시민권 획득 말고도 나중에 시민권을 얻을 가능성도 있다. 이것은 갖가지 전제 조건과 연관되어 있다. 예컨대 귀화를 희망하고 있는 자가 될 수 있으면 범죄인이나 뚜쟁이가 아닐 것, 또한 정치적으로 흠잡을 데 없을 것, 달리 말하면 해로움 없는 정치적 바보일 것, 끝으로 새로이 그에게 시민권을 주는 나라에 짐이 되어서는 안 될 것 등이다. 오늘날 같은 물질적 시대에는 물론 경제적인 부담만을 의미한다. 게다가 아마도 장차 좋은 납세자라

---

1) Staatsangehöriger 및 Staatsbürger를 옮긴 것.

고 여기게 하는 일은 오늘날 국가 시민권 획득을 촉진하기 위해서는 효과적인 추천이 되기도 한다. 그 경우 인종은 흔히 문제가 되지 않는다.

국가의 시민이 되는 모든 과정은 이를테면 자동차 클럽에 들어가는 것과 별 차이 없는 수속으로 행해진다. 먼저 신청서를 작성한다. 그것이 조사되고 검토된다. 이리하여 어느 날 그에게 그가 국가의 시민이 되었음을 알리는 한 장의 종이쪽지가 배달된다. 그 경우 실로 이상야릇한 방식으로 행해진다. 이제까지 줄루족이었던 문제의 인간에게 "이 증서로서 귀하는 독일인이 되었다!" 하고 전하는 것이다.

이러한 요술은 주(州)의 우두머리인 주지사에 의해 이루어진다. 신도 하지 못하는 일을 관직에 있는 테오프라스투스 파라켈수스[2]가 눈 깜짝할 사이 해치우고 만다. 간단히 펜 끝으로 몽골인 아무개[3]가 갑자기 진짜 '독일인'이 되고 만다.

그러나 사람들은 이러한 새로운 국가 시민의 인종이 무엇인가에 대해 관계하지 않을 뿐 아니라, 그의 육체 건강마저도 걱정하지 않는다. 이 사람이 매독으로 썩었든 말았든, 오늘날 국가에서 앞서도 말한 바와 같이 그가 경제적으로 부담이 되지 않고, 정치적으로 위험하지만 않다면 시민으로서 환영받는다. 그리하여 해마다 국가라는 이 조직체는 스스로는 이미 극복할 수 없는 독소를 자기 안에 주입하는 것이다.

국가 시민 스스로는 또한 다음과 같은 점으로 외국인과 구별하고 있다. 곧 국가 시민에게는 모든 관직에 오를 수 있는 길이 자유로이 열려 있으며, 만일의 경우 병역의무를 반드시 지켜야 하고, 또 그 뒤 적극적으로나 소극적으로나 선거에 참여할 수 있다. 대개 차이는 이것뿐이다. 왜냐하면 개인 권리, 개인 자유의 보호에 대해서는 외국인도 같은 정도로 누리고 있으며, 그 이상의 일도 드물지 않기 때문이다. 아무튼 오늘날 독일공화국에서는 이것이 적용된다.

이러한 모든 것을 들으면 불쾌하리라는 것을 나는 알고 있다. 그러나 오늘날 독일국가의 시민권처럼 경솔하고 광적인 것은 좀처럼 찾아볼 수 없다. 오늘날 미약하나마 적어도 더 나은 개념으로 향하고 있는 경향이 눈에 띄는

2) 1493~1541. 중세 독일 신비주의자, 자연과학자, 의사.
3) 원문은 Wenzel로 되어 있는데 이것은 독일인의 일반적 인명으로서 쓰였을 뿐이다.

한 나라가 있다.

물론 이것은 우리 모범적인 독일공화국이 아니라 미합중국이다. 거기에서 사람들은 적어도 다른 일부분은 이성(理性)에 호소하려 애쓰고 있다. 미합중국은 건강상 좋지 못한 분자(分子)가 이민 오는 것을 되도록 거부함으로써, 어떤 민족에게는 귀화를 전혀 허용하지 않는다. 이미 막연하게나마 민족주의 국가관 특유의 관념을 나타내고 있는 것이다.

시민—국적 소유자—외국인

민족주의 국가는 그 주민을 세 부류로 나눈다. 바로 국가 시민, 국적 소유자 그리고 외국인이다. 출생에 의해서는 원칙적으로 국적만이 얻어진다. 국적을 갖는 것만으로는 아직 공적인 관직에 앉을 자격이 없으며, 또한 적극적으로나 소극적으로나 선거에 관여하는 의미로서 정치적으로 활동할 권리도 없다. 원칙적으로 국적을 갖는 자는 모두 인종과 본디 국적을 확인받아야 한다. 국적 소유자에는 언제든지 그의 국적을 포기하고, 자유롭게 그의 본디 국적이 있었던 나라 시민이 될 수 있다. 외국인과 국적 소유자와의 구별은 이처럼 오로지 외국인이 다른 나라 국적을 갖고 있다는 사실뿐이다.

독일인으로서 독일 국적을 갖는 아이는 모든 독일인에게 규정된 학교교육을 마칠 의무가 있다. 그는 그것에 따라 인종 의식과 국가 의식을 가진 민족 동포가 되는 교육에 맡겨진다. 그는 그 뒤 국가에 의해 규정된 것보다 많은 신체적 훈련을 마치고 끝으로 군대에 들어간다.

군대의 훈련은 일반적인 것이다. 모든 하나하나의 독일인을 파악하고, 그 신체적·정신적 능력에 따라 될 수 있는 대로 군대에 쓸 수 있도록 교육해야 한다. 나무랄 데 없는 건강한 청년에게는 병역의무가 끝난 뒤 그 결과로서 당당히 **국가 시민권**이 주어진다. 이것이 이 세상 온 생애를 통해 가장 가치 있는 증서이다.

이에 따라 그는 국가 시민의 모든 권리가 보증되고, 시민으로서의 모든 특권에 관여한다. 왜냐하면 국가는 민족 동포로서 그 존재와 그 위대함의 원인이며 그것을 맡는 자와 단순히 '돈벌이를 하는' 분자로서 국내에 살고 있는 자와의 사이에 뚜렷한 구별을 설정해야 하기 때문이다.

국가 시민 증서의 수여는 민족 공동체와 국가에 대한 엄숙한 선서와 연관되어야 한다. 이 증서 가운데 그 전의 모든 격차를 해소시키는 공통의 유대가 있어야 한다. 도로 청소부로서 독일국 시민인 것이 다른 나라 왕(王)인 것보다 더 큰 명예이어야 한다.

국가의 시민이 독일국의 주인이다

국가 시민은 외국인에 대해 우선권을 가지고 있다. 시민이 독일국의 주인인 것이다. 그러나 또한 이 높은 지위에는 의무가 따른다. 명예와 지조가 없는 자, 비열한 범죄인, 매국노 등은 언제나 이 명예를 빼앗길 수가 있다. 그는 이에 따라 다시 국적 소유자로 되돌아간다.

독일 소녀는 국적 소유자이며, 결혼에 의해 비로소 시민이 된다. 그렇지만 또한 직업을 가지고 있는 독일 여자의 국적 소유자에게는 시민권을 수여할 수 있다.

제4장
인격과 민족주의 국가의 사상

귀족주의 원리에 의한 구성

민족주의적 국가사회주의 국가는 그 주된 과제가 '**국가의 역군을 길러내고 유지하는 일**'에 있다고 본다면, 인종적 요소 자체를 조성하여, 교육하고, 마지막으로 실생활의 필요에 맞게 길러내는 것만으로는 충분하지 않으며, 국가가 그 자체 조직을 이 과제와 일치시켜야 한다.

만일 사람들이 궁극적인 결과에까지 다다를 결심이 없다면, 인간의 가치를 그가 속하는 인종에 따라 평가하고, 따라서 '인간은 평등하다'고 하는 마르크스주의 이념에 투쟁을 선언하는 것도 황당무계한 일일 것이다. 피의 의미, 다시 말해 일반적인 인종 기초의 의미를 인정한 궁극적 결과는 이 평가를 개개인에게 적용하는 일이다.

일반적으로 민족은 그 인종 소속에 따라 다르게 평가되어야 하며, 이것은 마찬가지로 어떤 민족 공동체 안에 있는 인간 하나하나에게도 적용된다. 어떤 민족이 모두 동일하지 않다는 인식은 인간의 머리가 결코 같을 수 없다는 뜻으로, 어떤 민족 공동체 안의 인간 하나하나에게도 적용되는 것이다. 여기에서도 크게 보면 피의 구성 요소는 물론 같지만, 한 사람 한 사람에 있어서는 천차만별의 미세한 차이가 있기 때문이다.

이런 인식의 첫째 결론은—나는 감히 말하지만—동시에 더 세련되지 못한 것으로 불릴지도 모른다. 다시 말해 민족 공동체 내부에서 인종적으로 특히 가치가 있는 것으로 인정된 분자를 가장 모범적인 방법으로 만들고, 그들 수가 특별히 늘어가도록 배려하는 시도이다. 이 과제가 세련되지 않았다는 것은, 그것이 거의 기계적으로 인정될 수 있고, 해결될 수 있기 때문이다.

전체 국민 중에서 정신적으로나 이념적으로나 실제로 가치 있는 인물들을 인정하고, 그들을 위해 그들의 뛰어난 정신에서 비롯될 뿐 아니라 무엇보다도 국민에게 도움이 되는 영향력을 얻는 일은 한층 더 어렵다. 유능함과 유망함을 구별하는 일은 기계적으로 이루어지는 것이 아니라, 일상 투쟁에 언제나 행하는 과제인 것이다.

민주주의적 대중 사상을 거부하고, 가장 훌륭한 민족, 곧 최고 인간에게 이 지상을 주려고 애쓰는 세계관은, 그 민족 가운데서도 또한 논리적으로 동일한 귀족주의 원리에 따라 가장 훌륭한 인물로 하여금 그 민족의 지도와 최고 영향력을 확보하도록 해야 한다. 그러므로 이 세계관은 다수자의 사상이 아닌 인격의 사상 위에 구축된다.

민족주의적 국가사회주의 국가가 경제생활의 좀더 좋은 구조에 의해, 다시 말해 빈부 차이보다 더 나은 균형에 의해, 아니면 좀더 드넓은 인구층이 경제 과정에 더 많이 관여하는 공동 결정권에 의해, 또는 공정한 임금에 의해, 혹은 커다란 임금 격차의 제거에 의해서만 다른 나라들과 구별될 것이라고 오늘날 생각하고 있는 자는 피상적인 견해에 빠져 있는 것이다. 또 그런 자는 우리가 세계관이라 부르고 있는 것에 대해서는 아무런 관념조차도 갖고 있지 않은 것이다. 여기서 말한 것만으로는 영속적 존립이 조금도 보장되지 않는다. 하물며 위대한 것이 되려고 하는 요구는 무리이다.

이 현실의 외면적 개혁에만 머물고 있는 민족은 일반적인 민족 경쟁에서 이런 민족이 승리를 거둔다는 보증을 조금도 얻을 수 없을 것이다. 물론 정당하기는 하지만 단순히 이와 같은 일반 조정적인 발전을 그 사명의 내용으로 느끼고 있는 것 같은 운동은 현존 상태의 큰 개혁을 결코 이룰 수 없으므로, 실제로는 강력하지도 현실적이지도 않다. 그 활동은 모두 결국 피상적인 것에만 머무르고 있어서, 오늘날 우리가 고통받고 있는 이 약점들을 필연적인—거의 그렇게 말할 수 있는데—확실성을 가지고 극복해 버리는 내면적인 마음가짐을 그 민족에게 주지 않는다.

이것을 쉽게 이해하기 위해 한 번 더 인류 문화 발전의 참된 원천과 원인을 돌아보는 것이 목적에 알맞을 것이다.

인간을 외견상 분명히 동물과 떼어놓는 첫걸음은 발명에 대한 그것이다. 발명 자체는 본디 책략이나 위계를 발견한 데 기초하여 그것들을 응용함으로써 다른 생물과의 생존 투쟁이 쉽게 되고, 그 응용은 때때로 순조로운 진로를 위한 실제적인 전제가 된다. 그러기에 이 가장 원시적인 발명은 후세의, 좀더 적절히 말해 오늘의 인간 눈으로 보자면, 물론 처음에는 대중이 생각해 낸 현상으로 해석되므로 인물이 아직 충분히 뚜렷하게 나타나지 않는다.

이를테면 인간이 동물에게서 볼 수 있는 어떤 꾀나 교활한 방법이라고 하는 것은, 처음에는 총괄적인 것으로 눈에 비친다. 그리고 그 근원을 확인하고 조사할 수도 없는 까닭에, 그러한 현상을 '본능적'이라고 간단하게 말하며 얼버무리고 만다.

이 마지막 말[1]은 이제 우리 경우에는 전혀 무의미하다. 왜냐하면 생물의 진화 발전을 믿는 자는 살려고 하는 충동이나 생존 투쟁의 표현에는 모두 한 번은 발단이 있었을 것이라는 사실을 인정해야 하기 때문이다. 다시 말해서 한 인간이 그 발단과 동시에 시작하고, 또한 그러한 과정이 언제나 몇 번씩 되풀이되어, 마침내 거의 그것이 어느 특정한 종에 속하는 모든 자의 의식 아래로 이행하여 다시 또 본능으로서 나타나기까지 점점 퍼졌던 것이다.

인격과 문화의 진보

이것이 인간 자신의 경우에는 좀더 쉽게 이해되어 믿어질 것이다. 인간이 다른 동물과 싸우는 맨 처음 영리한 방법도 그 근원을 더듬으면, 분명히 한 사람의 특별히 유능한 자의 행위에서 온 것이다. 이 경우 그러한 인물이 전에는 여러 가지 일을 결단하거나 실행하거나 하는 원인이었음이 분명하다. 그 뒤 그것이 아주 분명한 일로서 모든 인류에게 이어진 것이다. 오늘날 모든 전략의 기초가 되어 있는 확실한 군사적 원칙도 마찬가지로 본디 아주 특별한 두뇌의 소유자가 그것을 만들어낸 것이며, 오로지 오랫동안 아마도 몇천 년간의 과정을 거쳐 보편타당성을 획득하고 모두 옳다고 여겨지게 된 것이다.

이 최초 발명을 인간은 제2의 발명에 따라 보충했다. 인간은 다른 여러 사물이나 생물까지도 인간 자신의 생존 유지 투쟁에 이용하는 것을 배웠다. 그와 더불어 오늘날 일반적으로 우리가 눈앞에 볼 수 있는 것과 같은 인간 본디의 발명 활동이 시작된 것이다. 이러한 물질적 발명은 돌을 무기로 쓰는 일에서 출발하여 동물을 기르게 하고, 인간에게 인공적으로 불을 만들어주고,

---

1) 본능적이라는 말.

오늘날 다양한 발명에 이르기까지 그 발명 하나하나가 현대에 가깝고 또한 그것이 중요하고 유용하면 할수록 그것을 창조한 인물을 더욱더 분명히 인정할 수가 있다.

아무튼 이렇게 해서 우리는 다음의 사실을 알고 있다. 곧 우리가 물질상 발명에서 볼 수 있는 것은 모두 인물 하나하나의 창조적인 힘과 능력의 결과라는 것이다. 그리고 이러한 모든 발명은 궁극적으로 인간을 동물계 수준으로부터 점차 높이고, 게다가 마침내 인간을 동물로부터 분리시키는 데 기여한다. 그러므로 발명은 인류가 끊임없이 높은 단계로 발전하기 위한 가장 기초적인 것이 되고 있다. 그러나 한때는 가장 간단한 책략으로서, 원시림 속에서 사냥하는 인간에게 생존을 위한 투쟁을 손쉽게 한 것마저도, 현대에는 지적으로 튼튼한 학문적 인식 형태로, 다시 오늘날 생존을 위한 인류 투쟁을 손쉽게 하고, 미래 투쟁을 위한 무기를 만들어내는 데 기여하고 있다.

인간의 모든 생각이나 발명 또는 발견은 사물 본질에 대한 깊은 학문적 통찰이 가져오는 이른바 현실적 이익이 당장에 보이지 않더라도, 그 궁극적인 효과는 첫째로 이 행성(行星)에서의 인간 생존 투쟁에 쓸모가 있는 것이다. 이들이 모두 한데 합쳐져서 차츰 인간을 주위 생물의 테두리 속에서 높이는 역할을 하고, 인간이 어느 점에서 보아도 이 지상의 지배적 존재가 되게끔 그 자신을 강화하고 그의 지위를 확고히 했던 것이다.

인격의 가치

이와 같이 모든 발명은 어느 한 사람의 창조 결과이다. 이러한 인물은 사람들이 바라든 바라지 않든 온 인류의 위대한 은인이다. 그들의 활동은 그 뒤 몇백만 몇십억의 인간이 생존 투쟁을 손쉽게 행할 수 있는 보조 수단을 주었던 것이다.

만일 우리가 오늘날 물질 문화의 원천을 언제나 인간 하나하나를 발명자로 보고, 서로 보충하고, 어떤 발명 위에 다른 발명을 쌓아올려간 것이라고 본다면, 이러한 발명자가 고안하고 발명한 것을 실제로 응용하고 시행하는 경우에도 마찬가지의 것을 발견하게 된다. 왜냐하면 모든 생산과정도 그 근원 자체에 있어서는 발명과 같은 것으로 보아야 하며, 따라서 개인에 의존하는 것이기 때문이다. 또 순수한 이론적 사색 활동도 하나하나 헤아릴 수 없다고 해도 역시 그 뒤 모든 물질적 발명의 전제이며, 모두 오로지 한 개인이 만들어낸 것으로 여겨지는 것이다. 대중이 발명하는 것이 아니며, 여럿이 조직을 만들거나 생각하거나 하는 것이 아니라 모든 일에 있어 언제나 오로지 하나하나의 인간, 개인이 하는 것이다.

인간 사회가 이러한 창조력을 가진 자에게 되도록 친절하게 일하기 좋게 해주고, 그들의 활동을 전체를 위해 이익이 되도록 쓰지 않는다면, 인간 사회는 훌륭하게 조직되어 있다고는 생각할 수 없다. 발명 그 자체 중에서 가장 가치 있는 것은 그것이 물질상의 것이든 사상계에 속해 있든, 무엇보다도 먼저 한 인격으로서의 발명자이다. 그를 이와 같이 전체를 위해 이익이 되도록 배치하는 일이 민족 공동체라는 조직이 가장 먼저 행해야 할 최고 과제이다.

그렇다, 조직 자체는 오로지 이 원칙 실현에 지나지 않는다. 그와 함께 조직도 메커니즘의 저주에서 벗어나 하나의 생생한 것이 된다. **민족 공동체라고 하는 조직 그 자체는 생각하는 인간을 대중 위에 놓고, 따라서 대중을 그러한 인간들의 밑에 종속시키려는 노력이 구체화된 것이어야 한다.**

그러므로 조직은 대중 속에서 인물이 나오는 것을 방해해서는 안 될 뿐 아니라, 그와 거꾸로 조직 특유의 본성에 따라 이를 최고도로 가능케 하고, 손쉽게 해야 한다. 그 경우 인류에 대한 축복은 결코 대중 속에 있는 것이 아니고, 창조적인 두뇌를 가진 사람들, 따라서 실제로 인류의 은인이라고도 할 수 있는 사람에게 의거하고 있다는 근본적 원칙에서 출발해야 한다. 그들에게 가장 권위 있는 영향력을 미칠 수 있는 지위를 확보해 주고, 그들이 활동하기 쉽게 해주는 것이 전체 이익이 된다. 이 이익은 생각할 능력도 없고 유능하지도 않으며 아무런 천부 재능이 없는 대중의 지배에 의해서는 충족되지 않으며, 도움도 받지 못한다. 이를 위해 자연으로부터 특별한 재능이 주어진 유능한 자의 지도에 의해서만 가능하다.

이러한 두뇌 소유자의 선발은 이미 말한 바와 같이 무엇보다도 준엄한 생존 투쟁 자체에 의해 행해진다. 대개의 사람은 좌절하고 몰락하여 맨 마지막에 남는 자로서 정해져 있지 않음을 스스로 증명한다. 그리하여 소수자만이 맨 마지막에 뽑힌 자로서 나타난다. 사상 분야나 예술 창작 분야나, 심지어 경제 영역에서까지도 이 선발 과정은—특히 경제 분야에선 무거운 짐을 지고 있다고는 하지만—오늘날에도 행해지고 있다.

국가의 행정이나, 마찬가지로 국민의 조직적인 방위력에 의해 강화된 힘은, 이러한 생각이 지배하는 것이다. 어디에서나 인격 이념, 다시 말해 인격의 권위는 위에서 아래로, 이에 대해서 높은 자리에 있는 사람에 대한 책임은 아래에서 위로라는 이념이 우세하게 된다. 다만 오늘날 정치생활은 이미 이 가장 자연스러운 원리에서 완전히 떨어져 있다. 인류 문화는 모두가 오로지 개인의 창조 활동의 결과인데, 전체적인 민족 공동체에서, 특히 그 최고 지도층에서 다수자에게 가치가 있다는 원리가 결정적으로 나타나고, 그로부터 차츰 모든 생활을 좀먹기 시작하고, 또한 모든 생활을 해체하고 있다.

또 다른 민족체 가운데서 유대인 활동의 파괴적 작용이라는 것은 근본적으로는 숙주 민족 개인의 의미를 부정하고, 그 대신 대중에 의미를 두려고 하는 그들의 영원한 노력에만 돌릴 수 있다. 이에 따라 아리아 인종의 조직적 원리 대신에, 유대인의 파괴적 원리가 나왔던 것이다. 이리하여 유대인은 민족과 인종 속에 '분해 효소'가 되고, 더 넓은 의미에서는 인류 문화의 해체자가 된다.

다수결 원리

마르크스주의는 인간생활의 모든 영역에서 인격의 중요성을 물리치고, 그것을 대중의 수로 바꾸어놓으려는 유대인의 노력 극치이다. 정치적으로는 의회주의 정치 형식이 거기에 상응한 것이며, 우리는 그것이 지방자치체의 가장 작은 배세포에서 시작하여, 온 독일의 최고 통치에 이르기까지 해로운 작용을 하고 있음을 알 수 있다. 그리고 경제적으로는 노동자의 실제 이익에는 봉사하지 않고, 오로지 국제적인 세계 유대주의의 파괴적 의도에만 봉사하고 있는 노동조합 운동의 체계도 이에 대응하고 있다.

인격 원칙의 영향에서 떠나 그 대신 대중의 영향력과 간섭에만 맡겨짐에 따라, 경제는 모든 이에게 도움이 되며 모든 이에 대해 가치 있는 지도 능력을 잃고, 차츰 확실히 역행적으로 타락해 갈 것이 틀림없다. 그들 피고용인의 이익을 생각하지 않고, 그 대신 생산 그 자체에 영향을 미치려 하고 있는 모든 경영 조직[2]은 마찬가지 파괴적인 목적에 이바지한다. 그들은 전체의 일에

---

2) 원문은 Sämtliche Betriebsorganisationen이라고 되어 있다.

해를 끼치고, 그리하여 실제로 개개인에게도 해를 미친다. 왜냐하면 어떤 민족체에 속해 있는 구성원이 만족하는 것은, 결국은 단순히 이론적인 말뿐 아니라, 오히려 일상생활의 개개인의 손에 쥐어지는 물건이나, 거기서 결정적으로 생기게 되는 민족 공동체가 그 모든 일에서 개인의 이익을 보호하고 있다는 확신에서 주로 일어나는 것이기 때문이다.

마르크스주의는 인격 가치를 부정한다

마르크스주의가 그 대중 이론에 입각해서 현존하는 경제를 떠맡아 그것을 더욱 발전시켜 갈 수가 있다고 여겨지느냐의 여부는 그다지 큰 문제가 아니다. 이 원리가 옳으냐 옳지 못하냐에 대한 비판은 현존하는 것을 앞으로도 관리할 수 있느냐 없느냐 하는 능력을 증명함으로써 결정되는 것이 아니라, 오로지 현존하는 것과 같은 문화를 스스로 창조할 수 있다는 것을 보여줌으로써 결정된다.

마르크스주의는 오늘날 경제를 맡아 자기가 지도하여 계속 운용해 가는 일쯤은 얼마든지 할 수 있을 것이다. 그러나 이 활동 성과는 마르크스주의가 그의 다수결 원리를 사용함으로써, 오늘날 완성된 상태로 인수한 것과 동일한 것을 창조할 수 있는 처지에 놓여 있지 않다는 사실에 맞닥뜨려서는 전혀 아무런 증명도 되지 못할 것이다.

그리고 이에 대해서는, 마르크스주의는 실제 증거를 제출하고 있다. 마르크스주의는 어디에 있어서나, 문화나 경제마저도 창조적으로 만들지 못했을 뿐 아니라, 사실상 마르크스주의는 한 번도 현존의 것을 자기 원리에 따라 더욱더 지도해 간다고 하는 위치에는 있지 않았다. 더군다나 얼마 안 가서 양도하여 인격 원리의 사고 과정으로 되돌아가야 했다. 마르크스주의도 자기 조직에서는 이 원칙이 없이는 안 되는 것처럼 말이다.

민족주의 세계관은 인종의 가치뿐 아니라, 그와 더불어 개인의 의미도 인정하여 이로써 전체 조직의 기둥으로 삼는다는 점에서 마르크스주의 세계관과는 근본적으로 다르다. 이것이 그 세계관이 갖고 있는 원동력이다.

특히 국가사회주의 운동이 이 원칙적 인식의 기본적 의미를 이해하지 않고, 그 대신 오늘날 국가에 외관적인 장식을 하거나, 또 대중의 처지를 자기 처지로서 인정하거나 한다면, 그것은 사실상 마르크스주의에 대한 단순한 경쟁 정당에 지나지 않을 것이다. 그런 일로는 국가사회주의 운동은 하나의 세계관이라고 불릴 권리가 없다. 만일 이 운동의 사회적 프로그램이 오로지 인격을 물리치고 그 대신 대중을 앉히는 데 있다면, 국가사회주의 자체가 이미 우리 부르주아적 정당계와 마찬가지로 마르크스주의의 해독에 의해 부식되고 있는 것이다.

민족주의 국가는 모든 사람 안에 개인적 가치를 인정하고, 한 사람 한 사람이 최대한으로 능력을 발휘할 수 있도록 모든 영역에서 저마다 생산 노력을 가장 높은 정도까지 이끌어줌으로써 시민 복지를 꾀해야 한다.

나아가 민족주의 국가는 그러한 이유로 모든 지도, 특히 최상부의 이와 같은 정치 지도를 완전히 다수결, 곧 대중이 결정하는 의회주의 원리로부터 해방하는 대신 인격의 권리를 절대적으로 확보해야 한다. 거기에서 다음과 같은 인식이 생겨난다.

가장 좋은 헌법

가장 좋은 헌법과 국가 형태는 민족 공동체의 가장 좋은 두뇌를 가진 인물을 가장 자연스럽게 확실히 지도적 중요성과 지도적 영향력을 가진 지위에 앉히는 것이다.

그러나 경제생활에서 유능한 사람은 위로부터 결정될 수 없고 스스로 투쟁하여 지위를 차지해야 하듯이, 여기서도 최소의 상업에서 가장 큰 기업에 이르기까지 끊임없이 자발적으로 수련을 쌓아 생활 속에서만 그때그때 시험을 받는 것처럼 정치적 두뇌의 인물도 물론 갑자기 '발견'되는 것은 아니다. 특출한 천재의 경우는 보통 인간에게 어떠한 고려도 허용하지 않는다.

국가는 그 조직에 있어서 지방자치단체라고 하는 가장 작은 세포에서 시작하여 온 독일국의 가장 높은 지도부에 이르기까지 인격 원리를 근거로 삼아야 한다. 다수결이 아니라 오로지 책임 있는 인물만이 있어야 한다. 그리고 '라트'[3]라는 말은 다시 그 본디 의미를 회복해야 한다. 물론 모든 사람에게는 의논 상대라는 것은 있다. 그러나 **결정은 한 인간만이 내리는 것이다.**

한때 프로이센군을 독일 민족의 가장 경탄할 무기가 되게 한 원칙이, 의미

---

3) Rat. 본디 뜻은 협의, 상담, 협의회, 평의회 등.

를 전용하여 앞으로 우리 국가관 전체를 만드는 근본 원칙이 되어야 한다. 바로 '모든 지도자의 권위는 아래로, 책임은 위로' 말이다.

그리고 사람들은 오늘날 의회라 부르고 있는 이 단체 없이는 지내지 못할 것이다. 그러나 의회의 조언은 실제로 조언에만 그치고, 책임은 언제나 오로지 한 사람의 일꾼만이 질 수가 있으며 또 그리해도 좋다. 따라서 그 인물만이 권위와 명령권을 가질 수 있으며 또 갖게 해도 좋다.

의회 그 자체는 필요하다. 왜냐하면 첫째로 뛰어난 두뇌를 가진 인물은 의회에서 차츰 두각을 드러낼 가능성이 있으며, 뒤에 그 인물에게 특별히 책임 있는 과제를 위탁할 수가 있기 때문이다. 여기서 다음과 같은 결론이 나온다.

협의회와 책임 있는 지도자

민족주의 국가는 지방자치단체로부터 시작하여 독일국 지도부에 이르기까지 다수결에 따라 일을 결정하는 대의제(代議制)가 없고, 오로지 그때그때 선출된 지도자에게 조언하고, 지도자로부터 일을 분담받는 협의회[4]만이 있다. 그것은 필요에 따라 무언가 특정 영역에 있어서는 마치 커다란 규모의 경우 온갖 단체의 지도자나 장(長)이 갖고 있는 것과 같은 절대적 책임을 맡기 위해 있는 것이다.

민족주의 국가는 원칙적으로 특수 사항, 이를테면 경제적 이해에 관해서는 학력이나 활동상으로 보아 그 문제에 대해 아무것도 알 수 없는 사람으로부터 조언이나 판단을 구하거나 하는 일은 허용되지 않는다. 따라서 민족주의 국가는 그 대표 단체를 처음부터 **정치적 협의회와 직능 신분적 협의회**[5]로 구성하는 것이다.

이 둘이 효과적인 협동을 할 수 있도록 언제나 그 위에다 잘 골라서 특별 참사회[6]를 설치한다. 협의회에 있어서나 참사회에 있어서나 결코 투표는 하지 않는다. 이들은 일을 하는 기관이지, 표결 기관은 아니다. 구성원 하나하나는 의견을 말할 수는 있으나 결정할 권리는 없다. 결정권은 주로 그때그때의 일에 대해 책임을 갖는 의장에게만 있다.

---

4) 원문은 Beratungskörper.
5) 원문은 die politische und berufliche ständische Kammern.
6) 參事會. 원문은 Senat.

절대적 책임과 절대적 권위가 무조건으로 결합하는 이 원칙에 의해 차츰 뛰어난 지도자가 육성된다. 이것은 오늘의 무책임한 의회주의 시대에는 전혀 생각할 수 없는 일이다. 그리하여 국민 헌법은 문화와 경제 분야에서 일찍이 성과를 이루어내기 위해 참여하고 있는 법칙과 일치하게 된다.

*

국가사회주의 운동과 미래 국가

이제 이 인식의 실현 가능성에 대해서는 다음과 같은 점을 잊지 말기 바란다. 바로 민주주의 다수결이라고 하는 의회주의 원리는 결코 예부터 인류를 지배하고 있던 것이 아니고, 오히려 거꾸로 역사적으로는 참으로 짧은 기간 동안만 발견되는 것이며, 또한 그 시대는 언제나 민족이나 국가의 몰락 시대였다는 것이다.

물론 이러한 전환이 위로부터의 순전히 이론적 법칙에 의해 이루어진다고 믿어서는 안 된다. 왜냐하면 이 변화는 논리적으로는 국가 헌법에만 그치지 않고 또한 다른 모든 입법이나, 그 위에 또 일반 시민생활에까지 일관해야 하기 때문이다. 이러한 변혁은 오로지 그것 자체가 이미 이런 사상의 정신으로 이루어지고 따라서 자기 자신 속에 이미 앞으로 국가를 짊어지고 있는 운동에 따라서만 실현할 수가 있고 또 실현된다.

그러므로 국가사회주의 운동은 이미 오늘날 이 사상에 완전히 정통하여 운동 자체의 조직 안에서 그것이 실제 성과를 가져오게 하고, 그것에 따라 뒷날 국가에 대해 그 자신의 잣대를 제시할 수 있을 뿐 아니라, 앞으로 오게 될 국가 완성체에 이바지할 수가 있다.

제5장
세계관과 조직

전쟁과 비판

내가 일반적인 윤곽을 대체로 그리려고 한 민족주의 국가는 국가에 필요한 것을 단순히 인식한 것만으로는 아직 실현되지 않는다. 민족주의 국가는 어떠한 겉모양을 하고 있어야 하는가를 아는 것만으로는 충분하지 않다. 그것을 세우는 문제가 더욱 중요하다. 사람들은 첫째로, 오늘날 국가 수익자인 정당이 스스로 전향하여 현재의 태도를 자발적으로 바꾸리라고 기대해서는 안 된다. 이것은 정당의 실제 지도 분자가 언제나 유대인이므로 한층 더 불가능하다. 그러나 우리가 현재 경험하고 있는 이 발전은 만일 방해되지 않고 더욱더 진보해 간다면, 언젠가는 범유대적 예언대로 될 것이다. 바로 유대인은 실제로 지구 위의 여러 민족을 좀먹고 그 지배자가 될 것이다.

그처럼 유대인은 대부분 게으름과 우둔함이 연관된 비겁함 때문에 스스로 멸망의 길을 천천히 걸어가는 몇백만의 독일 '부르주아지'와 '프롤레타리아트'에 대하여 그들 미래의 목표를 최고 수준으로 의식하며 항거할 수 없는 힘으로 그 길을 나아간다. 이와 같이 유대인에 의해 이끌려가는 정당은 유대인의 이익 이외의 것을 위해서는 결코 싸울 수가 없으며, 그 이익은 아리아 여러 민족의 이익과는 결코 공통되는 바가 없다.

만일 사람들이 민족주의 국가의 이상상(理想像)을 실제의 현실로 바꾸려 한다면, 이제까지 지배해 온 사회생활의 여러 힘으로부터 독립하여 이러한 이상을 위한 투쟁을 떠맡을 의지와 능력을 지닌 새로운 힘을 구해야 한다. 왜냐하면 이 첫째 과제는 민족주의 국가관을 만들어내는 것이 아니라, 무엇보다도 먼저 현존하는 유대적 국가관을 없애는 데 있으므로 투쟁이 문제가 되기 때문이다. 역사상 흔히 볼 수 있듯이 주된 어려움은 새로운 상태를 이루는 일이 아니라 그것을 위한 여지를 마련하는 일이다. 편견이나 이해가 단결된 밀집대형방진[1]처럼 결합하여 자기네들에게 형편이 나쁘거나 또는 자기들이 위협을 느끼는 이념의 승리를 온갖 수단으로 막아내려고 하는 것이다.

그러므로 이러한 새로운 이념을 위해 싸우는 자는 그가 아무리 적극적인 면을 강조한다 해도 유감스럽게도 먼저 투쟁의 소극적인 부분, 곧 현존 상태의 제거를 불러올 것이 분명한 투쟁 부분에서 반드시 싸워 이겨야 한다.

이는 각 투사에게는 달갑지 않은 일이겠지만, 원리적으로 위대하고 새로운 의미를 갖는 젊은 교설은 최초 무기로서 가장 날카로운 비판을 가해야 한다.

만일 오늘날 민족주의자들이 자기들은 결코 '**소극적 비판**'을 할 생각은 없고, 오로지 '**건설적인 일**'만이 가치 있다고 재차 강조한다면, 그것은 역사적 발전에 대한 깊은 통찰이 부족하기 때문에 생기는 일이다. 그것은 참으로 '민족주의적'이라고는 말할 수 없는, 어린아이 같은 어리석은 말더듬이며, 자신이 속해 있는 현대의 역사조차도 전혀 머리에 들어 있지 않다는 증거이다.

마르크스주의도 목적은 가지고 있었다. 또 **건설적인 활동**도 알고 있다(이 경우 오로지 국제적인 세계 유대인 금융의 전제 확립에 관해서만이다!). 그럼에도 불구하고 마르크스주의는 지난 **70년** 동안이나 **비판해 온** 것이다. 그것은 실로 부정적·파괴적인 비판이며, 이 지칠 줄 모르는 부식산(腐蝕酸)에 의해 낡은 국가가 침식되어 붕괴할 때까지 계속되는 비판이다. 그리고 나서 비로소 그들의 이른바 '건설'이 시작된 것이다. 그것은 당연하고 정당하며, 논리적이었다.

기존 상태는 단순히 미래 상태를 강조하거나 대변하는 것만으로는 없어지지 않는다. 왜냐하면 현재 이미 존재하고 있는 상태에 기울고 있는 자나, 여기에 이해관계가 있는 자는 오로지 필요성을 증명해 주는 것만으로는 완전히 전향하거나 새로운 상태를 위해 설득되리라고는 믿기지 않기 때문이다.

거꾸로 이 경우 두 가지 상태가 나란히 존재하고, 그와 함께 이른바 '**세계관**'이 당이 되어버려 그 속박에서 다시는 빠져나올 수 없게 되는 일이 일어나기 쉽다. 왜냐하면 세계관이라는 것은 너그럽지 못한 것이며, '다른 당과 병립하는 당'이라는 역할로는 만족할 수 없고, 오로지 자신의 전면적 승인과 자

---

1) 密集隊形方陣. 고대 마케도니아인이 고안한 결속이 굳은 집단 대형. '단결하여 저항하는 것'을 가리킨다.

신의 견해에 따른 모든 사회생활의 완전한 변혁을 막무가내로 요구하기 때문이다. 이처럼 세계관이라고 하는 것은 이전 상태를 대표하는 것이 여전히 동시에 계속 존속하는 것을 참지 못한다. 이것은 종교에 대해서도 그대로 적용된다.

세계관은 관용적여서는 안 된다

그리스도교는 자신의 제단을 만드는 일만으로는 만족하지 못하고, 필연적으로 이교(異教)의 제단을 파괴하는 데까지 나아가지 않을 수 없었다. 이러한 광신적인 불관용으로만 의심할 여지가 없는 신앙을 이룰 수가 있었던 것이며, 또한 이 불관용이 그리스도교를 위한 절대적 전제인 것이다.

세계사에서 볼 수 있는 이런 종류의 현상은 대개 이러한 독특한 유대적인 사고방식에 관계되어 있으며, 실제로 이런 종류의 불관용성과 광신성이 바로 유대적 본질을 구체화하고 있다고 이론을 제기하는 사람도 물론 많다. 이는 충분히 옳은 일일 것이다. 이것은 참으로 통탄할 일이다. 그리고 인류사의 이러한 현상은 너무도 불쾌한 것이어서 지금까지 주목받지 않았던 것이다. 그러나 그렇다고 해도 오늘날 이런 상태가 존재하고 있는 사실에는 변함이 없다.

우리 독일 민족을 이러한 현재 상태에서 해방하려고 하는 사람들은 '이러저러한 일이 없었다면 얼마나 좋았을까' 하고 골치를 앓을 필요는 없다. 오히려 지금 있는 것을 어떻게 없애버릴 것인가를 결정하도록 해야 한다. 악마와도 같이 너그럽지 못한 세계관은 오로지 새로운 이념에 파괴되고 동일한 정신에 내몰리게 되며, 그와 동시에 순수하고 전적으로 참된 의지에 의해서만 파괴할 수가 있다.

매우 자유로운 고대사회에 있어 그리스도교의 출현과 동시에 최초의 정신적 테러가 나타난 것을 알고 오늘날 마음 아파할지도 모른다. 그러나 그 뒤세계가 이 압제에 침해당하고, 지배되고 있으며, 압제는 압제에 의해서만 그리고 테러는 오로지 테러에 의해서만 파괴할 수가 있다는 사실에는 이론을 제기할 수 없을 것이다. 그리하여 비로소 새로운 상태가 건설적으로 만들어질 수 있다.

정당은 타협 쪽으로 기울어진다

정당은 타협으로 기울지만 세계관은 결코 그렇지 않다. 정당은 상대편을 의식하나 세계관은 자신이 틀림없다는 것을 스스로 밝힌다.

정당도 본디는 거의 언제나 유일한 전제적 지배에 이르는 의도를 가지고 있다. 어떤 세계관으로 향하는 작은 충동은 거의 언제나 정당 안에 숨어 있다. 그러나 그들 강령의 극도의 편협성이 세계관이 요구하는 영웅적 정신을 정당에서 빼앗고 있다. 정당의 의지가 온화하다는 것은 정당에 약소한 정신을 가진 사람들을 공급하는 것이 된다. 그래서는 십자군을 일으킬 수 없다. 그리고 정당은 대개 그들 나름의 한심한 작은 일에 재빨리 빠져들고 만다.

그와 함께 정당은 세계관을 위한 투쟁을 포기하고, 그 대신에 이른바 '적극적 협력'에 따라 기존 제도라고 하는 여물통 주위에 될 수 있는 한 재빨리 작은 장소를 얻어서 되도록 오랫동안 거기에서 머물러 있으려고 시도한다. 이것이 정당의 목적 전부이다.

그리고 만일 정당이 그 어떤 야수적인 소질을 지닌 경쟁적 위치에 있는 기식자에 의해 이 공통의 여물통으로부터 밀려난다면, 폭력이나 간계에 따라 굶주린 짐승 무리 속에 비집고 들어가서, 마침내는 자기들 가장 신성한 확신을 희생하면서까지도, 이 달콤한 영양의 샘 근처에서 원기를 북돋우기 위해 앞으로 나아가려는 생각과 행동만이 남게 된다. 정치의 자칼[2]이다.

새로운 세계관에 따른 사회

세계관이란 것은 결코 다른 세계관과 공존하려는 의지는 없으므로, 그 세계관이 유죄라고 판정을 내린 현존 상태와 협동해 가려는 생각은 없고, 오히려 이 상태와 자기에게 적대하는 모든 이념계에 대해 온갖 수단으로 싸우는 일, 곧 그 붕괴를 준비하는 것을 의무로 느낀다.

이 순수하게 파괴적인 투쟁—이 투쟁은 모든 적에 의해 곧바로 그 위험이 인정되고, 그러기에 힘을 합하여 방위에 노력할 것이 분명한데—뿐만 아니라 적극적인 투쟁—이 투쟁은 자기 새로운 사상계를 관철하기 위해 공격하는 것이지만—도 다 같이 떳떳한 투사를 필요로 한다. 이와 같이 세계관이

---

2) 갯과에 속하는 들짐승. 밤에 썩은 고기 등을 뒤지는 성질이 있다.

그 시대, 그 민족 가운데서 가장 용기 있고 활기 넘치는 분자를 한 줄로 가지런히 하여 투쟁력을 가진 튼튼한 조직을 이루었을 때에만 세계관은 그 이념을 승리로 이끌 것이다.

그러나 그러기 위해서는 이러한 사람을 고려하면서 그의 일반적 세계상 가운데 일정한 사상을 뽑아내어 그것을 이 새로운 인간 단체가 신조로 쓸 수 있도록, 간결하고 구호적인 짧고 적당하다고 생각되는 형식으로 정리할 필요가 있다. 단순한 정당 강령은 다음 선거를 잘 치르기 위한 처방전에 불과하지만, 세계관 강령은 현존의 질서, 현존하는 상태, 요컨대 현존하는 세계관 일반에 대한 선전포고의 정식(定式)을 의미한다.

지도와 복종

이런 세계관을 위해 싸우는 저마다가 운동 지도자의 근본적 이념과 사고 과정에 대해 완전한 통찰과 상세한 지식을 갖출 필요는 없다. 오히려 두세 가지 매우 큰 이념을 명확히 하고, 본질적인 기본 노선을 지울 수 없을 정도로 마음에 새겨두는 일이 필요하며, 저마다 그 운동과 가르침의 승리의 필연성을 완전히 인식하고 있는 것이 중요하다.

병사들 하나하나의 경우에도 고등 전술의 사고 과정을 모두 전수받는 것은 아니다. 오히려 병사는 엄격한 규율을 지키고, 자기 본분인 정의와 힘을 열광적으로 확신하도록 단련되고, 이를 위해 완전한 태도를 취하도록 교육받았다. 큰 규모와 위대한 미래와 최대 의도를 가진 운동의 신봉자 한 사람 한 사람에게도 이와 같은 일이 이루어져야 한다.

어떤 군대의 개개의 병사가 교양과 견식(見識)만을 가지고 볼 때, 모두가 다 장군과 같은 정도라면 아무 쓸모가 없을 것이다. 마찬가지로 어떤 **세계관** 대표로서의 정치 운동도 그것이 오로지 '재기 발랄'한 인간을 위한 집합 장소에 불과하다면 아무런 쓸모가 없을 것이다. 그렇다. 정치 운동도 단순한 병졸을 필요로 한다. 그렇지 않으면 내부 규율이 확립되지 않기 때문이다.

'**조직**'의 본질에는 수많은 매우 감격하기 쉬운 대중이 최고 정신적 지도자를 따르고 섬길 때에만 성립할 수 있는 것이 있다. 똑같은 지적 능력을 가진 200명으로 이루어진 단체는 지적 능력이 떨어지는 190명과 그들보다 높은 교양을 가진 10명으로 이루어진 단체보다도 결국은 더욱더 훈련하기가 어려울 것이다.

사회민주당은 전에 이 사실에서 커다란 이익을 얻었다. 사회민주당은 병역을 마치고 이미 군대에서 훈련을 받은 사람들을 우리 민족의 광범한 층에서 파악하고, 또한 군대와 똑같이 엄격한 당의 규율 속에 둔 것이다. 그 조직도 장교와 병사로서 이루어진 군대와 같은 것이다. 병역을 마친 '**독일 수공 노동자**'가 '**병사**'가 되고 '**유대인 지식층**'이 '**장교**'가 되었다. 그 경우 독일노동조합의 임원은 하사관단으로 볼 수 있다.

우리 부르주아지가 언제나 고개를 흔들며 보고 있던 것, 곧 마르크스주의에는 이른바 교양 없는 대중만이 속해 있었다는 사실이 실제로는 마르크스주의의 성공을 위한 전제였던 것이다. 왜냐하면 부르주아 정당이 그 일면적인 지성으로 흘러 쓸모없고 규율 없는 단체였던 데 대해서 마르크스주의는 지식 없는 사람들을 재료로 하여 당의 병사로 구성된 군대를 이루고, 그 당병(黨兵)은 전에 독일 장교에게 복종했듯이 이제는 유대인 지도자에게 완전히 맹목적으로 복종했기 때문이다.

독일 부르주아지는 훨씬 거만했기 때문에 심리적 문제에 대해서는 원칙적으로 주의하고 있지 않았다. 여기서도 이 사실의 깊은 의미와 숨은 위험성에 대해 곰곰이 생각하는 것이 필요하다는 것을 알지 못했다. 이와 반대로 그들은 오로지 지식 계층으로만 형성된 정치 운동은 이미 그것만으로 가치가 있고, 교양 없는 대중보다 정치에 관계할 권리도 크고, 더욱이 그 가능성도 많다고 믿고 있었다. **사람들은 정당의 강점이라고 하는 것은 결코 그 당원 저마다의 되도록 자주적인 지성에 있는 것이 아니라, 오히려 당원이 정신적 통솔에 얌전하게 따라가는 규율 바른 복종에 있다는 것을 결코 이해하지 못했던 것이다.**

결정적인 것은 지도 자체이다. 만일 두 부대가 서로 싸운다면 각 개인마다 최고의 전술적 교육을 받은 쪽이 이기는 것이 아니라, 가장 뛰어난 지도부와 더불어 가장 규율 바르고 더할 나위 없이 맹목적으로 복종하는 가장 잘 훈련된 부대가 이길 것이다.

이것이 우리가 세계관을 실행에 옮기기 위한 가능성을 검토하는 경우 늘 염두에 두어야 하는 가장 원칙적인 인식이다.

운동의 지도 원리

우리가 세계관을 승리로 이끌기 위해서 이러한 세계관을 투쟁 운동으로 전환시켜야 한다면, 논리적으로 말해서 운동 프로그램은 그 운동을 실행하려고 하는 인재를 생각해야 한다. 최종 목표와 지도이념은 부동의 것이어야 하지만, 마찬가지로 당원 모집 프로그램은 그들의 도움 없이는 아무리 훌륭한 이념도 영원히 이념으로만 그칠 것이므로, 독창적이면서 심리적으로 그들의 마음에 꼭 들어맞아야 한다.

만일 민족주의적 이념이 오늘날 불분명한 의지에서 분명한 성과를 이루려고 한다면, 그 이념은 넓은 사상계에서 그 본질과 내용에 있어 적당하며, 대중에게 의무를 느끼게 할 수 있는 일정한 지도 원리를 추출하여 실제로 대중이 이 이념의 세계관적 투쟁을 보증하는 것이어야 한다. 이것이 독일노동자계급인 것이다.

따라서 새로운 운동 강령은 소수의, 모두 합하여 25개조 지도원리로 총괄되었던 것이다. 이것은 먼저 민중에게 운동 목적의 개략적인 윤곽을 주기 위해 생각해 낸 것이다. 이것은 말하자면 '정치적 신조'이며, 한편으로 운동을 위해 신입 회원을 모으고, 다른 한편으로 모인 사람들을 공통적으로 용인된 의무에 의해 단결시키고 일치시키는 데 알맞은 것이다.

그때 다음과 같은 통찰을 결코 잊어서는 안 된다. 곧 이른바 '운동 강령'은 그 궁극적인 목표에 있어서는 분명히 절대로 옳을 테지만, 그 표현에 있어서는 심리적 계기를 고려해야 하며, 세월 흐름에 따라 물론 낱낱의 또는 일정한 조항은 다른 표현을 쓰는 편이 좋고, 좀더 좋은 표현을 써야 한다는 주장도 나올 것이 틀림없다는 사실을 잊어서는 안 된다는 점이다. 그러나 그러한 시도는 대개 모두 나쁜 영향을 미친다. 왜냐하면 그렇게 함으로써 확고부동해야 할 것이 토론에 맡겨지고 그리고 일단 어떤 점이 이 신념적이고 단정적인 규정에서 없어진다면, 새롭고 더 좋은 무엇보다도 통일적인 규정이 바로는 나오지 않으며, 오히려 끝없는 토의나 전반적인 혼란에 빠지고 말 것이기 때문이다.

이러한 경우에는 언제나 보다 더 좋은 것은 무엇인가를 생각해야 한다. 곧 운동 내부에 논쟁을 불러일으킬 만한 새롭고 더욱 효과적인 구성이 좋은가, 아니면 현재로는 가장 좋은 형태가 아닐지 모르나 내부에서는 단결하고 부동하며 내면적으로 모두 통일적인 조직인 편이 좋은가 하는 것이다. 모든 면으로 보아 후자를 선택해야 한다. 왜냐하면 변경하는 경우에는 언제나 오로지 외면 형식을 부여하는 것이 문제이고, 그러한 수정은 언제든지 할 수 있고 또 언제든지 바랄 수 있는 듯이 보이기 때문이다. 그러나 **결국 인간은 피상적인 것이므로, 강령의 순수한 외면적인 표현을 운동의 가장 본질적 과제로 보는 것 같은 그러한 커다란 위험이 생기는 것이다.** 더 나아가 그와 함께 이념 자체를 위한 투쟁 의지와 힘은 사라지고, 외부로 향해야 하는 활동은 내부의 강령 싸움으로 말미암아 쇠약해지고 만다.

대체로 사실상 옳은 교설인 경우에는 비록 어떤 표현이 전혀 현실에 맞지 않게 된 경우라도 그 표현을 유지하는 편이, 그것을 바로잡아 이제까지 확고하게 쓰이고 있던 운동 원칙을 일반 토론에 맡겨서 최악의 경우를 불러오는 것보다는 해가 적다. 운동 자체가 아직도 승리를 위해 투쟁하고 있는 동안에는 무엇보다도 그것은 불가능하다. 만일 사람들이 그 외면적 형식을 끊임없이 고쳐서 불확실성과 의혹을 퍼뜨린다면 어떻게 일반 사람에게 교설의 올바름을 맹목적으로 믿게 할 수 있겠는가?

가장 본질적인 실체는 결코 외면적 표현에 있는 것이 아니라 언제나 내면적 의미 안에서만 찾아야 한다. 그리고 이 내면적 의미는 변하지 않으며, 거기에 대해 관심을 가져야만 사람들은 분열하거나 불확실성을 낳게 하는 모든 행동을 피함으로써, 결국 그 운동이 그 투쟁에 필요한 힘을 간직할 것을 기대할 수 있다.

여기서 또한 사람들은 가톨릭교회의 실례에서 배울 수 있다. 가톨릭 교리는 많은 점에서 정밀과학이나 연구와 서로 용납되지 않고, 어떤 부분은 완전히 부딪히는 점도 있으나, 그럼에도 불구하고 가톨릭교회는 그 교의의 한 문구도 희생하려 하지 않는다. 가톨릭교회는 그 저항력이 그때그때 학문 성과—사실 그것은 언제나 동요하고 있지만—에 어느 정도 적응하는 점에 있는 것이 아니라, 오히려 일단 결정되어 전체에 하나의 신앙성을 준 교의를 굳게 고집하는 데 있다는 것을 매우 올바르게 알고 있다. 그러므로 가톨릭교회는 오늘날 더더욱 확고한 것이 되어 있다. 현상이 동요하면 할수록 교회 자체는 여러 현상이 잇따라 일어나는 가운데 안식의 장으로서 더욱 맹목적인 신자를 얻을 수 있다고 예언해도 좋으리라.

그리하여 민족주의적 세계관 승리를 사실상 진지하게 바라는 자는 첫째로 오로지 투쟁 능력이 있는 운동만이 그러한 성과를 얻어내는 데 적합하다는 것을 인식할 뿐 아니라, 둘째로 그와 같은 운동 자체가 흔들리지 않는 확고부동한 강령을 기초로 해서만 존재할 수 있다는 것을 인식해야 한다. 강령을 작성할 때에는 그때그때 시대정신에 양보해서는 안 되며, 오로지 유익하다고 판단한 형식은 어떠한 경우에도 운동이 승리의 영광으로 장식될 때까지 오랫동안 유지해야 한다.

그 이전에 이러쿵저러쿵 강령의 합목적성에 대해 논의하려고 한다면, 그 신봉자가 그러한 내부 토론에 관여함에 따라 그 모든 것이 운동의 단결과 투쟁력을 갈라놓는다. 그와 더불어 오늘날 행해진 개혁이 다음 날 더욱 좋은 대용물을 발견하기 위해 곧바로 내일 새로이 비판적 시험을 당하지 않는다는 것도 아니다. 여기서 한 번 울타리를 파괴하는 자는 길을 여는 것이지만, 그 시초는 알고 있어도 그 끝은 언제가 될지 모른다.

이 중요한 인식은 새로운 국가사회주의 운동에 쓰여야 한다. 국가사회주의 독일노동자당은 이 25개조 강령과 함께 움직일 수 없는 기초를 얻은 것이다. 우리 운동의 현재와 장래의 운동원들 과제는 이 지도원칙을 비판적으로 바로잡는 데 있지 않고, 오히려 그 지도원칙에 의해 그들이 의무를 부여받는 데에 있다. 왜냐하면 그렇지 않다면, 다음 세대도 새로운 운동에 새로운 신봉자나 새로운 힘을 공급하는 대신, 당연히 당 내부에 있어서 그러한 순수한 형식적 활동에 새삼 그 힘을 써버릴 것이기 때문이다.

신봉자가 많아짐에 따라 우리 운동의 본질은 지도원칙의 글자 안에 있지 않고, 오히려 우리가 그 지도원칙에 부여할 수 있는 의미 가운데 있게 될 것이다.

이 젊은 운동은 예전에 이러한 인식에 따라서 그 이름을 붙였다. 그 뒤 그 인식에 따라 강령이 만들어지고, 또한 강령의 보급 방법도 거기에 바탕을 두었다. 민족주의 이념에 승리를 가져오기 위해서는 민족의 당이 만들어져야 하며, 당은 지식계급의 지도자뿐 아니라 수공업 노동자도 포함해야 한다!

이러한 강력한 조직 없이 민족주의의 사고 과정을 실현하려고 하는 시도는 모두 지난날과 마찬가지로 오늘날에도 앞날에도 영원히 헛된 일이다. 그러므로 이 운동이 스스로 그 선두에 서서 싸우는 투사이며 동시에 그 대표라고 느끼는 것은 권리일 뿐 아니라 의무이기도 하다.

국가사회주의 운동의 근본 사상이 매우 **민족주의적인** 것처럼 그와 더불어 **민족주의 사상도** 매우 **국가사회주의적이다.** 그러나 국가사회주의가 이기려고 한다면, 국가사회주의는 이 진리를 무조건적으로 믿어야 한다. 국가사회주의는 이 경우에도 국가사회주의 독일노동자당의 테두리 밖에서 민족주의 이념을 주장하려고 하는 어떠한 시도도 불가능하며, 대개 이 경우 명확한 사기에 바탕을 두고 있다는 사실을 최대로 강조할 권리뿐만 아니라 의무도 갖고 있다.

만일 오늘날 우리 운동이 민족주의 이념을 마치 **독점하고** 있는 것처럼 비난하는 자가 있다면, 거기 대한 대답은 오로지 한 가지뿐이다. 바로 **독점했을 뿐 아니라 실천을 위해 만들었다라고.**

왜냐하면 이제껏 이러한 개념 아래 존재한 자는 우리 민족 운명에 얼마쯤이나마 영향을 미치기에는 적합하지 않았기 때문이다. 그것은 또 이러한 이념에는 모두 분명한 통일 규정이 빠져 있었기 때문이다. 대개는 얼마쯤 건전하나 저마다 단절되고, 서로 모순되는 일이 드물지 않으며, 어떤 경우에도 서로 간의 내적 결합이라는 것이 없는 단일의 이념들이었다. 그리고 설령 내적 결합이 존재하고 있다 하더라도 그것은 매우 약하여 운동을 조정하고 확립해 가기에는 결코 충분하지 않았다.

그러나 국가사회주의 운동만이 이를 수행했던 것이다.

*

국가사회주의와 민족주의적 이념

오늘날 모든 단체와 그룹이 크고 작음을 막론하고, 또 '대정당'도 역시 '민족주의적'이라는 말을 서슴없이 내세우고 있는데, 그 자체가 오로지 '**국가사회주의 운동**'의 활동 결과이다. **이 활동이 없다면 이러한 모든 단체는 결코 민족주의적이라는 말을 주장하는 것조차 생각해 내지 못했을 것이다.** 그들은 이 말이 무엇을 의미하는가를 일반적으로 생각해 보지도 않았고, 그 지도자들은 어느 모로 보나 이 개념에 전혀 관계가 없었을 것이다.

이 개념을 내용이 풍부한 말로 완성시키고, 지금 되도록 많은 사람들이 입에 올리게 된 것은 오직 국가사회주의 독일노동자당의 활동 덕분이었다. 무엇보다도 이 운동을 믿는 사람들의 모집 활동을 성공시켜 이 민족주의 사상의 힘을 나타내고 실증했던 것이다. 그와 같이 해서 다른 사람들의 사사로운 욕심을 자극하여 적어도 말만이라도 같은 목적을 바라고 있는 것처럼 만들었던 것이다.

그러한 정당들이 이제껏 모든 것을 선거의 작은 투기로 이용하고 있던 것과 마찬가지로, 그들에게 있어 민족주의적이라는 개념은 오늘날에도 오로지 피상적이고 헛된 강령에 지나지 않으며, 그것에 의해 자기 당원을 늘리고, 국가사회주의 운동의 신봉자 흡인력을 감소시켜 없어지게 만들려고 한다. 왜냐하면 그들 자신의 존속에 대한 염려와 새로운 세계관을 짊어지고 있는 우리들 운동—그들도 이 운동의 위험한 배타성과 똑같이 그의 보편적인 의미를 예감하고 있었으므로—의 대두에 대한 불안이 그들이 8년 전에는 전혀 몰랐고, 7년 전에는 비웃었고, 6년 전에는 잠꼬대고 했고, 5년 전에는 반대했고, 4년 전에는 미워했고, 3년 전에는 고소(告訴)했고, 드디어 2년 전에는 자기 것으로 만들어 싸울 때 함성으로서 투쟁에 쓰기 위해 다른 강령과 함께 쓰게 된 말을 입에 올리게 했기 때문이다.

그리고 오늘에 있어서도 사람들은 이들 모든 정당이 **독일 민족에게 무엇이 필요한가**를 모르고 있다는 사실에 언제나 주의해야 한다. 이에 대한 가장 적절한 증거는 그들이 이 '민족주의적'이라는 말을 피상적으로 입에 올린다는 점이다.

그때 겉보기만 민족주의자인 것처럼 하고 돌아다니며 공상적 계획을 만들어내고, 대개 그 자체가 올바르고 확고할지 모르지만 고립된 채로는 어떤 커다란 통일적 투쟁 단체를 만드는 데 아무런 의미도 없고, 또한 그러한 것을 만들기에는 어떤 경우에도 적당치 않은 어떤 고정관념에만 붙들려 있는 그러한 모든 사람들은 이에 못지않게 위험하다.

일부는 자기들 생각에서, 일부는 읽은 것으로부터 강령을 만들어내는 사람들은 흔히 민족주의적 이념에 공공연히 적대하는 자보다 더더욱 위험하다. 그들은 기껏해야 비생산적인 이론가이지만, 대개는 해로운 호언장담가이며, 방랑 때문에 얼굴 가득 수염을 기르고 원시 게르만과 같은 고의적인 행동으로 자기 행동이나 능력의 정신적·사상적 헛됨에다 가면을 씌울 수 있다고 믿고 있다.

그러므로 이러한 모든 불필요한 시도에 대비하여 젊은 국가사회주의 운동이 투쟁을 시작한 시대를 상기한다는 것은 좋은 일이다.

제6장
초기 투쟁–연설의 중요성

악독한 선전과의 투쟁

1920년 2월 24일 호프브로이하우스의 페스트잘에서 제1회 대집회가 열린 기억이 사라지기도 전에, 곧이어 다음 대집회 준비가 진행되었다. 그때까지 뮌헨과 같은 도시에서 한 달에 한 번, 아니면 격주에 한 번씩 작은 집회를 여는 일이 가능할지 어떨지 의심스럽게 여겨지고 있었으나, 이제는 7일에 한 번, 곧 주마다 한 번 비율로 대규모 민중 집회를 열게 되었다. 그 경우 우리는 오로지 하나의 불안에 늘 시달렸다. 바로 사람들이 와서 우리들 말을 들어줄까 하는 것이었다. 개인적으로는 그때 이미 사람들이 한번 모이기만 한다면 그들은 돌아가지 않고 연설에 이끌릴 것이 틀림없다는 흔들리지 않는 확신을 갖고 있었지만.

그 무렵 뮌헨의 호프브로이하우스의 페스트잘은 우리들 국가사회주의자에게는 거의 장엄한 의미를 가지고 있었다. 매주 1회 집회는 거의 언제나 이 홀을 사용했다. 그리고 회를 거듭할수록 이 홀은 차츰 만원이 되었다. 그리고 사람들은 더욱더 열심히 귀 기울여 주었다! 그때 아무도 마음을 쓰지 않았던 '전쟁 책임'에서 출발해서 '강화조약'에 이르기까지, 선동하기에 알맞거나 이념적으로 필요하다고 생각되는 것은 거의 모조리 다루어졌다. 특히 강화조약 그 자체에는 가장 큰 관심이 쏟아졌다.

그때 이 젊은 운동이 대중을 향해 언제나 예언하고 있던 것은 무엇이었던가! 그리고 오늘날까지 거의 모든 것이 어떻게 들어맞았는가! 오늘에 와서는 사람들은 이러한 일들에 대해 쉽게 말하거나 쓰거나 할 수 있다. 그러나 그때 '베르사유 강화조약'을 주제로 하여 부르주아적 속물이 아닌, 선동된 프롤레타리아가 모이는 공개 대중 집회를 연다는 것은 공화국에 대한 공격을 뜻하고, 군주주의 태도라곤 할 수 없으나 어떤 반동적 지조의 조짐을 뜻하는 것이었다.

베르사유 조약에 대한 비판이 한마디라도 나오면 사람들은 곧바로 통례적인 야유를 던졌다. "그러면 브레스트리토프스크는?"[1] "브레스트리토프스크는?" 대중은 연이어 목소리가 쉬거나 연설자가 마침내 설득을 그만둘 때까지 외쳐댔다. 이러한 군중에 대해서는 절망한 나머지 머리를 벽에 부딪치고 싶을 정도였다! 군중은 베르사유 조약은 치욕이며 굴욕이라는 것을 실제로 이 강제적인 평화는 우리 민족으로부터 유례없는 약탈을 뜻하고 있다는 것조차 들으려 하지도 않았고 이해하려 하지도 않았던 것이다.

마르크스주의의 파괴 공작과 해치는 마음의 악독한 선전이 이러한 사람들로부터 모든 이성을 빼앗고 있었다. 그리고 이에 대해 사람들은 아무런 불평도 할 수 없었다. 왜냐하면 다른 쪽[2] 죄도 헤아릴 수 없을 만큼 컸기 때문이다! 부르주아지는 이 무서운 파괴를 막기 위해 또 그에 대항하기 위해 그리고 보다 더 좋고 근본적인 해명을 함으로써 진리로 향하는 길을 자유롭게 열기 위해 무엇을 했던가? 아무것도 하지 않았다. 다시 말하지만 아무것도 하지 않았던 것이다.

나는 그때 오늘날 위대한 민족주의의 사도를 한 사람도 만나지 못했다. 아마도 그들은 작은 모임에서, 차를 마시는 자리에서, 아니면 같은 생각을 가진 자들이 모이는 동아리에서 지껄였을 것이다. 그러나 그들이 있어야 했던 장소, 곧 늑대들이 모인 한가운데에는 그들은 감히 나가려고 하지 않았다. 함께 짖어댈 수 있는 기회를 제외하고는 말이다.

하지만 그즈음 나 자신에게는 제일 먼저 운동을 일으킨 이 작은 근간을 위해 전쟁 책임 문제가 밝혀져야만 했다. 더구나 역사적 진리의 뜻에서 해결되어야 한다는 것이 확실해지고 있었다. 우리 운동이 최다수 대중에게 강화조약에 대한 지식을 전해 준 것은 이 운동이 성공할 수 있었던 전제였다. 대중이 이 평화를 여전히 민주주의 성과라고 보고 있던 그때 우리는 이에 저항하여 사람들 뇌리에 영원히 이 조약에 적대하는 것으로 각인되어야 했다. 그 뒤 겉치레의 가혹한 현실이 노골적인 증오 그대로 나타났을 때, 우리의 태도

---

1) 제1차 세계대전에서 1918년 독일과 러시아가 맺은 강화조약을 가리킨다.
2) 마르크스주의자에 대한 다른 한쪽으로서의 부르주아지를 말한다.

가 상기되어 그들의 신뢰를 얻게 된 것이다.

이미 이 무렵부터 나는 중요한 원칙 문제에 있어서 이에 대해서 전체 여론이 잘못된 태도를 취하고 있을 경우에는 인기라든가, 증오라든가 또는 투쟁이라든가를 고려하지 않고, 언제나 여론에 저항하는 태도를 취하고 있었다. 국가사회주의 독일노동자당은 여론의 경찰이어서는 안 되고, 여론의 명령자가 되어야 했다. 국가사회주의 독일노동자당은 대중의 하인이 아니라 주인이 되어야 했다!

시대 흐름에 저항하여

물론 특히 아직 가냘픈 운동에 있어서는 어떤 우세한 반대자가 그의 유혹 기술에 의해 민중을 미치광이와 같은 결단이나 그릇된 태도를 취하게 만드는 데 성공한 순간에는 자기도 그와 협력하거나 함께 외치고 싶은 유혹, 마침내는 이 젊은 운동 자체의 시점에서 보아―겉보기뿐이기는 하지만―얼마쯤 근거가 있다고 생각되는 경우에는 더욱더 커다란 유혹이 있는 법이다. 그때 인간의 비겁함은 대개 언제나 '자기 관점'에서 그와 같은 범죄에 가담하려는 사실을 정당하게 만들어주는 그 무엇인가를 더욱 열심히 찾을 것이다.

나는 두서너 번 이런 경우를 몸소 겪었다. 그 경우 이 운동이라는 배가 인공적으로 선동된 일반적 흐름에 빠져들지 않기 위해, 좀더 좋게 말하면 이 흐름에 밀려나지 않기 위해 더할 나위 없는 에너지가 필요했다. 최근에는 사실 독일 민족의 존재 따위는 아무래도 좋은[3] 악마 같은 독일신문이 남티롤 문제를 독일 민족에게 재앙이 될 것임에 틀림없는 중대 문제로까지 끌어올리는 데 성공했을 때이다.

이른바 수많은 '국가주의적'인 사람들과 정당이나 단체는 누구를 위해 걱정을 해주는가 하는 일은 생각하지 않고, 오로지 유대인에 의해 선동된 여론을 무서워하는 비겁함 때문에, 일반 외침에 따라 그리고 우리 독일인이 바로 오늘날과 같은 상태에서는 이 타락한 세계에서의 유일한 희망의 빛으로 느껴야 할 조직에 대한 투쟁을 지지하기 위해 무의미한 조력을 한 것이다.

국제적인 유대 세계가 차츰, 그러나 확실하게 우리 목을 누르고 있는 동안

---

3) 원문은 Hekuba. 헤쿠바(헤카베)는 트로이 왕비. 헥토르, 파리스, 카산드라의 어머니로 트로이 함락 뒤 그리스 쪽의 여자 노예가 되었다. 거기에서 전용된 말.

에, 우리의 이른바 애국자들은 적어도 지구상의 한구석에서 유대적·프리메이슨적 속박으로부터 벗어나 국가주의적 저항으로 이 국제적 해독에 대항하려고 감히 시도한 인간과 조직에 반대하여 떠들어댔던 것이다.

그러나 성격이 가냘픈 자에게는 간단하게 돛을 바람에 맡기고, 여론의 외침에 항복한다는 것은 유혹적인 일이었다. 그리고 그 항복이 문제였던 것이다! 인간은 속마음에 가식과 비열을 가지고 있으므로, 아마도 자기 자신에게까지도 항복을 인정하지 않을지 모르지만, 그들을 꾀어서 협력시킨 것은 유대인에 의해 선동된 민중 여론에 대한 비겁과 불안뿐이었다는 사실에는 변함이 없다. 다른 어떠한 변명도 죄의식이 있는 작은 죄인의 가엾은 핑계에 지나지 않는다.

미래에 봉사하는 운동

그러므로 운동이 이런 경향에 의해 파멸하는 것을 막기 위해 철권을 가지고 이 운동을 급선회시킬 필요가 있었다. 커다란 불꽃이 오로지 한쪽으로만 타오르고 있는 것처럼 여론이 온갖 추진력으로 부채질하고 있을 때, 이러한 전환을 하려는 것은, 물론 당장에는 대중에게 쉽게 받아들여지지 않을 뿐 아니라, 실제로 그것을 감행할 용기가 있는 지도자가 더러는 생명의 위험에 맞닥뜨리기도 한다. 그러나 이럴 때 행동을 일으켜 돌에 맞아 죽고, 그 뒤 후세 사람들이 무릎을 꿇고 감사하는 인물이 역사상 적지 않다.

운동이 바라는 것은 거기에 있는 것이며, 지금의 일시적인 찬성은 아니다. 이런 때에는 개인으로서 불안한 기분이 드는 것도 당연하다. 하지만 일단 이 시기를 넘기면 구제가 온다는 것, 그리고 세계를 혁신하려는 운동은 순간이 아니라 미래에 봉사하는 것임을 결코 잊지 말아야 한다.

역사상 가장 위대하고 가장 지속적인 성과라는 것은 대개 일반적 여론이나 그 인식, 더 나아가 그 의지에 가장 날카롭게 대립하는 것이므로 초기에는 전혀 이해되지 않게 마련임을 그때 사람들은 확인할 수 있다.

우리는 당시 우리가 공식적으로 등장한 첫날에 이미 그것을 경험할 수 있었다. 사실 우리는 '대중의 비위를 맞추려고' 한 것이 아니라 어느 곳에서나 이들 민중의 광기와 대립했던 것이다. 그 무렵 나는 내가 말하려고 하는 것의 반대의 것을 믿고, 내가 믿고 있는 것의 반대의 것을 바라고 있는 사람들의 집회에도 거의 언제나 나갔다. 두 시간에 걸쳐 2000명에서 3000명에 대해 그들이 지금까지 확신하고 있던 것으로부터 끌어올려 주고, 일격 또 일격으로 그들이 지금까지 가지고 있던 견해의 기초를 무너뜨려 마침내 그들로 하여금 우리 신념이나 세계관의 밑바탕에 이르도록 이끌어주는 것이 나의 일이었다.

연설의 경험

나는 그때 짧은 기간에 어떤 중요한 것을 배웠다. 바로 **적의 손아귀에서 즉시 그 항변의 무기를 떨어뜨리게 하는 일이었다.** 우리 상대는 특히 토론하는 연설자의 경우에는 일정한 각본을 가지고 등장한다. 거기에서는 우리 주장에 대한 반박이 되풀이하여 행해진다. 따라서 이 과정이 늘 같은 것은, 목적을 의식한 통일적 훈련이 있다는 것을 나타내고 있는 것이다. 실제로도 그러했다. 우리는 여기서 상대편의 선전이 믿기지 않을 만큼 훈련되고 있음을 알 수 있었다. 그리고 이 선전을 단순히 쓸모없게 만들었을 뿐 아니라, 마침내는 그것과 동시에 선전의 주모자까지도 때려눕히는 수단을 발견한 것을 나는 오늘날까지 자랑으로 여기고 있다. 2년 뒤 나는 이 기술을 완전히 습득했다.

어떤 연설 때에도 토론에 나올 것 같은 상대편의 반박 내용이나 형식을 생각하여 미리 그것을 뚜렷하게 해놓고, 이것을 또다시 자기 연설 가운데서 재치 있게 남김없이 해치우는 것이 중요하다. 예상되는 반박 자체를 처음부터 내놓아서 그 근거의 빈약함을 보여주는 일이 그 경우 효과가 있었다. 청중은 비록 가르쳐진 다른 의견으로 꽉 차 있을지라도, 그와 달리 정직한 마음을 가지고 오게 되므로, 그들 기억에 새겨진 의혹을 미리 해결해 줌으로써 비교적 손쉽게 그들을 끌어들였다. 그들에게 주입된 것은 저절로 공격당하고, 그들의 관심은 더욱 연설에 이끌렸던 것이다.

강화조약에 대한 설명

나는 이미 군대에서 이른바 '교육계'로서 '베르사유 강화조약'에 대해서 처음으로 강연을 했으나, 그 뒤 강의 내용을 바꾸어 '브레스트리토프스크와 베르사유 강화조약'에 관해 연설했는데, 그것은 위에서 말한 이유에서였다. 왜냐하면 이미 가장 짧은 기간에 실제로 나의 최초 강연에 대해 토론이 행해지고 있는 동안에도 사람들은 브레스트리토프스크 강화조약에 대해서는 실제로 전혀 아무것도 모르고, 오히려 그들 정당의 노련한 선전이 이 조약을 바로 세계에서 가장 굴욕적인 압제 행위의 하나라고 말하고 있다는 것을 내가 알았기 때문이다.

몇백만의 독일인이 이미 베르사유 강화조약 안에서 독일인이 브레스트리토프스크에서 저지른 범죄에 대한 당연한 대가만을 보고, 따라서 베르사유 체제에 대한 실제 투쟁은 전부 부당하다고 느껴, 때때로 진지하게 도덕적으로 분노했다. 그러나 그것은 대중에게 그러한 허위가 끊임없이 되풀이하여 들려진 집요함 때문이었다. 또한 파렴치하고 소름 끼치는 '배상'이라는 말이 독일에 널리 퍼진 것도 원인은 여기에 있다.

이 거짓에 찬 위선이 몇백만의 선동된 동포에게는 실제로 더욱더 높은 정의의 성취로 여겨졌던 것이다. 무서운 일이지만 그것은 사실이었다. 이에 대한 가장 좋은 증명은 브레스트리토프스크 조약에 관한 계몽에 의해 소개된, 베르사유 강화조약에 대한—내가 처음으로 행한 것이었지만—선전 성과로써 보여지고 있다. 나는 이 두 강화조약을 대비시켜 각 조목마다 견주고, 제2의 조약[4]이 비인도적이고 잔학함과는 반대로 제1의 조약[5]이 실제로 더할 나위 없이 인도적인 것임을 보였다. 그리고 그 성과는 결정적이었다.

그때 나는 이 주제에 대해 2000명의 청중을 앞에 놓고 연설했다. 거기에서는 3600명의 적대하는 마음으로 가득 찬 시선에 이따금 부딪혔다. 세 시간 뒤 눈앞에 신성한 분격과 끝없는 분노에 찬 요동치는 대중이 있었다. 다시 몇천 명을 헤아리는 군중의 마음과 머리에서 커다란 거짓이 사라지고, 그 대신 진리가 심어진 것이다.

2개의 강연, 곧 '세계대전의 진정한 원인'과 '브레스트리토프스크와 베르사유 강화조약'에 관한 강연을 그때 나는 가장 크나큰 일로 여기고 있었다. 그러므로 나는 그것을 수십 번이나 새로운 표현으로 되풀이 강조했다. 마침내 적어도 이 점에 관해서는 일정하고 뚜렷한 통일적 견해가 사람들 사이에 퍼져나갔고, 이러한 사람들 가운데서 운동은 최초 당원을 얻은 것이다.

---

4) 베르사유 조약을 말한다.
5) 브레스트리토프스크 조약을 말한다.

연설은 책보다 영향이 훨씬 크다

이러한 집회는 나 자신에게도 이로움이 많았다. 나는 차츰 대중 집회의 연설자로 변해 갔던 것이다. 장중함이라든가 몇천 명을 수용하는 커다란 회의장이 요구하는 호소력과 몸짓에 숙달된 것이다.

이미 강조한 바와 같이 작은 모임에서라면 모르지만, 오늘날 마치 **자기네가** 여론을 전환시킨 것처럼 호언장담하고 있는 여러 정당에 의해서, 이 방향에 대한 계몽이 이루어진 것을 나는 그즈음 보지도 못했다. 그러나 만일 이른바 국가주의적 정치가가 어딘가에서 이 방향에 대해 강연했다고 한다면, 그것은 대개 이미 자기와 같은 신념을 가진 모임 안에서 한 것뿐이었으며, 더욱이 그 경우에 발언한 것은 기껏해야 자기들 나름의 의견을 강조한 데 불과한 것이었다.

하지만 그때 그러한 것은 중요하지 않았으며, 기존에 그들 교육이나 인식에 따라 반대 입장에 서 있던 사람들을 계몽과 선전으로 획득하는 것만이 문제였던 것이다.

또한 우리는 계몽을 위해 팸플릿을 이용했다. 나는 군대 있을 때 이미 **브레스트리토프스크와 베르사유 강화조약**을 대비한 팸플릿을 만들었으며, 그것을 대량으로 널리 퍼뜨렸다. 나는 다시 그 뒤에 당을 위해 그 나머지 부수를 맡았는데, 여기서도 효과는 좋았다. 그 때문에 제1회 집회는 책상 위가 온갖 팸플릿, 신문 등으로 가득한 것이 눈에 띄었다. 그러나 중점은 이야기되는 말에 놓여 있었다. 그리고 사실상 또—그리고 실제로 일반적인 심리적 근거에서도—이 말만이 대혁신을 일으키는 위치에 있는 것이었다.

나는 이미 이 책 제1부에서 모든 강력한 세계의 혁신 사건은 기록된 것에 따라서가 아니라, 이야기된 말에 의해 일어난 것이라고 말했다. 일부 신문에서는 그 점에 대해 상당히 긴 논쟁을 벌였다. 물론 그 논쟁에서 특히 우리 부르주아적인 교활한 인간들에 의해 이러한 주장에 대한 매우 지독한 공격을 받았다. 그러나 반대가 일어났다는 이 근거가 이미 회의자(懷疑者)를 반박하고 있는 것이다. 왜냐하면 이러한 생각에 대해 부르주아적 지식층이 항의하는 것은 그들 자신이 이야기된 말에 따라 대중에게 영향을 주는 힘과 능력을 분명히 결여하고 있었기에 언제나 순수한 문필활동에만 몰두하고, 연설에 의해 실제로 선동적으로 활동하는 것을 단념하고 있기 때문이다. 이러한 관습은 시간이 지남에 따라, 오늘날 우리 부르주아지를 특징짓고 있는 것, 달리 말해서 대중에 대한 작용과 대중에의 영향에 대한 심리적 기능 상실로 이끌 것이 분명하다.

연설자는 대중이 자기 평론을 어느 정도 이해하고 따라올 수 있는지 또는 자기 말의 인상이나 효과가 목적한 바를 다하고 있는지 어떤지를, 청중 표정에서 헤아릴 수 있다. 그 점에서 그는 자기가 이야기하고 있는 대중으로부터 계속 자기 강연을 교정받을 수 있다. 반면에 문필가는 그의 독자를 전혀 알 수가 없다.

그러므로 문필가는 처음부터 그의 눈앞에 있는 일정한 대중을 목표로 할 수가 없고, 오로지 일반적으로 논술한다. 그 때문에 어느 정도까지 그는 심리적인 날카로움을 잃고, 나중에는 유연성도 잃는다. 따라서 일반적으로 훌륭한 연설가는—문필가가 끊임없이 변론술을 연습하지 않는 한—훌륭한 문필가가 연설하는 이상으로 언제나 좀더 잘 쓸 수가 있을 것이다. 그 밖에 대중 자체는 게으른 편이어서, 낡은 관습 궤도에 파묻혀서 움직이지 않으려 하고, 자기가 믿고 있는 것과 일치하지 않거나, 자기가 바라고 있는 것이 씌어 있지 않거나 하면, 자기 스스로 무언가 쓰인 것에 대해 즐겨 손을 내밀지 않는다.

그러므로 일정한 경향을 가진 책은 대개 이전부터 이런 경향에 속해 있는 사람에 의해 읽힐 뿐이다. 기껏해야 팸플릿이나 선전지가 그 간결함으로 말미암아 의견이 다른 사람에게도 한순간이나마 주의를 끄는 것을 생각할 수 있다.

영화를 포함한 온갖 형식의 영상이 의심할 여지없이 더 큰 효과를 갖는다. 여기서는 인간은 이미 지성을 사용할 필요가 없다. 바라보거나 기껏해야 짧은 문장을 읽거나 하는 것으로 충분하다. 그러므로 대부분의 사람은 **상당히 긴 문장을 읽는 것보다도**, 오히려 **그림으로 된 표현**을 받아들일 준비가 되어 있다. 영상은 인간에게 그가 쓰여진 내용을 지루한 독서 끝에 겨우 얻은 깨우침을 훨씬 짧은 시간에—일격이라고 해도 좋을 만큼—주어버리고 만다.

그러나 가장 본질적인 것은 책이 누구의 손에 들어갈지 모르면서도 일정한 표현을 유지해야 한다는 사실이다. 이 표현이 독자의 정신적 수준이나 본질적 성질에 꼭 맞으면 맞을수록 일반적으로 그 효과는 더욱더 크다. 그러므로 드넓은 대중을 목적으로 한 책은 처음부터 문체와 수준에 있어 보다 높은 지식층을 목적으로 한 저작물과는 다른 효과가 있도록 해야 한다.

오로지 이러한 적응 능력을 가짐으로써만 쓰여진 것이 이야기된 말과 가까워진다. 연설가는 책에서 다루어지는 주제를 구별 없이 취급할 수가 있다. 그러나 그가 뛰어난 대중 연설가라면, 같은 주제나 같은 소재를 두 번 다시 같은 형식으로 되풀이하지 않을 것이다. 그때그때 청중의 마음에 울림을 주기 위해 필요한 말이 본능적으로 흘러나올 수 있도록 언제나 대중에 의해 움직여갈 것이 분명하다. 그리고 그가 만일 조금이라도 잘못을 저지르면, 언제라도 그의 눈앞에는 그것을 바로잡아 줄 사람이 있다.

이미 말한 바와 같이 연설자는 청중 표정에 따라 그들이 첫째로 자기가 한 말을 '이해했는가', 둘째로 그들이 대체로 따라올 수 있는가, 그리고 셋째로 어느 정도까지 그가 말한 것의 정당성에 대하여 확신했는가를 읽어낼 수 있다.

첫째로 그가 청중이 자신의 말을 이해하지 못한다고 보았다면, 그는 가장 뒤떨어진 자라도 이해할 것이 틀림없게 그 설명을 단순하고 쉽게 말할 것이다. 둘째로 그는 청중이 자신의 말을 따라오지 못한다고 느꼈다면, 청중 속에서 가장 머리가 약한 자라도 뒤떨어지지 않도록 자기 사상을 매우 주의 깊게 천천히 구성하리라. 그리고 셋째로 청중이 그의 주장의 정당성을 받아들이지 못한 듯싶으면, 그것을 언제나 새로운 실례를 들어 되풀이하고, 또 입에는 올리지 않아도 느낄 수 있는 청중의 이론(異論)도 자기 쪽에서 끄집어내어, 마침내는 마지막까지 반대하는 그룹까지도 그들 태도나 표정에 따라, 자기 논증 앞에 굴복했다고 인정될 때까지 반박하고 분쇄할 것이다.

그때 이것은 지성에 근거를 갖지 못하고 대개는 무의식적으로 오로지 감정에 의해서만 받쳐지는 선입관을 극복한다는, 드물지 않은 문제이다. 이러한 본능적 혐오, 감정적인 증오, 선입관에 의한 거부라고 하는 울타리를 이겨낸다는 것은 결점이 있는, 아니면 그릇된 학문적 의견을 올바르게 고치기보다 1000배나 더 곤란하다. 그릇된 개념이나 좋지 않은 지식이라고 하는 것은 계몽함으로써 없애버릴 수 있다. 그러나 감정에서 나오는 반항은 결코 그렇게 되지 않는다. 오로지 신비적인 힘에 호소하는 일만이 여기서는 효과가 있다. 그리고 문필가는 거의 언제나 이것을 이룰 수 없고 거의 연설가만이 할 수가 있다.

이에 대해 우리 민중 속에 몇백만이라는 터무니없는 부수로 범람하고 있는 매우 교묘하게 만들어진 부르주아 신문이 있음에도, 신문은 대중이 이 부르주아사회 사람들의 가장 날카로운 적이 되는 것을 막을 수가 없었다는 사실이 더없이 적절한 증거를 내놓고 있다. 해마다 식자층에서 발간되는 신문 홍수와 모든 서적은 기름을 발라놓은 가죽에서 흘러내리는 물처럼 몇백만이나 되는 하층계급 사람들 사이에 미끄러져 내리는 것이다.

이는 오로지 두 사실만 논증할 수가 있다. 곧 이러한 모든 우리 부르주아사회 문필가의 내용이 정당치 않거나 아니면 저작물만으로는 대중의 마음에 이를 수 없거나 둘 가운데 하나이다. 물론 이 저작물 자체가 신문의 경우가 그러하듯이 거의 심리적으로 조정되어 있지 않은 경우에는 특히 그러하다.

연설에 의한 마르크스주의 성공

그러나 (베를린의 어느 큰 독일국가주의 신문이 하려 했듯이) **마르크스주의** 자체가 바로 마르크스 저작물에 의해, 특히 칼 마르크스의 기초적 역작의 영향에 의해 이 주장에 대한 반증을 내놓고 있다고만은 대답하지 않았으면 좋겠다. 그릇된 견해를 지지하는 데 이 이상 피상적인 일은 없을 것이다. **마르크스주의**에 대중에 대한 경탄할 만한 힘을 준 것은 결코 유대인 사상계의 형식적인 문자로 쓰인 저작물이 아니라, 오히려 몇 년 동안 대중을 손아귀에 넣은 연설에 따른 크나큰 선전의 물결이다.

10만 명의 독일 노동자 가운데서 평균적으로 이 저작물을 아는 사람은 100여 명도 안 된다. 이 저작물은 이전부터 많은 하층계급 출신으로 이 운동에 실제로 참여하고 있는 자보다도 지식층, 특히 유대인에 의해 1000배나 더 연구되었던 것이다. 더욱이 이 저작물은 대중을 위해 쓰인 것이 아니라, 오로지 유대인 세계 제패 기관의 지적 지도를 위해 쓰인 것이다. 그들은 그것을 전혀 다른 재료로 불붙였다. 바로 신문이다.

모름지기 마르크스주의 신문이 독일 부르주아 신문과 구별되는 것은 이 점이다. **마르크스주의 신문은 선동자에 의해 쓰여지고, 부르주아 신문은 문필가에 의해서 즐겨 선동하려고 한다.** 거의 언제나 회의장으로부터 편집국으로 오는 사회민주당의 시시한 편집자는 기대에 어긋나지 않게 유례없이 대중을 잘 알고 있다. 그러나 부르주아적 삼류 문필가는 그의 서재로부터 대중 앞에 나오게 되는 것이므로, 이미 대중의 입김만으로 병에 걸리고 문어체적인 말만으로는 어찌할 바를 모른 채 대중 앞에 서 있는 것이다.

마르크스주의로 하여금 몇백만 노동자를 얻게 한 것은 마르크스주의 저술가들의 붓끝이 아니라, 오히려 위대한 선동의 사도를 비롯해 작은 노동조합 임원, 점원, 토론 연설가에 이르기까지 몇만의 싫증을 모르는 선동가의 실로 지칠 줄 모르는 선동 활동이며, 끝없는 집회의 덕택이다. 그 집회에서 이 민중 연설가들은 담배 연기로 자욱한 선술집 테이블 위에 서서 대중들 머릿속에 주입하고, 이렇게 하여 여론의 요충지를 공격하는 데 가장 좋은 무기를 그들로 하여금 고를 수 있도록 하는 이 인적 자원에 대한 놀라울 만한 지식을 얻게 되었다.

그리고 거대한 대중 시위 10만 명의 행렬이 그것이었다. 이것은 작고 가엾은 인간에게 자기는 하찮은 구더기임에도 커다란 용(龍)의 일부를 이루어, 용이 내뿜는 불길 아래 가증스러운 부르주아사회가 언젠가는 불꽃으로 변하고, 그리하여 프롤레타리아 독재가 최후 승리를 축하한다는 자랑스러운 확신에 불타오르게 만든다.

또한 이러한 선전 때문에 사회민주당 신문을 읽고 싶은 마음과 의욕이 생겨난 사람들이 나왔다. 그러나 이 신문 자체가 역시 쓰여진 것이 아니라 이야기된 것이다. 왜냐하면 부르주아 진영에서는 온갖 종류의 교수들이나 책을 쓰는 학자들, 이론가나 문필가들이 이따금 연설을 하려고 하는 데 반해서 마르크스주의 운동에서는 연설가가 때때로 저술하려고 하기 때문이다. 그리고 또한 여기에서 문제가 되는 일인데, 유대인은 주로 그 거짓말 잘하는 변론술의 약삭빠름으로 인해 문필가로서도 작가라기보다 훨씬 선동적 연설가인 것이다.

부르주아 신문계가(그 자체 대부분이 유대화하고 있으며 그러므로 대중을 실제로 교화하려고 하는 관심을 전혀 가지고 있지 않다는 것을 모두 도외시해도) 우리 민족의 가장 드넓은 계층의 태도에 영향을 미치지 못했던 이유는 바로 그것이다.

효과적인 연설의 심리적 조건

감정적인 선입관, 기분, 감각 등을 뒤엎고 다른 것으로 바꿔놓는 일이 얼마나 곤란한가, 또 그 성과가 얼마만큼 많은 영향과 조건에 달려 있는가 하는 것은 민감한 연설가라면 강연이 행해지는 시간에도 그 효과에 대해 결정적인 영향을 미칠 수 있다는 것을 추측할 수 있다. 같은 강연, 같은 연설자, 같은 주제라도 오전 10시와 오후 3시와 저녁의 경우, 그 효과는 전혀 다르다.

나 자신 아직 신출내기이던 시절, 집회를 오전으로 정한 일이 있다. 특히 '독일 영토 억압에 대한' 항의로서, 뮌헨의 킨들 켈러에서 이루어진 시위가 생각난다. 킨들 켈러는 그때 뮌헨의 최대 홀이었으며, 그것은 매우 큰 모험으로 생각되었다. 운동 지지자와 그 밖의 참석자가 모두 특별히 출석하기 쉽도록 나는 집회를 일요일 오전 10시로 정했던 것이다. 그 결과는 비참한 것이었다. 그러나 그와 함께 배운 점도 매우 많았다. 말하자면 홀은 만원이었고, 인상도 실로 압도적이었다. 하지만 분위기는 얼음처럼 차가웠다. 어느 누구도 뜨겁지 않았다. 그리고 나 자신 연설자로서 청중과 호흡이 맞지 않았고, 얼마간 접촉도 할 수 없었다는 것을 매우 유감스럽게 생각했다. 나는 여느 때보다 졸렬하게 연설했다고는 생각지 않았다. 하지만 효과는 제로나 다름없어 보였다.

또 하나의 경험은 늘어났으나 만족스럽지 못한 기분으로 가득하여 나는 집회장을 떠났다. 나는 그 뒤 같은 방법으로 시험해 보았으나 비슷한 결과였다.

이것은 놀랄 것이 못 된다. 연극 구경을 가서 같은 배역 같은 극을 오후 3시와 밤 8시에 보면, 사람들은 그 서로 다른 효과와 인상에 놀랄 것이다. 이 기분에 대해서는 뚜렷한 것을 얻을 수 있는 감각과 능력이 있는 사람은 오후 상연 인상이 밤 인상만큼 크지 않음을 곧바로 알 수 있을 것이다. 영화에서도 같은 말을 할 수 있다. 이것은 중요하다. 왜냐하면 극장에서 배우는 오후에, 밤만큼 열심히 연기하지 않을지도 모른다고 말할 수 있기 때문이다. 그러나 영화는 오후나 밤 10시나 다르지 않다.

그렇다, 여기서는 마치 홀이 나를 대하는 것과 마찬가지로 **시간** 자체가 일정한 영향을 미치고 있는 것이다. 잘 알 수 없는 이유에서이기는 하지만, 사람을 냉정하게 만드는 홀이 있어서 그것이 모든 분위기 조성에 무엇인가 맹렬하게 반대를 하고 있는 것이다. 또 인간에 내재해 있는 전통적인 추억이나 관념 등이 인상을 결정적으로 정할 수 있다.

파르치발[6]을 바이로이트에서 상연하면 세계 어느 곳에서 하는 것보다 언제나 다른 효과가 있다. 신성로마제국 변경구(마르크그라프)에 있는 낡은 도시 페스트슈필휘겔에 있는 저택의 신비로운 마력은 **외관**만으로 대신할 수 없으며, 또 보충할 수도 없다.

이러한 모든 경우, 인간 의지의 자유에 대한 침해라는 것이 문제가 된다. 물론 이것은 집회의 경우 주로 해당된다. 집회에는 반대 의견을 가진 사람들이 참석한다. 게다가 그들은 그때부터 새로운 의도를 위해 반드시 얻어야 하는 사람들이다. 아침에는—낮에도 그렇지만—인간 의지력은 자기와 다른 의도나 의견을 강요하려고 하는 시도에 대해서는 더없는 에너지로 저항하는 것처럼 보인다. 이에 반해서 밤에는 그들은 더욱더 강한 의지의 지배력에 보다 손쉽게 굴복한다. 왜냐하면 이러한 집회는 모두 분명한 두 종류의 대립하는 힘의 격투이기 때문이다. 지배적인, 사도와 같은 성질을 가진 사람의 훌륭한 연설 기술은 이미 가장 자연스럽게 그 저항이 약화된 사람들을 정신적으로나 의지적으로나 긴장력을 완전히 지니고 있는 사람보다 훨씬 손쉽게 새로운 의도를 위해 획득할 수가 있을 것이다.

가톨릭교회의, 실제로 인공적으로 만들어진 것이긴 하나 신비적인 몽환상태, 불타는 촛불, 향연, 향로 등도 같은 목적에 쓰인다.

연설가와 혁명

연설가는 반대자를 전향시키기 위해 이렇게 격투하는 동안에 차츰 선전의 심리 조건에 대하여 놀라운 민감함에 이르지만, 이것이 글 쓰는 사람에게는 예외 없이 결여되어 있다. 그러므로 대개 한정된 효과밖에 없는 글은 기존 의견이나 견해를 유지하고, 굳히고, 심화시키는 일에 이바지하는 편이 많다. 실제로 위대한 역사적 변혁이라는 것은 모두 **쓰여진** 말에 의해 일어난 것이 아니라, 기껏해야 변혁에 **뒤따르는 것**에 불과하다.

프랑스 혁명은 본디 학대받은 민중의 정열을 자극하여 마침내 온 유럽을 공포로 경직되게 하고, 무서운 화산 폭발을 일으킨 대대적인 선동자에 의해

---

6) 가극 Parzival의 바그너식 쓰는 방법. 〈파르지팔〉.

지도된 선동군이 없었다 하더라도 언젠가 철학 이론에 의해 성취되었을 것이라고 믿어서는 안 된다. 최근 최대 혁명적 변혁, 곧 러시아에서의 볼셰비키 혁명도 마찬가지로, 레닌 저서에 의해 일어난 것이 아니라 크고 작은 수많은 선동의 사도들 연설에 따른 증오에 찬 선동 결과인 것이다.

문명의 민중은 사실상 칼 마르크스 이론 서적에 의해 공산주의 혁명에 열광한 것이 아니라, 오로지 모든 것이 하나의 이념을 위해 봉사하여 민중에게 그럴듯하게 설득한 몇천의 선동자라는 빛나는 하늘에 의해서이다. 민중은 언제나 그러했고 영구히 그러할 것이다.

연설가로서의 베트만과 로이드 조지

독일 지식층이 '문필가 쪽이 연설가보다 그 지성에 있어 필연적으로 뛰어나다'고 생각하는 것은 실로 그들이 세상 물정을 모르는 사람이라는 점과 잘 어울린다. 이러한 생각은 이미 한 차례 말한 국가주의 신문 비평에 의해 매우 훌륭하게 설명되어 있다. 곧 잘 알려져 있는 대연설가의 연설도 바로 인쇄된 것을 보면 가끔 환멸을 느낀다.

그것은 전시 중에 내가 입수한 다른 어떤 비평을 생각나게 한다. 그것은 그때 아직 군수(軍需) 장관이었던 로이드 조지의 연설을 지나칠 정도로 면밀하게 검토하여 이 연설이 정신적으로나 학문적으로 가치가 적고, 더구나 평범한 다 알려진 결과를 다루고 있다고 왕성한 지성으로 확인하고 있었다. 그래서 나는 연설을 소책자 형태로 입수하여 이 대중 마음에 영향을 주는 심리적 걸작을 평범한 독일의 엉터리 문필가가 전혀 이해하지 못하고 있다는 것에 대해 웃음을 금할 수가 없었다. 이러한 사람들은 자신의 어리석은 머리에 남겨진 인상만으로 이 연설을 판단했던 것이다.

그런데 영국의 위대한 선동 정치가는 오로지 자신의 많은 청중, 넓은 의미로는 영국 하층 민중 전부에게 되도록 큰 효과를 주려고만 했던 것이다. 이런 관점에서 본다면, 이 영국인 연설은 실로 놀랄 만한 성과였다. 아무튼 그것은 광범한 민중 심리에 대해 실로 놀라운 지식을 나타내고 있다. 왜냐하면 또한 그 효력이야말로 실로 결정적인 것이었기 때문이다.

그것과 베트만 홀베크의 구할 길 없는 서툰 말솜씨를 비교해 보라. 물론 그의 연설은 겉보기에는 재치에 넘쳐 있었다. 그러나 사실 그것은 이 사람이 민중—그는 실로 민중을 몰랐던 것인데—에게 이야기하는 경우의 무능함을 보여주었을 뿐이었다. 그럼에도 학문적으로는 최고 교육을 받은 독일인 문필가의 보통 참새 정도 수준의 두뇌는 대중에 대한 효과를 목표삼은 연설이 자기 순수한 학문에 의해 굳어진 머리에 남긴 인상에 의해 영국 장관의 지성을 평가하고, 더 나아가 그 재치 부리는 잡담이 자기들에게는 감동하기 쉬운 기초에 들어맞는 독일 정치가의 연설과 견주는 따위의 짓을 한다.

로이드 조지는 그의 재능에 있어 베트만 홀베크와 엇비슷하기는커녕 1000배나 우수하다는 것은 그가 연설에서 민중의 마음을 자기를 향해 열리게 하고, 마침내 이들 민중을 완전히 자기 뜻대로 움직이게 하는 그 형식과 표현 모두에서 찾아볼 수 있는 것에서 입증되었다.

그 말의 소박함, 그 표현 형식의 독창성, 더 나아가 알기 쉬운 가장 간단한 예를 사용하는 것이야말로, 이 영국인에게 훌륭한 정치 능력이 있다는 것을 보여주고 있는 것이다. **왜냐하면 민중에 대한 정치가 연설이라는 것을 나는 대학교수에게 주는 인상에 따라 재지 않고, 민중에게 미치는 효과에 따라 재기 때문이다.** 그리고 또 이것만이 연설의 재능을 재는 잣대인 것이다.

*

민중 집회의 필요성

바로 몇 년 전, 무(無)로부터 기초를 쌓아서 오늘날에는 이미 우리 민족 안팎의 모든 적으로부터 가장 지독하게 박해할 가치가 있다고 여겨지고 있는 우리 운동의 놀라운 발전은 언제나 이런 인식을 고려하여 응용한 데 그 공로를 돌려야 할 것이다.

운동에 대한 저작물도 중요하기는 하다. 그러나 그것은 오늘의 상태에서 우리와 반대 위치에 서 있는 대중을 획득하기 위해서라기보다는, 상위와 하위의 지도자를 똑같이 통일적으로 교육하는 데 더욱 큰 의의가 있다. 신념이 굳은 사회민주주의자나 광신적인 공산주의자가 국가사회주의의 팸플릿이나 책을 구하여, 이것을 읽고 그리고 거기로부터 우리 세계관에 대한 통찰을 얻거나, 자기들 세계관에 대한 비판을 연구하거나 하는 것을 마지못해 떠맡는 것은 아주 드문 경우뿐이다.

신문조차도 처음부터 어느 당파에 속해 있는 것이 확실하지 않으면, 좀처럼 읽히지 않는다. 게다가 이것은 거의 쓸모가 없을 것이다. 왜냐하면 오로지 어느 한 가지 신문의 일반적인 양상은 매우 다양하며, 그 효과도 분산되어 있어서 한 번 읽은 것만으로는 독자에 대한 영향 같은 것은 기대할 수 없기 때문이다. 겨우 몇 페니히에도 벌벌 떠는 사람들이 객관적인 해명을 구하는 충동만으로 반대파 신문을 계속 구독하는 따위의 일은 기대할 수 없으며, 또 기대해서도 안 된다. 그런 짓을 하는 자는 1만 명 가운데 한 사람도 없을 것이다. 운동에 의해 이미 획득된 자만이 비로소 당 기관지를 실제로 그 운동의 일상 통신 사무로서 계속 읽을 것이다.

'구어체' 전단은 이와는 전혀 다르다! 광고지를 받은 자는 특히 공짜로 얻었을 경우에는 그러하며, 이미 그때 모든 사람들의 입에 오르고 있는 주제가 표제에 분명히 제시되어 있는 경우에는 더욱 그러하다. 얼마쯤이나마 주의 깊게 읽어본다면, 그는 아마도 이러한 전단에 의해 새로운 관점이나 견해, 더 나아가 새로운 운동에 주목할 수 있게 될 것이다.

그러나 이것도 가장 잘된 경우조차 오로지 가벼운 자극을 줄 뿐이며, 결코 완성된 사실이 주어지는 것은 아니다. 왜냐하면 전단 또한 단순히 무엇인가에 대한 관심을 일으키거나 주의를 환기시킬 뿐이며, 그 효과는 오로지 독자를 계속하여 더욱 근원적으로 교화하고 계몽하는 일과 결부시킬 때만 나타날 수 있기 때문이다. 하지만 그것은 언제나 **대중 집회**에 있는 것이다.

또한 민중 집회라고 하는 것은 먼저 젊은 운동의 지지자가 되려 하고 있으나 외롭게 느끼고 있어, 혼자 있는 것이 불안해지기 쉬운 사람에 대해서 강력하게 용기를 북돋우도록 작용하는 위대한 동지 상(像)을 처음으로 보이는 것이므로, 그것만으로도 필요하다. 같은 인간이라도 중대나 대대 속에서 여러 전우들에게 둘러싸여 돌격에 참가하는 편이 자기 혼자서만 돌격하는 것보다 편한 마음일 것이다. 무리를 이루고 있으면, 인간이라는 것은 실제로 이에 반대되는 1000가지 이유가 있더라도, 언제나 무엇인가 얼마간 안도감을 갖게 마련이다.

그러나 대시위 운동의 연대감은 저마다의 마음을 든든하게 할 뿐 아니라, 그들을 결합시켜 단체 정신을 낳게 하는 데 도움이 된다. 새로운 교설의 최초 대표자로서 자기 기업에 있어서나 작업장에서나 심한 압박을 당하고 있는 사람은 커다란 포괄적인 단체의 한 사람이며, 투사라고 하는 확신 속에 들어 있는 강인함을 반드시 필요로 한다. 그리고 그는 이 단체에 속해 있다는 인상을 비로소 공동의 대중 시위에서만 얻을 것이다.

만일 그가 자신의 작은 작업장이나 자기 스스로가 작다고 느껴지는 큰 공장으로부터 처음으로 대중 집회에 발을 들여놓고 거기서 같은 생각을 가진 몇천 명에게 둘러싸인다면, 또 탐구자로서 그가 3000~4000명에 이르는 사람들의 암시적인 도취와 감격의 강력한 효과에 말려든다면, 그리고 이 눈에 보이는 성과와 몇천 명의 찬동이 그에게 새로운 교설의 정당성을 확증하고, 비로소 그의 이제까지의 확신의 진리성에 대한 의혹이 떠오른다면 그때 그 자신은 우리가 '대중암시(大衆暗示)'라는 말로 부르는 저 마술적인 영향에 굴복하는 것이다.

몇천 명의 의욕과 동경과 그리고 힘이 모든 한 사람 한 사람에게 축적된다. 의혹을 가지고 또는 동요되어 이러한 집회에 발을 들여놓은 사람이 내적으로 단단해져서 집회장을 떠난다. 말하자면 그는 단체의 한 사람이 된 것이다.

국가사회주의 운동은 결코 이것을 잊어서는 안 되며, 특히 모든 것을 잘 알고 있으면서도 자기 스스로의 존재와 자기 계급 지배권과 함께 대국가마저 도박으로 잃고 만 저 바보스런 부르주아지로부터 영향을 받게 해서는 안 되는 것이다. 그렇다. 그들은 굉장히 이해력이 빠르고, 어떤 일이라도 할 수 있으며, 무엇이든 잘 알고 있다.

그러나 그들은 오로지 한 가지, 바로 독일 민중이 마르크스주의 손에 떨어지는 것을 막는 방법만을 모르고 있었다. 그 점에 있어서 그들은 매우 가엾고, 더할 나위 없이 비참하게 실패했던 것이다. 그러므로 그들의 현재 긍지는 단순한 자만심에 지나지 않으며, 긍지로서의 자만심은 잘 알려져 있듯이 언제나 우둔함과 함께 한 나무에서 자란다.[7]

이러한 사람들이 오늘날 연설에 특별한 가치를 두지 않는다면, 그것은 아무튼 자기들 독자적인 빈말이 효과가 없다는 것을 고맙게도 이미 자기 자신이 너무나 잘 알고 있다는 데서 오고 있는 것이다.

---

7) 독일 속담에 "자부심과 우둔함은 한 나무에서 자란다"는 것이 있다.

제7장
적색 전선과의 격투

부르주아적 '대중 집회'

1919년부터 20년에 걸쳐, 또 1921년에도 나는 나 스스로 이른바 대중 집회에 출석했다. 그것은 내게 언제나 어릴 적 억지로 먹여진 한 숟갈의 간유와 같은 인상을 주곤 했다. 사람들은 어유(魚油)를 먹어야 하며 어유는 매우 좋은 것임에 틀림없다. 그러나 그것은 어처구니없는 맛이다! 독일 민중을 새끼줄로 묶어 억지로 부르주아적 '시위 운동'에 끌어넣고, 모든 연설이 끝날 때까지 문을 닫고 나가지 못하게 한다면, 아마도 몇 세기 뒤에는 효과가 나타날지도 모른다. 하지만 솔직하게 말한다면, 인생은 나에게 있어 온통 재미가 없는 것이 될 테고, 더 나아가 독일인임을 그만두고 싶어질 것이다. 그러나 다행스럽게도 그렇게는 할 수 없으므로, 건전하고 타락하지 않은 민중이 악마가 성수(聖水)를 피하듯이 '대중 집회'를 피한다고 해도 놀랄 일은 못 된다.

나는 그들, 곧 부르주아적 세계관의 예언자들을 알게 되었다. 그리하여 그들이 어째서 이야기되는 입말에 아무런 의미도 부여하지 않는가 하는 것을 놀라지 않고 이해했다. 나는 그때 민주당, 독일국가인민당, 독일인민당, 또 바이에른 인민당(바이에른 중앙당) 집회에 나가보았다. 그때 곧바로 이상하게 느낀 것은 청중이 같은 부류의 사람들로 구성된 모임이라는 사실이었다. 이러한 시위 대회에 참석하는 자는 거의 언제나 그 당에 속하는 자들뿐이었다. 아무런 규율도 없는 전체는 방금 매우 큰 혁명을 겪어온 민중 집회라기보다는 오히려 지루한 카드놀이 클럽과 비슷했다.

이 평화로운 기분을 지키기 위해 연설가들은 할 수 있는 모든 일을 어김없이 하고 있었다. 그들은 재치 넘친 신문 논조나 학술 논문과 같은 문체로 이야기하고—보다 분명히 말하면 주로 행사장 인사말을 낭독하고 있는 것이지만—박력 있는 말은 모두 피하고, 가끔 가냘픈 대학교수적인 농담을 끼워넣는다. 그러면 존경하는 간부 위원들은 의무적으로 웃기 시작한다. 큰 소리도 아니고 선동적이지도 않고 품위 있게 목소리를 죽여가며 조심스럽게 웃는 것이다.

그러나 도대체 이 간부 위원은 어떠한가.

나는 전에 뮌헨의 바그너잘에서 어떤 집회를 본 적이 있다. 그것은 라이프치히 전승기념일에 즈음한 시위였다. 연설은 어느 대학의 품위 있는 노교수가 했다기보다 낭독되었다. 단상에는 간부가 앉아 있었다. 왼쪽에는 외알 안경, 오른쪽에도 외알 안경 그리고 그 중간에 안경을 쓰지 않은 사람이 한 사람 있었다. 세 사람이 모두 프록코트 차림이었다. 따라서 사람들은 바로 처형을 꾀하고 있는 재판소나 엄숙한 세례식이나, 아무튼 그와 비슷한 교회의 축성 의식과 같은 인상을 받는다.

이른바 연설—그것은 인쇄되어 있어 아주 훌륭하게 보일 테지만—은 그 효과에 있어 실로 엄청난 것이었다. 45분쯤 지나자, 모든 참석자들은 넋을 잃고 잠을 자고 있었다. 이처럼 조용한 무아상태는 남자나 여자가 한 사람씩 빠져나가는 소리나 여종업원들의 수다 소리나 하품하는 청중이 점점 많아지면서 깨질 뿐이다.

세 노동자—그들은 호기심에서인지, 아니면 임무를 맡아 집회에 출석했는지 모르지만 그 뒤에 내가 있었는데—가 가끔 몰래 싱긋싱긋 웃으며 마주보고 있더니 마침내 서로 팔꿈치로 쿡쿡 찌르고는, 아주 조용히 강당을 빠져나갔다. 사람들은 집회가 방해할 만한 것이 못 된다는 사실을 그들의 태도에서 알아차릴 수 있었다. 이런 집회에서는 사실상 방해는 불필요했다.

마침내 집회가 끝날 무렵이 된 듯 보였다. 교수가—그의 목소리는 점점 작아져 있었는데—그의 강연을 마치자, 외알 안경을 쓴 두 사람 사이에 앉아 있던 집회 의장이 일어서서, 남아 있는 '독일 남녀 동포'에게 호소했다. 교수 모 씨의 이롭고 근본적이며 철저한, 여기에서 이루어진 유례없이 훌륭한 그리고 말의 참된 의미의 '내적 경험'이라고 할까, 정말로 하나의 '업적'인 강연에 대해서 얼마나 감사를 하고 있는지, 또 여러분도 그렇게 느끼고 있을 것이 틀림없을 것이라고, 이와 같이 투철한 논술에 토론을 덧붙이려는 것은 이 신성한 시간을 더럽히는 것을 의미할 것이다, 그러므로 출석자 전원의 의사로 그러한 토의는 생략하고, 그 대신 모두 '우리는 유일한 민족 동포'라고 함께 외치기 위해 기립해 주시기 바란다는 것이었다. 그리고 그는 끝으로 '도이칠란트'의 노래를 부름으로써 집회의 막을 내릴 것을 요청했다.

그리하여 그들은 노래했다. 내게는 바로 제2절에서 벌써 목소리가 작아지더니 후렴 부분에서만 다시 힘차게 부르는 것처럼 들렸다. 그리고 제3절에 이르러서 이러한 느낌이 더욱 강해져 나는 모두가 가사를 잘 모르는 것은 아닌가 하고 생각했다.

그러나 그러한 노래를 독일국가주의적 혼을 가진 한 사람이 진심에서 우러나오는 열정으로 하늘을 향해 울리게 한다면 이는 그다지 큰 문제는 아니다.

뒤이어 집회는 끝났다. 곧 모든 사람이 어떤 자는 맥주를 마시려고, 어떤 자는 찻집에 가려고, 또 어떤 자는 신선한 공기를 마시기 위해 빨리 밖으로 나가려고 서두르는 것이었다.

그렇다, 공기가 신선한 밖으로 오로지 밖으로 나가는 것이다! 이것이 또 내가 느낀 유일한 것이었다. 그리고 이것이 몇십만의 프로이센인과 독일인의 영웅적 투쟁[1]을 찬미하기 위해 봉사해야 하는 일인가? 제기랄 뒈져버리지.

물론 정부는 이러한 일을 좋아할지 모른다. 당연히 이것은 '평화로운' 집회이다. 이거라면 안녕과 질서를 유지할 책임을 맡은 장관은 감격의 큰 파도가 갑자기 당국이 정한 시민적 얌전함을 깨뜨릴까봐서 걱정할 필요는 없다. 갑자기 사람들이 감격으로 흥분하여 회장 밖으로 흩어져 나와 찻집이나 식당으로 달려가는 것이 아니라, 4열로 나란히 서서 보조를 맞추어 '명예로운 독일 나라'를 노래하면서 가두 행진을 하여 치안 유지에 정신없는 경찰 신세를 지는 따위는 걱정할 필요도 없다.

그렇다, 사람들은 그러한 나라 시민으로서 만족할 수가 있는 것이다.

*

국가사회주의 대중 집회
이와 반대로 국가사회주의 대중 집회는 물론 '평화로운' 집회는 아니었다.

---

1) 라이프치히 전투. 1813년 프로이센·오스트리아·러시아 연합군이 나폴레옹군을 물리친 전투.

거기서는 두 세계관의 큰 물결이 서로 충돌한다. 그리고 집회는 무언가 애국적인 노래를 단조롭게 부르고 끝내는 것이 아니라 민족주의적, 국가주의적 열정의 열광적인 폭발로서 막을 내린다.

우리 집회에서는 맹목적인 규율을 도입하여 집회 간부의 권위를 무조건 확보하는 것이 처음부터 중요했다. 왜냐하면 우리가 강연장에서 이야기하는 것은 부르주아적인 '보고자'처럼 무기력하고 쓸데없는 말이 아니라 내용과 형식에 있어서 언제나 상대편을 화나게 하여 항변하게 만드는 것과 같은 것이었기 때문이다. 그리고 우리 집회에는 적대자가 있었다! 그들 몇몇 선동자가 그 속에 끼게 하여, 오늘은 꼭 너희들과 끝장을 내겠다는 확신을 모든 사람의 얼굴에 반영시키면서 대거 몰려온 일이 얼마나 자주 있었던가!

그렇다, 그때 그들, 곧 적색의 우리 친구들이 오늘 밤에야말로 온갖 잡동사니를 서로 던져서 모든 결말을 지어버리겠다고, 미리 임무를 교육받고, 문자 그대로 세로 대형을 이루어 밀어닥친 일이 몇 번인지 모른다. 또한 일촉즉발의 상태였던 적도 더러 있었다. 그리고 우리 간부들의 가차 없는 에너지와 우리 회의장 경호자들의 저돌적인 행동주의만이 언제나 적의 기도를 저지할 수 있었다. 그리고 그들이 성날 만한 충분한 이유가 있었던 것이다.

아리송한 붉은 선전지

아마 우리 선전지의 붉은 색깔이 그들을 우리 집회장에 이끌었을 것이다. 보통 시민들은 우리 또한 볼셰비키의 붉은색을 선택한 데 대해 정말로 놀랐다. 그리고 사람들은 거기서 두 가지 문제를 발견한 것이다. 독일 국가인민당 패들은 우리도 결국은 마르크스주의의 변종에 불과할 것이다, 대개는 위장한 마르크스주의자이거나 아니면 기껏해야 위장한 사회주의자에 불과할 것이라는 의혹을 언제나 은근히 속삭였다. 왜냐하면 이러한 사람들은 오늘날도 아직 사회주의와 마르크스주의의 차이를 파악하지 못하고 있기 때문이다.

특히 우리가 우리 집회에서 원칙적으로 '**신사숙녀 여러분**'이라고 인사하지 않고 '**남녀 동포 여러분**'이라 인사하고 우리 사이에선 오로지 '**당원**'에 대해서만 이야기된다는 것을 또한 발견했을 때, 많은 우리 적들에게는 마르크스주의적 유령이 실증되고 있는 듯이 보였던 것이다. 우리는 이 단순한 부르주아적 소심자가 우리 유래나 우리 의도, 목표에 대해 현명한 듯이 수수께끼를 풀고 있는 것을 보고, 몇 번이나 크게 웃었는지 모른다.

우리는 면밀하고 철저하게 숙고하여 이에 따라 좌익을 자극하고, 격분시키고, 그들을 우리 집회에 나오도록 만들고, 그들을 쳐부수기—오로지 그것뿐이나—위해 또 대중과 얘기할 기회를 마련하기 위해 선전지를 붉은색으로 골랐던 것이다.

마르크스주의자의 동요하는 전술

그즈음 우리 적의 전술이 늘 동요하여 어찌할 바를 모르고, 또 의지할 데도 없는 것을 보며 추격해 간다는 것은 신나는 일이었다. 먼저 그들은 그들의 지지자에 대해서 우리에게 관심을 갖지 말고, 우리 집회를 피하도록 권고하고 있었다.

이것은 또한 일반적으로 지켜졌다. 그러나 시간이 지남에 따라 개인적으로 와서 그 수는 느리기는 하나 차츰 증가하고, 우리 교설의 인상이 명확했으므로 지도자들도 점차 신경질적이 되고 불안해졌다. 그리하여 그들은 이러한 발전을 영원히 방관해서는 안 되고, 폭력으로 끝장을 내야 한다는 확신에 사로잡히게 되었다.

그 결과, 우리 집회 대표자의 '군주제적 반동적 선동'에게 프롤레타리아계급의 철권을 선사하기 위해 '계급의식에 눈뜬 프롤레타리아'에게 우리 집회에 참석하라고 호소했다.

그래서 우리 집회는 갑자기 개회 45분 전에 이미 노동자들로 꽉 찼다. 그들은 화약통과 마찬가지여서 언제 폭발할지 알 수 없었고, 이미 불이 당겨진 거나 같았다. 그러나 언제나 반대 결과가 되었다. 사람들은 우리의 적으로서 들어오기는 하지만, 우리 지지자까지는 되지 않더라도 자기네 교설이 옳다는 생각으로부터 실제로 비판적인 검토자가 되어 떠나는 것이었다.

나의 세 시간에 걸친 강연 뒤에는 고무되어 차츰 지지자도 적도, 오로지 하나의 열광적인 대중으로 융합하게 되었다. 그렇게 되면 강제적으로 집회를 흩어지게 하려는 어떤 신호도 아무런 소용이 없었다. 그래서 그들 지도자들은 비로소 정말로 불안해졌다. 그리고 일찍이 이 전술에 반대하여 노동자에게 원칙적으로 우리 집회에 참석하는 것을 금하는 것만이 옳다는 의견을 지금 그럴듯한 정당성을 강조하고 있는 사람들의 말을 다시 듣게 되었다.

그러나 금지는 지켜지지 않았다. 우리 동지는 점점 늘어났다. 그리하여 마침내 다시 급진 전술의 지지자가 승리했다. 우리를 쳐서 넘어뜨려야 한다고.

다시 두 번, 세 번, 더러는 여덟 번이나 열 번이나 집회가 열린 뒤 집회를 해산시킨다는 것은, 말은 쉽고 실천은 어렵다는 것을 알게 되고, 집회 때마다 그 결과가 적색 투쟁군의 붕괴를 뜻한다는 것을 알게 되자, 느닷없이 또 다른 구호가 나타났다. '프롤레타리아계급 남녀 동지들이여! 국가사회주의의 선동자 집회를 피하라!'

적이 우리를 일반에게 알린다

아무튼 이와 같은 늘 동요하는 전술을 사람들은 적색 신문에서도 발견했다. 그들은 우리를 한동안 묵살하려고 했다. 이 시도의 무익함을 확신하고, 또다시 반대 방법을 취하기 위해서 말이다. 우리는 날마다 어딘가에서 '언급' 되었다. 그리고 대개는 노동자에게 우리 존재의 모든 것이 우습기 짝이 없다는 것을 설명하기 위해서였다. 그러나 얼마 뒤 그 현상이 그렇게도 우스운 것이라면, 어째서 사람들은 그 현상에 그렇게 많은 말을 낭비하는가라는 의문이 자연히 많은 사람들에게서 생겼을 때, 이것은 우리에게 해가 되지 않을 뿐만 아니라, 반대로 이익이 된다는 사실을 신사 여러분도 느꼈음이 분명하다.

세상 사람들은 호기심을 가지게 된 것이다. 그들은 갑자기 방향을 바꾸었다. 얼마 동안 우리는 인류의 가장 큰 죄인으로 취급되기 시작했다. 잇따른 논설로써 우리 범죄성이 해설되고 연달아 새롭게 증명되었다. 처음부터 끝까지 꾸며낸 것이지만, 추문이 덧붙여져 여백을 채우게 되었다. 그러나 조금 뒤 그들은 이러한 공격이 효과가 없다는 것을 스스로 인정하게 된 것 같다. 결국 이 모든 것은 일반인들 주의를 처음으로 우리에게 집중시키는 것을 도왔을 뿐이다.

나는 그때, 다음의 관점을 취하고 있었다. 바로 그들이 우리를 비웃든, 욕하든, 어릿광대라고 아니면 범죄자라고 말하든 모조리 마찬가지이다. 그들이 우리를 언급하고, 그들이 끊임없이 우리에 대해 몰두하고, 우리가 천천히 노동자 스스로의 눈에, 현재로는 오로지 한 가지 대결할 힘이 있다고 여겨지는 것이 중요한 일인 것이다. 우리가 사실 무엇이며, 우리는 실제로 무엇을 바라고 있는가를 우리는 언젠가 유대 신문 폭도들에게 분명히 보여줄 것이다.

그때 어째서 우리 집회가 대개 직접적으로 강제 해산이 되기에 이르지 않았는가 하는 이유는 물론 우리 적의 지도자들의 정말로 믿을 수 없을 정도의 소심함에 있었다. 위기적 장면에는 언제나 그들은 젊고 어리석은 놈들을 앞세워 기껏해야 회의장의 밖에서 강제적 해산의 결과를 기다리고 있을 뿐이었다.

우리는 거의 언제나 신사분들의 의도를 잘 알고 있었다. 우리는 그것이 유효하다는 사실 자체 때문에 많은 당원을 적색부대 안에 편입시키고 있었다는 이유에서만 아니라, 좌익 책략가 자신이 유감스럽게도 우리 독일 민족에게서 흔히 볼 수 있는 바와 같이, 이 경우 우리에게 있어 매우 유리한 수다를 늘어놓기를 일삼고 있었기 때문이기도 하다. 그들은 무엇인가 나쁜 일을 꾸미기 시작하면 비밀을 지킬 줄 모른다. 그리고 그들은 대개 알도 낳기 전에 '꼬끼오' 하고 우는 것이 보통이었다. 그래서 적색기동타결대는 그들이 쫓겨나는 시기가 얼마나 임박해 있는가 의혹조차 품지 않았다. 우리는 자주 더없이 용의주도한 준비를 갖추고 있었다.

그 무렵 우리 스스로가 집회 경호를 해야 했다. 당국 경호는 믿을 수가 없었다. 오히려 그 반대였다. 당국 경비는 경험에 따르면, 언제나 방해자에게 유리할 뿐이었다. 왜냐하면 당국 개입, 더구나 경찰에 의한 개입 결과는 기껏해야 집회 해산, 곧 폐회였기 때문이다. 또한 말할 것도 없이 그것이 적대적인 방해자들의 유일한 목표이며 의도였던 것이다.

불법적인 경찰 수법

일반적으로 경찰에서는 생각할 수 있는 한의 가장 지독한 불법적인 수법이 훈련되어 있었다. 말하자면 협박이나 그 밖의 방법으로 집회가 강제 해산될 위험성이 있다는 것이 당국에 알려지면, 당국은 협박자를 체포하지 않고 다른 사람, 바로 죄 없는 자에게 집회를 금하는 것이다. 그러한 방법을 일반 경찰들은 매우 터무니없이 자부하고 있다. 이것을 가리켜 '법률 위반의 방지에 대한 예방 조치'라고 한다.

그리하여 각오가 대단한 악당은 언제나 진지한 사람들에게 정치 운동이나 활동을 불가능하게 만들 수 있다. 안녕질서라는 이름 아래 국가 당국은 악당에게 굴복하면서 다른 쪽에 대해서는 미안하지만 그들에게 도발하지 말아달라고 부탁하는 것이다. 이와 같이 국가사회주의자가 어딘가에서 집회를 열려하고, 노동조합이 그렇게 되면 조합원 쪽에서 저항이 일어날 것이라 말하면, 경찰은 이들 공갈 협박자를 감옥에 넣는 일은 하지 않고 우리에게 집회 금지를 명령한다. 아니, 그뿐만 아니라 이 법적 기관은 믿을 수 없을 만큼 뻔뻔스럽게도 우리에게 문서로 이를 몇십 번이고 통지해 왔다.

사람들이 이러한 만일의 경우에 대비하여 몸을 지키려고 한다면, 이렇게 방해하려는 모든 시도를 미리 싹틀 때부터 제압해야 한다는 것을 명심해야 한다.

이와 더불어 또 다음과 같은 문제가 생겼다. 바로 **경호를 주로 경찰이 해주는 따위의 집회는 모조리 대중의 눈으로 볼 때 그 개최자가 신용을 잃는다는** 사실이다. 오로지 동원된 경관을 배치함으로써만 개최가 보증되는 따위의 집회는 하층 민중을 얻을 수 있는 전제가 언제나 눈에 보이게 존재하는 힘인 이상, 지지자를 끌어들일 수는 없다.

겁쟁이보다 용기 있는 남자 쪽이 여성의 마음을 정복하기 쉬운 거나 마찬가지로, 경찰 경호에 의해서만 존속할 수 있는 비겁한 운동보다는 용감한 운동 쪽이 더 민중의 마음을 얻기가 쉽다.

특히 이 마지막에 말한 이유에서 이 젊은 당은 자기 존재를 스스로 주장하고, 스스로 지키고, 적의 폭력을 스스로 쳐부수도록 배려해야 했다.

심리적으로 올바른 집회 관리

집회 경비는 '활력이 넘치고 심리적으로 올바른 집회 관리'와 '조직적인 정리대(整理隊)'에 의해 수립되었다.

우리 국가사회주의자가 집회를 개최했을 때에는 집회 지배자는 **우리**였지 다른 사람이 아니었다. 그리고 우리는 이 지배권을 어떤 순간에도 끊임없이 선명하게 강조했다. 우리 적은 그때 도전적인 자는 가차 없이 쫓겨난다는 점을 충분히 알고 있었다. 우리 편이 500명 가운데 겨우 12명에 지나지 않는다 해도 말이다. 그때 집회, 특히 뮌헨 이외의 지역 집회에서는 국가사회주의자가 15, 16명인 데 비해 적은 500명, 600명, 700명, 800명이었다. 그러나 우리는 도전에 대해서는 너그럽지 않았다. 그리고 우리가 굴복하기보다는 차라리 맞아 죽는 편이 낫다고 생각한다는 것을 우리 집회 출석자는 모두 잘 알고 있었다. 몇몇 당원이 고함을 치며 달려드는 다수의 빨갱이에 대해 영웅적으로 이에 대항해 낸 적이 한두 번이 아니었다.

물론 이런 경우에 15명이나 20명으로는 결국 압도당하고 말았을 것이다. 그러나 그러기 전에 적어도 적은 2배나 3배는 머리가 터지리라는 것을 알고 있었다. 그리고 그들은 생명의 위험을 무릅쓰려 하지 않았다.

우리는 여기서 마르크스주의자나 부르주아식 집회 기술 연구에서 배우려 했고 또 실제로 배웠다.

마르크스주의적 집회 기술

마르크스주의자는 예부터 맹신적인 규율을 가지고 있었다. 그래서 마르크스주의 집회를 강제 해산시킨다는 생각은 적어도 부르주아지 쪽에서는 전혀 나타나지 않았다. 빨갱이 자체는 언제나 이러한 기도에 더욱 몰두해 있었다. 이 영역에서 그들은 차츰 일정한 노련함에 이르렀을 뿐 아니라, 마침내는 독일국 대영역에서 비마르크스주의적 집회는 그것만으로도 프롤레타리아계급에 대한 도전이라고 부르게 되었다. 더욱이 민중을 기만하고, 민중을 속이고 있는 자신들의 반역 활동을 폭로하기 위해 그 집회에서 그들의 죄상 목록이 들추어질 것이라는 낌새를 알아차렸을 때에는 특히 그러했다. 또한 그러한 집회가 공시되기만 하면, 모든 적색 신문이 미친 듯이 외치는 것이다.

그 경우 법률을 업신여기는 이자들은 맨 먼저 당국에 달려가서 '더 이상 사태가 악화하지 않도록' 이 '프롤레타리아계급에 대한 도발'을 곧바로 중지하도록 간절하게 그리고 협박조로 부탁하는 일도 드물지 않았다. 담당 관리의 어리석은 정도에 따라서 그들은 말을 골라서 쓰고, 그들의 목적을 이룬다. 그러나 그러한 지위에 있는 자가 예외적으로 허수아비 관리가 아니고 참된 독일 관리여서 염치없는 요구를 거부하는 일이 있으면, 이러한 **프롤레타리아계급에 대한 도발**'에는 견디지 못하고, '프롤레타리아계급의 티눈투성이 주먹의 도움으로 부르주아지 앞잡이의 비열한 활동을 정지'시키기 위해 어느 날 대중을 집회에 출석시키겠다는 예의 요청장이 계속 날아오는 것이었다.

부르주아적 집회 기술

그런데 사람들은 부르주아적 집회도 구경해야 한다. 정말 비참하게 불안스러운 듯한 그 집회 지도자를 한번 볼 필요가 있다! 게다가 그와 같은 협박 때문에 집회가 간단히 연기되는 일도 실제로 더러 있었다. 8시 개회가 9시 15분 전에서 9시가 되어도 열리지 않으면 불안은 점점 커진다. 그러면 사회자는 참석한 '반대파 신사들'에게 몇 번이나 찬사를 보내고, 오로지 서로가 의견을 교환함으로써만(그것으로 그는 처음부터 반론을 아주 그럴듯하게 승인하고 있는 것이지만) 서로를 보다 더 잘 알 수 있어서 서로 이해하게 되고, 서로 간에 다리를 놓을 수 있는 것이므로, 자신들과 다른 입장에 서 있는 분들의 참석을 비롯한 다른 모든 출석자도 속으로 매우 기뻐하고 있다는 것(새빨간 거짓말이다)을 알리려고 노력한다.

그와 동시에 그는 이 집회 목적이 사람들이 자기네가 지금까지 가지고 있던 견해를 버리게 할 의도는 전혀 없다고 보증한다. 결코 그렇지 않다. 모든 사람은 자기 나름대로 행복해져야 한다. 그리고 또한 다른 사람의 행복에 간섭해서는 안 된다. 그러기에 그는 아무튼 연설은 그리 길지 않을 것이므로, 연설자로 하여금 끝까지 말할 수 있게 해주기 바란다, 그리고 이 집회에서 독일 동포가 서로 미워하는 부끄러운 광경을 세계에 보이지 않게 해달라고 간청한다. ……제기랄!

좌익의 동포는 물론, 이에 대해 대개는 이해심을 가지지 못하여 연설자는 시작하기도 전에 벌써 난폭한 비방자 때문에 오그라들고 만다. 마치 강연자가 고문과 같은 순서가 빨리 단축된 것을 운명에게 감사하고 있는 듯한 인상을 받는 적도 많다. 심한 소동 속에서 이러한 부르주아 집회의 투우사는 투기장에서 나가는 것이다. 그들이 머리를 얻어맞고 계단으로 굴러떨어지지 않는 한 말이다. 게다가 그러한 경우가 더러 있었던 것이다.

국가사회주의의 장내 정리대

그러므로 우리 국가사회주의자가 처음으로 우리 집회를 열었을 때 그리고 특히 우리가 어떤 식으로 집회를 열었는가는 마르크스주의자에게 있어서는 물론 새로운 것이었다. 그들은 이따금 연출한 촌극을 당연히 우리 경우에도 되풀이할 수 있다고 확신하고 찾아왔다. "오늘 우리는 결말을 짓고 만다!" 하고 우리 집회에 입장할 때, 다른 사람에게 장담하는 자도 많이 있었다. 그러나 그는 두 마디도 채 야유하기 전에 전광석화와 같이 벌써 집회장 문에서 뻗어버리고 만다.

첫째로, 우리 경우는 이미 집회 사회자가 달랐다. 우리 강연을 너그럽게 보아달라 청하지도 않았고, 또 처음부터 끝없는 토론을 확약하지도 않았으며, 집회 지배자는 우리이므로 우리가 가옥불가침권을 가지고 있다는 것 그리고 감히 단 한 마디라도 야유하려는 자는 누구를 막론하고 들어온 곳에서 가차없이 쫓겨나리라는 것을 확언했다. 또 우리는 그러한 자들에 대해서는 어떠한 책임도 거부해야 한다. 만일 시간이 남고, 우리에게 지장이 없다면 토론이 허용될 것이다. 그렇지 않으면 토론을 하지 않는다. 그래서 강연자인 당원 모씨가 이제 연설을 시작한다는 그런 식이었다. 이것만으로도 그들은 벌써 놀라고 만다.

둘째로, 우리는 엄격하게 짜여진 회의장 경비를 배치했다. 이 회의장 경비, 좀더 좋게 말하면 정리계가 부르주아 정당의 경우에는 대개 나이로 인한 품위가 권위와 존경을 어느 정도 받을 권리가 있다고 믿는 그러한 분들로써 이루어져 있는 것이 보통이었다. 그러나 마르크스주의의 선동을 받은 대중은 나이·권위·존경에 대해 거의 고려하지 않으므로, 이 부르주아의 회의장 경비의 존재는 사실상은 있으나마나였다.

나는 우리 대집회활동의 시작과 동시에 **정리계**로서 원칙적으로 모두 젊은 이들로만 구성된 회의장 정비 조직을 만들었다. 일부는 내가 군대에 있을 때 전우이며, 그 밖에는 처음 얻게 된 젊은 당원들이었다. 그들은 처음부터 폭력은 오로지 폭력에 의해서만 부술 수 있으며, 이 지상에서 용기와 결단력이 있는 자가 언제나 성과를 거두었고, 우리는 매우 위대하고 숭고하고 강력한 어떤 신념을 위해 싸우고 있으며, 최후의 피 한 방울까지도 바쳐서 옹호하여 지켜야 할 가치가 충분히 있다고 교육받아 온 자들이었다. 그들은 일단 이성이 침묵하고, 폭력이 마지막 결정을 내릴 때에는 공격이 가장 좋은 방어 무기이며, 또한 우리 정리대는 토론 클럽이 아니라 무엇보다도 마지막까지 결연히 싸우는 투쟁 단체라는 평판을 반드시 맨 앞에 내세워야 한다고 일관되게 교육받아 왔다.

그리고 이 젊은이들은 이러한 구호를 얼마나 그리워했던가! 이들 종군한 세대는 부르주아적 비겁과 우유부단에 대해 충분히 혐오와 반감을 느끼고 얼마나 실망하고 분노했던가.

그래서 혁명이 사실상 우리 민족의 파괴적인 부르주아적 지도에 얼마나 감사할 수 있었는가 하는 것이 분명해졌다. 독일 민족을 지키는 주먹은 물론 그때에도 있었다. 오로지 그것을 운용할 머리가 없었을 뿐이다. 그때 내가 그 젊은이들에게 그들 사명의 필요성을 설명하고, 더 나아가 이 지상에서는 어떠한 지식도 거기에 봉사하는 힘이 나타나서 그것을 보호하고 방위하지 않는다면 효과가 없으며, 상냥한 평화의 여신은 오로지 전쟁의 신 곁에서 방황할 뿐이고 또한 이 평화의 대사업은 모두 힘의 보호와 원조가 필요하다고 언제나 거듭 확신했을 때, 그들이 눈을 빛내며 나를 바라본 적이 몇 번이었던가! 군대 시절 이념이 이제 그들에게 얼마나 생생하게 되살아났던가!

'죽은 국가의 죽은 권위'에 봉사하는 낡고 화석화된 관리 근성의 경직된 의미에서가 아니라, 한 사람 한 사람의 생명을 바쳐 언제 어떠한 장소에 있어도 늘 민족 전체의 존재를 위해 바치려고 하는 의무를 생생하게 인식했기 때문이었다.

그리고 이 젊은이들이 얼마나 일어났던가! 왕벌떼처럼 그들은 집회 방해자에게 그 우세에는 개의치 않고 달려들었다. 그리하여 방해자가 아무리 강대해도 부상이나 유혈 희생을 고려치 않고, 우리 운동의 신성한 사명에 자유로운 길을 개척한다는 커다란 사상으로 완전히 가득 차 있었다.

이미 1920년 한여름에 이 정리대 조직은 점차 일정한 모양을 갖추어갔다. 그리고 1921년 봄에는 차츰 백인대(百人隊)로 편성되었고, 그 자체가 다시 분대로 나뉘어졌다.

그리고 이것은 긴급하게 필요했다. 왜냐하면 그동안 집회활동이 계속 활발해졌기 때문이다. 물론 우리는 이 무렵 뮌헨의 호프브로이하우스의 페스트잘에서 집회를 가졌다. 그러나 시(市)의 더 큰 홀을 더 자주 썼다. 뷔르거브로이의 페스트잘이나 뮌헨의 킨들 켈러에서는 1920년부터 1921년에 걸친 가을과 겨울에 점차 강력해져 가는 대중 집회가 열려 언제나 같은 정경이었다. 곧 **국가사회주의 독일노동자당의 시위 대회는 그때 이미 대개는 개회 전부터 초만원이었기 때문에 경찰에 의해 폐쇄되어야 했다.**

*

통일적 상징의 뜻

우리가 정리대를 조직한 것은 어떤 매우 중요한 문제를 분명히 했다. 운동은 그때까지 당장(黨章)도 당기(黨旗)도 없었다. 그러한 상징이 없다는 것은 일시적으로 불리했을 뿐 아니라, 장래를 위해서도 참을 수가 없었다. 첫째로 그러한 불이익은 당원에게 같은 당에 속해 있다는 외적인 표시가 전혀 없다는 점에 있었지만, 더욱이 이 운동의 상징이란 성격을 가지고 있고 국제적인 기장(旗章)에 대항할 만한 표지가 없다는 것은 장래를 위해서도 견딜 수 없는 일이었다.

이러한 상징이 심리적으로 어떤 의미를 주는가를 나는 이미 젊은이 시대에 몇 번이나 인식하고 또 감정적으로 이해할 기회를 가졌다. 또 제1차 세계대전 뒤 나는 베를린에서 왕궁과 루스트가르텐 앞에서 마르크스주의자의 대중 시위를 경험했다. 붉은 기, 붉은 완장 그리고 붉은 꽃의 바다가, 아마도 12만 명이나 참가했으리라 생각되는 이 시위 운동에 순전히 외면적으로도 강력한 인상을 주었던 것이다. 나는 이와 같이 웅대하게 활동하는 광경에서 오는 암시적 마력에 민중 출신 사람들이 얼마나 쉽게 굴복해 버리는가 하는 것을 느끼고 또 이해할 수 있었다.

정당정치에 있어서 일반적으로 그 어떠한 세계관도 지지하거나 대표하지 않는 부르주아지는 그 때문에 자기네들의 기를 갖고 있지 않았다. 그들은 '애국자들'로 이루어져 있었으며, 따라서 독일국 깃발을 가지고 서성대고 있었다. 만일 이것 자체가 일정한 세계관의 상징이었다면, 실제로 그들 자신의 활동에 따라 그들 세계관의 상징이 국가의 그리고 독일제국의 깃발이 된 것이므로, 국가 지배자가 그 깃발을 자기들 세계관의 대표물로 보는 것도 이해할 수 있었을 것이다.

그러나 사태는 그렇지 않았다. 독일제국은 독일 부르주아지의 도움 없이 만들어지고, 깃발 자체는 전쟁의 내부에서 생겨난 것이다. 그 때문에 깃발은 사실상 오로지 국기에 지나지 않으며, 특별한 세계관적 사명의 의미에서는 아무런 뜻도 가지고 있지 않았다.

옛것 새것 흑색·적색·금색

오로지 독일어 지역 어느 한 장소에서 부르주아 정당기와 비슷한 것이 있었을 뿐이다. 바로 독일·오스트리아이다. 그곳의 국가주의적 부르주아지 일부는 1848년의 깃발,[2] 곧 흑색·적색·금색[3]을 그들의 당기로 선택하여 하나의 상징을 만들었으므로, 그것은 세계관적으로는 아무런 의미도 없었으나 그럼에도 국가 정치적으로는 혁명적 성격을 띤 것이었다. **그때 이 흑색·적색·금색 깃발의 가장 첨예한 적은—사람들은 이것을 지금도 결코 잊어서는 안 되는 것이지만—사회민주당과 기독교사회당 내지 가톨릭당이었다.** 그때 이 깃발을 모욕하고, 더럽히고, 때묻게 한 것은 바로 그들이다. 그 뒤 1918년에 흑색·백색·적색의 깃발을 하수구에 처넣은 것과 똑같다.

아무튼 옛 오스트리아의 독일 여러 정당의 흑색·적색·금색은 1848년의 색깔이었다. 이와 같이 그 무렵은 환상적인 시대였는지도 모르지만, 개개인에게는 비록 배후에 흑막으로서 유대인이 숨어 있었다고 하더라도 가장 숭고한 독일 혼이 대표로서 자리를 차지하고 있었던 것이다. 따라서 조국의 배신 행위나 독일 민족과 독일 보물의 파렴치한 거래가 마르크스주의와 중앙당으로 하여금 이 깃발을 매우 좋아하게 만든 것이다. 곧 그들은 오늘날 그 깃발을 가장 신성한 것으로 존경하고, 이전에는 그들이 침을 뱉었던 이 깃발을 지키려고 그들 조직을 만든 것이다.[4]

그리하여 1920년까지는 사실상 마르크스주의에 대항하고, 그들과 세계관적으로 정반대 대립을 나타내는 깃발은 없었다. 왜냐하면 1918년 이후에 독일 부르주아지는 자기들의 더욱더 좋은 정당 안에 지금 갑자기 발견된 흑색·적색·금색의 독일 국기를 그들 자신의 상징으로서 인계받는 것을 오히려 형편이 좋은 것으로 생각했기 때문이다. 그러나 사람들은 스스로 새로운 발전에 대해 장래를 위한 독자적인 강령도 갖고 있지 않았으며 기껏해야 지난날 독일국의 재건 사상을 가지고 있었을 뿐이었다.

---

2) 3월혁명의 상징.

3) 1848년 독일연방 회의는 이 세 가지를 독일연방의 색으로 정했다. 그 뒤 바이마르 공화제 아래 이 색이 채택되었다.

4) 1924년에 사회민주당과 중앙당에 의해 만들어진 Reichsbanner Schwarz–Rot–Gold라는 단체를 말한다.

신구 독일 국기

그리고 옛 독일제국 흑색·백색·적색의 깃발[5]이 우리의 이른바 국가주의적 부르주아 정당의 깃발로서 부활한 것은 이 사상의 덕택이다.

이제 명예롭지 못한 여러 상태와 거기에 따르는 현상 아래 마르크스주의에 의해 정복되어 버린 상태를 나타내는 심벌이 같은 마르크스주의를 다시 멸망시켜 버려야 할 상징으로 적합하지 않다는 것은 분명하다. 이 오래된 독특한 아름다움을 갖는 색은, 젊고 신선한 배합에 따라서, 그 아래서 싸우고 그리고 많은 희생을 겪은 독일인에게는 신성시되고 존경받아야 하지만, 이 깃발은 그렇기에 장차 투쟁의 상징으로서는 가치가 없다.

나는 언제나 우리 운동에 있어서는 부르주아 정치가와 달리, 낡은 깃발을 잃은 것은 독일 국민을 위해서 정말로 행복한 일이었다는 관점을 취하고 있었다. 공화국이 이 국기 아래서 무슨 짓을 하든 우리에게는 변함이 없다. 그러나 우리는 운명이 자비롭게도 모든 시대를 통해서 가장 명예로운 이 군기를 가장 파렴치한 매음의 침대 깔개로 쓰이는 일로부터 지켜준 것을 마음속으로부터 감사해야 한다. 그 자신과 시민을 팔고 있는 오늘날 독일국은 결코 흑색·백색·적색의 명예롭고 영웅적인 깃발을 사용해서는 안 된다.

11월혁명의 치욕이 계속되는 한, 공화국도 그 외피[6]를 쓰게 하자. 그리고 영예로운 과거로부터 그 외피[7]를 도둑맞지 않게 하자. 우리 부르주아 정치가에게 국가를 위해 흑색·백색·적색의 깃발을 바라는 자는 우리 지난날에 대해 절도행위를 저지르는 자임을 일깨워줘야 한다. 고맙게도, 공화국이 자신에 알맞은 것을 선택했듯이, 옛날 깃발은 오로지 이전의 독일국에게만 진실로 알맞았던 것이다.

국가사회주의 깃발

우리들 국가사회주의자가 어째서 국기를 게양하는 일에 우리 독자적인 활동의 의미심장한 상징을 볼 수 없었는가 하는 이유도 여기에 있었다. 왜냐하

---

5) 1867년 북독일연방이 프로이센의 흑·백, 한자동맹의 백·적의 색을 저마다 조합하여 자기 색으로 한 것을 1871년 독일 통일과 함께 독일제국의 색으로 정했다.

6) 外被. 흑색·적색·금색의 깃발.

7) 흑색·백색·적색의 깃발.

면 우리는 자신의 잘못으로 몰락한 낡은 독일국을 다시 죽음에서 눈뜨게 하는 것을 바라는 것이 아니라, 새로운 국가를 만들 것을 바랐기 때문이다.

오늘날 이 목적을 가지고 마르크스주의와 싸우고 있는 우리 운동은 그러므로 그 깃발에서 의심 없이 새로운 국가의 상징을 지녀야 한다. 새로운 깃발 문제, 곧 그 모양에 대해서 그때 우리는 매우 신경을 썼다. 그것은 여러 방면에서 제안되었다. 물론 대개는 잘 고안된 것이었으나, 목적에 알맞지 않았다. 왜냐하면 새로운 깃발은 우리 독자적인 투쟁의 상징이어야 하는 것과 마찬가지로, 다른 한편으로 그것은 현수막과 같은 효과도 있어야 했기 때문이다.

스스로 대중과 활발하게 접촉하고 있는 사람은 이러한 모든 것이 겉으로는 하찮게 보이나 매우 중요한 일이라는 것을 알았으리라. 효과가 큰 기장은 매우 많은 경우에 어떤 운동에 대한 관심에 최초 자극을 줄 수 있는 것이다.

이러한 이유에서 우리 운동을—여러 방면에서 제안된 것처럼—옛 국가 또는 보다 정확하게 말한다면 과거 상태의 재흥을 유일한 정치 목적으로 삼는 가냘픈 정당과 백기(白旗)에 의해 동일시하는 따위의 모든 제안을 우리는 모조리 거부해야 했다. 게다가 백색은 자극적인 색깔이 아니다. 그것은 순결한 처녀 단체에는 맞지만 혁명 시대 혁신 운동에는 맞지 않는다.

또한 '흑색'을 제안하는 사람도 있었다. 그 자체는 현대에 적합하지만, 거기에는 어떤 식으로든 우리 운동의 의지에 대한 아무런 설명적 표시가 없었다. 결국 이 색깔도 자극적인 효과가 충분치 않았다.

'백색·청색'은 미적 효과는 훌륭함에도 독일의 어느 연방[8]의 색깔로서 유감스럽게도 평판이 좋지 못한 분리주의적 편협함이라는 정치적 견해를 나타내고 있는 것으로 문제 밖이었다. 또한 여기서도 사람들이 우리 운동과의 연관성을 찾기란 매우 곤란했을 것이다. '흑색·백색'에 대해서도 같은 말을 할 수 있었다.[9]

'흑색·적색·금색'은 본디 문제가 되지 않았다. 또한 '흑색·백색·적색'은 위에서 말한 이유에서 문제가 되지 않았으며, 아무튼 이제까지의 배합으로는 문제 밖이다. 분명히 효과라는 점에서는 이 색깔 배합은 다른 모든 것보다 훨씬 뛰어나다. 그것은 현존하는 것 가운데 가장 빛나는 조화이다.

---

8) 바이에른주.
9) 흑색·백색은 프로이센주의 색.

나 자신은 언제나 이 옛날 색을 남겨둘 생각이었다. 그것은 병사로서의 나에게 있어, 내가 알고 있는 한 가장 신성한 것이었다는 사실에서뿐 아니라, 그 미적 효과에 있어서도 나의 감각에 매우 잘 맞는 것이었다. 그럼에도 나는 그때 젊은 운동의 각 방면으로부터 건네받은 수많은 도안—대개 옛 독일 국기 안에 하켄크로이츠[10]를 그려 넣은 것이었는데—을 예외 없이 거부하지 않을 수 없었다. 나 자신은—지도자로서—나 자신의 도안을 곧바로 공포하고 싶지 않았다. 왜냐하면 다른 사람이 훌륭한, 아니면 아마도 매우 뛰어난 것을 갖고 올 가능성이 있었기 때문이다.

사실상 슈타른베르크의 어느 치과의사도 제법 좋은, 더욱이 우연하게도 나의 도안과 대단히 비슷한 것을 제안했다. 그러나 오로지 한 가지 결점이 있었다. 바로 갈고리가 휘어진 하켄크로이츠가 흰 원 속에 끼어 있었던 것이다.

그동안에 나 자신이 여러모로 시도하며 마지막 모양을 그렸다. 곧 붉은 바탕에 흰 원을 남기고 그 한가운데 검은 하켄크로이츠를 그린 깃발이었다. 오랫동안 시험한 뒤에 나는 또 깃발 크기와 흰 원 크기와 또한 하켄크로이츠 모양의 굵기에 일정한 비율을 정했다. 그리하여 그것이 맨 마지막까지 남겨졌다.

같은 의미로 정리대를 위한 팔띠도 그 뒤 곧바로 만들어졌다. 더구나 붉은 팔띠로 같은 흰 원을 만들어 검은 하켄크로이츠를 그린 것이었다.

당원장(黨員章)도 같은 기준에 따라 만들어졌다. 곧 붉은 바탕에 흰 원, 중앙은 하켄크로이츠를 그렸다. 뮌헨의 금세공사 퓌스가 맨 처음 쓸모 있는 도안을 만들어낸 뒤 그것이 결정되었다.

1920년 한여름에 처음으로 이 새로운 깃발이 대중 앞에 나타났다. 그것은 훌륭하게 우리 젊은 운동에 알맞았다. 운동이 젊고 새로웠듯이, 깃발도 젊고 새로웠다. 그것은 아무도 그 이전에 본 적이 없었으며, 그때 점화용 횃불과 같은 효과가 있었다. 어떤 충실한 여자 당원이 처음으로 도안을 완성하여 깃발을 건네받았을 때, 우리는 거의 어린애와 같은 기쁨을 맛보았다. 몇 달 뒤 이미 우리는 뮌헨에서 그것을 6개나 가지고 있었다. 그리고 더욱더 확대해 가는 정리대는 특히 이 운동의 새로운 심벌을 전파하는 데 기여했다.

---

10) 하켄크로이츠(갈고리 십자, 卍)는 본디 게르만인이 청동시대부터 썼던 행운의 상징.

국가사회주의 상징의 설명

더욱이 이것은 바로 하나의 상징인 것이다! 우리 모든 사람에 의해 열정적으로 사랑받는 이 독특한 색깔은 일찍이 독일 민족을 위해 수많은 영예를 얻었던 것으로서, 오로지 과거에 대한 우리의 찬미를 입증할 뿐 아니라, 그것은 또 운동 의도를 가장 잘 구체화한 것이었다. 국가사회주의자로서 우리는 우리 깃발 속에 우리 강령을 본다. 우리는 붉은색 속에서 운동의 사회적 사상을, 흰색 속에서 국가주의적 사상을, 하켄크로이츠 속에서 아리아 인종의 승리를 위한 투쟁의 사명을, 그리고 동시에 그 자체가 영원히 반유대주의였고 또 반유대주의적일 창조적 활동의 사상의 승리를 보는 것이다.

2년 뒤에는—그때는 이미 정리대는 몇천 명을 포괄하는 돌격대가 되어 있었으나—이 젊은 세계관의 방위 조직에 특별한 승리의 상징을 주는 것이 필요하다고 생각되었다. 바로 **부대 깃발**이다. 그것 또한 나 자신이 도안하고 옛날부터 충실한 당원인 금세공사 가르에게 그 완성을 맡겼다. 그 뒤 부대 깃발은 국가사회주의 투쟁의 상징이 되고 군기(軍旗)가 되었다.

*

치르쿠스 제1회 집회

1920년에 더욱 왕성해진 집회활동은 마침내 매주 2회씩이나 열리게 되었다. 우리 선전지 앞에는 사람들이 몰려들었고, 시에서 가장 큰 강당은 언제나 꽉 들어찼다. 그리고 잘못된 길로 이끌어졌던 몇만이라는 마르크스주의자들은 다가올 자유 독일의 투사가 되기 위해 민족 공동체로 되돌아갈 길을 발견했다. 뮌헨에서 공중은 우리를 알게 되었다. 사람들은 우리에 대해 이야기했고, '국가사회주의자'라는 말이 많은 사람들에게 잘 알려져 이미 하나의 강령으로서 의미를 가지게 되었다. 또한 지지자 무리도, 게다가 당원까지도 끊임없이 늘어나기 시작했다. 그렇게 해서 1920년에서 21년에 걸친 겨울에 우리는 이미 뮌헨에서 강력한 당으로 등장할 수가 있었다.

그때에는 마르크스주의 정당 말고는 정당이 없었다. 특히 우리와 같이 이러한 대중 시위 운동으로 주의를 일으킬 수 있을 만한 **국가주의적** 정당은 없었다. 5000명을 수용하는 뮌헨의 킨들 켈러는 몇 차례나 터져나갈 만큼 만원을 이루었다. 그리고 우리가 아직 감히 가까이 하지 않는 오로지 하나의 홀이 있었는데, 이것이 치르쿠스 크로네[11]였다.

1921년 끝무렵, 독일로서는 또 중대한 걱정거리가 생겼다. 독일에게 불합리한 1000억 금(金)마르크의 지불 의무를 지운 파리협정이 런던협약이라는 형태로 실현되게 된 것이다.

뮌헨에 훨씬 이전부터 있던 이른바 '**민족주의 동맹**'의 노동단체가[12]가 이를 계기로 대대적인 공동 항의를 일으키려고 했다. 때는 매우 절박했다. 나자신은 일단 결정한 것을 실행에 옮기지 못한 채 머뭇거리며 우물쭈물하는 것을 보고 초조해하고 있었다. 처음에는 쾨니히슈플라츠에서 시위 대회를 연다고 했으나, 그들은 좌익이 들이닥칠까봐 다시 이것을 그만두고, 펠트헤른할레 앞에서 항의 시위 운동을 꾀했다. 그러나 이것도 그만두었다. 그리고 마지막으로 뮌헨의 킨들 켈러에서 합동집회를 갖자고 제안했다. 그러는 동안에 하루하루 지나갔다. 대정당은 이 중대한 사건에 전혀 아무런 주의도 기울이지 않았다. 노동단체도 결국 계획된 시위 대회의 확실한 날짜를 결정할 수 없었다.

1921년 2월 1일 화요일, 나는 최후 결정을 긴급히 요구했다. 나는 수요일에 하자는 제의에 무마되었다. 그래서 나는 수요일 몇 시, 어디서 집회를 열 것인가 하는 절대적으로 확실한 정보를 요구했다. 대답은 또다시 분명치 않았고 회피하는 식이었다. 나는 노동단체가 다음 주 수요일에 시위 대회를 일으킬 '작정'이라는 얘기를 들었다.

그래서 나는 그만 분통이 터졌다. 나는 항의 시위 대회를 단독으로 열고자 결심했다. 수요일 정오에 나는 10분 동안 광고지 내용을 타이프라이터로 받아치게 했다. 그리고 동시에 다음 날 2월 3일 목요일에 치르쿠스 크로네를 세냈다.

그때 이것은 터무니없이 큰 모험이었다. 저 크나큰 홀을 가득 차게 할 수가 있을는지 의문스럽게 여겨졌을 뿐 아니라 강제 해산당할 위험성도 있었던 것이다.

우리 정리대는 이 크나큰 홀을 지키기에는 아직 충분치 못했다. 나는 또 강

---

11) 뮌헨의 서커스 장소.
12) Arbeitsgemeinschaft를 옮긴 말. 1918년 독일 자본가 단체와 노동조합 사이에 만들어진 협력 조직.

제 해산을 당할 경우 어떠한 조치를 취해야 좋을지 알맞은 생각이 떠오르지 않았다. 그때 나는 보통 홀을 쓰는 것보다, 치르쿠스의 건물에서 하는 쪽이 훨씬 더 어려움이 클 것으로 생각하고 있었다. 그러나 이것은 그다음에 분명해졌지만, 사실은 그 반대였다. 좁은 홀에 꽉 차 있는 것보다 크나큰 홀 쪽이 강제 해산을 시키려는 패거리를 사실상 더욱 쉽게 누를 수 있었다.

오로지 한 가지, 한 번이라도 실패하면 매우 오랫동안 뒤로 밀리리라는 것은 확실했다. 왜냐하면 한 번이라도 강제 해산이 성공하면, 우리 후광은 한 번 공격으로 파괴되고, 적은 한 번 성공한 것을 계기로 고무되어 계속 시도할 것이기 때문이었다. 그렇게 되면, 우리들 앞으로의 모든 집회활동이 사보타주당할 것이 분명하고, 또한 몇 달이나 곤란하기 짝이 없는 투쟁을 한 뒤에야 겨우 그것을 극복할 수 있을 것이 틀림없었기 때문이다.

우리는 광고지를 붙일 시간이 겨우 하루밖에 없었다. 곧 목요일뿐이었다. 불행하게도 아침부터 비가 오고 있었다. 이런 상태로는 많은 사람이 비나 눈을 무릅쓰고 살인이나 난투극이 벌어질지도 모르는 집회에 몰려오기보다는 오히려 집에 틀어박혀 있는 것을 좋아하지 않을까 하는 걱정이 들었다.

아무튼 목요일 오전 중에 나는 갑자기 불안해졌다. 어차피 홀은 꽉 차지 않을 것이다. 그렇게 되면 사실 나는 노동단체의 웃음거리가 될 것이다. 그래서 나는 급히 서둘러 얼마간 광고지를 구술하고, 오후에 그것을 배포하기 위해 인쇄를 맡겼다. 물론 그 내용은 집회에 참가하기를 바라는 것이었다.

내가 빌리게 한 2대의 트럭은 될 수 있는 한 붉은색으로 씌워졌다. 그 위에다 우리 깃발을 2개 세우고 각 트럭에 15명 내지 20명 당원이 탔다. 그들은 열심히 거리를 달리며 광고지를 뿌리라는, 요컨대 오늘밤 대중 시위 대회를 선전하라는 명령을 받고 있었다. 마르크스주의자들이 타지 않은 트럭이 깃발을 세우고 시내를 달린 것은 이것이 맨 처음이었다.

그래서 시민들은 펄럭이는 하켄크로이츠기로 꾸며진 붉은 차를 멍하니 바라보고 있었다. 그사이 교외에서는 수많은 주먹이 휘둘러지고, 그들은 이 가장 새로운 '프롤레타리아트에 대한 도발'에 대해 분명히 분노하고 있는 것 같았다. 왜냐하면 트럭으로 누비고 다니는 것도, 집회를 여는 것도 마르크스주의자만이 그 권리를 갖고 있었기 때문이다.

저녁 7시에 치르쿠스는 아직 충분히 차 있지 않았다. 나는 10분마다 전화로 연락을 받고 있었다. 나는 상당히 불안했다. 왜냐하면 다른 홀이라면 7시나 7시 15분 뒤에는 대체로 반쯤 와 있거나, 더러는 거의 꽉 차 있었기 때문이다. 그러나 그 이유는 곧 설명되었다. 나는 이 새로운 홀의 엄청난 넓이를 계산에 넣지 않았던 것이다. 1000명이 오면 호프브로이하우스의 페스트잘은 이미 상당히 꽉 차 보이지만 치르쿠스 크로네에서는 간단히 수용하고 만다. 사람들은 그들을 거의 볼 수 없었다. 하지만 곧이어 더 좋은 보고가 왔다. 그리고 8시 15분 전에는 홀의 4분의 3이 차 있으며, 매우 많은 대중이 매표소 앞에 서 있다는 것이었다. 그래서 나는 차로 달려갔다.

8시 2분에 치르쿠스 앞에 도착했다. 치르쿠스 앞에는 여전히 많은 사람들이 있었다. 일부분은 단순히 호기심에서 왔지만, 그중에는 홀 밖에서 기다리며 무슨 일이 일어나는가 지켜보고 있으려는 적들도 많이 섞여 있었다.

내가 크나큰 홀 안에 발을 들여놓았을 때, 1년 전 뮌헨의 호프브로이하우스의 페스트잘에서 열린 제1회 집회 때와 같은 기쁨이 나를 감쌌다. 그러나 나는 사람 벽을 헤치고 더욱 높은 연단에 올라섰을 때 비로소 그 성과가 굉장히 큰 것을 보았다. 이 홀은 크나큰 조개껍데기처럼 내 앞에 가로놓여 있었고, 몇천 명의 사람으로 꽉 차 있었다. 서커스의 주마로(徒馬路)에마저 새까맣게 사람이 몰려 있었다. 5600장의 입장권이 팔렸으니 실업자와 고학생 및 우리 정리대 전체 인원을 포함하면 6500여 명이 거기에 모여 있었을 것이다.

주제는 '미래냐 몰락이냐' 하는 것이었다. 나는 미래가 거기에, 나의 눈앞에 있음을 확신하고 마음이 설렜다.

나는 지껄이기 시작했다. 그리하여 두 시간 반가량 연설했다. 이미 처음 반 시간으로 이 집회는 대성공을 거두리라는 느낌을 가졌다. 몇천 명 가운데 한 사람 한 사람과 접촉이 이루어졌다. 처음 한 시간 뒤에는 이미 박수가 자발적으로 터질 듯이 커져가면서 나의 연설이 중단되기 시작하고, 두 시간 뒤에는 다시 흥분이 가라앉았다. 내가 그 뒤 이 집회장에서 자주 겪고, 각 사람에게도 물론 잊지 못하게 기록되어 있는 저 엄숙한 고요함으로 되돌아간 것이다. 게다가 사람들은 오로지 이 거대한 군중의 숨소리만을 듣고 있었다. 그리고 내가 마지막 말을 마쳤을 때, 갑자기 환호가 일어나며 더없는 열정을 가지고 도이칠란트 노래가 합창되어 집회는 구제된 듯한 종말을 보았던 것이다.

나는 이 크나큰 집회장이 차츰 비기 시작하고, 크나큰 사람 물결이 커다란 중앙 출입구로부터 거의 20분이나 걸려 밀려나가는 것을 여전히 눈으로 좇고 있었다. 그리고 나 자신도 비로소 커다란 행복감에 싸여 집에 돌아가기 위해 나의 자리를 떠났던 것이다.

이 뮌헨의 치르쿠스 크로네에서의 제1회 집회는 사진에 찍혔다. 그것은 시위 대회의 위대함을 말보다도 훨씬 더 잘 보여주고 있다. 부르주아 신문은 사진과 기사를 실었으나, 다만 '국가주의적' 시위 대회가 열렸다고 말했을 뿐이다. 그러나 평소와 같이 겸손하게 그 주최자에 대해서는 아무 말도 하지 않았다.

계속되는 집회

이것으로써 우리는 비로소 평범한 보통 정당의 테두리에서 멀리 벗어난 것이었다. 사람들을 이제 와서는 우리를 무시하고 지나칠 수 없게 되었다. 이 집회 성공이 단순히 아지랑이와 같은 것이라는 인상을 주지 않기 위해 우리는 곧바로 치르쿠스에서의 제2회 시위 대회를 다음 주로 정했다. 그리하여 똑같은 성공을 거두었다. 이 대회장은 다시 터져나갈 듯이 대중으로 메워졌다. 그래서 나는 다음 주에는 같은 형식으로 제3회 집회를 열겠다고 결심했다. 그리고 3회째에는 드넓은 치르쿠스가 위에서 아래까지 사람으로 꽉 차서 콩나물시루와 같았다.

이 1921년의 개시 뒤 내 뮌헨에서의 집회활동은 더욱더 고조되었다. 나는 이제 오로지 주 1회만 아니라, 가끔은 주 2회의 대중 집회를 열고, 여름이나 늦가을 무렵에는 때때로 주 3회가 되기도 했다. 우리는 이제 언제나 치르쿠스에서 집회를 열었다. 그리고 우리 집회의 밤은 늘 같은 성공을 거두었다고 만족스럽게 확인할 수 있었다.

그 결과 우리 운동 지지자 수가 조금씩 늘어나 수적으로 엄청난 규모가 되었다.

*

헛된 강제 해산의 시도

물론 이러한 성공은 또 우리의 적을 무기력하게 두지는 않았다. 그들은 언제나 전술이 동요되고 있었으므로 때론 폭력으로써, 때론 묵살로써 저항해 왔지만—그들 자신도 인정할 수밖에 없지만—어떤 방법이건 우리 운동의 발전을 막을 수는 없었다. 그래서 그들은 최후 노력으로 앞으로의 우리 집회 활동에 대해 결단코 숨통을 끊으려는 폭력 행위를 결심했던 것이었다.

이 행위의 겉보기적인 이유로서 사람들은 에어하르트 아우어라는 바이에른 주의원(州議員)에 대한 수수께끼와 같은 암살 계획을 이용했다. 이 에어하르트 아우어가 어느 날 밤 괴한에게 총격당했다는 것이다. 정확히 말해 실제로 총격받은 것이 아니라 그를 쏘려는 시도가 있었다는 것이다. 그러나 사회민주당 지도자의 놀랄 만한 침착함과 널리 알려진 용기가 불법적인 공격을 실패하게 했을 뿐만 아니라, 이 극악무도한 범인들이 비겁하게 도망가게 했다는 것이다. 그들은 경찰도 그 뒤 그들에 대해서 발자취도 찾을 수 없을 만큼 재빨리 멀리 달아났다고 한다.

이 의문에 싸인 사건을 이용하여 뮌헨의 사회민주당 기관지는 우리 운동에 대해 더없이 과격하게 선동하고, 동시에 오래전부터 습관화된 산만한 말투로 다음에 일어날 것이 틀림없는 일을 암시했던 것이다. 우리가 성장하지 못하도록 더 늦기 전에 프롤레타리아계급의 크고 무거운 주먹으로 우리 나무의 가지와 뿌리를 쳐 넘어뜨리도록 배려되어 있다는 것이다.

그 며칠 뒤 벌써 그 공격의 날이 찾아왔다. 뮌헨의 호프브로이하우스의 페스트잘에서의 집회—나 자신이 거기서 이야기하기로 되어 있었는데—가 마지막 대결을 위해 선택된 것이었다.

1921년 11월 4일 오후 6시와 7시 사이 나는 비로소 첫 번째 명확한 보고를 받았다. 그것은 이 집회가 무조건으로 강제 해산당할 것이다, 그러기 위해 얼마쯤의 빨갱이 공장에서 다수의 노동자 대중을 집회에 보낼 계획에 있다는 것이었다.

우리가 이 정보를 좀더 빨리 받지 못한 것은 어떤 불행한 우연 때문이었다. 우리는 그날 뮌헨의 쉬테른에커 거리의 유서 깊은 옛 사무실을 떠나 새 사무실로 옮겨갔던 것이다. 곧 우리는 옛 사무실에서 나오기는 했으나, 새 사무실이 아직 수리가 덜 되어 들어갈 수 없었던 것이다. 또한 전화를 옛 사무실에서 떼었으나 새 사무실에는 아직 설치하지 않았으므로 강제 해산을 획책하고 있다는 것을 전하는 많은 전화가 모두 전달되지 않았던 것이다.

이 결과 집회 자체가 극소수의 정리대만으로 지켜지게 되었다. 약 46명으로 이루어진, 수적으로 열세인 백인대가 있었을 뿐이었다. 그리고 저녁 남은 한 시간 동안에 많은 증원군을 모으기 위한 긴급연락망은 아직 이루어지지 않았다. 더구나 이런 걱정스러운 소문은 지금까지 몇 번이고 우리 귀에 들어왔으나, 특별히 무슨 일이 일어나지는 않았다는 경험도 있었다. 또한 "공포된 혁명은 일반적으로 실패로 끝난다"는 예부터의 속담은 이제껏 우리 경험에 비추어 언제나 옳았다는 것이 입증되었다.

더없이 잔학한 결단으로 강제 해산에 대항하기 위해 그날 할 수 있었던 일들이 이런 이유로 수행되지 않았던 것 같다.

결국 우리는 뮌헨의 호프브로이하우스의 페스트잘은 강제 해산에는 알맞지 않으리라 생각하고 있었다. 우리는 더 큰 강당, 특히 치르쿠스에 대해서 강제 해산을 좀더 겁내고 있었던 것이다. 그런 뜻에서 우리는 이날 귀중한 교훈을 얻었다. 우리는 그 뒤 이 문제를 모두—나는 감히 말하지만—과학적인 방법으로 연구하여 여러 가지 결론에 이르렀다. 그 일부분은 흥미 있고 또 믿기 어려운 것이었다. 그리고 그것은 그 뒤 우리 돌격대를 조직적이고 전술적으로 지도하는 데 근본적으로 중요한 것이었다.

7시 45분 내가 호프브로이하우스의 현관에 도착했을 때, 분명히 그러한 음모가 있다는 것은 이미 의심할 여지가 없었다. 강당은 만원이었다. 그래서 경찰이 들어가지 못하게 막고 있었다. 무척 빨리 와 있던 적은 대부분 강당 안에 있고 우리 지지자는 대부분 밖에 있었다. 적은 수의 돌격대가 현관에서 나를 기다리고 있었다.

나는 대강당 문을 잠그게 한 다음, 45명 또는 46명에게 정렬하도록 명령했다. 나는 젊은이들에게 다음과 같이 설명했다. 아마 오늘은 처음으로 사생결단하고 운동에 충성을 다해야 할 것이다, 그리하여 죽어서 우리에게 들려 나오지 않는 한 우리 가운데 한 사람도 강당을 떠나서는 안 된다, 나 자신도 강당에 남을 작정이며 이 가운데 그 누구도 나를 혼자 버려두고 떠나지는 않으리라고 믿는다, 그러나 한 사람이라도 비겁한 짓을 한 자를 보면 나는 몸소 그의 팔띠를 떼어버리고 당원장을 빼앗을 것이라고. 그리고 또 나는 그들에게 강제 해산의 조짐이 조금이라도 보이거든 곧바로 전진하라, 공격이야말로 최선의 방어라는 것을 잊지 말기 바란다고 명령했다.

'하일(Heil)' 삼창―오늘은 여느 때보다 더 거칠고 목쉰 듯이 들렸다―이 대답이었다.

그리고 나서 나는 강당에 들어가 실제 내 눈으로 상황을 바라볼 수가 있었다. 그들은 안쪽 자리를 꽉 차게 차지하고 덤벼들 자세로 나를 쏘아보고 있었다. 증오에 가득 찬 수많은 얼굴들이 나를 향하고 있었다. 다른 한편 악의에 가득한 얼굴로 아주 분명한 야유를 계속 던지고 있었다. 더욱이 그들은 오늘 "너희들을 결딴내겠다" "옆구리를 조심하라" "영구히 아가리를 닥치게 해줄 테다" 하는 등의 아름답지 못한 헛소리를 외치고 있었다. 그들을 자기네가 우세하다는 것을 알고, 따라서 우월감을 갖고 있었다.

그럼에도 불구하고 집회는 열 수가 있었다. 그리고 나는 이야기하기 시작했다. 나는 호프브로이하우스의 페스트잘에서는 언제나 강당 긴 쪽 전면에 서 있었다. 그리고 나의 연단은 맥주 테이블이었다. 나는 이렇게 실제로 사람들의 한가운데 있었던 것이다. 아마 이러한 환경은 내가 다른 어느 곳에서도 느낄 수 없는 기분을 이 강당에서 느끼도록 기여하고 있었는지도 모르겠다.

나의 앞면, 특히 왼쪽 앞에는 적만이 앉거나 서 있었다. 그들 대부분은 마페이 공장과 쿠스터만이나 이자리아체라 공장 등에서 온 모두가 매우 건장한 남자와 젊은이였다. 강당의 왼쪽 벽을 따라 그들은 꽉 차서 거의 내 테이블 곁에까지 밀려와 있었고, 거기서 빈 맥주잔을 모으기 시작했다. 다시 말해 그들은 맥주를 주문하고 마신 다음 빈 맥주잔을 테이블 밑에 모으고 있었다. 그리하여 모든 포열(砲列)이 준비되었다. 오늘도 일이 무사히 끝난다면 놀라운 일일 것이다.

1시간 30분쯤 뒤―나는 온갖 야유에도 그렇게 오랫동안 이야기했는데―거의 내가 정세를 지배한 것 같았다. 강제 해산대의 지도자 자신도 이것을 느낀 것 같았다. 왜냐하면 그들은 차츰 침착성을 잃기 시작하여 몇 번이나 왔다 갔다 하며 눈에 띄게 신경질적으로 동료를 격려하고 있었기 때문이다.

나는 어떤 야유를 받아넘길 때 얼마쯤 심리적인 실수를 저질렀다. 그 말이 입에서 떨어지자마자 깨달았으나, 그것이 전투를 시작하는 신호가 되었다. 두셋의 성난 야유 그리고 한 남자가 갑자기 의자 위에 뛰어올라 강당 안에서 외쳤다. "자유다!" 이 신호로 자유의 투사들은 그들 일을 시작했다.

몇 초 동안 홀 전체는 떠들고 절규하는 사람들 무리로 꽉 찼다. 그 위로 수 없는 맥주잔이 곡사포 포탄처럼 날았다. 그사이에 의자 다리가 부서지고 우지직하는 소리, 맥주잔 깨지는 소리, 성난 소리로 외치고 욕하고 고함지르고.

어처구니없는 광경이었다. 나는 내 자리에 선 채 나의 젊은이들이 그들 의무를 어떻게 철저히 수행하는가를 살펴보고 있었다. 거기서 나는 부르주아 집회를 보고 있기만 하면 되었다!

난투극이 벌어지자마자 재빨리 나의 돌격대원—왜냐하면 그들은 이날부터 그렇게 불렸다—은 공격해 들어갔다. 늑대처럼 그들은 8명이나 10명씩 떼지어 적 속으로 돌진해 갔다. 그리고 그들은 실제로 점차 강당에서 적들을 쫓아내기 시작했다. 5분쯤 지나자, 이미 나는 대원 가운데 누구 한 사람도 아직 피투성이가 되어 있지 않은 자를 찾아볼 수 없었다. 그때 비로소 내가 진실로 알게 된 사람이 얼마나 많았던가. 맨 앞 나의 용감한 마우리스, 오늘날 나의 개인 비서인 헤스, 그 밖에 많은 사람이 이미 중상을 입었으면서도 두 발로 서 있을 수 있는 한 몇 번이고 계속 적을 공격했다.

20분 동안 큰 소동이 계속되었다. 아마도 700, 800명은 족히 될 적들이 50명도 채 안 되는 우리 대원에 의해 대부분 강당에서 얻어맞아 나가고 계단에서 쫓겨났다. 오로지 강당 왼쪽 구석에 아직 큰 무리가 버티고 가장 격렬하게 저항하고 있었다. 갑자기 회장 어귀에서 연단을 향해 두 발의 피스톨이 발사되었다. 이어서 난사가 시작되었다. 지난날 전쟁 경험이 되살아나 마음은 큰 기쁨으로 가득 찼다.

누가 쏘았는지, 거기서부터는 이미 분간할 수가 없었다. 오로지 한 가지 확인할 수 있었던 것은 그 순간부터 피투성이가 된 우리 젊은이의 분노가 더욱더 격렬해져서 마침내 마지막 방해자를 압도하여 강당에서 쫓아냈다는 사실뿐이었다.

'집회는 계속된다'

대충 25분이 지나 있었다. 강당 자체는 마치 유탄에 파괴된 것처럼 생각되었다. 지지자 대부분은 바로 붕대로 싸여 있었다. 그 밖의 사람은 차에 실려 가야 했다. 그러나 우리는 여전히 이 자리의 지배자였다. 이날 밤 사회를 보고 있었던 헤르만 에서가 외쳤다. **"집회는 계속됩니다. 강연자가 연설하겠습니다."** 그래서 나는 다시 이야기를 계속했다.

우리 집회가 끝난 뒤, 갑자기 흥분한 경관이 뛰어들어와서 팔을 휘두르며 강당 안에 대고 외쳤다. "집회는 해산이다."

나는 나도 모르게 이 뒤늦게 온 경찰을 보고 웃지 않을 수 없었다. 실로 그들다운 허세였다. 그들이 작으면 작을수록 적어도 그만큼 그들은 크게 보이도록 해야 하는 것이다.

우리는 그날 밤 참으로 많은 것을 배웠다. 그리고 우리 적도 자기들 쪽에서 받은 교훈을 잊지 않았다. 그 뒤 1923년 가을까지 '뮌헨의 우편'은 더 이상 프롤레타리아계급의 철권으로 우리를 위협하지 않았다.

제8장
강자는 혼자일 때 가장 강하다

운동의 우선권

나는 앞서 **독일민족주의동맹의 협력** 단체가 있다는 것을 말했다. 여기서는 이 **노동단체** 문제를 아주 간단하게 설명해 두겠다.

일반적으로 사람들은 노동단체를 여러 동맹체가 그들 일을 쉽게 하기 위해 어떤 일정한 상호 관계에 서서 다소나마 큰 능력이 있는 자를 공통 지도부로 선출하고, 공통된 행동을 공동으로 수행하는 그룹이라고 생각한다.

이미 거기에서 목적과 방법이 그다지 차이가 나지 않는 클럽, 조합 또는 당파에 관련되어야 한다는 결론이 나온다. 그리고 그러한 연합이 마지막으로 이러한 '노동단체'에 모여서 '공동 유대'를 발견하여 '공통되지 않은 요소를 모두 물리친다'는 말을 듣고, 보통 일반 시민을 만족감과 편안함을 느끼고 있다. 그 경우 그러한 결합이 힘의 증대에 크게 도움이 되고, 그렇지 않으면 약소 그룹도 이에 따라 갑자기 강력한 것이 된다는 일반적인 확신이 지배하고 있다.

그러나 이것은 대체로 잘못된 생각이다!

모든 사람이 같은 목표를 추구하려고 주장하는 여러 조합이나 결사 등과 같은 것이 도대체 어떤 식으로 만들어지는가 하는 것을 분명히 파악하는 일은 흥미가 있기도 하고, 또 내 눈에는 이 문제를 좀더 잘 이해하기 위해 중요하다. 그렇지만 사물 본질에서 하나의 목표는 오로지 하나의 연합에 의해 옹호되어야 하고, 이성적으로 말하자면 많은 조합이 동일 목표를 추구해서는 안 된다는 사실이 무엇보다 논리적일 것이다. 분명히 그 목표는 처음에는 오로지 하나의 조합에 의해 주목한 것이었다. 어떤 한 남자가 어딘가에서 하나의 진리를 부르짖으며, 어떤 일정한 문제를 해결하기 위해 호소하고, 목표를 정하여, 그의 의도를 실현하는 데 도움이 되는 운동을 이루는 것이다.

이렇게 해서 그 강령에 따라 기존의 불합리를 없애버리거나 앞으로 특수한 상태를 만들어내는 것을 목적으로 하는 어떤 결사나 당이 세워진다.

이러한 운동은 일단 탄생하게 되면 그와 더불어 실제로 어떤 **우선권**을 갖는다. 그리고 이 운동과 같은 목적을 위해 싸우고자 생각하는 모든 사람들은 이러한 운동에 참여하고 공통 목적에 더욱더 봉사하기 위해 그 힘을 강화해야 한다는 것이 본디 뚜렷한 일일 것이다. 특히 정신적으로 명석한 머리를 가지고 있는 인물은 누구나 이러한 협력에 바로 공통된 투쟁의 실제 성과를 낳는 전제를 느껴야 할 것이다. 따라서 이성적으로 또는 일정한 성실성을 전제로 한다면(내가 나중에 제시하려고 하는 바와 같이 이 점이 매우 중요한 것인데) 하나의 목표에는 오로지 하나의 운동만 있어야 할 것이다.

그것이 그렇지 않은 경우는 두 가지 원인으로 돌릴 수 있다. 그 하나를 나는 거의 비극적인 것이라고 말하고 싶다. 한편 둘째 것은 비참한 것으로, 인간적 약점 자체 속에서 찾아야 한다. 그러나 가장 깊은 바탕에 있어서는 나는 이 둘 속에 의욕 그 자체가 의욕의 에너지와 강도를 증대시켜 인간 실행력의 이러한 고도의 양성에 따라 당면 문제의 해결을 궁극적으로 가능하게 하는 데 알맞은 사실만을 보는 것이다.

일정한 과제를 해결하는 데 대체로 왜 오로지 하나의 단체에만 머무르지 않느냐 하는 비극적인 원인은 다음과 같은 점에 있다. 곧 이 지상의 대사업은 어느 것이나 일반적으로 몇백만의 인간 속에 이미 오랫동안 머무르고 있던 희망, 많은 사람 속에 조용히 안겨 있던 그리움을 실현하는 데 있다. 그렇다, 몇 세기 동안이나 그들이 견딜 수 없는 기존 상태 아래 신음하고 있었고 이 일반적인 그리움이 실현되지 않았기 때문에 어떤 일정한 문제 해결을 향한 그러한 희망과 열망이 나타나는 것이다.

이러한 어려움에서 영웅적 해결을 발견할 수 없는 여러 민족은 **무기력하다**고 말할 수 있다. 한편 어떤 민족의 생활력과 그것으로써 한층 더 보증된 생존을 위한 사명이라는 것은 커다란 압제로부터 벗어나기 위해 또는 괴로운 어려움을 없애버리기 위해 또는 자신을 잃었기 때문에 안정을 상실한 영혼을 고쳐주기 위해 뒷날 운명이 오랫동안 그리워하고 있던 것을 마침내 실현하는 신의 은총을 받은 인간이 보내어졌을 때, 가장 알맞게 실증된다.

지도권 다툼

그러므로 이른바 중대한 시사 문제의 본질에는 그 해결을 위해 몇천 명이 참가하고, 많은 사람이 그 때문에 초대되어 있다고 스스로 믿으며, 아무튼 운명마저도 이제는 모든 힘을 자유로이 투쟁시켜서 결국 강자와 우수한 자에게 승리를 주고, 그에게 문제 해결을 맡기기 위해 선택하려고 여러 사람들에게 명령하는 경우가 있다.

그러므로 여러 세기 동안이나 종교생활의 형태에 불만을 갖고, 어떤 혁신을 그리워하고, 그리고 이 마음의 충동에 따라 열두셋이나 그 이상 사람이 일어서서 그들 통찰이나 지식을 바탕으로 삼아 이 종교상 긴급사태의 해결을 위해 새로운 교리 예언자로서 또는 적어도 현존하는 것에 대한 투사로서 등장하기 위해, 자기가 초대되었다고 믿을 수 있다.

물론 이 경우에도 자연 질서에 의해 가장 강력한 자가 이 큰 사명을 해내기 위해 정해질 것이다. 그러나 이 사나이가 오로지 선택되었다는 것을 다른 사람이 인식하는 것은 대개는 언제나 훨씬 나중의 일이다. 반대로 사람들은 모두가 그 과제를 해결하기 위해 동등한 권리를 가지며, 그 때문에 초청을 받았다고 스스로 여기는 것이다. 그리고 동시대 사람들은 그 가운데 어느 한 사람이—오로지 한 사람만이 최고 능력을 가지고 있으므로—자기들의 지지를 받을 가치가 있는지, 판단할 수 없는 것이 보통이다.

이와 같이 해서 몇 세기 동안에 실제로 이따금 같은 시대 동안에 여러 사람이 나타나서 적어도 주장하는 바는 비슷한, 아니면 대중에게 같다고 여겨지는 목표를 쟁취하기 위해 여러 가지 운동을 만든다. 민중 자신은 물론 일반적인 확신을 가지고 분명치 않은 희망을 품고 있지만, 그 목표나 자기 희망이나 또는 그것을 실현하는 가능성과 같은 실제적 본질에 대해서는 전혀 확실성을 얻을 수 없다.

비극은 바로 거기에 있다. 곧 이러한 사람들은 서로 모르고 전혀 다른 길을 걸어 같은 목표에 이르려고 노력하고 있으며, 따라서 그들 독자의 사명에 대해서도 가장 순수한 신념을 가지고, 다른 사람을 생각하지 않고 자기 길을 가는 것이 의무라고 믿는 데 있다.

이러한 운동, 당파, 종교 단체가—일반의 시대적인 욕구에서이긴 하지만 같은 방향으로 활동하기 때문에—서로 간에 완전히 독립해서 성립하는 것이 적어도 얼핏 보기만 해도 비극으로 생각된다. 왜냐하면 여러 방향으로 분산되어 있는 힘이라고 하는 것은 어느 한 방향으로 집중하게 되면, 더욱 빠르며 더욱 확실하게 성과를 가져올 수 있다는 의견에 너무도 강력히 기울기 때문이다. 그러나 이것은 그렇지 않다. 오히려 자연 그 자체는 가차 없는 논리로 여러 그룹을 서로 경쟁시켜 승리의 종려가지를 목표로 격투시켜, 가장 뚜렷하고 가장 가까우며 가장 확실한 길을 선택한 운동이 목표에 이를 수 있도록 결정을 내린다.

하지만 만일 여러 가지 힘이 활약하는 자유로운 길이 주어져 있지 않고, 최후 결정이 무엇이나 아는 체하는 헛된 결론에 이끌려 눈에 보이는 성과—결국 그것이 행동의 올바름에 언제나 최후 확증을 준다—라고 하는 확실한 논리에 맡겨지지 않는다면, 밖으로부터 그 길의 옳고 그름을 어떻게 결정할 것인가!

이와 같이 여러 그룹들이 같은 목적을 향해 저마다 다른 길을 간다면 그들 그룹들은 똑같이 노력하고 있는 자가 있다는 것을 알고 있는 한, 그들의 길을 근본적으로 검사하고, 될 수 있는 한 지름길을 택하고, 마지막 에너지까지 긴장시켜 보다 더 빨리 목표에 이르려고 할 것이다.

이러한 경쟁은 각 투사를 도야하는 데 도움을 준다. 그리고 인간은 이전에 실패한 계획이 불운한 데서 나온 가르침에 감사해야 하는 일도 적지 않다.

그러므로 우리는 언뜻 보아 비극적이라고 생각되는 사실, 의식적인 과실은 아니나 처음부터 개별적으로 일어나서 분열하고 있다는 사실 가운데서 수단을 인식할 수 있으며, 그 수단에 따라 결국 가장 좋은 조치가 취해지는 것이다.

오스트리아와 프로이센

우리는 역사 속에서 다음의 것을 본다. 곧 일찍이 독일 문제[1]의 해결을 위해 취할 수 있었던 두 가지 길—그리고 그의 주된 대표자이자 주장자는 오스트리아와 프로이센, 합스부르크 왕가와 호엔촐레른 왕가였으나—은 많은 사람의 의견에 따르면 본디 한데 묶어야 했다. 사람들은 그들 생각에 따르면

---

1) 독일 통일 문제.

양쪽 길을 한데 합친 힘에다 자신을 맡겨야 했던 것이다. 그 경우, 그때 결국 더 중요하다고 입증된 대표자의 길이 취해졌을 것이다. 그러나 오스트리아의 의도는 결코 독일제국을 건설하는 데 있지 않았을 것이다.

그리고 더없이 강력한 통일 독일제국은 참으로 몇백만의 독일인이 애끓는 마음으로 동족상잔의 마지막의, 더없이 무서운 징표를 느낀 데서 성립된 것이다. 곧 독일 황제의 관은 사실은 쾨니히그레츠 전쟁[2]에서 얻어진 것이며, 후세 사람들이 생각하는 바와 같이 파리 전면의 싸움[3]에서 얻어진 것은 아니다.

그와 같이 독일제국의 건설 그 자체는 어떠한 공통된 의도가 공통된 길을 걸은 결과가 아니라, 오히려 의식적인 또는 흔히 주도권을 위한 무의식적인 싸움의 결과이며, 그 싸움에서 마지막으로 프로이센이 승자로서 등장한 것이었다. 그리고 정당정치에 현혹되어 그 진리를 단념하지 않은 자라면, 이른바 인간 지혜라는 것은 결코 생활의 지혜, 곧 여러 가지 힘의 자유로운 활동이 결국에 있어 실현시키는 바와 같은 현명한 결심을 하지 않으리라는 것을 확인해야 할 것이다.

200년 전에 뒷날 새 독일제국의 배세포나 건설자, 교사가 될 자는 호엔촐레른 왕가의 프로이센이며, 합스부르크 왕가가 아니리라는 것을 독일연방 중에서 누가 진지하게 믿었겠는가? 한편 이 점에서 운명이 교묘하게 행동해 준 것을 아직도 거부하려는 자가 있겠는가? 사실 썩고 타락한 왕조의 원칙을 몸에 지니고 있는 독일제국을 오늘도 상상할 수 있는 자가 있겠는가?

그렇다, 자연의 발전은—하긴 몇 세기에 걸친 투쟁 뒤 일이긴 하지만—결국 가장 뛰어난 자를 그가 속하는 그 지위에 놓은 것이었다.

이것은 언제나 그러할 것이다. 이제까지 언제나 그러했듯이 영원히 그럴 것이다. 그러므로 온갖 사람들이 같은 목표를 이루기 위해 그 길을 간다고 해도 불평을 해서는 안 된다. 가장 강력하고 가장 빠른 자가 이렇게 하여 인정되고 승리자가 되는 것이다.

---

2) 프로이센과 오스트리아의 전쟁에서 베멘에 침입한 프로이센군이 오스트리아군을 무찌르고 대세를 결정한 싸움.

3) 1870년에서 1871년의 프로이센과 프랑스 사이의 전쟁으로, 나폴레옹 3세가 패배하고 베르사유 궁전에서 독일제국의 성립이 선언되었다.

민족주의의 분열 원인

또한 그럼에도 불구하고 민족생활에 있어서는 흔히 똑같은 것으로 보이는 운동이 똑같은 것으로 보이는 여러 길을 통해 이르려고 하는 것은 어째서인가라는 것에 대해 '제2의 원인'이 있다. 이 원인은 오로지 비극적일 뿐 아니라 실로 가엾은 것이다. 그것은 선망·질투·야심·도둑 근성 따위의 슬픈 혼합 속에 있다. 이러한 성질은 유감스럽게도 인간의 각 개인에게 있어서는 흔히 합체해 있는 것처럼 보인다.

곧 민족의 어려움을 인식하고 있는 인물이 나타나서 이 병의 본질에 대해 끝까지 밝힌 뒤 진심으로 그것을 없애려고 하며, 만일 그가 그 목표를 설정하고 그 목표에 이를 수 있는 길을 선택한다면, 곧바로 소인배나 가장 소심한 인물들이 이를 알고 일반의 눈을 자기에게 끌리게 한 이 사나이의 행동을 열심히 추구하기 시작한다. 이러한 인간들은 정말로 참새와 같다. 겉으론 전혀 흥미가 없는 것처럼 보이지만 실제로는 극도로 긴장하여 빵부스러기를 발견한 운이 좋은 친구로부터 마음 놓고 있는 순간에 갑자기 훔치기 위해 늘 살펴보고 있는 것이다.

누군가 한 사람만이 새 길을 가려고 한다. 그러자 많은 시시한 게으름뱅이들은 깜짝 놀라 이 길 끝에 있을지도 모를 얼마간의 이익을 냄새 맡는다. 그리하여 그것이 발견될 것처럼 보이자마자 되도록 빨리 갈 수 있는 다른 길을 통해 목표에 이르기 위해 열심히 달려간다.

그래서 새로운 운동이 이루어지고 그 운동이 일정한 강령을 정하면 이러한 인간들이 몰려와서 이와 같은 목표를 쟁취하겠다고 주장한다. 그러나 그들 자신은 결코 정직하게 이러한 운동 대열에 참여하지 않고 또한 그 운동의 우선권은 결코 인정하지 않는다. 오히려 그들은 강령을 훔치고, 더구나 그 강령 위에 그들 자신의 새로운 당의 토대를 만든다. 그때 그들은 다른 운동과 마찬가지로 자기들도 그전부터 꼭 그것과 같은 것을 바라고 있었다고, 생각 없는 같은 시대 사람들에게 말할 만큼 뻔뻔스럽다. 그리하여 일반의 경멸을 당연히 감수하는 대신 그렇게 함으로써 형편 좋은 자리를 얻는 일도 적지 않다.

다른 사람이 그의 기치에 써넣은 과제를 자기 깃발에 쓰고, 그 강령 원리를 전용하고, 더욱이 자기가 이 모든 것을 만들어낸 것처럼 사칭하여 자기 혼자만의 길을 간다는 것은 얼마나 뻔뻔스러운 일인가. 그리고 이런 뻔뻔스러움은 맨 처음 자기네들 새 당을 세우고 분열을 일으킨 바로 그 분자가 상대편의 우위에 따라갈 수가 없음을 인정하자마자, 경험에 따르면 주로 합동이나 통일의 필요성에 대해 이야기하는 일에서 특히 나타난다. 이른바 '민족주의 분열'은 이러한 과정으로 인한 것이다.

물론 1918년, 1919년에 민족주의적이라는 그룹이나 정당이 많이 생긴 것은 설립자에게는 아무런 죄가 없는 것이며, 사물의 자연 발전에서 일어난 것이었다. 이들 가운데 이미 1920년에는 국가사회주의 독일노동자당이 승리자로 차츰 결정되고 있었다. 그런데 하나하나의 설립자가 근본적으로 성실했음은 많은 사람이 실로 감탄할 만한 결의에 따라 분명히 성과가 적은 자기 운동을 보다 강력한 운동의 희생으로 바치는 일, 곧 자기 운동을 해산하거나, 아니면 무조건 합병하는 일 이상으로 빛나는 것에 따라 입증될 수는 없었다.

이 사실은 특히 그때 뉘른베르크의 독일사회당의 중요한 투사 율리우스 슈트라이허에 대해 말할 수 있다. 국가사회주의 독일사회당은 같은 궁극의 목표를 가지고 있었으나 서로 간에 아무런 관계없이 성립된 것이었다. 독일사회당의 가장 중요한 제일선의 투사는 위에서 말한 바와 같이 그때 뉘른베르크에서 교사였던 율리우스 슈트라이허였다. 처음엔 그 역시 자기 운동의 사명과 미래에 대해 성스러운 확신을 가지고 있었다. 그러나 그는 국가사회주의 독일노동자당의 보다 위대한 힘과 보다 강력한 성장을 의심할 여지없이 인정하게 되자마자 독일사회당과 공원조합(工員組合)을 위한 활동을 중지했다. 그리고 그 당원에게 서로의 투쟁 중에서 승리를 거두어 대두해 온 국가사회주의 독일노동자당에 합류하여 힘을 합쳐 공통 목표를 위해 투쟁을 계속할 것을 권유했던 것이다. 그 결심은 상당히 훌륭한 만큼 개인적인 면에서도 무척 중요했다.

사실 이 운동 초기부터 분열한 채로 남아 있던 것은 없고, 그때 사람들의 성실한 의도가 거의 철두철미하게 성실하고 정직한 올바른 목적으로 이끌 것이다. 우리가 오늘날 '민족주의 분열'이라는 말로써 부르고 있는 것은 이미 강조한 바와 같이 예외없이 내가 말한 '제2의 원인' 덕택으로 남아 있다. 곧 이전에는 독자 사상도, 또한 독자 목표도 가지고 있지 않았던 야심만만한 사람들이 국가사회주의 독일노동자당의 성과가 의심할 여지없이 무르익는 것을 보고 바로 그 순간에 '초대되었다'고 느낀 것이다.

갑자기 남김없이 우리 것을 베낀 강령이 만들어지고 우리에게서 빌려 쓴 여러 이념이 주창되고, 우리가 이미 몇 년 동안 싸워온 목표가 세워지고 국가사회주의 독일노동자당이 이미 오랫동안 걸어온 길이 선택된 것이다. 사람들은 국가사회주의 독일노동자당이 오래 존속해 왔는데도 신당을 설립하지 않을 수 없게 된 이유를 온갖 수단으로 확립하려고 한 것이다. 그러나 그들이 그 고귀한 동기를 억지로 갖다 붙이려고 하면 할수록 그 헛된 말은 더욱더 진실성을 잃었다.

사실 결정적인 유일한 근거는 있었다. 바로 어떠한 역할을 하고 싶다는 설립자의 개인적인 야심이다. 거기에는 그 왜소한 출현은 남의 사상을 이어받으려는 대단한 뻔뻔스러움—그 밖의 시민생활에 있어 사람들이 도둑 근성이라고 하는 것이 보통인—사실 이것 말고는 스스로 아무것도 갖고 있지 않았다.

그때 남이 갖고 있는 관념이나 이념으로서 그러한 정치적 도벽증 환자들이 짧은 기간에 자신의 새로운 일을 위해 모으지 않은 것은 하나도 없었다. 그리고 이러한 짓을 한 사람이야말로 또한 그 뒤에 눈물을 흘리면서 '민족주의 분열'을 깊이 한탄하고 으레 '통일의 필요성'에 대해 지껄이며, 다른 사람이 마침내 이 언제까지나 계속되는 슬픈 노래의 외침에 싫증이 나서 이제까지 이념을 도둑맞은 데다가 그 이념을 이룩하기 위해 일으킨 운동마저도 도둑놈들에게 던져줄 때까지 사기를 칠 수 있다는 은근한 희망을 품고 있는 자들이었다.

노동단체

그러나 이것이 잘 안 되어 이 새 기업의 수익이 기업주의 머리가 둔하기 때문에 사람들이 거기에 기대한 정도가 아니게 되면, 물론 싸구려로 파는 것이 보통이다. 그리하여 이른바 노동단체의 하나에 뚫고 들어갈 수 있으면 그것만으로도 만족했다.

그때 자기 두 발로 설 수 없었던 자는 모두 이러한 **노동단체**와 결합했다. 물론 8명의 불구자들이 서로 팔을 끼면, 분명히 한 사람의 투사가 생긴다는 신념에서 나온 것이다. 그러나 이들 불구자 가운데 정말로 한 사람이라도 건전한 사람이 있었다 하더라도, 그는 다른 사람을 두 발로 서게 하는 데 온 힘을 기울여서 결국은 자기도 불구가 되고 만다.

이른바 노동단체와 함께 전진하는 것을 우리는 언제나 전술 문제로 보고 있었다. 하지만 그 경우 우리는 다음과 같은 근본적 인식에서 결코 떠나서는 안 된다.

협력 단체 형식에 따라 약한 동맹이 강력한 동맹으로 바뀌는 일은 결코 없다. 그러나 아마도 강력한 조합이 그것에 의해 약화되는 일은 적지 않게 일어날 수 있으며, 또 일어날 것이다. 약한 그룹을 한데 모음으로써 강력한 요소가 생길 것이라는 의견은 옳지 못하다. 왜냐하면 경험에 따르면 다수자라는 것은 어떠한 형식에서나 온갖 전제 아래서도 우둔함과 비겁함의 대표일 것이며, 따라서 동맹이 많이 모여 있다는 것은 그것이 자기들이 택한 다수자의 지도에 따라 지배되자마자 비겁함과 약함에 이끌리고 말기 때문이다.

또한 그러한 결합에 따라 여러 힘이 자유롭게 행동하는 것이 저지되고, 가장 좋은 자를 선택해 내는 투쟁이 배제되어, 건전한 자와 강한 자의 필연적·궁극적인 승리가 영구히 방해된다. 그러므로 이런 종류의 결합은 자연적 발전의 적이다. 왜냐하면 그것은 대개 싸우고 있는 그 문제 해결을 촉진하기보다는 방해하기 때문이다.

순수한 전술적 고려에서 미래를 보고 있는 운동의 최고 지도부가 그럼에도 불구하고 오로지 단기간이긴 하지만, 어떤 특정한 문제 조치에 대해 비슷한 조합과 일치하고, 또한 공동 보조를 취하려고 하는 수도 있다. 그러나 이것은 운동 자체가 그에 의해 구제라는 사명을 단념하지 않는다면, 결코 그러한 상태를 영구화하는 데로 이끌어서는 안 된다. 왜냐하면 운동이 일단 결정적으로 그러한 결합에 말려들면, 그 운동은 자연적 발전의 의미에서 자기 힘을 충분히 활동시켜 경쟁자를 쓰러뜨리고 승리자로서 정해진 목표를 이룩할 가능성도 권리도 잃고 말기 때문이다.

이 세계에서 진실로 위대한 것은 모두 공동 전선에 의해 쟁취한 것이 아니라, 언제나 오로지 한 승리자의 성과였다는 사실을 결코 잊어서는 안 된다. 공동 전선의 결과라는 것은 이미 그 방법부터가 장차 붕괴 또는 그 이상으로 이미 이룬 것을 상실할 싹을 갖고 있다. 위대한 진실로 세계를 변혁시키는 그러한 정신적 혁명이라는 것은 일반적으로 오로지 단일 조직의 거인과 같은 싸움으로써만 생각할 수 있고 실현되는 것이지 결코 공동 전선의 계책으로 이루어지는 것은 아니다.

그러므로 첫째로, 민족주의 국가는 어떤 민족주의적 협력 단체의 타협적 의욕에 따라 만들어지는 것은 결코 아니고, 오로지 온갖 것에 대해 싸워낸 단 하나의 운동의 강철과 같은 의지에 따라서만 만들어진 것이다.

제9장
돌격대 의미와 조직에 대한 근본 생각

권위의 세 원리

옛 국가의 강점은 군주정체, 행정기관, 군대라는 세 기둥에 바탕이 있었다. 1918년의 혁명은 이 정체를 없애버리고, 군대를 해체하고, 행정기관을 부패 정당에 넘겨주었다. 그것에 따라 이른바 국가 권위의 가장 본질적인 받침대가 무너져버린 것이다. 국가 권위 그 자체는 거의 언제나 원칙적으로 모든 기초가 되는 이 세 요소에 따르고 있는 것이다.

권위를 이루기 위한 첫째 기초는 언제나 인기이다. 그러나 이 기초에만 서 있는 권위는 아직 매우 약하고 의심스러우며 동요하고 있다. 그러므로 이러한 인기에만 따른 권위의 역군은 권력을 이룸으로써 권위의 기초를 개선하고, 확실하게 하려고 노력해야 한다. 권력, 따라서 강제력 속에 **우리는 모든 권위의 제2의 기초를 보는 것이다.** 그것은 본질적으로 보다 안정되고 확실하긴 하지만 언제나 제1의 것보다 절대로 강력하지는 않다. **인기와 강제력이 결합되어 그것들이 어느 기간 동안 계속될 수 있으면, 권위는 더욱더 단단한 바탕 위에서 일어설 수가 있다. 전통 권위가 그것이다. 그리하여 마침내 인기와 힘과 전통이 결합했을 때 권위는 움직이기 힘든 것으로 보아도 좋다.**

혁명에 따라 이 최후의 경우도 완전히 제외되었다. 더욱이 이미 전통 권위도 없어졌다. 옛 제국의 붕괴, 옛 정체의 제거, 지난날 주권의 표장(表章)과 제국 상징의 괴멸과 함께 전통은 급격히 갈기갈기 찢어졌다. 그 결과는 국가 권위의 가장 심한 동요였다.

국가 권위 제2의 기둥인 강제력마저도 이미 없어졌다. 본디 혁명을 실행하기 위해서 사람들은 국가의 조직된 힘과 **강제력이 구체화된 것, 바로 군대를** 해체해야 했다. 더욱이 군대 자체의 부패된 부분을, 혁명의 투쟁분자로서 이용하는 것이 필수적이었다. 비록 전선의 군대는 통일적으로는 이 해체공작의 손에는 돌아가지 않았다고는 하지만, 그들은 4년 반의 영웅적 투쟁의 영예로운 장소를 등지면 등질수록 고국의 이 해체의 산(酸)에 부식되어 동원 해체 편제에 들어갔을 때에는 역시 병사평의회(兵士評議會) 시대의 이른바 자발적 복종이라는 무질서 상태로 끝나고 말았다.

물론 병역을 8시간의 노동으로 그 뜻을 해석하여 폭동을 일으키는 병사들에게 사람들은 이미 어떠한 권위도 기초를 둘 수는 없었다. 그리하여 권위의 확립을 먼저 보증하는 제2요소가 없어졌다. 그리고 이제 혁명은 본디 권위를 구축하기 위한 가장 근본적인 것, 곧 '인기'만을 가지고 있었다. 그러나 이 특수한 기초는 참으로 매우 불안정했다. 물론 혁명은 오로지 한 번의 강력한 타격으로 낡은 국가 구조를 무너뜨릴 수 있었으나, 그 가장 근본적인 원인은 오로지 우리 민족 구조 내부에 있어서의 평소 균형이 전쟁에 의해 이미 사라져버렸기 때문이었다.

민족체의 세 계층

어느 민족체나 3개의 커다란 계층으로 나눌 수가 있다. 하나는 가장 좋은 인간성을 갖는 극단으로서 모든 도덕적 의미에서 선량하고, 특히 용기와 헌신에 따라 특징지어진다. 다른 하나는 최악의 인간쓰레기라는 극단으로서 모든 이기주의적 충동과 악덕이 존재하고 있다는 의미에서 나쁘다. 양극단 사이에 제3의 계층으로서 크고 드넓은 중간층이 있으며, 여기에는 빛나는 영웅정신도, 비열하기 짝이 없는 범죄자 근성도 구체화되어 있지 않다.

민족체의 황금시대는 이 극단적으로 좋은 부분의 절대적인 지도에 따라 특징지어질 뿐만 아니라, 또 그를 위해서만 존재한다. 보통의, 균형이 잡힌 발전시대 또는 안정시대는 분명히 중간 분자의 지배에 따라 특징지어지고, 또한 그것에 따라 성립하고 있다. 이 경우 양극단은 서로 간에 평형을 유지하거나, 아니면 서로 상쇄된다. 민족체의 붕괴시대는 최악 분자의 우세한 활동에 따라 정해진다.

이와 관련하여 대중은—나는 그들을 그렇게 부르고 싶은데—중간 계층으로서 양극단 자체가 스스로 서로의 투쟁에 얽매여 있을 때에만 확실히 나타나지만, 양극단의 한쪽이 이길 경우에는 그들은 언제나 기꺼이 승리자에 예속된다는 사실에 주의해야 한다. 가장 높은 자가 지배하고 있을 경우 대중은 그에 따르고, 가장 나쁜 자가 세력을 떨치고 있을 경우 대중은 적어도 가장 나쁜 것에 아무런 저항도 않는다. 왜냐하면 이 중간의 대중은 결코 스스로 싸우지 않기 때문이다.

가장 좋은 것의 희생

그런데 전쟁은 그 4년 반의 피비린내 나는 사건에서 사람들이—모든 중간 계층의 희생을 인정한다 하더라도—가장 좋은 인간성이라고 하는 극단이 거의 완전히 피를 흘리기 시작했다는 사실을 인정하지 않을 수 없을 정도로 이 3개 계층의 내적 균형을 흩뜨리고 말았다. 왜냐하면 이 4년 반 동안 흘린 더없이 귀중한 독일인 영웅의 피는 참으로 크나큰 것이었기 때문이다.

몇십만이라는 하나하나의 경우를 모아보라. 거기에서는 언제나 말하기를 전선에의 **지원병**, 지원 정찰병, **지원** 전령병, 통신대 **지원병**, 공병대 **지원병**, 잠수함 **지원병**, 비행대 **지원병**, 돌격대대 **지원병** 등 4년 반을 통해서 수많은 경우에 되풀이하여 지원병이고 또 지원병이었다. 그리고 사람들은 언제나 같은 결과를 보았다. 곧 수염도 나지 않은 젊은이가 또는 나이 지긋한 남자가 다 같이 불타는 조국애에, 위대한 개인적 용기와 최고 의무감에 가득 차 **저마다** 지원한 것이었다.

그러한 경우가 참으로 몇만이나 몇십만이 되었다. 그리고 차츰 이런 사람이 아주 드물게 되었다. 전사하지 않은 자는 총에 맞아 폐인이 되거나, 아니면 살아남은 자가 적기에 차츰 헛되이 사라져갔다. 무엇보다도 먼저 다음과 같은 사실을 생각해 주기 바란다. 1914년 전군은 이른바 지원병에 따라 편성되어 있었으며, 그들은 우리 의회의 무능한 범죄자적 불성실의 덕택으로 아무런 효과적인 평시 훈련도 받지 못했고, 그래서 방위력도 없이 대포 밥으로 적의 희생물로 바쳐진 것이었다.

그때 플랑드르 전투에서 쓰러지거나 불구가 된 40만 명의 목숨은 이미 보상될 수 없다. 그들을 잃었다는 것에는 오로지 사람 수가 줄었다는 이상의 의미가 있다. 그들의 죽음에 따라 좋은 쪽의 무게가 줄어들어 저울대가 갑자기 기울어 올라가고, 그리하여 천하고 비열한 분자, 요컨대 나쁜 극단의 무리가 이전보다 무거워진 것이다.

악의 번창

왜냐하면 또 한 가지 사실이 덧붙여지기 때문이다. 바로 그 4년 반 동안 가장 좋은 극단이 전쟁에서 대량으로 줄어들었을 뿐 아니라, 그사이 악의 극단이 놀랄 만큼 늘어난 것이다. 스스로 지원하여 신성한 희생으로서 죽음을 맞은 뒤 초혼당(招魂堂) 층계를 오르는 많은 영웅이 있는가 하면, 죽는 대신 조금이나마 고국에서 유리하게 활동하기 위해 매우 조심스럽게 죽음에서 등을 돌린 한 무리의 징병 기피자가 분명히 있었던 것이다.

그래서 전쟁의 끝에는 다음의 광경이 벌어졌다. 즉 국민의 드넓은 중간층은 그 세금을 의무에 따라서 피의 희생으로 지불했다. 최상의 극단은 전형적인 영웅 정신에 의해 거의 모두 몸을 바치고 말았다. 악의 극단은 한편으로 가장 분별없는 법률로써 보호되고, 다른 한편으로 군율이 적용되지 않음으로써 유감스럽게도 전부 남았던 것이다.

이 잘 보존된 우리 민족체의 찌꺼기가 다시 혁명을 일으켰는데, 그 찌꺼기가 혁명을 할 수 있었던 것은 최상 분자의 극단이 이미 그 찌꺼기에 저항할 수 없었기 때문이다―최상 분자의 극단은 이미 살아 있지 않기 때문이다.

그러나 그러기에 독일 혁명은 처음부터 그 인기가 한정된 것에 불과했다. 독일 민족 자체가 그러한 카인[1]과 같은 행위를 저지른 것이 아니고, 민족 가운데 도망병과 뚜쟁이 등 햇빛을 싫어하는 무뢰한이 한 것이었다.

전선의 사나이는 유혈 전투의 종결을 환영하고, 다시 고향 땅을 밟을 수 있고 처자식과 다시 만날 수 있다는 행복을 느끼고 있었다. 하지만 그는 혁명 자체에는 내심으로 전혀 무관심했다. 그는 혁명을 좋아하지 않았다. 그리고 그 선동자나 조직자를 더욱 좋아하지 않았다. 4년 반의 더없는 고투 가운데 그는 정당의 하이에나[2]를 잊고, 그 불화와도 모두 소원해지고 말았다.

혁명은 독일 민족의 작은 부분에 있어서만 실제로 인기를 얻었다. 곧 이 새 국가의 모든 명예 시민의 징표로 배낭을 택한 혁명의 원조자 계급의 경우뿐이었다. 그들은 오늘날까지도 아직 많은 사람이 잘못 믿고 있듯이 혁명 자체를 위해 혁명을 좋아한 것은 아니고, 혁명 결과 때문에 좋아한 것이다.

---

1) 아담의 맏아들로 동생 아벨을 죽인다. 구약성서 〈창세기〉 4 : 1 이하 참조.
2) 죽은 고기를 먹는 동물로, 여기서는 '죽은 자의 것을 빼앗는 사람'을 이르는 것이므로 탐욕스런 사람을 말하고 있다.

사실 이 마르크스주의 약탈자들은 인기만으로 계속 권위를 지탱하는 것이 참으로 곤란했다. 그러나 이 젊은 공화국이야말로 짧은 기간 혼돈 뒤에 우리 민족의 최후에 남은 좋은 쪽의 분자들의 결합된 보복력에 의해 갑자기 다시 삼켜지는 것을 원치 않는다면, 어떠한 대가를 치르고라도 권위를 필요로 했던 것이다.

그때 그들, 곧 혁명의 담당자들에게는 자기들의 혼란의 소용돌이 속에서 모든 지반을 잃고, 이러한 시국에서는 여러 번 곧잘 여러 민족 생활에서 일어나는 무쇠 같은 주먹에 돌연 움켜잡혀, 다른 지반에 놓이는 것 이상으로 무서운 일은 없었다. 공화국은 어떠한 대가를 치르더라도 튼튼해져야만 했다.

결과로서의 와해

그래서 공화국은 거의 곧바로 그 연약한 '인기'라고 하는 동요하는 기둥과 나란히 보다 단단한 권위의 기초를 만들기 위해 다시 강제력을 가진 조직을 만들어야 할 필요성이 있었다.

1918년부터 1919년에 걸친 12월, 1월, 2월 무렵 혁명 승리자들은 발밑 지반이 흔들렸다고 느꼈을 때, 그들은 민족의 사랑이 제공한 약한 지위를 무기의 힘으로 강화할 각오를 할 수 있는 사람을 찾아 둘러보았다. '반군국주의적' 공화국이 병사를 필요로 했던 것이다. 그러나 그들의 국가 권위의 첫째이고 유일한 지주―곧 그들의 인기―는 오로지 뚜쟁이·도둑·강도·도망병·징병 기피자 등의 사회, 따라서 우리들이 악의 극단이라고 부르지 않을 수 없는 민족의 그 부분에만 뿌리를 두고 있었으므로, 새로운 이상을 위해 자기 생명을 희생할 각오가 돼 있는 인간을 얻으려고 하는 모든 노력은 이러한 무리들 사이에선 허무한 짝사랑이었다.

혁명 사상과 혁명의 수행을 짊어지고 있는 계층은 그 수비를 위해 병사를 둘 능력도 각오도 없었다. 왜냐하면 이 계층은 결코 공화정체를 바라고 있는 것이 아니고, 그들 본능을 더욱 만족시키기 위해 지금의 정체를 해체할 것을 바라고 있었기 때문이다. 그들의 구호는 독일공화국의 질서와 건설이 아니라 오히려 독일공화국의 약탈이었다.

그와 같이 인민위원들이, 그때 많은 불안으로 인해 도움을 청한 외침은 이 계층에서는 듣는 사람도 없이 사라져버리고, 오히려 반대로 자기방어와 분노로 해체된 것이다. 왜냐하면 사람들은 이러한 행동 속에 충성과 신앙의 침해를 느꼈고, 이미 인기에만 입각하지 않고 힘으로써 지탱되는 권위를 만드는 일 가운데 혁명이라고 하는 이들 분자에게만 권위가 있는 것에 대한 전투, 곧 절도의 권리나, 교도소 담에서 도망쳐서 사슬에서 벗어난 도둑놈과 약탈자 무리들, 요컨대 나쁜 파렴치한들의 칠칠치 못한 지배 권리에 대한 전투 개시를 알아챘기 때문이다. 인민위원들이 바라는 바를 아무리 외쳐도 그들 패거리에서는 아무도 오지 않았다. 오로지 '배신자'라는 반대 외침 소리가 그들에게 그들의 인기 후원자들의 생각을 알릴 뿐이었다.

의용군의 성립

당시 처음으로 많은 수의 젊은 독일인이 '안녕질서'를 위해—그들이 그렇게 생각했는데—다시 한 번 군복을 입고 마상총(馬上銃)이나 소총을 어깨에 메고, 철모를 쓰고 조국 파괴자에게 대항할 각오를 한 것이었다. **지원병으로서 그들은 의용군과 결합하고, 그들은 혁명을 몹시 미워하고 있었는데도 이 혁명을 두둔하고, 그리하여 사실상 혁명을 확고하게 만들기 시작했다.**

그들은 그것이 가장 좋다고 믿고 그렇게 행동한 것이다. 혁명의 **참된** 조직자이며, 혁명의 사실상 장본인인 국제주의 유대인은 그때 이 정세를 올바르게 판단하고 있었다. 독일 민중은 러시아에서 성공한 것같이 볼셰비키 피의 늪에 끌려들어갈 만큼 아직 무르익지 않았었다. 이는 대부분 독일 지식층과 독일 수공 노동자 사이에 인종적으로 여전히 큰 통일이 있었기 때문이다. 또 교양 있는 분자가 민중의 드넓은 계층 사이에 아주 넓게 잘 침투해 있었기 때문이다.

이는 다른 서유럽 여러 나라에 있어서도 비슷한 경우가 있지만, 러시아에서는 완전히 이것이 결여되어 있었다. 러시아에서는 이미 지식층 자신이 대부분 비러시아적 국민성을 가졌거나, 아니면 적어도 비슬라브 인종의 성격을 가지고 있었다. 그때 러시아의 소수 지식층 상류계급은 민족의 대부분을 차지하는 대중과 결합하는 중간 성분을 완전히 결여하고 있었으므로 언제든지 제외될 수가 있었다. 그리고 대중의 정신적·도덕적 수준은 러시아에서는 놀라울 만큼 낮았던 것이다.

러시아에서는 무식하여 읽고 쓸 줄도 모르는 대중을 그들과 아무런 관계
도 연락도 없는 얼마 안 되는 지식계급 상층에 대항하도록 선동하는 데 성공
하자마자, 이 나라의 운명이 결정되었다. 곧 혁명이 성공한 것이다. 그와 더불
어 러시아 문맹자들은 유대 독재자의 저항력 없는 노예가 되고 말았다. 물론
유대인측에서는 이 독재를 '인민의 독재'라는 문구로 표현하게 할 만큼 충분
히 간사했다.

도망병에 대한 부적당한 관용

독일에서는 또한 다음과 같은 일이 더해졌다. 곧 혁명은 군대가 차츰 붕괴
되어 온 것만으로도 성공할 것이 확실했으나, 혁명의 참된 역군과 군대 해체
자가 전쟁터의 병사가 아니라, 조국 주둔지에서 할 일 없이 놀고 있거나 또는
'없어서는 안 될 것'으로서 어디선가 경제에 종사하고 있던 조금이나마 빛을
무서워하는 파렴치한 놈들이었던 것도 확실했다. 이 군세(軍勢)는 특별한 위
험도 없이 전쟁터에 등을 돌릴 수 있었던 몇만이라는 도망병에 의해 더욱 강
화되었다.

진짜 비겁자는 어느 시대에나 죽음보다 두려운 것이 없다. 그러나 그는 전
선에서 매일 1000번이나 죽음을 직접 보아왔다. 만일 사람들이 약하고 우유
부단한, 아니면 매우 비겁한 놈들에게 그럼에도 불구하고 의무를 다하게 하
고 싶다면, 거기에는 예부터 오로지 한 가지 가능성이 있다. 즉 도망병에게 도
망이라고 하는 것이 바로 자신이 벗어나려고 하고 있는 것을 자신과 함께 달
고 다닌다는 것을 알려주는 일이다. 전선에서는 어쩌면 사람들은 죽을지도
모른다. 그러나 도망병은 죽지 않는다고.

도망하려고 하는 자에게는 모두 이러한 준엄한 협박을 시도해 봄으로써
만이 개개인에 대해서뿐 아니라 전체에 대해서도 통제하는 효과를 노릴 수
가 있다. 그리고 바로 이 점에 군율의 의미와 목적이 있었던 것이다.

도망병과 혁명

필연성의 인식에서 생기고, 또 유지된 자발적인 충성에만 따르고 있으면
민족 생존을 위한 대투쟁을 싸워낼 수 있다고 하는 신념은 훌륭한 것이었다.
하지만 자발적인 의무 수행이라는 것은 언제나 가장 좋은 사람을 그 행동에

있어 규정하는 것이지 보통 일반 인간을 규정하는 것은 아니다. 그 때문에 이를테면 절도 행위에 대한 법률도 필요한 것이다.

더욱이 이것은 근본적으로 정직한 자를 위해 만들어진 것이 아니라, 마음이 동요하고 있는 나약한 분자를 위해 만들어진 것이다. 이러한 법률은 나쁜 자를 위협함으로써 결국 정직한 자가 바보로 취급되고, 따라서 맨손으로 방관하거나 훔치는 대로 방치하거나 하는 것보다는 자기도 도둑질에 가담하는 편이 이롭다는 따위의 관념이 더욱 퍼지는 상태로 발전하는 것을 막아야 한다.

그러므로 사람들이 인간으로서 예견할 수 있는 한, 몇 년 동안이나 날뛸 것으로 보이는 투쟁에 있어 가장 긴장된 신경을 필요로 하는 중대한 때에나 순간에 약하고 믿음성 없는 인간마저도 그들 의무를 이행하도록 강제할 수가 있다고 몇백 년이나, 아니 몇천 년 경험이 보여주고 있는 보조 수단 없이도 될 수 있다고 믿는 것은 잘못이었다.

전쟁 지원병과 같은 영웅들에 대해서는 물론 군율은 필요치 않다. 자신의 민족이 위급할 때, 전체 생명보다 자기 생명을 더 중히 여기는 등의 비겁한 이기주의자에 대해서는 물론 필요하다. 그러한 지조가 없는 겁쟁이에게는 가장 엄한 벌을 적용함으로써만 그의 비겁이 대두하는 것을 방지할 수 있다.

사나이들이 끊임없이 죽음과 싸우고, 몇 주일 동안이나 쉬지도 못하고 진흙탕의 포탄 구덩이 속에서 몇 번이고 극도로 나쁜 급식을 참아내고 있을 때, 위태로운 지경에 이른 징집신병(徵集新兵)은 금고형이나 징역 정도의 협박으로는 안 되며, 오로지 가차 없는 사형을 적용함으로써만 전쟁터에서 유지할 수가 있었다. 왜냐하면 그는 경험에 따르면, 이러한 때에는 언제나 교도소를―아무튼 적어도 거기서는 그의 가장 귀중한 생명이 위협당하는 것은 아니므로―전쟁터보다는 몇천 배나 좋은 곳으로 생각하기 때문이다. 그러나 전쟁에서 사실상 사형이 제외되고, 따라서 군율이 실제로 통용되지 않았다는 사실이 무서운 결과를 가져온 것이다. 도망병 무리는 특히 1918년에는 병참지에서도, 고국에서도 늘어나 1918년 11월 7일 이후 갑자기 혁명 제조자로서 우리 앞에 나타난 저 커다란 범죄자 조직을 만드는 데 조력한 것이다.

전선 병사에 대한 공포

전선 자체는 본디 그것과는 전혀 관계가 없었다. 물론 전선에 있는 자들은 모두 평화에 대한 그리움만을 갖고 있었다. 그러나 이 사실이야말로 혁명에 대하여 커다란 위험이 되었던 것이다. 왜냐하면 휴전 뒤 독일군이 고국에 가까워지기 시작했을 때, 그때 혁명가들에게는 한 가지 걱정스러운 문제가 늘 떠나지 않았기 때문이다. 바로 **전선 부대는 어떻게 할 것인가? 야전에 있던 병사는 이것을 따를 것인가?** 하는 것이었다.

독일 혁명은 얼마간 독일 혼성 군단에 의해 갑작스러운 전광석화와 같이 박살당하는 위험을 저지르고 싶지 않았을 때 최근 몇 주일 동안 적어도 겉보기로는 부드러워진 것처럼 생각되었던 것이었다. 왜냐하면 **그때 단 한 사람의 군단장이 자기에게 충성을 다하는 군단을 가지고, 빨갱이의 누더기를 끌어내리고, '평의회'를 궁지에 빠뜨리려 했더라면, 만일 저항을 할 경우에는 박격포나 수류탄으로 격파할 결심을 했더라면 이 혼성 군단은 4주간도 채 되기 전에 60개 군단으로 불어났을 것이기 때문이다.**

유대인들은 다른 무엇보다도 그것을 두려워했다. 그리하여 이를 막기 위해 혁명에다 어떤 수정을 덧붙여야 했다. 혁명은 볼셰비즘으로 타락해서는 안 되었고, 사태에 발맞추어 '안녕질서'를 드러내야 했다. 그리하여 많은 양보를 하고 옛 시대 관리단과 군대 지도자에게 호소를 한 것이다. 사람들은 그들을 적어도 아직 일정 기간 동안 필요로 했다. 그리하여 사냥개가 의무를 다했을 때 비로소 조종자들은 당연히 그들을 짓밟고, 공화국을 옛 관리의 손에서 빼앗아 혁명이라는 독수리 발톱에 감히 인계한 것이다.

그렇게 함으로써만 책략자들은 옛 장군과 옛 관리를 속이고, 그들에게서 일어날지도 모르는 반항과 적대심을 새로운 상태의 외면적 무해함과 평온함에 의해, 처음부터 적대심을 꺾을 수 있을 것으로 보았던 것이다. 얼마나 이것이 성공했는가는 사실이 보여주고 있다.

그러나 혁명은 안녕질서의 분자에 의해 이루어진 것이 아니라, 오히려 폭동·절도·약탈을 하는 분자에 의해 이루어졌다. 그리고 혁명 발전은 그들 스스로의 의지에 따른 것이 아니고, 또한 전술적 이유에서 그 경과도 알 수 없었으며, 마음에 드는 것도 아니었다.

사회민주당은 점진적 성장과 동시에 차츰 거친 혁명 정당의 성격을 잃어버리고 말았다. 사회민주당이 사상적으로 혁명 말고도 다른 목표를 추구하려고 한 것도 아니고, 또는 그 지도자가 무슨 다른 의도를 갖고 있었다는 것도 아니다. 결코 그렇지 않았다. 그러나 맨 마지막에 남은 것은 그 의도와 그것을 실행하기엔 이미 알맞지 않은 단체뿐이었다. 1000만 명의 당으로서는 이미 혁명을 할 수 없다. 그러한 운동에 있어서는 이미 극단적인 행동성은 있을 수 없으며, 중간 대중, 곧 게으름만이 있다.

좌익정당의 협력

이러한 인식으로 전시 중에도 사회민주당의 유명한 분열이 역시 유대인에 의해 이루어졌다. 다시 말해서 사회민주당이 대중의 게으름에 어울리게, 납덩이 추처럼 국가 방위에 전념하고 있는 동안, 유대인은 당원 가운데서 급진적·활동적 분자를 골라 그들을 특별히 전투력이 있는 새로운 공격 부대로 만들어냈다.

독립사회당과 스파르타쿠스단(團)이 혁명적 마르크스주의 돌격 대대였다. 그들 과제는 기정사실을 만들어야 했고, 오히려 그 기반 위에 몇십 년 동안 이를 위해 준비되어 왔던 사회민주당 대중이 등장할 수가 있었던 것이다. 이때 비겁한 부르주아지는 마르크스주의에 의해 올바르게 평가되어 참으로 '모욕적'으로 취급되었다. 늙어서 쓸모없이 된 세대로 이루어진 정치조직의 개와 같은 비굴함이 제대로 된 저항 등은 절대로 할 수 없다는 것을 알고 있어 그들에게는 전혀 주의하지 않았다.

혁명은 성공하여 낡은 국가의 주된 기둥이 쓰러진 것으로 여겨졌으나 전쟁터에서 돌아온 군대가 두려운 수수께끼와 같은 존재로 나타나기 시작하자마자, 혁명의 자연적 전개가 중지되어야 했다. 사회민주당 군대의 본대는 정복 지역을 차지하고, 독립사회당과 스파르타쿠스단 돌격 대대는 옆으로 밀려났던 것이다. 그러나 이것은 투쟁을 하지 않고는 소용없었다.

혁명의 행동주의적 공격 부대는 만족을 얻지 못해 배신당했다 느끼고, 스스로 공격을 계속하려고 했을 뿐만 아니라 그들의 감당할 수 없는 행패도 혁명의 장본인들에게는 원하는 바의 것이었다. 왜냐하면 혁명이 마침내 끝났을 때, 이미 그 자체 안에는 겉보기에 2개의 진영이 존재했기 때문이다. 바로 안녕질서 정당과 유혈 폭력 집단이 그것이다. 이제 우리 부르주아지가 곧바로 깃발을 날리며, 안녕질서의 진영에 들어간 것은 당연한 일이 아니겠는가.

이제 갑자기 이 가엾은 정치조직에 활동 가능성이 주어지고, 그에 따라서 그들은 물론 그럼에도 불구하고 재빨리 남몰래 다시 발밑의 지반을 발견하고, 그들이 미워하고 몹시 두려워하고 있던 권력과 어떠한 굳은 유대를 맺었던 것이다. 정치적 독일 부르주아지는 가증스러운 마르크스주의의 지도자와 같이 볼셰비키에 반대하기 위해 동석할 수 있다는 높은 영예를 얻었던 것이다. 그렇게 하여 1918년 12월과 1919년 1월에는 이미 다음의 상태가 이루어졌다.

부르주아지의 농락

적은 수의 최악 분자에 의해 혁명이 행해지고, 그 배후에 곧바로 마르크스주의 정당이 모두 나타났다. 혁명 자체가 겉보기에 온화한 인상을 가지고 있었기에 그것이 광신적이고 극단적인 사람의 적의를 일으켰다. 그들은 수류탄과 기관총을 가지고 난동을 부리며, 국가기구를 점거하거나, 요컨대 온건한 혁명을 협박하기 시작했다. 이와 같은 그 뒤의 폭력을 제압하기 위하여 신체제 담당자와 구체제 신봉자 사이에 극단주의자와 싸우기 위한 휴전이 맺어졌다. 그 결과 공화국의 적(敵)은 공화국 그 자체에 대해 싸우기를 그만두고, 전혀 다른 관점에서이기는 하지만, 역시 이 공화국의 적인 자들을 압박하는 것을 도운 것이다. 그리고 그 뒤 결과는 새 국가 담당자에 대해 구국가의 지지자가 싸우는 위협성이 궁극적으로 빗나간 것처럼 생각된 것이다.

사람들이 이 사실을 몇 번 되풀이해도 또는 아무리 날카롭게 주목해도 지나치다고는 할 수 없다. 그것을 이해하는 자만이 혁명에 참가하지 않은 자가 10분의 9, 혁명을 매우 미워한 자가 10분의 7, 혁명을 증오한 자가 10분의 6이나 되는 민족이 그럼에도 불구하고 어찌하여 10분의 1밖에 되지 않는 자에 의해 혁명을 강요당했는가를 알 수가 있는 것이다.

부르주아지의 항복

한편으로는 스파르타쿠스단의 방책의 투사가, 다른 한편으로는 국가주의적 열광자와 이상주의자들이 차츰 출혈사(出血死)를 하고, 이 양극단의 힘이 다 빠짐에 따라 언제나처럼 중간 대중이 승리를 얻었다. 부르주아지와 마르크스주의는 '실제적인 지반' 위에 있고 공화국은 '확고해지기' 시작했다. 이는 물론 처음 얼마 동안에는 부르주아 정당이 특히 선거 전의 얼마 동안 지나간 세계의 정신으로 자신들 신봉자의 소심한 영혼을 불러내어 새로 농락하기 위해 군주제 사상을 인용하는 데 방해가 되지는 않았다.

이는 정직한 것이 아니었다. 그들은 모두 내심으로는 이미 옛날에 군주제에 대해 단념하고 있었고, 새로운 상태의 악랄함이 부르주아 정당 진영에도 그 유혹적 효과를 나타내기 시작하고 있었다. 평범한 부르주아 정치가는 오늘날 과거의 국가로부터 기억에 남아 있는 단호한 엄격함 속에 있기보다는 공화국이라는 부패한 진흙탕 속에 있는 편이 더 낫다고 느끼고 있었던 것이다.

*

혁명은 왜 성공했는가

이미 말했듯이 옛 군대의 붕괴 뒤 혁명은 국가 권위를 강화하기 위해 새로운 힘의 요소를 만들게끔 강요되었다. 그와 같은 정세에서는 혁명은 이를 본디부터 자기네들과 대립하고 있는 세계관 담당자로부터 얻을 수가 있을 뿐이었다. 오로지 그들에게서만 느린 속도이긴 하지만 새 군대가 성립할 수 있었으며, 이 군대는 겉보기에 강화조약에 따라 제한받고 있으나 그 사고방식에 있어서는 시간 경과와 함께 새로운 국가관의 도구로 개조될 것이 분명했다.

어찌하여 혁명이 운동으로써 성공할 수 있었느냐 하는 것을—그 원인이 된 옛 국가의 모든 실제적인 결함을 도외시하고—자문해 본다면 다음과 같은 대답에 이를 것이다.

첫째, 우리 의무 이행과 복종 관념이 마비되었기 때문이다.

둘째, 이른바 국가를 짊어지고 있는 우리 정당의 비겁한 수동적 태도 때문이다.

그리고 다음과 같은 말을 덧붙여야 한다.

우리 의무 이행과 복종 관념이 마비된 궁극적 원인은 우리 모든 교육이 비민족적이며, 언제나 오로지 순수하게 국가적이었다는 데 있다. 그 때문에 여기서도 수단과 목적의 혼란이 생긴다. 의무 의식, 의무 이행, 복종이라는 것은 참으로 국가는 그 자체가 목적이 아닌 것처럼 이들은 모두 정신적·신체적인 동종의 생물사회에 지상에서의 생존을 가능하게 하고 확보하기 위한 수단이어야 한다.

어떤 민족체가 분명히 무너지고 얼마간 룸펜들의 행동 덕분에 외관적으로는 어느 모로 보나 중대한 압제에 인계될 때에는 그들에게 복종하고 그들에 대해 의무를 이행하는 것은 다른 면으로는 복종과 '의무 이행'을 거부함으로써 민족을 몰락으로부터 구하는 일이 가능할지도 모르는 경우에는 공론적인 형식주의인 것이며, 더욱이 전혀 황당무계하다는 것을 뜻한다.

오늘날 우리 부르주아 국가관에 따르면 그 당시 쏘지 말라는 명령을 위로부터 받은 군단장은 쏘지 않으면 의무를 다한 것이 되고, 따라서 옳은 행동을 한 것이 된다. 왜냐하면 부르주아사회 사람들에게는 생각이 없는 형식적 복종이 자기 민족 생명보다도 더 가치가 있는 것이기 때문이다. 그러나 국가사회주의의 견해에 따르면, 그러한 경우에는 가냘픈 상관에 대한 복무가 효력을 발생하는 것이 아니라, 민족 공동체에 대한 복종이 효력을 발생하는 것이다. 그런 때에는 온 국민에 대한 책임이라는 의무가 뚜렷해진다.

이 관념에 대한 생생한 해석이 우리 민족 가운데, 좀더 좋게 말한다면 우리 정부 속에서 없어지고, 순수한 공론적·형식적 해석에 굴복한 것이 혁명이 성공한 원인이었다.

제2의 점에 대해서는 다음과 같은 사실에 주목해야 할 것이다.

'국가 유지자'의 소극성

'국가를 유지하고 있는' 정당이 비겁했던 가장 깊은 근거는 무엇보다도 우리 민족의 전쟁터에서 피를 흘리며 죽어간 우리 민족의 행동주의적인 좋은 부분을 자기 진영으로부터 제외한 일이다. 그것을 제외하더라도, 낡은 국가의 기반 위에 서 있는 우리가 유일한 정치조직이라고 할 수 있는 부르주아 정당이 자기들 관념은 주로 정신적 방법, 정신적 수단으로 방어되고 있으면 되며, 신체적 수단을 쓰는 것은 오로지 국가의 특권일 뿐이라고 확신하고 있었기 때문이다.

사람들은 이러한 해석 안에서 차츰 퇴폐적인 허약함이 이루어져 가는 징표를 보았을 뿐 아니라, 정치상 반대자가 이런 견해를 이미 오래전에 포기해 버리고, 그 대신 되도록 자신의 정치 목표를 다시 폭력으로써 쟁취하려고 생각하고 있다고 분명히 공언하고 있는 시대에는 이러한 해석은 또한 당찮은 말이었다. 부르주아 민주주의 세계에서 그 수반 현상으로서 마르크스주의가 모습을 나타낸 시기에 '정신적 무기'로 싸우자는 그들의 호소는 당찮은 말이며, 그것은 뒷날 무서운 보복을 당할 것이 분명했다. 왜냐하면 마르크스주의 자체는 이전부터 무기 사용은 합목적적 관점에서만 고려되어야 하고, 또 그 정당성은 오로지 성공하는 데 있다는 견해를 내세우고 있었기 때문이다.

이 주장이 얼마나 옳았는가는 1918년 11월 7일에서 10일에 실증되었다. 그때 마르크스주의는 의회주의와 민주주의를 조금도 개의치 않고, 고함을 지르고 총을 난사하는 범죄자 무리에 의해 둘의 숨통을 끊은 것이다. 그때 부르주아적 수다쟁이들에게 저항력이 없었음은 말할 필요조차 없다.

마르크스주의에 대한 항복

혁명 뒤 부르주아 정당은—그 간판을 바꾸기는 했으나—갑자기 또 모습을 나타내었고, 그들의 용감한 지도자는 어두운 지하실과 통풍이 잘 안 되는 은신처 창고에서 기어나오기는 했으나 그러한 옛 조직의 대표자가 모두 그러했듯이, 그들은 자기들 실패를 잊어버리지도 않았고, 또한 아무런 배운 점도 없었다. 그들은 새 정세와 진심으로 융합할 준비가 되어 있지 않았기에 그들의 정치 강령은 지난날의 것이었다. 그러나 그 목표는 할 수만 있다면 새 정세에 협력할 수도 있는 것이었다. 그리고 그 경우 그들의 유일한 무기는 여전히 말뿐이었다.

혁명 뒤에도 또 부르주아 정당은 언제나 비참하게 길거리에서 항복한 것이다.

공화국 보호법이 입안되었을 때 대부분의 사람은 처음에 이를 반대했다. 하지만 부르주아 '정치가'들은 데모하는 20만 명의 마르크스주의자들을 두려워하여 자기네들 신념에 어긋나게 이 법률을 승인했다. 그렇게 하지 않는다면 국회를 나올 때 분노한 대중에게 맞아 쓰러질 것이라는 비참한 두려움에서였다. 유감스럽게도 승인되었기 때문에 그런 일은 일어나지 않았지만. 그와 같이 새 국가의 발전도 마치 국가주의적 반대가 전혀 없었던 것처럼 자신의 길을 택했다.

이 시대 마르크스주의와 그에 의해 선동된 대중에 대항할 용기와 힘을 가지고 있었다고 할 수 있는 유일한 조직은 처음에는 의용병단, 그 뒤에는 자위 조직, 자경단(自警團) 등이며, 끝으로는 전통옹호연맹이었다. 그러나 이들 존재도 독일 역사의 발전상 조금도 인정할 만한 전환을 일으킬 수 없었던 것은 다음과 같은 점 때문이었다.

국가주의 정당의 무위

이른바 국가주의 정당이 거리에서 조금도 위협적인 힘을 가지고 있지 않았으므로, 아무런 영향도 미칠 수가 없었던 것과 마찬가지로 이른바 방위대 역시 전혀 정치적 이념을 갖고 있지 못하고, 특히 사실상 정치 목표가 없었기에 아무런 영향도 미칠 수가 없었다.

지난날 마르크스주의에 성공을 가져다준 것은 정치적 욕구와 행동주의적 잔학성의 완전한 합동극이었다. 국가주의적 독일을 사실상 독일 발전의 온갖 형성으로부터도 빼버린 것은 단호한 힘과 천재적인 정치적 의도의 혼연일치 된 협동이 없었기 때문이다.

'국가주의적' 정당의 의도가 무엇이었든, 그들은 이 의도를 쟁취하려는 힘을 전혀 가지고 있지 않았다. 거리에서는 특히 그러했다.

방위대는 모든 힘을 가지고 있었고 거리와 국가의 지배자였다. 그러나 정치적 이념이나 정치적 목표를 갖고 있지 않았으며, 그 힘을 국가주의의 독일에 도움이 되도록 투입할 수 없었다. 이 둘의 경우 유대인의 간사함이 그것을 이루어냈다. 그들은 재치 있게 설득하고 강요함으로써, 어느 경우에든 이 불행한 숙명을 더욱더 심각하게 만들어 완전한 영구화를 불러올 수 있었다.

유대인은 그들 신문에 의해 교묘하기 짝이 없게 방위대의 '비정치적 성격' 사상을 널리 퍼뜨리는 방법을 알고 있었다. 마찬가지로 유대인은 역시 정치 생활에 있어서 빈틈없이 언제나 투쟁의 '순진한 정신적 성격'을 칭찬하고 북돋았던 것이다. 또한 몇백만의 어리석은 독일인들은 그들을 따라 허튼소리를 지껄이고, 자기 자신은 그 때문에 사실상 무기를 빼앗겼으며, 유대인에게 방어력 없이 인도되었다는 사실에는 전혀 주의하지 않았던 것이다.

이념 없이 투쟁력 없다

그러나 이에 대해서는 물론 또 하나의 자연스러운 풀이가 있다. **새로이 이**

루어진 위대한 이념의 결여는 언제나 투쟁력의 제한을 뜻한다. 가장 잔학한 무기조차도 쓸 수 있는 권리가 있다는 확신은 늘 이 세상 혁명적 새 질서의 승리의 필연성에 대한 열광적인 신념의 존재와 결부되어 있다. 그러므로 이러한 최고 목표와 이상을 위해 싸우지 않는 운동은 결코 궁극의 무기를 잡지 못할 것이다.

새로운 이념을 분명히 보여준 것이 프랑스 혁명의 성공 비결이었다. 러시아 혁명도 그 승리는 이념 덕분이다. 그리고 파시즘이 행복스럽고 창조적인 새 건설에 어떤 민족을 유익한 방식으로 복종시킨 것도 오로지 이 이념의 힘에 따라서였다. 부르주아 정당은 이에 대한 능력이 없었다.

그러나 단순히 부르주아 정당이 과거를 부활시키는 일에 그 정치 목표를 두고 있었을 뿐 아니라, 일반적으로 정치 목표에 관한 한 방위대 또한 그러했다. 옛날의 재향군인회나 키프호이저 동맹의 경향이 그들 사이에 왕성해져서 그때 국가주의적 독일이 가지고 있던 가장 날카로운 무기를 정치적으로 둔화시키고, 공화국의 용병적 봉사로 타락시키는 데 이바지한 것이다. 그때 그들 스스로 가장 좋은 지조에서, 무엇보다도 가장 좋은 신념에서 행동했다는 것은 이 당시 경과의 불행한 황당무계함을 조금도 바꾸어놓지 못했다.

마르크스주의는 차츰 단단해진 국방군 속에 자기 권위를 지키기 위한 필수적인 힘을 얻고, 또한 일관되게 논리적으로 위험하다고 여겨지는 국가주의적 방위대를 쓸데없는 것이라 하여 해체하기 시작했다. 그들이 불신으로 대하고 있던 특히 대담한 지도자는 개별적으로 법정의 피고석에 끌려와서 투옥되었다. 이것은 이 모든 자들에게 자업자득의 운명이 실현된 것이다.

*

민족주의 이념의 주장
국가사회주의 독일노동자당의 수립과 함께 부르주아 정당과 같이 지난날 기계적 부활을 목표로 하지 않고, 불합리한 오늘날 국가기구 대신에 유기적인 민족국가를 만들도록 애쓰는 것을 목표로 하는 운동이 처음으로 나타났다.

이 젊은 운동은 첫날부터 이념은 정신적으로 내세우나 이 주장의 옹호는 만일 필요하다면 완력 수단에 호소해서라도 확보되어야 한다는 관점에 서 있

었다. 새로운 교설의 거대한 의미에 관한 확신에 충실하게, 목표에 이르기 위해서는 어떠한 큰 희생을 치러도 좋다는 것이 확실한 일로 생각되었다.

나는 운동이 민족의 마음을 얻으려고 하는 한, 자기 대열로부터 적의 폭력 시도에 저항하여 방위를 갖추게 하는 강제력에 대해서는 이미 말했다. 또 어떤 세계관을 대변하는 폭력은 결코 형식적인 국가권력에 의해서는 꺾일 수 없으며, 언제나 오로지 똑같이 용감하고 단호하게 전진하는 새로운 세계관만이 이를 꺾을 수 있다는 사실은 세계사의 영원한 경험이다. 이것은 어떠한 시대에서나 관직에 있는 국가의 감시인 느낌으로 말하자면 불쾌할 것이다. 그러나 그렇다고 해서 이 사실은 이 세상에서 없어지지는 않는다.

국가권력은 국가가 내용적으로 그때그때의 지배적 세계관에 들어맞고, 폭력 활동 분자가 개별적으로 범죄자적 성질만을 가지고 있으며, 국가의 견해에 극단적으로 대립하는 사상 대표자로 생각되지 않을 때에만 안녕질서를 보증할 수 있는 것이다. 그런 경우 국가는 국가를 위협하는 폭력에 대하여 여러 세기 동안 어떠한 커다란 폭력조치도 이용할 수 있다. 그럼에도 불구하고 마침내 그것에 대하여 아무것도 할 수 없게 되어 정복되고 마는 것이다.

방위대의 필요성

독일국가는 마르크스주의에 따라 심각하게 공격을 받고 있다. 독일국가는 70년 동안 투쟁에서도 이 세계관의 승리를 막지 못하고, 국가를 위협하는 마르크스주의 세계관의 투사에게 헤아릴 수도 없을 만큼 벌을 주고, 모두 합치면 1000년이나 되는 징역과 금고형과 잔악하기 짝이 없는 조치를 취했음에도, 그래도 역시 완전히 항복할 수밖에 없었던 것이다(흔히 부르주아적 정치 지도자는 이것 또한 부정하려고 하겠지만 그가 그것을 다른 사람에게 확신시킬 수 없다는 것은 분명한 일이다).

1918년 11월 9일 마르크스주의 앞에 무조건으로 굴복한 국가는, 그 정복자로서 내일 불현듯 소생할 수는 없을 것이다. 거꾸로 장관직에 있는 부르주아적 저능아들은 재빨리 오늘날 노동자에게 반대하지 않고 통치할 필요성에 대해 잠꼬대 같은 말을 하기 시작한다. 그때 그들이 노동자라는 개념 아래 마음속에 떠올린 것은 마르크스주의이다. 그러나 그들은 독일 노동자를 마르크스주의와 동일시함으로써 진리에 대해 비겁하고 또 허위적인 위조를 저질렀을 뿐 아니라, 그들은 그 동기에 따라 그들이 마르크스주의의 이념과 조직 앞에 붕괴했다는 것을 숨기려 하고 있다.

하지만 이 사실, 곧 마르크스주의에 대한 오늘날 국가의 완전한 굴복에 맞닥뜨려서 국가사회주의 운동은 정신적으로 그 이념 승리를 준비할 뿐 아니라, 승리에 취한 국제노동자동맹 자신의 테러에 대한 방위를 맡아야 하는 의무가 바로 생기게 된 것이다.

나는 이미 실제생활에서 점차 우리 젊은 운동 속에 집회 방위단이 어떻게 해서 이루어졌고, 또 이것이 차츰 일정한 정리대 성격을 띠고 어떻게 조직적 구성을 얻으려고 노력했는가를 말했다.

점진적으로 성장되어 온 이 조직은 겉보기에는 이른바 방위대와 매우 닮았는지는 모르지만 그것과 거의 견줄 것은 되지 못했다.

방위대의 과제

이미 말했듯이 독일의 방위 조직은 자신의 일정한 정치사상을 가지지 못했다. 그것은 사실상 많건 적건 목적에 알맞은 훈련과 조직을 가진 방위동맹에 지나지 않았다. 그러므로 그들은 본디 그때 국가의 일시적 권력 수단의 비합법적인 보조역이었다. 그들의 의용단적 성격은 오로지 그 형성 방법과 그때의 국가 상태에 따라서 기초할 뿐, 결코 자유로운 자기확신을 위해 싸우는 자유로운 부대로서의 그러한 간판에 어울리지 않았던 것이다.

하나하나의 지도자나 모든 단체가 공화국에 대하여 온갖 반대 태도를 취했음에도 그들은 그러한 확신을 갖지 않았다. **왜냐하면 높은 의미로써 확신에 대해 이야기할 수 있기 위해서는 지금 상태의 열등함에 대해 확신을 갖고 있는 것만으로는 충분치 않으며, 새로운 상태에 대해 알고 있어야 하고, 그리고 사람들이 거기에 도달해야 한다는 필연성을 느끼며, 그 실현을 위해 애쓰는 것을 인생의 최고 과제로 보고, 그 상태를 내면적으로 파악하는 데에만 연유하고 있기 때문이다.**

그때 국가사회주의 운동의 정리대가 모든 방위대와 근본적으로 다른 점은 그것이 혁명에 의해 만들어진 상태에 조금이라도 봉사하거나 그렇게 하려고 원했던 것이 아니라, 오히려 새로운 독일국을 위해서만 싸운 데 있다.

국민 방위이지 국가 방위 아니다

물론 이 정리대는 처음에는 오로지 집회장 방위 성격만을 가지고 있었다. 그 첫째 과제는 제한적이었다. 곧 그것은 집회 개최를 가능하게 하는 것으로, 아마 이 정리대가 없었더라면 모든 집회는 적에 의해 쉽게 방해당했을 것이다. 정리대는 그때 이미 마구잡이 공격을 가할 수 있도록 교육되어 있었다. 그러나 어리석은 독일 민족주의 패거리 사이에서 말하고 있는 것처럼 고무곤봉을 최고 정신으로서 존경해서가 아니라, 역사상으로 가장 뛰어난 두뇌의 소유자가 가장 비천한 노예들의 구타로 쓰러지는 일이 드물지 않았던 것처럼, 가장 위대한 정신이라 하더라도 그 담당자가 곤봉에 의해 얻어맞아 쓰러지면 없어지고 만다는 것을 그들이 알고 있었기 때문이다.

그들은 폭력을 목표로 삼으려는 것이 아니라, 정신적인 목표의 예언자를 폭력에 의한 압박에서 지켜내려는 것이다. 그리고 그 경우 그들은 국민에게 아무런 보호도 보증하지 않는 국가 방위를 맡는 것을 의무로 삼는 것이 아니라, 거꾸로 민족과 국가를 멸망시키려고 위협하는 자에 대항하여 국민 방위를 맡는 것을 의무로 삼고 있다는 사실을 이해하고 있었다.

뮌헨의 호프브로이하우스 집회에서의 싸움 이후, 정리대는 그때 단 한 번에 얼마 안 되는 인원으로 감행한 영웅적인 돌격 공격을 영구히 기념하기 위해 '돌격대'라는 이름을 얻었다. 이미 이 이름이 말해 주듯이 이것은 오로지 운동의 **일부**임을 나타낸다. 이것은 바로 선전·신문·과학연구소 등등이 당의 부분을 구성하고 있는 것과 마찬가지로 운동 가운데 한 고리인 것이다.

그 정리대의 발전이 얼마나 필요했던가를 우리는 이 기념해야 할 집회에서 볼 수 있었을 뿐 아니라, 운동이 차츰 뮌헨에서 독일의 다른 지방으로 진출하려고 했을 때에도 볼 수 있었다. 우리가 마르크스주의에 위험하다고 여겨지자마자, 마르크스주의는 국가사회주의의 모든 집회 계획을 미연에 방지하거나, 아니면 그것이 개최될 때면 이를 방해하기 위해 강제 해산 등 온갖 방법을 이용했다. 그 경우 온갖 색채를 띤 마르크스주의의 여러 정당 조직이 이러한 의도도, 이러한 사건도 모두 정부의 대표기관 탓임을 알면서도 모른 척한 것은 당연한 일이었다.

그러나 자기 자신은 마르크스주의자들에게 실컷 얻어맞고, 더구나 많은 장소에서 자신의 연설자를 공공연히 과감하게 등장시키지도 못하고, 그러면서도 도무지 이해할 수 없는 어처구니없는 만족감을 가지고 우리에게 무언가 불리하게 될 투쟁을 마르크스주의를 상대로 계속하고 있는 부르주아 정당에 대해 사람들은 무슨 말을 해야 했을까?

부르주아 정당은 자기 손으로 정복하지 못하고 도리어 자신이 정복된 적이 우리 손에 의해서도 격파되지 못했다는 것을 오히려 기뻐했던 것이다. 참으로 꼴불견인 무정견(無定見)으로 외부에 대해서는 '국가주의적'인 인간이라고 밝히면서도 우리 국가사회주의가 마르크스주의자들과 대결하는 경우에는 마르크스주의에 불명예스럽기 짝이 없는 봉사를 다하고 있는 국가 관리, 경찰서장, 그리고 장관에 대해서는 무어라 말해야 할까?

자신들이 몇 년 전 빨갱이 폭도에 의해 갈가리 찢긴 시체로 길가 기둥에 매달리지 않았던 것은 부분적으로 일부 영웅적 용기가 있는 사람들의 노력 덕택임에도, 그들은 유대 신문의 비열한 칭찬을 얻기 위해 망설임 없이 그 사람들을 박해하는 따위의 자기비하에 빠져 있는 이런 자들에 대해서는 또 무어라 말해야 할 것인가?

국가기관의 무능

이것은 진실로 슬퍼할 현상이었다. 다시 말해 그들은 올바른 마음을 가진 인간만이 미워할 수 있는 모든 비굴자를 증오한 강직한 사람으로서 잊지 못할 치안총감 고(故) 푀너에게 다음과 같은 의견을 말하게 했다.

"나는 나의 온 생애를 통해 먼저 독일인, 그다음에는 관리가 되기만을 바랐다. 그리고 나를 한때 지배자가 되어 있는 자에 대해 그것이 누구이든, 창부적 관리처럼 매음 행위를 하는 등의 자들과는 결코 혼동하지 말기 바란다."

이 경우 특히 슬픈 일은 이러한 부류의 인간이 차츰 몇만 명이라고 하는 가장 성실하고 가장 훌륭한 독일 국가 관리를 자기 권력 아래 둘 뿐 아니라, 서서히 자신의 불성실을 전염시키고, 이와 반대로 성실한 자를 몹시 미워하고 박해하며, 마침내 그 관직과 지위에서 몰아내고, 더욱이 그 경우 자기들은 여전히 위선적 거짓에서 '국가주의자'를 내세우고 있다는 점이다.

우리는 이러한 인간으로부터 어떠한 지지를 결코 기대해서는 안 되었다. 그리고 우리가 지지받은 일은 아주 드물었다. 오로지 자기 방위조직을 완성하는 일만이 운동 활동을 보증할 수 있었으며, 동시에 그것만이 공격받았을 때 스스로 방위하는 자에게 주어지는 공중의 주목과 존경을 얻을 수 있었던 것이다.

자위대이지 방위대는 아니다

이 돌격대 내부 훈련에 대한 지도 이념으로서는 언제나 다음과 같은 의도가 주로 지배적이었다. 곧 모든 육체적 단련과 더불어 확고부동한 국가사회주의 이념을 확신하는 대표자가 되게끔 훈련하여 마지막에는 그 규율을 최고도로 강화하는 것이었다. 그것은 부르주아적인 사고방식의 방위 조직과는 전혀 무관했으며, 마찬가지로 비밀 조직과도 아무런 관계가 없는 것이라야 했다.

왜 방위대는 아닌가?

그 무렵 나는 이미 국가사회주의 독일노동자당 돌격대를 이른바 방위대로서 길러내는 것을 최대한 막았는데, 그 이유는 다음과 같은 생각에 뿌리박고 있다.

순수하게 현실적으로 말하자면, 어떤 민족의 방위 훈련은 가장 거대한 국가적 수단에 따른 도움 없이는 사적 단체의 손으로는 실행될 수 없다. 이와 다른 신념을 갖는 자는 모두 자기 능력을 과대평가하고 있는 것이다. 이른바 '자발적인 훈련'에 의해 일정한 규모 이상 군사적 가치를 갖는 조직을 만들 수 있다는 것은 당치도 않은 말이다. 여기에서는 명령권의 가장 중요한 지주, 바로 형벌권이 없다.

물론 1919년 가을, 좀더 자세히 말하면 이미 봄에 이른바 '의용군'을 만들 가능성이 있었다. 그러나 그것은 그때 대부분의 사람이 옛 군대라는 학교에 간 적이 있는 전선의 병사를 보유하고 있었을 뿐 아니라 저마다에게 부과된 책임도, 적어도 일정 기간은 역시 무조건적으로 군대적 복종을 요구하는 종류의 것이었기 때문이다.

이것이 오늘의 자발적 '방위 조직'에는 전혀 없다. 단체가 커지면 커질수록 그만큼 규율은 낮아지고, 개개인에게 바라는 요구도 적어진다. 그리고 그만큼 전체가 옛날 비정치적 재향군인회나 고병회(古兵會) 성격을 갖게 된다.

확고한 절대적인 명령권 없이 자발적인 군사 훈련을 한다는 것은 결코 실행 불가능한 일이다. 군대에서는 분명한 일이고 당연한 일로 되어 있는, 강제적인 복종에 자발적으로 따를 각오가 되어 있는 자는 사실 별로 없다.

또한 그러한 목적을 위해 방위대를 사용할 수 있는 수단이 터무니없이 적기 때문에 실제적인 훈련은 한층 더 실행하기 어렵다. 그러나 가장 좋으며 가장 신뢰할 만한 훈련이, 바로 그러한 제도의 주된 과제여야 했을 것이다. 세계대전 이후 벌써 8년이 지났다. 그리고 그때 이후 우리 독일 청년의 어떤 연령층도 계획적으로 훈련되지 않았다. 이미 오래전에 훈련된 세대를 모으는 일이 방위대의 과제일 수는 없다. 왜냐하면 그렇지 않다면 최후 구성원이 이 단체를 떠났을 때를 이내 수학적으로 계산할 수가 있기 때문이다.

1918년에 가장 젊었던 병사조차도 20년이 지나면 전투력이 없어진다. 그리고 우리는 불안한 속도로 이 시점에 접근하고 있다. 그와 더불어 이른바 방위대는 모두 필연적으로 차츰 노병 단체의 성격을 가질 것임에 틀림없다. 그러나 이것은 **노병동맹**이 아니라 스스로 **방위대**로 부르고 있는 조직의 목적이 될 수 없다. 그리고 이것은 전통 유지와 지난날 병사의 결속을 그 사명으로 할 뿐 아니라, 방위 사상 함양과 이 사상의 실천적 옹호, 곧 전투력 있는 단체를 창설하는 데 그 의의가 있었던 것이며, 이것을 명칭으로나마 밝히려 애쓰고 있는 것이다.

하지만 이 과제는 이제까지 아직 군대에서 훈련받은 적이 없는 분자를 길러내는 일이 절대로 필요한데, 이것은 사실상 불가능하다. 일주일에 한두 시간 훈련으로는 사실상 병사를 만들 수 없다. 오늘날과 같이 전쟁 상태가 저마다에게 부과하고 있는 요구가 터무니없이 커져 있는 경우에는 교육받지 않은 젊은 사람들을 숙달된 병사로 만들기 위해서는 아마도 2년간의 복무기간이 적당할 것이다.

더욱이 우리는 그들의 병과에서 철저히 훈련받지 못한 젊은 병사에게 일어난 무서운 결과를 전쟁터에서 목격했다. 15주간이나 20주간 동안 무쇠 같은 결의를 가지고 한없이 헌신적으로 훈련된 지원병 부대도, 전선에서는 대포 밥에 지나지 않았다. 경험 많은 고참병 전열에 나누어서 배치하지 않으면, 4~6개월밖에 훈련되지 않은 젊은 신병은 연대의 유용한 대원으로서 근무할 수가 없었다. 그들은 '고참병'에 의해 지도됨으로써 차츰 그 임무를 다하도록 길러졌던 것이다.

그러니 이에 반해서 뚜렷한 명령권도 없고 포괄적인 수단도 없이 일주일에 한두 시간의 이른바 훈련이라는 것에 의해 부대를 만들어내려고 하는 것은 얼마나 무모한 짓인가! 그것으로 사람들은 고참병에게 다시 새바람을 불어넣을 수는 있겠지만, 새로운 젊은이들을 병사로 만들 수는 없을 것이다.

이러한 조치가 그 결과에 있어서 얼마나 무의미한 것이며 또한 얼마나 무가치한 것인가는 특히 다음 사실로써 증명할 수 있다.

이른바 자발적 방위대가 숨을 헐떡이고 고심참담하게 방위 사상을 위해 2000~3000명의 본디 선량한 의지를 가진 인간(그렇지 않은 자에게는 방위대가 접근하지 않지만)을 훈련하거나, 아니면 훈련하려 하고 있을 때, 국가 스스로는 평화주의적·민주주의적 교육법에 따라 몇백만 젊은이들로부터 철두철미하게 그 타고난 본능을 빼앗고, 그들의 논리적인 애국적 사상을 해쳐서 차츰 그들을 어떠한 독선적 행위에도 견딜 수 있는 양 떼로 만들고 말았던 것이다.

이와 견주면 방위대가 그의 사상을 독일 청년에게 전하려고 하는 노력 따위는 모두 얼마나 우스꽝스러운 것인가. 그러나 늘 지원병적 기초에 따른 이른바 군대적 무장화의 온갖 시도에 반대하는 태도를 취해 온 나의 다음과 같은 관점은 더 중요하다.

즉 앞서 말한 곤란함이 있음에도, 방위대가 일정수의 독일인을 해마다 전투력 있는 사나이로 훈련하는 것이 그 지조라는 점으로 보나, 육체적인 적응 또는 무기 조작 훈련이라는 점으로 보나 어떤 수준에 이른다고 가정해도, 그러한 군사교육이 그 지도자—곧 이 나라를 파괴시키는 자들—의 가장 깊은 목적에 완전히 위배되므로, 그 전체 경향으로서 이를 전혀 바라지 않을 뿐 아니라, 그 이상으로 직접 미워하는 등의 국가에 있어서는 그 결과는 제로에 가깝지 않을 수 없게 된다.

그렇지만 어쨌든 국민의 군사적인 힘에는 관심을 갖지 않고, 행위로 나타내려고 하지 않을 뿐 아니라, 기껏해야 자기 자신의 퇴폐적인 존재를 지킬 때 말고는 이 힘에 호소하려고 생각하지 않는 정부 아래서는 그런 결과를 얻어 보았자 아무런 가치가 없을 것이다.

그것은 오늘날에도 마찬가지다. 그렇지 않다면 몇 년 전 가장 잘 훈련되어 있던 850여만 명 병사들을 국가는 굴욕적으로 포기하고, 이미 그들을 쓰지 않을 뿐 아니라, 그 희생에 대한 보수로서 일반의 모욕을 받게 해놓고서 한 정부를 위해 황혼의 어슴푸레한 어둠 속에서 수만의 사람들을 군대식으로 훈련하려고 하는 것은 우스꽝스럽기 짝이 없는 일이 아닌가.

지난날 가장 영예로운 병사를 모독하고, 침을 뱉고, 가슴에서 훈장을 잡아떼고, 군모 표모를 빼앗고, 군기를 짓밟고, 그 업적을 업신여긴 정부를 위해 그와 같이 병사를 길러내려고 하는 것일까? 또는 오늘날 정부가 옛 군대 영예를 회복하고, 군대를 파괴한 자와 모욕한 자의 책임을 추궁하기 위해 단한 걸음이라도 내디딘 일이 이전에 있었는가? 아니, 전혀 없었다. 오히려 거꾸로 우리는 그자들이 최고 국가 관직에서 통치하고 있는 것을 볼 수 있다. 그런데도 라이프치히에서 무슨 말을 했던가. "법은 권력이다"라고 하지 않았던가.

그러나 오늘날 우리 공화국에서는 권력은 이전에 혁명을 꾀했던 바로 그 인간의 손에 들어 있다. 이 혁명은 가장 비열한 반역이며, 더욱이 독일 역사 일반을 통해 가장 비참하고 극악한 행위이기에 바로 이러한 성격의 인간 권력이 새롭고 젊은 군대 형성에 의해서 강화되어야 할 이유는 전혀 발견되지 않는다. 아무튼 이성의 근거는 모두 이와 반대로 이야기하고 있다.

하지만 이 국가가 1918년의 혁명 뒤에도 그 지위를 군사적으로 강화하는데 어떤 가치를 두었는가 하는 것은 그때 존재했던 자위 조직에 대한 그들의 태도에서 다시 한 번 분명하고 뚜렷하게 알 수 있다. 이들 조직은 인격적으로 비겁한 혁명의 앞잡이를 보호하기 위해 개입하는 한에서는 환영받지 못하는 일은 없었다. 그러나 우리 민족이 차츰 몰락해 온 덕택으로 자기들에 대한 위험이 없어진 것으로 생각되고, 또 그 뒤 이들 단체의 존재가 국가주의적인 정치 세력의 강화를 의미하자마자, 그것은 쓸데없는 것이 되었다. 그리고 사람들은 그들을 무장해제하고, 가능하면 쫓아버리기 위해 온갖 수단을 다했다.

역사는 왕후가 감사를 표하는 것은 예외적인 경우만이라는 것을 실증하고 있다. 그러나 혁명적 방화살인범, 민중 약탈자, 반역자에게 감사의 마음을 기대한다는 것은 오로지 부르주아적 애국자만이 할 수 있는 일이다. 아무튼 나는 자발적인 방위대를 만들어야 하는가 하는 문제를 검토하는 경우에는 다음과 같은 일을 문제삼지 않을 수 없었다. 곧 누구를 위해 젊은 사람들을 훈련하는가? 어떤 목적을 위해 그들이 쓰이며, 언제 소집되어야 하는가? 이에 대한 대답은 동시에 우리 자신의 태도에 대한 가장 올바른 방침을 제공하고 있다.

오늘날 국가가 이런 종류의 훈련된 조직을 언젠가 소집하는 일이 있다면, 이는 결코 외부세계에 대해 국민 이익을 지키기 위해서가 아니라, 속고 배신당하고 팔려버린 민중의 일반적 분노가 언젠가는 불타오르리라 생각하여 이에 대해 국내에서 국민의 폭행자를 지키기 위해서만 그럴 것이다.

국가사회주의 독일노동자당의 돌격대는 이러한 이유만으로도 어떤 군사 조직과도 관계를 가지지 않았어야 했다. 그것은 국가사회주의 운동의 방위와 교육 수단이며, 그 임무는 이른바 방위대와는 전혀 다른 분야에 있었다.

비밀 조직은 아니다

그러나 그것은 또 비밀 조직이어서는 안 되었다. 비밀 조직의 목적은 위법일 뿐이다. 그러므로 그러한 조직 규모는 스스로를 제한한다. 특히 독일 민족의 수다스러움을 생각한다면, 조그만 조직을 만들어 그것을 외부에 비밀로 하거나 오로지 그 목적을 숨기는 일조차도 어렵다.

그러한 의도는 번번이 실패로 끝날 것이다. 배신의 보수로 30닢의 은화만 주면 모든 비밀을 새나가게 하고, 새나갈 가치가 있는 듯한 비밀을 날조하는 등의 창부 끄나풀이나 무뢰한 부류에 속하는 간부가 오늘날 우리 경찰 당국에서 쓰이고 있을 뿐 아니라, 심지어 이런 경우 자신의 지지자마저 필요한 침묵을 지킬 수가 없는 것이다.

아주 작은 그룹만이 몇 년 동안 걸친 선별에 의해 참된 비밀 조직의 형태를 갖출 수 있다. 그러나 그 조직은 오로지 작다는 이유만으로 국가사회주의 운동 때문에 그 가치가 없어질 것이다. 우리가 필요로 했던 것, 또 필요로 하고 있는 것은 100명이나 200명의 대담한 공모자가 아니라, 우리 세계관을 위한 몇십만이라는 열광적인 투사였고, 지금도 그렇다. 은밀한 비밀집회에서 일이 이루어지는 것이 아니라 힘찬 대중 시위에서 행해져야 하는 것이며 또한 그 운동은 그 길을 단검이나 독약 또는 권총에 의해서가 아니라, 거리를 정복함으로써 개척하는 것이다. 국가사회주의는 언젠가는 국가 지배자가 되겠지만, 그와 더불어 미래의 거리 지배자가 국가사회주의자임을 우리는 마르크스주의에게 알려야 한다.

비밀 조직의 위험성은 또 다음과 같은 점에 있다. 곧 조직원들 가운데는 흔히 그 임무의 위대성을 완전히 오인하여 한 인간을 죽이기만 하면 갑자기 민족 운명이 훨씬 형편 좋게 결정될 수 있으리라는 의견을 가진 자가 있을 수 있다. 그러한 사고방식도 역사적인 정당성을 가질 수가 있다. 곧 어떤 민족이 어떤 천재적 압제자의 폭정 아래 고통받고 있고, 그 적의를 품은 압박의 내면적인 견고함과 공포가 오로지 한 인간의 걸출한 개성만으로 유지되고 있다는 것을 사람들이 알고 있는 경우에는 그러하다.

그러한 경우에 이 미움받고 있는 오로지 한 사람의 가슴에 죽음의 칼을 꽂기 위해 민중 가운데서 희생정신이 있는 한 사나이가 갑자기 튀어나올지도 모른다. 그리고 이러한 행위를 싫어하는 것은 악의를 지닌 공화국적 감정을 가진 소인배들뿐일 것이다. 한편, 우리 민족의 가장 위대한 자유 시인은 그의 작품 〈델〉 속에서 그러한 행동을 찬미하고 있다.

1919년과 1920년에는 비밀 조직 구성원이 역사의 위대한 본보기에 감격하고, 조국의 끝없는 불행에 몸서리치며, 이렇게 해서 민족 빈곤에 결말을 지을 수 있다 믿고, 조국을 악화시키는 자를 벌하려고 했다. 그러나 이러한 시도는 어느 것이나 터무니없는 생각이었다. 더욱이 마르크스주의가 승리를 얻은 것은 어느 한 사람의 뛰어난 천재와 인격적인 중요성 덕택이 아니라 오히려 부르주아사회 사람들의 끝없는 천박함과 비겁한 무능함 때문이었다. 사람들이 우리 부르주아지에게 할 수 있는 최대 혹평은, 혁명 자체가 실제로 오로지 한 명의 위대한 인물도 내지 못했음에도 그들이 거기에 굴복했다는 점에 있다.

로베스피에르, 당통 또는 마라와 같은 사람[3]에게 항복한다는 것은 지금도 이해할 수 있다. 하지만 말라깽이 샤이데만,[4] 살찐 에르츠베르거[5]나 프리드리히 에베르트[6]와 같은 사람이나 그 밖의 수많은 정치적 애송이 모두에게 무

---

3) 모두 프랑스 혁명 때 자코뱅파 혁명가. 과격한 정치단체로 급진적 공화주의를 주장.
4) 사회민주당에 속하며, 독일공화국 초대 수상을 지냄.
5) 중앙당 좌파 정치가. 강화 체결의 주역.
6) 사회민주당원, 독일공화국 초대 대통령을 지냄.

를을 꿇었다면 그것은 이미 구제불능이다. 사실상 거기에는 조국의 불행을 바로 볼 수 있었던 혁명의 천재적 인물은 단 한 사람도 없었으며, 크게 보나 개별적으로 보나 고작 혁명의 빈대나 배낭을 짊어진 스파르타쿠스단의 인간들뿐이었다. 그중 누구 한 사람을 처치해 봐야 별로 대수로울 것도 없고, 기껏해야 두셋 정도 크기의, 같은 정도의 초라한 흡혈동물이 그만큼 빨리 그의 지위에 오르는 정도의 결과였다.

그때에는 역사상 실제로 위대한 현상 속에 그 원인과 바탕을 가지고는 있으나, 지금과 같이 소인배뿐인 시대에는 조금도 적합하지 않는 사고방식에 날카롭게 반대하는 것은 불가능했다.

반역자는 제거해야 하는가

또한 **이른바 반역자를 제거하는** 문제의 경우에도 똑같은 견해를 가질 수 있다. 한편에는 온 독일국을 팔아 200만 명의 전사자라고 하는 헛된 희생에 대해 양심의 가책을 받고 몇백만의 불구자에게 책임을 져야 함에도, 마음 편히 공화국 일을 하고 있는 악한들이 여전히 최고 현직에 나란히 앉아 있는데, 대포의 비밀을 누설한 자를 죽이는 일 따위는 우스울 만큼 불합리하다. 작은 반역자를 없애는 일은 그 정부 자체가 이러한 반역자를 온갖 형벌로부터 면제하고 있는 것과 같은 나라에서는 무의미한 일이다.

왜냐하면 그러한 상태에서는 뒷날 민족을 위해 무기를 판 무뢰한을 없애버린 충실한 이상주의자가 중대한 국사범이란 판결을 받게 되는 일이 있을 수 있기 때문이다. 그리고 거기에는 역시 중요한 문제가 있다. 곧 이러한 사소한 반역자를 또 다른 앞잡이에 의해서 없애버리게 할 것인가, 그렇지 않으면 이상주의자로 하여금 없애버리게 할 것인가 하는 문제이다. 전자의 경우에는 성공이 의심스럽고, 뒤에는 거의 확실하게 배신이 일어난다. 후자의 경우에는 작은 악한은 없애버릴 수 있으나, 그 경우 아마도 귀중한 이상주의자의 생명을 걸게 된다.

이 문제에 있어 나는 다음과 같은 견해이다. 바로 큰 도둑을 풀어주기 위해 작은 좀도둑을 교수형에 처할 것이 아니라, 뒷날 독일국가주의 법정은 2, 3만 명의, 11월혁명을 조직하고, 따라서 거기에 책임이 있는 범죄자와 거기에 관여한 모든 자에게 최후 판결을 내려 처형해야 한다. 이러한 예는 무기를 판 하찮은 반역자에게도 영원히 꼭 필요한 교훈일 것이다.

이 모든 것이 나로 하여금 언제나 비밀 조직에 참가하는 것을 금지시키고, 돌격대 자신이 이러한 조직 성격을 갖는 것을 막도록 생각하게 한 것이다. 나는 그때 국가사회주의 운동을 실험에서 떼어놓았다. 그 실시자는 대개 훌륭한 이상주의적인 생각을 가진 젊은 독일인이었다. 그러나 그들은 그 행동에 의해 조국 운명을 조금도 개선하지 못한 채 오로지 자기를 희생시킨 데 불과했다.

돌격대의 훈련

돌격대가 군대적 방위 조직이어도 안 되고 비밀 결사여서도 안 된다면, 그 경우 다음의 결론이 내려져야 했다.

1. 돌격대 훈련은 군대적 관점에 따르지 않고, 당의 목적에 맞는 관점에서 행해져야 한다.

그때 돌격대원들이 신체 단련을 요구하는 한, 그 주안점은 군대 훈련이 아니라 오히려 운동 활동에 둘 필요가 있다. 나는 복싱과 유도 쪽이 열악한―어중간하기 때문에―사격 훈련보다 중요하다고 늘 생각하고 있다. 독일 국민에게 운동으로 나무랄 데 없이 단련된 신체를 갖고, 모든 사람이 열광적인 조국애에 불타고, 그리고 최고 공격 정신을 갖도록 교육된 600만 명을 주어 보라.

그러면 국가주의 국가는 그들 안에서 필요하다면 2년도 채 지나지 않아 적어도 그것에 대한 확실한 기초가 있는 한, 군대를 새로 만들 수 있을 것이다. 그러나 이 기초는 오늘과 같은 상태에서는 오로지 국방군만이 가능하며, 엉거주춤한 방위대로는 불가능하다. 육체 단련은 저마다 자기가 우월하다는 확신을 심어주고, 영원히 오로지 자기 힘의 의식 가운데만 존재하는 신념을 저마다에게 주어야 한다. 더욱이 그것은 운동의 옹호를 위한 무기로서 도움이 될 운동적 기능을 저마다에게 주어야 한다.

표지(標識)와 공연성(公然性)

2. 돌격대가 처음부터 모든 비밀 성격을 피하기 위해서는 누구나 금방 알 수 있는 옷차림을 하는 일은 차치하고라도, 지금의 인원수를 늘려 스스로 그

길을 보여주고, 운동에 도움이 되게 하며, 또한 모든 세상 사람들에게 알려야한다.

돌격대는 숨어서 집회를 해서는 안 되며, 탁 트인 하늘 아래 행진하여 그것에 의해 '비밀 조직'이라고 하는 모든 전설을 결정적으로 파괴하는 활동으로 분명히 이끌어가야 한다. 또한 정신적으로도 작은 음모 정도로 그 행동주의를 만족시키는 것과 같은 모든 시도를 불식시키기 위해 돌격대는 처음부터 운동의 큰 이념 속으로 완전히 끌려들어 이 이념을 옹호해야 하는 임무를위해 철저하게 훈련되어야 했다.

즉 처음부터 시야를 넓혀 저마다 자기 사명이 큰 악한이나 작은 악한을없애버리는 데 있는 것이 아니라, 새로운 국가사회주의적 민족주의 국가 건설을 위해 힘쓰는 데 있다고 생각하게 한 것이다.

이렇게 하여 오늘날 국가에 대한 투쟁은 작은 복수나 모반 행위 분위기에서 마르크스주의와 그 조직에 대한 세계관적 섬멸전의 크기까지 높아지는것이다.

3. 돌격대의 조직 구성과 그 복장 및 장비는 그 의미에 따라 옛 군대의 규범에 따르지 않고, 그 임무에 의해 규정되는 목적 적합성에 따라 기획되어야한다.

이러한 생각은 1920년과 1921년에 내가 지도한 것으로 나는 차츰 이것을젊은 조직에 심으려 했다. 그 결과 우리는 1922년 한여름까지는 이미 많은 수의 백인대를 지도하여 1922년 늦가을에는 차츰 특별한 기장을 단 복장을 수여했다. 돌격대의 그 뒤 발전을 위해 매우 중요한 것은 다음 세 가지 사건이었다.

뮌헨에서의 최초 행진

1. 1922년 늦은 여름 **뮌헨의 쾨니히슈플라츠**에서의 공화국 보호법에 대한전애국동맹의 일반적 대시위.

뮌헨의 여러 애국적 동맹은 그때 공화국 보호법 시행에 대한 항의로서 뮌헨에서 거대한 시위 운동을 벌인다는 격문을 돌리고 있었다. 국가사회주의운동도 이에 참가하게 되었다. 당의 조직적인 행진은 6개조의 뮌헨 백인대에의해 이끌어지고, 그 뒤 정당의 부대가 따랐다. 행렬 가운데 2개조 음악대가 행진하고, 15개쯤의 깃발이 세워졌다. 여느 때는 깃발 하나 없는 커다란 광장이 이미 절반쯤 메워져 있었는데, 국가사회주의자의 도착은 헤아릴 수 없는 감격을 불러일으켰다. 나 자신, 이제 6만 명을 헤아리는 대중을 앞에 놓고, 연설자의 한 사람으로서 이야기할 수 있는 명예를 얻었다.

이 행사의 성공은 압도적이었다. 특히 모든 좌익의 협박에도 불구하고 국가주의자도 뮌헨에서 거리 행진을 할 수 있다는 것이 처음으로 실증되었기 때문이다. 행진하는 대열을 향하여 폭력으로 맞서려던 적색 공화국 방위 도당은 단 몇 분 동안에 돌격 백인대에 의해 머리가 피투성이가 된 채 쫓겨났다. 국가사회주의 운동은 그때 처음으로 앞으로 거리에 나갈 수 있는 권리를 주장하고, 그와 더불어 이 독점권을 국제적인 민족 반역자와 조국의 적의 손으로부터 빼앗을 결심을 보인 것이다.

이날의 성공은 돌격대 구성에 관한 우리 견해가 심리적으로나 조직적으로나 옳았다는 데 대한 반박할 수 없는 증명이었다. 돌격대는 이제 그러한 효과를 실증한 바탕 위에서 정력적으로 확장되어 이미 몇 주 뒤에는 그 2배 규모의 백인대원을 뮌헨에 배치했다.

코부르크로의 행진
2. 1922년 10월 코부르크의 행진이다.

'민족주의적' 여러 단체는 코부르크에서 이른바 '독일 회의'를 열 것을 계획했다. 나 자신은 얼마쯤 동반자를 데리고 출석해 주기 바란다는 단서가 붙은 초대장을 받았다. 내가 오전 11시에 받은 이 초청장은 시기적절하게 도착했다. 이미 한 시간 뒤 이 '독일 회의'에의 출석 지령이 내려졌다. '동반자'로서 나는 800명의 돌격대원을 정했는데, 그들은 14개쯤의 백인대로 나뉘어 뮌헨에서 특별열차를 타고, 바이에른에 속하게 된 이 소도시로 보내지게 되었다. 그에 대응한 명령이 그동안 다른 곳에서 이루어지고 있던 국가사회주의 돌격대에 내려졌다.

독일에서 이런 종류의 특별열차가 이용된 것은 처음이었다. 새로 돌격대원이 올라타게 되는 모든 곳에서 이 수송은 굉장한 돌풍을 불러일으켰다. 아직도 우리 깃발을 본 적이 없는 사람이 많았다. 그 사람들은 매우 깊은 인상을 받았다.

우리가 코부르크 역에 다다랐을 때 '독일 회의'의 개최 본부 대표자가 우리를 맞아들이고, 그곳 노동조합과 독립사회당 및 공산당의 '협정'이라 불리는 명령을 전했다. 그 내용은 우리더러 깃발을 거두고 음악도 없이(우리는 우리 당 42명의 강력한 악대를 데리고 왔다), 또한 대오를 짜지 말고 곧장 시내로 들어오라는 것이었다.

나는 이 굴욕적인 조건을 곧바로 단호하게 거부했다. 물론 거기 있는 이 회의 본부 사람들에게 이러한 놈들과 토의를 하고 협정을 맺는 데 대한 나의 불쾌감을 나타내는 것도 잊지 않았다. 그리고 돌격대는 즉시 백인대로 정렬하여 음악을 울리고, 깃발을 펄럭이면서 시내로 행진하겠다고 선언했다. 그것은 그때 그대로 실시되었다.

역 앞 광장에서는 몇천 명의 고함소리와 와글와글 떠드는 군중이 우리를 맞이했다. '살인자' '산도둑놈' '강도' '악당' 등이 독일공화국의 모범적 건설자가 우리에게 다정스럽게 던진 애칭이었다. 젊은 돌격대는 모범적으로 질서를 유지했다. 역 앞 광장에서 편성된 백인대는 처음에는 야비한 행동에도 주의하지 않았다. 우리 모두에게 전혀 낯선 시내를 행진해 가던 대열은 겁먹은 경찰에 의해 우리 숙소로 정해진 코부르크 교외에 있는 실내 사격장이 아니라, 시내 중심부 근처에 있는 호프브로이하우스켈러로 인도되었다. 대열 좌우에서 따라오는 대중의 소란은 더욱 커져만 갔다.

맨 끝 백인대가 켈러 구내로 겨우 돌아서 들어오자, 재빨리 수많은 군중이 귀가 먹을 것 같은 고함을 지르며 뒤쫓아오려고 했다. 이것을 막기 위해 경찰은 켈러를 봉쇄했다. 이런 상태는 참을 수 없었다. 그래서 나는 돌격대를 다시 한 번 정렬시키고, 간단히 타이른 뒤, 경관들에게 곧바로 문을 열도록 요구했다. 한참 망설인 뒤 그들은 그 요구를 받아들였다.

그래서 우리는 우리 숙영지로 가기 위해 왔던 길을 다시 한 번 되돌아 행진하게 되었다. 이번에는 마침내 저항에 부딪히지 않을 수가 없었다. 단순한 외침과 모욕적인 야유만으로는 백인대가 태연했으므로 참된 사회주의와 평등과 동포애를 부르짖는 대표자들은 돌을 집어들었다. 그로써 우리 인내심도 끝이 났다. 그리하여 10분 동안 여기저기서 박살낼 듯이 돌이 우박처럼 날아들었다. 15분 뒤 이미 좌익은 한 사람도 거리에서 볼 수 없게 되었다.

밤에는 더욱 심한 충돌이 있었다. 몇몇 국가사회주의자가 습격당해 비참한 꼴이 되어 있는 것을 돌격대 순찰병이 발견한 것이다. 그 결과 적은 재빨리 처리되었다. 이미 다음 날 아침에는 몇 년 동안 코부르크에 고통을 주고 있던 적색 테러를 쳐부수고 말았다.

그들은 이제 순수한 마르크스적·유대적 허위로써 사실을 완전히 날조하여, 우리 '살인단'이 코부르크에서 '평화적인 노동자 섬멸전'을 시작했다고 주장하면서, 광고지로 '국제 프롤레타리아계급의 남녀 동지'를 다시 한 번 거리에 나가도록 선동하려 했다. 1시 반에 이 부근 전체 1만 명의 노동자들이 바라고 있는 대규모 민중 시위가 있을 것이 분명했다. 그래서 나는 적색 테러를 결정적으로 처리할 것을 굳게 결심하고, 그동안에 거의 1500명으로 늘어난 돌격대를 12시에 집합시켜 그들과 함께 좌익 시위가 행해질 것이 분명한 대광장을 지나 코부르크의 성채로 행진하기 시작했다. 나는 그들이 정말 우리를 괴롭히는 따위의 짓을 다시 감행할 것인가를 알기 바랐던 것이다.

우리가 광장에 들어섰을 때, 발표된 1만 명 대신에 오로지 200~300명 정도의 사람이 있었을 뿐이고, 우리가 가까이 가도 대개는 가만히 있었고, 일부는 달아나 버렸다. 다만 두세 곳에서 그동안 딴 곳에서 와서 아직 우리를 모르는 적색 부대가 다시 우리에게 싸움을 걸려고 했다. 그러나 이내 그들에게서도 분명히 그런 기색이 없어지고 말았다. 그리고 바야흐로 이제까지 불안하게 위축되어 있던 주민들은 차츰 눈을 뜨고 기운이 나서 환호로써 우리를 마음껏 환영하려 했고, 저녁때 우리가 물러날 때에는 곳곳에서 자발적인 환성이 터지는 것을 볼 수 있었다.

갑자기 역에서 철도원이 열차를 댈 수 없다고 우리에게 알렸다. 나는 이에 대해 몇 명의 주모자에게 다음과 같이 전했다.

그렇다면 나는 좌익 두목들 가운데 잡을 수 있는 놈은 모조리 잡을 작정이다. 또한 우리는 우리 손으로 운전하겠다. 물론 기관차나 탄수차(炭水車), 그리고 일반 객차에 국제적 연대성이 있는 동지 몇십 명을 싣고 갈 작정이다. 나는 또, 우리 스스로의 힘에 의한 운전은 당연히 위험하기 짝이 없는 모험이며, 우리 모두 함께 목뼈가 부서질지도 모른다 하고 신사 여러분에게 빠짐없이 경고했다. 그러나 그렇게 되면 적어도 우리뿐 아니라, 좌익 신사 여러분들도 공평하고 친밀하게 내세로 향하게 될 것이므로 우리에게는 기쁜 일이라고.

그 결과 열차는 매우 정확하게 출발하여 우리는 다음 날 아침 다시 뮌헨에 다다랐다. 이에 따라서 1914년 이후 처음으로 법 앞에서 국가 시민의 평등이 코부르크에서 재건되었다. 왜냐하면 만일 오늘날 어떤 좋은 고위 관리가 국가는 시민 생명을 보호한다고 주장하려 해도, 이것은 확실히 당시로서는 맞지 않았기 때문이다. 왜냐하면 시민들은 그때 오늘날 국가 대표자에 대해 스스로 몸을 지켜야 했기 때문이다.

투쟁 조직으로서 돌격대 평가

이날의 의미를 그 여러 결과들에 비추어 처음에는 전혀 충분히 평가할 수가 없었다. 승리를 확신하는 돌격대가 자신감과 그 지도의 올바름에 대한 신념을 상당히 높였을 뿐 아니라, 주위 사람들도 우리와 더욱 밀접한 관계를 갖기 시작하여 국가사회주의 운동이 뒷날 마르크스주의 망상에 상응한 결말을 짓기에 알맞은 것이 되리라는 것을 처음으로 인식한 사람도 많았다.

오직 민주주의자만은 국가사회주의 운동이 순순히 머리를 얻어맞기를 거부하고, 민주주의 공화국 속에서 야수적인 공격에 대해 평화주의 노래 대신 주먹과 막대기로 대항하기를 감행한 것을 탄식했다.

일반적으로 부르주아 신문은 언제나 다름없이 반은 불쌍하고 반은 비열했다. 몇몇 적은 수의 공정한 신문만이 적어도 어떤 장소에서 마르크스주의 강도로 하여금 드디어 그 짓을 못하게 만들었다고 환영했다.

코부르크 자체의 일부 마르크스주의 노동자는—말하자면 그들 자신은 오로지 그릇된 길로 인식된 데 불과하다고 보아야 하지만—국가사회주의 노동자의 주먹 덕택에 인간이라는 것은 경험상 자기가 믿는 것, 자기가 사랑하는 것을 위해 싸우는 것이므로 이들 국가사회주의 노동자도 이상을 위해 싸우고 있다는 것을 인정하게 되었다.

물론 돌격대 그 자체가 최대 이익을 얻었다. 돌격대는 이제 매우 빠르게 늘어나 1923년 1월 27일 당대회 때에는 이미 약 1000명이 돌격대 깃발 수여식에 참가할 수 있었다. 그때 초기 백인대는 한 사람도 빠짐없이 새 제복을 입고 있었다.

돌격대에게 통일된 복장을 입히는 일이 사실상 단순히 단체 정신을 강화할 뿐 아니라, 또한 혼동을 피하고, 서로 상대편을 오인하는 것을 예방하기 위해서도 얼마나 필요한가 하는 것을 이 코부르크 경험에서 보여주었다. 그때까지 돌격대는 오로지 팔띠를 두르고 있을 뿐이었으나 이제 빈트야케[7]와 잘 알려진 모자가 더해졌다.

코부르크의 경험은 그 이상으로 또 다음과 같은 의미를 가지고 있었다. 바로 몇 년 간에 걸쳐 적색 테러가 의견을 달리하는 자의 온갖 집회를 방해하던 모든 장소에서 우리는 이제 계획적으로 이를 쳐부수고, 집회의 자유를 회복하기 시작한 일이다. 이때부터 국가사회주의의 대대는 언제나, 몇 번이고 그러한 장소에 집결되고, 바이에른에서는 다른 좌익의 아성이 차례로 국가사회주의 선전의 희생물이 되어갔다. 돌격대는 그 임무에 따라 더욱더 성장하여 그와 더불어 무의미한 생활에는 중요하지 않은 방위 운동의 성격에서 더욱더 벗어나 새로운 독일국가 건설을 위한 생생한 투쟁 조직으로 높아져 갔다.

이 논리적 발전은 1923년 3월까지 계속되었다. 그런데 또다시 어떤 사건이 일어나 나는 그 운동을 기존 궤도에서 바꾸어 개조하지 않을 수 없었다.

1923년의 결과

3. 1923년 초기 몇 달 동안에 일어난 프랑스의 루르 지방 점령은 그 뒤 돌격대 발전에 크나큰 의미를 가졌다.

오늘날까지도 이에 대해 공공연히 말하거나 쓰거나 하는 것은 불가능하며, 특히 국민적 이익으로 보아 유익하지 않다. 나는 오로지 이미 일반의 논의에서 다루어진 이 주제를 언급하고, 거기에 따라 공공연히 알려져 있는 한도 내에서 말할 수 있을 뿐이다.

우리에게는 뜻밖의 일도 아니었던 루르 지방 점령은 이제 결정적으로 그 겁 많은 후퇴 정책을 깨뜨려버리고, 그와 더불어 방위대에게 완전히 뚜렷한 임무가 주어질지도 모른다는 그럴듯한 기대를 불러일으켰다. 또 그때 이미 몇천의 젊고 원기왕성한 사람들을 거느리고 있던 돌격대도 이 국민적 봉사에서 제외될 수는 없었다. 1923년 봄과 한여름에 군대적 전투 조직으로의 전환이 이루어졌다. 우리 운동에 관한 한, 1923년 이후의 발전은 대부분 이 전

---

7) 짧은 웃옷의 하나.

환 덕분이었다.

나는 1923년의 발전은 다른 곳에서 취급할 것이므로 여기서는 오로지 다음과 같은 점을 말하려고 한다. 바로 그때 돌격대의 개조는 이 개조를 이끈 전제, 곧 프랑스에 대한 활동적인 저항이 이루어지지 않았다면, 운동의 관점에서 보아 해롭다는 사실이다.

1923년의 결과는 얼른 보아 무섭게 생각될지도 모르나, 높은 견지에서 본다면 독일 정부의 태도에 의해 근거 없는 것이 되고, 운동으로서는 오히려 해로웠던 돌격대의 개조를 일격으로 끝나게 한다. 그리하여 일찍이 옳은 길을 떠나야만 했던 그 장소에서 뒷날 재건할 가능성이 만들어졌다는 점에 있어서 거의 필연적인 것이었다.

1925년의 새 돌격대

1925년 새로이 만들어진 국가사회주의 독일노동자당은 돌격대를 이제 다시 한 번 첫머리에서 말한 원칙에 따라 정비하고, 훈련하고, 또 조직해야 했다. 국가사회주의 독일노동자당은 그와 더불어 다시 본디의 건전한 관점으로 되돌아가야 했다. 그리하여 돌격대로서는 운동의 세계관적 투쟁의 지도와 강화를 위한 도구로 삼는 것을 그 최고 과제로 하여 다시 한 번 되돌아보지 않으면 안 되었다.

국가사회주의 독일노동자당은 돌격대가 하나의 방위대로 떨어지는 것도, 비밀 조직으로 타락하는 것도 감수해서는 안 된다. 오히려 국가사회주의적 이유로 해서 가장 깊은 민족주의적 이념을 갖는 몇십만 명이라는 정병(精兵)을 돌격대 안에서 훈련하도록 힘써야 한다.

제10장
연방주의의 가면

군수회사와 반프로이센 분위기

1919년 겨울, 그리고 1920년 봄과 여름에 우리 젊은 당은 전시 가운데 이미 매우 중대해진 어떤 문제에 대하여 태도를 결정짓지 않을 수 없었다. 나는 제1부에서 나 개인에게 분명해진 닥쳐오는 독일 붕괴의 특징을 간단하게 말하고, 북독일과 남독일의 옛날부터의 간극을 더욱 넓히기 위해 영국인 쪽에서나 프랑스인 쪽에서나 행해진 특별한 선전 방법을 이야기해 두었다. 1915년 봄, 전쟁의 단독 책임자로서의 프로이센에 대한 조직적인 선동 광고지가 처음 나타났다. 1916년에는 이 조직은 비열하리만치 교묘하고 완전한 경지까지 이르고 있었다. 가장 저급한 본능을 계산에 넣고 남독일이 북독일에 대해서 한 선동은 이내 그 열매를 맺기 시작했다.

정부는 물론 군부의 지도부도—더 적절하게 말하면 바이에른 사령부도—그때의 고위 당국도 그들이 신을 속일 정도로 의무를 잊어버리고, 필수적인 결의로 이에 반대하지 않았다는 것은 비난받아야 마땅하고, 또 비난을 피할 수가 없다. 그들은 아무 일도 하지 않은 것이다!

이와 반대로 여러 지위에 있는 사람들은 그것을 전혀 불쾌하게 생각지도 않고, 오히려 이러한 선전으로 독일 민족의 통일적인 발전이 방해받을 뿐 아니라, 그와 함께 자동적으로 연방 세력이 강화될 것임에 틀림없다고 생각하여 오히려 편협하기 짝이 없었다.

역사상 악의적인 게으름이 일찍이 이렇게 나쁜 결말을 가져온 적은 거의 없다. 사람들이 프로이센에 가하려고 한 약화가 온 독일을 엄습했던 것이다. 그 결과는 붕괴를 촉진하는 것이었다. 그러나 그것은 오로지 독일을 파괴했을 뿐 아니라 무엇보다 먼저 각 연방 제국 자체를 무너뜨린 것이다.

인위적으로 선동된 프로이센에 대한 증오가 더없이 광란한 도시[1]에서 세습 왕가에 대한 혁명이 맨 먼저 일어난 것이다.

그런데 이 반프로이센 분위기가 만들어진 것은 오로지 적의 전시 선전 결과이며, 거기에 사로잡힌 민중에게는 변명의 여지도 없을 것이라고 생각하는 것은 물론 잘못이다. 참으로 미치광이처럼 집중하여 온 독일 영토를 감독하고, 그리고 사기를 저지른 우리 전시 경제의 믿기 어려운 조직이 이 반프로이센 분위기를 일으킨 주된 원인이었다.

왜냐하면 보통의 소인배에게 있어서 본디 베를린에 본사를 가지고 있는 군수회사는 베를린과 동일하며 베를린 자체가 프로이센과 같음을 뜻하기 때문이다. 이 군수회사로 알려진 강탈 집단을 조직하고 있던 자는 베를린 사람도 프로이센 사람도 아니고, 더구나 독일 사람도 아니었는데, 이것을 그때 각 개인들은 거의 모르고 있었다. 사람들은 오로지 독일국 수도에 있는 이들 가증스러운 조직의 지독한 실책과 끊임없는 침해만을 보고, 그 모든 증오를 당연히 이 독일국 수도와 프로이센으로 동시에 옮긴 것이다. 특정 방면으로부터는 이에 대해 아무 일도 행해지지 않았을 뿐 아니라, 그러한 설명이 심지어 은밀히 웃음 속에서 환영되기조차 했으므로 더욱 그 증오가 컸다.

유대인은 이미 그 무렵 그들 군수회사라는 가면 아래 독일 민족에 대해 조직한 파렴치한 약탈 행위가 저항을 불러올 것이다, 아니 불러올 것이 분명하다는 것을 모를 만큼 어리석지는 않았다. 이 저항이 자기 목 밑으로 날아올 때까지 그들은 그것을 두려워할 필요가 없었다. 그러나 절망과 분노로 내몰린 대중의 폭발을 이 방면으로 치달리는 것을 막기 위해서는 그들의 분노를 다른 방향으로 불타오르게 하여 소모시키는 것보다 더 좋은 처방은 없었다.

견제책으로서의 반프로이센 선동

바이에른은 프로이센에 대해, 프로이센은 바이에른에 대해 다투게 하자. 그들이 원하면 원할수록 좋은 것이다! 둘의 아주 치열한 투쟁이 유대인을 위해서는 가장 안전한 평화를 뜻했다. 일반의 관심은 그에 따라 완전히 국제적

---

1) 뮌헨을 가리킨다.

인 민족의 구더기에서 떠나 사람들은 민족의 구더기를 잊어버린 듯했다. 그리고 또 생각이 있는 분자—이러한 분자가 바이에른에도 많이 있었는데—가 이해와 반성과 자제를 하도록 주의시키고, 그에 따라 격렬한 싸움을 완화시킬 듯한 위험성이 나타난다고 여겨지면, 베를린의 유대인은 새로운 도발로 밀고 나와 그 결과를 기다리기만 하면 되었다.

남북 간 싸움에서 어부지리를 차지하는 자는 모두 이런 사건에는 언제든지 몸을 내던져 분노의 열화가 다시 새빨갛게 훨훨 타오를 때까지 입김을 불어댔던 것이다. 유대인이 그때 개개의 독일 민족을 끊임없이 몰두시키고, 주의를 다른 데로 돌리게 하여 그동안 더욱 철저하게 빼앗기 위하여 취한 행위는 교묘하고 교활한 연기였다.

다시 또 혁명이 일어났다. 그런데 1918년까지, 좀더 자세히 말하면 그해 11월까지 보통 사람, 특히 그다지 교양 없는 소시민이나 노동자가 독일 민족끼리의 싸움의 사실상 귀추와 그 필연적인 결과를 특히 바이에른에서는 아직 올바르게 인식할 수 없었다 하더라도, 적어도 스스로 '국가주의적'이라 부르고 있던 일부 사람은 혁명이 일어나던 날 이 사실을 깨달았어야 했다. 왜냐하면 이 행동이 성공할까 말까 했을 때, 이미 바이에른에서는 혁명 지도자와 조직자가 '바이에른'의 이익을 대표하는 자가 되었기 때문이다.

국제적 유대인 쿠르트 아이스너가 바이에른으로 하여금 프로이센에 대항하도록 조종하기 시작했다. 하필이면 엉터리 신문기자로서 끊임없이 온 독일을 이리저리 쫓아다니던 이 근동인(近東人)이 바이에른의 이익을 지키기 위해서는 가장 부적임자(不適任者)라는 것과 바로 이 사나이에게 있어서는 특히 바이에른은—신이 넓은 세계를 주었으므로—실로 아무래도 좋았던 장소라는 것쯤은 뻔한 일이었던 것이다.

'바이에른의 소국(小國) 분립주의자' 쿠르트 아이스너

쿠르트 아이스너는 바이에른에서의 혁명적 봉기에 대하여 독일의 다른 지방에 반대하는 모든 의식적인 요점을 줌으로써 그는 조금도 바이에른 입장에서 행동하지 않고 오로지 시오니즘의 대리인으로서만 행동했다. 그는 바이에른 민중 사이에 존재하는 본능과 혐오감을 이용하여 그것을 수단으로 독일을 보다 더 손쉽게 때려 부술 수가 있었다. 무너진 독일국은 쉽게 볼셰비즘의 먹이가 될 뻔했다.

그가 쓴 전술은, 그가 죽은 뒤에도 처음 얼마 동안은 계속되었다. 언제나 독일의 각 연방이나 왕후들에게 잔악하기 짝이 없는 비웃음을 퍼붓고 있던 마르크스주의는 '**독립사회당**'으로서 이제 갑자기 왕가나 각 연방에 가장 깊이 뿌리박고 있는 감정과 본능에 호소한 것이다.

진출해 온 해방 진주군에 대한 **평의회 공화국**의 싸움은 선전에 의해 먼저 '프로이센 군국주의'에 대한 '바이에른 노동자 투쟁'으로서 나타났다. 이러한 일에 따라서만, 사람들은 왜 뮌헨에서는 독일의 다른 지방과는 전혀 달리 평의회 공화국의 타도가 대중에게 각성을 가져오지 않고, 오히려 이제까지보다 더욱 프로이센에 대한 분노와 혐오로 이끌려졌는가를 이해할 수 있을 것이다.

원글 볼셰비키 선동자들이 '반군국주의적'이고 '반프로이센적'인 바이에른 민중에 대하여 평의회 공화국을 없애버리는 일이 '프로이센적＝군국주의적' 승리가 된다는 것을 알게 한 기술은 충분한 열매를 맺었다. 쿠르트 아이스너가 뮌헨에서의 바이에른 지방의 입법의회 선거에 즈음하여 1만 명의 지지자도 모으지 못하고, 더구나 공산당은 3000명 이하에 머물고 있었는데, 공화국 붕괴 뒤 양당은 합쳐서 약 10만 명의 선거인 수로 높아졌던 것이다.

반프로이센 선동에 대한 나의 투쟁

이미 이 무렵 독일 민족 서로 간의 황당무계한 선동에 대한 나 자신의 싸움이 시작되었다.

나는 내 생애에서 그때 반프로이센 선동에 대한 나의 저항만큼 인기 없는 짓을 시작한 일은 여태껏 없었다고 생각한다. 뮌헨에서는 일찍이 평의회 시대에 제1회 대중 집회가 열렸다. 거기에서는 독일의 다른 지방, 특히 프로이센에 대한 증오가 펄펄 끓어오를 만큼 선동되어 북부 독일인이 그러한 집회에 출석한다는 것은 죽음의 위험과 연관되어 있었을 뿐만 아니라, 이런 종류의 시위 대회 귀결은 대개 공공연하게 "프로이센으로부터 분리다!"—"프로이센을 타도하라!"—"프로이센과 싸우자!"라는 미친 듯한 외침으로 끝났던 것이다. 그 분위기는 특히 훌륭한 바이에른 주권의 이익 대표자가 독일국회에서 "**프로이센 사람으로서 썩기보다는 차라리 바이에른 사람으로 죽으리라**"

고 한 말에 집약되어 있다.

내가 처음으로 적은 수의 친구에게 둘러싸여 뮌헨의 뢰벤브로이켈러에서의 집회에서 이 망상에 대해 저항했을 때, 그것이 나 자신에게 있어 무엇을 뜻했는가는 그때 집회를 함께 체험한 자가 아니면 모를 것이다. 그때 나를 도와준 것은 전우들이었다. 사람들은 분별 잃은 대중이 우리를 향해 고함치고 우리를 박살내겠다고 위협했을 때의 우리 기분을 아마도 이해할 수 있을 것이다. 그들은 우리가 조국을 방위하고 있는 동안 그 대부분 도망병이나 징병 기피자로서 병참지나 고국 안에서 어슬렁거리고 있었던 것이다. 물론 이 장면은 나에게는 행운이었다. 곧 내게 성실한 많은 사람들이 비로소 나와 굳게 맺어진 것을 느끼고, 이윽고 생사를 걸고 나를 믿었던 것이다.

끊임없이 되풀이되고 1919년 내내 계속된 이 싸움은 1920년 초에는 더욱더 격화되는 것처럼 보였다. 여러 집회가 있었다. 특히 나는 뮌헨의 존넨 거리의 바그너잘에서의 집회를 기억하고 있다. 거기서 그동안 더욱 커진 나의 그룹은 심각한 위기를 견뎌야 했다. 몇십 명의 나의 지지자가 학대당하고, 얻어맞고, 발에 채이고, 마침내는 살아 있다기보다는 오히려 시체나 다름없게 되어 회의장 밖으로 내동댕이쳐져서 죽는 일도 드물지 않았다. 내가 처음에 혼자서 오로지 나의 전우들의 지지만을 받아 시작한 이 투쟁은 이제 젊은 운동의 신성한 임무로서―이렇게 나는 말하고 싶다―그 뒤 계속되었다.

우리가 그때―우리 바이에른 지지자만이 주로 의지가 되었으나―더욱이 이 우둔과 배신의 혼합물을 서서히나마 확실하게 끝맺게 했다고 말할 수 있는 것은 나의 자랑이다. 대중의 추종자들은 실제로 오로지 마음 좋은 바보였다고 굳게 믿고 있었으나, 조직자나 선동자에게 이러한 우직함이 있으리라고는 생각할 수 없었으므로, 바로 그 점 때문에 나는 우둔함과 배신이라고 말하는 것이다. 나는 그들을 프랑스에 고용되어 돈을 받고 있는 배신자로 생각했고, 지금도 그렇게 생각하고 있다. 도르텐[2]의 경우 등은 실제로 그렇게 생각하는 동안에 역사가 이미 판결을 내렸다.

---

2) 라인 지방 연방 분리주의자.

연방활동

그때 사태를 특히 위험하게 만든 것은 그들이 이 책동의 유일한 원인으로서 연방주의적 의도를 앞으로 내밀면서 참된 의도를 감추는 법을 알고 있었던 그 솜씨였다. 물론 반프로이센 선동이 연방주의와 전혀 연관이 없었다는 것은 확실하다. 또한 어느 다른 연방국가를 해체하고, 무너뜨리려고 하는 '연방활동'도 기묘한 것이다.

왜냐하면 비스마르크의 제국 사상 인용을 결코 헛된 빈말이 아니라고 생각하는 충실한 연방주의는 그의 입김 아래에서 비스마르크의 손으로 만들어진, 아니면 완성된 프로이센 국가의 분할을 바라거나, 그러한 분리 노력을 공공연히 지지할 수는 없을 것이기 때문이다. 보수적인 프로이센 정당이 바이에른으로부터 프랑켄 지방의 분리를 응원하거나, 아니면 공공연한 행동으로 요구하거나 촉진하거나 한다면, 사람들은 뮌헨에서 얼마나 왁자지껄 떠들어댈 것인가.

아무튼 이 가증스런 사기꾼의 연기를 알아차리지 못한 정직한 연방주의 신봉자들은 참으로 딱할 뿐이었다. 왜냐하면 그들이 맨 먼저 속아 넘어간 자들이었기 때문이다. 이처럼 연방주의 사상에다 죄를 씌움으로써 그 본디 지지자들은 자기 무덤을 판 것이다. 사람들이 이러한 국가 구성의 가장 본질적인 부분인 **프로이센**을 스스로 **업신여기고, 모욕하고, 더럽히고,** 요컨대 가능하면 **연방국가**로서 **불가능하게** 만든다면, 독일 국가의 연방주의적 형식을 선전할 수는 없는 것이다.

그와 더불어 이른바 이 '연방주의자'의 투쟁이 11월혁명의 민주주의와는 거의 결부시킬 수가 없는 **이 프로이센**으로 향하고 있어서 더욱더 믿을 수가 없는 것이다. 왜냐하면 이른바 이 **'연방주의자'**의 비방과 공격은 대부분이 남독일인이나 유대인이었던 **바이마르 헌법의 아버지**들에게 향하지 않고, 낡은 **보수적 프로이센**의 대표자, 곧 바이마르 헌법 반대자에게 향하고 있었기 때문이다. 이때 사람들이 특히 유대인을 공격하는 데 특별한 주의를 기울이지 않은 것에 대해 놀랄 필요는 없다. 그리고 이것이 모든 수수께끼를 푸는 열쇠를 줄지도 모른다.

유대인의 선동 전술

혁명 전 유대인은 주의를 그들의 군수회사로부터―좀더 좋게 말하자면 그들 자신으로부터―빗나가게 하는 법을 알고 있어서, 대중 특히 바이에른 민중을 반프로이센 태도로 바꿀 수 있었듯이, 마찬가지로 유대인은 혁명 뒤에도 새로운, 그리고 이번에는 10배나 큰 약탈 행위를 어떻게 해서든 숨겨야 했다. 그리고 이번에는 이른바 독일의 '국가주의적 분자'를 서로 싸우게 만드는 데 다시 한 번 성공했다.

곧 보수적 입장에 있는 바이에른인을 마찬가지로 보수적 사상을 가진 프로이센인과 대립시킨 것이다. 그리고 유대인은 또다시 가장 간사한 방법을 취했다. 독일국 운명을 그의 손으로 홀로 조종하고 있던 한 유대인은 그 때문에 언제나 새로이 그때그때 관계자의 피가 끓을 정도로 지독하고 가차 없는 침해를 유발했던 것이다. 그러나 분위기도 기분도 유대인에 대해서가 아니라, 언제나 독일인 동포에 대해 일어났다.

바이에른인은 400만의 근면하게 일하는, 성실하고 생산적인 사람들로 이루어진 베를린을 보지 않고, 부패하고 해체되고 있는 가장 나쁜 서부 베를린을 보고 있었던 것이다! 그러나 그들의 증오는 이 서부를 향해 분출되지 않고 '프로이센 도시'를 향해 분출되었던 것이다.

사실 가끔 절망적이었다. 일반의 주의를 자기들에게서 돌려 다른 곳에 몰두시킨다는 유대인의 이 기량은 오늘날에도 다시 연구될 수 있다.

종교적 불화

1918년에는 조직적인 반유대주의에 대해서는 전혀 문제가 되지 않았다. 나는 지금도 유대인이라는 말을 입에 올리기만 해도 부닥친 어려움을 기억한다. 그 경우 불쾌한 듯이 빤히 쳐다보거나 매우 심한 저항을 체험했기 때문이다. 공중에게 진짜 적을 알리려고 하는 우리의 최초 시도는 그때는 거의 가망이 없는 것같이 생각되었다. 그리고 사태가 개선 방향으로 향하기 시작하는 사정도 매우 지지부진했다. '공수동맹(攻守同盟)'은 조직적 구조에서도 결여되어 있었으나, 그럼에도 불구하고 유대인 문제 자체를 다시 제기한 공적은 컸다.

아무튼 1918년부터 1919년에 걸친 겨울에 반유대주의 같은 것이 점점 뿌리를 내리기 시작했다. 그리고 그 뒤 물론 국가사회주의 운동은 유대인 문제를 전혀 다른 방식으로 추진해 갔다. 국가사회주의 운동은 무엇보다도 먼저 이 문제를 상층 부르주아지나 소시민계급이라는 한정된 범위에서 끌어내어 일대 민족 운동의 추진적 동기로 바꾼 것이다. 그러나 이 문제에 있어서 위대한 통일적인 투쟁 사상을 독일 민족에게 주는 일이 성공하느냐 실패하느냐에 유대인은 재빨리 대항책을 강구했다. 유대인은 예부터의 수단을 사용한 것이다. 믿을 수 없을 정도의 신속함으로 그들은 이 민족주의 운동 자체 안에 논쟁의 횃불을 던져 넣어 분열의 씨앗을 뿌렸다.

여러 가지 정세가 본디 그러했듯이, 유대인에 대한 집중 돌격을 막기 위해 일반의 주의를 다른 문제로 돌릴 수 있는 유일한 가능성은 **'교황지상권론' 문제를 제출하여 거기에서 일어나는 가톨릭교와 개신교 서로 간의 항쟁을 강하게 끌어내는 일**이었다.

바로 이 문제를 우리 민족 속에 던짐으로써 유대인이 우리 민족에게 지은 잘못은 결코 보상할 수 없을 정도이다. 아무튼 유대인은 바라는 바 목표에 도달했다. 바로 가톨릭과 개신교는 서로 즐거운 전쟁을 벌인다. 그리고 아리아 인종과 모든 그리스도교의 철천지원수는 남몰래 웃는 것이다.

이전에 유대인이 몇 년간에 걸쳐 여론을 연방주의와 중앙집권주의 간의 싸움에 몰두시켜 그것으로서 그들을 기진맥진하게 만들고, 반면에 자신들은 국민의 자유를 흥정하여 팔고, 우리 조국 비밀을 국제적인 금융 상층부에 누설할 수 있었던 것과 마찬가지로 지금도 독일의 두 종파를 서로 간에 충돌시키는 데 성공한 것이다. 그동안 양쪽의 기초는 세계적인 유대인의 독에 의해서 썩어 문드러져 위태롭게 되고 말았다.

사람들은 유대인과의 혼혈이 날로 우리 민족에게 입히고 있는 폐해를 주시하고 있어야 한다. 그리고 이처럼 피가 썩어감은 수백 년 뒤에나 우리 민족 전체로부터 없어질 수 있음을 생각해 주기 바란다. 또한 이 인종적 파괴가 우리 독일 민족이 가장 사랑하는 아리아적 가치를 얼마나 하락시켰으며, 문화 담당 민족으로서의 우리 힘이 얼마나 뚜렷이 후퇴했으며, 또한 우리가 적어도 우리 대도시에서 오늘날 이탈리아 남부가 그러한 상태에 이르고 있는 것과 같은 위험에 어떻게 맞닥뜨리고 있는가를 생각해 주기 바란다.

몇십만 우리 민족은 우리 피의 오염을 맹목적으로 지나치고 있는데, 그것은 유대인에 의해 오늘날 계획되고 추구되고 있는 것이다. 이들 검은 머리 민족 기생충들은 우리 순진하고 젊은 처녀를 계획적으로 능욕하고, 이로써 이 세상에서 이미 대치될 수 없는 것을 파괴하고 있는 것이다.

그리스도교의 두 종파—그렇다, 둘 다—는 신의 은총에 따라 이 지상에 주어진 거룩하고 비길 데 없는 생명체가 더럽혀지고 파괴되는 것을 무관심하게 방관하고 있다. 그러나 이 세상 미래에 있어 중요한 일은 개신교가 가톨릭에 이기느냐, 가톨릭이 개신교에 이기느냐가 아니라, 아리아 인종이 존속하느냐 죽어 없어지느냐에 있다.

그럼에도 불구하고 두 종파는 오늘날 이 인간 파괴자와는 싸우지 않고, 서로 간에 자멸하려 하고 있다. 특히 민족주의 관점을 취하는 자에게는 저마다 자기 종파 안에서 **피상적으로 신의 의지에 대해 말하는 것을 멈추고, 실제로 신의 의지를 실행하고 복음을 모욕하지 않도록** 배려해야 하는 가장 신성한 의무가 있다.

왜냐하면 신의 의지가 인간에게 그의 모양, 그의 본질, 그의 능력을 주었기 때문이다. 신의 사업을 파괴하는 자는 그것으로써 주의 피조물, 신의 뜻에 선전포고를 하고 있는 것이다. 그러므로 저마다가 기꺼이 자기 종파에서 활동하고, 연설이나 행동에 의해 자기 신앙 단체의 테두리에서 튀어나와 활동하고, 다른 신앙 단체 안에서 냄새 맡고 다니려고 하는 것과 대립하는 것을 자기의 가장 신성한 의무로 느끼는 것이다.

왜냐하면 우리가 예부터 있는 종교상 우리 대립의 내부에서 어떤 종파의 본질적인 특성을 공격하는 것은 독일에서는 필연적으로 두 종파 간의 섬멸전을 불러오기 때문이다. 이 점에서 우리 상태는 프랑스나 스페인 또는 이탈리아와는 전혀 비교할 수 없다. 이를테면 이 세 나라 그 어디에서나, 교권주의나 교황지상권론에 대한 투쟁을 이러한 기도에 의해 프랑스, 스페인 또는 이탈리아의 민족 자체가 분열되는 것과 같은 위험을 저지르지 않고 선전할 수 있다.

그러나 독일에서는 이것이 불가능하다. 여기서는 개신교도 분명히 그러한 운동에 관여할 것이기 때문이다. 그러므로 다른 곳에서는 그들의 고위 성직자에 가해지는 정치적 간섭에 대해서 오로지 가톨릭만이 행할 수 있을 것으로 생각되는 저항이 여기서는 즉시 **가톨릭교에 대한 개신교 공격의 성격을**

갖게 된다.

자기 종파의 신자로부터는 그것이 옳지 못한 경우에도 언제나 용서되던 것이 공격자가 다른 신앙 단체에서 나오자마자 곧바로 처음부터 날카롭게 거부되는 것이다. 본디 자기 종교 단체 내부의 명확한 폐해를 가차 없이 없애려고 하는 사람들조차도 자기 단체에 속해 있지 않은 입장으로부터 그와 같은 교정을 권유받거나, 더구나 요구받거나 하면, 곧바로 마음을 돌려 외부로 저항을 돌릴 만큼 극단으로 달린다. 그들은 이것을 자기네 종파와 아무런 관계도 없는 일에 간섭하는, 부당하고 용서할 수 없으며, 게다가 버릇없는 시도라고 느끼는 것이다. 또 이러한 시도는 비록 그것이 민족 공동사회의 이익이라는, 좀더 높은 권리의 기초 위에 세워진 것일지라도 용서되지 않는다.

왜냐하면 오늘날 종교 감정이 여전히 국가적·정치적 합목적성보다도 더 깊이 자리잡고 있기 때문이다. 그리고 이것은 또 사람들이 두 종파를 서로간의 격전으로 몰아넣어도 전혀 변함이 없고, 쌍방의 융화에 의해 국민에게 미래를 선사함으로써만 바꿀 수 있는데, 미래는 이 영역에서도 점차 융화적인 효과를 미칠 수 있을 정도로 위대해야 할 것이다.

나는 오늘날 민족주의 운동을 종교적인 싸움의 위기에 끌어넣은 사람들을 우리 주변에 있는 국제주의적 공산주의자보다도 우리 민족에게 있어 더 나쁜 적이라 생각하고 있다고 말하기를 서슴지 않는다. 왜냐하면 국가사회주의 운동은 공산주의자를 전향시키는 일을 그 임무로 삼고 있기 때문이다. 그러나 이 운동을 본디 선에서 벗어나게 하고 참된 사명에서 이탈시키는 일은 가장 저주받아 마땅한 행위이다. 그자는 의식적이건 무의식적이건 간에—그것은 전혀 문제가 되지 않는다—유대인 이익을 위한 투사이다.

왜냐하면 오늘날 민족주의 운동이 유대인에게 위험해지기 시작한 그 순간에 종교 투쟁에서 출혈사(出血死)시키는 일은 유대인의 이익이기 때문이다. 또한 나는 출혈사시킨다는 말을 일부러 강조한다. 왜냐하면 몇 세기 동안이나 위대한 정치가가 분골쇄신한 문제를 오늘날 이 운동으로 해결할 수 있다고 생각하는 자는 전혀 역사적인 교양이 없는 인간뿐이기 때문이다.

또한 그것은 사실 자체가 말하고 있다. 1924년에 갑자기 민족주의 운동의 최고 사명이 '**교황지상권론**'에 대한 투쟁임을 고백한 신사 여러분은 교황지상권론을 타도하지 않고, 민족주의 운동을 분열시키고 말았다. 나 또한 민족주의 운동 진영 가운데서 미숙한 두뇌를 가진 자가 비스마르크와 같은 인물도 하지 못했던 일을 할 수 있다고 잘못 생각하는 데 대해 조심해야 했다. 국가사회주의 운동을 그러한 투쟁을 위해 이용하려고 하는 모든 시도에 대해서는 가장 격렬하게 대항하고, 그러한 의도가 있는 선전자들을 곧바로 운동 진영에서 멀리하는 일이 언제나 국가사회주의 운동 지도층의 최고 의무일 것이다. 사실상 또 1923년 가을까지 이것은 완전히 성공했다.

우리 운동 진영에는 **언제나 자기 종교적 신념이 양심의 갈등을 조금도 경험하는 일 없이 가장 경건한 개신교와 가장 경건한 가톨릭이 나란히 있을 수**가 있었다. 이 둘이 아리아 인종 파괴자에 대해 공동의 격렬한 투쟁을 함으로써, 그것이 오히려 반대로 서로를 존경하고 가치를 인정할 것을 가르쳤던 것이다. 그리고 그때 마침 운동은 중앙당에 대해 가장 격렬한 투쟁을 감행하여 결말을 지은 것이다. 물론 결코 종교적 근거에서가 아니라, 오로지 국가적·인종적·경제적 근거에서였다. 그 결과는 오늘날 그것을 아는 체하는 자에게 불리한 증언을 하듯, 그때 우리가 옳았음을 말해 주고 있다.

무신론적 마르크스주의자 신문이 갑자기 종교상 신앙 단체 대변자가 되고, 실제로 시시한 언사를 몇 번이나 여기저기 널리 퍼뜨리고, 두 파에게 짐을 지우고, 그리하여 극단적인 분쟁을 일으키려 하고 있으나, 민족주의 무리들은 종교상 논쟁의 신에게 버림받은 듯한 태도로, 자기네들 행동의 정신착란 상태를 결코 인정치 않는 정도에까지 이르고 있다.

그러나 독일 민족처럼 망상을 위해 출혈사할 때까지 전쟁을 할 수 있다는 것을 이미 여러 번 그 역사에서 보여준 민족의 경우는 참으로 이런 때의 돌격 함성은 치명적으로 위험하다. 이리하여 우리 민족은 언제나 자기 존재라는 실제로 현실적인 문제에서 벗어나고 말았다. 우리가 종교 논쟁으로 쇠약해 있는 동안 다른 세계는 쪼개지고 말았다. 그리고 교황지상권론의 위험 쪽이 유대인의 위험보다 큰가, 아니면 그 반대인가 하고 민족주의 운동이 곰곰이 생각하고 있는 동안에 유대인은 우리 생존의 인종적 기초를 무너뜨리고, **그것에 의해 우리 민족을 영원히 절멸시키고 있는 것이다.**

이런 종류의 '**민족주의**' 투사에 관한 한, 나는 국가사회주의 운동과 또한 독일 민족에 대해 충심으로 오로지 "주여, 그러한 친구로부터 운동을 지켜주시옵소서. 그렇게 하면 운동은 스스로 그의 적과 결말을 지을 것입니다"라고 바랄 수가 있는 것이다.

*

연방국가 대 단일국가

1919년, 1920년, 1921년과 그 뒤 유대인에 의해 매우 빈틈없이 선전된 연방주의와 중앙집권주의 사이의 투쟁은 그것을 전부 거부하고 있었음에도 국가사회주의 운동으로 하여금 그 본질적인 문제에 대한 태도를 결정짓게 했다.

독일은 '**연방국가**'여야 하나, '**단일국가**'여야 하나? 또 실제 목적을 위해 사람들은 이 둘을 어떻게 이해해야 할 것인가? 내게는 후자 쪽이 보다 중요한 문제로 생각되었다. 그것은 모든 문제를 이해하는 바탕일 뿐만 아니라, 또한 해명적이며 화해적인 성격을 가지고 있었기 때문이다.

연방국가란 무엇인가? 우리는 연방국가를 주권국가의 연합으로 이해하고 있다. 다시 말해 주권국가가 자유의지에서 그 주권의 힘으로 결합하고, 그 경우 그들의 고유한 주권 가운데 공통된 연방국가의 존재를 가능하게 하고 또 보증하는 부분을 전체에게 양도하는 것이다.

이 이론적 정식은 실제로는 오늘날 지상에 있는 연방국가의 어느 하나에도 해당되지 않는다. 미합중국의 경우가 가장 해당되지 않는다. 미합중국에서는 각 주마다 거의 대부분이 본디 주권은 전연 문제가 될 수 없고, 그와 반대로 많은 것은 시간이 지남에 따라 비로소 연방의 온 영역 안에 그려넣어진 것이다. 그러므로 또한 미합중국의 각 주의 경우에는 대개 행정적·기술적 근거로부터 이루어진, 크고 작게 여러 가지로 구분된 지역이며, 각 주는 예부터 독자적인 국가로서의 주권을 소유하고 있지 않았으며, 또한 전혀 가질 수도 없었다.

왜냐하면 이 각 주가 합중국을 이룩한 것이 아니라, 합중국이 먼저 그러한 이른바 여러 주의 대부분을 이루었기 때문이다. 이 경우 각 지역에 위임된, 좀더 자세히 말하면 주어진 매우 포괄적인 자치권은 이 국가연합의 모든 본질에 부응할 뿐 아니라, 무엇보다도 거의 한 대륙의 범위에 필적할 만큼 큰 면적과 공간적인 넓이에 대응한다. 따라서 사람들은 미합중국의 주의 경우 그 국가적 주권을 문제삼을 수 없으며, 오로지 헌법상 규정되고 보증된 권리—아마도 권한이라고 하는 것이 더 좋지만—만 문제삼을 수 있다.

독일에 대해서도 위에서 말한 공식은 전혀 들어맞지 않는다. 이를테면 독일에 있어서는 분명히 먼저 하나하나의 연방국가가 국가로서 성립하고, 거기서 독일제국이 이루어졌다 하더라도 말이다. 그러나 분명히 독일제국의 형성은 각 국가의 자유의지라든가 동등한 참여라는 기초에서 생긴 것이 아니라, 그들 가운데 어느 한 국가, 곧 프로이센의 헤게모니 성과에 따라 생긴 것이다.[3]

본디 독일의 각 연방국가의 순수한 지역적인 커다란 차이는 이를테면 미합중국의 구성과는 비교될 수 없다. 독일의 각 연방국가 가운데서 일찍이 가장 작은 것과 좀더 큰 것, 최대 것과의 크기 차이는 독일제국 건설, 연방국가 형성에 대한 업적이 같지 않을 뿐 아니라, 그 몫도 똑같지 않다는 것을 실증하고 있다. 그러나 사실상 이러한 여러 국가의 대부분에 있어서 국가주권이라는 말이 관청 용어로서만 사용된다는 것을 제외하면 참된 주권 문제는 있을 수가 없었다.

사실 과거에 있어서만이 아니라 또한 현재에 있어서도 이른바 이러한 '주권국가' 대부분은 폐지되고, 그에 따라 이 '주권을 가진' 조직의 약점을 분명히 보여주었던 것이다.

여기서는 이러한 개개의 연방국가가 역사적으로 어떻게 이루어졌는가를 확인할 생각은 없지만, 그러한 것들이 대개는 종족적 경계에 따르지 않았음이 확인되어야 한다. 그것은 순수하게 정치적 현상이며, 그 뿌리는 대개 독일국이 무력했던 가장 슬픈 시대, 무력의 원인을 이루고 그에 의해 거꾸로 다시 그 자체가 조건지어지는 우리 조국 독일의 분열에 있어 가장 슬픈 시대로 거슬러 올라간다.

옛 독일제국 헌법은 연방 회의에서 각국에게 동등한 대표를 허용하지 않고, 그 크기와 사실상의 중요성이나 독일제국 형성 때 나라 하나하나의 업적에 따라 격차를 둔 한에 있어서는, 위에서 말한 모든 것에 적어도 부분적으

---

3) 독일어에는 우리말 '국가'에 해당하는 말로 Reich, Staat, Land의 세 가지가 있다. Reich란 독일국 전체 또는 제국이란 뜻이다. Staat는 극히 일반적인 국가라는 뜻 말고도 봉건시대부터의 영방(嶺邦)국가, 또는 독일연방 내의 한 국가라는 뜻이다. Land는 지방·주(洲), 방(邦)과 같이 옮길 수 있다. 여기서 Reich는 독일국 또는 독일제국으로, Staat는 국가 또는 연방국가로, Land는 연방으로 번역했다. 예를 들면 '바이에른'은 여기서는 주로 독일국(Reich) 안의 한 국가(Staat)와 같이 쓰인다.

로 순응한 것이었다.

독일제국 형성을 가능하게 하기 위해 국가 하나하나로부터 양도된 주권은 극소수만이 그들의 자유의지로 양도된 것이며, 대부분 그것은 본디부터 실제로 존재하지 않았거나, 아니면 프로이센의 우세한 압박 아래 간단하게 빼앗겼거나 한 것이다. 물론 비스마르크는 이 경우 각 국가로부터 빼앗을 수 있는 것을 모두 독일제국에 준다는 원칙에 의하지 않고, 독일제국이 절대로 필요로 하는 것만을 각 국가로부터 바란다는 원칙에서 출발했다.

한편으로 습관과 전통을 고려하고, 다른 한편으로 그것에 의해 처음부터 새 독일제국에 충분한 사랑과 기꺼운 협력을 보증한 온화하고 현명한 원칙이었다. 그러나 비스마르크의 이 결의를 그것에 의해 독일제국이 어떠한 시대에도 충분히 주권을 가질 것이라는 확신에 귀착시킨다는 것은 근본적으로 잘못이다. 비스마르크는 이러한 확신을 전혀 갖고 있지 않았다. 오히려 그는 그 무렵 실행하기 어렵고 지탱할 수 없는 것을 장래에 맡기려고 생각했을 뿐이다.

그는 개개 국가의 현재 일시적인 저항을 곧바로 분쇄하려고 꾀하기보다는 결국에는 더 큰 힘이 있다고 믿고 있던 시간과 발전의 압력 자체로 서서히 일어나는 타협에 희망을 걸었다. 그리하여 그는 정치가로서의 자기 기량의 위대함을 보여주고, 가장 훌륭하게 실증한 것이다. 왜냐하면 실제로 독일제국의 주권은 끊임없이 개별적인 국가주권을 희생으로 하여 높아졌기 때문이다. 시간이 비스마르크의 기대를 실현시켰다.

이러한 진전은 독일 붕괴와 군주제적 국가 형태의 파괴와 함께 필연적으로 촉진되었다. 왜냐하면 독일의 개별적인 국가는 그 존재가 혈족적 바탕에 따른 것보다도 순전하게 정치에 기인했던 것이기에 이들 국가의 정치적 발전의 가장 본질적인 구현체인 **군주제적 국가 형태와 왕가**가 없어지자 이내 붕괴되어 없어졌기 때문이다. 그래서 다수의 이러한 '국가 조직'은 모든 내면적인 안전성을 두드러지게 잃고, 스스로 앞으로의 존재를 단념하거나 순수하게 합목적적인 근거에서 다른 국가와 합병하거나 아니면 자유의지에서 더 큰 국가로 귀속되고 말았다. 이것은 이러한 작은 조직의 사실상 주권이 아주 약하고, 또한 그런 국가들이 자기들 시민으로부터 받고 있던 평가가 낮았음에 대한 가장 적절한 증명이다.

이와 같이 군주제 국가 형태와 그 담당자가 제거된 것이 독일제국의 연방 국가적 성격에 재빨리 강한 일격을 가했으나, 강화조약의 결과에서 생긴 의무를 맡은 사실이 더욱 큰 타격을 주었던 것이다. 이제까지 여러 연방에 있던 국가 재정권이 독일국에 돌아와 없어진 것은 독일국이 패전에 따라 여러 연방 하나하나의 부담금으로는 결코 상환할 수 없을 정도의 재정적 의무를 지게 된 때에는 당연하며 뻔한 일이었다. 우편과 철도의 국유화를 불러온 그 뒤 경과도 우리 민족이 강화조약에 따라 점차 노예화의 길로 이끌리게 된 필연적인 결과였다. 독일국은 그 뒤 착취 결과로 생긴 의무를 완수하기 위하여 강제적으로 끊임없이 새로운 가치가 있는 것을 일괄해서 소유하지 않을 수 없었던 것이다.

국유화가 실시된 형식은 흔히 시시한 것이었으나, 그 과정 자체는 논리적이며 명료한 일이었다. 그 책임은 이전에 전쟁을 승리로 끝나게 하기 위해 아무런 조치도 취하지 않은 사람들이나 정당에 있다. 특히 바이에른에서는 책임이 이기적인 자기 목적을 추구하여 대전 중에 독일국이라는 사고방식을 빼앗아버린 정당에 있었다. 그들은 패전 후에 그것을 10배로 보상해야 했다. 인과응보의 역사이다! 죄를 지은 뒤 천벌이 이 경우만큼 급격하게 가해진 일은 드물다. 바로 몇 년 전까지 개개 연방국가 이익을—그리고 이것은 바이에른에서 특히 그러했는데—독일국 이익보다도 높이 두고 있던 이들 정당은 이제 여러 사건의 압박 아래 독일국 이익이 각 연방국가 생존의 숨통을 끊는 것을 체험해야 했다. 모든 것은 자업자득이었다.

선거인 대중을 향해(왜냐하면 오늘날 우리 정당의 선동은 오로지 대중을 향해서만 있기 때문이다) 각 연방이 주권을 잃은 데 대해 불평을 터뜨리고, 다른 한편으로 이들 모든 정당이 예외 없이 그 궁극적인 귀결에서 독일 내부의 당연하고도 철저한 변혁을 불러오지 않을 수 없는 조약 이행 정책에 서로 전력을 다한 것은 유례가 없는 속임수이다.

비스마르크의 독일제국은 대외적으론 자유롭고 분방했다. 오늘의 도즈안 밑에서의 독일이 져야 하는 부담스럽고 완전히 비생산적인 재무적 의무를 이 독일제국은 갖고 있지 않았다. 그러나 또한 국내에 있어서는 그의 권한은 얼마 안 되는 절대로 필요한 몇몇 관계에 한정되어 있었다. 그러므로 자기 재정권 없이 각 연방의 분담금에 의해 살아가는 일이 매우 잘 이루어졌던 것이다.

그리고 한편으로는 자신의 주권을 유지하는 것과, 다른 한편으로 독일국에의 재정적 지출이 비교적 적었다는 것이 각 연방이 독일 정부에 호감을 갖는데 아주 좋은 여건이었음은 확실한 일이다. 그러나 오늘날 지금의 독일국에 호감을 가질 수 없는 것은 각 연방이 단순히 독일국에 **재정적으로 예속되어** 있기 때문일 것이라는 주장을 선전하려고 하는 것은 그릇되고 또 불성실한 일이다.

그렇다, 사태는 정말로 그렇지 않다. **독일국이라는 사고방식에 즐거움이 적은 것은 각 연방 측의 주권 상실 때문이 아니라, 오히려 독일 민족이 지금 자기 국가에 의해 경험하고 있는 가엾은 대표의 결과이다.** 독일 국기나 헌법 제정 기념 축전 등을 모두 거행함에도, 오늘의 독일국은 모든 계층의 민족의 마음에서 소원해지고 있다. 그리고 공화국 보호법은 물론 공화제를 위협하고 훼손할 수는 있으나, 오로지 한 사람의 독일인의 사랑조차도 얻을 수 없다. **법령 조항이나 교도소에 의해서 자국 시민으로부터 공화국을 보호하려고 하는 지나친 걱정은, 모든 기구 자체의 더없이 파멸적인 비판이나 멸시를 가져오는 것이다.**

그러나 다른 이유에서도 오늘날 특정 정당에 의해 행해지고 있는 주장, 곧 독일국에 대한 호의가 사라진 것이 각 연방국가의 일정한 주권에 대한 독일국의 침해 때문이라고 하는 것은 옳지 않다. 독일국이 그 권한의 확장을 꾀하지 않았다고 가정해도, 그럼에도 불구하고 모든 조세액 자체가 오늘날과 같은 것이어야 한다면, 각 연방 독일국에 대한 호의가 보다 커질 것이라고 사람들이 믿어서는 안 된다. 반대로 각 연방이 오늘날 독일국에 노예화되는 것과 같은 채권의 의무 이행에 필요한 만큼 조세를 부담해야 한다면, 독일국에 대한 적의는 더 끝없이 커질 것이다.

독일국에 대한 각 연방의 분담금은 징수하기가 매우 어려울 뿐만 아니라, 바로 강제 집행에 의해 징수되어야 할 것이다. 왜냐하면 공화국은 본디 강화 조약 위에 서서 그것을 파기할 용기도, 또한 어떤 형식이든 의도조차 갖고 있지 않았으므로, 공화국이 그 의무를 다해야 하기 때문이다. 하지만 그 죄는 또한 정당에만 있다. 항상 참을성 많은 선거인 대중에게 각 연방 자주의 필연성을 역설하지만, 그와 더불어 이들의 이른바 '주권'의 마지막 것까지도 필연적으로 제거하게 될 것이 틀림없는 독일국 정책을 촉진하고 지지하던 정당에

만 있는 것이다.

나는 오늘날 독일로서는 그 극악한 내정외교에 의해 지워진 부담을 지는 수밖에 다른 가능성이 전혀 없으므로, **필연적**이라고 하는 것이다. 여기서 또 하나의 쐐기로 다른 쐐기를 뽑아내고, 독일국이 자국 이익을 범죄적으로 다룸으로써 대외적으로 스스로 짊어질 새로운 모든 부담이 국내에서는 아래에 대한 더욱 강한 압박에 따라 조정되어야 한다. 그것은 또 한편으로 각 연방국가에서 저항의 배세포가 생기거나 성립되거나 하지 못하도록 각 연방국가의 모든 주권이 서서히 없어질 필요가 있게 된다.

국가주의 국가 대 노예 식민지

일반적으로 이전 독일국가 정책과 오늘날 독일국 정책과의 특색 있는 차이로서 다음과 같은 점이 확인되어야 한다.

공화국이 밖으로 향해서는 약함을 나타내고, 국내에서는 시민을 압박하고 있는데, 옛 독일국은 국내에서는 자유를 주고 대외적으로는 힘을 과시한 것이다. 둘의 경우에 전자가 후자를 조건짓고 있다. 다시 말해 강력한 국가주의 국가는 그 시민들의 사랑과 충성심이 크기 때문에 대내적으로는 법률을 그다지 필요로 하지 않는다. 국제적인 노예국가는 폭력에 의해서만 신민에게 강제노동을 시킬 수 있다.

왜냐하면 '자유의 시민' 운운하고 있는 것은 오늘날 정부의 매우 파렴치한 철면피의 일면이기 때문이다. 그러한 것은 옛 독일만이 가지고 있었다. **외국 노예 식민지로서의 공화국은 시민 같은 것은 없으며, 기껏해야 국민이 있는 데 불과하다.** 그러므로 공화국은 또 **국기**를 갖지 않으며, 오로지 당국 명령과 법률상 규정에 따라 만들어지고, 보증되고 있는 **등록상표**만을 갖고 있는 것이다.

독일 민주주의의 게슬러의 모자[4]로서 느껴지는 이 상징은 그렇기 때문에 우리 민족에게 언제나 내면적인 친밀감을 못 느끼게 한다. 그때 전통에 대한 그 어떤 감정도 가지지 않고, 지난날 위대함에 대한 어떤 존경도 없으며, 그 상징에 흙칠을 한 공화국은 언젠가 국민이 자기 상징에 대해 느끼고 있는 애

---

4) 《빌헬름 텔》에 등장하는 스위스의 대관(代官). 자기 모자를 광장에 걸어두고 통행인에게 경례를 시켰다.

착이 얼마나 피상적이었는가에 놀랄 것이다. 공화국은 독일사의 간주곡의 성격을 스스로 자기에게 부여했던 것이다.

그와 같이 이 국가는 오늘날 자기 존립을 위해 더욱더 각 연방의 주권을 단순히 일반적인 실리적 관점에서만이 아니라, 또한 이념적 관점에서도 빼앗지 않을 수 없게 되어 있다. 왜냐하면 이 국가는 재정적인 협박정책에 따라 시민들로부터 최후의 피 한 방울까지 빨아올리는 동시에, 일반의 불만이 언젠가 뚜렷한 반란이 되기를 원치 않는다면 최후 권리까지도 불가피하게 빼앗아야 했기 때문이다.

위에 말한 원칙과는 반대로 우리 국가사회주의자에 있어서는 다음과 같은 기초적 규범이 생긴다.

대외적으로는 시민 이익을 최대한 인정하고 보호하는 힘이 가득한 국가주의 독일국은, 대내적으로는 국가 항구성을 걱정할 필요도 없이 자유를 제공할 수가 있다. 다른 한편 강력한 국가주의 정부는 개인의 자유나 각 연방의 자유에 있어서의 커다란 간섭조차도 개개의 시민이 이러한 조치 속에서 자기 민족이 위대하게 될 수단을 인정하는 경우에는, 독일국 이념을 손상시키지 않고 행할 수 있으며 책임도 질 수 있는 것이다.

통일화의 경향

물론 온 세계의 모든 나라들은 그 내부 조직에서는 일정한 통일화에 가까워지고 있다. 독일도 이 점으로는 예외가 아니다. 오늘날 이미 실제로 그 조직의 우스꽝스러운 정도의 크기에 따라 없는 거나 다름없는 개개의 연방 '주권'에 대해 이야기한다는 것은 터무니없는 일이다. 교통 분야에 있어서도 개개의 연방국가의 중요성은 더욱 낮아지고 있다. 오늘날 교통, 오늘날 기술은 거리와 공간을 더욱 줄이고 있다. 지난날 국가는 오늘날 이미 오로지 한 지방에 불과하고, 지금의 여러 나라들은 대륙과 같은 정도로 생각되고 있었던 것이다.

순전히 기술적으로 생각하면, 독일과 같은 나라를 통치하는 어려움은 120년 전의 브란덴부르크와 같은 한 지방을 관리하는 어려움보다 크지 않다. 뮌헨에서 베를린까지의 거리를 극복하는 것은 오늘날에는 100년 전 뮌헨에서 슈타른베르크까지의 거리를 가는 것보다도 쉽다. 그리고 오늘날 전체 독일국가 영토는 지금의 교통 기술 상태에서는 나폴레옹 전쟁 시대 중간 정도의 독일연방 국가보다 작다. 주어진 사실에서 생기는 결과를 무시하는 사람은 시대에 뒤진다. 그러한 사람들은 어느 시대에나 있었으며 또 앞으로도 언제나 있을 것이다. 그러나 그들은 역사의 수레바퀴를 지연시키는 일은 거의 할 수 없고, 결코 정지시킬 수도 없다.

중앙집권화의 남용

우리 국가사회주의자는 이러한 진리의 필연적 결과를 맹목적으로 지나쳐서는 안 된다. 여기서도 우리는 이른바 국가주의적 부르주아 정당의 빈말에 사로잡혀서는 안 된다. 내가 빈말이라는 말을 쓰는 것은 이들 정당 자체가 그 의도를 수행할 가능성을 전혀 진지하게 믿고 있지 않기 때문이며, 또한 그들 자신이 오늘날과 같은 진전에 대해 공범 또는 주범의 죄를 지고 있기 때문이다.

특히 바이에른에서는 중앙집권 해체의 외침은 실제로 모두 진지한 저의도 없는 정당의 날조물에 지나지 않았다. 이들 정당은 실제로 그들의 빈말로부터 진지한 무엇인가를 만들려고 할 때에는 항상 예외 없이 비참하게도 뜻대로 되지 않았던 것이다. 독일제국에 의한 바이에른 국가의 이른바 '주권 약탈'은 어느 것이나 불쾌한 으르렁 소리를 제외하고는 실제로 아무 저항 없이 받아들여졌다. 게다가 이 미치광이 같은 체제에 대해 제정신으로 반항하는 따위의 짓을 누가 감히 했다면, 그 사람은 '기존 국가 모독죄'로 그 정당에서 추방되고, 탄핵받고, 마침내 투옥되거나 위법한 연설 금지에 의해 입이 봉해졌을 것이다.

바로 이 때문에 우리 지지자는 이러한 이른바 연방주의자들의 내면적 허위를 가장 잘 인식해야 한다. 종교가 부분적으로 그러하듯이 그들에게는 연방주의적 국가사상도 때때로 불결한 당의 이익을 위한 수단에 불과한 것이다.

*

개개 연방국가의 억압

이와 같이 어떤 통일화가 특히 교통제도에서 매우 자연적인 것으로 생각되어도, 오늘의 국가에 있어서 이러한 진전에 대해서는 곧 이 조치가 오로지 숙명적인 외교정책을 비호하고 가능하게 하는 목적만을 갖는 것이라면, 우리 국가사회주의자로서는 가장 준엄한 태도를 취해야 할 의무가 있다.

오늘날 독일국은 철도·우편·재정 등의 이른바 국유화를 바로 고도의 국가정책적 관점에서 꾀하지 않고, 오로지 끝없는 조약 이행 정책을 위한 재정 수단과 담보를 손에 넣기 위해서만 하고 있으므로, 우리 국가사회주의자는 이러한 정책 수행을 어렵게 하고, 되도록 방해하기가 적합하다고 생각되는 모든 일을 해야 한다. 우리 민족이 살기 위해 중요한 제도의 중앙집권화에 대한 오늘날 투쟁은 거기에 속해 있다. 현재 중앙집권화는 우리 전후 외교정책을 위해 몇십억 마르크라는 금액과 담보 물건을 마련하기 위해서만 수행되고 있다.

이러한 이유에서 국가사회주의 운동은 또한 그와 같은 시도에 반대의 태도를 취한 것이다.

우리를 이러한 중앙집권에 반대하도록 유도할 수가 있는 제2의 근거는 전체 효과에 있어서 독일 국민에게 더할 수 없는 불행을 가져온 정부 조직의 권력을 안정화시킬지도 모른다는 점이다. 독일 국민에게 참으로 저주가 된 오늘날 유대적·민주주의적 독일국은 아직 전체적으로 이 시대정신에 물들어 있지 않은 개개의 연방국가의 비판을, 개개의 연방국가를 압박하여 완전히 그 중요성을 잃게 함으로써 무력화시키려 시도하고 있는 것이다.

이에 대하여 우리 국가사회주의자는 이러한 개개의 연방 반대에 오로지 성공을 약속하는 국가력의 기초를 줄 뿐만 아니라, 중앙집권화 일반에 대한 그들 투쟁을 보다 높은 민족적·보편적인 독일의 이익 표현이 되도록 하는 완전한 유인을 가지고 있다. 그러므로 **바이에른인민당이 소심한 분리주의의 관점에서 바이에른 국가를 위하여 '특권'을 유지하려고 노력하고 있는 데 비해, 우리는 이 특수한 입장을 오늘날 11월혁명의 민주주의에 대립하는 보다 높은 국가적 이익을 위한 봉사에 돌려야 할 것이다.**

정실정치에 유리한 중앙집권
더욱 우리를 현재 중앙집권화에 대하여 싸우도록 결의하게 한 제3의 이유는 다음과 같은 확신이다.

이른바 국유화의 대부분은 사실상 통일화도 아니고, 결코 간소화도 아니다. 대개는 각 연방 주권에서 여러 제도를 빼앗아 그 문을 다시 혁명 제정당 이익을 위하여 여는 것에 중점을 두고 있었다. 독일 역사상 아직 한 번도 이 민주주의적 공화국만큼 파렴치한 정실정치(情實政治)를 한 일은 없다.

오늘날 중앙집권화 분격의 대부분은 일찍이 유능한 자에게 길을 열어주겠다는 것을 약속했으나, 관직이나 그 밖의 다른 요직을 선임할 시기가 왔을 때는 오로지 당원만 고려한 정당에 그 책임이 있다. 특히 유대인은 공화국의 성립 이래 믿을 수 없을 정도로 많은 수의 사람이 독일국에 의하여 긁어모아진 경제 관련 부문이나 행정 부문에 투입되어 양쪽 모두 오늘날에 와서는 유대인의 활동 분야가 되었다.

특히 이 제3의 고려는 전술적 이유로 우리로 하여금 중앙집권화의 도중에서 이 이상 모든 조치를 엄밀히 검토하고, 만일 필요하다면 이에 반대하는 태도를 취할 의무를 부여받아야 한다. 그러나 우리들 관점은 그와 동시에 언제나 보다 높은 국가정책적인 것이어야 하며, 결코 작은 연방분리주의적인 것이어서는 안 된다.

독일국의 국가주권

이 마지막 소견은 우리 국가사회주의자가 독일국 자체에 각 연방국가의 주권보다 높은 주권을 구현하는 권리를 주지 않을 것이라는 생각을 우리 지지자들 사이에 일으키지 않게 하기 위해서 필요하다. 이 권리에 대하여는 우리 사이에 하찮은 의심도 개입되어서는 안 되며, 또한 개입시킬 수도 없다. **우리에게 있어서 국가 그 자체는 오로지 형식이며, 근본적인 것은 그 내용이고, 국민이고, 민족이므로, 국민이나 민족의 더할 나위 없는 이익에 다른 모든 것이 종속한다는 것은 확실하다. 특히 우리는 국민 내부와 국민을 대표하는 독일국 내부에 있어서 개개의 국가가 강권 정책적 지상권이나 국가주권을 승인할 수는 없는 것이다.**

외국이나 서로 간에 이른바 영사관을 가지고 있는 개개의 연방국가의 불법은 폐지해야 되며, 언젠가는 폐지될 것이다. 이러한 일이 가능한 한 외국이 여전히 우리 독일국 조직의 견고성에 의심을 가지고 거기에 대응해서 행동한다 해도 우리는 놀랄 필요가 없다. 이 영사관의 불법성은 백해무익할 정도로 심각하다. 외국에 있는 독일인의 이익이 독일국 대사에 의해서 지켜질 수 없다면, 오늘날 세계 질서의 무대에서 웃음거리가 될 만한 작은 나라의 공사에 의해서도 지켜질 수가 없는 것이다.

이들 소연방국가 안에서 사람들은 실제로 독일국 안팎에서 특히 **어떤 한 국가**에 의해서 항상 환영받고 있는 분리주의적 노력에 대한 공격점만을 볼 수가 있는 것이다. 또 우리 국가사회주의자는 시들고 말라빠진 가지에 공사 의복을 입혀 새로운 토양을 주는 노쇠하고 유약한 어떤 귀족 가문에 가엾음을 느껴서는 안 된다. 외국에 있는 우리 외교기관은 이미 옛 독일제국 시대부터 매우 비참한 존재였는데, 그때 행해진 경험에 더 보완을 한다는 것은 더 없이 쓸데없는 일이다.

모든 연방의 문화적 과제

각 연방의 의의는 장차 더욱 문화정책 영역에 두어야 한다. 바이에른의 중요성에 가장 많이 진력한 군주는 완고한 반독일적 태도를 취한 소연방 분립주의자가 아니라, 오히려 대독일을 세울 것을 뜻하고, 마찬가지로 예술 감각을 가지고 있었던 루트비히 1세였다. 그는 국력을 먼저 바이에른의 문화적 지위 향상을 위해 이용하고, 다른 방법으로 성취되었을지도 모르는 것 이상으로 더 좋은 일, 더욱 영속적인 일을 이룩했던 것이다. 그는 그때 뮌헨을 대단치 않은 지방적 왕성 수준에서 위대한 독일의 예술 중심지로 끌어올림으로써 하나의 정신적 중심점을 만들었으며, 그것은 오늘날에도 여전히 본질적으로 차이가 있는 프랑크인을 이 나라에 끌어당길 수 있는 것이다.

뮌헨이 옛날 그대로 뮌헨으로 머물러 있었다고 가정한다면, 바이에른에 있어서도 작센에서와 같은 과정이 되풀이되었을 것이다. 바이에른의 라이프치히인 뉘른베르크가 바이에른인의 도시가 되지 않고 프랑크인의 도시가 되었을 것이라는 차이만 갖고 말이다. "프로이센을 타도하라"라는 외침이 뮌헨을 크게 만든 것이 아니라, 독일 국민에게 관람되고 존중되어야 하며, 또 관람되고 존중되는 예술의 보물을 이 도시에 선사하려고 한 왕이 이 도시에 중요성을 부여한 것이다. 그리고 거기에 또한 장래에 대한 교훈이 있다.

각 연방국가의 의미는 앞으로 더 이상 국가권력과 정책 영역에 있지 않을 것이다. 나는 그것을 종족 영역이나 문화 영역에서 보는 것이다. 그러나 여기에서까지도 시간은 수평화의 작용을 미친다. 현대 교통의 편리함이 사람들을 여기저기 흩어지게 하여, 서서히 끊임없이 종족 경계가 사라지고, 그리하여 문화 형태까지도 차츰 평균화되기 시작하고 있는 것이다.

군대와 개개의 연방국가

군대는 특히 모든 개개의 연방국가 영향으로부터 엄격히 분리시켜야 한다. 앞으로 국가사회주의 국가는 지난날 결함에 빠져 군대가 가지고 있지 않은, 또 가져서도 안 되는 임무를 군대에 넘겨씌워서는 안 된다. **독일 군대는 종족 특성을 지키기 위한 학교여서는 안 되며, 오히려 모든 독일인의 서로 간 이해와 적응의 학교로서 존재하는 것이다.** 아무리 국가생활 안에 분열의 근원이 있다 해도 군대에 의해 일치된 효과를 가져와야 한다.

그리고 군대는 젊은이 한 사람 한 사람을 자기 지방의 좁은 시야로부터 끌어올려 독일 국민 속에 위치를 정하게 해야 한다. 고향 경계가 아니라 조국 경계를 보는 것을 그들은 배워야 한다. 왜냐하면 그들은 언젠가는 국경을 지켜야 하기 때문이다.

그러므로 젊은 독일인을 자기 고향에 둔다는 것은 무의미하며, 군대 시절 그에게 독일을 보여주는 것이 목적에 들어맞게 된다. 이것은 오늘날 젊은 독일인이 옛날처럼 도제의 과정을 거쳐 그것에 의해 자기 시야를 넓히는 것을 하지 않게 된 만큼 더욱 필요하다. 이것을 인식한다면 젊은 바이에른 사람을 뮌헨에 두고, 프랑크 사람은 뉘른베르크에, 바덴 사람은 카를스루에에, 뷔르템베르크 사람은 슈투트가르트에 둔다는 것은 불합리하지 않을까? 그리고 젊은 바이에른 사람에게 어떤 때는 라인강을, 어떤 때는 북해를 보여주며, 함부르크 사람에게는 알프스를, 동프로이센 사람에게는 독일 중부 산악을 보여주는 것이 보다 이성적이 아닐까?

지방적인 성격은 부대 안에 머물러 있어야 하지만, 주둔지에까지 미쳐서는 안 된다. 중앙집권화에 대한 시도는 모두 우리 반대에 부딪힐지도 모른다. 그러나 군대의 중앙집권화만은 결코 그렇지 않은 것이다! 도리어 우리가 그러한 시도를 환영하고 싶지 않더라도 이 한 가지에 대해서는 우리는 기뻐해야 한다. 오늘날 독일군의 규모로는 개개의 연방국가 부대를 유지하는 것은 어리석은 일이지만, 그것을 모조리 무시한다면, 우리는 독일 군대에 생긴 통일화를 우리도 앞으로 국민군의 재편성 때 결코 무시해서는 안 되는 한 단계로 보는 것이다.

하나의 민족-하나의 국가

게다가 젊은 승리를 잉태한 이념은 그 사상을 추진하는 활동력을 쇠퇴하게 하는 모든 속박을 거부해야 한다. 국가사회주의는 원칙적으로 기존 연방국가의 경계를 고려함 없이 모든 독일 국민에게 이 원리를 강제하여 그들을 그 이념과 사상으로 교육시킬 권리를 요구해야 한다. 교회가 정치적 경계에 의해 속박과 제한을 느끼지 않는 것과 마찬가지로 국가사회주의 이념도 우리 조국의 개개의 연방국가 영역에 의해 그것들을 느끼지 않는 것이다.

국가사회주의 교설은 개개의 연방국가의 정치적 이익의 하인이 아니라 앞으로 독일 국민의 주인이 되어야 하는 것이다. 그것은 한 민족의 생활을 규정하고, 새로이 질서를 부여해야 하는 것이며, 그렇기에 우리가 거부한 발전이 그린 경계선을 가볍게 무시하는 권리를 어쩔 수 없이 요구해야 한다.

그 이념의 승리가 완전해지면 질수록 이 이념이 국내에서 제공하는 저마다의 자유도 클 것이다.

제11장
선전과 조직

이론가─조직자─선동자
1921년은 여러 가지 점에서 나와 운동에 대해서 특별한 의미를 가지고 있다.

독일노동자당에 입당한 뒤 나는 곧바로 선전 관리를 맡았다. 나는 이 부문이 가장 중요하다고 생각했다. 아무튼 처음에는 조직 문제로 머리를 쓰는 것은 이념 자체를 수많은 사람들에게 알리는 것보다 중요하지는 않았다. 선전이 조직에 훨씬 앞서서 서둘러져야 하고, 그것으로 먼저 활동할 인재를 획득해야만 되었다. 나는 너무 급속한, 너무 판에 박은 듯한 조직에는 반대하는 사람이다. 그 경우에는 대개 죽은 기구만이 성립되며 싱싱한 조직은 좀처럼 성립되지 않는다.

왜냐하면 조직은 유기적 생활과 유기적 발전에 그 존립의 혜택을 입고 있기 때문이다. 일정수의 사람들을 획득한 이념이라는 것은 언제나 어떤 질서를 얻으려고 노력하는 것이며, 그 내면적 형성은 매우 큰 가치가 있다. 이 경우에도 적어도 처음에는 뛰어난 두뇌 소유자에게는 본능적으로 저항하도록 개개인을 현혹하는 인간 약점을 계산에 넣어야만 한다. 조직이 위에서 기계적으로 만들어지면, 일단 임명된 사람들이 모두 재능이 없다는 것을 인정하고 있는 두뇌 소유자가 운동의 내부에서 가장 유능한 분자가 대두하는 것을 질투하고 방해하려고 한다는 커다란 위험성이 생긴다. 이러한 경우 생기는 폐해는 특히 젊은 운동일 경우 파국적인 의미를 가질 가능성이 있다.

이와 같은 이유로 이념은 먼저 일정 기간에 중앙에서 선전적으로 보급하고, 또 차차 모여드는 인재를 신중히 지도자적인 두뇌가 있는지 없는지 검사하며 음미하는 것이 더욱 목적에 들어맞는다. 그리고 본디 볼품없는 인간을 그럼에도 불구하고 선천적인 지도자로 여겨야 하는 일이 더러 있다.

물론 이론적 인식이 풍부하다는 것을 지도자의 특성, 지도자의 자질이 풍부하다는 특성적 증거로 보려는 것은 모두 그릇된 일일 것이다.

이따금 이 반대가 진실이다. 위대한 이론가가 위대한 조직자라는 것은 매우 드문 일이다. '이론가'와 '계획자'의 위대함은 먼저 추상적으로 올바른 법칙을 인식하고 확인하는 데 있으며, '조직자'는 먼저 심리가여야 하기 때문이다. 즉 조직자는 인간을 있는 그대로 받아들여야 한다. 따라서 그는 인간을 알아야 한다. 그는 인간을 과대평가해서도 안 되지만 대중 속에 있는 인간을 과소평가해서도 안 된다. 바꾸어 말하면 살아 있는 유기체로서 가장 강하고 안정된 힘이 가득하고, 그리하여 이념을 지니며, 그것이 성공에 이르는 길을 여는 데 적절한 조직을 모든 요소를 고려하여 만들기 위해서는 약점과 야수성도 마찬가지로 고려하도록 힘써야 한다.

그러나 위대한 이론가가 위대한 지도자라는 것은 더 드물다. 오히려 **선동자**가 지도자에 알맞을 것이다. 어떤 문제에 대해 오로지 학문적으로만 연구하는 많은 사람은 기꺼이 들으려고 하지 않지만, 그것은 이해할 수 있는 것이다. 어떤 이념을 대중에게 전달하는 능력을 나타내는 선동자는 그가 단순한 선동 정치가에 지나지 않다 하더라도, 언제나 심리연구가이어야 한다. 그렇게 되면 그는 인간을 잘 모르고, 세상 물정에 어두운 이론가보다도 언제나 지도자로서 더 알맞을 것이다. **왜냐하면 지도자라는 것은 대중을 움직일 수 있다는 것이기 때문이다.**

이념을 이루는 재능은 지도자 재능과는 전혀 다른 것이다. 그 경우 인류 이상과 인류 목표를 설정하는 일이나 그것을 실현하는 일 가운데 어느 쪽이 더 중요한가에 대해 논쟁하는 것은 참으로 헛된 일이다. 인생에서 아주 가끔 있는 것처럼 여기서도 전자는 후자가 없이는 모조리 무의미할 것이다. 가장 훌륭한 이론적 통찰은 지도자가 대중을 그 방향으로 움직이지 않으면 목적도 가치도 없는 것이다. 이와 반대로 만일 재기가 넘치는 이론가가 인류 투쟁을 위한 목표를 설정하지 않는다면, 지도자로서의 모든 재능과 열의도 쓸모없게 될 것이 틀림없지 않을까? 그러나 이론가와 조직자와 지도자가 한 인물 속에 결합되어 있는 것은 이 세상에서 더없이 드물게 발견될 수 있는 일이다. 이 결합이 위인을 만들어내는 것이다.

지지자와 당원

이미 말한 것처럼 나는 이 운동에서 활동을 시작한 맨 처음에는 선전에 전념했다. 소수 핵심을 새로운 교설로 무장시켜 뒷날 조직의 최초 분자로서 역할을 완수할 인재를 길러내기 위해 선전을 성공시켜야만 했다. 그때 선전의 목표는 대개 조직의 목표를 뛰어넘었다.

만일 운동이 어느 세계를 파괴하고, 그 대신 새 세계를 세운다는 의도를 갖는다면, 다음과 같은 원칙에 관하여 자기들 지도자 사이에서 완전한 확실함이 있어야 한다. 바로 어떠한 운동도 획득한 인재를 먼저 2대 그룹, 곧 지지자와 당원으로 구별한다.

선전 임무는 지지자를 모으는 일이며, 조직 과제는 당원을 얻는 일이다. 운동 지지자란 운동 목표에 대해 분명히 동의하는 자이며, 당원이란 그 목표를 위해 싸우는 자이다.

지지자는 선전에 의해 운동에 호감을 갖도록 만들어진다. 당원은 조직에 의해서 자기 자신이 새 지지자를 모으기 위해 협동하고, 그 지지자 속에서 또 당원을 만들 수 있도록 촉구되는 것이다.

지지자는 다만 이념의 수동적 승인만을 전제로 하는 데 비해 당원은 활동적인 주장과 변호를 필요로 하므로, 10명의 지지자에 대해 언제나 고작 한두 명의 당원이 있을 뿐이다.

지지자는 오로지 인식에 근거를 두고 있는 데 지나지 않으나, 당원은 인식된 것을 스스로 주장하여 이를 보급시키는 용기에 입각하고 있다. 수동적인 형태로서의 인식은 게으르고 무기력한 대다수 사람에게 알맞다. 당원은 활동적인 지조를 전제로 삼으며, 소수 사람에게만 알맞은 것이다.

따라서 선전은 이념이 지지자를 획득하도록 부지런히 돌보아야 하지만, 조직은 지지자층 자체 속에서 가장 가치 있는 자만을 당원으로 만들도록 더 없이 날카롭게 배려해야 한다. 그러므로 선전은 선전에 의해 가르쳐지는 저마다의 의의, 그들의 재능·능력·이해력 또는 성격에 대해 고민할 필요는 없다. 한편 조직은 이러한 분자들 가운데서 운동의 승리를 실제로 가능하게 하는 자를 주의 깊게 모을 필요가 있다.

선전과 조직

선전은 어떤 교설을 온 민족에게 강요하려고 하며, 조직은 그 테두리 안에 심리적 이유에서 이념 그 이상의 보급에 있어 장해가 될 우려가 없는 자만을 포섭한다.

*

선전은 일반 대중을 이념의 뜻에서 설득하고, 이 이념이 승리할 때를 위하여 그들을 성숙시킨다. 한편 조직은 승리를 위하여 싸울 능력과 의지가 있다고 생각되는 지지자를 끊임없이 조직적으로, 그리고 전투 능력이 있도록 결합시킴으로써 승리를 쟁취하는 것이다.

*

이념의 승리는 선전이 인간을 그 전체에 걸쳐 설득하는 범위가 넓으면 넓을수록, 그리고 투쟁을 실제로 행하는 조직이 배타적이며 엄격하고 확고하면 할수록 그만큼 빨리 가능해지는 것이다. 그러므로 지지자 수는 아무리 많아도 지나치는 일은 없지만, 당원 수는 너무 적어지기보다는 오히려 많아지기 쉬운 것이다.

*

만일 선전이 온 민족을 하나의 이념으로 채운다면, 조직은 적은 인원으로 그 필연적인 결과를 끌어낼 수 있다. 동시에 선전과 조직, 곧 지지자와 당원은 일정한 상호관계를 이루고 있다. 선전이 잘 작용하면 할수록 조직은 그만큼 작아도 된다.

그리고 지지자 수가 많으면 많을수록 그만큼 당원 수는 적어도 괜찮다. 그와 반대로 선전이 졸렬하면 할수록 그만큼 조직은 커져야만 한다. 그리고 운동 지지자가 적으면 적을수록 그만큼 그 당원 수는 그들이 어떤 성과를 기대한다면 보다 더 커져야만 한다.

*

선전의 첫째 임무는 그 뒤 조직을 위하여 사람들을 얻는 일이며, 조직의 첫째 임무는 선전의 계속을 위하여 사람들을 얻는 일이다. 선전의 둘째 임무는 기존의 상태를 타파하는 것과 새로운 교설을 가지고 이 상태를 관철하는 데 있다. 한편 조직의 둘째 임무는 이 교설의 궁극적인 성과를 이루어내기 위하여 권력 투쟁을 하는 것이어야 한다.

*

세계관에 바탕을 둔 혁명의 가장 결정적인 성과는 만일 새로운 세계관이 되도록 모든 사람에게 가르쳐진다면, 또 필요한 경우에는 나중에 강제적으로 주입된다면 언제나 성취될 것이다. 한편 이념의 조직, 곧 운동은 문제가 되는 국가의 중추신경을 차지하기 위하여 절대 필요한 만큼의 인간을 모아야 할 것이다.

바꾸어 말하면 다음과 같다.

진정으로 위대한 세계 혁명적 운동에 있어서는 어느 경우나 선전이 먼저 운동 이념을 확산시켜야 한다. 그러므로 선전은 열심히 새로운 사고과정을 다른 사람에게 설명하고, 그들을 자기 터전에 끌어들이거나 그들이 지금까지 갖고 있던 확신을 뒤흔들어 놓도록 노력해야 한다.

교설의 보급, 다시 말해 이 선전은 중추를 가져야 하므로, 교설은 든든한 조직을 주어야만 한다. 조직은 그 당원을 선전에 의해 획득된 일반 지지자로부터 얻는다. 지지자층은 선전이 격렬하게 수행될수록 더욱더 빨리 성장하고, 선전은 배후에 있는 조직이 강하면 강할수록, 또 원기왕성하면 할수록 더욱더 잘 활동할 수 있을 것이다.

조직의 최고 임무는 운동하는 당원 간의 어떤 내부적 불일치가 분열이나 더 나아가서는 운동에 있어서 활동의 약화를 불러오지 않도록, 또 단호한 공격 정신이 사라지지 않고 끊임없이 더욱 새로워지고 단단해지도록 배려하는 일이다.

당원 수는 무한정 늘릴 필요는 없다. 오히려 그 반대이다. 오로지 소수 인간만이 본성적으로 활기차고 대담하기 때문에 그 조직을 끝없이 확대하는 운동은 그로 말미암아 언젠가 필연적으로 약화될 것이다. **일정 한계 이상으**

로 성장한 조직, 곧 당원 수는 차츰 그 투쟁력을 잃어버리고, 더 이상 이념의 선전을 단호하게 공격적으로 지지하거나 이용할 수 없는 것이다.

그런데 이념이 커지고, 내면적으로 혁명적일수록 그만큼 그 당원들은 활동적이 될 것이다. 왜냐하면 교설의 혁명적인 힘은 그 담당자에 대한 위험을 수반하고, 그 위험이 있다는 사실이 소심하고 비겁한 속물을 멀리하는 데 알맞은 것 같기 때문이다.

그들은 내심으로 지지자라고 느낄 테지만, 당원이 되어 공공연하게 이것을 밝히는 것은 거부하기 마련이다. 그것에 따라 진정으로 변혁적인 이념 조직은 선전에 의해서 획득한 지지자들 중 가장 활동적인 자만을 당원으로서 얻게 되는 것이다. 그리고 자연적인 선발에 따라 보증된 운동원의 활동력 속에 장차 활동적인 선전이나 이념 실현을 구현할 효과적인 투쟁을 위한 전제가 있다.

입당 제한

운동을 위협할 수 있는 최대 위험은 너무나도 급속한 성장에 따라 당원층이 지나치게 팽창하는 일이다. 왜냐하면 운동도 격렬한 투쟁을 해야 하는 한에서는 비겁하고 이기적인 개개인에게 매우 경원되지만, 그 발전에 따라 당의 성공이 확실해지거나 실제로 성공을 거두게 되면, 그들이 빠르게 당원증을 획득하려고 몰려드는 것이 예사이기 때문이다.

많은 상승(常勝) 운동이 성공을 눈앞에 두고, 또는 더 좋게 말하면 그 의도가 바야흐로 실현되기 일보 직전에 수수께끼 같은 내적 약점에 의해 갑자기 낙오하여 투쟁을 중지하고, 그리고 마침내 사멸하는 이유는 거기에 기인하는 것이다. 초기 승리 때문에 다수의 열악하고 쓸모없는, 특히 비겁한 분자가 그 조직에 들어오게 된다.

그리하여 이 열등자가 마침내 투쟁력을 가진 사람들보다 우세해지고, 이번에는 운동을 자기들 이익에 봉사하도록 강제하며, 자신들의 빈약한 용맹성 수준에까지 끌어내려 본디 이념 승리를 완성시키기 위해서는 아무것도 하지 않는다. 그와 함께 열광적인 목표는 말살되고, 투쟁력은 마비되며, 이러한 경우에 부르주아사회 사람들은 언제나 알맞게 말하는 바이지만, '술에 물을 탄' 결과가 된다. 그렇게 되면 물론 그 나무는 더 이상 성장할 수 없게 되는 것이다.

그러므로 운동은 순수한 자기보존 충동에서 성과가 자기 측에 나타나자마자 곧바로 입당을 중지시키고, 그 뒤 오로지 아주 신중히, 또 매우 철저하게 검토하고서 그 조직의 확대를 꾀하는 일이 참으로 필요한 것이다. 이렇게 해서만이 이 운동의 핵심을 상하지 않고 신선하고 건전하게 유지할 수 있는 것이다. 그리고 오로지 이 핵심만이 그 뒤에도 운동을 지도하고, 곧 그의 보편적 인식을 이끌어야 하는 선전을 규정하고 그 권력의 소유자로서 자신들의 이념을 실제로 실현하는 데 필요한 행동을 취하도록 배려해야 한다.

조직은 예전부터의 운동 근간으로 획득된 조직의 모든 주요 지위를 채워야 할 뿐만 아니라, 모든 지도권을 이루어야 할 것이다. 그리고 그것을 당의 이제까지의 원칙이나 교설이 새로운 국가 기초나 내용이 될 때까지 계속하지 않으면 안 된다. 그렇게 해야 비로소 그 정신에서 태어난 이 국가의 특수한 제도에 대해서 서서히 고삐가 주어질 수 있는 것이다. 그러나 그것은 대개는 오로지 서로의 투쟁에 의해서만 실행된다. 왜냐하면 그것은 인간의 통찰 문제이기보다도 처음부터 잘 인식되고 있지만 영원히 조종될 수 없는 여러 힘의 작용과 효과 문제이기 때문이다.

모든 위대한 운동은 그것이 종교적 성질의 것이건, 정치적 성질의 것이건 불문하고, 그 힘찬 성공은 이 원칙을 인식하고 적용한 일에만 돌려야 할 것이다. 그러나 특히 모든 영속적 성공은 이 법칙을 고려하지 않고는 전혀 생각할 수 없는 것이다.

*

무기력자의 위협

나는 당의 선전 지도자로서 지금부터 운동이 커지기 위한 준비를 하기 위해서 매우 노력했을 뿐만 아니라, 이 활동에서의 매우 과격한 의견에 의해서 조직이 가장 훌륭한 인재만을 얻도록 활동했다. 왜냐하면 나의 선전이 과격하고 도발적일수록 그만큼 더 나약자나 겁쟁이를 위협하여 후퇴시켜, 우리 조직의 제2의 핵심에 그들이 침입하는 것을 막았기 때문이다. 그들은 아마도 지지자임에는 변함이 없었을 테지만 큰 소리로 강조하지는 않은 채 불안스러운 듯이 침묵하고 있었다. 자신은 본디부터 전면적으로 우리가 말한 모든 것에 동의하고 있음에도 불구하고 어떤 일이 있어도 당원이 될 수는 없다고 그때 나에게 확언한 자가 몇천이나 되었는지도 모른다.

운동은—그들이 말하길—매우 과격하므로 당원이 되면 저마다가 아마도 중대한 고난을 받게 되고 더구나 위험에 직면하게 될 것이다. 그러므로 사람들은 예의 바른 평화로운 시민이 그가 마음속으로부터 완전히 적절하다고 생각할 때에도 적어도 처음에는 방관하고 있는 것을 나쁘게 생각해서는 안될 것이다.

그리고 그것은 옳았다. 만일 마음속으로부터 혁명에 동의하지 않는 이러한 사람들이 그때 모두 우리 당에 더구나 당원으로 가입했다면, 우리는 오늘날 우애로운 단체라고 여겨졌을 테지만, 더 이상 젊고 투쟁적인 운동으로 간주되지는 않았을 것이다.

내가 그때 우리들 선전에 준 생생하고 무모한 형식이 우리들 운동의 과격한 경향을 단단히 하고 보증한 것이다. 그 까닭은 그 뒤 정말로 과격한 사람만이—예외를 제외하고—당원이 될 각오가 되었기 때문이다.

동시에 이 선전은 일찍이 단기간 내에 몇십만의 사람들이 비록 개인적으로는 당을 위하여 희생하거나 투쟁하기에는 너무 소심했더라도 마음으로부터 우리가 옳다고 믿었을 뿐만 아니라, 우리 승리를 희망하는 영향을 끼친 것이다.

1921년 중반까지는 이 단순한 선동적 활동은 여전히 운동을 만족시키고 운동에 유익할 수 있었다. 그러나 그해 한여름의 특수한 사건이 이때까지는 차츰 눈에 띈 선전 성과에 따라 조직이 그에 적용되어 그와 동등하게 되도록 지시하고 있는 것같이 생각되었다.

운동의 재편성

민족주의적 공상가 그룹이 그때 당수의 촉진적 지지 아래 당의 지도권을 장악하려는 기도가 있었으나, 이 작은 음모는 무너지고, 당원 총회에서 운동의 모든 지도권이 만장일치로 나에게 위임되었다. 이와 함께 새로운 당칙이 채택되었다. 즉 당의 제1의장에게 충분한 책임이 주어지고, 위원회 결의는 원칙적으로 폐지되고, 그 대신 분업제가 도입되었다. 그것은 그 뒤 훌륭하게 그 가치가 입증되었다.

나는 1921년 8월 1일부터 운동의 내부 재편성을 맡았다. 그리하여 그때 많은 뛰어난 사람들이 나를 지지하는 것을 발견했다. 나는 특별 부록으로 이들 이름을 들어둘 필요가 있다고 생각한다.

그런데 선전 성과를 조직적으로 이용하고, 그렇게 하여 확립하려고 시도한 경우, 나는 기존의 많은 구습을 한번에 없애버려서 현존의 정당이 결코 갖고 있지 않거나 승인조차 하고 있지 않는 원칙을 설정해야 했다.

1919~1920년에 걸쳐 운동은 그 지도를 위하여 위원회를 가지고 있었다. 그것은 당원 집회—그 자체나 규정에 따라 정해져 있었는데—에 의해 선택되었다. 위원회는 제1회계계·제2회계계·제1서기, 제2서기 및 장(長)으로서 제1의장, 제2의장으로 구성되어 있었다. 이에 덧붙여 1명의 당원 감독자, 선전부장 및 다양한 배석자가 있었다.

이 위원회는 좀 우스운 이야기이지만, 본디 당이 가장 격렬하게 싸우려고 한 것, 바로 '의회주의'를 구체화하고 있었다. 왜냐하면 최소 지방관구로부터 다시 관구·대관구·주를 넘어서 국가 지도부에 이르기까지 구체화되었고, 그 밑에서 우리들 모두가 고통받았으며, 지금도 고통받고 있는 원칙이 문제가 되었던 것이 분명했기 때문이다.

만일 내부 조직의 기초가 나쁘기 때문에 운동이 영원히 부패하고, 결국 뒷날에 높은 사명을 완수할 수가 없게 된다면, 언제라도 이 점에서 전환을 한다는 것이 긴급히 필요한 일이었다.

의회주의 폐지

의사록이 기록되고, 다수결 투표로 결정이 이루어지는 위원회는 실제로는 작은 규모의 의회였다. 여기서도 모든 개인적인 책임이란 것이 결여되고 있었다. 여기서도 우리 위대한 국가 대표기관에서와 동일한 불합리와 똑같은 무리함이 지배하고 있었다. 이 위원회를 위하여 사람들은 서기를 임명하고, 회계를 위한 사람들을, 조직 당원을 위한 사람들을, 선전부원들을, 그리고 맹세컨대 또 다른 것을 위한 사람들을 임명했다. 그리고 하나하나의 문제마다 모두 공통된 태도를 취하게 하고 투표에 따라 결정하게 하는 것이었다. 그러므로 선전을 위하여 출석하고 있는 사람이 재정계에 관계된 사항에 대하여 투표하고, 그리고 재정계가 조직에 관한 일에 대해 투표하며, 또 그 사람이 오로지 서기만이 관계해야 할 사항에 대해 또 투표하는 등등이었다.

회계계·서기·당원계 등이 선전에 관한 문제에 대해 결정해야 한다면 번거롭게 왜 처음에는 선전을 위해 특별한 사람을 정했는가, 건전한 두뇌 소유자에게는 전혀 이해가 가지 않을 것이다. 그것은 어느 대(大)산업기업에서 다른 부분과 다른 분야의 이사(理事)나 기술자들이 자기들 일과 전혀 관계없는 문제를 결정해야 하는 것과 마찬가지로 사리에 어긋나는 것이다.

나는 이와 같은 불합리에는 따르지 않고, 일찍이 매우 짧은 기간 뒤에는 위원회에 참석하지 않았다. 나는 나의 선전 작업을 하고 그것으로 끝냈다. 그리고 이 영역에서 아무것도 할 수 없는 사람이 나에게 참견하는 것을 금했다. 마찬가지로 나 역시 반대로 남 일에 참견하지 않았다.

새 규정이 채택되어 내가 제1의장 자리에 임명되고, 그동안 나에게 필요했던 권위와 그에 따른 권리가 부여되었을 때, 곧 이 터무니없는 일은 곧바로 끝났다. 위원회 결의 대신 절대책임 원칙이 도입된 것이다.

지도자의 책임

제1의장은 운동 전체의 지도에 책임이 있다. 그는 자기 아래 있는 위원들이나 그 밖에 아직도 필요한 협력자에게 해야 할 일을 나누어준다. 이들 사람들은 모두 그에 의해 자기에게 맡겨진 임무에 대해 절대적인 책임을 진다. 그는 전원 협동을 위해 배려하고, 경우에 따라 사람을 선택하며, 일반적인 방침을 내림으로써 이 공동의 일 자체를 이끌 제1의장에게만 종속되는 것이다.

이 원칙적 책임제 규정은 적어도 이것이 당의 지도에 관한 한, 운동의 내부에 있어서 점차 뻔한 일이 되었다. 작은 지방관구에 있어서는, 그리고 관구와 대관구에서는 더욱 그러하지만, 이 원칙이 관철될 때까지는 상당한 세월이 걸릴 것이다. 왜냐하면 겁쟁이와 무능력자는 언제나 이에 대해 저항할 것이 틀림없기 때문이다. 그들에게는 어떤 계획에 대한 단독 책임은 언제나 싫을 것이다. 그들은 어려운 결정이 있을 때마다 이른바 위원회의 다수에 의해 뒷받침되는 것을 더 자유롭고 쾌적하게 느낄 것이다. 그러나 이러한 태도에는 되도록 맹렬히 반대해서 책임에 대한 비겁함을 조금도 허용하지 않고, 그럼으로써 비록 오랜 세월이 걸릴지라도 진실로 이를 위해 적임자이자 또 선정된 사람에게만 지도를 허용할, 지도자로서의 의무와 지도자로서의 수완에 대한 견해를 얻으려고 노력하는 것이 나로서는 필요하다고 생각된다.

아무튼 의회주의적 망상을 극복하려는 운동은 스스로를 그것으로부터 해방시켜야 한다. 운동은 또한 이와 같은 기초 위에서만 투쟁에 대한 힘을 얻을 수 있는 것이다.

모든 점에서 다수자가 지배하고 있는 시대에 스스로 주의로 삼아 지도자 사상의 원리와 그것에 따라 조건지어지는 책임 부담의 원리를 노리는 운동은 뒷날 수리적 확신을 가지고, 이제까지의 상태를 이겨내고 승리자로서 등장할 것이다.

운동의 새싹 상태

이 생각은 운동 내부에 완전히 새 조직을 가져왔다. 그리고 그 논리적 성과로서 운동의 사무적 활동이 일반적인 정치적 지도로부터 뚜렷하게 구별되었다. 원칙적으로 이 책임 부담의 사상은 또한 모든 당 활동에도 확대되어 그것이 정치적 영향으로부터 해방되고, 순순히 경제적 관점을 취하자마자, 필연적으로 그것에 따라 당 활동의 건전화가 이루어졌다.

1919년 가을 내가 그때 6명으로 구성된 당에 들어갔을 때, 그 당은 사무실도 없었고, 일하는 사람도 없었으며, 더욱이 용지나 스탬프까지도 없었으며, 인쇄물도 전혀 없었다. 위원회 장소는 처음에는 헤렌 거리의 식당이었다. 뒤에 가스타이크의 찻집으로 옮겼다. 아무것도 할 수 없는 상태였다. 나는 그 뒤 곧바로 일에 착수하여 당을 위해 별실이나 그 밖의 공간을 빌리려고 뮌헨의 수많은 식당과 선술집을 찾아다녔다.

탈에 있는 이전의 슈테른에커브로이에서 자그마한 둥근 천장이 있는 방을 찾아내었다. 그곳은 전에 바이에른의 상원의원이 술집처럼 한때 이용하고 있던 곳이었다. 그 방은 음울하고 어두웠으며, 따라서 그들의 옛날 목적에는 딱 들어맞는 곳이었으나 새로운 이용 목적에는 맞지 않았다. 골목―그곳에 면하여 오로지 하나뿐인 창문이 있었는데―이 너무 좁아서 가장 밝은 여름날에도 방은 음침하고 어두웠다. 이곳이 우리 최초 사무실이 되었다. 그러나 방세는 한 달에 기껏 50마르크(그때 우리에게는 거액이었다)였으므로 우리는 큰 요구를 할 수 없었으며, 우리가 이사하기 전에 일찍이 의원들을 위해 붙여진 벽의 얇은 판자가 곧바로 떼어져 방은 사무실이라기보다 움막 같은 인상을 주었으나 불평조차 할 수 없었다.

운동의 구성

그러나 이것은 그래도 대단한 진보였다. 우리는 서서히 전등을 달고, 훨씬 뒤에는 전화도 놓았다. 빌려 쓰기는 했지만 의자를 곁들인 책상도 들여놓고, 마지막으로 개가식 책장과 찬장도 얼마 뒤 들여놓았다. 집주인 소유인 2개의 찬장이 선전지와 광고지 등을 보관하기 위해 이용되었다.

이제까지의 방법, 다시 말해 일주일에 한 번 열리는 위원회에 의해 운동을 지도해 가는 방법으로는 마침내 감당해 나갈 수 없게 되었다. 운동을 위해 사무원 한 명을 고용하지 않으면 계속하여 사무를 볼 수 없을 정도였다.

그마저도 그때는 매우 어려운 일이었다. 운동은 아직도 적은 수의 당원밖에 갖지 못했고, 그들 중에서 자기 자신을 위해서는 구하는 바가 가장 적고, 여러 방면의 운동 요구를 충족시킬 만한 적당한 인물을 찾아낸다는 것은 어려운 일이었다.

오랫동안 찾은 결과 초대 당 사무장으로, 병사였고 전에 내 전우였던 쉬슬러를 발견했다. 처음에 그는 날마다 오후 6시부터 8시까지 우리 새 사무실에 왔다. 그 뒤 5시부터 8시까지, 마침내는 날마다 오후, 그리고 곧 하루 종일 맡아서 아침부터 밤늦게까지 근무했다. 그는 자진해서 모든 일에 힘을 썼고, 특히 운동 자체에 충실하게 따랐다. 쉬슬러는 자기가 갖고 있는 자그마한 아들러 타이프라이터를 갖고 왔다. 그것이 우리 운동에 사용된 최초 도구였다. 이것은 그 뒤 분할 지불로 당의 소유가 되었다.

카드 목록과 당원 명부의 도난 방지를 위해 작은 금고가 필요하다고 생각되었다. 따라서 그것을 구입한 것은 거액의 돈을—우리가 그때 얼마간 갖고 있기는 했지만—넣기 위해서가 아니었다. 반대로 모든 것이 궁핍하기 그지없었고, 나는 이따금 나의 얼마 안 되는 저금을 기부했다.

1년 반이 지난 뒤에는 사무실이 너무 좁아졌다. 그리하여 코르넬리우스 거리 새 장소로 옮겼다. 우리가 옮겨간 곳은 또 음식점이었다. 그러나 이번에는 방 하나가 아니라 방 3개와 그것에 딸린 넓은 홀을 가졌다. 그것은 그때 우리로서는 참으로 대견한 것으로 생각되었다. 우리는 이곳에서 1923년 11월까지 있었다.

1920년 12월에는 〈푈키셔 베오바흐터〉 신문을 인수했다. 이것은 이미 그 이름이 가리키고 있는 것처럼 일반적으로 민족주의적 이익을 옹호하는 것이었는데, 이제 국가사회주의 독일노동자당 기관지로 전환되었다. 처음에는 일주일에 두 차례 발행했으나, 1923년 초기에 일간신문으로 되었으며, 1923년 8월 끝무렵부터는 잘 알려진 것처럼 판면을 크게 키웠다.

나는 그때 신문계에 대해서는 참으로 애송이로서 많은 쓴 경험을 겪어야 했다. 거대한 유대 신문에 대해 참으로 중요한 민족주의적 신문이 오로지 하나밖에 존재하지 않는다는 사실 자체는 통탄할 일이었다. 그것은 내가 실제로 몇 번이나 확인할 수 있었던 것처럼 거의 대부분이 이른바 민족주의 기업 일반의 졸렬한 경영에 원인이 있었다. 그 기업들은 너무도 주의(主義)를 성과에 선행시켜야 한다는 생각에 끌려 있었다.

주의는 결코 피상적인 것이어서는 안 되며 성과 속에서만 가장 훌륭한 표현을 발견하는 것인 한, 그것은 모조리 그릇된 관점이었다. 민족을 위해 참으로 가치 있는 것을 만드는 것이 그와 동시에 똑같은 가치 있는 주의를 나타내는 것이며, 다른 한편으로 실제로 민족을 위해서는 유용한 일을 하지 않고 위선적인 주의만을 과시하는 것은 모든 참다운 주의를 해치는 것이다. 그러한 인간은 또 자기주의로 사회를 괴롭히는 것이다.

〈푈키셔 베오바흐터〉 신문도 이미 그 이름이 말하고 있는 것처럼, 이른바 '민족주의' 기관지로서 많은 장점을 갖고 있었으나, 민족주의 조직의 특징적인 결점과 약점을 더 많이 가지고 있었다. 기업 관리는 내용이 아무리 고결하더라도 상업적으로 불가능한 것이었다. 이 경우도 민족주의 신문은 민족 기부금으로 유지되어야 한다는 생각이 바탕이 되어 있었고, 그 대신 민족주의 신문은 다른 신문과의 경쟁을 벌이지 않으면 안 되고, 기업의 사무적 경영의 게으름과 실패를 사람 좋은 애국자의 기부금에 의해 보충하려고 하는 것은 옹졸한 일이라는 생각이 부족했다.

아무튼 나는 곧 그것이 결코 쉽지 않다는 것을 인식하고 그 상태를 없애려고 노력했다. 그리고 그때 다행히 어떤 남자를 알게 되어 그에게 도움을 받았다. 그는 그 뒤 신문의 사무적 지도자로서뿐 아니라 당 사무장으로서 운동에 무한히 많은 공헌을 했다.

1914년, 곧 전쟁터에서 나는—그때 아직도 나의 상관으로서—오늘날 당

사무총장 **막스 아만**과 알게 되었다. 전시 중 4년 동안 나는 거의 언제나 나의 장래 조력자의 비상한 능력, 근면, 너무도 꼼꼼할 만큼의 성실성을 관찰할 기회를 가졌던 것이다.

1921년 한여름이었다. 운동이 어려움에 부닥쳐 내가 많은 고용인에 이미 만족할 수 없고, 게다가 한 사람 때문에 매우 고통스러운 경험을 겪고 있던 어느 날, 우연히 나를 찾아온 이전의 연대 동료에게 운동 사무장이 되어달라고 청원했다. 오랫동안 망설인 뒤—아만은 어느 유망한 지위에 올라 있었다—그는 마침내 승낙했다. 물론 그는 결코 무능한 위원회의 꼭두각시로 근무하지 않아도 좋으며, 오로지 한 사람의 상관만을 승인한다는 명확한 조건을 달고 있었다.

당 경영에 질서와 진지함을 가져온 것은 상업적으로 실로 광범한 지식이 있는 이 운동의 초대 사무장의 불멸의 공적이다. 그 뒤 당 경영은 모범적이었고, 운동의 어느 부분에 있는 사람도 이에 도달할 수 없었으며, 더구나 뛰어넘을 수 없었다. 그러나 인생에 있어서는 언제나 그렇듯이 탁월한 능력은 질투와 악의의 원인이 되는 수가 드물지 않다. 물론 이 경우에도 사람은 그것을 예측하고 참고 견디어 나가야 했다.

일찍이 1922년에는 일반적으로 운동의 사무적 및 조직적 구성을 위한 확고한 방침이 존재하고 있었다. 이미 운동에 소속된 모든 당원 이름을 게재한 완전한 중앙의 카드도 마련되어 있었다. 마찬가지로 운동 재정은 건전한 궤도에 올라 있었다. 경상비 지출은 경상 수입에 의해 충당되고, 임시 수입은 임시 지출을 위해서만 사용되어야 했다. 그렇게 함으로써 어려운 때가 있었음에도 운동은 비교적 소액의 경상 회계는 제쳐두더라도, 거의 돈을 빌리지 않아도 됐을 뿐 아니라, 자체 재원을 꾸준히 늘리는 데까지 성공했다. 그것은 사사로운 경영에 있어서처럼 행해졌다. 다시 말해서 고용된 자는 성과로 자신을 드러내야 하며 결코 유명한 '주의'만을 주장할 수 없었다.

모든 국가사회주의자의 주의는 먼저 민족 공동체로부터 자기에게 맡겨진 일의 실행을 기쁨과 근면으로 능력껏 나타내는 것이다. 이 경우 임무를 다하지 못하는 자는 주의를 자랑해서는 안 된다. 그 자신이 실제로 그것에 반하여 죄를 저지르고 있는 것이다. 당의 새 사무장은 생길 수 있는 모든 영향에 대항하여 당 경영은 일을 기꺼이 하지 않는 지지자나 당원을 위한 명예직에 맡겨져서는 안 된다고 격렬하게 주장했다.

우리의 오늘날 행정기구 정당과 같은 부패에 대하여 격렬한 방법으로 싸우고 있는 운동은 자체의 기구가 그러한 악덕에 감염되지 않도록 해두어야 한다. 이전의 주의로 말하자면 바이에른인민당에 속해 있었으나, 그 일에서는 훌륭한 적성을 나타낸 종업원이 신문 경리부에 채용된 경우가 있었다. 이를 시험한 결과는 일반적으로 뛰어났다. 저마다 참다운 일을 공정하고 솔직히 인정함으로써만, 운동은 그렇게 하지 않았던 경우보다 더 신속하고 더 근본적으로 이들 종업원 마음을 사로잡았던 것이다. 그들은 그 뒤 훌륭한 국가사회주의자가 되었고 계속 그러하다. 오로지 말뿐만 아니라, 그들은 새로운 운동을 위해 이룩한 양심적이고 훌륭하며 성실한 일에 의해 그것을 증명했던 것이다.

좋은 재능이 있는 당원이 동일한 재능의 비당원보다 호감을 사는 것은 당연하다. 그러나 당에 소속되고 있다는 이유만으로는 임용되지 않았다. 새 사무장이 이 원칙을 단호히 주장하고, 모든 저항도 개의치 않고 차츰 이룩한 것은 그 뒤 이 운동에 있어서 더할 수 없는 이익이 되었다. 그것에 의해서만 몇만의 기업이 파멸하고, 몇천의 신문이 폐쇄되지 않으면 안 되었던 심상치 않은 인플레 시대에 운동의 사무관리가 존속하면서 그 임무를 충분히 완수했을 뿐만 아니라 〈푈키셔 베오바흐터〉 신문을 더욱 크게 확장할 수 있었던 것이다. 이 신문은 그 무렵 대신문 대열에 끼었다.

1921년은 또 내가 당수 자리에 앉음으로써 수십 명의 위원들이 개개의 당의 경영에 대해서 참견하는 것을 금지하는 데 차츰 성공했다. 이것은 중요한 일이었다. 왜냐하면 실제로는 구제하기 어려운 혼란을 남기기 때문에 무능력자가 늘 그 사이에 끼여, 이러쿵저러쿵 참견하고 죄다 아는 척한다면, 어떤 과제에 대하여 실제로 재능이 있는 인물을 얻을 수 없었기 때문이다. 더욱이 무엇이든 아는 체하는 이 인간들은 대개 그들의 고무적인 감독활동을 위해서 분야를 찾기 위해 조용히 몸을 빼는 것이었다.

어떠한 일이든 뒤에 무엇인가 찾아낸다고 하는 병에 사로잡혀, 훌륭한 계획·사상·기획·방법을 끊임없이 잉태하는 부류의 인간들이 있었다. 그들의 가장 이상적인 최고 목표는 대개 감독기관으로서 다른 사람의 훌륭한 일을 전문적으로 간섭하는 위원회를 만드는 것이었다. 사물을 모르는 사람이 실제

전문가에게 끊임없이 참견하는 것이 얼마나 무례한 일이며, 국가사회주의적이 아닌가 하는 것은 이 위원회 패거리에게는 물론 의식되지 않았던 것이다.

아무튼 나는 이 몇 년 동안 모두가 훌륭한 일을 하고, 운동 책임을 지고 있는 사람들을 이와 같은 분자들로부터 보호하고, 그들에게 필요한 배후 지원과 전면에는 자유롭게 일을 할 수 있는 작업장을 만들어주는 것을 내 의무로 여기고 있었다.

아무 일도 하지 않든가, 실제로 실행 불가능한 결의만을 만들어내고 있는 이와 같은 위원회를 정리해 버리는 가장 좋은 방법은 물론 그들에게 어떤 실제 일을 하달하는 것이었다. 그렇게 하면 그러한 집단은 소리 없이 사라져 갑자기 보이지 않게 된다. 실로 그것은 웃음거리였다. 그때 나는 그런 부류의 최대 제도, 곧 독일국회에 생각이 미쳤다. 사람들은 그들에게 오로지 지껄이게 하는 대신에 실제 일을, 그것도 이들 큰소리치는 한 사람 한 사람이 개인적인 책임 아래 완수해야 할 일을 할당한다면, 갑자기 모두가 연기처럼 사라질 것이다.

이미 그때 나는 사생활에 있어서 어디서나 그러했던 것처럼 운동에 있어서도 하나하나의 경영을 위해 분명히 유능하고 성실한 간부, 관리자 또는 지도자를 발견할 때까지 찾아내야 한다는 것을 언제나 요구했다. 그리고 이 사람에게는 위로는 완전한 책임을 지우는 동시에 아래로는 절대적인 권위와 행동의 자유를 주어야 했다. 그 경우 누구라도 그의 업무에 관한 일을 스스로 잘 알 수 있는 사람이 아니면 부하에 대해 권위를 가질 수 없다. 2년 동안 나는 내 생각을 더욱 관철해 갔다. 그리고 오늘날 그것은 운동의 경우 적어도 최고 지도부에 관한 한 당연한 일로 생각된다.

이 태도의 확실한 성과는 1923년 11월 9일에 나타났다. 내가 4년 전 운동에 참가했을 때에는 스탬프 한 개도 없었다. 1923년 11월 9일에 당 해산과 당 재산에 대한 압류가 있었다. 이것은 모든 재산 품목, 신문을 포함하여 이미 17만 금마르크의 액수에 이르고 있었다.

제12장
노동조합에 관한 문제

노동조합은 꼭 필요한가

운동이 빠르게 성장함에 따라 1922년에는 물론 오늘에 와서도 아직 완전히 해결되지 않은 어떤 문제에 대해 태도를 분명히 해야 했다.

우리가 운동이 가장 빠르고 가장 쉽게 대중 마음에 통할 수 있는 방법을 연구하려고 시도했을 때, 순전히 직업적·경제적 영역에 있어서 노동자의 이익 옹호가 우리의 적과 그 정치조직의 손에 머물러 있으므로 노동자는 결코 우리 편이 될 수 없다는 반대에 언제나 부딪쳤다.

물론 이 반대는 그 자체로 많은 근거를 가지고 있었다. 일반적인 확신에 따르면, 어떤 공장에서 일하고 있는 노동자는 노동조합원이 되지 않으면 전혀 생존할 수 없었다. 그의 직업적 이익이 그것에 의해서만 지탱되고 있다고 생각되었을 뿐만 아니라, 공장에서의 그의 지위도 어느 때나 노동조합원이 아니면 생각할 수 없었던 것이다.

노동자들 대부분은 여러 가지 노동조합 단체에 속해 있었다. 이 노조들은 흔히 임금투쟁을 관철하고, 임금협정을 맺고, 노동자에게 일정한 수입을 확보하게 했던 것이다. 의심할 나위 없이 이러한 투쟁 결과는 모든 공장 노동자에게 도움이 되었다. 그리고 노동자가 노동조합에 의해 싸워 얻어낸 임금을 자기 호주머니에 챙기고, 자기는 투쟁에 참가하지 않는다면 그것은 특히 참된 인간으로서는 양심의 갈등이 생길 것이 틀림없다.

보통의 부르주아 기업가와 이 문제에 관해 이야기한다는 것은 어려운 일이다. 그러나 그들은 이 문제의 물질적 측면에 대해서도, 도덕적 측면에 대해서도 이해가 없었다(또는 이해하려고 하지 않았다). 결국 그들이 멋대로 생각한 자기 경제적 이익은 언제나 본디 그들을 섬기고 있는 노동자들의 온갖 조직적인 집단과 대립하고 있는 것이다. 이러한 이유로 대부분의 사람들은 편견이 없는 판단을 하기가 곤란한 것이다. 그러므로 여기서는 흔히 있는 바와 같이 나무만 보고 숲을 보지 않는 경향에 빠지지 않는 국외자(局外者)에 부탁할 필요가 있다. 그렇게 하면 그들은 선의를 가지고 우리들 오늘날이나 앞으로의 생활에 가장 중요한 것에 속하는 사항을 훨씬 쉽게 이해할 수 있는 기회를 가질 수 있을 것이다.

나는 이미 제1부에서 노동조합의 본질·목적 및 그 필요성에 대해서 설명했다. 거기에서 나는 다음과 같은 관점을 취했다. 곧 국가적 조치에 의해서(이것은 대개 결실이 적은 것이지만) 또는 일반적인 새 교육에 따라서 노동자에 대한 고용주의 태도가 변하지 않는 한, 경제생활에 동등한 가치 있는 당사자로서 그의 권리를 핑계 삼아 자기 이익을 지키는 것 말고는 전혀 방법이 없는 것이다.

더 나아가 나는 장차 민족의 모든 공동체 본질에 중대한 손해를 미칠 것이 틀림없는 사회적 불공평이 그러한 이익 옹호에 의해 저지될 수 있다면, 이런 방식으로 그의 이익을 지킨다는 것은 온 민족 공동체에 알맞은 일이라고 강조했다. 또 나는 기업가 중에 사회적 의무감을 갖지 않을 뿐만 아니라 가장 소박한 인권에 관한 감정조차 갖지 않는 사람이 있는 한, 이 필요성은 당연하다고 보아야만 할 것이라고 말했다. 이러한 자기 방위가 일단 필요하다고 생각되면, 그 형식은 그 뜻으로 보아 오로지 노동조합적 기초 위에 선 노동자 결집 속에만 존재할 수 있다는 결론을 거기에서 끄집어냈다.

이와 같은 일반적인 나의 견해는 1922년에 있어서도 아무런 변함이 없었다. 그러나 이제 이 문제에 대한 태도의 명확하고 한정된 공식화가 구해져야만 했다. 앞으로는 단순히 인식하는 것만으로 만족해서는 안 된다. 오히려 여기서부터 실제적 결론을 끌어낼 필요가 있었다.

다음과 같은 문제에 대한 해결이 필요했다.

1. 노동조합은 꼭 필요한가?

2. 국가사회주의 독일노동자당은 스스로 노동조합 활동을 해야만 하는가, 또는 당원을 어떠한 형태로 그러한 활동으로 이끌어야 하는가?

3. 국가사회주의 노동조합은 어떤 방식의 것이어야만 하는가? 우리의 임무는 무엇이며, 노동조합의 목표는 무엇인가?

4. 우리는 어떻게 이 노동조합을 만들 것인가?

첫 번째 문제에 대해서는 나는 이미 충분히 답했다고 생각한다. 나의 확신에 따르면, 오늘날과 같은 상태라면 노동조합은 결코 없어선 안 되는 것이다. 반대로 노동조합은 국민경제생활의 가장 중요한 조직에 속해 있다. 그 의미는 오로지 사회정책 영역에만 있는 것이 아니라, 오히려 일반·국가정책 영역에 더 많이 있다. 왜냐하면 어떤 민족의 대중이 올바른 노동조합 운동에 의해서 생활 요구를 만족시키고, 동시에 또 교육을 받는다면 그것에 의해 민족의 생존경쟁에 있어서의 저항력이 몹시 강화되기 때문이다.

노동조합은 무엇보다도 먼저 장래의 경제 의회 또는 직능대표회의의 주춧돌로서 꼭 필요하다.

국가사회주의 노동조합이란

두 번째 문제도 가장 손쉽게 답할 수 있다. 노동조합 운동이 중요하다면, 국가사회주의는 단순히 순리적일 뿐 아니라, 실제적으로도 그것에 대해 태도를 정해야만 된다는 것은 확실하다. 물론 그때 어떻게라는 것을 설명하기는 어렵다.

국가사회주의 민족주의 국가를 그 활동 목표로 삼고 있는 국가사회주의 운동은 이 국가 장래의 모든 제도를 언젠가 이 운동 자체에서 만들어내야 한다는 것을 의심해서는 안 된다. 무엇보다도 주의에 알맞은 준비교육을 받은 인간이라고 하는 기초를 미리 가지고 있지 않더라도, 오로지 힘만 가지고 있으면 갑자기 무에서 일정한 재조직을 할 수 있다고 생각한다면, 그것은 더 없이 큰 잘못이다.

또한 기계적으로 매우 빨리 만들 수 있는 겉보기의 형식보다도 그러한 형식을 채우는 정신이 언제나 더 중요하다는 원칙이 여기서도 해당되는 것이다. 이를테면 명령에 따라 어떤 국가조직에 지도자 원리를 압제적으로 접목하는 것은 물론 가능하다. 그러나 이것은 자기 발전에 있어서 최소 것으로부터 자기 자신을 차츰 형성하여 인생의 가혹한 현실이 끊임없이 행하는 영속적인 선택에 따라 오랫동안 이 원리 수행에 필요한 지도자를 획득했을 때만 활기를 띠게 된다.

따라서 갑자기 서류 가방 속에서 새로운 국가의 헌법 초안을 널리 알리고,

이것을 주권자의 위로부터의 절대명령으로 '실시'할 수 있다고 생각해서는 안된다. 그렇게 시도해 볼 수는 있다. 그러나 그 결과는 확실히 생존 능력이 없는 대개는 사산아(死産兒)일 것이다. 그것은 바이마르 헌법 성립이나 최근 반세기 동안 우리 민족의 체험과는 내적으로 아무런 관련이 없는 새 국기를 새 정권과 함께 주려는 시도를 나에게 똑똑히 상기시켜 주는 것이다.

국가사회주의 국가는 이와 같은 전철을 밟지 않도록 주의해야 한다. 국가사회주의 국가는 뒷날 이미 오랫동안 존재해 온 조직에서만 성립할 수 있다. 결국 생생한 국가사회주의 국가를 만들기 위해 이 조직은 본디 생명을 자기 속에 지녀야 한다.

이미 강조한 것처럼 여러 직업 대표기관 속에, 특히 노동조합 속에 경제회의소에 대한 배세포가 있어야 한다. 그리고 이들 앞으로의 직능대표기관과 중앙 경제의회가 국가사회주의 제도이어야 한다면, 이들 중요한 배세포 또한 국가사회주의적 지조와 견해의 담당자가 되어야 한다. 운동의 여러 제도는 국가 안으로 가지고 들어가야 하는 것이지만, 그것이 전혀 생명이 없는 조직이어선 안 되는 이상, 국가는 갑자기 그것에 대응하는 제도를 무에서 마술처럼 만들 수는 없는 것이다.

이 최고 관점에서 보더라도 이미 국가사회주의 운동은 자체의 노동조합 활동의 필요성을 인정해야 한다.

민족 공동체라는 공통된 테두리 속에서 노동자와 자본가가 서로 일체가 된다는 의미에서 노동자와 기업주의 참다운 국가사회주의적 교육은 이론적인 교훈이나 호소나 경고로는 이룩될 수 없으며, 나날의 생활 투쟁을 통하여 이룰 수 있는 것이므로 이것은 더욱 필요하다. 이 투쟁에 있어서, 또 이 투쟁에 의해서 운동은 개개의 대경제집단을 교육하고, 큰 관점에 서서 서로 접근시켜야 한다. 그러한 준비 작업 없이 뒷날 참다운 민족 공동체 성립을 바란다는 것은 모두 그야말로 환상이다. 이 운동이 주장하고 있는 위대한 세계관의 이상만이 뒷날 새 시대를 오로지 겉보기로만 만들어진 것이 아니라, 내면으로 확고한 기초를 갖는 것으로 탄생시키는 일반적 양식을 서서히 형성할 수가 있는 것이다.

그러므로 이 운동은 단순히 노동조합의 사상 자체에 긍정적 태도를 취해야 할 뿐 아니라 실제 활동으로 많은 당원과 지지자에게 앞으로 다가올 국가사회주의 국가를 위해 필요한 교육을 주도록 해야 한다.

세 번째 문제의 답은 지금까지 말한 데서 나온다.

국가사회주의적 노동조합은 계급투쟁 기관이 아니라, 직업 대표 기관이다. 국가사회주의 국가에는 '계급'은 없으며, 오로지 정치적인 점에서 완전히 동등한 권리와 따라서 동등한 일반적 의무를 갖는 시민과, 그 밖에 국가정책적인 점에서 전혀 권리를 갖지 못하는 국적 소유자가 있을 뿐이다.

국가사회주의적 의미에서 본 노동조합은 민족체 내부에 똑같이 조직된 다른 조직에 대하여 투쟁하기 위해 민족체 내부에서 그와 같은 인간을 통합함으로써, 그를 차츰 하나의 계급으로 바꿔 간다는 임무를 갖고 있는 것은 아니다. 우리는 이 임무를 노동조합 자체 책임으로 절대 돌릴 수 없으며, 그것은 조합이 마르크스주의 투쟁 도구가 되었을 때 처음으로 조합에 주어졌던 것이다. **노동조합이 '계급투쟁적'인 것이 아니라, 마르크스주의가 조합을 자기 계급투쟁의 도구로 만들어낸 것이다.** 마르크스주의는 세계적인 유대인이 자유 독립의 국민국가의 경제적 기초를 파괴하고, 국민적 공업과 상업을 파괴하며, 그와 더불어 국가를 초월한 세계 금융=유대주의를 위해 자유로운 여러 민족을 노예화하기 위해 이용하는 경제적 무기를 만들었던 것이다.

이에 직면해 국가사회주의적 노동조합은 국민적 경제 과정에 관여하고 있는 일정한 그룹을 조직적으로 모음으로써 국민경제 자체의 안전성을 높이고, 그 마지막 귀결에 있어 국가주의적 민족체에 파괴적 영향을 미치며, 민족 공동체의 생생한 힘, 또는 국가의 생생한 힘을 해치고 결국 경제 자체에 불행과 파괴를 가져오는 모든 폐해를 수정하고 없애버림으로써 국민경제의 힘을 강화해야 한다.

그러므로 국가사회주의적 노동조합에게는 파업이 국민적 생산에 파괴와 동요를 주는 수단이 아니라, 그 비사회적 성격 때문에 경제 능률과 동시에 전체 존재를 저해하고 있는 모든 폐해와 싸움으로써 국민적 생산을 증가시키고 원활하게 하는 수단인 것이다. 왜냐하면 개인의 경제 과정에서 차지하는 일반적인 법적 및 사회적 지위와—오로지 거기서만 생기는 것이지만—자기 이익을 위해 이 과정이 번영할 필요성에 관해 인식하는 것과 개인 능률과는 언제나 인과관계에 있기 때문이다.

국가사회주의적인 사용자와 노동자의 인식

국가사회주의적 노동자는 국민경제의 번영이 자기 물질적 행복을 뜻한다는 것을 알아야 한다. 국가사회주의적 고용주는 자기 노동자의 행복과 만족이 자기 경제적인 힘의 존립과 발전을 위한 전제임을 알아야 한다.

국가사회주의적 노동자와 국가사회주의적 고용주는 다 같이 모든 민족 공동체의 대리인이며 옹호자이다. 그러한 경우 그들에게 그 활동에 있어 허용되는 고도의 개인적 자유는 다음 사실에 의해 설명된다. 곧 경험에 따르면, 저마다의 능력은 위로부터의 강제에 의한다기보다도 광범위한 자유를 보장함으로써 더한층 높여지며, 또 그것은 가장 뛰어나고 유능하며, 또한 가장 근면한 것을 조장할 것이 틀림없는 자연적인 선발 과정이 방해되는 것을 막는데 알맞다.

직능대표회의와 경제회의

그러므로 국가사회주의적 노동조합에서는 파업은 국가사회주의적 민족주의 국가가 성립되지 않은 동안에만 허용되며, 또 물론 허용되어야 하는 수단이다. 이것은 물론 고용주들과 노동자들의 2대 그룹의 대중투쟁 대신에(이것은 그 결과 생산이 감소하며, 언제나 민족 공동체 전체에 손해를 주는 것이다!) 모든 것의 권리 배려와 권리 보장을 떠맡아야 하는 것이다. **경제회의소**[1] 자체에는 국민경제의 활성화 유지와 그것에 해를 미치는 결함과 결정을 제거하는 의무가 과해진다. 오늘날 몇백만 명의 투쟁에 의해 결정되는 일이 장래에 있어선 **직능대표회의**와 **중앙경제회의**에서 해결되어야 한다. 그와 함께 이미 기업가 측과 노동자 측이 임금과 임금률의 투쟁에서 둘의 경제적 존립에 손해를 주면서 서로 떠들어대는 일도 없이, 이 문제는 언제나 민족 공동체와 국가의 복지를 첫째로 뚜렷하게 염두에 두지 않으면 안 되는 높은 위치에서 함께 해결되는 것이다.

여기서도 철두철미하게 첫째로 조국, 다음에 당이라는 철칙이 적용되어야 한다. 국가사회주의적 노동조합의 임무는 이 목표 자체에 대한 교육과 준비이다. 목표란 바로 **개개인의 천부(天賦)의, 또 민족 공동체에 의해 완성된 능**

---

1) 원문에는 Wirtschaftskammer로 되어 있어 '경제회의소'로 옮겼으나, 이것은 Ständekammer나 Wirtschaftsparlament를 잘못 쓴 것으로 보인다.

력과 체력에 따라서 우리 민족과 그 국가의 유지 및 확보를 위하여 모두가 협동하여 일하는 것이다.

노동조합은 둘이어선 안 된다

제4의 문제, 곧 우리는 어떻게 이러한 노동조합을 만드느냐 하는 데 대답을 내놓는다는 것은 매우 곤란했다.

어떤 새로운 곳에서 설립에 착수하는 편이 이미 비슷한 것이 설립되어 있는 오랜 곳에서 행하는 것보다는 일반적으로 손쉽다. 어떤 종류의 장사가 아직 존재하지 않는 장소에서는 사람들은 그러한 것을 쉽게 설립할 수 있다. 이미 비슷한 기업이 현재 있다면 더욱 어렵다. 그리고 오로지 하나만이 번창할 수 있다는 조건이 주어지고 있는 경우는 가장 곤란하다. 왜냐하면 여기서 설립자는 자기 새 사업을 들여와야 할 뿐만 아니라, 존립해 나가기 위해서 이전부터 그 장소에 존재하고 있는 것을 부수어버리지 않으면 안 되기 때문이다.

국가사회주의적 노동조합이 다른 노동조합과 병존한다는 것은 터무니없는 일이다. 그 이유는 국가사회주의적 노동조합도 그 세계관적 과제와 거기서 생겨나는 의무—다른 똑같은, 또는 거기다가 적의를 띤 조직에 대하여 관용성 없는, 또한 유아독존의 배타적 필요성을 강조해야 할 의무—에 따라서 일관되어 있다는 것을 자각해야 하기 때문이다. 여기에도 비슷한 노력과 담합이나 타협은 없고, 오로지 '절대적으로 유일한 권리' 유지만이 있는 것이다.

그런데 이러한 발전을 하는 데에는 두 가지 길만이 있을 뿐이다.

1. 사람들이 자신의 노동조합을 설립하여, 차츰 국제주의적·마르크스주의적 노동조합에 대하여 투쟁한다.

2. 마르크스주의적 노동조합의 내부에 침입하여 그 자체를 새로운 정신으로 채워 넣도록 기도한다. 또한 그 자체를 새로운 이데올로기 도구로 변형시키는 것이다.

첫째 방법에 대해서는 다음과 같은 이데올로기가 있었다. 곧 그때 우리의 재정적 어려움은 여전히 매우 심각했고, 우리가 자유롭게 쓸 수 있는 자금은 정말 보잘것없는 정도였다. 점차 확대되는 인플레이션은—그때는 조합이 얻을 수 있는 물질적 이익은 문제가 안 될 정도였기 때문에—사태를 한층 더 곤란하게 만들었다. 이러한 관점에서 보면, 개개의 노동자는 그때 노동조합에 조합비를 납부할 여유가 전혀 없었던 것이다.

이미 존재하고 있었던 마르크스주의의 조합조차도, 쿠노의 뛰어난 루르 지방의 행동[2]에 의해서, 갑자기 몇백만의 금액이 호주머니에 들어올 때까지는 와해 지경에 있었던 것이다. 이 이른바 '국가주의적' 수상은 마르크스주의적 노동조합의 구세주라고 해도 좋을 것이다.

그때 우리는 그러한 재정적 가능성을 기대할 수가 없었다. 그리고 재정적 무능력 때문에 아주 하찮은 것도 제공할 수 없는 새 노동조합에 가입하도록 그 누구에게도 권유할 수 없었다. 그 대신 나는 그러한 새 조직 가운데서 조금이라도 뛰어난 인물에 대하여 작은 피난 장소를 만드는 것을 절대적으로 막아야 했다.

노동조합과 지도자 문제

인재 문제가 무엇보다 중요했다. 그때 우리는 이 큰 과제를 해결할 만한 오로지 한 사람의 인재도 없었다. 그때 마르크스주의 노동조합을 실제로 무너뜨리고, 그 파멸적 계급투쟁 기관 대신 국가사회주의적 노동조합의 이념을 도와 승리를 가져오게 하기 위한 사람이 있었다면, 그는 우리 민족의 정말로 위대한 인물에 속하는 사람이며, 그의 흉상은 언젠가 장래에 레겐스부르크의 초혼당에서 후세를 위하여 기려졌을 것이 틀림없다.

그러나 나는 이러한 자리에 적합한 인물을 한 사람도 몰랐다. 더욱이 국제주의적 노동조합조차도 단지 보통 사람들을 마음대로 움직이고 있다는 사실에 의해서 이러한 사고방식에 의문을 품는다는 것은 아주 잘못된 것이다. 그것은 실제로 전혀 아무런 의미도 없다. 왜냐하면 국제주의적 노동조합이 일찍이 설립되었을 때 그 밖에는 아무것도 없었기 때문이다.

오늘날 국가사회주의 운동은 오랫동안 존립해 온, 또 최소 것까지 확대된 거대한 조직에 대항하여 싸워야 했다. 정복자는 방어자를 정복하려면 방

---

2) 빌헬름 쿠노는 1922~1923년의 독일공화국 수상이다. 1923년 프랑스군이 루르 지방을 점령했을 때 배상금 지불을 거부하고, 루르 지방의 석탄 신디케이트를 함부르크로 철수시키는 등 소극적인 저항을 했으나, 그로 인해 마르크가 급격히 하락하여 유대인만 돈을 벌었다. 히틀러는 유대인이 만든 노동조합이 그 때문에 이익을 얻었다는 것이다.

어자보다 언제나 독창적이어야 한다. 마르크스주의적 노동조합의 요새는 오늘날 보통 사람에 의해서도 관리할 수 있다. 그러나 그것은 반대측의 탁월한 위인의 힘찬 에너지와 뛰어난 능력에 의해서만 강습될 수가 있다. 만일 그런 인물이 없다면 운명과 싸워도 효과가 없으며, 불충분한 대용물로 무리하게 밀고 나가려고 하는 것은 더욱 터무니없는 일이다.

인생에 있어서는 거기에 적당한 힘이 부족할 때는 오로지 어중간하게 또는 서툴게 시작하는 것보다는 먼저 현상 그대로 두는 것이 더 좋은 경우가 흔히 있는데, 그러한 경우에 이 인식을 적용할 수 있다.

세계관 투쟁 먼저

또 하나의 고려—제발 그것을 정치 선동적이라고 말하지 않기를 바라는데—가 덧붙여졌다. 그때 나는 위대한 정치적·세계관적 투쟁을 경제적인 일에 너무 조급하게 연결시키는 것은 위험하다는 확고부동한 신념을 가지고 있었고, 또 지금도 가지고 있다. 특히 이것은 우리 독일 민족의 경우에 타당하다. 그 이유는 여기서는 경제적인 투쟁이 정치투쟁 에너지를 곧바로 거세해 버리고 말기 때문이다.

사람들은 검소하고 절약한다면 조그마한 집을 가질 수 있다는 확신을 얻게 되자 곧 이 과제에만 전념하게 되고, 그때는 이미 정치투쟁, 즉 저축한 그 푼돈을 이러저러한 방법으로 언젠가 또 빼앗아가려고 생각하고 있는 자에 대한 정치투쟁을 하는 시간 등은 별로 남지 않게 되는 것이다. 얻은 통찰이나 확신을 위하여 정치투쟁으로 고생하는 대신에 그들이 오로지 '집을 짓는다'는 생각에만 몰두하여 결국은 이것도 저것도 이루지 못하는 결과가 되고 마는 것이다.

국가사회주의 운동은 오늘날 그 투쟁 초기에 놓여 있다. 국가사회주의 운동은 대부분 먼저 그 세계관적인 상(像)을 형성하여 이를 완성해야 한다. 국가사회주의 운동은 에너지를 모두 번식시켜 그 위대한 이상을 수행하기 위하여 싸워야 하며, 그 성과는 모든 힘을 아낌없이 투쟁에 쏟아부을 때에만 생각할 수 있다.

오로지 경제적 문제에만 몰두하는 일이 얼마나 활동적인 투쟁력을 빼앗아 가는 것인가를, 우리는 마침 오늘날 이 눈앞에 있는 전형적인 예 가운데에서 볼 수 있다.

1918년 11월혁명은 노동조합에 의해서 행해진 것이 아니고, 그에 반해서 수행되었던 것이다. 더구나 독일 부르주아지는 독일 장래를 위해서는 정치투쟁을 하지 않는다. 그들은 장래가 경제의 건설적인 작용으로 충분히 확보되어 있다고 믿기 때문이다.

우리는 이러한 경험에서 배워야 한다. 그 이유는 우리 경우에도 똑같은 일이 있을지도 모르기 때문이다. 우리 운동의 모든 힘을 정치투쟁에 집결하면 할수록 우리는 그만큼 빨리 전면적인 성과를 기대해도 좋을 것이다. 그러나 우리가 너무 빨리 노동조합이나 주택이나 이와 비슷한 문제를 짊어지면 질수록 전체적으로는 그만큼 우리들 일을 이롭게 하지 못하는 결과가 된다.

왜냐하면 이 문제가 매우 중요하다 할지라도 우리가 국가권력이 이 사상을 위하여 기여하게 할 수 있을 때에만 그것이 대규모로 실현될 것이기 때문이다. 그때까지는 그 문제에 관계하는 것이 빠르면 빠를수록, 그리고 그것에 의해서 '세계관적 의지'가 크게 제한되면 될수록 그 문제는 이 운동을 더욱 무력하게 만들 것이다. 그렇게 되면 세계관이 자기 궤도에 노동조합을 따르게 하는 대신에 노동조합적 계기가 정치 운동을 조종하게 되는 일이 쉽게 될 것이다.

운동뿐 아니라 우리 민족 일반을 위한 실제적 성과도 국가사회주의적 노동조합 운동에서 생긴다고 한다면, 그것은 세계관적으로 이미 우리 국가사회주의의 이념으로 매우 강하게 채워져 있어 마르크스주의의 전철을 밟을 위험을 이미 저지르지 않게 되었을 때뿐이다. 그 이유는 마르크스주의적 노동조합과의 경쟁만을 자기 사명이라 생각하고 있는 국가사회주의적 노동조합은 존재하지 않는 것보다 더 나쁠 것이기 때문이다.

국가사회주의 노동조합은 마르크스주의적 노동조합에 단순히 조직으로써만이 아니고 무엇보다 먼저 **이념**으로써의 투쟁을 통고해야 한다. 국가사회주의 노동조합은 거기에서 계급투쟁 및 계급 사상의 포고자와 충돌하지 않을 수 없으며, 그것 대신에 독일 시민의 직업상 이익의 보호자가 되어야 하는 것이다.

설립하지 않는 것은 잘못 설립하는 것보다 낫다

이러한 시각은 모두 자기 노동조합의 설립에 반대하는 것을 그때에도 말하고 지금도 말하고 있다. 분명히 운명에 따라서 바로 이 문제 해결을 위하여 초대된 **두뇌 소유자**가 갑자기 나타나는 것이 아니라면 말이다.

그러므로 그 밖에는 오로지 두 가지 가능성뿐이다. 곧 자기 당원에게 노동조합에서 탈퇴하기를 권하든가, 그렇지 않으면 내부에서 되도록 파괴적으로 활동하기 위해서 이제껏 있어온 조합에 머물든가 하는 것이다.

나는 대체로 후자 길을 권했다. 특히 1922년, 1923년에 있어서 사람들은 쉽게 그렇게 할 수 있었다. 그 까닭은 우리의 운동이 젊었기 때문에 우리들 진영 출신의 그다지 많지 않은 조합원으로부터 노동조합이 인플레 시대에 빼앗아가는 재정적 이익은 아무것도 없었기 때문이다. 그러나 노동조합에 대한 손해는 매우 컸다. 왜냐하면 국가사회주의 지지자들은 조합의 가장 신랄한 비판자들이었으며, 따라서 그 내부적 파괴자였기 때문이다.

그때 나는 처음부터 실패가 예견된 실험은 모두 전면적으로 거부했다. 나는 그들 조합원의 이익에 대하여 내면적인 확신을 가지고 있지 않은 제도를 위하여 노동자로부터 그들의 보잘것없는 수입에서 얼마쯤 돈을 빼앗는다는 것을 하나의 범죄로 여겼던 것이다.

어느 새로 생긴 정당이 언젠가 또 없어진다고 해도, 이것은 손해는 없으며 거의가 이익이 되는 것이고 아무도 이것을 한탄할 권리가 없다. 그 까닭은 개인이 정치 운동에 주는 것은 언제나 보수를 단념하고 주는 것이기 때문이다. 그러나 노동조합에 조합비를 내는 자는 자신에게 약속된 반대급부를 실행시킬 권리가 있다. 만일 이것이 고려되지 않으면 그러한 노동조합의 지도자는 사기꾼이며, 적어도 문책받아야 할 경박한 인간이다.

그래서 1922년에 우리는 이 생각에 따라 행동했다. 다른 사람들은 그것을 더 잘 이해하고 있었는지 노동조합을 세웠다. 그들은 우리가 노동조합을 가지고 있지 않은 사실이 우리들 부정확하고 편협한 통찰의 가장 분명한 표시라고 비난했다. 그러나 이 조직 자체도 없어질 때까지 그렇게 긴 시일이 걸리지 않았다. 그렇게 하여 그 자체의 마지막 결과는 우리 경우와 같았다. 오로지 한 가지 차이점은 우리는 우리 자신도 그리고 남도 속이지 않았다는 것뿐이다.

제13장
전후 독일 동맹정책

무능한 원인

효과 있는 동맹정책의 근본 방침을 세울 때 볼 수 있었던 독일의 외교정책 지도층의 산만한 태도는 혁명 뒤에도 계속되었을 뿐만 아니라, 더욱더 심해져 갔다. 워낙 세계대전 전에는 첫째로 일반적인 정치 개념의 혼란이 외교정책에 있어서 우리나라 지도층을 잘못 행동하게 한 원인이라고 생각되었는데, 세계대전 뒤에는 성실한 의욕마저 결여되어 버렸기 때문이다.

혁명을 통해서 마침내 자신들의 파괴적 목표에 이르렀다고 생각한 동지들이 궁극적으로는 자유로운 독일국가 재건을 지향해야 할 동맹정책에 아무런 관심도 가질 수 없었던 것은 자연스러운 일이었다. 그와 같이 일이 진행된다는 것은 11월 범죄의 본질적인 의도에 모순될 뿐 아니라, 또 그것이 독일 경제나 독일 노동력을 국제화하는 것을 방해하거나 실제로 종결시키는 결과까지도 가져왔을 것이다.

외교정책에서의 자유를 위한 투쟁 결과로 나타나는 현상으로서의 국내 정치적 영향 또한 오늘날 독일국가 권력의 소유자들에게 앞으로 불길한 것이 되었을 것이다. 왜냐하면 사람들을 미리 국민화하는 일 없이는 도대체 국민의 드높임은 조금도 생각할 수 없지만, 거꾸로 강력한 외교정책 성과는 필연적으로 같은 의미에서 반작용을 낳게 되기 때문이다.

모든 자유를 위한 투쟁은 경험에서 보면 국민감정이나 자기신뢰 상승을 가져오고, 또 그것에 의해 비국민적 분자나 이와 똑같은 경향에 대한 날카로운 감수성을 더욱더 높인다. 평온한 시대에는 허용될 뿐만 아니라 흔히 전혀 주목을 받지 않는 상태나 인물도, 국민적 열광이 무르익을 시기에는 오로지 기피될 뿐만 아니라 치명적인 반항을 부르는 일도 드물지 않다.

예를 들면 스파이에 대한 일반적인 두려움에 대해서만이라도 상기해 주기 바란다. 그 두려움은 전쟁 시작에 의해 인간 격정의 비등점에까지 갑자기 솟아오르고, 아주 잔혹한, 때로는 부당한 박해로 치닫는 것이다. 이 일은 설령 스파이 위험이 분명한 이유에서 그다지 일반의 주의를 받지 않아도 그 위험은 오랜 기간에 걸친 평화 시대에 한층 더 큰데도 불구하고 여전히 그런 것이다.

11월 사건에 의하여 표면에 모습을 드러낸 국가 기생충들의 예민한 본능은, 이와 같은 이유로 해서 이미 우리 국민이 현명한 동맹정책에 힘입어 자유를 찾아 일어서서, 국민 격정이 그에 의해 선동되게 된다면, 자신들의 범죄적 존재가 아마도 파멸할지도 모른다는 것을 알아차리게 될 것이다.

따라서 왜 1918년 이후 정부 결정권을 가진 지위에 있는 사람들이 외교정책면에서 조금도 움직이려 하지 않고, 또 왜 국가 지배자들이 독일 국민의 참된 이익에 대하여 거의 언제나 계획적으로 반대하는 활동을 하고 있었는가 하는 이유도 이해될 것이다. 왜냐하면 언뜻 보기에 무계획적인 것같이 보이는 것이라도 자세히 살펴보면, 1918년 11월혁명이 처음으로 공공연하게 발을 내디딘 길의 시종일관한 진행에 지나지 않는다는 것이 탄로나고 말 것이기 때문이다.

물론 여기서 우리나라의 경우에 책임이 있는, 또는 보다 더 확실하게 말한다면 '책임을 져야 할' 국정 지도자층과 의회주의적 보통 정담가(政談家), 그리고 양(羊)처럼 끈기 있고 우둔하고 거세된 민중의 큰 무리를 저마다 구별해야 한다.

그 가운데 한 그룹은 그 자신이 바라고 있는 일에 대해서 이해하고 있다. 다른 그룹은 그들에게 협력했지만, 그것은 그들도 같은 이해를 가지고 있거나, 또는 한번 승인된 일이나 유해하다고 느껴지는 일에 대하여 용서 없이 반항하기에는 너무나 겁쟁이이기 때문이다. 그리고 남은 그룹은 조금도 이해할 수 없고 어리석기 때문에 복종하고 있다.

국가사회주의 독일노동자당이 오로지 작은, 거의 남에게 알려져 있지 않은 단체로서 있는 한, 외교정책 문제는 많은 지지자의 눈에 2차적인 의미를 가질 수 있을 뿐이었다. 이러한 사실은 특히 다름 아닌 우리 운동이 늘 원칙적으로 다음의 견해를 주장하고 있었고, 또 지금도 주장하지 않으면 안 된다고 하는 원인에서 생긴 것이다. 곧 외국에 대한 자유는 천상이나 지상 주권으로부터 선물로서 주어지는 것이 아니라, 오히려 국내 힘의 발전에 따른 결실에 불과하다는 것이다. 다만 **우리나라의 붕괴 원인을 없애버리고, 동시에 그 붕괴에서 부당하게 이익을 얻는 자를 절멸시키는 것만이 외국에 대한 자유를 위한 대외 투쟁의 전제를 만들어낼 수가 있는 것이다.**

외교정책의 목표─내일의 자유

따라서 이와 같은 관점으로 이 젊은 운동 초창기에 운동이 국내 개혁 방안의 중요성에 비해서 외교정책 문제의 가치가 경시된 것은 이해될 것이다.

그러나 작고 하찮은 단체 조직의 한계가 넓혀져서 드디어 그 한계가 부서져 버리고, 이 젊은 조직이 거대한 단체로서의 의미를 얻자마자 벌써 외교정책을 전개하는 문제에 대하여 태도를 결정해야 할 필요성이 생겼다. 다시 말해 우리들 세계관의 기초적인 여러 관념에 모순되지 않을 뿐만 아니라, 더욱 이와 같은 사상의 노선을 나타내는 지도원리를 결정하는 일이 중요했다.

바로 우리 국민이 외교정책에 대한 훈련이 부족하다는 사실에서 이 젊은 운동은 한 사람 한 사람의 지도자와 대중에게 방침을 대강이라도 제시하여, 외교정책에 대한 사상의 윤곽을 알려줄 의무가 주어졌다. 이 윤곽은 우리 국민의 자유와 우리나라의 진정한 주권을 회복하는 활동을 외교정책적으로 준비하는, 앞으로 나타날 실제적인 모든 수행을 위한 전제인 것이다.

이 문제를 판단할 때 우리가 늘 잊어서는 안 될 본질적인 원칙, 기초적·지도적 원리는 외교정책 또한 오로지 목적에 대한 수단에 불과하다는 것, 그리고 그 목적은 오로지 우리 자신의 민족을 진흥시키는 일이어야 한다는 것 등의 두 가지이다. **현재 또는 장래에 있어서 그것이 우리 민족에게 이로움을 주는 것일까, 어떤 해를 가져오게 하는 것일까** 하는 관점 말고는 어떤 견지에서도 결코 외교정책적 고려를 해서는 안 되는 것이다.

이 관점은 이와 같은 문제를 다루는 경우에 타당하며 유일한 선입견이다. 정당정치적·종교적·인도적 및 그 밖의 거의 모든 관점은 완전히 문제 밖인 것이다.

세계대전 이전 독일 외교정책의 과제가 우리 국민과 자손들이 이 지구상에서 부양(扶養)하기 위해 그 목표에 이를 수 있는 길을 마련함으로써 보증하는 일이며, 또 그 경우 필요한 조력자를 목적에 적합한 동맹국이라는 형식으로 얻어내는 일이었다고 하면, 그 과제는 지금도 같으며, 오로지 다음의 구별이 있을 뿐이다.

세계대전 전에는 독립된 주권국가가 기존의 힘을 생각하면서 독일 민족 유지에 이바지하는 일이 중요했다고 한다면, 오늘은 민족에게 먼저 자유로운 주권국가라는 형태의 힘을 다시 부여하는 것이 중요한 것이다. 이 힘이야말로 우리 민족을 앞으로도 보존하고 진흥하여 부양해 나갈 의도를 가지고, 실제 외교정책을 이후 진척해 나가기 위한 전제이다. 바꿔 말하면 오늘날 독일 외교정책 목표는 내일의 자유를 다시 얻어내기 위한 준비가 되어야 한다.

이 경우 다음과 같은 하나의 기본 원칙을 언제나 명심해야 한다.

어떤 민족에게 있어서 독립을 다시 얻을 수 있는 가능성은 국가 영토가 하나로 통합되어 있다는 것이 절대 조건은 아니다. 오히려 필요한 자유를 손에 넣었을 경우 오로지 전체 민족의 정신적 공동체를 구현할 수 있을 뿐만 아니라, 군사상 자유를 위한 무력투쟁도 준비할 수 있는 이 민족과 국가의—비록 아무리 작다 하더라도 어쨌든 남아 있는—생존 부분이 현실적으로 존재하고 있다는 사실이 필요하다.

잃어버린 영토를 해방시키기 위한 전제

만일 몇억의 인구를 가진 어떤 민족이 국가적 통합을 유지하기 위하여 서로 손잡고 노예 상태의 멍에를 인내한다고 하면, 이것은 그와 같은 국가와 민족이 분쇄되어 버리고, 오로지 그 일부분만이 완전한 자유를 계속 보유해 나가는 경우보다 더 나쁘다. 물론 이 마지막에 남은 부분이 오로지 정신적·문화적으로 다른 부분과 분리가 불가능하다는 것을 끊임없이 선언할 뿐만 아니라, 억눌려 있는 불행한 부분을 궁극적으로는 해방하고 다시 통합하기 위한 군사적 훈련을 행하는 신성한 사명으로 가득 차 있어야 한다는 것이 전제되어야만 비로소 그와 같이 비평할 수 있는 것이지만.

더욱 명심해야 하는 것은 어떤 민족 및 국가가 잃어버린 영토 부분을 회복하는 문제는 언제나 첫째로 모국의 정치적 주권과 독립 회복의 문제라는 것, 따라서 또 그와 같은 경우에는 잃어버린 땅의 이해는 본국 영토의 자유를 회복한다는 유일한 이해에 사정없이 무시되어야 한다는 것 등이다. 왜냐하면 억압되어 있는 할양된 민족의 한 조각이라든가, 한 나라의 몇몇 주(州)의 해방은 억눌린 자들의 소망이나 잔존자들의 항의 등의 원인으로 생겨나는 일은 아니며, 많건 적건 이전의 공통된 조국 주권이 있는 잔존자들의 무력 수단에 의해서 생겨나는 것이기 때문이다.

그러므로 잃어버린 땅을 회복하기 위한 전제는 살아남아 있는 잔존 국가의 집중적인 진흥과 강화인 동시에, 마음속에 아직도 숨겨져 있기는 하지만, 움직일 수 없는 결의, 곧 그렇게 하여 형성되는 새로운 힘을 만일의 시기에는 온 민족의 해방과 통일을 위하여 바치고자 하는 결의이기도 하다.

따라서 분리당한 영토의 이해를 유일무이한 이해, 곧 잔존하고 있는 나머지 영토의 이해에 대하여 경시한다는 것은 적대적인 승전국의 의지를 바로잡기 위한 전제가 될 정도로 정치적 권력과 정치적 에너지를 얻게 되는 일인 것이다. 왜냐하면 억눌려 있는 국토는 심한 항의로써 공통 국가의 품속으로 돌아오는 것이 아니고, 전투력이 있는 칼에 의해 되찾아지게 되는 것이기 때문이다.

이 칼을 만드는 일이 어떤 민족의 국내 정책상 지도 과제이며, 제작 작업을 안전하게 하여 전우를 찾는 것이 외교정책 지도의 과제이다.

*

세계대전 전의 잘못된 대륙정책

이 책 제1부에서, 나는 세계대전 전의 우리나라 동맹정책이 어중간했음을 말해 두었다. 우리 민족을 앞으로 유지하고 부양하기 위한 네 가지 길 중에서 네 번째 최악의 길이 우리에 의해서 선택되었던 것이다. 건전한 영토정책을 유럽에서 행하는 대신에 식민지 및 무역정책이 선택되었다. 이 선택은 이제 그것에 의해 무력 대결을 피할 수 있다고 생각된 만큼 더욱 결점이 많은 것이 되었다. 이 두 마리뿐이 아니라 모든 토끼를 쫓으려고 한 시도는 알다시피 한 마리 토끼도 잡지 못하는 결과가 되고, 세계대전은 우리나라의 잘못된 외교지도에 대하여 우리에게 내밀어진 마지막 계산서에 지나지 않았다.

올바른 길은 이미 당시에도 **세 번째 길**에 있었을 것이다. 곧 **유럽에서 새로운 영토를 획득하는 일**에 의해 대륙에서의 세력을 강화하는 길인데, 이것은 그 뒤 식민지에 의한 보충 등으로 자연스럽게 가능해지리라고 생각되었던 것이다. 이 정책은 물론 영국과 동맹을 맺든가, 또는 40~50년이나 문화적인 과제가 완전히 전면에서 없어질 만큼 군사력 수단을 비정상적으로 증진시키지 않으면 수행될 수 없을 것이다. 이 정책은 매우 타당했던 것이라고 말할 수 있으리라.

한 국민의 문화적 의미는 거의 언제나 그들의 정치적 자유와 독립에 연관되어 있다. 따라서 이들은 문화가 존재하기 위한, 또는 오히려 생겨나기 위한 전제이다. 그러므로 정치적 자유를 확실하게 하기 위한 희생이라면 어떤 희생도 결코 지나친 것이 될 수 없다. 일반 문화에 관한 사항이 국가 군사력의 지나친 증강에 의해 손상되었다고 하더라도 뒷날 충분히 회복될 수 있을 것이다.

그렇다, 국가의 독립 유지 방향으로만 노력이 집중된 뒤에는 민족의 지금껏 방치되어 있었던 문화적 능력이 눈부실 정도로 발전함으로써 어떤 종류의 편안함이나 평형 상태가 나타나는 것이 보통이라는 말을 듣는다. 페르시아 전쟁의 역경에서 페리클레스 시대의 정화(精華)가 탄생되고, 또 포에니 전쟁의 고통을 겪고 나서 로마 국가는 더욱 고도의 문화를 위하여 헌신하기 시작한 것이다.

물론 국가가 훗날 안전을 위하여 앞으로의 전투에 대비한다고 하는 유일무이한 과제에 대하여 민족의 그 밖의 모든 관심을 이와 같이 철저하게 종속시키는 일을 의회정치의 우둔한 자들이나 무능한 자들의 다수결의 결정에 맡길 수는 없다. 다른 모든 관심을 무시하고 전쟁 준비를 할 수 있었던 것은 프리드리히 대왕과 같은 우리 선조가 할 수 있었던 일이고, 유대적 변종의 우리나라 민주주의적 의회의 당찮은 일 창시자들은 도저히 그렇게 할 수 없는 것이다.

이러한 이유로 말미암아 이미 세계대전 전에 유럽 안에서 토지를 얻어내기 위한 군사적 준비는 아주 보잘것없는 수준에 지나지 않았으며, 그 결과 목적을 같이하는 동맹국 지원 없이는 거의 불가능했다.

그러나 우리나라 지도자들은 전쟁의 계획적 준비 따위에 대해서는 아무것도 이해하려고 하지 않았기 때문에 우리나라는 유럽에서의 토지 획득을 포기하고, 그 대신 식민지와 무역정책에 종사함으로써 그렇게 하지 않았으면 가능했던 영국과의 동맹을 희생시켰다. 하지만 그렇다면 논리적으로 러시아의 지지에 의존했어야 함에도, 그것도 하지 않고 마침내는 합스부르크 왕가가 세습한 죄악을 제외하고는 모든 곳으로부터 따돌림당해 세계대전으로 비틀거리면서 뛰어들게 된 것이다.

*

오늘날 유럽의 세력 관계

오늘날 우리나라 외교정책의 특징으로는 무언가 확실한, 그렇지 않으면 충분히 이해 가능한 방침이라는 것이 전혀 존재하고 있지 않다는 것이다. 세계대전 전에는 실수하여 네 번째의 길을 걷게 되고, 그것도 오로지 어중간하게 추구되었을 뿐이었지만, 혁명 이후에는 이제 아무리 날카로운 눈으로도 길이 하나도 보이지 않게 되었다. 우리 민족을 다시 일으킬 최후 가능성까지도 파괴하려고 하는 기도 외에는 세계대전 전보다도 훨씬 더 계획적인 고려가 결여되어 있는 것이다.

오늘날 유럽의 세력 관계를 냉정하게 재음미해 보면, 다음과 같은 결론에 이른다. 곧 300년 이래 우리 대륙 역사는 유럽 각국의 세력 관계를 균형화하여 서로 견제시키는 방법에 의해서,[1] 자신의 거대한 세계정책적 목표에 필요한 후방 수비를 안전하게 하려는 영국의 기도에 의해서 결정적으로 지배되었다.

독일에서는 오로지 프로이센 군대의 전통만이 비교 대상이 될 수 있는 영국 외교의 전통적 배경은, 엘리자베스 여왕의 노력 이후 계획적으로 어느 유럽의 강국이 일반적인 힘의 질서 테두리를 넘어서 약진하는 것을 모든 수단을 다하여 저지하고, 필요하다면 군사적 간섭에 의해서라도 분쇄하는 일이었다. 그러한 경우 영국이 항상 사용한 폭력 수단은 그때그때 사정이라든가 주어진 문제에 따라서 다양하게 나타났다. 그러나 그 폭력 수단을 사용하려고 하는 결심과 의지는 한결같았다.

---

1) 초판본 원문에는 '간접적 방법에 의해'라고 되어 있다.

그렇다, 시간 경과에 따라 영국 처지가 곤란하게 되면 될수록 영국의 국가 지도층은 서로 적대 관계로부터 생기는 유럽 각국의 힘의 일반적인 마비 상태를 유지하는 것이 한층 필요하다고 느꼈다.

옛날 북아메리카 식민지가 정치적으로 분리된 것은 영국으로 하여금 그 뒤 절대적인 유럽의 배후 방위를 유지하는 데 더욱 최대 노력을 기울이게 했다. 따라서 영국 세력이—위대한 해군국이었던 스페인과 네덜란드의 섬멸 후—상승하고 있던 프랑스에 계속적으로 집중된 결과, 드디어 나폴레옹 1세의 몰락과 함께 영국에게 있어서 가장 위험했던 육군 국가가 주도권을 쥐는 위험은 제거되었다고 생각하기에 이르렀다.

영국과 독일

독일에 대한 영국의 정책 변화는 완만하게 실시되었다. 그것은 먼저 독일 민족의 국가적 통일이 결여되어 있었기에 영국에는 확실한 위험이 존재하지 않았을 뿐만 아니라, 선전에 의해서 어떤 특수한 국가 목적에 맞도록 마련된 여론이라는 것이 새로운 목표를 따르는 데 완만했기 때문이기도 했다. 정치가의 사려 깊은 인식이 감정적인 가치로 바뀐 것처럼 여겨진다. 이 감정적 가치는 그때그때의 효과라는 점에서 보다 더 생산적일 뿐만 아니라, 그 계속성이라는 점에서도 보다 더 안정적이다.

따라서 정치가는 하나의 의도를 이룩한 뒤 손쉽게 새로운 목표에 그 생각을 발전시켜 나갈 수 있지만, 대중은 오로지 완만한 선전활동을 통해서만 비로소 감정적으로 자신의 지도자[2]의 새 의견의 도구로 변화될 수가 있을 것이다.

이럭저럭하는 동안 이미 1870~1871년에 영국은 새로운 태도를 확립하고 있었다. 미국의 세계경제적 중요성과 러시아의 강권정책의 발전 결과로서 몇 가지 그 태도의 흔들림이 있었음에도, 유감스럽게도 독일은 그 흔들림을 이용하지 못했으므로 영국 정책의 본디 경향은 더욱더 확고한 것이 되고 말았다.

영국은 독일에서 상업상으로, 따라서 세계 정치상으로도 무시할 수 없는

---

2) 신판 원문에는 Leben(생활)으로 되어 있으나, 초판에 따라서 Leiter(지도자)로 옮겼다.

힘을 간파했다. 이 힘이 갖는 중요성은 뭐니 뭐니 해도 독일의 거대한 공업화에 의해 저마다 같은 영역에서 양국의 힘이 평형을 이루고 있다고 여길 수 있을 정도로 가공할 만큼 확대된 데 있다. 세계의 '**경제적·평화적**' 정복은 우리나라 지배자들에게는 가장 소중히 간직해 둔 지혜를 모은 최상의 결론이라고 생각되었으나, 영국 정치가들에게는 우리에게 저항하기 위한 조직을 만드는 이유가 되었다.

이 저항은 용의주도하게 조직된 공격이라는 형식으로 이루어졌는데, 더 나아가 이것은 그 목표가 문제로 되어야 할 세계평화 유지에는 전혀 없고, 오로지 영국의 세계지배 확립이라는 데 있었던 외교정책의 본질에 완전히 일치하고 있었다. 이때 영국군이 군사적으로 문제가 되었던 모든 나라를 동맹국으로 이용한 것은 적의 힘을 평가하는 경우 전통적인 신중성 및 현재 자기약점에 대한 통찰 등의 두 가지에 대응하는 것이었다.

그러므로 이것은 그와 같은 용의주도한 전쟁 조직이 용감한가 아닌가 하는 관점이 아니라, 목적에 적합한가 그렇지 않은가 하는 관점에서 평가되어야 하기 때문에 결코 '양심적이 아니다'[3]라고 말할 수는 없다. **외교는 한 민족이 용감하게 멸망하는 일에 있는 것이 아니라, 실제로 보존되어 가는 일에 진력해야 한다. 따라서 후자에 이르는 길은 모두 목적에 적합한 것이며, 그 길을 걷지 않은 경우는 의무를 망각한 범죄이다.**

독일의 혁명화에 의해서 게르만의 세계제패를 겁내는 영국의 불안은 마침표를 찍고, 영국 정치가는 한시름 놓게 되었다.

흐트러진 균형

영국은 유럽 지도에서 독일을 **완전히** 없애버리려고 하는 관심을 그 뒤 더 이상 갖지 않았다. 반대로 1918년 11월에 생긴 무서운 파멸은 영국 외교를 처음에는 가능하다고 생각조차 하지 않았던 새로운 상황으로 끌어들였던 것이다.

4년 반 동안 대영제국은 대륙의 한 강국의 가상적인 우월성을 파괴하려고

---

3) 초판 원문에는 *Skrupellosigkeit*로 되어 있으나 어쩌면 *Skrupulösigkeit*를 잘못 표기한 것일지도 모른다. 후자라면 '소심한' '세심한' '양심적인'이라는 반대 뜻이 되는데 이 경우가 문장은 잘 통하는 것 같다.

싸웠던 것이다. 그러나 갑자기 붕괴가 닥쳐왔다. 이 붕괴에 의해 그 나라는 완전히 시야에서 사라져버린 것같이 생각되었다. 가장 원시적인 자기보존 충동조차도 결여되어 있음이 나타나고, 이 결여에 의해 유럽 균형은 48시간도 채 지나기 전에 한 작전에 따라 무너져버린 것처럼 생각되었다. 곧 독일이 무너지고, 프랑스가 유럽에서 제1의 대륙 정치의 지배자가 된 것이다.

영국의 전쟁 목표는 이루어지지 않았다

이 전쟁에서 영국 국민을 최후까지 견디게 하고, 한없이 선동하고, 모든 원시적 본능과 격정을 불러일으킨 거대한 선전은 이제 납덩이처럼 영국 정치가들의 결심 위에 무거운 짐이 되어 덮쳤다. 영국의 전쟁 목표는 독일의 식민·경제·무역정책의 파멸에 의해 이루어진 것이며, 그 이상의 일은 영국 이익을 침해하는 것이었다. 유럽 대륙에서 독일과 같은 강대국이 사라짐으로써 오로지 영국의 적만이 이득을 볼 수 있었다. 그럼에도 불구하고 1918년 11월에서 1919년의 한여름이 될 때까지 확실히 이 긴 전쟁 중에 이전보다도 한층 대중의 감정적인 힘을 이용해 온 영국 외교의 방향 전환은 이미 불가능했다.

이 전환은 자국민에게 기존 태도라는 점에서 보아도 불가능했고, 군사적인 역관계(力關係)의 기존 태도라는 점에서 보아도 가능하지 않았다. 프랑스는 자기 마음대로 행동할 수 있었고 다른 나라에 명령할 수 있었다. 그러나 이 흥정과 거래가 진행된 몇 달 동안에 변화를 가져올 수 있었던 유일한 국가, 곧 독일 자체는 내란의 격동에 휩싸여 있었으며, 이른바 정치가의 입에서 되풀이해서 어떤 무리한 조약이라도 기꺼이 승인할 의사가 있음이 예고되고 있었다.

그런데 여러 민족 간의 생활 속에서 한 국민이 자기보존 충동을 완전히 결여함으로써 '적극적'인 동맹자가 되는 것을 그만둔다고 하면, 그 국민은 노예 민족으로 타락하고, 그 국토는 식민지 운명으로 전락하는 것이 보통이다.

당연히 프랑스 세력이 지나치게 커지지 못하도록 막기 위해서는, 프랑스의 약탈욕에 자신도 참가하는 것이 영국의 유일하게 가능한 거래 형식이었다.

실제로 영국은 자신의 전쟁 목표에 이르지 못했다. 유럽의 한 나라가 유럽 대륙 국가 질서의 역관계를 넘어서서 상승한다는 것이 저지되지 못했을 뿐만 아니라, 오히려 증강된 형태로 공고히 되었던 것이다.

육군 국가로서 독일은 1914년에는 두 나라에 끼여 있었는데, 그 한쪽은 독일과 같은 정도의 힘을 가지고 있고, 다른 한쪽은 보다 우세한 힘을 가지고 있었다. 거기에 우월한 영국 해군력이 덧붙여졌다. 오로지 프랑스와 러시아만으로도 독일 세력이 거대한 발전을 이룩하는 데 늘 방해가 되고 저항이 되었다.

독일의 극도로 불리한 군사 지정학적 상황도 이 나라 힘의 증강이 정도를 넘지 않게 하기 위한 안전계수로 볼 수 있었다. 특히 해안선은 군사적으로 볼 경우 영국과의 전쟁에는 불리하고 또 짧고 좁았다. 이와 반대로 지상 전선은 매우 길고 넓었다.

오늘의 프랑스 상태는 다르다. 군사적으로는 대륙에 있어서 강력한 경쟁자를 가지고 있지 않은 첫째가는 강대국이다. 국경에서는 남쪽 스페인과 이탈리아에 대해서는 수비되어 있는 것과 같은 지세(地勢)이며, 독일에 대해서는 우리 조국의 가사 상태에 의해 안전이 보장되어 있다. 해안선은 영국제국의 중추 전면에 긴 전선을 펼쳐놓고 있다. 오로지 비행기나 장거리포에 의해 영국의 생명 중추가 공격할 만한 가치 있는 목표가 될 뿐 아니라, U보트[4]의 활동에 대해서도 영국 무역의 교통로는 노출 상태라고 할 수 있다. 대서양에 닿아 있는 긴 해안선 및 지중해 연안 유럽이나 북아프리카의 프랑스 영토의 그것에 못지않게 긴 해안선을 근거지로 하여 U보트전을 벌인다면 아마도 놀라운 성과를 올릴 것이다.

프랑스와 영국의 정치 목표

따라서 독일 세력의 발전에 대한 싸움 결과는 정치적으로는 대륙에서 프랑스의 주도권을 가져왔다. 군사적 결과는 프랑스를 육상에서 가장 지배적인 세력으로 안정시키고, 아메리카합중국을 자기와 동등한 해상 세력으로서 승인한 일이다. 경제정책적으로는 세계에서 최대였던 영국 세력 범위를 이전의 연합국에 넘겨주었던 것이다.

이제 영국의 전통적인 정치 목표는 어떤 종류의 유럽의 발칸화를 바라고, 또 그것을 필요로 하지만, 그와 똑같이 프랑스 정치 목표도 독일의 발칸화

---

4) Unterseeboot의 줄임말. 제1, 2차 세계대전 때 사용된 독일 대형 잠수함을 이르는 말.

에 있다.

영국 소망은 변함없이 대륙의 한 강국이 세계정책적 의미를 가질 때까지 지나치게 상승하는 것을 방지하는 데 있다. 다시 말해 유럽제국 서로 간의 세력 관계에 있는 일정한 균형을 유지하는 데 있다. 왜냐하면 이것은 영국의 세계제패를 위한 전제로 여겨지기 때문이다.

프랑스 소망은 여전히 자국이 유럽에서 지배적 지위를 만들어내고 지킬 수 있는 전제로서 라인강의 왼쪽 기슭을 점령함으로써, 독일의 통일된 강국을 이룩하는 것을 방지하고, 그 통일된 지도를 결여한 저마다의 세력 관계에서 균형된 독일 소연방 체제를 견지하는 데 있다.

프랑스 외교의 궁극 목표는 영국 국책의 궁극적인 경향과 언제나 모순되는 것이다.

*

독일과의 동맹 가능성

이상의 관점에서 독일에 있어서 오늘날 **동맹 가능성**을 생각해 본다면, 마지막 실현 가능한 결합으로서는 오로지 영국에 의지하는 길밖에 남아 있지 않다는 확신에 이르게 될 것이다. 영국의 독일에 대한 전쟁정책의 결과가 얼마만큼 무서운 것이었던 간에, 또 현재도 그렇다 하더라도 독일의 파멸을 불가피하게 요구한 영국의 이해(利害)는 이미 **오늘날에는** 존재하지 않는다는 사실, 아니 그 반대로 영국 정책은 해마다 더욱더 프랑스의 지나친 제패욕의 저지로 나아가지 않으면 안 된다는 사실 등에 대한 통찰을 외면해서는 안 된다.

이제 동맹정책은 이전의 원한에 연연해서는 안 되고, 오히려 지난날 경험을 인식함으로써 맺어질 것이다. 그리고 경험은 이제 우리에게 소극적인 목표를 가진 동맹은 본질적인 결함으로 쇠약해진다는 것을 가르쳐주고 있다고 말할 수 있을 것이다. **민족끼리의 운명은 오로지 공동의 소득·정복, 결국은 둘의 세력 확장이라는 의미에서 공동의 성과가 전망되었을 때에만 비로소 서로 굳게 결합된다.**

얼마나 우리 민족이 외교정책상 생각하는 힘이 결여되어 있는가는 어떤 나라의 정치가가 얼마쯤 강한 '친독일 감정'을 가지고 있다는 등을 현재 신문이 보도하고 있는 데서 가장 확실하게 알 수가 있다. 더욱이 이 경우 그와 같은 인물이 우리 민족에 대하여 가지는 꾸며낸 태도 속에 우리에 대한 자비로운 정책의 특별한 보증을 읽을 수 있는 것이다. 이것은 정말 믿을 수 없는 정도로 터무니없는 일이지만, 평범한 정치를 좋아하는 속물적 독일인의 유례없는 어리석음을 틈탄 것이다. 일찍이 '친독일적'인 태도를 가진 정치가는 영국에도 미국에도 이탈리아에도 결코 없었다.

정치가로서 모든 영국인은 당연히 **영국인** 그 이상일 것이며, **미국인**도 마찬가지이며, **이탈리아를 위하지** 않는 정책을 자진해서 하려고 하는 이탈리아인은 없을 것이다. 따라서 남의 나라와의 동맹을 그 나라의 지도적 정치가의 **친독일적** 견해에 입각해서 체결할 수 있다고 믿는 자는 바보가 아니면 위선자이다. 두 민족의 운명이 서로 결합되기 위한 전제는 체결하는 동맹 당사국 쌍방의 목적에 합당하다고 예상되는 점에 바탕을 두게 된다.

이렇게 본다면 영국 정치가가 늘 영국에 편드는 정책을 추구하고, 따라서 독일을 위한 정책을 고려하지 않는다 해도 그러면 그럴수록 이 **영국을 위한** 정책의 특정한 이해는 여러 가지 이유로 해서 **친독일적인** 이해와 같아질 수가 있다는 점이다. 물론 이것은 오로지 어느 정도까지 해당되면 충분하며, 언젠가는 모조리 그 반대로 바뀌어 달라질 수 있는 것이다. **그러나 지도적인 정치가의 수완이라고 하는 것은 바로 자기에게 필요한 일을 특정한 기간에 실현하기 위하여 그 나라 이익을 지키기 위해서 같은 길을 가야 하는 동맹을 언제나 찾아내는 점에서 입증된다.**

따라서 현시점에 그것을 실제로 응용하기 위해서는 다음의 문제가 해결될 필요가 있다. 독일적 중부 유럽이 완전히 배제됨으로써, 프랑스의 경제력 및 군사력이 절대적·지배적인 패자 지위에 서게 되는 일에 사활적인 이해(利害)를 가지지 않는 나라는 어디어디일까? 아니, 자기 자신의 생존 조건과 지금까지 전통적인 정책 지도로 인하여 그와 같은 사태의 발전에 당면하여 자기 장래가 위협받게 된다고 생각하는 나라는 어디어디일까?

아무튼 이 점에 대해서는 철저하게 파악할 필요가 있다. 바로 독일 민족의 철천지원수는 언제나 프랑스이다. 부르봉 왕가이건, 자코뱅당이건, 또 나폴레옹 일족이건, 부르주아 민주주의자이건, 가톨릭 공화주의자이건, 붉은 볼셰비키이건 누가 프랑스를 지배했다고 해도, 또 앞으로 누가 지배하게 되어도 전혀 변하는 것은 없다. 그들 외교활동의 궁극 목표는 언제나 라인 국경을 차지하려는 기도이며, 독일의 분해와 파괴에 의해서 프랑스에 이 하천을 보증하는 데 있다.

영국은 독일이 강국이 되는 것을 원하지 않는다 하면, 프랑스는 독일이라 불리는 강국 그 자체를 원하지 않는 것이다. 뭐니 뭐니 해도 이건 매우 본질적인 차이이다! 오늘날 우리는 세계강국 지위를 얻으려고 싸우고 있는 것이 아니라, 우리 조국의 존속을 위하여, 우리 국민의 통일을 위하여, 우리 자식들의 나날의 빵을 위하여 투쟁해야만 하는 것이다. 우리가 이 관점에서 유럽에서의 동맹자를 찾아볼 때 오로지 두 나라가 남을 뿐이다. **영국과 이탈리아이다.**

영국은 그 군사력이 다른 유럽 나라로부터 방해받지 않고 있으며, 언젠가 영국 이익과 틀림없이 충돌할 정책을 취할 수 있을 만큼 강력한 프랑스의 존재 따위는 원하지 않는다. 영국은 서유럽의 거대한 철과 석탄의 광상(鑛床)을 소유함으로써 위험천만한 경제상의 세계적 지위의 기초를 획득하는 프랑스와 같은 열강을 결코 원하지 않는다. 더욱이 영국은 그 대륙의 정세가 유럽 다른 나라의 파멸 덕택으로 더욱 확대된 전선에 걸쳐 그 세계정책의 속행이 가능해질 뿐만 아니라 바로 강행되기에 이를 만큼 안전하다고 생각되는 프랑스와 같은 열강을 결코 원하지 않는다.

그때는 예전에 체펠린 비행선이 떨어뜨린 폭탄이 1000배의 분량으로 매일 밤 작열하게 될 것이다. 프랑스의 군사적인 우월은 대영제국의 가슴을 무겁게 압박하는 것이다.

그리고 이탈리아도 프랑스가 유럽에서 그 이상 우월한 지위를 튼튼하게 하는 것을 원할 수 없으며 원치도 않을 것이다. 이탈리아 장래는 언제나 지리적으로 지중해 부근에 모여드는 사건 전개에 의해서 한정될 것이다. 이탈리아를 전쟁에 몰아세운 것은 프랑스를 강대하게 하려는 병적인 욕망이 아니라, 오히려 증오스런 아드리아 해에서의 경쟁자[5]에게 치명타를 주려는 의도였다.

그러나 대륙에서 그 이상의 프랑스 강대화는 모두 장차 이탈리아에 장애

---

5) 오스트리아를 말한다.

가 된다는 것을 의미하는데, 여기에서 착각해서는 안 될 일은 민족 간의 혈연관계는 결코 경쟁관계를 그만두게 할 수 없다는 점이다.

가장 공정하게, 또 가장 냉정하게 생각할 경우 오늘날 영국과 이탈리아 이 두 국가는 적어도 본질적인 점에서는 자국의 가장 고유한 이익을 추구해도 독일 국민의 생존 조건에는 대립하지 않으며, 그뿐만 아니라 어느 일정한 한도까지는 일치하기조차 하는 것이다.

*

독일은 오늘날 동맹을 맺을 수 있는가

물론 우리는 이와 같은 동맹 가능성을 판단하는 데 있어서 세 가지 요소를 간과해서는 안 된다. 첫째 요소는 우리 측에 있으며, 다른 두 가지는 문제가 되어 있는 당사국 자신에게 있다.

대관절 오늘날 독일은 동맹국이 될 만한 가치가 있는 것일까? 자기 공격 목표를 실행하기 위하여 동맹을 구하려는 국가가 그 지도층이 몇 년에 걸쳐서 아주 비참할 정도로 무능하고 평화주의적인 겁쟁이 추태를 보이고, 또한 그 국민 대부분이 민주주의·마르크스주의에 현혹되어 자국민과 자국 이익을 천인공노할 수작으로 배신하고 있는 그런 국가와 동맹할 수 있을까? 자국의 가난한 생활을 지키기 위하여 손가락 하나 까딱할 용기도 의욕도 확실히 없는 국가가 장차 언젠가 공통 이익을 위하여 협동해서 싸워줄 것이라 믿고, 이 나라와 귀중한 관계를 맺으려고 오늘날 도대체 어느 국가가 희망할 것인가?

이런 동맹은 완만하게 노후해 가는 어떤 상태를 유지하고 보증하기 위한 조약—가공할 한때 삼국동맹의 의도와 같은—이상의 것이며, 또한 그 이상의 것이어야 한다고 생각하고 있는 국가라면, 그 특징적인 생활방식을 외국에 대해서는 비굴한 순종에서, 국내에 대해서는 국민 미덕의 수치스러운 압박에서 찾아볼 수 있는 국가에게 자국 운명을 건 약속을 하겠는가? 곧 그 전체 행위로 보아 더 이상 전혀 가치가 없으므로 이제 아무런 위대성도 갖지 못하는 국가, 또한 그 국민으로부터 어떠한 존경 등 자랑할 만한 것을 받지 못하고, 따라서 외국이 그에 대해서 조금도 감탄의 생각을 품을 수 없는 정부와 그러한 약속을 하겠는가?

아니다. 자국 위신을 지키고, 배고픈 의회정치가에 대한 보수에 거는 기대 이상의 것을 동맹에 걸고 있는 국가는 오늘의 독일과는 동맹하지 않을 것이다. 아니, 동맹할 수가 없는 것이다. **오늘날 우리나라가 동맹 가능성을 갖지 못하고 있다는 것이 또한 적대적인 약탈자들이 단결하고 있는 가장 깊은 궁극의 이유가 되어 있기도 하다.**

아무튼 우리나라 몇몇 의회 선량(選良)의 강력한 '항의' 말고는 독일은 결코 자위한 일이 없으며, 그리고 다른 나라는 우리나라 방위를 위하여 싸울 아무런 이유도 가지고 있지 않다. 또한 하느님도 비겁한 민족에게 원칙적으로 자유를 주시지 않기 때문에—우리나라 애국 단체들이 하느님에게 애걸하고 울어댄다 해도—따라서 우리나라의 완전한 파멸에 조금도 **직접적** 이해를 가지지 않는 다른 나라까지도, 비록 약탈에 참가하여 분배를 받음으로써 프랑스의 독점적 강화를 적어도 저지는 할 수 있다는 이유에서 그렇게 하는 데 지나지 않는다 해도, 프랑스의 약탈 행진에 참가하는 것 말고는 달리 방법이 없다.

둘째 요소로서 우리에 대하여 지금까지 적이었던 나라에서 대중 선전에 의해 벌써 어느 일정한 방향으로 영향을 받아버린 국민 대부분의 방향 전환을 기도한다는 것은 곤란하다는 점도 지나쳐서는 안 된다. 여러 해에 걸쳐 어느 국민을 '흉노[6]와 같다' '도둑놈과 같다' '반달인[7] 같다' 등등으로 불러놓고는 갑자기 하룻밤 사이에 그 반대임을 알아채고 어제의 적을 내일의 동맹자로 소개한다는 것은 정말 무리한 일이다.

영국인과 유대인의 이해 차이

그러나 다음의 셋째 요소에 그 이상의 주의를 기울여야 한다. 이것은 장차 유럽의 동맹관계를 이루기 위해서는 본질적 의미를 가지는 것이다.

곧 영국의 국가적 견지에서 보면, 독일의 그 이상 파멸에 대하여 영국이 가지게 되는 이익은 매우 적지만, 그와 같은 사태의 발전에 있어서 국제적인 유대인 금융조직의 이익은 영국과 반대로 더욱더 확대된다. 영국의 공식적인,

---

6) 훈족. 야만인의 비유이나 특히 독일인(병사)을 업신여겨서 부르는 말.
7) 게르만 민족의 한 종족. 455년 로마를 약탈하고 그 문화를 파괴했기 때문에 예술과 문화의 파괴자 및 야만인의 대표적 이름이 되었다.

더 적절하게 말하면 전통적인 국책과 유대인이 결정적인 지배력을 갖는 금융력 사이 분열은 영국의 외교정책 문제에 대한 여러 태도 안에 무엇보다도 잘 나타나 있다. 유대인 금융자본가는 영국의 국가 복지라는 이익에 반대하며, 독일 경제의 철저한 파멸을 바랐을 뿐만 아니라 완전한 정치상의 노예화도 바라고 있다.

우리 독일 경제의 국제화, 곧 독일 노동자를 유대인의 세계 금융자본의 소유물로 인도해 버린다는 것은 정치적으로 볼셰비즘화한 국가에서 비로소 철저하게 실현되는 것이다. 그러나 국제적 유대인 금융자본의 마르크스주의적인 투쟁 그룹이 독일의 국가주의적 국가의 등뼈를 철저하게 분쇄하려고 한다면, 이것은 외국으로부터의 우호적인 원조가 아무래도 필요하다. 따라서 프랑스군은 국내적으로 지쳐버린 독일이 국제적인 유대인 세계 금융자본가의 볼셰비키적 투쟁부대에 항복할 때까지 독일의 국가조직을 포위 공격하고 있어야만 한다.

유대인의 반독적 세계 선동

따라서 유대인은 오늘날 독일의 철저한 파괴를 노리는 대선동자이다. 우리가 이 세계에서 독일에 대하여 기술된 공격을 읽을 경우, 그 제작자는 언제나 유대인이다. 평화 시대이든 전시이든 전혀 아랑곳없이 유대인 금융가의 신문과 마르크스주의 신문은 마침내 여러 나라가 속속 중립성을 포기하고, 자국민의 진정한 이익을 단념하고 세계대전 연합국에게 도움이 되려고 참가할 때까지 독일에 대한 증오를 계획적으로 선동했던 것이다.

그 경우, 유대인의 생각은 분명하다. 독일의 볼셰비즘화, 다시 말해 국가주의적이며 민족주의적인 독일 지식층을 근절하는 일, 그리고 그것에 의하여 가능해지는 독일 노동력의 유대인 세계 금융자본의 멍에 아래서의 착취는 유대인의 세계 지배 추세를 더욱 확대하기 위한 전주곡이라 생각되고 있다. 역사에서 여러 차례 나타나는 바와 같이 거대한 투쟁의 경우 독일은 중요한 중심이다. 우리 민족 및 국가가 피와 돈에 굶주려 있는 유대인 민족 폭군의 희생물로 바쳐진다면 온 세계가 이 문어들에게 농락되고 말 것이다. 독일이 이러한 휘말림 속에서 벗어난다면 이러한 모든 민족의 최대 위험은 세계 전체에 걸쳐서 파괴되었다고 간주할 수 있다.

따라서 유대인이 독일에 대한 여러 국민의 적의(敵意)를 계속 가지게 할 뿐만 아니라, 가능하다면 그것을 더욱 고조시키기 위하여 선동활동에 온 힘을 다할 것이 확실한 것과 마찬가지로 이 활동이 그것에 의하여 독배를 받은 여러 민족의 참된 이익과는 참으로 조금밖에 일치하지 아니한다는 것도 확실하다.

일반적으로 유대인은 언제나 여러 나라 사람들의 잘 알려진 기질에 입각하여 가장 효과가 있다 생각되고, 또 최대 결과도 약속되는 무기를 가지고, 저마다 민족체 안에서 투쟁할 것이다. 따라서 혈연적으로는 가장 크게 뒤섞여버린 우리 민족체에는 많건 적건 거기서 생겨난 '세계시민'의 평화주의적·이데올로기적 사상, 간단히 말하면 국제주의 경향이 존재하고 있으며, 이 경향을 유대인은 권력투쟁에 이용하는 것이다.

프랑스에선 그들은 잘 알려지고 올바로 평가된 국수주의자를 가지고 활동한다. 영국에서는 경제적·세계정책적 견지에서 이루어진다. 곧 항상 있는 민족의 기질을 나타내는 본질적 성질이 유대인에 의해 이용되는 것이다. 그리하여 경제적·정치적 권력을 일정 수준 이상 획득한 경우 비로소 이와 같은 차용했던 무기의 속박을 벗어나 한결같이 자기 의욕이나 투쟁의 참다운 내면적 의도를 겉으로 나타내는 것이다. 이제 그들은 한 나라 한 나라를 계속 폐허로 바꾸어가며, 영원한 유대제국의 지배권이 확립될 때까지 그 파괴는 점점 더 격렬해져 간다.

영국에서도 이탈리아에서도 보다 나은 그 나라 특유의 정치 관념과 유대인의 세계 금융자본의 의욕 간의 분열이 확실하게 눈에 보이며, 그뿐만 아니라 더욱더 자주 눈에 띈다.

프랑스와 유대인의 이해 일치

오늘날 프랑스에서는 이전보다 더욱 금융을 지배하고 있는 유대인의 의도와 쇼비니즘(국수주의) 관점에 선 국가주의적 정치가들의 소망 사이에 본질적인 일치가 엿보인다. 그러나 바로 이 동일성 안에는 독일에 대하여 예측할수 없는 위험이 가로놓여 있다. 이 이유로 해서 프랑스는 언제나 매우 두려워할 만한 적인 것이다. 자기 안에서 더욱더 니그로화하고 있는 이 민족은 유대인의 세계 지배 목표와 결탁함으로써 유럽 백인종의 존속에 대해서는 심각한 위험을 의미하는 것이다.

왜냐하면 유럽 심장부인 라인 지방의 흑인 혈통에 의한 오염은 이 국수주의에 사로잡힌 우리 민족의 영원한 적국이 가지는 비정상적이거나 사디스트적 보복 요구에 대응하는 것인 동시에 이처럼 유럽 대륙 중앙부의 잡종화를 시작하여 열등한 인종을 통한 전염에 의하여 백인종이 갖는 독재적 존재의 바탕을 빼앗으려고 하는 유대인의 얼음과 같이 차가운 숙고에도 대응하는 것이기 때문이다.

프랑스가 자국의 보복 욕구에 박차를 가하고, 또 유대인에 의해서 계획적으로 유도되어, 오늘날 유럽에서 하고 있는 일은 백인종의 존속에 어긋나는 죄이며, 그리고 언젠가 인종 오염을 인류의 원죄라고 인식하고 있는 어떤 종족의 복수심을 자극하여 이것이 모두 이 민족을 향해서 돌진할 것이다.

두 동맹국이 가능하다, 영국—이탈리아

그러나 독일에 대한 이 프랑스 위험은 우리와 똑같이 위협을 받고 있지만 프랑스의 정복 욕망을 인내할 수 없는 나라들에게 모든 감정적 고려를 억제하고 자신의 손을 내밀 것을 의무지우고 있다.

유럽에서는 가까운 앞날에 독일 동맹국이 될 수 있는 나라는 오로지 두 나라밖에 없다. 바로 영국과 이탈리아이다.

*

프랑스에 대한 아부

오늘날 혁명 이후 독일 지도층의 외교정책을 돌이켜보며 추적하는 노력을 바치고 있는 사람은 우리 정부의 끊임없는 이해하기조차 어려운 무능을 보고 골치를 썩일 수밖에 없을 것이다. 그리하여 아예 체념해 버리든가, 또는 이 같은 정부에 대하여 불타오르는 분노를 가지고 싸움을 알리게 될 것이다. 이러한 정부 행동은 더 이상 분별 유무와는 관계가 없는 일이다. 왜냐하면 생각하는 사람이라면 누구나 상상조차 할 수 없을 듯한 일이 우리나라 11월 당파[8]의 정신적 애꾸들에 의해 처리되었기 때문이다. 그들은 **프랑스에게**

---

8) 1918년 11월혁명 뒤 정권을 맡았던 여러 정당을 이른다.

교태를 부린 것이다.

그렇다, 그동안 그들은 줄곧 어쩔 수 없는 공상가들의 감상적인 어리석음으로 프랑스에 계속 아부하고 있었던 것이다. 몇 번이고 되풀이해서 이 '위대한 국가' 앞에서 기분을 맞추고, 그들은 이 프랑스의 사형집행인의 교활한 수작 하나하나에서 곧바로 눈에 보이는 태도 변화의 맨 처음 징표를 발견했다고 믿고 있었던 것이다.

우리나라 실제적인 정치조종자[9]는 물론 이와 같은 미친 신념을 품는 일은 결코 없었다. 그들에게는 프랑스에 아첨하는 것은 오로지 그렇게 해서 실제의 동맹정책을 모두 방해하기 위한 확실한 수단에 불과했다. 그들은 프랑스 및 그 배후의 인간들의 목표를 잘 알지 못하는 것은 아니었다. 그럼에도 불구하고 그들로 하여금 마치 성실하게 독일 운명을 바꾸어갈 가능성을 믿고 있는 것처럼 행동하도록 강요한 것은 그렇게 하지 않으면 우리 민족 자신이 아마도 다른 길을 걸을지도 모른다는 냉철한 인식이었다.

물론 우리에게 있어서도 우리 자신의 운동 대열 가운데에서 영국을 앞으로 가능한 동맹자라고 이해시키는 것은 어려웠다. 우리나라 유대적 신문은 특히 영국에 대하여 증오를 집중시키는 수단을 이때도 알고 있었다. 거기에서는 매우 많은 선량한 독일 바보들이 유대인들이 내미는 먹이에 기꺼이 달려들어 독일 해군력의 '재강화'에 대해서 지껄이고, 우리나라 식민지의 약탈에 항의하고 그 회복을 남에게 권유하여, 그것으로 유대인 악당들이 영국에 있는 자기 동포에게 실제의 선전적 이용을 위하여 보내줄 수 있는 자료를 조달하는 것을 도왔던 것이다.

왜냐하면 오늘날 우리가 '해군' 등을 얻으려고 투쟁해서는 안 된다는 것이 차츰 우리 정치적 부르주아 계층의 바보들 머리에도 인식되었기 때문이다. 유럽에서의 우리나라 지위를 매우 근본적으로 미리 안전하게 해두지 않은 채, 독일 국민의 힘을 이와 같은 목표로 돌리는 것은 세계대전 전에 있어서조차 당찮은 일이었다. 오늘날 그와 같이 희망한다는 것은 정치 세계였다면 범죄라는 말이 따를 정도로 어리석은 행동이다.

그때 프랑스는 우리 민족체의 살을 한 점씩 잘라가며, 우리나라의 독립 기

---

9) 유대인을 이른다.

초를 계획적으로 빼앗아가고 있었는데, 유대인의 배후 조종자는 우리 민족으로 하여금 오늘날에는 가장 하잘것없는 것이 되어 있는 일에 몰두시키고, 또 시위나 항의를 하도록 엄청나게 선동하고 있었다. 우리는 이와 같은 일을 보지 않을 수 없었기에 실제로 간혹 절망도 했던 것이다.

남티롤 문제

나는 여기서 이 몇 년 동안 유대인이 매우 교묘하게 연출해 보인 재주에 대하여 특별히 말해 두어야겠다. 바로 남티롤에 관한 일이다.

그렇다, **남티롤**이다. 내가 여기서 특별히 이 문제를 내세운 것은 무엇보다도 먼저 건망증이 심하고 또한 어리석은 우리나라 대중 계층에 편승하여, 까치가 성실한 소유권 개념을 가지고 있지 않는 것 이상으로 의회주의의 사기꾼들에게는 특히 인연이 먼 국민적 분개를 굳이 위장하고 있는 거짓말쟁이 서민들과 담판하기 위해서이다

나 개인은 남티롤 운명이 결정된 때—그러니까 1914년 8월 시작하여 1918년 11월 이르기까지—에 이 지역을 실제로 방위한 자, 곧 육군에 입대한 이들 중 한 사람이었다는 것을 강조해 두고 싶다. 그때 나는 내 몫을 다하여 함께 싸웠는데, 그것은 오로지 남티롤을 잃지 않기 위해서가 아니라, 독일의 다른 모든 국토와 마찬가지로 그것을 조국을 위해 지키기 위해서였다.

그때 함께 싸우지 않았던 자는 의회의 노상강도들, 곧 정론(政論)만 즐기며 정당에 모여든 모든 불량배들이었다. 우리가 전쟁 승리의 결과만이 이 남티롤을 독일 민족이 계속 보유하게 할 것이라는 확신을 가지고 싸우고 있을 때 정반대로 이들 에피알테스[10]의 입은 마침내 싸우고 있는 지그프리트가 배반의 단칼에 찔려 쓰러질 때까지 이 승리를 저지하는 악선전을 하고 교란시켰던 것이다.

왜냐하면 남티롤을 독일 소유로 보유한다는 것은 말할 것도 없이 빈(Wien) 시청 광장이나 뮌헨의 펠트헤른할레 앞에서 행해지는 국회의원 나리들의 거짓말투성이 선동적 연설에 의해서 보증되는 것이 아니고, 싸우고 있는 전선의 여러 대대에 의해서만 가능한 것이기 때문이다. 이러한 대대들을

---

10) 고대 그리스 반역자의 이름으로 흔히 '반역자'를 가리키는 데 쓰인다.

무너뜨린 자는 남티롤과 마찬가지로 독일의 다른 모든 영토까지도 배반한 자들이다.

그리고 오늘날 항의·선언·조합원의 행진 등으로 남티롤 문제를 해결할 수 있다고 믿는 자는 아주 특별한 무뢰한이든가 또는 독일의 속물 시민이다.

빼앗긴 지역의 회복은 하느님에게 엄숙하게 청원하거나 국제연맹에 순진하게 기대를 걸어본다고 해서 이루어지는 것이 아니고, 오로지 무력에 의해서만 실현될 수 있다는 사실을 충분히 알아두어야 한다. 따라서 도전적인 무력으로써 언제까지나 이러한 빼앗긴 영토 회복을 할 각오가 된 자는 누구인가 하는 사실만이 문제가 되는 데 지나지 않는다.

나 개인에 대해서 말한다면, 남티롤의 압도적 승리를 위한 정복에 참가하기 위하여 허풍선이 국회의원이나 그 밖의 정당 지도자들, 그리고 다양한 추밀고문관으로 이루어진 의회인의 돌격대대가 형성될 경우, 나는 그 선두에 설 만한 용기를 아직 불러일으킬 수 있다는 것을 서슴지 않고 약속할 수 있다. 만일 한번 그와 같은 '격렬한' 항의 데모자들의 머리 위에 별안간 몇 발의 유산탄(榴散彈)이 터진다면, 내가 얼마나 좋아할 것인가는 상상에 맡기겠다. 내 생각으로는 한 마리 여우가 닭장에 침입했을 때 닭들이 울어대는 소리도 당당한 '항의 조합'이 도망갈 때만큼 요란스럽지는 않을 것이며, 또 그 닭들이 위험을 피하는 것도 그들만큼 신속하지 못할 것이다.

그러나 이 모든 사태에 대해서 가장 불쾌한 것은 그 신사들 자신이 이렇게 하여 어떤 일을 이룰 수가 있다고는 전혀 믿지 않는다는 사실이다. 그들은 자신들의 그 야단스러운 행동이 실은 아무 소용도 없는 공연한 짓이라는 것을 개인적으로 가장 잘 알고 있다. 다만 지금 와서 남티롤 회복을 위하여 수다스럽게 지껄여대는 일이 이전에 그것을 유지하기 위하여 싸웠던 일보다도 당연히 얼마간 쉽다는 이유에서 그들은 바로 그렇게 행동하고 있을 뿐이다. 모든 사람은 저마다 맡은 바 임무를 다하고 있다. 그때 우리는 자기 피를 희생했지만 오늘날 이 무리들은 저마다 그 주둥아리만을 놀리고 있다.

독일·이탈리아 협조의 방해
게다가 그때 빈(Wien) 정통파 친구들이 남티롤 탈환을 위한 자신들의 현재 활동에 말 그대로 열 올리던 것을 살피는 것도 특히 재미있는 일이다. 7년

전 그들의 고귀한 왕가는 두말할 나위 없는 위증적 배신이라는 악질적인 수단에 의해 연합국 승리자로서 남티롤도 차지할 수 있도록 원조했던 것이다. 그때 이들은 저 매국노적 왕조 정책을 도와 남티롤에 대해서도, 또 그 밖의 일에 대해서도 조금도 상관하지 않았다. 물론 오늘날에는 이 지역을 위하여 투쟁을 시작하는 것은 쉬운 일이다.

그 까닭은 이제 이 투쟁은 오로지 '정신적' 무기로 싸우는 데 지나지 않아 '항의 집회'에서 목청이 터지도록 연설하는―마음속에 있는 숭고한 분격으로부터―일이나 신문 논설을 휘갈겨 쓰는 편이 루르 지방을 차지할 때 예컨대 다리를 폭파하는 등과 같은 일보다는 뭐니 뭐니 해도 쉽기 때문이다.

지난 몇 년 동안 특정한 일당들 사이에서 '남티롤' 문제가 독일·이탈리아 관계의 요점이 되었던 이유는 아주 뚜렷하다. 유대인과 합스부르크 정통파는 언젠가 독일이라는 자유로운 조국 부활로 이끌어갈 수 있을 것 같은 독일 동맹정책을 저지하는 데 최대 관심을 가지고 있다. 남티롤에 대한 애정에서 오늘날 이와 같은 거창한 행동이 이루어지고 있는 것이 아니라―그러한 행동은 남티롤에 도움이 되지는 않고 해롭기만 하므로―어쩌면 실현 가능할지도 모르는 독일·이탈리아 협조에 대한 불안에서 그와 같은 행동이 취해지고 있는 것이다.

이 경우 그들 일당이 냉정하고 뻔뻔스럽게도 마치 우리가 남티롤을 '배신한' 것처럼 설명하려고 시도하고 있으나, 그것은 이들 일당의 일반적인 허위와 중상의 버릇 말고는 아무것도 아니다.

남티롤을 판 자

다음과 같은 사실을 이 신사들에게 매우 분명하게 말해 두어야겠다.

첫째, 1914~1918년 사이에 건강하면서도 어느 전선에도 나가지 않고, 조국에 대하여 스스로를 헌신하지 않았던 독일인은 모조리 남티롤을 '판' 자이다.

둘째, 이러한 세월 동안 우리 민족체의 전쟁 수행에 필요한 저항력을 강화하고, 또 우리 민족이 이 투쟁을 관철하는 데 필요한 내구력을 튼튼하게 하는데 협조하지 않았던 모든 자들이다.

셋째, 11월혁명―직접적으로 행동한 자이든, 또 간접적으로 그 행동을 묵인하여 동조한 자이든―의 발발에 협력하고, 또 그것으로 말미암아 그것만이 남티롤을 구할 수 있었을 무기를 파괴한 자들은 모두가 남티롤을 적에게 팔아넘긴 것이다.

그리고 넷째, 베르사유와 생제르맹[11]의 불명예스러운 조약에 서명한 정당과 그 지지자들 모두가 남티롤을 팔아넘긴 자이다.

그렇다, 사태는 그렇게 된 것이다. 우리 두려움을 모르는 말뿐인 항의자들이여! 오늘날 나는 오로지 다음과 같은 냉정한 인식에 의해서만 인도되어 갈 것이다. 곧 우리는 빼앗긴 영토를 의원들의 숙달된 능변에 의해서는 회복할 수 없으며 날이 선 칼로, 즉 피투성이 전쟁에 의해서만 되찾을 수 있는 것이다.

무력이 아니라 동맹정책으로

그래도 나는 다음과 같이 단언하기를 주저하지 않는다. 곧 주사위는 이미 던져졌으므로 전쟁에 의한 남티롤 회복은 나로서는 이제는 이미 불가능하다고 생각될 뿐만 아니라, 더 나아가 이 문제에 대한 온 독일 민족의 불타오르는 국민적 열광도 승리의 전제가 될 정도까지는 도저히 이르지 못한다고 확신하고 있으므로, 나는 그와 같은 회복의 길을 거부하려고 하는 것이다. 그와 반대로 나는 만일 20만 독일인을 위하여―그와 함께 700만을 넘는 사람들이 남의 나라 지배에 시달리고 있으며, 또 독일 민족의 생명선이 아프리카 흑인 무리들의 사냥터 안을 달리고 있음에도―언젠가 이 민족의 피를 걸게 된다면, 그러한 도박을 하는 것은 범죄가 될 것이 틀림없다고 생각한다.

만일 독일 국민이 유럽에서 자기들이 막 아주 없어지게 되어 있는 상황을 끝내고 싶다면, 그들은 세계대전 전의 잘못을 저질러 하느님과 세계를 자신들의 적으로 만들어서는 안 되며, 더 나아가 가장 위험한 적을 알아내어 이 적에게 모든 집중된 전력으로 기습하지 않으면 안 될 것이다. 그리고 다른 장소를 희생시킴으로써 이 싸움에 승리했을 경우에는 우리 민족의 다음 세대들이 우리에게 유죄 판결을 내리지는 않을 것이다. 그들은 심한 곤경, 심각한 불안, 또 거기서 생겨난 냉혹한 결단에 대하여 거기서 발생한 결과가 찬란한 것이 되면 될수록 더욱더 그 진가를 인정하게 될 것이다.

---

11) 파리 서쪽, 베르사유 북쪽에 있는 도시. 이곳에서 베르사유 조약(대독일)에 이어서 오스트리아에 대한 강화조약이 맺어졌는데, 그것을 '생제르맹 조약'이라 이른다. 그 밖에 헝가리·불가리아·터키 등에 대해서도 개별적인 강화조약이 맺어졌다.

한 나라의 잃어버린 땅을 회복하는 것은 첫째로 모국의 정치적 독립과 세력 회복 문제라고 하는 근본적 통찰은 여전히 우리의 현실을 이끌어가는 원동력이어야 한다. 이것을 현명한 동맹정책에 의해서 가능케 하고, 또 안전하게 하는 것은 우리 국가조직의 강력한 외교 지도의 첫째 과제이다.

특히 우리 국가사회주의자들은 우리나라의 유대인들에게 이끌려가고 있는 부르주아적인 말뿐인 애국자들에게 말려들지 않도록 조심해야 할 것이다. **만일 우리들 운동까지도 투쟁을 준비하는 대신에 항의로 허송세월하게 된다면 천벌을 내리고 말리라!**

썩은 고기와 같은 합스부르크 국가와 니벨룽겐적 동맹을 맺은 공상적인 판단으로 인해 독일은 함께 파멸로 치달을 것이다. 오늘날 외교정책상의 가능성을 처리하는 경우의 공상적인 감상주의는 우리나라 부흥을 영원히 방해하는 최상의 수단이다.

*

동맹정책에 대한 세 가지 문제

이미 앞에서 말한 세 가지 문제에 대한 이론(異論)을 여기서 간단하게 말해 둘 필요가 있다. 그 문제란,

첫째로, 누구 눈에도 확실한 결함으로 가득 찬 오늘날의 독일과 과연 동맹할 국가가 있을까.

둘째로, 적대국들이 우호적인 동맹자로 전환할 수 있다고 생각하는가.

셋째로, 아무튼 유대인으로부터 주어진 영향이라고 하는 것은 모든 인식, 모든 선의보다도 더욱 강력한 것이 아닐까. 또 그럼으로 해서 모든 계획을 실패하게 하고, 파멸시키는 것이 아닌가 하는 것이다.

나는 첫째 문제에 대하여 이미 절반 정도는 충분히 논의했다고 생각한다. 오늘날 독일과는 어떤 나라도 동맹을 맺지 않을 것이다. 세계 어느 나라도 그 정부가 모든 신용을 잃게 될 것이 뻔한 국가와 자국의 운명을 감히 결부시키지는 않을 것이다. 그리고 우리 민족 동포의 대부분이 정부 행동에 대해서 우리 민족 현재의 처참한 정신 상태를 고려해서 너그럽게 보거나 또는 그것을 정부가 핑계로 삼는 정도까지도 용서해 주고 있지만, 이에 대해서는 엄격한 반대 의견을 표해야 할 것이다.

독일 재생의 최초 조짐

확실히 이 6년 동안 우리 민족의 무절조(無節操)는 깊이 슬퍼해야 할 일이다. 또 민족의 가장 중대한 관심사에 대한 무관심한 자세도 참으로 우울한 일이지만, 그 겁먹은 정도에 대해서는 때로 천벌을 받아야 할 정도였다. 그러나 그럼에도 불구하고 불과 몇 년 전에는 인류 최고 미덕의 놀랄 만한 본보기를 세계에 과시했던 민족이 여기서 문제가 되고 있다는 사실을 더욱 잊어서는 안 된다. 1914년 8월에 시작되어 거대한 민족 투쟁이 끝날 때까지 지구상 어느 민족도 남자다운 용기, 끈기 있는 근성, 강한 인내력에 있어서 지금은 이처럼 하찮게 되고 만 우리 민족보다 뛰어나다는 것을 보여준 일이 없었다.

현재 우리가 받고 있는 불명예를 우리 민족 특성이 나타내는 본질적인 표현이라고 주장할 생각을 가진 사람은 하나도 없을 것이다. 우리가 오늘날 우리 주변에서 또 우리 안에서 체험하고 있는 것들은 오로지 1918년 11월 9일 위증 행위의 끔찍하고 의식도 이성도 파괴하는 영향에 지나지 않는다. 어떤 시대 못지않게 여기에서는 연이어 "악은 악을 낳는다"는 시인의 말이 타당하다. 그러나 이 시대에도 우리 민족의 선량한 기본적 요소가 완전히 상실된 것은 아니고, 그것들은 오로지 깊숙한 곳에서 깨어나지 않고 졸고 있는 데 불과하다. 사람들은 더러는 먹구름이 덮인 하늘에 번갯불이 빛나는 것처럼 미덕이 번쩍 빛나는 것을 볼 수 있었으며, 이러한 미덕을 앞으로 독일은 언젠가 회복이 시작된 최초 조짐으로 상기할 것이다.

1914년 때와 마찬가지로 또다시 자발적으로 또 기꺼이 사랑하는 조국의 제단에 젊은 생명을 희생하려는 헌신적인 결의를 가진 수천 수만의 독일 젊은이들이 나타난 적도 한두 번이 아니다. 또다시 수백만의 인간들이 마치 혁명에 의해서 파괴되지 않은 것처럼, 근면하게 열심히 활동하고 있다. 대장장이는 다시 모루 앞에 서고, 농부는 그의 쟁기 뒤에서 따라가고, 연구실에는 학자가 앉고, 모든 사람이 똑같은 노력과 똑같은 애착심을 가지고 저마다 의무를 다하고 있다.

우리들 적측으로부터의 억압은 이미 이전처럼 너그러운 웃음을 불러일으키는 일도 없이 우울하고 노여운 얼굴로 응수되었다. 의심할 여지도 없이 감정이 크게 변화한 것이다.

베르사유 조약의 게으른 이용

만일 이러한 모든 일이 오늘날에도 아직 우리 민족의 정치적 권력 사상 및 자기보존 충동의 재생이 되어 나타나고 있지 않다면, 그 책임은 하늘 은총이라기보다는 차라리 자기 자신의 천직이라고 여기며 1918년 이후 우리 민족을 죽을 지경으로 몰아넣고 통치하고 있는 사람들이 짊어져야 할 것이다.

그렇다, 만일 사람들이 오늘날 우리 국민에 대하여 한탄한다면, 역시 다음과 같은 질문들을 할 수 있을 것이다. 국민을 보다 잘살게 하기 위해서 어떤 일이 행해졌는가? 우리들 정부의 결의—현실적로는 이미 존재하고 있지도 않았던 것이지만—에 대하여 국민들의 지지가 적은 것은 우리 민족의 생활력 빈곤에서 온 조짐에 지나지 않는가, 또는 그것보다도 이 훌륭한 보물 처리가 완전히 실패로 끝났다는 증거가 아닌가? **우리 정부가 이 민족 안에 다시 자랑스러운 자기 주장, 사나이다운 저항, 노여움에 찬 증오, 이러한 정신을 심기 위하여 무엇을 했던가?**

1919년에 평화조약이 독일 민족에 주어졌을 때, 다름 아닌 엄청난 억압을 위한 이 도구에 의해 독일의 자유를 위한 외침이 강력하게 촉진되기를 희망한다는 것은 정당한 일임에 틀림없다. 그 요구가 민족을 모질게 매질하는 **평화조약은 다가올 봉기의 시작을 알리는 최초 북소리가 되는 수가 드물지 않다.**

이 베르사유 평화조약에서 무엇이 실행 가능했던가?

의욕적인 정부의 손안에 들면, 엄청난 강탈과 참으로 치욕적인 굴종의 이런 도구도 국민을 열광적으로 흥분시키는 데 매우 강력한 수단이 되었을지도 모른다. 또 이 사디스트적 잔혹성을 재치 있게 선전에 이용함으로써 어느 정도 무관심한 민족을 분노하게 하고, 또 이 분노를 타오르는 듯한 것으로 높였을지도 모른다.

이러한 낱낱의 논점을 남김없이 끝내는 5000만 남녀 머릿속에서 공통으로 느껴질 수치심 및 공통된 증오가 오로지 하나의 붉게 빛나는 불꽃의 바다가 될 때까지, 이 민족의 두뇌와 감각에 깊이 새겨져 더욱 그 불꽃의 열기 속에서 강철 같은 굳은 의지가 나타나서 **"우리에게 다시 무기를 달라!"**고 외치는 절규가 터져나오지 않을 수 없게 되었으리라.

"주여, 우리 투쟁을 축복하소서"

그렇다, 그와 같은 평화조약은 이러한 일에 봉사할 수가 있다. 그 엄청난 억압, 그 파렴치한 요구 가운데서 한 국민 안에 잠들어 있는 활력을 다시 일깨우기 위한 최대 선전 무기가 있는 것이다.

물론 그때에는 아이들 초등 교과서를 비롯하여 최후 신문에 이르기까지 모든 극장, 모든 영화관, 모든 광고탑, 비어 있는 벽면의 모든 부분까지가 이 유일하고 위대한 사명을 향해서—드디어는 오늘날 우리나라 애국자들의 "주여 우리를 자유롭게 하여주소서"라고 하는 불안한 기도가 어린아이들 머릿속에서까지도 **"전능한 신이여, 때가 오면 우리 무기에 축복을 주소서! 당신이 언제나 그러했듯이 공정하소서! 이제는 정말 우리가 과연 자유를 누릴 수 있는 자격이 있는가를 심판하소서. 주여, 우리 투쟁을 축복하여 주소서!"**라고 하는 불타는 듯한 기원으로 바뀔 때까지—봉사해야 한다.

모든 일에 게을렀으며, 아무것도 실행되지 않았다. 그런데 우리 민족이 당연히 그래야 했고, 그럴 수 있었을 터인데, 현재 그렇게 되어 있지 않았다고 해도 누가 놀랄 것인가? 다른 나라 사람들이 우리나라 안에 오로지 감옥을 지키는 간수만을, 지난날 자기를 때린 인간의 손을 좋아라고 빨고 있는 유순한 개만을 발견할 뿐이었다고 해도 누가 놀랄 것인가?

우리나라의 동맹 가능성이 오늘날 우리 민족에 의해 손상되고 있는 것은 사실이지만, 우리 정부 자체가 그에 대한 최대 장애가 되고 있다. 정부는 타락하고 있으며 끝없는 억압이 8년 동안이나 계속된 뒤에도, 아직 자유를 찾는 의지가 거의 나타나 있지 않은 것은 그들의 책임이다.

따라서 적극적인 동맹정책이 우리 민족에게 내려지는 그것에 필요한 가치판단과 밀접하게 연결되는 일인 것과 같이 이 가치판단은 더욱 다른 나라의 하인이기도 바라지 않고, 자기 나라 일꾼들의 감독관이기도 바라지 않으며, 오히려 국민적 양심의 포고자가 되려고 하는 정부 권력의 존립에 의해서 크게 좌우되는 것이다.

그리하여 우리 민족이 이 상황에서 자신의 사명으로 인식하는 국가 지도층을 가지고 있다고 한다면, 6년은 공연히 낭비될 리가 없을 것이며, 독일의 대담한 외교정책 지도층은 똑같이 대담한 자유를 갈망하고 있는 민족 의지를 뜻대로 할 수 있을 것이다.

이상한 반독 의식의 전환

두 번째 반론, 곧 적의를 가진 민족을 우호적인 동맹자로 전환시킨다는 것은 매우 어렵다는 이론에 대해서는 아마도 다음과 같이 대답할 수 있을 것이다.

다른 나라들 가운데서 전시 선전에 의하여 길러진 일반적인 이상한 반독 의식이라고 하는 것은 독일국이 자기 보존 의욕을 모든 나라에게도 알 수 있도록 회복시킴으로써, 공통의 유럽이라는 장기판에서 장기를 두고, 또 다른 나라의 장기 상대가 될 수 있는 하나의 국가로서의 성격을 다시 이룩하게 될 때까지 불가피하게 존속할 것이다.

정부와 국민이 동맹 능력에 대한 무조건의 보증을 주었다고 여겨지는 경우 비로소 한두 나라가 평행하는 이해관계로부터 선전적 감화에 의해 자국 여론을 전환시키려고 생각하는 일도 가능해진다. 물론 이것도 교묘한 공작을 몇 하나 계속해야 할 필요가 있다.

한 국민의 심경을 변화시키기 위해서는 바로 이와 같은 장기간이 필요하므로 그것을 착수함에 있어 상당히 주의해야 한다. 곧 그와 같은 공작의 가치와 장래 효과에 대하여 무조건적인 확신이 없는 경우에는 그러한 활동에 착수할 수가 없다. 아무리 재치 있는 외무장관의 헛된 허풍으로도 한 국민의 정신적 태도라고 하는 것은 그 새로운 태도의 현실적인 가치가 확실히 보증되지 않는 한, 변경되지 않을 것이다. 그리고 더욱 보증을 결여하게 되는 변경은 여론을 완전한 분열로 이끌어가게 될 것이다.

어떤 나라와 동맹할 가능성을 가장 확실하게 보증하는 것은 결코 정부 당국자들의 과장된 연설에 있는 것이 아니라, 오히려 일정한 합목적이라고 인정되는 정부의 경향이 뚜렷이 안정되어 있는 것 및 비슷한 견해에 있는 여론인 것이다. 정부 권력의 명확한 활동이 자기 공작을 선전적으로 준비하고 지지하는 면에서 크면 클수록, 또 반대로 여론 방향이 정부 경향에 의하여 분명하게 반영되어 있으면 있을수록 보증에 대한 신용도 그만큼 확실할 것이다.

자유 투쟁에 대한 명확한 의지

따라서 한 민족은 ─ 우리와 같은 상황에 놓여 있는 ─ 정부와 여론이 똑같이 열광적으로 자유 투쟁에 대한 의지를 예고하고 주장하는 경우 동맹 능력이 있다고 인정될 것이다. 이것이야말로 자국 인식에 입각하여 그 나라 고유한 이익을 지키기 위해 형편이 좋다고 여겨지는 상대국에 접근하려고 하는, 다시 말해 그 민족과 동맹을 맺으려고 하는 다른 나라 여론이 이를 착수하기 위한 전제인 것이다.

그런데 한 가지 덧붙여야 할 것이 있다. **어떤 민족의 특정한 정신적 상태를 바꾸기 위해서는 본디 어려운 공작이 필요하며, 당장에 많은 사람들에 의해서 이해되지 못할 것이므로, 자기 과오에 의해서 이러한 의향이 다른 분자들에게 반대 공작을 시키기 위한 무기를 인도하는 것은 범죄임과 더불어 또한 어리석은 행동이다.**

어떤 민족이 철저하게 정부의 참다운 의도를 알게 될 때까지는 필연적으로 어느 정도 기간이 지나야 한다는 사실이 이해되지 않으면 안 된다. 그 까닭은 어느 특정의 정치적 예비 공작의 궁극적인 최후 목표에 대한 설명은 주어지는 것이 아니고, 그것은 오로지 대중의 맹목적 신뢰나 정신적으로 높은 위치에 있는 지도층의 직관적 통찰이 기대되는 데 불과하기 때문이다. 그러나 대부분의 사람들에게는 이 천리안적인 정치적 육감이 존재하고 있지 않으며, 더구나 설명은 정치적인 이유에서 주어질 수가 없으므로, 지식층 지도자들의 일부분은 언제나 새로운 경향에 대하여 반대할 것이다. 이 경향은 그들의 이해력 부족 때문에 자칫 단순한 실험으로 해석될 수가 있다. 따라서 겁많은 보수적인 구성 분자들의 저항이 일어난다.

하나의 적에 집중

바로 이러한 이유에서 서로의 이해 촉진을 방해하는 이러한 인간으로부터 되도록 이용되는 모든 무기를 빼앗아버리려고 진력한다는 것은 더욱더 최고 의무가 되는 것이다. 그리고 우리나라의 경우처럼 본디부터 자만에 빠진 애국 단체원들이나 속물적인 다방 정치꾼들의 전혀 실현성 없는 순수한 공상적인 이야기가 문제일 때에는 특히 그러하다. 왜냐하면 새로운 함대나 우리 식민지 회복 등을 요구하는 고함소리가 현실적으로는 단순히 분별없는 잡담에 불과하며, 실제로 실행할 수 있는 생각은 오로지 한 가지도 가지고 있지 않은 것을 생각한다면 그 누구도 진지하게 부정하지 않을 것이기 때문이다.

영국에 있어서 일부는 순진한, 일부는 제정신이 아닌, 그러나 늘 우리의 불구대천의 적에게 속으로는 봉사하고 있는 항의 전사들의 분별없는 감정 토로가 정치적으로 얼마나 이용되고 있는가. 이것은 결코 독일에게 유리하다고 할 수 없다. 그들은 이와 같이 신(神)과 온 세계에 대한 해로운 시위 같은 것에 지쳐버리고, 모든 성과를 거두기 위한 전제인 다음과 같은 제1원칙을 잊고 있다. 바로 '무엇을 행하든 완전히 행하라'이다. 5개국 또는 10개국에 불평함으로써 모든 의지와 체력을 집중하여 우리가 가장 미워해야 할 적의 심장을 찌르는 데 게을리하고, 이 적과 대결하기 위하여 동맹함으로써 강화시킬 가능성을 희생하고 있다.

여기에도 국가사회주의 운동의 한 가지 사명이 있다. 작은 일에 구애되지 않고 최대의 것에 눈을 돌려 하찮은 일에 정력을 낭비하지 않고 우리가 오늘날 싸워야 할 목표는 오로지 우리 민족의 생존을 위한 극한적인 존립이며 또한 우리가 상대해야 할 유일한 적은 어느 시대에 있어서나 이 생존을 우리로부터 빼앗아가려는 국가라는 이 두 가지 사실을 결코 잊어버리지 않도록 이 운동은 우리 민족에게 가르쳐줘야 한다.

많은 일이 우리를 몹시 괴롭힐지도 모른다. 그러나 그 때문에 이성을 단념하고, 터무니없이 고함을 지르며 온 세계와 싸움이나 하고, 집중된 힘으로 불구대천의 적과 대결하기를 그만두어도 좋다는 이유를 간단히 끌어내서는 안 된다.

매국노에 대한 규탄

더욱이 독일 민족은 유일무이한 국토를 팔아넘기고 배신한 범죄자들의 책임을 추궁하지 않는 한, 다른 국가 태도에 대하여 비난할 도덕적 권리를 가지지 못한다. 영국이나 이탈리아 등에 대하여 멀리서 악담하고 항의했다고 해도 적의 전시 선전에 고용되어 우리 무기를 빼앗아가고, 도덕적 바탕을 무너뜨리고, 마비된 독일군을 은화 30닢에 팔아넘긴 무뢰한을 국내에 활보하도록 그대로 두어서는 참된 진실이라고는 말할 수 없다.

적은 예상된 일을 오로지 실행하고 있는 데 불과하다. 그들의 태도와 행위에서 우리는 배워도 좋을 것이다.

그러나 이와 같은 견해의 탁월성을 끝까지 인정하지 않으려는 자는 그렇게 되면 장차 영원히 모든 동맹정책이 불가능하므로, 모두 단념하는 길밖에 남아 있지 않다는 것을 최종적으로 명심해야 할 것이다. 그 까닭은 영국은 우리 식민지를 빼앗아갔기 때문에 우리는 영국과 동맹할 수 없으며, 이탈리아는 남티롤을 차지하고 있으므로 이탈리아도 안 되며, 폴란드와 체코슬로바키아는 본디부터 안 된다고 한다면 프랑스—이 나라도 우리로부터 알자스·로렌을 훔쳤다—말고는 유럽에 남는 나라가 없기 때문이다.

그러한 일이 독일 민족에게 도움이 되는지 어떤지는 거의 의심할 여지가 없다. 오로지 그와 같은 의견이 천진난만한 바보에 의해서 주장되고 있는가, 아니면 약삭빠른 적대자에 의해서 주장되고 있는가 하는 것만이 항상 의문으로 남는 데 지나지 않는다. 그러한 경우 지도자가 문제되는 한, 나는 언제나 그들은 후자라고 믿는다.

따라서 인간의 모든 가능성 속에서 만일 우리 국가의 내적인 강력함과 우리 존재를 유지하려고 하는 명확한 의지가 우리나라를 동맹국으로서 다시 가치 있도록 다른 국가에 인식시킨다면, 또 이전에 우리 적이었던 민족과 그와 같이 장차 동맹하는 데 반대하는 사람들에게 우리 자신의 서투른, 또는 범죄적 행위로 그들의 활동을 위한 자양분을 다시 준다든지 하지 않으면, 그 나라 장래의 참된 이익이 우리 이익에 근접해 있는 한, 지금까지 적이었던 개개의 국민의 정신 상태를 전환시키는 데 충분히 성공할 수 있는 것이다.

*

국가주의 국가의 이익은 이기는가

세 번째 이의(異議)는 가장 대답하기가 어려운 것이다.

동맹 가능한 여러 나라의 참된 이익을 옹호하는 사람들이 자유로운 민족국가, 국가주의 국가에 대한 치명적 적인 유대인의 의지에 저항하여 자기 확신을 관철하는 것이 가능하다고 생각할 수 있을까? 예컨대 전통적인 영국의 정치 세력은 가공할 유대인의 영향을 격퇴해 낼 수 있을까 없을까?

이 문제는 이미 말한 바와 같이 매우 대답하기 어려운 것이다. 그것은 너무나도 많은 이유들에 좌우되는 것이므로 간명한 판단을 내릴 수는 없다. 그러나 한 가지 일은 확실하다. 바로 **어느 한 국가에서는 지금 국가 권력이 매우 단단히 안정되고, 또 두말할 것 없이 국가 이익에 봉사하고 있다고 볼 수 있으**

므로 그 때문에 정치적 급무(急務)가 국제주의적 유대인 세력에 의하여 실제로 효과 있는 방해를 받는 일 등은 이제 화제가 될 수 없다.

파쇼적 이탈리아와 유대인

파쇼적 이탈리아가 아마 궁극적으로는 무의식적이었다고 하더라도(나는 개인적으로 그렇게 믿고 있지 않다) 유대주의의 세 가지 주요 무기에 대항하여 수행하고 있는 투쟁은 간접적인 방법이기는 할지라도 이 초국가적인 세력의 독니가 꺾일 수 있음을 나타내는 최상의 조짐이다. 프리메이슨적 비밀단체 금지, 초국가적인 신문 박해 및 국제주의적 마르크스주의의 끊임없는 배격, 또 반대로 파쇼적 국가관의 꾸준한 강화 등에 의해서 이탈리아 정부는 해를 거듭하면서 더욱더 온 세계에 걸친 큰 괴물 유대인의 괴성 따위에는 아랑곳없이 이탈리아 민족의 이익에 봉사할 것이다.

영국과 유대인

영국에서의 사정은 보다 더 어렵다. 이 '가장 자유로운 민주주의' 나라에서는 유대인은 여론이라는 간접적 수단에 따라 오늘날에도 아직 거의 무제한으로 독재적 행세를 하고 있다. 그런 가운데 이 나라에서도 영국의 국가적 이익을 옹호하는 사람들과 유대인 세계 독재의 전사들과의 사이에는 끊임없는 싸움이 존재하고 있다.

이러한 대결의 맹렬한 충돌이 얼마나 자주 되풀이되고 있는가는 전후에 비로소, 한편에서는 영국 국가 지도층의, 다른 한편에서는 신문의 일본 문제에 대한 갖가지 태도 안에서 아주 뚜렷하게 볼 수가 있다.

세계대전이 끝나자마자 미국과 일본 서로 간에 오래전부터의 불화가 다시 표면에 나타나기 시작했다. 물론 유럽의 세계적 대국도 이 새로 닥쳐오는 전쟁 위험에 대하여 그냥 무관심하게 있을 수는 없었다. 모든 혈연적 결합에도 불구하고, 영국 국내에서는 국제경제정책과 강권정책의 모든 면에 걸친 아메리카합중국의 성장에 대한 어떤 질투에 가까운 감정이 솟아오르지 않을 수 없다. 이전의 식민지, 위대한 모국의 자손이 세계의 새로운 지배자로 성장할 것같이 생각된다. 영국이 오늘날 우려에 가득 찬 초조감에서 자국의 낡은 영일동맹을 재음미하여 이제는 '바다의 지배자 대영제국!'이 아니라 '합중국의

바다!'라고 불리게 될 시점을 영국 정치가들이 흠칫흠칫 겁먹으면서 기다리고 있다 해도 이해가 된다.

미개척지의 크나큰 자원을 가진 엄청나게 큰 아메리카 거인국가에는 주위로부터 압박을 받고 있는 독일국보다는 훨씬 손대기가 어렵다. 언젠가 영국도 최후 결전을 건 주사위를 던지게 될 사태가 온다면, 자국 힘에만 의존한다는 것은 자칫하면 치명상을 남기고 말 것이다. 따라서 황색 주먹과 악수하기를 열망하고, 인종적으로는 허용할 수 없는 일일지도 모르나, 정치적으로는 번영을 지향하는 아메리카 대륙에 대항하는 영국의 세계적 지위 강화의 유일한 가능성인 동맹에 매달리고 있다.

그런 까닭에 영국 국가 지도층은 유럽 전쟁터에서 함께 전쟁을 수행했음에도, 아시아의 동반자 동맹을 무너뜨리려고 결의하지 않았으나 반면에 모든 유대인 신문은 이 동맹의 뒤통수를 노려 공격했다. 1918년까지는 독일에 대한 영국 전쟁을 위한 충복이었던 유대인의 기관이 이제 갑자기 배신 행위를 저지르고 제 갈 길을 간다는 것은 어째서 가능한가?

독일의 멸망은 영국의 이익이 아니라 첫째로 유대인의 이익이었던 것과 마찬가지로, 오늘날에 있어서 일본을 멸망시키는 것 또한 영국의 국가적 이익이라기보다도 오히려 유대인들이 기대하는 세계제국의 지도자층들의 드넓은 소망에 봉사하는 것이다. 영국이 이 세계에서 자국 지위를 유지하기 위하여 애쓰고 있을 때 유대인은 세계정복을 위한 공격을 조직하고 있다.

유대인은 오늘날 유럽 여러 나라를 이른바 서유럽 민주주의라는 간접적인 수단이건 러시아 볼셰비즘에 의한 직접적 지배 형태이건, 여하간 이미 자신들의 손안에서 의지와 자유를 잃고 있는 도구로 간주하고 있다. 그러나 그들은 옛 세계만을 그와 같이 농락하는 데 그치지 않고, 같은 운명이 신세계에도 닥쳐오고 있는 것이다. 유대인들은 아메리카합중국 금융력의 지배자이다. 해가 거듭될수록 그들은 더욱더 1억 2000만 인구를 지닌 국가의 생산자에 대한 감독자 지위로 올라가는 것이다. 그들의 노여움을 사면서도 여전히 완전히 독립을 유지하고 있는 사람들은 아주 적은 수밖에 없다.

그들은 교활하게 여론을 조작하여 거기에서 자신들 장래를 위한 투쟁 도구를 만들어내는 것이다. 이미 유대인의 최고 수령들은 여러 민족을 대규모적으로 삼켜버린다는 성서 예언의 실현이 그들에게 가까워지고 있는 것을 믿고 있다.

이와 같이 비국가화되고 만 식민지적 국가의 큰 무리 가운데에서 오로지 하나만이라도 독립국가가 남아 있다면 그 나라는 그들의 모든 작업을 최후 순간에 붕괴시킬지도 모른다. 왜냐하면 온 세계를 지배하지 않으면 볼셰비키화된 세계는 존속할 수 없기 때문이다.

오로지 한 나라라도 국가적인 힘과 위대성을 유지한다면, 전제적인 유대인 통치 아래 세계제국은 이 세계에서의 모든 폭정과 마찬가지로 국가주의 사상이 가지는 힘에 지고 말 것이 틀림없다.

일본과 유대인

그런데 유대인들은 자신들의 1000년에 걸친 순응에 의해서 유럽 민족의 기초를 무너뜨리고, 그들을 종족 성격을 잃은 잡종으로 기르는 것이 가능하다고 할지라도, 그러나 일본처럼 아시아적 국가주의 국가에 동일한 운명을 준다는 것은 거의 불가능하다는 사실을 충분히 알고 있다. 오늘날 유대인은 독일인·영국인·미국인 그리고 프랑스인인 체할 수는 있지만 황색 아시아인으로 통하는 방법은 갖고 있지 않다. 따라서 그들은 일본이라고 하는 국가주의 국가를 비슷한 구조를 가진 국가들의 세력에 의해서 파괴하려 시도하고 있다. 그것은 마지막 국가 권력이 방어력이 없는 여러 국가를 지배하는 전제국가로 바뀌기 이전에 이 위험한 적을 처리하기 위해서이다.

유대인은 자신들의 천년왕국 안에 일본과 같은 국가주의 국가가 남아 있는 것을 꺼리고 있으며, 그러므로 자기 자신의 독재가 시작되기 전에 일본이 완전히 멸망되기를 바라고 있다.

따라서 그들은 이전에 독일에 대하여 한 것처럼 오늘날 일본에 대항하도록 여러 민족을 선동하고 있다. 그러므로 영국 정치가 아직도 일본과의 동맹에 의존하려 시도하고 있는 반면에, 영국의 유대인 신문들은 이미 이 동맹국에 대한 전쟁을 요구하고, 민주주의의 선전과 '일본의 군국주의와 천황제 타도!'를 외치며 섬멸전을 준비하고 있다.

이와 같이 하여 유대인은 오늘날 영국에서는 순종을 하지 않게 되었다. 따라서 유대인에 의한 세계 위협에 대한 투쟁은 영국에서도 시작될 것이다. 그리고 다름 아닌 국가사회주의 운동은 스스로 극히 거대한 과제를 완수해야 한다.

세계의 적에 대한 우리들 투쟁

이 운동은 민족의 눈을 다른 국민을 향해서 열어주어야 하며, 우리 현세계에서의 참된 적을 몇 번이고 상기시키지 않으면 안 된다. (거의 모든 면에서 그것들로부터 우리 민족을 분리시킬 수 있다고 할지라도)[12] 공통된 피 또는 동질의 문화라고 하는 굵은 선으로 우리와 연결되어 있는 아리아 여러 민족에 대한 증오 대신에 우리 고통의 참된 원흉인, 인류의 악질적인 적을 일반의 분격 앞에 폭로해야 한다.

이 운동은 적어도 우리나라에서 불구대천의 원수가 인식되고, 이 적에 대한 투쟁이 보다 찬란한 시대의 빛나는 상징으로서, 격투하는 아리아 인류의 행복을 위한 길을 다른 여러 민족에게도 제시해 줄 수 있도록 배려하지 않으면 안 된다.

그러면 이성이 그 경우에 우리 지도자가 되고, 의지가 우리 힘이 될 수 있다. 이상과 같이 행동해야 할 신성한 의무가 우리에게 백절불굴의 용기를 주고, 또 최고 보호자로서 우리들 신념이 존속하도록 될지어다.

---

12) 1936년판 원문에는 ( ) 안이 빠져 있다.

외교정책 문제에 대한 편견

내가 독일과 러시아의 관계를 특히 음미하려고 하는 데에는 다음 두 가지 이유가 있다.

1. 이 경우에는 독일 외교정책 전체에 아마도 가장 결정적이라고 생각되는 요건이 문제라는 점.
2. 이 문제는 아직 젊은 국가사회주의 운동이 명석하게 사고할 수 있는가, 올바르게 행동할 수 있는가 하는 정치 능력에 대한 시금석이라는 점.

나는 특히 두 번째 이유가 때때로 마음에 걸려 우울해진다는 것을 고백해 두어야겠다. 워낙 우리 젊은 운동은 자신들을 지지하는 사람들을 공평한 사람들의 진영에서가 아니고, 대개는 매우 극단적인 세계관의 소유자 가운데에서 데리고 오는 것이므로, 이 사람들이 다른 면에서처럼 외교정책을 이해하는 점에서도 처음에는 그들이 이전에 정치적·세계관적으로 속해 있었던 동료들의 편견 또는 이해 부족에 시달리고 있다는 것은 너무나도 당연하다고 할 수밖에 없다. 더욱이 이것은 결코 **좌익**에서 우리에게 참가한 사람들에게만 해당하는 것은 아니다. 그 반대이다.

이와 같은 문제에 대하여 좌익이었던 사람들이 지금까지 받아온 지식이 아무리 위험한 것이었다 해도 그 지식은 상당한 경우 적어도 부분적으로는 자연의 건전한 본능이 남아 있음으로써 다시 제거된 것이다. 그래서 이전에 그들에게 강요된 영향을 보다 더 좋은 태도로 바꾸어주는 일이 필요한 데 지나지 않고, 그들에게 아직 남아 있는 본질적으로 건전한 본능과 자기보존 충동이 우리의 최고 동맹자로 인식될 수 있는 일도 아주 곧잘 일어났다.

그에 반해서 지금까지 이러한 면에 대하여 받아온 교육이 적지 않게 이성과 논리가 모자라고, 또 결국에는 자연 본능을 흔적도 없이 객관성이라는 제단에 바쳐버리고만 인간을 명확한 정치적 생각으로 이끌어간다는 것은 훨씬 더 곤란한 일이다. 다름 아닌 우리의 이른바 지식층이야말로 자신들의 이익이나 자기 민족의 대외적 이익을 진정으로 명확하게, 또 논리적으로 옹호하도록 유도하는 일이 가장 어려운 사람들인 것이다.

그들은 오로지 무의미하기 짝이 없는 관념과 편견이라는 몹시 무거운 짐에 억눌려 있을 뿐만 아니라, 한 걸음 더 나아가 모든 건전한 자기보존 충동을 잃고 또 단념해 버리고 있다.

국가사회주의 운동은 이러한 사람들과 어려운 투쟁을 계속해야 한다. 왜냐하면 유감스럽게도 그들은 완전히 무능함에도 어처구니없는 자부심에 사로잡혀 있어, 그 결과 그들은 남들을, 대개의 경우 그들보다 건전한 사람들까지도 본질적인 자격도 갖추지 못한 채 내려다보기 때문이다. 그것은 스스로의 분수를 모르는 자만과 자부심인데, 거기에는 냉철한 음미와 숙고 능력이 완전히 결여되어 있다. 그리고 이 능력이야말로 모든 외교정책상 의도와 행위 전제가 되어야 하는 것이다.

다름 아닌 이 무리들이 오늘날 우리 외교정책의 방향을 매우 불행하게도 우리 민족의 민족적 이익을 참으로 옹호하는 일에서 전환시켜 버리고, 그 대신 그들의 망상적인 이데올로기에 도움이 되게 하기 시작했으므로, 나는 나의 지지자에 대하여 가장 중요한 외교정책 문제, 즉 러시아와의 관계를 특별히 다루고, 그것이 일반 이해에 필요하며, 또 이와 같은 저작 테두리 안에서 되도록 철저하게 다루는 것이 의무라고 느끼고 있다.

국가 영토의 의미

나는 여기서 먼저 다음과 같은 것을 전제해 두고 싶다. 만일 우리가 외교정책이라는 말로써 한 국가의 다른 국가들에 대한 관계의 조절을 이해해야 한다면, 이 조절 방법은 어떤 특정 사실에 따라서 결정될 것이다. 국가사회주의자로서 우리는 더욱 나아가서 민족주의적 국가의 외교정책 본질에 대하여 다음과 같은 원칙을 세울 수가 있다.

민족주의적 국가의 외교정책은 한편으로는 국민 수 및 그 증가와, 다른 한 편으로는 영토 크기 및 그 자원과의 사이에 건전하고 생존 가능하며, 또한 자연적이기도 한 관계를 만들어 놓음으로써 국가를 통해서 총괄되는 인종 존재를 이 지구상에서 보증해야 한다.

이 경우에 건전한 관계라고 하는 것은 오로지 한 국민을 자기 영토에서 확실하게 부양할 수 있는 상태라고 이해해도 좋을 것이다. 비록 몇백 년 아니 몇천 년 동안 계속되었다고 해도 그 밖의 모든 상태는 그럼에도 불구하고 불건전하며, 그 국민이 아주 없어지지 않는다 해도 언젠가는 손상될 것이다.

이 지상에서 충분한 크기의 구역을 차지하는 일만이 한 민족에게 생존의 자유를 보증할 수 있다. 이 경우 정착 지역에 필요한 규모는 오로지 현재 요구만으로써 판단될 수는 없다. 아니 인구에 비례한 토지 산출량으로도 결코 판단되어서는 안 된다. 왜냐하면 내가 이미 제1부에서 '세계대전 전의 독일 동맹정책'[1]이란 제목 아래 상세하게 말한 것처럼, **한 국가 영토에는 한 국민의 직접적인 생계 자원을 준다는 의미 이외에 다른 것, 곧 군사정책적 의미도 첨가되기 때문이다.**

비록 한 민족의 생계 자체가 그 영토 크기에 따라서 확보된다고 해도, 현재 영토 자체의 보호 또한 고려되지 않으면 안 된다. 국토 보호는 국가가 일반적인 강력한 정책 강도에 의존하고 있지만, 후자는 더 나아가 군사지리적 관점에 따라서 결정되는 일이 적지 않다.

영토 크기와 세계 강국

따라서 독일 민족은 세계강국이 됨으로써만이 자기 장래를 옹호할 수 있을 것이다. 우리나라의 외교정책 활동에 대해서 얼마쯤 성공이었다고 할 만한, 2000년 가까이 우리 민족에 의해서 이루어진 이익 옹호가 바로 '세계사'였다. 우리 자신은 그 증인이다. 왜냐하면 1914년에서 1918년까지 민족 간의 거대한 투쟁은 독일 민족이 지구상에서의 자기 존재를 위해 싸운 투쟁에 불과했으나 그 사건 자체가 '세계대전'이라 불리고 있기 때문이다.

독일 민족은 **가상적인** 세계강국으로서 이 싸움에 나섰다. 나는 여기서 가

---

1) 제1부 제4장 참조. '세계대전 전의 독일 동맹정책'이란 표제는 없다.

상적이라고 말했는데, 그것은 실제로는 전혀 세계강국이 아니었기 때문이다. 만일 독일 민족이 1914년에 좀더 다른 영토와 인구 관계를 가지고 있었다고 한다면 독일은 실제로 세계강국이었을지도 모르며, 또 전쟁은 다른 모든 요소를 무시한다면 유리하게 끝날 수 있었을 것이다.

만일 '그러나'라고 하는 일이 없다고 하면 '만일'이라고 하는 일에 대하여 말한다는 것은 이 자리에서 나의 과제가 아니며, 또한 나의 의도조차도 아니다. 그러나 나는 분명히 현재 어떤 상태를 꾸미지 않고 냉정하게 명시하고, 그 상태가 가지는 무서운 결함을 지적하고, 그 결과로서 적어도 국가사회주의 운동 진영의 사람들이 필요한 점에 대한 통찰을 깊이 해나가는 것이 절대로 필요하다고 느낀다.

독일은 오늘날 결코 세계강국이 아니다. 비록 우리의 현재 군사적 무기력이 극복되었다고 할지라도 우리는 이 세계강국이라는 칭호를 이미 요구할 수는 없을 것이다. 현재 독일국과 같이 인구와 영토 비례가 처참한 상태가 되어 있는 국가조직은 오늘날 이 지구상에서 어떤 의미가 있을까? 차츰 지구가 여러 국가에 의해 차지되고 분할되어 가는 시대에 더구나 일부 국가가 거의 대륙까지도 포괄하려고 하는데, 그 정치상 모국이 겨우 5만 평방킬로미터가 될까 말까 할 정도의 터무니없는 영토에 국한되어 있는 국가조직을 세계강국이라고 할 수는 없다.

프랑스와 독일의 식민정책

순수하게 영토로만 본다면, 독일국 면적 따위는 이른바 세계강국들에 견줄 경우 완전히 없어져버린다. 물론 영국을 그 반증으로서 들어서는 안 된다. 왜냐하면 영국 본국은 사실상 거의 모든 지표의 4분의 1을 자기 영토라고 부를 수 있는 대영제국의 대수도에 지나지 않기 때문이다. 더 나아가 우리는 첫째로 아메리카합중국을, 그리고 러시아와 중국을 거대한 국가로 보아야 한다. 이들은 모두 현재 독일국의 적어도 10배가 넘는 국토를 가지고 있는 나라들이다. 그리고 프랑스까지도 이들 여러 나라 안으로 넣어야 한다. 프랑스에서는 더욱더 대규모로 거대한 자국 내의 유색인종 비축지에서 군대가 보충될 뿐만 아니라, 인종적으로도 프랑스의 흑인화는 매우 빠르게 진행되어 그 때문에 실제로 유럽 대지 위에 아프리카적인 국가가 성립했다고 말할 수 있을 정도이다. 오늘날 프랑스의 식민정책은 지난날 독일의 그것과는 비교도 되지 않는다.

오늘날과 같은 방식으로 프랑스 발전이 앞으로 300년이나 계속된다고 가정한다면, 마지막 남은 프랑스 민족의 피도 발전되어 가고 있는 유럽·아프리카 혼혈국가 안에 멸망하고 말 것이다. 끊임없는 혼혈에 의해 서서히 이루어져 가고 있는 저급한 인종으로 가득 찬, 라인에서 콩고에 이르는 거대하고 밀집적인 정착 지역이 성립하는 것이다.

이러한 일이 프랑스 식민정책을 옛 독일국의 그것과 구별한다. 이전 독일 식민정책은 우리나라가 행한 다른 모든 일과 마찬가지로 어중간한 것이었다. 그 정책은 독일 인종의 식민 지역을 확대하는 일도 하지 않았고, 또—범죄적이었다 해도—검은 피를 주입함으로써 국가의 세력 강화를 꾀하는 시도도 이루어지지 않았다. 독일령 동아프리카의 토착민 병사는 이러한 방향에서의 소폭의, 주저하면서 내디딘 일보였다.

실제로 그들은 식민지 자체 방위에밖에 쓸모가 없었다. 흑인 부대를 유럽 전쟁터로 데리고 오려는 계획은 세계대전 중에는 실제로 불가능했다는 것을 전혀 무시해도 보다 더 유리한 상황이라면 실현시키겠다는 의도로서조차도 존재한 일이 없었다. 다른 한편 프랑스는 이와 반대로 그것을 이전부터 그들의 식민활동의 기초 근거로 여기고 또 느끼고 있었다.

국가사회주의의 역사적 사명

이처럼 오늘날 지구상에 민족 인구면에서 우리 독일 민족 세력을 훨씬 능가할 뿐만 아니라, 특히 면적에서 정치적 강국 지위를 지탱하는 최대 기둥을 가지고 있는 많은 국가를 우리는 찾아볼 수 있다. 더욱이 면적과 민족 인구에서 본다면, 독일국이 이미 등장해 있는 다른 세계 대국에 대하여 가지는 관계는 2000년 전 우리나라 역사의 초기만큼, 그리고 또다시 오늘날만큼 불리했던 일은 결코 없었다. 그때 우리는 젊은 민족으로서 무너져 가고 있었던 대국가 조직의 세계로 질풍처럼 침입하여 그 최대 거인 로마의 멸망을 우리 자신이 도왔던 것이다. 오늘날 우리는 이룩되어 가고 있는 강대국이 법석을 떠는 세계 속에 있는 것이고, 이 세계에서 우리 독일국은 더욱 무의미한 존재로 몰락해 가는 것이다.

우리는 이 쓰디쓴 진실을 냉정하게, 또 진지하게 생각해야 한다. 또 우리는 독일국의 민족 인구와 면적이 다른 여러 나라에 대하여 어떤 관계에 있었던 가를 수백 년에 걸쳐서 추구하여 견주어볼 필요가 있다. 그렇게 하면 누구나가 내가 이 고찰의 처음에서 이미 말한 것, 곧 '**군사적으로 강력하건 약체이 건 그것과는 관계없이, 독일은 벌써 세계강국이 아니다**'라는 결론에 이르게 되어 깜짝 놀랄 것이다.

우리나라는 지구상의 다른 위대한 여러 국가와는 전혀 비교가 안 될 상태에 빠져 있다. 이 상태는 오로지 우리 민족의 한심한 외교정책 지도층의 덕택이며, 그들이 특정한 외교정책 목표에 대해서 선조의 유언적인—나는 거의 그렇게 말하고 싶은데—확고한 태도를 완전히 결여한 덕택이며, 더 나아가 자기보존의 건전한 본능과 충동을 모두 상실하고 말았기 때문이다.

만일 국가사회주의 운동이 정말 역사 앞에서 우리 민족을 위하여 일한다는 위대한 사명에 헌신하기를 바란다면, 이 운동은 이 지구상에서 우리 민족의 지금 있는 그대로의 상태를 철저하게 인식하고 고통을 충분히 견디면서 지금까지 우리 독일 민족을 외교정책의 진로에서 이끌어온 사람들의 목표 없음과 능력 없음에 대하여 대담하게 그리고 목표를 자각하면서 싸움에 나서야 한다.

또한 이 운동은 전통이나 선입관에 구애됨 없이 오늘날 제한된 생활에서 이 민족을 새로운 영토로 끌어내고, 그것에 의해 또 지상에서 아주 없어지거나 노예 민족으로서 다른 민족에 봉사하게 될 위험에서 영원히 벗어나는 길로 전진하기 위하여 우리 민족과 그 세력을 집결하는 용기를 내야 한다.

국가사회주의 운동은 우리 민족 인구와 면적 사이의 불균형—식량 확보와 호구지책과 강력 정책의 기초로 간주된다—이나 우리나라의 역사적 과거와 희망을 걸 수 없는 현재의 무기력 사이의 불균형을 없애도록 노력해야 한다. 이 운동은 그 경우 우리가 이 지상에서의 최고 인류 수호자로서 최고 의무도 부과받고 있다는 점을 잊어서는 안 된다. 그리고 운동은, 독일 민족이 인종적인 혼미에서 깨어나 개·말·고양이 등의 종(種) 말고 자기 피에도 연민의 정을 느끼도록 배려를 하면 할수록 더욱더 이 의무를 다할 수가 있을 것이다.

*

　나는 지금까지의 독일 외교정책은 목표가 없고 무능했다고 그 특색을 지적했는데, 나의 주장은 이 정책이 실제로 아무것도 이룩하지 못했다는 데서 입증된다. 이를테면 우리 민족이 정신적으로 열등하거나 겁쟁이였다고 해도 지상에서 그들의 투쟁 결과는 우리가 오늘날 눈앞에 보고 있는 것만큼 지독한 것은 아닐 것이다. 우리는 세계대전 직전의 수십 년 동안 발전으로도 이 사실에 대하여 착각을 해서는 안 될 것이다. 왜냐하면 한 국가의 세력이라고 하는 것은 그 국가 자체로써 측정할 수 없으며, 다른 여러 나라와 견줌으로써만 비로소 측정할 수 있기 때문이다.

　다름 아닌 이와 같은 비교에 따라서 다른 여러 나라의 세력 증가가 우리나라보다 한층 더 균형잡혔을 뿐 아니라, 궁극적인 성과면에서도 보다 컸다는 것, 그러기에 독일이 걸어온 길이 모든 외관상 번영에도 불구하고 실제로는 다른 여러 나라 번영에서 점점 멀어져서 훨씬 뒤진 것이 되고, 요컨대 그 양적 차이가 우리나라에 대하여 불리한 방향으로 확대되어 갔다는 사실이 증명되는 것이다.

　그뿐만 아니라 인구면에서도 우리는 시일이 지날수록 점점 뒤지게 되었다. 그런데 우리 민족은 영웅적 정신면에 있어서는 지상의 어느 민족에게도 뒤지지 않았고, 요컨대 자기 민족의 존재를 유지하기 위해 지상의 모든 민족 중에서 가장 많은 양의 혈액을 주입했으므로, 그 실패는 오로지 **부적당한 방법**으로 혈액이 주입된 것에 기인한 결과에 지나지 않는다.

1000년에 걸친 정책에서 남은 결과

　만일 우리가 이와 관련하여 1000년 이전부터의 우리 민족 정치적 체험을 재음미하거나 끝없는 전쟁과 투쟁을 모조리 상기하여 이러한 전쟁에서 생겨 오늘날 우리들 눈앞에 현존하고 있는 궁극적 성과를 연구한다든지 하면, 우리가 외교와 일반 정책에서의 분명한 특정 행위의 영속적인 결과라고 볼 수 있는, 이 피의 바다에서 생긴 현상은 오로지 세 가지밖에 없다는 것이 승인되어야 한다.

　1. 주로 바이에른인의 조상에 의하여 실현된 '오스트마르크'의 식민.
　2. 엘베강 동쪽 지역의 획득과 침략.

3. 호엔촐레른 가문에 의해 실현된, 새로운 독일국의 모범과 핵심으로서의 브란덴부르크·프로이센 국가의 조직.

장래에 대하여 얼마나 교훈적인 경고인가!

우리나라 외교정책의 처음 두 가지 위대한 성과는 가장 영속적인 성과로서 존속하고 있다. 이러한 성과를 결여하고서는 우리 민족은 오늘날 어떤 역할도 담당할 수가 없었을 것이다. 이러한 일들은 상승하는 민족 인구와 영토 크기를 조화시키는 최초의, 그러나 유감스럽게도 오로지 한 번 성공했을 뿐인 시도이기도 했다.

우리 독일 역사가들이 이 두 가지의, 매우 거대하고 장래에 대하여 매우 뜻깊은 성과를 올바로 평가할 수 없었다는 것은 참으로 불운한 일이라고 보아야 할 것이다. 하지만 그들은 다른 한편으로는 모든 것을 칭찬하고, 또 공상적인 영웅 정신이나 끝없는 모험적 투쟁과 전쟁을 경탄하면서 칭송하고 있으나, 민족의 위대한 발전의 진로에 있어 이러한 사건의 거의 대부분이 얼마나 무의미했던가 하는 데 대해서는 결국 인식하지 않았던 것이다.

우리나라 정치활동의 세 번째 위대한 성과는 프로이센 국가 창설, 그로 인한 특수한 국가 사상의 배양, 그리고 현대 세계에 적절한, 조직화된 형식으로 도입된 독일 육군의 자기보존과 자위본능의 배양 속에 나타나 있다. 저마다의 국방 사상이 국민적 병역의무로 발전한 것은 이 국가조직과 그 새로운 국가관에서 생겨난 것이다. 이 발전의 의미는 아무리 높이 평가해도 지나치지 않다. 다름 아닌 자기 피의 혼탁에 의해 초개인주의적으로 해체된 독일 민족은 프로이센 군대 조직에 의하여 훈련되어 적어도 민족으로부터 훨씬 이전에 상실된 조직 능력 일부를 되찾은 것이다.

다른 여러 민족의 경우에는 동료끼리 함께 살려고 하는 충동 안에 아직 근원적으로 존재하고 있는 것을 우리는 적어도 부분적이기는 하지만, 군사적인 단련 과정에 의해 인위적으로 우리 민족 공동체를 위하여 되찾은 것이다. 따라서 일반적 병역의무의 폐지도—수많은 다른 민족에게는 중요한 일이 아니겠지만—우리에게는 매우 중요한 의미를 가지고 있다.

독일인을 10세대 동안 올바르고 교육적인 군사 훈련 없이 혈액적인, 그러기에 세계관적인 분열에서 생기는 악영향 아래 내버려둔다면, 우리 민족은 지구상에서의 독립적 존재의 마지막 잔재까지 실제로 상실해 버리고 말 것이다. 독일 정신은 아마도 개인적으로는 다른 국민 사이에서 문화에 이바지하겠지만, 이 경우 그 원천까지도 인식되는 일은 없을 것이다. 우리 안에 있는 아리아계·북유럽계 피의 마지막 한 방울이 썩거나 아주 없어질 동안 독일 정신은 문화의 비료가 될 것이다.

우리 민족이 1000년 넘도록 투쟁해서 획득한 이 실제 정치적 성공의 의미는 우리들 자신에게보다도, 우리들 적에게 훨씬 더 잘 파악되고, 또 그 진가도 인정받고 있다는 사실은 주목할 만한 가치가 있다. 우리는 우리 민족으로부터 가장 고귀한 피의 소유자를 수백만이나 빼앗았지만, 그럼에도 불구하고 궁극적 성과로서는 전혀 쓸모없었던 영웅주의에 아직도 심취해 있다.

우리 민족의 실제의 정치적 효과와 무익한 목적을 위하여 바쳐진 국민의 피를 식별한다는 것은 현재와 미래에 있어서 우리들 태도를 결정하는 마당에서는 아주 중요한 일이다.

맹목적 애국주의로는 안 된다

우리 국가사회주의자는 오늘날 우리 부르주아 세계의 맹목적 애국주의에는 절대로 찬동할 수 없다. 세계대전 직전의 발전을 비록 조금이라도 우리들 자신의 길과 관계시키려고 생각한다면, 그것은 특히 위험하기 짝이 없는 일이다. 19세기 모든 역사적 발전으로부터는, 그 기간 자체 안에서 시작된 것으로서 우리를 의무지울 수 있는 것은 오직 한 가지도 찾아볼 수가 없다.

이 시대 대표자들의 태도와는 반대로, 우리는 모든 외교정책의 최고 목표를 공언해야 할 것이다. 곧 '영토를 민족 인구에 조화시킨다'는 것이다. 그렇다, 과거로부터는 오로지 우리가 두 가지 방향으로 우리나라 정치적 활동의 목표 설정을 시도해야 된다는 것을 배울 수 있는 데 불과하다. 두 가지 방향이라고 하는 것은 바로 '영토가 우리나라 외교정책의 목표이며, 그리고 새로운, 세계관적으로 확정된 통일적인 바탕을 쌓는 것이 국내정책에 있어서 행동목표이다'라는 것이다.

*

옛 국경을 바라는 목소리

영토에 대한 요구는 어느 정도까지 윤리적·도덕적으로 정당화된다고 여길 것인가? 이 문제에 대하여 나는 더욱 간단하게 태도를 밝히고자 한다. 왜냐하면 유감스럽게도 이른바 민족주의적인 동지들 가운데에서조차도 갖가지 모든 허풍선이들이 나타나서 그들이 독일 민족에게 외교정책상의 행동 목표로서 1918년의 불법 행위의 회복을 내거는 데 노력할 뿐만 아니라, 온 세계 민족적 형제애와 호의를 확신시키는 것이 필요하다고 생각하기 때문이다.

여기서 나는 다음과 같은 것을 전제해도 좋을 것이다. 1914년의 국경을 회복하자는 요구는 범죄로 간주해도 될 만한 갖가지 결과를 수반한 정치적 당찮은 일이다. 1914년 독일 국경이 전혀 조리에 맞지 않았던 것을 완전히 무시한다고 해도 그렇다. 왜냐하면 그때 국경은 실제로 독일 국적을 가진 인간을 포괄한다는 점에 대해서도 완전하지 않았지만, 그 군사지리적인 합목적성의 점에 있어서 역시 합리적이 아니었기 때문이다.

그때 국경은 사려 깊은 정치적 행동의 결과가 아니라, 결코 끝나는 일이 없는 정치적 투쟁이 낳은 일시적 국경이었다. 아니, 일부분은 우연한 장난의 결과였던 것이다. 그러므로 지난날의 상태를 되찾는 것을 외교정책 활동의 목표라고 밝힌다면, 동일한 정당성을 가지고, 또한 많은 경우에 그 이상 정당성을 가지고 독일 역사 속에서 몇몇의 다른 시점을 골라낼 수도 있을 것이다.

그러나 위에서 말한 요구는 모조리 우리 부르주아 세계에 알맞은 것이다. 그들은 이 경우에도 앞으로 성과를 거둘 만한 정치사상을 조금도 소유하고 있지 않으며, 오히려 과거 안에서만 그것도 바로 얼마 전에 지나간 시대에만 살고 있을 뿐이다. 왜냐하면 과거를 향해서 회고하고 있는 시선까지도 그들 자신의 시대를 넘어설 수가 없기 때문이다. 타성의 법칙은 그들을 어떤 주어진 상태에 묶어버리고, 그 안에서 그들은 어떠한 변화에도 저항하게 하지만, 그럼에도 불구하고 이 저항이란 활동도 타성 이상의 것으로 고조되는 일이 없다.

따라서 분명한 일이지만, 이러한 사람들의 정치적 이해력은 1914년의 국경을 넘어 확대되지 못한다. 그들은 그와 같은 국경 회복을 자신들 활동의 정치 목표라고 선언함으로써, 우리 적국과의 사이에서 부서져가고 있는 동맹을 계속 새로이 강화시키고 있다. 오로지 이렇게 생각함으로써 비로소 저마다 잡다한 소망과 목표를 품은 여러 나라가 참가한 세계적 투쟁이 끝난 지 8년이나 지났는데도, 그때 전승국 연합이 여전히 조금이나마 얼마쯤 일정한 형태를 유지하고 있는 이유가 뚜렷해진다.

이들 여러 나라는 모두 그때 독일 붕괴로 말미암아 부당한 이득을 취했다. 그때 우리나라 세력에 대한 공포는 개개의 강대국 서로 간에 있었던 탐욕과 질투를 싹 없애버렸던 것이다. 그 나라들은 독일로부터 되도록 많은 것을 빼앗는 것이 독일 장래에 있어서의 고양을 저지하는 최대 보장이라고 생각했다. 양심의 가책과 우리 민족 힘에 대한 불안은 이 동맹 가입국 하나하나를 오늘날에도 여전히 굳건하게 결속시키고 있는 내구력의 매우 강한 접착제인 것이다.

그리고 우리는 그 나라들을 실망시키지 않았다. 우리 부르주아 세계가 1914년의 '국경 회복'을 독일의 정치강령으로 설정함으로써, 그들은 우리 적국 동맹으로부터 탈퇴할까 생각하고 있었던 관계국들마다 다시 두려움에 떨게 하여 뒷걸음질치게 해버렸다. 왜냐하면 이러한 국가들은 고립해 있으면 공격당하고, 또 그로 인해서 개개 동맹국의 원조를 잃게 되지나 않을까 하는 불안감을 품지 않을 수 없었기 때문이다. 그 국가들은 저마다 그 강령에 놀라고 위협을 느꼈던 것이다.

더구나 이 강령은 다음 두 가지 관점에서 터무니없는 일이다.

1. 강령을 저녁 사교 모임에서의 허황된 생각으로부터 현실화할 수 있는 강력한 수단이 결여되어 있으며,

2. 강령이 실현된다고 해도 그 결과는 또한 매우 비참한 것이어서, **그 때문에** 우리 민족의 피를 바친다는 것은 맹세코 이익이 아닐 것이다.

왜냐하면 1914년의 국경 회복조차도 피에 의해서만이 이루어낼 수 있다는 것은 거의 어떤 사람이라도 의심할 것으로 생각되지 않기 때문이다. 어린아이 같은 순박한 머리의 소유자가 아니면, 납죽 엎드려서 빌거나 걸식하는 방법으로 베르사유 조약이 수정될 수가 있다고 믿는 따위의 생각에 빠진다는 것은 불가능하리라. 그와 같은 시도는 우리 독일인이 소유하고 있지 않은 탈레랑[2]의 재능을 필요로 하게 될 것이라는 사실을 완전히 무시해도 역시 그러할 것이다.

우리나라 정치인들 반수는 매우 빈틈이 없으나 또한 그만큼 줏대가 없으

---

2) 프랑스 정치가·외교가. 1754~1838.

며 본디 우리 민족에게 적대적인 의견을 가진 분자로 이루어져 있다. 한편 남은 반수는 선량한 호인이며 쉽사리 남의 뜻에 따르는 바보들로 이루어져 있다. 여기에 덧붙여 시대는 빈(Wien) 회의 뒤 변화하고 만 것이다. **곧 왕후나 왕후의 측실이 국경을 에누리 판매하거나 값을 매기고 있는 것이 아니고, 무자비한 현세주의자 유대인이 여러 민족 정복을 지향하여 싸우고 있는 것이다.**

어느 민족도 칼에 의하지 않고는 자기들 목에서 이 손을 뿌리칠 수 없다. 오직 힘차게 용솟음치는 국가주의적 정열이 집결되고 집중된 힘만이 그 민족의 국제주의적인 노예화에 도전할 수 있다. 그리고 이와 같은 사건은 변함없이 언제나 피를 보게 된다.

그럼에도 불구하고 독일 장래는 어느 쪽이건 최고 희생을 요구하고 있다는 확신이 만일 옳다면, 정치적 책략의 고려 그 자체는 모두 완전히 무시해도 이미 우리는 그와 같이 모든 것을 걸기 위해 알맞은 목표를 설정하고 또 그것을 위해 싸워야 한다.

1914년의 국경은 독일 국민의 앞날에 있어서 아무런 의미도 없다. 그 국경은 지난날 독일을 지키지 않았고, 미래의 세력도 보증하고 있지 않다. 독일 민족은 그 국경에 의해서 자국의 내부 통일을 유지할 수 없을 것이며, 그것으로써는 자기 민족을 부양하는 일도 보증받지 못할 것이다. 이 국경은 군사적인 관점에서 보아도 목적에 알맞지 않고, 심지어 만족시킬 것 같지 않게 여겨졌다.

마지막으로 이 국경은 우리가 현재 다른 세계열강, 또는 더 적절히 표현하면 진짜 세계열강에 대하여 유지하고 있는 관계를 개선할 수도 없다. 영국과의 간격도 좁힐 수 없으며, 아메리카합중국 크기에도 이를 수 없을 것이다. 뿐만 아니라 프랑스도 자국의 세계정책적 중요성의 본질적인 축소 등은 결코 겪지 않을 것임에 틀림없다.

오로지 한 가지만이 확실할 것이다. 바로 가장 유리한 결과가 되었다 해도 1914년의 국경 회복과 같은 시도는 우리 민족체의 한층 더 심한 출혈로 몰고 갈 것이 분명하다. 더구나 그 출혈은 국민 생활과 장래를 진정으로 보증하는 결의나 행위를 하기 위하여 주입되어야 할 귀중한 피가 이미 존재하지 않게 될지도 모를 정도인 것이다. 아니, 그 반대로 알맹이가 없는 성공에 마음이

들떠서, '국민 명예'는 어쨌든 회복되었고, 상업 발전을 위해서는 적어도 당장에 두서너 개 문호가 열렸으므로 그 이상 목표 설정은 모두 기꺼이 체념하리라 하는 꼴이 될 것임에 틀림없다.

국가사회주의의 외교 목표

그것에 반하여 우리들 국가사회주의자는 부동의 태도로 우리들 외교정책목표, 바로 '**독일 민족에 대한 응분의 영토를 이 지상에서 확보하는 일**'을 고수해야 할 것이다. 그리고 이 행위는 신과 우리 독일 자손 앞에서 피의 희생을 정당화한 듯한 유일의 행위이다. 먼저 우리는 지상의 지배자로서 자기 지위를 오로지 독창력 및 이 지위를 쟁취하고 유지할 수 있는 용기만에 의존하고, 어떤 것이든 무상으로 증여받고 있지 않은 존재로서 나날의 빵을 위하여 영원한 투쟁으로 운명지어진 채 이 세계에 놓여져 있다. 그러한 경우 출혈은 신 앞에서 정당화되는 것이다.

다음으로 우리는 국민 한 사람의 피일지라도 그 희생에 의하여 다른 1000명의 생명이 구원되는 일이 아니면 결코 흘리지 않았다. 그러한 경우에만 출혈은 독일의 자손 앞에서 정당화되는 것이다. 앞으로 독일 농민 계층이 강건한 자손들을 낳을 수 있는 영토라면, 그 땅은 오늘날 자손들을 바치는 일의 정당한 이유가 될 것이다. 그리고 책임 있는 정치가라는 것은 설령 현대에서 공격을 받을지라도 언젠가는 피 흘린 죄과와 민족을 희생시킨 데 대하여 무죄판결을 받을 것이다.

외교에서 감상주의는 필요 없다

또한 나는 그와 같은 토지 획득이 '신성한 인권 침해'로 간주된다 주장하고, 그러한 관점에서 토지 획득에 반대하여 서투른 문장을 쓰고 있는 민족주의적 서푼어치 문필가와 더 격렬하게 대결해야만 한다. 정말 이따위 놈들 배후에는 어떤 인간이 숨어 있는지 아무도 모른다. 확실한 것은 오로지 그들이 일으킬 수 있는 혼란이 우리 민족의 적이 바라고 있으며, 또한 이들 적에게 유리한 것이라는 점이다.

이러한 행각에 의해 그들은 우리 민족 내부에서 그 생존에 필요한 것을 옹호하는 유일하고 정당한 방법을 소망하는 의지를 약화시키고 없애버리는 일에 어처구니없게도 협력하고 있다. 왜냐하면 이 지구상 어떠한 민족도 생존을 옹호하는 것 이상의 고급스런 소망에서, 그리고 그 이상 높은 권리를 가지고는 이 지상의 1평방미터 영토도 소유하고 있지 않기 때문이다.

독일 국경이 우연적인 국경이며, 그 시대 그때그때의 정치투쟁에 의한 임시 국경인 것과 마찬가지로 다른 민족의 생활권 경계도 그런 것이다. 그리고 우리들 지표면 형태가 분별없는 저능아에게만은 화강암처럼 변화하지 않는 듯이 보인다 해도, 실제로는 끊임없는 생성작용으로 자연의 거대한 에너지에 의해서 만들어지고 유동하고 있는 발전 속에 있다. 오로지 겉으로만 정지하고 있는 데 지나지 않으며, 내일이라도 더 큰 힘에 의해 파괴되거나 변형될지도 모르지만, 이는 민족 간의 생활에서 생활권의 경계에 대해서도 마찬가지인 것이다.

국경은 인간에 의해 만들어지고, 또한 인간에 의해 바뀐다.

한 민족이 터무니없이 많은 토지 획득에 성공한다는 사실은 그것을 영원히 승인하지 않으면 안 된다는 저항키 어려운 의무를 지우는 것은 아니다. 그 사실은 기껏해야 정복자의 힘과 인내하는 사람들의 연약함을 증명할 뿐이다. 그리고 그 경우 권리는 오로지 그 힘에 달려 있다.

독일 민족이 오늘날 상상조차 못할 만큼 작은 토지에 틀어박혀 살면서 비참한 장래를 향해서 앞으로 나아가고 있다 할지라도, 이것이 결코 운명의 명령이 아닌 것처럼, 그러한 상태에 대항하는 것 또한 운명에 맞서는 것이 아니다. 그것은 어느 강대한 권력이 이 독일 민족보다 다른 민족에게 더 많은 영토를 주겠다고 약속한 것도 아니며, 현재와 같은 부정한 토지 분배의 사실에 의해서 그러한 권력이 모욕받고 있는 일도 없는 것과 마찬가지이다. 우리 선조들은 우리가 오늘날 생활하고 있는 토지를 하늘로부터 선물받은 것이 아니라, 생명을 걸고 그것을 쟁취하지 않으면 안 되었던 것과 같이 앞으로 우리에게 토지, 따라서 우리 민족에게 생활을 할당해 주는 것은 민족에 대한 은총이 아니고 무적의 칼 힘뿐인 것이다.

오늘날 아무리 우리가 프랑스와의 모든 면에서의 대결을 급선무라고 인식하고 있다 해도, 만일 우리나라 외교정책 목표가 그것만으로 끝나버린다면, 그 대결은 대체로 계속 아무런 효과가 없을 것이 틀림없다. 그 대결은 오로지 유럽에서의 우리 민족 생활권을 확대하기 위한 배후 방어를 가져오는 것인 한에서 의미를 가질 수 있는 것이며, 또 실제로 가질 것이다. 왜냐하면 우리는 이 문제를 해결하기 위해서 오로지 식민지를 획득하면 된다고 생각해서는 안 되며, 모국의 면적 그 자체를 늘리고, 그것에 의해서 새로운 이주자를 본토와의 긴밀한 연합 안에 유지할 뿐만 아니라, 이들 결합의 위대성 안에 존재하는 이익을 모든 지역에 보장하는 정착 지역을 얻는 일에 오직 문제 해결이 달려 있기 때문이다.

민족주의적 운동은 다른 민족의 대리인이어서는 안 되며, 자기 민족의 선봉이어야 한다. 그렇지 않으면 그 운동은 불필요한 것이며, 또 특히 과거에 대해서 불평을 말하는 권리 따위는 조금도 없다. 왜냐하면 그렇지 않은 경우 그 운동은 지난날과 똑같은 방식으로 행동하기 때문이다. 옛 독일의 정책이 잘못하여 왕조적 관점에서 결정된 것과 마찬가지로 장래의 정책은 세계시민적·민주주의적 허튼소리에 의해 이끌려가서는 안 된다. 특히 우리는 잘 알려진 '불쌍한 여러 소민족'의 보안경찰관이 아니고 우리 자신의 민족 병사인 것이다.

그러나 우리들 국가사회주의자는 더욱 앞으로 나아가야 한다. **만일 영토를 확장하지 못한다면 어떤 대민족이 몰락할 수밖에 없다고 생각되는 경우 영토에 대한 권리는 의무가 될 수 있다.** 그때 힘이 약한 일부 흑인 민족이 문제가 아니라, 현재 세계에 문화적 밑그림을 준 모든 생활의 어머니인 게르만 민족이 문제가 된다고 한다면 특히 그렇다. **독일은 세계강국이 되든가 아니면 전혀 존재할 수 없게 되든가 그중 어느 한 가지이다.** 그리고 세계강국이 되기 위해서는 오늘날 독일에 필요한 지위를 주고 그 국민에게 생활을 주는 국토의 일정한 크기가 필요하다.

*

동방정책의 재개

이상으로 우리 국가사회주의자는 우리나라의 세계대전 전의 외교정책에 대해서는 마침표를 찍어두기로 한다. 우리는 600년 전에 도달한 지점에서 출발한다. 우리는 유럽 남쪽 및 서쪽으로 향하는 영원한 게르만인의 이동을 멈추고, 동쪽 토지에 눈길을 돌린다. 우리는 드디어 세계대전 전의 해외 식민지 정책 및 무역정책을 청산하고 장래의 영토정책으로 이행한다.

우리가 오늘날 유럽에서 새로운 영토에 대해서 말할 경우 우리는 첫째로 오직 러시아와 그에 종속하는 주변 국가를 떠올릴 수 있을 뿐이다.

이 경우 운명 자체는 우리에게 암시를 주기를 원하고 있는 것처럼 여겨진다. 러시아는 볼셰비즘에게 넘겨짐으로써 그때까지 이 나라를 존립시켰고, 또한 그 존립을 보증해 온 지성(知性)이 러시아 민족으로부터 사라지고 말았다. 왜냐하면 러시아 국가의 구조 조직은 러시아에서의 슬라브 민족의 국정 능력의 결과가 아니고, 오히려 저급한 인종 내부에 존재하는 게르만 민족 요소에 의한 국가 형성 활동의 놀라운 한 예에 지나지 않기 때문이다.

지상의 수많은 강국은 이런 방식으로 세워진 것이다. 게르만 민족의 조직자나 지배자를 지도자로 가진 열등 민족이 거대한 국가구조로 팽창하고, 또 국가를 형성하고 지탱하고 있는 창조적 인종의 인종적 핵심이 유지되는 한 변함없이 존속한 일은 한둘이 아니다. 몇백 년 이래 러시아는 그 상급 지도층에 있는 게르만 민족의 핵심 덕택으로 존속해 왔다.

이 핵심은 오늘날 거의 흔적도 없이 근절되고 말살되었다고 볼 수 있다. 그 대신 유대인이 등장했다. 러시아인이 자기 힘으로 유대인의 멍에를 벗어 버리기가 불가능한 것처럼 유대인이 이 강력한 국가를 오랜 기간에 걸쳐서 유지한다는 것은 불가능하다.

유대인 자신은 조직의 구성 분자가 아니고 분해 효소이다. 동방의 거대한 국가는 붕괴 직전이다. 러시아에서의 유대인 지배의 종결은 국가로서 러시아의 종결이기도 할 것이다. 우리는 운명에 의해서 민족주의적 인종 이론의 정당성을 매우 강력히 뒷받침할 일대 파국의 목격자가 되도록 선택되어 있다.

우리들 과제, 국가사회주의 운동의 사명은 우리 민족의 장래 목표가 새로운 알렉산더 원정과 같이 사람 마음을 요동하게 하는 감명으로 실현되리라 간주되어서는 안 되며, 칼에 의해서만이 대지가 주어질 수 있다 할지라도, 오히려 독일의 쟁기에 의한 근면한 노동에야말로 장래 목표가 있다는 정치적 통찰을 우리 민족이 가지도록 하는 데 있다.

*

비스마르크의 러시아 정책
유대인이 그러한 정책에 대하여 매우 격렬한 저항 의지를 드러내는 것은 확실한 일이다. 그들은 다른 누구보다도 이 행위가 그들 스스로의 장래에 대하여 가지는 의미를 잘 느끼고 있다. 이 사실이야말로 정말 국가주의적인 생각을 하고 있는 사람들에게 이와 같은 새로운 방향 설정의 정당성을 깨닫게 할 것이다. 그러나 유감스럽게도 사태는 반대 방향으로 나간다.

독일국가 인민당뿐만 아니라 '민주주의'적인 동료들 가운데에도 이와 같은 동방정책 사상에 대한 열렬하기 짝이 없는 도전자가 나타나지만, 그 경우 비슷한 상황이 되면 거의 예외 없이 행해지는 바와 같이 그들은 훨씬 위대한 권위에 호소하는 것이다. 터무니없고 불가능하며, 독일 민족에게는 위험하기 짝이 없는 정책을 감싸주기 위해서 비스마르크 정신이 인용되는 것이다. 비스마르크 자신은 그의 시대에 언제나 러시아와의 우호관계를 중시했다고 그들은 말한다. 그것은 일정 한도까지 옳다.

하지만 그들은 그 경우 다음과 같은 일에 대해서도 말해야 한다는 것을 까마득하게 잊고 있다. 바로 비스마르크가 예컨대 이탈리아와의 우호관계도 똑같이 크게 중시하고 있었다는 것, 아니 그뿐만 아니라 이 비스마르크라고 하는 동일 인물이 이전에 이탈리아와 동맹한 것은 오스트리아를 좀더 쉽사리 처치하기 위해서였다는 점이다. 그렇다면 왜 그들은 **이러한** 정책을 마찬가지로 계속 수행해 나가지 않는 것일까? "그것은 오늘날 이탈리아는 그때 이탈리아가 아니기 때문이다"라고 그들은 대답할 것이다. 좋다, 그러나 그렇다면 존경하는 여러분들, 다음과 같은 이의를 제기하는 것을 양해해 줄 수 있겠는가? 곧 오늘날 러시아도 또한 이미 그때의 러시아가 아니라고.

비스마르크는 하나의 정치 진로를 이론적으로 또 전술적으로 영원히 고정시키려 하는 일 같은 건 한 번도 생각지 않았다. 그는 이와 같은 일에 대해서는 좋은 기회를 놓치지 않는 비상한 달인이었기에 그처럼 자신을 구속하는 일은 하지 않았다. **따라서 문제는 비스마르크가 그때 무엇을 실행했는가 하는 것이 아니고, 오히려 오늘날이라면 그는 무엇을 할 것인가 하는 것이 된다.** 그리고 이 문제에는 상당히 쉽게 대답할 수 있다. 그는 **정치적으로 빈틈이 없으므로, 몰락하게 되어 있는 국가와는 동맹하지 않을 것임에 틀림없다.**

더욱이 비스마르크는 그때 이미 독일의 식민 및 무역 정책에 대하여 착잡한 심정으로 바라보고 있었다. 왜냐하면 그에게는 먼저 그에 의해 창설된 국가조직 강화와 내부 긴밀화를 가장 안전한 방법으로 가능케 하는 일만이 문제였기 때문이다. 이것은 또한 그가 그때 러시아 배후 엄호를 환영한 유일의 이유이기도 했는데, 이 엄호는 비스마르크가 팔을 서쪽으로 향해서 자유롭게 내두를 것을 허용했던 것이다. 그러나 그때 독일에 이익을 가져오게 한 것이 오늘날에는 위해(危害)를 가져올 것임에 틀림없다.

피억압 국민동맹

이미 1920~21년쯤, 곧 젊은 국가사회주의 운동이 점차 정치 지평선 위에 얼굴을 내밀기 시작하고, 여기저기서 독일 국민의 자유 운동이라고 불리기에 이르렀을 때 여러 방면에서 우리 당을 향해서 이 운동과 **다른 나라의 자유 운동** 사이에 일정한 관계를 지어보려고 꾀하는 사람들이 접근해 왔다. 그들은 많은 사람들에 의하여 선전되고 있던 '피억압 국민동맹' 계열과 연결되어 있었다. 그들은 주로 개개인의 발칸 국가들 대표자이며, 또한 일부는 아무런 실제적인 배경이 없는 모두 판에 박은 듯이 수다쟁이고 젠체하는 인상을 나에게 준 이집트인과 인도인들이었다.

그러나 이 같은 자만에 빠진 동양인에게 속아 넘어가고, 또 예외 없이 아무 보잘것없는 인도나 이집트 학생을 함부로 인도나 이집트 대표자로 결정해 버린 독일인이 적지 않았는데, 국가주의 진영에서는 특히 심했다. 그러한 무리들은 대개 배후에 지지하는 사람도 전혀 없으며, 무슨 협정을 맺을 수 있도록 그 누구로부터도 권리를 위임받고 있지 않았다. 결국 이와 같은 분자들과 관계해 보았자 그것으로 낭비한 시간을 특별히 손실로 기록하려는 것이 아닌 한, 그 실제 효과는 제로라는 것이 전혀 이해되고 있지 않았던 것이다.

나는 이러한 시도에 대해서는 늘 거부하고 있었다. 왜냐하면 나는 그와 같은 무익한 '논의'로 몇 주일을 낭비하는 것보다 더 뛰어난 일을 해야 했을 뿐만 아니라, 설령 그들이 그러한 국민의 전권을 위임받은 대표였다고 하더라도 이들 모두가 쓸모없고 해로운 것으로까지 생각되었기 때문이다.

독일의 동맹정책이 그 스스로 적극적인 공격 의도를 결여하고 있었기 때문에 늙어서 세계사적으로는 은급(恩給) 퇴직자와 같은 상태의 여러 국가와의 방위동맹으로 끝나버리고 말았다는 것은 평화로운 시대에서조차도 매우 곤란한 일이었다. 오스트리아와의 동맹도, 터키와의 동맹도 거의 형편이 좋다고는 말할 수 없었다. 지구상에서의 최대 군사·산업 국가가 적극적인 공격

동맹에 의해서 연합하고 있는 판국에 독일은 몇몇의 노쇠하고 무기력해진 국가조직을 모아서 이들 몰락의 운명에 처한 허드레꾼과 함께 적극적인 세계 연합에 대항하려고 시도했던 것이다.

독일은 이 외교정책의 잘못에 대하여 모진 응보를 받았다. 그러나 이 응보도 아직 충분하지 않은 것으로 여겨진다. 우리의 영원한 망상가들이 당장 똑같은 과실에 빠지는 것에 주의를 환기시키는 일도 하지 못할 것으로 보인다. 왜냐하면 '피억압 국민동맹'에 의해서 강력한 승리자를 무장해제시키려는 시도는 웃음거리일 뿐만 아니라 해롭기도 하기 때문이다. 왜 해로운가 하면 그것에 의해 우리 민족은 현실적으로 가능한 일로부터 거듭 시선을 돌리게 되고, 결과적으로 그 대신 망상에 찬, 그리고 결실이 없는 희망이나 환상에 빠지게 되기 때문이다.

오늘날 독일은 하다못해 지푸라기라도 잡으려는 물에 빠진 사람과 매우 닮았다. 그것도 평상시라면 대단히 교양 있는 사람들에게까지 해당되는 것이다. 아무리 비현실적으로 보여도 아무튼 희망의 도깨비불이 어딘가에서 발견되기만 하면, 이러한 사람들은 벌써 빠른 걸음으로 환상을 쫓아가는 것이다. 그것이 억압받는 국민동맹이든, 국제연맹이든, 또는 다른 새로운 망상적인 허구이든, 그것은 모두 상관없이 수천에 이르는 신도 무리를 발견하게 될 것이다.

영국의 인도 통치는 동요하고 있는가

나는 지금도 기억하고 있는데, 1920~1921년 그때 갑자기 민족주의자들 안에서 영국은 인도에서 붕괴 직전에 있다는, 아이들 같은, 그리고 이해하기 힘든 희망이 일었다. 그때 유럽을 떠돌던 정체 모를 아시아인 야바위꾼들이—진짜 인도의 '자유의 투사'라고 해도 상관없지만—평소에는 완전히 이성적인 사람들의 머릿속에까지도 인도에 자국의 토대를 소유하고 있는 대영제국이 다름 아닌 그 인도에서 붕괴 직전에 있다고 하는 고정관념을 주입시킨 것이다.

게다가 이 경우에도 오로지 자기 자신들의 소망이 모든 착상의 원천이었음에 불과하다는 사실이 그들에게는 자각되지 않았다. 마찬가지로 자기 스스로의 희망이 모순되고 있다는 것도 깨닫지 못했다. 왜냐하면 그들은 인도에 있어서 영국 통치의 붕괴에서 대영제국과 영국 세력의 종말을 기대하고 있음에도, 인도야말로 영국에 대하여 가장 탁월한 중요성을 가지고 있다는 사실을 역시 스스로 인정하고 있었기 때문이다.

그러나 아마 이 치명적인 문제는 실제로 독일의 민족주의적 예언자에게 풀 수 없는 신비로서 잘 알려져 있을 뿐만 아니라, 아마도 영국 역사를 이끌어가는 자들에게도 알려져 있었을 것이다. 영국이 자신의 세계연방에 대하여 인도제국이 가진 중요성을 올바르게 평가하지 못한다고 가정한다는 것은 매우 어리석은 일이다. 그리고 만일 영국이 마지막 피 한 방울도 흘리지 않고 인도를 포기할 것이라고 상상한다면, 그것은 세계대전에서 전혀 배우지 않았던 것에 대한, 그리고 앵글로색슨 인종의 결의의 견고성을 완전히 잘못 이해하고 어설프게 인식하고 있다는 것에 대한 불행한 조짐에 불과하다. 게다가 그것은 독일인이 인도제국에 영국이 침입하고 또 지배할 때 취한 방법을 전혀 알고 있지 않다는 것에 대한 증명이다.

영국은 자신의 지배기구 안에서 인종적 해체의 운명을 겪든가(현재로는 인도에서는 완전히 문제 밖인 일이지만), **또는 강력한 적의 칼에 의해서 정복될 경우에만 인도를 잃을 것이다.** 그러나 인도의 선동자들은 이 일을 성공하지 못할 것이다. 영국을 정복하는 일이 얼마나 어려운 것인가는 우리 독일인이 충분히 체험해 왔다. 나는 게르만인으로서 그래도 여전히 인도가 다른 나라에 지배되는 것보다는 영국 통치 아래 있는 것을 오히려 바람직하다고 생각하고 있지만, 이러한 것은 아주 무시하기로 하자.

그것과 마찬가지로 이집트에게 황당무계한 반란을 바라는 것도 탄식할 만한 생각이다. 이 '성전(聖戰)'은 우리 독일의 탁상공론만 하는 도박꾼들에게는 이제 남들이 기꺼이 우리를 위하여 피 흘려 싸울 것을 각오하고 있다—바른대로 말한다면 이 비겁한 기대야말로 그와 같은 희망의 숨은 원천이다—고 하는 즐거운 몸서리를 맛보게 할 수 있다. 하지만 현실적으로 생각하면 그 성전은 영국 기관총 중대의 일제사격과 폭탄의 빗발 아래 지옥과 같은 종말을 고하고 말 것이다.

자기 나라 생존을 위하여 필요하다면 피의 마지막 한 방울까지도 쏟을 결의를 갖고 있는 강력한 국가를 병신 국가들의 연합에 의해서 포위 공격한다는 것은 그야말로 불가능하다. 인류 가치를 인종적 기초로 평가하는 민족주의 신봉자로서 나는 이러한 이른바 '피억압 국민들'이 인종적으로 저급하다는 것을 이미 인식하고 있기에 우리 민족 운명을 그들 국민의 운명과 결합시키는 일은 할 수 없다.

러시아와 독일의 동맹 상황

오늘날 러시아에 대해서도 그것과 똑같은 태도를 취해야 한다. 게르만인의 상층부를 빼앗기고 있는 현재 러시아는 그 새로운 지배자의 내적인 의도를 전혀 무시한다고 해도 독일 국민의 자유 투쟁에서 동맹국이 아니다. 순수하게 군사적으로 생각해도 독일과 러시아가 서유럽에 대하여 아마도 다른 온 세계를 상대하게 되겠지만, 전쟁을 할 경우에는 상황은 정말 파국적인 것이 될 것이다. 전쟁은 러시아 땅이 아니라 독일 땅에서 행해지게 될 것이다. 그리고 그때 독일은 러시아로부터 아주 조금도 효과적인 도움을 받을 수 없을 것이 분명하다.

오늘날 독일 군대는 매우 비참하며, 외국과의 전쟁은 도저히 불가능하므로 영국을 포함하여 서유럽에 대한 국경 방위는 여기저기서 모두 실시할 수가 없으며, 다름 아닌 독일의 공업 지대는 우리들 적이 집중시키는 공격 무기에 대하여 무방비 상태로 방임되고 있는 것이다. 이에 덧붙여 독일과 러시아의 중간에는 완전히 프랑스의 수중에 있는 폴란드가 존재하고 있다. 독일과 러시아가 서유럽과 싸울 경우에는 러시아는 자국의 최초 군대를 독일 전선에 보내기 위하여 먼저 폴란드를 정복해야 할 것이다. 그러나 그 경우 병사보다는 기술적인 장비가 문제가 된다. 이러한 관점에서 보면 세계대전 중의 상태가 더욱 비참하게 되풀이될 것이다.

그때 독일 공업은 우리나라의 영광스러운 동맹국들을 위하여 소모되었을 뿐이며, 독일은 거의 혼자 힘으로 기술전을 담당해야 했던 것과 같이 이 전쟁에서도 러시아는 일반적으로 기술적 요소로서는 완전히 문제도 되지 않을 것이다.

다음 전쟁에서 반드시 압도적으로 승패를 결정하는 것으로서 나타나게 될 세계의 일반적인 동력화에 대하여 우리 쪽에는 거의 아무것도 대항할 만한 것을 가질 수 없을 것으로 생각된다. 왜냐하면 독일 자체가 이 가장 중요한 방면에서 부끄럽게도 훨씬 뒤지고 있을 뿐만 아니라 자국이 현재 가지고 있는 겨우 얼마 안 되는 것에 의해서 오늘날에 있어서조차 실제로 달리는 자동차를 생산할 수 있는 공장 하나 없는 러시아를 방위해 주어야 할 것이기 때문이다.

따라서 그와 같은 전쟁은 오로지 학살이라는 성격을 갖는 데 불과할 것이다. 독일 젊은이는 지난날과 견주어 더욱 많은 피를 흘릴 것이 분명하다. 그 까닭은 언제나 그랬던 것처럼 전쟁 부담을 우리만으로 짊어지게 되고, 그 결과는 피할 수 없는 패배가 될 것이 확실하기 때문이다.

그러나 설령 기적이 일어나 그와 같은 전쟁이 독일의 철저한 파괴로 끝나지 않았다고 가정해도 궁극적인 결과는 역시 모든 피를 다 흘려버린 독일 민족이 여전히 거대한 군비를 가진 여러 국가에 계속 포위되고, 그로 말미암아 자국의 실제 형세는 조금도 변경되고 있지 않다는 것뿐일 것이다.

그런데 러시아와 동맹한다는 것을 곧장 전쟁과 연결해서 생각할 필요는 없을 것이다. 설사 그렇다 하더라도 그와 같은 전쟁을 위해서는 근본적인 준비도 할 수 있을 것이라고 이의(異議)를 내걸어서는 안 된다. **전쟁 의도를 목적으로 포함하지 않는 동맹은 당찮은 일이며 또한 가치가 없다.** 전쟁을 위해서만 동맹이 맺어지는 것이다. 그리고 설령 동맹조약을 맺는 시점에 대결이 아직 먼 앞날의 일이라 할지라도, 그럼에도 불구하고 전쟁에 휩쓸릴 것이라는 예측이야말로 동맹을 맺게 하는 본질적인 이유이다. 그리고 어떠한 국가가 이와 같은 동맹의 의미를 다른 방식으로 이해할지도 모른다는 것과 같은 일은 물론 믿어서는 안 된다.

독일·러시아 동맹은 오로지 종잇조각으로 끝나버려 우리에게는 무익, 무가치하거나 또는 그 동맹은 조약문서만으로 그치지 않고 눈에 보이는 현실로 바뀌든가—이렇게 되면 다른 국가들은 경고를 받을 것이다—그 가운데 어느 하나일 것이다. 그와 같은 경우 영국과 프랑스가 독일·러시아 동맹이 전쟁을 위한 기술적 준비를 끝마칠 때까지 10년이라도 기다려줄지 모른다고 생각하는 것은 그 얼마나 분별없는 생각인가. 결코 그렇지 않다. 폭풍우가 전광석화처럼 빨리 독일을 습격해 올 것이 분명하다.

따라서 러시아와 동맹을 맺는다는 사실은 새로운 전쟁을 예고하는 신호가 될 것이고, 그 결과는 독일의 종말이 될 것이다.

여기에 다음과 같은 일이 덧붙여진다.

1. 러시아의 오늘날 권력자는 성실한 태도로 동맹에 가입한다는 것은 물론, 더구나 그것을 유지한다는 일 따위는 조금도 생각하고 있지 않다.

사람들은 아무튼 다음과 같은 것을 잊어서는 안 된다. 오늘날 러시아 통치자들은 피로 더럽혀진 천한 범죄자라는 것, 또 그들은 인간쓰레기이며, 비극적 시기의 상황 덕택에 대국가를 타도하고, 그 지도적인 지식층 수백만을 잔인한 방법으로 죽이고 근절하여, 이제 거의 10년 동안에 어떤 시대에도 없었던 참혹한 폭정을 해왔다는 것을 잊지 말아야 한다.

그리고 또 이들 권력자들이 야수와 같은 잔인성과 상상할 수 없는 거짓 기술에 비범한 융합 방법으로 연결시켜서, 자신들의 잔학한 압제를 온 세계에 가하는 데에는 지금이야말로 가장 좋다는 사명감을 가진 한 민족에 속해 있다는 것을 잊어서는 안 된다. 다음으로 잊지 말아야 할 것은, 러시아를 오늘날 완전히 지배하고 있는 국제주의적 유대인이 독일을 동맹국이 아닌 자국과 같은 운명으로 정해져 있는 국가로 보고 있다는 사실이다.

그러나 다른 한쪽 국가의 멸망이 그 유일의 관심사인 그러한 상대국과 어떤 조약도 맺어서는 안 된다. 특히 어떠한 조약도 신성하지 않은 놈들—그들은 명예와 진실의 옹호자로서가 아니라 허위·사기·표절·강탈·횡령의 대표자로서 이 세상에서 살고 있기 때문인데—과는 조약을 맺어서는 안 된다. 만일 인간이 기생충과 이로운 관계를 맺을 수 있다고 믿는다면 그것은 나무가 자기 이익을 위해 겨우살이와 협정을 맺는 것과 똑같다.

2. 이전에 러시아를 패배시킨 위험은 독일에게도 끊임없이 현존하고 있다. 볼셰비즘이 제거되었다고 생각하는 것은 오로지 부르주아 계층 바보들만이 할 수 있는 일이다. 그들은 자신들의 피상적인 생각으로 말미암아 문제가 되는 것은 본능적인 과정이라는 것, 곧 유대 민족의 세계정복을 지향하는 노력, 다시 말하면 앵글로색슨이 앵글로색슨 자신으로 이 지구 지배권을 손에 넣으려고 하고 있는 것과 똑같은 자연스러운 과정이라고는 전혀 생각지 않고 있는 것이다. 그리고 앵글로색슨이 이 길을 그들의 방식으로 걸어 나가고 그들의 무기를 가지고 싸우고 있는 것과 마찬가지로, 유대인들 또한 그렇게 하고 있다.

유대인들은 그들의 길, 곧 여러 민족 속에 잠입하여 이들 민족 내부를 텅 빈 곳으로 만들어버리는 길을 가고 있으며, 그리고 그들의 무기, 곧 허위와 중상, 독살과 부패를 가지고 그들이 미워하는 적을 잔인하게 멸망시킬 때까지 투쟁을 강화하면서 싸우는 것이다. **러시아 볼셰비즘은 20세기에 있어서 꾀해진 유대인의 세계지배권 획득을 위한 실험으로 간주되어야 한다.** 그들은 다른 시대와 마찬가지로 비록 내면적으로 동질하다 해도 다른 과정에 의해서 동일 목표에 도달하려고 시도했던 것이다.

그들의 노력은 그들의 본질적인 특성에 깊이 뿌리박혀 있다. 다른 민족도 결코 자발적으로 그들의 생활방식과 세력을 확장하려고 하는 충동에 따르는 것을 단념하는 일이 없으며 외부 상황에 의해 그와 같이 강요되거나 노화현상에 의해서 무기력에 빠지든가 하는 것처럼, 유대인 또한 세계독재의 길을 자발적인 단념에 의해서 버리거나 자신의 영원한 열망을 억누름으로써 버리거나 하는 일은 절대로 하지 않는다. 유대인도 그들 자신의 외부에 있는 힘에 의해 자신들의 진로에서 후퇴하든가, 그들의 모든 세계지배 본능이 그들 자신의 사멸에 의해서 종말을 고하게 될 것이다.

그러나 여러 민족의 무기력화나 노쇠사(老衰死)는 그들 민족이 피의 순수성을 포기한 데 기인하고 있다. 그런데 유대인은 지상의 다른 어떤 민족보다도 피의 순수성을 잘 보존하고 있다. 따라서 유대인에 대해 어떤 다른 세력이 대항하여 격렬한 격투에 의해 이 거인을 마왕에게 되쫓아 보내지 않는 한, 그들 유대인들은 자신의 숙명적인 길을 따라 계속 나아갈 것이다.

독일은 오늘날 볼셰비즘의 당장 들이닥친 커다란 투쟁 목표이다. 우리 민족을 한 번 더 끌어올려 이 국제주의적 뱀들의 농락에서 구출하고, 국내에서 민족의 피의 타락을 막아내고, 그 결과로서 자유롭게 된 국민의 힘을 우리 민족을 지키는 데 써서 미래에 영원히 지난번 파국을 되풀이하지 않기 위해서는 젊은 사명감에 찬 이념이 가지는 모든 힘이 필요하다. 이 목표가 추구되는 경우에 우리 자신의 장래에 있어서 치명적인 적이 될 자를 지배자로 삼고 있는 국가와 동맹을 맺는다는 것은 참으로 미친 짓이다.

만일 우리 스스로 볼셰비즘의 포옹에 몸을 맡기고 있다면 어떻게 그 악의에 가득 찬 포옹의 멍에에서 우리 자신의 민족을 구출할 것인가? 만일 우리 스스로가 이 악마 조직과 동맹한다면, 따라서 그것을 대체적으로 승인한다면 어떻게 볼셰비즘이 인류에 대해 저주할 범죄라는 것을 독일 노동자들에게 이해시킬 것인가? 더욱이 만일 우리 국가 지도자 스스로가 어떤 세계관의 대표자를 동맹자로서 선택한다면 어떠한 권리를 내세워 그 세계관에 대하여 호의를 가졌다는 이유로 수많은 대중을 비난할 수 있겠는가?

유대인의 세계 볼셰비즘화에 반대하는 투쟁은 소비에트 러시아에 대한 확고한 태도를 요구한다. 바알세불[3]에 의해서 악귀를 쫓아낼 수는 없다.

민족주의자들까지도 오늘날 러시아와의 동맹에 열중하고 있다면, 그들은 독일 국내만이라도 살펴보고 자신들의 행동이 누구 지지를 얻는가를 깨달아야 한다. 또는 또다시 민족주의자들은 국제주의적인 마르크스주의자 신문에 의해서 추천되고 요구되어 있는 행동을 독일 민족에 대해 축복에 넘치는 것으로 보고 있는 것일까? 언제부터 민족주의자들은 유대인 종자가 내미는 갑옷과 투구를 가지고 싸우고 있는 것일까?

세계대전 그전에 독일과 러시아

러시아와 옛 독일제국은 그 동맹정책 면에서 실컷 비난받아도 하는 수 없다. 말하자면 독일은 어떤 희생을 치르더라도 세계평화를 지키려고 하는 병적인 심약함에서 늘 이리저리 망설이고 있는 동안에 모든 나라와의 관계를 엉망으로 만들어버린 것이다. 그러나 한 가지만은 비난받을 수 없다. 곧 러시아와의 우호관계는 이미 유지되지 않았다는 점이다.

사실대로 말한다면, 이미 세계대전 전부터 독일이 터무니없는 식민정책을 단념하고, 또 상선대와 함대도 포기하고, 영국과 동맹을 맺고서 러시아와 대항하여, 그것으로 나약한 전면 우호적 정책을 버리고, 대륙에서 토지 획득을 지향하는 단호한 유럽정책을 택하는 것이 훨씬 옳다고 생각하고 있었던 것이다.

잊을 수가 없는 것은 그때 범슬라브주의 러시아가 독일에 대하여 감히 행한 끊임없는 뻔뻔스러운 협박이다. 나는 또 그 의도가 오로지 독일을 모욕하는 것이었던 끊임없는 동원연습을 잊지 못한다. 그리고 세계대전 전에 이미 우리 민족과 국가에 대하여 증오에 찬 공격을 열심히 가하고 있었던 러시아 여론의 경향도 잊을 수 없다. 마지막으로 우리보다 프랑스에 더 심취하고 있는 러시아의 유력 신문을 나는 잊을 수 없다.

---

3) 악마 왕. 〈마태복음〉 12 : 24 참조.

그러나 그러한 모든 일에도 불구하고, 전쟁 전에는 아직 제2의 길이 존재하고 있었다고도 여겨진다. 영국과 대항하기 위해서 러시아에 의지할 수가 있었는지도 몰랐다.

오늘날에는 상황이 달라졌다. 비록 전쟁 전에는 모든 가슴에 치밀어오는 감정을 억누르고 러시아와 동조할 수도 있었겠지만, 오늘날에 와서는 이미 그것은 불가능하다. 그 뒤 세계의 시곗바늘은 자꾸자꾸 돌아서 우리 민족 운명이 어쨌든 결정되지 않으면 안 되는 순간을 큰 소리로 우리에게 알리고 있다. 현재 지상의 여러 대국들이 튼튼해져 가고 있는 과정은 우리에 대한 최후 경고이며, 따라서 우리는 스스로 반성하고 우리 민족을 꿈의 세계에서 다시 엄숙한 현실로 데리고 돌아오고 옛 독일을 새로운 번영으로 이끌 수 있는 오로지 하나뿐인 미래에의 길을 그들에게 제시해야 하는 것이다.

미래의 정치적 서약

만일 국가사회주의 운동이 위대하고 가장 중요한 과제에 대해서 모든 환상에서 벗어나 이성을 유일한 지표로 간주한다면, 어느 날엔가는 1918년의 파국은 우리 민족 장래를 위하여 오히려 끝없는 축복을 주는 것이 될 수가 있다. 그때는 이 붕괴에서 우리 민족은 탈출하여 자국의 외교정책적 활동을 완전히 새로 방향잡는 데까지 도달할 수 있고, 더 나아가 국내에서는 새로운 세계관에 의한 민족 강화가 이루어지고, 국외에서도 그 외교정책의 궁극적인 안정화가 이루어지는 것이다. 그렇게 되면 결국 영국이 소유하고 있고 러시아까지도 소유하고 있었던 것, 그리고 프랑스로 하여금 번번이 자국 이익이란 관점에서 본질적으로 올바른 동일한 결정을 하게 한 것, 곧 '**정치적 서약**'을 우리 민족도 손에 넣게 될 것이다.

독일 국민의 대외적인 행동에 대한 정치적 서약이 언제나 뜻있는 것이기 위해서는 다음과 같은 것이어야 하며 또 그렇게 될 것이 분명하다.

유럽 안에 2개의 대륙 강국의 성립을 결코 허용해서는 안 된다. 독일 국경에 제2의 군사적 강국을 조직하려고 하는 시도는 설령 그것이 군사적 강국이 될 가능성이 있는 국가 창설이라는 형식으로 행해지는 데 불과하다고 해도 모두 독일에 대한 공격으로 보고, 그와 같은 국가 성립을 저지하기 위하여, 또는 이미 성립되어 있는 경우에는 그것을 다시 무너뜨리기 위해 모든 수단을 써서 무력 사용도 마다하지 않는 것이 권리일 뿐만 아니라 의무라고 생각해야 한다.

우리 민족의 힘이 그 기초를 식민지에서가 아니라, 유럽 고향의 대지 위에 유지하도록 온 힘을 기울여야 할 것이다. 만일 독일이 수백 년 뒤까지도 우리 민족 자손들에게 그들 자신의 땅을 줄 수가 없다고 하면, 결코 그것을 안전한 국가라고 생각해서는 안 된다. 이 세계에서 가장 신성한 권리는 스스로 경작할 땅을 가지는 권리이며 가장 신성한 희생은 이 땅을 위하여 흘리는 피라는 것을 잊어서는 안 된다.

＊

독일·영국·이탈리아 동맹

나는 이 고찰을 끝내기 전에 현재 유럽 내에서 우리를 위하여 생각할 수 있는 유일한 동맹 가능성에 대하여 한 번 더 말해 두고자 한다. 나는 이미 독일의 동맹 문제를 말한 앞 장에서 영국과 이탈리아만이 우리에게 있어서 밀접한 관계를 맺는 것이 가치가 있으며 또 유망한 단 두 국가라고 말했다. 이 자리에서 나는 한 번 더 간단하게 그와 같은 동맹이 가지는 **군사적** 의미에 대해서 말하고자 한다.

이 동맹 체결의 군사적 귀결은 어떤 면으로 생각해도 러시아와의 동맹 결과와는 반대가 될 것이다. 가장 중요한 점은 먼저 **영국과 이탈리아에 접근한다는 것은 전쟁의 위험을 야기하는 것이 전혀 아니라는 사실이다.** 이 동맹에 반대 의견을 보이리라 고려되어도 좋은 유일한 강국, 곧 프랑스도 반대할 수가 없을 것이다. **따라서 이 동맹은 독일에게 이와 같은 제휴의 테두리 안에서이지만, 프랑스에 보복하기 위하여 어쨌든 간에 행해지지 않으면 안 될 준비를 아주 안심하고 행할 가능성을 줄 것이다.** 왜냐하면 그와 같은 종류의 동맹 중요성은 바로 다음과 같은 점에 있기 때문이다.

곧 독일은 이 체결에 의해 당장에 적의 침입을 받게 되지 않고 오히려 적측 동맹이 스스로 무너질 것이다. 우리에게 무한한 불행을 가져온 협상 그 자체가 해소되고, 그에 따라 **우리 민족의 치명적인 원수인 프랑스는 고립에 빠질 것이다.** 설령 이 성과가 처음에는 오로지 정신적 효과밖에 갖지 않을지라도 그것은 충분히 오늘날에는 거의 예상도 할 수 없을 만큼 행동의 자유를 독일에게 줄 것은 틀림없다. 왜냐하면 행동 기준은 새로운 유럽에 있어서 영국·독일·이탈리아 동맹의 손안에 있으며 이미 프랑스에는 없을 것이기 때문이다.

그다음 성과는 일순간에 독일이 자국의 불리한 전략적 태세에서 해방될 것이라는 점이다. 한편으로는 매우 강력한 측면 원조, 다른 한편으로는 식량과 원료를 우리나라에 공급하는 일이 완전히 보장된다는 것 등 이러한 일들은 새로운 국가 질서에 주어지는 축복에 넘치는 성과임이 분명하다.

그러나 그보다도 한층 더 중요한 것은 이 새로운 동맹이 많은 점에서 서로 거의 보충하는 기술적인 실행력을 가진 나라들을 포함하고 있다는 사실일 것이다. 첫째로 독일은 거머리처럼 우리나라 고유 경제에 흡착하는 일도 없이, 더욱 우리나라의 기술적 준비를 매우 충분하게 완성시키는 데에 저마다의 소임을 다할 수 있고, 또 틀림없이 해낼 수 있는 동맹국을 얻게 될 것이다.

그리고 다음과 같은 마지막 사실도 간과해서는 안 된다. 바로 이들 두 동맹국은 어느 쪽도 터키나 오늘의 러시아와 견줄 수 없는 국가라는 점이다. 지상에서 최대의 세계강국과 젊음에 넘친 국가주의 국가는 독일의 지난 전쟁에서 동맹한 부패하고 있는 국가 시체와는 다른 전제를 유럽에서의 투쟁에 대하여 제공해 줄 것이다.

동방정책을 위한 전제

내가 이미 앞 장에서 강조한 바와 같이 이러한 동맹에 대한 곤란이 큰 것임에는 틀림없다. 그러나 저 삼국협상의 형성 같은 것은 어느 정도로 일이 쉬웠던 것일까? 에드워드 7세[4]와 같은 국왕에게 가능했던 일, 일부에서는 자연 이익에 거의 어긋나면서도 성공한 것은 만일 그와 같은 발전의 필연성을 인식함으로써 우리가 고무되고, 우리 자신의 행동을 현명한 극기심으로 그 필연성에 따르도록 결정할 경우에는 우리도 성공할 수 있는 것이며 또 성공도 할 것이다.

그리고 이것은 곤궁했던 일을 잊지 않고 가슴에 품고, 최근 몇십 년의 외교정책상에서 맹목적이었던 태도를 버리고, 유일한 목표를 의식한 길을 걷고,

---

4) 빅토리아 여왕의 아들로 영국 왕. 1841~1910.

또 이 길을 견지할 때 마침내 가능하게 된다. 서방 노선도 동방 노선도 우리나라 외교정책의 장래 목표가 될 수는 없으며, 우리 독일 민족에게 필요한 토지 획득이라는 의미로서의 동방정책이 목표인 것이다. 이를 위해서는 힘이 필요하지만, 우리 민족의 원수인 프랑스는 무자비하게도 우리를 질식시키고, 힘을 빼앗고 있으므로 결과적으로 유럽에서의 주도권을 노리는 프랑스의 노력에 대한 근절을 촉진하는 데 도움이 된다면, 우리는 어떠한 희생도 치르지 않으면 안 된다.

우리와 마찬가지로 대륙에서의 프랑스 야심을 참을 수 없다고 느끼고 있는 나라들은 오늘날 모두가 우리의 당연한 동맹국이다. 만일 궁극적인 결과가 우리나라에 극히 잔인한 증오를 갖는 나라를 압도할 가능성만이라도 제공하는 것이라면, 그러한 동맹국에 접근하는 길은 우리에게 있어 지나치게 가혹하다고 할 수는 없으며, 단념한다는 따위의 말은 입 밖에 낼 수 없다고 여겨진다. 만일 최대 상처를 지져서 고칠 수 있다고 한다면, 우리는 안심하고 시간이라는 완화 작용에 작은 상처의 치료를 맡길 수 있다.

국가사회주의의 외교정책상 날인

물론 우리는 오늘날 국내의 우리 민족의 적에 의한 증오에 찬 고함소리에 둘러싸여 있다. 우리 국가사회주의자는 그 소리에 영향을 받아 우리 마음속에 있는 확신으로 보자면 절대로 필요한 것을 예고하기에 결코 망설여서는 안 된다. 오늘날 아마도 우리는 유대인 술책에 의해 독일인의 무분별이 끝내 이용당한 결과로 혼란한 여론의 흐름에 저항해야 하며, 아마도 간혹 그 파도는 악의에 차서 거칠게 우리 주위에서 부서질 것이다.

그러나 흐름에 따라 헤엄치는 자는 강물을 거스르며 저항하는 자보다 간과되기 쉽다. 오늘날 우리는 하나의 암초이다. 몇 년 뒤 벌써 운명은 우리를 댐으로 키울지도 모른다. 전체 흐름은 이 댐에 부딪혀 부서지고 새로운 강바닥으로 흘러들 것이다.

따라서 다름 아닌 국가사회주의 운동은 다른 세계 사람들의 눈에 자기를 어떤 특정한 정치적 의도의 소유자임을 인식시키고 확인시킬 필요가 있다. 하늘은 우리를 어떻게 할 심산인지 모르지만 우리 얼굴 생김을 보고 이제는 우리 본질을 알아주었으면 좋겠다.

우리 외교정책상의 행동을 결정해야 하는 위대한 필연성을 우리 자신이 인정하자마자 이 인식으로부터 인내력이 흘러나올 것이다. 그리고 우리에게 적대적인 신문 폭도의 잇따른 공격 때문에 우리 편의 이쪽저쪽이 불안감에 사로잡히고, 또한 모든 사람을 적으로 돌리지 않기 위해 적어도 일부 분야에서는 양보를 승낙하고자 하는 아득한 생각이 조금씩 들고, '그 지방에 가면 그 지방 풍습에 따라야 하리라'는 기분이 조금이라도 우리 측을 습격할 경우에는 우리도 때때로 그 힘이 필요하게 된다.

제15장
권리로서의 정당방위

비겁한 굴복은 은혜를 가져다주지 않았다

1918년 11월 무장해제로써 어떤 인간의 예측으로도 서서히 완전한 굴복에 까지 다다를 것이 분명한 정책이 시작되었다. 이와 비슷한 종류의 역사적 실례들이 보여주듯이 피치 못할 이유도 없이 먼저 무기를 내버린 여러 민족은 다음 시대가 되어도 새로운 힘에 호소하여 자기들 운명을 바꾸려고 꾀하기보다 오히려 다시없는 경멸과 강탈을 견디어내기 마련이다.

이는 인간적으로 당연한 일이다. 현명한 승리자는 되도록 자기 요구를 늘 분할하여 패배자에게 부과할 것이다. 그렇게 되면 승리자는 그 자신의 본성을 잃은 민족—자진하여 항복하는 따위의 민족은 모두 그렇지만—이 그와 같은 개개의 압제 어느 것에 대해서도 다시 무기를 들기에 충분한 이유를 갖지 못한다고 기대해도 좋다. 이러한 방법으로 강탈이 온순하게 용인되면 용인될수록 겉으로는 개별적이라 할지라도 당연히 언제나 되풀이되는 새로운 압박에 대해 마지막에 가서는 아무래도 저항해야 한다는 것이 그들에게서 더욱 타당치 않은 것으로 보이게 된다. 특히 무엇보다도 그러한 민족이 이미 매우 많은 큰 불행을 순순히 참을성 있게 견디어온 경우에는 더욱 그렇다.

카르타고의 몰락은 그와 같은 완만한 자업자득의 파멸이 한 민족을 덮친 가장 무서운 형태를 보여주고 있다.

그래서 클라우제비츠[1]도 그의 '세 가지 신조' 가운데서 탁월한 방법으로 이 사상을 끄집어내어 다음과 같이 이야기함으로써 모든 시대 사람들에게 분명히 그 점을 지적하고 있다. "비겁한 굴복의 오명은 결코 지워버릴 수 없

---

1) 프로이센의 장군(1780~1831). 그의 《전쟁론》은 유명하다.

다. 한 민족의 혈액 속의 이 독약 한 방울은 자손에게 전해져서 그 뒤 세대의 힘을 빼앗고 해칠 것이다. 이에 반해서 피투성이의 명예로운 투쟁의 결과라면 이 자유의 손실마저도 민족 재생을 보증하고, 언젠가는 새로운 나무가 되어 튼튼하게 뿌리박을 생명의 씨앗이다.”

물론 명예도 절조도 잃고 만 국민이라면, 이러한 훈계를 마음에 둘 필요조차 없을 것이다. 왜냐하면 이 훈계를 가슴에 새기고 있는 자는 결코 그렇게 타락하는 일은 없을 것이며, 그것을 잊거나 아니면 도무지 알려고 하지도 않는 자만이 파멸할 뿐이기 때문이다. 따라서 절조 없이 굴복하고 있는 자들이 갑자기 후회하고 그 결과 이성과 모든 인간 경험에 의거해서 이제까지와 다른 행동을 하리라고 기대하는 것은 쓸데없는 일이다. 그와 반대로 특히 이러한 자들은 그러한 훈계를 전적으로 거절하고, 그 결과 그 민족이 자기의 노예적 멍에에 완전히 익숙해지거나, 아니면 가증스런 파멸을 가져온 자로부터 권력을 빼앗기 위해 한층 더 강대한 세력이 표면에 나타나기를 기다리거나 한다.

첫째 경우에는 이러한 인간은 현명한 승리자에 의해 흔히 노예 감독의 직무가 주어지고 있기 때문에 결코 그다지 나쁜 감정을 갖지 않는 것이 보통이다. 그 경우 이러한 절조 없는 자들은 자기 자신이 속해 있는 민족에 대해 이 직무를 수행하는데, 대개는 적에 의해 그 지위에 앉혀진 외국의 야수와 같은 인간은 그 누구보다도 한층 더 무자비하게 이를 수행한다.

1813년까지의 7년~로카르노까지의 7년

그런데 1918년 이후 사건의 발전은 유순하게 복종함으로써 전승국 은혜를 얻을 수 있지 않을까 하는 희망이 독일에서는 유감스럽게도 아주 불행한 형태로 대중의 정치적 의견과 행동을 결정하고 있음을 우리에게 알려준다. 따라서 나는 **대중**에게 강조하는 것이 중요하다고 생각하는데, 그 이유는 우리 민족 **지도자**의 모든 행동이 경우에 따라서는 대중과 똑같은 타락적인 망상에 기인한다는 따위의 설명을 나는 인정할 수가 없기 때문이다.

전쟁이 끝난 뒤 우리나라 운명의 지도층은 아주 공공연히 유대인에 의해 채워지고 있으므로, 오로지 그릇된 인식만이 우리 불행의 원인이라는 것은 실제로 인정되지 않으며, 그 반대로 의도적인 계획이 우리 민족을 파멸로 이끌었다는 사실을 우리는 믿지 않을 수 없다. 그리고 먼저 이러한 관점에서 우리 민족의 외교정책 지도자의 외견상 망상을 다시 검토해 보면, 곧바로 그 망상으로 보이던 것이 유대인의 세계정복 사상과 투쟁에 봉사하기 위한 교활하기 짝이 없고 얼음처럼 냉정한 논리적 사고임이 밝혀진다.

따라서 완전히 파괴되어 있던 프로이센이 새로운 생활력과 투쟁 결의로 채워지기 위해서는 1806년[2]에서 1813년까지의 단기간으로 충분했는데, 그 같은 기간이 오늘날 오직 무위로 지나가 버렸을 뿐 아니라, 우리 국가를 더욱 극심하게 약체화시키고 있다는 것도 이해할 수 있게 된다.

1918년 11월 이후 7년이 지나 로카르노 조약[3]은 서명되었던 것이다! 더욱이 그 경과는 앞서 이미 말해 두었던 그대로의 것이었다. 곧 일단 불명예스러운 휴전이 서명되자마자, 우리 민족에게는 그 뒤 늘 되풀이 행해졌던 적의 억압 조치에 대해 이제 갑자기 저항을 꾀하는 등의 실행력과 용기가 솟아나지 않았다.

적은 매우 현명했으므로, 한꺼번에 너무 많은 것을 요구하지도 않았다. 그들은 항상 자신들의 강탈을 일정한 범위로 제한하고 있었다. 그 범위란 그들 자신의 사고방식—또한 우리 독일 지도자들의 사고방식이기도 하다—으로는 현재로는 아직 참을 수 있을 것으로 생각되고, 따라서 민족감정이 적의 강탈에 의해 폭발하는 것을 두려워할 필요가 없을 정도의 한도를 의미한다.

그러나 이러한 개별적 명령이 점점 많이 서명되면 될수록, 고심참담하면서도 이루어져 가면 갈수록 **개별적**으로 추가되는 강탈이나 가혹한 굴욕에 직면해도 이제 갑자기 그 밖의 매우 많은 경우에도 할 수 없었던 것, 곧 저항을 하는 것이 한층 더 타당하지 않은 것으로 생각된다. 이것이야말로 클라우제비츠가 이야기한 '독약 한 방울'인 것이다.

일찍이 시작된 절조 없는 행위는 그 자체로 더욱 확대되지 않을 수 없으며 점차 매우 악성적으로 유전되어 모든 장래의 결의를 무겁게 짓눌러가는 것이다. 그것은 무서운 짐이 될 수 있으며, 더구나 그렇게 되면 민족은 이미 그

---

2) 1806년은 나폴레옹에 의해 프로이센이 결정적인 패배를 당했고, 1813년은 이른바 독일 해방전쟁이 시작되었으며, 1815년에는 나폴레옹이 세인트헬레나섬으로 유배되었다.
3) 1925년에 스위스 로카르노에서 독일·프랑스·벨기에·영국·이탈리아 사이에 체결되었다. 독일과 프랑스, 독일과 벨기에가 서로 전쟁을 하지 않기로 약속했다.

짐을 거의 뿌리칠 수 없게 되고, 그로 인해 마침내는 노예적 종족이라는 존재로 전락하고 만다.

불쾌한 경고자의 박해

이상과 같이 독일에서도 무장해제와 노예화의 훈련, 정치적 무방비화, 경제적 착취 등이 잇달아 실행되어, 마침내는 도스[4]의 계획안을 행운으로 생각하고 로카르노 조약을 성공으로 보는 따위의 정신을 마음속에 움트게 할 수 있었다. 그 경우도 물론 높은 견지에서 보자면, 이러한 비참 속에서도 오로지 하나의 행운이 있었다고 말할 수가 있다. 곧 분명히 인간을 미혹시킬 수는 있었으나 하늘을 매수할 수는 없다는 것이 바로 그것이다. 왜냐하면 하늘의 축복은 오지 않았기 때문이다.

그 뒤 가난과 불안이 우리 민족의 변치 않는 동반자가 되고, 우리에게 충실하고 유일한 동맹자는 비참이라는 이름이 붙는 것이었다. 이 경우에도 운명은 예외 없이 우리가 받기에 적합한 것을 주었다. 우리는 이미 명예를 존중할 줄을 모르므로, 운명은 우리에게 적어도 빵의 자유를 존중하도록 가르친다. 사람들은 이제는 이미 빵을 얻으려고 호소하는 것을 다 배웠으나, 언젠가 그들은 자유를 위해서도 기도할 것이다.

1918년부터 몇 년 동안 우리 민족의 붕괴는 매우 비참한 것이었으며, 또 확실한 것이었음에도, 뒤에 가서 반드시 적중한 일을 이미 그때 감히 예언한 사람들은 모두 맹렬하게 박해를 당했다. 우리 민족 지도층은 가엾을 만큼 변변하지 못했으나, 또 자만심이 많은 인간들이기도 했다. 그리고 이러한 경향은 그들에게 마땅하지 않기 때문에 불쾌하게 느껴진 경고자를 멀리 쫓아버리는 경우 등에는 특히 심했다.

그때 의회 내의 최고 책임자인 머리가 텅 빈 친구들, 마구상(馬具商) 주인과 장갑 제조공 같은 진짜 속물들―오로지 직업상으로만은 아니다. 직업 같은 것은 전혀 문제도 되지 않는다―이 갑자기 정치가의 발판 위에 일어서서 평범한 인간들을 내려다보며 꾸짖는 따위의 광경을 직접 볼 수 있었다(오늘날도 볼 수 있다!). 이런 경우에는 그러한 '정치가'의 대부분이 자기 솜씨를 6

---

4) 미국 정치가·재정가(1865~1941). 제1차 세계대전 뒤 연합국 배상위원으로서 독일의 전쟁배상금 지급 계획을 담은 이른바 '도스 계획안' 작성을 담당했다.

개월 동안만 보이면 매우 무능한 수다쟁이였음이 탄로나 버리고, 세상의 모든 사람들로부터 냉소와 멸시를 받고 어찌할 바를 몰라하면서 자기가 완전히 무능했음을 거짓 없이 적절하게 증명하고 있지만, 이런 일은 전혀 문제되지 않았고 또 현재도 문제되지 않는다!

그렇다, 그것은 아무래도 좋다. 그 반대로 이 공화국의 의회 정치가들은 실제 수완이 없으면 없을수록 자기들에게 수완을 기대하거나 자기들 기존 활동이 아무 쓸모가 없었음을 가차 없이 확인하거나 자기들 장래 활동의 실패를 예언하는 따위의 사람들을 더욱 사납게 박해한다. 그러나 일단 우리가 이런 따위의 신사들 정체를 결정적인 증거를 들이대어 폭로하거나 그들 자신 쪽에서도 자신들의 모든 활동과 그 결과가 실패했음을 이미 부인할 수 없게 되었거나 해도, 그들은 자기들 실패의 핑계를 몇천 개나 발견하고 그들 자신이 모든 악의 주된 근원이었음에 대해서는 단 한 마디도 인정하려 들지 않을 것이다.

*

프랑스의 확고한 전쟁 목표

적어도 1922~1923년의 겨울까지는 프랑스가 평화조약 체결 뒤에도 자기 눈앞에 처음부터 어른거리고 떠나지 않는 전쟁 목표를 반드시 달성하려고 무쇠 같은 각오로 노력하고 있었다는 사실이 일반에게 이해되어야 한다고 생각된다. 왜냐하면 나중에 가서 오직 그때까지 입은 손실을 배상에 의해 다시 변상받기 위해 프랑스가 4년 반 동안이나 자기 나라 역사상 가장 아슬아슬한 투쟁을 계속하여 본디부터 충분치 않던 자기 민족의 피를 투입했다고는 아마 아무도 믿지 않을 것이기 때문이다.

만일 그 경우 이미 프랑스 외교정책의 미래에 대한 실로 커다란 정치적 프로그램의 일부분이 문제되지 않았다면, 알자스·로렌 문제조차도 그것만으로는 프랑스의 전쟁 수행에 써버린 그 에너지를 아직 설명할 수 없을 것이 분명하다. 그리고 이런 프랑스의 목표는 작은 연방이 뒤섞인 상태로 독일을 해체하는 데 있다. 이 목표를 위해 국수주의적인 프랑스는 싸웠던 것이다. 그렇다고는 해도 그때 프랑스가 자국민을 세계주의자 유대인에게 용병으로서 팔았다는 것이 참모습임은 물론이다.

만일 전쟁이 초기 무렵에 파리에서 바라던 것처럼 독일 국내에서 행해졌다면, 이 프랑스의 전쟁 목표는 전쟁 그 자체에 의해 이미 달성되었을 것이 분명하다. 세계대전이라고 하는 피투성이 살육이 솜강 유역과 플랑드르나 아르투아가 아니고, 또 바르샤바·니즈니노브고로드·코브노·리가 근처 또는 그 밖의 여러 곳에서 행해지지 않고, 독일 내에서 즉 루르나 마인강 및 엘베강 기슭이나 하노버·라이프치히·뉘른베르크 등의 부근에서 행해졌다고 상상해 본다면, 독일을 분쇄할 수 있었을 것이라는 사실에 아마도 동의할 수밖에 없으리라.

우리 신생 연방국가가 4년 반 동안이나 수백 년 이래 엄격한 중앙집권 아래 오로지 파리라는 절대적인 중심점만 고려되고 있는 프랑스와 같이 자국을 싸움터로 삼는 것과 같은 중압시험에 견딜 수 있었을지 어떨지 매우 의심스럽다. 이 거대한 민족 간 투쟁이 우리 조국 국경 밖에서 일어난 것이 옛 독일군 불멸의 공적이었을 뿐 아니라 독일 장래에 있어 매우 큰 행운이기도 했다. 만일 그렇지 않았다면 오늘날 이미 먼 옛날에 독일이란 존재하지 않고 다만 가까스로 '독일 연방'이 존재할 뿐이라는 것이 나를 고뇌에 차게 하는 근원이다. 이것은 또한 전사한 우리 친구나 형제의 피가 적어도 헛되이 흘려진 것이 아니라는 유일한 근거이기도 하다.

프랑스의 확고한 정치적 목표

이처럼 모든 것은 프랑스가 생각했던 것과는 다르게 되어버렸다! 어쨌든 독일은 1918년 11월에 빛의 속도로 무너졌다. 그러나 파국이 고국 안에서 일어났을 때 야전군은 적국 깊숙이 들어가 있었다. 프랑스가 그때 제일 먼저 우려한 것은 독일의 해체가 아니라, 오히려 어떻게 하면 독일군을 가장 신속하게 프랑스나 벨기에로부터 철수시킬 수 있을 것인가 하는 것이었다.

파리 국가 지도층에게 있어서 세계대전 종결에 대한 첫 번째 과제는 독일군의 무장해제와, 그리고 가능하면 먼저 독일 쪽으로 그 책임을 미루는 일이었다. 그 뒤에야 비로소 프랑스는 그들의 진정한 고유의 전쟁 목표 성취에 몰두할 수 있었다. 확실히 프랑스는 이 목표에 대해서는 이미 실행력을 잃고 있었다.

영국으로서는 식민 무역국으로서의 독일을 파괴하고 이류국의 지위로 떨어뜨림으로써 전쟁이 실제로 승리로 마무리된 것이다. 영국으로서는 독일이 아주 없어지는 것은 이익이 아니었을 뿐만 아니라, 또 영국은 장차 유럽에 있어 프랑스가 경쟁자를 갖는 것이 바람직스러운 이유를 갖고 있었다.

따라서 프랑스 정치 지도자들은 먼저 단호히 평화 공작으로써 전쟁이 자국에 준비해 준 일을 계속해야 했으며, 클레망소의 "내게 있어서는 평화는 전쟁의 계속에 지나지 않는다"는 주장은 한층 더 중요성을 지녔던 것이다.

모든 가능한 기회를 보아 프랑스는 계속 독일 국가조직을 무너뜨려야 했다. 한편으로는 항상 새로운 군비 철폐에 관한 통첩을 보냄으로써, 다른 한편으로는 그것에 의해 가능하게 되는 경제적 착취를 행함으로써 우리 국가조직이 서서히 지리멸렬해 가기를 바라고 있었다. 국민적 명예심이 독일 국내에서 사라져가면 갈수록 경제적 중압과 끊이지 않는 어려움은 더욱 빨리 정치면에서의 파괴적인 경향을 가져올 수 있었다. 정치적 압제와 경제적 약탈에 대한 이러한 정책이 10년이나 20년 동안 실시될 경우에는 점차 최상의 국가조직일지라도 파괴되어 가며 상황에 따라서는 해체될 것이 분명하다. 그리고 이러한 해체로써 프랑스의 전쟁 목표는 마침내 이루어질 것이다.

이상과 같은 일은 역시 1922~1923년 겨울까지는 이미 프랑스의 의도라고 인식되었어야 했다. 그러나 그 인식에서는 오로지 두 개의 가능성밖에 남지 않았다. 바로 독일 민족체의 강인함에 의해 프랑스 의지를 차츰 둔화시켜 가거나, 아니면 결국에는 일어나지 않을 수 없는 일을 과감하게 실행해 버리는 것이다. 다시 말해서 무언가 특히 프랑스가 터무니없는 짓을 할 경우 독일이라는 배의 진로를 바꾸어 충각[5]으로 적을 들이받아 버리든가 하는 일이며, 우리는 이 두 가지 중 어느 것이라도 바랄 수 있었다.

물론 후자는 생사를 건 싸움을 의미했다. 이 경우 우리가 미리 프랑스를 고립시키고 그 결과로서 두 번째 전쟁이 이미 세계에 대한 독일의 투쟁이 아니라 세계와 그 평화를 늘 교란시키고 있는 프랑스에 대한 독일의 방위로 보이게 하는 데 성공해야만 비로소 생존 가능성이 있는 것이다.

---

5) 衝角. 옛 군함의 뱃머리에 단 뾰족한 쇠붙이. 적의 군함을 들이받아 구멍을 내기 위한 것이다.

프랑스와의 결정적 대결

이 두 번째 경우가 어쨌든 언젠가는 일어나야 하며, 또한 일어날 것이 분명하다는 것을 나는 강조해 두면서 그것을 굳게 믿고 있다. 나는 우리에 대한 프랑스의 의도가 언젠가는 바뀔 것이라고는 결코 믿고 있지 않다. 왜냐하면 프랑스 의도가 그 궁극의 밑바탕에는 프랑스 국민의 자기보존 욕망에만 의거하고 있기 때문이다.

이를테면 나 자신이 프랑스인이라면, 그래서 내게 있어 독일이 신성한 것처럼 프랑스의 위대함에 애정을 갖는다면, 나도 결국은 클레망소와 같은 인간이 행한 것과 다른 행동을 할 수는 없을 것이며, 또한 그렇게 하려고 생각하지도 않을 것이 틀림없다.

그 민족의 인구에서뿐 아니라 특히 인종적으로 최상의 분자에 있어서도 서서히 사라져가고 있는 프랑스인은 결국 세계에 있어서의 그들의 지위를 오로지 독일을 파괴함으로써만 유지할 수 있는 데 불과하다. 프랑스 정책은 1000번이나 우회로를 취할지도 모르나 결국은 언제나 그 목표가 궁극의 바람이나 가장 깊숙한 동경의 실현으로서 어딘가에 존재하고 있을 것이다. 그러나 순수하게 **소극적인** 오로지 자기 자신을 유지하는 일만을 바라고 있는 의지가 그보다 강력하고, 게다가 **적극적으로** 맞서는 의지에 대해 장기간에 걸쳐 대항할 수 있다고 생각하는 것은 옳지 못하다.

독일과 프랑스 사이의 영원한 충돌은 오로지 프랑스 공격에 대한 독일 방위라는 형태로만 해결이 꾀해지는 한 결코 결말을 지을 수는 없을 것이다. 그뿐 아니라 독일은 세기가 지날수록 차츰 그 지위를 잃을 것이 분명하다. 12세기부터 오늘에 이르기까지의 독일 이전의 경계선 변천을 추적한다면 이제껏 우리에게 이만큼 많은 손해를 끼친 태도나 사태의 발전에서 생긴 결과에는 아마 전혀 의지할 수 없을 것이다.

이 사실이 독일에서 완전히 이해되고 그것에 의해 독일 국민의 생활 의욕이 이미 단순하게 소극적인 방위로 위축되는 일 없이 프랑스와의 결정적인 적극 대결에 그것을 집중하고, 또한 독일 쪽에서의 최대 궁극 목표를 가진 최후의 결정적 투쟁에 투입될 때가 되어서야 비로소 우리와 프랑스와의 사이에 영원하고 그 자체가 전혀 쓸모없는 싸움이 끝날 수 있게 된다. 이것은 물론 독일은 프랑스를 파멸시키는 수단에 의하지 않고는 자민족을 다른 것에 대신하여 발전시켜 갈 가능성을 가질 수 없다는 것을 독일이 실제로 인식하고 있어야 한다는 것이 전제되고 난 뒤의 일이다.

오늘날 우리는 유럽에서 8000만의 독일인을 헤아릴 수 있다! 100년도 되기 전에 이 대륙에 2억 5000만의 독일인이 생활하게 될 것이다. 더욱이 다른 나라 공장 쿨리로서 짓눌리는 것이 아니라, 자기들 활동에 의해 서로 간에 생활을 보증하는 농부와 노동자로서 생활할 것이다. 이러한 일이 실현된 다음에야 비로소 이 외교정책은 옳은 것이었다고 인정되리라.

루르 지방 점령

1922년 12월, 독일과 프랑스 간의 정세는 그때 사람들을 위협할 정도로 악화된 것처럼 여겨졌다. 프랑스는 새롭고 엄청난 강탈을 염두에 두고, 그것을 위한 담보가 필요했다. 경제적 약탈에는 정치적 압박이 선행되어야 하며, 프랑스인은 우리 '반항적' 민족에게 더욱 혹독한 멍에를 씌우기 위해서는 오로지 우리 독일인 전생활의 신경중추에 격렬하게 일격을 가하는 것만으로도 충분하다고 생각했다.

루르 지방 점령에 의해 프랑스는 독일의 정신적 중추를 결정적으로 부러뜨려 놓을 뿐 아니라, 경제적으로도 우리나라를 우리 모두가 싫든 좋든 모든 의무를 매우 괴로운 의무마저도 맡지 않으면 안 될 핍박 상태로 밀어넣을 수 있기를 원했다.

그것은 굴복이냐 결렬이냐를 요구하는 것이었다. 독일은 처음부터 굴복했으나, 그 뒤 완전한 결렬로 끝나고 말았다.

루르 지방이 점령됨으로써 운명은 또 한 번 독일 민족에게 다시 일어섬의 손을 내밀었다. 왜냐하면 얼핏 보기에 중대한 재난으로밖에 볼 수 없었던 것이 자세히 바라보면 독일 불행의 종결을 한없이 기대하게 하는 가능성을 포함하고 있었기 때문이다.

외교정책에서 생각하면, 프랑스는 루르 점령에 의해 영국으로부터 진정으로 멀어지게 되었다. 게다가 프랑스와의 동맹 자체를 단순히 무정한 타산가 (打算家)의 냉정한 눈으로 맺어버리고, 주시하고, 또 유지하고 있던 영국 외교부뿐 아니라 영국 국민의 아주 광범한 층까지도 프랑스에게서 멀어지도록 만들어버렸던 것이다. 특히 영국 경제계는 숨길 수 없을 정도의 불쾌한 기분으로 대륙의 프랑스 세력이 이와 같이 엄청나게 강화된 것을 바라보았다.

왜냐하면 프랑스는 이제 순수하게 군사정책적으로 보아 이전에 독일마저도 갖고 있지 않았을 정도의 지위를 유럽 안에서 차지했을 뿐 아니라 경제적으로 보아도 이제 자국의 정치적 경제 능력을 경제적인 독점 지위와 거의 결합시킬 경제적 기초를 얻었기 때문이다.

따라서 유럽에서 최대 철갱(鐵坑)과 탄전(炭田)이 한 국민의 수중에 함께 떨어졌던 것인데, 이 프랑스 국민은 독일 국민과는 매우 달라 언제나 단호하게 활동적으로 자국 생활의 이익을 옹호했으며, 또 군사력에 있어서도 자국이 믿을 만한 나라임을 세계대전을 통해서 온 세계에 생생하게 상기시켰던 것이다. 프랑스에 의한 루르 탄전의 점령과 함께, 영국은 세계대전에서 얻은 모든 성과를 다시 빼앗기고 이제 승리자는 더 이상 활동적이고 재빠른 영국 외교부가 아니라 포슈 원수[6]와 그에 의해 대표되는 프랑스였다.

이탈리아에서도 세계대전 종결 이후 이미 단순히 장밋빛이라고만 할 수는 없었던 프랑스에 대한 감정은 이제 문자 그대로 증오로 변했다. 어제의 동맹국이 내일의 적국이 된 위대한 역사적 순간이었다. 그럼에도 불구하고 그와는 다른 사태가 생기고, 제2차 발칸전쟁 때와 같이 동맹국이 그 이후 갑자기 서로 불화에 빠지는 일이 없었던 것은 독일이 바로 엔베르 파샤를 갖지 않고 쿠노와 같은 수상을 가지고 있었기 때문이다.

그러나 외교정책상으로만이 아니라 국내정책상으로도 프랑스인의 루르 침공은 장래를 위한 매우 커다란 가능성을 독일에게 주었다. 우리 민족 상당수가 거짓에 찬 신문의 끊임없는 영향에 의해 프랑스를 여전히 진보와 자유의 투사로 보고 있었으나, 급격히 이러한 헛된 꿈으로부터 깨어난 것이다.

1914년이라는 해가 세계주의적인 민족 연대(連帶)의 꿈을 우리 독일 노동자들 머릿속에서 추방하고, 그들 노동자를 갑자기 여기저기서 생물이 다른 생물을 먹고 살고 있으며 약한 자의 죽음은 강한 자의 삶을 의미하는 영원한 투쟁의 세계로 끌고 되돌아왔던 것과 마찬가지로 1923년의 봄도 그와 같이 작용한 것이다.

---

6) 프랑스 군인(1851~1929). 제1차 세계대전 끝무렵 연합군 최고사령관을 지냄.

루르 점령 뒤 무엇을 해야 했는가

프랑스인이 협박을 실제로 옮기고, 드디어 남부 독일의 탄광 지방에 처음에는 아주 조심스럽게 또한 주저하면서 진입하기 시작했을 때, 독일에는 위대하고 결정적인 운명의 순간이 다가오고 있었다. 만일 이 순간 우리 민족이 자기 의견과 함께 지금까지의 태도도 바꾸었다고 한다면, 독일령 루르 지방은 프랑스에게 나폴레옹의 모스크바가 될 수 있었다.

어쨌든 두 가지 가능성밖에 없었다. 우리는 그 운명을 인내하여 아무것도 하지 않든가, 혹은 작열하는 대장간[7]이나 연기에 가득 찬 화로에 눈을 돌리게 함으로써 이 영원한 치욕을 끝내게 하고, 끝없는 공포를 더 참고 나가기보다는, 오히려 눈앞의 공포를 택하는 불타는 의지를 독일 국민에게 갖게 하든가, 그 어느 하나였다.

제3의 길을 발견한 것은 그때의 수상 쿠노의 불후의 공로이며, 그 길을 칭송하고 그 일에 협력한 것은 우리나라 부르주아 정당 일파들의 한층 더 빛나는 수훈이었다.

나는 여기서 먼저 제2의 길을 다만 되도록 간단히 설명하려고 한다.

루르 지방 점령에 의하여 프랑스는 베르사유 조약의 분명한 침해를 수행한 것이었다. 프랑스는 이 일로 인해 일련의 보장국, 특히 영국과 이탈리아와 대립하게 되었다. 자국의 이기주의적인 더러운 약탈 행위 덕택으로 프랑스는 이들 국가들로부터 어떤 지지도 이제 바랄 수 없게 되었다. 따라서 이 모험은, 그리고 그와 같은 일은 당장에는 대체로 모험이었으나, 프랑스만으로 어떻게 하든 유리한 결과로 이끌어가야 했다.

국가주의적인 독일 정책에는 오로지 하나의 길, 곧 명예가 명령하는 길밖에는 있을 수 없었다. 우리나라가 처음부터 적극적인 무력을 가지고 프랑스와 대립할 수가 없었던 것은 확실했다. 그러나 자기 배후에 병력을 갖지 못한 교섭은 모두 웃음거리에 지나지 않으며 아무런 효과가 없다는 것을 깨달을 필요가 있었다. 적극적으로 저항할 수 없는데도 "우리는 어떤 교섭에도 응하지 않는다"라고 버티는 것은 당찮은 일이었다. 하지만 이럭저럭하는 동안 병력을 확보하는 일도 하지 않고 마지막에 가서 역시 교섭에 응해 버린 것은 더

---

7) 원어는 Essen이다. 에센은 또한 고유명사로서는 루르 지방의 공업도시를 가리킨다. 히틀러는 독일 민족의 의지를 훈련하는 단련장으로 에센을 관련시켜서 쓰고 있는 것으로 보인다.

욱 당찮은 일이었다.

내가 말하고자 하는 것은 **군사적 방책**에 의하여 루르 점령을 저지할 수 있었을지도 모른다는 점이 아니다. 그와 같은 결의를 권고할 수 있는 것은 미친 사람이 아니면 할 수 없을 것이다. 그러나 이 프랑스의 행동 인상이 남아 있는 동안에, 그리고 그 행동이 실행되고 있는 사이에 프랑스 자신에 의해서 침해된 베르사유 조약 따위를 고려하는 일도 없이 그 뒤 보내야 할 교섭 사절에게 선물로서 가지고 가게 할 수 있는 군사적 방책에 대하여 확인해 둔다는 것은 생각할 수 있었고, 또 고려되지 않으면 안 되었다.

왜냐하면 언젠가는 이 프랑스에 의해서 점령된 지방에 대하여 회의석상에서 어떤 결말이 날 것이라는 것은 처음부터 확실했기 때문이다. 하지만 최고 협상자까지도 자신이 설 땅이나 자신이 앉을 의자가 자신이 속하는 민족의 팔에 의하여 보호되고 있지 않은 한 거의 성과를 기대할 수 없다는 것도 그와 마찬가지로 뚜렷이 이해되어야 했다.

허약한 비겁자는 힘 센 사람과 싸울 수 없으며, 무장하고 있지 않은 협상자는 만일 그가 저울의 수평을 이루기 위한 힘 센 사람과 칼을 가지고 있지 않다면 여전히 저울의 다른 편에 얹혀 있는 브렌누스[8]의 칼을 참고 견디어 내야 했다. 또는 1918년 이래 무조건적인 명령이 되풀이하여 올 때마다 언제나 선행되어 행해진 협상의 코미디를 구경하는 것은 참으로 비참한 것이 아니었을까?

그들은 우리를 남의 웃음거리로 만들려는 것처럼 먼저 회의 테이블로 초청하고, 이미 마련되어 있는 결의나 계획—그것에 대해서 물론 의견을 말하는 것은 허용되었지만, 처음부터 변경될 수 없는 것으로 보아야 하는 것—을 제안하여 온 세계에 우리의 면목을 잃게 하는 연극을 했다. 물론 우리 협상자는 단 한 번이라도 아주 평범한 인간보다 뛰어난 일도 없었고, 전(前) 독일 국무장관 지몬의 눈앞에서 "독일인들은 지도자나 대표자로 총명한 인물을 택할 줄 모르는 것 같군요" 하고 모욕적으로 말한 로이드 조지의 무례한 언사의 정당성이, 그들에 의해서 오직 지나치게 충분할 만큼 증명되었을 뿐이다. 그러나 설령 천재가 있었다고 해도 적국의 단호한 무장 의지와 자국민

---

8) 기원전 4세기 초 로마를 정복했던 갈리아 장군을 말한다.

의 비참하기 짝이 없는 무방비에 직면해서는 어쨌든 거의 속수무책이었을 것이다.

그러나 1923년 봄, 프랑스 루르 지방 점령을 우리나라의 군사적 능력 회복의 계기로 삼기를 바라는 자는 당장 국민에게 정신적 무기를 주고, 의지력을 강화시켜야 했으며, 더욱이 매우 귀중한 국민 세력을 파괴하는 자를 섬멸해야 했다.

1914~1915년에 마르크스주의의 뱀대가리를 단호히 밟아버리는 데까지 전진하지 않았던 것은 1918년에 피의 복수가 되었지만, 그와 마찬가지로 1923년 봄에 마르크스주의적 매국노와 민족 학살자 행위를 최종적으로 종결시키는 기회를 포착하지 않았던 일도 매우 불길한 보복을 받지 않을 수 없었다.

마르크스주의와의 태만한 결산

프랑스에 정말로 대항하려는 자가 5년 전 전쟁터에서의 독일의 저항을 내부에서 파멸시킨 여러 세력에 대하여 투쟁을 하려고 하지 않았다면 그러한 생각은 모조리 당찮은 일이었다. 다만 부르주아계급 인간들만이 다음과 같은 어처구니없는 생각을 가질 수 있었다. 바로 마르크스주의는 현재에 와서는 아마 이전과 다른 성격의 것이 되어 있을 것이라든가, 1918년의 졸렬한 엉터리 지도자들은 보다 교묘하게 정부의 여러 지위에 들어앉기 위해 그때 200만의 죽은 이를 냉담하게 발판으로 썼지만, 그러한 그들이 1923년 현재, 국민의 도덕의식에 대하여 갑자기 그들의 진상물을 바칠 각오가 되어 있을지도 모른다는 생각이다.

이전에 매국노였던 자가 갑자기 독일의 자유를 위한 투사가 될지도 모른다고 하는 따위의 희망은 있을 수도 없는 참으로 당찮은 생각이다. 그들은 조금도 그러한 것을 생각하고 있지 않았던 것이다! 하이에나가 썩은 고기에서 **잠시도 떨어지는 일이 없는 것과 같이 마르크스주의자는 조국을 파는 일을 그만두는 때가 없다.** 그렇다고는 하지만 일찍이 그 많은 노동자가 독일을 위하여 피를 흘리지 않았느냐 하는 따위의 참으로 어처구니없는 이론(異論)으로 제발 나를 화나게 만들지 말라.

그렇다, 독일 노동자는 확실히 피를 흘렸다. 그러나 그때 그들은 이미 국제주의적 마르크스주의자가 전혀 아니었던 것이다. 만일 1914년에 독일 노동자계급의 정신적 확신이 아직 마르크스주의적이었다면 전쟁이 3주일 만에 끝나고 말았을 것이다. 독일은 자국의 선봉에 선 병사가 국경을 건너기 전에 붕괴해 버리고 말았을 것이다. 아니, 그때 여전히 독일 민족이 싸웠다는 사실은 마르크스주의적 망상이 독일인 마음의 밑바닥까지는 아직 침투할 수 없었던 것을 증명하고 있다. 하지만 세계대전의 경과에 따라 독일 노동자와 독일 병사가 다시 마르크스주의 지도자의 수중에 되돌아갔으며, 그것에 정비례하여 조국은 그들을 잃어가고 있었던 것이다.

전쟁 개시 때, 그리고 전쟁 중에도 모든 직업을 가진 우리 최량(最良)의 독일 노동자 수십만이 전쟁터에서 당했던 것과 같이 이들 1만 2000명이나 1만 5000명의 히브리인 민족 파괴자들이 한 번 독가스 속에 집어던져지게 되었더라면 전선에서의 수백만의 희생이 헛된 것이 되지는 않았으리라. 더욱이 이들 1만 2000명의 깡패들이 적당한 시기에 처치되고 말았다면 아마도 100만의 훌륭한 장래를 위하여 귀중한 독일인의 희생이 구제되었을지도 모른다.

그러나 눈썹 하나 까딱하지 않고 수백만의 사람들이 싸움터에서 피투성이가 된 채 죽어가도록 방치했음에도 1만 또는 1만 2000명의 민족을 파는 자, 간사한 장사치들 및 고리대금업자·사기꾼 등을 귀중한 국민 보물로 인정하고, 그러므로 그들에게 손대어서는 안 된다는 등 공공연히 알리는 것은 확실히 부르주아계급적 '정치'에는 어울리는 것이기도 했다. 이 부르주아계급 세계에서는 무엇이 더 우수한 것인지, 백치인지, 나약한 것인지, 겁쟁이인지, 또는 완전히 타락한 근성인지 모르는 것이다. 그들은 실제로 숙명적으로 몰락하도록 정해진 계급이다. 다만 유감스러운 것은 온 민족이 그들로 말미암아 함께 지옥에 끌려들어간다는 사실이다.

하지만 1923년에 우리가 발견한 것은 1918년과 꼭 같은 상황이었다. 어떠한 종류의 저항이 결의되든 그것은 전혀 같은 일이며, 첫째로 이루어져야 할 전제는 항상 우리 민족체에서 마르크스주의적 독소를 배설시키는 일이었다. 그리고 나의 확신에서 말한다면, 그때 정말 국가주의적인 정부가 해야 할 최초 과제는 마르크스주의에 대하여 섬멸전을 선언할 결의를 하고 있는 세력을 찾아내어, 이 세력에게 자유로운 진로를 개척해 주는 일이었다. 외적이 조국에 대하여 더할 바 없는 파괴적인 타격을 가하고 국내에서는 모든 거리의 모퉁이에서 반역자가 기회를 노리고 있는 때에는 '안녕질서'라고 하는 따위의 당찮은 일을 숭배하지 않는 것이 정부가 해야 할 의무였다.

그렇다, 정말로 국가주의적인 정부라면 당시로서는 무질서와 사회 불안이야말로 정작 원해야 하는 바였다. 내가 그렇게 말하는 까닭은 그러한 사회적 혼란 속이 아니면 우리 민족의 원수인 마르크스주의자와의 근본적인 결산이 결국 불가능하고 실제로 이루어질 수 없었기 때문이다. 이러한 일이 방치되었다면 저항에 대하여 어떠한 종류의 생각이 이루어졌든 간에 아무 다를 바 없고, 그것은 모두 틀림없는 광기(狂氣)의 사태였다.

물론 현실적이며 세계사적으로 중요한 이와 같은 결산은 추밀고문관이라는 인간들과 늙어 말라빠진 내각 수뇌들의 계획에 의해서 행해지는 것이 아니고, 이 지상의 생명을 지배하는 영원의 법칙, 이 생명을 위한 투쟁이며 영구히 그러한 투쟁 말고는 다른 것일 수 없는 생명 법칙에 따라서 실현되는 것이다.

사람들은 다음과 같은 것을 상기해야 했다. 즉 피로 광분(狂奔)한 내란에서는 흔히 강철과 같이 단단하고 건전한 국민체가 생겨났지만, 반면 인위적으로 육성된 평화 상태에서는 전대미문의 부패가 생긴 일이 한두 번이 아니라는 사실이다. 민족 운명은 번쩍번쩍 빛나는 가죽 장갑을 낀 손으로는 정중하게 바꾸어놓을 수 없다.

따라서 1923년에는 우리 민족을 뜯어먹고 있었던 독사들을 잡기 위하여 무자비한 방법을 취해야 했다. 이것이 성공해야 비로소 적극적 저항을 준비한다는 것이 뜻을 지니게 되는 것이다.

나는 그때 수백 번이나 목이 아프도록 연설하여 적어도 이른바 국가주의 동지들에게 있어서 다음 두 가지 일, 곧 이번에는 무엇이 내걸려 있는가, 그리고 1914년 및 이에 잇따른 몇 년의 경우와 같은 실패를 하면 또다시 불가피하게 1918년과 같은 결과에 이르게 된다는 것을 분명히 알려주려고 노력했다. 모든 것을 운명에 맡기고 우리들 운동에 마르크스주의와 대결 가능성을 부여해 주도록 나는 몇 번이고 그들에게 간청했다. 그러나 나는 쇠귀에 경을 읽고 있었던 것이다. 그들은 국방부 장관을 포함해서 모든 일에 대해서 더 잘 알고 있어, 결국 모든 시대를 통해서 가장 비참한 항복에 맞닥뜨리게 되었던 것이다.

그때 나는 마음속으로 다음과 같은 것을 자각하고 있었다. 곧 독일 부르주아지는 자신들의 사명을 끝내가고 있으며, 이제 앞으로 그들의 천직으로서의 과제는 아무것도 없다는 사실이다. 그때 내가 보는 바로는 이들 정당은 모두 겨우 경쟁적 질투에서만 마르크스주의와 싸우고 있었으며 그 이상 진정으로 마르크스주의를 완전히 절멸시키는 것은 바라고 있지도 않았다. 그들은 마음속으로는 모두 벌써 조국 파멸에 만족하고 있었으며, 그들을 움직이는 것은 오로지 하나밖에 없었다. 곧 장례가 끝난 뒤 음식 대접에 자기도 한몫 끼일 수 있는가 하는 큰 걱정밖에는 없었다. 다만 그것 때문에 그들은 여전히 '싸웠던' 것이다.

이 시기에—나는 정직하게 고백하지만—나는 알프스 남쪽 위인에 대하여 마음속으로는 경탄하고 있었다. 그는 자민족에 대한 격렬한 애정에서 이탈리아 국내에 있는 적을 용인하지 않고 모든 방법 및 모든 수단을 써서 그들의 절멸에 노력했다. 무솔리니를 이 지상의 위인 대열에 가담시키는 것은 무엇이냐 하면, 그것은 이탈리아를 마르크스주의와 분배하는 일 없이 국제주의를 멸망시킴으로써 조국을 그것으로부터 구출한 결연한 태도에서 찾을 수 있다.

그에 반해서 우리 독일국 자칭 정치가들은 그 얼마나 비참하고 왜소해 보이는가. 그리고 이러한 무가치한 패거리들이 함부로 가지게 된 자만으로, 1000배나 위대한 사람을 외람되게도 감히 비평할 때에는 얼마나 속이 뒤틀리는가. 또한 50년도 채 지나기 전에 비스마르크와 같은 인물을 자신의 지도자라고 부를 수 있었던 나라에서 이와 같은 일이 생긴 것을 생각한다는 것은 얼마나 고통스러운 일인가.

무기가 아니라 의지가 결정적이다

그런데 부르주아지의 이 태도와 마르크스주의를 다루는 관대함에 의해서 1923년에 행해진 루르를 위한 모든 적극적인 저항의 운명은 처음부터 정해져 있었다. 자신의 대열 속에 불구대천의 적을 가지면서 프랑스와 싸우기를 바라는 것은 분명 당찮은 일이다. 그 뒤 그나마 실행된 것이라고는 기껏해야 독일 내 국가주의적 분자를 어느 정도 만족시키고, 또 '끓어오르는 민심'을 가라앉히기 위해서라기보다는 속이기 위해서 짜고 친 고스톱에 지나지 않았다.

만일 그들이 진정으로 자신들이 한 짓을 신뢰하고 있었다면, 한 민족의 힘이라고 하는 것은 첫째로 그 무기에 있는 것이 아니라 의지에 있다는 것 및 외부 적을 패배시키기 전에 먼저 자국 내 적이 격멸되어야 한다는 것 등을 아무래도 인식해야 했다. 만약 그렇지 않고 싸움 첫날에 벌써 승리를 얻을 수 없다고 하면 재난이 될 수밖에 없다. 패배의 그림자가 내부 적으로부터 괴로움을 당하고 있는 민족의 위를 스치기라도 하면 당장에 그 민족 저항력은 좌절되고 적은 결정적으로 승리자가 될 것이다.

이 일은 따라서 1923년 봄에 이미 예언이 가능했다. 프랑스에 대하여 군사적 성공이 의심스럽다고 하는 따위의 말은 하지 말아주기 바란다! 왜냐하면 프랑스인의 루르 침입에 대한 독일의 행동 결과가 오로지 국내 마르크스주의의 절멸에 지나지 않는다 해도 이미 그것만으로 성공은 우리측에 있을 것이기 때문이다. 독일이 자국의 존재와 미래에 대한 이 불구대천의 적으로부터 구제된다면 온 세계를 가지고서도 이미 파멸시킬 수 없는 세력을 가지게 될 것이 분명하다.

독일 안에서 마르크스주의가 절멸되는 날에야말로 그 질곡이 정말 영원히 제거되는 것이다. 왜냐하면 우리는 자기 역사에서 우리들 적의 힘에 의해서 패배한 일은 없으며 언제나 우리 스스로의 악덕과 우리들 자신의 진영 안의 적에 의해서만 굴복당했기 때문이다.

그때 독일 국가 지도층이 그와 같은 영웅적 행위를 위하여 분기할 수 없었기 때문에, 그들은 총명하게도 실제로는 더욱더 첫 번째 길을 갈 수밖에 없었다. 곧 이때에는 전혀 아무것도 하지 않고, 사태를 완전히 되는 대로 내버려두기로 했던 것이다.

쿠노의 길

그러나 중요한 시기에 하늘이 독일 민족에게 한 위대한 인간을 보내주었다. 쿠노가 바로 그 사람이다. 그는 본디 정치가나 정론가를 직업으로 삼고 있지 않았으며, 출생 성분으로 보면 더욱 그처럼 태어나지 않았고, 그러므로 오로지 특정한 일을 끝내기 위하여 필요한 어떤 정치적 비상근자 역할을 하고 있었다. 이 정치상의 상인이 이제 정치도 경제적 기업으로 간주하고 거기에 응해서 자기 행동을 가감해 나갔기 때문에 독일은 저주받은 국가가 되었다.

'프랑스는 루르 지방을 차지했다. 루르 지방에는 무엇이 있는가? 석탄이다. 그러므로 프랑스는 석탄을 위하여 루르 지방을 차지한 것이 아닌가?' 따라서 쿠노에게는 다음과 같이 생각하는 것이 가장 자연스러웠다. 말하자면 프랑스인들이 석탄을 얻지 못하도록 파업을 하면, 그것으로 기업 이익이 없어지므로, 프랑스인은 언젠가 반드시 루르 지방을 다시 내어놓을 것이 분명하다. 이 '탁월한 국가주의적 정치가'의 사고방식 줄거리는 대강 이와 같이 볼 수 있으나, 그는 슈투트가르트나 그 밖의 다른 지방에서 '자기 민중'에 대하여 연설하고, 그들 민중으로부터 정말 기쁨에 넘친 칭찬을 받았던 것이다.

통일전선

그러나 파업을 하기 위해서는 물론 마르크스주의자도 필요했다. 그 까닭은 첫째로 역시 노동자가 파업을 해야 했기 때문이다. 그러므로 노동자(노동자는 이와 같은 부르주아 정치가 머릿속에서는 언제나 마르크스주의자와 같은 뜻을 가지고 있었다)로 하여금 다른 모든 독일인과 함께 통일전선을 형성케 할 필요가 있었다.

그때 이들 부르주아 정당적인 곰팡이가 난 문화인 패거리들이 그와 같은 독창적인 강령을 대했을 때의 빛나는 얼굴을 실제로 봐두었어야 했다! 국가주의적임과 동시에 독창적이었다. 그러므로 그들은 늘 마음속에서 추구하고 있었던 것을 이제 드디어 가질 수 있게 되었던 것이다!

마르크스주의로의 통로는 발견되었다. 이제 국가주의적 사기꾼들은 '유서 깊은 독일인'인 체하고 국가주의적인 상투어를 쓰면서 국제주의적인 매국노에게 성의에 찬 손을 내밀 수 있게 되었다. 그리고 그것은 곧 이루어졌던 것이다. 왜냐하면 쿠노가 자신의 '통일전선'을 위하여 마르크스주의 지도자가 필요했던 것과 마찬가지로, 또한 마르크스주의 지도자측은 쿠노의 돈이 필요했기 때문이다.

이와 같이 하여 그 뒤 서로가 도움을 받았다. 쿠노 편은 국제주의 수다쟁이와 반국가주의 사기꾼들로 구성된 통일전선을 획득하고, 또 국제주의적인 사기꾼들 편은 국가 지출로써 자신들의 가장 숭고한 투쟁 사명에 봉사할 수가 있었다. 곧 국가경제를 파괴할 수 있었는데, 더구나 이번에는 국가 지출에 의해서 그것을 이루었던 것이다. 그러나 매수된 총파업에 의해서 국민을 구제한다는 불후의 대사상은 어쨌든 무관심하기 짝이 없는 무용자까지도 역시 완전히 감격하여 찬동할 수 있는 강령이었다.

한 민족이 기도에 의해서 해방될 수 없다는 것은 일반적으로 이미 알려져 있다. 그러나 그래도 민족을 자유로이 빈둥빈둥 놀게 해서 과연 좋은가 어떤가 하는 것은 역사적으로 검토되어야 했다. 그때 쿠노가 총파업을 매수에 의해서 유도하고, 따라서 그것을 '통일전선'의 기초라고 생각해서 장려하는 대신에 모든 독일인에게 단 두 시간씩이라도 더 노동할 것을 요구했다면, 이 '통일전선' 망상은 사흘 만에 스스로 허물어지고 말았을 것이다. 모든 민족은 게으름에 의해서는 해방되지 않으며, 희생에 의해서 비로소 해방된다.

소극적 저항

물론 이른바 이 소극적 저항 자체는 오랫동안 계속되지는 않았다. 왜냐하면 점령군을 그런 바보 같은 수단으로 추방할 수 있다고 공상할 수 있었던 것은 전쟁이라는 것을 전혀 모르는 인간들뿐이었기 때문이다. 그러한 것만으로도 역시 뜻은 있었다고 할 수 있겠지만, 그것은 국가 지출이 몇십억에 이르고, 국가 통화를 철저하게 파괴시키는 데 본질적으로 협조해 준 것과 같은 행동이 가진 유일한 뜻으로서였다.

물론 프랑스인은 저항이 그러한 수단으로 이용되고 있는 것을 알았을 때 어떤 은근한 안도감을 품고 루르 지방에서 살기 편하도록 세간을 장만한 것이다. 만일 다스릴 수 없는 일반 주민의 거동에 의해서 점령군 당국에 중대한 위해(危害)를 끼칠 우려가 있을 경우에 어떻게 하여 그들로 하여금 이성을 되찾게 하면 좋은가 하는 데 대한 최고 처방을 프랑스인은 다름 아닌 우리들 자신으로부터 받은 것이다.

아무튼 우리는 9년 전에 일반 주민의 행동에 의해서 독일군이 적지 않은 손해를 입게 되었을 때, 전광석화처럼 벨기에의 프랑스 의용군 부대를 격파하여 그들 주민에게 상황의 심각함을 알려주지 않았던가. 소극적인 저항이 프랑스에게 정말 위험이 되자마자, 점령군은 8일도 되기 전에 참으로 간단하게 이 유치한 치안 방해에 대하여 참혹한 결말을 내어버리고 말았을 것이다. 왜냐하면 궁극적인 질문은 늘 다음과 같을 것이기 때문이다.

적에 대한 소극적인 저항이 정말로 그들의 신경을 자극해서, 이번에는 그 적이 그 저항에 대하여 잔학한 폭력에 의한 투쟁을 시작했다면 무엇을 하겠다는 것인가? 또 그 경우 저항을 더 계속할 결의가 있는가 하는 것이 의문이다. 만일 저항이 계속된다면, 좋든 싫든 매우 가혹하고 잔학한 박해를 스스로 감당해야 한다. 그러나 이렇게 되어버리면 적극적인 저항의 경우에도 또한 서야 할 장소에—곧 투쟁에 직면하여—서는 것이다. 따라서 이른바 소극적인 저항은 모두 그 배후에 필요하다면 공공연한 전쟁이라든가, 또는 게릴라적인 소전투에 의해서 이 저항을 계속할 결의가 기대되는 경우에 비로소 본질적인 의의를 갖는 데 지나지 않는다.

일반적으로는 이와 같은 투쟁은 모두 성공이 가능하다는 확신에 좌우될 것이다. 적으로부터 맹렬한 공격을 받고 있는 요새가 포위망이 풀릴 것이라는 최후 희망을 버리지 않을 수가 없게 되자마자, 그것으로 실제로는 그 요새는 포기된 것이나 마찬가지가 된다. 그것도 이 경우 수비대가 아마 죽게 될지도 모른다는 것 대신에 아직 생명을 확보하고 싶다고 하는 마음에 이끌려 갈 때는 특히 그렇게 되는 것이다. 포위당하고 있는 도시 수비대에서 해방이 가능할지도 모른다는 신념을 빼앗아버리면, 방어력은 모두 그와 함께 빠르게 무너질 것이다.

따라서 루르의 소극적인 저항도 그것이 실제로 성공해야 하는 것이었다면, 가져올 수 있었고 가져와야 했던 마지막 귀결을 고려한다면 그 배후에 적극적인 전선이 만들어져야 비로소 의미를 갖는 것이었다. 물론 그 경우에는 우리 민족에게서 헤아릴 수 없을 정도의 힘을 펴낼 수 있었을 것이다. 이들 베스트팔렌[9]인의 한 사람 한 사람이 고국에 80~100개 사단의 군대가 편성되어 있다는 것을 의식했다면, 프랑스인은 가시밭길을 걸었을 것이다. 뚜렷한 목표가 없는 경우보다도 성공이 추구되는 경우에 용기가 더 있고, 자기를 스스로 희생하려는 사람들을 한층 더 많이 발견한다.

국가사회주의자의 태도
이상과 같은 일은 우리 국가사회주의자들에게 이른바 국가사회주의적 강

---

9) 베스트팔렌주 안에 루르 지방이 있다.

령에 대해 매우 엄격한 반대 태도를 취하지 않을 수 없게 만든 하나의 전형적인 사건이었다. 그리고 우리도 이처럼 행동했다. 자기들 국가주의적 견해는 모두가 오로지 우둔함과 외면적인 허식의 혼합에 지나지 않았던 친구들이나, 이제 갑자기 국가주의적인 행동을 위험성 없이 할 수 있다는 쾌적한 욕정에 저항 못하고 모든 일에 소리를 합해서 외치고 있는 친구들로부터, 나는 그때 적지 않게 공격을 당하고 있었다. 나는 모든 통일전선으로 불리는 조직 중에서도 가장 가엾은 이 통일전선을 더할 나위 없이 어리석은 현상의 하나로 보고 있었는데, 역사는 나의 정당함을 증명했던 것이다.

노동조합이 그 금고를 쿠노의 돈으로 꽉 채우고, 또한 소극적 저항도 게으른 방어에서 적극적인 공격으로 옮기도록 결의할 것을 강요당하자마자, 붉은 하이에나들은 곧바로 국가주의적인 양 떼에서 탈출하여 다시 그들 평상의 모습으로 되돌아갔던 것이다. 쿠노는 살며시 자기 배로 돌아갔으나 독일은 경험을 하나 늘린 대신에 커다란 희망 하나를 잃고 말았다.

한여름이 다 갈 무렵까지 많은 장교들은 가장 졸렬한 장교가 아니었음이 분명한데, 그들은 마음속으로 이런 부끄러운 사건이 전개되리라고는 믿고 있지 않았다. 그들은 모두 공공연하게 할 수는 없다 할지라도 프랑스의 이 뻔뻔스러운 침입을 독일 역사의 전환점으로 만들기 위한 준비가 역시 비밀리에라도 행해질 것으로 기대하고 있었다. 우리 대오 중에도 적어도 독일 육군에는 신뢰감을 품고 있던 자가 많았다. 그리고 이런 확신은 매우 강력한 것이었으며, 그 때문에 수많은 젊은이들 행동, 특히 그들의 인간 형성이 결정적으로 좌우되었다.

그러나 매우 수치스러운 붕괴가 나타나서 몇십억의 재산과 몇천의 독일 젊은이들—그들은 독일 지도자의 약속을 받아들였을 만큼 어리석었다—을 희생시킨 뒤, 실로 아무 소리도 못할 만큼 굴욕적인 방법으로 항복했을 때, 불행한 우리 민족을 이와 같은 방법으로 배신한 데 대한 분격이 활활 타올랐다. 이 현재 지배적인 전체 조직을 철저하게 제거하는 일만이 독일을 구할 수 있을 것이라는 확신이 그때 수백만의 사람들 머릿속에서 갑자기 확실하게 되었던 것이다.

한편으로는 조국에 대한 노골적인 반역이 뻔뻔스럽게도 모습을 나타내고 있는데, 다른 한편으로는 민족이 경제적으로 점차 굶어 죽을 운명으로 내몰리고 있던 이 시기 이상으로 그러한 문제 해결의 기회가 무르익었던 시대는 없었다. 아니, 그때만큼 단호한 태도로 그의 해결을 외친 시대는 없었던 것이다. 국가 자체가 성실과 신용의 법을 모두 발로 짓밟고 그 시민 권리를 경멸하고 몇백만의 가장 성실한 국가의 아들을 속여서 희생시키고 다른 몇백만으로부터는 마지막 동전까지도 훔쳤으므로 국가에 소속하는 성원으로부터 증오 말고는 아무것도 기대할 어떤 권리도 이미 국가에는 없었다.

그리고 민족과 조국 파괴자에 대한 이 증오는 어쨌든 폭발로까지 나아가야 했다. 나는 이 장소에서는 1924년 봄의 대재판[10]에서 나의 최종 변론의 결론을 말할 수 있을 뿐이다.

"이 국가의 재판관은 우리의 그때 행동에 대해 평안한 마음으로 우리에게 판결을 내려도 될 것이다. 그러나 더욱 높은 진리와 더욱 훌륭한 법을 지배하는 여신인 역사는 언젠가는 이 판결을 미소 지으면서 찢고 우리 모든 죄와 허물을 용서해 줄 것이다."

하지만 역사는 다시 오늘날 권력을 쥐고, 정의와 법을 짓밟고 있으며 우리 민족을 궁핍과 타락으로 인도하고 또한 조국의 가난이 한창이던 때 자기들 자아를 전체 사회의 생활보다도 높이 평가하고 있는 따위의 인간들도 법정에 출두할 것을 명할 것이다.

1923년 11월

나는 이곳에서 1923년 11월 8일[11]을 향하여 진행하고, 또 그것을 끝내게 한 그 사건의 서술을 계속하려고는 생각하지 않는다. 내가 그것을 하려고 생각하지 않는 것은 다음과 같은 이유에서이다. 먼저, 나는 장래를 위해 그 일에 아무런 효과도 기대하고 있지 않기 때문이다. 다음으로, 특히 오늘날에는 거의 치유되리라고는 생각할 수 없는 상처를 여는 일은 전혀 이로움이 없기 때문이다. 그 밖에 아마도 마음속 깊숙한 곳에서는 역시 모두 자기 민족을 같은 애정으로 사랑하고 있겠지만 다만 함께 걸어가는 길을 그르쳤거나 아니면 그 길에 정통하지 않았던 사람들의 죄를 논하는 일도 소용없는 일이기 때문이다.

---

10) '머리말'의 첫머리와 해설을 참조.
11) 이른바 맥주홀 봉기. 해설 참조.

의무 권고자인 우리 죽은 자들

우리 조국이 공통된 커다란 불행에 맞닥뜨리고 있으므로, 오늘날 나는 우리 민족의 적의 공동전선에 대하여 앞으로 내심으로부터 성실한 독일인의 대통일전선을 형성할 사람들을 모욕하여 그 결과 아마도 그들을 떼어놓는 따위의 일을 이제는 하고 싶지 않다. 왜냐하면 그때 우리에게 적대적이던 사람들마저 자기들 독일 민족을 위해 죽음이라는 괴로운 길을 걸은 인간을 두려워하는 감정을 품으면서 상기할 시기가 언젠가는 올 것임을 나는 알고 있기 때문이다.

내가 나의 책《나의 투쟁》I권 제1부를 바친 16명의 영웅이 매우 명석한 자각을 가지면서 우리를 위해 모든 것을 희생한 영웅이었음을 상기하도록, 제2부를 끝냄에 있어 나는 우리 교의 신봉자나 투사에게 바라는 바이다. 그들은 의심하고 망설이는 자나 의지가 약한 자를, 거듭거듭 자기 의무를 수행하도록, 그리고 그들 자신이 더할 나위 없이 굳은 신념으로 최후 일각에 이르기까지 다한 의무를 수행하도록 다시 부를 것이 틀림없다. 그리고 나는 그들 죽은 이 가운데서 최상의 인물로서 자기를, 그리고 우리 민족을 눈뜨게 하기 위해 시작(詩作)과 사색, 그리고 마지막에는 행동으로 자기 생명을 바친 사람, 바로 '디트리히 에카르트'도 그 안에 넣고 싶다.

맺음말

1923년 11월 9일 성립되어 4년째에 국가사회주의 독일노동자당은 독일 전역에서 해산당하고 금지되었다. 1926년 11월 오늘에 와서는 당(黨)은 이전보다 훨씬 강대해지고, 또 내부적으로도 견고해져서 또다시 적군에서 자유로운 모습을 보이고 있다.

운동이나 개개의 지도자에 대한 모든 박해나 비방, 중상도 운동에 아무런 해를 가할 수가 없었다. 운동 이념의 정당성, 그 의욕의 순수함, 그 신봉자의 희생적 정신 등이 지금까지 모든 억압 속에서 이전보다 한층 더 강력하게 이 운동을 출현시켜 왔던 것이다.

이 운동이 오늘날 우리 의회주의적 부패의 세계 속에서, 더욱더 그 투쟁의 가장 깊은 본질을 자각하고, 자신을 인종과 인물의 가치의 순정(純正)한 권화(權化)로 느끼고, 또 그것에 의해서 질서지어진다면, 운동은 거의 수학적 규칙성에 입각해서 언젠가 그 투쟁을 승리로 이끌 것이다. 그와 마찬가지로 만약 독일국이 동일한 원칙에 따라 인도되고 조직되는 경우에는 당연히 자신에게 상응하는 지위를 틀림없이 이 지상에서 획득하게 될 것이다.

인종 타락 시대에 자국의 최선의 인종적 요소의 보호에 몰두한 국가는, 언젠가 지상의 지배자가 될 것이다.

어느 땐가 희생이 지나치게 크다는 것이, 예상되는 성과와 비교해서 불안한 마음으로 이끌 때에는, 우리 운동의 신봉자들은 결코 그러한 일을 잊지 말아주기를 바라는 바이다.

나의 투쟁 II

일러두기

1. 이 한글본 번역대본(이하 '초고'라 한다)은 해설(히틀러의 생애와 저작들)에 자세히 수록했다. 초고에는 서명이 적혀 있지 않다. 또한 장(章)의 시작과 끝도 분명하지 않다. 한글본 제목은 바인베르크판(이하 'W판'이라 한다) 및 영어 번역판을 참고하여 역자가 정했으며, 행의 중앙에 '하이픈(—)' 표시가 되어 있는 부분을 장의 마지막으로 했다. 장의 제목은 내용을 고려하여 역자가 붙인 것이다. 다만 '머리글'만 기록되어 있다. 또한 본문에는 행 도중에 문장이 끝나 있고, 다음 행에서 탈자가 나타난 경우가 있다. 이런 부분은 문맥을 감안하여 새로운 문장을 넣었다.
2. 초고에는 독일 맞춤법에 따라 표기되어 있지 않은 단어가 있다. 의미 불명의 외국어를 사용하고 있는 부분도 있다. 이런 경우에는 W판 및 영어 번역판을 참고했다.
3. 인명·지명 등 고유명사 표기는 각 나라 언어 발음을 충실하게 옮기되, 되도록 교육부 고시 〈외래어 표기법〉과 국립국어원 편찬 《표준국어대사전》의 용례를 따랐다.

머리글

1925년 8월 《나의 투쟁》 I권 제2부[1] 작성을 계기로 나는 여러 사정에 의해서 간결하게 국가사회주의 독일 외교정책의 기본사상을 기술했다. 거기에서는 특히 격렬한 운동에 대해서, 그리고 이유 없는 공격의 계기가 된 남티롤 문제를 논했다. 1926년에는 I권 제2부의 이 부분을 따로 엮어 출판해야겠다는 생각을 했다. 남티롤 문제를 부추겨 처음부터 바람직하지 않은 국가사회주의 운동에 대한 투쟁의 소망스러운 수단으로 이용하려고 한 적대자의 사고가 그것으로 바뀔 것이라고는 생각하지 않았다. 이들에게 진실인가 잘못인가, 정당한가 부당한가 하는 문제는 아무런 의미도 없는 것이기 때문에 그들이 잘못을 시인할 리가 없다.

어느 문제가 부분적으로 그들의 당리당략에 충실하게, 또는 아주 개인적인 이익에 이용될 수 있음을 알면 이런 사람들에게서 그 문제의 진실성이나 정당성은 완전히 사라져버린다. 그에 따라서 우리 민족 전체의 융성에 손해를 주는 것과 같은 경우에도 이것은 변하지 않는다. 그것은 붕괴의 시대로부터 독일을 파괴한 인물들이 현재 통치자이고, 그들의 그 무렵 지조는 오늘에 이르기까지 조금의 변함도 없기 때문이다. 냉정한 마음으로 그 무렵 정당에 충실한 사고나 자신의 이익을 위해 독일을 희생한 그들은 오늘날에도 독일 재건에 충분한 근거, 충분하지는 않아도 얼마간의 근거를 가지고 활동하는 자를 그들의 이익에 반한다는 이유 때문에 증오한다.

그뿐만이 아니다. 우리 민족의 재융성이 특정 명칭에 의해서 대표되는 것을 보자. 그들은 그 명칭에서 유래하는 모든 사물에 반대하는 것을 예사로 한다. 매우 효과적인 제안, 자명한 제의조차도 배격한다. 그것은 제안이나 제의를 한 자가 그 명칭이라면 자신들의 정당정책적, 개인적 시계에서 지우기

---

[1] 제2부 국가사회주의 운동.

위해 싸워야 한다는 일반적 기본 사상과 결부되기 때문이다. 그 이상의 이유
는 아무것도 없다. 그런 인간의 의견을 바꾸기는 어렵다.

그러므로 내가 1926년, 그 무렵 남티롤 문제의 소책자를 인쇄했을 때 이미
그들의 일반적인 세계관이나 정치적 견해의 결과로서 내 안의 불구대천의 적
을 보고 있었던 자에게 일정한 인상을 미치겠다는 생각은 물론 일순간도 하
지 않았다. 적진에는 우리의 국가사회주의 대외정책을 근본적으로 나쁘게 보
는 사람들도 있지만 그렇지 않은 사람들도 있기에, 그들이 이 분야에서 우리
의 견해를 검증해 시비를 판단할 것이라는 희망을 버리지 않고 있었다. 이 희
망은 뚜렷이 많은 장면에서 이루어졌다.

공적인 정치의 장에 있는 실로 많은 사람들이 독일 대외정책이 안고 있던
그때까지의 태도를 수정한 점을 오늘날 크나큰 만족으로 지적할 수 있다. 그
들은 개개의 점에서 우리 견해에 동의하지는 않았다고 해도 적어도 우리를
이끌었던 성실한 목적을 인정해 준 것이었다. 물론 최근 2년 사이에 나 자신
에게는 그때의 내 책이 일찌감치 일반적인 국가사회주의적 견해를 전제로 해
서 성립해 있었다고 해도 아직도 많은 것이, 헷갈림이 있었기 때문이 아니라
어떤 무리를 안고 있었기에 결여되어 있었음이 분명해졌다.[2]

그 무렵에는 여러 가지 제한이 있어 우리의 국가사회주의 대외정책의 정당
성에 대한 실제의 원칙적이라고 할 만한 증명을 하는 것이 불가능했다. 나는
이를 보완하는 것은 지금이라고 생각한다. 그것은 최근 수년간 적의 공격이
강해졌을 뿐만 아니라 무관심층이 어느 정도까지 그들에 의해서 동원되고
있기 때문이다. 최근 5년간은 계획적으로 이탈리아에 대해서 감행되어 온 선
동이 차츰 독일 재생의 희망이 사라져 끝내는 파멸의 형태로 결실을 맺을 것
같기 때문이다.

다른 사항에서도 일찍부터 가끔씩 발생하고 있는 것처럼 국가사회주의 운
동은 오늘날 그 대외정책에서 독일 민족과 그 정치생명 내에서 완전히 분열
되어 고립되어 있다. 이미 다 아는 바와 같이 시민적인 국민 정당의 어리석음
과 무능, 대중의 무관심, 그리고 강력한 동맹자로서는 나약함이 내부에서는
조국과 독일 민족의 전반적인 적들의 공격과 손잡고 있다. 이 나약함이란 그

---

2) '1926년, 그 무렵 남티롤 문제의 소책자를 인쇄'와 '최근 2년 사이'란 문장에서, W판에서는
'이 서류가 성립된 해가 1928년이라는 증거'라고 한다. 이것은 올바른 견해이다.

전 존재가 마르크스주의의 해독에 대항하지 못하고, 그러므로 마르크스주의에 대한 투쟁만큼 위험하지 않다고는 하지만 거의 동류로 보이고 듣기도 하는 의견을 기회 있을 때마다 주위에 표명하는 것을 행복으로 여기고 기뻐하는 자들에게 오늘날 우리가 발견하고 있는 바로 그것이다. 오늘날 그들이 남티롤 문제를 거론하고 있을 때 그들은 국민적 투쟁 이익에 도움이 되고 있는 것으로 보이기도 하고, 거꾸로 그것으로 인해서 독일 국민 내부의 아주 사악한 적에 대한 현실적인 투쟁을 회피하고도 있는 것이다.

이러한 조국적이고 국민적이며 어느 부분에서는 민족적이기도 한 여러 투쟁에서, 그들은 마르크스주의의 민족과 국가에 대한 배신자들의 친절한 후원을 받아 어깨를 나란히 하고 빈이나 뮌헨에서 이탈리아에 반대하는 함성을 지르고 있다. 이것은 이들 배신자들에게 정면으로 도전하는 것보다 본질적으로 언제나 더 간단하다. 많은 일들이 오늘날 명확해지고 있는 것처럼 이런 사람들의 국민적 소동도 이미 오랫동안 과시에 지나지 않는다. 그들 자신이 만족하고 있을 뿐이지 우리 민족 대부분은 돌아보지도 않고 있는 것이다.

국가사회주의 운동이 지배적으로 친프랑스 경향인 데 대해서 단호하게 이탈리아와의 동맹에 나섬으로써 여러 가지 이유에서 남티롤 문제를 독일 대외정책의 중심에 두려고 하는 이 강력한 연립에 도전을 했다. 국가사회주의 운동은 그 정책에서 남티롤은 그다지 장애가 될 수 없고 또 되어서도 안 된다고 주장하는 것이다. 그러므로 독일의 모든 여론과 대립한다. 이 관점이 우리의 오늘날 고립과 싸움의 원인인데, 이것은 언젠가는 독일 국민이 다시 일어서는 원인이 될 것이다.

이 신뢰할 만한 견해를 상세하게 설명하고 이해를 얻기 위해 나는 이 책을 쓴다. 그것은 내가 독일 민족의 적에게 이해해 주길 원하지 않기 때문이고 또 이미 국민이 중심이 되어야 한다는 것을 알고는 있어도 잘못된 교육을 받거나 잘못된 길로 끌려가고 있는 우리 민족의 구성 분자에게 진실로 독일 대외정책의 국가사회주의 기본사상을 제시하고 명시하는 것이 나의 의무라고 생각하기 때문이다.

그들 대부분이 이 책에 제시되고 있는 견해를 성실하게 검토하면 그들의 이제까지 견해를 포기하고 독일 국민의 국가사회주의적 자유 운동의 대열에 참가하는 길을 찾아낼 것으로 나는 믿고 있다. 그것에 따라서 그들은 자기 민족의 행복에 따른 것이 아니라, 자신의 당과 자기 자신의 이익에 따라서 생각하고 행동하는 자들과의 대결도 때가 오면 서슴지 않을 정도의 힘을 축적하는 것이다.

제1장
생존 투쟁과 평화적 경제전쟁

정치란 살아 있는 역사이다. 역사란 그 자체가 민족의 생존 투쟁 과정을 보여주는 것이다. 여기에서 내가 굳이 '생존 투쟁'이란 말을 끄집어낸 것은 일상의 양식인 빵을 추구하는 싸움은 궁극적으로 평화로운 시대이건 전시이건 수많은 장애를 상대하는 영원한 투쟁이자, 결국은 생존 자체가 죽음과의 영원한 투쟁이기 때문이다. 그렇지만 "무엇 때문에 살고 있는가"라는 물음에 답하지 못하는 것은 이 세상에 살고 있는 다른 생물과 마찬가지로 우리 인간도 같은 것이다.

생명이란 이를 유지하려고 하는 갈망에 의해서만 성립한다. 가장 원시적인 생물에게는 그 개체의 자기보존 능력밖에 없는데 이보다 고등동물이 되면 이 보존 본능을 자기뿐만 아니라 여자와 어린아이에게도 돌리게 되고, 더욱 이를 웃도는 고등동물은 종족 전체를 보존할 수 있도록 사고가 미치게 된다. 인간이라는 종족 전체의 이익을 도모하기 위해 한 개인이 자기 자신의 보존 본능을 포기하는 일이 적지 않은데, 이 인간은 이 시점에서 또한 진정으로 인간이란 종족에게 더할 나위 없이 숭고하게 진력한다고 말할 수 있다. 개개인의 이런 자기 포기에 전체의 생존이 보증되는 길이 잠재하는 것은 흔히 있는 일이고, 이것이 다시 개인의 생존으로 되돌아오게 되는 것이다.

어머니가 아기를 지키려고 갑자기 용기를 내거나, 자기 민족을 지키려고 사내들이 영웅 정신을 바치려고 하는 것은 이 때문이다. 자기보존 본능의 크기는 생존 과정에서 거대한 두 가지 본능인 굶주림과 사랑에 의해서 결정된다. 영원히 이어지는 공복이 채워짐으로써 자기보존이 보증되고 사랑의 욕구가 이루어짐으로써 종족의 번식이 확립된다. 이 두 본능이야말로 바로 생명의 지배자인 것이다. 여위어서 홀쭉해진 탐미주의자가 설사 이 주장에 몇천 번이고 이의를 제기했다고 해도, 그 탐미주의자가 그렇게 생존하고 있는 것 자체가 스스로 주장하는 내용을 거꾸로 부정하고 만 것과 같다. 피와 살로 되어 있는 것은 그 생겨남의 근원이 되는 규정을 빼고는 결코 생각할 수 없다. 이 규정을 초월했다고 인간의 정신이 생각하는 순간에 그 정신을 맡고 있는 실체, 즉 인간은 소멸되어 버린다.

그런데 개개의 인간에게 들어맞는 것은 민족에 대해서도 들어맞는다. 민족체란 결국 많건 적건 닮은 생물의 집합체에 지나지 않는다. 민족체의 강함이란 그 민족체를 형성하고 있는 개개 생물의 가치 그 자체로 결정되는 것이고 또 이러한 가치가 어떤 형태로, 어느 정도 규모로 균일화하고 있느냐로 정해지는 것이다. 그러므로 개개 생물의 생존 방법을 정하고 그것을 지배하고 있는 것과 똑같은 규정이 민족 자체에 대해서도 통하게 된다. 생명의 유지와 번식은 그 생물체가 건강하길 계속 바라는 한 온갖 영위에 대한 위대한 원동력이 되는 것이다. 그러나 그와 동시에 민족에 대한 이 일반적 생존 법칙의 여파가 개인에게는 뒤범벅되어 있다.

이 지상에서의 온갖 생물의 생명 유지와 종족 번식이라는 두 가지 목적을 지닌 자기보존 본능이 극히 근원적인 힘이 되어 나타나고, 그러면서도 그 욕구가 극히 한정된 범위 내에서만 달성될 수 있다고 치자. 이 상태가 가져오는 논리적 결말은 그 생존을 획득할 수 있을까, 다시 말해서 자기보존 본능이 이루어질 수 있을까 하는 가능성을 찾는 온갖 형태의 투쟁으로 귀결된다.

이 지상에 살고 있는 생물의 종류는 끝없이 많다. 그리고 저마다 생명 유지의 본능, 종족 번식에 대한 갈망이 끝없이 많은 데 대해서 이들 생명 전체가 생활을 영위하는 장에는 한계가 있는 것이다. 이 상태는 바로 정확하게 치수가 정해진 구(球)의 표면상에서 몇십억이나 되는 생물이 저마다 삶의 양식을, 그리고 그 후계자를 얻으려고 싸우는 그림에 견줄 수 있다. 이와 같이 생존권의 넓이에 한계가 있기 때문에 필연적으로 생존 투쟁이 벌어지게 되는 것이다. 그러는 한편 이 생존 투쟁을 하는 곳에야말로 생물이 진화해 가는 열쇠가 숨겨져 있다.

아직 인류가 등장하기 이전 시대의 세계사란 어쨌든 지질학상의 사건을 나타낸 것이었다. 그것은 바로 자연의 위협이 서로 싸워서 이 지구라는 행성에 생물이 거주할 수 있는 지표가 형성되어 땅과 물이 갈라지고 산줄기가, 대지가, 바다가 생성되는 그림이었다. 이것이 이 시대의 세계사인 것이다. 그 뒤 유기적인 생물이 등장함과 동시에 이러한 생물이 다종다양한 형태를 취해 어떻게 생겨나고 어떻게 사라졌는지에 대해 인간의 관심이 쏠렸다. 그러고 나서 인류 자체가 등장하고 이에 따라서 비로소 확실한 세계사의 개념 아래 진정한 인류의 성립 역사가 엮어지게 되어 인류 자체가 어떻게 전개해 왔는지를 생각하게 된 것이다.

한편 이 전개 과정에 나타난 특징은 바로 인간과 짐승들과의 영원한 투쟁, 그리고 인간끼리의 영원한 투쟁 그 자체이다. 개개의 인간이 눈에 보이지 않는 무질서 상태에서 가까스로 조직을, 일족을, 종족을, 민족을, 국가를 낳게 되는 것인데, 이런 것들이 어떻게 완성되고 사라졌는지를 말하는 것은 바로 영원한 생존 투쟁을 재현하는 일이다.

그러나 정치라는 것이 살아 있는 역사이고 이 역사가 인류 및 민족이 일으킨 자기보존과 종족 번식을 위한 투쟁의 장이라고 한다면, 정치 정책이란 그것에 관련해서 실제로는 민족의 생존 투쟁이 이루어지는 그 자체라고 말할 수 있다. 하지만 정치란 어느 민족의 생존 자체를 둘러싼 투쟁에 머물지 않고 인간이 이 투쟁을 어떻게 하느냐 하는 행위이기도 하다.

역사라는 것은 이제까지 행해져 온 여러 민족의 생존 투쟁을 나타낸 것임과 동시에 그때그때 행해진 정치가 그대로 형태를 이루어 재현된 것이므로, 우리 자신이 어떻게 정치를 해야 할 것인가를 생각하는 데 따른 가장 적합한 교사가 되기도 한다.

정치가 지닌 최고 과제가 민족의 생존을 유지하고 계승하는 것이라면 이 생존이란 정치 자체가 이것과 서로 다투고, 이것으로 인해서 결정되는 영원한 명제가 된다. 그렇기 때문에 정치의 과제란 피와 살로 이루어진 실체를 유지하는 것이다. 정치의 성공이란 이 유지를 가능하게 하는 일을 가리킨다. 그리고 정치의 실패란 이 실체를 멸망시키고 마는 것, 즉 존재를 잃게 되는 것을 일컫는다. 그리하여 정치란 언제나 생존 투쟁 과정에서 선도자이자 통솔자이고 조직자이다. 이 정치야말로 관습적으로 그렇게 불리는 것처럼 민족이 사느냐 죽느냐를 결정하는 작용을 가져오는 것이다.

거기에서 평화정책과 전쟁정책의 두 개념 모두 즉시 무로 돌아가고 말 우려가 있기 때문에 이것을 확실하게 파악해 두어야 한다. 그것은 정치에 의해서 쟁취하려는 명제는 바로 생존한다는 것이므로 성공을 하건 실패를 하건,

정치를 할 때 어떤 수단으로써 민족의 생존 유지를 이루건 그 결과는 언제나 같게 된다. 잘 안 되는 평화정책은 바로 민족의 멸망, 즉 피와 살로 이루어진 실체의 소멸로 이어지고, 이렇게 되면 불행한 결말로 끝난 전쟁정책이 가져온 결과와 비교해 아무런 변화도 없는 것이다.

생존에서 전제 조건을 약탈하는 것이 어느 경우에 민족이 죽어 없어지는 원인이 된다고 한다면 다른 경우에서도 그렇다는 뜻이다. 본디 민족은 싸움터에서 죽어 없어지는 것이 아니라 싸움에 짐으로써 생존을 유지하는 모든 것을 잃기 때문이고, 거기까지는 가지 않더라도 약탈의 쓰라림을 맛보거나 이것을 벗어날 방법이 없기 때문이다.

전쟁으로 말미암아 직접 가져오게 되는 손실은 어느 민족이 정도가 낮은 비위생적인 생활을 보냄으로써 가져오게 되는 손실 자체와 비교하면 비율이 낮은 것이다.[1] 10년 사이에 조용히 다가온 굶주림과 악습에 의해서 발생한 사망자 수는 지난 1000년 동안 발발한 전쟁에 의한 사망자 수를 웃돈다. 하지만 가장 두려워해야 할 전쟁이란 바로 오늘날 사람들의 눈에는 더할 나위 없이 평화롭게 비치는 싸움, 곧 평화적 경제전쟁인 것이다. 이 경제전쟁이야말로 최종적 결말에 이르러서는 세계대전 때의 희생자 수는 비교도 안 될 정도로 엄청난 수의 희생자를 낳는다. 왜냐하면 이 경제전쟁은 그 시점에 살아 있는 인간에게만 덮치는 사건으로 끝나지 않고, 무엇보다도 앞으로 태어나는 인간에게도 그 영향을 미치기 때문이다.

단순한 전쟁은 기껏해야 현재의 일부를 지우고 마는 데 지나지 않겠지만 이 경제전쟁은 미래를 말살하고 마는 것이다. 단 1년 동안이라도 유럽 전체에서 산아제한이 시행됐다고 치자. 여기서 생기는 인간의 손실 수는 프랑스 혁명에서 현재에 이르기까지 세계대전을 포함한 온갖 전쟁으로 인한 사망자 수를 합친 것을 웃돌게 된다. 그러나 이것은 약간의 국민도 건전한 발전을 이룰 수 없게 되는 곳까지 유럽을 인구과잉으로 내몰고 만 평화적 경제전쟁이 가져온 귀결인 셈이다.

---

1) 바인베르크는 히틀러가 전쟁 중에도 이 '손실의 수학'을 옹호했으며 "러시아 공격시에 자급자족이 더 이상 안 되기 때문에 다른 길을 취하지 않을 수 없다. 가지고 있지 않은 것은 약탈해야 한다. 그것을 위해 필요한 인원은 그 물질을 만들기 위한 합성공장 운영에 필요한 인원만큼은 필요치 않을 것이다"라고 말했다고 뉘른베르크 조서를 인용하고 있다.

일반적으로 다음과 같이 말할 수 있을 것이다.

정치정책 과제가 모든 수단을 동원해 온갖 가능성을 찾고 그 민족의 존재를 유지하는 것임을 잊고서 정치정책을 어느 정해진 활동양식으로 행하려고 하는 순간, 민족은 자유와 일상의 양식을 찾는 운명 투쟁 과정에서 민족을 이끌 방법을 지닌 내적 의미를 손상하고 만다.

기본적으로 호전적인 정치를 하면 그 민족은 여러 악습이나 질병의 징후에서 자유로울 수 있다. 몇 세기의 시대 흐름 가운데서 내적 가치를 변화시키지 않고 있을 수 있는 것은 이런 민족뿐이다. 전쟁은 본디 오랜 기간 이어지면 내적 위험을 안게 된다. 이 위험성은 그 민족체를 구성하고 있는 인종적인 기본 가치가 균일하지 않으면 그만큼 표면화하는 비율이 높아진다. 이것은 일찍이 우리가 잘 알고 있는 국가에서 발생한 사건에 대해서도 말할 수 있고 또 현재, 특히 모든 유럽제국에 대해서도 말할 수 있는 것이다.

전쟁은 본질적으로 그것과 함께 몇천이나 되는 세밀한 과정을 통해서 민족 내의 인종 도태를 불러일으키는 것이고, 이 도태에 의해서 민족 내 최상의 분자가 먼저 멸망하고 말게 된다. 개개의 사건이 수없이 발생할 때는 용기와 투쟁이 요구되며, 결국에는 인종적으로 보아 가장 높고도 가치 있는 분자가 특별한 임무에 오르는 것을 자유의지로 제의하거나, 이런 분자가 특별히 편성된 조직에 의해서 계획적으로 소집되는 일이 몇 번이고 이루어지기 때문이다.

의용군이라든가 근위연대라든가 돌격대라는 특정 정예부대를 편성한다는 생각은 어느 시대에나 전쟁 지도자의 착상이었다. 페르시아의 궁전경비대, 알렉산드리아의 정예부대, 로마제국의 친위군단 등 수를 헤아릴 수 없이 많다. 이 세상을 떠난 나폴레옹이나 프리드리히 대왕의 용병군과 근위연대, 그리고 세계대전에서의 돌격대대, U보트 승무원, 비행대, 이들 모두가 수많은 인간 가운데서 특별한 고등임무에 걸맞은 고도의 능력을 지닌 사내들을 선발해 특별하게 편성함으로써 이에 대응하려고 하는, 어디나 똑같은 생각, 어디나 똑같은 필요성에 따라 조직된 것이다. 본디 근위병이란 군사훈련을 받는 부대가 아니라 전투부대이다. 게다가 이와 같은 공동체의 일원이라는 높은 명예가 특별한 단결심을 형성하게 되고, 이 단결심이 세월이 지남에 따라서 더욱더 공고해져 결국에는 외면만의 문제일 수는 없게 된다.

그러나 그것과 함께 이러한 편성이 이따금 가장 비참한 피로 얼룩진 희생자를 만들어내곤 한다. 즉 이 경우에는 엄청난 수의 인간들 가운데에서 더할 나위 없이 유능한 인간이 선발되어 응축집단 형태로 전쟁터에 파견되었다. 그래서 민족 가운데서 가장 우수한 자가 전쟁의 희생자가 되는 비율은 대단히 높아지고, 반면에 가장 저속한 인간의 생존율이 높아지게 되는 것이다.

즉 민족 공동체를 위해서라면 자신의 생명을 기꺼이 희생하는, 극단적으로 이상만을 좇는 사내들이 있다. 이와는 달리 자기 자신의 완벽한 개인생활을 유지하는 것을 인생 최고의 과제로 생각하는 수많은 비열한 에고이스트들이 있다. 스스로를 희생하는 행위는 영웅적인 행동을 선호하는 시대, 특히 이상주의를 지향하는 젊은이들에게는 당연한 행위로 받아들여진다. 이와 같은 행위는 아직은 민족의 가치라는 것이 존재하고 있다는 증거가 되므로 좋은 일로 간주된다.

그러나 진정한 정치가는 이러한 사실을 우려하고, 그 뒤에 따라오게 되는 것을 계산에 넣고 파악해야 한다. 실제로 한 번의 전쟁에서 잃고 만 것은 쉽게 체념할 수 있을지도 모른다. 하지만 이것이 100번 계속된다면 속도는 완만하다고 해도 확실히 민족 가운데 최선의 가치를 지닌 사람들만 희생될 수밖에 없을 것이다. 확실히 이렇게 해서 승리를 얻게 되었을지도 모르지만 결국 이런 승리의 혜택을 누려야 할 민족은 이제 그곳에 없는 것이다. 이처럼 옛날의 성공 이야기의 결과가 당치도 않게 후대에 비참한 상황을 낳게 되는 일이 드물지 않았다.

이런 전쟁에서 민족의 현명한 정치적 지도자가 좇아야 하는 목적은 그 민족의 생존 자체가 아니고, 그 생존을 계속해 나가기 위해 필요한 수단만을 마련하는 데 있다. 지도자는 그 민족이 훌륭하게 제 몫을 할 때까지 이를 육성하고 더 나아가 자신에게 맡겨진 인재를 최대한 성실하게 관리해야 한다. 지도자는 민족의 생존을 위해서 망설여서는 안 되며, 위급한 때에는 최고의 인재에게 피를 흘리게 할 도량을 아울러 지니고 또한 그 흘린 피의 대가가 될 만한 가치 있는 평화가 다시 올 것인가의 여부에 언제나 유념해야 한다. 흘린 피의 대가로 평화가 온다는, 민족 전체에 약속할 수 없는 목적을 위해 싸운 전쟁 따위는 민족에게는 폭거이고 민족의 미래를 파괴하는 죄악일 뿐이다.

그런데 극히 일부의 인간만이 그 국가를 유지하고 특히 문화를 창조하는 상태에 있는 민족, 인종 구성 면에서 분열이 잦은 민족에게는 끝없이 이어지는 전쟁은 그 자체만으로도 무서운 위험이 될 때가 있다. 본디 유럽 여러 민족의 문화는 몇 세기를 거치는 동안 북방 민족의 피가 섞이면서 생긴 기초 위에 구축된 것이다. 이 북방 민족의 피의 마지막 잔재가 제거되자마자 유럽 문화는 일변하게 될 것이고, 게다가 여러 국가의 가치는 여러 민족의 가치가 내려감에 따라서 함께 내려가는 쓰라림을 맛보게 될 것이다.

　원칙적인 평화정책에서는 이와 같은 사태에 대비해 가장 먼저 최선의 혈통을 지닌 자들이 단절되지 않도록 노력할 것이다. 그러나 이러한 정치정책도 총체적으로 파악하면 언젠가는 틀림없이 민족 전체를 약체로 내모는 일이 될 것이고, 민족의 생존 조건을 위협하는 일로 보이게 될 것이다. 따라서 차선책으로 날마다 먹는 빵을 위해 투쟁하는 대신 빵의 크기를 작게 하거나, 아예 빵의 개수를 제한하는 일을 생각하게 된다.

　이와 같은 방법으로 다가오는 큰 위기에서 벗어나려고 한다면 평화적으로 해외 이주를 하거나 산아제한을 하는 수밖에 없다. 그렇게 되면 이런 원칙적 평화정책 등은 민족에게는 유행병으로 전락한다. 아무튼 한편으론 지루하게 전쟁을 계속하고, 다른 한편으론 그 상태에서 이주를 계획하려고 하므로 이와 같은 정책 때문에 민족은 헤아릴 수 없이 많은 생명의 위기를 겪다가 끝내 깨닫지 못하는 사이에 가장 우량한 혈통보유자까지 잃게 될지도 모른다.

　그러나 국가정책의 지식인들이 해외 이주정책에 아무런 이익이 없음을 알면서도, 기껏해야 우리 민족의 인구 감소를 유감으로 생각하거나, 잘되어도 언젠가는 다른 나라에 주게 되고 마는 문화의 거름에 대해서 이야기하는 것을 안다는 것은 참으로 서글픈 일이다. 그것을 확실하게 모르는 자는 최악이다. 해외 이주가 지역 구분이나 연령 구분에 따라 행해지지 않고, 이대로 운명의 섭리에 그 재량을 맡겨두면 우리 민족으로부터 언제나 가장 용기 있고, 투지에 넘치며, 결심이 단호하고, 무슨 일에나 저항력 있는 인간이 빠져나가고 말 것이다.

　150여 년 전에 미국으로 이주한 농민들은 고향 마을에서도 결심이 굳고 대담무쌍한 젊은이들이었다. 현재 이 나라에서 아르헨티나로 이주하는 근로자 또한 그렇다. 겁쟁이나 나약한 자는 무리하게 용기를 내어 낯선 이국에서 그날그날의 양식을 벌기보다는 고향에 머물며 일생을 마치려 할 것이다. 위기, 재난, 정치적 압박, 종교적 강제력이 민중에게 덮쳤을 때에도 마찬가지로 이에 굳이 맞서는 쪽은 언제나 가장 건강하고 저항력 있는 인간들이다. 맨 먼저 굴복하는 쪽은 언제나 나약한 자들이다.

승자에게 있어서 이와 같은 나약한 자들의 존재를 유지하는 것은 본국이 잔류한 자를 돌보는 것과 마찬가지로 그다지 이익은 없다. 행동 전반에 관한 법칙을 본국이나 식민지에서 같은 형태로 이해하기 쉬운 것도 그 때문이고, 그것은 식민지에서 이미 완전히 자연스럽게 가치가 높은 인간 집단이 완성되고 있기 때문이다. 하지만 그것과 함께 새 영토에서의 확실한 흑자가 본디 본국에서는 적자가 되어 나타나게 마련이다.

더구나 이 해외 이주가 몇 세기에 걸쳐서 진행되면 민족은 전에 없이 최상의 믿음직한 본디 세력을 잃게 될 것이고, 그렇게 되면 어떤 위기가 닥쳤을 때 그 운명에 필요한 만큼 저항하는 내부 세력이 자라날 수 없게 된다. 그렇기 때문에 오히려 산아제한 정책 쪽으로 돌아서게 될 것이다. 이 경우에도 단순히 인구 감소만이 문제가 아니다. 이 산아제한 정책이 민족 가운데 대단히 가치가 높은 인물이 태어날 가능성을 원천적으로 차단한다는 무서운 사실이 문제이다. 왜냐하면 민족의 규모와 장래는 그 민족 가운데 온갖 부문에서 높은 업적을 올릴 만한 능력이 있는 자의 총계로 결정되기 때문이다.

그러나 이것은 어디까지나 인물의 가치에 대한 이야기이고, 상속권 덕분에 보호받는다고 해서 상황이 좋아진다는 이야기는 아니다. 만일 현재 독일의 문화생활이나 경제, 독일의 전 국토에서 장남으로 태어나지 않은 사내들이 만든 것을 모두 제거해 버렸다면 독일은 틀림없이 겨우 발칸국가와 같은 정도에 지나지 않았으리라. 장남으로 태어나고 또한 민족적으로 위대한 사업을 성취한 사내들 가운데 적어도 그 선조의 한 사람이 장남이었을지를 먼저 조사해 볼 필요가 있다.

아무튼 그 사내의 선조 대대에 걸쳐 한 번이라도 그 가계에 장남이 아닌 인물이 있었다면, 그 사업을 이룬 사내 자신도 우리 선조가 이 장자상속의 원칙을 정말로 지켜온 것이라면 살아 있을 리가 없는 인간 부류에 들어가고 마는 것이기 때문이다.[2] 민족 생존이라는 문제에 관해서는, 오늘날에는 정의이지만 과거에는 죄악이었다는 등의 무책임한 일은 존재하지 않는다.

해외 이주나 산아제한이란 형태의, 결과적으로는 민족체에 손실을 가져다주는 것과 같은 원칙적 평화정책이라는 것은, 인종 구성면에서 가치가 분산되는 분자로 이루어지는 민족의 이야기가 되면 될수록 반드시 비참한 결과를 낳을 것이다. 아무튼 한쪽은 해외 이주로 인해서 맨 먼저 인종상의 최우량의 인재가 나가 버리고, 다른 한쪽은 본국의 산아제한으로 말미암아 얄궂게도 인종적으로 가치가 높으므로 노력해서 출세한 상층이 맨 먼저 이에 따르게 되기 때문이다. 이럭저럭하는 사이에 이런 가치 높은 인간이 없어진 구멍은 차츰 감당할 수 없는 열등한 일반대중으로 메워지게 되고 몇 세기가 지난 뒤에는 결국 이것이 민족 전체의 가치를 끌어내리게 된다. 그처럼 쇠락한 민족체는 실제로 도움이 되는 생존 능력을 이미 잃어버린 다음이다.

그러므로 원칙적 평화정책이란 전쟁을 유일한 무기로 알고 있는 정책과 마찬가지로 100가지 해로움이 있을망정 하나의 이득도 없이 황폐로 이끄는 정책일 수밖에 없다.

정치는 민족의 생존을 추구하며 또 그를 위해 투쟁해야 한다. 그리고 정치는 그때마다 생존에 공헌할 수 있는 최고의 투쟁 무기를 선택해야 한다. 그것은 정치정책이 인간이 죽을 수 있도록 행해지는 것이 아니라, 단지 민족 자체가 생존해 갈 수 있도록 때때로 인간을 죽게 해도 상관이 없다[3]는 이야기이기 때문이다. 그 목표는 어디까지나 생존을 유지시키는 것이며 결코 영웅적인 죽음도 겁먹은 체념도 아니다.

---

2) 바인베르크는 이 전형적인 히틀러식 문장을 읽게 된 탓에 누구 한 사람 이 문장의 신빙성을 의심하는 일은 없었다고 말한다.

3) '죽게 해도 상관이 없다(man darf nur manchesmal Menschen sterben lassen)'에서 처음에는 darf가 muss로 기재되어 있었다. 이 정정은 이 원고에서 히틀러가 직접 써서 수정한 유일한 부분이다. 필기체인 독일문자는 그다지 잘 쓰지 않았다.

제2장
생존권 확보의 이유와 그 방책

　민족의 생존 투쟁을 결정하는 것은 무엇보다도 다음에 기술하는 사실이다. 생존에 필요한 온갖 것의 최고는 첫째로 나날의 양식인 빵을 추구하는 투쟁이다. 이것은 그 민족이 지닌 문화적 의의가 아무리 높은 것일지라도 그것과는 관계없이 언제라도 들어맞는 이야기이다. 확실히 천재적인 민족 지도자는 위대한 목표를 제시함으로써 민족의 눈을 물질적인 것에서 돌리게 해 초월한 정신적 이상을 위해 그 몸을 바치게 하는 것이 가능하다. 본디 물질적 관심이란 이상적인 정신적 관점이 희미해짐에 따라서 늘어가게 되는 것이기 때문이다.

　정신생활 부문에서 유치하면 유치할수록 인간은 동물적으로 되기 때문에 결국에는 식품 섭취를 인생의 유일한 목적으로 간주하게 된다. 확실히 민족은 고통을 분담할 수 있을 만큼 이상이라는 대가가 있는 한, 물질적인 것에는 한계가 있다는 사실을 대단히 잘 견디어 나갈 수 있을지도 모른다. 그러나 이 이상도 민족의 파멸을 불러일으키지 않고 끝났을 때 비로소 물질적인 식량을 희생시키는 것과 같은 치우친 존재가 아니라고 부를 수 있으며, 또 그렇게 해서 비로소 민족체의 건강을 위협하는 존재가 아니라고 생각되는 것이다.

　왜냐하면 굶주린 민족은 식량 부족의 결과로 육체적으로 붕괴하거나 그렇지 않으면 그 상태를 바꾸고 말거나, 어느 하나의 길을 걷게 되기 때문이다. 하지만 육체적 붕괴는 머잖아 정신적 붕괴도 뒤따르게 만들고 만다. 그런 다음에는 모든 이상을 단념하게 만든다. 따라서 이상이라고 해도 민족의 내적, 보편적인 힘을 강화하는 효과를 올리고 결국에는 생존 투쟁을 하는 데 있어서 새롭게 도움이 되어야만 건전하고도 올바른 것이라고 말할 수 있다. 이런 목적에 부응하지 않는 이상 따위는 아무리 외견상 돋보이는 것이라도 결국은 재앙이 되고 만다. 아무튼 그런 이상은 생존해 나가는 현실에서 한결같이 민족을 분리시키기 때문이다.

그렇지만 어느 민족이 생존해 나가는 데 필요한 빵은 그 민족이 자유롭게 사용할 수 있는 생존권의 크기에 따라서 정해진다. 적어도 건전한 민족은 필요한 것을 자신이 소유한 자신의 토지에서 조달하려고 끊임없이 시도하는 것이다. 이 밖의 방법은 아무리 그것으로 민족의 식량이 몇 세기에 걸쳐서 확보된다고 해도 불건전하고 또 위험하다. 국제무역, 국제경제, 타국과의 교역, 그 밖의 여러 가지 것은 모두 어차피 민족의 식량 조달을 위한 잠정적 수단이다. 이러한 수단은 어느 면에서 예측 불가능한 원인에, 또 어느 면에서는 그 민족의 힘이 미치는 범위 밖에 있는 원인에 좌우된다. 민족이 살아가기 위한 가장 확실한 토대는 어느 시대에나 직접 소유하는 토지인 것이다.

그러나 다음의 것은 머리에 넣어두어야 한다.

민족을 구성하는 인원수는 일정하지 않다. 민족이 건전하다면 이 수는 증가하는 경향을 보이게 될 것이다. 인간이 민족의 장래를 확실하게 추측할 수 있는 것은 유일하게 이 인구 증가에 의해서뿐이다. 그렇지만 인구가 늘어나면 생활필수품의 수요도 늘어난다. 이른바 국내 생산이 증대했다고 해도 대부분의 경우 인간으로서의 존재 향상을 찾아서 생기는 수요의 증대한 몫을 채워주는 것이 고작이고 인구 증가에 따르는 수요를 채워주는 일 따위는 할 수 없다. 이것은 특히 유럽 여러 나라에 해당된다.

최근 수세기 동안, 특히 유럽 여러 민족의 인구는 그 필요성에서 대단히 증가하고 그 결과 해마다 농작물의 수확량이 상당히 양호하다는 것을 가정해도 아직 그 수확량의 늘어남이 일반 생활필수품의 수요 증대를 완전히 따라가지 못하는 데까지 이르고 말았다. 인구 증가는 생존권의 증대, 즉 생존권의 확대에 의해서만 해결된다고 말할 수 있지 않을까. 그런데 민족의 인구는 확실히 변해 가는 것이고 반대로 토지란 본디 있는 것밖에 없는 것이다. 민족 인구의 증가는 자연스런 일이기 때문에 마땅한 과정이라고도 말할 수 있다. 마땅하기 때문에 인구 증가는 이상 현상으로 파악해야 할 것은 아니다. 이에 대해서 토지의 증가는 영토의 일반적 구분에 의해, 또 특별한 혁명 행위에 의해, 그리고 이상 현상에 의해서 좌우되는 것이다. 그러므로 민족을 부양하는 것[1]

---

1) 민족 부양(Volksernährung)이란 단어가 민족 인구 증가(Volksvermehrung)의 오기라고 바인베르크는 W판에서 말하고 있다.

의 용이함이란 생존권을 변화시키는 것이 이상하게 어렵다는 사실에 정면으로 대립한다.

민족의 인구와 그 토지 면적과의 균형 상태를 조정하는 일은 민족의 생존에 관해서 결정적인 의미를 지닌다. 그렇다, 실제로 민족의 생존 투쟁이란 증가하고 있는 인구에 대해서 그 일반적 식량 확보로의 전제 조건인, 그것에 필요한 만큼의 토지를 확보하는 것에 대해서만 성립한다고 해도 지나친 말은 아니다. 아무튼 민족의 인구가 끊임없이 증가하는 한편 토지가 계속 그대로의 넓이였다고 하면 차츰 긴장감은 고조되기 마련이다. 그 긴장은 어느 위기에 촉발되는 것이므로 확실히 오랜 기간에 걸쳐서 지금보다 더 근면하게 노동을 하거나, 보다 독창적인 생산 방법을 도입하거나, 또 특별히 힘쓰거나 하면 이 긴장감은 해소될 수 있다.

그러나 언젠가 이와 같은 모든 것을 다 해도 이를 벗어나지 못하는 날이 분명 올 것이다. 그때 지도층의 과제는 이 민족 인구와 영토의 견딜 수 없는 불균형 상태를 철저하게 제거하는 것, 즉 이 불균형 상태를 다시 일상의 상태로 되돌리는 것이라고 말할 수 있다.

민족이 생존해 나가는 데 있어서 이 인구와 영토 면적의 불균형 상태를 수정하는 데에는 몇 가지 방법이 있다. 가장 자연스러운 것은 증가하는 인구에 맞추어서 토지를 넓혀 나가는 방법이다. 이것은 투쟁하는 결의와 피를 투입해야 한다. 또 이 피의 투입이야말로 그 정당성을 민족에게 인정하게 할 수 있는 유일한 방법인 것이다. 어쨌든 이것에 의해서만 민족의 인구 증가에 대비해 필요한 생존권을 쟁취할 수 있고, 싸움터로 보낸 인간의 대역은 처음부터 많이 있기 때문이다.

그리고 전쟁이란 이름의 위기에서 평화라는 이름의 나날의 양식을 낳게 되는 것이다. 무력은 본디 농경으로의 길을 연 개척자였고 인권을 말하는 데 있어서 전쟁은 이 최고의 권리에 공헌한 유일한 사례이다. 전쟁은 민족에 대지를 부여해 온 것이다. 근면하고 고지식하게 자신의 손으로 경작하려고 하는 대지를, 언젠가 아이들에게 나날의 양식을 줄 수 있도록 경작하려는 대지를 주어 온 것이다. 왜냐하면 대지란 점유하려는 의욕을 마음에 품고, 이 대지를 지킬 힘을 지니고, 그리고 이를 경작하는 근면함을 아울러 갖춘 사람들에게 미리 그 성과를 기대하는 봉토로 주어지는 것이기 때문이다.

그러므로 건전하고 소박한 민족은 모두 토지를 획득하는 것에 죄의식을 갖는 일은 없으며 오히려 이를 자연스러운 일로 받아들인다. 하지만 이 신성한 권리를 부정하는 현대의 평화주의자들은 그렇게 함으로써 적어도 과거 시대의 부정에 의해서 생계를 유지하고 있는 것이라고 비난받아야 한다. 그러나 그 이상으로 이와 같은 대지의 어떤 작은 구획일지라도 어느 토지가 어느 민족 전용의 거주지로서 영구히 정해져 있었다는 예는 이제까지 없었다. 아무튼 몇만 년에 걸쳐서 자연의 섭리는 인류를 영원한 방랑, 이동으로 내몰고 있었기 때문이다.

하지만 결국 현재의 영토 배분은 엄청난 폭력을 행사해 이루어진 것은 아니며 인간 스스로 행해 온 것이다. 그렇지만 나도 이제까지 인간이 강구해 온 해결책에 자신의 안전을 보장할 정도로, 그리고 미래에서의 규범으로까지 우러를 정도로 영원한 가치가 있다고는 결코 생각하지 않는다. 지표가 영원히 지질학상의 변성을 받을 것으로 생각되고 유기적 생명이 끊임없이 잇따라 새로운 형태를 추구해 그 형태를 바꾸어 간 것과 마찬가지로 인간의 거주지 경계 또한 끊임없는 변천의 파도에 씻기고 있는 것이다.[2]

설령 몇몇 민족이 어느 시기, 현재의 영토 배분이 자기 이익에 부합하기 때문에 불변의 것으로서 장래에도 계속 이 배분을 유지하려고 해도, 반드시 일반의 인간적인 것을 고려하고 있는 다른 민족이 현재로서는 상황이 자신들에게는 불리하게 작용하고 있으므로 모든 힘을 동원해서라도 이 상황을 틀림없이 바꾸어야 한다고 생각하기 마련이다. 이 영원한 대지를 둘러싼 격투를 일소해 버리고자 한다면 인간끼리의 투쟁도 틀림없이 그치고 만다. 동시에 그것만으로도 인간이 발전해 가는 과정에서 가장 큰 원동력을 잃게 되는 것이다. 시민생활에서 예를 들자면 상거래 규모를 영원히 크게 유지하기 위해 자유롭게 자금력을 동원해 경쟁하고 있는 인간의 재산을 차압하는 경우와 같다. 이와 같은 일을 해도 민족에게는 어차피 불행한 결과를 낳게 되고 만다.

오늘날 세계적 규모의 영토 배분은 몇몇 민족에게는 대단히 유리하게 되어 있고, 따라서 해당 민족이 현재의 영토 분할을 이 이상 바꾸지 않겠다는

---

2) 초고에서는 "einem unterlaufenden Wandel"로 되어 있는데 바인베르크는 "einem laufenden Wandel"로 하고 있다. 여기에서는 W판에 따랐다.

명백한 이해관계를 추구하지 않을 수 없는 상태이다. 이런 민족의 영토가 지닌 풍요로움이 그렇지 않은 민족의 빈곤과 완전히 대조적 관계를 이루고 있어 그 빈곤은 아무리 부지런하게 일을 해도 최소한의 양식조차 생산할 수 없는 처지에 놓여 있는 것이다. 만약 이들 빈곤한 민족이 식량을 확보하기 위한 토지가 필요하다고 요구를 한다면 어떤 숭고한 권리로 이를 거부할 수 있을까?

답은 '아니다'이다. 이 세상에 태어난 자의 첫째 권리는 그만한 힘이 있는 한 생존권이기 때문이다. 실제로 힘이 있는 민족은 이 권리를 확대해 인구에 맞추어서 영토를 늘리기 위한 방법을 찾으려고 한다.

하지만 약소 민족이나 허술한 지도부에 이끌리고 있는 민족은 증가하고 있는 인구와 반대로 옛날 그대로의 넓이에 머물러 있는 영토의 불균형을, 영토를 확대함으로써 바로잡으려고 하지는 않는다. 이런 민족은 또 다른 방법을 모색하는 것도 불가능하다. 그때에는 인구를 영토의 넓이에 맞추게 되는 것이다.

민족의 인구를 식량을 확보하기에 불충분한 넓이의 토지에 맞추는 것은 애당초 자연의 섭리이다. 이 섭리가 작용하도록 돕는 것은 식량난과 곤궁이다. 이 작용을 받아 실제로 그 이상 인구가 늘지 않을 만큼 민족이 타격을 받는 일은 있을 수 있는 이야기인 것이다. 하지만 이렇게 인구를 토지의 넓이에 맞춘다는 자연의 섭리가 작용한 결과 언제나 동일한 현상을 낳게 된다고는 단언할 수 없다. 다시 말해서 먼저 대단히 격렬한 상호의 생존 투쟁을 낳고 이 결과 가장 튼튼하고 저항력 있는 개개의 존재만이 생존할 수 있게 되므로 한편으로는 유아 사망률이 높아지고, 다른 한편으로는 수명이 연장되는 현상이 생기게 되는 것이다. 이것은 개개의 생명을 그다지 돌보지 못하는 이와 같은 시대에 보게 되는 뚜렷한 특징이다.

이런 상황 속에서 어린 사람은 모두 식량난과 질병으로 그 생명을 빼앗기고 대단히 건강한 자만이 생존함으로써 일종의 자연도태가 이루어진다. 이 도태에 의해서 민족은 인구면에서는 확실히 제약을 받음에도 민족의 내적 가치는 그대로 유지된다. 그리고 바로 이런 곳에 내적인 북돋움이 생겨나는 것이다. 그렇지만 이와 같은 추이도 너무 오랜 기간 동안 계속되면 안 된다. 이 상태가 지속되면 식량난이 가져오는 효과가 역전해 작용하기 때문이다.

영구히 식량난이 계속되면 결국에는 인종적 가치관이 혼란스러운 민족의 경우, 이러한 식량난을 오로지 묵묵히 참고 따르게 되어 민족으로서의 탄력이 차츰 느슨해지고 이윽고 자연도태를 조장하는 생존 투쟁을 일으키는 대신에 타락의 물결에 휩쓸리게 되기 때문이다. 이 전형적인 예가 영구히 이어지는 식량난을 방지하려고 더 이상 인구 증가에 무게를 두지 않고 산아제한에 착수하려는 경우이다. 이렇게 함으로써 그 민족은 자연의 섭리에 역행하는 길을 취하려 하기 때문이다.

한편으로는 자연의 힘이 이 세상에 태어난 수많은 인간 가운데 건강하지도 않고 저항력도 없는 인간을 생존 투쟁 속에서 살아남게 해두고, 다른 한편으로는 산아제한을 하고 또한 새롭게 태어난 아이에 관해서는 실제상의 가치나 내면적 품위가 있는지 여부에 대해서는 상관없이 아무튼 생명을 연장시키려 하고 있는 것이다. 게다가 인도주의는 단순히 허약자에게만 힘을 쏟을 뿐이어서 실제로는 인간존재를 파멸시키는 무서운 결과가 되고 만다. 산아제한으로 결과를 얻으려 하지 않고 직접 인구를 제한하려고 하는 것이라면 확실히 현재 생존하고 있는 자의 존재를 위협하는 결과가 되겠지만, 출생 건수에 제한을 두게 하지 않고 이를 자유롭게 행하도록 해야 하지 않을까.

일찍이 스파르타의 사람들이 이 현명한 조치를 취한 일이 알려져 있는데 오늘날의 거짓 센티멘털한 시민적인 애국적 소질을 지닌 자들은 이 조치를 취하지 못하고 있다. 기껏해야 6000명의 스파르타인들이 35만 명이나 되는 노예를 지배하고 있었다는 역사적 사실은 스파르타인이 인종적으로 높은 가치를 지닌 탓이었다고밖에 생각할 수 없다. 이것은 바로 스파르타에서 계획적으로 인종 보존이 실행된 결과이고 이 스파르타 국가에서 우리는 민족주의가 싹트는 것을 볼 수가 있다. 스파르타에서는 병을 앓거나, 허약체질이거나, 장애가 있거나 한 아이들을 파기 즉 처리해 버렸다. 이 방법은 현재 우리가 안고 있는 어찌할 바 모르는 망상에 비하면 실제로는 몇천 배나 인간적이라고 말할 수 있다.

우리의 방법은 아무튼 그 망상 덕분에 병약한 인간들을 그야말로 온갖 희생을 치르더라도 살아남게 하려고 산아제한을 취하거나 낙태제를 채택하거나 하여 건강하게 태어날 몇십만 아이들에게 처음부터 생명을 부여하지 않는 상황이므로, 이렇게 되면 병을 앓고 퇴화한 종족이 잇따라 출현하도록 배양하고 있는 것이나 마찬가지이다.

따라서 일반적으로는 다음과 같이 말할 수 있다. 식량난이나 인위적인 보조책에 의해서 민족의 인구를 제한하면 그 민족이 거주하고 있는 비좁고 불충분한 생존권에 거의 일치하게 되겠지만, 그 결과 현재 있는 인재의 가치는 내려갈 뿐이며 실제로 최후에는 타락을 가져오게 된다.

민족의 인구를 그 영토의 넓이에 맞추기 위한 제2의 방책으로서는 해외 이주를 들 수 있다. 하지만 이것도 인종별로 이주를 하는 것이 아닌 한, 역시 본국에 남은 인재의 가치를 끌어내리는 결과를 가져온다.

산아제한 실시는 가장 높은 가치를 지닌 인간을 소멸시키며, 해외 이주는 평균적 인간의 가치를 파괴한다.

하지만 민족의 인구와 그 영토의 불균형을 해소하기 위해 계획할 수 있는 방법이 아직 두 가지가 남아 있다. 첫 번째 방법은 이른바 내지 식민과는 무관하게 국내 농산물을 증대시키는 것, 두 번째 방법은 상품 생산을 높여 경제 형태를 국내지향 경제에서 수출지향 경제로 전환하는 것이다.

이미 정해진 국경 내에서 농산물을 증대시키려는 사고방식은 일찍부터 있었던 것이다. 인간이 토지를 개간해 온 역사는 경작법의 끊임없는 진보와 개선의 역사이고 그것으로 인한 수확량 증대의 역사이다. 이러한 진보의 제1부가 토지의 개간 방법이나 재배 기술 확립의 분야였다고 한다면 제2부는 그 토지에 결여 또는 부족한 영양분을 줌으로써 토지의 비옥함을 인위적으로 향상시키는 영역에 있었다. 옛날 괭이를 사용한 경작에서 오늘날 증기가래에 이르기까지, 퇴비 사용에서 오늘날 화학비료 첨가에 이르기까지 이 방법으로 해오고 있다.

그리고 이 때문에 토지의 작물 산출 능력이 비약적으로 증대한 것은 의심할 바 없는 사실이다. 또한 어딘가에 반드시 한계선이 그어져 있다는 것도 의문의 여지가 없다. 특히 이 점은 다음과 같은 사실을 고려하면 결정적인 의미를 지닌다고 말할 수 있다. 즉 문화적 인간의 생활수준은 아주 보편적인 성격을 지니며, 민족은 스스로 손에 넣을 수 있는 물질의 양에 따라서 그 수준을 정하는 것이 아니라, 이웃 제국의 생활수준이 어느 정도인가를 확인하고 이것으로 수준을 정한다. 반대로 말해서 타국의 수준과의 상관관계에 의해서 자국의 생활수준을 정하는 것이다.

사실 유럽인은 오늘날, 미국의 생활수준과 같은 것을, 그와 같은 생활을 보낼 것을 꿈꾸고 있다. 여러 민족 간의 국제 교류는 확실히 현대 기술 및 그것으로 인한 교통수단에 의해 쉽게 실현되고 또한 보다 밀접해지고 있다. 즉 유럽인은 자신들의 상황이 지금 어떤 것인지를 제대로 의식하지 않고 맹목적으로 미국의 생활수준을 자신들의 기준치로 단정하고 말아, 미국에서의 인구와 미국 대륙이라는 토지의 관계가 이에 상당하는 유럽 여러 민족의 인구와 생활권의 관계보다도 처음부터 현격하게 유리한 상황에 있다는 사실을 잊고 있다.

　이를테면 이탈리아나 독일의 경우에 아무리 자기들 토지에서 내지 식민을 하고, 또 경제활동과 기술활동을 높여 그 영토에서 수확되는 농산물을 증대시켜 보았자 어차피 미국의 인구와 영토가 균형을 이루고 있는 것과 비교하면 이들 나라에서의 인구와 영토의 불균형은 언제까지나 존재하는 것이다. 게다가 만일 독일인이나 이탈리아인이 쉼 없이 부지런히 노동해 민족 인구의 증가가 가능해지는 상황을 만들어내는 데 성공했다고 해도 그 시점에서 이미 미국은 그 몇 배로 인구가 늘어날 것이 틀림없다. 또 설사 이 두 유럽 국가에서의 인구 증가가 최종적으로 무리였다고 해도 미국은 더욱 몇 세기나 성장을 계속해 우리가 지금 안고 있는 문제를 미국이 짊어지게 되는 그날까지 그 인구는 계속 늘어날 수 있는 것이다.

　내지 식민이란 사고방식은 특히 인간이 생각해 낸 이치에 맞지 않는 억지 효과를 노리고 나온 잘못된 추론에 기인한다. 내지 식민에 의해서 농산물의 증대가 근본적으로 가능해진다는 따위의 생각을 하고 있는 것은 완전히 잘못이다. 예를 들어 독일 내에서 내지 식민의 노선에 따라서 토지 분배가 이루어졌다고 치자. 그것이 대구획 단위로 분배되었건, 소구획 단위이건, 또 농민의 토지로서 분배되건, 이주자 분양지로서 분배되건 결국은 1제곱킬로미터의 토지 위에 평균 136명의 인간이 있는 사실에는 변함이 없다. 그러나 1제곱킬로미터에 136명이란 아주 비정상적인 상황이다. 이 영토에서, 그리고 이대로의 조건에서 우리 독일 국민이 먹고살아가는 것은 불가능한 일이다.

　그렇다, 이 내지 식민이란 강령이 일반 대중에게 내걸리게 되었다면 대중은 지금의 식량난을 구할 수단이 발견되었다고 무턱대고 희망을 품을 뿐이고, 도리어 혼란을 불러일으키게 될지도 모른다. 지금 왜 식량난인가 하면,

토지 분배가 잘못된 방법으로 이루어진 탓이 아니라 본디 우리 민족이 오늘날 사용할 수 있는 토지 전체가 워낙 비좁고 지나치게 불충분한 탓에 생긴 결과이다.

그러나 동시에 확실히 농산물의 양이 증대하면 민족의 생활상 고통은 어느 기간 완화될지도 모른다. 하지만 장기적으로 보면 이미 협소해지고 있는 민족 생존권을 또다시 증가하고 있는 인구에 맞추어야 할 날이 찾아오기 때문에 이렇게 되면 영구히 이 의무에서 해방되지 않는다. 내지 식민 정도로는 기껏해야 사회적 이성이나 사회적 정당성이라는 의미에서 개선될 뿐이다. 민족 전체의 식량 확보라는 문제에서 이 내지 식민 방책은 전혀 의미가 없는 것이다.

또 국민의 외교정책 관점에서 생각해 본 경우 이 방책을 취하는 것은 국민에게 헛된 희망을 품게 하여 현실적인 사고방식을 잃어버리게 할 것이므로 결국 상당한 손해를 가져오리라 예상된다. 또 존경해야 할 일반 시민들은 근면 성실하게 일해 확실하게 토지가 분배되면 내 집에서도 일상의 빵을 손에 넣을 수 있다고 정말로 믿어버리고 말 뿐이며, 새로운 생존권을 쟁취하기 위해서는 민족의 힘을 한 나라로 결집해야 한다는, 정말로 필요한 사실은 깨닫지 못할 우려가 있기 때문이다.

오늘날에는 경제력을 식량난·불안·굶주림·곤궁으로부터의 구세주로 여기는 사람들이 많은 것 같다. 하지만 이 경제력에 의한 생존 가능성을 민족이 손에 넣을 수 있는 것은 확실히 어느 특정 조건 아래에서만 성립되는 이야기이고, 본디 민족이 소유하는 영토와는 근본적으로 질이 다른 이야기이다. 그러나 경제력이 민족을 구하는 경우의 특정 조건이란 무엇인가에 대해서 얼마간 언급해 보기로 하자.

여기에서 말하는 경제력은 민족이 어느 특정의 생활필수품을 민족 자체의 수요를 웃돌 만큼 생산해, 나머지를 다른 경제권에 판매해서 받은 돈으로 자국에 부족한 식량이라든가 원자재를 구입한다는 의미이다. 그러므로 이 같은 경제의 핵심은 생산을 한다기보다는 오히려 얼마쯤이라도 판매한다는 것에 있다. 지금으로서는 특히 생산 증대 이야기만이 자주 화제에 오르고 있는데, 아무리 생산을 증대했다고 해도 그것을 구입하는 자가 없으면 아무런 가치도 없다는 사실을 완전히 잊고 있는 것이다.

민족의 경제생활권 내에서는 설사 생산이 증대해도 개개인이 필요한 품목의 수가 늘어나는 것이 아니면 정말로 유익한 결과는 나오지 않는다. 확실히 이론상으로는 민족의 공업생산이 증대하면 물품의 가격은 싸지고 그것으로 인해서 소비는 늘어 그 결과 민족 동포 개개인이 더욱 많은 생활 물품을 소유하게 된다. 하지만 실제로 이야기를 해보면 토지의 넓이가 불충분함으로써 낳게 되는 민족의 식량 부족이란 사실은 흔들림이 없는 것이다. 그것은 확실히 공업제품의 생산을 증대시킨다.

그렇다, 몇 배로도 확대할 수는 있겠지만 식료품 생산은 그렇게 안 되기 때문이다. 민족이 이와 같은 식량난을 겪고 있는 이상 자국에서는 수확할 수 없는 식료품을 수입해 보충하기 위해 공업적 과잉생산품을 외국에 팔아 비로소 식량난을 막을 수 있는 것이다. 하지만 동시에 단순히 생산 증대라고 해도 이와 같은 목적 달성을 위해서는 그것을 구입하는 자, 외국의 구입자가 있어야 비로소 소망을 이룰 수 있는 것이다. 그러므로 판매를 할 수 있느냐의 여부, 즉 판매 추이가 우리에게는 대단히 중요한 문제가 된다.

오늘날 세계의 판매시장에는 한계가 있다. 공업활동을 하고 있는 국가 수는 계속 늘고 있다. 현재 유럽 민족의 대부분이 그 영토와 인구와의 불충분하고도 불만족스러운 균형 상태에 고통받고 있기 때문에 어느 민족이나 국제수출 지향의 태세를 취하고 있다. 또 최근 여기에 미국과 일본이 가담했다. 그 때문에 자연히 한계가 있는 판매시장을 찾는 투쟁이 시작되고 이 같은 공업활동을 하는 국가 수가 늘면 늘수록, 그리고 이와 반대로 그렇게 판매시장이 좁아지면 좁아질수록 더욱더 이 투쟁은 격화되는 것이다. 국제시장을 찾아 경쟁을 벌이는 민족의 수가 늘면 이런 여러 나라에서 어느 면에서는 자력으로 공업화가 진행되기 때문에, 또 어느 면에서는 순수한 자본주의적 이익을 얻고자 차츰 수를 늘리고 있는 해외 거점 확대사업 시스템이 도입되기 때문에 판매시장은 자연히 줄어들게 되어 있다.

그래서 다음과 같이 생각할 필요가 있다. 이를테면 독일의 조선소에서 중국으로 보낼 배를 만든다면 독일 민족의 이익은 늘어나게 된다. 이로 인해서 독일 국적을 지닌 사람들의 식량을, 즉 우리 영토에서 얻지 못하는 식량을 손에 넣을 가능성이 생기기 때문이다. 그러나 독일의 융자 단체나 기업이 상하이에 조선소 지사를 설치하고 그곳에서 중국인 근로자를 고용해 외국산

철강을 원자재로 해 중국을 위해서 조선을 하고 있을 경우 독일 민족에게는 아무런 이익도 없다. 설사 그 기업체가 이자라든가 배당금 형태로 일정한 금액의 이익을 얻고 있다고 해도 말이다. 왜냐하면 독일의 융자 단체는 몇백억 이익을 얻는 결과만으로 끝나고, 독일 국민경제 관점에서 보면 이 분량만큼 조선의 발주가 오지 않게 되어 이 융자 단체가 손에 넣는 이익의 몇 배나 되는 금액을 손해 보고 마는 결과가 되기 때문이다.

그리고 순자본주의적 이익이 현재의 경제동향을 정하기 시작한다면, 또 그 가운데서도 일반의 투자 및 상거래의 관점이 이에 결정적인 영향을 가진다면 이 해외 거점 설치 시스템은 더욱더 넓어지게 된다. 그러나 이 때문에 기존 판매시장 자체의 공업화를 인위적으로 진행하게 되고 특히 유럽 본국으로부터의 수출은 곤란해지고 마는 것이다. 이와 같은 전망을 비웃는 자 또한 많은 것 같은데, 이대로의 상태가 더욱 진행되면 그들도 30년 뒤 유럽이 놓인 상황에 분개하게 되리라.

판매상의 어려움이 늘면 늘수록 더욱더 이 잉여생산물을 둘러싼 투쟁은 심각해진다. 한편 이 투쟁의 첫째 무기가 서로 경쟁 상대를 쓰러뜨리기 위한 품목의 가격 설정과 품질이라고 해도, 마지막 무기는 여기에서도 역시 무력이다. 경제적이며 평화적 정복을 이룬다는 따위의 말을 자주 하지만 이것도 이 세계에 공업활동을 하는 경제 민족이 하나만 있고 나머지는 모두 농경민족이라는 조건하에서만 성립하는 이야기인 것이다. 그러나 현실에서는 모든 공업력을 갖춘 강대한 민족이 경제적이고 평화적 수단—역설적이지만 본질적으로 평화적이니 경제적이니 하는 것과는 거리가 먼, 또한 다른 민족을 죽일 수도 있는 도구로써—을 써서 투쟁을 한다. 그리고 이 투쟁에서 이긴 쪽이 생존 가능성의 터전을 마련했다면, 진 쪽에서 남는 것은 착취당하는 것—죽음—밖에 없다. 이 경우에도 이 싸움에 투입되는 것은 우리 민족으로 일컫고 있는 피와 살이란 존재라는 사실에는 변함이 없는 것이다.

하지만 만일 정말로 힘이 있는 민족이 경제적·평화적 수단으로는 다른 민족을 정복할 수 없다고 생각한다고 치자. 또 반대로 경제면에서 약소민족이 상대의 식량 확보의 길을 조금씩 거부하고 강한 민족에게 멸망당하지 않으려 했다고 치자. 이런 경우 안개와 같은 경제적·평화적 주제는 결국 갑자기 사라지고 전쟁이 발발하게 된다. 다시 말해서 지금과는 다른 수단을 사용하는 정치의 사생아가 이를 대신하는 것이다.

하지만 좁은 의미에서 경제활동이 민족에게 미치는 위험성이란, 바로 민족의 운명이란 결국 단지 경제력에 의해서 결정되는 것이라고 쉽게 단정하고 마는 데에 있다고 말할 수 있다. 그 때문에 사실은 부차적인 의미밖에 갖지 않은 경제력이 가장 중요한 것이 되고, 결국에는 국가의 명운을 결정하는 것으로까지 간주하게 된다. 그리고 '민족과 국가는 최종적으로는 이 지상에서만 그 존재를 유지하려고 하는 법'이라는 민족의 덕성과 자질이 사라져 버리게 되는 것이다.

또 어느 민족의 경제적·평화적 정책이 지닌 위험성은 그 정책의 결과가 인구 증가로 이어지면서 고유 영토에서 수확하는 양식과 인구의 균형이 깨지는 데 있다. 불충분한 넓이밖에 없는 생활권 내에서 인구 과잉이 되면 사람들은 각지 노동센터에 모이게 되고, 그 센터는 온갖 악습·악덕·질병의 온상이 되기 쉽다. 그 센터가 이윽고 문화적 요소에서 멀어지고 오히려 민족체의 악폐가 됨으로써 중증의 사회적 장애를 낳는 일이 적지 않은 것이다. 게다가 이와 같은 장소는 바로 혼혈과 잡종이 들끓는 피의 집합소가 되고 그 때문에 인종의 가치가 떨어질 때가 많으며, 또 그로 말미암아 국제적인 유대 민족이라는 구더기가 들끓게 된다. 그리고 궁극적으로는 앞으로의 붕괴를 촉진하는, 그 구더기로 우글거리는 온상이 출현하게 되는 것이다.

바로 이와 같은 것에 의해서 민족이 지닌 내적인 힘이 급속히 사라지고 인종·도덕·풍습의 가치는 모두 이렇게 멸망으로 내몰리며, 이상은 깨지고, 결국에는 국제시장을 찾는 싸움에서 민족이 마지막까지 이를 수행해 나가기 위해 필요한 전제 그 자체를 잃게 됨으로써 쇠퇴가 준비되는 것이다. 이런 민족은 파렴치한 평화주의 속에서 약체가 되고, 스스로 생산한 물건을 팔기 위해 피로써 이에 힘쓰려고 하는 체제는 쇠퇴하고 만다. 마찬가지로 경제적·평화적 수단을 대신해 보다 강한 존재가 정치권력의 실권을 장악하게 되고 이와 같은 민족은 붕괴의 길을 걷게 되는 것이다. 그리고 스스로 저지른 과실의 보복이 이와 같은 민족을 엄습하게 된다.

인구 과잉이 되어 진정한 전제 조건을 잃고 만 지금 그 민족에게는 이제 많은 대중에게 충분한 식량을 확보해 줄 방법도 없고, 적의 속박을 물리칠 힘도 없으며, 내 몸에 닥친 운명을 확실하게 참고 견딜 만한 내적 가치도 없어져 버리는 것이다. 그들은 일찍이 폭력을 부정하는 경제적·평화적 활동 덕분에 살아갈 수 있다고 단정한다. 이 몸을 덮친 운명에 의해서 민족이란 그 인구와 생존권 균형 상태가 어느 특정한 자연스럽고 건전한 관계에 있을 때에만 존속해 나갈 수 있는 것임을 직접 체득할 것이다. 그리고 이 둘의 균형 상태를 때에 따라서 살펴봐야 한다. 그래서 이 균형 상태가 영토면에서 깨졌다면 인구의 몫만큼 영토를 획득해야 한다는 것이다.

이를 위해서 민족에게 필요한 것은 물론 무기이다. 그것은 영토 획득이 언제나 무력 투입으로 이루어지기 때문이다.

정치 개혁의 과제가 민족의 생존 투쟁을 실행하는 것이라고 한다면, 민족의 생존 투쟁이란 결국 그때그때 인구에 맞추어서 식량을 조달하는 데 필요한 만큼의 장소를 확보하는 것이다. 그러나 그 과정 전체가 민족의 역량을 투입하기 때문에 문제가 된다. 따라서 최종적으로는 다음과 같이 정의할 수가 있다.

정치란 어느 민족이 현세에서의 존속을 위한 생존 투쟁을 실행해 나가는 기술이다.

외교정책이란 그 민족에게 그때그때 필요한 만큼의 생존권을 크기와 질의 두 가지 면에서 확보하는 기술이다.

국내 정치란 이러한 생존권 확보를 위해 필요한 힘을 인종 측면에서의 가치 및 수량 양면으로, 그 민족으로 하여금 준비하도록 하는 기술이다.

제3장
민족의 가치와 평화주의적 민주주의

　여기에서 나는 힘이라고 하면 대부분이 국민의 무기 보유량만을 머리에 떠올리고 '힘=조직'으로서의 군대라고도 받아들이는 그 시민적인 사고방식과 대결하고자 한다. 만일 이런 것을 주장하는 사람들의 사물에 대한 견해가 맞는 것이라면, 즉 이처럼 민족의 힘이 정말로 그 민족의 무기 보유량과 군대 그 자체라고 한다면 만일 어떤 이유로 이 군대와 무기를 잃어버리게 될 경우 그 민족은 그 시점에서 정리되고 말 것이다. 하지만 이와 같은 것을 주장하는 시민적 정치가들도 실제로 그렇게 되리라고는 생각하지 않는다.

　그러나 확실히 그것을 의심하고 있기 때문에 무기와 군대 조직은 어차피 교환되는 것이다. 따라서 가장 중요한 성질을 지닌 것은 아니며, 더욱이 이런 것들을 초월하고 동시에 이러한 힘의 원천이 되기도 하는 무언가가 존재한다는 것을 이들도 인정하고 있다. 그것은 실제로 사실이다. 무기와 군대 조직은 본디 파괴될 수 있는 것이고 또 바꿀 수도 있는 것이다. 현재 확실히 무기와 군대의 의미는 대단히 높게 평가되고 있으나, 장기적 관점에서 보면 그 의미도 극히 한정된 것에 지나지 않는다.

　민족이 살아가는 데는 결국 자체가 지닌 자기보존 의지와 활발한 활동력이 모든 것을 결정하기 마련이다. 무기는 녹슬고 대형(隊形)은 시대에 뒤떨어지게 된다. 하지만 의지만은 이 둘을 몇 번이고 부활시킬 수 있으며, 이 의지 덕택에 민족은 그 시점의 위기에 즉시 적응하는 형태로 무기와 대형을 손에 넣을 수가 있는 것이다. 우리 독일인은 자기 무기를 넘겨줄 수밖에 없었는데, 내 생각으로는 물질적인 면에서 본다고 해도 별로 대단한 일은 아니었다. 그러나 우리의 시민적 정치가들은 이것에만 신경을 쓰고 있다. 무기를 넘겨주었기 때문에 의기소침해졌다고 말해도 그것은 기껏해야 무기 인도가 이루어질 때에 부수적으로 생긴 상태라든가, 그때 품게 된 생각이라든가, 그때 경험한 비참한 방법이라든가에 따른 것에 지나지 않는 것이다.

우리 군대 조직이 파괴된 것도 이보다 더 심각한 일처럼 받아들여지고 있다. 하지만 이로 인해 발생한 진정한 불행의 핵심은 무기를 든 인간의 조직이 모조리 없어지고 만 것을 말하는 게 아니라 오히려 우리 민족을 제몫을 다하는 인간으로 교육하는 기관, 이 세상 어느 국가에도 없으며 어느 국가보다도 독일이 절실하게 필요로 하던 기관이 폐지된 것을 말하는 데에 있다. 이 독일의 옛 군대가 민족을 널리 교화할 때 모든 분야에서 거둔 공적은 이루 헤아릴 수 없다.

바로 우리 민족은 내부의 인종적 분열 상태 때문에 독일 민족으로서의 온갖 특성, 이를테면 위급시의 견고한 단결심과 같은, 영국인을 돋보이게 하는 특성을 잃어버렸다고 말하고 있는데, 타민족의 경우 선천적 또는 본능적으로 뿌리내리고 있는 이와 같은 소질의 적어도 일부분은 군대 교육과정에서 배양되어 온 것이다.

기회가 있을 때마다 사회주의에 대해서 말하려는 인간들 가운데에는 최고의 사회주의적 조직이란 무엇보다도 독일 국민군이었다는 사실을 모르고 있는 자가 많다. 전형적인 자본주의의 소질을 지닌 유대 민족이 지위나 위엄이나 영향조차도 금전이 아닌 공적에 따라 부여되는 조직, 어느 특정 업적을 이룬 사람에게 주어지는 영예 자체가 재력이나 재산을 가지고 있는 것보다도 높게 평가되는 조직을 격렬하게 증오하는 것도 이와 관련이 있다. 즉 이것은 유대인에게는 무관해도 동시에 위험하게도 생각되는 사고방식이다. 또 이것이 국민이 지닌 보편적 재화와 보물이라면 이것은 앞으로 유대인이 저지를지도 모를 위험에 대항하는, 면역력 있는 방어책이 될 것이다.

이를테면 만일 군대에서 장교의 지위를 돈으로 살 수 있다면 이것은 유대인에게는 잘 이해가 되겠지만, 전혀 자금력이 없는 인간이나 다른 사람이 받는 수입 가운데 한 줌의 돈밖에 벌지 못하는 인간을 영예로 감싸주는 조직은 유대 민족에게는 알 수 없는 것, 이해할 수 없는 것이다. 이런 인간은 유대인 조직에서 영예도 주어지지 않고 평가도 되지 않기 때문이다. 하지만 바로 이런 점에 일찍부터 비길 데 없이 조직 구조의 강한 본질이 있는 것이다.

가장 평화로웠던 최근 30년 동안 이 강함은 유감스럽게도 차츰 쇠퇴하고 있는 것 같기는 한데, 특히 귀족 출신의 독신 장교가 유대인 여자 등과 결혼을 하는 일이 유행했기 때문에 역겨운 위험성이 옛 군대에 생긴 것이다. 이런 일이 만일 그대로 똑같이 계속되고 있었다면 사악한 결말을 낳게 되었으리라. 아무튼 이런 일은 카이저 빌헬름 1세 시대에는 이해될 여지가 없었다.

하지만 모든 것을 통틀어도 어쨌든 세기말에 독일군은 세계에서 가장 강력한 조직이 되었으며, 그것이 독일 국민에게는 더없는 행복을 가져다주었다. 독일인의 규율, 유능함, 확실한 신념, 당당한 용기, 과감한 추진력, 심지가 강한 불굴의 정신, 돌처럼 단단한 충성심 등등은 모두 여기에서 자라난 것이다. 그리고 신분이 있는 사람들이 지닌 명예를 존중하는 사고방식이 서서히 아무도 모르게 침투해 차츰 민족 전체의 공통된 재화와 보물로 자리잡혀 갔다.

이 조직이 베르사유 조약 때문에 파괴되고 말았다는 것은 우리 독일 민족에게는 대단히 나쁜 영향을 가져왔다. 아무튼 결국에는 민족 내에 있는 적이 그 사악한 의도를 자유롭게 드러낼 수 있게 되었고, 또 무능한 시민들은 본디 재능도 없고 도움이 될 능력도 없었기 때문에 이 조직을 가장 소박한 형태로 대신하는 일조차 할 수 없었다.

그리고 더 말할 것도 없이 독일 민족은 무기와 그것을 손에 든 군인까지도 잃은 것이다. 하지만 그런 일은 민족이 거치게 되는 역사의 흐름에서 헤아릴 수 없을 정도로 많이 생기게 마련이다. 다만 이번 사태의 밑바탕에 있는 이유를 도외시한 이야기이기는 하지만, 관점을 달리한다면 박탈된 무기나 파괴된 조직 형태를 새롭게 만들어내거나 다시 편성하는 일은 하지 못한다. 이런 일을 못한다는 것은 민족의 피가 부패하고 내적 가치가 사라지는 것과도 같다.

베르사유 조약 때문에 우리 민족은 병력을 상실하고 말았다는 것이 오늘날의 시민적인 사고방식이다. 나는 다음과 같은 이유에서 이의를 제기할 수 있다. 즉 진정한 의미에서의 병력 상실이란 우리가 평화주의적 민주주의 때문에 해를 입게 되는 것이고, 우리 민족이 지닌 최고 힘의 원천을 파괴함으로써 그곳에 독을 처넣는 국제주의가 침범하는 것을 가리킨다. 그것은 우리 민족이 지닌 힘의 원천은 보유하는 무기도 군대 조직도 아니고 민족의 내적 가치인 인종적 의의, 곧 민족 자체의 인종적 가치에 의해서 개개인이 지닌 대단히 높은 인격적 가치, 또 자기보전을 생각할 때 건전한 의식으로 대표되는 내적 가치이기 때문이다.

우리가 국가사회주의자로서 '민족의 진정한 힘이란 무엇인가?' 이와 같은 견해를 가지고 공공의 장에 등장했다면 오늘날에는 여론 전체가 이에 반대할 것임은 잘 알고 있다. 그러나 이 점이 실제로는 다른 사람들과 세계관이 다른 우리의 새로운 교설의 가장 깊은 의미인 것이다.

동시에 우리는 민족이란 저마다 다르고 또 민족의 가치도 저마다 민족에 따라서 다르다는 원칙에서 출발하고 있다. 이처럼 민족의 가치가 저마다 다르다는 것은, 각 민족은 총계한 가치로서의 인구수와는 전혀 무관하게, 특히 그 민족에게만 있는 특유의 가치―그 민족만이 지니고 있고 타민족과 전혀 동일하지 않은 가치―를 지니고 있다는 뜻이다. 그때그때 나타나는 특별한 민족의 가치는 다양한 형태의 성과로서 다양한 분야에서 표출되겠지만, 이것을 총괄해서 보면 어느 민족의 보편적 평가 기준이 결과로서 낳게 되는 것이다. 이 보편적 평가가 최종적으로 나타나게 되는 것이 민족의 역사적 문화상이고, 그곳에는 민족의 피의 가치를 모두 합친 것이 반영되며 또한 그 민족의 핏속에 결합되어 있는 인종적 가치가 반영된다.

그러나 이 특별한 민족의 가치란 완전히 탐미적인 문화에서의 가치가 아니라 보편적인 생명의 가치 그 자체를 가리키는 것이다. 왜냐하면 이 생명의 가치란 본디 민족의 생존 그 자체를 만들어내고 있는 것이며, 또 그것을 형성하고 있는 것이고, 또 그로 인해 민족의 생존 과정에서 나타나는 민족의 장애를 극복해 나가는 데 필요한 온갖 힘을 낳게 되는 것이기 때문이다. 인간이란 관점에서 보면 문화적 행위는 실제로는 모두 이제까지 있었던 야만 행위를 물리치고, 경계선을 밟고 넘어가는 데 도움이 되며, 또 그렇기 때문에 이렇게 하려는 인간의 처지를 강하게 해주는 것이다.

그러므로 민족이 지닌 이른바 문화적 가치 속에도 실제로 생명 유지에 도움이 되는 힘이 존재한다고 말할 수 있는 것이다. 따라서 민족의 내적인 모든 힘이 이런 방향으로 커지면 커질수록 그만큼 생존 투쟁 과정에서 온갖 분야에 걸쳐 생명을 유지해 나가기 위한 수많은 가능성이 강화되어 간다. 그러므로 그 민족의 인종적 가치가 높으면 높을수록 그만큼 보편적인 생명의 가치, 즉 타민족과 투쟁하거나 다투거나 할 때에 자민족 생존에 유리해지도록 기능하는 생명의 가치는 크다.

물론 민족이 지닌 피의 가치와 의의란 그 민족이 확실하게 이를 인식하고 적절하게 평가하며, 온당하게 존중함으로써 비로소 그 효력을 완전히 발휘할 수 있게 되는 것이다. 그렇기 때문에 이 가치를 파악하지 않고 있는 민족이라든가 선천적 본능이 불충분해서 이를 감지하지 못하고 있는 민족은 곧바로 그 가치를 잃기 시작한다고 말할 수 있다. 혼혈이나 인종가치 저하란 말할 것도 없이 이른바 외국물이 들어 실제로는 이처럼 자민족의 문화적 가치를 타민족의 문화적 가치와 비교해 자기 쪽을 낮게 평가해 버림으로써 비롯되기 쉬운 결말인 것이다.

만일 타민족의 생존 표현에 그 시선을 돌리려고 한 나머지 어느 민족이 자신의 피에 따라 정해지는 민족 고유의 정신생활인 문화적 표현을 인정하지 않게 되었다면, 또 그뿐 아니라 치욕으로 생각하기 시작하면 이 민족은 그 피가 빚어내는 조화 속에 잠재해 그곳에서 싹트는 문화생활 속에 있는 힘 그 자체를 포기해 버리게 된다. 이런 민족은 이윽고 뿔뿔이 흩어져 세계상을 평가할 수도, 자신의 의견을 말할 수도 없게 되고 자기 민족의 목적을 이루어 나가기 위한 인식도 감각도 잃고 결국에는 국제적인 사물의 견해나 관념의 혼란 속에, 또 그곳에서 발생하는 문화의 혼돈 속에 매몰되는 것이다.

그런데 유대인은 어떤 형태로든 타민족 속에 아무도 모르게 숨어들 수 있었다. 이 국제적인 해독과 퇴폐의 온상은 그 대상이 된 민족을 철저하게 근절시키고 부패시킬 때까지 결코 멈추지 않는다. 그리하여 마지막에 이 민족은 이제까지 통일성을 띠었던 특정의 인종적 가치를 잃게 되어 끝내는 쇠퇴하는 것이다.

그러므로 온갖 인종적 가치를 보유하고 있는 민족이라 해도, 비록 인종적 가치가 위협을 받지는 않는다고 해도 그 민족이 그 가치를 의식해 부지런히 주의를 돌리거나 아주 세밀하게 이를 보호하거나, 바라는 것은 모두 그 가치를 중요한 바탕으로 삼아 그 위에 구축해야만 그 가치는 효과를 나타내게 된다.

그렇기 때문에 국제주의적 근성은 이 가치의 천적으로 간주되어야 하는 것이다. 이런 국제주의적 정신에 따르는 것이 아니라 스스로 민족의 가치를 그 신조로 함으로써 생존하고 행동하는 방법을 결정해 나가야 한다.

하지만 민족의 가치라고 해도, 거기에서 아무리 민족의 규모와 의의를 결정하는 진정으로 영원히 통용되는 이유들이 요구되어도 그 민족에게 잠재한

에너지, 잠재한 재능이 깨어나야만 그 가치의 효력을 오롯이 발휘하게 된다.

왜냐하면 그 민족 내부의 인간이 균일한 평균치를 지니지 않고 분산된 인종적 가치의 소유자로 성립된다면, 민족 내부에서 개인으로서의 가치가 다른 개인이 지닌 가치와 동일할 확률은 그만큼 줄게 되기 때문이다. 민족이 행하는 모든 행위—언제나 한 분야에서만 행해질 때가 대부분인데—는 어디까지나 개인이 창조적으로 활동한 결과인 것이다. 보편적 소망이란 그 사명을 수행하기 위해 민족 가운데서 특별히 선출된 인간이 취하는 행동을 통해 달성된다.

본디 다수자가 창조적 성과를 거둔 일 따위는 없었다. 한 번도 다수파가 인류를 위한 대발견을 한 적도 없었다. 개개의 인간이 언제나 인류의 진보를 창출한 것이다. 여기에 어떤 특정한 내적인 인종 가치를 지닌 민족이 있고 이 민족이 성취한 문화적 또는 그 밖의 업적 가운데 그 민족이 지닌 가치 전반이 눈에 띄게 표출되어 있다면, 이 민족에게는 최초부터 개인의 가치라는 것이 틀림없이 존재했다고 말할 수 있으리라.

개인의 가치가 존재하거나 창조적 활동이 이루어져야만 민족의 문화가 부각될 것이고, 또 부각되어야만 거기에서 그 민족이 지닌 내적 가치를 귀납적으로 추론할 수 있을 것이기 때문이다. 여기에서 나는 민족이 지닌 내적인 인종 가치에 대해서 기술하고 있지만, 이 가치를 현재 눈앞에 있는 업적 전체로 평가하는 것이고, 또 그렇게 함으로써 제각기 개인이 지닌 가치—그 민족의 인종 가치를 대표하는 자로서 행동하고, 문화상을 만들어낸 개인이 지닌 가치—가 그 안에 존재하고 있다는 것을 확인하는 것이다.

이렇게 보면 인종 가치와 개인 가치는 본디 대단히 결부된 형태로 표출되는 것이다. 아무튼 인종적으로 가치가 없는 민족의 핏줄에서 중요한 창조력을 지닌 개인은 찾을 수 없기 때문이다. 그것은 반대로 말해서 창조력이 있는 개인 및 그런 개인이 성취한 업적이 없는 상태에서는 현재의 인종 가치 등은 추론될 리가 없다는 것이다. 반면에 민족은 그 조직이나 민족 공동체나 국가라는 구조 형식의 완성 여하에 따라서 개인의 가치가 발휘되는 것을 촉진하거나 또 적어도 발휘되기 쉽게 해주거나 방해할 수도 있다.

만일 어느 민족이 생존해 가는 데 지도자의 자리를 다수의 손에 넘겨버린다면, 즉 현대 서유럽의 개념인 민주주의를 도입한다면 한 개인의 생각이 지닌 의의가 파괴될 뿐만 아니라, 개인이 그 가치를 발휘하려고 해도 간섭만 받게 될 것이다. 이러한 민족은 그 형식적 구조를 지렛대 삼아 창조력 있는 개개의 인간이 출현하거나, 무언가를 성취하거나 하는 것을 방해하는 것이다.

바로 이 점이 오늘날 압도적인 힘을 차지하고 있는 민주주의, 의회주의의 시스템이 가져오는 2중의 재앙이기도 하다. 아무튼 이 시스템은 그 자체가 진실로 창조적인 업적을 올릴 능력을 갖지 않는다고 말할 뿐만 아니라, 평균적 수준을 어떤 형태로 훨씬 웃돌고 있는 인간이 성장하고, 또 그것으로 무언가를 성취하려고 하는 것을 방해하기 때문이다. 어느 세상에서나 일반적인 어리석음, 불완전함, 공포의 평균 수준을 초월한 크기를 지닌 인간, 그리고 거만한 언동이라는 면에서도 평균을 넘는 인간이란 다수자에게는 가장 두려워할 만한 존재로 보인다.

또한 이 민주주의에 관여하게 되면 가치가 부족한 인간이 거의 합법적인 방법으로 지도자가 되고 말 우려가 있다. 그러므로 이런 시스템이 어떤 제도에 의해서 철저하게 이용되면 지도자 집단 전체의—그 시점에서 그런 것을 말할 수가 있다면 말인데—가치를 잃게 되는 것이다. 이것은 민주주의라는 개념이 책임 소재가 없다는 것에 기인한다. 다수자란 어떤 형태로든 책임을 지울 수 없고, 파악하기도 어려운 존재인 것이다. 이 다수자에 의해서 옹립된 지도자는 어차피 다수자의 의지를 수행하는 앞잡이에 지나지 않는다. 그런 지도자는 독창적인 계획이나 착상을 기존의 행정기관을 지렛대 삼아 실시하기보다는 특정 계획을 실행하는 데 필요한 다수자를 그때그때 결집시키는 정도의 직무밖에 할 수 없는 것이다.

하지만 그런 때에는 다수자가 그 계획에 고개를 돌리는 경우보다 계획이 다수자의 얼굴빛을 살피는 경우가 훨씬 더 많다. 설사 이렇게 해서 행한 행위의 결과가 어떻게 나오건 누가 책임자인지 도무지 알 수 없는 구조로 되어 있다. 이것은 실제로 정해진 모든 결정 사항이 결국 수많은 타협의 산물일수록 사태는 더욱더 파악할 수 없게 되는데, 그런 타협이란 민주주의의 성질상 그 내용에도 나타나게 된다. 이런 때에는 도대체 누구에게 책임을 물어야 한다는 것인가.

그러나 순수하게 개인 수준에서 책임질 사람이 없다는 것은 곧 강대한 지도자 등장을 촉구하는 불가피한 이유 또한 없다는 것이다. 대단히 넓은 범위에 걸쳐서 개개 인간의 권위와 책임을 기초로 성립하는 군대 조직과 지금 우리가 취하고 있는 민주주의적 시민제도를 비교해 보면 좋다. 또 그것을 쌍방의 지도자가 어느 정도 수양을 쌓은 인간인가에 대해서 비교해 보면 좋다. 그 차이에 분명히 놀라게 될 것이다.

아무튼 한쪽은 용기가 있으며, 자진해서 책임을 지는 기개가 있어서 임무를 수행할 능력이 있는 사내들의 조직이고, 다른 한쪽은 겁이 많고 책임을 지지 않으려는 무능한 집합체이기 때문이다. 실로 4년 반 동안 제1차 세계대전에서 독일의 군대 조직은 강력한 적의 집단에 대해서 어느 때나 버텨낼 수 있었던 것이다. 하지만 민주주의에 해이해진 국내의 민간 지도부는 기껏해야 수백 명의 부랑자와 탈주병의 일격에 허무하게 무너지고 말았다.[1]

독일 민족에게 정말로 위대한 지도적 정치가가 없다는 것은 우리의 공적 생활을 서서히 좀먹어 가고 있는 민주주의적, 의회주의적 시스템에서 보게 되는 무질서한 분해에 가장 뚜렷이 나타나고 있다.

이제야말로 민족이 결정해야 할 때인 것이다. 확실히 이 세상에서 위대한 것을 이제까지 창조하고 또한 창조하고 있는 주체는 지도적 정치가들이고 그리고 그 창조의 태반이 다수자에 의해서 쉽게 파멸되어 온 것이다.

민족은 자신들이 지닌 일반적인 인종 가치를 기초로 진정한 지도적 정치가를 탄생시킬 수 있다. 그리하여 진정한 희망을 가질 수 있게 되는 것이다. 하지만 그런 경우 그 민족은 민족이 지닌 구조 여하에 따라서 인위적은 아니더라도 계획적으로 이런 지도적 정치가가 힘을 발휘하려는 것을 방해하거나 어리석음으로 이 사람들 앞을 가로막거나, 간결하게 말해서 활동을 하지 못하게 하는 관례를 찾게 된다.

아무튼 민족의 가장 강력한 힘의 원천 하나가 메워지고 마는 것이다. 민족[2]의 힘을 구성하는 제3의 요소란 건전하고 자연스러운 자기보존 본능이다. 이 자기보존 본능에서 더 나아가 어느 민족만으로 생존 투쟁을 계속하

---

1) 히틀러가 말하는 '11월혁명', '비수(匕首)전설.' 군사적 원인이 아니라 후방의 배신으로 제1차 세계대전에서 독일이 패했다는 전설.

2) "민족이 지닌 내적 힘의 제3요소로서 자기주장을 할 수 있도록 민족을 교육하는 것을 들 수 있을 것이다"라는 문장이 초고판에서는 한 번 타이핑된 뒤 지워져 있다.

려는 수많은 꿋꿋한 덕성을 낳게 되는 것이다. 하지만 민족의 이익을 대표하는 국가 지도부라고 할지라도 그 민족 자체가 겁이 많고 빈약한 나머지 그 이익을 위해 스스로 움직이려고 하지 않으면 굳이 대성공을 거두려고 하지는 않는다. 어떤 국가 지도부도, 특히 지도부가 민족의 몸에 배게 하는 것도 아닌 영웅적 정신을 그 민족이 지니게 될 날을 오직 기다리는 것만으로는 성공할 수 없는 것이다. 기존의 민족 가치가 국제주의에 의해서 상처를 입고 약해지듯이, 또 개인의 가치가 민주주의에 의해서 파괴되듯이 민족이 지닌 자기보존 본능이란 자연의 힘은 평화주의에 의해서 이와 같이 마비되어 간다.

민족의 가치 그 자체, 기존의 개인 가치, 건전한 자기보존 본능이라는 세 가지 요소야말로 현명하고 대담한 국내정책을 취함으로써 민족이 자기주장을 펴는 데 필요한 무기를 끊임없이 그곳에서 퍼올릴 수 있는 힘의 원천이다. 이렇게 해나가면 군대제도라든가, 무기기술의 문제에 관해서도, 또 자유와 빵을 위한 고난의 투쟁에서 진정으로 민족이라는 관점 아래 해결책을 낳게 될 것이다.

민족의 내정을 주관하는 지도부가 이 관점에서 벗어나 있거나, 투쟁을 하기 위해서는 한결같이 무기나 장비를 갖추어야 한다고 굳게 믿고 있다면, 이런 지도부는 아무튼 멋대로 눈앞의 성공을 쫓으려 할 것이다. 하지만 이런 지도부를 지닌 민족에게 더 이상 미래는 없다. 따라서 이 세상에서 진정으로 위대한 입법자, 정치가의 임무는 전쟁에 대비해 아주 한정된 범위에서 준비를 진행하는 것이 아니라, 민족을 내면적으로 단련해 교육하고, 인간의 모든 이성을 이용하여 민족의 장래가 거의 법칙적으로 확고해지도록 하는 일이다. 그렇게 하면 개개 전쟁의 성격이라는 것도 많건 적건 폭력적인 기습전의 전략일 수는 없게 되어 근본적인 기초가 확실한, 또 항구적인 민족 발전이라는 자연스럽고 확실한 시스템 속에 녹아들게 될 것이다.

현재의 국가 지도부가 이런 관점을 경시하고 있는 것은 확실히 어느 부분에서는 민주주의—그 지도부의 오늘이 있는 것도 그 덕택이라는 민주주의—의 본질에도 원인이 있다. 또 하나 국가라는 것이 어느 특정 민족의 이익을 최대한으로 도모해야 한다는 것과, 지도부를 자기 목적으로 보는 완전히 형식적인 메커니즘으로 전락해 버린 것에도 원인이 있다. 오늘날 민족과 국가는 별개의 두 개념이 되어버렸다. 그렇기 때문에 국가사회주의 활동의 책무는 이제야말로 이와 같은 독일을 근본적으로 변혁하는 것에 있는 것이다.

국내정책의 과제가—이른바 일상 문제를 충족시키는 일은 제쳐두고—민족이 지닌 내적 가치를 계획적으로 보호하고 높임으로써 민족 통일체를 단련하고 강력하게 만드는 것이어야 한다면, 외교정책의 과제는 민족 통일체를 내부에서 훈련하는 작업을 외부에 숨기고, 또 생존의 일반적 전제 조건을 창출하고 확립하는 일을 돕는 것이어야 한다. 이때 건전한 외교정책의 분명한 최종 목표는 민족의 식량 확보에 필요한 기본 조건을 마련하는 것이다. 국내정책이 민족이 외교정책상의 주장을 할 수 있도록 민족에게 내적인 힘을 확립하는 것이라면, 외교정책은 민족이 국내정책을 전개할 수 있도록 민족에게 그 생활 자체를 확보하는 것이다. 그러므로 국내정책과 외교정책은 상호 밀접하게 연관되어 있을 뿐만 아니라 상호 보완하면서 작용해야 하는 것이다.

인류의 역사라는 커다란 시대 흐름에서는 국내정책에서나 외교정책에서나 지금 기술해 온 것 이외의 원칙에 따라서 이루어진 사실은 있으나, 이는 그것이 올바른 일이었다고 증명하는 것이 아니라 거꾸로 그런 행위가 잘못되었다고 입증하는 데 지나지 않는다. 앞서 말한 기본 원칙을 지키지 않은 탓에 수많은 민족이나 국가들이 멸망한 것이다.

살아 있는 가운데 인간이 죽음의 가능성을 떠올리는 일이 얼마나 적은지 생각해 보라. 또 인간은 개개의 경우를 들어보아도 생존에 대해서 수많은 선인들이 옛날부터 계속해야 했던, 또 어떤 인간이라도 잘 알고 있는 경험에 맞추어서 생각하는 경우가 얼마나 적었는지를 염두에 두고, 그 인격의 가치에 따라 과거의 경험을 토대로 한 생활의 규율을 동료인 인간에게 지키게 하려는 자는 언제나 예외였다. 이런 경우에 주목해야 할 예로서 결과적으로 민족의 번영으로 이어지게 되는 것이다. 그것을 하나하나 들자면 번잡스러운 수많은 위생상 조치의 이야기가 된다. 이런 조치는 개개인의 전제적 의미의 힘으로 공중이 이를 지키도록 밀어붙여야만 하는 것인데, 일단 개인이라는 권위가 민주주의라는 대중의 망상에 사로잡히게 되자마자 곧바로 그 자리에서 사라지고 마는 것이다.

평균적 인간은 죽음을 크게 두려워하면서도 실제로는 거의 죽음 자체를 생각하지 않고 있다. 하지만 뛰어난 인간은 죽음에 강렬하게 마음을 빼앗기고 있음에도 조금도 두려워하지는 않는다. 한쪽은 맹목적으로 하는 일 없이 나날을 지내고 죄를 범하다가 어느 날 갑자기 모든 정복자 앞에서 죽음으로 무너지게 되는 것인데, 다른 한쪽은 죽음이 찾아오는 것을 주의 깊게 파악해 그것을 받아들이고 조용히 바라보는 것이다.

민족의 생존 문제도 그것과 완전히 똑같다. 인간에게는 역사에서 배우려는 자세가 얼마나 결여되어 있는 것일까, 얼마나 무관심하게 스스로 어리석게도 자신이 겪어온 경험을 단순히 지나쳐 버리고 있는 것일까, 그 과오 탓에 이제까지 얼마나 많은 민족과 국가가 멸망하고 이 지상에서 사라져 버렸을까 하는 사실을 전혀 머리에 새겨두지 않고 또 너무나도 경솔하게 잘못을 저지르고 있다는 것도 알려고 하지 않는 모습을 보면 소름이 끼치곤 한다.

놀랍게도 인류는 지금 우리가 역사적으로 파악할 수 있는 아주 짧은 시간대에서조차 몇 개의 국가와 민족이 때때로 거대하다고도 말할 수 있는 규모로까지 발전하다가 2000년 뒤에는 흔적도 없이 소멸해 버리는 사실, 몇 개의 세계적 강국이 문화권을 지배하고 있었는데 지금은 그 거대 도시가 폐허가 되고 전설만 남아 있다는 사실, 현재 인간에게는 적어도 그 본거지를 보여주는 기왓장 무더기만이 남아 있다는 사실에 유의하지 않고 있다.

하지만 살아 있는 개체로서 이러한 사건의 담당자이고 희생자였던 몇백만이라는 인간 개개인이 지니고 있었던 우려, 고생, 고뇌는 이제 거의 우리의 생각으로부터 동떨어져 있다. 역사상 이름 없는 사람들, 이름 없는 전사들이 바로 그들이다. 그리고 사실 지금 얼마나 무관심한가. 영원한 낙관주의가 얼마나 근거 없는 것인가. 고의의 무지, 직시하지 않으려는 자, 학습 의욕이 없는 자들이 얼마나 파멸을 부르는 근원이 되고 있는가. 아이들의 철모르는 불장난은 또 더없이 폭넓게 끊임없이 되풀이될 것이다. 그렇기 때문에 민족의 교육자로서 초빙되었다고 자각하는 인간은 대중의 사물에 대한 견해, 무지 또는 거부는 거들떠보지도 않고, 역사에서 배운 지식을 실제로 활용하는 것을 책무로 해야 한다.

인간의 위대함이란 일반적으로 확산되고 있는 유해한 사고에 대항해 자신의 가장 좋은 견식을 일반의 승리로 이끌려고 하는 용기가 크면 클수록 더욱더 의미 있는 것이 된다. 그 승리는 이겨내야 할 저항이 격렬하면 격렬할수록, 또 그 투쟁이 무엇보다도 승산이 없다고 생각하면 생각할수록 그만큼 더욱더 큰 승리가 되어 나타나게 되는 것이다.

국가사회주의 운동이 만일 역사에서 배울 용기가 없었거나 온갖 저항을 무릅쓰고 그 경험 속에 나타나고 있는 생존의 법도를 독일 국민에게 밀어붙이려는 용기로 분발하지 않았다면, 독일 민족 생존에서 위대한 사건으로 인정받지 못했을 것이다. 그리고 내부의 개혁 운동이 강력해질수록, 독일 민족이 살아갈 만큼의 식량 기반을 확보하기 위해 외교활동이 성공해야만 우리 민족이 진정으로 영원히 부흥할 수 있다는 점을 생각할 때 국가사회주의 운동은 잊어서는 안 되는 것이다. 따라서 국가사회주의 운동은 언어의 최고 의미에서의 자유와 빵을 추구하는 투쟁자가 된다.

자유와 빵이란 말로 해버리면 아주 단순한 것인데, 민족을 위해 낼 수 있는 한 가장 큰 목소리로 외쳐야 할 외교정책상 목표이다. 자유란 민족 생존을 그 이해에 의거해 질서를 확립하거나 조정할 수 있는 것이고, 빵이란 그 민족이 생존해 가기 위해 필요한 것이다.

내가 지금 비평하려고 하는 우리 독일 민족의 과거 및 현재에 걸친 외교정책상의 오류는 물론 이미 여러 비평가의 안목 덕분에 오류로 판명된 바 있다. 단, 이제까지의 비평가들은 대부분 실제로는 마지막을 어떻게 해야 좋을지 생각하지 않고 단순히 비평 정신에서 깨달은 것을 만지작거렸을 뿐이었다. 그러나 나는 지난날 독일 국내 및 외교정책상 실수나 착오를 통찰한 것에서 변경해야 할 곳, 개량해야 할 곳에 실제 안을 내고, 다른 날에 이 변경이나 개량을 실행에 옮길 수 있는 수단까지도 만들어내려고 노력하고 있다. 이 점이 바로 나와 과거 비평가들과의 확연한 차이이다.

이를테면 빌헬름 시대[1]의 외교정책을 적지 않은 독일인이 위험한 정책으로 느끼고 그 때문에 불길한 것으로 단정했다. 특히 그 무렵 독일에 흩어져 있

---

1) 바이마르 공화제 이전의 독일제국 시대를 말한다.

는 여러 단체는 경고—그 경고라는 언어가 더할 나위 없이 걸맞은 것이었는 데—를 수없이 보냈다. 나 자신도 그 무렵 어떻게, 왜 민족이 몰락해 갔는지, 또 그러면서도 어떻게 할 방법도 없었던 것을 보면서 이때 필사적으로 경고를 보내던 사람들이 빠져든 비극적 분위기에 휩싸일 정도였다. 참으로 심각한 외교정책이 취해진 이 전쟁 전 마지막 10년 동안 독일에는 의회, 곧 민주주의가 있었다. 바로 제국의 정치 지도를 주관하는 인물을 결정할 만한 힘도 없는 민주주의가 있었던 것이다.

확실히 그 무렵에는 흔들림 없는 형식적인 존재였던 황제의 권력도 아직 존재하고 있었다. 그러나 단지 민주주의가 미치는 영향이라는 것만이 무턱대고 강해져, 황제의 결정이 특정 방향으로 움직이도록 지침이 거의 완성되고만 것처럼 생각되는 것이다. 그렇기 때문에 그 효과야말로 전혀 손을 댈 수 없는 것이 되고 말았다. 즉 국민적 의식에서 그 무렵 경고를 보내고 있었던 사람들은 어느 면에서 목소리를 높여 이야기되는 민주주의의 움직임에 대항하려고 스스로 책임이 무거운 부서에 자리를 잡으려고 해도 이제 그렇게 할 전망은 이미 사라져 버렸다.

또 반대로 타고난 애국주의적 정신에서 황제 폐하를 반대한다는 마지막 수단을 꺼내 도전을 한다는 것은 도저히 할 수 있는 일이 아니었다. 전쟁 전 독일에서 로마로 행진한다는 안이 나왔다면 완전히 바보 같은 짓으로 치부되었을 것이다. 이처럼 국수주의적인 반론을 하는 것은 더할 나위 없이 최악의 상황에 있었다고는 하지만 민주주의는 아직 승리를 거두지는 않고 있었다. 그러나 민주주의는 이미 군주주의 국가관과의 맹렬한 투쟁에 그 몸을 던지고 있었던 것이다. 민주주의가 도전해 온 이 투쟁에 대해 군주국가가 내놓은 답은 결국 그 몸을 소멸시키고 만다는 결정이 아니라 오히려 영원히 이어지는 형태로 나타났다.

그 무렵에는 이 민주정체와 군주정체라는 두 조직 가운데 어느 한쪽을 반대하면 이 양자로부터 습격을 받게 될 위험이 있었던 것이다. 즉 국수적 이유에서 황제가 내린 결정에 반대하면 애국주의자로부터 배척당하고 민주주의자로부터도 비방받았다. 반대로 민주주의를 반대하면 민주주의자로부터 공격받고 애국주의자로부터도 버림을 받았다. 이렇게 하는 자는 모두 스스로 희생됨으로써 여호와의 뜻에 따를 수가 있었고, 그렇게 해서 한동안은 유대·

언론계 폭도의 입을 막는다는 눈물겨운 희망을 품은 채로 독일 정권의 손에 의해서 더할 나위 없이 배신당하게 될 위험을 무릅쓰고 있었던 것이다.

아무튼 그 무렵은 이런 상황이었기 때문에 민주주의의 의도에 반하거나, 황제 폐하의 뜻에 반해도 제국 지도부의 책임 있는 자리에 오르거나, 또 그렇게 함으로써 외교정책 진로를 바꿀 수도 없게 되어 있었다. 이 결과 독일의 외교정책에 이의가 있으면 오로지 신문지상에서만 주장해야 했다. 따라서 외교정책의 비평은 모두 같게 되어 긴 것이면 긴 것일수록 더욱더 신문 잡지 같은 성격을 띨 수밖에 없었다.

하지만 이런 식으로 되면, 사실 어떤 비평도 실현 가능한 요소가 부족하기 때문에 적극적인 제안은 차츰 무시되고, 반대로 순수비평적인 고찰은 엄청난 비난의 계기를 주게 되었다. 이 비난이야말로 이렇게 책임이 무거운데도 허술한 내용의 정부를 붕괴시키길 바라는 사람들 손에 의해서 더한층 치밀하게 행해졌다.

그렇지만 결국 그 무렵 비평가들도 정부 타도로까지 이르지는 못했다. 즉 붕괴된 것은 그 무렵 통치체가 아니라, 이 통치체 탓으로 독일제국, 더 나아가 독일 민족이 붕괴되고 만 것이다. 그 무렵 비평가가 몇십 년이나 예언해 온 것이 그대로 적중한 셈이다. 20년이라는 긴 세월 동안 붕괴를 계속 예언하는 목소리를 듣지도 못했으며, 동시에 어쩔 수 없는 운명을 짊어지고 그대로 우리 민족의 비극적 파국을 함께 겪어야만 했던 이런 사람들의 일을 생각할 때 깊은 공감을 느끼지 않을 수 없다.

해가 지남에 따라 차츰 늙어가고 슬픔에 찌들어 온갖 고초를 다 겪기는 했지만 어떻게든 해야겠다는 의기에 불타고 있던 이들은 황제의 통치가 쓰러진 뒤 독일 민족 재기를 위해 자신들의 힘을 이에 보태려고 했다. 여러 가지 이유에서 이것도 결국은 헛수고가 되는 쓰라림을 맛보게 되고 말았다.

혁명이 황제의 지도부를 무너뜨리고 왕좌를 민주주의로 대신했을 때 그 무렵 비평가들에게는 민주주의를 타도해야 할 무기, 즉 일찍이 민주주의가 황제의 정부에 영향을 미칠 수 있었을 때만큼의 무기가 없었던 것이다. 몇십 년이나 활동을 계속해 온 가운데 문제를 너무나도 순학술적으로만 다루어 왔기 때문이다. 이들 비평가들은 거리에서의 외침에만 반응을 보이는 것과 같은 정세에 즉응하는 표현력을 자신들의 의견 속에 받아들이는 현실적 힘을 행사하는 수단이 결여되어 있었을 뿐만 아니라, 또한 그것이 효과적으로 작용하는 경우에는 종이에 쓴 항의의 큰 파도보다도 틀림없이 힘을 발휘하는 조직에 다가가는 능력도 잃게 되었던 것이다.

이들 비평가들은 모두 이제까지의 낡은 정당 속에 제국이 쇠퇴하는 징조와 그 원인이 잠재하고 있는 것을 이미 감지하고 있었다. 하지만 그들 마음속의 청정한 감정에서는 정당놀이를 하고 싶다는 애당초 무리인 요구는 멀리하게 되었던 것이다. 확실히 그들은 다수의 사람들로부터 지지받을 가능성이 있을 때에만 자신들의 의견을 관철할 수 있었던 것이다. 그들이 여러 정당을 몇 번이고 무너뜨리려고 할 때마다 다른 정당의 해체를 목적으로 하는 정당을 변함없이 바로 자신들의 손으로 만들어야 했던 것이다. 이것을 결국 실현하지 못한 이유는 또 다른 것에 있었다.

이들 비평가들의 정치적 저항이 일단 신문 잡지같이 변화하게 되면 될수록 더욱더 그 무렵 시스템의 약점을 모두 드러내고[2] 외교정책상 조치의 실책을 백일하에 드러내는 비평활동에만 내내 매달리게 되고 만 것이다. 개인으로서 책임을 질 필요가 없다는 것만으로 적극적인 제안을 내는 일에는 소홀해지고 당연히 정치활동에서 그 표리를 지니고 있는 거래가 존재하지 않게 된 것이다. 본디 완전하게 만족스럽다고 간주할 수 있는 외교상의 종합적인 판단 따위는 있을 수 없다. 그 무렵 그런 상태였기 때문에 무능한 통치체를 무너뜨리는 것을 주요 과제로 삼았던 비평가는 이런 통치체가 일으키는 행동을 비판적으로 고찰하는 일밖에 할 수 없었고, 적극적 제안을 내놓을 계기는 없었던 것이다. 그리고 이와 같은 적극적 제안 따위는 이 방면의 비평가에게 배어 있는 의심 때문에 비판적 해명을 쉽게 받아들일 수 있었을 것이다.

결국 비평가란 비평에 지고 말 우려가 있는 제안 따위를 끄집어내 자신의 비평 그 자체가 지닌 의미를 약화시키는 일을 결코 하지 않으려고 한다. 이렇게 해서 그 무렵 국민의 항의를 대변하는 자들은 차츰 순수비판적 사고를 하는 것이 피가 되고 살이 되어 완전히 몸에 배고 말아, 그 때문에 지금도 아직 국내정책이나 외교정책을 비판적으로 고찰하거나 단순히 비판적으로 다루는 것이다. 그들 대부분은 오늘날에도 국내정책에 대해서든 외교정책에

---

2) 초고에는 'auch deckte'로 되어 있는데 여기에서는 W의 'aufdeckte'란 단어에 따랐다.

대해서든, 어느 면에서는 자기 자신이 확신과 결단 없이, 또 어느 면에서는 그렇게 함으로써 상대의 비평 그 자체에 값싼 소재를 제공하는 것이 아닌가 하는 의심을 갖기 때문에 간결하고 명료하며 적극적인 결론을 내지 못하는 평론가 수준에 머물러 있다.

그러므로 개선하고 싶은 것은 산더미처럼 많은데 그곳으로 한 걸음을 내딛을 결심이 서지 않게 된다. 왜냐하면 한 걸음을 내딛으면 내딛은 대로 완전히 기대한 대로가 아닌 의심스러운 요소를 지니고 있는, 요컨대 비평가 스스로도 인정하고 그러면서도 그 존재에 위협받고 있는 그림자의 일면이 그 한 걸음에는 있기 때문이다. 하지만 민족체에 깊게 뿌리내린 무거운 병을 치유할 때에는 완전히 독이 없는 처방전을 쓰는 것이 문제가 아니라 독으로 독을 물리칠 수 있는 일이 적지 않은 것이다. 치명적인 줄 알고 있는 정황을 타개하기 위해 위험을 무릅쓴 결단까지도 굳이 실행해 성취시키는 용기가 필요하다.

비평가로서 나에게는 외교정책상 할 수 있는 일은 모두 실행해 볼 권리가 있고, 그 외교정책상의 의심스러운 면이나 가능성을 하나하나 철저하게 검토해 볼 권리가 있다. 그리고 역사를 만들어내려는 정치적 지도자로서의 나는 비록 진지한 사려(思慮)의 목소리가 그 길에도 어떤 위험이 뒤따른다거나, 그 길을 가도 어쩌면 만족할 만한 결과는 얻을 수 없다거나 하는 식으로 아무리 나에게 속삭여도 어느 하나의 길을 나아갈 결심을 해야 된다. 나는 이것이 100퍼센트 확실하지 않다고 해도 그 때문에 성공을 체념해 버릴 수는 없다. 나는 그것이 완전한 첫걸음이 아니라고 해서 첫걸음을 내딛는 것을 중단해서는 안 되는 것이다.

설사 내가 서 있는 그 장소가 일찌감치 다음 시대에 나를 죽음에 이르게 하리라는 것이 순간 확실하게 생각된다 해도 말이다. 어느 정치적 행동이 내 민족뿐만 아니라 다른 민족에게도 이익이 된다고 해서 그 행동을 그만두어서는 안 된다. 그렇다, 설령 다른 민족에게 가져다줄 이익이 내 민족이 얻게 될 이익보다 크다는 이유로 그 행동을 단념했을 경우에라도, 절대로 확실하게 내 민족에 불행이 닥치는 것이라면 나는 그 행동에 나서야 하는 것이다.

오늘날 나에게는 많은 사람이 바로 순수비판적 고찰법으로 파악한 대단히 골치 아픈 저항이 밀려들고 있다. 이런 사람들은 말하자면 이것과 그것과 저것이 선이고 올바른 것이라고 인정하고 있는데, 그럼에도 이것과 그것과 저것이 의심스러운 것이기 때문에 그것에 참가할 수가 없는 것이다. 즉 독일과 우리 독일 민족이 멸망해 가는 것을 알고 있으면서도 그것을 구출하는 행동에 이것저것 조금이라도 갖추지 못한 점을 찾아내고 말기 때문에 실제로 그 행동에 참가하지 못하고 있는 것이다. 간결하게 말해서 독일이 쇠퇴하고 있는 것을 알고 있으면서도 저항이나 행동을 할 때 그 행위 자체에 무언가 의심스러운 부분은 없는지 여러 번 탐지하기 때문에 이 쇠퇴현상을 몸으로 저지하려는 결단력을 내지 못하는 것이다.

이 슬퍼해야 할 심적 상태 때문에 더욱 계속해서 재난이 생기게 된다. 오늘날 어느 특정 행위를 보호하거나 추천, 장려하려고 결단을 할 때 앞서 그것이 성공할 확률이 어느 정도인지를 주의 깊게 저울질하고 거기에서 그 비율에 따라서 어느 정도 규모의 것을 투입할 것인가를 계산하는 자들이 상당한 인간, 특히 이른바 교육을 받은 인간에게 있다. 그것은 바로 이를테면 국내정책이나 외교정책에서 무언가 결단을 내릴 때 그것이 완전히 만족할 수 있는 것이 아니라거나, 성공을 거둘 보증이 완전하지 않다고 생각되기 때문에 모든 힘을 남김없이 다 쏟아부어 이 결단을 지지할 수는 없는 것이다.

이와 반대로 이런 불행한 사고의 소유자는 내가 진실로 필요하다고 여기는 결단이 성공할 것인지의 여부가 확실치 않다거나, 성공을 해도 부분적으로만 기대에 부응할 수 있는 경우가 있다고 생각할 수도 있다. 그는 굳이 많은 에너지를 소모하면서까지 이 결단 사항을 성취해야만 하는 까닭을, 또 성공할 확률이 낮은데 이를 실행하기 위한 에너지를 쏟아야만 하는 까닭을 도무지 이해할 수 없는 것이다. 이렇게 해서 결국은 언제나 음미해야만 할 문제는 단 하나이다. 어느 특정의 결단을 내려야 하는지의 여부인 것이다. 그리고 그런 결단 사항이 정말로 필요하다고 완전히 확인되고 인식되고 있는 것이라면, 설사 최종적으로 불만족하다거나 개선의 여지가 있다거나 하는 결과가 거듭되더라도, 또는 성공할 확률이 낮을지라도 이 결단은 이제 사려 따위는 버리고 모든 힘을 쏟아부어서 실행해야만 한다.

예를 들어 어떤 사람이 암에 걸려 죽음을 눈앞에 둔 처지가 되었다고 하자. 이때 수술이 확실히 성공할 확률이 낮다거나 또 성공한다고 해도 환자가 100퍼센트 건강을 되찾기는 어렵다고 해서 수술받기를 거부한다는 것은 어리석은 일일 것이다. 그러나 담당 의사가 성공할 가망이 그다지 없다고 해서 자신의 능력을 다 발휘하지 않거나 반쯤의 힘으로 수술을 마치고 만다면 그 것은 더욱 어리석은 일이다. 그런데 이와 같은 사람들이 국내정책, 외교정책 면에서 이와 같은 가장 어리석은 짓을 하는 것을 끊임없이 기다리고 있는 것 이다.

그들은 성공이 100퍼센트 확실하지 않다고 해서, 또는 그 결과가 모두 만 족스럽지 못할 것이라고 해서 정치상의 수술을 실행에 옮기지 않는 것만이 아니다. 이런 경우에도 노력을 힘껏 쏟지 않고 오직 한결같이 변명거리를 찾 을 수 있지 않을까 하는 한 가닥 희망에 매달려, 힘은 거의 내지 않으면서 이 수술이 이루어지기만을 기대하고 있는 것이다. 이것은 마치 야전에서 전차의 공격을 받고 저항을 해도 성공할 확신이 없다고 생각해 처음부터 힘도 반밖 에 내지 않는 병사와 같다. 게다가 이 병사가 빠져나갈 길은 도망이고, 또 맞 이하게 되는 결말은 확실하게 찾아오는 죽음인 것이다.

이래서는 안 된다. 오늘날 독일 민족은 약탈의 야욕으로 충만한 적의 폭도 에 의해서 안팎으로 공격당하고 있는 상태에 있다. 이 상태가 이대로 계속되 면 그것은 우리의 죽음을 의미한다. 비록 그 결과에 아무리 약점이 있고 의 심스러운 면이 있어도 이 상태를 타개할 어떤 가능성도 놓쳐서는 안 된다. 그 리고[3] 그 경우, 그런 가능성은 힘을 모두 다 쏟아 마지막까지 해내야 한다.

로이텐 싸움[4]의 결과는 별로 확실한 것은 아니었지만 전투는 반드시 필요 한 것이었다. 프리드리히 대왕[5]이 승리를 거둔 것은 승리가 확실하지 않다고 해서 절반의 세력만으로 적과 맞섰기 때문은 아니다. 단지 결과가 확실치 않 았기 때문에 대왕 자신이 독창성, 대담성, 지시를 내릴 때의 결단력을 최대한 발휘하고, 또 그의 군대가 무모하리만치 대범함을 크게 발휘해 결과의 불확 실함을 보완한 것이다.

---

3) 초고에서는 "악마에게 혼을 판 자는 이제 동료를 택할 수 없게 된다"라는 문장이 지워져 있다.
4) 7년전쟁 초기인 1757년 12월 5일 프로이센 국왕 프리드리히 대왕이 3만 5000명의 병력으로 슐레지엔 탈환을 꾀한 전쟁. 오스트리아 여제 마리아 테레지아의 6만 5000명 병력에 압승 했다.
5) 1712~1786. 프로이센의 계몽 전제군주. 재위 1740~1786. 전제적 침략전쟁을 추진해 프로이 센 영토를 7퍼센트나 넓혔다.

아무튼 내가 걱정하는 것은 적어도 성공을 거두어 그것으로 우리 행동의 정당성이 입증되어야만 시민적 평론가들이 우리를 제대로 평가할 수 있다는 것이다. 민족 위에 서는 인물에게는 좋은 조언자가 필요하다. 최근 약삭빠른 지식층 등을 대신해 이런 사람이야말로 그 본능적인 확실성, 또 그 마음으로 믿음을 얻게 된다.

하지만 만일 내가 이렇게 말하는 사업에서 외교정책을 담당했다면 그때 나는 평론가로서가 아니라 국가사회주의 운동—나는 언젠가는 국가사회주의 운동이 역사를 창출해 갈 것으로 알고 있다—의 지도자로서 이 책무를 실행하는 것이다. 그럼에도 그 시점에서 아무래도 과거 및 현재의 상황을 비판적으로 고찰했어야 한다고 해도 그것은 어디까지나 내가 독자적이며 적극적인 방법으로 이유를 부여하기 위한 것이고 또 알기 쉽게 하기 위한 수단에 지나지 않는다. 국가사회주의 운동은 국내정책상 단순히 비판만 하는 것이 아니라 그 주의만의 세계관으로 뒷받침된 강령을 지니고 있다. 또 이 운동은 외교정책상의 면에서도 다른 자의 실책을 단순히 찾아내는 것이 아니라 이런 실책의 내용을 인식하는 것에서 이 운동의 독자적인 행동을 이끌어 내려고 한다.

그것과 함께 우리가 대성공을 거두었다고 해도 완전한 행복까지 낳게 되는 것은 아님을 나는 잘 알고 있다. 어쨌든 인재 부족의 면이나 또 그것으로 인해 제약을 받는 일반적 사정에 의해 최종적 대성취 등과 같은 것은 영원히 단순하게 강령 또는 이론상 이야기가 되는 데 지나지 않기 때문이다.

아군 전사자를 한 사람도 내지 않고 승리할 수 없는 것처럼 아무런 희생도 없이 성공을 손에 넣을 수 없는 것도 나는 잘 알고 있다. 그러나 아무리 성공도가 완전하지 않음을 알고 있어도 이미 눈에 보이는 완전한 멸망보다도 불완전한 성공 쪽을 택하는 것을 결코 가로막지는 못하리라. 그리고 성공할 확률이 낮은 곳이나 성공하는 정도가 적은 곳에 단호히 용기 있는 결단을 내림으로써 상쇄되고 그 정신을 내가 지휘하는 운동에 널리 미치도록 하기 위해 나는 진력할 것이다.

오늘날 우리는 적의 전선과 투쟁하고 있다. 이것을 타파해야 하고 또 우리 자신이 이것을 타파해 나가는 것이다. 우리는 아군 희생의 크기를 추측하고 성공할 수 있는 범위를 측정해 적의 전선이 오늘의 전선 10킬로미터 앞에서 정지하건, 1000킬로미터 앞에서 정지하건 똑같이 개혁을 시작하는 것이다. 왜냐하면 우리의 성공이 종말을 맞이하는 곳은 언제나 다음 새로운 투쟁의 출발점이기 때문이다.

제5장

국가사회주의 독일노동자당의 국내·외교정책

나는 독일 국가주의자, 곧 우리 민족성을 신봉하는 자이다. 내가 생각하는 것, 행동하는 것은 모두 민족성의 일부이다. 나는 또 사회주의자이다. 나에게는 계급도 지위도 관계가 없다. 내 시선에 들어오는 것은 피로 맺어지고, 같은 언어를 쓰고, 같은 보편적 운명의 손에 맡겨져 있는 인간들이 만드는 공동체 모습이다. 나는 이 민족을 사랑하지만 그때그때의 다수파만은 증오하고 있다. 나는 다수파 가운데 우리 민족의 숭고함을 대표하는 자도, 행복을 대변하는 자도 거의 인정하지 않기 때문이다.

오늘 내가 이끌고 있는 국가사회주의 운동은 나라 안팎에서의 우리 민족의 해방을 목적으로 한다. 우리의 운동이란 내적으로는 생존의 본질 그 자체이며, 그 본질을 외부로 표출함으로써 다시 한 번 생존 자체를 뒷받침하는 그런 생존의 형태를 우리 민족에게 부여하고자 하는 것이다. 동시에 이 운동은 독일 민족을 계획적으로 도와 본질을 유지하고 최고의 인간, 최선의 덕을 갖춘 인간으로 키운다는 수단을 통해 더한층 소중하게 키우려는 것이다. 자유가 있어야만 비로소 민족의 생존이 자기 민족에게 공헌하는 형태를 발견할 수 있으므로 이 운동은 독일 민족의 외적 자유를 얻기 위해 일으킨 것이다. 이 운동은 독일 민족의 생존권을 위해 싸우는 운동이기 때문에 독일 민족의 일상의 빵을 찾아 투쟁하고 있다. 또한 독일 민족의 생존권을 옹호하는 운동이므로 생존에 필요한 영토를 찾아 투쟁하고 있다.

아울러 국가사회주의 운동은 '국내정책'이라는 개념을 우리 독일 민족의 본질에 적합하고 그 원칙적인 힘을 발휘하게 할 수 있는 생존의 형태와 생존의 법칙을 도입함으로써 우리 민족의 존재를 고양하고 강화해 안정시키는 것이다.

이 운동은 외교정책이란 자유를 획득하고 생존하는 데 필요한 전제 조건을 충족함으로써 민족 발전을 확실하게 하는 것이라고 생각한다.

동시에 외교정책 면에서 국가사회주의 운동은 다음과 같은 곳에서 이제까지의 시민적 정당과 확연하게 구분된다. 국가적 시민사회의 외교정책이 국경 회복 정책이라면, 국가사회주의 운동의 외교정책은 영토 획득 정책이다. 독일 시민계급은 가장 과감한 계획을 통해 틀림없이 독일 국민연합까지 달성할 수 있으나 실제로는 단순하고 치졸한 국경 수정(修正)이 되고 말 것이다. 이에 대해서 국가사회주의 운동은 외교정책을 생각할 때 언제나 우리 독일 민족의 생존에 필수적인 영토를 확보할 필요성에 비추어 결정하고 있는 것이다.

국민적 시민계급처럼 타민족의 게르만화 또는 독일화에는 무관심하고 우리 민족의 확장만 생각한다. 국가사회주의 운동은 정복된, 이른바 게르만화한 체코인이나 폴란드인인 경우 국민적으로, 민족적으로 강화되었다고는 결코 보고 있지 않다. 오히려 인종적 약체화를 보고 있는 것이다.

그것은 이런 피정복 민족의 국민 의식이란 이제까지의 애국주의적인 국가관으로 정해지는 것이 아니라 오히려 민족적, 인종적 인식으로 정해지기 때문이다. 그것과 함께 이들의 사고의 출발점과 시민사회 사고의 출발점은 본질에서 다르다. 그렇기 때문에 국민적 시민계급이 과거 및 현재에 정치적으로 성공했다고 생각하는 많은 사항은 우리의 관점에서 보면 실패 또는 앞으로의 재난 원인이다. 또 반대로 우리가 당연한 것으로 간주하고 있는 많은 일들은 독일의 시민계급 관점에서는 종잡을 수 없고 아주 혐오스러운 것이다.

그럼에도 특히 시민계급 출신의 독일 청소년 일부에는 나의 주장을 이해하는 자가 있는 것 같다. 그와 동시에 현재 활동하고 있는 정치적·국민적 시민계급에서 반대를 하는 것 등은 나도 국가사회주의 운동도 일반적으로 계산에 넣지 않고 있다. 하지만 청소년의 적어도 아주 일부는 우리 쪽에 있는 길을 발견[1]할 것이라고 우리는 생각한다.

---

1) 초고에서는 지워져 있는데 '국가사회주의 운동을 위해'란 말이 기술되어 있다.

제6장

독일 통일과 영토 부족 문제

민족이 취해야 할 외교정책 문제는, 어느 부분에서는 그 민족 내부 원인에 의해, 또 어느 부분에서는 그것을 둘러싼 환경 요소에 의해서 정해진다. 일반적으로 말해서 내부 원인이란 어느 특정 외교정책을 반드시 시행해야 하는 근거이자 그 외교정책을 시행해 나가는 과정에서 현존하고 있는 힘의 크기이기도 하다. 생존이 불가능한 대지 위에 살고 있는 민족은 원칙적으로 적어도 건전하게 삶을 살고 있는 한, 그 대지인 생존권을 확장하려고 언제나 노력하는 것이다.

본디 단순한 식량 걱정에서 비롯된 이 행위도 이제까지 이 문제를 해결해 오는 과정에서 운 좋게 큰 혜택을 입은 형태로 이루어져 왔기 때문에 이것 자체가 차츰 성공의 상찬을 받게 되었다. 곧 확실하게 목적에 적합한 것이었던 영토 확장 행위는 인간이 발전해 가는 과정에서 영웅적 행위로까지 높여진 것이고, 그 때문에 설사 이 영토 확장이 처음부터 전제나 유인이 없는 상태에서 행해졌다고 해도 그렇게 우러르게 된 것이다. 처음에 생존권을 민족의 인구 증가에 맞추어서 확장하려는 시도에서 그 뒤에는 동기 없는 침략전쟁을, 동기가 없기 때문에 언젠가는 반격당할 가능성을 내포한 침략전쟁을 일으키게 된 것이다. 이에 대한 대답이 평화주의이다.

이 세상에서 식량을 확보하기 위해 토지를 약탈한다는 의미를 잃은 전쟁이 발생하게 된 뒤부터 평화주의라는 개념이 생겼다. 그 뒤, 이 평화주의는 이런 전쟁에 영원히 따라붙는 동반자가 되고 있다. 그러므로 전쟁이 약탈 또는 힘에 굶주린 개인이나 민족의 도구로 쓰이길 그만두고, 다시 원래대로 각 민족이 매일 먹을 빵을 확보하기 위한 마지막 무기로 돌아갈 때 비로소 지금의 평화주의란 개념이 사라지게 될 것이다.

그런데 또 민족이 빵을 손에 넣기 위해 생존권 확장을 도모하게 되면 장래는 어쨌든 민족의 힘 전체가 필요하게 된다. 국내정책의 과제가 이 힘을 투입해야 할 때에 대비해 준비하는 것이라면, 외교정책의 과제란 되도록 커다란 성공을 낳으리라 확신할 수 있는 일을 행하게 되는 것이다. 이런 것은 처음부터 그렇게 하려고 하는 그 민족의 힘만이 아니고 그것에 저항하는 힘에 의해서도 제약을 받는다. 이처럼 토지를 찾아 싸우는 복수 민족이 힘의 불균형 상태로 말미암아 끊임없이 연합하면서 그곳에서 스스로 정복자가 될 것인지, 힘이 뛰어난 정복자에게 저항할 것인지의 시도를 하게 된다.

이것이 동맹정책의 발단이다.

1870년부터 1871년에 걸친 전쟁에서 대승리를 거둔 이래 독일 민족은[1] 유럽에서 아주 존경받는 지위를 차지했다. 이제까지는 서로 매우 느슨한 결합밖에 되지 않았던, 역사적으로 서로 적으로 마주 대하는 일조차 적었던 독일 연방제국의 대부분이 비스마르크[2]의 정치 수완 덕택에, 또 프로이센 독일군의 공적에 의해서 하나의 제국으로 통일된 것이다. 170년 전에 잃어버린 옛 독일제국의 한 지방, 그 무렵 재빠른 강탈이라는 형태로 결국 프랑스에 병합되고 만 지방도 모국으로 돌아갔다.[3] 그와 동시에 숫자상으로 말하면 적어도 유럽에서의 독일 국민 대부분이 통일국가 형성을 위해 하나로 합친 것이다. 최종적으로 이 통일국가가 100만 명의 폴란드인 및 프랑스인으로 되어 있는 알자스, 로렌 지방 사람들까지도 수에 포함하고 있었는지는 확실치 않다.[4]

이 통일국가의 실태는 국민국가의 이념에도 민족국가의 이념에도 합치하는 것은 아니었다. 게다가 시민적 개념의 국민국가는 적어도 국가로서 언어를

---

1) 1870년 7월 프랑스가 프로이센에 선전포고. 나폴레옹 3세가 포로가 되고 프랑스가 완패한다. 프로이센 국왕이 독일 황제가 되고 독일제국이 성립된다. 이른바 '프로이센-프랑스 전쟁'.
2) 오토 에두아르트 레오폴트 폰. 1815~1898. 프로이센 귀족 출신. 1862년 프로이센 재상. 오스트리아와 프랑스를 상대로 한 전쟁을 거쳐 1871년 프로이센 왕을 황제로 하는 독일 통일에 성공. 이후 1890년까지 독일제국 재상.
3) 10세기 이래 독일-프랑스 쟁탈전의 대상이 된 알자스와 로렌은 1697년에 알자스가, 1776년에 로렌이 프랑스령이 되었다가 1871년 프로이센-프랑스 전쟁의 결과 알자스의 대부분과 로렌의 반이 독일령이 된 것을 말한다.
4) 바인베르크에 의하면 구술필기를 시킬 때 히틀러의 머리에는 필요한 숫자가 들어가 있지 않았던 것으로 생각된다. 숫자는 나중에 보충되었고 제1차 세계대전 이전 독일에는 300만이 넘는 폴란드인이 살았고 또 '프랑스인이 된 알자스 로렌 지방 사람들'을 히틀러가 숫자로 헤아리려고 했었는지는 상상할 방법이 없다고 말한다.

통일해야 하기 때문에 이를 모든 학교, 나아가 모든 거리의 간판에까지 철저하게 이행하도록 해야 했다. 또 계속해서 교육과 생활의 장에서 이런 사람들을 독일적 사고의 틀에 끼워 넣어 독일적 사고를 하도록 했던 것이다.

사람들은 이런 것을 열심히 하려고 하지 않았으며, 또 사실 절대로 하려고 하지도 않았다. 그리고 실제로는 정반대의 결과가 나왔다.

다시 말해서 민족국가로서는 어떤 상황에 있건 폴란드인을 언젠가 독일인으로 만들겠다는 등의 의도로 폴란드를 병합해서는 안 되었던 것이다. 민족국가로서는 반대로, 독일 민족의 피를 약화시키는 일이 없도록 하기 위해서라도 이 인종적으로 다른 분자를 끌어안거나 재빠르게 추방해 버리고 그렇게 비게 된 토지를 자기 민족 동포로 채워야 할 것인지 결단을 내려야 했던 것이다.[5]

시민적 국민국가에는 이런 일을 할 능력이 없었다는 것은 뻔한 일이다. 즉 그들은 이런 것을 생각도 하지 않았고 설사 생각을 했다고 해도 절대로 실행에 옮기지는 않았을 것이다. 더구나 그 무렵 이런 의지가 설령 있었다고 해도 실행할 힘이 충분하지 않았을 것이다. 이것은 다른 세계의 반발이 두려워서 하는 이야기가 아니라 이른바 독특한 국민적 시민계급이 일으키는 일련의 행동 속에 있는 철저히 무분별한 선물이다.

일찍이 시민사회는 봉건제도라는 것을 타도할 수 있는 것으로 단정하고 있었는데, 실제로 봉건제도는 그 결함을 시민적인 거상이나, 법률가[6]나, 언론인들이 뒷받침하고 있었던 것에 지나지 않는다. 시민사회에는 한 번도 그 독자적인 이념 따위는 없었으며, 있었던 것은 많은 망상과 돈뿐이었다.

이와 더불어 그것만으로는 어떤 세계도 타도할 수 없고 또 다른 세계를 만들 수도 없다. 그렇기 때문에 세계사에서 시민적 치세의 기간은 자연히 짧아지게 되고 또 비참해지고 마는 것이다.

그러므로 제국이 만들어졌다고는 하지만 그 새로운 국가에는 독소도 함께 들어온다. 그 독소의 파괴 작용은 놀랍게도 시민적 평등권을, 자신들의

---

5) 바인베르크는 여기에서 히틀러는 나중에 힘러(Heinrich Himmler, 1900~1945 : 1943년 내무부 장관)가 '독일 민족성확립 제국위원'으로서 실행한 정책노선을 완전히 명확하게 내걸고 있다고 말한다.

6) 초고에서는 '교수'라는 말이 한 번 타이핑된 뒤 지워져 있다.

가장 확실한 돌격대로 사용할 가능성을 유대인에게 주었을 때 한층 격렬해진다.

그것은 별문제로 치더라도 제국은 비록 독일 국민의 대부분을 장악했다고는 하지만 실제로 장악할 수 있었던 것은 그 일부에 지나지 않았다. 이 새 국가가 일찍부터 민족적 성격의 위대한 외교정책의 목표를 지니고 있지 않았더라면 적어도 이른바 시민적 국민국가로서, 그리고 그 외교정책의 목적으로서 독일 국민의 통일과 장악을 염두에 두어야만 했던 것은 당연한 일이었으리라. 이것은 시민적이고 국민적인 이탈리아 국가가 결코 잊지 않았던 것이다.[7]

이처럼 독일 민족은 국민국가를 세웠으나 그것은 실제로 독일 국민을 남김없이 장악하고 있지는 못했다.

그와 관련해서 국민정책 면에서는 이때 새롭게 그어진 독일제국의 국경은 불완전한 것이었다. 이 무렵 국경은 독일어권을 가로질러 그어져 있었고, 말하자면 비록 몹시 느슨한 형태일망정 어쨌든 이제까지 적어도 독일연방에 속해 있던 구역을 가르듯이 뻗어 있었다.

더욱이 군사적 관점에서도 그 이상으로 불충분한 것이었다. 모두가 무방비하게 드러난 지대인 데다 서쪽에서는 국경지대라는 것 이상으로 독일경제에서 결정적 의미를 지닌 지역이라는 점이 문제였다. 이런 국경을 군사정책적으로 보면 공격적인 외교정책의 목표를 지니고 또 군사적으로도 무기를 다량 보유한 몇몇 대국이 독일 주위를 둘러싸고 있을수록 상황은 불리해지게 되는 것이었다.

동에는 러시아가, 그리고 서에는 프랑스가 있다. 이 두 군사대국이 한편으로는 동쪽과 서쪽으로 프로이센을 호시탐탐 노리고, 다른 한편에서는 몇백 년에 걸친 염원인 라인강에 국경을 두려고 하는 외교정책 목표를 끈질기게 추구해 왔다. 여기에 더욱 무적을 자랑하는 해상지배권을 장악한 영국이 있었다. 이처럼 독일 국경은 동쪽 서쪽에서 모두 거리가 길고 또 무방비인 데다가 작전 근거지로서 이용할 수 있는 곳은 불편하고 비좁았다. 독일의 U보트 싸움이라는 것도 그 출항지가 비좁았다고는 하나 쉬운 일은 아니었

---

7) 히틀러가 가리키는 것은 이탈리아가 1870년 이후, 이탈리아의 인구가 공적인 수치로 적어도 과반수를 차지하는 오스트리아 지역의 획득을 요구하는 실지회복주의라고 바인베르크는 지적한다.

다. 북해 연안 삼각지대[8]는 U보트를 봉쇄하는 데에도, 이를 감시하는 데에도 600~800킬로미터나 넓은 해안에서 하는 경우에 비하면 훨씬 쉬웠다. 요컨대 전체를 바라보면 이 새로운 독일제국 국경은 군사적 관점에서 보아 조금도 만족스러운 것은 아니었다.

아무튼 자연의 장애물도 자연의 피난처도 전혀 없었기 때문이다. 더구나 그 대신 군사적으로 크게 앞서간 강력한 국가들이 독일에 적대하려고 하는 외교정책적 속셈으로 그 일대를 둘러싸고 있다. 비스마르크는 자신이 만든 신제국이 존속하기 위해서는 이를 다시 한 번 무기로 지켜야 한다고 예견했다. 여기에는 이런 깊은 이유가 있었던 것이다. 비스마르크의 말은 과연 46년 뒤에 적중한 것이다.

이처럼 새로운 독일제국 국경은 국민정책과 군사정책이라는 관점에서 그다지 충분한 것일 수는 없었다. 더구나 독일 민족의 식량 확보라는 관점에서 본다면 더더욱 불충분했다.

본디 독일은 언제나 인구과잉 지역이었다. 어느 면에서는 자연적으로 중부 유럽에서의 독일 민족을 꼼짝 못 하게 만드는 곳임과 동시에 또 어느 면에서는 이곳이 독일 민족의 문화적이고도 역사적인 의의를 지닌 장소이다. 그리고 극히 인간적으로 다산인 장소이기도 했기 때문이다.

그렇다, 독일 민족의 정치적 행동의 첫걸음은 이런 곤궁한 처지에서 강요된 것이었다. 그리고 민족 대이동이 시작된 이래 우리 독일 민족은 한 번도 이 영토 부족 상태를 해소하지 못하고 설사 한 적이 있었다고 해도 무력 침략이라든가, 민족의 인구를 감소시키는 수단을 통해서였다. 이 인구 감소는 식량 부족을 일으키면 바로, 또 해외 이주가 이루어지면 바로, 또 몇 번의, 언제까지나 이어지는 불행한 전쟁에 의해서 가져오게 되었다. 그러나 최근에는 자유의지에 의한 산아제한으로 인구 감소가 이루어지고 있는 것이다.

1864년, 1866년 및 1870~71년에 걸친 전쟁[9]은 독일 민족의 일부를 국민정

---

8) '습지인 삼각지대'라는 지명은 독일 각지에 있는데 여기에서는 함부르크, 쿠크스하펜 및 예술가촌 볼프스베데를 잇는 북해 연안 습지대, 즉 엘베강과 베저강 하구의 니더작센주의 동북 지대인, 특히 항구를 가리키는 것 같다.

9) 프로이센–오스트리아 전쟁. 1864년은 프로이센과 오스트리아가 슐레스비히 홀슈타인을 둘러싸고 덴마크와, 1866년은 프로이센이 7주 만에 오스트리아를 항복시켰다(7주전쟁).

책적으로 통합할 것과 그렇게 함으로써 국가정치적으로 독일이 분열하는 것을 궁극적으로 종결시키는 점에서 의의가 있었다. 그러므로 이때 새롭게 생긴 독일제국의 검정·빨강·노랑 색깔 국기에는 세계적인 의의는 전혀 없고 다만 이제까지의 국가정치적 분산 상태를 극복했다는 점에서 독일 국민적 의미가 있었다. 그와 동시에 검정·빨강·노랑 색깔 기는 흩어진 상태를 극복한 독일연방국가의 상징이 된 것이다.

하지만 그럼에도, 또 생긴 지 얼마 되지 않았음에도 이 기가 바로 우상숭배에 가까운 존경을 얻게 된 것은 이른바 이 기가 탄생하게 된 배경, 즉 이 기가 제국의 탄생 그 자체를 다른 비슷한 사건을 뛰어넘은 형태로 영원히 돋보이게 하는 것이기 때문이다. 혁혁한 승리를 거둔 이 세 전쟁—그 가운데서도 세 번째로 발생한 전쟁에서는 독일의 정치, 독일의 용병, 그리고 독일의 영웅적 정신이 형태를 수반한 기적이 되어 나타난 것인데—은 새로운 독일제국이 성립하는 행위였다. 그리고 드디어 제국의 발족을 최고위의 제국 보도관에 의한 황제 포고 가운데서 전 세계에 포고했을 때 그 축하 음악 속에 파리 포위 전선 포대의 굉음이 울려 퍼지게 되는 것이다.

이처럼 제국이 성명을 발표한 것은 일찍이 없었던 일이었다.

그러나 아무튼 독일 민족은 이 검정·빨강·노랑 국기를 유례가 드문 사건의 상징으로 생각한 것이다. 바로 검정·빨강·노랑 기가 11월혁명의 상징이고, 앞으로도 또 계속 그러길 바라면서.

이 국기 아래 독일의 각 연방국가는 더욱더 융합하고 또 외부 승인을 통해서 이 나라의 국가정치적 유효성과 신제국 성립을 굳건히 하기는 했는데, 제국 성립은 첫 번째 위기, 즉 우리 민족의 영토 부족 상태와 관련해서는 별로 달라진 것이 없었다. 독일 민족의 가장 위대한 군사정책적 행위는 그 안의 토지에서 자급할 수 있는 국경을 독일 민족에게 가져다주지는 못했다. 오히려 결과는 반대였다. 즉 신제국이 성립함으로써 독일국가의 명성이 올라간 바로 그만큼 해외로 이주한 동포에게는 제국에 계속 등을 돌리는 것이 어렵게 되었고 또 한편 뒤집어 보면 어떤 국민적 긍지와 오늘날 우리에게는 거의 이해하기 어려운 다자녀 속에 있는 삶의 기쁨을 부담으로 생각하지 않고 오히려 행복한 일이라고 생각하는 풍조를 낳게 된 것이다.

이렇게 해서 1870, 1871년 이후, 독일 민족의 인구는 눈에 띄게 빠른 속도로 증가했다. 끊임없는 근면과 위대한 과학적 기량 덕분에 독일 민족이 확정한 영토의 한계 내에서 독일인이 스스로 논밭을 경작함으로써 필요한 만큼의 식량을 부분적으로 채울 수 있었다. 하지만 이렇게 해서 독일 농산물 수확량의 상승분 가운데 상당 부분은 일반의 생활 요구가 조금이라도 높아짐으로써 상쇄되었다. 이 생활 요구의 수준을 끌어올린 것은 다름 아닌 새 국가의 시민들이다. 프랑스인이 모멸을 담아 외치는 '초절임 양배추와 감자를 먹는 민족'은 이제 서서히 그 생활수준을 다른 세계 수준에 맞추기 시작했다. 그러나 그 때문에 독일 농업의 능률이 오른 성과의 아주 일부만이 사실상의 인구 증가 부분에 이용할 수 있는 정도에 머물렀다.

실제로 새로운 제국도 이 식량 위기를 타개할 방법을 전혀 모르고 있었던 것이다. 새로운 제국에서도 무엇보다는 먼저 해외 이주를 계속함으로써 민족 인구와 토지 넓이의 균형 상태를 가능한 한 빠듯하게 유지하려고 했다. 민족 인구와 토지 넓이의 균형 상태가 대단히 중요한 의미를 지닌다고 말하는 우리의 올바른 주장에 대한 결정적인 증명이 실로 여기에 있는 것이다. 즉 1870, 1880, 1890년대 독일에서 이 두 가지가 불균형 상태에 있었던 결과 식량난이 해외 이주 유행을 가져오고 그 이주자 수는 90년대 초반에 연간 대략 125만 명까지 팽창했던 것이다.[10]

그러나 그것과 함께 지금 있는 군중을 위한 독일 민족 자체의 식량 문제는 신제국 성립으로도 해결되지 못했다. 그 뒤 독일 국민이 계속 늘어나면서 그 해법을 찾을 수 없었다. 아무튼 해결책이 어떤 결과를 낳게 되건 그 방책을 발견해야 했으므로 1870, 1871년 이후 독일 외교정책의 가장 중요한 문제는 식량 문제의 해결이었던 것이다.

---

10) 바인베르크는 "실제로 1891년에서 1895년까지 국외로 이주한 독일인 수는 40만 2567명이었다(1871년부터 1900년까지는 250만 명)"고 말하고 있다.

비스마르크가 남긴 숱한 잠언 가운데 "정치는 정확한 과학이 아니다. 정치는 가능성의 예술이다"라는 잠언만큼 시민적인 정치의 세계에서 자주 인용된 것도 없다. 이 위대한 인물의 유산을 물려받은 정치가들이 시원찮으면 시원찮을수록 이 표현이 지닌 매력은 컸다. 이 잠언을 입에 올리자 가련하게 정치적으로 무능했던 자조차도 체면을 세웠던 것이다. 더욱이 정당화조차도 가능했다. 그들은 정치란 가능한 것을 추구하는 예술이고 이 시점에서 자기가 채용한 방침만이 가능하며 또한 자신은 비스마르크적 정신과 비스마르크적 감성에 의해서 행동하고 있다고, 이 나무랄 데 없는 위인을 내세워 증명하려고 했다.

그 때문에 그 슈트레제만[1] 같은 인물조차 비스마르크의 두뇌에 비길 수 없다고는 하지만, 적어도 비스마르크를 닮아서 벗겨진 머리에 올림픽 월계관을 얼마쯤은 씌울 수 있는 것이다.

비스마르크는 정치 목표를 정확하게 규정하고 명확하게 제시했다. 만일 비스마르크가 인생의 과업을 달성한 것은 자신이 생각해 낸 정치적 목표를 고려하면서 개개의 상황을 극복하려고 했기 때문이 아니라 개개의 정치적 가능성을 축적했기 때문이라고 주장한다면 그것은 염치없는 언동이다. 비스마르크의 정치적 목표는 피와 철에 의해서 독일 문제를 해결[2]해 합스부르크가[3]와

---

1) 구스타프 슈트레제만. 1878~1929. 독일 정치가. 바이마르 공화국에서 외무부장관과 재상을 거쳤다. 1926년 노벨평화상 수상.
2) 비스마르크는 1862년 9월 30일, 프로이센 하원 회의 직후의 예산위원회에서 "오늘의 중대한 문제를 해결하는 것은 연설이나 다수결이 아니고…… 철과 피에 의한 것이다"라고 말했다.
3) 10세기에 번성한 독일 왕가. 13세기에 독일 왕. 15세기 중반 이후 신성로마 황제위 독점, 16세기 초에는 스페인 왕가도 겸했다. 18세기에는 쇠퇴하고 1806년부터는 오스트리아만을 지배했으며, 제1차 세계대전에 패하고 퇴위했다.

호엔촐레른가[4]의 대립을 제거하고, 프로이센 호엔촐레른가가 새로운 독일제국 형성을 주도함으로써 외부에 대해서 이 새로운 제국의 안전을 최대한으로 확보해 이 제국 내 관리를 프로이센을 본보기로 삼아 조직하는 데 있었다.

이 목표를 향해 비스마르크는 모든 가능성을 이용했다. 외교 수완이 성공을 이끄는 한 그것을 최대한으로 구사했다. 더 큰 힘만이 결정을 가져올 수 있을 때에는 검의 위력도 발휘하게 했다. 그는 정치의 거장이었다. 비스마르크에게 작전을 전개하는 공간은 살롱 홀에서부터 죽음의 전쟁터까지 미치고 있었다.

그는 가능성 정치의 거장이었다.

그의 후계자들은 단 하나의 정치적인 목표도, 정치적인 사고의 조각조차도 지니고 있지 않다. 그것에 대해서 세월아 네월아 시간만 보내고 있을 뿐이다. 어느 부분은 자기들 자신이, 또 어느 부분은 자신들의 정신적인 선행자들이 그 인물을 쓰라린 싸움이나 우려할 만한 곤란[5]한 지경으로 몰고 있으면서 뻔뻔스럽게도 자랑스러운 듯이 그 인물의 이름을 입에 올린다. 정치적으로 의미도 없고 목표도 없는 자신들의 위험한 미친 짓을 '실현 가능한 것을 추구하는 방법'이라 부르는 것이다.

비스마르크가 그 천재적인 정치활동으로 세 번의 싸움[6]에서 승리하여 새로운 제국을 만든 것은 그가 달성할 수 있는 최고 업적이었다. 그러나 그것은 우리 민족의 생존 이익을 지키기 위해 가장 먼저 이룰 수 있는 최고 업적이자 온갖 정치적 주장에서 피할 수 없는 전제였다. 왜냐하면 신제국 창설 없이 독일 민족은 힘에 상응하는 형태를 몰랐을 테고, 이 형태 없이 운명의 싸움은 장래에도 관철되지 못할 것이기 때문이다. 마찬가지로 신제국이 전장에서 먼저 창설되고 그 뒤 내부적으로 익숙해지도록 해야 했던 것도 명백했다.

독일의 여러 국가를 하나의 연합으로 아울렀다고는 하지만 하나의 현실적인 연합국가가 되기까지에는 이에 못지않은 긴 세월이 필요했다. 그것은 중기

---

4) 브란덴부르크 선제후였는데 1701년 프로이센 왕위, 1871년 독일 황제위를 얻었으며, 제1차 세계대전에 패하고 퇴위했다.

5) 1861~1866년 자유주의자와의 헌법 투쟁, 1871~1887년 가톨릭 교회 및 중앙당과의 문화 투쟁, 1878~1890년 사회민주당과의 사회주의자 진압법을 둘러싼 투쟁을 말한다.

6) 제6장 역주 9 참조.

병(重騎兵) 장화를 신은 철혈재상[7]이 끝없는 인내와 분별, 현명한 이해와 경탄할 만한 감성으로 프로이센이 주도해야 한다는 압력을 신뢰의 힘으로 바꾸기 위해 필요했던 시간이었다. 싸움터에서 만들어진 국가연합을 감동적인 사랑의 힘으로 결합된 제국으로 만든 업적이야말로 정치술이 이제까지 이룬 것 가운데서 최대 업적의 하나이다.

비스마르크가 그 일에 먼저 집중한 것은 그의 판단이 현명함을 보여줌과 동시에 독일 국민에게도 행운이었다. 신제국 내부를 평온하게 마무리하는 기간이 필요했던 것이다. 만일 주도하는 세력이 정복욕에 들떠 결과는 확실하지 않아도 좋다거나, 넓은 지역을 융합시키는 전제인 균질성을 국내 자체에서 없애도 좋다는 것이라면 이야기는 달라진다.

비스마르크는 생애의 목표를 달성했다. 독일 문제를 해결했다. 합스부르크가와 호엔촐레른가의 대립을 제거하고 프로이센을 독일의 주도적 지위로까지 끌어올려 국민을 그것으로 통일시켰다. 그 무렵 가능했던 영역 내에서 신제국을 내부에서 굳히고 그 뒤 수십 년간에 걸친 국내에서의 독일제국 창설의 모든 과정을 어느 누구의 방해도 받지 않고 추진할 수 있도록 군사적 안전책을 전개한 것이다.

이에 따라서 백발의 재상 비스마르크는 그의 생애에 완결한 성과를 회고할 수 있었는데, 이 성과는 독일 국민의 생존에 결말을 짓는 것은 아니었다. 독일 국민은 수세기 동안 국가로서의 형태를 갖추지 못했고, 비스마르크의 새로운 제국 창설을 통해서 유기적 형식을 다시 발견했다. 그리고 이 형식이 독일 민족을 결합시켰으며, 나아가 이 결합된 사람들에게 이념적이고 현실적인 본성인 힘의 표현을 부여한 것이다. 이 민족의 피와 살이야말로 이 세계에서 유지되어야 할 본질이므로 신제국에서는 국민이 그 생존권을 장래에 걸쳐서 다른 세계의 범위 내에 재확인할 수 있는 수단인 권력 장치를 성립시킨 것이다.

독일 민족의 본질을 유지하기 위해 해야만 할 새로운 방책에 결의를 굳히는 것이 비스마르크 뒤에 오는 시대의 과제였다.

이 결단은 원칙에 충실해야 했다. 그러므로 이것은 새로운 목표 설정을 의

---

7) 역주 2 참조. 비스마르크를 가리킨다.

미했다. 그 뒤로 정치에 관한 개개 작업은 이에 의존하게 되었다. 비스마르크는 개인으로서는 자신의 정치적 행동에 하나의 목표를 설정했다. 목표가 있었기 때문에 그 목표를 이루기 위해 장면마다 모든 가능성에 따라서 대응할 수 있었다. 그러므로 또 비스마르크 이후 시대에도 똑같았을 것이다. 그 달성을 독일 민족의 이익이 고압적으로 추구하고 그 달성을 위해 외교술에서 시작해 전쟁술에 이르기까지 모든 가능성을 구사할 수 있는, 명확하고도 필연적이며 가능한 목표를 설정해야 했던 것이다.

그러나 그 목표 설정은 이루어지지 않았다.

이루어지지 않았던 이유의 모든 것을 상세하게 논할 필요도 없고 할 수도 없다. 주원인은 진정으로 천성에 넘친 뛰어난 정치가가 없었던 점에 있다. 하지만 중대한 몇몇 이유는 신제국 창설의 본연의 모습 자체에 있었다. 독일은 민주국가가 되었다. 제국은 국왕의 결정에 따라 통솔된다지만 이 결정 자체가 여론이라는 의견 표명에서 벗어날 수는 없었다. 여론은 그 특수 표현을 의회제도에서 발견하는데, 여론을 만들어내고 있는 것은 정당과 신문이고 그것들 자체도 거의 모습을 보이지 않는 흑막에서 최종 지령을 받고 있었다. 여론에 의해서 국민의 이익은 특정 그룹의 이익 뒤로 계속 내몰렸다.

현실적인 국민의 이익이 분명하지 않다면, 반대로 특정 정당이나 신문업계의 이익은 보다 구체적이었다. 그것은 독일이 지금은 국민국가이기는 하지만 국민신조(國民信條)라는 개념은 결국 단순히 국가적·애국적·왕실적 개념에 지나지 않았던 것이다. 이 개념은 민족이라는 개념과는 아무런 관계도 없었다. 그러므로 장래에 관해서도, 장래 외교활동의 목표 방침에 관해서도 보편성과 명확성이 결여되어 있었다. 국민의 관점에서 보면 국가 내부 건설이 끝나면 다음 과제는 국민 통일의 새로운 제기와 최종적 실행에 있었을 것이다.

그 무렵 순수하게 형식적인 국민국가에서 외교 목표는 부분적으로는 이제까지의 역사를 통해서 독일 민족의, 그리고 독일제국을 이루는 한 부분이어야 할 유럽 내 어느 독일 지역을 병합하는 것이었다. 그러나 그런 분명한 목표는 설정되지 않았다. 다른 저항은 별개로 쳐도 스스로 그런 진전에 대비한 마음가짐을 갖기에는 이른바 국민 개념이라는 게 너무나도 불명확한 데다 검토는커녕 생각조차 하고 있지도 않았기 때문이다. 지난날 제국 동부 변경

지역 독일인을 모든 수단을 강구해 편입하는 것을 다음 목표로 삼고 실행하는 것은 애국적·왕당파적 사고와는 맞지 않았다. 게다가 충분히 정의하기 어려운 공감의 감정과도 맞지 않았다.

그 때문에 '유서 깊은' 합스부르크가는 왕관을 잃고 또 맥주홀에서의 애국심은 뼈아픈 상처를 입었을 것이다. 그럼에도 다음의 유일한 이성적 과제 덕분에 국민국가의 시점에서 새로운 제국을 세울 수 있었다. 그 제국 내 독일인은 본질적인 강함을 숫자상으로 알았을 뿐만 아니라 군사상으로도 나타났다. 그것에 의해서만 현재 사람들이 그 손실을 안타까워하고 있는 그것을 잃지 않고 끝났을 것이다.

독일 자신이 허술한 합스부르크 국가의 분할에 관여하고 있었다면, 아니독일 자신이 국민정책적 이유에서 그 분할을 독자적인 정치 목표로 세우고 있었다면 그로 인해 유럽의 모든 전개는 다른 방향으로 나아가고 있었을 것이다. 독일은 처음부터 반독일을 의도하지 않은 나라들과 대립할 생각이 없었고, 남부에서 제국 국경은 브렌너 고개[8]를 넘지는 않았다. 적어도 남티롤에서 독일인이 많이 사는 지역은 오늘날에는 독일령이 되어 있었을 것이다.

그런데 이런 일들은 방해를 받아 이루어지지 않았다. 그 무렵 국민 이해가 결여되어 있었기 때문만은 아니다. 진정한 이유는 특정 그룹의 특정 이익에 있다. 중앙당 그룹은 어떤 경우에도 이른바 '가톨릭적' 합스부르크 국가를 유지하는 정책을 바라고[9] 기만적 방식으로 '일족의 사람들'에 대해서 말했다. 그런데 합스부르크 왕정에서는 이 일족의 사람들이 조금씩, 그러나 확실하게 옆으로 밀려나 일족이라는 연관성을 잃어가고 있었던 것이다. 이것은 잘 알려진 일이었다.

그런데 중앙당에서는 독일 내에서조차 독일적이지 않은 관점이 위세를 부리고 있었다. 그들에게는 폴란드인이나 알자스의 배신자나 프랑스인 쪽이 그런 범죄적인 조직에 가담하리라고는 생각지도 못하는 독일인보다도 바람직한 것이다. 가톨릭의 이익을 대표한다는 명분 아래 이 당은 이미 평화 속에서도 실제 그리스도교적 세계관의 주요한 보루인 독일을 어떻게든 상처 입히고 몰락시키는 일에 도움을 주고 있었다. 그때에 이 기만에 가득 찬 당은 그

---

8) 알프스 산속 고개. 오스트리아와 이탈리아 사이의 국경을 이룬다.
9) 중앙당은 가톨릭적 심정에서 대(大)독일을 주장하는 오스트리아에 친근감을 가지고 있었다.

것이 독일 국민국가에, 나아가서는 독일 민족에게 해를 끼칠 수 있다고 판단 되자마자 과감하게 신의 부정을 명언하는 자들과 무신론자, 종교 모멸자와 아주 친밀한 우정을 맺어 손에 손을 잡고 나아갔다.

이렇게 해서 중앙당, 경건한 그리스도교적·가톨릭적 중앙당은 그 어리석은 독일의 대외정책을 확정할 때 언제나 유대적으로 하여 신을 부정하고 있는 마르크스주의를 진정한 동료로 환영하고 있었던 것이다.[10]

그것은 중앙당이 반합스부르크 정책에 온 힘을 다해서 저항하고 있었기 때문이다. 이유는 다르지만 그 무렵 마르크스주의적 세계관을 대변하고 있 었던 사회민주당도 똑같은 방침을 가지고 있었다.[11] 물론 양당의 최종 목표는 독일에 되도록 손해를 주는 것에 있었다. 국가가 약하면 약한 만큼, 이런 당 은 더욱 마음대로 지배할 수 있었다. 그것은 그 지도자층으로서는 더욱 재미 가 있는 지배이다.

낡은 제국이 국민정책적 시점에서 유럽에서의 독일인의 결합을 다시 받아 들이려고 한 것이라면, 유럽 여러 나라의 독자 세력화는 결합의 결과인 합스 부르크가 국가복합체 해체와 연동되어 있었던 것이 틀림없다. 물론 그런 합 스부르크 국가의 해체는 이해를 같이하는 다른 여러 나라와의 관계를 무시 하고는 생각할 수 없었다. 그러나 그 목적 달성과 모든 가능성의 귀결점은 뻔 하기는 한데 그 덕분에 유럽연합이 성립했으며, 그 연합이 적어도 그 뒤 수 십 년 동안 유럽의 운명을 규정하고 있었을 것이다.

우선은 삼국동맹[12]이 해소되어야만 했다. 사실상 내가 말하는 것은 해소 가 이미 오랫동안 실행되고 있었다.

오스트리아와의 동맹은, 위험해지면 이 동맹을 확대할 수 있다고 상정할 수 있는 한 독일에게는 현실적인 의미를 지니고 있었다. 군사 권력 확대가 이 동맹 때문에 독일이 져야 하는 군사적 부담보다도 작아지는 시점에서 이 동 맹은 도움이 되지 않게 되었다. 그 자체로 보면 삼국동맹은 처음부터 이를테

---

10) 중앙당은 1889년 비스마르크가 제안한 사회주의자 진압법 연장에 반대표를 던졌다.

11) 사회민주당은 전체적으로 보면 대독일주의자이고 독일·오스트리아 동맹을 타당하다고 보 았다. 그러나 그 당의 좌파는 그 동맹을 무조건 지지하지는 않았다.

12) 독일, 오스트리아, 이탈리아 간의 1882~1915년의 비밀군사동맹. 삼국협상(제8장 역주 4 참 조)과 식민지를 둘러싼 국제적 대립관계에 있었다. 그러나 이탈리아는 1915년에 협상 쪽으 로 돌아섰다.

면 이 동맹의 결과로서, 또는 그 때문에 러시아가 독일의 적이 된 경우에 대한 대응이었다.

비스마르크는 그것까지도 치밀하게 검토하고 있었으며, 또 러시아도 재보장조약[13] 체결을 의도한 것으로 보인다. 재보장조약의 의의는 단적으로 오스트리아와의 동맹에 따라 독일이 러시아와 항쟁한다면 그때에 오스트리아를 몰락시키려는 데에 있었다. 이렇게 보면 비스마르크는 그 무렵 이미 삼국동맹의 문제점을 알고 있었고, 가능한 것을 추구하는 그의 방식대로 모든 상황에 대응하기 위해 필요한 것을 미리 준비하고 있었던 것이다.

그러나 이 재보장조약 때문에 독일의 근대 최대의 정치가는 실각하고 말았다.[14]

하지만 사실 오스트리아 헝가리 제국이 보스니아를 점령하고 그것을 계기로 격렬하게 불타오른 범슬라브운동의 결과 비스마르크가 두려워하고 있었던 사태가 이미 1890년대 초에 발생했다. 오스트리아와의 동맹이 러시아와의 대립을 가져온 것이다.[15]

러시아와의 대립이 있었기 때문에 마르크스주의는 설사 독일의 외교정책을 옹호하지 않았다고는 하지만 현실적으로는 다른 정책을 채용할 수 없었던 것이다.[16]

그때에도 이탈리아와 오스트리아의 관계는 그 자체로서 변화는 없었다. 일찍이 이탈리아는 프랑스에 대한 대책을 고려해 삼국동맹에 참가한 것이고 오스트리아와의 우호 때문에 참가한 것은 아니었다. 그것과는 반대로 비스마르크는 입으로는 오스트리아와 이탈리아 사이에는 본디 동맹이거나 전쟁 두 가지 상태만 존재한다고 말했는데 여기에서도 오스트리아와 이탈리아 관

---

13) 1887년 독일과 러시아 사이에 맺어진 비밀 상호중립조약. 독일은 발칸반도와 터키 사이의 해협에 대한 러시아의 요구를 인정했다.
14) 비스마르크는 1890년 3월 18일 퇴진했다. 국왕 빌헬름 2세의 외교정책 변경이 러시아와의 우호관계를 저해하는 것으로 판단한 것이 그 이유이다.
15) 여기에는 히틀러의 천박한 역사지식이 나타나 있다. W판에서는 정확한 수치는 히틀러의 주장과는 반대되는 결론을 이끈다고 지적한다. 독일과 오스트리아의 동맹 체결은 1879년. 보스니아 점령에 대해서는 비스마르크도 양해했다. 러시아와의 재보장조약 체결은 1887년이다.
16) 독일사회민주당은 본디 반러시아적 심정에 지배되었다.

계의 '내적 우호성'을 정당하게 인식하고 있었다. 이탈리아에서 진정한 상대는 프랑스에 열광하는 소수를 제외하면 독일이었다. 이것은 충분히 이해할 수 있는 상황이기도 했다.

그런데 국가법에 따른 삼국동맹을 우호 감정의 영역에 연관시켜서 생각할 수 있다고 믿는 자들이 있었다. 이것은 독일 민족 및 독일의 이른바 시민적·국민적 지성의 끝 모르는 정치적 무교양과 무지를 말해 주고 있다. 그것은 독일과 오스트리아 사이의 일은 아니었다. 이렇게 말하는 이유는 삼국동맹, 더 정확히 말하면 독일과의 동맹은 인간성에 그 뿌리를 두기는 했으나, 그렇게 생각하는 것은 그저 오스트리아에 있는 비교적 소수에 지나지 않는 독일인의 마음뿐이기 때문이다. 만일 합스부르크 괴뢰국가를 유지하는 데 다른 수단이 있었다면 합스부르크가의 사람은 결코 삼국동맹의 길을 택하지 않았을 것이다.

1870년 7월 독일 민족이 프랑스로부터 전대미문의 도발을 받고 분노에 불타 독일의 라인을 방위하려고 옛 싸움터로 달려갈 때, 빈에서 사람들은 자도바[17]에 대해 복수를 할 때가 왔다는 기대감이 있었다. 서로 논란하고 반박하고, 추밀원을 교체하고, 외교특사를 이곳저곳으로 보냈다.

그리고 첫 소집령이 내려졌을 때 이미 전장에서는 첫 뉴스가 전해졌다. 바이센부르크에 이어 뵈르트, 그라벨로트, 메츠, 마르스 라 투르, 그리고 스당[18]에 이르러 비로소 합스부르크 왕가의 사람은 이제야 해방된 것처럼 갑자기 외치기 시작한 독일인의 새로운 의견에 눌려 마치 자신들의 독일적 심정을 발견하기 시작하는 모양새였다. 독일이 첫 싸움에서 패했다면 합스부르크가와 오스트리아는 나중에 그들이 심하게 비난했던 이탈리아가 한 짓을, 또한 제2차 세계대전을 계획할 뿐 아니라 그들을 위해 검을 뽑아든 동맹국에 대한 비열하기 짝이 없는 배신을 했을 것이다.

이 나라를 위해, 이 나라를 대신해 독일은 아주 곤란한, 피의 고통을 떠맡았다. 그리고 이 나라는 헤아릴 수 없는 작은 배신을 저질렀을 뿐만 아니라

---

17) 보헤미아 지방의 지명. 독일명은 쾨니히그레츠. 1866년 7월 오스트리아–작센군과 프로이센군이 대치하다가 7월 3일 이른 새벽의 싸움에서 프로이센군이 승리함으로써 프로이센–오스트리아 전쟁의 행방을 결정지었다.
18) 9월 1일 싸움이 벌어졌다. 프랑스 황제 나폴레옹 3세가 포로가 되고 프랑스군은 항복했다.

마침내는 대표자 자신이 배신했다.[19] 이것은 분명한 사실이고 진실이다. 우리의 시민적, 국민적 애국주의는 그것에는 침묵한 채 이제는 이탈리아를 비판하는 목소리를 높이고 있다.

합스부르크가가 뒤에 삼국동맹에 끼어든 것은 삼국동맹이 없었으면 합스부르크가는 오래전에 지금과 같은 처지로 내몰리고 있었을 것이기 때문이다. 그러나 독일 민족 역사에서 이 왕가의 잘못을 검토해 보면 이번에는 독일 민족이 아닌 힘이 신의 맷돌을 돌리고 있었다는 점이 나에게는 유감이다.

또한 합스부르크가 사람에게는 특히 독일과의 동맹을 바라는 온갖 이유가 있었다. 이 동맹은 현실적으로는 오스트리아의 독일인을 포기하고 있었기 때문이다.

독일제국 스스로 오스트리아 내 독일인에게 심정적 보호를 가하고 있었으므로 합스부르크가로서는 오스트리아에서 자신들의 탈민족화 정책, 독일인의 체코화와 슬라브화가 가능해진 것이다.

왜냐하면 독일계 오스트리아인에게 적합한 것으로 상정되는 독일적 민족의식의 진수를 지니고 있다고 제국이 보증하는 국가정책을 독일 민족이라는 이유로 반대할 권리를 가지고 있는 독일계 오스트리아인이 있을 리가 없었기 때문이다. 더구나 반대로 첫째 독일로서도 합스부르크가 자체가 제국의 동맹자라고 하는데 오스트리아의 완만한 탈독일화를 저지하기 위해 압력을 가할 수가 있었을까.

동맹 상대국의 내적 관계를 이용해 동맹국에게 실로 과감하게 영향을 미치려고 시도하는 일 말고는 다른 방법이 없었던 것을 알고 싶다면 제국 정치 지도부의 약점을 인식해야 한다. 그것에 대해서 빈틈이 없는 합스부르크가는, 오스트리아 외교가 어느 정도까지 독일 외교보다 뛰어난지를 아주 정확하게 알고 있었다. 이에 반해서 독일인은 사태를 정확하게 파악하지 못한 채 자기 동맹 상대의 국내 상황이나 그 경과에 대해서 전혀 모르고 있었던 것처럼 보인다. 전쟁이 처음으로 많은 사람의 눈을 뜨게 한 것이었다.

그러나 합스부르크가와 독일의 동맹우호관계는 이 동맹 전체가 결국에는

---

19) 1917년 봄 황제 카를 1세(오스트리아 황제 헝가리 국왕. 재위 1916~1918)는 프랑스 정부에 평화교섭을 요구해 알자스−로렌 지방에 대한 프랑스의 요구를 지지할 용의가 있다고 밝혔다.

합스부르크가에 의해서 붕괴될 정도로 저주스러운 것이었다. 그것은 합스부르크가가 독일의 간섭을 우려하지 않고 안정된 상태로 오스트리아에서 독일인을 소멸시키고 있는 사이에 독일로서는 이 동맹 전체의 가치를 문제 삼을 수밖에 없게 된다. 지배자 일가가 한 번도 진지하게 생각해 오지 않았던 동맹이 독일에 어떤 의미를 가졌다는 것인가.

독일에게는 동맹관계가 독일의 이익에 꼭 들어맞지는 않는 것으로 여겨졌다. 더구나 이 동맹에서 유일하게 정직한 친구들은 동맹의 작용에 의해서 조금씩 독일과 거리를 두게 되었다. 왜냐하면 오스트리아의 다른 지역에서는 동맹에 무관심했으며, 대부분은 내심 이를 증오의 눈으로 받아들이고 있었기 때문이다.

이미 수도 빈의 신문은 전쟁 전 20년 정도는 독일보다는 프랑스에 더 호의적이었다. 그리고 슬라브 지역 신문은 의식적으로 반독일적이었다. 슬라브인은 합스부르크가에 의해 가능한 한 문화적인 보호를 받으며 각자 수도에서 독자의 국민적 문화의 핵심을 보존하고 있는 정도였으나, 이에 비해 어떤 종류의 특별한 정치적 의사의 중심에도 그들의 세력이 존재했다. 먼저 독일 민족을 향한 국민적 증오가 어느 날 오스트리아라는 국가 자체를 삼켜버릴 것을 알아차리지 못한 것은 합스부르크가에 역사가 내린 징벌이다.

그러나 오스트리아와의 동맹이 독일에게 특히 의미가 없게 된 것은 민족을 배신한 독일계 오스트리아인에게 확산된 마르크스주의 탓이고 이른바 보통선거법에 따라 오스트리아 국가에서 독일인의 우세가 결국 파탄 난 때였다. 트란스라이타니엔,[20] 즉 오스트리아 헝가리 제국의 한 축인 오스트리아제국 주민 가운데 독일인은 3분의 1에 지나지 않았다. 보통선거법이 오스트리아 민족의회의 기반이 되었을 때 그것 때문에 독일인의 지위는 희망이 없는 상태가 되었다. 가톨릭계 당파가 국민적 시점을 의식적으로 대표할 의욕을 보이지 않았을 때에, 물론 마르크스주의자는 그 시점을 처음부터 의식적으로 배신한 것인데 희망은 더한층 잃게 되었다. 이 사회민주주의는 오늘날 남

---

20) 1867~1918년에 존재한 지역. 1867년 오스트리아 헝가리 제국 성립 뒤 도나우강 동쪽의 작은 지류 라이타강이 오스트리아 영토와 헝가리 영토 경계를 이루었는데, 그 서쪽 즉 오스트리아 쪽 부분을 비공식으로 트란스라이타니엔으로 불렀다. 이 지역 주민은 1918년 독일 공화국과의 합병을 결의했다.

티롤 독일인에 대해서 위선적인 언행을 늘어놓지만, 일찍이 오스트리아에서는 기회가 있을 때마다 독일인을 아주 염치없이 배신하고 매도함으로써 항상 우리 민족의 적 편에 서 있었다.

뻔뻔스럽고 오만한 체코는 독일의 이른바 사회민주주의 속에서 언제나 자신의 대변자를 보고 있었다. 독일을 억압하는 행동 모두가 독일 사회민주주의에게 인지되고 있었고 독일을 억압하는 모든 절차들이 독일 사회민주주의를 협력자로 보고 있었다. 그런 상태에서 독일은 정치 지도부가 특히 의회에서 보는 한, 바로 5분의 4는 의식적으로 또 의도적으로 반독일적이었던 국가에게 무엇을 기대할 수 있었다는 것일까.

현실적으로 오스트리아와의 동맹의 이점은 모두 오스트리아 쪽에만 있고 독일은 불리함을 견뎌야 했다. 그러나 그 불리함이라는 게 무시해도 좋을 정도는 결코 아니었다.

오스트리아의 국가제도는 모든 주변 제국이 오스트리아 해체를 자신들의 국민정책의 목표로 삼는 사태를 가져왔다. 그것은 비스마르크 이후 독일이 갖지 않았던 것을 그 작은 발칸제국이 손에 넣고 있었기 때문이었다. 즉 외교정책상의 특정 목적이다. 그들은 모든 가능성을 좇아서 실현하려고 했다. 오스트리아와 국경을 접하면서도 최근에 겨우 성립한 몇몇 국민국가는 앞으로의 최고 정치과제를, 민족적으로 그들에게 속함에도 오스트리아의 합스부르크 통치 아래에 살고 있는 민족 동포를 '해방'하는 것에 두었다. 이 해방은 군사적 승리를 통해서만 실현될 수 있었으며, 그것은 분명히 오스트리아 해체를 뜻했다.

오스트리아 자신의 세력은 그것을 막을 수 있을 정도로 강력하지는 않다 보니 일단은 해방되어야 할 민족에 속해 있는 사람들에게 의존해야만 했다. 오스트리아에 대항하는 러시아·루마니아·세르비아의 동맹전쟁에서는 먼저 북방 및 남방 슬라브 지역이 오스트리아 방위에서 탈락했다. 기껏해야 독일인과 마잘인이 주요 전투에 남았던 것이다. 경험으로 보아도 어느 전투부대가 민족적 관점을 잃으면 전선 그 자체는 해체되고 동시에 마비에 이른다. 그렇다면 오스트리아군이 공격전에 나왔다고 해도 현실적으로는 강력한 공격은 되지 못했을 것이다. 이를 알고 있었던 나라가 러시아였고, 세르비아였고, 루마니아였다. 오스트리아가 가지고 있었던 것은 강력한 동맹국뿐이었다. 현실적으로 다른 대안도 없었다. 그렇다 보니 아주 자연스럽게 오스트리아에 대항하고 있는 나라의 지도부 머릿속에도, 여론에서도 바야흐로 빈으로 가는 길은 베를린을 거쳐야 한다고 이해했다.

오스트리아의 유산을 노리고 있던 제국이 자신들의 목적이 무기를 손에 든 독일이라는 친구 때문에 불가능하다고 생각하니 그들은 독일 자체를 적으로 돌릴 수밖에 없었다.

세기가 바뀔 무렵에 이미 오스트리아 존재 때문에 독일에 분개하고 있는 적의 힘은 오스트리아 자신이 독일에 가할 수 있는 무기의 몇 배나 되었다.

그러나 그로 말미암아 이 동맹정책의 내적 의미는 바로 역전했다.

세 번째 동맹국인 이탈리아가 상황을 난감하게 만들었다. 이미 말한 바대로 오스트리아와 이탈리아의 관계는 단순히 심정과 연관된 문제도, 이성의 문제도 아니었다. 처음부터 억지로 강요된 사건이고 그 결과에 지나지 않았다. 먼저 이탈리아 민족, 그리고 이탈리아 지식층은 언제라도 독일과 폭넓게 공감할 수 있었다.

세기가 바뀔 무렵에는 이미 독일과 이탈리아의 동맹에는 충분한 근거가 있었다. 이탈리아가 그 자체로 동맹국으로서 신뢰가 없다는 의견은 어리석고 얼빠진 것이다. 우리의 이른바 비정치적 애국적 시민계급이라는 사랑방 정담가의 바보 같은 잡담이다. 대단한 반증이 있다. 이탈리아가 오스트리아에 대항한 것인데 이것은 이미 독일과 동맹을 맺고 있었던 무렵의 독일 민족 역사이다.[21] 물론 그 무렵 독일은 비스마르크라는 천재가 지도하고 있었던 프로이센이지, 비스마르크 뒤에 이어진 소상인의 무능한 정치 때문에 무참한 모습이 된 제국은 아니다.

확실히 그 무렵 이탈리아는 바다에서나 육지에서나 싸움에 패하고 있었으나[22] 동맹에 기초한 신의는 성실하게 지켰다. 오스트리아는 세계대전에서, 독일이 그 세계대전에 오스트리아 탓에 끌려들어갔음에도 동맹의 의무를 수행하지 않았다. 그것은 이탈리아가 그 뒤 달성한 유리한 조건을 가지고 단독강화가 제시된 것인데 군사적으로는 패배했음에도 긍지를 가지고 의기양양하

---

21) 1866년 4월 8일 프로이센과 이탈리아는 반(反)오스트리아동맹을 맺었다.
22) 1866년 6월 23일 이탈리아 육군은 쿠스토차에서, 해군은 7월 20일 리사에서 오스트리아군에 패했다.

게 거부한 것이다.[23] 오스트리아의 정치 지도부는 그런 단독강화에 헷갈렸을 뿐만 아니라 독일 전체를 포기하려고까지 했다.[24] 단독강화가 성립되지 못한 것은 오스트리아의 의지가 견고했기 때문이 아니라 오스트리아에게 들이댄 요구는 사실상 오스트리아 해체를 뜻했기 때문이다.

이탈리아가 1866년 군사적으로 패배했다고 해서 그것을 이탈리아가 동맹의 신의를 지킬 생각이 없었다는 현실적인 근거로는 생각하지 않는다. 그것은 설사 패배가 아니라 승리였다 해도 그 무렵 이탈리아는 독일, 나아가 그 뒤의 독일과는 비교가 되지 않기 때문이다. 독일의 프로이센이 지니고 있었던 고도의 군사적 결정력이 이탈리아에는 없었던 것이다. 독일동맹은 프로이센 병력이라는 기반이 없었다면, 일찍이 여러 국민으로 나뉘기 이전 오스트리아 수준의 군사력으로 상대를 했다면 이탈리아처럼 패배했을 것이다.

그러나 중요한 것은 그 무렵 오스트리아군의 본질적이고 가장 큰 부분을 차지하고 있었던 보헤미아에서 이탈리아가 뒷날 독일제국에 유리할 것 같은 결정을 내린 것에 있다. 쾨니히그레츠 전투[25]의 위기 상황을 목격한 사람은 누구나 오스트리아군 14만 명이 이탈리아의 도움으로 이 전투에 투입되고 있었다면 독일의 운명이라는 관점에서 결코 적은 수가 아니었다고 이해할 것이다.

물론 그 무렵 이탈리아가 그런 동맹 조약을 맺은 것은 독일 민족이 주도하는 국민 통일이 아니라 이탈리아가 중심이 되는 통일을 이루기 위해서였다. 이것은 의심할 여지가 없다. 그곳에서 비난과 중상의 계기를 보는 것은 조국의 중요한 동맹자에게 매달린, 판에 박힌 듯한 전형적인 정치의 모습을 보여주고 있다. 정치의 소박함을 보여주고 있다. 사전에 성공 또는 이익을 기대할 수 있는 동맹이라면 지킨다는 계책은 유치한 생각이다. 그것은 이탈리아인도 그 무렵 프로이센과 비스마르크도 이탈리아를 사랑해서가 아니라 자신의 이익을 위해서 동맹을 맺었다고 비난할 권리를 지니고 있었기 때문이다. 부끄러

---

23) 1866년 7월 2일 오스트리아는 이탈리아와의 휴전 중개를 프랑스에 의뢰했다. 7월 3일에 쾨니히그레츠에서 프로이센군에 대패하면서 이 중개는 실현되지 못했다.
24) 1866년 개전 전 오스트리아와 프랑스 사이에 비밀 협의가 있었는데 오스트리아가 승리하는 경우 프로이센 라인 지방을 독립국으로 하는 합의가 성립해 있었다.
25) 역주 17 참조.

운 일이긴 하지만 유감스럽게도 나는 이런 어리석음은 아르펜의 남쪽이 아니라 북쪽에서 그 모습을 드러낸다고 말하지 않을 수 없다.

그런 어리석음을 보고 싶다면 삼국동맹을, 더 정확하게 말해서 독일과 오스트리아의 동맹을, 곧 동맹관계에서 모든 것을 끄집어낼 수 있는 나라인 오스트리아와 아무것도 끄집어낼 것이 없는 나라인 독일의 참으로 진귀한 동맹을 보라. 이것은 한쪽은 여러 이익을, 다른 한쪽은 '보잘것없는 무기'를,[26] 한쪽은 냉철한 합목적성을, 다른 한쪽은 니벨룽겐의 신의[27]를 제공하고 있는 동맹이다. 그 규모에서나, 그 방법에서나 적어도 이것은 세계사에서 처음 있는 사건이기는 했다. 그리고 독일은 이런 국가의 정치적 방향과 동맹정책 때문에 두려워할 만한 손실을 떠안은 것이다.

그러므로 이탈리아와의 동맹이, 이탈리아와 오스트리아의 관계가 문제가 되는 한에서 처음부터 가치가 아주 수상했던 것은, 이를테면 이탈리아가 완전히 잘못된 상대를 선택했기 때문이 아니라 현실적인 담보가치를 하나도 약속하지 않고 있기 때문이었다.

이탈리아는 국민국가였다. 그 장래는 지중해 주변에 의존할 수밖에 없었다. 따라서 모든 이웃 나라는 이 국민국가 발전에 정도의 차이는 있을망정 장애물이 되었다. 생각해 보라. 오스트리아에는 80만 명이 넘는 이탈리아인이 살고 있다. 합스부르크가는 한편에서 독일인을 슬라브 민족으로 바꾸려 하고 다른 한편으로는 슬라브인과 독일인을 이탈리아인과 대립시켜 80만 이탈리아인의 민족성을 약화시킴으로써 모든 이익을 보고 있다. 그런 사정에서 이탈리아 외교정책의 장래 과제는 분명했다. 독일과 가까웠던만큼 오스트리아와는 대립하지 않을 수 없었다. 이 정책은 이탈리아 시민의 아주 활발한 후원과 불타는 듯한 열광적 지원을 얻었다.

왜냐하면 그 무렵 오스트리아를 정치적으로 주름잡고 있으면서 몇 세기에 걸쳐 이탈리아에 나쁜 짓을 저지르고 있었던 합스부르크가가 이탈리아

---

26) 히틀러는 이렇게 쓰고 있는데 정확하게는 '보호적 무기.' 1908년 5월 7일 빌헬름 2세가 빈의 회담에서 말했다.

27) 1809년 독일과 오스트리아 헝가리 제국 사이에 체결된 맹약은 시대에 뒤떨어진 심정적 약속 때문에 이렇게 불리었다. 영역본 주석에 따르면 제국 재상 베른하르트 폰 필로가 1909년 3월 29일 제국의회에서 행한 연설에서 비롯된 것이다.

에게는 분노의 대상이었기 때문이다. 이탈리아에게 오스트리아는 몇 세기에 걸쳐 이탈리아 민족통일의 장애물이었다. 합스부르크 정부는 부패한 이탈리아 왕실을 지원하고 있었다. 더구나 세기말에는 빈에서 가톨릭 그리스도교 사회주의 운동의 당대회가 열려 로마를 로마 교황에게 돌려달라고 요청해 겨우 대화의 문을 열었다. 그것이 오스트리아 정권의 일로 인식되는 것을 숨기려 하지도 않고, 한편으로 부끄러운 줄도 모르고 오스트리아와의 동맹은 이탈리아에서 열광적인 호응을 기대하고 있었던 것이다.

오스트리아는 수세기에 걸쳐서 이탈리아를 결코 정중하게 다루지 않았다. 프랑스가 수세기에 걸쳐 독일을 다룬 것처럼 오스트리아도 수세기에 걸쳐 이탈리아를 다루었다. 북이탈리아 저지는 언제나 이탈리아에 대한 오스트리아의 우호정책을 보여주는 작전의 장이었다.

크로아티아 연대와 헝가리 보병은 오스트리아 문화 전파자이면서 담당자였다. 그것이 부분적으로는 독일의 이름을 내걸고 있었다니 유감스러운 일이다.

오늘날에는 이탈리아에서 독일 문화를 심하게 멸시하고 경멸하는 중상을 종종 듣게 된다. 독일 민족은 그것에 대해서 이탈리아에게 감사해야 할 것이다. 독일은 겉으로는 하나로 통일된 독일 국가를 표방하고 있으나 내적인 본질의 모습은 이탈리아인에게는 '기율이 없는 군대'로 보였던 것이다. 오스트리아 내에서는 자신들이 행운을 가져다주는 줄 생각했으나 그것을 받는 사람들은 그들을 신이 내린 재앙으로 보고 있었다. 전쟁터에서의 오스트리아 군의 명성은 어느 면에서 이탈리아인의 허무한 증오를 부추기는 결과를 낳았다.

이것을 간파하지 못한 데다 간접적으로 후원한 것은 불행이었다. 독일이 프로이센에 있어서 극히 신뢰할 수 있는 동맹자였던 것과 동일하게, 앞으로도 수많은 사태가 일어날 것이 명백하지만 더할 나위 없이 우리의 충실한 동맹자가 되었을 나라를 잃고 만 것이다.

오스트리아와 이탈리아의 내적 관계에서 특히 결정적이었던 것은 이탈리아-터키 전쟁[28] 때 오스트리아에서 보게 되는 폭넓은 여론 동향이었다. 이탈

---

28) 이탈리아는 오스만 터키의 약점을 틈타 '젊은 터키'의 혁명에 호응하는 형태로 1911년 트리폴리 등을 점령, 이듬해인 12년 로잔조약(또는 우시조약)으로 이 점령은 양해가 되었다.

리아가 알바니아에 교두보를 확보하려고 하면 빈이 의심을 하게 되는 것은 사태의 흐름으로 보아 이해할 수 있다. 오스트리아는 자신의 이익이 침해되리라 생각하기 때문이다. 그러나 이탈리아가 트리폴리를 노리고 있다고 해서 이탈리아에 대해 명백히 의도적으로 선동된 넓고도 결정적인 분노를 일으키는 것은 이해하지 못한다. 그때 이탈리아의 방향은 뻔했다. 이탈리아 국가 지도부가 이미 그 상태로 인해서 이탈리아에 주어진 식민지가 되지 않을 수 없었던 지역에 이탈리아 국기를 꽂으려 했다고 해서 이탈리아를 나쁘게 생각하는 사람이 어디에 있다는 것인가.

젊은 이탈리아의 식민주의자들은 고대 로마를 본보기로 삼았다. 이 이탈리아의 방법은 오스트리아와 독일에서는 이유는 다를망정 환영해야 한다. 그것만이 아니다. 이탈리아가 북아프리카에 관여하면 할수록 이탈리아와 프랑스의 근원적 대립은 언젠가 확대될 수밖에 없었다. 우수한 국가 지도부라면 적어도 전력으로 유럽 전장에서 프랑스의 잠재적인 군사력을 고려해 북아프리카에서의 패권의 위험한 확대를, 암흑 대륙에서의 프랑스의 개척을 곤란하게 할 방책을 시도해야만 했다.

왜냐하면 프랑스 정부, 특히 프랑스 군부는 프랑스에게는 아프리카 식민지가 있어서 이미 프랑스 문화의 시범 사업 이상의 의미를 지니고 있는 것에 의심을 품고 있지 않았기 때문이다. 프랑스는 오랫동안 아프리카 식민지를 유럽에서의 분쟁에 대비한 병참기지로 간주하고 있었다.

그런 분쟁이 독일과의 사이에서만 일어날 수 있다는 것은 마찬가지로 분명했다. 그곳에 다른 나라가 더구나 자신의 동맹국이 끼어드는 것을 독일로서는 크게 환영하는 것보다 자연스런 일이 있을까. 더구나 프랑스 민족은 아이를 낳지 않고 발전성은 없어[29] 자신의 생존권을 확대할 필요는 없다. 거기에 대해서 이탈리아 민족은 독일 민족과 마찬가지로 무언가 타개책을 찾아야 했다. 터키에서의 강탈은 문제라는 등의 말은 하지 말기 바란다. 모든 식민지는 그야말로 강탈한 땅이다. 아무튼 유럽인은 식민지 없이는 생존할 수 없다. 그러나 우리는 터키에 대한 완전히 비현실적인 공감 때문에 이탈리아와의 관계를 냉각시킬 생각은 없고 그런 마음을 지녀도 안 된다.

---

29) 프랑스의 출생률이 낮음을 말하고 있다.

외교정책상 행동에서 오스트리아와 독일은 의심할 것도 없이 이탈리아를 추종해야 한다. 그 무렵 오스트리아의 신문, 모든 여론이 이탈리아의 행동에 반대하고 있었던 모습은 그 최종 목표가 오스트리아 자신에 의한 보스니아와 헤르체고비나 병합에 대한 지지였는데, 확실히 추악하기는 했다. 그즈음 증오가 갑자기 불타올랐다. 그 증오는 원인이 확실하지 않았기 때문에 이탈리아와 오스트리아 관계의 내적 심정이라고도 할 수 있는 현실을 더욱 명확하게 보여주었다.

나는 그 무렵 빈에 있었으므로[30] 동맹국을 배신한, 어리석고 부끄러워해야 할 처사에 진심으로 분노를 느꼈다. 그런 상황 아래에서 신의를 이 동맹국에 요구하는 것은 적어도 지나치게 소박하고 이해하기 어려운 점도 있었다. 그런 짓을 하면 그것이 이탈리아를 자멸로 이끌게 될지도 몰랐다.

그것은 다음과 같은 사정도 겹쳐 있었기 때문이다. 이탈리아가 놓인 군사지리학적 상태에서 이탈리아 해군 및 그 동맹 해군은 보통 사람이 보기에 도저히 대적할 수 없는 강력한 해군력을 지닌 나라와 대립하는 것과 같은 정책을 채용할 수 없었던 것이다. 영국이 의심할 것도 없이 해상지배권을 장악하고 있어 이탈리아가 동맹국과 승산이 있는 대립으로 나오지 못한 채, 영국의 우세가 여전히 지중해의 프랑스 해군에 의해서 보강될 수 있는 한 이탈리아는 영국에 반대하는 태도를 명확하게 할 수 없다.

그러나 국가 지도부에 의해서 타국—그 국가로부터의 담보가 바로 이탈리아—터키 전쟁인데—에 대한 단순한 공감에서 자국을 파멸로 말려들게 하도록 요구를 하지는 않았다. 이탈리아의 연안 상황을 일시적일망정 검증한 자에게는 이탈리아가 영국과 싸움을 벌이는 것은 현재 상태로서는 오산일 뿐만 아니라 바보 같은 일로 바로 확신하게 될 것이다. 그 때문에 이탈리아는 독일과 아주 비슷한 처지에 놓여 있었다. 즉 비스마르크는 일찍이 오스트리아 때문에 발생한 러시아와의 대립이라는 위기를 독일에게는 아주 심각한 일로 보았고, 다른 곳에 존재하고 있었던 동맹 사정을 무시하고 러시아와 그 유명한 재보장 조약을 체결해 어려운 상황에서 벗어난 것이다.

마찬가지로 이탈리아와 오스트리아의 동맹은 영국을 적으로 돌리게 될 때

30) 히틀러는 이탈리아—터키 전쟁 때 빈에 있었다. 그가 소집에 불응한 혐의로 경찰에 쫓겨 뮌헨으로 옮긴 것은 1913년 5월이다. 《나의 투쟁》에서 히틀러의 주장은 잘못되어 있다.

에는 유지하기 어려웠다. 하지만 그렇기 때문에 그들은 독일에서 정치를 할 능력을 최고로 지니고 있다고 말할 수 있는 것이다. 독일 국민은 지금 이런 인간이 행한 정치의 결과 앞에 서게 되어 그 결말을 견뎌내야 한다.

오스트리아와의 동맹 가치를 최소로까지 평가절하해야만 하는 것은 이런 사정에 따른 것이다. 그것은 독일이 오스트리아와의 동맹 덕분에 러시아·루마니아·세르비아는 말할 것도 없고 이탈리아까지도 적으로 돌려야만 할지도 모르는 것이었다. 이미 말한 바와 같이 이상적인 공감이나 신뢰 또는 이상적으로 감사하는 입장에서 맺어진 동맹 따위는 존재하지 않는다. 동맹에서 자신의 이익을 끌어낼 수 있다는 개개 당사자의 희망이 많으면 많을수록 동맹은 공고해진다. 그 밖의 기초 위에 맹약을 구축하려는 것은 몽상이다.

나는 이탈리아가 독일에 대한 공감에서, 독일에 대한 사랑으로, 독일의 이익이 되려고 독일과 동맹을 맺으리라고는 결코 기대하지 않는다. 마찬가지로 나는 타국에 대한 공감 또는 그 나라에 도움이 되려는 동경에서 조약을 맺을 생각은 조금도 없다. 내가 오늘날 이탈리아와 독일의 동맹에 찬성하는 이유는 그것 덕분에 두 나라가 유용한 이익을 얻을 것으로 믿고 있기 때문이다. 조약에 의해 양국은 좀 더 나은 정치를 할 것이다.

그러나 삼국동맹의 이익은 오스트리아에만 있다. 개개 나라의 정치에서 특정 원인 때문에 이미 오스트리아만이 이 동맹에서 이익을 얻을 수 있었던 것이다. 왜냐하면 삼국동맹은 그 모든 본질에서 공격적 요소를 지니고 있지 않았으며, 그것은 방위 동맹이고 최선의 경우에도 이미 그 규정의 내용에 따라서 현상 유지만을 보증하고 있었기 때문이다. 독일과 이탈리아는 민족 전체를 부양하는 것이 불가능했기 때문에 공격적 정책을 취하지 않을 수 없었다. 오스트리아만이 그 자체가 죽고 썩기 시작한 국가를 어떻게든 유지하는 곳에서 행복을 발견했던 것이다. 오스트리아의 방위력이 충분했던 예는 없기 때문에 삼국동맹의 결과로서 독일과 이탈리아의 공격력이 오스트리아의 국가 유지를 위해 사용되었다.

독일은 그것에 묶여 악착같이 일을 하고 몰락했다. 이탈리아는 뛰쳐나와 구출되었다. 이를 비난하는 것은 온갖 수단을 강구하고 온갖 가능성을 찾아 민족의 존재를 유지해야 하는 의무를 정치로 해석하지 않는 자뿐이다.

형식적 국민국가로서 지난날 독일은 독일 국민의 광범한 통일만을 외교정책의 목적으로 삼고 있었다고 해도 삼국동맹을 즉각 파기하거나 오스트리아와의 관계를 변경해야만 했다. 그것으로 오스트리아의 군대 투입에 의해 독일과 대립관계가 되고 만 나라의 수는 줄었을 것이다.

전쟁 전 독일은 그 외교정책을 순수하게 형식적인 국민의 관점에서 규정하지 못했고 외교가 민족에게 필요한 목적으로 이끌지 않았다.

전쟁 전부터 이미 독일 민족의 장래는 식량 문제 타개라는 문제에 직면했다. 독일 민족은 영토에서 일상의 빵을 얻을 수 없었다. 경작에 땀을 흘리고 연구에 집중하고 온갖 과학적인 수단을 강구해 조금 완화되긴 했지만 이 곤궁을 끝끝내 극복하지는 못했다. 대풍작을 거둔 해조차도 이 나라의 식량 수요를 충족시키지 못했다. 평년작 또는 흉작일 때에는 상당한 분량을 수입에 의존해야 했다. 많은 산업이 필요로 하는 원료 공급도 아주 곤란한 상황에 맞닥뜨려 있고 외국으로부터 공급을 바라지 않을 수 없었다.

이 곤궁을 극복하는 방법에는 여러 가지가 있었다. 이주와 산아제한은 그 무렵 국민국가의 관점에서조차 절대적으로 거부되는 일이 불가피했다. 그때에 결정적이었던 것은 생물학적 결말에 대한 인식보다도 그 수가 줄어드는 데서 비롯된 불안이었다. 그렇게 보면 민족의 인구를 제한하지 않고 앞으로도 계속 국민을 유지하려면 독일에는 사실상 두 가지 가능성밖에 남겨져 있지 않았다. 국토의 부족을 제거하는, 즉 새로운 토지를 획득하거나, 제국을 거대한 수출기업으로 바꾸거나 어느 한쪽이다. 다시 말해서 수출기업이 특정 상품을 국내소비량보다 더 많이 생산하고 수출하면 식량 및 원료와 교환할 수 있다.

독일인의 생존 면적을 넓히는 필요성에 대해서는 그 무렵에는 적어도 부분적이었을망정 인식은 되어 있었다. 독일이 큰 식민지 민족의 대열에 가담하는 것은 이런 의미에서는 가장 적합한 일로 생각되었다. 그러나 실제는 특히 이 사고의 형식에서 내적 논리의 파탄이 뚜렷했다. 건전한 토지정책의 의의란 민족의 생존권 확대라 할 수 있다. 인구가 증가한 부분을 새로운 토지에 입식(入植)시키는 것이다. 이주라고는 하지만 모국과는 정치적으로나 국가적으로나 밀접한 관계를 유지해야 한다.

이것은 19세기 말에 입식이 가능했던 식민지에서는 오히려 적합하지 않았다. 공간적인 거리와 특히 그 지역에서의 풍토 상황이, 영국인이 아메리카 식민지에서, 네덜란드인이 남아프리카에서, 또 영국인이 오스트레일리아에서 이룬 것 같은 입식을 분명히 허용하지 않았다. 독일 식민지정책의 내부 제도의 모습 전반이 문제이기도 했다. 독일 민족의 보편적 이익과는 거의 관련이 없는 회사 이익이 기승을 부리고 입식정책은 완전히 배경으로 물러나 버리고 말았다. 이렇게 해서 독일은 식민지의 가치를 일찌감치 특정 시장 유지를 가능하게 하는 곳으로 보고 있었다. 그 시장은 다양한 식민지 생산물, 때로는 원료 공급자로서 독일 경제를 외국에 의존시키고 마는 것이다.

이 사정은 장래에도 어느 정도까지는 변하지 않을 것이다. 그러나 그것으로 인해서 독일의 인구 증가 문제는 조금도 해소되지 않는다. 그런데 독일 민족의 식량을 원칙적으로 수출입 경제 확장에 의해 확보하기로 결정한 것이다. 물론 독일 식민지는 더 유리한 원료 공급 덕분에 여러 산업은 국제 판매시장에서의 비교적 큰 경쟁력을 확보할 수는 있었다. 하지만 그로 말미암아 독일의 식민지정책은 그 바탕에서부터 토지정책이 아니라 독일 경제정책의 보조수단이 되고 만 것이다. 독일 국내의 인구 증가를 식민지 입식에 의해서 숫자상으로 직접 해결하려고 하는 방향은 사실상 완전히 무의미하게 되었다.

더욱 현실적인 영토정책으로 이행하려고 해도 전쟁 전부터 실시되고 있었던 식민지정책은 독일인의 인구 과잉 문제를 속 시원하게 해결할 수 없었던 것이다.[31] 반대로 그 정책은 일반적인 전망으로는 매우 유효한 영토정책이지만, 그것을 막상 실행하려 하면 최악의 경우 피를 흘려야 할지도 모를 만큼 당치 않은 것이 되었던 것이다. 어쨌든 독일의 식민지정책이 효과를 보아 독일 경제가 강화되는 동안 그것은 깨닫고 보면 영국과의 힘겨루기 대립으로 가는 한 원인도 되고 있었다. 왜냐하면 독일의 경제정책은 영국과의 결전을 회피할 수 없었기 때문이다. 독일과 마찬가지로 수출산업, 세계무역, 식민지, 상선단 등 어느 것을 보아도 자기보존론에서 그 길로 들어서도록 강요받게 되리라고 오래전부터 예상하고 있었던 그 나라에 대해서는 검(劍)을 빼들고 지키지 않으면 존재할 수 없었던 것이다.

그렇기 때문에 영국이 순수한 경제적 수단으로 독일이란 경쟁 상대를 몰락시킬 수 있다고 계산하고 있는 한, 이 경제적이고 온화한 투쟁은 햇빛이 닿

---

31) 1912년 독일 식민지나 보호지에 거주하는 독일인은 약 22만 명으로 알려져 있다.

는 장소를 찾아서 하는 싸움이었다. 왜냐하면 우리는 그늘에 있어 식민지 수탈 투쟁에 나서지 않고 있었기 때문이다. 그러나 독일이 이 경제적 협조 수단으로 영국을 물리쳤을지라도 경제적이고 온화한 세계제패라는 공상은 총검의 저항에 의해서 무산되는 것이 뚜렷해졌다.

산업 생산력과 세계시장에서의 판매수에 따라서 독일 민족에게 인구 증가를 촉구하는 것은 아무튼 의심할 것도 없이 정치사상이었다. 이 사상은 민족적이지는 않았으나 그 무렵 지배적이었던 시민적·국민적 세계의 사고와는 합치된 것이었다. 이런 흐름은 모든 장면에서 진행되었다. 그 때문에 독일 외교정책에는 거의 선택지가 없는 특정 의무가 부과되었다.

즉 독일의 세계무역정책은 영국과 전쟁을 하지 않고는 끝낼 수 없게 되어버린 것이다. 그렇다면 독일 외교정책의 과제는 수백 년에 걸친 경험 자체에 입각해 지원국으로부터의 전반적 동원에 만반의 준비가 된 나라와의 대립에 선견성 있는 동맹 방침으로 대비하는 데 있었다. 독일이 영국에 대해서 산업정책, 경제정책을 지키려고 한다면 최초 후원을 러시아에서 찾을 수밖에 없었다. 그 무렵 러시아는 가치 있는 동맹국으로서 고려의 대상이 되는 유일한 나라였다.

왜냐하면 러시아는 적어도 단기적으로는 독일과의 본질적 대립이 필요 없는 나라였기 때문이다. 물론 이 러시아와의 동맹 구입 가격은 사정이 보여주듯이 오스트리아와의 동맹 해소에만 달려 있었다. 그것은 오스트리아와의 동맹은 헷갈리는 광기 그 자체였기 때문이다. 독일이 러시아의 후원을 얻었을 때에만 결정의 날을 의식적으로 지향해 해양정책으로 이행할 수 있었다. 그렇게 하면 함대 확충에 필요한 돈을 쉽게 조달할 수 있었던 것이다. 독일 함대는 특히 속도와 배수량에서 5년 정도 뒤처지고 있었다.

그러나 오스트리아와의 동맹이 중대한 차질을 빚어 해결책을 발견하지 못하고 따라서 러일전쟁 뒤 재건에 착수한 러시아를 결정적으로 떼어놓아야만 했다. 그것으로 인해서 독일의 경제정책 및 식민지정책 전체가 위험한 도박을 벌이는 상태가 되었다. 사실 독일은 영국과의 결정적인 대립을 피하려고 여러 해에 걸쳐서 적을 자극하지 않는다는 원칙에 따라서 행동해 왔던 것이다. 1914년 8월 4일 영국의 선전포고로 독일의 비극적이고 무분별한 시대가 막을 내릴 때까지 이 원칙이 독일의 모든 결정을 규정하고 있었다. 경제정책 및 식민지정책을 보호하는 것이 필요한지의 여부가 독일 방침을 결정하고 있었던 것이다.

그 무렵의 독일이 시민적·국민적 관점보다도 민족적 관점에 강하게 지배되고 있었다면 독일의 곤궁을 해결할 다른 길이, 즉 유럽 자체에서의 대규모 영토정책의 방향성이 문제가 되어 있었을 것이다.

독일의 식민지정책은 필연적으로 영국과 대립하게 되고 그때 프랑스는 언제나 적이 될 것으로 보였다. 세계정책상 중요한 위치를 지니고 있었던 다른 식민지 소유 민족에 비해 유럽에서의 우리 기반은 취약했으므로 이 식민지정책은 독일에게는 특히 비상식적이었다. 왜냐하면 식민지 운명이 결과적으로는 유럽에서 결정되고 있었기 때문이다. 따라서 독일 외교정책은 먼저 유럽에서 독일의 군사적 위치를 확립하고 안정시키는 점에 있었다. 그때 우리는 우리 식민지에서 결정적인 지원을 얻게 되리라고는 기대할 수 없었다.

반대로 유럽에서 우리의 영토 확장 자체가 우리의 위치 강화를 이끌게 되어 있었다. 어느 민족이 점유 입식지를 56만 제곱킬로미터를 갖는가, 100만 제곱킬로미터를 갖는가는 작은 차이가 아니다. 전시가 되어도 적의 영향을 받지 않고 식량을 확보할 수 있다면, 더욱이 자기 영토에서의 전쟁이 강요당하고 있다고는 하지만 우리의 작전이 처음부터 여러 조건에 견딜 수 있다면 영토의 크기가 군사적 안정성을 좌우한다.

일반적으로 외국의 경솔한 공격에서 자국을 확실하게 지킬 수 있느냐 여부는 확실히 국가 영역의 넓이에 존재하고 있는 것이다.

무엇보다도 우리가 입식한 사람들을 그 군사적 사용까지 포함해서 우리 민족이 확보할 수 있는 것은 유럽 내에서의 영토정책에 의해서만 가능하다. 유럽에서 50만 제곱킬로미터가 있으면[32] 수백만 독일 농가에게 새로운 고향을 제공할 수 있고, 독일 민족에게 병사 수백만 명을 공급할 수 있다.

그런 토지정책에 있어 유럽에서 문제가 되는 유일한 지역은 러시아였다. 독

---

32) 독일은 제1차 세계대전 때 (유럽 내에서) 약 7만 제곱킬로미터를 잃었다. 히틀러가 1914년에 국경회복을 요구하지 않는 것은 이것을 보아도 수긍할 수 있다. 히틀러는 1928년 5월 2일 연설에서 1914년 국경은 독일의 생존 요구에 충분하지 않고 영토를 확장해야만 하는데 그것은 6만 제곱킬로미터의 넓이가 아니며 30만, 40만 제곱킬로미터라고 말했다.

일에 접하고 입식자가 적은[33] 서부 주변의 영지는 독일인 입식자를 문화 전파자로서 받아들이고 있었다. 그곳이 독일 국민의 새로운 유럽 토지정책에서도 문제가 된 것이다. 그리하여 독일 외교정책의 목적은 의심할 것도 없이 영국에 등을 돌리고 있었던 방침을 고쳐 반대로 러시아를 고립시키는 것을 지향하지 않으면 안 되었다. 그렇게 되자 뒤를 돌아보거나 살펴야 하는 우려 없이 우리의 경제정책 및 세계무역정책을 포기할 수 있었고 필요하다면 함대를 모두 단념하고 국민의 전세력을 지난날처럼 육군에 집중할 수 있었다.

그러나 그것을 위해서는 먼저 오스트리아와의 동맹을 포기해야만 했다. 그것은 독일이 모국의 보호를 보증하고 있는 것이 러시아를 고립시키는 데 방해가 되고 있었기 때문이다. 유럽 내 모든 국가는 오스트리아의 분할을 희망하고, 이를 위해서는 러시아와 손을 잡아야 했다. 하지만 이 모든 국가는 독일의 강력한 오스트리아 보호조약을 인정하고 있었기 때문에, 러시아 독립에 반대할 수밖에 없었다. 그들은 차르의 제국을 오스트리아를 분쇄할 수 있는 유일한 세력으로 보고 있었던 것이다.

그렇지만 이들 모든 나라들은 합스부르크 국가의 가장 강력한 적대국을 희생해 오스트리아의 유일한 보호국이 강대해지는 것을 바라지는 않았다.

이 경우에도 프랑스는 독일의 적으로 가담했을 것이므로, 오스트리아 국가를 그 운명의 손에 맡겨 독일 여러 연방을 제국을 위해 구제함으로써 오스트리아와의 동맹을 적어도 세기말에 최종적으로 정리할 결정이 이루어지지 않았을 때에도 반독일연합 가능성은 언제나 존재하고 있었던 것이다.

사태는 그렇게 진전되지는 않았다. 독일은 세계평화를 원했다. 그 자체로서 공격해야만 싸워낼 수 있는 영토정책을 피하고 이루어야 될 목적이 없는 경제정책과 통상정책에 최종적으로 몰두했다. 경제 협조적 수단으로 세계를 정복할 수 있다고 생각해 어느 나라도 보호하지 않았다. 결과적으로 정치적 고립이 깊어지면 깊어질수록 빈사 상태인 합스부르크 국가에 발작적으로 매달리는 것이었다.

독일 내부 대집단이 그것을 환영했다. 그것은 어느 부분 진실로 정치를 할

---

33) 히틀러가 "입식자(入植者)가 적다'고 말하는 것은 '입식에 합치했다' '입식 뒤에 그때까지의 거주자를 추방하면'으로 이해해야 한다. 동유럽의 농촌지대는 제1차 세계대전 전에 인구 과잉이었다. 이것은 다 아는 사실이었다.

능력이 없었기 때문이고 잘못된 애국적 합법적 사고 과정에 입각해 있었기 때문이기도 했다. 그러나 결국은 달갑지 않게 생각하고 있었던 호엔촐레른 제국이 어느 날 무너질 수도 있다는 희망을 입 밖에 내지 않고 키워왔기 때문이기도 했다.

1914년 8월 2일, 세계대전이 피에 물들어 급격하게 확대되었을 때 전쟁 전 동맹정책이 사실상 와해되었다고 여겼던 것이다. 독일은 오스트리아를 돕기 위해 자신의 존재까지 위험해질 수도 있는 전투로 내몰린 것이다. 독일이 상대하고 있는 것은 세계무역 무대에서의 대립자이고, 독일의 다양한 영향력에 대한 첫 번째 적대자이며, 오스트리아 몰락에서 이득을 얻게 되는 계승자들이었다. 그 우군은 오스트리아–헝가리 제국이라는 무능한 국가조직과 영원히 병들고 취약한 터키 두 나라뿐이었다.

마음 약한 철학자[34]와 거짓말만 하는 열광적 애국자 대신에 비스마르크라는 천재가 독일을 이끌고 있으면 독일은 틀림없이 실행했을 것이다. 그리고 실행하고 있었을 것이라는 대응을 이탈리아는 실행했다. 비스마르크는 이탈리아와 오스트리아 사이에는 처음부터 두 상태, 동맹과 전쟁만이 존재한다고 예언적으로 전망하고 있었다. 최종적으로 그 전망은 지난날 동맹국을 공격하는 형태로 적중한 것이다.

---

34) 게오르크 프리드리히 그라프 폰 헤르틀링 남작(1843~1919)을 가리키는 것으로 생각된다. 그는 1870년부터 1880년까지는 뮌헨대학에서 철학교수로 있었다. 중앙당 당수와 바이에른 주 수상, 외무장관을 거쳐 1917년 11월부터 1918년 9월까지 프로이센 수상, 제국 재상을 지냈다.

제8장
독일의 소생과 잘못된 중립주의

1918년 11월 11일 콩피에뉴[1] 숲에서 정전 서명이 이루어졌다. 운명은 그 때문에 우리 민족의 몰락에 책임을 지고 있는 주요한 인물 한 사람을 택했다. 일반적으로 떠도는 말에 의하면 유대인 고용자와 심부름꾼 사이에 태어난 혼외출생자로 알려져 있는[2] 중앙당 대의원 마티아스 에르츠베르거[3]이다. 이 인물이 독일을 대표해서 교섭을 하고, 4년 반에 걸친 우리 민족의 영웅시대와 비교해 고려하면 독일 붕괴를 의도한 것으로밖에 생각되지 않는 문서에 서명했다.

마티아스 에르츠베르거 자신은 시민계급적인 관점에서 무명의 병합정치가였다. 즉 개전시에는 공적인 전쟁 목적의 결여에 자신의 방법으로 대응하려고 한 자들 가운데 한 사람이었다. 그것은 1914년 8월에는 독일 민족 전체가 이 전쟁에는 생사가 걸려 있다고 본능적으로 느끼고 있었던 것인데, 최초 감격의 격정이 사라지자 갈망의 표적이었던 삶도, 닥쳐오는 죽음도 모호해졌다. 그토록 중대하게 생각했던 패배도, 패배의 결과도 차츰 작은 것으로 보이게 되었다. 그것을 가져오게 한 것은 독일 내에서 자유롭게 행동하고 협상파[4]의 실제 전쟁 목적을 교묘하게, 또한 거짓을 섞어 곡해하거나 부인하는 선전활동이었다.

개전 2년째, 특히 3년째가 되자 독일 국민은 패전의 불안을 느끼지 않게 되었다. 이 선전활동이 효과를 거두어 적의 파괴 목적의 거대함을 더 이상

---

1) 프랑스 피카르디주 우아즈 데파르트망에 있는 도시. 휴양지로 알려져 있다.
2) 이 소문은 정적에 의해서 의도적으로 가끔 떠돌았으나 사실은 아니었다.
3) 1875~1921. 중앙당 좌파 정치가. 제1차 세계대전 중 휴전안을 제안했다. 1919~1920년에 걸쳐 부수상과 재무장관으로 선임되었다. 1921년 암살당했다.
4) 제1차 세계대전 전 영−프−러 3국 사이에 맺어진 우호관계. 1891년 러−프동맹, 1904년 영−프협상, 1907년 영−러협상에 의한 결합관계를 통틀어 이르는 것으로, 삼국동맹이라고 한다.

믿지 않게 되었다. 그 영향은 대단히 커 장래의 자기 유지의 이익을 위해서도, 전대미문의 희생의 대가로서도 최저선은 확보해야 된다는 것에 대해서도 이 민족에게 가르칠 방책이 아무것도 강구되지 않았던 것이다.[5] 그 결과 그다지 책임이 없는 동아리 안에서 상정이 가능한 전쟁 목적에 대해서 이런저런 토론이 이루어지고 제각기 지도자의 사고방식이나 정치적 견해가 표명될 뿐이었다.

전쟁에 특정한 목적이 결여되어 있으면 위축적 효과를 가져오는 것으로 알고 있었던 교활한 마르크스시즘은 전쟁 목적을 처음부터 인정하지 않고, 더욱이 병합과 배상을 수반하지 않는 평화 회복만을 말할 뿐이었다. 적어도 시민 정치가의 일부는 흘린 피의 양과 불의의 습격에 어떤 대항 요구로 대응하려고 했다. 이런 시민적 제안은 모두 단순한 국경 수정일 뿐 영토정책 사상과는 아무런 관계도 없었다. 기껏해야 완충국을 만들어 그 무렵 권력을 잃었던 독일 대공들의 계승권을 만족시키려고 생각한 것에 지나지 않는다.

이와 같이 시민적 세계에는 예외도 있었으나 폴란드인의 국가 설립조차 국민정책적으로 현명한 결정으로 보였던 것이다.[6] 어느 그룹은 경제적 관점을 전면에 내세워 국경을 정하려고 했다. 롱위나 브리에라는 광산분지를 얻을 필요가 있다는 것이다. 다른 그룹은 작전상의 의견을 주장했다. 벨기에의 마스강 요새를 손에 넣어야 한다는 것 등이다.

26개국[7]을 상대로 해서 이제까지의 역사에서 예를 보지 못했을 정도의 피를 흘리고 국내에서는 민족 전원이 문자 그대로 굶주림에 허덕이고 있는데도 이 전쟁에는 목적이 없었다. 이것은 확실하게 밝혀져야 한다. 전쟁을 계속할 필요성의 근거를 부여하지 못한 것이 불행한 결말을 가져오는 원인이 되기도 한 것이다.

이런 사정이었기 때문에 고국의 파멸이 현실이 되었을 때에도 전쟁 목적에 대해서 통합된 사고는 존재하지 않고 있어, 전부터 작은 목소리로 주장을 하

---

5) 1914년 가을부터 약 2년 동안 제국정부는 전쟁 목적에 대해 대중 앞에서 논하는 것을 금했다.
6) 1916년 11월 5일 오스트리아 헝가리 제국과 독일제국은 전후 폴란드에 독립 왕국을 창설한다고 발표했다. 국왕에는 바이에른·작센·뷔르텐베르크의 대공들이 물망에 올랐다.
7) 제1차 세계대전 때 독일에 선전포고한 나라.

고 있었던 자들도 이럭저럭하는 동안에 일찍부터 있었던 요구와는 거리를 두게 되었다. 그것은 무리한 일은 아니었다. 그것은 헤르벤슈탈[8]을 넘어서가 아니고 리에주를 넘어 국경을 찾고 또는 그것과 함께 러시아의 어느 시골에 차르리즘의 사령관이나 총독 대신에 독일의 소공자를 지배자로 앉히기 위해 이제까지 없었던 전쟁을 일으킨다는 것은 실로 무책임한 월권행위라고 말하지 않을 수 없다.

처음부터 독일의 전쟁 목적이 화제가 되는 한, 언젠가 그 목적은 하나도 남김없이 부정되고 만다는 것이 자연스런 모습이었다. 그런 사소한 일로 한 민족을 서서히 지옥으로 변해 버리고 만 싸움터를 안은 전쟁 속에 1시간이라도 방치하는 것은 용서할 수 없는 사태였다.

이 엄청난 피의 투입에 어울리는 유일한 전쟁 목적이 있다면 몇십만 제곱킬로미터 토지를 전선의 전투원에게 재산으로 할당한다거나, 독일인에 의한 식민지로서 자유롭게 해준다는 등의 보증을 독일 병사에게 주는 것에서만 찾을 수 있었다. 이에 따라서 전쟁은 황제의 군사 행동이라는 성격을 즉시 잃고 독일 민족의 문제로 바뀌어 있었을 것이다. 왜냐하면 독일 보병이 실제로 피를 흘리는 것은 최종적으로는 폴란드가 나라를 유지하거나 그것과 관련해서 독일 대공이 왕관을 쓰기 위한 것은 아니었기 때문이다.

이렇게 해서 독일의 아주 존귀한 피를 전혀 의미가 없고 목적도 없이 흘리게 된 사태는 1918년에 마무리되었다.

우리 민족은 영웅적 정신, 희생심, 죽음을 두려워하지 않는 마음, 그리고 기꺼이 책임을 떠맡는 정신을 끊임없이 발휘한 뒤에 타파되고, 약화되고, 싸움에서 몸을 빼지 않으면 안 되었다. 1000개 전쟁터와 전투에서 승리하고 있었다. 그러나 그럼에도 마지막에는 패자들이 승리했다. 개전 이전부터 피를 흘리며 싸운 4년 반 동안 독일의 내정과 외교에 대한 불길한 전조가 있었던 것이다.

따라서 패배 뒤 우려되는 문제가 떠오르게 된다. 우리 독일 민족은 그 괴멸상태에서 무엇을 배웠는가. 전부터 의식적으로 배신해 온 자들이 계속해서 독일의 운명을 결정하는 것인가. 그들은 곧바로 이제까지 보기에도 가련할

---

8) 오이펜(외펜)과 아헨 사이에 있는 독일과 벨기에의 국경 마을.

정도로 도움이 되지 않았던 감언을 쏟아내 장래를 지배하는 것일까. 우리 민족은 내정 및 외교에 관한 새로운 사상 교육을 받고 그것에 따라서 자신들의 행동을 전환하는 것일까.

그것은 우리 민족 위에 기적이 일어나지 않는 한 우리 민족의 길 자체가 결국에는 우리 민족을 파멸시키는 길이기 때문이다.

오늘날 독일 상태는 어떤 것일까. 장래 전망은 어떤가. 장래는 어떤 것일까.

여기에서 다시 한 번 강조해 두고 싶은데 독일 민족이 1918년에 입은 파멸은 독일 군대 조직 붕괴와 그 무기 손실이 아니라 그 무렵 뚜렷해지기 시작해 지금 차츰 그 모습이 명확해지는 독일의 내적 황폐에 있다. 이 내적 황폐는 자신들의 인종적 가치 저하로, 민족의 위대함을 낳고 민족의 존립을 지키며 민족의 장래를 촉진하는 미덕의 상실에 있는 것이다.

피의 가치, 인격 사상, 자기 유지 본능이 독일 민족으로부터 점점 사라지는 것 같다. 그것을 대신해 국제주의가 승리를 고하고 우리 민족의 가치를 파멸시키고 있다. 민주주의가 인격 사상을 질식시켜 확산되고 있다. 마지막에는 나쁜 평화주의의 악폐가 용감한 자기 유지의 사고방식을 독살하려 하고 있다. 인간의 이런 악덕 효과가 우리 민족의 생활 전반에 걸쳐서 나타나고 있다. 정치 분야에만 국한하지 않고 경제의 여러 분야에서도, 우리의 문화생활에서도 어떤 하강 현상이 명확해지고 있다. 지금 그것을 멈추게 하지 않으면 그것이 우리 민족을 장래성 있는 국민의 대열에서 제외하고 말 것이다.

앞으로의 국내정치에 있어서 큰 과제는 우리 민족을 황폐하게 만들고 있는 이런 일반적 황폐 현상을 배제하는 데 있다. 이것이 국가사회주의 운동의 사명이다. 이 작업에서 현재의 가장 중대한 해독인 시민계급과 마르크시즘도 같은 정도로 책임이 있는 계급 분열을 극복하는 새로운 민족 조직을 낳게 될 것이 틀림없다.

국내정치에서의 이 개혁 작업의 목적은 최종적으로 안에서는 민족의 생존 투쟁을 완수하기 위한 우리 민족의 힘의 재획득에서, 밖으로는 민족의 생존 이익을 대표하는 힘에서 찾아야 한다.

그것에 따라서 우리의 외교정책에도 생존 이익을 채우는 과제가 부과된다. 왜냐하면 한쪽에서는 내정이 외교에 힘의 장치를 제공해야 되고, 다른 한쪽에서는 외교가 채용된 행동과 조치에 의해서 그 장치의 형성을 촉진하고 지원해야 되기 때문이다.

일찍이 시민적 또는 국민적 외교정책이 민족적으로 이해되는 고차원적인 영토정책에 매진하기 위해 우선 유럽 내에서 독일 국민에 속한 사람들을 광범위하게 통일하는 것을 과제로 한 것이라면, 제1차 세계대전 뒤 외교정책은 첫째로 내적 권력 장치의 촉진책이어야 한다. 즉 전쟁 전 외교 의욕에 대해서 말하자면 민족적으로는 틀림없이 그다지 높게는 평가되지 않은 국가였는데 이 국가는 대단한 육군 조직을 사용할 수 있었다.

그 무렵 독일은 일찍이 프로이센이 행하고 있었던 것과 같은 군사력 증강을 추구하지 않았기 때문에 특히 육군 규모에서 타국에 뒤처지고는 있었으나,[9] 지난날 군대의 내적 우수함은 다른 모든 비슷한 조직을 압도적으로 능가했다. 국가의 용감한 외교정책 지도부는 그 무렵 최고의 전쟁 기술을 이용할 수 있었다. 이 장치 및 이에 수반하는 존경이 가져다주던 우리 민족의 자유는 사실로 검증된 우리의 강력함이 낳은 성과만은 아니었다. 한 부분은 독특한 육군 장치 덕분에, 어느 부분은 그 밖의 모범적인 청렴한 국가 장치 덕분에 우리가 손에 넣은 전반적인 신용의 성과이기도 했다.

오늘날 독일 민족은 민족의 이익을 지키는 데 가장 중요한 이 장치를 가지고 있지 않다. 어쩌면 전혀 불충분한 규모로만 소유하고, 예전에 민족을 강하게 만들었던 기반으로부터 멀리 벗어나 있다.

독일 민족은 용병 육군을 얻었다.[10] 이 용병부대는 독일에서 특별한 고도의 무기를 갖춘 경찰로 전락할 위험에 처해 있다.[11] 독일 용병군을 영국의 용병군과 비교해 보면 독일이 불리하다. 영국 용병군은 언제나 방어와 공격의 양면에 관한 군대 사상과 영국군의 전통을 떠맡고 있었다. 영국은 그 용병부대와 독특한 민병 제도 속에 바다로 둘러싸인 상황에서 영국의 생존 이익을 지키기 위해 충분하고도 합치하는 것처럼 보이는 군 조직을 가지고 있다. 영국의 투쟁력이란 형태로 표현되는 사상은, 그것으로 인해서 영국 민족의 광

---

9) 영역본 주석에 따르면 제1차 세계대전 개시 때 주요국 병력 동원 수는 독일군 382만 3000에 예비병 490만, 오스트리아 헝가리군 250만에 예비병 303만 4000, 프랑스군 358만에 예비병 498만, 러시아군 480만에 예비병 630만, 영국군 35만에 예비병 100만, 세르비아군 30만에 예비병 40만, 몬테네그로군 4만에 예비병 6만이었다.

10) 베르사유 조약에서는 독일에 징병제를 금지하고 지원제 병역을 허가했다.

11) 베르사유 조약 160조에서는 군대 역할을 영토 내 질서 유지, 국경 단속으로 제한했다.

범한 피의 투입을 주저하는 두려움에서 비롯된 것은 아니다. 그 반대이다.

영국은 용병이 영국 이익 옹호에 보탬이 되는 한, 용병과 함께 싸웠다. 전투가 더 많은 병사를 필요로 하는 것을 알자 영국은 의용병을 모집했다. 조국이 어려움에 처하자 징병제를 도입했다. 어떤 조직 형태를 취하건 영국의 투쟁력은 언제나 영국을 위한 격렬한 전투에 투입되고 군대 조직은 언제나 영국의 이익을 옹호하는 장치에 지나지 않으며, 필요하다면 모든 국민의 피를 요구하는 의지에 충실하게 망설이지 않고 투입되었다.[12]

그리고 영국의 이익이 결정적으로 위험에 직면하게 되면 영국은 어찌되었든 우위에 서는 방법을 알고 있다. 그 우위는 순수하게 기술적으로 보면 2국 표준주의의 요구[13]에까지 이르게 되는 것이다. 그곳에서 볼 수 있는 책임 있는 무한한 배려를 전쟁 전에 독일이, 그보다는 국민적 시민적 독일이 그 군비를 소홀히 한 경솔함에 비해 보면 오늘날에도 여전히 깊은 슬픔에 사로잡히지 않을 수 없다. 영국이 자신의 장래가, 아니 자신의 생존 그 자체가 강한 해군력에 의존하고 있음을 알고 있었던 것과 마찬가지로, 시민적 국민적인 독일은 독일제국의 존속과 장래는 우리의 강한 육군에 의존하고 있음을 알아야 했을 것이다.

해상의 2국 표준주의를 독일은 유럽에서 육상의 2국 표준주의로 대치해야 했다. 영국은 자국이 세운 표준의 침해에 대해서는 전쟁도 마다하지 않는다는 흔들림 없는 결단성을 갖고 있었다. 마찬가지로 독일도 유럽에서 프랑스나 러시아가 군사적 우위에 서려고 했을 때에 그것을 군사적 결단으로 저지해야만 했다. 그런 결단은 가능했고 그럴 기회도 있었다. 그 장면에서 독일 시민계급은 비스마르크의 말을 더할 나위 없이 당찮은 방법으로 오용했다. 취약하고 에너지도 없는가 하면 책임도 지지 않는 사랑방 정담가들은 틀림없이 괴멸적인 결과를 낳게 될 자신들의 '모든 것을 흐름에 맡기는' 정치를 은폐하기 위해 비스마르크의, 자신은 예방전쟁을 일으킬 생각은 없다는 의견을 기쁜 듯이 입에 담았다. 비스마르크가 행한 세 차례의 전쟁은 모두 적어도 이 예방전쟁을 반대하는 평화철학자를 따랐다면, 회피할 수 있었던 것이다. 그들은 이를 깨끗이 잊고 있는 것이다.

---

12) 1919년 1월에 영국은 18세에서 41세까지 독신 남성에게 징병제를 도입했다.
13) 프랑스 해군과 러시아 해군을 대상으로 했다.

생각해 보기 바란다. 오늘날 독일공화국이었다면 베네데티[14]에게 조금 톤을 낮추도록 부탁하기 위해 1870년에 나폴레옹 3세한테 모욕을 당한 채로 있어야만 할 것이다. 나폴레옹으로도, 프랑스 민족 전체로도 지금의 독일공화국을 스당 전투에 끌어들일 수는 없다는 뜻이다. 그렇지 않다면 1866년의 전쟁은 비스마르크가 결단을 내리지 않았더라도 피할 수 없었다는 생각이라도 하고 있는 것일까. 그러나 여기에서 언급한 것은 명백히 예정된 목적을 가지고 진행된 전쟁이고 적의 공격을 두려워해 시작된 전쟁은 아니라고 주장하는 자들도 있다.

하지만 그것은 실제로는 언어의 희롱이다. 비스마르크는 오스트리아와의 전투는 불가피한 것으로 판단하고 있었기 때문에 그것을 위한 준비를 하고 프로이센에게는 가장 유리한 기회에 실행한 것이다.[15] 니엘 원수[16]의 프랑스 육군 개혁은 틀림없이 프랑스의 정치와 국수주의에 대독일 공격의 효과적인 무기를 준비하는 것이 목적이었다. 사실 비스마르크는 1870년 대립의 싹을 평화적으로 조정할 수도 있었다.

프랑스 육군이 그 효과를 활용하기 전에 대립을 제거했어야 했다. 덧붙이자면 비스마르크의 의견을 이렇게 해석하는 것은, 외교관으로서의 비스마르크와 공화제 국회의원으로서의 비스마르크를 혼동하고 있다는 그의 의견과는 일치하지 않는다. 그 잠언을 비스마르크 자신이 어떻게 판단하고 있었는지는 프로이센 오스트리아 전쟁 전에 나온 어느 질문에 대한 그의 대답에 분명히 드러나 있다.

질문자는 비스마르크가 오스트리아를 공격할 생각이 정말로 있는지 알려고 했다. 비스마르크는 무엇을 생각하고 있는지 알 수 없는 표정으로 대답한 것이다. "아니 나는 오스트리아를 공격할 의도는 없다. 공격할 생각이 있다고 해도 그들에게 그것을 알릴 의도도 없다."[17]

그리고 프로이센 때문에 싸우게 된 가장 중대한 전쟁은 예방전쟁이었다.

---

14) 빈센트 베네데티. 1817~1900. 프랑스 외교관. 1864년부터 6년 동안 주독일대사를 지냄. 1870년 7월 어느 날, 스페인 왕위 계승에 관한 프랑스의 요구를, 잠자리에 있는 빌헬름 1세에게 전했다.
15) 제7장의 역주 17 참조. 1866년 프로이센 대 오스트리아전에 관한 지적.
16) 아돌프 니엘. 1802~1869. 프랑스군의 개혁을 이끌었다. 1867년 전쟁부 장관을 지냄.
17) 1866년 3월 16일 오스트리아 사절 아리오스 폰 칼로리 백작에 대해서 말하고 있다.

프리드리히 대왕은 그의 지난날 적들의 목적을 관료 한 사람을 통해서 최종 확인했을 때 예방전쟁 거부의 원칙을 버리고 적의 공격을 기다릴 것도 없이 즉각 공격에 나섰다.

육상에서의 2국 표준주의의 침해가 독일에게는 예방전쟁으로의 계기였던 것이 틀림없다. 그 대답은 역사에서 간단히 이끌어 낼 수 있지 않을까. 러시아가 동아시아에 묶여 있는 것으로 보인 1904년[18]에 예방전쟁이 이루어졌다면 프랑스를 압도했을 것이다. 그것을 놓친 결과가 몇 배의 피를 흘리게 했음에도 우리 민족을 더할 나위 없이 깊은 패배로 몰아넣은 것이 이번 제1차 세계대전이다.

영국에서는 그런 헷갈림은 없었다. 해상에서 영국의 2국 표준주의는 영국의 자주성을 유지하는 전제처럼 보였다. 영국은 힘을 지니고 있는 한 이 상태를 바꾸려고는 하지 않았다. 하지만 세계대전 이후 2국 표준주의는 포기되었는데 그것은 영국의 의도를 웃도는 여러 외국의 압력이 있었기 때문이다. 미국에, 여러 국가 사이의 세력 질서나 단계를 무효로 하고 말 정도의 새로운 무력 요소가 성립되어 있었던 것이다.

육군 조직의 형태가 어떻든 영국을 유지하려는 의지가 여러 결정을 규정하고 있었다는 설명에 가장 설득력을 발휘할 증명은 지금으로서는 영국 육군이었다. 영국 용병군은 타국 용병이 때때로 지적받는 것과 같은 나쁜 성질을 지니고 있지 않았다. 그들은 운동경기에서 느끼는 봉사정신과 특별 장비로 훈련받은, 개별적으로 형성된 탁월한 전투 집단, 투쟁 집단이다. 이 작은 병사단이 특별한 의미를 지니고 있는 것은 그들을 통해서 브리튼 세계제국의 눈에 보이는 생존 표현을 직접 접하게 되기 때문이다. 이 용병군은 세계의 거의 모든 지역에서 영국의 위대함을 위해 싸운 것인데, 동시에 영국의 위대함까지도 알게 만들었다. 무기 사용법에 정통한 그들이 때로는 남아프리카에서, 때로는 이집트에서, 또 인도에서 영국의 이익을 대표하고 있고, 그것으로 인해서 브리튼 제국이 거대하고 위대하다는 인상을 남기고 있었던 것이다.

오늘날 독일 용병부대에 이런 것을 바라는 것은 완전히 헛수고이다. 그뿐만이 아니다. 평화주의적·민주주의적이라고는 말하면서 실제로는 민족을 배

---

18) 러일전쟁 때의 일.

반하고, 나라를 배반하고 있는 국회 다수파에게 현혹되어 작은 군대 자체가 이런 정신에 양보해야 한다고 생각하면 생각할수록 군대는 전쟁 도구임을 포기하고 그 대신에 시민의 안녕과 질서를 위한, 그러나 실제로는 평화적으로 참고 견디는 경찰부대로 계속 전락하고 있는 것이다. 군대의 존재 목적이 전쟁 준비가 아닌 한, 그 특유의 높은 가치에 충실한 군대를 키우는 것은 불가능하다. 평화 유지만을 위한 군대란 존재하지 않는다. 전쟁이라는 투쟁에서 이기기 위해 싸우는 군대만이 군대로서 존재한다.

독일에서는 국방군[19]에게 본디 전통적인 육군보다 더 높은 가치를 추구하게 하면 할수록 군대는 전통에서 벗어나게 된다. 군대의 전통적 가치란 국내에서 두세 번의 파업소동을 잘 극복했다거나, 식료품 약탈을 방지했다거나 하는 효과에 있는 것은 아니다. 전장에서 승리한 실적으로 획득한 명성에 있는 것이다. 그러나 독일 국방군은 현실적으로 국민정신을 대표하길 중단했다. 그에 따라서 해마다 이 전통에서 멀어져 갔다. 국방군 내에서 의식적 국민정신[20] 즉 의식적인 국가주의적 정신은 말살되고, 그것을 대표하고 있는 인재가 순차적으로 배제되고 그 대신에 민주주의자와 일상 과제를 처리하는 자가 위세를 부리게 되면서 국방군은 민족으로부터 분리되어 갔다. 그것은 교활한 지도자라도 우리 민족의 평화적, 민주적 부분을 양보함으로써 자신들이 민족과의 접점을 공유할 수 있으리라고는 상상할 수 없기 때문이다. 다시 말해서 독일 민족의 이런 부분에서 모든 군대적 조직 자체는 그것이 바로 군대이고, 국제적·평화적 주식거래 이익의 감시 단체, 방어 조직이 아닌 한, 내적으로는 혐오의 대상이었다. 군사적으로 의미가 있는 군대가 내적 관계를 얻고 있는 유일한 부분이 우리 민족의 국민 의식적인 핵이다. 그것은 전통에 따라서 군인답게 생각하는 것만이 아니라, 명예를 지키고 자유를 지키기 위해 국민적 사랑 덕분에 잿빛 군복을 몸에 걸칠 준비를 하고 있는 유일한 사람들인 것이다.

그렇지만 곤란한 때에는 자기들에게 지원군을 보내주는 사람들과는 군대

---

19) Reichswehr. 바이마르공화국 시대 1921년부터 35년까지는 육군 10만 명과 해군 1만 5000명이 베르사유 조약으로 정해져 있었다.

20) 1920년 카프 폭동과 1923년 11월의 뮌헨 폭동에는 군인도 참가했다. 그 이유로 군에서 추방된 군인들을 가리키고 있다.

가 내적인 관계를 지니고 언제라도 자기들을 배신하는 자들과는 아무런 관계를 가지려 하지 않는 것은 자연스러운 일이다. 그렇기 때문에 우리의 이른 바 국방군의 오늘날 지도자들이 민주적이면 민주적일수록 독일 민족과의 강한 결합은 달성할 수 없을 것이다. 왜냐하면 민족적 사고를 선호하는 독일 민족은 민주제 상태에는 없기 때문이다. 그러나 특히 독일 국방군의 전임 사령관인 폰 제크트 장군[21]이 공고하게 국가적 심정을 지니고 있었던 장교나 지도자 해임에 반대하지 않았을 뿐만 아니라 지원하고 있었으므로 그들은 가벼운 마음으로 그를 놓아주더라도 좋은 장치를 결국 손에 넣은 것이다.

폰 제크트 장군이 퇴임[22]한 뒤부터는 민주적·평화주의적 영향이 활발해지고 오늘날 국가 지배자들이 대단한 이상으로 생각하는 공화주의적·민주주의적인 국회의 감시인을 독일 국방군에서 활발하게 만들어 내고 있는 것이다.

물론 그런 도구로 외교정책을 펴나갈 수는 없다.

그러므로 오늘날 독일 내정의 과제는 무엇보다도 국민적 힘의 목적에 따른 군대 조직을 독일 민족에게 재차 주는 데에 있다. 그런데 오늘날 국방군의 형식은 이 목적에 따르지 않고 있는 데다가 반대로 외교적 요소에 규정되어 있는 것이므로 독일 외교정책의 과제는 독일 국민군[23] 재무장을 허용하기위해 온갖 가능성을 찾는 것에 있다. 그것은 독일 정치 지도의 단호한 목표는 적절한 시기에 다시 용병군을 대신해 정규 독일 국민군을 소유하는 곳에 두어야만 하기 때문이다.

독일 국방군의 전반적인 질은 앞으로도 그다지 높게는 발전하지 않겠지만 순수하게 기술적·군사적으로 보면 현재 수준은 아주 높다. 이것은 의심할 것도 없이 폰 제크트 장군과 국방군 장교단의 공적이다. 따라서 현실로 독일 국방군은 다가올 독일 국민군의 핵심일 수 있다. 본디 독일 국방군 자체는 그 과제를 국민적 투쟁을 지향하는 교육을 강조하면서 국민군을 위해 장교나 하사관 그룹의 대량 육성에 두어야 한다.

---

21) 1866~1936. 원수. 1919년 베르사유에서 독일전권위원회 군사 대표를 지냈다.
22) 1926년 9월 상순 프로이센의 빌헬름 공의 군사 훈련 참가를 인정한 것 때문에 같은 해 10월 사령관에서 물러났다.
23) Volksheer(국민 개병 의무에 의한) 국민군.

이 목표를 확고하게 해 유념해야 한다. 진정으로 국민의 일을 생각하는 독일인이라면 이에 이의를 제기하지는 않을 것이다. 그러나 또 국가의 외교정책이 전반적으로 필요한 여러 전제를 확보해야만 목적을 이룰 수 있는 것처럼 명료하다.

이렇게 해서 독일 외교정책의 제1과제는 독일군 재생을 가능하게 하는 여러 조건의 확립에 있다. 그렇게 됨으로써 비로소 우리 민족의 생존 요구가 그 실제의 대표를 발견할 수 있기 때문이다.

독일군 재생을 보증해야 할 정치 행동은 그 자체가 독일에게 필요한 장래 발전의 테두리 안에서 이루어져야 한다. 이것 또한 원칙으로서 확인해 둔다.

독일의 이익, 독일의 제반 시점이 현재 군조직 변경에 유리한 한, 현재의 내정 상태는 별도로 치고 외교상 이유로 변경할 수는 없다고 강조해 둘 필요는 없을 것이다.

세계 최대의 전투 행위를 해체하고 그 영구화에 가능한 한 많은 나라의 관심을 끌어두자는 것이 세계대전의 본질이었고, 독일의 주요 적국의 의도이기도 했다. 이를 달성할 수 있는 것은 국토 분할 시스템에 의해서 상호의 소망이나 목적이 복잡하게 뒤엉켜 있는 나라들이, 독일이 다시 강국이 되면 그때마다 피해를 입는다는 불안에 사로잡혀서 독일을 적으로 간주하고 독일에 맞서기 위해 연합하고 있기 때문이다. 그것은 종래의 세계사 경험에 반해서 세계대전이 끝난 지 10년이 지나고도[24] 전승국 사이에 연합이 유지되고 있는 것은 우리 조국이 26개국에 용감하게 맞선 그 싸움을 상기하는 독일에게는 참으로 명예로운 사실에 의거하고 있다.

이들 제국 상호 간의 여러 어려움보다도 독일이란 강력한 제국의 재기로 피해를 받는 불안함이 더 큰 한 그 연합은 계속된다. 그렇다면 물론 독일 국민에게 군비를 인정할 의지는 어디에도 존재하지 않는다. '전승국'은 그것을 위협으로 생각하기 때문이다. 다음 여러 가지 점을 인식해 보자. 첫째, 앞으로 독일의 생존 이익을 위한 현실적인 대표는 불만족인 독일 국방군이 아니라 독일 국민군이다. 둘째, 독일 국민군의 형성은 현재 독일에 대한 외교 압박이 완화되지 않는 한 불가능하다. 셋째, 국민군 조직에 대한 외교상 반대

---

24) 이 기록을 이 초고가 1928년에 성립된 하나의 증명이라고 바인베르크는 생각했다.

의견이 변경되는 것은 그런 새 조직을 전체적으로 위협으로 받아들이지 않게 되었을 때다. 이런 것들이 인식되면 현재로서는 독일 외교에서 아래의 여러 사실이 뚜렷하다.

오늘날 독일은 외교 과제를 어떤 일이 있어도 결코 형식적인 국경정책의 관점에서 고찰을 해서는 안 된다.

1914년 때 국경 회복이 외교 목표 설정이나 원칙이 된다면 독일은 옛 적국 간의 공고한 결속에 직면할 것이다. 그렇게 되면 강화조약에 규정된 우리의 군대 형식을 우리 이익에 보탬이 되는 형식으로 바꿀 수 있는 가능성은 배제되고 만다. 이렇게 해서 국경 회복이라는 외교 표어는 그것에 필요한 힘이 빠져 있어 실현 불가능하기 때문에 내용 없이 말뿐인 구호가 되고 있다.

특기해야 할 일로서 이른바 독일 시민계급이, 더구나 여기에서도 선두에 나선 애국자동맹이 이 어리석기 짝이 없는 외교 목적에 달려든 것이다. 그들은 독일이 무력함을 알고 있었을 것이다. 그리고 국내에서의 붕괴는 완전히 무시했다고 해도 국경 회복에는 군대라는 권력 수단이 필요하다는 것도 알고 있었다. 덧붙이자면 우리는 강화조약 때문에 이런 수단은 소유하고 있지 않고 우리의 적국이 연합한 전선 때문에 그것을 유지할 수 없다는 것도 알고 있었다. 그럼에도 그들은 가장 깊은 내면의 본연적인 자세로부터 실행에 필요한 수단을 얻을 가능성을 우리에게서 빼앗아 가는 외교 구호를 세우는 것이다.

시민계급의 국정상 수완이라는 게 이런 것이다. 물론 그것으로 인해서 그들을 주름잡고 있는 유례가 없는 정신이 우리의 눈앞에 펼쳐지고 있다.

그 무렵[25] 프로이센으로서는 1806년부터 1813년까지 7년 동안 재기하기에 충분했다. 시민계급의 국가경영술은 같은 시간을 들여 마르크시즘과 손을 잡고 독일을 로카르노[26]까지 데리고 온 것이었다. 그것이 오늘날의 시민적 비스마르크, 즉 슈트레제만의 눈에는 커다란 성과이다. 왜냐하면 바로 앞서 말한 슈트레제만이 달성하는 것이 가능한 일이고, 정치란 가능한 일을 추구하는

---

25) 1806년 10월 14일 예나와 아우어슈테트에서 프로이센군은 프랑스군에 패하고 1813년 2월 26일 독일과 러시아 연합군은 라이프치히에서 프랑스 점령군을 격파했다.

26) 1925년 10월 16일, 영국·프랑스·독일 등 7개국이 스위스 로잔에서 유럽안전보장조약에 임시 조인했다. 그 가운데에 독일과 프랑스·벨기에 사이의 현 국경 유지가 포함되어 있다.

방법이기 때문이다. 내 잠언이 슈트레제만의 정치가로서의 질을 확정하게 될 것을 비스마르크가 알고 있었다면 그는 이 잠언을 틀림없이 남기지 않았을 것이다. 어쩌면 작은 주(註)라도 붙여서 슈트레제만이 이를 인용할 권리를 인정하지 않았으리라.[27]

독일 국경의 회복이라는 강령을 장래의 외교 목표로 하는 것은 어리석기도 하고 위험하기도 하다. 그것은 현실에서 첫째 어떤 의미에서도 유용한, 또는 추구할 만한 목표를 내포하고 있지 않기 때문이다.

1914년의 독일 국경은 여러 민족의 경계가 어느 시대에서나 그런 것처럼 어떤 미완성인 것을 보여주고 있는 경계였다. 어느 시대에 있어서나 지구상 영토 분할은 완료되는 일 없이 아주 당연하게 계속되고 있는 생성과 투쟁의 일시적인 성과이다. 민족 역사의 특정 해에 미치고 있었던 경계를 채용해 즉석에서 정치 목표 그 자체로 만드는 것은 어리석은 책략이다. 즉 1914년 국경을 확정할 수가 있는 것이라면 1648년 그것으로 결정해도 좋고, 1312년 그것으로도 좋지 않은가. 마찬가지로 1914년 국경은 국민적으로나, 군정상으로나, 영토정책적으로 보아도 만족할 수 없는 것이었다. 그것은 우리 민족의 생존 투쟁에서 그 무렵 일시적인 상태에 지나지 않았다. 생존 투쟁은 수천 년에 걸쳐서 되풀이되었던 것으로 세계대전이 발생하지 않았으면 1914년에 종결되지는 않았으리라.

독일 민족이 1914년[28] 국경을 사실상 회복했다고 해도, 세계대전의 희생은 헛일이 될 것이다. 우리 민족의 장래도 그런 회복 때문에 결코 무엇 하나 손에 넣지 못한다. 우리의 국민적 시민계급이 보여주고 있는 순수하게 형식적인 국경 선정책은 가능한 최종 결과로서 불충분하고 견딜 수 없이 위험하기도 하다. 그것은 처음부터 이론상 구호에 지나지 않고 실천적인 가능성을 파괴하는 데 도움이 될 뿐이다. 따라서 이 구호는 가능성의 기술이란 격언과는 아무런 관계도 없다.

사실 그런 외교 목표는 현실의 비판적 검증에도 견디지 못한다. 그러므로 이 목표는 '국가의 명예'를 근거로 한다면 모르지만 논리적 근거를 가지고 동

---

27) 슈트레제만은 비스마르크의 현실정치를 찬양하고 자신도 그 정책을 추진한다고 자신의 정책을 정당화했다.
28) 초고에는 '19114'로 적혀 있다. 물론 '1914'의 오타이다.

기를 설명하기에는 무리가 있다.

국가의 명예가 우리에게 1914년 국경 회복을 요구하는, 국가의 명예를 대표하는 자들이 이르는 곳마다 개최하는 맥주 파티에서 큰 소리로 외치는 의견 표명은 이것에 그친다.

첫째로 국가의 명예는 어리석고 불가능한 외교정책을 추진하는 의무와는 아무런 관련도 없다. 정도가 낮은 외교는 결과적으로 민족의 자유를 빼앗아 노예로 만들기 때문이다. 노예가 된다는 것이 국가의 명예라고는 도저히 생각할 수 없다. 물론 억압되고 있어도 국민은 어느 정도 존엄과 명예를 유지할 수가 있다. 다만 이것은 절규나 국민적 구호의 문제가 아니라 민족이 운명을 견디고 있는 기품 있는 행동의 표현이라고 할 수 있다.

오늘날 독일이 해야 할 일은 무엇보다도 국가의 명예에 대해서 말하는 것도, 국가의 명예를 지키기 위한 구호들을 외치도록 부추기는 것도 아니다. 국가의 명예 따위는 지킬 수 없다. 그도 그럴 것이 국가의 명예라는 것은 이제 존재하지 않기 때문이다. 물론 우리가 전쟁에 졌기 때문은 아니다. 프랑스인이 알자스 로렌을 점령했기 때문도 아니다. 폴란드인이 오버슐레지엔[29]을 빼앗았기 때문인 것도 아니고, 이탈리아인이 남티롤[30]을 빼앗았기 때문인 것도 아니다. 독일 민족이 그 생존 투쟁의 가장 곤란한 시기에 지조도 없이, 치욕도 모르고 굴복해 개처럼 끌려 다니고 꼬리를 흔들어 창피한 줄 모른다고밖에 말할 수 없는 근성을 드러냈기 때문이다. 강요된 것도 아닌데 초라하게 굴복했기 때문이다. 우리 민족의 지도부는 영원한 역사적 진실과 민족의 지견(知見)에 반해서 전쟁의 책임을 떠맡고 그것으로 인해서 우리 민족 전체를 괴롭히고 있기 때문이다.

애초에 적이 압박을 가해 온 것은 우리 민족 내부에 몇천이라는 양순한 지원자를 발견했기 때문이다. 반대로 우리 민족의 위대한 행위의 시대를 부끄러움도 없이 모멸하고, 어느 시대에나 존경해야 할 국기를 업신여기고, 마음껏 더럽히며, 세계를 떨게 한 귀환병들의 모장(帽章)을 잡아 찢고, 기를 마

---

29) 슐레지엔은 현재 폴란드 남부의 오데르강 상류지방을 가리킨다. 제1차 세계대전 패배까지는 독일령이었다. 오버슐레지엔은 그 지방 남부를 가리킨다.
30) 1919년 9월 10일 생제르맹 조약에 의해 브렌너 고개 이남 남티롤은 이탈리아 소속으로 정해졌다.

구 다루고, 훈장이나 명예장을 잡아 떼 독일의 가장 위대한 시대에 대한 추억 자체를 몇천 번이고 멸시하는 자들이 있었기 때문이다. 적이라고 해도 11월 범죄[31]의 대표자[32]가 모독했을 정도로 독일 군대를 모멸하지는 않았다. 독일군 지도자들의 위대함을 의심한 것은 적국이 아니었다. 새로운 국가이념을 대표하는 부랑자들이 그것을 비방한 것이었다.

우리 민족에게 불명예인 것은 적국의 독일지역 점령인가. 그렇지 않으면 우리 시민계급이 앞잡이나 들치기나 탈주병이나 암거래 상인이나 가짜 신문기자로 이루어진 조직에 독일제국을 넘겨주고 만 겁쟁이인가. 제 몫을 하는 인간이라면 자신들이 면목 없는 지배에 굴복하는 한 현재의 독일 명예에 대해서 말하고 싶지 않을 것이다. 내정이 지난날 위대한 민족을 엄습한 반국민적인, 후안무치(厚顔無恥)를 그대로 드러내고 있는데도 국가의 명예란 이름으로 외교정책을 시행할 권리는 누구에게도 인정되지 않는다.

독일의 명예란 이름으로 오늘날 행동하려는 자는 첫째로 독일의 명예를 악마처럼 더럽히는 자들에게 용서 없는 싸움을 선포해야 한다. 하지만 그것은 지난날의 적이 아니라 11월 범죄의 대표자들, 우리 민족을 오늘날의 무력 상태로 내몬 마르크시즘적, 민주주의적·평화주의적, 중앙당적 매국노들 무리에게 해야 하는 것이다.

국가의 명예란 이름으로 지난날 적을 매도하고 국내에서 적과 손을 잡고 있는 비열한 동맹자들을 주인으로서 맞이하는 것이 오늘날 이른바 국민적 시민계급의 국민적 존엄에 걸맞은 것이다.

나는 솔직하게 고백한다. 나는 그 무렵의 적 누구와도 화해할 수 있다. 그러나 우리 민족의 일련의 배신자에 대한 나의 증오는 앞으로도 화해를 모른다. 우리는 적으로부터 혹독하고도 깊은 굴욕을 당했다. 그러나 11월 범죄의 사내들이 저지른 것은 이제까지 겪었던 일 가운데 가장 불명예스럽고도 저열한 범죄였다. 나는 이런 하찮은 자들에게 언젠가 책임을 지우게 될 상황을 만들어 내려고 노력하고 있다. 그 때문에 나는 독일의 명예 회복을 지원하고 있는 것이다.

31) 1918년 11월의 독일 제정 붕괴, 독일공화국 성립 선언 등을 가리킨다.
32) 바이마르공화국으로의 이행을 가져온 사회민주당을 중심으로 한 세력을 가리킨다.

우리 민족에게 생존의 자유와 미래를 보증하는 책임 이외의 근거가 독일 외교정책 수립의 기준이 되는 것과 같은 상태를 나는 거부하지 않을 수 없다.

국가적·시민계급적 관점에서의 국민적 국경선정책이 전혀 의미를 갖지 않는 것은 다음 고찰에서 뚜렷하다.

독일 국민은 독일어를 모국어로 인정하는 사람들을 근거로 하면……[33] 100만 명이다.

그 가운데 모국에 있는 인원 100만 명이다.

즉[34] 〔이하 원고 없음〕

그리고 현재 제국 영내에는 세계의 모든 독일인 가운데…… 100만 명만이 살고 있는 데 지나지 않는다. 이것은 우리 민족 전체 가운데 ……퍼센트[35]이다.

모국으로 통일되어 있지 않은 독일인 가운데 여러 사정 때문에 완만한 상실에 맡겨진 민족 동포로 간주되어야만 할 사람들은[36] 〔이하 원고 없음〕

즉 어림셈해서 ……독일인[37] 100만 명이 언젠가는 독일화에서 벗어나게 될 우려가 아주 큰 상황 아래 생활하고 있다. 그러나 그들은 어느 경우에서든 모국의 운명이 걸린 투쟁에, 그들 민족의 문화 발전에 결정적인 형태로는 관여하기 어려울 것이다. 개별로 보면 북아메리카에서 계속 독일인이 행하고 있는 일은 독일 민족 자체에는 유리하게 작용하지 않는다. 이들은 미합중국의 문화 대중에게 귀속되어 있다. 여기에서는 어느 국면에서나 독일인은 실제로는 타민족 문화 발전의 밑거름에 지나지 않는다. 실제로 대부분의 경우 이들 여러 민족의 위대함은 상당한 정도로까지 독일인의 공헌 능력에 의존하고

---

33) '……' 부분은 초고에서도 빈칸이다. 히틀러는 수치를 넣을 생각이었던 것으로 추측된다. 이하 동일.

34) 초고에서는 이 부분이 124쪽 9째 행이다. 이 쪽은 이 행 이하가 공백이다. W판은 히틀러는 앞의 '……' 부분에 정확한 수치를 넣기 위해 자료에서 그 수치를 확인하려고 구술을 한때 끊은 것으로 추측을 하고 있다. 이 이유에 의거해 W판에서는 여기까지를 제8장으로 하고, 이하를 제9장으로 하고 있다. 본 역서에서는 그것이 없으므로 장은 나누지 않는다.

35) 약 66퍼센트에 해당한다.

36) 초고 125쪽 7째 행은 이것으로 중단되어 있다. 이하 9행의 중단이 있다. 본 역서에서는 1행만이 비어 있다.

37) 여기에서 히틀러는 캐나다·미국·오스트리아·남아메리카에 살던 독일인을 가리키고 있는 것 같다.

있다.

이토록 민족의 손실이 크다는 것을 알면 시민사회가 지원하고 있는 국경선 정책의 의미가 낮은 것은 바로 추측할 수 있을 것이다.

독일의 외교정책 자체가 1914년 국경을 회복한다면 제국 내에 사는 독일인[38]은 즉 우리 국가의 국민 비율은 그래도 ……퍼센트에서 겨우 ……퍼센트[39]로 높아진다. 이 사정에서 이 비율을 본질적으로 높일 가능성은 이제 무시해도 좋다.

외국에 있는 독일인이 그래도 아직 나라에 충실하려고 한다면 언어적, 문화적 충실함이 가장 큰 문제가 된다. 독일국가라는 모국이 우리 민족을 대표하고 있는 존엄에 즉응해 독일의 이름을 명예롭게 만들면 만들수록 이 충실함은 귀속 의식의 의도적 표명에까지 높아진다.

그러므로 독일 자신이 세계 제국으로서 독일 민족은 위대하다는 인상을 전하면 전할수록 국가 수준에서는 최종적으로 독일인일 수 없게 되어 있는 독일인도, 적어도 정신적으로는 이 민족에 속해 있는 것을 자랑으로 생각할 수 있다. 그에 반해서 모국 자체가 독일국가의 이익을 비참한 형태로 지키고 따라서 밖으로 향해서는 좋지 않은 인상을 전하면 전할수록 민족에 속하는 내적 유인은 더한층 약해진다.[40]

그러나 독일 민족이 유대인으로 구성되어 있는 것은 아니므로 독일다움은, 특히 앵글로색슨 제국 내에서는 유감스럽지만 언제나 앵글로색슨이 될 것이다. 그리고 생각하건대 실제적인 일을 하는 능률을 우리 민족이 잃고 만 것처럼 정신적으로나 이념적으로나 우리 민족은 독일다움을 잃어가게 될 것이다.

세계대전 및 강화조약이라는 사건에 의해서 독일 민족체에서 분리되고 만 독일인의 명운(命運)이 문제가 되는 한, 그 운명과 그 장래는 모국이 정치적인 힘을 다시 획득하는 문제와 같은 줄에 있다고 할 수 있다.

---

38) 베르사유 조약에 의해서 독일이 포기한 토지의 주민 수는 637만 2177명, 그 가운데 독일인 은 279만 7024명이었다.
39) 앞 주 38의 수치에 의하면 약 66퍼센트에서 약 69퍼센트로 높아진다.
40) 독일 국내에는 외국에 거주하는 독일인을 문화적·정치적·경제적으로 지원하는 공적·사적 단체가 많이 있었다.

잃어버린 영토는 항의한다고 해서 되찾을 수 있는 것이 아니다. 힘에 의한 승리로 되찾을 수 있는 것이다. 오늘날 국가의 명예란 이름으로 어느 지역으로부터의 해방을 원하는 자는 철과 피에 의해서 이 해방에 따르는 책임을 수행할 각오가 되어 있어야 한다. 그렇지 않다면 수다쟁이는 입을 다물기 바란다. 그러기 위해서는 물론 신중하게 생각해야 할 의무가 생긴다. 첫째로, 그런 싸움을 할 수 있는 힘을 지니고 있는가. 둘째로, 바라고 있는 성과를 찾아 피를 쏟거나, 쏟을 수 있는가. 셋째로, 얻게 된 성과가 쏟게 되는 피의 대가에 걸맞은 것인가.

물론 나는 가장 잘되었다 치고 남성·여성·아이들을 합쳐서 국민 25만 명을 늘리기 위해[41] 싸움터에서 200만 명의 피를 무리하게 흘리는 것에는 반대이다. 그것을 국가 명예의 의무로는 보지 않는다. 그곳에서 볼 수 있는 것은 국가 명예 따위는 아니다. 양심 상실이거나 광기의 행동이다. 어느 민족으로서나 제정신이 아닌 사람에게 통치되는 것은 결코 국민적 명예가 아니다.

그러나 위대한 민족은 단 한 사람의 시민이라도 전력을 쏟아 비호한다. 그것을 감정이나 명예 탓으로 돌리는 것은 잘못이다. 이것은 인간의 경험 및 현명함에서 얻게 되는 통찰이다. 개개의 시민에게 부정이 가해지고 있는 것을 허용하면 민족은 그 지위가 차츰 약해져 간다. 그것을 허용해 두면 자국의 힘에 대한 신뢰는 차츰 사라져 공격하려고 노리고 있는 적의 내적 강화를 도와주는 결과가 된다. 사소한 일로 양보를 자주 거듭한 결과는 역사를 보면 정확하게 알 수 있다. 중요한 일의 결과는 분명하고 말할 것도 없다. 그러므로 배려가 많은 국가 지도자는 아주 사소한 일에서조차 자국 국민의 이익을 오히려 지키려고 한다.

오늘 어딘가에서 영국 국민이 부당한 대우를 받고 영국이 그 시민의 보호를 떠맡는다면 한 사람의 영국인을 위해 전쟁에 휩쓸릴 때의 손해는 영국보다도 부당한 대접을 한 어느 나라 쪽이 더 크다. 그렇기 때문에 개개인의 보호 자체를 존중하는 국가제도의 확고한 태도는 견딜 수 없이 위험하다고는 말할 수 없다. 왜냐하면 다른 나라는 한 개인에게 가해진 사소한 부정 때문에 전쟁을 한다고 해도 그것에서 얻을 수 있는 이익은 없기 때문이다. 강력한

---

41) 남티롤을 가리킨다. 1921년의 조사에 의하면 남티롤에는 그 무렵 19만 5650명의 독일인이 살고 있었다.

국가는 국민 한 사람까지 보호하고 전력으로 지킨다는 원칙이 알려져 있고 또한 1000년 동안에 걸쳐서 적용되어 왔기 때문에 명예성이라는 일반적 개념이 형성된 것이다.

그 덕분에 유럽 여러 나라의 존경은 증가하고 또는 적어도 오래 지속되어 온 것이다. 군사력이 약소하거나 강력하지 않은 나라에서 프랑스인 또는 영국인을 부당하게 대우했다면 그것이 실증되어 있지 않고 단지 겉으로만 드러났다고 해도 무력을 행사해 국민을 지키기 시작한 것이다. 군함 두세 척이 군사훈련을 하고 최악의 경우에 대비한 실탄 사격 훈련을 했다. 때로는 원정대를 상륙시켜 부당하게 대우하는 세력을 응징했다. 처음부터 그런 방법으로 개입할 기회를 얻으려는 희망을 드물지 않게 볼 수 있었다. 그것이 이 사상을 낳은 모태였다.

라이베리아에서 피를 흘리고 보복을 하는 분쟁에 영국이 개입했는데 그것에 관해서 미국과 각서를 교환했다. 독일인은 결코 이런 생각을 하지 못할 것이다.

즉 강국이 순수하게 목적에 합치한다는 이유에서 개인의 보호를 전력으로 떠맡는다면, 완전히 무방비이고 무력한 제국은 국가의 명예를 이유로 최종적인 장래의 전망 그 자체를 파괴할지도 모를 외교상의 진전을 떠맡을 수는 없다. 독일 민족이 오늘날의 이른바 국민 모임으로 대표되는 국경선정책을 독일의 명예를 옹호할 필요성에서 근거를 부여한다면 결과는 바로 독일의 명예 회복이 아니고 독일 불명예의 항구화이다.

그러니까 영토를 잃은 것이 불명예인 것은 아니다. 자기 민족의 완전한 노예화를 강제적으로 이끄는 것이 불명예이다. 완전히 악질인 목적에 추세를 맡기고 행동을 피하기 위한 정치가 이루어지고 있는 것이다. 그리고 그곳에서 중요한 것은 목적뿐이다. 즉 국가의 명예로운 정치가 실제 목적이라면 적어도 그 정치를, 보편적인 명예 개념으로 평가될 수 있는 인물에게 맡겨야 한다. 그러나 독일제국의 내정과 외교를 "나에게는 독일이란 이름의 조국은 없다"고 의회에서 야유의 미소를 띠며 설명하는 여러 세력들이 처리하고 있는 한, 국민적·시민적, 국가적인 구호를 외치는 자들의 과제는 무엇보다 먼저 자신들의 내정을 통해서 독일에서 국가의 명예 사상에 가장 간명한 평가를 주는 데 있을 것이다.

그러나 그들은 그렇게 하지 않는다. 왜 그들은 반대로 그들이 말하는 '국가의 명예'를 희생해 앞서 말한 나라의 배신자들과 연합하는 것일까. 그렇게 하지 않으면 곤란한 싸움이 그들을 기다리고 있는 데다 그 결과에 그들은 자신이 없기 때문이다. 그 싸움이 자신들 존재의 파멸을 가져올지도 모르기 때문이다. 물론 자신들의 개별 존재가 그들에게는 내정에서 국민의 영예를 지키는 것보다도 신성한 것이다. 그들은 제2, 3의 강령과 바꾸어 국민 전체의 미래를 위험에 노출시키는 일을 서슴지 않는 것이다.

사람들이 현재의 곤궁이나 과제를 초월해 장래 우리 민족의 생존 형태의 필요성을 생각하게 되었을 때에 비로소 국가적인 국경선정책이 무의미해진다.

우리의 시민적·애국적·조국적 모임의 국경선정책이 특히 무의미한 것은 그들이 최대로 피의 투입을 요구하면서 우리 민족에 대해서는 최소의 장래 전망밖에 가지고 있지 않기 때문이다.

독일 민족이 자국 토지에서 자국민을 양육하는 조건이 오늘날에는 평화로웠던 시기[42]보다도 저하되어 있다. 토지 수확량의 증가 또는 남겨진 황무지 개간으로 독일의 식량 생산은 높아지기는 했는데, 여러 가지 시도에 의해서도 우리 민족을 자국 토지에서 기르기에는 이르지 못하고 있다. 더구나 오늘날 독일에서 살고 있는 민족의 인구수는 우리 토지로부터의 수확량으로는 만족할 수 없다.

수확량이 증대해도 우리 민족 인구 증가에는 도움이 되지 못할 것이다. 개인의 생활 수요가 일반적으로 향상하므로 그것에 다 사용되고 남는 것은 없다. 독일에서 생활수준은 먼저 미국에서의 생활환경과 삶을 알고 그것을 본보기로 해서 만들어진다. 시골에서의 생활 수요는 대도시에서의 생활이 조금씩 알려지고 그 영향이 확대되어 향상된다. 마찬가지로 민족 전체의 생활 수요도 보다 향상된 풍요로운 국민생활의 영향 아래에서 발전한다. 30년 전에는 최고로 생각되었던 생활수준이 어느 민족에게는 불충분하게 받아들여지는 일도 드물지 않다.

이유는 간단하다. 그동안 다른 민족의 생활수준이 알려졌기 때문이다. 80

---

42) 1914년 이전을 가리킨다. 제1차 세계대전 뒤 약 10년 동안, 제1차 세계대전 전의 시기는 종종 '평화로운 시기'로 불리었다.

년 전에는 최상층 사회에서 전대미문의 사치였던 설비를 오늘날에는 최하층 사람들조차 당연한 일처럼 간주하고 있다. 근대 기술, 특히 교통에 의해서 세계가 좁아지고 여러 민족이 서로 접근해 오면 접근해 올수록, 그것에 따라서 상호관계가 강화되면 강화될수록 생활 사정은 서로 영향을 주고 서로 상대에게 동화하려고 한다.

특정의 문화 능력과 사실상의 문화적 의미까지도 지니고 있는 민족에게는 지식이나 이상을 호소함으로써 결국 일반적으로 통용되는 다른 생활수준을 적용할 수 있다는 의견도 있으나 이것은 잘못이다. 특히 대중은 그것을 이해하지 않는다. 그들은 자신이 고통당하고 있다고 느낀다. 그들은 자신들의 관점에서 그것에 책임이 있다고 지목된 사람들을 체제 전복 운동의 집단이자 민주국가에서의 위험 인물이라며 비난한다.

어쩌면 대중은 자신의 지식 범위에 맞추어서 독자 견해에서 출발해 독자기준에 의해 생활에 변경을 가하려고 한다. 아이에 대한 싸움이 시작된다. 타인과 똑같은 생활을 바라지만 그것이 안 된다. 그 책임은 많은 자식에게 있다고 해, 아이에게 기쁨을 느끼지 않고 골치 아픈 일로, 가능한 한 제한하려고 했다고 해도 무리는 아니다.

이 이유로 장래의 독일 민족은 국내의 토지 생산력을 향상시키면 인구 증가를 극복할 수 있다고 생각하는 것은 거짓임을 알 수 있다. 이 경우 성과로서 낳게 되는 것은 가장 잘되었다고 해도 향상된 생활 수요 그 자체의 만족이다. 그러나 이 생활 수요 향상은 민족의 인구수로는 훨씬 풍족한 상태 아래 있는 타민족의 생활수준에 의거하고 있는 것이기 때문에 그 민족의 생활수준은 장래에도 우리보다 나아질 것이다. 그러므로 만족으로의 동인(動因)은 사라지지 않는다. 어느 날 이들 여러 민족과 자기 토지에 의해서 충분히 조달하지 못하는 민족의 생활수준 사이에 거리가 생긴다. 어쩌면 후자는 인구를 억제하도록 강요되는, 또는 적어도 그와 같이 강요되는 것으로 단정할 것이다.

독일 민족의 전망은 절망적이다. 오늘날의 생존권만 해도, 1914년 국경을 회복해 얻게 되는 생존권만 해도 미국 민족에 필적하는 생활을 우리에게 허용하는 것은 아니다. 만일 그것을 원하는 것이라면 우리 민족의 토지가 확대되거나, 독일 경제가 이미 전쟁 전부터 알려져 있었던 방향을 지향하는 수밖에 없다. 어느 쪽을 채용하건 힘이 필요하다. 더구나 먼저 우리 민족의 내적인 활력의 재획득이라는 의미에서, 이어서 이 활력을 군사적으로 푼다는 의미에서 그렇다.

국가로서 오늘의 독일은 국민적인 과제의 실현을 한정적인 국경선정책으로 보고 있는데 그로 말미암아 국민의 식량 문제가 해소될 것으로 착각을 해서는 안 된다. 1914년 국경을 회복하는 정책이 성공을 거두었다고 해도 1914년 경제 환경을 손에 넣는 것뿐이다. 다시 말해서 그때가 되어도 오늘날과 마찬가지로 전혀 해결되지 않았던 우리 민족의 식량 문제가 우리를 다시 무조건 세계경제의 길로, 세계수출의 방향으로 밀어붙인다. 독일의 시민계급 및 그들과 손을 잡고 있는 이른바 국민연합이 실제로 생각하고 있는 것은 경제정책뿐이다. 생산·수출·수입. 이 표어가 이것만 있으면 장래 국민의 행복은 약속되었다고 마술처럼 초점을 바꾸어 되풀이해서 주장되고 있다.

생산력이 향상하면 수출력이 높아지고 그것으로 인해서 수입으로 필요한 것도 충족할 수 있으리라 사람들은 바란다. 그런데 완전히 잊어버리고 있는 것이 있다. 독일에서의 모든 문제는 이미 말한 바와 같이 생산력 향상이 아니고 판매 가능성이다. 더욱이 수출의 난점은 독일의 생산원가 저하에 의해서 개선되는 것이 아니다. 우리 시민계급의 빈틈없는 자들은 이 점에서도 착각하고 있다. 이것은 우리의 국내시장을 제한하면 부분적으로 가능하기는 하다.

그러나 우리의 사회입법 및 그것에서 기인하는 의무나 책무가 해체되어 생산비용이 낮아져 독일의 수출상품에 경쟁력이 생겼다고 해도 그것은 1914년 8월 4일[43] 우리가 있었던 장소로 되돌아가는 것뿐이다. 영국이 자신에게 위험하기 짝이 없는 독일과의 경쟁을 참을 수 있을까. 참을 수 있을 거라고 생각하는 것은 시민계급적 국민적 호인(好人)에 지나지 않는다. 그리고 그들은 독일은 1914년에 전쟁을 바라지 않고 있었는데 문자 그대로 그것에 돌입하게 된 것이고 순수한 경쟁심에서 유럽 중의 다른 적국을 모아서 독일에게 적대하게 한 것은 영국임을 충분히 알고 있으며, 또한 언제나 당당하게 강조하고 있는 것이다.

---

43) 이날 영국은 독일에 선전포고를 했다.

오늘날 궁지에 빠져 있는 공상 경제가들은 4년 반에 걸친 무서운 세계대전에 그 세계제국의 모든 존재를 걸고 승리자가 된 영국은 지금의 시점에서 독일의 경쟁력을 이전과는 다른 눈으로 보고 있다고 공상하는 것이다. 마치 영국이 이런 문제 전체를 운동경기처럼 생각하고 있는 것 같은 전제에 서 있다. 당치도 않다. 영국은 개전 전 수십 년간에 걸쳐서 독일의 경제 경쟁력을 확대하는 독일의 해상무역 등을 경제적 대응책으로 타파하려고 애써왔다. 이렇게 되면 성공은 가망이 없다.

반대로 독일이 함대 건조에 의해서 세계를 평화적으로 점령할 때까지 현실적으로 경제전쟁을 속행할 생각이라는 것을 알았을 때, 영국은 비로소 최후의 수단으로서 무력에 호소한 것이다. 영국이 승리자가 되고 사람들이 새로운 도박을 할 수 있다고 생각하는 오늘에 이르러 곤란하게도 독일은 그 내정과 외교로 인해서 무언가 중요한 세력의 요소를 활용하지 못하는 것이다.

우리의 생산력을 향상시켜 그것을 싼값에 팔아서 민족의 식량을 다시 확보하려고 해도 그것이 최종적으로는 잘되지 않는다. 무기의 힘이 부족하기 때문에 이 싸움의 최종 결과를 떠맡을 수가 없기 때문이다. 마지막으로 남겨지는 것은 독일의 민족 자급의 붕괴, 민족 자급이라는 모든 희망의 파멸이다. 물론 수출국으로서 세계시장을 노리고 있는 유럽 나라들에 미국이 여러 분야에서 아주 버거운 경쟁 상대로 추가되는 것을 바라봐야만 했다. 국내시장은 풍부하고 크기 때문에 생산지수와 생산설비 확대가 가능하고 높은 급여를 지불하고 있음에도 무리라고 생각될 정도까지 제품 비용을 낮추어 줄이고 있다.

독일에게 경고가 되기도 하는 예로서는 자동차 산업의 발전을 들 수 있을 것이다. 이를테면 우리 독일인은 얼마 안 되는 급여를 받고 미국과의 경쟁에 약간만이라도 앞서 수출을 늘리는 것조차 어려운데 자국 내에서는 미국 자동차가 무서울 정도의 기세로 증대하고 있지 않은가.[44] 미국에는 큰 국내 판매력 및 자동차 산업을 지탱하는 풍부한 원료와 구매력이 있고, 유럽에서 내부 판매력이 결여되어 있었기 때문에 불가능했던 공장 생산 방식이 가능해져 그것이 결과적으로는 국내 판매지수를 높이는 것이다. 그 귀결로서 미국

---

44) 영역본 주에 의하면 1927년 독일이 수입한 미국 자동차의 총액은 약 3500만 라이히스마르크, 같은 시기 미국으로 수출한 자동차 총액은 69만 라이히스마르크였다.

의 자동차 산업은 거대한 수출력을 지니고 있다. 여기에서 문제가 되고 있는 안건은 세계의 전반적인 교통의 자동차화이다. 이것은 헤아릴 수 없을 정도의 장래적인 의미를 지니고 있다. 가축의 힘이나 사람의 힘을 동력으로 대체하는 것은 이제 막 시작되었을 뿐이고 그 발전의 종결은 그 누구도 예측할 수 없다. 어쨌든 미국에서 오늘날의 자동차 산업은 모든 산업의 정점에 있다.

다른 많은 분야에서도 그 대륙은 지금까지보다 더욱 공격적 형식에서의 경제요인으로서 나타날 것이다. 그리고 그것으로 인해서 판매시장을 둘러싼 싸움은 날이 갈수록 날카롭고 격해질 것이다. 모든 원인을 감안하면 특히 우리 자신의 원료에는 한계가 있고 그러므로 타국에 의존하는 상태에 직면해 독일의 장래는 극히 어둡고 슬픈 것으로 보인다.

그러나 독일이 모든 경제적 어려움을 극복한다고 해도 독일은 1914년 8월 4일에 세워져 있었던 장소에 서는 데 지나지 않는다. 세계시장을 둘러싼 싸움을 최후로 결정하는 것은 경제 자체가 아닌 무력이다.

평화시에 바로 국가 시민의 대부분이 경제정책에 의해서 무력을 체념할 수 있다고 믿었던 것이 우리의 잘못이었다. 이 의견의 주된 신봉자들을 오늘날에도 많건 적건 평화주의적인 동아리에서 가끔 보게 된다. 그들은 모든 영웅적 민족의 미덕에 대한 반대자이고 적대자이며, 경제가 국가를 유지하는, 아니 국가를 형성하는 힘마저 가지고 있다고 본다. 하지만 민족이 경제적·평화적 활동만으로 생존을 유지할 수 있다고 믿으면 믿을수록 그 경제 자체가 바로 위기에 직면하게 되는 것이다. 왜냐하면 경제는 최종적으로 민족의 생존에서 순수하게 2차적 원인이고 힘찬 국가라는 1차적 존재 뒤에 위치하고 있기 때문이다. 농기구 앞에 무기가 놓여야 한다. 경제 앞에 군대가 서 있어야 한다.

그런 생각을 독일에서는 포기할 수 있다고 믿는다면 그 때문에 우리 민족의 영예는 틀림없이 손상된다

민족이 생존에 관해서 처음부터 경제적·평화적 활동에 의해서만 일상의 삶이 가능해진다는 사상에 만족하고 있으면 있을수록 그것이 실패한 경우에는 무력 해결을 생각하지 않는다. 반대로 아주 안이한 방법을 제안한다. 굳이 피를 흘리지 않고 경제 실패를 제거하려는 것이다. 실제로 독일은 현재 이미 이 상태에 있다. 우리 민족체를 구하기 위해 평화주의적 경제정책과 마르

크시즘적 국가관이 선전하는 대표적인 치료법은 이주와 산아제한이다.

이 제안에 따르면 그 결말은, 특히 독일에게는 치명적이다. 독일은 인종적으로 가치가 전혀 다른 기본 요소로 구성되어 있으므로 이주가 계속되면 저항력·용기·결단력 등 어느 것이든 비교적 많이 지니고 있는 인간들이 필연적으로 우리 민족체에서 빠져나간다. 그들은 일찍이 바이킹들이 그랬던 것처럼 오늘날에도 북방의 피를 소유한 자들일 것이다. 우리 민족이 서서히 북방화에서 벗어나면 그것은 우리의 전반적인 인종 가치의 저하로, 그것과 함께 우리의 기술·문화·국정(國政)·생산에 필요한 힘이 약해진다. 그 결과는 다음의 사정에서 드러나고 있는 것처럼 미래에 특히 심각하다.

세계사에 적극적으로 행동하는 국가로 등장하는 것은 실은 유럽 식민지로서 수백 년에 걸쳐서 유럽 최고의 북방의 힘을 이주(移住)라는 수단으로 얻은 나라이다. 그 힘은 그들의 본원적인 피의 공통성에 의해서 인종적으로 고도의 가치를 지닌 새로운 민족 공동체를 간단하게 형성한 것이다. 이것을 보면 현재 광범위에 걸쳐서 부분적으로 믿어지지 않을 정도로 용감한 연구가 이루어지고 있는 나라는 미국이다. 이것은 우연이 아니다. 전쟁과 이주에 의해서 그칠 줄 모르고 헤아릴 수 없는 그 가장 좋은 피를 잃고 만 옛 유럽에, 미국이 이제야말로 인종적으로 선택된 젊은 민족으로서 대립하고 있는 것이다.

유럽, 크레타섬을 예로 들자. 그곳에서 영락한 서아시아인 1000명의 일은 인종적으로 훨씬 가치가 있는 독일인이나 영국인 1000명의 일과 같은 값으로 칠 수 없다. 마찬가지로 인종적으로 미심쩍은 유럽인 1000명의 업무 능력을 인종적으로 가치가 높은 미국인 1000명이 하는 일의 능력과 똑같이 볼 수는 없다. 미국 민족에 대한 유럽 민족의 열등한 가치 때문에 미국에 대해 행동도 하지 않으면서 유럽 국가를 구하는 것은 민족을 의식한 인종정책뿐이다.

유대인에 의해서 행해지고 있는 열등인간과의 계획적 교배, 그로 인해서 생기는 인종수준의 저하, 더 나아가 본보기가 되기도 하는 몇십만 개인의 계속적인 유출(流出) 때문에 독일이 가장 뛰어난 피의 소유자를 버린다면 독일 민족은 열등하고 능력 없는, 가치가 낮은 민족으로 서서히 몰락하고 말 것이다. 위험이 특히 커진 것은 우리가 전혀 관심을 기울이지 않고 있는 사이에 미국이 자국의 민족 연구자의 소론에 자극을 받아 이주에 특별한 기준을 설

정한 뒤부터이다.[45]

미국 입국은 한편으로는 개개의 인종상 조건과 신체적 건강 조건에 의존하고 있는데, 유럽의 가장 뛰어난 사람들의 유출로 인한 유럽의 피폐는 필연성을 지니고 법으로 규정되어 있었던 것이다. 이것은 우리의 이른바 국민적인 시민적 세상 전체가, 우리의 모든 경제 정치가 볼 생각도 없고 들을 생각도 없는 사항이다. 그들에게는 그것이 불쾌한 일이므로 몇 가지 일반적이고 국민적인 구호를 외쳐 이런 것으로부터 우리가 주의를 돌리게 하는 것이 훨씬 간단하기 때문이다.

우리의 경제정책 결과로서 강행된 이주는 우리 민족이 지닌 보편적 가치를 자연스레 필연적으로 저하시키는 것인데, 그것에 두 번째 손해로서 산아제한이 가해진다. 나는 이미 아이에 대한 싸움의 결말에 대해서는 언급을 했다. 그것은 생명이 맡겨져 있는 개인의 수가 감소해 그 이상의 선별은 이루어지지 않는 곳에 표시된다. 반대로 일단 태어난 자는 어떤 일이 있어도 키우려고 힘쓴다. 능력이나 행동력 등은 첫째아이인지의 여부에 결부되어 있는 것이 아니라, 생존 투쟁의 과정 속에서 비로소 개인 속에 보이게 되는 것이다.

위와 같은 시점에 따르면 취사선택의 가능성을 개인으로부터 빼앗고 있는 것이다. 그러므로 민족은 능력과 에너지가 빈약해진다. 되풀이하는데 인종적 기본 요인의 불균등이 가족에게까지 도달하고 있는 국민에게 사태는 특히 심각하다. 그것은 멘델의 분할 법칙에 따르면 각 가족에서 기본 요인이 있는 부분은 한 인종 쪽에, 다른 부분은 다른 인종 쪽과 같은 식으로 아이의 분할이 생기기 때문이다. 하지만 인종 가치의 의미는 민족에 따라서 다르게 되어 있으므로 가족에게 아이의 가치도 물론 인종적 이유에서 보아 동등하지는 않을 것이다. 첫째가 부모 가운데 인종적 가치가 높은 쪽의 성질을 지니고 있다고 볼 수는 없으므로 그 뒤의 생활 속에서 적어도 전체 아이 중에서 민족적으로 보다 가치가 높은 아이를 생존 투쟁에 의해서 택하는 것이 민족에게 이익이다. 생존 투쟁이 국민을 유지하고 반대로 국민을 인종적으로 보다 가치가 높은 개인 작업을 할 수 있는 사람으로 이끌고 있는 것이다.

그러나 많은 아이를 낳는 것이 방해를 받고 첫아이, 기껏해야 둘째아이까

---

45) 미국에서는 1921년 유럽계가 아닌 이주에는 수적 제한이 정해지고 1924년에는 모든 외국으로부터의 이주가 제한되었다.

지로 제한된다면 이런 아이가 인종적으로 가치가 높은 특징을 지니고 있지 않아도 국민으로서 우선은 이 인종적으로 낮은 요인을 유지하도록 힘써야 하리라. 그때에는 인공의 손을 가함으로써 자연스런 선별과정을 방해해 힘이 있는 개인을 민족에서 감소시키는 데 힘을 보태고 있는, 민족의 최고 가치를 파괴하는 것이다.

독일 민족은 그 자체로서는 이를테면 영국 민족처럼 평균 가치를 지니고 있지 않기 때문에 특히 개인 가치에 의존할 것이다. 우리가 우리 민족의 생존 에서 바로 깨닫는 극단적인 사례는 우리의 피가 보다 높은 인종 개별 요소 와 보다 낮은 인종 개별 요소로 갈라지고 있는 결과의 현상에 지나지 않는다. 영국인은 일반적으로 평균치가 보다 높다. 그 유해성에서는 우리 민족이 주 는 정도로 깊지는 않을 것이고, 그 우수성에서는 우리 민족이 줄 정도로 대 단하지는 않을 것이다.

그렇기 때문에 그 생존은 평균선보다 위에 있고 보다 큰 안정성으로 채워 져 있을 것이다. 거기에 비해 독일인의 생존은 모든 점에서 끝없이 불안정하 며 흔들리고 있다. 그 중요성은 아주 고도의 사업에 의해서만 유지되는 것인 데, 그것이 우리 민족체의 의심스러운 측면까지도 보여주는 결과로도 이어지 는 것이다. 그러나 인공적 시스템에 의해 이 최고의 사업에서 개인인 담당자 를 배제하는 것이라면 그 사업 자체가 빛을 볼 수 없다. 우리 민족은 개인 가 치의 계속적인 빈궁화와 함께 민족 총체의 문화적 정신적인 의의의 저하로 향하고 있다.

이런 상태가 몇백 년 동안에 걸쳐서 계속되면 적어도 우리 독일 민족은 그 전반적 의의에서 약해지고 세계민족으로 불리게 되는 권리를 요구할 수 없 게 된다. 어쨌든 본질적으로 더 젊고 더 건강한 미국 민족의 사업에 보조를 맞출 수 없게 된다. 그때 우리가 다양한 이유에서 우리 몸에 경험하는 것은 지난날 적지 않은 문화 민족이 그 역사적 발전에서 증명한 사항이다. 무사상 (無思想)에 악덕까지 더해지면서, 문화 소유자이자 국가 건설자로서 인종적 으로 매우 유의미한 요인을 지니고 있는 북방 민족의 피를 이은 사람이 점점 뒤로 물러나고, 아울러 행동 법칙은 그의 손아귀에서 강탈되어 그보다 젊고 건강한 다른 민족에게 넘어가 버릴 정도로 내적 의미를 잃어버린 인종이 뒤 섞이는 현상이 일어나게 되었던 것이다.

유럽 남동부, 특히 오래전에 소아시아와 페르시아, 메소포타미아 평원의 문화국가가 이런 경과 설명의 좋은 예를 제공하고 있다.

이처럼 역사가 서양의 인종적으로 보다 높은 가치를 지닌 민족에 의해서 서서히 형성된 것과 마찬가지로 유럽에서는 인종적 가치의 저하를 일으켜 세계의 새로운 명운을 북아메리카 대륙의 민족에게 맡기게 될 두려움도 있는 것이다.

이 위험성이 전 유럽을 위협하고 있다. 이것은 오늘날 누구나 알고 있다. 그런데 아무도 그것이 독일에게 무엇을 의미하고 있는지를 알려고는 하지 않는다. 우리 민족이 종전과 마찬가지로 장래에도 정치적으로 사상과는 거리를 둔 채 계속 산다면 세계적 가치를 지니고 있다는 주장은 최종적으로 단념해야 한다. 인종적으로 차츰 쇠퇴해 과거의 위대함도 추억할 수 없을 만큼 퇴화한 동물과 다를 게 없는 비만자로 떨어지고 말 것이다. 다가올 세계국가 순서에서의 국가 수준으로 말하자면 기껏해야 이제까지 유럽에서 스위스나 네덜란드가 차지하고 있었던 위치이다.

이것이 그 역사가 2000년간에 걸쳐 세계사였던 민족 생존의 최후이다.

어리석은 국민적·시민적 구호로 그 운명을 바꿀 수는 없다. 그 구호가 실천에 관해서는 아무런 의미도 가치도 지니고 있지 않은 것은 이제까지의 전개 결과에 의해서 증명이 되고 있지 않은가. 인종적 무사상을 의식적 인식으로 대치하고 그 인식에서 모든 결론을 끄집어내는 새로운 개혁운동만이 우리 민족을 이 심연에서 끌어올릴 수 있는 것이다.

국가사회주의 운동의 과제는 인종론 및 인종론에 의해서 명확해진 세계사에 관한, 지금 이미 존재하고 있거나 생성되고 있는 인식 및 과학적 통찰을 실천적으로 사용할 수 있는 정책으로 이행시키는 곳에 있다.

독일의 운명은 지금으로서는 경제적으로 미국에 대해, 어느 부분에서 말하자면, 유럽의 다른 수많은 나라의 운명과 마찬가지이므로 미국과 유럽 연합의 위치를 바꾸어 이를 통해 북아메리카 대륙이 세계를 주도할 위험성을 예방하려는 운동이 특히 우리 민족에게서 다시 많은 지지를 얻고 있다.

이런 사람들에게 범유럽 운동은 적어도 처음에는 많은 매력을 지닌 것처럼 보인다. 아니, 세계사를 경제적 관점에서 판단할 수 있는 것이라면 틀림없이 이것은 과녁을 맞히고 있다. 기계적 역사가 및 그것에 따른 기계적 정치가에게 2는 언제나 1 이상이다. 그러나 민족 생존에서 결정적인 것은 수치가 아닌 가치이다. 미국이 이렇게까지 위협이 되는 위치까지 오를 수 있게 된 것은 그곳에서는 ……100만 명[46]이 하나의 나라를 구성하고 있다는 사실에 있는 것은 아니다. ……100만 제곱킬로미터라는 아주 풍요롭고 생산력이 풍부한 토지에 높은 인종 가치를 지닌 ……100만이란 인간이 살고 있다는 사실에 있다.

그들의 생존지역 넓이에도 이만한 인간이 한 나라를 형성하고 있는 것이 다른 나라에게는 중요한 의미를 지닌다. 즉 그것을 위해서는 하나의 포괄적 조직이 존재하고 있는 것이고 그 덕택에 이런 사람들의 인종적으로 제한된 개별 가치가 생존 투쟁의 관철을 향해 통합된 전력을 투입할 수 있기 때문이다.

이것이 잘못된 것이라면 미국의 의미는 인구수에만 또는 국토 넓이에만 또는 총면적과 인구의 관계에만 있다는 것일까. 그렇다면 유럽에서는 적어도 러시아는 같은 정도로 위험할 것이다. 오늘날 러시아는 ……100만 제곱킬로미터 넓이에 ……100만 인구[47]를 안고 있다. 그들도 하나의 국가조직으로 포괄되어 있고 그 가치는 전통적 관점에서 보면 미국의 가치보다도 틀림없이 높을 것이다. 그럼에도 이 이유 때문에 러시아가 세계를 주도하는 것을 두려워해야 한다고는 아무도 생각하지 않는다. 러시아 민족의 수가 많다고는 하지만 세계 자유에 위험이 될 수 있을 정도의 내적인 가치가 그곳에는 없다. 러시아가 세계 평화에 위험으로 비치고 있는 것은 적어도 경제적으로 패권을 앞세워 다른 나라를 지배한다는 의미는 아니다. 기껏해야 현재 러시아에서 발생한 병원균이 크게 유행하게 되는 것이 아닌가 하는 의미에서 두려워하고 있는 데 지나지 않는다.

미국이 세계를 주도한다는 것의 가장 중요한 위협적인 의미가 미국 민족의 가치에 있고 이어서 이 민족에게 주어진 생존권의 크기와 그것으로 인해서 유리해지고 있는 인구와 국토의 비율에 의존하고 있는 것으로 생각된다면, 유럽 여러 민족의 내적 가치가 미국의 그것보다도 높지 않은 한 순수하게 수치상으로 보아 형식적으로 유럽 여러 민족이 연합해도 이 주도권을 배제할 수 없다. 그렇지 않으면 특히 오늘날 러시아가, 아니 4억이 넘는 인구를 안

---

46) 1920년 미국 인구는 1억 576만 5656명, 국토 면적은 923만 1749제곱킬로미터였다.
47) 1926년 러시아 인구는 1억 4698만 9460명, 국토 면적은 2134만 2872제곱킬로미터였다.

고 있는 중국이 미국에게는 최대 위험으로 비치고 있는 것이 틀림없다.[48]

이와 같이 범유럽주의는 인간의 가치는 인간의 수와 교환 가능하다는 근본적인 오류에 입각하고 있다. 생존을 형성하는 여러 힘의 연구를 회피하고 그 대신 수치의 크기에 인간 문화의 창조적 원천을, 또한 문화를 형성하는 여러 요소의 역사를 보는 것이 순수 기계론적 역사관이다. 이 견해는 우리 서양민주주의의 무의미함에, 우리의 초(超)경제 동아리의 겁먹은 평화주의에 걸맞은 것이다. 이것이 모든 열악한 또는 반인종적인 잡종의 이상인 것은 분명하다.

마찬가지로 유대인이 그런 견해를 특히 선호하고 있으므로 이 견해는 일관해서 존중되는 가운데 인종의 혼돈과 섞임으로, 문명인의 잡종화와 흑색인종화로, 그것으로 인해서 최종적으로는 문명인의 인종가치 저하로, 인종가치에는 무게를 두지 않는 히브리인을 차츰 세계 지배자로 만들 정도의 저하로 이끄는 것이다. 적어도 히브리인은 자신들이 언젠가는 이런 무가치하게 된 인간들의 두뇌로까지 성장할 수 있다고 단정하고 있다.

범유럽 운동의 근본적인 오류는 별개로 치더라도 곤궁이 다가오고 있음을 생각할 수밖에 없는 상황을 유럽 여러 민족의 합병으로 벗어나려는 사상은 공상적인, 역사적으로 보아도 불가능한 뻔한 속임수에 지나지 않는다. 나는 유대인을 보호관으로 하고, 유대의 엔진을 단 합병은 처음부터 불가능하다고 말하는 것은 아니다. 그 결과가 예정된 희망에 합치하지 않는다고 말하고 싶은 것이다. 무대에서 마법사를 보여주는 것과는 다른 것이다. 그런 유럽연합이 밖으로 향한 눈에 보이는 힘을 발휘할 수 있다고는 생각하지 말기 바란다. 일찍부터의 경험이 가르치는 바로는 계속적인 민족의 합병이 생길 수 있는 것은 먼저 인종적으로 보아 그 자체로서 같은 가치 또는 근친적 위치에 있는 민족이 당사자이고, 이어서 주도권 다툼의 완만한 경과 속에서 합병이 모색된 경우이다.

일찍이 로마는 라틴인의 국가를 잇따라 정복하고 세계제국의 결정점(結晶點)이 될 때까지 힘을 축적했다. 영국이 세계제국이 되는 역사도 마찬가지이다. 그리고 프로이센도 똑같은 과정을 거쳐 독일의 국가 분열에 종지부를 찍

---

48) 1920년 중국 인구는 4억 330만 명, 국토 면적은 1108만 1111제곱킬로미터였다.

었다. 이렇게 해서 언젠가는 하나의 유럽이 성립해 통합된 국가 형태로 주민의 이익을 떠맡게 될 것이다. 그러나 그것은 몇백 년간에 걸친 대결의 결과이다. 헤아릴 수 없는 전통이나 관습이 극복되어야 하고 이미 인종적으로 유별나게 동떨어져 있는 여러 민족끼리 동화되어야 하기 때문이다. 그런 형성물에 통일적인 국가언어를 주는 어려움을 해소하는 것은 어쨌든 수백 년 동안의 과정을 거치고 있다.

하지만 이런 것들은 오늘날 범유럽 사상의 실현은 아닐 것이다. 유럽에서 가장 힘이 센 국가가 생존 투쟁에서 보여준 결과에 지나지 않는다. 그곳에 남는 것은 라틴 여러 국가의 통일이 범라틴이 아니었던 것처럼 범유럽일 수는 없다. 그 무렵 수백 년간에 걸친 투쟁에서 이 통일 과정을 실행한 권력이 형성물 전체에 영구히 이름을 부여한 것이다. 그리고 오늘날 아주 자연스런 방법으로 하나의 범유럽을 창조하는 권력이 있었다고 해도 그 권력은 동시에 그 형성물에서 범유럽이라는 명칭을 빼앗으리라.

그 경우에도 바라던 성과는 얻지 못할 것이다. 오늘날 유럽의 어느 강국이, 물론 그 민족성에 따라서 가치가 있는, 그러므로 인종적으로 중요한 강국을 말하는 것인데, 이런 방법으로 유럽에 통일을 가져온다고 해도 이 통일의 최종 완성은 창설자들의 인종적 몰락을 의미하고 있다. 그것으로 인해서 형성물 전체에서 최종 가치는 빼앗기고 만다. 미국에 지지 않는 국가 형성물을 창조할 수는 없을 것이다.[49]

장래 미국에 맞설 수 있는 국가는 내적인 생존의 본성 및 외적인 정치 의미의 양자를 통해서 민족성의 가치를 인종적으로 높이고 국가수준에서는 그 목적에 합치한 형식을 부여하는 방법을 알고 있는 국가뿐이다. 그런 해결이 가능하다고 생각될 때에 실로 많은 국민이 관여하므로 서로 대립하는 경쟁의 결과로서 고도의 단련을 이룰 수 있고 또 이루어지게 될 것이다.

다시 말해 두고 싶다. 이 과제를 향해 조국 자체를 최대한으로 강화해 준비를 갖추는 곳에 국가사회주의 운동의 과제가 있다.[50]

---

49) W판 주에 따르면 히틀러가 생각했던 것은 유럽의 주도권 획득이 아니라 타민족의 구축(驅逐), 절멸, 적어도 노예화라고 말한다.

50) 히틀러는 여기에서 나치에게 미국에 맞설 준비를 하는 것을 과제로 주장하고 있다. W판 주에 따르면 본서에는 새로운 시점을 거의 볼 수 없는데 이 표명은 그 새로운 시점의 하나이다.

수세기에 걸친 투쟁 속에서 유럽의 주도국에 강요되어서가 아니고 유럽 여러 민족의 순수하게 형식적인 합병에 의해서 범유럽 사상을 실현하려는 시도는 내부 대립관계와 대립으로 말미암아 전체의 힘과 에너지가 소모되고 마는 것과 같은 형성물을 낳게 될 것이 틀림없다. 일찍이 독일동맹에서의 독일 종족의 힘이 그 좋은 예다. 프로이센의 우위에 의해 처음으로 독일의 내적 문제가 최종적으로 해결되어 국민의 통일된 힘을 밖으로 투입할 수 있었다.

　그러나 경제적 요인이 최종적으로는 생존의 특정 요인에까지 확대했다고 해도 유럽과 미국과의 대립을 아직도 경제적·평화적 성질의 것으로 생각하는 것은 경솔하다. 처음부터 미국이 외교 문제에 우선 그다지 관심을 보이지 않는 것은 이 미국이 성립한 본성에 있다. 그것은 국가로서의 오랜 전통이 없어서가 아니다. 아메리카 대륙 내에 있고 아주 드넓은 지역이 인간의 자연스런 확대 충동에 맡겨져 있었다는 사실에 바탕을 두고 있다. 그러므로 미국의 정치는 유럽 모국에서 분리된 이래 최근까지는 내정이 먼저였다. 독립전쟁 자체도 기본적으로는 오로지 내정과 관련된 관점에서 생각한 생존을 위해 외교상의 연관성을 회피하는 방책 이외의 것은 아니었다.

　미국 민족이 내지 이민이라는 과제를 차츰 완성해 나감에 따라서 특히 젊은 민족에게 특유한 자연스런 행동주의적 충동은 밖으로 향한다. 세계는 생각지도 않은 사건을 체험하겠지만 평화주의적, 민주주의적, 범유럽주의적 혼합국가는 그것에 대한 진지한 대항 조치를 거의 강구하지 못할 것이다. 쿠덴호프[51]의 세계 잡혼론에 의거한 범유럽주의는 일찍이 옛 오스트리아 국가가 독일이나 러시아에 대해서 지니고 있었던 역할을 언젠가는 미국이나 국가로서 잠을 깬 중국에 대해서 수행하게 될 것이다.

　미국에서는 여러 민족 출신의 인간이 뒤섞여 하나로 되어 있기 때문에 유럽에서도 똑같이 가능할 것이라는 의견이 있다. 이에 대해서 새삼 상세하게 반론할 필요는 없을 것이다. 물론 미국은 다양한 민족에 속하는 인간을 하나의 젊은 민족으로 통합했다. 그러나 조금 가까이 다가가 보면 잘 알 수 있다.

---

51) 리하르트 니콜라우스 폰 쿠덴호프 칼레르기 백작. 1894~1972. 오스트리아 정치가·지정학자. 1923년 범유럽운동 창시. 1929년 범유럽연합 대표. 1938년 오스트리아가 독일 제3제국에 합병되고 나서 망명. 1942년부터 1945년까지 미국 뉴욕대학에서 역사학을 가르쳤다. 1944년 유럽합중국 헌법안 발표.

다양한 민족이라고는 하지만 압도적 다수는 인종적으로는 같은 종류이거나 적어도 같은 계통이라는 기본 요인에 속하고 있다. 그것은 유럽에서의 이주 과정이란 유능한 자를 선택하는 과정이고 그 유능함은 모든 유럽 민족 가운데서는 먼저 북방의 혼혈에 있었기 때문에 미국은 사실상 그 자체로서는 다양한 민족 가운데서 미국에 뿌려진 북방 요소를 뽑아낸 것이다.

그때에는 일종의 국가 방향성의 담당자가 아니라 어떤 전통에도 사로잡히지 않은 사람들이 중요했던 점에, 더 나아가 모든 사람이 조금쯤은 지니고 있을 신세계의 강렬한 인상에 생각이 미치게 되면 겨우 200년 사이에 전 유럽에서 온 인간으로 새로운 국가 민족이 성립할 수 있었던 이유는 이해될 것이다. 유럽 국민국가의 국민으로서 민족적으로 국가에 결부되어 있다고 느낄 뿐만 아니라 새로운 고향에 대한 마음보다도 자기 국가의 전통을 높게 평가하고 있었던 유럽인이 곤궁에 못 이겨 북아메리카로 건너가는 예가 증가하는 데 대응해 융합 과정이 앞선 세기에 약해져 있었던 것을 고려해야 한다. 그리고 미국에서도 저마다 국민 감정이나 인종 본능을 지닌 피가 먼 인간을 확실하게 융합시키는 것은 어렵다. 중국인의 구성 분자에 대해서나 일본인의 구성 분자에 대해서나 미국의 동화력은 기능을 발휘하지 않는다. 사람들은 그것을 정확하게 느끼고 있으며 알고 있다. 그러므로 이 외국인 단체의 유입을 맨 먼저 배제할 생각을 하고 있다. 그러나 그렇게 하면 미국의 이주정책 자체가 이제까지의 융합은 바로 특정의 균일한 인종 기반을 지닌 인간을 전제로 해온 것이고 원칙적으로 다른 부류의 인간이 대상이 되면 바로 실패하는 것이라고 인정한 결과가 된다.

미국 자체가 자국을 북방적인 게르만적 국가이고 국제적인 민족의 혼합이 아니라고 느끼고 있는 것은 유럽 민족에 대한 이주자 할당을 보아도 뚜렷하다.[52] 스칸디나비아인·스웨덴인과 노르웨이인, 그리고 덴마크인·영국인, 마지막으로 독일인, 이들이 가장 큰 비율을 차지하고 있다. 라틴계와 슬라브계는 약간이고, 일본인과 중국인은 가능하면 배제하고 싶다. 이런 인종적으로 지배적이고 우수한 북방국가에 대해서 몽골계·슬라브계·독일계·라틴계 등을

---

52) 영역본 주에 따르면 1921~1930년에 미국으로의 이주자는 410만 7209명, 그 가운데 58퍼센트는 남유럽 또는 동유럽에서, 23퍼센트는 북유럽 또는 서유럽에서, 11퍼센트는 캐나다에서, 5퍼센트는 라틴아메리카에서, 나머지 3퍼센트는 아시아로부터 이주했다.

구성원으로 하는 것과 같은, 즉 게르만계가 지배하는 것은 아닌 유럽연합 또는 범유럽을 대립 요인으로서 대치하는 것은 유토피아이다.

물론 많은 독일인이 다시 곤란한 희생을 치르지 않아도 무지갯빛 미래를 볼 수 있다는 생각을 하고 있다면 그것은 위험한 유토피아이다. 이 유토피아를 하필이면 오스트리아에서 낳고 있다[53]는 것은 정말로 코믹한 세계이다. 이 국가와 그 운명이야말로 인공적으로 이치를 맞춘 결과로서의, 그러나 그 자체로서는 부자연스런 형성물에만 있는 막대한 힘의 산 실례이다. 지난날 제국의 수도 빈, 동양과 서양이 만나는 곳의 근본이 없는 정신이 우리를 끌어들이고 있는 것이다.

다시 한 번 정리해서 말해 둔다. 외교정책의 목적이 1914년 국경 회복인 것과 같은 우리의 시민적·국민적 정책은 당찮은 일, 아니 중대한 잘못이다. 이것은 세계대전에 참가한 모든 나라와의 대립을 필연적으로 불러일으킨다. 우리의 숨통을 서서히 끊으려는 전승국 연합의 거듭되는 계속성을 보증하는 것과 같은 것이다. 그것은 프랑스에서 유리한 여론을 키우고, 다른 나라에서는 독일에 대한 프랑스의 대응을 이끈다. 국경 회복이 설사 잘되어도 결과로 보면 독일의 장래에 아무런 의미도 가져오지 않는다. 그럼에도 피와 쇠로 우리를 싸움에 내몰 것이다. 우리의 시민적·국민적 정책은 특히 독일 외교의 안정성을 저해한다.

전쟁 전 우리의 정치는 우유부단하고 이해할 수 없는 결론을 내고 있는 것과 같은 인상을 외부 관찰자에게 주지 않을 수 없었다. 이것은 독일정치의 한 특징이었다. 삼국동맹만 해도 그 유지는 외교상 목적이 아니라 그 목적을 위한 수단이었다. 전쟁 전 우리 민족 명운의 지도에 관해서 확실한 이념을 발견할 수는 없다. 이런 것들은 당연한 일로 이해하기 어렵다.[54] 외교의 목적을 독일 민족의 이익을 위한 싸움이 아니라 세계평화 유지라고 하는 순간에 발밑의 터전을 잃고 있었던 것이다. 나는 민족의 이익을 확실하게 스케치하고 그것을 확정해 개개의 경우가 그 이익을 어느 점에서 대표하건 상관없이 커다란 목적을 언제나 시야에 넣어둘 수가 있다.

---

53) W판에 따르면 구술 당시 쿠덴호프 칼레르기는 빈(Wien)에 살고 있었다.

54) 이 글은 초고에서 번역한 것처럼 읽는다. W판은 이 부분을 '이것은 당연하고 이해할 수 있다'로 이해해야 한다고 풀이했다.

다른 사람도 차츰 민족의 특별하고도 확고한 지도적인 외교 사상에 관한 전반적 지식을 지니게 될 것이다. 그런 것들이 어우러져 여러 관계를 상호 영속적으로 조정할 가능성을 낳게 된다. 그것은 그런 나라의 잘 알려진 행동과 의도적으로 대립한다는 의미라도 좋고, 그 대립의 타당성을 인식한다는 의미라도 좋으며, 의사소통의 의미라도 좋다. 자신들의 이익은 틀림없이 공동 수단으로 달성될 수 있는 것이기 때문이다.

외교정책의 안정성에 대해서는 유럽의 거의 모든 나라에서 확인할 수 있다. 러시아는 긴 발전 시기 가운데서 특정 외교 목표를 가지고 그 모든 행동을 그 관점에서 제어하고 있다. 프랑스는 수백 년 동안이나 외교 목표를 바꾸지 않고 있다. 누가 파리에서 그때그때 정치권력을 장악하고 있었는지에 관계없이 하나의 외교 목표에 따르고 있다. 영국을 단순히 전통적 외교 국가로 부르기보다는 외교 이념이 전통이 된 나라로 논해야 한다. 독일에게 그런 이념은 일시적으로 프로이센 국가에서만 인정된다.

비스마르크의 통치술이 지배하고 있었던 짧은 기간에 프로이센은 독일적 사명을 수행했다. 그러나 그 통치술과 함께 멀리까지 내다보고 있었던 외교 목표도 끝이 난다. 새로운 독일제국은 특히 비스마르크 사임 이후, 그런 목표를 이제는 가지고 있지 않다. 왜냐하면 평화 유지의 모토, 곧 주어진 상태를 유지한다는 목표는 안정된 내용이나 성격과는 거리가 멀기 때문이다. 본디 모든 수동적 목표는 현실에서는 공격적 목표의 노리갯감으로 전락하고 마는 것이다. 스스로 행동하려는 자만이 자신의 행동을 자신의 의지에 따라서 규정할 수 있다.

그러므로 행동하려고 하는 삼국협상은 행동의 자기규정에 있는 모든 장점을 지니고 있는 데 비해 삼국동맹은 마음 편한 평화유지 방침에 의해서 바로 같은 정도로까지 불리한 처지에 있었다. 전쟁 개시나 시기는 특정의 외교 목적을 지니고 있었던 삼국협상국이 결정했다. 반대로 삼국동맹 체결국은 만사가 불리한 때에 깜짝 놀라게 된 것이다.

독일이 전쟁 의도를 조금이라도 가지고 있었다면 건성으로라도 실행될 수 있었던 몇 가지 대항책에 의해서 틀림없이 전쟁 개시에 전혀 다른 양상으로 대비했을 것이다. 그러나 독일은 특정 정책을 가지고 있지 않았다. 목표를 이루기 위한 공격적인 대응을 생각하고 있지 않았기에 사태 전개에 깜짝 놀란 것이다.

　오스트리아·헝가리 등 여러 나라에 관해서 말하자면 현실적으로 이 거대 국가의 내적 성격을 대외적으로 숨기기 위해 이 썩은 국가조직이 어디건 충돌하지 않도록 유럽 정치의 위험을 잘 빠져나가는 것 말고는 외교 목표를 바랄 수 없었다.

　내가 여기에서 화제로 삼고 있는 것은 독일의 국민적 시민계급이다. 왜냐하면 국제주의 마르크시즘이 인식하고 있는 목표는 언제나 독일 파괴에 있으므로 독일 시민계급은 오늘에 이르러서도 과거로부터 아무것도 이끌어 내지 못하고 있기 때문이다. 독일의 장래가 충분하다고 보고 또한 그것으로 인해서 상당히 오랜 기간에 걸쳐 우리의 외교 노력에 어떤 안전성을 가져오는 외교 목표를 국민에게 줄 필요성을 아직도 느끼고 있지 않기 때문이다. 그것은 그런 가능한 외교 목표의 큰 줄거리가 원칙적으로 세워져 있다고 생각할 때에 비로소 개개 문제에서 성과를 이끌어 낼 가능성에 대해서 말할 수 있기 때문이다. 그때서야 비로소 정치는 가능성의 기술이라는 단계에 이른다.

　그러나 모든 정치활동이 주도적 사상에 지배되고 있지 않은 한 개개 행동은 어느 특정 성과를 달성하기 위해 모든 가능성을 이용하지는 않는다. 단순히 오늘부터 내일까지 목표도 계획성도 없이 이럭저럭하는 도중에 거치게 되는 한 역(驛)에 지나지 않는다. 무엇보다도 커다란 목표를 쟁취하려면 언제나 요구되는 견인성이 사라진다. 즉 오늘은 이 외교상 가능성을 찾고 내일은 이것을, 모레는 저것을 찾는다. 그것만이 아니다. 지금의 독일을 통치하고는 있지만, 우리 민족이 다시 한 번 부흥하는 것을 실제로는 바라고 있을 리 없는 그 권력이 가진 희망에 현재의 확실한 혼란이 최종적으로 합치하지 않음을 알면, 외교는 갑자기 반대방향으로 열을 올린다.

　영원히 비이성적으로 보이는 과격한 행동으로 인해 뚜렷한 계획을 잃게 하고, 기껏해야 "우리는 물론 무엇이 이루어져야 할 것인지에 대해서는 모른다. 무엇이든 이루어져야 하기 때문에 우리는 무언가를 하는 것이다"라고 자기를 정당화하는 이 독일 외교에서 실질적인 이익을 얻는 것은 국제적 유대인뿐이다. 이따금 들려오는 것처럼 이 인간들은 자신들의 외교 행위의 내적 의미 자체에 대해서 거의 모르기 때문에 그들에게 최고의 행동 동기는 타인이 보다 뛰어난 사항을 알고 있는지 여부의 문제 설정뿐이다. 구스타프 슈트레제만과 같은 인물이 의지하는 국가 경영의 기반이 이것이다.

그것에 대해서 바로 오늘 필요한 것은 독일 민족이 독일 민족의 현실적 내적 요구에 합치함과 동시에, 반대로 그 외교 행동을 우선은 명확히 파악할 수 있을 정도의 시간 안에서 절대적인 안정성을 보증할 외교 목표를 세우는 것이다. 그것은 우리 민족이 그렇게 해서 그 이익을 원칙으로 규정하고 그것을 끈기 있게 지켜냄으로써 최종 확립된 우리의 이익과는 이해관계가 대립하지 않는, 아니 동등한 몇몇 나라를 움직여 독일과의 보다 긴밀한 관계로 가져올 희망이 생기는 것이다.

왜냐하면 국제연맹에 의해서 우리 민족의 곤궁을 해결하려는 생각은 전혀 근거가 박약하기 때문이다.[55] 프랑크푸르트 연방의회[56]에 독일 문제의 결정을 맡기려는 생각에 근거가 없었던 것과 마찬가지이다. 국제연맹을 지배하는 것은 경제적으로 충족한 국가이다. 그런데 국제연맹은 그런 국가의 도구에 지나지 않는다. 대세로서 그들은 지구상 영토 분할과 변경에 대해, 그것이 그들에게 이익이 되지 않는 한 관심을 보이지 않는다. 그들이 소국의 권리를 운운하는 것은 현실로는 대국의 이익만을 시야에 넣은 다음의 이야기이다.

독일이 마음 편하게 독일 민족에게 일상의 양식을 공급하기 위해 한 번 더 진정한 자유를 얻으려고 한다면, 그 일을 위해 독일은 그 방책을 제네바의 국제연맹 의회 밖에서 찾아야 한다. 그 경우에 자신의 힘은 그다지 크지 않기 때문에 독일과의 공동 보조가 자기에게 이익이 된다고 믿는 동맹국을 찾아낼 필요가 있다. 그러나 그런 민족에게 독일의 현실 외교 목표가 완전히 명확해지지 않는 한, 그런 상황은 생기지 않는다. 무엇보다도 독일 자체가 세계역사의 반대를 제거하는 데 필요한 끈기를 지닌 힘과 내적 견고함을 갖추지 않고 있다. 그것이 없으면 생존에 필요한 목표를 중요하게 여기고 최종적으로 달성하기 위해서는 작은 일에서는 참고, 필요할 때는 체념할 수도 있음을 배워야 한다.

왜냐하면 동맹국가 사이에서도 조금의 풍파도 없는 관계는 없기 때문이다. 서로 대립하는 관계라는 장애는 언제나 나타난다. 한 번 세운 외교 목표라는

---

55) 독일은 1926년 9월 국제연맹에 참가해 상임이사국 가운데 하나가 되었다.
56) 1848년 5월, 3월혁명에 대응하기 위해 프랑크푸르트 암 마인에서 독일 통일을 의제로 한 국민의회가 개최되었다. 거기에서는 의견이 통합되지 않아 이듬해 5월 해산했다.

중요한 일에 사소한 불쾌함이나 대립을 극복하는 힘이 없으면 그 장애가 위험 요소가 될지도 모른다. 여기에서 본보기가 되는 것은 전쟁 전 10여 년에 걸쳐 프랑스의 국가 지도부의 태도라고 말할 수 있다. 독일의 분별없는 애국자들이 작은 사건 하나하나에 아우성을 치고 불만을 늘어놓고 있는 사이에 그들은 독일에 복수하기 위한 전쟁을 일으킬 명분을 쌓기 위해 아주 비참한 사건에도 침묵을 지킨 것이다.

명확한 외교 목표를 내거는 것이 특히 중요하게 생각되는 까닭은, 그렇지 않으면 자기 민족 내에서 다른 세력의 이익을 대표하는 자들이 여론을 혼란하게 해 작고 부분적인 도발에 지나지 않는 사건을 외교정책상 의견을 바꾸게 하는 기회로 만들어 버리고 말 가능성이 언제나 있기 때문이다. 이렇게 해서 프랑스는 사항 자체의 흐름에서 생기게 되거나 인공적으로 만들어 내거나 하는 작은 집념으로, 현실적인 생존 이익의 본성에 따라 서로 협력하거나 프랑스에 맞서기 위해 서로 손을 잡아야 될 민족 사이에 불협화음을 불러일으키려고 하는 것이다. 이러한 프랑스의 의도는 상대국이 확고한 외교 목표의 부재로 인해 자국의 정치적 행동이 진정으로 안정성을 가지지 못하고, 그런 이유로 자국의 정치적 목표 실현에 유익한 대응을 준비할 만한 끈기가 없는 경우에 성공할 수 있다.

외교의 전통도 목표도 갖지 않은 독일 민족은 아주 간단하게 유토피아적 이념에 열중해 현실의 생존 이익을 소홀히 하기 쉽다. 우리 민족은 이 100년 간 얼마나 많은 말을 거듭해 왔는가. 터키에서 그리스를 구출하려 하고[57] 그런가 하면 러시아인[58]이나 이탈리아인[59]에 대항해 터키인에게 우정을 쏟고, 반대로 폴란드의 자유 투사들을 찬미하고[60] 이어서 보어인[61]에게 공감하는

---

57) 1821년 그리스에서 터키로부터의 독립전쟁이 시작되어 1929년 그리스는 독립했다. 그때 독일은 독립전쟁을 지지했다.
58) 러시아와 터키 사이에 1853~1856년 크리미아 전쟁, 1877~1878년에도 전쟁이 있었다.
59) 1911~1912년에는 이탈리아가 터키의 트리폴리 등을 침략했다(이탈리아─터키 전쟁). 제7장 역주 28을 참조.
60) 폴란드에서는 1830~1831년 및 1863년에 러시아 지배에 반대하는 운동이 있었다. 그때 독일의 자유주의자 대부분이 폴란드를 지지했다.
61) 17세기 중반부터 남아프리카로 이주한 네덜란드의 자손. 오렌지자유국·남아프리카공화국을 건국했다. 영국의 식민지 확대로 인해서 그들 나라와 영국 사이에 충돌이 발생했다. 1902년 영국이 그들 나라의 지배권을 얻었다(보어전쟁).

등등, 정치적으로 무능하고 말하기만 좋아하는 자들의 이런 어리석은 담론 때문에 우리 민족이 얼마나 많은 것을 잃었는가.

오스트리아와의 관계도 그것이 특별한 긍지를 가지고 논의되었다고 해도 깨우친 이성의 관계는 아니다. 순수하게 내적이고 심정적인 맹약이었다. 그 무렵 심정이 아닌 이성이 말하고, 지성이 결정을 내리고 있었다면 오늘날과 같은 독일의 궁상은 없었으리라.

우리 민족은 자신의 정치 행동을 현실적이고 이성적이며 지성적 관점에서 비롯된 이유에 따라서 규정하는 일이 너무나도 적다. 우리는 결정을 내릴 때 커다란 정치적 전통을 전혀 배려하지 못한다. 그렇기 때문에 우리는 적어도 우리 장래를 위해 우리 민족에게 단호한 외교 목표를 부여해야 했다. 그 목표가 있음으로써 대중에게 개개 문제에서 국가 지도부가 취할 정치적 대응을 이해시킬 수가 있는 것이다. 그것으로 몇백만 민족이 개별 문제에서는 많은 고통을 가져올지도 모를 결정까지도 실행하는 국가 지도부를 믿어도 좋다고 예감하는 것이다. 이것이 민족과 국가 지도부가 서로를 이해하게 되는 전제이다. 그와 동시에 국가 지도부 자체에 있는 어떤 전통을 뿌리내리게 하는 전제이기도 한 것이다. 개개 독일 정권이 외교적으로 독자 목표를 가져야 하는 것은 아니다. 방법을 둘러싸고 논쟁을 해도 좋다. 논의가 되어도 좋다. 그러나 목표 자체는 언제나 변함없이 확정되어 있어야 한다. 그때에 정치가 커다란 가능성의 방법이 될 수 있는 것이다. 즉 민족과 제국을 외교 목표에 근접시킬 가능성을 모든 장면에서 찾는 것이 개개 국가 지도자의 천재적 능력에 맡겨져 있는 것이다.

오늘날 독일에는 처음부터 이런 외교 목표가 존재하지 않는다. 그러므로 우리 민족의 이익을 옹호할 방법이 불확실하고, 흔들리고 있으며, 극단으로 치닫는 것도 수긍할 수 있다. 더욱이 우리의 여론이 우왕좌왕을 되풀이하고 있는 것도 우리 외교가 믿어지지 않을 정도로 변덕을 거듭해 언제나 불행으로 끝나고, 민족이 현실을 책임 있는 인물에게 맡겨야 한다는 판단력을 지니고 있지 못한 것도 위의 이유로 이해가 된다. 이게 사실이다. 독일에서는 사람들이 무엇을 해야 할지를 모르는 것이다.

물론 오늘날 적지 않은 사람들이 아무것도 해서는 안 되는 것으로 믿고 있다. 오늘의 독일은 현명하고 신중하게 행동해야 한다. 무슨 일에나 적극 참가해서는 안 된다. 사태의 진전을 주시하며 스스로 관여해야 할 일은 아니다. 양자를 싸우게 내버려 두고 좋은 것만 빼앗아 가질 날이 언젠가는 온다. 정리해서 말하자면 그들의 의견은 이렇게 된다.

어처구니없게도 오늘날 우리의 시민 정치가들은 이처럼 총명하고 이처럼 현명하다. 역사상 어떤 지식에 의해서도 흐려져 있지 않은 정치적 판단이다. 우리 민족을 상찬하기 위한 속담이 몇 개 있다. '현명한 자는 길을 양보한다' '마부에도 의상' '예의 바르면 어디에 가도 무사하다' '어부지리' 등이다.

적어도 민족 생존에 관한 한 마지막 속담은 조건부이기는 하지만 완전히 사실에 합치한다. 곧 한 민족 안에서 두 그룹이 가망 없는 다툼을 계속하고 있으면 민족 밖에 있는 제3자가 승리자가 된다. 그러나 민족 상호 간의 생존 문제에서는 의식적으로 다투는 민족이 최종 성과를 국가의 형태로 손에 넣는다. 왜냐하면 투쟁 속에서만 그들의 힘은 강화되기 때문이다. 세계의 역사상 사건이라는 것은 두 관점에서 판단하지 못하는 것은 아니다. 한편에는 중립자가 있고 다른 한편에는 개입자가 있다. 그리고 일반적으로 언제나 중립자는 가난의 제비를 뽑고 개입자는 자신의 승부사 동료가 지지 않는 한 오히려 자기의 성공을 주장할 수 있다.

즉 민족 생존에서의 사정은 다음과 같다. 지구상에서 두 강국이 서로 싸운다. 이때 주변 소국이 대국으로 발전할 수 있는 방법은 조금이라도 이 싸움에 관여하거나, 그 싸움에 근접하지 않거나 어느 한쪽이다. 관여하면 편을 든 나라가 승리했을 때에 이익에 참여할 수 있다. 중립자를 기다리고 있는 것은 어느 쪽 나라가 승리해도 전승국과 대립하는 운명이다. 지구상의 어느 위대한 나라를 보아도 중립을 정치 행동 원리로 삼아 이제까지 융성한 나라는 없다. 투쟁에 의해서만 융성한다. 처음부터 지상에 빼어난 강국이 있으면 작은 민족이 취할 수단은 두 가지밖에 없다. 처음부터 장래를 체념하거나, 유리한 동맹을 맺어 그 보호 아래에서 자국의 힘을 강화하거나이다.

왜냐하면 어부의 역할은 제3자로서 힘을 지니고 있어야만 수행할 수 있기 때문이다. 언제나 중립으로 있는 자는 권력을 장악할 수 없다. 그것은 또 어느 민족의 힘은 민족의 내적 가치에도 있고, 그 힘의 최종적 표현은 전장에서의 민족 전투력이라는 내적 가치의 의지에 의해서 만들어진 조직 형식에서 발견되기 때문이다. 그러나 이 형식은 때때로 실천적 시험을 거쳐야만 성립된다. 민족의 영원한 가치는 세계사라는 대장간 망치 밑에서만 역사를 만드는 강철이 된다.

전투를 피하는 자는 도전할 힘을 결코 얻지 못한다. 도전을 하지 않는 자는 무기를 쥔 싸움에서 서로 대결하는 사람들의 유산상속인일 수 없다. 그것은 세계사에서 이제까지의 상속인은 겁 많은 중립적 견해를 지닌 민족이 아니라 더 좋은 무기를 사용하는 젊은 민족이었기 때문이다. 계속적인 싸움이 존재하지 않는 곳에서 강국이 성립한 예는 고대에도, 중세에도, 근대에도 없다. 이제까지의 역사를 상속한 민족은 언제나 힘의 국가였다. 민족의 생존을 두고서 다투던 두 나라 대신에 제3자가 상속자가 되는 예도 없는 것은 아니다.

그러나 그 경우 제3국은 일부러 다른 두 나라를 다투게 하고 그 뒤에 별로 희생을 치르지도 않고 그 두 나라를 결정적으로 패배시킬 정도의 힘을 처음부터 가지고 있었던 것이다. 하지만 그것으로 인해서 중립은 사건에 수동적으로 관여하지 않는다는 성격을 잃는다. 그 대신에 의식적인 정치 작전이란 성격을 떠맡는다. 물론 현명한 국가 지도부라면 자기 힘을 얼마나 투입할 수 있을지를 평가하고 적의 크기와 비교한 뒤에야 전투를 시작할 수 있다. 특정 국가와 싸우는 것이 불가능함을 알면, 그 나라와 손잡고 싸우지 않을 수 없는 경우도 생길 것이다. 그것은 이제까지의 약소국은 이 공동전선에서 성장해, 필요하다면 그 나라에 자국의 생존 이익을 주장할 힘을 언젠가는 얻을 수 있기 때문이다.

어느 나라건 언젠가는 위험해질지도 모르는 나라와는 동맹을 맺을 리가 없다는 등의 생각은 하지 말기 바란다. 동맹이란 정치 목적을 표시하는 것이 아니라 목적을 위한 수단을 표시하고 있는 데 지나지 않는다. 내일의 발전 여하에 따라서는 적이 될지도 모른다는 것을 100퍼센트 알고 있었다고 해도, 오늘의 동맹을 이용해야 한다. 영구히 이어지는 동맹이란 있을 수 없다. 상호 이익이 완전히 분리되어 있기 때문에 어느 시기는 동맹관계에 있고, 그것이 종결되어도 대립관계로 들어가지 않고 끝난 두 민족이 있다면 다행한 일이다. 그러나 특히 힘과 위대함을 손에 넣으려고 생각하는 약소국은 언제나 세계사의 전반적인 정치적 사건에 적극적인 행동으로 관여할 생각을 해야 한다.

프로이센이 슐레지엔 전쟁[62]을 개시했을 때 그것은 그 무렵에 이미 큰 흐름이 되고 있었던 영국과 프랑스 사이의 군사적 충돌[63]에 관련한 부차적 현상이었다. 사람들은 프리드리히 대왕이 영국이라는 밤을 불 속에서 주었다고 해도 그를 비난할지도 모른다. 만일 그 무렵 호엔촐레른가의 왕관을 쓰는 자가 세계사의 다가올 위대한 사건을 알면서 프로이센을 경건한 중립의 위치에 두고 있었다면 비스마르크가 만들어 낸 새로운 독일제국의 전신이 되는 그 프로이센은 성립되었을까.

세 번의 슐레지엔 전쟁이 프로이센에 슐레지엔 이상의 것을 가져왔다. 뒤에 비상부르크와 뷸트에서 스당까지 독일 국기를 내걸고 베르사유 궁전의 거울 사이에서 새로운 제국의 새로운 황제를 환영[64]한 그 연대는 이런 전쟁에서 키워지고 있었다. 정말로 그 무렵 프로이센은 소국이었다. 영토 넓이로서도, 인구로서도 그다지 중요한 나라는 아니었다. 이 소국이 세계사의 커다란 행동 속으로 뛰어들어 뒤에 독일제국을 세울 자격을 얻은 것이다.

이 프로이센 국가에서 중립주의자가 승리를 거둔 시기가 딱 한 번 있었다. 나폴레옹 1세 시대이다. 그 무렵에 프로이센은 중립을 유지했는데 뒤에 뼈아픈 패배로 그 대가를 받았다.[65] 1812년에는 두 가지 이론이 날카롭게 대립하고 있었다. 한쪽은 중립을 주장했고, 다른 한쪽은 제국의 남작 폼 슈타인이 앞장서서 개입을 주장했다. 1812년에는 중립주의가 승리해 프로이센과 독일에는 유혈이 그칠 날이 없는 고통을 가져왔다. 1813년에 접어들어 결국 개입주의자가 우세해져 그것이 프로이센을 구했다.[66]

---

62) 프로이센의 프리드리히 대왕은 오스트리아, 합스부르크가의 마리아 테레사에 의한 왕위 계승을 계기로 1740년 오스트리아 영토인 슐레지엔을 침공했다. 그때에 슐레지엔은 독일 영토가 되었는데 그 뒤 두 나라는 슐레지엔을 둘러싸고 종종 싸웠다.

63) 아메리카 대륙에서는 영국과 프랑스 사이에서 일어난 충돌이 1756~1763년 프렌치 인디언 전쟁이 되었다. 최종적으로는 영국이 승리하고 프랑스는 북아메리카 식민지를 잃었다. 그 가운데서 프로이센은 영국과, 프랑스는 오스트리아와 동맹관계를 맺었다.

64) 1871년 프랑스에 승리한 프로이센의 빌헬름 국왕은 파리 근교 베르사유 궁전에서 독일 황제 대관식을 거행했다.

65) 1806년 10월 14일 프로이센은 예나와 아우어슈테트에서 나폴레옹군에 패했다. 이듬해 6월 틸지트 조약에서 프로이센 영토는 약 반으로 줄고 여러 가지 배상이 부과되었다.

66) 하인리히 프리드리히 카를 라이히스헤어 폼 운트 춤 슈타인. 1757~1831. 독일 정치가. 1804년 상공 및 세무, 제조업 담당 장관이 되었다. 1807년 7월 수상으로 기용되어 예농제 폐지를

제3세력으로서 주의 깊게 중립을 유지하고 있으면 정치적 성과를 얻을 수 있다는 의견에 아주 명확한 답을 준 것이 세계대전이다. 세계대전의 중립국이 실제로 얻은 것은 도대체 무엇이었을까. 득의의 미소를 지으면서 어부지리를 얻었을까. 똑같은 상황에 직면하면 독일은 다른 역할을 수행할 수 있다고 믿었던 것일까. 세계대전의 강국만이 책임이 있다고 생각하지 말기 바란다. 당치도 않은 일이다. 장래의 전쟁은 모두 대국이 관여하는 한 대규모의 민족전쟁이다. 독일이 중립을 유지한다면 유럽에서 장래 어떤 대립이 생겼을 때에 독일이 차지하는 위치는 세계대전 때의 네덜란드·스위스 또는 덴마크 등의 그것이다.

서로 싸우고 있는 어느 한쪽과 동맹해 하나의 역할을 수행할 용기를 가지고 있지 않았는데 사태가 수습되고 나면 남은 승자에게서 그 역할을 할 힘을 끄집어낼 수 있다고 한다. 그래도 믿을 수 있을까.

어쨌든 세계대전은 명확하게 증명을 했다. 즉 커다란 세계사적 대립에서 중립을 유지하는 자는 틀림없이 우선은 작은 사업에 참여할 수는 있겠지만 강국 중심으로 세계 명운이 결정되는 상황 속에서는 철저하게 배제된다.

만일 미국이 세계대전에서 중립이었다면 승자가 영국이었다고 해도, 독일이 승리하고 있었다고 해도 미국은 오늘날 제2류의 강국으로 간주되었으리라. 전투에 대한 개입[67]이 미국을 해상권에서는 영국의 대항국으로까지 높이고 세계정치적으로는 결정적이고 중요한 강국으로 인지시킨 것이다. 세계대전 참전 이후 미국에 대한 평가는 완전히 별개 것이 되었다. 하나의 상태가 수년 전에는 어떤 일반적 평가를 얻고 있었는지 조금 시간이 지나면 아무도 모르게 된다. 이것이 인간의 망각 본성이다. 우리는 오늘날 외국의 많은 정치가들이 그 화제 가운데서 지난날 독일의 위대함에 관해서는 완전히 무시하고 있는 것을 알고 있다. 이와는 달리 우리는 세계대전에 참가한 다음부터 미국이—우리가 판단하기에—자신의 가치를 얼마나 성장시켰는지에 대해

___

통한 농민해방, 도시조례 제정과 공포를 통한 도시 자치 보장 등의 슈타인개혁을 단행함. 그 뒤 책임내각제를 추진했으나 이 때문에 파면되어 독일에서 쫓겨남. 오스트리아와 러시아 황제 고문, 프랑스동맹에 대항하기 위해 독일위원회 위원장 등을 지내면서 프로이센 근대화에 커다란 역할을 수행했다.

67) 1917년 2월 독일은 무제한 잠수함전 선언. 미국은 4월 6일 독일에, 12월 7일 오스트리아 헝가리제국에 선전포고.

과소평가할 수는 없다.

이탈리아는 참전해서 지난날 동맹국을 적으로 대했다. 정치가로서 여기에 이유를 붙이지 않을 수 없는데 사정은 같다. 이탈리아가 그 첫걸음을 내딛고 있지 않으면 오늘날 이탈리아는 주사위가 어떻게 던져졌건 스페인과 역할을 공유하고 있을 것이다. 세계대전에 적극 관여하기 위해 아주 평이 좋지 않은 한 걸음을 내딛으면서 이탈리아는 위치가 향상되고 지위는 강화되었다. 이제야말로 파시즘에서 최종적이고 영예로운 표현을 발견할 수 있는 것이다. 참전이 없으면 파시즘은 전혀 상정할 수 없는 현상이다.

그것에 대해서 독일인이 어두운 표정으로 불쾌하게 대응한다 해도, 또 밝은 표정으로 받아들인다 해도 상관없다. 중요한 것은 역사에서 배우는 것에 있다. 역사의 교훈이 설득력을 지니고 우리에게 말을 걸 때 특히 그렇다.

유럽 또는 다른 지역에서 증대하는 대결 속에서 신중하고도 주의 깊게 중립을 지켜두면 어느 날 그 성과를 제3자로서 만족스럽게 손에 넣을 수 있다는 생각은 잘못이며 어리석은 것이다. 처음부터 자유는 구걸이나 협잡으로 얻을 수 있는 것은 아니다. 또 노동이나 열의에 의한 것도 아니다. 오로지 투쟁, 그것도 자신의 투쟁에 의해서 얻은 것이다. 그것은 흔히 있을 수 있는 일들인데 의지의 힘이 행위보다도 중요시된다. 현명한 동맹정책을 진행한 덕택에 무기로 얻은 성공과는 비교가 되지 않을 정도의 성공을 거둔 민족은 결코 드물지 않다.

그러나 용감하게 전력을 다하는 민족의 운명을 좌우하는 것은 언제나 행위의 규모가 아니고 그 의지의 크기이다. 그 예로서 19세기 이탈리아 통일의 역사는 주목할 만하다. 세계대전을 보아도 알 수 있듯이 대부분의 나라는 군사적 작업에서보다도 우군이 된 나라의 대담한 용기 덕분에, 그런 나라가 보여준 강한 끈기 덕분에 아주 커다란 정치적 성공을 달성할 수 있는 것이다.

독일이 온갖 어려움 속에서 오로지 묵묵히 참고 좋는 시기를 끝내고자 한다면 어떤 사정이 있더라도 강국연합에 적극적으로 파고들어 강국 중심으로 펼쳐지는 유럽에서 살아남을 수 있는 장래의 형성에 활동적으로 관여하고자 시도해야 한다.

'그런 관여로 인해 곤란한 위기를 안으로 안게 된다'고 이의를 제기할 수도 있을 것이다. 이것은 아주 올바른 지적이다. 하지만 위기를 겪지 않고 어찌 자유를 얻을 수 있다고 생각할까. 그렇지 않으면 위기와 결부되지 않는 세계 역사상의 행위가 존재한다고 믿는 것일까. 이를테면 최초의 슐레지엔 전쟁을 프리드리히 대왕이 결심했을 때 그 결심에는 동전의 앞뒷면이 없었다는 말인가. 비스마르크에 의한 독일 통일은 위험이 없었다는 것인가. 아니다, 몇 번이고 말하겠다. 아니다, 인간이 태어나서 죽음에 이르기까지 모든 것은 의문투성이이다. 확실하게 보이는 것은 오직 죽음뿐이다. 바로 그렇기 때문에 마지막 출격이 가장 곤란한 출격은 아니다. 어쨌든 그 출격이 요구되는 것이다.

성과가 가장 많은 사업을 선택하고자 대비하는 것은 국가의 현명함 문제이다. 실패할지도 모른다는 불안에서 처음부터 손을 대지 않는 것은 민족의 장래를 체념하는 일과 다름없다. 그런 행위는 성패를 건 대승부와 같은 것이라는 비판에 대해서는 이제까지의 역사적 경험을 끄집어내면 간단히 반론할 수 있다. '승패를 건 대승부'란 이길 가능성이 예전부터 어떤 우연에 의해 결정된 승부를 말하는 것이다. 정치에서 그런 경우는 있을 수 없다.

왜냐하면 최종 결정은 장래의 어둠 속에 있는 것이긴 하지만 성공한다, 못한다의 확신은 인간이 인식할 수 있는 요소에 의거하고 있기 때문이다. 이런 요소를 비교해 고려하는 것이 민족의 정치 지도부가 하는 임무이다.[68] 검토한 결과가 하나의 결정을 틀림없이 이끌 것이다. 이 결정은 자신의 통찰에서 비롯되었고 그 통찰에 따르면 성공은 가능하다는 신뢰에 지지되고 있다.

이 이유에 따라 나는 어느 정치적 결정 행위의 결과가 100퍼센트 확실하지 않다고 해서 그 행위를 성패의 대승부로 부를 생각은 없다. 의사가 집도하는 수술이라면 결과가 반드시 성공은 아닐지라도 나는 그 수술을 받아들일 수 있다. 필요성 자체가 명확하고 여러 관계를 충분히 검토해 보아도 특정 행위가 문제라면, 얼마간 의심스럽고 확실하게 성공한다고는 말할 수 없는 행위라도 최대한 에너지를 쏟아 실행한다. 이것이 옛날부터 위대한 인물의 본성이다.

행동을 앞세우는 인물이 자기 민족을 관찰한 뒤에 실패에서조차 국민의 생존력을 파괴할 수 없다고 확신하면 확신할수록 여러 민족의 대결 속에서 몇 가지 큰 결정을 내리는 책임감의 기쁨은 한층 커지게 된다. 왜냐하면 내적

---

68) W판은 여기에서 히틀러의 역사 해석의 자의성을 지적. 1672년 프리드리히 대왕을 큰 궁지에서 구한 것은 러시아의 엘리자베타 여제의 죽음과 그것에 이어지는 프로이센에 호의적인 표트르 3세의 계승이었다.

으로 완강한 민족은 전장에서의 패배로 소멸되는 것은 아니기 때문이다. 그러므로 민족이 충분한 인종적 의의를 지니고 있다는 전제하에서 내적 건강을 유지하고 있다면 작전 실패가 민족의 몰락을 의미하지는 않을 것이다.

그렇기 때문에 어려운 작전을 채택하는 용기[69]는 다른 세력을 압도하는 용기일 수 있다. 클라우제비츠[70]는 그의 《고백》에서 건강한 민족에게 그런 패배는 언제나 다시 그 뒤의 융성으로 이끌어 갈 수 있고, 반대로 겁에 질려 복종하면, 싸우지 않고 운명을 묵묵히 참고 좇다보면 결국 파괴된다고 단정하고 있다. 이것은 정말로 맞는 말이다.

중립이 오늘의 우리 민족에게 유일하고도 가능한 행위로 권장되고 있는데, 이것은 사실상 타국의 무력이 규정하는 운명에 대해서 의지 없이 그저 묵묵히 참고 좇는 것일 뿐이다. 그곳에만 우리의 쇠망 가능성과 징후가 있다. 거기에 대해서 우리 민족 자체가 이제까지 결여되어 있었던 자유에 대한 시도에 착수한 것이라면, 그런 심정을 표명하는 가운데 이미 우리 민족의 생존력이라는 관점에서 유익한 요소를 볼 수 있을 것이다.

왜냐하면 그런 대응에는 신중한 것이 국정상의 현명함이라는 등의 말은 하지 말기를 바라기 때문이다. 그것은 가련한 나약함과 사려 없음이다. 이 경우도 그렇지만 역사에서도 가끔 현명함과 이것을 착각하는 자들이 많다. 물론 사정에 따라서 민족은 몇 년 동안이나 외국의 압제를 받지 않을 수 없다. 그러나 초강대국을 상대로 외면적으로 어떤 진지한 것을 달성하는 일은 결코 쉽지 않다. 그것과 같은 정도로 민족의 내적 생활은 자유를 추구할 것이고 민족의 전력을 투입해 일시적으로 주어져 있는 상태를 언젠가는 바꾸기 위해 온갖 수단을 다할 것이다.

외국 정복자의 멍에를 견디고는 있지만 주먹을 불끈 쥐고 이를 악문 채 폭군으로부터 해방될 최초의 가능성이 있는 때를 노리고 기다리는 것이다. 곤란한 여러 상황 아래 이것이 가능해진다. 그러나 오늘날 국정상의 현명한 정책으로서 제시되고 있는 것은 실은 스스로 복종하는 정신이고, 모든 반항을

---

69) W판은 히틀러가 이런 생각을 버렸다고 덧붙였다. 히틀러는 몇 년 동안 독일을 자신의 의지에 따라서 전쟁으로 내몰면서 자신이 죽으면 독일은 살아남지 못할 것이라고 생각했다.

70) 카를 필립 고트프리트 폰 클라우제비츠. 1780~1831. 프로이센 장군. 그의 저서 《전쟁론》은 잘 알려져 있다. 《고백》은 1812년 저작.

뜻없이 체념하는 심정이며, 그 반항을 모색해 민족 부흥에 유익한 작업을 의도적으로 진행하고 있는 자들을 부끄러움도 없이 추방하려는 정신이고, 자기 수축(收縮)의 사상이며, 이 민족과 국가 재생에서 언젠가는 유익하게 될 모든 내면적 요소를 파괴하는 정신이다. 정말로 이 정신은 현명한 국책으로 자랑할 수 있는 것은 아니다. 그것은 실제로 국가를 파멸시키는 파렴치한 행위이기 때문이다.

이 사상은 물론 다가올 유럽의 변화에 우리 민족이 행동으로 관여할 모든 시도를 틀림없이 증오할 것이다. 그것에 협력하려고 시도하는 것만으로도 이미 이 정신과의 싸움을 피할 수 없기 때문이다.

그러나 국가 지도부가 정신의 타락으로 인해서 잠식되는 것처럼 보일 때에는 민족의 현실적 생존의 모든 힘을 인정하고 옹호함으로써 그것과 함께 대표되는 반대 세력의 과제는 국민의 사기 고양을 위한, 나아가 국가의 명예를 위한 싸움을 기치로 하는 데에 있다. 외교는 책임 있는 국가 지도부의 과제라는 반대 세력의 주장에 겁먹을 필요는 더더욱 없다. 왜냐하면 그런 책임 있는 지도부는 이제 오랫동안 존재하지 않고, 반대로 지도부는 민족 공동체 존속을 위해 다 아는 필요한 일을 이루도록 민족의 전 구성원에게 부과되는 영원한 의무가 개개 정권의 형식적 권리를 초월해 존재하고 있다는 의견에 찬성의 뜻을 표할 수밖에 없기 때문이다.[71] 이것은 열악하고도 무능한 정권의 견해와는 끝까지 대립해도 신경을 쓸 필요는 없다.

그러므로 오늘날 바로 독일에서는 우리 민족을 그 사상 실현을 향해 준비시키고 교육한다는 고도의 의무를, 이른바 국민 반대 세력이 가지고 있는 것이다. 그러려면 첫째로 국제연맹과 협력해 우리의 운명을 바꿀 수 있다는, 오늘날 널리 유포되고 있는 희망에 대한 냉혹한 전쟁을 예고해야 한다. 오늘날 우리 불행에 흥미를 보내고 있는 자들의 모임인 여러 기관에 독일의 현상 개선을 기대해서는 안 된다고 우리 민족이 차츰 인식하기에 이르도록 처음부터 이 반대 세력은 노력해야 한다. 그리고 독일의 자유가 다시 획득되지 않는

---

71) W판에서는 《나의 투쟁》의 "만일 정치권력의 도움으로 어느 민족을 멸망으로 이끌게 된다면 그런 민족에 속하는 자가 모두 반역하는 것이 그때에는 권리일 뿐만 아니라 의무이기도 하다"를 인용해 "독일에서의 저항 동기를 설명하는 데 히틀러의 언어를 이용할 필요는 없지만 이 주장이야말로 히틀러 자신에게 향해져야 할 것"이라고 덧붙였다.

한 모든 사회적 희망은 현실가치를 수반하지 않는 유토피아적 약속일 뿐이라는 확신을 깊게 가져야 한다.

그리고 이 자유는 어쨌든 우리의 힘을 투입해야만 비로소 문제가 되는 것이라고, 우리 민족의 내적 힘이 성장하고 증가하는 것을 실현하는 내정과 외교가 우리의 모든 정책이 되어야 한다고 우리 민족에게 알려야 한다.

그리고 마지막으로, 이 힘의 투입은 진정 가치 있는 목표가 되어야만 하며, 이 목적을 위해 운명에 혼자서는 맞설 수 없기 때문에 동맹국이 필요한 것이라고 우리 민족을 가르치고 이끌어야 한다.

제9장
독일의 영토정책 목적

장래 독일 외교의 형태 문제에서는 우리 민족의 내적인 힘 및 민족 특유의 강인함과 판단은 별개로 하더라도 군사적 동원력 및 주변 여러 나라의 군사적 수단과 자국의 군사적 수단의 관계가 결정적인 의미를 지닌다.

나는 이 책에서 오늘날 우리 민족이 안고 있는 도덕적 약점에 대해서 더 이상 드러내어 말할 필요는 없을 것이다. 우리의 일반적인 약점은 어느 부분은 그 피에 따르고 있으며, 어느 부분은 우리의 오늘날 국가조직의 본질에 있고, 또는 우리의 열악한 지도부 활동 탓임에 틀림없다. 이런 것들을 잘 알고 있는 것은 유감스럽지만 독일 여론보다도 독일 밖의 세계에 있다. 우리를 억압하고 있는 자가 채용하고 있는 조치의 대부분은 이런 약점의 인식에 의거한다. 현상을 인식할 때 똑같은 민족이 겨우 10년 전에는 역사상 유례가 없는 일을 성취하고 있었던 것을 결코 잊어서는 안 된다.[1]

현재 슬퍼해야 할 인상을 주고 있는 독일 민족은 세계사에서는 그 힘찬 가치를 가끔 보여주고 있다. 세계대전 자체가 우리 민족의 영웅심과 희생을 마다하지 않는 심정을, 죽음을 두려워하지 않는 규율을, 더 나아가 생존 조직의 모든 영역에 걸친 천재적인 능력을 증명하고 있다. 그 순수 군사적 지휘에서는 불멸의 성과를 얻었다. 다만 정치상의 지도가 이루어지지 않았을 뿐이었다. 그 무렵 정치는 이미 오늘날보다 한 단계 낮은 수준인 정치 지도부의 전신이었다.

우리 민족의 국내 수준은 현재로서는 아주 불만족스러운데, 이에 일격이 가해지기만 하면 다른 모습을 보여줄 수 있으리라. 지금 다른 주먹이 있으면 우리 민족을 현재의 쇠퇴에서 다시 구출할 몇 가지 사태의 고삐를 잡을 수

---

1) W판에서는 이 기술을 본서의 구술 시기를 추정하는 자료로 삼고 있다.

있을 것이다.

우리 민족의 그야말로 놀랄 만한 변모의 힘은 우리 역사가 보여주고 있다. 1806년 프로이센과 1813년 프로이센이다. 얼마나 커다란 차이인가. 1806년은 항복의 슬픔이 온 나라에 가득하고 시민들의 심정은 지금까지 들어본 적이 없을 정도로 참담했다. 1813년은 어땠을까. 외국 지배에 대한 끓어오르는 증오, 자기 민족에 대한 애국적 희생심, 자유를 위한 영웅적인 투쟁 의지 등으로 가득 찬 나라였다.

그 무렵에 바뀐 것은 진실로 무엇이었을까. 민족이었을까. 아니다. 내적인 본성은 옛날 그대로였다. 민족의 지도가 다른 손에 장악된 것에 지나지 않는다. 프리드리히 대왕 이후의 취약한 프로이센 국가 지도부에는 군대의 구악이 팽배했고 운영 또한 경직되어 있었지만 이러한 약점에 이제 새로운 정신이 이어진 것이다. 폰 슈타인 남작과 그나이제나우,[2] 샤른호르스트,[3] 클라우제비츠, 블뤼허[4] 등이 새로운 프로이센 대표자들 이름이다. 세계는 프로이센이 7년 전 예나 전투[5]에서 참패했던 것을 불과 2, 3개월 만에 깡그리 잊게 되었다.

새로운 제국 건설의 앞길은 사정이 달라지고 있었을까. 독일의 힘과 영광을 힘차게 구현하고 있는 것으로 많은 사람들 눈에 비친 새로운 제국이 독일의 쇠퇴와 비통일, 그리고 전반적으로 파렴치한 정치가가 출현하는 데에는 10년 남짓으로 충분했다. 하나의 탁월한 두뇌가 평범하고도 용렬한 다수파와의 투쟁 속에서 독일의 천성에 독일 발전의 자유를 다시 부여한 것이다. 우리 역사에서 비스마르크를 빼버리면 우리 민족에게 몇 세기 동안에 가장 영광으로 가득 찬 그 시대가 가련하게도 평범하고 용렬한 시대가 되고 말리라.

---

2) 아우구스트 빌헬름 안토니우스 그라프 나이트하르트 폰. 1760~1831. 폰 슈타인과 샤른호르스트 밑에서 프로이센 군제 근대화, 국민 군대 창설에 노력했다. 워털루 싸움에서 전공을 거두었다.

3) 게르하르트 요한 다피트 바이츠 폰. 1755~1813. 프로이센 장군. 군내에서의 귀족 특권 폐지를 주장. 그의 유지 징병제가 실현되었다.

4) 게프하르트 레베레히트 블뤼허 폰 발슈타트. 1742~1819. 프로이센의 군인. 원수. 1815년의 워털루 싸움에서 무훈을 세웠다.

5) 1806년 10월 14일 프로이센군은 예나 전투에서 나폴레옹이 이끄는 프랑스군에 대패했다. 프로이센 국왕은 베를린을 내주고 메메르까지 도주했다.

독일 민족은 이제껏 들어본 적이 없었던 위대한 몇 해를 지나고서 평범하고 용렬한 운영으로 인해서 오늘날 이 혼란에 빠지게 된 것이므로 독일 민족은 그때와 똑같이 그 철권(鐵拳)으로 재기할 수 있다. 그때에 독일의 내적 가치는 전 세계에 확실하게 눈에 보이는 형태로 나타나, 그런 독일이 존재하고 있다는 현실이 그 사실을 배려하고 평가할 것이다.

그 가치가 아직 깨어나지 않고 잠들어 있을 때야말로 독일이 그 순간에 소유하고 있는 힘의 진정한 가치에 명확한 형태를 부여하는 것이 필요하다.

나는 이미 독일의 현대 군사력 장치, 즉 독일 국방군의 간결한 형태를 묘사해 두었다. 여기에서는 독일의 일반적 군사 상황을 주변 세계와의 관계에서 그려보자.

독일은 현재 세 가지 병력 요소 또는 세 강국 그룹에 둘러싸여 있다.

영국, 러시아, 프랑스가 현재 독일에게 군사적 위협이 되는 이웃 나라들이다. 그 가운데서도 프랑스의 힘은 파리에서 바르샤바로,[6] 프라하에서 베오그라드[7]로까지 미치는 유럽동맹 시스템에 의해서 강화되고 있는 것으로 보인다.

독일은 이들 나라 사이에서 국경을 개방한 채 꼼짝도 할 수 없다. 특히 위협인 것은 제국의 서부 국경이 독일 대공업지대와 평행으로 달리고 있는 점이다. 서부 국경은 긴 데다 방어에 도움되는 자연 장애물도 없다. 군사력이 극단으로 제한되고 있는 국경이 이를 지켜낼 가능성은 낮다. 라인강도 군사적으로 효과가 있는 방어선으로는 생각할 수 없다. 독일은 강화조약에 의해서 이에 필요한 기술적 준비를 할 수 없을 뿐만 아니라[8] 이 강 자체는 근대적으로 장비된 군대 이동을 거의 막을 수 없다. 그보다 부족한 독일 방위력을 긴 전선에 걸쳐서 헛되게 분산시키지 않아야 한다. 더욱이 이 강은 독일 최대 공업지대를 흐르고 있기 때문에 이 주변에서의 전투는 즉시 국가 방위에서 기술적으로 더할 나위 없이 중요한 공업지구와 공장 파괴를 의미하고 있다.

독일·프랑스 대립의 부추김을 받아 체코슬로바키아가 독일의 적으로 돌아

---

6) 1921년 2월 폴란드와 프랑스 사이에서 경제·군사에 걸친 협정이 체결되었다.

7) 1920년에는 프랑스 지원 아래 체코슬로바키아, 루마니아, 세르비아왕국, 크로아티아, 유고슬라비아 사이에 '작은 협상'이 체결되었다.

8) 베르사유 조약에서 라인강 동쪽 50킬로미터 이내 독일령은 비무장지대로 되어 있었다.

서면 전쟁 수행에 대한 공업적 버팀목인 독일 제2대공업지대 작센에서 전투가 벌어지는 것이 문제가 된다. 여기에서도 국경은 자연에 의해 저지되고 있다고는 말하기 어렵고, 바이에른에 이르기까지 길기는 하지만 장애는 없다. 방어가 성공할 가망은 적다. 이 전투에 폴란드[9]도 참가한다면 동부 국경 전체가 몇 개 도움이 되지 못하는 요새를 별도로 치면 방어할 방법도 없이 공격에 노출된다.

독일 국경은 한편으로는 장거리에 걸쳐서 군사적으로 무방비인 채로 개방되어 있고 적에게 둘러싸여 있다. 특히 우리의 북해 해안은 작고 좁다. 그것을 방어할 해군력은 웃음거리이고, 그 자체로서는 전혀 가치가 없는 군사력이다. 오늘날 우리가 '우리 자신'이라고 일컫고 있는 군함은 우리의 이른바 전함부터가 기껏해야 적의 사격연습 표적에 지나지 않는다. 새로 만든 서너 척 순양함만 해도 그 자체로서는 근대적이고 가볍게 되어 있는데 눈에 보이는 것과 같은 결정적인 가치는 인정되지 않는다.[10] 우리의 권리 내에서 가질 수 있는 함대 힘은 발트해에 있는 것만으로는 불충분하다. 요컨대 우리 함대에 가치가 있다고 한다면 기껏해야 물에 뜬 사격학교의 가치밖에 안 된다.

그것과 관련해서 어느 해군과 충돌하는 사태라도 되면 독일 무역은 그 순간에 끝날 뿐만 아니라 적의 상륙 위험성조차 있다.

우리의 군사 정세가 완전히 불리한 것은 다음의 여러 점을 보아도 뚜렷하다.

제국 수도 베를린은 폴란드 국경으로부터 겨우 175킬로미터 떨어져 있다. 이어서 체코 국경에서부터 겨우 190킬로미터, 비스마르나 슈체친까지의 가장 짧은 거리도 거의 마찬가지다. 즉 베를린에서 이들 국경까지는 신형 비행기로 1시간도 걸리지 않는다. 라인강에서 동쪽으로 60킬로미터를 따라 남북으로 선을 그으면 서부독일 공업지대는 모두 그 범위 내에 들어가고 만다. 프랑크푸르트에서 도르트문트까지로 알려져 있는 독일 공업지구에서 이 지역 내에 들어가지 않는 도시는 없다. 프랑스가 라인강 왼쪽 기슭 일부를 점

---

9) 초고에서는 여기에 전치사 auf로 쓰여 있다. 이 단어를 써서는 글 뜻이 통하지 않는다. W판은 부사 auch를 잘못 들은 것으로 해석하고 있다. 번역은 W판에 따랐다. 제4장의 역주 2 참조.
10) 베르사유 조약에서 독일 군함의 배수량과 속도, 독일군 장비의 유형과 수량을 세밀하게 정했다.

령하는 한[11] 비행기를 이용하면 30분도 걸리지 않고 우리 서부독일 공업지대 심장부로 진격할 수 있다. 체코 국경에서 뮌헨에 이르는 거리는 폴란드나 체코 국경에서 베를린에 이르는 거리와 거의 같다. 체코 군용기가 뮌헨으로 오는 데에는 60분도 채 걸리지 않는다. 뉘른베르크에서는 40분, 레겐스부르크라면 30분, 아우크스부르크조차 체코 국경에서는 직선거리로 200킬로미터이므로 오늘날 비행기라면 1시간도 걸리지 않는다.

아우크스부르크에서 프랑스 국경 거리는 아우크스부르크에서 체코 국경까지 직선거리와 거의 같다. 아우크스부르크에서 스트라스부르까지 직선으로 230킬로미터, 가장 가까운 프랑스 국경은 120킬로미터이다. 적의 비행기는 아우크스부르크까지 1시간이면 올 수 있다.

독일 국경을 이런 관점에서 바라보면 서부독일 공업도시는 오스나브뤼크, 빌레펠트, 카셀, 뷔르츠부르크, 슈투트가르트, 울름, 아우크스부르크까지 넣어 모두 국경에서 비행시간 1시간 거리 안에 있다. 동부에서 보면 뮌헨, 아우크스부르크, 뷔르츠부르크, 마그데부르크, 베를린, 슈체친이 그렇다. 바꾸어 말해 현 독일 국경 상황에서 독일은 1시간 이내에 적기 내습을 받지 않을 수 있는 곳은 몇 제곱킬로미터도 채 되지 않는다.

그때 가장 위험한 적으로서는 프랑스를 생각할 수 있다. 프랑스는 여러 동맹 덕분에 전투 발발 1시간 안에 거의 독일 전 국토를 비행기로 위협할 위치에 있다.

비행기라는 무기에 대해 독일이 취할 수 있는 군사적 대항 수단은 지금으로서는 요컨대 방법이 없다.

이를 보아도 독일이 몸 하나로 프랑스와 대립한다면 곧바로 절망에 빠지게 될 상황임이 분명하다. 전장에서 적기 공습의 엄청난 효과에 몇 번이나 노출된 경험이 있는 자는 거기에서 끄집어낼 수 있는 교훈적인 효과를 특히 가장 잘 평가할 수 있다.

함부르크나 브레멘 등 우리의 항만도시라 할지라도 오늘날에는 같은 운명에 있다. 대해군은 항공모함을 가지고 있다. 물에 뜨는 착륙장을 해안 가까이

---

11) 이에 따라서 구술은 프랑스군의 라인란트 철수 이전에 이루어진 것으로 보인다. 1930년 3월 제국의회는 두 안(案)을 받아들이고 있다.

운반할 수 있는 것과 같은 것이다.[12]

오늘날 독일이 기술적으로 효과가 높은 무기에 충분히 대항하지 못하는 것은 하늘에서의 비행기 공격만 해당되는 것은 아니다. 우리의 취약한 국방군의 순수한 기술 장비는 우리 적의 그것에 비하면 절망적일 정도로 뒤떨어져 있다. 중화기가 부족하다지만 전차를 효과적으로 격퇴할 수 있는 수단이 없는 것에 비하면 그다지 심각하지는 않다.

만일 오늘날 독일이 적어도 필요한 방어 준비를 사전에 강구하지 못한 채 프랑스와 그 동맹국을 상대로 싸운다면, 순수하게 기술적으로 보아 우리의 적이 우세하기 때문에 며칠 지나지 않아 결과는 명확해질 것이다. 그런 적의 공격을 방어하는 데 필요한 조치를 전투를 하면서 준비할 수는 없다.

이미 갖추어져 있는 전력으로 적어도 얼마 동안은 대항할 수 있다는 의견도 있다. 이것은 잘못이다. 왜냐하면 준비된 것도 아무튼 전열을 가다듬는 데에 상당한 시간이 필요하기 때문이다. 전투가 발생한 뒤에 그런 시간을 확보할 여유는 없다. 일단 사태가 벌어지면 대항책을 강구할 시간이 없을 정도로 빠르게 진행되기 때문이다.

그러므로 우리는 외교 가능성을 어떤 측면에서도 고찰할 수 있는데, 독일로서는 원칙적으로 해서는 안 될 사항이 있다. 즉 현재 유럽에서 동원되고 있는 여러 세력에게 자국 군사력에만 의거에서 대응할 수는 없다. 이런 이유에서 독일이 사전에 기본 준비도 하지 않은 채 프랑스, 영국, 폴란드, 체코슬로바키아 등과 전투하는 것과 같은 짜맞춤은 배제되어야 한다.

이 인식의 중요함을 강조해 두고 싶은 것은 우리 독일은 오늘날에도 아직 러시아와 공동 보조를 취해야 한다고 진정으로 생각하고 있기 때문이다.[13]

확실히 순수하게 군사적으로 보기만 해도 그 생각은 이미 실행할 수도 없거니와 독일에게는 불행이다.

1914년 이전에도, 현재에도 우리에게 절대적으로 확고한 생각이 있다. 독일을 말려들게 하는 온갖 대립에서 어떤 이유에서나 어떤 동기에서나 프랑스

---

12) 항공모함은 미국 해군이 1910년 처음으로 실전에 배치했다. 1928년에는 영국이 6척, 미국이 4척, 프랑스가 3척, 일본이 4척을 보유했다.
13) 영역본 주에 따르면 구술이 이루어진 시기에 독일과 소련의 협력을 진행하자는 의견은 산업계, 군부, 외교관계자로부터 나왔다.

는 언제나 우리의 적일 것이다. 장래 유럽에서 어떤 짜맞춤이 발생했다고 해
도 언제나 프랑스는 독일과는 대립하는 짜맞춤에서 움직일 것이다. 이것이
전통에 의거한 프랑스 외교의 사고방식이다.

전쟁이 끝났으므로 얼마간은 사정이 바뀌었다고 생각하는 것은 잘못이다.
그 반대이다. 프랑스에게 세계대전은 프랑스가 생각하고 있는 전쟁 목적을
아직 완전히 충족시키지 못했다. 그 목적은 알자스 로렌 재분할만이 아니었
다. 완전히 반대이다.

알자스 로렌 자체는 프랑스가 지향하는 외교 목적에서 작은 진행을 보여
주고 있는 것에 지나지 않는다. 독일에 대한 프랑스 정치의 공격적 경향이 알
자스 로렌 점령으로 끝나지 않았다는 것은 프랑스가 알자스 로렌을 점령한
시기에도 프랑스 외교의 방침은 반독일 기조를 유지하고 있었던 사실에서 보
아 결정적으로 뚜렷하다.

1914년보다도 1870년이 프랑스의 속셈을 더욱 명확하게 보여준다. 1870년
에는 프랑스 외교의 공격적 성격을 위장할 이유가 없었기 때문이다. 1914년에
는 경험 덕분에 영리해졌고, 영국의 영향도 있어 한편으로는 인간의 본성적
이고도 보편적인 이념을 내세우고, 다른 한편으로는 외교 목적을 알자스 로
렌으로 한정하는 것이 현명하다고 생각한 것이다. 그러나 이것은 책략적 배
려였고, 프랑스 외교의 지난날 목적이 내적으로 변경된 것이 아니라 위장에
지나지 않는다.

예나 지금이나 프랑스 외교의 기조는 라인 지방 획득에 있다. 그것을 위해
서는 독일을 가능한 한 상호 독립하고 있는 개별국가로 쪼개진 채로 두는 것
이 최선의 방책이다. 이렇게 하면 유럽에서의 프랑스 안전은 확보되는 것이다.
그것이 더 큰 세계정치의 목적 실현에 도움이 될 것이라고 말해도 프랑스의
대륙을 지향하는 정치적 의도는, 독일에게 생사가 걸린 문제임에는 아무런
변화도 가져오지 않는다.

사실 독일의 이익을 촉진할지도 모를 짜맞춤에 프랑스는 결코 참여하지
않는다. 1870년까지 300년 동안에 독일은 프랑스로부터 29회나 공격을 받았
다. 비스마르크가 스당 싸움의 막바지에 항복 조건 완화를 획책하는 프랑스
의 빔펜 장군을 격렬하게 규탄한 적이 있다. 프랑스가 독일의 호의를 결코 잊
지 않고 앞으로도 계속 고맙게 생각할 것이라는 의견에 격노해, 프랑스는 이

300년 동안 정부 시스템은 다를망정 독일을 거듭 공격해 오고 있다. "항복의 형식이 어떤 것이건 프랑스는 자력으로 또는 동맹군 지원을 얻어 독일을 공격할 힘이 있다고 판단하면 곧바로 그것을 실행할 것으로 나는 보고 있다"고 말해 역사의 엄숙하고도 가식이 아닌 사실로 프랑스 교섭단에 응수한 것은 비스마르크였다.

이것을 보아도 알 수 있듯이 현재 독일의 우리 정치 지도부보다도 비스마르크가 프랑스 사고방식을 올바르게 판단하고 있었다. 그가 그렇게 할 수 있었던 것은 그 자신이 정치 목표를 명확하게 지니고 타국의 정치 목적 본질까지도 이해했기 때문이다. 비스마르크가 볼 때 프랑스 외교정책의 의도는 명확했다. 오늘날 우리의 이른바 정치가들은 그것을 조금도 이해하지 못한다. 그들에게는 명확한 정치사상 하나조차 없기 때문이다.

더욱 말하자면 프랑스가 세계대전 참전 목적을 알자스 로렌 재보유에만 두었다면 프랑스의 전쟁 수행 에너지는 실제와는 다르게 되어 있을 것이다. 특히 정치력은 세계대전 여러 상황에서 경이적으로도 보인 결단력을 발휘하지는 않고 있었을 것이다. 어느 시대나 그렇지만 전쟁에 관여한 여러 국민 자신의 내부 이익이 아주 큰 대립을 가져오고 있는 것이라면 모든 희망을 완전히 실현할 수 없다. 이것이 비교적 큰 연합전쟁의 본질이다. 프랑스의 의도는 유럽에서 독일의 완전한 소멸에 있다. 영국의 소망은 프랑스의 절대적 주도권도, 독일의 주도권도 가로막고 있다보니 프랑스의 의도와는 언제나 대립한다.

프랑스의 전쟁 의도 축소에 중요한 것은 독일 붕괴가, 그 파멸의 크기가 세간 사람들의 의식에는 확실하게 떠오르지 않는 형태로 발생한 것이었다. 사람들은 프랑스에서의 독일 보병의 전투 모습을 알고 있고, 프랑스가 자국의 최종 정치 목표의 실현만을 위해 나아가고 있는 것이 아닌가 하는 의혹을 가질 수도 있었다. 그 뒤에 독일은 내적으로 패배하고 있다는 인상이 누구의 눈에도 명확해져 있다. 프랑스의 전쟁 의도가 뚜렷해졌을 때 다른 세계의 전쟁 심리 상태는 이미 커다란 최종 목적을 지향하는 프랑스의 단독 행동이 그때까지 동맹국이었던 나라의 반론에 의해 저지당하는 사태에 이르게 되었다.

그렇지만 프랑스가 목표를 체념한 것은 아니다. 그 반대이다. 프랑스는 전보다도 더 현실성이 없는 것을 장래에 실현하려고 집요하게 음모를 꾸미고 있다. 프랑스는 자력으로 또는 동맹국 지원을 얻어, 가능하다면 내일이라도 독일을 해체시키려 힘쓰고 라인강 언저리를 점령하려고 할 것이다. 그렇게 되면 프랑스는 그 힘을 다른 방면으로 배후의 우려 없이 투입할 수 있다. 독일의 정권 형태가 바뀌어도 프랑스 민족 자신이 그때그때 체제에 관계없이 그 외교 이념을 신봉하고 있는 것이므로 프랑스가 그 목적을 이루는 데 털끝만치도 망설이지 않는 것도 충분히 이해할 수 있다.

그때 실권이 공화제이건, 군주제이건, 시민적 민주제이건, 자코뱅당식 공포정치이건, 그것에는 아무런 영향도 받지 않고 언제나 특정 외교 목적을 추구해 온 민족이었음을 보면 다른 민족이 정권 형태를 바꾸었기 때문에 자기 자신의 외교 목표를 바꿀 리가 없다. 그러므로 독일에서 국민을 대표하고 있는 것이 제국이건 공화국이건, 사회주의 테러가 이 국가를 지배하고 있다고 해도 독일에 대한 프랑스의 생각은 아무것도 바뀌지 않는다.

물론 프랑스가 독일 국내에서의 변화에 관심을 기울이지 않고 대응하는 것은 아니다. 프랑스의 태도는 그러나 더 큰 성과를 추구하는 점에만, 즉 독일에서 특정 정당이 권력을 잡아 자국의 외교 행동을 줄이는 점에만 관심을 가진다. 프랑스는 다른 나라가 독일을 파괴하려고 해도 거의 이의를 제기하지 않는 정권이 독일에 성립되길 바라고 있다. 그렇기 때문에 독일공화국이 자기 가치의 특성으로서 프랑스와의 우호를 들려 하고 있는 것은 현실적으로는 공화국의 철저한 무능을 증명하는 일이다. 왜냐하면 공화국이 독일에게 가치가 없다고 프랑스에서 평가되어야만 파리에서 환영받기 때문이다. 일찍이 우리의 국가로서의 존립이 취약했던 때와 다른 대응을, 프랑스가 이 독일공화국에 적용하고 있는 것이라는 등의 생각을 해서는 안 된다. 센강 기슭에서 사랑을 받고 있는 것은 독일의 나약함이지 강함이 아니다. 독일이 약하면 프랑스의 외교활동은 아주 쉽게 성공을 거둘 수 있기 때문이다.

프랑스 민족에게 영토가 부족한 것은 아니다. 이 같은 사실로 프랑스의 경향에 변화는 없다. 그것은 수세기에 걸쳐서 프랑스에서는 정치는 순수한 경제적 곤란이 아니라 오히려 감정요인에 따라 결정되고 있었기 때문이다. 건전한 토지점령정책의 의의가 간단하게 역전해 민족적인 여러 원칙이 제 역할을 하지 못하고 이른바 국가적·국민적 여러 원칙이 위세를 부린다. 프랑스는 이런 나라의 전형적인 실례이다. 프랑스의 국민적 국수주의는 민족적 관점과는 거리가 멀고, 단지 순수하게 권력욕을 만족시키기 위해 오로지 '위대한 국가'의 명칭을 숫자상으로 유지하기 위해서라면 흑색인종 피도 마다하지 않는 것이다. 그러므로 이 민족에 대해 결정적이고 기본적인 징벌이 가해지지 않는 한 프랑스는 오랜 기간에 걸쳐서 계속 평안을 방해할 것이다. 프랑스의 허영심을 말할 때 쇼펜하우어[14]의 한 마디보다 뛰어난 것은 없다. 즉 "미국에는 원숭이가 있고 유럽에는 프랑스인이 있다."

허영심과 과대망상이 뒤섞여 프랑스 외교정책은 언제나 그 내적 에너지를 유지해 왔다. 프랑스는 전반적인 흑색인종화로 말미암아 이성적이고 명석한 사고에서 더욱더 멀어지고 있는데, 언젠가는 프랑스의 반독일 기조와 의도가 변화할 것으로 기대하거나 또 희망하거나 하는 독일인이 있을까.

아니다. 유럽이 다음에 어떤 발전을 거치건 프랑스는 언제나 그때 독일의 약점이나 자국에 이용할 수 있는 외교적 군사적 가능성을 활용해 우리에게 손해를 주려고 한다. 우리 민족을 분할하고 최종적으로는 완전히 소멸시키려고 할 것이다.

당연히 이런 이유로 인해서 프랑스를 속박하지 않는 것과 같은 유럽연합은 독일에게는 문제가 되지 않는다.

독일과 러시아의 협조를 믿고 있다고 해도 러시아의 볼셰비즘이라는 해독을 독일에 미치게 하기 위해서 지배하는 한 그 신념 자체가 공상이다. 공산주의자들이 독러동맹을 갈망하고 있는 것도 수긍할 수 있다. 그들이 독일을 볼셰비키의 나라로 만들려는 것은 이치에 맞는 일이다. 그런데 국민적 독일인까지 국민적 독일 붕괴 덕분에 최대 이익을 보고 있는 것과 같은 나라와의 합의 달성을 믿고 있는 것은 이해할 수 없다. 오늘날 그런 동맹이 최종 성립하면 그 결과는 러시아와 마찬가지로 유대인의 철저하고도 완벽한 독일 지배이다. 이것은 뚜렷하다. 러시아와 손을 잡고 서유럽에서의 자본주의 세계와 싸운다는 의견도 똑같이 이해할 수 없다. 그것은 첫째로 현재 러시아는 반자본주의국가가 아니기 때문이다. 러시아는 자국 국민경제를 파멸시키고 국제 금융자본에 절대적 지배권의 가능성을 용인하고 있는 나라이다.[15] 그렇지 않다

---

14) 아르투어. 1788~1860. 독일 철학자.

15) W판 주에서는 여기에 히틀러의 역사 해석에 대한 편협함이 단적으로 드러나 있는 것으로 지적하고 있다. 영역본에서는 소련이 제1차 세계대전과 내전의 손해를 회복하기 위해 외국으로부터의 투자를 도입한 점을 주에 기술했다.

면 둘째로 독일에서 자본주의 세상 사람들이 그런 동맹에 찬성할 것이냐는 점이다. 독일에서 독러동맹을 지지하고 있는 것은 주식 이익을 가지고 있는 유대신문 기관임이 분명하다. 베를린일보[16]나 프랑크푸르트신문[17] 그리고 이런저런 삽화가 든 신문[18]이 얼마쯤 공개적으로 볼셰비즘 러시아를 지지하고 있는 것은 러시아가 반자본주의 국가이기 때문이라고 실제로 사람들이 믿고 있는 것일까. 정치판에서 생각의 아버지는 소망이고 언제나 재앙의 근원이다.

물론 러시아의 국민적 요소가 유대적 요소를 배제할 수 있는 것이라면 러시아 자체로도 볼셰비즘 세계 내부에서 내적 변화를 일으킬 수도 있을 것이다. 그렇게 되면 오늘의 현실에서 유대적·자본주의적 볼셰비즘 러시아가 국민적·반자본주의적 경향을 강화해 나가지 않는다고 볼 수도 없다. 그렇게 되면 물론 서유럽 자본주의는 진지하게 러시아 대항책을 강구할 것이다. 그런데 그 러시아와 독일의 동맹관계는 완전한 망상이나 다름없다. 왜냐하면 그 동맹관계를 어떤 방법으로 은밀하게 유지한다는 견해는, 군사 충돌에 대비해 은밀하게 군비 증강을 한다는 희망과 같은 정도로 근거가 없기 때문이다.

현실적으로는 이 문제에 대한 가능성은 둘밖에 없다. 반러시아 태도를 표명하고 있는 서유럽 세계가 이 동맹을 위험으로 보느냐의 여부이다. 위험으로 본다면 적어도 최초 24시간 이내에 파멸하지 않아도 될 만큼 군비를 갖출 시간이 우리에게 남아 있다고 진지하게 믿고 있는 사람이 있을까. 나는 그런 사람을 모른다. 그렇지 않으면 우리가 우리의 공군과 전차를 정비할 때까지 프랑스가 기다려 준다고 실제로 진지하게 믿고 있는 사람이 있을까. 나는 그런 사람을 모른다. 그렇지 않으면 우리가 우리의 공군과 전차를 정비할 때까지 프랑스가 기다려 준다고 실제로 진지하게 믿고 있는 것일까. 또는 배신은 파렴치한 행위가 아니라 기리고 칭찬해야 할 용기 있는 행동으로 이해되고 있는 이 나라에서 비밀리에 할 수 있다고 믿고 있는 사람이 있을까.[19] 아니

---

16) 1872년 베를린에서 발간. 자유로운 논조로 독일을 대표하는 신문이 되었다. 바이마르공화국 시대에는 민주당을 지지했던 것으로 알려졌다. 1939년 폐간.

17) 프랑크푸르트 암 마인에서 1856년 폐간된 자유주의 신문. 정치적으로는 중립을 지향했으나 제2차 세계대전 개전 뒤 폐간.

18) 앞의 두 신문사 모두 삽화가 든 신문을 발행했다.

19) 맨체스터 가디언은 1926년 12월 3일호와 6일호에서 독일군과 소련군이 1921년 이래 유독가스나 전투사태에 관해서 비밀협력 관계에 있다고 보도했다. 비밀무기학교와 소련 군수공장

다. 오늘날 독일이 러시아와 반서유럽동맹을 맺으려고 한다면, 내일에는 독일이 다시 역사적인 싸움터가 되어 있을 것이다. 그리고 러시아가 어떤 방법으로, 이렇게 말해도 그것이 무엇인지는 나로서는 알 수 없는데, 독일을 지원한다는 상상이야말로 아주 드문 공상이다. 그런 행위의 유일한 성과는 러시아의 파멸이 몇 시간 늦어지는 데 있다. 아무래도 파멸은 독일에 먼저 엄습할 것이기 때문이다. 이보다 알기 쉬운 대독일전투의 이유는 특히 서방국가에서는 있을 수 없을 것이다. 독일이 정말로 반자본주의 러시아와 동맹을 맺는다고 상상해 보기 바란다. 그리고 이 민주적인 세계의 유대신문이 타국민의 전본능을 반독일로 동원하는 모습을, 특히 프랑스에서는 프랑스의 국민적 국수주의와 유대교 사상을 다루거나 경제 관련 내용을 중심으로 하는 신문 사이에서 즉각 완전한 의견 일치를 보게 되는 상황을 상상해 보기 바란다. 왜냐하면 그 무렵 백러시아 장군들의 대볼셰비즘 투쟁과 이 과정을 혼동하지 않길 바라기 때문이다. 19, 20년 전 국민적 백러시아[20] 세력의 싸움은 유대 사상적이고 경제 중심적인, 그 실체는 누가 뭐라 해도 국제적이고 자본주의적인 적색혁명에 대한 것이었다. 그러나 오늘날에는 국민적이고 반자본주의적 볼셰비즘이 전 세계의 유대교 사상과 싸우고 있다고 한다. 신문에 의한 선전의 의미를, 그것이 끝없이 국민을 부추겨 인간을 우매하게 하고 있는 의미를 아는 자는 반독일의 증오와 흥분이 유럽 서방제국을 부추기고 있는 모습을 이해한다. 그렇게 되면 독일은 위대하고 새삼 주목할 만한, 윤리적이며 용감한 이념을 가진 러시아가 아니라 인간 문화의 모독자와 손을 잡게 될 것이다.

프랑스정부가 자국 내 곤란을 극복하려고 하면 그런 경우에 전혀 위험이 없는 대독일전쟁을 감행하는 것이 최선의 방법이다. 새로운 세계연합 보호 아래 최종 전쟁 목적 실현에 본질적으로 한 걸음이라도 근접하게 된다면 프랑스의 국민적 국수주의는 더한층 만족할 것이다. 그것은 독러동맹이 어떤 종류의 것이건 군사적으로 보면 아주 강력한 공격을 견뎌내야 하는 쪽은 독일뿐이기 때문이다. 러시아와 독일은 직접 국경을 접해 있지 않고 폴란드라는 나라를 넘어야 하는 것은 분명하다. 그리고 러시아가 폴란드를 굴복시켰

존재도 보도했다. 12월 16일 제국의회에서 다루어졌다.
20) 이 부분에서 '백러시아'는 지명인 '백러시아(벨라루스)'가 아니라 볼셰비즘[적(赤)]과 대립한 세력을 가리킨다.

다고 가정해도 러시아의 지원이 독일 지역에 도달하는 때는 가장 잘되었다고 쳐도 독일이 소멸한 뒤가 될 것이다. 러시아 사단이 독일 어딘가로 상륙해 준다는 생각은 영국과 프랑스가 발트해 제해권을 장악하고 있는 한 완전히 황당무계하다. 더욱이 러시아 군대의 독일 상륙은 기술력으로도 성공이 의심스럽다.

언젠가는 독러동맹이 실현된다고 해도, 그리고 동맹이란 처음부터 전쟁을 염두에 둠으로써 비로소 현실로 다가오는 것인데, 독일은 조금 나은 혼자 힘으로 변변한 대항 한 번 못한 채 전 서유럽의 동심원적 공격에 노출될 것이다.

하지만 문제는 남는다. 독러동맹의 의의는 러시아 대신에 독일이 희생되는 것뿐이다. 그 동맹이 어떤 형태로 끝이 나건 독일은 최종 외교 목표에 도달하지는 못한다. 그것으로 인해 기본적인 생존 문제에 관해서, 우리 민족의 생존 곤궁에 관해서는 바뀌는 것이 없다. 반대로 독일은 그 탓으로 유일하게 합리적인 토지정책에서 분리되고 그 장래를 사소한 국경선 책정을 둘러싼 드잡이로 소모할 수밖에 없다. 그것은 유럽 서부나 남부에서 우리 민족의 영토 문제가 해결되지 않기 때문이다.

독일의 많은 국민적 정치가는 아직도 독러동맹에 희망을 걸고 있는데 그 희망은 다른 이유로도 실로 의심스럽다.

유대적·볼셰비즘적 러시아와는 원만하게 동맹관계를 유지할 수 없다. 왜냐하면 어느 관점에서 보아도 결과는 독일이 볼셰비키 국가가 되는 것이기 때문이다. 100명이면 100명 모두 이를 바라고 있지 않은 것은 분명하다. 이것은 일반적으로 말해서 국민적 그룹 내에서는 자명한 견해로 보인다. 그들이 희망을 가지고 있는 것은 언젠가는 러시아의 유대주의 세력, 즉 깊은 의미에서 국제자본주의적 성격을 가진 세력의 자리에 국민주의적인 세계 반자본주의적 공산주의가 대신 들어설 것이라는 예상 때문이다. 다시 민족주의 경향으로 돌아온 러시아가 독일과 동맹관계로 접어드는 국면에 서게 되는 것이 아닐까 하는 것이다.

이것은 커다란 오해이다. 슬라브적 민족정신의 심리를 조금도 모르는 데서 나온 착각이다. 이렇게 말하면 의아하게 생각할지도 모르지만, 정치적 문제를 논하는 독일이 지난날 동맹국의 심리 상태를 얼마나 알고 있는지 생각해 보면 이해할 수 있을 것이다. 조금이라도 알고 있으면 그렇게 심하게 착각하지는 않았으리라. 친러시아의 국가적 정치가들이 비스마르크의 대러시아 방침을 참고로 하는 것이라면 그들이 그 무렵에는 친러시아 방침을 지지하고 있었다고는 해도 오늘날에는 반러시아를 보여주고 있는 많은 중요 요소를 흘려버리고 있다.

비스마르크가 알고 있었던 러시아는, 적어도 러시아의 정치적인 면에 관해서 말하자면 전형적인 슬라브국가는 아니었다. 일반적으로 말해서 슬라브인 자신에게는 국가 형성 능력이 결여되어 있다. 특히 러시아에서 국가 형성은 언제나 외국의 용인에 따라 이루어졌다. 표트르 대제 시대 이후, 러시아국가의 골격과 두뇌를 형성한 것은 무엇보다도 많은 독일인(발트 3국 사람)[21]이었다. 수세기 동안 많은 독일인이 러시아인이 되었다. 우리 시민계급, 우리의 국민적인 시민이 폴란드인이나 체코인을 독일인 또는 게르만인으로 바꾸려고 하는 것과 같다. 이 경우 벼락 출세한 '독일인'은 실제로는 독일어를 말하는 폴란드인이나 체코인에 지나지 않는다. 그런데 마찬가지로 새로 된 러시아인은 피에서나 능력에서나 독일인이었고 보다 게르만적이었다. 러시아가 국가를 존속할 수 있었던 것은, 아니 몇 개의 문화적 가치를 보여줄 수 있었던 것은 이들 게르만인 지도층 덕택이다. 게르만인 지도층이나 지식계급이 없었으면 대러시아는 성립되지 못했을 터이고 유지되지도 못했을 것이다. 러시아가 전제적인 통치형태의 국가였던 시대에는, 실제로는 결코 러시아인이 아닌 지도층이 거대 제국의 정치생명에도 결정적인 영향을 주고 있었다. 이 러시아의 현실을 적어도 부분적으로는 비스마르크도 알고 있었다. 독일 정치의 거장은 이 러시아와 정치적인 거래를 한 것이다. 그러나 이미 그의 생전에 러시아 안팎에서는 러시아 정치의 안정성과 신뢰성이 흔들리기 시작해 부분적으로는 예측도 할 수 없게 되어 있었다. 그 원인은 게르만인 지도부가 차츰 밀려나는 것에 있었다. 러시아 지식계급의 변화인 이 과정은 부분적으로는 몇 차례의 전쟁을 통해 이 책에서 이미 본 것과 같이 가장 인종적으로 가치 있는 세력을 격감시키는 것인데, 아무튼 전쟁에 의해서 러시아 민족체가 출혈을 거듭한 결과이다. 사실 장교는 출신으로 말하면 대부분 슬라브계는 아니

---

21) 여기에서 사용되는 괄호는 초고 그대로이다.

다. 어쨌든 러시아 피는 아니다. 이에 더해서 상층 지식계급이 증가하지 않았다. 그리고 최종적으로는 현실의 피에 대응한 러시아성이라는 학교에 의한 인공 모조품이었다. 새로운 러시아 지식계급이 국가 유지의 가치를 높게 평가하지 않는 것은 그 피에 근거를 지니고 있었으며, 그것은 러시아대학에서의 니힐리즘[22]에 아주 첨예하게 나타나 있다. 하지만 근저에서 이 니힐리즘은 인종적으로 외국 출신 지도층에 대한 러시아적 피에 따른 반대 행동 말고는 아무것도 아닌 것으로 해석된다.

게르만인에 의한 러시아 국가 형성에서 지도층이 인종적으로는 순수한 러시아계 시민층에 의해서 소멸되어 가는 정도에 따라서 러시아 국가사상에는 범슬라브 이념이 스며들었다. 이것은 탄생 순간부터 민족적이고 슬라브적이며 반독일적이었다.

생성하고 있는 러시아, 특히 이른바 지식층에서 볼 수 있는 반독일 심정은 그러나 러시아에서 이제까지의 전제적인 외국 지도층에 대한, 이를테면 정치적인 자유사상 흐름에 대한 순수한 반성운동만은 아니었다. 가장 본질적인 의미에서 슬라브 본성의 독일적 본성에 대한 항의이기도 했다. 두 민족정신은 거의 공통점을 지니고 있지 않다. 이처럼 공통점이 적은 것은 러시아민족이나, 독일 민족 각각을 구성하고 있는 것처럼 보이는 인종의 개별요인이 복잡하게 뒤엉켜 있기 때문이 아닐까 추측해 본다. 즉 우리 독일인과 러시아인에게 공통점은 독일적 특성에도 러시아적 특성에도 대응하지 않는다. 동부의 슬라브 요소를 독일로 들여오고 북방·독일 요소를 러시아로 들여온 우리의 혼혈에서 비롯된 공통성이다.

양자의 정신성향을 조사하기 위해 한쪽에는 순수한 북방적 독일인이, 이를테면 베스트팔렌 사람이, 다른 한쪽에는 순수한 슬라브 러시아인이 있다고 하자. 두 민족 대표자 사이에는 깊은 도랑이 입을 벌리고 있을 것이다. 사실 슬라브·러시아민족은 이것을 늘 느끼고 있었기 때문에 독일인을 본능적으로 혐오하고 있었다. 엄격한 철저함, 냉철한 논리, 냉정한 사고, 진정한 러시아인은 이런 것에는 내적으로 공감하지 못하고 어느 부분은 이해할 수 없다. 우리의 질서감각은 찬성을 받지 못할 뿐만 아니라 언제나 혐오의 대상이다.

---

22) 러시아 작가 투르게네프가 1861년 발표한 소설 《아버지와 아들》에서 기존 질서와 가치를 부정하는 주인공을 '니힐리스트(허무주의자)'로 부른 이래 이 단어는 널리 퍼졌다.

우리가 당연하게 받아들이는 일이 러시아인에게는 고통이다. 그들은 그것을 다르게 표출한다고는 하지만 자연스런 정신생활과 본능생활을 제한하는 것으로 이해하는 것이다. 그러므로 슬라브·러시아는 언제나 프랑스에 대해 친근감을 갖는다. 더구나 프랑스에서 프랑켄적·북방적 요소가 쇠퇴하면 쇠퇴할수록 친근감은 깊어지는 것이다. 프랑스의 경쾌하고 표면적인, 조금이라도 여성적인 생활에 슬라브인은 더욱 매료된다. 슬라브인은 엄격한 우리의 독일적 생존 투쟁보다는 이쪽에 내적 친근감을 느끼는 것이다. 또 범슬라브 러시아가 정치적으로 프랑스에 심취해 슬라브계 러시아 지식인이 파리에서 자신의 문명이 요청하는 메카를 본 것도 결코 우연은 아니다.

러시아에서 국민적 시민계급이 융성하는 과정은 동시에 새로운 러시아와 독일 사이의 내적 거리를 벌어지게 만들었다. 독일은 인종적으로 가까운 러시아 지도층을 조직하지 못했다.

사실 민족적 범슬라브적 사고가 안고 있는 반독일 경향은 이미 세기말에 강해져 있었으며 러시아 정치에 미치는 영향력도 증대하고 있었기 때문에 러일전쟁 때에 러시아에 대해서 독일이 더할 나위 없이 대응했음에도[23] 양국 간 거리가 차츰 멀어져 가는 것을 막을 수가 없었다. 그곳에 범슬라브열(熱)의 부추김을 받은 세계대전이 발생한 것이다. 이전 지도층이 대표하는 것으로는 현실 국가로서 러시아에게 발언할 기회는 없었던 것이다.

그 세계대전 때문에 러시아에서 북방·독일 요소가 드넓게 유출되었고, 남아 있었던 부분은 혁명과 볼셰비즘에 의해 마침내 근절되었다. 그때까지의 비러시아 지도층을 뿌리 뽑고자 한 투쟁을 의식적으로 실행한 것은 슬라브적 인종본능인 것처럼 생각되고 있다. 그러나 그것은 그렇지 않다. 그 투쟁은 이 사이에 유대인이라는 새로운 지도자를 모시고 있었다. 지도층에, 동시에 상급 지도부로 들어간 유대인은 슬라브 인종본능의 지원으로 그때까지의 외국 지도층을 근절했다. 볼셰비키 혁명에서는 유대인이 러시아생활 모든 분야에서 지도권을 얻었다. 이것은 뻔한 경과였다. 더할 나위 없이 자명한 일인데 슬라브인에게는 애초에 자력으로 조직하는 능력과 국가를 형성해 국가를 유지할 힘이 결여되어 있는 것이다. 슬라브인으로부터 순수하게 슬라브적이 아

---

23) 러일전쟁 때 독일과 러시아 사이에 몇 번 동맹교섭이 이루어졌다.

닌 요소를 제거해 보면 알 수 있다. 슬라브는 국가로서는 바로 괴멸할 것이다. 물론 원칙적으로 말하면 국가 형성의 가장 내적인 계기는 보다 높은 질서와 보다 낮은 질서를 지닌 여러 민족의 충돌에 있다. 그때에 보다 높은 피의 가치를 보유하고 있는 쪽이 자기보존 이유에서 특정 공동체 정신을 키우고, 그 정신이 있음으로써 비로소 그들은 보다 낮은 가치의 민족을 지배하고 조직할 수 있다. 공통과제의 극복만이 조직이란 형식을 강요하는 것이다. 그러나 국가 형성적 요인과 비국가 형성적 요인의 차이는 어디에 있는 것일까. 비국가 형성적 존재는 다른 존재에 비해 자기의 존속을 보증하는 조직형태를 자력으로는 갖출 수 없다. 국가 형성적 존재는 다른 존재에 비해 본연의 모습을 유지하기 위한 조직형태를 갖출 수 있다.

이렇게 해서 오늘날 러시아는, 더 정확하게 말해서 러시아 국적을 가진 오늘날 슬라브인은 여주인으로서 유대인을 손에 넣었고 그 유대인이 기존의 지도층을 배제하고 이제 자체적인 국가 형성력을 증명하고 있는 것이다. 유대인의 체질은 최종적으로는 파멸을 초래하므로, 여기에서도 역사적인 '분해효소'[24]로만 작용할 것이다. 러시아는 도움을 받기 위해 악령들을 불러낸 것이지만 자기 스스로는 그것을 몰아내지 못한다. 그리고 내부에서 반국가적 범슬라브 사상은 볼셰비즘에 가까운 유대의 국가이념과 싸우게 될 것이다. 그 싸움은 유대인 전멸로 종결되리라. 그곳에 남는 것은 러시아이지만 국가로서의 권력은 거의 존재하지 않고 반독일 관점이 깊게 뿌리를 내리게 될 것이다. 이 국가가 어떤 형태이건 확고한 국가를 유지할 지도층을 갖지 못함으로써 영원히 불안정해지고 불확실해진다. 그렇게 되면 거대한 영토는 변화무쌍한 운명에 처해지고 지구상의 안정된 국가관계 대신에 불안정한 변화의 시기가 시작되는 것이다.

이 사태 최초 단계에서는 온 세계의 다양한 국민이 이런 방법으로 자국의 지위와 여러 목표를 강화함으로써 이 강력한 복합국가체와 우호관계를 맺으려고 시도한다. 제국의 그런 시도는, 그러나 언제나 정신적·조직적으로 자국의 영향을 러시아에 미치려는 노력과 맞닿아 있다.

독일은 사태가 그렇게 진행되는 데 의문을 제기할 필요는 없다. 오늘이나

---

24) 독일 역사가 크리스티안 몸젠은 《로마사》에서 "유대인은 세계주의와 국민 분해의 효과적 효모이다"라고 말했다.

앞으로 러시아의 사고방식은 모두 독일과는 양립할 수 없다. 냉철한 목적성이나 인간적인 동속성(同屬性)이라는 관점에서 보더라도 러시아와 독일 동맹은 앞으로도 내내 독일에는 아무런 의의도 없다. 아니, 그 반대이다. 앞서 말한 사태가 나타나면 장래에는 행복한 일이다. 왜냐하면 그 덕분에 독일 외교의 목표를 하나로 통일함으로써 혼자 힘으로도 목표를 실현할 수 있는 장소를 찾는 것을 방해하고 있었던 속박이 풀리기 때문이다. 그 장소란 동부에서의 영토이다.

제10장
독일 외교의 기본원칙

다가올 독일 외교는 전망이 없는 독일 군사정세를 생각하면 여러 가지 점을 고려해야 한다.

1. 독일은 군사력에 의존하지 않는 한 혼자 힘으로 독일의 현재 상태를 바꿀 수 없다.

2. 독일은 국제연맹의 결정권 대표자들이 동시에 독일 괴멸에서 이익을 얻을 수 있는 한 이 기관의 조치에 의해서 독일 상황에 변화가 생긴다는 희망을 가질 수 없다.

3. 독일은 프랑스 동맹 체계에 포위되어 있는 독일 상황이, 동맹의무가 발생할 때 곧바로 성공할 전망을 가지고 군사행동을 취할 수 있도록 사전에 독일의 순수한 군사력이 유지된 상태에서 여러 나라 간의 짜맞춤에 의해서 바뀐다는 희망을 가질 수 없다.

4. 독일은 독일의 최종 외교 목적이 명확하게 확립된 것으로 보이고 그 외교 목적이 독일과의 동맹을 고려하는 여러 나라의 이익과 대립하지 않을 뿐만 아니라 도움이 되는 것으로 보이지 않는 한, 앞서 기술한 여러 나라 간의 짜맞춤을 찾아낸다는 희망을 가질 수 없다.

5. 독일은 이들 제국을 국제연맹 가맹국이 아닌 나라에서 찾을 수 있다는 희망을 가질 수 없다. 반대로 독일의 유일한 희망은 독일이 이제까지의 전승국 연합에 균열을 생기게 해 그곳에서 개별 나라를 끌어내 국제연맹이 그 사명 때문에 인도하지 못하는 새로운 목적을 지닌 새로운 이익집단을 만드는 데 성공하는 점에서 찾아야[1] 한다.

---

1) 초고에서는 '~에 있다'라는 뜻의 bestehen으로 되어 있다. W판도 그것에 따르고 있다. 영역본에서는 '보다'라는 뜻의 sehen의 오타로 해석한다. 이 번역문은 영역본 해석에 따랐다. 오히려 '주시한다'라는 뜻의 besehen의 오타로 생각하는 것이 타당할지도 모른다.

6. 독일은 위의 방침에 따라서 이제까지의 불안정한 기회주의 정책을 끝내고 그 대신에 원칙적으로는 하나의 방향성을 결정하고 또한 모든 귀결을 떠맡아 유지할 때에만 성과를 거둘 수 있다는 희망을 갖게 된다.

7. 독일은 지난날 패전에 의해서 군사적 가치를 이미 알고 있거나, 민족 가치가 낮은 보편적 민족과의 동맹으로 세계사를 만들어 갈 수 있다는 희망을 가져서는 안 된다. 왜냐하면 독일이 자유를 다시 얻는 투쟁은 그것과 관련해서 독일 역사를 다시 세계사로까지 높이기 때문이다.

8. 독일은 자신의 운명을 어떤 방법으로든 바꾸고자 생각할 때에는, 프랑스는 독일의 적이고 독일에 적대하는 여러 나라의 연계는 처음부터 프랑스를 자기들 편으로 헤아려 둘 수 있다는 사실을 단 한순간도 잊어서는 안 된다.

제11장

독일의 영토정책—동방에서의 생존권 확보

독일 자신이 무엇을 원하고 있는지, 독일 자신이 장래를 어떻게 만들어 가려고 생각하는지가 먼저 명확하게 규정되어야만 독일 외교의 가능성을 검토할 수 있다. 더 나아가 전승국 연합의 일원으로서 세계강국의 위치를 차지하고 있는 유럽열강의 외교 목표를 명확하게 해두어야 한다.

나는 본서에서 이미 독일의 다양한 외교 가능성에 대해서 논해 왔다. 그리고 지금 다시 한 번 되도록 외교 목표를 짧게 내걸고 싶다. 그것으로 인해서 이런 개개 외교 목표와 다른 유럽 여러 나라 외교 목표를 비판적으로 검증하는 기초자료가 명확해진다.

1. 독일은 외교상의 원칙적인 목표 설정 그 자체를 체념해도 좋다. 곧 현실 문제로서 독일은 모든 목표의 어느 것을 채용해도 좋고 어느 것에 구속될 필요도 없다. 독일은 그것으로 인해서 지난 30년의 정치를 사정은 다르겠지만 앞으로도 계속할 것이다. 세계가 정치 목적이 서로 다른 나라만으로 이루어져 있다면 그것은 독일로서도 길게는 받아들이지 못하더라도 적어도 견딜 수 없는 것은 아니다. 그런데 사태는 그렇지가 않다. 일상생활에서는 어떤 어려움에 처해 있어도 이루고자 노력하는 특정 목표를 지니고 있는 인간이 다른 목표를 갖지 않은 인간을 언제나 압도한다. 민족 생존도 마찬가지이다. 그렇지만 무엇보다도 어떤 나라가 정치 목적이 없다고 해서 그 목적이 틀림없이 가져오게 될 위험에서 몸을 지킬 수 있다는 것은 결코 아니다. 자신의 정치 목표를 갖지 않으면 능동적으로 행위를 하지 않아도 될 것처럼 보이는데, 그런 수동성 때문에 쉽게 타국의 정치 목표의 먹이가 될 수 있다. 왜냐하면 국가의 행위라는 것이 자국의 의지에 의해서뿐만 아니라 타국의 의지에 의해서도 규정되고 있기 때문이다. 물론 양자 간에 차이는 있다. 한편으로는 국가가 행위 자체의 법칙을 규정할 수 있는데 다른 한편으로는 그 행위의 법칙

이 자국에 강요된다. 평화를 바라는 마음에서 전쟁을 바라지 않는다고 해서 전쟁을 피할 수 있다는 뜻은 아니다. 만남을 배제해 전쟁을 피하려고 했다 해도 그것이 죽음을 앞둔 삶의 구제를 뜻하지는 않는다.

유럽에서 오늘날 독일 상황에서는 독자 정치 목표를 지니고 있지 않기 때문에 평온을 좇을 수 있다고는 바라지 못한다. 그런 가능성은 유럽 심장부에 위치하고 있는 민족에게는 없다. 독일이 취할 길은 생존 형성에 적극 참여하거나, 다른 민족의 생존 형성 과정의 대상이 되거나 처분만 기다리거나 어느 한쪽이다. 지난날에는 불간섭의 뜻을 널리 알리면 민족을 역사의 위험성에서 구출할 수 있다고 굳게 믿었는데 그것은 언제나 겁 많고 어리석은 오류임이 명확해졌다. 망치가 되길 거부하는 자는 역사에서는 철상(鐵床)이 된다. 우리 독일 민족은 과거 발전에서 언제나 이 두 가능성 사이에서 선택을 해야 했다. 독일이 스스로 역사를 만들기를 원하고 그것에 따라서 기쁨으로 충만해 용감하게 자기에게 가세할 때에 독일은 언제나 망치였다. 생존 투쟁에 반드시 참가해야 할 의무는 없다고 생각했을 때 독일은 그 위에서 다른 민족이 생존 투쟁을 하는 철상이거나 다른 나라의 먹잇감이 되었다.

독일이 계속 살기를 원한다면 생존을 위한 방위를 내 몸이 떠맡지 않을 수 없다. 여기에서도 언제나 공격이 최대의 방어였다. 독일이 생존 투쟁을 위한 타민족과의 계산적 이해관계에 적합한 외교 목표를 세우려 하지 않는다면, 독일이 자신의 생존을 위해서 무언가를 할 수 있다는 희망을 품는 것은 애당초 가소로운 일이다.

목표가 없다는 것은 대체로 개개 사항에 대한 아무런 계획도 세울 수 없음을 뜻한다. 이 무계획성은 우리를 유럽에서 차츰 제2의 폴란드로 몰아간다. 우리의 일반적인 정치적 패배주의 때문에 우리 독자적인 여러 힘이 약해지고 우리 생존의 유일한 활동이 단순히 내정에서만 발휘되어 가는 데 따라서, 세계사상 사건의 활동력은 다른 민족의 생존 투쟁과 이익 투쟁에서 비롯되고 우리는 외교 현장에서 그 사건의 한 톱니바퀴 신세가 될 것이다.

더욱이 자신의 장래에 명확한 결단을 내리지 못하고 따라서 세계 발전의 승부에 기꺼이 관여하지 못하는 민족을, 승부가 목적인 참가자들은 승부의 방해자로 간주하고 증오하게 된다. 보편적인 외교 목표 결여에서 도출된 개개 정치적 장면에서의 무계획성은 반대로 완전히 교묘하게 짜인 불투명한 승부로 여겨지고 그것에 대응하는 사태가 일어난다. 이것이야말로 우리가 전쟁 전에 체험한 불행이었다. 그 무렵 독일제국 정부의 외교 결정이 이해되지 않은 탓에 불투명했던 만큼 더욱 의혹의 눈으로 보게 되어 아주 어리석은 조치를 취했을 때조차 위험한 사고가 잠재하고 있는 것이 아닌가 하는 억측을 했던 것이다.

이처럼 독일이 오늘날 명확한 정치 목표를 결정하지 않는다면 그것으로 인해서 실제로 일어나게 되는 양상은 장래에 커다란 위험을 최소한으로 억제하려고 해 현재 우리 운명을 수정할 가능성을 실제로 포기하는 것과 같다.

2. 독일은 이전과 마찬가지로 경제적이고 평화적으로 독일 민족의 식량을 확보하려고 한다. 따라서 장래에 걸쳐서도 세계산업, 세계수출, 세계무역에 철두철미 참가할 생각으로 있다. 그리고 동시에 큰 상업선단을 다시 소유해 다른 세계에 석탄기지와 지원거점을 확보하고 마침내 국제적인 판매시장뿐만 아니라 식민지 형식으로 독자의 천연자원 생산기지를 마련하려 하고 있다. 그런 장래 발전은 특히 해군력의 지원이 반드시 필요하다.

이 장래의 정치 목표는 영국이 힘을 잃지 않는 한 꿈같은 이야기이다. 영국은 1914년에 세계대전에 끼어든 이유를 부활시킨다. 이 방법으로 과거를 재건하려고 하는 독일의 모든 시도는 영국의 철저한 적개심을 불러오고, 그것에 프랑스는 확실하게 책임을 지게 됨을 처음부터 생각해 두는 것이 좋다.

이 외교 목표는 민족적 관점에서 보면 재난이고 힘의 정치라는 관점에서 보면 바보짓이다.

3. 독일은 외교 목표로서 1914년 국경 회복을 정하고 있다.

이 목표는 국민적 관점에서 말하면 불충분하고, 군사적 관점에서 보면 불만족스러우며, 장래까지 생각하는 민족적 관점에서 보면 불가능하고, 결과적으로는 틀을 벗어나 있다. 이 정책으로 인해서 독일은 이전 전승국 연합 전체를 장래에도 일치된 전선으로서의 적으로 맞이해야 한다. 우리의 군사상황은 해마다 나빠지고 있다. 어떻게 그것으로 과거 국경을 회복하겠다는 것인가. 회복의 구체적인 방법은 조국을 사랑하는 우리의 국민적 정치가 어느 누구도 들여다볼 수 없는 비밀이다.

4. 독일은 장래를 내다본 명확한 영토정책으로 방향을 바꿔야 한다. 그와 함께 세계 산업 및 무역정책의 방향을 변경하고 그 대신에 충분한 생존권 할

당으로 다음 100년을 위해서도 하나의 생존법을 우리 민족에게 지시하는 일에 전력을 집중해야 한다. 이 영토는 동부에만 있으므로 해군에 대한 의무는 뒤로 미룬다. 독일은 결정적인 육군양성법에 의해 새삼 그 이익을 획득하려고 한다.

이 목표는 최고의 국민적 요구에도 민족적 요청에도 합치된다. 그 실현은 똑같이 큰 군사력을 전제로 하고는 있다지만 반드시 독일을 유럽의 모든 열강과의 대립에 무조건 끌어들이는 것은 아니다. 이 정책에 의해서도 프랑스는 확실하게 독일의 적이 되겠지만, 이 외교 목표의 성질상 영국, 특히 이탈리아는 세계대전 때 대립을 고집할 이유는 발견할 수 없다.

제12장
민족 가치와 정치 목표

여기에서 전개하고 있는 가능성을 더욱 상세하게 이해하기 위해 다른 유럽 나라들의 큰 외교 목표를 기술하는 것도 헛된 일은 아닐 것이다. 이런 목표는 어느 부분은 이제까지 제국의 활동이나 행동으로 알려져 있는 것이고, 어느 부분은 단도직입적으로 방침 등에 기재되어 있다. 다른 한편 그런 목표는 생존필연성에 근거하고 있다. 생존필연성은 명확하게 인정되는 것이고 설사 일시적으로 다른 길로 나아가고 있다고 해도 냉엄한 현실에 맞닥뜨리게 되면 이 목적으로 돌아오지 않을 수 없다.

영국의 외교 목표는 명확하다. 거대제국으로 성립해 존재하고 있는 사실이 그것을 증명하고 있다. 명확한 의지를 갖지 않고 이 정도 세계제국이 만들어진다고는 생각하지 말기 바란다. 뻔한 일이긴 하지만 이 민족 개개인이 커다란 외교 목표를 가슴에 안고 날마다 일에 힘쓰고 있는 것은 아니다. 그러나 완전히 자연스러운 추세로 민족 전체가 서서히 그런 하나의 목표에 사로잡혀 개인의 무의식적 행위조차 이 목표의 공통선 위에 나란히 서서 사실상 그 목표에 공헌하는 것이다. 아니, 그 민족 본질 내부 자체에 완만하지만 공통의 정치 목표가 새겨지는 것이다.

오늘날 영국인의 자랑은 고대 로마인의 자랑과 완전히 같다. 세계제국 성립은 우연한 덕택이라든가, 적어도 제국 건설을 가져온 사건은 그 민족에게 언제나 행운을 가져오는 결과로 이끄는 것과 같은 우연한 역사적 경과였다고 주장하기도 하지만, 이것은 잘못된 견해이다. 고대 로마와 현재 영국은 완전히 같은데 그 위대함에서 오는 것을 생각해 장기적으로 보면 행운은 유능한 한 사람에게만 있다는 몰트케[1]의 잠언이 딱 들어맞는다. 그러나 민족의

---

1) 헬무트 폰. 1800~1891. 프로이센 군인. 1871년에 원수로서 프랑스와 싸웠다. 인용한 잠언은 《작전론》(1871)에 나온다.

이 유능함은 인종적인 가치에만 있는 것은 아니다. 그런 가치를 다루는 능력과 수완에도 있다. 고대 로마나 현재 대영제국이라는 거대 세계제국은 언제나 최고의 민족 가치와 아주 명확한 정치 목표가 어우러진 결과이다. 이 두 요소 가운데 하나라도 빠지기 시작하면 먼저 약해지고 결국에는 몰락하게 된다.

오늘날 영국의 목표를 규정하고 있는 것은 앵글로색슨이라는 민족 가치 자체와 섬나라만의 특유한 근성이다. 앵글로색슨의 민족 가치는 영토를 구하는 것에서 인정된다. 이 충동은 필연적으로 현재 유럽 밖에서만 그 욕구를 채울 수 있다. 그렇지만 영국인이 유럽에서도 그 충동을 채우고자 하는 시도를 아예 하지 않았던 것은 아니었다. 그 무렵에는 적어도 상당히 유능한 인종이 다스리던 제국이 영국인에게 맞서고 있었기에 영국인의 시도가 모두 좌절된 것이다.

그 뒤의 이른바 영국의 식민지 확장책은 처음부터 영국에 해외 식민지의 극단적인 확장을 가져왔다. 최초에는 인간을 수출하고 있었던 영국이, 최종적으로는 상품을 수출하는 동시에 자국 농업이 쇠퇴하게 된 양상을 검증하는 것도 흥미로운 관점이기는 하다. 오늘날 영국 민족의 대부분, 아니 평균 그 자체가 독일의 최고 가치보다 하위에 있음에도 수세기에 걸친 전통이 이 민족에게는 제2의 천성이 되었고, 우리 독일 민족보다는 실질적인 정치적 우위를 지니기에 이르렀다. 오늘날 지구에는 영국이라는 세계제국이 있는데, 현재로서는 전반적인 국정의 특성과 평균적인 정치적 현명함 덕분에 세계제국으로의 능력을 지니고 있는 것으로 판단해도 될 민족이 그 밖에는 존재하지 않는다.

영국의 식민지정책을 지배하고 있었던 기본 사상은 한편으로는 영국의 인적 자원을 이용할 지역을 찾아내 모국과의 국가관계 속에서 그 지역을 확보하는 데에 있고, 다른 한편으로는 영국 경제의 판매시장과 천연자원 공급을 보증하는 데에 있었다. 영국인은 독일인에게 식민지는 무리라고 생각하고 있다. 이것은 이해할 수 있다. 완전히 마찬가지로 독일인 또한 영국인에게 식민지는 무리라고 믿고 있다. 이것도 이해할 수 있다. 두 민족 모두 식민 능력의 판단이라는 문제에 관해서는 생각이 아예 다르다. 영국의 관점이 실제적이고 냉정했다면, 독일의 관점은 보다 로맨틱했다.

독일이 처음으로 해외 식민지를 구하려고 했을 때, 독일은 이미 유럽에서는 군사국가이고 제1급 강국이었다. 인간적 문화의 모든 영역 및 군사 능력 분야에서의 불후의 업적 덕분에 독일은 세계강국의 명성을 얻고 있었다. 기이한 일이긴 한데 19세기 유럽에서는 특히 모든 민족이 식민지 획득의 길로 나아갔다. 그리고 그때에 본디 지도이념은 이미 완전히 소멸되고 있었던 것이다.

예를 들면 독일에서는 독일 문화를 확대할 능력과 소망이 식민지 요구의 동기였다. 이것 자체는 당찮은 일이다. 왜냐하면 문화란 그 민족의 전반적인 삶의 표현이고, 그것을 전혀 다른 정신을 전제로 하고 있는 다른 민족에게 전할 수는 없기 때문이다. 베토벤 교향곡으로 대표되는 문화와 재즈와 같은 이른바 국제 문화를 비교해 보면 잘 알 수 있다. 이 건은 논하지 않더라도 영국이 식민지를 건설하던 때의 영국인에게는 자신의 행동에 자신이 빠져드는 현실적이고 냉정한 이익 말고 다른 동기가 있으리라고는 생각조차 하지 않았을 것이다.

나중에 영국은 "바다의 자유와 억압된 국민의 자유를 위해서이다" 말하고 있으나, 그것은 식민지 활동에 근거를 부여하기 위해서가 아니고 방해가 되는 경쟁 상대를 제거하는 핑계에 지나지 않는다. 그것은 영국인이 영국 문화나 습관을 미개인에게 강제로 주입하려는 생각을 하지 않을수록 영국의 통치 아래 그 문화를 누리지 않는다고는 할 수 없는 미개인들이 더욱더 공감할 것이 틀림없기 때문이다. 물론 그것에 더해서 채찍도 있었다. 문화적 사명을 거스르는 위험이 없는 만큼 그것은 한층 활발하게 사용되었다.

영국은 영국 제품 판매시장과 천연자원이 필요했다. 그리고 그 시장을 강국정책으로 확보했다. 영국은 그것을 식민지정책의 의미로 보고 있다. 그럼에도 영국이 뒤에 문화라는 단어를 입에 올리는 것은 순수하게 선동가의 관점에서 그렇게도 냉철한 자신의 행위를 조금은 도덕적으로 그럴듯하게 꾸미기 위해서이다. 사실 영국인은 미개인이 영국인의 생활 사정 자체에 접하려고 하지 않는 한 미개인의 정신생활 현상에 오랫동안 완전히 무관심했다. 뒤에 인도식민지와 위신을 유지하기 위한 다른 정책 사고가 결부되어 있었던 점은 이해할 수 있다.

그러나 인도의 이익이 영국의 생활 사정을 규정하고 있는 것은 아니고 영국의 이익이 인도의 생활 사정을 규정하고 있다. 이를 의심하는 사람은 없다. 영국인은 인도에서도 현지인이 영국 문화에 접할 기회를 늘리기 위해 문화 시설을 만드는 것은 아니다. 기껏해야 그 식민지에서 보다 많은 이익을 끌어낼 뿐이다. 이것 또한 의심할 여지가 없다. 영국이 인도에 철도를 부설한 것은 인도인에게 유럽식으로 수송력을 향상하기 위해서이고, 철도부설로 인해서 식민지를 효율적으로 착취함으로써 지배를 보다 효과적으로 진행하기 위한 것은 아니었다고 말한다 해서 누가 믿겠는가.

영국은 오늘날 이집트에서 파라오의 뒤를 이어 나일강에 거대한 댐을 건설해 물을 저장하고 있다.[2] 그것은 가난한 아랍 농민에게 지상 생활을 쾌적하게 보내도록 하기 위한 것은 아니다. 영국 면산업을 미국 독점으로부터 지키기 위한 것에 지나지 않는다. 이것이 바로 식민지정책에서 공공연하게 생각하려고 했던 관점[3]이다. 영국인은 영국 이익을 위해 현지인을 교육했다. 독일인은 교사에 지나지 않았다. 현지인은 마지막에는 어쩌면 영국인 쪽에 있는 것보다도 우리 쪽에 있는 것을 행복하게 느꼈겠지만, 보통 영국인이 이해할 수 있는 식민지정책은 우리의 방법이 아니고 영국의 방법일 것이다.

경제적인 힘과 정치적인 권력이 언제나 손을 잡고 서서히 세계를 정복하고자 하는 영국의 정책이 타국에 대한 영국의 위치를 특징짓게 하고 있었다. 영국이 식민지에서 세계강국의 위치에 도달하면 도달할수록 제해권이 더욱더 필요했다. 제해권을 장악하면 장악할수록 그 결과로서 더욱더 식민지 대국이 되고 최종적으로는 해상 지배와 식민지 획득으로 어느 나라도 영국에 이의를 제기하지 못하도록 감시할 정도로까지 영국은 시기심이 많아졌다.

독일에서는 영국이 곧바로 유럽에서 패권을 전방위로 추구할 것이라는 당치도 않은 견해가 널리 퍼지고 있다. 이것은 사실에 어긋난다. 영국은 유럽이 여러 관계를 들어 영국의 해상 지배와 식민지 지배를 언젠가는 틀림없이 방해할 것이라는 세계 경쟁상의 위협이 나타나지 않는 한 처음부터 그것에는 관심이 없었다.

---

2) 영국은 20세기 초 이집트와 수단에 몇 개 댐 건설을 계획했다. 1925년에는 그 가운데 하나를 완성했다.

3) W판은 '생각하려고 했다'에는 부정사를 더해 '생각하려고 하지 않았다'라고 해석하는 것이 옳다고 판단하고 있다.

영국이 자국의 무역이나 해상 이익 보호에 집착하지 않았더라면 유럽 내 대립이란 존재하지 않았다. 스페인이나 네덜란드, 뒷날 프랑스와의 전쟁은[4] 이들 나라의 군사력이 아니라 그 나라들의 성립이나 영향에서 비롯된 것이었다. 스페인이 해상 강국이 아니고 따라서 영국의 경쟁 상대가 아니었다면 영국은 스페인에 주의를 기울이지 않았을 것이다. 네덜란드도 마찬가지이다.

시대가 지나 영국은 프랑스와 크게 대립하게 되는데 그것은 나폴레옹의 대륙국가 프랑스에 대한 것은 아니었다. 나폴레옹의 프랑스는 대륙정책을, 대륙을 넘는 한 단계 위의 목표를 지향한 도약대이자 기초로 간주하고 있었으니 말이다. 처음부터 영국에 위협이 되는 나라는 지리적 조건으로 볼 때 프랑스였다. 대륙에서 어느 정도 발전하고 그것이 영국 장래에 위험성을 내포하는 나라가 있다면 프랑스뿐이다. 그런데 영국은 세계대전에서 프랑스와 손잡기로 결정하고 말았다.

이것은 더한층 주목할 만하고 우리 독일에게는 교훈도 된다. 교훈이 된다는 것은 영국 외교의 위대한 기본 사상을 충분히 확정하려면 그때그때 존재하고 있을 가능성을 언제나 계산해 두어야 하고, 언젠가는 영국의 위협이 모습을 드러낼 것이니, 간단하게 그 가능성을 버리면 안 되는 것으로 증명이 되어 있기 때문이다. "신이시여, 영국을 벌하소서"[5]라고 계속 외치는 우리 독일 정치가는, 장래 영국과의 좋은 관계는 틀림없이 좌절될 것이기에 영국이 언젠가는 위험한 나라로서 맞서게 될 독일과 동맹관계를 맺을 것이라고는 진지하게 생각하지 않는다.

독일 진흥을 위해 독일과 동맹 맺을 사람이 영국에 있을 리가 없다. 영국의 이익을 촉진하기 위한 것밖에 없다. 그러나 이제까지의 예를 보면 영국은 자신의 이익과 타민족의 이익을 종종 연동하여 옹호하고 있으며 동맹으로까지 나아가고 있다. 그렇지만 나중에는 거의 확실하게 그것이 적의로 바뀌곤 했다. 그런 정치적 혼인은 조기이혼이나 만기이혼으로 끝나게 마련이다. 정치

---

4) 영국은 스페인과는 1587~1604년 및 1654~1659년, 네덜란드와는 1652년부터 20년 동안 세 번, 프랑스와는 1702년부터 100여 년 동안 자주 싸웠다. 그때마다 해양국가, 세계대국으로서의 위치를 확실하게 다져 나갔다.

5) 이 구호는 제1차 세계대전 중인 독일에서 봉투·광고지·집의 문고리·신문이나 잡지의 표지 등 어디에서나 볼 수 있었다.

적 혼인은 두 나라에 공통되는 이익옹호에는 도움이 되지 못하고 그 이익이
라는 것도 두 나라가 서로 다르다. 그러나 그때에는 서로 대립하고 있지 않은
여러 이익을 공통 수단으로 지키거나 촉진하는 의도에서만 성립되는 것이므
로 무리도 아니다.

군사적으로 뛰어난 유럽 대국이 외교 목표의 본질을 의도적으로 순수하
게 대륙에 두고 있는 한 영국은 원칙적으로 그 나라를 적대하지 않는다. 프
로이센에 대한 영국의 대응이 그것을 말해 주고 있다. 그렇지 않으면 프리드
리히 대왕 때 프로이센이 유럽 최강의 군사국가는 아니었다고 말하는 사람
이 있을까. 영국이 그 무렵 이 프로이센과 싸우지 않았던 것은[6] 프로이센이
군사적으로는 주도권을 장악하고 있었다고 해도 유럽에서의 영토가 작은 탓
에 소국으로 헤아려졌기 때문이라는 등의 생각은 하지 말기 바란다. 전혀 다
르다.

영국은 네덜란드와 싸웠다. 그 무렵 네덜란드 국토는 프리드리히 대왕의
프로이센보다도 훨씬 작았다. 유럽에서 네덜란드의 군사적 위협이나 우위성
을 내세우는 사람은 어디에도 없었다. 그럼에도 영국은 네덜란드와 몇십 년
이나 대립을 계속했다. 그 이유는 단지 영국의 해상지배와 무역지배를 네덜
란드가 방해하고 있었던 점과 네덜란드인의 식민지 활동 전반에 있었다. 그
러나 프로이센 국가가 순수하게 대륙이라는 목표에 전념하고 있지 않았다고
해도 프로이센이 유럽에서 주도권을 장악할 위험성이나 순수하게 프로이센
군사력 크기에는 관계없이 언제나 영국을 최대의 적으로 여기고 있었을 것이
라는 등의 착각을 해서는 곤란하다.

우리의 사려가 부족한 국민적·애국적 정치가들은, 대선제후[7]가 프로이센
해외영토에 활기를 불어넣었는데 대선제후의 자손은 그것을 소홀히 하고,[8]

---

6) 1740~1748년 오스트리아계승전쟁에서 영국과 독일은 적대관계에 있었다. 1756년 웨스트민스
터 조약에서 독일과 영국은 동맹관계가 되고 7년 전쟁(1756~1763)에서 영국은 독일을 지원
했다.
7) 大選帝侯. 브란덴부르크 선제후 프리드리히 빌헬름. 1620~1688. 재위 1640~1688. 호엔촐레
른 가문의 영토를 확대해 프로이센에 대한 폴란드의 종주권을 배제. 농장영주제를 채택해
관료행정을 정비하고 세제·군제(軍制)를 정비, 확충하고 프로이센 절대주의의 기초를 구축
했다.
8) 브란덴부르크후(侯)는 1675년 함대를 소유하고, 1683년에는 해외 영토를 얻었다. 그 뒤 브란

아니 포기하고 브란덴부르크 프로이센 함대의 유지와 증강에 관심을 보여주지 않았다고 말해 프로이센을 비난하고 있다. 현실적인 정책 진행이 프로이센에게나 뒤의 독일에게나 행운이었다.

프리드리히 빌헬름 1세[9]는 긴축재정에 의해서 한없이 한정된 소(小)프로이센국의 재원을 오로지 육군 증강에만 집중했는데 이것이 탁월한 정치적 수완, 그의 현명함을 말해 주는 것은 아니다. 이 소국은 그것으로 인해서 하나의 무기로 우위를 유지하고 있었기 때문에 영국이 적의를 느끼는 대상에서 벗어난 것에 지나지 않는다. 그러나 프로이센이 네덜란드의 뒤를 쫓고 있었다면 배후 영국을 적으로 해, 세 번의 슐레지엔 전쟁은 싸우지 못했을 것이다. 소프로이센국이 실제로 제해권 획득을 시도했다고 해도 모국의 영토 기반은 제한되어 있고 군사적으로도 유리했던 것은 아니다. 영국인에게는 널리 연합을 짜 유럽의 위험한 경쟁 상대를 물리치는 것은 이미 그 무렵부터 애들 장난이나 다름없었다.

작은 브란덴부르크후국(侯國)에서 뒤에 프로이센 왕국이 태어나고 그 프로이센에서 새로운 독일제국이 출현할 수 있었던 것은 그 무렵 프로이센이 현실적인 힘의 관계와 가능성을 현명하게 통찰했기 때문이다. 여기에 감사해야 할 것이다. 이에 따라 호엔촐레른가는 비스마르크 시대까지는 거의 집중적으로 육군 강화에 매진했다. 그것이 유일하고도 명확한 일관된 정치였다. 독일·프로이센 그리고 뒤에는 독일 전체가 장래로 향하려고 했을 때 그것은 영국이 바다에서 우위를 지니고 있었다면 독일은 육지에서 우위를 점하고 있어야만 확보될 수 있는 것이었다.

이 인식이 차츰 희미해져 육상 군비에서 손을 떼고 흐지부지되어 버린 함대정책으로 방향을 바꾼 것이 독일의 불행이었다. 비스마르크 뒤의 독일에서는 바다와 육지에서의 군비를 동시에 강력하게 진행하고 유지할 정도의 여유는 없었다. 어느 시대에나 가장 중요한 원칙의 하나는 민족이 자체 생존 유지에 절대로 빼놓을 수 없는 무기가 무엇인가를 인식하고, 모든 수단을 투입

___

덴부르크후의 식민지 무역은 감소하고 18세기 초에는 함대도 역할을 수행할 수 없게 되었다.

9) 1688~1740. 재위 1713~1740. 제2대 프로이센 국왕. 프리드리히 대왕의 아버지. 군인왕으로 일컬어졌다. 프로이센 국가재정을 건전하게 하고 귀족의 정치적 관여를 줄여 군국적 절대주의 국가 확립을 도모했다.

해 끝까지 추진해야 한다는 것이다. 영국은 이것을 알고 있고 지켜냈다. 그것은 사실 영국에게 해상지배는 생존에 더할 나위 없이 소중한 것이었기 때문이다. 육지에서의 군사행동이 각광을 받고 있었던 때에도 명성에 넘친 전쟁, 비길 데 없는 군사적 결단조차 영국에서는 육군을 부차적인 것으로 간주하게 만들고 해상지배 우위의 유지에 전력을 집중하는 영국인을 움직이지 못했다.

그런데 독일에서는 다분히 옛 한자동맹[10]에 대한 로맨틱한 향수에 사로잡혀 19세기의 커다란 식민지열에 열광이 되고 경제 화평적 정치에 농락되어 육군 증강을 뒤로 돌리고 함대를 건조했다. 이 정책을 최종적으로 보여주고 있는 것이 완전히 거꾸로 되고 있는 데다가 '우리의 장래는 바다에 있다'는 명제이다.[11] 그러나 그렇지는 않다. 반대이다. 유럽에서의 우리 장래는 육지에 있었고 현재도 육지에 있다. 우리가 몰락했다면 순수하게 대륙적 성격에, 우리의 불행한 영토적, 군사지리적 혹독한 상태 때문이다.

프로이센이 외교 의욕을 순수하게 유럽이라는 목표로 한정하고 있는 한 프로이센은 영국의 위험을 진정으로 두려워할 필요는 없었다. 1870년과 1871년에 영국은 친프랑스 기분으로 지배되어 있지 않았느냐고 반론을 할 수도 있을 것이다. 이 반론은 정확하지 않으며 아무 의미도 없다. 왜냐하면 완전히 같은 시절에 영국에는 독일에 우호적인 의견도 있었기 때문이다. 그뿐만이 아니다. 영국 국교에서조차 설교단에서 프랑스의 행동이 괘씸하다고 단죄되고 있었던 것이다. 하지만 결정을 내리는 것은 사실상 채택이 된 공적 태도이다. 그것은 마땅한 일인데 영국과 같은 중요한 나라에서는 프랑스에 대해 공감할 것이다.

특히 그 나라 신문에 외국자본의 영향을 드물지 않게 보게 될 때에는 한층 그런 경향을 지적할 수 있다. 프랑스는 자국에 대한 공감을 동원하는 방법을 언제나 알고 있었다. 어느 시대에나 파리라는 카드가 아주 탁월한 지원의 역할을 수행했다. 그것은 영국에서만이 아니라 독일에서도 볼 수 있었다. 1870년에서 1871년에 걸쳐 전쟁의 와중에 베를린 사교계뿐만 아니라 베를린

---

10) 14세기부터 17세기까지 뤼베크를 중심으로 하는 북독일 여러 도시가 맺은 상업 동맹. 북해와 발트해에서의 상업무역에 커다란 권익을 지니고 있었다.

11) 빌헬름 2세가 1898년 9월 23일 슈테틴(오늘날 슈체친)에서 언급한 말.

궁정에서조차 프랑스에 우호적인 공감을 숨기지도 않고 기회가 있을 때마다 파리 공격을 상당 기간 연장한 적지 않은 그룹이 있었을 정도이다.[12]

그 밖에 영국인들 가운데에는 독일 무기의 우수함을 복잡한 환희의 눈으로 바라보던 그룹도 있었다. 이것은 인간적으로도 이해할 수 있다. 그러나 그런 일들은 영국정부의 공적인 태도를 움직이게 만들어 적절한 대응을 하기까지에는 이르지 못했다. 그것은 비스마르크가 확보하고 있었던 러시아의 배후 지원 탓이라는 의견도 있다. 이것은 이해할 수 없다. 왜냐하면 그 배후 지원이 무엇보다 앞서 대오스트리아를 상정하고 있었기 때문이다.

하지만 그 무렵 영국이 중립을 포기했었다면 러시아의 배후 지원도 광대한 포화를 저지하지 못했을 것이다. 왜냐하면 그렇게 했을 때 러시아가 가만히 있지는 않았을 테고, 그 일이 커지면 1871년의 성공은 아예 불가능했을지도 모르기 때문이다. 사실 비스마르크는 전쟁을 치르고 있을 때뿐만 아니라 강화조약 교섭 중에도 타국의 간섭을 은근히 두려워하고 있었다. 그것은 수년 뒤 러시아에서 타국의 개입[13]을 낳았다. 영국이 독일에도 개입하고자 했는지도 모를 일이다.

독일에 대한 영국의 대응변화는 정확하게 추적할 수 있다. 그 변화는 우리의 해상 발전과 때를 같이해 시작되고 우리의 식민지 활동 진전과 함께 뚜렷이 혐오가 고조되며, 최종적으로는 우리의 함대 정치와 아울러 명확하게 증오로 바뀌었다. 그러나 영국에서는 독일 민족과 같은 유능한 민족의 발전 속에 장래에 대한 위험을 감지한다. 이것은 실제로 철저하게 배려된 국가 지도부로서는 결코 재앙이 될 사항은 아니다. 우리 독일의 정치 지도부가 태만한 죄를 타국의 행동을 판단하는 기준으로 해서는 안 된다.

비스마르크 뒤의 독일은 경솔하게 행동해 유럽에서의 패권 자리를 프랑스와 러시아에게 위협당하고 그것에 대해서 아무런 대항도 하지 못했다. 그러나 다른 제국이 똑같은 행동을 할 것으로 예측하거나 여러 외국이 그 민족

---

12) 비스마르크는 몰트케와 비스마르크는 파리 공격에 관해서 의견이 다르다고 세간에 퍼뜨렸다. 그것은 일종의 전설로 전해졌다. 비스마르크와 몰트케는 내정상 견해를 달리했다.

13) 1878년 러시아 튀르크 전쟁의 평화조약이 튀르크의 콘스탄티노플 서쪽 교외의 작은 마을 산스테파노(지금의 예실쾨이)에서 체결되었다. 여러 나라는 그것에 따른 발칸에 대한 러시아의 영향력 강화를 두려워했다. 같은 해 베를린회의에서 조약은 개정되었다.

의 생존 이익을 확실하게 간파하고 있다고 해서 그런 나라에 대해서 도덕적으로 분노하고 비난할 수는 없다.

전쟁 전 독일이 치명적인 반작용을 예측할 수 있었던 세계 평화정책과 경제정책을 대신해 프로이센 시절의 대륙정책을 계속하고 있었다면 독일은 육군력을 프로이센이 일찍이 지니고 있었던 수준으로까지 향상시킬 수 있었을 테고, 영국과의 절대적인 적대관계를 두려워할 필요도 없을 것이다.

왜냐하면 독일이 함대에 헛되게 쏟은 방대한 자금을 육군 보강에 썼더라면[14] 그 이익은 적어도 유럽의 결정적인 전장에서는 다른 진행 방법으로 거두어들였을 것이기 때문이다.

해군은 적어도 결정적 영향을 줄 수 있는 전투부대를 항구에서 녹슬도록 내버려 두고 마지막에는 굴욕적으로 넘겨줌으로 그 존재에 종지부를 찍어야만[15] 한다는데, 군비가 부분적으로 불충분한 육군은 압도적인 세계연합을 상대로 계속 서서히 피를 흘리는 것을 국민이 목격하게 되는 운명에서는 벗어나 있을 것이다.

군의 지휘관을 핑계삼지 말기 바란다. 우리 자신을 위한 무기의 본질에 의존하고 있었던 것이라고 용기 있게 고백하기 바란다. 왜냐하면 같은 때에 야전군은 어느 정도의 손해를 입었는지, 어느 정도의 곤란이 있는지에는 아예 관계없이 어느 전장에서 쫓겨나 다른 전장에 투입되고 있었으니 말이다.

사실, 육군은 100년 전통을 지닌 독일 무기였다. 그러나 우리 함대는 결국에는 단순히 로맨틱한 놀이터일 뿐이었다. 독일을 위해 만들어졌으나 정작 독일을 위해서는 출동되지 않았던 장식이었다. 우리가 얻은 이익은 우리가 불러들인 강대한 적의에 비하면 겨자씨 정도밖에 되지 않았다.

독일이 이런 방향으로 발전하지 않았더라면 세기말에는, 그 무렵 아직 서로 타협할 용의가 있었던 영국과 어떤 합의를 이룰 수 있었을 것이다. 양자 간 합의에 우리 외교 목표를 원칙적으로 변경할 수 있다는 내용이 들어 있

---

14) 1913년 예산에서 육군에는 일반예산으로 7억 7500만 마르크, 임시예산으로 5억 8000만 마르크, 해군에는 일반예산으로 1억 9700만 마르크, 임시예산으로 2억 3300만 마르크가 배정되었다.

15) 독일 함대는 1918년 11월 휴전합의에서 베르사유 조약 체결까지 약 반년 동안 영국 해군기지에 붙들려 있었다.

었다면 그것은 오랜 기간 유지되었으리라. 또한 세기말 독일에는 프로이센의 옛 대륙정책을 부활시켜 영국과 함께 세계사 발전에 본보기를 보여줄 수도 있었다. 우리의 맺고 끊음이 없는 데다 망설이며 결단성이 없는 자들과 의심이 많은 자들은 '그것은 확실성이 결여되어 있다'고 이의를 제기하지만 그 이의는 개인 의견의 영역을 벗어나지 않는다.

그것에 대한 반론은, 이제까지의 영국 역사가 웅변해 주고 있다. 의심이 많은 자들은 무슨 권리로 일본이 한 것과 똑같은 역할을 독일이 할 수 없다고 추측하는 것일까. 독일은 영국을 위해 불 속의 밤을 주웠다는 어리석은 문구를 되풀이하는데, 프리드리히 대왕의 공적을 두고서도 말할 수 있을까. 유럽 전장에서, 유럽 밖에서의 프랑스와 영국의 대립을 그는 최종적으로 경감하고 있는 것이 아닐까. 그렇더라도 영국은 언젠가는 반독일이 된다고 말하는 이도 있다.

이 의견은 어리석다고밖에 말할 수 없다. 설령 그렇다 해도 러시아 굴복 뒤 유럽에서 독일의 위치는 세계대전 개시 때보다는 나을 것이다. 거꾸로 러일 전쟁 때 유럽에서 독일과 러시아가 싸우고 있었다면, 독일은 순수하게 내적인 강국 성장을 유지함으로써, 평화를 깨고 독일에 대항하는 연합에 몰두하는 유럽 나라를 30년에 걸쳐서 능가하고 있었으리라. 그 밖에 이와 비슷한 모든 이의는 반대 세력으로서는 모든 것을 알고는 있었는데, 무엇 하나 손을 대지 못한 전쟁 전 독일 사고방식에서 비롯된 것이다.

그 무렵 영국이 독일에 바싹 다가오고 있었다.[16] 이것이 하나의 사실이다. 독일은 언제까지나 계속 우물쭈물하고 결단력이 없는 사고방식 때문에 명확한 입장 표명을 하지 못했다. 이것이 두 번째 사실이다. 그 무렵 독일이 거부한 사항을 일본이 손을 써[17] 세계강국의 명성을 쉬운 방법으로 손에 넣었다.

독일이 어떤 일이 있어도 그것에 손을 대려고 하지 않았더라면 바로 반대쪽과 손을 잡았어야 했다. 1904, 1905년은 프랑스와의 대립에 다 써버려도 좋았다. 배후에 러시아가 있었다. 이 결단력 없는 자들과 의심 많은 자들이라고는 하지만 이것은 바랄 것이 못 되었다. 주의 깊고, 의심 많고 지식만 가지고 있는 그들은 자신들이 본디 바라고 있는 사항을 한순간도 인정할 수 없었다.

<hr>

16) 1898년부터 1901년 사이에 영국은 독일에 몇 번 동맹을 제안했다.
17) 1902년 1월 영일동맹 체결.

영국을 다스리는 사람들은 행동으로 나서지 못하는 머리만 큰 자들은 아니었다. 정치를 가능성의 기술로 터득하고 있어 모든 가능성을 놓치지 않고 현실에 그것을 마음대로 부림으로써 아주 자연스런 사고를 하는 인물들이었다. 이런 점에서 영국의 정치 지도부는 뛰어났던 것이다.[18]

이미 말한 바와 같이 만일 베를린이 영토정책 목표를 대륙을 지향하는 쪽으로 명확하게 설정했다면, 영국과 꽤 오랫동안 합의가 가능했을 것이다. 독일이 그것을 피하고 있는 사이에 영국은 자국의 해상 지배 이익을 위협하는 자에 대항하는 세계적인 조직을 만들기 시작했다.

세계대전 자체는 영국조차 상상하지 않고 있었던 우리 민족의 군사적 능력에 의해서 당초 떠들썩하게 알려졌던 것처럼 진행되지 않았다. 독일이 결국 패퇴한 것은 미국이 전장에 모습을 드러내고 독일이 내부 붕괴로 후방 지원을 잃은 뒤의 일이었다.[19]

그런데 그것으로 인해서 영국의 본디 전쟁 목적이 달성된 것은 아니었다. 왜냐하면 영국의 해상 지배에 대한 독일의 위협이 없어진 것은 확실한데 기본적으로 기반이 보다 공고한 미국의 위협이 대신 나타났기 때문이다. 장래 영국의 강적은 처음부터 유럽에는 없고 북아메리카에는 있다.

유럽에서는 현재로서 영국에게 아주 위험한 나라가 프랑스이다. 영국에 비해 유리한 프랑스의 지리적 조건보다는 프랑스의 군사적 패권이 영국에게는 특히 위협이다. 영국의 생활 중심지로서 중요한 지역 대부분이 프랑스로부터의 항공기 공격에는 거의 무방비로 노출되고 있는 것만이 아니다. 몇몇 도시는 프랑스 연안으로부터 장거리포 사정범위 안에 있다. 그뿐만 아니라 기술이 진보되어 중장거리포 사정거리가 더욱 길어지면 프랑스 본토에서 바로 런던을 포격할 수도 있다.[20]

---

18) W판은 이 부분을 민주주의라는 정치 시스템에 관한 평가와 민주국가의 개개 정치가에 대한 평가를 히틀러가 달리하고 있었던 특례로서 거론했다.

19) 비수전설(匕首傳說). 제1차 세계대전에서 독일이 패배한 것은 국내의 혁명운동에 원인이 있다는 주장. 나치가 종종 선전에 이용했다.

20) 독일군은 1918년 90킬로미터 떨어진 곳에서 파리를 포격했다. 이것은 군사효과보다도 선전효과가 컸다. 독일군은 구경 380밀리미터, 사정 132킬로미터의 철도포(鐵道砲)를 소유하고 있었다. 제2차 세계대전 때에 독일의 로켓포 V1, V2의 공격을 받은 런던에서는 독일이 또 로켓포 V3로 런던을 공격한다는 소문이 끊이질 않았다.

더욱 중요한 영국을 상대로 하는 프랑스의 잠수함 전쟁은 지난날 세계대전 중 독일 잠수함 전쟁과는 기반이 전혀 다르다. 봉쇄작전은 출구가 적은 북해 연안 삼각지대에서는 효과적이지만 두 바다와 맞닿아 있는 프랑스 기지에서는 실행하기 어렵다.

오늘날 유럽에서 영국의 당연한 적을 찾아보면 바로 알 수 있다. 프랑스는 영원한 적국이고, 러시아도 아니라고 할 수는 없다. 프랑스는 대륙으로 향한 정치 목표를 지니고 있는 대국이다. 그 목표의 본질은 아득히 멀리 설정하고 있는 포괄적인 세계 정치 목표를 위한 후방 지원에 지나지 않는다. 러시아는 인도에 유전도 가지고 있다. 오늘날 유전의 의미는 앞선 세기에 광산이나 탄광이 지니고 있었던 중요성과 같다.

영국이 그 커다란 세계정치적 목표에 충실하려고 한다면 유럽에서의 영국의 잠재적 적대국은 프랑스와 러시아이다. 장래를 전망해 다른 세계까지도 포함한다면 그것은 특히 미국이다.

거기에 비해 영국이 독일과 영원히 대립하는 근거는 존재하지 않는다. 그렇지 않다면 영국 외교는 지금 당치도 않은 동기에 의해서 규정되어 있는 셈이다. 당치도 않은 동기란 모든 현실 논리에서 벗어난 것이기 때문에 독일 교수의 머릿속에 새겨져서 여러 민족 상호의 정치 상황 규정에 결정적 영향을 줄 수도 있는 동기이다. 아니, 장래 영국은 지난 300년 동안 그랬던 것처럼 순수하고 목적과 합치되는 관점에서 진지하게 생각해 태도를 결정할 것이다. 그리고 300년 동안이나 영국의 동맹국이 적이 되고, 적이 동맹국이 된 것과 마찬가지로 일반적인 또는 특수한 필연성이 있는 한 앞으로도 상황은 바뀌지 않는다.

그러나 독일이 영국의 해상 이익과 무역 이익과는 대립하지 않으며, 대륙을 지향하는 정책 목표에 전력 투입하는 것과 같은 정책실현을 위한 원칙에 충실하고 새로운 방침에 관한 것이라면 영국의 적의(敵意)는 적의를 위한 적의로서 소멸한다.[21] 영국이 유럽에서의 균형에 관심을 가지는 것은 그 균형이 영국에게는 위협이 되는 세계 무역국이나 해군력의 성장을 막아주는 한 그럴 수 있는 것이다. 영국의 외교작업은 생존과는 동떨어진, 원칙에 규정되어

---

21) W판은 이것을 영국에 대한 히틀러의 정치적 오해의 예로 들었다.

있지 않은 외교 작업이다. 세계제국은 감상적인 또는 순수하게 이론적인 정치에서는 탄생할 수 없다.

그러므로 장래에도 영국 외교를 규정하는 것은 영국의 이익에 대한 냉정한 판단이다. 이 이익을 방해하는 자는 장래에도 영국의 적이다. 그것에 저촉하지 않는 자에게 영국은 관심을 두지 않는다. 때에 따라서는 영국의 이익에 도움이 되는 자는, 옛날에 적이었던 장래에 다시 적이 될 것이든 상관없이 영국 옆자리에 초대를 받을 것이다.

시간이 지나면 적이 된다고 해서 도움이 되는 동맹을 거부하는 것은, 독일의 시민적·국민적 정치가들뿐이다. 영국인에게 그것을 요구하는 것은 이 민족의 정치적 본능을 모욕하는 일이다.

독일이 처음부터 정치 목표라는 것을 가지려 하지 않고 여전히 변함없이 주도적 사상이나 아무 계획 없이 오늘에서 내일로 세월아 네월아 하고 있는 것이라면, 또는 1914년 무렵 국경과 소유영토 재획득을 목표로 내걸어 그것에 따라서 우리의 세계무역 식민지정책과 해군 대국 정책을 목표로 하는 것이라면 우리에 대한 영국의 적의는 장래에도 물론 확실하게 계속 존재한다. 그렇게 되면 독일은 경제적으로는 도스안[22]의 부담으로 질식하고,[23] 정치적으로는 로카르노 조약으로 몰락하며, 인종적으로는 약체가 되어서는 마침내 그 생존은 유럽에서의 제2의 네덜란드, 제2의 스위스로 끝난다.

우리의 시민적·국민적 그리고 애국적 사랑방 정담가들은 당장이라도 그것을 이룰 수 있다. 오늘날 강령을 통해 목이 터져라 외치길 계속하는 것만으로도 좋다. 입으로만 항의를 거듭하여 전 유럽에 싸움을 걸고, 행동이 필요해지면 굴속으로 기어들어가면 되는 것이다. 독일 재부흥국의 시민적·애국적 정치라 불리는 것이 이것이다. 우리의 시민계급은 거의 60년 동안 국민적 국가적이라는 개념의 존엄을 떨어뜨리고 손상시키는 재주를 발휘했다. 마찬가지로 애국적이라는 훌륭한 개념을 그 그룹 내에서 단순한 구호 수준으로 떨어뜨리고 말아 몰락시키고 파괴했다.

---

22) 제1차 세계대전 뒤 독일의 배상 문제에 관해서 미국의 찰스 도스를 대표자로 하는 국제전문가위원회가 입안한 배상 지급 계획. 1924년 8월 채택되고 9월부터 실행에 옮겨졌다. 1930년 1월 도스안을 대신해 영안(Young Plan)이 제정되었다.
23) W판은 이 부분을 구술 시기가 영안 이전일 근거의 하나로 삼고 있다.

물론 독일에 대한 영국의 태도에는 다른 중요한 요소도 명확해지고 있다. 곧 영국에서 결정적인 영향력을 지니고 있는 세계 유대인이다. 영국인 자신은 언젠가 독일에 대한 전쟁심리를 극복할 수 있다는 것은 확실하다. 그러나 세계 유대인은 오랜 적의를 버리려 하지 않을 것이다. 또한 유럽 전체가 불안정하고 혼란할 때에 파괴적 성향의 볼셰비즘에 영향력을 행사하거나, 유럽에 만족을 가져오려고 하지는 않을 것이다. 이것도 확실하다.

　이 두려워해야 할 힘을 계산에 넣지 않고는 세계정치에 대해서 말할 수 없다. 그러므로 나는 이 책에서도 더욱 이 문제에 대해서 논할 생각이다.[24]

---

24) W판은 여기에 제17장을 참조하도록 주석을 붙이고 있다.

제13장

독일과 이탈리아 이해의 공통성

영국에게 독일에 대해서 전쟁할 적의를 언제까지나 지속하기 위한 원칙적인 이유가 있는 것은 아니다. 그런 이유는 더구나 이탈리아에게는 더욱 없다. 유럽 내에서 독일과 대립할 필연성이 없으며, 외교 목표가 독일과 적대하지 않는 두 번째 나라는 이탈리아이다. 아니, 이탈리아보다 더 독일과 공통의 이익을 지니고 있는 나라는 없다. 이탈리아에서도 사정은 같다.[1]

독일이 새로운 국가 통일을 추구하고 있을 때 비슷한 공정이 이탈리아에서도 일어나고 있었다.[2] 확실히 이탈리아에는 생성하는 독일에서 프로이센이 수행하고 있었던 역할, 곧 서서히 생성하면서 최종적으로는 돌출한 의미를 떠맡는 중심권력이 없었다. 공통점도 있었다. 독일 통일에는 프랑스와 오스트리아가 현실의 적으로서 가로막고 있었던 것처럼 이탈리아 통일 운동도 이 양국에 동시에 시달렸다.

특히 합스부르크 국가는 이탈리아 내부 분열 지속에 생존 이익을 갖지 않을 수 없었고 또 가지고 있었다. 대(大)오스트리아 헝가리는 국가로서 직접 바다에 이르는 지점이 필요했다. 유일하게 그것으로 상정되는 지역의 도시부는 이탈리아인의 도시였다. 이탈리아 민족국가가 성립하면 이 지역을 내놓지 않을 수 없게 되는 사태를 두려워해 오스트리아는 통일이탈리아 국가의 성립에 부정적일 수밖에 없었다. 그 무렵 이탈리아 민족의 가장 과감한 정치 목표 자체는 이탈리아 국민 통일에만 있었다. 이것이 외교방침을 구속하지 않

---

1) 무솔리니는 정권을 잡은 뒤부터 독일에 외교정책의 공동보조를 호소했는데 1929년 10월 슈트레제만이 사망할 때까지는 효과가 없었다. 슈트레제만 반파시즘의 정책을 대(對) 남티롤 정책에도 반영했다.

2) 1859년 이탈리아 통일전쟁이 시작되어 1861년 통일. 1866년 베네치아를 병합하고 1870년 교황령을 영유했다.

을 수 없었다. 그렇기 때문에 이탈리아 통일이 차츰 형태를 갖추어 나가고 있을 때쯤 이탈리아의 카보우르[3]는 이 특수 목표에 도움이 될 가능성을 모두 다 이용했다. 이탈리아의 통일 가능성은 아주 현명하게 선택한 동맹정책에 의거하고 있다.

먼저 통일의 주요 적대자 오스트리아 헝가리 제국의 정체를 일깨우고 최종적으로는 북이탈리아 지역에서 이 세력을 한꺼번에 없앤다는 것이 이탈리아의 목표였다. 그것으로 인해서 잠정적 이탈리아 통일 계약체결 뒤에도 오스트리아 헝가리 제국 내에 이탈리아인 80만 명이 살고 있었다. 이탈리아 국적자를 널리 포괄한다는 국민적 목표는 당연한 일이지만 함께 섞는 일은 유보하지 않을 수 없었다. 처음으로 이탈리아와 프랑스 사이의 형세가 수상했기 때문이다. 이탈리아는 특히 내부 안정 시간을 벌기 위해 삼국동맹 체결에 동의했다.

세계대전은 결국 이탈리아를 이미 말한 이유에서 협상진영에 접근시켰다. 이탈리아 통일은 그 덕분에 강력하게 진전된 것인데 오늘에 이르러서도 아직 완결하지 못하고 있다. 그러나 이탈리아에게 최대의 성과는 증오하는 합스부르크 제국의 배제이다. 그 대신에 남슬라브 국가[4]가 생길 것이다. 물론 일반 국민의 관점에서 말하자면 이것도 이탈리아에게 커다란 위험은 아니다.

언제나 순수하게 국경을 논하는 독일의 시민적·국민적인 견해는 장기적으로 보면 우리 민족의 생존 요청에는 충분한 성과를 올리지 않고 있다. 마찬가지로 이탈리아 국가의 순수하게 시민적·국민적 통일정책도 이탈리아 민족에게는 충분한 성과를 올린 것은 아니다.

이탈리아 민족은 독일 민족과 마찬가지로 너무나도 비좁고 부분적으로는 척박한 토지에 살고 있다. 인구가 많아 이미 몇십 년 동안에, 아니 몇백 년에 걸쳐서 인간을 수출하지 않을 수 없었다. 설사 이주자 대부분이 계절노동이 끝나면 이탈리아로 돌아와 조용히 생활한다고 해도 이것이 바로 더욱 긴장 상황을 가져왔다. 이에 따라서 인구 문제가 해결되는 것이 아니고 더욱더 격

---

3) 카밀로 벤소. 이탈리아 정치가. 백작. 1810~1861. 1858년 나폴레옹 3세와 동맹하고, 1859년 롬바르디아를 둘러싼 오스트리아와의 싸움에서 승리, 1860~1861년 이탈리아 통일왕국 성립과 동시에 초대 수상이 되었다.

4) 세르비아 왕국, 크로아티아, 슬로베니아를 의미한다.

렬해졌다. 독일은 상품수출에 의해서 타국과 타지방의 수용 능력, 수용 가능성, 수용 의지에 의존하게 되었는데 이탈리아는 인간 수출에 의해서 같은 상황이 되었다. 두 나라 모두 어떤 사정이 겹쳐 수용시장이 정지되면 국내가 괴멸적 영향을 받지 않을 수 없었다.[5]

이탈리아는 산업활동을 향상시킴으로써 식량문제 해결을 노렸는데 최종적으로는 성공하지 못했다. 이탈리아라는 모국에는 자연자원이 적고 처음부터 필요한 경쟁 능력을 정비하지 못했기 때문이다.

이탈리아에서는 형식적인 시민적 국민정책의 견해가 극복되어 그것을 대신해 민족적인 책임감이 등장하고 있는 것과 마찬가지로 이 나라도 이제까지의 정치 방침을 포기해 대규모 영토정책으로 향하지 않을 수 없다.

이탈리아의 확장 지역은 자연조건에서 지중해 연안 각지가 될 것이고 또 그랬다. 오늘날 이탈리아가 이제까지의 국민적인 통일정책에 이별을 고하고 제국주의적 정책으로 나아가면 나아갈수록 옛 로마의 길로 나아갈 것이다. 그것은 힘에서 비롯된 자만에서가 아니라 내적인 깊은 필연성에 따른 것이다.[6]

독일이 오늘날 유럽 동부에 토지를 추구한다고 해서 권력욕 확장의 신호로 생각하지는 말기 바란다. 결국 토지가 부족하기 때문이다. 오늘날 이탈리아가 지중해 주변에 영향력을 확대해 최종적으로 식민지를 만들려고 하는 것은 곤경 속에서도 이익을 추구하려는 당연한 행동이다.[7] 전쟁 전 독일 정부가 앞을 내다볼 수 있었다면, 그때에는 이 행동을 틀림없이 전력으로 지원하고 추진했을 것이다. 그것이 동맹국에게는 당연한 보강이 될 뿐만 아니라 경우에 따라서는 그 덕분에 아드리아해에서의 이탈리아 이익을 배제하고 오스트리아 헝가리 제국과의 마찰을 피할 수 있었기 때문이다. 게다가 그 정책

5) 19세기 말(1876~1914)에 이탈리아에서 미국·아르헨티나·브라질로 많은 사람들이 이주했다. 미국에 87만 명, 아르헨티나에 37만 명, 브라질에 25만 명, 중남미에 9만 명, 모두 158만 명이 이주했다.

6) 무솔리니의 강국정책, 국가주의적 확장정책 때문에 영국은 주변국과 외교 문제를 일으켰다. 1923년 그리스와, 1924년 세르비아 왕국 등과, 남티롤의 이탈리아화에서는 오스트리아와 독일, 북아프리카 식민지에 관해서는 프랑스와 문제가 있었다.

7) 제1차 세계대전 참가와 승리에 의해서 이탈리아는 아프리카와 지중해에서의 영향력을 강화했다. 1928년에는 소말리아, 리비아 등을 세력권에 두었다.

덕분에 자연스럽게 낳게 될 이탈리아와 프랑스의 마찰을 회피할 수 있었기 때문이다. 그로 말미암아 삼국동맹 강화에 아주 유리하게 작용했을 것이다.

그 무렵 제국 지도부가 확실하게 무능했을 뿐만 아니라 무엇보다도 독일의 국민적 애국자와 '공상적 외교가'들이 여론을 잘못 이끌고 나감으로써 반이탈리아 방침을 채택한 것은 독일의 불행이었다. 특히 오스트리아가 트리폴리에서의 이탈리아 행동에 어떤 비우호적인 점을 발견하고 있었기 때문이다. 우리의 국민적 시민계급의 그 무렵 정치적 예지는 빈 외교의 어리석은 행동과 비열함을 은폐하는 데 있었다. 그리고 만일 가능하다면, 이 진심에서 우러나오는 동맹의 내적 조화와 긴밀함을 세계에 호소할 수 있다면 그런 것들을 자신들이 떠맡는 것조차 마다하지 않는 곳에 있었다.

이제 오스트리아 헝가리 제국은 해체되었다. 그러나 독일은 전보다도 더 이탈리아 발전에 마음이 상할 이유는 없다. 왜냐하면 이탈리아 발전이 언젠가는 프랑스에게 부담이 될 것이 틀림없기 때문이다. 현재 이탈리아가 최고의 민족적 과제를 생각하면 생각할수록, 그것에 따라서 로마를 생각하게 하는 영토정책으로 이행하면 이행할수록 지중해에서의 냉엄한 경쟁 상대인 프랑스와 대립하지 않을 수 없기 때문이다.

프랑스는 이탈리아가 지중해에서의 패권을 장악하는 것을 가만히 보고만 있지는 않을 것이다. 혼자 힘으로든 동맹국의 힘을 빌려서든 저지하려 할 것이다. 되도록 이탈리아 발전을 가로막고자 할 것이고 결국에는 무력 사용도 마다하지 않을 것이다. 양국은 라틴계이고 이른바 인척관계에 있다. 이 사정도 커다란 영향은 주지 않을 것이다. 그것은 영국과 독일 사이의 인척관계보다 가깝지는 않기 때문이다.[8]

그리고 프랑스에서는 자국 민족의 저력이 약해지고 있다면 이 나라에서는 검은 인간 보급에 힘을 쏟고 있다. 상상할 수 없는 대규모 위험이 유럽에 다가오고 있다. 라인 지방에 있는 프랑스 흑색인종이 독일 문화 감시인으로서 흰 피에 해독을 끼친다는 것은 수십 년 전에는 전혀 생각지도 못한 무서운 일이다. 이 혈액오염으로 인해서 프랑스가 큰 손해를 입는 것은 확실하다. 그

---

8) 이 부분이 초고 239쪽 마지막 행이다. W판에 따르면 여기까지는 오리지널 타이프지이고 다음 페이지부터는 초고 자체가 복사본이다. 구술 형식은 카본지를 끼워 2통(또는 그 이상)이 작성되었다.

것도 다른 유럽의 여러 국민이 자신들의 흰 인종의 가치를 자각하고 있을 때의 이야기이다. 순수하게 군사적으로 보면 프랑스는 유럽부대를 보충해 효과적으로 투입할 수 있다. 세계대전이 그것을 증명해 준다. 결국 프랑스와는 거리가 먼 이 흑색인종군은 더구나 친공산주의 시위 운동에 대한 일종의 방어가 된다. 왜냐하면 어떤 조건 아래에서도 지켜지는 절대복종은 프랑스 민족과 핏줄로는 아무런 관련도 없는 군대에서 한층 간단하게 유지될 것이기 때문이다.

이 진전 때문에 이탈리아가 큰 위험에 빠진다. 이탈리아 민족이 장래를 독자 이익에 따라서 꾸려나가려고 하면 프랑스가 동원한 흑색인종 부대와 언젠가는 대치한다. 그때 독일에 적의를 갖는 것은 이탈리아에 이익이 되지 않는다. 그 적의는 아무리 잘 기능했다고 해도 이탈리아 장래의 생존을 꾸려나가는 데는 아무런 도움이 되지 않으며, 오히려 반대이다. 전쟁의 적의를 포기할 수 있는 나라가 있다면 그것은 이탈리아이다. 이탈리아와 독일 양국이 장래의 가장 자연스런 과제를 추구하는 것이라면 이탈리아는 앞으로 독일에 가해질 거듭된 억압에 아무런 이익도 갖지 않는다.

비스마르크는 이미 그 행운인 연계를 인식하고 있었다. 그는 여러 번 독일과 이탈리아의 완전한 유사성을 단언하고 있다.[9] 장래의 이탈리아는 발전 터전을 지중해 주변에서 틀림없이 찾을 것이라고 암시했다. 그리고 프랑스는 이탈리아의 생존을 방해할 생각을 하고 있는데, 독일은 독일의 관점에서 그것을 틀림없이 환영할 것이라 강조하고 이탈리아 이익과 독일 이익의 조화를 확언했다. 그는 긴 장래에 걸쳐서 이탈리아와 독일은 적대는 말할 것도 없고 굳이 거리를 둘 중요한 이유도 없다고 말한다. 전쟁 전 독일의 운명을 베트만 홀베크[10]가 아닌 비스마르크가 이끌고 있었다면 오스트리아에 대해서도 그 정도로 적대관계에 이르지는 않았을 것이다.

이탈리아로서는 독일이 북유럽에서 영토를 확장하더라도 위협이 되지 않거니와 독일과 굳이 거리를 둘 이유 또한 없는 것은 분명하다. 거꾸로 이탈리아의 이익이라는 관점에서 보면 유럽에서의 프랑스 주도권 확장에 반대하는

---

9) 자료 내용으로 볼 때 비스마르크는 이탈리아를 동맹국으로 평가하지 않고 있다.
10) 테오발트 테오도어 프리드리히 알프레트 폰. 1856~1921. 1905년 프로이센 내무부장관. 1909~1917년 7월 프로이센 수상. 독일제국 재상.

것도 아주 자연스런 일이다.

그래서 독일과의 동맹관계에서는 이탈리아가 먼저 문제가 된다.

이탈리아에서 파시즘이 새로운 국가사상을, 그것과 함께 이탈리아 민족의 생활에 새로운 의지를 가져온 뒤부터 프랑스의 적의는 이미 명확해지고 있다. 모든 동맹 체계를 동원해 생각할 수 있는 이탈리아와 대립하는 모든 상황에 대비하려고 하는 것만은 아니다. 이탈리아의 잠재적 우호국까지도 압박해 파멸시키려 하고 있다. 프랑스의 목적은 뚜렷하다. 파리에서 바르샤바, 프라하, 빈을 지나 베오그라드에 이르는 프랑스적 국가 체계를 구축하려는 것이다. 오스트리아를 이 체계에 짜 넣으려고 하는 것은 그다지 가망 없는 구상은 아니다.[11] 인구 600만 오스트리아 내에서 200만 도시 빈이 지니고 있는 지배적 성격에서 이 나라의 정치는 언제나 빈에 의해서 규정되어 있다.

최근 10년 동안 더욱 두드러진 빈의 국제적 본질에 비추어 보면 그 자체로서는 파리와의 연계가 이탈리아와의 연계보다는 쉬울 수 있다. 빈의 신문에 의해서 보증되고 있는 여론의 향방은 이미 그쪽을 향하고 있다. 특히 신문이 남티롤에서의 소동을 지렛대 삼아 완전히 본능이 결여된 시민적·국민적 지방을 반이탈리아 감정으로 선동하는 데 성공한 뒤로 이 활동은 효과를 거두려 하고 있다.

이에 따라서 헤아릴 수 없을 정도의 커다란 위험이 다가오고 있다. 왜냐하면 신문이 몇 년 동안 떠들어대면 믿어지지 않을 정도로, 현실에서는 자살 행위나 다름없는 결단을 쉽게 내리는 민족은 독일 민족 말고는 볼 수 없기 때문이다.

그러나 프랑스가 오스트리아를 '우호국'으로 끌어들이면 이탈리아는 언젠가 이 두 나라와의 전면전을 치르게 된다. 그렇지 않으면 이탈리아 민족 이익의 현실적 옹호를 다시 체념해야 한다. 어느 쪽이건 독일에게는 위험하다. 독일로서는 오랜 기간 동안 맺을 수 있는 동맹이 마침내 사라지고 그와 동시에 프랑스가 더욱더 유럽 운명의 지배자가 되는 것이다.

이것이 독일에게 무엇을 가져오는지에 대해서 착각해서는 안 된다. 우리의

---

11) 소협상. 독일제국은 1928년 6월 20일 부쿠레슈티에서 회담을 하고 오스트리아와의 우호관계와 경제관계 진전을 요구하는 성명을 냈다. 오스트리아 정부는 독일과의 관계 개선을 유지할 방침을 강조했는데 소협상 제안은 오스트리아 안에서도 크게 논의되었다.

시민적·국민적 국경선 정치가나 애국적 동맹 항의자들은 자신들의 시야가 넓은 정책 덕택에 프랑스로부터 받지 않을 수 없는 혹독한 처사의 상처를 국가의 명예란 이름으로 때때로 배제하는 일에 쫓기게 된다.

국가사회주의 운동이 외교 사상에 관여하게 된 뒤로, 나는 앞서 말한 목표를 고려해 이 운동을 명확한 외교 목표의 담당자로 키워내려고 힘써왔다. 독일이 무엇인지도 모르고 독일의 행복한 장래조차 바라지 않고 있는 정당에게 통째로 안긴 정부를 가진 이 나라에서 부당하게도 이것은 첫째로 정부의 과제라는 비난이 일었다.

11월 범죄에 책임이 있는 자들이 정권을 맡게 된 뒤로 옹호되고 있는 것은 독일 국민의 이익은 아니다. 국민에게 혹독한 처사를 가하고 있는 정당 이익이다. 처음부터 조국과 국민을 자신들을 목적지까지 인도하는 수단으로밖에 보지 않았고, 필요하다면 뻔뻔스럽게도 자신들의 이익을 위해 조국과 국민을 희생할 수 있는 자들에게 독일의 생존 필연성의 추진을 기대할 수는 없다. 그런 것이다. 이런 자들과 그 정당이 이따금 보여주는 자기보존 본능은 실제로는 단순히 독일 민족의 재고양(再高揚)을 반대한다고 말하는 것에 지나지 않는다.

왜냐하면 독일의 명예를 위한 자유전쟁에는 필연적으로 이제까지 독일의 명예를 더럽혀 온 자들을 몰락시켜 섬멸시키지 않을 수 없는 여러 세력이 동원되기 때문이다. 전반적인 국가 재고양을 가져오지 않는 자유 투쟁은 존재하지 않는다. 그때까지 명예가 박탈되었던 책임을 불문에 붙인 채로 국민의 양심 및 명예가 고양된다고는 생각할 수 없다. 알몸의 자기보존 본능은 타락한 요소와 그것을 지지하는 정당을 동원해 우리 민족을 현실적 재생으로 이끄는 모든 진전을 방해하게 할 것이다. 우리 민족의 헤로스트라트[12]들의 대부분의 행동은 표면적으로는 고집으로 보일지도 모르나, 그 내적인 동기를 보면 알 수 있듯이 억지에 비열하다고는 하지만 계획적으로 잘 짜인 행동이다.

공적 생활이 그런 정당으로 구성되고 천박한 개인으로 대표되는 시대에 장래에 언젠가 인간적 이성과 전망에 의거하면 틀림없이 조국의 성공과 행운

---

12) 명예욕 때문에 죄를 짓는 자를 가리킨다. 기원전 356년, 유명해지기 위해 에페소스의 아르테미스 신전에 불을 지른 헤로스트라토스에서 비롯된 것이다.

을 이끌게 될 독자적 외교방침을 밀고 나가는 것이 국가개조 운동의 의무이다. 공산당·민주당·중앙당 쪽에서는 공적인 외교에 합치하지 않는 정책을 진행한다며 비난하고 있는데 그런 비난이야말로 경멸될 뿐이다. 시민적·국민적 그룹, 더 나아가 이른바 애국적인 단체도 이 비난에 가담하고 있는 것을 보면 비난의 내용을 잘 알 수 있다.

다른 운동은 우리가 언젠가는 권력을 장악하게 될 것을 전제로 해서 이미 그 권력에 필요한 교육에 손을 댄다는 굳건한 의지를 지니고 있음을 진지하게 이해하지 못하고, 다만 이의를 제기하고 있는 것과 같은 조직에 물든 사람들의 단순한 감정 표현이자 심적 상징에 지나지 않는다.

1920년부터 나는 끈질기게, 또 온갖 수단을 강구해 국가사회주의 운동을 독일과 이탈리아와 영국 사이에서 동맹체결이라는 사상에 길들여지게 하려고 노력해 왔다. 그것은 아주 곤란했다. 특히 전쟁이 끝난 뒤 몇 해 동안은 '영국에 대한 신벌(神罰)'론 때문에 우리 민족이 외교분야에서 명확하고 냉정하게 사고를 할 수 없어서 특히 곤란했다.

이탈리아에 대한 태도에 관해서도 이 젊은 운동은 헤아릴 수 없이 곤란했다. 특히 천재 정치가 베니토 무솔리니[13]의 지도 아래 이탈리아 민족의 전례 없는 재편성이 시작되고 그 재편성 때문에 세계 프리메이슨[14]의 지배하에 있는 나라들의 항의를 한 몸에 받게 된 뒤로는 곤란했다. 왜냐하면 1922년까지는 독일의 여론 제조원이 그들의 범죄 행위에 의해서 독일로부터 분리된 독일 민족의 고통에 한 줄의 보고도 할애하지 않았는데[15] 갑자기 남티롤에 주목하게 되었기 때문이다. 빈틈없는 저널리즘과 기만으로 가득 찬 변명으로 남티롤 문제는 당치도 않은 의미를 지닌 중대사로 꾸며졌다. 그 결과 독일과 오스트리아 사이에서 이탈리아는 어느 전승국에서도 받아주지 않는 추방자 신세가 되고 만 것이다.

---

13) 1883~1945. 이탈리아 정치가. 1919년 밀라노에서 파시스트당 결성. '로마 진군'에 의해 1922년 수상. 1938년 군총사령관. 파시스트 독재정권 수립. 에티오피아 전쟁, 국제연맹 탈퇴, 독일·이탈리아·일본 삼국동맹 체결. 제2차 세계대전 말기 1945년 4월 28일 처형되었다.

14) 18세기 초 영국에서 결성된 국제주의적이고 자유주의적인 결사. 인간주의, 관용, 박애를 모토로 한다. 계몽전제 군주로 알려진 프리드리히 대왕도 크게 관심을 보여 독일 내에도 지부가 만들어졌다. 파시즘은 이런 사상을 지닌 단체를 집요하게 비판했다.

15) 남티롤에서 이탈리아화(化)가 주목받기 시작한 것은 1922년 무솔리니의 정권탈취 이후이다.

국가사회주의 운동은 외교적 사명의 절대적 필연성에 의거해 이를 진지하게 옹호할 생각이었기 때문에 허위와 혼란을 가져오는 시스템과의 투쟁을 보류해서는 안 되었다. 그때 동맹국을 계산에는 넣지 않고 있었다. 안이한 인기에 영합하는 것은 체념하고 다 아는 진실, 눈앞에 있는 필연성과 자기 자신의 양심의 소리에 따라서 행동한다는 사상에 따르고 있었다. 그것 때문에 패배한다고 해도 명백한 범죄로 손을 더럽히는 것보다는 명예로운 행위이다.

내가 1920년에 이탈리아와 장래 공동보조의 가능성을 시사했을 때 적어도 얼마 동안은 그것을 위한 전제는 아무것도 존재하지 않은 것처럼 생각되었다. 이탈리아는 전승국의 꽃다발 속에 있고 그것이 가져오는 사실상, 또는 외견상 이점을 얻고 있었다.[16] 1919년과 1920년에는 가까운 장래에 협상 측의 내적 결속이 붕괴될 징후는 없었다. 강력한 세계연합은[17] 자신들 스스로 승리와, 따라서 평화가 보증되고 있다고 증명하는 일에 전력을 쏟고 있었다.

이미 강화조약 작성 때부터 몇 가지 문제점은 명확했는데 교묘한 관리가 이루어지고 적어도 대외적으로는 언제나 완전한 합의라는 인상을 유지하고 있었기 때문에 널리 알려지지는 않았다. 이러한 눈속임은 여론이 비슷한 종류의 전반적인 전쟁 선전에 정신이 팔려 있었기 때문이기도 하고, 독일이란 강국에 말할 수 없는 불안을 안고 있었기 때문이기도 하다.

그러나 독일 국내에서의 커다란 괴멸 상태가 차츰 바깥세상에 알려지게 되었다. 그렇게 해두면 배당 분할에 참여할 수 있다는 개별 전승국의 소망도 외견상으로는 한몫하고 있었다. 그런데 그 무렵 어느 나라가 손을 빼고 있었다고 해도 독일의 운명은 같은 길을 가고 있었을 것이라는 불안을 낳게 되었다. 우리의 붕괴에서 이익을 얻는 것은 어쩌면 프랑스 한 나라가 아니었을까. 그것은 전쟁 중에 채택하고 있었던 대독일 정책 노선을 변경하리라고는 파리에서 아무도 생각하고 있지 않았기 때문이다. 백발의 노(老)클레망소[18]는 "나

---

16) 1915년 4월 26일 이탈리아는 영국과 비밀조약 체결. 이것으로 이탈리아의 권익이 크게 인정되었다. 이탈리아는 삼국동맹을 파기, 5월 23일 오스트리아에 선전포고.
17) 초고에서는 이 부분에서부터 2행 뒤의 '교묘한 관리까지' 판독하기 어려운 부분이 있다. 타이핑할 때에 카본지 밑의 종이가 접혀 있어 하나의 문장이 2회 타이핑되어 있다. 초고로 판독이 어려운 부분은 W판에 따라서 번역을 했다.
18) 조르주 뱅자맹. 1841~1929. 1906~1909년 프랑스 수상. 제1차 세계대전 중 다시 수상에 오른다(1917~1920). 1919년 베르사유 회의 의장을 지내고 독일에 대한 강경책을 주장했다.

에게 있어서 평화는 전쟁의 속행이다"라고 말하고 있다.[19] 여기에 프랑스 민족의 실제 의도가 잘 드러나 있다.

전승국 연합은 더욱 뒤까지도 독일을 완전하게 파괴한다는, 프랑스가 주입한 확고한 목적에 따라서 적어도 겉으로 보기에는 결속하고 있었다. 이것은 독일의 의도가 완전히 무계획이었던 것과는 좋은 대조를 이룬다. 독일 안에서는 진실과 지식에 반해서 책임을 모두 전쟁에 돌리고, 비열하게도 거기에서 적의 강요를 정당한 것으로 만들려는 자들의 뻔뻔함이 한편에 있다. 다른 한편으로는 파멸 뒤에 과거를 가능한 한 상세하게 재현함으로써 국민에게 도움을 주고자 하는 얼빠진 불안정한 국민들이 있었다.

우리가 전쟁에 진 것은 우리의 적에 대한 국민적 격정이 부족했기 때문이다. 그렇기 때문에 더한층 재난을 가져오는 이 부족을 메워야 하고 평화가 유지되고 있는 동안에 지난날 적국에 대한 증오를 확실하게 해두어야 한다. 이것이 여러 국민적 모임의 의견이었다. 그런데 기묘하게도 이 증오는 프랑스를 향했다기보다는 처음에는 영국을 향했고 뒤에는 이탈리아를 향했다. 영국을 증오한 것은 베트만 홀베크의 졸음정치 덕분에 사람들은 마지막 순간까지 영국과의 전쟁이 되리라고는 생각하지 않았고, 따라서 영국이 참전한 것을 신뢰와 신의에 반하는 아주 파렴치한 범죄로 보았기 때문이다.

이탈리아에 대한 증오는 우리 독일 민족의 정치적 무사상성을 생각하지 않으면 이해할 수 없다. 삼국동맹의 본질을 이해하지 않은 채 이탈리아가 개입하지 않는 것은 오스트리아 헝가리 제국과 독일에 대한 신의 위반으로 여겨야 한다고 주입되고 있었던 것이다. 그렇기 때문에 뒤에 이탈리아 민족이 우리의 적에 가세했을 때 이에 아주 커다란 신의 위반을 본 것이다. 이런 증오는 "신이시여, 영국을 벌하소서"라는 바로 시민적·국민적인 절규, 전쟁 표어에서 분출구를 발견했다.

우리의 친애하는 신은 강한 자, 결연한 자, 그리고 현명한 자의 편이었기 때문에 신은 이 벌을 명백히 거부했다. 그러나 적어도 전시 중, 우리의 국민감정 격앙은 온갖 수단을 다해 허용되고 있었을 뿐만 아니라 분명히 부추겨지고도 있었다. 이런 격정은 별로 대단치 않았지만, 참으로 현실적인 사정에 대

---

19) 클레망소는 1919년 군사학교에서의 연설에서 "우리가 손에 넣은 평화는 여러분들에게 중부 유럽에서의 10년 동안의 대립을 보증하고 있다"고 말했다.

한 관점이 상실된 것은 우려할 만한 일이었다. 정치에 유스타멘트주의[20]란 없다. 따라서 전쟁이 벌어지는 와중에 이탈리아가 세계연합에 참가했다는 이유로 분노하는 것 말고는 다른 대응을 이끌어 내지 못했던 것은 분명히 실수였다. 위기에 빠져 있는 독일 국민의 구제에 도움이 되는 결론을 얻기 위해 상황의 가능성을 재검토할 의무는 없었을까. 왜냐하면 협상 측 전선에 이탈리아가 참가해 유별난 전황 악화를 피하지 못했기 때문이다. 그것은 협상 측이 소유한 무기가 증가했기 때문만은 아니다.[21] 그 나라의 참가로 인해서 세계연합 측이, 특히 프랑스가 얻게 된 내적 강화 때문이었다.

그 무렵 국가의 정치 지도부는 비용이 아무리 들어도 두 정면, 또는 세 정면 작전을 피할 결단을 내려야만 했다. 타락하고 황폐한 오스트리아 국가를 지킬 책임이 독일에는 없었다. 독일 병사는 합스부르크가의 왕권정치를 위해 싸우고 있었던 것은 아니다. 기껏해야 전쟁 만세를 외치는, 우리의 말만 앞서는 정치가에게만 그것이 중요했다. 전선에서 피를 흘리고 있는 병사에게는 아무런 의미도 없었다. 독일 보병의 곤궁과 노고는 이미 1915년에 이루 헤아릴 수 없을 정도였다. 사람들이 이처럼 고생을 한 것은 우리 독일 민족의 존속과 장래를 위해서이고 합스부르크가의 대국 망상을 구제하기 위한 것은 아니었다.

몇 세기 동안 반독일이야말로 자신들의 왕조에는 더할 나위 없는 이익이었던 왕가의 국가를 지키기 위해 몇백만 독일 병사에게 가망 없는 전쟁으로 피를 흘리게 하다니, 얼마나 무서운 생각이었을까. 이 망상의 전체적인 모습을 완벽히 이해하기 위해서는, 합스부르크가가 운이 좋으면 화평한 시기에 독일 민족을 탈민족(脫民族)할 수 있도록 가장 훌륭한 독일인의 피를 흘릴 수밖에 없었다는 사실을 알아야 한다. 이 소름 끼치는 광기 때문에 두 전선에서 엄청난 피를 흘리게 된 것만이 아니다. 배신과 타락이 훌륭한 동맹국 전선에 벌어진 틈새를 독일인의 피와 살로 언제까지나 메울 의무조차 떠맡은 것이었다. 모든 것을 희생해 자기들을 위해 싸우고 있는 동맹국을 언제까지나 못 본 체하려고 목을 길게 빼고 기다리고 있었던 궁정을 위해 희생했다. 그리고 뒤

---

20) 비록 그것들이 객관적 정당성을 보이지 않더라도, 체면이나 원칙을 고집하는 제멋대로인 견해. 영역은 '절대적 정의'로 번역한다.
21) 1915년 5월 이탈리아는 85만 군대를 거느리고 있었다.

에 실제로 그렇게 되었다.

우리의 시민적·국민적 애국자들은 이 배신에 대해서는 입을 다물면서 우리와 동맹관계에 있었던 오스트리아 전쟁민족의 배신에 대해서는 그토록 수다를 떠는 것이다. 이 전쟁민족이란 슬라브인을 말하는 것이다. 그들은 연대에는 연대로, 여단에는 여단으로 적에게 맞서고[22] 그들의 국가 행동 때문에 이 놀랄 만한 불행에 투입된 사람들에 대한 싸움에 독자 부대로 최종 참가한 것이다.[23]

오스트리아 헝가리 제국은 독일이 관여한 전쟁에 스스로는 결코 참가하지 않았을 것이다. 삼국동맹에서는 상호보호를 의무화하고 있다고, 그래야만 할 곳에서는 믿어지고 있었다고 독일에서 널리 확산되었던 이야기는 오스트리아 사정을 전혀 모르는 변명에 지나지 않는다. 만일 세계대전이 독일을 계기로 해서 발생했다면 독일에게는 최악의 환멸이 기다리고 있었을 것이다. 국민의 다수를 차지하는 슬라브인과, 지배하고 있는 합스부르크가 양쪽이 원칙적으로 반독일에다 제국(帝國)을 적대하는 것 같은 오스트리아가 독일을 지원하고 보호하기 위해 온 세계를 적으로 삼아 무기를 들었을 리가 없다. 그것은 어리석은 독일이 하는 일이다.

사실 독일은 오스트리아 헝가리 제국에 대해서 유일한 의무를 수행해야 했다. 즉 이 나라 독일인을 모든 수단을 강구해 구출하고 그때까지 독일 민족이 견디어 온 이 타락한 가장 죄많은 왕실을 말살해야만 했던 것이다.

이탈리아의 세계대전 참전이 독일에게는 오스트리아 헝가리 제국에 대한 태도를 원칙적으로 수정할 계기였음이 틀림없다. 그런 장면에서 분노를 억제해 보거나 어찌할 도리도 없이 분격해 보거나 하는 것은 정치적 행동이 아니거니와 빈틈없는 능력을 갖춘 정치 지도부가 취할 수단도 아니다. 그런 행동은 이미 개인생활에서도 거의 대부분 유리하게 작용하지 않는다. 더구나 정치 측면에서는 범죄보다 더 꼴사나운 어리석은 행위이다.

---

22) 오스트리아 헝가리군 내에서는 국적 문제가 아주 심각했다. 비교적 관용적인 국적정책으로 각 민족으로 이루어지는 연대편성도 계획되었다. 그래도 탈영병이 많았다. 여러 민족이 혼합된 부대도 편성되었는데 탈영은 이어졌다.

23) 동맹 측은 민족독립의 희망을 주어 군대를 편성했다. 외국에 사는 폴란드 국적의 죄수 2만 5000명으로 이루어진 부대도 있었고, 3분의 1은 러시아인, 3분의 2는 포로로 편성된 체코슬로바키아 부대도 있었다. 이들은 러시아, 프랑스, 이탈리아 전선에서 싸웠다.

이제까지의 독일 태도를 변경하려는 시도가 잘 되지 않았다고 해도 국가 정치 지도자는 적어도 아무것도 하지 않았다는 책임에서는 벗어난다. 어쨌든 독일은 이탈리아의 세계참전 뒤에 양면전쟁을 종결시켜야만 했다. 러시아와의 단독강화를 이제까지 동부에서 독일 무기로 싸워서 빼앗은 성과의 활용을 체념해야만 하는 시점에서가 아니라, 필요하다면 오스트리아 헝가리 제국을 희생으로 삼을 수 있는 시점에서 찾아야만 했다. 독일의 정치가 오스트리아 국가를 구제한다는 과제를 완전히 버리고 독일인을 지원하는 과제에 집중했다면 승리할 수도 있었다.

그리고 오스트리아 헝가리 제국 붕괴시에 독일계 오스트리아인을 제국 자체에 편입할 수 있었다면[24] 평가가 확실치 않은 프랑스의 탄광이나 광산을 몇 개[25] 얻는 것보다도 우리 민족 역사에서, 똑같이 장래에도 훨씬 가치 있는 성과였다. 독일의 시민적·국민적 외교 과제가 합스부르크 국가 유지는 아니었다. 오로지 독일 국민인 오스트리아에 살고 있는 900만 독일인을 포함하여 구제하는 데 있었다. 그 밖에는 결코 없다. 이것은 언제나 강조되어야 한다.

이탈리아의 세계대전 참전으로 생긴 새로운 사태에 독일제국 정권이 취한 반응은 다 아는 바와 같이 다른 대응이었다. 독일의 피를 더욱 주입하고 고국에서는 일찍이 부실한 동맹국에 하늘의 복수를 맹세해 배반하려는 슬라브동맹을 안고 있는 오스트리아라는 나라를 더한층 구하려고 한 것이었다. 양면전쟁 종결 가능성을 막기 위해 빈틈없는 요령에 뛰어난 빈의 외교단은 폴란드 국가건설을 꺼낸 것이다.

오스트리아 헝가리 제국을 희생해 러시아와 합의한다는 희망은 교활한 합스부르크가에 의해서 보기 좋게 무산되었다. 바이에른·포메른·베스트팔렌·튀링겐·동프로이센 그리고 브란덴부르크·작센·라인에서 모인 독일병사는 세계역사의 무서울 정도로 많은 피가 요구된 전장에서 몇십만 생명이 바쳐졌다는 명예가 부여되었다.

그러나 그것은 이를테면 독일 국민을 구하기 위한 것은 아니었다. 세계대전이 유리하게 진전되어 가면 합스부르크가에 의해서 대표권이 보장되어

---

24) 오스트리아 헝가리 제국 서쪽(제7장 역주 20의 트란스라이타니엔 참조) 인구는 1900년 현재 약 917만 명, 1910년에는 955만 명이었다.
25) 제8장 첫머리에서 언급되어 있는 롱위나 브리에라의 광산을 가리킨다.

독일에게는 영원한 적국이 될 것이라는 폴란드인 국가를 만들기 위한 것이었다.

시민적·국민적 국정, 이탈리아 참전에 대한 전쟁 중 반응은 용서하기 어려울 정도로 어리석었다. 하지만 전쟁 뒤에도 이탈리아 참전에 대한 정서적 반응이 지속된 것은 더 중대하고도 어리석은 행위였다.

이탈리아는 전쟁 뒤에도 전승국연합에 참여함으로써 프랑스 측에 있었던 것은 의심할 여지가 없다. 그러나 이탈리아가 참전한 것은 분명히 친프랑스 감정 때문은 아니었다.

이탈리아 민족을 그곳으로 이끈 결정적 원인은 오로지 오스트리아에 대한 적의이고, 그곳에서 이탈리아의 이익이 눈에 보였기 때문이다. 이것이 이탈리아가 행동을 취한 이유였다. 어떤 공상적인 친프랑스 감정은 아니었다. 100년 동안이나 계속 증오하고 있었던 상대가 몰락한 뒤, 이탈리아가 거기에서 새로운 이익을 얻는다고 해서 깊은 고통을 느끼는 독일인도 없지는 않겠지만 건전한 이성감각을 잃어서는 안 된다. 운명은 이리저리 바뀌어 달라지게 마련이다.

일찍이 오스트리아에는 이탈리아인 80만 명이 있었다. 지금은 오스트리아인 20만 명이 이탈리아 지배 아래 있다. 이들은 우리에게 이익을 가져오는 독일 국민 20만 명이다. 이것이야말로 우리가 고뇌하는 원인이다.

아주 오랫동안 잠재하고 있었던 오스트리아와 이탈리아의 대립이 해소되어도 이탈리아 정치의 국민과 민족의 관점에서 고려된 장래 목표가 실현되는 것은 아니다. 그 반대이다. 전쟁에 의해서, 특히 파시즘에 의해서 이탈리아 민족의 자기의식과 권력의식은 한껏 북돋워 높아지고 더 큰 목표 추구의 힘을 높일 것이다. 그러나 그것으로 인해서 이탈리아와 프랑스 사이의 자연스러운 이해 대립은 더욱더 분명하게 겉으로 나타나게 된다. 1920년 무렵에는 그것을 꿰뚫어 보거나 전망할 수는 있었다. 사실 이미 그 무렵 양국 사이에는 내적 불협화음의 징후가 나타나고 있었다.

오스트리아의 거듭되는 감소에 직면해 남슬라브의 본능이 프랑스의 완전한 공감을 확신한 한편으로는 슬라브에서 케른텐을 해방했을 때에 이탈리아의 태도는 독일인에 대해서는 적어도 대단히 친절했다. 독일에 대한 국내 변화는 독일 안에서의 이탈리아 쪽 위원의 태도에도, 특히 오버슐레지엔에서의 싸움에서도 선명하게 나타나 있었다.[26] 어쨌든 그 무렵 이미 두 라틴국가 사이의, 당초에는 가벼운 내적 배반의 시작을 볼 수 있었다. 이제까지의 역사상 경험칙 및 일반인의 논리와 이성에 따르면, 이 배반은 더욱더 확산되어 언젠가는 명백히 전쟁으로 끝날 것이 틀림없다.

이탈리아는 원하건 원하지 않건 상관없이 자기 나라의 장래와 생존을 걸고 독일과 마찬가지로 프랑스와 싸우지 않을 수 없다. 프랑스가 그때마다 늘 행동의 정면에 서느냐 아니냐는 중요치 않다. 틀림없이 프랑스는 현명하게 몇 개 나라를 자국과의 경제적·군사적 의존관계로 끌어들이거나, 프랑스와 이해를 함께하는 것으로 믿게 할 것이다. 그리고 이들 나라 뒤에서 지시를 내릴 것이다. 이탈리아와 프랑스의 대립은 발칸에서 시작되어 마침내는 롬바르디아 평원에서 끝나게 되리라.

언젠가는 일어날 이탈리아와 프랑스의 대립관계 가능성을 앞에 두고 이미 1920년에 독일의 장래 동맹국으로 가장 먼저 떠오른 나라는 이탈리아였다. 파시즘이 최종적으로는 국제적인 흐름에 굴복할 정도로까지 약해지고 있었던 이탈리아 정부를 압도하고, 정권을 장악해 이탈리아 이익의 배타적 옹호를 그 깃발의 표어로 확정했을 때 이 가능성이 현실화되었다. 취약한 이탈리아적·민주주의적·시민적 정부라면, 어쩌면 현실인 이탈리아의 장래 과제를 도외시하고 공을 들인 대프랑스 관계를 유지할 수도 있었다. 그러나 국가를 의식함과 동시에 책임감이 강한 이탈리아 정권으로서는 그것은 할 수 없었다. 파스케스가 이탈리아 국표(國標)가 된 날에, 이탈리아 민족의 장래를 향한 제3의 로마 싸움이 역사적 선언을 발표했다. 그것으로 인해서 두 라틴국가의 한쪽은 지중해에서의 지위를 넘겨줘야 하고 다른 한쪽은 이 싸움의 대가로서 패권을 확보할 것이다.[27]

---

26) 케른텐은 클라겐푸르트를 주도로 하는 오스트리아 남부 주. 1918년에 케른텐 지역 슬로베니아 주민지구를 둘러싸고 슬로베니아·남슬라브군과 오스트리아군이 충돌했다. 1919년 6월 이탈리아군 감독하에서 휴전 성립. 1920년 10월에 주민투표. 이 문제에서 이탈리아는 줄곧 오스트리아 편이었다.

27) fasces. 고대 로마 집정관 등의 권위 표장(標章). 느릅나무나 자작나무 다발을 붉은 끈으로 묶은 둥근꼴 묶음 또는 그 묶음에 자루가 달린 도끼를 덧붙인 것으로 '권위'와 '단결'을 상징한다. 파시즘의 어원. 1926년 12월 12일, 이탈리아 정부 포고로 이탈리아 국표(國標)가 되었다.

국가를 의식하고 있고 또한 이성으로 사고하고 있는 독일인으로서 나는, 결코 프랑스가 아니고 이탈리아가 후자의 나라이기를 바라는 확실한 희망과 확고한 소망을 가지고 있다.

따라서 이탈리아에 대한 나의 태도는 장래를 향한 바람직한 여러 조건에 의해서 규정되는 것이며, 전쟁에 대한 불모(不毛)의 회상에 의해서 좌우되는 것은 아니다.

'선전포고 수령(受領)'은 부대이동을 할 때의 철도차량 표지로서는 유일[28] 하게 오래된 군대의 승리를 확신한 신뢰의 좋은 표시이기는 했다. 그러나 정치적 고백으로서는 정도를 벗어난 것처럼 보이는 어리석은 행위였다. 하지만 그보다 더욱 어리석은 것은, 세계대전 때 적 편에 서서 우리의 불이익과는 반대로 세계대전의 이익에 관여한 나라와의 동맹관계가 독일에게는 문제가 되지 않는다고 오늘에 이르러서도 고집하는 관점이다.

공산당원·민주당원·중앙당원이 그런 사상을 그들의 정치행동 주축으로 고정하고 있다. 그것은 이런 타락한 연합이 처음부터 독일 국민의 재고양을 바라고 있지 않기 때문에 뚜렷하다. 그런데 국민적·시민적·애국적 그룹이 그런 사상을 받아들이고 있다면 모든 일은 끝장이다.

왜냐하면 우리를 희생하거나, 그 무렵 우리 동맹국을 희생해서 영토를 늘린 것은 아니기 때문이다. 또한 유럽에서 동맹을 맺을 것 같은 나라의 이름을 거론하기 바란다. 프랑스는 가장 먼저 제외된다. 알자스 로렌을 빼앗았고 라인란트를 노리고 있기 때문이다. 벨기에도 제외된다. 오이펜과 마르메디를 소유하지 않았는가. 영국도 제외된다. 우리의 식민지 대부분을 소유하고 있는 것은 아닌데 적어도 상당 부분을 국제연맹이라는 이름 아래에 관리하고 있다. 이것은 아이들도 알고 있다. 덴마크는 노르트슐레스비히를 소유했다. 폴란드는 동프로이센 일부, 서프로이센과 오버슐레지엔을 소유하고 있다. 체코슬로바키아는 400만 명에 가까운 독일인을 억압하고 있다. 루마니아는 마찬가지로 독일인 100만 명 이상을 자국민으로 삼았다. 유고슬라비아에는 독일인 약 60만 명이 살고 있다. 이탈리아는 오늘날 남티롤을 자기 영토로 일컫고 있다.[29]

---

28) '유일(唯一)'은 여기에서 이해하기 어려운 표현인데 초고에 따랐다.

29) 체코슬로바키아에 독일인 400만 명이 거주하고 있는 것은 과장이다. 과장한 수치를 선전 자

이렇게 보면 유럽에서 우리의 국민적·시민적 그리고 애국적 단체와 동맹을 맺을 수 있는 나라는 없다. 아니, 그들은 그것을 필요로 하지 않는다. 그들은 큰 소리로 항의하고 입으로만 떠들어댄다. 다른 세계 사람들의 반대를 부분적으로는 질식시키고, 부분적으로는 괴멸시켜 버린다. 동맹국은커녕 무기도 갖지 않고 자신들의 의연한 항의 태도만으로 약탈된 영토를 되찾고 이어서 친애하는 신에게 영국을 벌주도록 기도하며 이탈리아를 징벌한 다음 온 세계에 멸시당한다. 물론 그들이 현재 외교동맹자인 볼셰비즘적이고 마르크시즘적인 유대인에 의해서 거리의 기둥에 매달리지 않는다면 그렇다는 이야기이다.

그런데 시민적·애국적 유래가 있는 우리의 국민적 단체는 자신들의 외교방침이 공산당원, 민주당원, 중앙당원의 지지를 얻고 있는, 특히 유대인의 지지를 받고 있는 점에 그 외교방침의 오류가 가장 단적으로 증명되어 있다는 점을 의식하지 않고 있다. 놀랄 만한 사태이다. 이 이유를 즉시 이해하려면 우리 독일인의 시민성을 알아야 한다. 그들은 독일 민족의 동의가 상상 속에서 형성되어 있는 것처럼 보이는 논점을 적어도 하나는 발견하게 된다. 그들 전부가 이에 따라 한없이 행복한 것이다. 여기에는 어리석음을 제외한 문제는 있을 수 없다.

그럼에도 용기가 넘친 시민적·애국적 정치가들은 국민적 투쟁론으로 말할 수 있고, 다음의 연설자인 공산주의자들의 평가절하를 걱정하지 않아도 되는 것은 한없이 기분이 좋아지는 것이다. 그들이 그 행복에 젖어들 수 있는 것은 그들의 정치적 견해가 유대적·마르크시즘적으로는 가치가 높지만 국민에게는 불모(不毛)이기 때문이다. 이것을 그들은 모르고 있는지, 모두가 마음속 깊이 비밀로 해두고 입 밖에 내지 않는다. 우리는 그 빈말과 터무니없음에 질려 있다.

내가 1920년에 이 운동의 이탈리아에 대한 외교방침을 명확히 했을 때 최초에는 국민적 그룹은 말할 것도 없고, 이른바 애국적 측면에서도 이해를 구하지 못했다. 단순히 말해서 항의를 의무처럼 계속하는 것이 아니라 실천적

료로 이용하는 예로서는 이 장 역주 50 참조. 영역본에 의하면 1921년 체코슬로바키아 거주 독일어 통용자는 약 321만 명, 인구의 23퍼센트. 루마니아에는 약 71만 명, 4.6퍼센트. 세르비아 왕국, 크로아티아, 슬로베니아에는 약 51만 명, 4.3퍼센트였다.

으로 생각해 세계대전의 적의를 내적으로 해소하는 정치적 사고를 하게 하는 방법을 그들은 이해하지 못했던 것이다. 나는 국민운동의 주안점은 뮌헨 군사령관 홀의 앞이거나 어딘가에서, 때로는 파리에 반대하고, 때로는 런던에 저항하고, 아니면 로마를 적대시해 공허하게 푸른 하늘에 호소하는 항의 행동이 아니라 오히려 독일 내에서 붕괴에 책임이 있는 자를 배제하는 움직임에 있음을 알리려고 했다.

국민적 그룹으로서는 이것을 처음부터 이해할 수 없었던 것이다. 파리의 지령 때에 뮌헨에서는 반파리 항의 운동의 기운이 불타올랐다. 클레망소 씨는 그것에 대해서도 물론 아무런 대응도 생각하지 않고 있었는데, 나는 이 항의운동에 대치되는 국가사회주의적 태도를 가장 첨예한 형태로 분명하게 드러내도록 했다. 프랑스는 알 수 있었던, 그리고 알아야만 했던 사항만을 했다. 내가 만일 프랑스인이었다면 물론 클레망소 씨 뒤에 서 있었을 것이다.

멀리서 강한 적에게 언제까지나 계속 짖어대는 것은 어리석으며 의미도 없다. 따라서 베를린에서 우리의 붕괴라는 무서운 파멸에 책임이 있고 죄를 짓고 있는 자들에게 저항하는 것이, 이런 애국적 그룹이라는 국민적 반대 세력의 일이 될 것이다. 실정을 보면 실현될 가능성도 없는 저주를 파리로 향해 퍼붓는 것은, 행동적으로 베를린에 몰려가기보다는 물론 마음이 후련할 것이다.

똑같은 일이 자신들이 이제까지 세워온 성과의 사실을 통해서 자신들의 재능이 충분히 알려져 있는 그 바이에른의 국정 대표자에게도 특히 들어맞는다. 그것은 언제나 입버릇처럼 바이에른의 주권을 지킨다고 말하고 외교관 여권 유지를 위해 빈틈없이 살피고 있는 훌륭한 분들에게는, 넓게 보면 현실적으로 파악된 독일 내 국민적 반대 세력의 지도를, 필연적으로 바이에른이 유지할 수 있는 외교정책을 적극 옹호하는 것이 가장 앞서는 책무라는 것이다.[30] 제국정부가 이제 마지막이라는 느낌의 지리멸렬, 팔을 뻗으면 손에 들어오는 성과를 의도적으로 계속 등한시하는 대응을 눈앞에 두고, 바이에른 정부야말로 어느 날 반드시 독일 고립을 주도적으로 타파했어야만 했다.

---

30) 하나의 주(州)가 외교권을 갖는 것은 기묘하게 들리며, 바이마르공화국에서는 그 헌법에 의해서 베를린 정부가 외교 전권을 가졌다. 그러나 바이에른 정부는 외무부가 있어 베를린과 슈투트가르트에 외교대표부를 두었다. 1920년 이후 프랑스는 뮌헨에 전권대표를 두었다.

그러나 이런 단체도 이탈리아와의 공동보조를 옹호하는 나의 외교방침에 대해서는 완전히 아무런 생각도 없는 데다 어리석게도 무관심한 태도를 보이고 있었다. 독일 국민의 고도의 장래 이익 주도자로서, 옹호자로서 당당하게 이름을 밝히고 나서는 대신에 때때로 파리를 바라보고 활발해지는 세력이 있으면 제국에 충성을 맹세하고, 북으로 볼셰비즘이 활발해지면 바이에른을 구할 결의를 표명했다. 바이에른 국가가 그 주권 옹호를 맡긴 상대란 이런 완전히 특수하고 위대한 정신 현상이었다.

맨 처음에는 많은 사람들이 그런 심정으로 나의 외교방침을 직접적으로 거부하지는 않았어도 적어도 이해한 것으로는 보이지 않았다. 이것은 이상한 일이 아니다. 솔직하게 말해서 나 자신도 그 무렵에는 그것을 예측하고 있었다. 더욱이 일반적인 전쟁심리까지도 계산해 자신의 운동에 냉정한 외교사상을 주입하는 데 한결같이 힘을 쏟았다.

나는 그 무렵 나의 이탈리아 정책 때문에 밖으로부터 공격을 받은 것은 아니었다. 이유의 하나는 그것이 전혀 무해한 것으로 받아들여지고 있었기 때문이고, 둘째로는 이탈리아 정부가 국제적 영향에 지배되고 있었기 때문이다. 많은 사람들이 마음속으로는 틀림없이 이 이탈리아가 볼셰비즘의 병에 걸리면 좋겠다고 바랐다. 그렇게 되면 동맹국으로서, 적어도 우리 좌익으로서는 대환영일 것이다.

더욱이 그 무렵 좌익은 전쟁을 적대하지 않는 것에 대해 명확하게 반대할 수 없었다. 이 진영에서는 추악하며 저열하고 또한 독일에서 이렇게도 부당한 전쟁 증오 감정의 근절을 끊임없이 추구하고 있었기 때문이다. 이 단체가 외교방침을 이유로 나를 비난하는 일은 쉽지는 않았을 것이다. 내 방침이 실현되는 전제로서 적어도 독일·이탈리아 사이의 전쟁 증오 해소를 가져오게 되기 때문이다.

지금 다시 한 번 강조해 두는데, 내 생각에 그다지 큰 반대가 없었던 주요 이유는 나의 적대자들이 내 행동은 무해하고 실행 가능성이 없으므로, 따라서 위험성이 없다고 상상했기 때문이다.

이 정세는 무솔리니의 로마 진군 뒤로 크게 달라졌다. 이 순간부터 마치 주문에 걸린 것처럼 이탈리아에 대한 중상, 독설의 대합창이 유대계 신문을 도배하다시피 했다. 그리고 1922년 처음으로 남티롤 문제가 떠올랐는데, 남티롤 주민의 뜻과는 상관없이 독일·이탈리아 사이의 난제가 되었다. 이것은 길게 이어지지는 않았다. 마르크시즘까지 국민적 반대운동의 옹호자가 된 것이다. 이렇게 해서 유대인과 독일 민족주의자가, 사회민주당과 애국동맹이, 공산주의자와 국민 시민계급이 손에 손을 잡고 정신적으로 브렌네르 고개를 넘는 성대한 행사가 모습을 드러냈다.

지금은 전투에 의해서라고 말해도 이때에는 피 흘리지 않고 싸워서 이 지역을 다시 점령하려는 것이었다. 그런데 바이에른 국가주권을 옹호하자고 말하는 이 바이에른 원리주의자들은, 자신들의 정신적 선조가 100년이나 전에 프랑스인에게 인도하여 사살하게 한 선량한 안드레아스 호퍼[31]를 추모해 안드레아스 호퍼의 주(州) 해방 투쟁에 크게 집착했다. 이 용감한 국민전선은 완전히 특수한 형태여서 이에 고무된 것이었다.

유대 신문 〈고로〉와 그것을 추종하는 국가적·시민적 그리고 애국적 돌대가리들이 남티롤 문제를 독일 국민의 생존과제의 위치로까지 끌어올리고 말았기 때문에 나는 이 문제에 대한 대응을 상세하게 기술할 필요를 느끼지 못한다.

이미 말한 바와 같이 옛 오스트리아 국가 영내에는 85만 명[32]을 약간 웃도는 이탈리아인이 살고 있었다. 정확하게 말해서 오스트리아 인구조사에서 얻은 국적 현황에서는 이와 다르게 되어 있다. 개개인 국적을 헤아린 것은 아니고 본인 신고에 의한 언어 사용자 수에 지나지 않는다. 이것으로 명확한 수치를 얻을 수는 없다. 실제 상황을 자기 자신의 눈에서 숨기고 마는 것은 국민적 시민의 약점이라고 말할 수 있다.

사항을 확실하게 모르는 한, 적어도 사항에 대해서 명확하게 말하지 않는 한 그 사항 자체는 존재하지 않는다. 그런 방법에 의거해 산출된 이탈리아인, 곧 이탈리아어를 말하는 인간이 티롤에 널리 흩어져 생활하고 있다. 1910년 인구조사에 의하면 티롤 인구는 ……만 명[33]이고 이탈리아어 인구는 ……퍼

---

31) Andreas Hofer, 1767~1810. 티롤 애국자. 티롤 해방을 외쳤다. 그 무렵 계엄령 위반에 걸려 나폴레옹의 명령에 따라 사살되었다.

32) 초고에서는 '8' 다음 숫자를 판독하기 어렵다. 두 번 치고 있다. 이 역문에서는 W판에 따라서 '5'로 했다.

33) 초고에서는 수치를 넣어야 할 곳에 (이곳의 서너 행처럼 '……'로 해) 수치를 넣지 않은 곳이 있다. W판은 여기에서 히틀러는 구술을 중단하고 자료를 보고 수치를 확인한 뒤에 다음

센트. 나머지는 독일어를, 부분적으로 라틴어[34]를 사용한다. 따라서 티롤 대공작 영내에는 이탈리아인 약 ……만 명이 살고 있다. 이들 모두가 오늘날 이탈리아인이 점령하고 있는 지역에 있으므로 티롤의 이탈리아 점령지구 전체에서의 이탈리아인과 독일인 비율은 독일인…… 대(對) 이탈리아인 ……으로 된다.

이것을 반드시 확인해 두어야 한다. 왜냐하면 독일에서는 적지 않은 인간이 우리의 짝퉁 신문 때문에 티롤로 여겨지는 지역의 3분의 2에 이탈리아인이, 3분의 1에 독일인이 사실상 생활하고 있는 것을 모르기 때문이다. 남티롤 재점령을 진지하게 말하는 자는 이탈리아 지배 아래에서의 독일인 20만 명이라는 현황이 독일 지배하에서의 이탈리아인 40만 명으로 바뀌는 것을 각오해야 할 것이다.

물론 남티롤에서의 독일인은 주로 북부에 몰려 있고 이탈리아인은 남부에 몰려 있다. 그러므로 국민에게 맞는 해결을 지향하는 것이라면 먼저 남티롤이란 개념을 일반 논의에서 완전히 제외하고 생각해야 한다. 왜냐하면 이탈리아인 40만 명과 나란히 독일인도 20만 명이나 살고 있는 지역을 이탈리아인이 점유하고 있다고 해서 도덕적 이유로 대놓고 이탈리아인을 비난할 수는 없기 때문이다. 거꾸로 그 부정을 배제하기 위해 그 지역을 다시 독일이 획득하려고 한다면 순수하게 도의적 관점에서 독일은 이탈리아보다도 더 큰 부정을 저지르는 사태에 빠진다.[35] 이처럼 현재로서는 남티롤 재점령론에도, 이탈리아 남티롤의 지배에도 같은 도의적 약점을 지적할 수 있다. 이에 따라서 이 논리는 도의적 정당성까지도 잃는다. 그렇다면 남티롤 전체의 재획득을 추구하는 다른 관점이 유효하지 않을까. 일반적으로 도덕적으로 시인되는 감정으로 말하면 기껏해야 사실상 독일인 주민이 현실로 다수를 차지하고 있는 지역을 다시 얻을 수는 있을 것이다. 그것은 겨우 ……제곱킬로미터[36]이다.

단락 구술을 개시한 것으로 추측한다. 영역 주에 따르면 1921년 12월 조사에서는 남티롤의 독일어 화자는 19만 3271명, 이탈리어 화자는 2만 7048명.

34) 주로 남티롤(라에티아)에서 사용되는 러시아계 민족의 레트로망스어의 방언.

35) 히틀러는 1943년 남티롤과 북이탈리아를 독일에 병합하려 했다. 그때의 이유는 여기서 말하는 논리와는 별개다. 상황도 다르며 구술 시기에 숨겨졌던 목표가 폭로되었다고 말해야 할 것이다.

36) 영역본 주석에 따르면 8691만 제곱킬로미터이다.

그곳에는 독일인 약 19만 명, 이탈리아인과 라틴인[37] 6만 4000명, 그 밖의 민족이 2만 4000명이다. 완전한 독일지구 내에 살고 있는 독일인은 16만 명이다.

현재 국경[38]에서 남티롤에서처럼 독일인을 모국에서 차단하지 않고 있는 국경은 거의 없다. 유럽만으로 총계…… 독일인 100만 명이 제국 밖에서 생활하고 있다. 그 가운데…… 100만 명은 명백히 외국인 지배하에 있다. ……100만 명만이 독일계 오스트리아와 스위스에 있고 적어도 당분간은 국적이 위협받게 되지 않는 조건 아래 있다.[39]

이 사태는 독일 민족에게는 바람직하지 않은 것이고, 그것에 책임져야 하는 것은 오늘날 남티롤 문제를 외치고 있는 자들이다. 그런 만큼 한층 순수하게 시민적인 국경선정책을 떠맡는다고 해도 아직 남아 있는 제국의 운명을 이처럼 잃어버린 지역의 이해나 그런 개개 지역의 소망에 맡길 수는 없다.

그것은 어느 점이 먼저 냉엄하게 지탄되어야 하기 때문이다. 곧 남티롤에 신성한 독일 민족이 있는 것은 아니다. 애국동맹은 신탁(神託)을 말하고 있을 뿐이다. 독일 민족에게는 독일 민족으로 헤아리게 되는 모든 사람이 똑같이 신성해야 한다. 남티롤 주민을, 폴란드 지배하에서 노예가 되어 있는 서프로이센 주민이나 동프로이센 사람, 슐레지엔 사람보다도 높게 평가할 이유는 없다. 체코슬로바키아의 독일인을 자르 지방이나 알자스 로렌의 독일인보다 높게 평가하는 것도 맞지 않다.

분리된 지역의 독일인을 특별한 가치로 분류할 권리를 주장할 수 있는 것은 기껏해야 제각기 결정적이고 지배적인 인종적 기초가치를 분석적으로 검증한 다음의 일이다. 그러나 이탈리아에 소리 높여 항의하고 있는 단체가 그 기준을 세우는 것은 아니다. 그 기준은 오늘날 나눠지고 있는 여러 지역에서, 이를테면 동프로이센인 또는 서프로이센인보다도 티롤인에게 보다 높은 가치요소를 절대로 인정하지 않을 것이다.[40]

---

37) 라틴어를 모국어로 하는 사람. 이 장 역주 35 참조.

38) 초고 268쪽 28행째는 '현재의'로 끝나고 있다. 29행째는 '현재의' 다음에 와 있을 명사를 설명하는 문장이다. 카본지가 접혀 있어 카본지 밑 종이에는 28행째 마지막 명사가 타이핑되지 않았다. W판은 그 명사를 '국경'으로 추측하고 있다. 역문은 W판을 따랐다.

39) 영역본 주에 따르면, 독일 이외 유럽 여러 나라에 살고 있는 독일어 화자는 약 2000만 명, 그 가운데 오스트리아와 스위스에 약 916만 명이다.

40) 이 비교는 히틀러가 멋대로 생각한 것은 아니다. 뒤에 나치는 1939년에 점령한 폴란드에 '편

그것 자체로 생각하면 독일 민족의 외교 과제를 제국과는 분리된 지역 가운데 한 지역만의 이익에 의해서 규정할 수는 없다. 왜냐하면 모국이 힘을 되찾지 않고 있는 한 실제 지원은 얻을 수 없는 데다 현실에서 그 이익을 확보할 수 없기 때문이다. 그래서 외교적 태도를 밝힐 때 중요하고도 유일한 관점은 국가 수준으로 집계되어 있는 국민의 잔존 부분의 독립과 자유를 되도록 빨리 재획득한다는 관점이다.

바꾸어 말하면 만일 독일 외교가 '남티롤에 있는 신성한 민족' 곧 그곳에서 문제가 되는 19만 명 독일인 구제 이외의 목표를 갖지 않는 경우에도 먼저 그 전제는 독일의 정치상 독립과 군사력 확립이다. 왜냐하면 오스트리아라는 항의(抗議)국가가 이탈리아인에게 남티롤을 분할해 주지 않을 것은 거의 확실하기 때문이다. 마찬가지로 만일 독일 외교에서 남티롤의 사실상 해방 이외에 목표가 없는 것이라면 독일 외교가 정치적·군사적 권력 수단을 이룰 수 있다는 전제를 보증할 관점과 요소에 의해서 규정되어야 한다는 것도 분명하다.

동시에 더욱더 남티롤을 외교 문제의 중심으로 놓아서는 안 된다. 오히려 반대로 더한층 독일에 대한 방침을 고집하고 있는 현재 세계연합 타파를 허용하는 사상이 지도력을 발휘해야 한다. 독일에 의한 독일인으로의 남티롤 반환은 티베트인들처럼 독립을 바라며 끊임없이 항의와 군비축소를 해서 최종적으로 얻게 되는 것은 아니다. 무기 투입으로만 가능하다.

독일이 이 목적을 포기한 것이 아니라면 독일은 언제나, 그리고 더한층 독일의 권력 획득에 힘을 보태줄 동맹국을 찾아야 한다. 프랑스도 선택지의 하나가 될지 모른다는 사람이 나타날 것이다. 그때에 나는 물론 국가사회주의자로서 그것에는 단호하게 반대로 일관한다.

프랑스가 독일을 우호민족으로 여기고 반이탈리아 전선에서 공동보조를 취하겠다고 자진해서 선언할 가능성도 있다. 게다가 우리가 흘린 피의 희생을 찬양하고 우리가 받은 상처를 치유할 정도의 고약으로 남티롤을 우리에게 넘겨줄 가능성도 없지는 않을 것이다. 그러나 그런 승리가 독일에게는 무엇을 뜻하는 것일까. 남티롤 독일인 20만 명을 추가했으므로 우리 민족은 생

입 동부지역(東部地域)의 민족소속 문제 상급 검증법정'을 두었다.

존할 수 있다는 것인가. 프랑스는 지중해의 라틴계 경쟁 상대를 독일 무기를 빌려 먼저 쓰러뜨리고 이어서 더한층 강경하게 독일에 대응하는 것이 눈에 보이고 있지 않은가. 어쨌든 독일 해체라는 오래된 목표를 한층 더 추구하는 것이 아닐까.

사실이다. 만일 독일에게 '프랑스와 이탈리아 둘 가운데 어느 쪽을 택할 것인가'라는 선택권이 처음부터 있었더라면 마땅히 이탈리아를 선택했을 것이다. 프랑스와 짜고 이탈리아를 이기면 우리는 남티롤을 손에 넣을 수 있다. 게다가 더욱 강대해진 프랑스라는 다음의 적을 갖게 된다. 이탈리아의 지원을 얻어 프랑스를 이기면 독일에게는 적어도 알자스 로렌이, 잘되면 대규모의 현실적인 영토정책을 실행할 수 있는 자유가 주어지게 된다.[41]

그것에 의해서만 독일은 앞으로도 오랫동안 계속 생존할 수 있다. 결코 남티롤에 의해서가 아니다. 그러나 독일의 한심한 비이성적 애국자를 일시적으로 만족시키려고 할양되어 있는 전 지역 가운데서 특정한, 또는 생존에 중요하다고 간주되지 않은 지역을 골라내고 7000만 민족의 모든 이익을 저울에 달아보자. 독일의 장래를 체념하자고 말해서는 안 된다. 만일 그런 자가 있다면 그는 틀림없는 공상가이다. 왜냐하면 그렇게 되었을 때 실제로 남티롤은 지금과 같은 정도의 지원밖에 받지 못하게 되기 때문이다.

국가사회주의 운동은 독일 민족이 자신의 생존을 위해 피를 아끼는 일이 없도록 교육시켜야 한다. 그와 동시에 우리 민족은 그런 피를 다가올 역사에서 결코 공상(空想)을 위해 흘리게 되는 일이 없도록 교육되어야 한다.

우리의 항의애국자와 애국동맹에는 그러나 무기에 의한 남티롤 재점령은 생각하지 않고 있다고 말해 주기 바란다. 그들에게는 명예를 걸고 확실하게 말해 주기 바란다. 어느 날 이탈리아가 항의 운동과 선동에 져서 남티롤을 넘겨줄 것으로 믿고 있는가. 국가의식을 지닌 나라가 4년 동안 싸워서 빼앗은 영토를 무기(武器) 결정이 어려워 다시 희생으로 바칠 것이라고 믿고 있는 것인가. 우리가 또는 내가 남티롤을 체념한 것이라고 말하지 말기 바란다.[42] 이

---

41) 히틀러의 생각은 독일은 이탈리아와 손잡고 프랑스에 승리해 배후로부터의 공격 가능성을 없애 안심하고 동방으로 공격을 옮기고 싶다는 것이었다.

42) 남티롤에 대한 히틀러의 대응에 관해서는 사회민주당으로부터, 또 보수계 우파 일부로부터 비판을 받고 있다. 특히 나치에게는 이탈리아로부터 돈이 흘러들고 있다는 비판이 강했다.

유치한 거짓선동가들은 적어도 나 개인에 관해서 말하자면, 남티롤의 운명이 결정될 때에는 전선에서 싸우고 있었던 것으로 알고 있으리라.[43] 오늘날 항의 동맹자 가운데 누구나 피했던 상황을 나는 떠맡고 있었던 것이다. 그런데 바로 그때, 이제 우리의 애국동맹과 우리의 국가시민주의자와 손을 잡고 오늘에 공통 외교정책을 펴고 이탈리아 반대를 선동하는 자들은 바로 그때에 승리를 위해 온갖 수단으로 사보타주하고 있었다. 그 결과 국제 마르크시즘과 민주주의와 중앙당이 평화 속에서 우리 민족의 주력을 쇠약하게 만들어 마비시키고 말았다. 결국 전쟁 중에 독일이라는 조국과 독일군의 몰락을 가져오고 만 혁명을 조직한 것이다.

이들의 활동이 성과를 거두고 오늘날 우리의 시민적인 항의숙련자들의 저주해야 할 무력과 약체가 더해져 독일 민족은 남티롤도 잃고 말았다. 이들 이른바 국가적 애국자들이 이제 와서 남티롤 포기에 대해 말장난을 하고 있는 것은 그들의 가련한 위장이다. 여러분은 진지한 말에서 시선을 돌리지 말기 바란다. 지금은 남티롤 점령만이 문제라고 하는, 패기 없는 사람이 되지 않길 바란다.

그것은 국민항의동맹의 여러분, 여러분의 오늘날 친밀한 동맹자들인 지난날 마르크시스트의 조국 배신자들이 국법에 따라서 차질 없이 포기했기 때문이다. 국민동맹 및 아마추어 시민정치가 여러분, 그 무렵 이 범죄에 대해서 명확한 태도를 밝힐 용기를 가지고 있었던 것은 여러분들이 아니었다. 그것을 행한 것은 작은 국가사회주의 운동이었고 무엇보다도 나 자신이었다. 사실이다. 여러분은 입을 다물고 있었기 때문에 독일에서 여러분의 존재를 알고 있는 사람은 한 명도 없었다. 여러분들은 자기 구멍에 조용히 숨어 있었다.[44]

1919년, 1920년에 나는 강화조약 서명이라는 불명예에 반대를 표명하고 있었다. 더구나 벽 뒤에서 소곤거리고 있었던 것이 아니라 드러내 놓고 표명하

---

43) 1914년 8월 1일 제1차 세계대전이 시작된다. 히틀러는 8월 16일 바이에른 보병연대에 입대해 1914년 10월부터 1918년 10월까지 서부전선에 있었다. 1918년 11월 제1차 세계대전 종결. 한편 히틀러는 1920년 3월까지 군대에 있었다.

44) 초고에는 본디 대문자로 시작해야 할 단어를 소문자로 쓰기 시작할 때가 종종 있다. 초고에서 이 단어는 '그들의 (침묵 때문에)'로 풀이된다. W판에서도 '그들의 (침묵 때문에)'로 씌어 있다. 이것은 W판의 오식일지도 모른다. 영역본은 '그대들의 (침묵 때문에)'로 풀이하고 있다. 역문은 영역본을 따랐다.

고 있었던 것이다. 여러분은 여전히 그 무렵에 비열해서 우리 집회에 올 용기조차 가지고 있지 않았다. 여러분의 오늘날 외교동맹자인 마르크시스트적 부랑자에게 두들겨 맞는 것이 두려웠던 것이다.

생제르맹 강화조약[45] 서명자도, 베르사유 조약[46] 서명자도 국가사회주의자는 아니다. 그들은 수십 년간에 걸친 조국 배신행위를 이 서명으로 마무리 지은 정당관계자였다. 오늘날 남티롤의 운명을 조금이라도 바꾸길 원하는 자는 항의자들이 이미 한 번 포기했기에 다시 포기할 수는 없다. 기껏해야 재점령 정도일 것이다.

물론 나는 그것에 전력으로 반대한다. 나는 그런 시도에 강경하게 대응할 것을 예고해 둔다. 나는 우리 민족을 이처럼 어리석게도 피를 찾는 모험에 끌어들이려고 하는 자들과는 불타는 증오심으로 싸운다. 나는 전쟁의 내실을 음식점에서 듣고 알고 있는 것이 아니다. 나는 전쟁에서 무언가를 명령하거나, 지시하거나 하는 자들 가운데 한 사람은 아니었다. 나는 4년 반에 걸쳐서 명령을 받고, 그럼에도 그 의무를 충실하게, 진지하게 수행한 평범한 병사였다.

그것으로 인해서 다행히도 나는 전쟁이 어떤 것인가를, 그리고 어느 정도로까지 보고 싶지 않은 실태인가를 알았다. 나는 이 전쟁의 마지막 순간까지 일개 병사였다. 그러므로 전쟁에 승리하면 우리 민족이 구원될 것이라고 믿었던 전쟁의 그늘진 면도 알았다. 하지만 지금은 그늘에서 은밀하게 짜인 평화 속에 있다. 나는 독일 민족에게는 도움이 되지 않고 발칙하게도 자신들의 이익을 위해서만 우리 민족에게 피의 희생을 요구하는 전쟁에는 절대로 반대한다. 나는 확신하고 있다. 언젠가는 나에게 필요하다면 독일 민족 피의 투입에도 책임질 결단이 요구될 것이다. 그러나 나는 한 사람의 독일인만이 전장으로 끌려 나오고, 그 피로 어리석은 자와 범죄자만이 자신들의 계획을 살찌우게 하는 사태에는 저항한다. 근대전쟁이 가져오는 경악과 고통스런 전대

---

45) 파리 서부의 도시 생제르맹앙레에서 1919년 9월 삼국협상 가입국과 오스트리아가 참가한 평화회의가 열렸다. 이 회의는 베르사유 조약과 밀접한 관계가 있다. 이 회의에서 오스트리아와 헝가리 분리가 결정되고, 오스트리아와 독일 합병이 부정되었으며, 체코·폴란드·유고슬라비아 등의 독립은 인정되었다.

46) 파리 근교 도시 베르사유에서 1919년 6월 제1차 세계대전 패전국 독일과 연합국 사이에 강화조약이 체결되었다.

미문의 공포를 알고, 민족의 정신력이 무참하게 혹사되는 상황을 검토하고 있는 사람은, 피의 투입에 걸맞지 않은 성과를 위해 그런 희생을 요구하는 사고에는 망설이지 않을 수 없다. 남티롤 민족이 독일인뿐이라면 좋은데, 한 장소에 모아져 그들을 위한 싸움에 우리 민족 가운데 10만 명이 넘는 사망자가 나타나는 장면을 상상해 보라. 30만 명의 손은 거부의 뜻으로 하늘로 향해져 있을 테고 국가사회주의 외교정책은 인정될 것이다.

그런데 당치도 않게 두려운 것은, 이런 놀랄 만한 가능성을 가지고 만지작거리고 있는 것이 유독 남티롤을 구하겠다는 생각에서만은 아닌 점이다.

오늘날 남티롤을 둘러싼 투쟁을 주도하고 있는 것은 일찍이 전 독일을 부패하는 대로 내버려 둔 자들이다. 그들에게 남티롤은 저열하고도 언어의 최고 의미로 반독일적인 본능을 만족시키기 위해 털끝만한 양심도 보이지 않고 냉혹하게 추구하고 있는, 목적에 이르는 수단 이상인 것이다. 그것은 이탈리아에 대한 오늘날의 국가의식적 혐오이다. 무엇보다도 이 나라의 새로운 국가이념에 대한 증오이다. 이탈리아 정치가,[47] 곧 그들에게 남티롤의 도움을 얻어 이탈리아 여론을 부추길 계기를 주고 있는, 걸출한 이탈리아 정치가에 대한 증오이다.

왜냐하면 사실 이들에게 독일 민족은 아무래도 좋기 때문이다. 그들은 눈에 악어의 눈물을 흘리면서 남티롤의 운명을 탄식하는 척하는 한편으로 전 독일을 분할된 지역보다도 더욱 비참한 운명으로 내몰고 있는 것이다. 국민 문화의 이름으로 이탈리아에 항의하면서 독일 국민의 문화를 내부에서 범하고, 우리의 문화 감각 전체를 파괴하며, 우리 민족의 본능을 독살하고, 과거 업적조차도 파멸시키고 있는 것이다. 그 내부에서 우리의 연극, 우리의 문학, 그리고 우리의 조형예술을 부타[48] 수준으로까지 떨어뜨리고 있는 시대가 문화의 이름으로 오늘날 이탈리아에 반대하거나, 그 수준에서 독일 문화를 지키는 것과 같은 도덕적 권리를 지니고 있을 리가 없다.

바이에른민족당, 독일국민당은 물론 마르크시즘의 문화 모욕자들마저 남티롤 주민의 독일 문화가 변질되는 것을 걱정하고는 있지만, 그들은 내용이 없는 졸작으로 고국 문화를 끝까지 모욕하고, 독일 무대를 '조니가 밴드를 연

---

47) 무솔리니를 가리킨다.
48) buta. 돼지란 뜻. 유럽인들이 독일인을 비하하고 욕할 때 흔히 '부타(buta)'라고 부른다.

주하는' 것과 같은 독일인종을 모멸하는 데 내주고 있다.[49] 남티롤에서 독일 문화의 존속이 압박을 받고 있다고 위선적으로 탄식하는 한편으로 고국에서는 독일 문화를 의식적이고도 의도적인 파괴로부터 지키려는 사람들을 아주 냉혹하게 박해하고 있다. 그 무렵 바이에른민족당은 우리 민족을 비열하게 모욕하는 것에 대해서 항의하는 사람들을 단속하라고 검찰에 부추기고 있었다.

남티롤에서의 독일 문화 수호자들이 독일 안에서는 독일 문화 유지를 위해 무엇을 하고 있다는 것인가. 극장을 매음굴 수준으로, 인종 치욕의 견본시[50]로 타락시키고 있다. 영화관을 신중함과 좋은 풍속을 비웃는 마당으로 삼고, 우리 민족생활의 모든 요소를 파괴했다. 큐비즘과 다다이즘으로 우리의 조형예술이 어리석고 용렬해져 가는 것을 묵인하고, 그들 자신이 그 비열한 기만과 오류의 생산자를 보호해, 독일 문학을 잡동사니와 진흙투성이가 되게 하여 우리 민족의 모든 정신생활을 국제적 유대인에게 넘겨주고 있다.

이같이 가련하고도 하찮은 자들이 뻔뻔스럽게도 남티롤의 독일 문화를 옹호하려는 것이다. 아주 자연스런 추세인데, 그들의 머리에 떠오르는 목표는 두 문화민족을 선동해 결국에는 그들을 문명과는 거리가 먼 비참한 수준으로까지 쉽게 끌어내리는 데 있다.

모두가 이런 식이다.

그들은 남티롤에서의 독일인 박해를 탄식한다. 그와 똑같은 사람들이 독일에서는, 국민적이라는 것은 자기 민족을 유대인과 흑인에 의해 무방비하게 더럽혀지도록 내버려 두는 것과는 다르다고 이해하고 있는 인간을 아주 냉혹하게 공격하고 있다. 남티롤에서 독일인의 양심의 자유를 외친 자들이 비열하게 독일 내에서 양심의 자유를 더할 나위 없이 억압하고 있다. 하필이면 남티롤에서 양심의 정당성과 국민의 자유를 위해 진력하고 있다고 나팔을 불고 있는 거짓말쟁이 정치 깡패에 의해 지배되고 있는 독일만큼 국민이 국가

---

49) 〈조니가 밴드를 연주한다〉는 에른스트 크레네크(1900~1991. 오스트리아 작곡가. 38년 미국으로 망명)의 오페라. 1927년 초연. 그 뒤 수년간 자주 상연되었다. "주인공이 흑인이고 음악이 재즈 요소를 포함하고 있다"고 해 국가사회주의자와 다른 민족 그룹이 항의를 되풀이했다.

50) trade fair. 교역을 촉진하기 위해 세우는 일시적 시장.

적 심정을 표명할 자유를 제한받는 곳은 없다.

그들은 남티롤에서 한 사람의 독일인에게 가해지고 있는 살인에 대해서는 침묵하고 있다. 그들과 마찬가지로 정말로 훌륭한 국가적 시민도, 애국적 항의자도 입을 다물고 있다. 아직 올해가 5개월밖에 지나지 않았는데도 국가사회주의 운동 측으로부터는 부분적으로는 잔혹함이 따른 사태에서 9명이 목숨을 잃고 600명이 넘게 다쳤다.[51] 거짓을 말하는 자들은 이에 대해서 한 마디도 하지 않는다.

똑같은 파시즘 행위가 하나라도 남티롤의 독일인에게 가해졌다면 그들은 얼마나 큰 소동을 벌일까. 상상하고도 남는다. 남티롤에서 비록 한 사람이라도 독일인이 똑같은 사태로 파시스트에 의해 목숨을 잃었다면 그들은 전 세계에 반란을 호소할지도 모른다. 대단한 자들의 분노에 독일 민족 구제를 호소하는 게 아니라 마르크시즘의 살인자 불량배의 힘을 독일 내에 끌어들이려 하는 것이다. 남티롤에서의 관헌에 의한 독일인 박해에 야단스럽게 항의하고 있는 인간들이 자기들 눈에 거슬리는 독일인을 제국 내에서 박해하고 있었던 것이다.

독일에서는 용감한 U보트 승무원에서 시작해[52] 오버슐레지엔의 해방자에 이르기까지[53] 자기 피를 독일을 위해 흘린 인간이 사슬에 묶여 법정에 세워지고 마지막에는 징역형을 선고받았다. 가련한 항의자들이 사람들 눈에 띄지 않게 어딘가로 숨어들고 있는 사이에 그들은 불타는 조국애에서 자신들의 생명을 100번이나 200번이나 바치지 않았던가. 국가의식이 있는 나라에서는 최고 훈장으로 보답될 행위가 독일에서는 징역형을 각오해 두어야 한다.[54]

---

51) 히틀러는 1928년 7월 13일 연설에서 본문과 똑같은 표현으로 똑같은 내용을 말하고 있다. 이런 것을 고려해 구술한 시기는 같은 해 6월 말에서 7월 초로 추정한다. 한편 사망자 가운데 적어도 5명은 같은 해 11월까지 소생한다. 1928년 11월 9일 〈푈키셔 베오바흐터〉에서는 자칭 정적에게 살해된 국가사회주의자 명단이 공표되었는데, 1928년 난에는 4명 이름만 실려 있다. 선동가는 적당히 수치를 말하고 선전에 이용하는 것이다.

52) 1918년 6월 27일 독일 U보트가 영국 구호정을 침몰시키고 증언자를 남기지 않기 위해 구명정도 침몰시켰다. 연합군은 이를 전쟁범죄로 고발했으며 1921년 판결이 내려졌다.

53) 1920~1921년에 걸쳐서 오버슐레지엔 자위군 군사에 의한 정치암살 사건이 있었다. 1920년 뮌헨의 나치 돌격대원이 포메른의 정치암살에 연좌되어 고발되었다.

54) 히틀러가 여기에서 칭찬하는 동료 가운데에는 루돌프 헤스도 포함되어 있다.

오늘날 남티롤에서 이탈리아가 독일인을 한 사람이라도 체포하면 모든 독일의 국가적, 마르크시즘적 신문 등은 곧바로 시끄러워진다. 밀고한 것만으로도 몇 달간 투옥감이다. 가택수색, 우편비밀 위반, 전화 도청, 시민권에 의해서 보장되고 있는 개인의 자유에 대한 헌법 위반, 이런 일들이 이 나라에서는 날마다 일어나는 예사로운 일이다. 그들은 이런 일들을 계속 무시하고 있다.[55] 우리의 이른바 국민정당도 이런 일들이 허용되고 있는 것은 마르크시즘에 지배된 프로이센뿐이란 말을 하지 못한다. 첫째, 그들은 오늘날 이들 마르크시스트와 외교정책에서 손을 잡고 있기 때문이다. 둘째, 이들 국민정당은 정말로 자기의식적인 국가주의를 억압하는 일에 손을 빌려주고 있기 때문이다.

'국가적 바이에른' 내에서는 죽음의 자리에 누워 있었던 디트리히 에카르트[56]를 의사의 증명서를 제시했음에도 아무런 죄도 없는데 기껏해야 흔들림 없는 국민적 심정을 표명했다는 것만으로 보호 구속하고, 더욱더 병이 깊어져도 구속 상태를 유지하다 석방한 것은 그가 숨을 거두기 이틀 전이었다.[57] 바이에른 최대의 시인이 받은 처치가 이것이었다. 물론 그는 국가주의적 독일인이었고 '조니가 밴드를 연주하는' 것과 같은 자국민을 모멸하는 행동을 한 것도 아니며 따라서 국민적 문화 옹호자에게 비판적이었다. 국가적 애국자들은 먼저 그를 죽여두고 이제까지도 그의 작품을 묵살한다.

그 이유는 하나밖에 없다. 그는 바로 독일인이고, 선량한 바이에른인이며, 독일을 더럽히는 국제적 유대인은 아니었기 때문이다. 그렇게 생각하면 그는 애국동맹에서는 신성한 존재일 텐데 그들의 국가적·시민적 심정에 따라

---

55) 바이마르 헌법에서는 민주 헌법을 침해하지 않는 한 개인의 정치적 모든 권리를 보장한다. 공화국 방위에 관한 법규도 헌법 취지를 지켰다. 그러나 20대 후반으로 접어들자 책임 있는 국가조직에서 헌법을 자진해서 지킬 의지가 차츰 시들해져 갔다.

56) 1868~1923. 급진적 반유대주의적 정치저술가. 1921~1923년에는 〈푈키셔 베오바흐터〉 편집장을 지냈다. 1923년 11월 8일 히틀러가 뮌헨에서 일으킨 폭동이 실패하자 이에 연루되어 에카르트는 11월 15일에 체포되었다. 22일에 심장병 치료를 위한 석방 청구. 질환의 원인은 알코올중독으로 되어 있다. 12월 20일 석방, 26일 사망. 《나의 투쟁(하)》 본문 마지막에 상세하게 히틀러가 쓰고 있다.

57) 이 부분 번역은 초고 그대로이다. 영역본 주에 있는 날짜를 고려하면 '이틀 전'은 틀린 것이다. 히틀러가 자기 주장에 긴박성을 주기 위해 행한 의식적 또는 무의식적 수치 조작일지도 모른다.

서 뮌헨 경찰에서 되풀이되고 있는 '꺼져라, 국가주의 돼지'라는 호소에 호응해 행동한 것이었다. 그러나 이탈리아에서 독일인 한 사람이 어리석은 행위로 구류가 되어도 세간을 분노로 내모는 것은 같은 독일인인 척하는 자들이었다.

남티롤에서 독일인 서너 명이 추방되었을 때 이들은 전 독일 민족을 커다란 분노로 부추겼다. 하지만 그들은 독일 안에서 독일인이 뒤쫓기고 있었던 일을 언급하는 것을 완전히 잊고 있는 것이다. 시민적 국민 정권 아래 '국가적 바이에른'에서는 타협을 거부하는 국가주의가 게으른 지배시민층에게는 맞지 않는다는 이유만으로 독일인 몇십 명이 추방되고 있다. 독일계 오스트리아인에 대한 형제 의식을 갑자기 잊어 그들은 외국인에 지나지 않게 된 것이다. 이른바 외국계 독일인 추방 문제가 아니다.

독일인이 남티롤에서 다른 지방으로 추방되었다고 해서 이탈리아에 항의하고 있는 시민적·국가적 위선가들은 바이에른에서 독일군으로 4년 반에 걸쳐 독일을 위해 싸우고 부상당해 최고 훈장을 가지고 있는 독일 국적 독일인을 몇십 명이나 바이에른에서 추방한 것이다.[58] 이 시민적·국가적 위선자들은 이탈리아에는 분노하고 있으면서 자민족 내에서는 거듭 치욕스러운 일을 겪고 있었던 것이다.

그들은 이탈리아에서의 탈민족화를 탄식하고 자국에서는 독일 민족을 탈민족화시키고 있다. 우리 민족의 피에 독을 흘려넣는 짓거리에 맞서고 있는 사람들에게 도전을 하고 있는 것이다. 장려되고 있는 우리 민족 탈독일화, 흑색인종화, 유대화에 반대하고 있는 독일인을 부끄러움도 없이, 가차 없이 박해하고 있는 것이다. 더욱이 종교시설 파괴라는 거짓 핑계로 투옥하려 하고 있다.[59]

---

58) 바이에른 정부는 히틀러를 1924년에 바람직하지 않은 외국인으로서 바이에른에서 오스트리아로 추방하려 했다. 오스트리아 정부는 히틀러는 독일군 종군으로 오스트리아 국적을 잃었다고 주장, 1925년 4월 히틀러는 오스트리아 정부에 국적 포기 신청, 오스트리아 정부는 그것을 인정하고 오스트리아 입국금지를 통고했다. 히틀러는 제1차 세계대전 중인 1914년 12월, 1918년 5월 및 8월에 철십자장 등의 훈장을 받았다.
59) 국가사회주의자는 형법 166조, 185조 등에 의해 명예훼손, 모독, 종교모욕 등의 죄로 문책되었다.

메란[60]에서 이탈리아의 정치적 도약이 엘리자베스 여왕 기념비를 손상했을 때 그들은 야단스럽게 떠들어댔다. 더구나 이탈리아 법원이 범인에게 2개월 금고형을 부과했는데도 진정되지 않았다. 독일 내에서도 우리 민족의 위인을 찬양하는 기념비나 기념물이 손상되고 있다. 그런데 그들은 그런 것에는 아무런 관심도 보이지 않는다. 프랑스에서는 알자스 로렌 안에 있는 모든 독일 관련 기념물이 파괴되어 있다. 폴란드에서는 독일 이름을 지닌 모든 것이 계획적으로 파괴되고 있는데도 내버려 두고 있다. 그들은 그런 것에는 관심도 기울이지 않는다. 바로 오늘 브롬베르크에서는 비스마르크 탑이 공식적으로 파괴되었다.[61] 이런 모든 일이 우리 민족의 국가적 명예를 지키는 용사들을 피끓게 하지 않는다. 만일 이것이 남티롤에서의 사건이었다면 얼마나 큰 재난이었을까.

왜냐하면 그들에게는 갑자기 그곳이 성지가 되었기 때문이다. 조국 자체는, 고국은 지옥으로 떨어져 가는 것이다. 남티롤에서도 이탈리아의 분별없는 행위가 있었던 것은 확실하다. 독일인을 계획적으로 탈민족화하려는 시도는 어리석은 짓이었고, 그 성과 또한 의심스럽다. 그런데도 부분적이긴 하지만 그것에 짐을 지우게 하고 다른 한편으로는 자민족의 국가적 명예라는 것을 아무것도 모르는 자들은 그것에 반대할 권리를 가지고 있지 않다. 그 권리를 가질 수 있는 것은 이제까지 독일의 이익과 독일의 명예를 위해 사실상의 싸움을 되풀이해 온 사람들뿐이다. 그것은 독일에서 국가사회주의 운동 이외에는 있을 수 없었다.

반이탈리아 선동이 어느 정도까지 내부 기만에 가득 차 있었는지는 프랑스인·폴란드인·벨기에인·체코인·루마니아인·남슬라브인이 독일인에게 저질러 온 행동과 이탈리아인의 행동을 비교해 보면 분명하다. 프랑스는 알자스 로렌에서 독일인 25만 명 이상을 추방했다.[62] 남티롤 전체 인구보다 많은 사람이다. 그들에게는 그것이 대단한 일은 아니다. 프랑스인이 지금도 알자스 로렌에서의 독일인 발자취를 지우려 하고 있음에도 여전히 독일은 프랑스를

---

60) 이탈리아 트렌티노알토아디제주에 있는 도시 메라노.
61) 1928년 5월 상순의 일로, 일간지에서도 보도되었다. 히틀러는 독일신문을 무시한다고 말하고 이 문제를 선전 자료로 삼았다. 브롬베르크는 폴란드어로 비드고슈치.
62) 제1차 세계대전 뒤 알자스 로렌에서 독일인 약 15만 명이 독일로 추방되거나 이주했다.

형제국으로 받아들이려 하고 있다.

벨기에는 비길 데 없이 광신적으로 독일인을 박해하고 있다. 폴란드인은 독일인 1만 7000명 이상을 부분적으로 그야말로 잔혹한 사건 속에서 살육했다.[63] 이것도 이러니저러니 말할 정도의 상황이 아니라는 것이다. 수만 명이 집에서 쫓겨나고 입은 옷 그대로 국경 밖으로 추방된다. 이에 대해서도 우리의 시민적·애국적 항의사기꾼들은 화를 내지 않는다. 이런 자들의 진정한 마음을 알고 싶은 사람은 그 무렵 사람들이 피난민을 어떻게 맞이했는지를 떠올려보는 것만으로도 충분하다. 몇만 명이나 되는 추방된 불행한 사람들이 자신의 소중한 고국 땅을 부분적으로는 형체뿐인 강제수용소[64]에서 맛보고 집시처럼 이곳저곳으로 끌려다니고 있을 때에 그들의 마음은 아무런 고통도 느끼지 않았다. 그리고 현재도 느끼지 않고 있다.

나는 지금도 루르를 떠난 최초의 피난민이 독일에 와 마치 중범죄인처럼 이리저리 끌려다니던 때를 기억하고 있다. 남티롤 국민인 독일인을 옹호하고 보호하는 그들은 그런데도 가슴이 아프지 않았다. 그러나 남티롤에서 한 사람이라도 독일인이 이탈리아인에 의해서 박해를 받거나 부정이 가해지거나 하면 그들은 바로 세계가 이제까지 경험한 최대 야만행위로서 유례가 없는 문화 파괴가 이루어졌다고 말해 몸을 떨면서 격앙하는 것이다. "독일인이 이제까지 이 나라에서 이루어지고 있는 것과 같은 폭군적이고 전율해야 할 방법으로 억압된 예는 없다"고 말하는 것이다. 그런데 예외가 꼭 하나 있으니 독일의 내부 자체이다. 그리고 여러분 자신이 폭군인 것이다.

독일 민족은 남티롤, 보다 정확하게 말해서 남티롤 독일인을 받아들여야 한다. 그러나 시민적·애국적 항의사기꾼들은 독일 안에서 국제적 금융 지배자에 대한 종속, 전반적인 부패, 비국민적인 불명예라는 수상쩍은 정치에 의해서 남티롤에서의 독일 주민 수의 2배에 이르는 독일인을 해마다 살해하고 있다. 그들의 파멸정책 때문에 이곳에서 최근 수년 동안 해마다 1만 7000명

---

63) 폴란드에서 그 무렵 독일계 주민의 상황에 대해서는 불확실한 점이 많다. 영역본 주에 따르면 그 무렵 사건에서의 희생자는 여기에서 말하는 정도로 많지 않다는 사실이 확인되었다.

64) 독일어는 Konzentrationslager. 뜻은 '집중 또는 집약수용소.' 히틀러는 이미 1920년 9월에 보어전쟁 중에 영국군이 설치한 concentration camp에 대해서 말하고 있으며, 1921년 3월에는 독일에 있는 유대인은 이곳에 수용해야 한다고 요구하고 있다. 나치가 정권을 탈취하는 1933년 이전에도 나치는 강제수용소 설치를 공언했다.

에서 2만 2000명이 자살하고 있다.[65] 최근 10년 동안 아이까지 포함하면 남티롤 독일인 수에 맞먹을 것이다.

이 사실에 대해서도 그들은 침묵한 채로 있다. 그들은 이주를 권한다. 슈트레제만 씨 같은 국민적 시민은 이주율 향상을 외교정책의 두드러진 성과로 생각하고 있다. 그렇게 되자 독일은 남티롤 독일주민 수만큼의 인원을 4년마다 잃는 것이다. 그들은 피임과 낙태에 의해서 남티롤 독일인의 2배가 되는 사람을 해마다 살해하고 있다.[66] 그런 자들이 외국에서 독일인의 이익을 말할 도덕적 권리가 자기들에게 있다고 스스로 인정하고 있는 것이다.

바꾸어 말해서 이 국민적이고 공적인 독일이 남티롤에서 우리 언어의 탈독일화에 고심하고 있는데도 독일 내부 자체에서는 온갖 공적인 방법으로 체코슬로바키아나 알자스 로렌(당시 독일명 엘자스 로트링겐) 등에서 독일명의 탈독일화가 진행되고 있다. 독일 안에서의 우리 도시명을 체코인에게 맞도록 체코어로 바꾼 공적인 여행 안내서조차 출판되고 있다. 현실이 이와 같은 사태에 이르렀는데도 독일에서는 잠잠하다. 그런데 이탈리아인의 거룩한 이름인 브렌너(Brenner)를 이탈리아식으로 브렌네르로 바꾸었을 때 격렬한 저항이 일었다. 이것을 보아도 잘 알 수 있듯이 시민적 애국자는 모두가 희극인 줄 알고 있는 곳에서 격앙하는 것이다.

우리의 정열 없는 게으른 시민이 국민적 정열을 가장하는 것은 늙은 매춘부가 애교를 부리는 것과 비슷하다. 모두가 서투른 연극이다. 그 연극의 발상지가 오스트리아라면 더더욱 추한 것이 된다. 일찍이 티롤 독일인의 관심을 끈 적도 없었던 검은색과 노란색 정통파[67]가 오늘날에는 국민의 신성한 분노를 함께하고 있다. 그처럼 특히 유대인도 함께하고 있음을 알았을 때에 소시민들은 열광한다. 이번에는 예외적으로 자신들의 국민 심정을 소리 높여 외치고도 신문을 주름잡는 유대인에 의해서 겨우 한구석으로 밀려나지 않게 되었음을 알았을 때에만 그들은 항의의 목소리를 높이는 것이다.

---

65) 영역본 주에 따르면 1927년 자살자는 1만 5974명이라고 한다.

66) 통계자료에 따르면 전부터 독일의 자살률은 세계에서도 높은 편이고 1920년대에는 한 해에 1만 3000명에서 1만 6000명 사이인데 1933년에는 그 비율이 더욱 높아지고 있다는 것이다.

67) 검은색과 노란색은 오스트리아 왕가의 상징색이다. 군복에는 노란색 바탕에 뜬 검은색 독수리를 새겼다.

그런데 이번에는 특별하다. 마음이 올바른 국민적·시민적 신사 여러분에게는 실로 경하할 일로 국민적 투쟁을 호소했기 때문에 이치히·파이테르·아브라함존이 상찬하지 않았는가. 그뿐만이 아니다. 유대의 적색신문도 외치기 시작해 크로토신[68]에서 빈을 넘어 인스부르크에 이르는 시민적·국민적 독일 통일 전선이 현실적으로 처음 형성되었다. 그리고 정치적으로는 아주 어리석은 우리 독일 민족은 이 소동에 휩쓸리고 있다. 일찍이 독일 외교도 우리 민족도 합스부르크가에 말려들어 악용된 것처럼.

지난날 독일 외교는 오로지 오스트리아의 이익에 좌우되고 있었다. 그 대가는 컸다. 독일의 젊은 국가주의가 장래 방침을 부패한 시민층의 연극과도 같은 말장난이나 마르크시즘의 독일 적대자들이 규정하도록 하는 것과 같은 사태가 되면 그것은 고통이다. 더욱이 이 국가주의가 수도 빈에서 오스트리아가 국가의 현실적 주도력을 완전히 오인해 자신들에게 내려진 지령을 그곳에서 얻는 것과 같은 사태가 되면 그것도 고통이다. 이 연극 소동을 마무리짓고 다가올 독일 외교의 축을 냉정한 이성으로 옮기는 것이 국가사회주의 운동의 과제이다.

이번 일련의 사태 책임의 한 부분은 물론 이탈리아에게도 있다. 그러나 나는 이탈리아가 오스트리아 붕괴를 계기로 국경을 브레너 고개까지 넓힌 것을 포착해 이탈리아를 비판하는 것은 어리석기도 하고 정치적으로 아이들 장난과 같다고 생각한다. 그때 이탈리아를 지배했던 동기는 시민적 병합주의자의 동기보다도 못한 것은 아니었다. 그들은 슈트레제만 씨나 에르츠베르거 씨를 포함해 독일 국경을 벨기에 마스 요새에 정하기로 했다. 어느 시대에나 전술적으로 볼 때 국경을 책정하고자 하는 것은 마땅하며, 이것은 책임감 있게 생각하고 행동하는 국가 통치자의 책무이다.

이탈리아는 독일인 20, 30만 명이 필요해 남티롤을 병합한 것은 아니다. 이 지역에 독일인 대신에 이탈리아인만 살고 있으면 이탈리아인에게는 편리했을 것이다. 브레너 고개를 넘어 국경을 긋도록 시킨 것은 사실상 이탈리아의 전략 관점은 아니었다.[69] 같은 상황에 놓였다면 어떤 나라도 다른 행동은 취

---

68) 포즈난 지방의 중심 도시. 1920년까지는 독일령이었다.
69) 초고대로 번역했다. W판은 이 부분의 부정사에 '마마'를 붙이고 있다. 초고에서의 부정사는 앞뒤 문맥과는 맞지 않는 것이다.

1032 나의 투쟁

하지 않았을 것이다. 그리고 결국에는 어떤 나라도 그 국경을 마땅히 자신의 이익에 맞추어서 정하고 있다. 결코 다른 나라의 이익에 의해서 정해지는 것은 아니었기 때문에 이 국경 형성 자체를 비난하는 일은 무의미하다. 브레너 고개 점유는 군사적 이익, 전략적 목적에 아주 유용하기는 한데 국가민족이 4200만 명이고[70] 현실의 군사적 위협이 이 국경에는 존재하지 않기 때문에 전략적으로는 확정되고 안전한 국경 안에 20만 명이 살고 있건 살지 않건 그다지 중요하지는 않다. 그런 동기에 따르는 한 경험에 의하면 거의 가치가 있는 성과를 가져오지 못하는 심정을 힘으로 이 독일인 20만 명에게 밀어붙이기보다는 그들을 개개의 강제로부터 지키는 것이 현명하다. 사람이 원하건 원하지 않건, 어떤 방법을 취하건 한 민족을 20년, 30년만에 씨를 말릴 수는 없다.

이탈리아의 회답은 뻔하다. 그런 일을 처음부터 할 생각은 없는데 주위의 오스트리아나 독일에서 이탈리아 내부 문제에 간섭하는 도발을 계속하고 있고, 그 때문에 남티롤 주민들이 보인 반작용의 결과로서 자연스럽게 필연적으로 생긴 것이라고 당연한 일처럼 대답할 것이다. 그런 말을 들어도 무리는 아니다. 먼저 이탈리아인은 남티롤에서 독일인을 확실히 공평하게 대하고 있었다. 그러나 이탈리아에서 파시즘이 고조되자 독일이나 오스트리아에서의 주의주장을 이유로 이탈리아를 중상하기 시작해서 상호의 초조감이 심해져, 그 결과 남티롤에서 우리가 오늘날 보는 것처럼 다 아는 결과를 가져오지 않을 수 없었던 것이다.

그때 무엇보다도 불행했던 것은 안드레아스 호퍼동맹[71]의 활동이다. 곧 독일과 이탈리아 사이에 다리를 놓는 것이 남티롤 독일인의 사명이라고 그들에게 확실하게 알리고 그들에게 권했으면 좋았을 텐데 남티롤 주민에게 실현할 가망도 없는 희망을 불어넣은 것이다. 사람들은 그것에 부추김을 받아 그 결과로서 예상 밖 진행에 따라야만 했던 것이다. 사태가 더 나빠진 책임은 무엇보다도 이 동맹에 있다.

---

70) 영역본 주석에 따르면 1921년 이탈리아 인구는 3871만 576명이라고 한다.
71) 1919년 조국동맹에서 갈라지고 1928년 무렵에는 외국 거주 독일인협회 바이에른 지부를 겸하고 있었다. 브레너 고개 국경 재검토, 남티롤의 독일 소속을 주장하고 남티롤에 관해서는 가장 급진적인 주장을 했다.

나처럼 이 단체 중심인물과 개인적으로 의견을 나눌 기회를 가진 자는 이 동맹이 실제 활동가를 그 정도로 보유하고 있을 리가 없는데도 불행한 사건을 저지르고 마는 무책임함에 놀라지 않을 수 없다. 그도 그럴 것이 나는 그들을, 특히 뮌헨 경찰의 요직에 앉아 있는 한 인물을 떠올리고, 스스로의 몸을 위험 속에 드러내지 않는 인간들이 피를 흘려야만 끝나게 될 사건의 당사자가 되어 있는 것을 떠올릴 때 울화가 치민다.

이탈리아를 중상하는 사실상의 흑막들 사이에 남티롤에 관한 의견 일치는 있을 수 없다. 이것은 틀림이 없다. 왜냐하면 이들에게 남티롤 자체는 아무래도 좋은 것이기 때문이다. 처음부터 독일에 대해서조차 관심이 없다. 그들에게 중요한 것은 혼란을 가져와 독일에서 이탈리아에 대한 여론을 악화시키는 수단을 찾는 것이다.

왜냐하면 지배하기 위해서는 그것이 중요하기 때문이다. 그들에게 남티롤에서 독일인을 다루는 일 따위는 아무래도 좋은 것이고 단지 이탈리아를 증오하기 때문에 중상에 도움이 되는 것이라면 무엇이든 찾아내고 있다고 이탈리아는 반론하고 있다.

이 반론은 명확한 근거를 지닌다. 오늘날에는 독일에도, 이탈리아에도 어떤 수단을 강구해서라도 양 국민의 공동보조를 방해하는 것이 이익이 되는 분자가 있다. 그러므로 그들로부터 가능한 수단을 빼앗는 것이 지혜자의 의무이다. 물론 그들은 결코 체념하지 않고 때때로 시도한다는 것도 각오해야 한다.

반대의 사태가 의미를 갖는 것은 이런 비방에 효과가 있어 용감하게 공동보조를 주장할 수 있는 사람이 독일에 없게 되는 경우이다. 현실적으로 그런 사태까지는 이르지 않는다. 오히려 그 반대이다. 오늘날 이탈리아가 현명하지 않은 작은 충돌을 스스로 피하려고 하면 할수록 독일 안에서 이탈리아의 친구는 독일에 있는 중상자를 밝혀내고 그들이 말하는 근거의 위선성(僞善性)을 폭로해 민족을 해치는 그들의 행위를 중지하도록 내모는 것이 더욱더 쉬워지리라.

외국의 조직이 요구하고 떠들어대고 있다고 해서 그것을 들어주게 되면 마치 항복처럼 받아들여지고 그들의 오만함이 더 기승을 부리게 할 뿐이므로 그런 것에는 정면 대응하지 말아야 한다는 사실을 이탈리아가 진실로 믿어준다면, 그 대응을 기본적으로 어느 그룹에 맡기는 방책은 효과가 있을 것이다. 그 그룹이란 그런 중상에 관여하지 않을 뿐만 아니라 거꾸로 독일·이탈리아 사이 합의 찬동자로서 독일에서의 여론 독살자와 싸우고 있는 사람이다.[72]

국가사회주의 운동의 외교 목표는 경제정책이나 시민적 국경선 정책과도 관계가 없다. 우리 민족의 영토 목표는 독일 민족에게 장래 발전을 확보하는 것이지 결코 이탈리아와 대립하자는 것은 아니다. 우리는 우리 민족의 피를 희생하는 것을 아쉽게 여기지는 않지만 그것은 국경을 조금 수정하기 위한 것은 아니다. 우리 민족의 확장과 식량을 위해 영토를 획득하고자 하는 것이다. 이 목적을 위해 우리는 동부를 지향한다. 이탈리아에게 지중해는, 독일로 말하면 발트해 동해안이다. 우리 제국이 발전할 때, 아니 제국 통일을 유지할 때 독일의 숙적은 프랑스이다. 똑같이 프랑스는 이탈리아에게도 한 하늘을 이고 같이 살 수 없는 숙적이다.

국가사회주의 운동은 천박한 만세의 외침으로 추락하지는 않는다. 무력으로 위협할 생각은 더더욱 없다. 지휘관은 모두 전쟁의 현실과 참모습을 충분히 알고 있다. 그러므로 이 운동은 우리 민족의 전체적 장래 발전에 도움도 되지 않는 목적을 위해 피 흘릴 생각은 없다. 그렇기 때문에 유럽에 있어서 독일 영토의 분열이라는 관점에서 보면 하찮은 국경선 수정 때문에 이탈리아에게 싸움을 걸 이유는 없다. 그 반대이다. 먼 미래를 위해 남쪽으로의 저주받은 게르만 진군을 종결시킨다. 그리고 우리 민족에게 영토 곤궁의 해결이 가능하다고 생각되는 방향에서 우리의 이익을 옹호한다. 우리가 독일을 오늘날 노예화와 예속의 시대에서 구제할 때에 그것으로 인해서 우리는 최고도로 독일의 명예 재건을 위해, 그와 동시에 독일의 명예를 위해 싸우는 것이다.

오늘날 이탈리아가 남티롤에서의 여러 조치 변경을 외국 개입의 결과인 항복으로 이해하고, 최종적으로 공동보조는 하지 않겠다고 생각하고 있는 것이라면, 이탈리아에서는 오로지 독일에 있는 친구를 위해 이탈리아의 방향을 전환하는 계획을 세워주었으면 하고, 또한 그 근거를 당당하게 명시해

---

72) 히틀러는 무솔리니에 대해서 자기선전을 하고 있는 것이다.

주었으면 한다. 독일 친구는 독일 안에서 이탈리아와의 공동보조를 옹호하는 것이고, 그 작업을 비방하는 자와 동일시되는 것을 거부할 뿐만 아니라 여러 해에 걸쳐서 그런 분자와의 치열한 싸움에 도전하는 것이며, 이탈리아 국가의 주권적 통치권을 명확한 것으로 인지하는 것이다.

이탈리아를 친구로 할 것인지 여부를 독일이 등한시해서는 안 된다. 이탈리아도 사정은 같다. 파시즘은 이탈리아 민족에게 새로운 가치를 부여했다. 똑같은 것을 독일에서도 말할 수 있다. 장래에 대한 독일 민족의 가치는 일시적인 생존 상태에 의해서 과소평가되어서는 안 된다. 독일이 이제까지의 역사에서 이따금 증명해 오고 있고 틀림없이 내일에도 다시 발휘할 힘에 의해서 평가되어야 한다.

독일에게 이탈리아와의 우정은 희생을 치르고서라도 유지할 가치가 있는 것이다. 이탈리아에게도 독일과의 우호는 같은 정도로 가치가 있다. 이를 양국 내에서 인식하고 있는 세력이 합의할 수 있다면 두 국민에게는 행운이 될 것이다.

독일 내에서의 이탈리아 비방에 커다란 책임이 있는 것은 불행하게 생긴 적개심이다. 그렇지만 이 중상 행동과 싸우는 세력이 독일 안에 있음에도 이탈리아가 적의를 부추기는 자들로부터 스스로 그 수단을 뿌리 뽑지 않는 것이라면 이탈리아 책임도 크다.

파시즘 체제가 예지를 발휘해 독일인 6500만 명을 어느 날 이탈리아의 친구로 삼을 수 있으면 질 나쁜 이탈리아인 20만 명을 다시 교육하는 것보다도 훨씬 가치가 있다.

똑같은 이유에서 독일의 오스트리아 병합금지에 이탈리아가 가담하는 것은 옳지 않다.[73] 프랑스가 이 금지에 맨 먼저 찬성했기 때문에 이미 로마로서는 반대 입장에 서지 않을 수 없었을 것이다.

왜냐하면 프랑스가 그렇게 하는 것은 이탈리아의 이익을 위해서가 아니기 때문이다. 물론 그로 인해서 이탈리아에게 손해를 줄 수 있다는 소망에 바

---

73) 영역본 주에 따르면 제1차 세계대전 뒤, 이탈리아는 독일에 의한 독일계 오스트리아 병합을 절대적으로 거부하고 있었던 것은 아니다. 이탈리아에 중요했던 것은 브레너 고개를 국경으로 결정할 수 있느냐 여부였다. 이탈리아는 파리에서의 평화교섭에서 최종적으로 연합군 의견을 인정하고 독일의 독일계 오스트리아 병합을 인정하지 않았다.

탕을 두고 있다. 어쨌든 프랑스가 병합금지를 억지로 미는 이유는 두 가지이다. 독일이 강한 나라가 되는 것을 저지하는 것이 첫 번째 이유이며 오스트리아를 가까운 시일 안에 프랑스·유럽동맹의 일원으로서 남겨둘 수 있다는 것이 두 번째 이유이다.

로마 입장에서는 빈에 프랑스가 미치는 영향이 독일의 영향보다 본질적으로는 결정적이라는 착각에 빠져들지 않길 바랐다. 여기에서는 이탈리아의 영향에 대해서 말하지 않겠다. 프랑스는 국제연맹을 빈으로 옮기려 하고 있다.[74] 그 계획을 낳게 되는 의도는 이 도시 자체가 국제적인 성격을 강화해 그 본질과 문화가 오늘날 빈의 분위기에, 독일제국의 본질보다도 더욱 강한 영향을 주고 있는 나라와 결부시키려는 데에 있다.

게다가 오스트리아 여러 지방에서는 처음부터 병합 방침을 진지하게 받아들이고 있었던 반면 빈에서는 그렇지가 않았다. 그 반대였다. 빈에서 실제로 병합 의견을 표명하는 사람이 있다고 한다면, 그는 경제적인 문제를 해결하고 싶어서였을 것이다.

왜냐하면 프랑스는 오히려 이 작은 채무국가를 돕기 위해 달려갈 준비가 되어 있었기 때문이다. 그러나 오스트리아연방의 내적 강화가 진행되어 빈이 그 완전한 지배적 위치를 회복하는 데 비례해서 병합사상은 차츰 시들해져 갔다. 그것에 더해서 빈의 정치는 더욱더 반이탈리아, 특히 반파시즘으로 흘러갔다. 오스트리아에서의 파시즘은 프랑스에 전보다도 더 강하고 명확하게 공감했던 것이다.

그 무렵 병합이 다행히 부분적으로는 이탈리아의 지원을 얻어 성공하지 못하고 끝난 것은, 프랑스에게는 장래의 동맹 체계에서 프라하와 유고슬라비아 사이의 빠진 부분을 메울 가능성을 남기고 있다.

이탈리아의 독일과 오스트리아 병합 방해는 심리적 이유로 보아도 잘못되고 있었다. 분할된 오스트리아 국가가 작은 채로 있으면 있을수록 물론 외교목표는 더 제한되어 있었다. 겨우 ……제곱킬로미터 영토와 ……100만 명 인구밖에 갖지 않은 국가[75]가 영토정책상 커다란 목표를 가졌다고는 상정할 수 없다. 만일 독일계 오스트리아가 1919년, 1920년에 독일에 편입되어 있었다면,

74) 이 계획은 1928년에 명확해졌다.
75) 1923년 오스트리아 영토는 8만 3838제곱킬로미터, 인구는 653만 4481명이었다.

정치사상의 경향도 독일의 거의 7000만을 안은 민족의 크기가 된다. 적어도 가능한 정치 목표로 차츰 규정되었을 것이다. 그 무렵에는 그것이 방해가 되어 실현하지 못했다. 그것으로 인해서 보다 큰 목적으로 지지된 외교사상의 방향조차 아기자기한 옛 오스트리아 재건사상에 갇히고 말았다. 그렇기 때문에 남티롤 문제는 이런 중요한 위치로까지 높여진 것이다. 오스트리아 국가 자체는 작다. 그러나 그 작음에 맞추어서 적어도 서서히 전 독일 정치사상에 해를 끼칠 수 있는 외교사상 담당자가 될 정도로 이 나라는 큰 것이다. 오스트리아 국가의 정치사상이 영토적 제한으로 말미암아 한정되면 한정될수록 이 정치사상은 자국에는 의미를 갖지만, 독일 국민에게는 독일 외교 형성에 결정적이라고는 생각되지 않는 여러 문제에 최종적으로 더욱더 빠져들게 하는 것이다.

이탈리아는 유럽에서 프랑스의 동맹 체계에 제동을 걸기 위해 독일의 오스트리아 병합에 찬성하지 않을 수 없다. 양국이 하나의 대제국으로 합병한 결과로서 독일 국경선정책의 한 부분으로서의 다른 과제를 제시하기 위해서도 그렇게 하지 않을 수 없다.

그리고 일찍이 이탈리아가 병합에 반대한 여러 이유는 분명하지 않았다. 오늘날 오스트리아도, 오늘날 독일도 현재 이탈리아에게는 군사적 위협이 될 수는 없다. 프랑스가 획책을 해 오스트리아도 독일도 참가하는 반이탈리아 총동맹을 유럽에 형성하면 오스트리아가 독립해 있건, 독일의 한 지역으로 있건 군사상황에 변화는 생기지 않는다. 더욱이 사람들은 그런 작은 나라의 실제상의 독립에 대해서는 화제에도 올리지 않는다.

오스트리아는 언제나 어딘가 대국의 허리에 붙어 있다. 스위스는 반증이되지 않는다. 왜냐하면 국가로서의 스위스는 국제 간 교통을 근거로는 삼고 있지만, 독자 생존가능성을 언제나 유지하고 있기 때문이다. 그것이 오스트리아에게는 안 된다. 이 나라에서는 수도에 인구가 지나치게 집중되어 있고, 따라서 나라가 불안정해질 수도 있기 때문이다. 이 오스트리아가 이탈리아에 대해서 어떤 태도를 취하건 이미 그것이 존속하고 있다는 사실이 체코슬로바키아의 군사적 전략 상황을 경감하고 있다. 그리고 체코슬로바키아는 언젠가 때가 오면 그 자신은 아주 당연하게 이탈리아 동맹국이 되는 헝가리와 대립할 것이다.

군사적·정치적인 두 이유에서 보아 이탈리아인은 병합금지를[76] 합목적적으로 하지 않더라도 적어도 의미 없는 것으로 생각하는 방침을 채택하는 것이 상책이다.[77]

---

76) 초고는 번역대로인데 W판은 여기에 '비(非)'로 부정사를 넣는 것이 타당하다고 해석한다.
77) W판 주에 따르면 여기에는 이탈리아의 태도에 대한 히틀러의 착각이 명확하다. 1934년 병합 문제는 오스트리아 내에서 나치 테러로 말미암아 독일과 이탈리아가 대립관계로 접어든다.

제14장
남티롤 문제의 본질, 독일 외교의 추태

처음에 남티롤 문제가 생긴 것이 실제로는 누구 탓이었는지 이것을 상세하게 논하지 않고 이 장을 닫을 수는 없다.

우리 국가사회주의자들은 국법에 따라 결정을 내린다. 적어도 나는 몇백 만이나 되는 독일인을 전장으로 내몰고 더구나 그들이 흘린 피의 희생에 걸맞은 성과를 독일에는 가져오지 못하고 프랑스의 이익으로 돌아가는 것과 같은 사태에는 단호하게 반대한다. 나는 또한, 국가의 명예라는 관점을 여기서 결정적으로 인지하려고도 생각지 않는다. 왜냐하면 이런 관점에서 본다면 프랑스로 진군하지 않을 수 없게 되기 때문이다. 프랑스는 독일의 명예를 모든 행위에서 이탈리아와는 완전히 정반대로 떨어뜨리고 있기 때문이다.

나는 이미 이 책 '머리말'[1]에서 국가의 명예라는 개념을 외교의 기초로 하는 가능성에 대해서 기술했다. 그렇기 때문에 여기에서 새삼 더욱 입장을 명확히 할 필요는 없다. 우리의 항의전문연맹은 우리의 태도가 남티롤을 배신하거나 단념하거나 하고 있다고 말하려 한다. 우리의 행동이 없었으면 남티롤은 처음부터 상실되지 않았다거나, 가까운 시일 안에 다른 티롤에 반환될 것이라는 이야기라면, 그 변명도 틀린 것은 아니다.

그러므로 나는 남티롤을 배신한 것은 누구인지, 누구의 대응 탓으로 독일이 남티롤을 잃게 되었는지를 여기에서 다시 한 번 상세하게 검토해 두고자 한다.

1) 남티롤이 배신을 당해 사라지게 된 것은 오랫동안 평화가 지속되면서, 유럽에서 독일의 주장에 필요한 독일 민족의 군비를 축소하거나 완전히 거부

---

1) 여기에서 히틀러는 '머리말'로 쓰고 있는데 히틀러의 착각이다. 내용으로 보면 제8장의 일부를 가리키고 있다.

함으로써 결정적인 시기에 독일 민족이 승리하는 데에 필요한 힘과 남티롤을 유지하는 데에 필요한 힘을 빼앗은 여러 정당의 활동에 따른 것이다.

2) 이들 정당은 오랜 평화 속에서 우리 민족의 도덕적 도의적 기반을 무너뜨리고 자기방위권에 대한 신뢰를 파괴했다.

3) 이른바 국가 유지적, 국민적 정당으로서 이들 행동에 관심을 기울이지 않고, 또는 적어도 진지한 대항책을 제시하지 않고 방관으로 일관하는 정당도 함께 남티롤을 배신했다. 그들은 간접적이기는 하지만 우리 민족의 군비 축소에 공동책임이 있다.

4) 남티롤이 배신을 당해 사라지게 된 것은 독일 민족을 합스부르크 대국 이념의 몸종으로 전락시킨 정당 활동에 따른 것이다. 그들은 독일 외교에 우리 민족의 국민 통일이라는 목표를 제시하는 대신에 오스트리아 국가유지를 독일 국민의 과제로 간주했다. 이로써 이미 평화시에 수십 년에 걸쳐서 합스부르크의 계획적 탈독일화를 방관, 조장했다. 이로 인해 그들은 오스트리아 문제를 독일이 직접 나서서, 또는 적어도 독일의 결정적 참여하에 해결할 수 있도록 행동을 취하지 못했다는 점에서 공동책임이 있다. 그렇지 않았다면 남티롤은 확실하게 독일 민족 손에 남아 있었을 것이다.

5) 독일의 외교정책은 전반적 목표나 계획이 없었다. 그 결함은 1914년 합리적인 전쟁 목표를 확정하는데도 영향을 미쳤고 심지어 그것을 방해했다. 그 탓으로 남티롤은 사라졌다.

6) 전쟁 중에 독일의 군비력과 공격력 강화에 조금도 힘을 기울이지 않았던 자들에 의해서 남티롤은 배신당했다. 독일 군비력을 의도적으로 마비시킨 자들에 의해서도, 그 마비를 용인한 정당에 의해서도 배신당했다.

7) 남티롤이 사라진 것은 전쟁 중에조차 독일 외교의 새로운 방침을 작성하지 못함에 따라, 합스부르크 강국 유지책을 포기하여 오스트리아 내 독일인을 구제하는 정책을 채택하지 못한 탓이다.

8) 남티롤이 허물어지는 배신을 당한 것은 전시 중에 승리하지 못해도 평화를 얻을 수 있다는 희망을 위조해,[2] 독일 민족의 도덕적 저항력을 무너뜨려 싸울 의지를 표명하지 않고, 독일에게는 불행이라 할 수 있는 화평책을 주

---

2) 제28대 미국 대통령 윌슨은 1917년 1월 22일 상원회의에서 실시한 연설에서 "그들이 먼저 추구하고 있는 것은 승리가 아닌 평화임에 틀림이 없다"고 말했다.

도한 자들의 활동에 따른 것이다.

9) 남티롤이 사라진 것은 협상에 제국주의적 목적은 인정되지 않는다고, 전쟁 중임에도 불구하고 독일 민족을 속임으로써 우리 민족을 들뜨게 해 저항의 절대필요성을 느끼지 못하게 했으며 결국에는 자국의 경고파보다도 협상파를 신뢰하고 만 정당과 개인의 배신행위 탓이다.

10) 남티롤은 고국의 조달에 의존하던 전선의 피폐와 거짓으로 굳어진 우드로 윌슨의 성명에 오염된 독일사상에 의해 사라졌다.

11) 남티롤이 배신당해 사라지게 된 것은 병역 거부에서부터 군수산업 파업[3]에 이르는 모든 수단을 악용해 용감하게 싸우면 승리할 수 있다는 생각을 군대로부터 송두리째 계속해서 빼앗아 온 정당과 개인의 활동 탓이었다.

12) 남티롤이 배신당해 사라지게 된 것은 11월 범죄 조직의 활동에 따른 것이고, 이 파렴치한 사태를 이른바 국가 유지적 국민 세력이 비열하게도 용인해 왔기 때문이다.

13) 남티롤이 배신당해 사라지게 된 것은 붕괴 뒤에 독일 명예를 더럽히고 우리 민족의 명성을 전 세계가 보는 앞에서 파기함으로써 우리의 적에게 요구 확대의 기회를 제공한 정당과 개인의 파렴치한 행위 탓이다. 그리고 곳곳의 저속함과 비열한 테러 앞에 한 조각 긍지도 없이 백기를 든 애국동맹이나 국가적·시민적 정당의 비참한 비겁 탓이다.

14) 남티롤이 배신당해 사라지게 된 마지막 이유는 강화조약 조인[4]과 동시에 그 지역 상실을 법적으로 인지한 탓이다.

독일의 모든 정당이 이런 모든 사태에 책임이 있다. 어느 정당은 확실하게 의식하고 또한 원해서 독일을 파멸시키고 다른 정당은 그림에 그린 것과 같은 무능력과 천하에 알려진 비겁 때문에 독일의 장래를 파멸시키고 있는 자들을 방해하지 않았을 뿐만 아니라 반대로 내정과 외교에서의 외교력 부족 탓에 우리 민족의 적대자들이 이익을 보는 역할을 수행한 것이다. 비열·겁약(怯弱)·저속·우매, 이 네 요소를 모두 갖추고 몰락해 간 민족은 독일 말고는

---

3) 1918년 1월 28일부터 2월 4일에 걸쳐 베를린 등 도시에서 파업이 있었다.

4) 1919년 6월 베르사유에서 대독 강화조약, 9월 생제르맹앙레에서 대(對) 오스트리아 강화조약이 체결되었다.

없다.

최근 미국의 첩보기관 책임자 프린 씨[5]가 전시 중 회상록을 출판했다. 그 것으로 옛 독일 외교 분야에서의 활동과 작업을 잘 알 수 있다.[6]

그런 것에 대해서 더 널리 알리기 위해 나는 여기에서 시민적·민주적 기관 의 일단을 말하기로 한다.[7]

이것이[8] 오늘의 뮌헨 최신 정보의 기사이다. 이 인물이 전쟁 전 독일 외교 의 전형적인 대표자였다. 그리고 그것이 아직 공화국에서 독일 외교의 전형 적 대표자이기도 하다. 다른 나라라면 헌법재판소에 의해 교수형에 처해졌을 인물이 제네바의 국제연맹 독일대표[9]이다. 이런 인간들이 독일 파멸에, 동시 에 남티롤 상실에 책임과 죄가 있는 것이다. 그들만이 아니다. 그런 상태를 불 러일으키거나 은폐하거나, 말없이 받아들이거나, 그것과 격렬하게 싸우지 않 았던 정당이나 개인도 공범이다.

이제 와서 뻔뻔스럽게도 새삼 세상을 속이려 하고 타인을 남티롤 상실의 책임자로 내세우려 하는 자들은 먼저 자신이 남티롤 유지를 위해 무엇을 했 는지에 대해서 자기변명서를 제출해야 한다.

어쨌든 나로서는 긍지를 가지고 자랑할 수 있다. 나는 제 몫을 하는 사내 가 된 이래 우리 민족 강화에 참가했고 전쟁이 발발했을 때에는 독일 서부전 선에서 4년 반에 걸쳐 싸우고 전쟁 뒤에는 독일에 불행을 가져온 부패분자와 의 싸움에 세월을 보냈다. 나는 이때부터, 조국 독일에 대한 배신자와는 내정

---

5) 윌리엄 제임스. 1867~1928. 1917년 미국 비밀검찰부 부장. 1919~1921년 법무부 조사국 국장.

6) W판에 따르면 프린의 '도청 전화를 폭로한다'가 1928년 6월 2일자 〈리버티〉지에 실렸다. 제1 차 세계대전 중 주워싱턴 독일대사관을 미국의 국토안전부 비밀수사국이 도청한 상황을 보 고했다. 대화의 대부분은 독일 외교관의 과오보다도 많은 미국인 여성의 어리석음에 관한 보고였다. 독일 외교관은 정치 문제에 관해서는 아주 신중한 발언밖에 하지 않았다.

7) 초고 306쪽은 11행째인 이 글로 끝나고 있다. 12행 뒤로는 공백이다. 이 역서에서는 1행만이 비어 있다. W판은 히틀러가 이곳에 삽입할 예정이었던 것으로 추측되는 기사를 싣고 있다. 그 장문 기사는 생략한다.

8) 초고에는 '오늘'로 되어 있으므로 이 구술은 6월 26일이거나 27일에 이루어진 것으로 보인다. 그러나 실제로는 6월 말에서 7월 초에 걸쳐 이루어졌다. 이 '오늘'은 말 그대로는 풀이할 수 없다.

9) 그 무렵 국제연맹 독일대표는 베른슈토르프였다.

에 관해서건 외교에 관해서건 타협하지 않고 있다. 가까운 시일 안에 그들을 깡그리 없애버리는 것이 나의 평생 작업의 목적이고 국가사회주의 운동의 과제임을 의연하게 선언해 둔다.

나는 겁약한 시민주의자인 들개들이나 애국동맹자들의 욕설도, 짖어대는 소리처럼 태연하게 흘려보낼 수 있다. 나에게 있어서는 말할 수 없을 만큼 경멸의 대상일 뿐인 이 멍청이들이 바닥 모를 두려움을 갖고 있다는 것을, 나는 너무나도 잘 알고 있기 때문이다. 그들 또한 나라는 자를 알고 있다. 그렇기 때문에 그들은 나를 향해 외쳐대는 것이다.

국가사회주의자로서 내가 보기에 오늘날 지난날의 적국그룹에서 벗어나 독일 동맹국이 될 수 있는 나라들 가운데 일순위는 이탈리아이다. 그렇지만 이 동맹관계가 독일에게 전쟁과 직결되어 있는 것은 아니다. 우리에게 바로 전쟁할 군비는 없다.

이 동맹관계가 독일과 이탈리아 모두에게 유익하다고 나는 확신하고 있다. 눈에 보이는 직접적인 유익성을 이 동맹에서 바로 얻지 못했다고 해도 두 국가가 언어의 최고 의미에서 가장 그 나라다운 국가 이익을 대표하고 있는 한, 이 동맹관계가 해를 미칠 사태는 있을 수 없다. 독일이 외교정책의 최고 목표를 우리 민족 독립과 자유 유지로 보고 일상생활을 보내는 여러 전제를 이 민족에게 확보하려고 하는 한 그 외교사상은 우리 민족의 영토 부족으로 규정될 것이다. 그런 이유가 있는 한 우리는 우리 진로의 장애물로서 우리를 가로막지 않을 나라와 적대할 내적·외적 이유를 갖지 않는다.

이탈리아가 진정한 국민국가로서 현실적 생존 이익에 봉사하려고 하는 한, 마찬가지로 이탈리아도 영토 부족 때문에 정치사상과 행동을 자국의 영토 확대에서 찾지 않을 수 없다. 이탈리아 민족이 보다 국가적이고, 보다 자랑스러우며, 보다 독립적이길 바란다면 그 발전 때문에 독일과 대립할 가능성은 더욱더 적어지게 될 것이다.

양국이 이익을 가지고 있는 지역은 다행히 멀리 떨어져 있으므로 두 나라 사이에 마찰이 생길 구역은 없다.[1]

국가를 의식하고 있는 독일과 마찬가지로 자존심 강한 이탈리아와는 이익 공동체에 입각한 성실하고 상호적인 우호관계를 통해서 세계대전이 남긴 상

---

1) 히틀러는 여기에 표시되어 있는 생각과 자신의 영토정책에 의거해 제2차 세계대전의 지중해 주변 전투를 처음에는 완전히 무솔리니의 손에 맡기고 있었다.

처를 치유할 수 있다.

그것으로 인해서 남티롤은 언젠가는 두 민족에게 도움이 되는 높은 사명을 충족시켜야 할 때가 올 것이다. 이 지역의 이탈리아인과 독일인이 자기 민족에게 주어진 책임을 온몸으로 맞이하고 이탈리아와 독일이 해결해야 할 위대한 과제를 인식하고 이해하는 것이라면, 언젠가 이탈리아와 독일 국경에 성실한 상호관계의 다리를 놓는다는 고차원 사명 앞에 일상의 사소한 다툼은 무산될 것이다.

물론 나는 이것이 현재 독일 정권 아래에서 가능하다고는 생각지 않는다. 마찬가지로 이탈리아가 파시즘 정권이 아니라면 불가능하다. 오늘날 독일 정치를 규정하고 있는 세력들이 바라고 있는 것은 독일의 재기가 아닌 우리의 파멸이기 때문이다. 마찬가지로 오늘날 이탈리아 파시즘 국가는 망하면 좋다고 생각하고 있으므로 온갖 수단을 강구해 두 민족을 증오와 적의라는 파국으로 내몰려 하고 있다. 프랑스는 그와 비슷한 말이라면 어떤 입에서 멋대로 나오는 발언이라도 받아들여 자기에게 유리하도록 이용할 것이다

독일이 국가사회주의 국가가 되어 처음으로 파시즘 정권의 이탈리아와 마침내 동의에 이르는 길을 발견해 두 민족이 서로 무기를 손에 잡는 위험성을 최종적으로 배제한다. 그리고 이 오랜 유럽은 정치 체계에 지배된 지역으로서 우리가 내다볼 수 있는 시대 속에서는 변하지 않고 이어질 것이다. 유럽의 일반적인 민족제도는 언젠가는 해체된다. 그 계기를 지니고 있는 것은 제국을 잇따라 말려들게 하고 있는 유대적·마르크시즘적 볼셰비즘 체제, 여러 세력의 자유로운 변화 속에서 저마다 민족의 인구수와 중요성에 따라서 유럽에 자국을 각인시키는 자유롭고 구속이 없는 국민국가체제 두 가지 모두이거나 어느 한쪽이다.

유럽 내에서 파시즘이 이념으로서 고립되어 있는 것은 파시즘으로서도 바람직하지는 않다. 이것을 낳게 된 사상세계가 보다 일반적이거나, 이탈리아가 언젠가는 다시 유럽의 다른 일반적인 사상에 먹히거나 어느 한쪽이다.

제16장
민족의 건강한 피와 살

독일의 외교상 가능성을 상세하게 검토해 보면, 유럽에서 앞으로 가능한 가치가 높은 동맹관계를 맺을 나라는 사실상 이탈리아와 영국 두 나라밖에 없다. 영국과 이탈리아의 관계는 아마 오늘날에도 양호하고, 내가 이미 다른 곳에서 말한 이유 때문에 가까운 장래에 그곳에 그림자가 드리우게 되는 일은 없을 것이다. 두 나라 사이에 먹구름이 낄 조짐은 보이지 않는다. 이것은 양국 간 상호공감에서 얻어진 관계는 아니다. 무엇보다도 이탈리아의 현실적인 협의 관계에 대한 이상적 평가에 바탕을 두고 있다. 탐욕스럽게 그칠 사이 없이 유럽에서의 주도권을 추구하는 프랑스에 대한 반감은 양국에 모두 존재한다. 이탈리아로서는 그것으로 인해서 유럽에서의 생사가 걸린 이익이 손상되기 때문이고, 영국으로서는 유럽에서 프랑스가 힘을 갖게 되면 오늘날에는 그 자체로도 완전하다고 할 수 없는 영국인의 해상지배에 새로운 위협이 더해지기 때문이다.

암묵적이지만 이 이익 공동체에 이미 스페인과 헝가리도 가담하고 있다. 스페인은 북아프리카에서의 프랑스의 식민지 활동에 불신의 눈을 돌리고 있고[1] 헝가리는 프랑스의 지원을 받고 있는 유고슬라비아를 적대시하고 있기 때문이다.

국제연맹 안에서의 힘의 관계가 변화되거나 그렇지 않으면 국제연맹 밖에서 특정한 힘의 요소를 발전시키거나, 어느 한쪽이 만들고자 하는 유럽에서의 새로운 국가연합에, 만일 독일이 참가할 수 있게 되면 장래의 활발한 외교활동을 위한 내적(內的) 조건의 첫걸음을 뗄 수 있을 것이다. 그때에 베르사유 조약이 우리에게 지우고 있는 비무장 상태, 따라서 실제 무방비 상태는

---

1) 영역본 주석에 따르면, 20년대 프랑스와 스페인은 오히려 협력관계에 있었다.

느릴망정 종막을 맞이한다. 이것은 이제까지의 전승국 연합이 이 문제로 분열이라도 할 것 같은 사태가 발생한다면 가능하다. 러시아와 동맹해도, 이른바 비억압 제국과의 연계에 의해서도 일찍이 전승국 연합에 의해서 우리를 압박하고 있는 공동전선에 대항할 수는 없다.

먼 장래에는 높은 국가가치를 지닌 개별국가로 구성되는 새로운 민족연합도 가능하다. 그렇게 되면 미국의 세계제압 위협도 배제할 수 있다. 내가 보기에 오늘날 여러 국민의 머리를 아프게 하는 것은 영국의 세계 지배 계속이 아니고 미국이라는 세계 지배 세력의 출현이다.

범유럽주의는 이 문제를 해결할 수 없다. 이익지역이 겹치지 않고 일찍이 경계를 명확히 설정한, 자유롭고 구속 없는 국민국가군으로 이루어지는 유럽만이 해결할 수 있다.

그때에 비로소 독일은 프랑스가 자국에서 한 걸음도 나가지 않겠다는 뜻의 보증을 얻게 됨과 동시에 새로운 방위력이라는 버팀목을 얻게 되어 영토 부족 해결의 길로 나아갈 때가 다가왔다고 말할 수 있다. 우리 민족이 동부 획득이라는 이 커다란 영토정책 목표를 채택한다면 독일 외교정책은 명확해지고 안정될 것이다. 그 외교로 인해서 적어도 가까운 장래 동안에는 우리 민족을 최종적으로 세계대전에 휩쓸리게 하고 만 것과 같은 정치적 오류를 피할 수가 있다. 그때에는 매일처럼 시끄러운 외침이나 성과 없는 경제정책, 국경선정책에 지배되는 시대는 막을 내리고 있을 것이다.

그러나 그렇게 되면 독일은 내정에서 그 수단을 집중적으로 활용해야 한다. 육군과 함대를 로맨틱한 요청에서가 아니라 실천적 요구에 따라서 정비하고 조직해 두는 것으로 인식해 두어야 한다. 뻔한 일이지만 독일이 다시 탁월하고도 강력한 육군을 만드는 것이 우리의 주요과제가 될 것이다. 왜냐하면 우리의 장래는 해상이 아니고 대륙에 있기 때문이다.

이 원칙의 중요성이 완전히 인식되고 그 인식에 따라서 우리 민족의 영토 부족이 동부에서 대규모로 해소될 때에 비로소 독일경제는 우리의 머리 위에 몇천의 위기를 불러들이고 있는 세계 불안 요소일 수 없게 된다. 이 인식은 적어도 우리의 국내 문제 해결에 특히 유효하다. 자신의 후계자를 대도시에 공장 노동자로 보낼 필요가 없고 자유로운 농민으로서 토지에 정착시킬 수 있는 민족이라면, 독일 산업의 국내 수요를 확보할 수 있다. 이처럼 국내에 수요가 있으면 독일 산업은 양지바른 좋은 장소를 찾아 다른 세계에서 펼쳐지고 있는 다툼이나 싸움에서 차츰 손을 빼고 거기에서 해방될 것이다.

그 진전을 준비하고 언젠가 그것을 실행하는 것이 국가사회주의 운동의 과제이다. 이 운동은 그 세계관에 바탕을 둔 사상권으로서도 외교정책을 우리 민족의 재조직에 도움이 되게 해야 한다. 여기에서도 투쟁은 여러 체계를 추구해서가 아니라 생활하고 있는 민족을 위해, 육체와 피의 유지를 위해 이루어진다는 원칙이 확인되어야 한다. 그리고 신체가 건강한 결과로서 정신적으로도 건강할 수 있기 위해 일상의 빵이 부족해서는 안 되는 것이다.

이 운동은 내정개혁 투쟁에서는 몇천이나 되는 장애와 몰이해와 악의를 뛰어넘어 나아가야 하는 것처럼 외교정책에서는 마르크시즘의 조국에 대한 의도적인 배신을, 그리고 우리의 국민적·시민적 세계의 무가치하고 유해한 관념과 강령을 제거해야 한다. 이 운동이 가지는 투쟁의 의미에 대한 이해가 일시적으로 작으면 작을수록, 언젠가 얻게 될 그 성과는 점점 거대해진다.

제17장

유대인과의 투쟁

오늘날 독일이 동맹국으로서의 이탈리아를 첫째로 생각하게 되는 이유는 이 나라에서만 내정과 외교정책이 순수하게 이탈리아 국가 이익에 의해서 규정되어 있다는 사실과 결부되어 있다. 그러나 이탈리아 국가 이익과 독일의 이익이 서로 모순되지 않으며, 반대로 독일의 이익 또한 이탈리아 국가 이익과는 모순되지 않는다.

그것은 다음 이유로도 중요하다.

독일과 전쟁을 한 것은 일부 나라가 독일 붕괴에서 직접 이익을 얻는 강력한 세계연합이었다. 적지 않은 나라에서는 진실로 그 민족의 내적인 이해에서 생긴 것은 아니지만 얼마간은 도움이 될지도 모르는 여러 영향을 표준으로 전쟁 참가 태도를 결정하고 있었다. 거대한 전쟁 선전이 시작되자 그런 민족의 여론을 흐리게 하고 말아 그런 민족 자체에는 부분적일지라도 아무런 이득도 가져오지 않을 것 같은, 이익은커녕 때로는 바로 진정한 이익에 반하기조차 하는 것 같은 전쟁에 열광하도록 한 것이다.

이 거대한 전쟁 선전을 불러일으킨 힘이 국제적 세계 유대인이었다.[1] 이들 나라 대부분은 자국의 이익이라는 관점에서 보면 전쟁 참가가 의미가 없으면 없는 만큼, 세계 유대인의 이익이라는 관점에서 고찰하면 전쟁 참가는 의의가 있고 논리적으로 정당하기도 했다.[2]

유대인 문제 자체에 대해서 논하는 것은 여기에서 내 과제는 아니다. 그것은 이렇게 짧게, 또한 응축시켜야만 하는 논술의 테두리 내에서는 무리이다. 다만 깊은 이해를 얻기 위해 아래의 점은 지적해 두고 싶다.

---

1) W판은 이하 유대인론을 이 책의 중요한 부분으로 자리매김하고 있다.
2) W판에 따르면 이곳의 기술은 다 아는 사실과 다르다. 더욱이 제1차 세계대전에서 유대인은 러시아에서의 유대인 박해에 대한 반감 때문에 오히려 독일과 가까웠다.

유대인은 인종적으로 완전히 통일적이지 않은 핵으로 이루어져 있는 민족이다. 그러나 특별한 본성을 지니고 있으며 그것이 지구상 다른 민족과 유대인을 가르는 것이다. 유대는 종교 공동체는 아니다. 유대인이 서로 종교적으로 결부되어 있다는 것은 실제로는 그때 유대 민족의 국가구조를 말한다. 유대인은 아리아인 여러 국가와 같은 민족에 독특한 공간적으로 구분된 국가라는 것을 가지고 있지 않았다. 그럼에도 유대인의 종교 공동체는 실제 국가이다. 즉 그것이 국가만이 수행할 수 있는 임무인 유대 민족의 유지와 증가 및 장래의 보증을 하고 있는 것이다. 유대인 국가는 아리아인 여러 국가와 달리 공간적 영토라는 경계에 묶여 있지 않다. 이것은 독자적인 영토국가를 건설해 유지할 생산력을 지니고 있지 않았던 유대 민족의 본질 때문이다.

어느 민족이나 지상에서의 모든 행위의 기본 방향에서는 자기 자신을 유지할 소망을 활동력으로 삼는다. 유대인도 마찬가지이다. 아리아계 여러 민족과 유대 민족은 근본적으로 다른 소질을 지니고 있어 그것에 대응해 생존 투쟁 형식도 달라지고 있다. 아리아인의 생존 투쟁의 기반은 토지이다. 아리아인은 땅을 일구어 먼저 여러 민족의 생산력에 의해서 그 토지를 국내 순환 속에서 자신들의 요구를 만족시키는 경제의 일반적인 터전으로 삼고 있다.

유대 민족은 독자 생산능력이 없기 때문에 공간적으로 이해되고 있는 종류의 국가를 형성할 수 없다. 자체 생존기반으로서 타국민의 창조적 활동과 노동이 필요하다. 그러므로 유대인 자신의 존재가 타민족의 생존을 해치는 기생충적 존재가 된다. 곧 유대인 생존 투쟁의 최종 목표는 생산적 활동을 하고 있는 여러 민족을 노예로 삼는 데에 있다. 이 목표는 실제로 어느 시대에서나 유대인의 생존 투쟁에서 보게 되는데 그것을 달성하기 위해 유대인은 그 본질의 집합체 전체에서 보게 되는 온갖 무기를 사용한다.

내정(內政)에서 유대인은 개별 민족 내부에서 먼저 권리 평등을 요구해 싸우고, 그것이 끝나면 우월적 권리를 요구한다. 그때에 사용하는 무기는 이 민족의 본질에 뿌리내리고 있는 교활·교지(狡知)·의태(擬態)·책략·간계 등 여러 특성이다. 그 특성은 다른 민족의 군사전략에서는 검의 싸움에서 발휘되는데 유대인은 생존 유지를 위한 투쟁의 군사전략에 나타난다.

외교에서 유대인은 여러 민족을 불안에 빠뜨리고 진정한 이익과는 다른 방향으로 이끌어 서로 싸우게 하며 그렇게 해서 돈의 힘과 선전의 도움으로

서서히 지배자가 되려고 한다.

그 최종 목표는 탈국민화이고, 타민족과의 교잡(交雜)이며, 최고 민족의 인종 수준을 저하시키는 데에 있다. 민족적 지식계급을 근절하고 인종을 뒤섞음으로써 자기의 민족 소속자로 그 지식계급을 대신하게 하려는 것이다.

유대인의 세계 투쟁은 그렇기 때문에 언제나 피비린내 나는 볼셰비즘화로 끝날 것이다. 곧 본질은 민족과 결부되어 있는 그 민족 독자의 정신적 지도층 파괴이다. 그에 따라서 지도자를 잃은 인간들의 지배자로 유대인 자신이 오를 수가 있는 것이다.

그때에 유대인을 보조하고 있는 것이 겁약, 우매, 열악함이다. 교잡에 의해서 유대인은 다른 민족체에 침입하는 첫걸음을 확실히 내딛고 있다.

유대인 지배의 최후는 언제나 개별 문화의 쇠퇴이고 유대인 자신의 광기이다. 왜냐하면 유대인은 민족의 기생충이고 그들의 승리는 곧 희생된 민족의 사멸이며 그들 자신의 마지막이기 때문이다.

고대 세계가 몰락하면서 젊고 부분적으로는 전혀 타락을 모르는 인종적 본능을 확실하게 지니고 있는 민족이 유대인과 대립하기에 이르렀다. 그들은 유대인 침입을 계속 거부했다. 유대인은 외래자이고 거짓말도 의태(擬態)도 거의 1500년간에 걸쳐서 그 효과를 올리지 못했다.

먼저 봉건지배와 영주통치가 유대인을 억압받는 사회층의 전투에 참가시켜 순식간에 이 전투를 유대인의 전투로 바꾸고 마는 것과 같은 일반적 상태를 만들었다. 프랑스 혁명에 의해서 유대인은 시민적 평등권을 얻었다. 그에 따라서 유대인이 여러 민족 내부에서 정치적 권력을 향해 나아가는 발판이 마련된 것이다.

19세기가 이식(利息) 사상에 입각한 대금(貸金)자본 확대에 의해서 유대인에게 여러 민족의 경제 내에서의 지배적 위치를 부여하고 있다. 주(株)를 경유해 유대인은 최종적으로는 생산 현장의 대부분을 소유하기에 이르고, 주식거래소 지원을 얻어 차츰 공적인 경제적 생존의 군주일 뿐만 아니라, 정치적 생존의 지배자가 되는 것이다. 이것은 프리메이슨의 지원을 얻고 있는 여러 민족의 정신적 타락과 유대인 의존을 강화하는 신문 기능의 도움으로 지지되고 있다. 일찍이 시민계급이 봉건지배를 파괴하는 요소였던 것처럼, 유대인은 시민적인 정신지배를 파괴하는 잠재력을 신흥 육체노동자인 제4계급에서 발견하는 것이다. 그때 시민계급의 우둔, 무례하고 후안무치함, 탐욕스런 금전욕, 겁약, 이런 것들이 유대인에게 도움을 주고 있다. 그들은 육체노동 계급을 특별계급으로 만들어 국민적 지식계급과 싸우게 하는 것이다. 마르크시즘이 볼셰비즘 혁명의 정신적 아버지가 된다. 그것이 테러의 무기이다. 유대인은 그 무기를 이제는 가차 없이 냉혹하게 사용하고 있다.

세기가 바뀔 무렵에 유럽에서 유대인의 경제 장악은 거의 완료되었다. 그들은 이제 정치적 보증을 요구하기 시작한다. 곧 국민적 지식계급을 근절하려는 첫 시도는 혁명의 형식으로 나타나고 있다.

유럽 여러 민족의 긴장관계 대부분은 영토 부족 때문인데, 유대인은 계획적으로 세계대전을 부추기고 이 긴장을 자신에게 유리하게 이용하고 있는 것이다.

그 목적은 국내에서는 반유대적 국가인 러시아 파멸이고 행정과 군대에서는 아직 유대인에게 저항을 계속하고 있는 독일제국 파멸이다. 더 큰 목표는 유대인에게 의존하고 유대인 주도를 취지로 삼는 민주제가 아직도 하위에 머무르고 있는 왕정 전복이다.

이런 유대의 투쟁 목표는 부분적으로는 남김없이 달성되었다. 차리즘과 독일의 황제제도는 타도되었다. 볼셰비즘 혁명의 지원을 얻어 비인간적인 박해와 살육으로 러시아 상층계급 및 러시아의 국민적 지식계급은 살해되고 남김없이 없어졌다. 러시아에서의 주도권을 추구하는 유대인의 투쟁에서는 러시아 민족에게 2800만 명에서 3000만 명에 이르는 사망자를 강요했다.[3] 독일이 세계대전에서 낸 희생자의 15배에 달하는 사망자이다.[4] 혁명이 성공한 뒤 유대인은 규율·도덕·풍속 등의 전체적인 연계를 끊고, 상위의 사회적 관습으로서의 혼인을 파기했으며 그 대신 일반적인 결합을 선언했다.[5] 그 목표는 규율을 무시한 교잡을 권해 자기 자신의 손으로 주도권을 장악하려면 무능한,

---

3) 러시아가 제1차 세계대전, 내전, 반란, 음식물 부족, 질병으로 어느 정도의 인원수를 잃었는지 정확하지는 않지만 대략 900만 명 정도로 알려져 있다. 제1차 세계대전에서 약 200만 명, 내전으로 30만에서 100만 명, 망명자도 100만 명에 이르는 것으로 추측된다.
4) 제1차 세계대전에서 독일인 전사자는 약 188만 명, 부상자는 424만 명이었다.
5) 1917년 12월 러시아 정부는 결혼(식)을 종교의식에 따르지 않고 행하도록 결정하고 1918년 4월 혼인법을 정했다. 이것은 양성 평등을 정하고 있다. 1927년 1월에는 내연관계를 인정하고 이혼 조건도 완화했다.

그러므로 최종적으로는 유일한 정신적 요소로서의 유대인을 빼놓고는 존속할 수 없는 것과 같은 전반적으로 가치가 낮은 인간 뒤섞임을 증식하는 것에 있다.

이것이 어느 정도까지 성공하고 있는 것일까. 또 어느 시대에도 볼 수 없었던 이 대단히 무서운 인간 범죄를 자연의 반응력이 어느 정도까지 변경시킬 수 있는 것일까. 이 물음의 답은 장래가 가르쳐 줄 것이다.

유대인은 현재로서는 남은 국가에 똑같은 상태를 가져오려 하고 있다. 이에 관해서는 이른바 국민적 애국동맹이라는 시민적·국민적 여러 정당은 유대인의 그런 시도와 행동을 지지해 은폐하고 있고 다른 한편으로는 마르크시즘, 민주주의, 이른바 그리스도교 중앙당은 공격적 전투부대로서의 역할을 수행하고 있다.

유대인의 승리를 둘러싼 격렬한 투쟁은 현재 독일에서 펼쳐지고 있다. 인간성에 대한 이 저주스러운 범죄와의 투쟁을 혼자서 떠맡고 있는 것이 국가사회주의 운동이다.

지금은 전 유럽의 제국 내에서 일시적으로 정치권력을 잡는 싸움이 표면으로는 나타나 있지 않은데 부분적으로는 조용히 또한 격렬하게 벌어지고 있다.

이 싸움의 결과는 무엇보다 러시아나 프랑스가 아닌 곳에서 명확하다. 프랑스에서는 여러 사정으로 유대인이 유리했으며 프랑스의 국민적 국수주의와는 이익 공동체를 맺고 있다. 그 뒤 유대의 주식거래와 프랑스 군부는 동맹관계에 있다.

이 싸움은 영국에서 아직 결말이 나지 않고 있다. 이 나라에서 유대 침입은 언제나 낡은 브리튼의 전통과 양립할 수 없다. 앵글로색슨의 본능은 날카롭고 활발하기 때문에 유대인의 완전 승리는 있을 수 없다. 어느 부분 유대인은 그 이익을 영국의 이익으로 돌릴 수밖에 없다.

영국에서 유대인이 이기면 영국인 이익은 후퇴할 것이다. 그 사정은 독일 이익에 의해서가 아니라 유대인 이익에 의해서 결정되고 있는 현재 독일을 보면 잘 알 수 있다. 그러나 영국이 이기면 독일에 대한 영국의 태도가 바뀔지도 모른다.

유대인이 우위에 서려는 싸움 결과는 이탈리아에서도 뚜렷하다. 이탈리아에서는 파시즘 승리 덕분에 이탈리아 민족이 승리를 거두었다. 오늘날 이탈리아에서는 유대인이 파시즘에 순응하려고 하겠지만 이탈리아 이외 나라에서의 파시즘에 대한 방침이 파시즘에 대한 유대인의 내적 이해를 그대로 드러내고 있다. 파시즘 부대가 로마 진군을 개시한 그 기념해야 할 날 이래, 이탈리아 운명은 이탈리아의 독자적 국가 이익에 따라 결정된다.[6]

이로 인해 오늘날 이탈리아만큼 독일 동맹국으로 걸맞은 나라는 없다. 우리의 이른바 민족적 여러 단체가 오늘 시점에서 국민적으로 통치되고 있는 유일한 국가를 거부하고 순수 독일 민족파[7]로 일컬으면서 유대인과 짜고 세계동맹에 가입하려고 하는 것은 단지 그들의 끝없는 우매함과 음험하기 이를 데 없는 비열함을 보여주고 있을 뿐이다. 다행히도 이들 어리석은 자들의 시대는 독일에서 등장할 차례를 잃었다.[8] 그와 함께 독일 민족이라는 개념은 하찮고 작은 가련한 쓰레기들과 결부되어 논하게 되는 사태에서 해방되었다. 이에 따라서 이 개념은 영원한 승리를 손에 넣게 될 것이다.[9]

---

6) 이탈리아 파시즘은 반유대주의가 아니었다. 그렇게 행동하는 경우도 있었으나 그것은 인종적 관점에서가 아니라 정치적 판단이었다. 이 점에서 독일 국가사회주의와는 달랐다. 무솔리니는 이탈리아 유대인과는 좋은 관계에 있고 나치 반유대주의를 비과학적이고 비합리적이란 주장을 폈다.

7) 남티롤 문제에 대한 히틀러의 발언은 모욕죄에 해당한다고 해 히틀러를 고소했던 그룹의 한 사람인 폰 그레페는 독일 민족당 국회의원이었다.

8) 앞 주의 독일 민족당은 1928년 5월 총선거에서 한 사람도 당선되지 않았다.

9) 이것으로 초고는 324쪽으로 끝난다. 최종 행으로 하이픈 열이 있다. 본문 기술로 보아도 이것으로 구술은 끝난 것으로 추측된다.

Hitlers Politisches Testament

히틀러 정치적 유언

Adolf Hitler, Martin Bormann, *Hitlers Politisches Testament : Die Bormann-Diktate vom Februar und April 1945*

지하방공호 대본영 '총통의 마지막 말'

1945년 2월 4일부터 26일까지 및 4월 2일

기록자 마르틴 보어만

1장

윌리엄 피트와 윈스턴 처칠—피트는 영국 세계 제국의 길을 개척한 사람, 처칠은 그 매장꾼—이 세계대전과 유럽 및 국제정치에 미친 영향. 유대인과 윈스턴 처칠, 그리고 프랭클린 루스벨트는 1941년 영국에 대해 평화를 불가능하게 했다. 폴란드의 할복적인 행위는 영국의 책임이다. 우리에게 전쟁이라는 판결이 내려졌다. 독일 국민에게 궁핍과 불행이란 늘 새로운 번영이 생겨났을 때이다.

1945년 2월 4일

윈스턴 처칠은 스스로를 두고 윌리엄 피트와 같은 인물이라 생각하고 있다. 이 무슨 교만인가! 윌리엄 피트는 1793년에 서른네 살이었다. 처칠은 나이 많은 노인으로, 소아마비환자 루스벨트가 명령하는 대로 노예처럼 고분고분 순종하며 따르는 기력만 남아 있을 뿐이었다.

이미 겉모습만 비교해 보더라도 윌리엄 피트와 윈스턴 처칠 사이에는 아무런 공통점이 없다. 비교를 하려면 늘 그 시대의 여러 관계 속으로 들어가야 한다.

영국 처지에서 보면 피트는 나폴레옹과의 어떠한 화해도 거부할 필요가 있었다. 그는 완고한 태도로 영국이 세계를 지배하는 역할을 맡기 위한 문을 열었고, 그 결과 영국 국민은 19세기에 이 역할을 완수할 수 있었다. 그것은 생존에 대한 의지를 보여주는 정치였다.

이와 반대로 윈스턴 처칠은 내가 내민 화해 정책을 거부하고, 그로써 영국 국민을 자살과 같은 길로 끌어들여 마침내 나락 끝으로 떨어져 버렸다. 그때 그는 한 가지 잘못을 저질렀다. 그 잘못이란 지난 전쟁의 법칙과 경험에 의해 새로운 전쟁 계획을 세운다고 하는, 특히 옛 참모본부 장교의 특징적인 방식이다. 그러나 과거 시대에 대성공을 거둔 운동방침이라 해서 쉽사리 베껴서는 안 된다.

세계 양상이 급변하고 있는 오늘의 현실은 두 거인, 곧 미국 및 소련의 존재이다. 대(大)피트로 대표되는 영국은 유럽에서 어떠한 주도권도 허용하지 않음으로써 세계의 균형을 유지할 수 있었다. 미국과 소련은 20세기 세계의 정치적인 균형을 확보하기 위해 유럽 통일에 찬동할 것을 처칠에게 강력히 요구해야 했다.

이 전쟁 초기에 나는 영국 수상에게는 이와 같은 광역정책을 이해할 능력이 있고, 또 그 실행도 가능하다는 관점에서 행동하려 노력했다. 처칠 같은 인물도 아마 냉정할 때는 이런 점을 인식했겠지만, 그는 이미 완전히 유대인의 사상에 물들어 있었다. 나는 영국의 자긍심에 손상이 가지 않도록 온갖 수단을 강구했고, 서유럽에서는 모든 최종 판결을 연기했다.

소련에 대한 공격으로 내가 볼셰비즘이라는 종양을 절개했을 때 나는 서유럽이 건전한 상식과 자기보존 본능을 자각하기를 원했다. 스스로 손가락 하나 움직이지 않고 이 숙청의 성과 배당을 받을 기회를 나처럼 세계에 제공하는 것은 어느 누구도 할 수 없는 일이다. 하지만 이처럼 위선적인 패거리들이 너나 할 것 없이 성실한 인간을 박해할 때의 증오는 자기보존 본능보다도 강렬했다.

그러나 나 자신도 한 가지 과소평가한 점이 있다. 그것은 윈스턴 처칠로 대표되는 영국인에 대한 유대인의 커다란 영향력이다. 그들은 같은 하늘 아래서 살 수 없는 적인 나치에게, 이를테면 얼마라도 타협하라 한다면 오히려 대영제국의 행려병사로 죽는 쪽을 선택할 것이다. 그저 살롱 안에서 나누는 반유대인주의라면 그들에게는 아마 아직은 자랑할 여지가 있을 것이다. 그렇지만 세계의 유대인 모두와 그 권력을 뿌리째 제거해 버리려는 나의 흔들리지 않는 의지가 그들의 위장으로 소화할 수 없는 돌이 되어버렸다.

천재 피트, 그는 시대의 요구에 어울리는, 게다가 먼 미래까지 내다보는 정책으로 두각을 드러냈다. 그것은 섬나라 대영제국의 유례없는 부흥의 기초를 마련했고, 그 결과 영국이 지난 세기에 세계 지배를 달성하는 데 커다란 힘이 되었다. 피트의 이 정치적인 겉모습만 어리석게 흉내 내던 처칠은, 바로 그 점 때문에 두렵고 놀랄 만한 어리석음을 저질렀다. 세계는 대(大)피트가 태어난 시대 이후 정지해 있지 않았다! 지난 세기 변화의 속도는 비교적 느린 것처럼 보이지만, 세계대전은 이 변화 속도를 더욱 빨라지게 만들었고, 지금의 전쟁은 그 전조로 우리 앞에 나타났다.

순수한 힘의 정치에서 보면 지난 세기 힘을 지니고 있던 곳은 유럽뿐이었다. 아시아 국가들은 죽은 듯이 잠들어 있었다. 신세계(아메리카)는 유럽의 부속적인 영역에서 좀처럼 벗어나지 못했다. 따라서 막 독립한 13개 영국 식민지의 운명을 예견했던 사람은 아무도 없었다. 13…… 나는 결코 미신을 믿지 않는다. 그러나 미국의 예를 보면서 사람들은 미신을 믿을지도 모른다! 주민 400만도 채 안 되던 이 새로운 나라는 불과 100년 사이에 강력히 성장하여 금세기 초 세계 강국이 되었다.

결정적으로 1930년대 세계 상황은 나폴레옹과 피트의 시대와는 근본적으로 달라져 있었다. 유럽 대륙은 세계대전의 물질적인 대소모전에서 완전히 힘을 다 써버린 결과, 그 지배적인 지위를 상실했다. 유럽은 정치 중심의 하나로 남길 것은 남겼지만, 많은 것 가운데 하나에 불과했고, 유럽의 의미는 더욱 희미해져 갈 뿐이었다. 이와 정반대로 미국의 의미와 아시아적 볼셰비즘 거인국의 의미는 더욱 커져만 갈 뿐이었다. 특히 태양이 뜨는 나라(일본)의 의미도.

유대인에게 중독되어 거의 미국인이 되어버린 술주정뱅이(처칠) 대신, 만일 하늘이 타락한 영국에 제2의 피트를 내려준다면, 이 피트는 그 기회를 올바로 움켜쥐고 유럽의 균형이라는 영국의 전통적인 정책을 세계적인 규모로 다시 써나갈 수 있으리라. 서로 증오와 질투 그리고 적의를 선동하며 항쟁을 영구화하는 대신에, 런던은 유럽의 통일을 촉진시키고 발전시키지는 않더라도, 적어도 실현시키기는 할 것이다. 통일된 유럽을 동맹국으로 대영제국은 이 유럽과 더불어 세계 모든 무역에서 중재재판관의 역할을 완수할 수 있으리라.

그러나 교활한 알뷔용(영국의 가장 오래된 호칭)이 그 역사 속에서 많은 범죄적 행위를 거듭하며 자기 패권을 구축한 것에 대해 하늘이 벌을 내렸다고 생각한다. 영국과 유럽에게 똑같이 결정적인 순간에 처칠이 등장한 것은 운명적으로 주어진 보복이다. 그것이 저 강한 남자, 곧 광범위하게 타락한 지도층의 아군이 애타게 기다리며 의지하고자 했던 저 강한 남자이다! 이 늙어빠진 사기꾼의 손에 대영제국의 운명뿐 아니라 유감스럽게도 유럽의 운명까지 맡겨져 있다.

나는 이따금 자문해 본다. "영국 국민은 타락한 귀족계급의 상층부 어딘가에 전형적인 앵글로색슨의 특성이 아직 남아 있지 않을까? 일찍이 영국이 세계 지배 기초를 구축했고, 바야흐로 지금 이 시각 그 존재가 입증되어야 할 그 특성을 말이다."

나는 그것이 의심스럽다. 만일 그렇지 않으면 지금 이 시각 지도자층의 잘못에 대해 반란이 일어날 것임에 틀림없기 때문이다. 최근 몇 년 사이에 혁명적인 결단을 실행하기 위한 기회가 많이 있었다. 만약 실제로 혁명적인 결단을 했다면 영국은 새로운 실적을 쌓는 정치가 가능했으리라.

영국은 1941년 초 전쟁을 종결시킬 수 있었다. 영국 국민은 런던 상공의 공중전에서 저항 정신과 용기를 입증했다. 나는 피트와 같은 인물이 있었던 옛날 영국이라면 이 화평의 기회를 확실하게 잡았으리라 생각한다. 그러나 유대인과 그 공범자인 처칠과 루스벨트는 그것을 허락하지 않았다.

1941년 봄 화평이 성립되었다면, 유럽 문제에 미국의 개입을 저지하기 위한 마지막 기회를 놓치는 일은 없었으리라. 먼저 유대인의 영향을 배제한 다음, 라이히(1945년까지 독일의 호칭)의 지도 아래 유럽은 머지않아 유일하게 통일된 집단이 되었을 것이다.

프랑스와 이탈리아는 게르만인 국가와의 전쟁에서 패배를 맛보고 두려움에 떨며 달아나는 동시에 대국 지향의 정책을 포기해야 했을 것이다. 물론 이 두 국가는 북아프리카 및 근동에 대한 요구를 단념하고 새로운 유럽을 위해 먼 미래까지 내다볼 수 있는 우호책을, 이슬람 세계와 수립하는 길을 열어가야 했을 것이다. 영국은 유럽의 모든 불안에서 해방되어 자국의 세계 제국 문제에만 전념할 수 있었을 것이다.

결국 라이히는 양면작전의 위험을 무릅쓰지 않고 자기 본디의 과제에 몰입하여 국가사회주의와 내 삶을 건 사명을 달성할 수 있었을 것이다. 볼셰비즘의 섬멸과 동시에 우리 독일 민족의 미래에 꼭 있어야 할 동부에서의 생명권 확립이라는 사명을 말이다.

자연 법칙에는 하나의 논리가 담겨 있는데, 이 논리는 분명 인간의 그것과 일치하지 않는다. 영국과의 타협에 대비하는 한편, 나아가 대영제국의 존속을 보증하기 위한 협력까지 할 작정이었다. 그럼에도 불구하고 내게는 마지막 힌두교도가 근본적으로 이들 오만한 영국인들보다 더 낫다고 생각된다. 독일 민족은 언젠가 벌레 먹은 너덜너덜한 영광의 자리를 영속시키기 위해 책임지지 않고 끝낸다는 것을 행복으로 여겨야 할 것이다. 만일 그렇지 않다면 후세 사람들은 우리의 일을 조금도 허용하지 않으리라.

이 전쟁이 어떤 형태로 끝나건 대영제국의 종언은 오늘 확실하게 예언할 수 있다. 이 세계 제국은 빈사의 중상을 입었다. 그리고 영국 국민에게는 그들의 저주받은 섬 위에서 굶주림과 결핵에 희생될 운명이 기다리고 있을 뿐이다.

영국인의 고집스러운 의식에는 라이히의 영웅적인 항전에 공통하는 점이 조금도 없다. 영국은 자유로운 선택이 가능했다. 이 전쟁에 뛰어들 것을 영국에게 강요한 자는 아무도 없었다. 영국은 스스로 열망하여 전쟁의 길을 선택한 것이 아니라 의도적으로 전쟁을 시작한 것이다. 만일 앵글로 프랑스인의 전쟁 선동자도 이 유대인 앞잡이와 함께 선동당한 것이 아니라 자국의 힘에 의지했다면, 폴란드는 결코 스스로 목숨을 끊는 행동은 하지 않았으리라.

한 차례 전쟁의 광기가 행동을 시작하면서부터 곤경에서 해방될 기회가 영국에 몇 차례 있었다. 폴란드가 섬멸된 후이며, 프랑스가 패배한 후이다. 분명 그것은 영광으로 가득한 퇴각이 아니었다. 그러나 결국 영국은 방법을 선택해야 할 만큼 사치스러운 위치에 놓인 적은 단 한 번도 없었다. 이미 1940년 5월에 파리의 프랑스 정부와 함께 벨기에에 실천한 것처럼, 미리 동맹국의 무능함에 책임을 떠넘기는 것만큼 쉬운 일은 없다. 그러한 경우에 우리는 영국 국민의 체면을 세워주기 위해 늘 최선을 다했다.

1941년 초에는 아프리카에서 영국군 최초의 성과와 회복한 군의 체면을 발판 삼아, 타협에 의한 화평으로 영국이 전쟁에서 발을 빼기에 유리한 기회였다.

그런데 왜 처칠은 실제로 최악의 적보다 더 탐욕스러운 유대적·아메리카적인 연합국의 명령에 자기 나라를 무조건 굴복시켜 버렸을까? 영국은 자국을 위해 싸운 것이 아니다. 영국이 싸우고 있는 것은 증오로 가득 찬 동맹국의 강요로 인한 전쟁이다!

이에 반하여 독일에는 다른 선택의 여지가 남아 있지 않았다. 내가 모든 독일인을 하나의 라이히로 통합하고, 이 대독일을 위해 독립과 힘과 그리고 생존권을 전쟁으로써 확보하려 했음을 세계가 분명히 알게 되는 순간부터 모든 적은 하나로 결합했다. 이 전쟁은 우리에게 있어서 이미 처음부터 불가피한 것이었다. 왜냐하면 이 전쟁을 피할 수 있는 유일한 길이라 하면, 우리에게는 독일 민족의 가장 단순한 삶의 권리를 포기함을 의미하는 것이기 때문이다.

독일 민족에게 사이비 주권의 존재는 생각조차 할 수 없다. 그것은 스위스인이나 스웨덴인이라면 눈감아 줄 수 있을지도 모른다. 그들은 주머니가 불룩하기만 하면 언제라도 외면적인 것으로 만족하기 때문이다. 본디 바이마르 공화국은 그것으로 만족했으므로 유대인의 친척 같은 정부 요원들은 제네바 국제연맹 의자에 앉아 겉으로 보이는 모습만 기분 좋게 즐겼다. 이런 종류의 야심과 제3의 라이히는 아무 관련도 갖고 있지 않다!

그러나 우리에게 후퇴란 있을 수 없었다. 우리의 적은 그저 국가사회주의 세계관만을—그들에게 있어서 독일 국민의 능력을 완성시킨 것은 이 세계관으로 정해져 있었다—표적으로 삼았을 뿐만 아니라 독일적인 모든 것으로 목표를 정한 것이다.

그들이 바라는 것은 우리를 뿌리째 없애버리는 일이며, 이에 관해서는 약간의 의심도 있을 수 없다. 이번 전쟁에서 증오가 위선보다 더 효과적임이 증명되었다. 우리는 우리 적의 그 솔직한 태도에 어떤 감사의 말도 하지 않았다!

우리를 둘러싸고 있는 미쳐 날뛰는 전면적인 증오에 대해 그저 전면적인 투쟁만으로 대항할 뿐이다. 우리는 적나라한 생존을 걸고 싸우고 있다. 이 전쟁은 존재할 것이냐 그렇지 않으면 존재하지 않을 것이냐를 걸고 끝까지 싸운 전쟁이다. 어떤 것이 되건 우리는 이 전쟁을 마지막까지 견뎌낼 것이다. 언젠가 독일은 전보다 더욱 강해지고 이 싸움에서 살아날 것이다. 그러나 영국은 이전보다 더욱 약해지리라!

역사는 증명하고 있다. 궁핍과 불행은 독일 국민에게 늘 하나의 우회로이자, 새로운 번영이 탄생하기 위한 진통에 지나지 않았음을.

이 전쟁에서 국민이 받은 고통 ─더구나 남성과 여성들, 그리고 어린이들은 다른 어떤 국민보다 1000배나 더 많이 고통받았다. 이 말로는 표현할 길 없는 고통의 체험은 머지않아 승리자가 되었을 때 우쭐해하지 않을 만큼 우리를 도와줄 것이다. 그리고 만일 하늘이 독일 국민을 그 용감한 희생적 정신에도 불구하고 돌보지 않게 된다면, 그것은 좀 더 큰 고통을 줌으로써 독일 국민에게 삶의 의지를 확신시키기 위함에 지나지 않는다.

1945년 2월 5일 국방군 총사령부 전황 보도

……작열하는 전투를 계속하고 있는 부다페스트의 용감한 수비대는 독일 공군의 전투기와 전투폭격기에 의한 강력한 지원을 받았다. 슬로바키아 남부의 국경지대 및 서베스키덴과 오데르강 사이에서는 볼셰비키들의 많은 공격이 실패로 끝났다. 브리크 양쪽에서 오데르강 교두보의 적군은 강력한 병력을 지니고 공격을 개시했다. 이 방면에서는 격렬한 전투가 진행 중이다. 그 밖의 동부전선은 전쟁 국면에서 커다란 변화가 보이지 않는다.

오데르강 경계의 프랑크푸르트 전방의 방위선과 큐스트린, 포젠에 대해 소련군은 격렬한 공격을 지속하고 있었으나, 이렇다 할 전과는 올리지 못했다.

남부 포메른의 우리 부대는 필리츠, 도이치 크로네, 야스토로우 북동지역 사이에서 적의 새로운 공격을 격퇴했다. 마리엔베르크와 엘빙시(市)는 작열하는 전투의 중심지가 되어 있다. 동프로이센에서는 보름디트, 바르텐슈타인에서 우세한 병력으로 공격을 가해 왔으나, 용감한 우리 부대와 그 작전 덕분에 방어선 돌파는 실패로 끝났다. ……독일 해군의 전투부대는 동프로이센 연안 전투에 반복해서 참가하여 육군부대를 지원했다.

……서부전선에서는 루어강 전선 전방에서 적군의 움직임과 격렬한 포격이 이어지고 있다. 슐라이덴 지역에서 우리 군부대는 울프토털 제방 앞쪽에서 미군의 돌파작전을 재차 저지하는 동시에 그 남방에서는 또 다른 공격을 분쇄했다.

……상부 알자스의 우리 군 교두보는 어제도 적의 격렬한 공격을 당했다. 브라이자흐와 콜마르 사이의 라인 평야에서 공격해 온 미군은 노이 브라이자흐 북방에서 격퇴당했다. 콜마르 남쪽에서는 약간 진출했지만 다시 저지당

했다. ……뮐하우젠 북방지역의 우리 부대는 엔시스하임 및 즈루츠 전방에서 격렬한 방어전을 전개 중이다.

됭케르크와 롤리엔트를 둘러싼 포격전은 격렬함이 더해 갔다. 어젯밤에 영국의 테러 폭격기 편대는 서독일의 많은 지역에 폭탄을 투하했다. 특히 본과 고데스베르크 주택지구가 피해를 입었다.

런던에 대한 보복 로켓 공격이 이어지고 있다.

1월 중에 앵글로아메리카 공군은 우리 쪽 공군 전투기와 고사포에 의해 1389기를 잃었는데, 그 대부분은 4발 폭격이다.

……국방군 발표 보충으로 다음과 같이 보도되고 있다.

슐레지엔에서는 1월 14일 이후 다수의 국민 돌격대가 특히 상부 슐레지엔 공업지대에서 육군의 예비부대와 무장 친위대가 도착할 때까지 적의 공격을 저지하는 동시에, 모범적인 희생정신과 용감한 행동으로 견고한 방어전선 건설에 결정적인 공헌을 했다.

2장

12시 5분 전—싸우고 있는 한 희망은 있다. 레오니다스와 그의 300명 스파르타인—여왕의 죽음 직전에 프리드리히 대왕의 결의—우리에게는 아직 승리를 우리의 것으로 만들 힘이 있다. 1933년, 이 불가피한 전쟁의 맹아(萌芽).

1945년 2월 6일

쌍방에서 아직까지 한 번도 없었던 거대한 전쟁이 가혹하고 격렬하게 지속되었던 54개월이 지나고, 지금 독일 국민은 독일 국민의 절멸을 결의한 열강의 연합군과 단독으로 대결하고 있다.

우리나라 국경 곳곳에서 전투가 맹위를 떨치고 있으며 라이히의 영토는 전쟁터가 되었다. 적은 그 총력을 집결하여 마지막 공격으로 향해 가고 있다. 적의 최대 목적은 우리에게 승리하는 것이 아니라 우리를 완전히 멸망시켜 버리는 것이다. 우리 적국은 모두 라이히를 파괴하여 국가사회주의 세계관을 근절하고 국가사회주의 신앙에 대한 벌로 독일 국민을 노예로 만들어 버리려고 결의하고 있다. 바야흐로 12시 5분 전이다.

상황은 심각하고도 심각하다. 아니 상황은 이미 절망적이기까지 하다. 그러나 최강이라 해도 피로와 소모에 지쳐 용기를 잃게 되고, 그 결과 실은 몇 백도 안 되게 존재하는 적의 약점까지 놓쳐버릴 수 있다. 우리와 대결하고 있는 것은 화해가 불가능한 많은 대립점을 안고 있는 국가들의 연합이다. 이 연합이 간신히 하나로 뭉쳐 있는 것은 (나치 독일에 대한) 증오와 질투에 의한 것인 동시에, 그들이 단결할 수 있었던 것은 이들 유대인 노예들에게 국가사회주의가 불어넣은 패닉적인 불안 때문이다.

이에 대해 우리의 기회는 우리가 혼자 싸워야 한다는 것, 그리고 이제는 아무도 의존할 수 없다는 것이다. 그 기회는, 막연하게 긁어모은 적의 대군과 우리는 6년간의 전쟁으로 많은 피를 흘렸지만 어떠한 위험에도 굴하지 않는 용기로 관철시켜 온 독일 국민의 일치단결된 힘을 결집하여 대결하고 있는 점에 있다.

오늘 독일 국민이 행하고 있는 것과 같은 대항을 할 수 있는 국민은, 이를테면 들끓는 용암이 눈사태처럼 밀려온다 해도 그 화염에 타버릴 일은 결코 없을 것이다. 우리 민족의 용감함은 이 끓어오르는 용암 속에서 오히려 더 커다란, 일찍이 볼 수 없었던 지구력과 용감무쌍한 성격으로 단련되어 있다.

아무리 가혹한 운명이 우리를 기다린다 해도 독일 국민은 그 속에서 새로운 힘을 퍼올릴 것이다. 그리고 다음 순간 무엇이 우리를 기다리고 있더라도 영광으로 가득한 미래가 우리 눈앞에 있는 것이다!

전리품을 노려 우리 주변에 모여든 무리들을 부추기고 있는 악마적인 전멸이라는 의지는 우리에게 응답을 강요하고, 우리가 가야 할 길을 지시하고 있다. 곧 우리에게 아직 남겨져 있는 단 하나의 길(항복)이다.

우리는 절체절명의 용기를 갖고 전쟁을 계속해야 한다. 적을 향해 단 한 번도 뒤돌아보지 않고, 이를테면 한 발자국이라도 우리의 신성한 조국을 방위해야 한다. 전쟁을 계속하는 한 희망이 있다. 따라서 이런 인식만 있다면 전쟁은 이미 패배했다는 사고방식으로 통하는 어떠한 사상도 우리에게는 허락되지 않는다. 마지막 카드가 그 역할을 끝내지 않았는데 승패가 정해지는 일은 결코 없다.

그러나 만일 모든 절체절명의 노력에도 불구하고 운명이 역사 속에서 다시 한 번 우리가 강대한 적에 의해 제압당하는 것을 바라게 된다면 그때 우리는 머리를 똑바로 세우고 독일 국민의 명예에 어떠한 오점도 남기지 않도록 마지막까지 자긍심을 버리지 말고 멸망해 가자.

절망적인 전쟁이라 해도 경외의 대상으로서 영원의 가치를 자기 속에 간직하고 있다. 레오니다스와 그의 300명 스파르타인을 생각해 보아도 좋다! 양의 무리처럼 얌전하게 도살대로 끌려가는 것이 독일인의 본질에 어울린다는 말은 단 한 번도 없었다. 적은 우리를 아마 근절할 수 있을 것이다. 하지만 우리가 아무 저항 없이 도살장으로 끌려가는 일은 없을 것이다.

아니, 상황이 절망적인 것은 결코 아니다. 독일 국민의 역사 속에서 예상치도 못했던 전환이 일어난 것이 몇 번이나 있었던가!

나이 든 프리드리히 대왕은 7년전쟁 동안 끊임없이 파국의 끝자락에 서게 되었다. 마침내 힘을 모은 그는 1762년 겨울 동안에 결의를 굳혔다. 그가 미리 확정해 둔 날까지 전국(戰局)을 유리하게 전환하지 못했을 때 그날 모두 독을 마시고 스스로 목숨을 끊기로. 그런데 그 자살을 결행하기로 한 3일 전, 전혀 생각지도 못한 러시아의 여제가 죽었다. 그 결과 마치 기적이 일어난 것처럼 모든 일이 프리드리히 대왕에게 유리하게 바뀌었다.

그 프리드리히 대왕과 마찬가지로 우리도 강대한 적국의 연합군과 대결하고 있다. 그러나 연합군이라 해도 인간이 만든 것이며, 몇몇 인간의 통솔 아래 이루어져 있다. 처칠일지라도 살아 있는 인간이므로 갑자기 죽을 수도 있다. 그렇게 되면 모든 것이 바뀐다.

그가 사라진다면 아마 영국의 엘리트들은 유럽이 볼셰비즘에 매도되었을 때, 그들이 직면한 나락의 크기를 느끼게 될 것이다. 그리고 불현듯 영국인 전체가 깨닫게 될지도 모른다. 결국 우리가 대리전을 한 것이고, 우리의 승리 성과를 그들이 누릴 수도 있다. 저 영국인들이니 말이다…….

아직 우리는 마지막 힘을 집결하여 승리를 우리 쪽으로 탈환할 수 있다. 이 마지막 싸움을 위해 우리에게 아직 시간이 남아 있기를 바란다!

우리에게 중요한 것은 오직 살아가는 것이다. 독일 국민이 독립의 존재를 이어갈 수 있다는 단순한 사실이 우리에게 이미 승리를 의미하고 있다. 그것만으로 이 전쟁을 정당화하는 데 충분하다. 왜냐하면 그때 이 전쟁은 결코 무익하지 않은 것이 되기 때문이다. 이 전쟁은 불가피한 것이었다. 진정 국가사회주의 라이히의 적은 이미 1933년 이후 세계를 전쟁으로 내몰고 있었던 것이다.

1945년 2월 7일 국방군 총사령부 전황 보도

부다페스트를 수비하는 장병은 어제도 적의 공격을 심하게 격파했다.

동부전선에서 적군은 라티보아, 브리크, 큐스트린 북방의 교두보를 약간 확대했다.

남포메른과 서프로이센에서는 퓨리츠—아른스발데—도이치 크로네 지역에서 북방으로 적의 압력이 이어졌다. 슈베츠 북서에서 적의 공격은 격퇴당했다. 그라우덴츠와 엘빙을 수비하는 부대는 적의 강력한 공격에 대해 진지를 지탱하고 있었다. 동프로이센에서는 지금까지 전투의 중심부였던 지점에서 계속되고 있던 볼셰비키 부대의 돌파작전은 격렬한 전투 끝에 실패로 끝났다. 란츠베르크 부근에서 우리 군부대는 소련군의 격렬한 반격에도 불구하고 이들을 격퇴했다. 잠란트에서 적의 공격은 아군에 의해 막대한 손해를 입은 결과 약해졌다. ……우리 해군 전투부대는 잠란트에서 육군의 격렬한 전투에 유력한 지원을 행하는 동시에, 2월 6일 엘빙 주변의 방어전에도 처음 참가하여 훌륭한 전과를 올렸다. 우리 해군의 고각포는 4발 폭격기 2기를 포함하여 적기 3기를 격추했다.

서부전선에서 우리 부대는 루어강 하류 지역에서 공격해 온 영국군을 격퇴했다. 이 강의 상류지역에서 미군의 공격은 아주 조금 돌파구를 만들었을 뿐 실패로 끝났다. 슈네아이펠산맥 양측에서 국지전 및 참호전은 더욱 격렬해지는 동시에 확대되어 갔다. ……폴바흐와 자르게문트 사이의 교두보, 부리스브리크 근처의 교두보에 대한 미군의 공격은 실패로 끝났다.

……알자스 고지에서는 축소된 교두보로 우리 군부대를 철수하는 데 성공했다. 그곳에서 우리 부대는 노이 브라이자흐와 라인강 사이를 남쪽으로 마주 보고 공격해 오는 적군을 격퇴했다.

……모스타르 및 헤르체고비나 지역에서는 공격해 오는 비적의 부대 사이에서 새로 전투가 전개 중이다.

미공군의 테러 공격기 편대는 마그데부르크와 튀링겐·작센 지역 각지에 폭탄을 투하, 이로 인해 특히 켐니츠의 주택지구에 피해가 발생했다.

3장

해외에서 사업은 국민을 가난하게 만든다. 미국과 오스트레일리아, 영혼 없는 구성물. 기독교 선교사들의 부질없는 노력. 백인종의 선물인 물질주의, 알코올중독, 광신과 매독. 미국이라는 이름의 괴물. 그 정신적 지주 독일인. 자연에서 지시받은 게르만 민족 팽창의 방향. 유럽은 유럽인에게, 사람 없는 오스트레일리아는 아시아 옆에 둔다.

1945년 2월 7일

흙 속에 깊이 뿌리를 내리고 있는 민족만이 완전히 꽃피울 수 있을 것이다. 인간에게 출생이라는 행복을 준 토지를 소외하는 일은 결코 허락되지 않는다. 인간은 다른 나라에 있어도 늘 고국으로 돌아가려 생각하고, 이 생각을 어느 한때고 내려놓지 못한다. 어쩔 수 없이 식민국민이 된 영국인은—더구나 그들은 위대한 식민가였다—일반적으로 이상의 규칙을 지켜내고 있었다. 나로 말하면 대륙에서 태어난 민족은 모국과의 지리적인 관련이 확정되어 있는 장소로만 이주해야 한다고 생각한다.

이처럼 땅속에 뿌리를 내린 존재는 특히 대륙 민족에게 고유한데, 나는 이 점이 특히 독일인에게 타당하다고 생각한다. 우리 독일인이 일찍이 해외 식민지에 대해 실제로 마음을 빼앗겼던 적이 한 번도 없었다는 것은 의심의 여지 없이 이상의 사실로 설명된다.

태곳적 역사로 보더라도, 근대 역사로 보더라도 해외에 식민지를 만드는 사업은 장기적인 안목으로 보면 그것에 깊이 관여한 국민을 가난하게 만드는 역할만을 했음을 알 수 있다. 모든 국민은 식민지라는 사업에 그들의 힘을 낭비했다. 결국 그들은 모두 균형을 취하지 못한 정의의 보상으로 그들 스스로가 불러들이거나 혹은 자각하게 한 세력의 압력에 굴복해 버렸다. 이에 대해 고대 그리스인의 좋은 실례가 있지 않은가?

고대 그리스인에게 적용되었던 것은 지금 시대나 유럽인에게도 해당한다. 자기 고유의 가치관을 뒤돌아보고 생각해 보는 것이 모든 국민에게 필요한 일임에는 의심의 여지가 없다. 충분히 긴 기간을 대상으로 선택하여 곰곰이 검토해 보면 누구라도 그 기간에 일어난 사건 중에서 이상과 같은 결론이 입증됨을 알 수 있을 것이다.

스페인, 프랑스, 그리고 마침내 영국까지 이 식민지라는 사업에서 쓸데없이 피를 흘리고 그들의 생명력을 잃어버렸다. 스페인과 영국에 의해 삶을 자각하게 되고, 이 두 나라에 의해 뿌리서부터 새로 태어난 대륙은 오늘날에는 독자적이고 특색 있는 생활을 영위하고 있다. 이들 대륙은, 공허한 표현이지만 인공적으로 접목한 나무로 그들의 유래를 찾아내고 있다. 다시 말해 전통과 영혼 그리고 문화가 빠진 인공적으로 접목한 나무로서.

실제로 사람이 없는 것과 같은 대륙에 새로 식민을 한 경우 성과를 말할 수 있을 것이다. 이것은 미국과 오스트레일리아에 해당한다. 그것을 성과라 해도 내게는 특별히 다른 존재는 아니다. 그러나 그것은 물질적인 견지에 한해서뿐이다. 미국도 오스트레일리아도 인위적으로 구성된 것, 영혼이 없는 구조체이며, 그것이 어린 나이에 그대로 발육이 멈춰버린 것인지, 그렇지 않으면 이미 늙어버렸는지 아무도 알 수 없다.

이미 식민을 마친 대륙에서 실패는 더 확실해지고 있다. 이곳에서 백인들은 폭력으로만 자신들의 정책을 강요하는 것이 가능했다. 따라서 원주민들의 본성에 대한 백인들의 영향은 전혀 없는 것이나 똑같았다. 힌두교도는 힌두교도 그대로였고, 중국인은 중국인 그대로였으며, 이슬람교도는 이슬람교도 그대로였다. 강력한 영향을 미칠 만한 변화는 일어나지 않았다.

종교 영역에서 다른 영역의 경우와 비교하면 더욱 그러하다. 더구나 기독교 선교단의 열렬한 노력에도 불구하고 말이다. 진정으로 개종이 일어난 예는 드물며, 전혀 엉터리를 말하는 경우도 있으므로 과연 그 개종이 진실인지 여부를 먼저 입증해 보아야 할 것이다.

그렇다고 하지만 적어도 백인들이 식민지 주민에게 가져온 것이 있다. 인류에게 있어 최악의 죄, 물질주의와 알코올중독, 광신도, 매독이다!

이런 국민은 그들에게 고유한 것, 우리보다 뛰어난 것에 대해서는 모두 자신을 바꾸려 하지 않았다. 폭력을 사용해 강요함은 더욱 나쁜 결과를 낳았다. 인간의 건전한 이성은 이익이 없다고 판단되는 일로부터 사람들을 멀리하게 한다.

식민주의자가 자화자찬해도 되는 성과는 오직 하나, 가는 길마다 원한을 낳은 일이다. 국민의 평화로운 생활을 망치면서 우리가 직접 만든 원한은 그들을 화나게 하고 우리를 쫓아내게 한다. 이 목적을 위해 그들이 눈을 뜬 것처럼!

식민지에 의해서 세계 그리스도교 신자들의 수가 늘었다면 나는 그 증거를 보고 싶다! 이슬람교의 성과에 필적하는 대량 개종은 어디에 있는가? 아시아와 아프리카에서는 작은 얼룩처럼 그리스도교 입신자 마을이 있다는데 그 정도는 나도 안다. 하지만 이는 이름뿐인 존재이다. 감탄해야 하고 훌륭한 그리스도교 전도단의 전도사들이 하느님의 진리를 독점한 성과의 전부다.

죄다 고려해 보면 유럽식민정책은 완전히 실패했다. 나는 한 가지 주목할 성과를 충분히 인식하고 있다. 성과라 해도 물질적인 점뿐이지만 내가 하고 싶은 말은 미국이라고 자청하는 괴물 말이다. 그들은 정말 괴물이다.

볼셰비즘 위기에서 몸을 지키기 위해서 유럽이 절망적인 싸움을 계속하고 있을 때, 유대인화된 루스벨트의 지도를 받은 미국은 한없는 물질적 힘을 아시아 야만인들을 위해 사용할 생각밖에 안 했다. 새로운 세계의 모국인 유럽을 섬멸하려 한다. 야만인들을 위해서!

미국에 이주해서 지금도 이 나라의 중축을 만드는 몇백만 좋은 독일인들을 생각하면 너무나 유감스럽다. 진정 그들은 독일인으로서 모국에서 잃은 것뿐만 아니라 모국의 적이 되어버렸다. 다른 누구보다 나쁜 적이. 이주해 간 독일인이 근면함을 무기로 갖고 있더라도 그들은 이미 독일인의 영혼을 잃어버렸다. 타락한 독일인보다 타락한 존재는 없다.

다가올 미래에 게르만 민족의 피가 여러 곳으로 흘러가지 않도록 주의해야 한다.

동쪽에, 그리고 언제나 동쪽에 우리는 잉여인구의 판로를 찾아야 한다. 그것이야말로 자연이 준 게르만 민족 확장 방향이다. 우리 동포를 맞이하는 거친 풍토는 강한 인간에게 부여된 혈통의 우월함을 그들이 유지하게 해주는 힘이 될 것이다. 또 두각을 나타내는 모국과 여러 비교에 의해 생기는 좋은 반감으로 그들이 바른 향수를 깨우기를 바란다.

독일인을 키에흐에 이식시키면 그들은 어디까지나 독일인임이 변하지 않을 것이다. 하지만 그들을 마이애미에 이식시키면 타락한 인간을 만들어 낸다…… 미국인을 말이다!

식민정책이 독일인 취향에 맞지 않는다면, 이민족을 종속하는 정책을 취하는 나라에 라이히가 연대감을 가지지 못하는 이유는 그 점에 있다. 어떤 사정이 있든 라이히가 식민주의자를 지원하지 않는 이유도 같다.

우리는 유럽에 대해 유럽에서 응용할 수 있는 먼로주의를 선언해야 한다. '유럽 사람은 유럽 사람에게!' 그것은 동시에 유럽인은 다른 대륙 문제에 개입해서는 안 된다는 의미이다.

오스트리아에 대한 영국의 죄인, 아이들 운명은 우리가 관심 가질 문제가 아니다. 주민의 밀도를 원하는 대로 높이기 위해 그들의 생명력이 부족하다 하더라도 그들은 우리 독일인에게 의지해선 안 된다. 무인도나 다름없는 그들의 대륙이 아시아의 넘치는 출산력을 이용해도 나는 관심 없다.

그것은 그들 스스로 해결해야 한다. 우리가 걱정할 바가 아니다!

1945년 2월 8일 국방군 총사령부 전황 보도

부다페스트 서부지역에서 우리 수비대는 우세한 적군을 맞이하여 용감히 항전을 계속하고 있다. 서베스키덴 북쪽에서 적은 자이부쉬와 브레스 사이에서 새로운 공격을 개시하고 처음에는 근거지를 손에 넣었지만 우리 부대의 반격으로 격퇴됐다…… 오데르강의 퓌르스텐베르크와 큐스트린 사이의 적들은 소규모 교두보를 둘러싸고 심한 전투를 하고 있다. 슈나이데뮈르, 포젠의 우리 수비군은 계속된 소련군의 공격을 버티고 있다.

퓌르트, 아른스발데 지역에서는 우리 쪽 부대가 공격해 오는 볼셰비키군에 반격했다. 빠른 반격으로 많은 지역을 되찾았고 적 전차 30대를 격파했다…… 노가트 전선, 에르빙그에 적이 심한 공격을 해왔다. 우리 공군 편대, 해군 전투부대는 곤란한 상황에도 포기하지 않고 큰 성과를 얻고 있는 에르빙그의 용감한 우리 수비군에게 지원을 하고 있다. 동프로이센은 어제 전투의 중심 워르무디트, 하이루즈베르크 사이에 크로이츠베르크 부근에서 전개됐다. 우리 쪽 전선을 분단하려는 적의 작전은 우리 부대의 강한 저항으로 실패했다.

서부전선에서는 우리 군 루아 전선 앞쪽에서 적군이 공격준비를 하고 있다…… 미군은 우르흐트 계곡 북쪽에서 국지적으로 우리 전선을 돌파했지만 우리 군 기갑보병부대의 반격으로 돌파구가 봉쇄되어 본디 상태가 되었다. 슈네아이펠에선 심한 전투 끝에 적군이 돌파구를 마련하는 데 성공했다.

독일·룩셈부르크 국경에서 미국 제3군의 공격이 우리 군의 여러 화기 집중포화를 맞고 큰 손해를 입으며 중단됐다…… 모젤강 레미히에선 공격을 해온 적의 대대 몇몇과 새로운 전투가 벌어졌다. 포어바흐, 자르게뮌 사이의 자르 교두보에서 전선은 중요성이 적은 지역을 제외하고 다시 우리 군의 손으로 돌아왔다.

밤에 산·나자르 북동전선에 강력한 공격이 있었다. 하지만 우리 군의 방어포탄을 맞고 패배했다.

북아메리카 공군 테러 폭격기는 라이히 영지 서쪽 각 지역에 폭탄을 투하했다. 영국 공군은 밤중에 마그데부르크를 공격하면서 서독 지방의 여러 지역을 폭격했다. 우리 방공전투부대는 33기의 앵글로아메리카 공군기를 격추시켰다. 대부분 4발 폭격기였다.

4장

독재자 프랑코가 스페인에서 금권 지배로 착취하는 망자(亡者)들의 정부—우리는 속았다—라틴계 국민의 멈출 줄 모르는 퇴폐—우리는 낙하산 강하부대로 지브롤터를 점거해야 했다.

1945년 2월 10일

나는 가끔 내게 이런 질문을 한다. 1940년 우리가 스페인을 이번 전쟁에 끌어들이지 않은 것이 현명한 선택이었을까, 하고 말이다. 이에 답하기 위해선 약간의 설득으로는 부족하다. 왜냐하면 근본적으로 프랑코에게는, 이탈리아에 이어 승자로 남는 것보다 더 갈망하던 것이 없었기 때문이다.

무엇보다 프랑코 자신은 그 참전이 비싼 대가를 치를 만한 가치가 있다고 믿었다. 하지만 나로서는 그의 예수회 의부(義父)의 끈질긴 사보타주 공작에도 불구하고, 그가 결국 이성적인 조건으로 참전에 동의하리라 생각했었다. 그 조건이란, 이를테면 그의 야심을 만족시키기 위해 프랑스 일부분을, 그리고 그의 물질적인 욕구 충족을 위해 알제리의 상당 부분을 내준다는 약속이다.

그러나 스페인은 우리에게 바로 이익을 가져다주지는 않았기 때문에 전투

행위에 스페인의 직접 개입이 바람직하다고는 생각하지 않았다. 물론 스페인의 참전으로 우리는 지브롤터를 점령했다. 하지만 그 결과 우리는 수백 킬로미터에 이르는 대서양 연안지대—산세바스티안에서부터 카디스까지—를 방위해야 한 것도 사실이다. 이와 더불어 또 하나의 가능성이 결과로 나타났다. 곧 영국의 스페인 조직에 의해 준비된 내전의 재발이다.

뿐만 아니라, 우리는 지금까지 내가 공감할 수 없었던 정부와 생사를 건 동맹을 맺게 되었다. 사제들에게 고삐를 건네 금권 지배로 착취하는 망자들의 정부라니!

스페인 내전이 끝난 뒤 스페인 국민과 융화를 꾀할 방법을 찾지 못한 것, 우리가 스페인을 위해 행하지 않은 원조를 한 공로자인 '스페인의 어느 파시즘 그룹 회원들'을 냉대한 것, 그리고 예전 내전에서 적대시한 사람들—그들 전부가 결코 진정한 공산주의자는 아니었다—을 비적(匪賊) 취급한 것, 이 세 가지는 모두 프랑코가 저지른 용서 못 할 잘못들이다.

국가의 절반이 무법(無法) 상태에 놓인 한편, 소수의 착취자들이 만인의 이익을 거부하고 자신들 배만 채웠다—게다가 사제들의 축복 속에서—는 점에서 절대 문제를 해결할 수 없었다. 스페인의 이른바 적색분자 가운데에 공산주의자는 매우 적었다고 나는 확신한다.

우리는 속았다. 왜냐하면 진실을 알았더라면 나는 굶주린 사람들을 섬멸하고, 스페인의 귀족과 사제들을 다시 중세적인 특권계급으로 만들기 위해 우리 비행기를 이용하려는 일 따위에 절대 동의하지 않았을 것이다.

단적으로 말해, 이 전쟁에서 우리를 위해 스페인이 세운 최고의 공로는 스페인 자신이 입증해 주었다. 곧 이베리아반도가 전쟁에 휘말리지 않았다는 것이다. 실제 우리는 이 이탈리아 동료에겐 이미 많이 당해 왔다. 스페인 병사에게 어떤 뛰어난 점이 있는지는 모르지만, 전혀 준비가 되어 있지 않은 데다, 가난한 스페인은 우리에게 도움보다는 오히려 족쇄가 되었다.

나는 이 전쟁이 적어도 한 가지는 확실히 보여주었다고 생각한다. 바로 라틴계 국민의 멈출 줄 모르는 퇴폐이다. 그들에게 이제 기회란 없다. 따라서 세계 분할에 참견의 권한 또한 없다는 사실을 그들 스스로 영원히 증명해 준 셈이다.

가장 간단한 방법으로, 프랑코의 암묵적 양해 아래, 하지만 전쟁에 대한 그의 개입 없이, 우리 낙하산 부대만으로 지브롤터를 점령하는 것을 생각했다. 이를 핑계로 영국이 스페인에게 선전포고를 하는 일은 절대 없었을 것이다. 스페인을 선전포고 없는 상태로 두는 것은 처칠에게 최우선적으로 중요한 문제였다. 우리 측 또한 그로써 영국군의 포르투갈 해안 상륙의 위험을 미리 피할 수 있었던 것이다.

1945년 2월 11일 국방군 총사령부 전황 보도

부다페스트의 성채와 요새는 이어지는 볼셰비키의 온갖 공격을 막아내고 있다. 슬로바키아에서는 루체네츠-즈볼렌 도로의 양면과 서베스키덴부터 오데르강의 라티보르 쪽으로 소련군이 공격을 시도했으나 아무 성과도 거두지 못했다.

브리크 남부 교두보에서는 아군의 반격으로 그로트카우 가까이 있던 소련군이 물러났다.

브레슬라우-리그니츠-글로가우 지역에서는 적군이 브레슬라우 서쪽에서 보버강 사이까지 전진에 성공했다. 리그니츠는 격전 끝에 적의 손으로 넘어가 버렸다. 퓌르스텐베르크와 오더부르흐 사이 전선에서는 아군 부대의 반격으로 적의 교두보를 더욱 후퇴시켰다.

포메른 남부의 볼셰비키는 전차 지원에 힘입어 공격을 시도했으나 슈타가르트 남부에서 저지당했다. 도이치 크로네 양면과 슈베츠 북서쪽에서는 소련군이 돌입에 성공했다. 그에 반해 그라우덴츠 남서쪽에서는 저들의 공격이 실패로 돌아갔다.

동프로이센에서는 보름디트 부근과 동쪽으로 볼셰비키가 새롭게 공격을 시작했으나 분쇄되었다. 쾨니히스베르크 남서쪽에서는 하흐 슈트라세로 적이 끊임없이 압박하고 있다.

라인강 하류와 마스강 사이의 방어 전선에서는 아군 부대가 적의 돌파작전을 모두 저지했다. 적의 1개 전차부대는 격전 끝에 클레페 서쪽으로 돌입할 수 있었다. 루어강 상류에서는 아군 부대가 강의 동쪽에 새로운 진지를 구축했다. 프륌 지구에 새로 공격을 해온 미군부대는 얼마 안 되는 땅을 확보하는 선에서 막아낼 수 있었다. 시내와 외곽에서 격렬한 시가전이 벌어지고 있다. 앞서서 맹렬한 포격을 퍼부은 뒤라 적은 자우어강 교두보를 조금 확대할 수 있었으며 연막의 도움을 받아 에히터나흐 북쪽에서 강이 내려다보이는 고지를 점거할 수 있었다.

중부 이탈리아에서는 리그리아강 연안 및 세르지오 북쪽에서의 국지전이 계속되고 있다.

뮌스터란트 각 지역은 어제 하루 동안 미 공군의 테러 폭격기 목표가 되었다. 저공공격기는 폭격과 기총사격으로 주민을 공격했다. 특히 서독일 및 남서쪽이 주된 공격지역이었다. 지난밤 영국 공군기는 북서 독일 지역에 폭격을 가했다. 런던은 계속하여 아군의 공격을 받았다.

5장

유대인과 반유대인주의. 유대인은 동화되지 않는다. 국가사회주의는 유대인 문제를 철저히 파악했다. 유대인의 결의는 모든 것을 위험하게 한다. 나는 세계에 눈을 반짝였다. 유대인은 반유대인주의의 온상—다른 위대한 인종과 이해를 전제로 한 자기 인종에 대한 자랑—국가사회주의 프로이센 정신과 친근성—독일계 오스트리아 국민의 경험—근대적인 독일인. 유대인종은 존재하지 않는다고 쉽게 믿는 독일인의 성격. 나는 정정당당하게 내 의도를 밝히고 유대인을 공격했다. 미래의 감사.

1945년 2월 13일
처음 유대인 문제를 현실적으로 인식한 것은 국가사회주의의 성과이다.

유대인은 반유대인주의가 나온 원인을 스스로 만들었다. 몇백 년 동안 이집트 사람에서 우리 독일인까지 유대인이 아닌 민족은 모두 같은 반응을 보인다. 이 민족들은 유대인에게 사기를 당하고 착취당해 지치는 때가 반드시 온다. 착취당한 사람들은 몸속에 해충을 제거하려 화내며 발버둥 치게 된다. 그들의 분노는 점점 커지고 폭발하게 된다.

어떤 본능적인 보호반응이다. 자신은 순응하지 않고 동화되는 것에 반항하며 폐쇄적이면서 타인을 강제로 이용하려고만 하는 이방인에 대한 혐오감이다.

유대인은 본질부터 남과 동화될 수 없고 또 동화되려 노력하지도 않는다.

유대인은 다른 외국인들과 다르게 국가라는 공동체의 일원으로서 권리는 요구하지만 어디까지나 유대인인 것은 변함없다. 이런 이중 역할을 연기하는 것을 그들은 당연하게 생각하며, 이 부끄러운 줄 모르는 행동은 세계 어느 곳에서도 찾아볼 수 없다.

국가사회주의는 유대인 문제를 뿌리부터 인식하면서 사실적인 근거를 가지고 추구했다. 국가사회주의는 세계 지배를 꿈꾸는 유대인의 의도를 밝혀내고 철저하게 물어서 유대인들이 지배하고 있는 지위에서 그들을 몰아냈다. 독일 국민의 생명권이 미치는 범위에서 유대인이라는 해충을 박멸하는 의지에 의해 실현됐다.

이 행동의 중심적 과제는 우리에게 있어서 살기 위해 필요한 마지막 순간에 실시된 근본적 해독법이며, 이 행동을 실천하지 못한다면 우리는 추하게 멸망의 길을 걷게 될 것이다.

독일에 이 가치가 효과가 있었다고 하면, 그것이 본보기가 되어 다른 파급 효과를 가져올 것은 불 보듯 뻔한 일이다. 이는 자연스런 과정에서 보아도 기대할 만한 일이다. 건강한 자가 병든 자를 이긴다는 것은 지나치리만큼 자연스러운 일이기 때문이다.

유대인은 이 위험을 눈치채고 있었기에, 그들은 모든 위험도 돌아보지 않고 우리에게 생사를 건 싸움을 걸어올 결의를 굳히고 있었다. 그들은 어떤 희생을 치르더라도 국가사회주의를 부수지 않을 수 없을 것이다. 세계가 멸망한다 하더라도. 일찍이 이 전쟁만큼 철저하게 유대인을 노린 전쟁은 없었다.

나는 어쨌든 세계의 유대인에게 그 가면을 벗지 않을 수 없게 했다. 그리고 우리의 이 노력이 실패했다고 해도, 단순한 일시적인 실패에 지나지 않을 것이다. 나는 유대인의 위험에 대해 세계의 눈을 뜨게 했기 때문이다.

우리의 행동은, 유대인을 공격적일 수밖에 없게 했다. 이런 형태를 취했을 때, 유대인은 교활한 소심자의 베일을 썼을 때보다 위험하지 않다. 나에게는 유대인종임을 당당하게 밝히는 유대인 쪽이, 다른 민족과 같은 척을 하는 유대인보다 100배는 더 나아 보였다.

내가 이 전쟁에 이긴다면, 그때야말로 나는 유대인 세계 제국에 최후를 선고하고, 숨통을 끊어버리기 위해 마지막 일격을 가할 것이다. 전쟁에 진다고 해도 유대인들이 개선가를 부르는 것은 결코 정당하지 않다. 유대인은 나의 패배로 인해, 그들 자신을 잊고 이성을 잃어버릴 것이기 때문이다. 그들의 우쭐함은 절정에 달해, 그 결과 스스로 자기 무덤을 파게 되리라. 물론 그들은 선택받은 민족이라는 우쭐함을 버리지 못하고 모든 국가에 완전한 시민권을 요구함으로서 그들의 두 가지 역할을 이어나갈 것이다.

하지만 교언을 잘하는 유대인이 그 목적을 충분히 이루었을 때에는, 그 대신 승리를 확신한 유대인이 등장할 것이다. 적어도 전자와 마찬가지로—전자 이상은 아니라 해도—더럽고, 악취를 풍기면서. 그 결과, 반유대인주의가 사멸할 일은 없다. 유대인 자신이 끊임없이 반유대인주의의 온상이 되어 불을 붙이고 있는 것이다.

반항이 그치려면 먼저 그 원인이 없어져야 한다. 그 점에 대해서는, 사람들은 유대인에 대해, 다음을 신용해도 좋다. 반유대인주의는, 유대인이 없어져버리고서야 세상에서 사라질 수 있을 것이다.

인종적 긍지 등에는 구속되지 않으리라 생각하고 있는 사람이라도, 다른 인종과의 혼혈을 환영하는 인종은 없다는 사실을 믿어야 한다. 다른 인종 간의 체계적 혼혈은, 몇 개의 우연적인 좋은 결과까지 부정하는 것은 아니지만, 일반적으로 좋은 결과를 가져오지 않는다. 어떤 인종이 그들의 순결을 지키고자 할 때 그 인종은 그에 의해 생명력과 생의 의지를 증명하고 있다. 누구든 자기 인종에 긍지를 갖고 있는 것은 지극히 평범한 일이지만, 그렇다고 그 인간이 다른 인종을 경멸해도 좋다는 의미는 결코 아니다.

나는 중국인이나 일본인이 인종적으로 열등하다고 생각한 적은 한 번도 없다. 모두 오래된 문화를 가진 국민이며, 그들의 전통이 우리보다 우수하다는 것을 기꺼이 인정한다. 그들에게는 그것을 자랑스럽게 생각해야 할, 훌륭한 근거가 있다. 우리가 우리 문화권에 긍지를 갖고 있듯이. 뿐만 아니라 나는, 중국인이나 일본인이 그들의 인종적 긍지를 견지하면 할수록, 그들과 나는 서로를 점점 쉽게 이해할 수 있으리라 믿고 있다.

어떤 인종으로의 귀속에 근거한 긍지라는 것을, 독일인은 근본적으로 알지 못했다. 이는 국내 분열에 세월을 보낸 과거 300년, 종교전쟁, 외국의 영향, 기독교의 작용 등으로 설명할 수 있다. 기독교는 게르만인의 성격에서 태어난 신의 신앙이 아니라, 다른 것으로 강제된, 게르만인의 본질에 모순되는 종교이다. 인종적인 긍지는 독일인을 통해 나타나, 공격적인 형태를 갖는 경우, 다수의 독일인에게서 보여지는, 열등감의 균등을 위한 반응에 지나지 않는다.

물론 이는 프로이센인과는 관계가 없다. 프로이센인은 프리드리히 대왕 시대 이후, 일부러 자신을 자랑할 필요가 없는 인간만이 갖는, 조용한 우월성을 지니고 있기 때문이다. 이 특별한 고유의 성격 덕에, 프로이센인에게는 독일 통일을 달성할 능력이 있었음이 입증되었다. 국가사회주의는 프로이센인만의 고유의 것이었다는, 이 자랑할 만한 우월성을 모든 독일인에게 부여해 주었다.

오스트마르크(오스트리아) 사람들도 프로이센인처럼, 그들의 피에 민족적 긍지를 갖고 있다. 이는 그들이 몇백 년 동안 외국의 지배를 받은 적이 없을 뿐 아니라, 다른 민족을 복종시킬 수 있는 방법을 갖고 있었기 때문이다. 독일계 오스트리아인들은 지배와 권력행사 방법에 그들의 경험을 이용하고 있었다. 이 점에서 누구도 의심할 여지없이 세상 물정에 밝은 그들 국민성의 기초를 볼 수 있다.

국가사회주의는, 도가니 속에 있는 것처럼, 독일인들 혼의 모든 특성을 순결한 형태로 낳을 것이다. 현대적인 독일인의 원형은, 다음 특성에서 나온다. 근면, 성실, 자신, 그리고 자신뿐만 아니라 모두가 감탄할 만한 위대한 공동체의 성원으로서의 자신에 대한 긍지. 독일인의 이런 우월감은 결코 다른 민족에 대한 경멸을 전제로 한 것이 아니다.

우리는 때로, 이 감정을 의식적으로 어느 정도 과대평가해 왔다. 독일 민족에 바른 길을 빠르게 가르쳐 주기 위해서는, 처음에는 이런 감정이 구동력으로 필요하리라 생각했기 때문이다.

한쪽 측면만을 지나치게 크게 다루는 것은 말할 것도 없이 결국 반대쪽의 반동을 부르는 결과만 나온다. 그러나 이러한 모든 것은 하루 동안에 일어나는 일이 아니다. 그렇기 때문에 시간의 힘을 빌리지 않으면 안 된다.

프리드리히 대왕은 프로이센인의 원형을 만들어 낸 참된 창조자이다. 이 프로이센인의 원형을 혈육화하기 위해, 이를테면 프로이센적인 삶의 모습을 어떠한 프로이센인에게도 태어나면서 갖추는 특성이 되게 하기 위해서는 2세대 혹은 3세대가 필요하다.

우리가 가지고 있는 북방적 인종의식은 유대인종에 대해서만 공격적이다. 여기서 우리가 유대인종이라고 하는 표현법을 쓰는 것은 단순히 언어상에서의 편의주의 때문이다. 왜냐하면 말의 본디 의미에서 본다면, 그리고 유전학적 관점에서 본다면 유대인종이라는 것은 존재하지 않으니까.

모든 사정으로 볼 때, 우리에게는 이의 없이 이러한 정의가 필요하다. 인종적 또는 정신적으로 일치단결하고 있는 하나의 그룹이 존재하고, 저마다 가지고 있는 여권에 기재된 국적이 어떠한 것이든 전혀 개의치 않고 세계 속의 유대인이 이 그룹에 귀속하고 있다는 것이 현실이기 때문이다. 이 인간 그룹을 이름지어 우리는 유대인종이라 부르고 있는 것이다.

그들에게는 때때로 히브리 종교가 간판 역할을 하고는 있지만 그것은 종교적인 공동의 신앙고백에 의해 기초되어진 공동체와는 전혀 관계가 없는 것이다.

유대인종은 유난한 정신의 공동체이다. 그 뿌리에 히브리 종교가 있고, 그리고 부분적으로는 이 종교에 의해 형성되었다고 해도, 유대인종은 그 본질에 있어서 단순히 종교적인 부류의 것만은 아니다. 왜냐하면 그 안에는 분명한 무신론자도, 경건한 신심가도 같이 들어 있기 때문이다. 그 밖에도 몇 세기에 걸쳐서 받은 박해의 결과로부터 태어난 어떤 운명결합체 의식이 더해져 있지만, 이 박해는 예외 없이 유대인 스스로가 초래한 것임을 그들은 언제나 간과함과 동시에 잊어버리고 있다.

무엇보다도, 인류학적으로 유대인은 단일 인종으로의 특징을 나타내는 공통의 지표를 가지고 있지 않다. 그러함에도 불구하고, 의심할 여지없이 어느 유대인이나 우리가 특별히 유대인의 피라고 명명한 것 몇 방울을 그들의 혈관 안에 가지고 있다. 그러하지 않다면 그들이 속한 종의 육체적인 지표의 불변성, 이를테면 유대인 특유의 것으로 동방 유대인이나 세파르딤이라고 불리는 유대인과 같이 극히 다른 부류의 유대인 사이에서도 어김없이 볼 수 있는 지표의 불변성을 설명하는 것은 불가능하리라.

튀어나온 코와 악덕의 특징을 말하는 듯한 콧구멍. 주거로서 게토(유대인 격리지구)에서 지내는 몇 세대에 걸쳐서 언제나 똑같은 그들의 생존 양식에 의해 이상으로 서술한 것을 설명할 수는 없다.

정신적인 인종은 자연적인 인종보다도 저항력이 강하고 지속성이 있다. 독일인을 미국에 이주시키면 그들은 얼마 안 가 미국인이 되어버린다. 유대인은 어디로 옮겨 가든, 유대인이라는 사실은 바뀌지 않는다. 그들은 천성이 다른 이들과의 동화를 받아들이지 않는 인간이다. 비동화성이라는 이 지표야말로 유대인이냐 아니냐를 결정하는 것이지만, 우리에게는 육체에 대한 '정신'의 우월성이 슬퍼해야 할 증명이라고 할 수밖에 없다!

19세기에 일어난 유대인의 급격한 융성은, 그들에게 자신들의 힘을 느끼게 함과 동시에, 그 가면을 뒤집어 정체를 보여주듯이 유혹했다. 이는 우리에게는 다행이었다. 왜냐하면 도발적인 긍지를 갖고, 유대인임을 스스로 선전하고 있는 지금이야말로, 우리는 그들을 완전히 이길 수 있기 때문이다. 독일 국민의 잘 믿는 성격을 생각하면, 우리에게는 최악의 적에게 이러한 '성실'이라는 발작이 찾아왔다는 것은 경하스럽기 그지없는 일이다.

나는 유대인에 대해, 공공연하게 목적을 내걸고 싶었다. 나는 전쟁에 앞서 그들에게 마지막 경고를 했다. 그들이 세계를 다시 한 번 전쟁에 휩싸이게 하면 이번에야말로 그냥 두지 않겠다고. 유럽의 해충은 철저하게 박멸시키리라는 것을, 나는 애매하게 말하지 않았다.

그들은 내 경고에, 새로운 도발로 대답하며 이렇게 선고했다. 어디에 어떤 유대인이 단 한 명만 있다고 해도, 이는 국가사회주의 국가에 있어 불구대천의 원수가 존재하고 있는 것임을 의미한다고 말이다.

유대인이라는 중병은, 내가 절개했다. 다른 중병처럼. 후손들은 내게 영원히 감사해야 함을 잊지 말아야 하리라.

1945년 2월 14일 국방군 총사령부 전황 보도

슬로바키아에선 강력한 적의 공격을 작렬하는 산악전으로 격퇴했다.

……브레슬라우 남서부 지역에서는 적군이 늘어나 병력을 전투에 투입했다. 국민돌격대와 비상부대를 더해서 우리부대의 강한 저항에도 니더슐레지엔의 적군은 서쪽, 북서쪽에 진출하는 데 성공했다. 격렬한 싸움 끝에 분츠라우는 적군에 손에 들어갔다. 소라우에선 전투가 계속되고 있다. 글로가우 요새에 적군이 연거푸 공격을 퍼부었지만 수비대가 격퇴했다. 포메른 남쪽지역에서 소련군의 공격이 실패했다. 아른스발데, 슈나이데뮈르, 포젠을 지키며 열심히 싸우는 우리 부대는 적의 심한 공격을 잘 버텼다. 서프로이센 서쪽지구에서는 볼셰비키의 부대가 새로운 병력을 추가하여 코니츠, 투헬 지역에 돌파를 시도 중이다. 여기에선 심한 공방전이 계속되고 있다.

……우리 군은 어제 게네프 남동, 니더라인과 마스강 사이에서 방어에 성공했다. 우리 부대는 공격해 오는 영국군 대부대를 격파하고 반격해서 격퇴했다. 루어강 홍수 때문에 미국군은 재편성을 할 수밖에 없었지만 우리 군은 그 틈을 노려 포병부대로 강한 폭격을 했다. 다시 적군이 진입해 온 프림 시내에서는 심한 전투가 계속되고 있다. 자우어강 기슭에서 우리 군부대가 어제도 워렌드르흐와 에히터나흐 사이 교두보에서 공격해 오는 적군과 심한 방어전을 계속하고 있다.

이 밖에도 서부전선에서는 자를라우테른 옆에서 양군의 작은 전투부대끼리 격투 중이며 알자스·로트링겐의 각 전선에서 포격전이 심해지고 있다는 보고가 있었다.

……크로아티아에서 모스타르 지역에 적군의 압력이 강화됐다. 그 밖의 전선에선 우리 군의 소탕작전이 계속되고 있다.

앵글로아메리카 공군의 저공공격기, 폭격기는 어제도 낮에 오버라인, 중부라인 지역, 뮌스터 지역을 공격했다. 북아메리카 공군의 테러 폭격기는 남동 독일 도시에 폭탄을 투하했다. 특히 빈에선 주택지역과 문화건축물 피해가 발생했다. 영국 공군은 어젯밤 드레스덴 시내에 테러공격을 가했다. 우리 방공대가 앵글로아메리카 공군 37기를 격추시켰다. 그중 15기는 4발의 폭격기이다. 런던에 보복 로켓 공격을 계속했다. 안트워프 지역도 끊임없이 우리 군의 장거리포 포격을 맞고 있다.

방금 전부터 슈노르헬(잠수함의 환기구)을 장착한 우리 해군 잠수함은 이 장비 덕분에 영국 해안, 먼 대서양에서도 자지도 쉬지도 않고 출격할 수 있었고, 8척의 선박 총 5만 1000배수톤(배의 배수량을 톤으로 나타낸 것)을 격침했다.

6장

너무 일렀다. 그러나 또한 너무 늦었다. 시간은 우리 편이 아니었다. 우리 장군들과 외교관들은 무능함과 게으름의 대명사다. 우리는 프랑스 노동자를 해방시키고, 식민지 반란분자들에게 힘을 실어주어야 했다. 빌헬름 슈트라세에는 아직도 빌헬름 시대의 정신이 살아 있다. 《나의 투쟁》의 예상은 틀리지 않았다.

1945년 2월 14일

전쟁은 우리 독일에게 너무 일렀다. 그러나 또한 너무 늦었다. 이는 우리 숙명이리라.

군비라는 측면에서 보자면, 이 전쟁은 1년 이르게 터지는 것이 우리에게 이익이었다. 나는 1938년에 결심을 굳혀야만 했다. 언젠가 터질 전쟁이었고, 힘으로 전쟁을 결의케 해야만 했다면 굳이 1939년까지 기다리지 말아야 했다. 그러나 뮌헨 회담에서 내가 내민 조건을 영국과 프랑스가 모두 받아들인 것이 내 책임은 아니었다.

이렇게 보면 우리는 너무 늦게 전쟁을 시작했다고 할 수 있다. 하지만 도덕적 무장이라는 면에서는 너무 이른 전쟁이었다. 사람들을 내 정책에 적합한 인재로 교육하기 위한 시간은 남아 있지 않았다.

새로 국가사회주의적 엘리트를 길러내기 위해서 나는 20년의 시간이 필요했다. 어려서부터 우리 이념으로 무장된 젊은 엘리트를 기르기 위해.

시간이 우리 편이었던 적은 한 번도 없었다. 이는 독일 국민들의 비극이다. 언제나 우리는 상황에 쫓겨 막다른 길로 몰려야만 했다. 이렇듯 시간의 중압에 시달려야 한 이유는 우리에게 공간이 부족하기 때문이다.

한없이 광대한 영토를 가진 러시아인들은 때를 기다릴 수도 있다. 시간은 그들을 위해 일한다. 그러나 우리 독일을 위해 움직여 주지는 않는다. 게다가 만일 신이 나에게 충분한 수명을 준다 해도 우리의 적들은 기다려 주지 않을 것이다. 적들은 우리가 국가사회주의의 감정과 이성을 몸에 익히고 동일한 신념 아래 흔들림 없이 단결하여 불패의 독일을 이룩하기 전에 섬멸하려 하고 있다.

이상적인 엘리트가 부족한 이상, 우리는 현존하는 인재로 만족해야만 했다. 이제까지의 성과를 보면 이러한 현실을 알 수 있으리라.

머릿속 계획과 실천 가능한 현실이 동떨어져 있었기 때문에 제3제국과 같은 혁명적 국가의 전쟁 정책은 필연적으로 반동 속물들의 것이 되고 말았다. 우리의 장군들과 외교관들은 얼마를 제외하면 모두 구시대적인 사내들이다. 그들은 전쟁과 외교에 대해 예전과 다름없는 낡은 생각밖에 할 수 없다. 이는 성실한 사람도 예외는 아니다. 어떤 이들은 무능하거나 감동이 없었고, 나머지들은 의도적으로 게으름을 피우고 있음이 분명했다.

우리의 프랑스 정책은 전혀 의미가 없었다. 우리는 결코 그들과 협력하지 말아야 했다. 협정은 프랑스에게는 유리했지만 우리에게는 불리하게 작용했다.

아베츠 주프랑스 독일대사는 화해정책의 선구자를 자처하며 프랑스와의 협력을 주장했다. 아마 자기가 다른 누구보다 똑똑하다고 생각했을 것이다. 그는 앞으로 발생할 일들을 사전에 대처하고 있다고 믿었지만, 실제로는 현실의 발자취를 뒤쫓고 있었을 뿐이다.

그는 나폴레옹 시대의 프랑스를 꿈꾸고 있었다. 즉 프랑스 국민들은 패전국의 백성들에게 베푸는 관대함의 가치를 바르게 이해할 능력이 있다고 믿었던 것이다.

그는 최근 100년 동안 프랑스가 창녀와 같은 못난 모습만 드러내고 있었다는 사실을 놓치고 있었다. 그리고 이 몰락한 고급 창녀에게 속아왔다. 그들은 우리를 바보로 여겼다. 게다가 우리는 그들이 우리를 웃음거리로 만들어 왔음에도 눈치채지 못했다.

우리의 사명은 프랑스 노동자들을 해방시켜 혁명을 성공시키는 것이었다. 그러므로 우리는 동맥경화를 일으키고 있는 부르주아들, 다시 말해 마음과 조국을 잃어버린 무리들을 모조리 제거해야만 했다. 그러나 빌헬름 슈트라세의 훌륭한 외교관님들은 프랑스의 누구를 친구로 맞이했나. 겨우 셈을 좀 할 줄 아는 난쟁이들을 가까이했을 뿐이다.

부르주아 놈들은 우리가 그들의 금고를 지키기 위해 프랑스를 점령하고 있다고 생각한다. 그들은 요령껏 우리의 비위를 맞추다가도 언제든 좋은 기회가 찾아와 배신의 대가를 치르지 않아도 될 것 같다는 확신이 들면 바로 우리를 저버릴 놈들이다.

프랑스의 식민지를 대하는 우리의 태도 또한 이에 뒤지지 않는 멍청한 실수였다. 여기서도 빌헬름 슈트라세의 훌륭한 천재님들은 '100살까지 춤추는 법을 잊지 않는 참새'처럼 한 가지 방식만 고집했다. 전 유럽 규모의 위대한 혁명의 조력자들은 이처럼 낡아빠진 생각에 사로잡힌 외교관과 군인이었고, 엘베강 동쪽의 시골 명사들이었다. 그들은 전세기적인 작전 계획을 머릿속에 그린 채 완고하게 버텼다.

우리는 프랑스의 속셈에 놀아나 프랑스의 질곡을 짊어진 백성들을 적으로 돌려서는 안 되었다. 우리는 그들을 고난의 역사에서 벗어나도록 도움의 손길을 내밀어야 했다. 필요하다면 선동도 마다하지 말아야 했다.

1940년 우리가 이런 행동에 나섰다면 그 누구도 막지 못했을 것이다. 이는 서아시아와 북아프리카에서도 마찬가지였다. 그럼에도 우리 외교관들은 시리아, 튀니지, 알제리, 모로코에서 프랑스의 세력을 굳건하게 하는 일에만 열정을 쏟았다. 기사도 정신이 투철한 정치가들은 반란 세력들의 우정에 보답하는 대신 우아한 프랑스인들과의 관계를 더욱 가치 있게 생각했다. 우리의 충실한 동맹국이 되어주었을 것이 분명한 아랍인들보다, 지팡이를 휘두르며 산책을 즐기는 식민지 장교들과 아침식사를 함께하려 했다. 이들 장교들의 머릿속은 속임수와 배신만이 가득하다는 사실도 모른 채.

나는 교활함을 일삼는 이 외교관들의 생각을 속속들이 꿰뚫고 있다. 그들은 자신들이 수행해야 할 일들을 가르쳐 줄 좋은 본보기를 가지고 있다. 그리고 그 본보기를 따라 어떻게 영국에 강렬한 한 방을 먹여줄 수 있을지만을 생각하고 있다. 왜냐하면 그들은 아직도 프랑스와 영국이 전통적인 식민지적 적대관계를 유지하던 시대를 살고 있기 때문이다. 다시 말해 그들은 빌헬름 시대에 살고 있다는 것이다. 빅토리아 여왕의 세계, 푸앵카레나 델카세와 같은 여우들이 활약하던 시대를 말이다.

그러나 프랑스-영국의 적대관계는 이미 표면에만 남아 있을 뿐, 내면 깊숙이까지 이르지 못했다. 실재하지도 않는 이 적대관계가 자주 관찰되는 이유는 우리 적들에게도 낡은 생각에서 벗어나지 못하는 외교관들이 아직 남아 있기 때문이다.

그들의 행동과 최종 결과로 볼 때, 영국과 프랑스는 거래 상대이며 저마다의 목표만 추구한다. 이렇듯 그들은 동맹관계 따위는 신경도 쓰지 않지만 위험이 다가올 때만은 언제나 힘을 합한다. 프랑스인이 독일인에게 가지고 있는 증오는 내면 깊숙이 아로새겨져 있으며, 영국인에 대한 미움보다 뿌리가 깊다. 이제 우리는 미래를 위한 판단을 내려야 한다.

프랑스에게 가능한 행동은 두 가지이다. 어쩌면 프랑스는 연합국 영국을 버리려 했을 수도 있다. 하지만 그런 경우 프랑스는 동맹국으로서는 아무 가치가 없다. 왜냐하면 프랑스는 좋은 기회를 잡아 우리도 버릴 것이 틀림없기 때문이다.

그늘이 되어줄 나무를 바꾸려는 책략일 수도 있다. 그렇다면 우리는 더욱 조심해야만 한다. 그럼에도 우리는 프랑스에 대해 웃기지도 않는 희망을 품고 있다. 그러나 프랑스는 어디까지나 이성적인 판단을 내릴 뿐이다. 그들에게는 얼음같이 냉정한 불신만이 존재한다.

프랑스에 대한 나의 예상은 들어맞았다. 《나의 투쟁》에는 우리가 프랑스란 나라에 무엇을 기대해야 할지 짐작하여 서술해 놓았다. 모든 생각들이 쉴 새 없이 변해 가는 오늘날, 20년이나 전에 내린 확신에 그 어떤 변경점도 찾을 수 없음을 나는 잘 알고 있다.

1945년 2월 15일 국방군 총사령부 전황 발표

부다페스트가 완전히 포위되었다. 수비대는 50일 가까운 적의 맹공을 버팀으로서 수적으로 훨씬 우세했던 소련군의 진격을 막아냈다. 그러나 탄약과 식량 부족으로 우리 용감한 독일과 헝가리 수비대는 명령에 따라 포위망을 뚫고 탈출했다. 선두 탈출부대는 이미 부다페스트 서쪽에 있는 아군 진영에까지 이르렀다.

발라톤 호수와 사르비스 운하 지경에서는 2월 9일 적군 9개 보병사단 및 1개 기갑여단 병력이 아군 전선 돌파를 시도했으나 수일간의 전투 끝에 저지되었다.

니더슐레지엔과 브레슬라우 및 글로가우에 새롭게 구축한 방어선에서는 격전 끝에 볼셰비키의 진격을 물리쳤다.

슈트리가우 지역과 분츠라우 북서 및 자간시(市) 북쪽의 적군들은 아군의 반격으로 물러났다.

오데르강 전선에서는 소련군이 그륀베르크까지 진출하는 데 성공했다.

포메른 남부전선의 전방 근거지인 아른스발데와 메르키슈 프리드란트는 볼셰비키의 맹공을 버텨냈다. 포젠에서는 격렬한 시가전이 벌어지고 있다.

서프로이센 전선에서는 볼셰비키가 코니츠와 그라우덴츠 사이로 돌파작전을 이어나가고 있다. 격전 끝에 아군은 적 전차 40대를 파괴했고 방어선을 지켰다.

동프로이센 전선의 브라운스베르크와 친텐은 적의 공격을 받았으나 방어에 성공했다.

라인강 하류와 마스강 전선에서는 엄청난 물량을 동원한 영국군의 공격을 모조리 분쇄했다. 프림에서는 치열한 시가전이 이어지고 있다.

자우어강 하류의 교두보를 근거지로 삼아 북으로 진격하려던 미군의 시도는 실패도 돌아갔다. 그러나 아직도 전투는 이어지고 있다. 자를라우테른과 라인강 사이에서도 수없이 많은 적의 공격이 있었고 모두 막아냈다.

베스트팔렌의 아군 산악부대는 프랑스—이탈리아 국경에서 작전을 수행했고, 적병을 사로잡았다.

특수 임무를 수행하는 아군 소전투부대는 볼로냐 남쪽 산속에서 적군 기지 수비대를 섬멸하며 많은 적병을 사로잡았다. 영국군은 피렌체 북동부로 몇 차례 공격을 시도하였으나 아군의 방어포화에 큰 피해를 입고 궤멸했다.

헤르체고비나 전선에서는 적군의 정예부대 맹공에 모스타르로의 침입을 허락하고 말았다. 드리나강의 하류 서쪽에서는 며칠 동안이나 격전이 치러졌고 마침내 적의 저항을 뚫고 북쪽으로 빠른 진격을 이어나갔다.

작센 지역을 포함한 독일 중부와 뮌스터란트 및 독일 동남부는 영미 공군의 폭격을 받았다. 특히 집중 폭격을 받은 켐니츠시는 큰 피해를 입었다. 마그데부르크 및 드레스덴은 거주지에 광범위한 피해가 발생했다. 드레스덴의 가치 있는 건축물과 예술적 기념물들이 파괴되었다. 공군 및 해군 방공부대는 적기 59기를 격추했다. 거의 모두가 4발 폭격기였다.

런던 보복 사격은 계속되고 있다.

7장

이 전쟁에서 가장 중요한 결의. 영국과 강화하기 위해서는 소련군을 섬멸해야만 했다. 영국을 이길 유일한 기회—이탈리아군의 그리스 원정—몰로토프가 떠난 다음 날.

1945년 2월 15일
이 전쟁에서 가장 중요한 결의는 우리 독일이 러시아를 공격하기로 한 것이다.

나는 결코 독일이 양면전쟁을 해서는 안 된다고 생각했다. 내가 다른 누구보다도 나폴레옹의 러시아 원정 경험을 깊이 연구해 왔으며, 검토를 거듭해왔다는 사실은 의심의 여지가 없을 것이다. 그렇다면 왜 러시아를 공격하기로 했는가. 그 시기는 어떻게 정했는가.

서부전선의 전쟁을 영국 상륙작전으로 종결지을 수 있을 것이라고는 기대하지 않았다. 바보들이 이끄는 그 나라(영국)는 제국에 대한 적개심이 뼛속까지 가득한 세력(소련)이 유럽에 무사히 남아 있는 이상, 독일의 지도자로서의 역할을 인정하며 성의 있는 평화조약을 체결할 생각이 없기 때문이다. 따라서 전쟁은 한없이 길어졌을지도 모른다. 그리고 미국은 더욱 깊게 전쟁에 개입하고 있었다.

미국이 잠재적으로 가진 인적 물적 자원은 이 전쟁의 중요 인자가 되어가고 있다. 끝없이 진보하고 증대하는 아군과 적군의 전쟁기술과 신병기, 위협적인 영국 해안과 유럽의 가까운 거리. 이 모든 요소들이 우리로 하여금 무슨 수를 써서라도 전쟁을 오래 끌지 못하도록 했다.

억지로라도 영국이 조약에 동의케 하기 위해서는 소련군을 섬멸해야만 했다. 독일과 대항할 수 있는 국가가 유럽에 남아 있다는 영국의 희망을 빼앗기 위해서이다. 우리는 러시아라고 하는 전쟁의 결정적 인자를 유럽에서 몰살하는 것 말고 선택의 여지가 남겨져 있지 않았다.

러시아와 전쟁을 해야만 하는 확실한 근거는 또 하나 있었다. 그리고 그 근거만으로도 설득력이 충분했다. 그 근거란 바로 볼셰비즘의 존재 자체가 우리의 잠재적 위험이기 때문이다. 볼셰비즘의 공격은 언젠가 공연히, 우리의 뜻을 무시하고 닥쳐올 것이었다.

우리가 러시아를 이길 수 있는 유일한 방법은 상대의 기선을 제압하는 것이다. 러시아를 상대로 방어전을 한다는 생각은 논의할 가치도 없었다.

그 어떤 일이 있더라도 러시아가 지형 이점을 살리도록 허락할 수 없다. 아우토반(자동차 고속도로)으로 적군의 전차가 달리고, 우리의 철도를 타고 그들 부대와 물자가 움직여서는 안 된다.

우리가 좋은 기회를 놓치지 않고 결의를 행동으로 옮긴다면, 볼셰비키들을 그들의 숲과 늪, 그리고 습지에서 격파할 수 있다. 우리의 땅과 같이 교통이 정비된 지형에서 전쟁을 벌이는 일이 있어서는 안 된다. 공격당하기만을 기다려서야 적에게 유럽으로의 발판을 마련해 주는 셈이다.

그렇다면 왜 1941년인가? 서부전선의 적들이 끝없이 군비를 증강하고 있는 오늘날, 단 1초라도 의미 없이 시간을 보낼 수 없기 때문이다. 스탈린도 놀고만 있지 않을 것이니 시간의 흐름은 우리에게 불리할 뿐이다.

따라서 질문은 "어째서 6월 22일인가"보다 "왜 더 일찍 시작하지 못했나"가 적절하리라.

사실 이탈리아군의 미련한 그리스 원정으로 곤란해지지만 않았더라면 러시아 침공을 그보다 몇 주는 앞당길 수 있었으리라. 문제는 우리가 선공할 때까지 어떻게 러시아를 묶어두느냐는 것이다. 스탈린이 기선을 제압할지도 모른다는 사실은 나를 끊임없이 고민케 했다.

다른 걱정거리도 있었다. 러시아에게는 우리에게 꼭 필요한 원자재가 있었기 때문이다. 양국의 조약으로 자원 공급의 의무가 있었음에도 러시아인들은 자원 공급을 뒤로 미루었다. 이러다 갑자기 공급이 멈출지도 몰랐다. 러시아인들은 호의로 우리에게 물자를 공급하고 있는 것이 아니었으므로 우리가 직접 행동해야만 했다.

나는 11월 몰로토프의 베를린 방문 뒤, 바로 마음을 굳혔다. 앞으로 벌어질 일들이 눈에 선했기 때문이다. 이르건 늦건 스탈린은 끝내 우리와 갈라서고 연합군 진영에 참가하게 될 것임을 알 수 있었다.

그렇다면 우리의 준비가 더 갖추어질 때까지 기다려야만 했을까? 아니다. 그렇다면 우리는 이미 행동 법칙을 어긴 것이 된다.

다시 한 번 말하지만, 우리는 기다릴 수 없었다. 우리는 할 일을 뒤로 미룬 대가를 톡톡히 치르게 될 것이 틀림없었다. 더 늦어졌다면 우리는 볼셰비키의 협박에 굴복하고 핀란드, 루마니아, 불가리아, 터키를 포기해야만 하기 때문이다. 이들 우호국들을 볼셰비즘의 제단 위에 희생시킨다면, 서유럽을 지키며 보호한다는 제3제국의 사명은 무슨 의미가 있는가. 이 같은 태도는 부끄러움을 모르는 짓이고, 언젠가는 마땅히 벌을 받게 되리라. 이는 도덕적으로나 군사적으로나 뼈아픈 오산으로 남았을 것이다.

우리가 어떤 수를 쓰더라도 러시아와의 전쟁은 끝내 피할 수 없었으리라. 그런데도 전쟁을 뒤로 미룬다면 우리는 그저 더 불리한 상황에서 전쟁을 하게 될 위험에 놓일 뿐이다.

따라서 나는 날씨가 좋아지기를 기다리고, 러시아와 승부를 내기 위해 몰로토프가 출발한 바로 그날 진격 준비 명령을 내렸다.

8장

프랑스 국민들은 지도자들보다 더욱 상식적이다. 루이지애나와 멕시코.

1945년 2월 15일

우리는 우리의 사명을 다하지 못했으며, 우리의 장점을 제대로 살리지 못했다. 무슨 말인가 하면, 우리는 1940년 뒤로 프랑스 노동자계급의 해방을 게을리했기 때문이다. 또한 마찬가지로 프랑스의 보호와 지배 아래 놓여 있었던 해외 식민지 국민의 독립을 도울 기회를 놓쳤다.

만일 우리가 프랑스를 식민지 나라의 무게로부터 풀어준다고 해도 그 국민들이 반발하지는 않았을 것이다. 프랑스 국민들은 지도자로서의 사명을 맡고 있다고 하는 계층보다 식견이 뛰어나다는 사실을 이제껏 입증해 왔다.

프랑스는 국민이 그들의 지도자들보다 진정한 행복에 대해 선천적으로 민감하다. 루이 15세 아래에서도, 쥘 페리의 아래에서도 프랑스 국민들은 무의미한 식민지주의의 모험에 저항해 왔다. 프랑스의 식민지였던 루이지애나를 팔았다는 이유로 나폴레옹의 인기가 떨어졌다는 이야기를 들어본 적이 없다. 그 반대로 그의 무능한 조카(나폴레옹 3세)가 멕시코에서 벌인 모험은 오히려 자기 체면을 잃는 결과를 불러왔다.

9장

많은 프랑스인들은 참된 유럽인이었다. 통찰력과 성실한 사고 태도에 대한 대가.

1945년 2월 15일

나는 프랑스를 사랑한 적도, 프랑스 사람을 사랑한 적도 일찍이 없었으며,

또한 그것을 감추려 하지도 않았다. 그러나 프랑스 사람 가운데에도 뛰어난 인물이 있었다는 사실을 부정할 생각은 조금도 없다. 많은 프랑스 사람들은 수년 동안 성실함과 큰 용기를 모든 유럽을 위해 바쳤다. 그들은 자신들의 행동을 바르게 이해하고 있었다. 그들이 같은 나라의 동포들에게 받아야만 했던 맹목적이고 광기어린 증오는 오히려 시대를 앞서가던 그들의 순수함을 입증한다.

니더작센 전선에서는 아군이 강화되었다. 그 결과, 적은 어제 동안 돌파 지역을 조금 더 확대하는 데 그쳤다. 아군의 효과적인 반격으로 적들은 부대 편성을 고칠 틈도 없었다. 브레슬라우 서남쪽과 분츠라우 서쪽 및 자간시를 공격한 적들의 시도는 실패로 돌아갔다.

포메른 남부전선의 아군 근거지인 반(비아이나)과 아른스발데는 한때 연락이 끊겼으나 다시 확보되었다.

서프로이센 전선의 란덱과 그라우덴츠 사이로 침공하는 적의 압력은 변함없이 이어졌다. 격전 끝에 적군은 코니츠와 투헬 돌입에 성공했다.

동프로이센 전선의 브라운스베르크 남쪽과 멜자크 동쪽 및 친텐으로도 적의 공격이 있었으나 얼마 안 되는 영역만을 확보하는 데 그쳤다. 이 지역의 격전으로 아군은 적 전차 51대를 섬멸했다.

네덜란드 전선에서는 적군 부대가 쇼웬섬으로 상륙을 시도했으나 아군 수비대에 의해 격퇴되었다.

라인강 하류와 마스강 전선에서 아군 방어부대는 새롭게 전과를 올렸다. 클레페-칼카르 도로를 중심으로 펼쳐진 영국군의 공격도 모조리 분쇄되었다.

어제 오전, 미국 제15군단 부대는 자르게뮌과 보게젠 남쪽 지역을 포격하고 공격을 개시했다.

미군 폭격기는 어제 하루, 독일 중부와 남동부에 테러 공격을 실행했다. 마그데부르크, 코트부스, 빈이 큰 피해를 입었다.

런던은 계속해서 아군의 보복 사격을 받았다.

10장

이탈리아를 동맹국으로서 성의 있게 대해 온 것은 실수였다. 동맹국 이탈리아는 우리의 장애물. 두체(무솔리니)의 오만. 관대한 친이슬람 정책이 야말로 우리가 해야 할 단순하며 확실한 수단이었다. 무익한 그리스 침공—1941년 5월 15일—생존을 위해서는 그 어떤 약점도 남겨두어서는 안 된다.

1945년 2월 17일

이제껏 일어난 모든 사건들을 감정적인 문제를 뒤로하고 냉정하게 돌이켜 보면, 두체와 나의 굳은 우정과 동맹국 이탈리아에 대한 성의는 오산이었다. 안타깝지만 나는 이 사실을 인정하지 않을 수 없다. 누가 보아도 명백히 이탈리아와의 동맹은 우리 독일보다 적군을 도운 일이 많았다.

그 뒤로 일어난 무수한 어려움에 비하면 이탈리아 동맹이 준 이익은 매우 적다. 만일 우리가 끝내 이 전쟁에서 이기지 못한다면, 이탈리아에게도 책임이 크다.

이탈리아가 우리를 위해 할 수 있었던 최선의 역할은 전투에 참가하지 말아주는 것이었다. 이 불개입만 지켜주었더라면 우리도 이탈리아가 매우 고마웠을 것이며, 값진 선물도 잊지 않고 챙겨주었을 것이다. 그들이 멋대로 날뛰지 말고 방관자로서의 역할에 만족해 주었더라면 우리는 많은 구체적인 보상으로 고마움을 전했으리라. 그리하여 전쟁이 승리로 끝나면 이 승리의 영광과 성과를 추축국 동지인 이탈리아와 아낌없이 나누었을 것이다. 고대 로마의 후예들이 조상들의 역사적 신화였던 지중해 패권을 차지하여 온 세계에 선언하도록 기꺼이 협력했을 것이다. 이 모두를 다 주어도 이탈리아를 동맹국으로 대접하는 것보다는 훨씬 이득이었으리라.

1940년 6월에 이루어진 이탈리아 참전은 이미 완전하게 궤멸된 것이나 마찬가지였던 프랑스군에게 무의미한 채찍질을 거듭하는 행위였다. 이는 오히려 적군 프랑스가 확실히 인정하고 있었던 독일군의 영광스런 승리에 그늘을 드리웠을 뿐이었다. 프랑스는 독일 국방군과의 싸움에 졌음을 인정했지만, 이탈리아에게 패배했다고는 생각지 않았기 때문이다.

솔직히 말해 동맹국 이탈리아는 우리 발목을 잡을 뿐이었다. 이탈리아 때문에 우리는 북아프리카에 새로운 정책을 펼 수 없게 되었다. 이탈리아가 이 지역을 바라리라는 사실은 분명했고, 두체도 이 요구만큼은 언제나 빼놓지 않았다.

그러나 우리에게는 프랑스의 지배 아래 있었던 이슬람 제국의 국민들을 해방할 좋은 기회였다. 오직 한 번만이라도 반란을 일으킬 수 있다면, 이집트나 영국의 지배 아래 있었던 서아시아 지역에 헤아릴 수 없을 만큼 큰 영향을 일으켰을 것이다.

하지만 우리는 이탈리아와 운명을 같이하게 되었고, 이 정책을 펼 수 없었다. 이 무렵 이슬람 나라들은 우리의 승리를 기대하며 흥분하고 있었다. 이집트, 이라크, 그리고 모든 서아시아 나라의 국민들은 들고일어설 준비가 되어 있었다. 우리의 이익과 의무가 요구하고 있었듯이, 우리는 그들을 도와 용기를 북돋아 주어야 했다. 그러나 이탈리아 동맹은 우리의 행동력을 빼앗고, 이슬람교도들의 불신감을 샀다.

왜냐하면 그들의 눈에 비친 우리는 그들을 억압해 온 나라들과 진배없었기 때문이다. 우리에게 욕심이 있든 없든 관계없이 말이다. 이는 모두 이탈리아인들이 프랑스인이나 영국인보다 더욱 미움받고 있었던 까닭이다.

이탈리아가 세누시 교단에게 자행한 잔혹한 행동의 기억은 아직도 생생하다. 게다가 오만한 두체는 전쟁이 시작되기 전부터 스스로를 '이슬람의 검'으로 축복케 하여 비웃음과 분노를 일으켰다. 이 칭호는 예언자 무함마드나 정복자 오마르에게 걸맞은 것이다. 그럼에도 무솔리니는 매수와 억압이라는 수를 써서 몇몇 고관들이 자신에게 칭호를 수여하도록 강요했다.

우리에게 관대한 친이슬람 정책은 너무나도 마땅하고 간단한 일이었다. 그러나 무산되었다. 대체 우리가 이탈리아와의 동맹으로 잃은 것이 얼마나 많은 것일까.

이 전쟁의 무대에서 우리가 가진 최고의 패를 내지 못하게 방해한 존재는 다름 아닌 이탈리아였다. 우리는 프랑스 보호령에 있었던 모든 나라의 독립을 선언하고, 영국에 억압받는 지역 주민 모두가 반란을 일으키게 하려 했다. 이 정책만 시행되었다면 이슬람 국가들 모두가 감동했을 것이다. 그것이 좋든 나쁘든 간에 한 종족과 민족의 경험을 대서양부터 태평양에 이르는 이슬람교 국가들 모두가 공감하고 판단의 기준으로 삼는 모습은 그들의 본질이다.

도의적인 부분에서 말할 때 우리의 판단은 두 가지 의미에서 불행한 선택이었다. 하나는 아무 이익도 얻지 못할 것이면서 프랑스 사람들의 자존심을 깔아뭉개었다는 점이다. 그리고 또 하나는 우리는 프랑스가 시행해 온 식민지 지배를 방임할 수밖에 없었지만, 앞으로 해방의 물결이 트리폴리 키레나이카까지 이르러 독립을 요구하지는 않을까 불안해했다는 점이다. 그 결과는 불행으로 드러났다. 오늘날 이들 지역 모두가 미국의 손으로 넘어갔고, 교활한 영국인들은 이들 나라들의 해방자로 등장했다.

군사적인 부문에서도 수지가 맞지 않았다! 이탈리아가 싸우면 거의 반드시 적국에게 첫 승리를 안겨주는 결과를 불러왔다. 이 승리에 힘입어 처칠은 자국민에게 용기를 불러일으켰으며, 친영국적인 지역 전체가 다시 희망을 가지게 되었다.

이탈리아는 아비시니아(에디오피아)와 키레나이카에서에서 버티는 것이 고작이었으며, 힘도 없는 주제에 무모하게 그리스 원정을 시도했다. 그들은 우리 말을 듣지도 않았고, 한마디 의논도 없었다. 이는 완전히 무의미한 전투였다. 이탈리아군의 꼴사나운 실패는 발칸반도 사람들의 심기를 거스르는 결과를 불러왔다. 베오그라드와의 관계는 더욱 악화되었고, 끝내 1941년 봄에는 전환이 일어나고 말았다. 이 모두가 이탈리아의 무모한 행동이 원인이었다.

사태가 이렇게 되자 우리는 어쩔 수 없이 발칸반도에 무력 개입을 하게 되었다. 그리고 이로서 안타깝게도 러시아 침공은 뒤로 늦추어졌다.

그 밖에도 우리의 우수 사단의 전투력이 불필요하게 소모되었다. 끝내 우리는 끝이 보이지도 않을 만큼 광대한 땅을 점령해야만 했다. 이런 예상 밖의 사태가 벌어지지 않았더라면, 굳이 그곳에 우리 부대를 배치하지 않아도 좋았으리라. 발칸반도의 나라들도 우리 제3제국에 대해 어느 정도 호의적인 중립을 지키고 싶었을 것이고, 나도 우리의 급강하 폭격기나 낙하산 부대를 코린트나 크레타가 아닌 몰타 제도와 지브롤터에서 쓰고 싶었다.

이탈리아만 이 전쟁에서 손을 떼어주었다면! 이탈리아가 '비교전상태'를 이어나가 주었더라면! 그렇게만 해주었다면 우리 양국은 상호 우정과 이해상 결합에 기초하여 얼마나 무수한 가치를 선사해 주었을까!

　연합국마저도 이 일에 관심을 가지고 있었다. 왜냐하면 그들은 군사국가 이탈리아에 대해 큰 위험을 느끼지는 않았지만 이토록 참패를 당할 것이라고는 상상도 하지 못했기 때문이다. 따라서 그들도 이탈리아가 중립을 지켜주는 행운을 기대했을 것이다. 그러나 그들에게도 영원히 이탈리아가 중립을 지켜준다는 보장이 없었기에 이탈리아가 참전할 만일의 사태를 대비하여 유력 부대를 이탈리아 가까이에 배치하지 않을 수 없었을 것이다. 이렇게 되면 영국 함대의 일부가 전투와 승리를 경험하지도 못한 채 지중해에 발이 묶이게 될 것이다. 이는 혁명이 일어났을 때의 상황과 다르지 않지만, 이번에는 우리에게 일방적으로 유리하게 작용했으리라.

　장기전은 전투력 향상과 경험 습득이라는 측면에서 적에게 이롭다. 나는 적들이 우리의 근대적 전격전을 익힐 틈도 없이 이 전쟁을 이끌어 나가려 했다. 폴란드, 노르웨이, 네덜란드, 벨기에, 프랑스. 이 모두에서 우리는 목적을 달성했다.

　적과 아군 모두의 손실을 최소화하며 잽싸게 승리를 얻어낸 것은 군사적으로도 정치적으로도 압도적인 성공이었다. 우리의 전과로 적은 완전히 교전력을 잃어버렸기 때문이다.

　만일 이 전쟁이 추축국(독일과 이탈리아)의 것이 아니라 독일 혼자만의 전쟁이었다면, 우리는 1941년 5월 15일에 러시아 공격을 시작할 수 있었으리라. 전면적이고 압도적인 승리와 진격으로 의식이 고양되었던 우리는 겨울이 오기도 전에 동부전선의 전투를 마칠 수 있는 힘이 있었다.

　오스트리아를 병합할 때 두체가 보여주었던 태도를 나는 결코 잊을 수 없었다. 그에 대한 감사로, 나는 이탈리아에 대해 비판적으로 판단하기를 삼갔다. 오히려 언제나 이탈리아를 대등한 상대로 여기려 노력해 왔다. 그러나 생존의 법칙은 진정 대등하지 않은 존재를 대등하게 다루는 것이 크나큰 실수임을 입증해 주었다. 두체는 나와 동등했다. 국민들에 대한 야심은 나보다 더한 인물이었다. 하지만 문제는 야심이 아니라 행동이었다!

　어려운 상황일수록 혼자임이 좋다는 사실을 우리 독일인은 결코 잊어서는 안 된다. 만일 우리가 약자에게 의지하거나 이미 먼 옛날에 우유부단함이 증명된 인간을 친구로 삼는다면 모든 것을 잃고 아무것도 얻을 수 없으리라.

나는 가끔 의미심장한 발언을 했다. 이탈리아가 참전한 쪽에 승리가 찾아왔다고. 그렇지만 나는 좀 더 정확하게 말해야 했다. 즉 승리가 있는 곳에 이탈리아가 참전한다고 말이다!

두체와 나의 개인적 관계는 아무 변화가 없으며, 이탈리아 국민에 대한 나의 호의도 변함이 없다. 그러나 나는 이탈리아에 대한 큰 우정에 휘둘려 냉정한 비판을 권하는 이성의 소리를 억지로 눌러왔다는 사실을 유감스럽게 생각한다. 그러한 비판이 있었더라면 두체에게도 개인적 이익이었을 것이며, 이탈리아 국민들에게도 매우 유리한 결과를 낳았으리라. 하지만 나는 그가 그러한 태도를 허락하지 않았을 것이란 점도 잘 알고 있다. 그렇게 되면 두체는 불신과 의혹을 품으며 크게 상처 입을 것이 틀림없었으리라는 사실도 잘 알고 있다. 그러나 나의 이러한 배려가 도리어 중대한 문제를 낳아버렸다. 그것은 본디 불가피한 선택이 아니었으므로 피할 방법도 있었으리라.

이처럼 생존이란 그 어떤 약점도 허락하지 않는다.

1945년 2월 18일 국방군 총사령부 전황 보도

도나우강 북쪽 전선에서 아군 부대는 적의 에스테르곰 교두보를 공격, 깊숙이 돌입하여 파리츠키 운하의 남쪽까지 확보했다.

라티보르 북쪽과 슈트레흐렌, 칸트(칸티 브로츠바프스키에) 지역에서는 볼셰비키 부대의 맹공이 계속되고 있다. 그러나 아군 부대는 적의 큰 공격 모두를 성공적으로 방어했다.

라우반과 오데르 크로센 지역에서는 소련군이 공격을 계속하고 있다. 요새화된 브레슬라우 남쪽과 남서쪽으로 공격해 온 적군은 결전 끝에 격파되었다.

포메른 남부전선에서는 아군이 적진지를 공격, 돌파하여 사로잡았다. 투헬의 초원과 그라우덴츠의 서쪽에서는 병력을 증강한 적군의 돌파작전이 시도되었다. 아군은 저항을 계속하고 있다.

동프로이센 전선의 전투는 진정되었다.

리바우 동남쪽과 도블렌 북서쪽 사이로 파고들어 온 적의 공격은 실패로 돌아갔다. 적군의 돌파 공격은 아군에 의해 저지되거나 격퇴되었다.

클레페-칼카르 도로를 중심으로 하는 적군의 양면공격은 아군에 의해 저지되었다. 그 뒤로 캐나다 제1군은 라인강 하류와 마스강 지역으로, 공방전의 열흘째 되던 날 공격의 중점은 라이히슈바르트 남부로 옮겼다. 강력한 엄호사격에 힘입어 시작된 적군의 공격은 도중에 새로이 병력이 증강되었다. 고흐 북동쪽에서는 아군의 화력으로 적을 괴멸시켰으나 그 서쪽 적 부대는 격전 끝에 시가지로 진입했다.

자우어강 유역에서는 아군 부대가 미군의 진격에 대해 전선을 지켜내었다. 미군 제7군 가운데 일부는 어제 자르브뤼켄 남쪽의 아군 교두보를 공격했다. 포어바흐를 중심으로 하는 전투는 아직 계속되고 있다.

라로셸 전방에서 아군은 적군 진지의 일부를 격퇴했다.

앵글로아메리카 공군의 테러 폭격기 편대는 어제 동안 라인강 지역과 마인 지역 및 남동 독일을 목표로 공격해 왔다. 폭탄 투하로 프랑크푸르트 암 마인의 주택지대에 피해를 입었다.

런던에서는 아군의 보복공격이 이루어졌다.

소형 잠수함은 템스강 하구와 스헬데강 하구 사이의 적 호송선단 항로에서 배수량 3000톤급의 보급용 화물선 한 척을 격침했고 나머지 한 척에 어뢰를 발사했다. 후자도 침몰했을 것으로 추측된다.

11장

딱 좋은 순간에 진주만 사건이 일어났다. 뜻을 바꾸려 일부러 글을 고치는 행위가 많건 적건 루스벨트에게 문제가 되지 않았다. 유대인이 잘하는 행동. 미국과의 전쟁은 피할 수 없었다. '아시아인 연대'의 신화 일본과 협력한다면 볼셰비즘은 1941년 겨울 이전에 섬멸할 수 있었다.

1945년 2월 18일

일본의 참전을 핑계로 루스벨트는 미군을 동원할 명분을 얻었고, 우리에게는 불리한 결과를 가져다주지 않았다. 하지만 루스벨트는 유대인의 지지를 받으며 일본이 참전하지 않아도 국가사회주의를 섬멸할 전쟁을 결의했다. 그래서 근거를 제시할 필요가 없었다. 그에게는 미국 국민 속에 있는 건전한 독립주의를 탈피할 근거를 만들어 낼 능력이 충분히 있었다. 그럴 경우 양이 많건 적건 사실을 거짓으로 꾸미는 일 따윈 아무것도 아니었다.

그럼에도 진주만에서 일어난 일은 그 범위와 영향에 있어서 그에게 절호의 기회였다. 미국 국민을 전쟁에 참여하게 하고 국내에 있는 마지막 반대세력을 배제하기 위해 필요한 계기였다. 그는 일본인을 도발하기 위해 여러 수단을 쓴 것이다.

더욱이 전 세계적인 규모에 맞추어 그 범위를 수정했다고는 하지만 모든 것은 이미 윌슨이 세계대전에서 훌륭한 성공을 거두었다. 거짓으로 재출판한 것이다. 부끄러움도 모르고 남들의 눈도 두려워하지 않고 도발을 위해 루시타니아호(號)를 침몰시켰으며 독일, 오스트리아, 헝가리 그들의 동맹국에 대한 선전포고를 하고 미국 국민의 심리전쟁에 이용했다. 그 수법은 다시 출판한 것과 다를 게 없다.

1917년 미국이 개입하는 것을 막을 수 없었다면 25년이 지난 지금 이번의 개입도 같은 근거를 가지고 있는 게 분명하다. 미국과의 전쟁은 피할 수 없었다.

세계 유대인 전체는 1915년이 되어 처음으로 연합군 편에 설 것을 결의했다. 반대로 우리는 제3제국론이 만들어진 1933년에 같은 세계 유대인 전체에게 선전포고를 했다.

그런데 과거 4분의 1세기 동안 미국에 대한 유대인의 영향력은 한없이 커졌다. 따라서 미국의 참전은 피할 수 없었다. 때마침 일본처럼 가치 있는 동맹국을 얻는 것은 우리에게 굉장한 행운이었다.

하지만 유대인에게도 이익은 있었다! 유대인이 오랫동안 기다려왔던 기회, 미국을 그들의 전쟁에 끌어들일 기회가 찾아왔다. 미국 국민을 거국일치라는 이름 아래서 유대인이 원하는 방향으로 끌고 가는 데 성공한 것이다.

이는 유대인의 속임수이다. 미국 국민은 1919년에 실망한 체험에서 한 번 더 유럽전쟁에 개입하는 흥미를 잃었다. 그들은 역사상 유래를 볼 수 없는 황화론(황색인종이 유럽 문명에 대하여 위협을 준다고 규정)에 빠지게 됐다.

유대인에게 모든 책임을 물어야 한다. 그리고 부끄러움을 모르는 악덕한 유대인이 지은 죄를 생각하면 절대로 틀린 게 아니다. 나는 확신한다. 유대인은 황색인종 문제에 원대한 계획을 세우고 백색인종 나라 하나가 유대인의 병균에 면역되면 지금은 열강에 오른 황색인종 섬나라를 멸망시키는 게 가능하다는 것까지 읽고 있었다.

우리에게 일본은 어떤 때라도 친구이고 동맹국이다. 이 전쟁 중에 우리는 일본을 높이 평가하고 점점 존경하게 됐다. 이 싸움을 통해 일본과 우리의 관계는 더욱 밀접해졌고 단단해졌다.

지금 일본이 우리와 함께 소련 전쟁에 참여하지 않은 것은 유감스럽다. 참여했다면 스탈린 군대는 지금 이 순간 브레슬라우를 포위할 수 없었을 테고 소련군이 부다페스트에 오지 못했을 것이다. 우리 양국은 1941년 겨울이 오기 전에 볼셰비즘을 섬멸했을 테니 루스벨트에게 있어 적국(독일과 일본)이 눈치채지 못하게 신경 쓰는 것은 쉽지 않았으리라.

여러 면에 있어서 사람들은 이미 1940년 프랑스가 패배한 뒤 일본이 싱가포르를 점령하지 않은 것을 유감스럽게 생각할 것이다. 미국은 대통령 선거 중이라 일을 일으킬 수 없었다. 그때도 이 전쟁을 바꿀 기회가 있었다.

그래도 우리와 일본의 운명 공동체는 계속됐다. 함께 싸우든가 함께 멸망할 것이다. 운명이 먼저 우리(독일)를 섬멸한다면 러시아인이 '아시아 연대'라는 신화를 앞으로 일본에게 오랫동안 굳게 지닐 거라고는 생각할 수 없다.

1945년 2월 19일 국방군 총사령부 전황 보도

브리츠와 슈왈츠와사의 중간 라티보르 북쪽에서 적군의 공격과 우리의 반격이 반복되었을 뿐 전쟁 상황은 변화가 없었다. 우리 군부대는 슈트레흐렌-칸트 구역에 있어 소련군의 특히 심한 공격을 받았지만 완벽하게 방어했다. 브레슬라우의 우리 수비대는 남쪽과 서쪽에서 공격해 오는 적을 방어하고 있다. 라우반 남동지역에서는 우리 군 전차가 소련군을 격퇴했다. 라우반 북쪽에서 구벤 동쪽에 걸친 전선에서 우리 군은 힘든 방어전을 전개하고 있다.

포메른에선 쾨니히스 베르크-도이치 크로네를 연결한 선 북쪽에서 양쪽 군대 모두 새로운 병력을 투입하여 전투가 심각해졌다. 이 전쟁에서 우리 군대의 한 전투부대는 공군과 협력하여 적군 전차 49대를 격파했다. ……동프로이센에서는 볼셰비키군이 브라운스베르크 남쪽 멜자크 북동쪽에 걸쳐 41대의 소련군 전차를 격파했다.

도블렌 북서 칸트에서 몇 개의 적 보병사단이 전차와 전투폭격기를 사용해 우리 진지를 돌파하려 하지만 실패했다.

어제 낮 서부전선에서 캐나다 제1군이 그레베 동쪽, 마스강 근처에서 강력한 공격을 했지만 우리 부대의 강한 저항으로 실패했다. 고흐 지역에 조금 진출했을 뿐이다. 저녁 린니히 부근에서 루어강을 건너려 했던 미국군은 반격포를 맞고 당황했다. 북룩셈부르크 국경에선 미국 제3군부대가 어제 이후 슈네아이펠 남동쪽에서 남쪽으로 공격을 하면서 동시에 자우어강 다리에서 북쪽으로 공격을 시작했다…… 모젤강의 레미히에선 다시 한 번 심한 전투가 벌어졌다. 자르 다리 위에서 포어바흐 동쪽 진지 지역을 둘러싸고 우리 군이 반격을 했다. 덕분에 빼앗긴 지역을 되찾았다. 중부 이탈리아에서 전쟁휴지상태가 계속되었다.

앵글로아메리카 공군 테러 폭격기는 서독에 약한 공격을 했다. 북아메리카 공군기 편대는 린츠 주택지역에 폭탄을 떨어트렸다.

런던은 어제도 우리 군의 장거리 공격 대상이 되었다.

2월 18일 국방군 보도에서 우리 군의 최소형 잠수정의 뇌격을 받았다고 발표된 적 보급용 화물선은 최종적으로 확인해 본 바 템스강 앞에서 침몰했다.

12장

스페인, 지브롤터, 그리고 1940년 여름—라틴계 국민의 경우 실제로는 무력하면서 바보처럼 잘난 척한다—두체에 대해 조심히 대응할 필요가 있다. 치아노의 불길한 역할—안다이에의 배신을 숨긴 호의.

1945년 2월 20일

1940년 여름에 프랑스가 패배한 뒤 우리는 스페인에서 일어난 감격과 영국에 준 공격 효과를 이용하여 지브롤터를 하늘에서 점령해야 했다.

하지만 사태는 표면적으로 드러나지 않았지만, 스페인 참전을 포기하기에는 시기적으로 힘들었다. 몇 주 전 우리의 승리를 나누려고 영국이 급히 참전한 것을 막을 수 없었던 것처럼.

라틴계 국민과 우리의 관계에서 좋은 일이 없었다. 그들의 자만심은 그들의 무력함과 반비례해서 계속 상승했고 그 때문에 우리가 하려는 일을 전부 못하게 만들었다.

우리는 전장에서 눈에 띄는 행동을 하고 싶어 하는 영국 군인을 막을 수 없었다. 게다가 그들의 영웅적 용기를 입증하고 승리의 영광을 함께 나누며 가능한 전리품을 그들에게 제공한다. 그들이 전장에 나오지 않는다는 유일한 약속을 하고서. 때문에 몇백 번이나 되는 준비를 했다.

영국이 그들의 라틴계 동맹국민에 관해서 심한 경험을 하고 있음이 분명하다. 만약 첸바렌이 프랑스 퇴폐현상에 관한 완전한 지식을 가지고 있었다면 그는 그렇게 앞뒤 가리지 않고 전쟁에 돌입하는 일은 없었을 것이다. 영국의 계획에 따르면 프랑스는 육지전에 모든 희생을 바칠 각오가 안 되어 있었는가. 첸바렌에게 있어 폴란드를, 그 불행에 대해서 살짝 눈물을 흘려준 뒤에 다음 분해에 맡기는 것보다는 쉬웠을 것이다.

라틴계 국민의 경우에는 실제로는 무력하면서 바보같이 자만심이 높다. 우호적인 이탈리아건, 적국인 프랑스건 우리에게 이 점은 불운이었다.

우리와 두체 사이에 유일한 의견 불일치는 내가 때때로 조심하기 위해 어떤 종류의 대책을 강구해 두지 않으면 안 되었다. 물론 나는 개인적으로 그를 신뢰하고 있었지만 내 계획이 밖으로 새어나갈 가능성이 있어, 그렇게 되면 계획이 위험해질 경우 항상 그에게 계획을 얼버무릴 필요가 있었다.

내가 무솔리니를 믿고 계획을 말하면 무솔리니는 나와 같은 믿음으로 그 이야기를 치아노에게 전한다. 그럼 이 바람둥이는 곁에 달라붙은 귀여운 여인들을 보고 비밀이라는 것을 잊어버린다. 우리는 이 사실을 깨닫기까지 많은 희생을 치렀다…… 그리고 우리 적은 비밀을 듣기 위해 돈을 썼다. 이 방법을 통해 많은 정보가 적군으로 들어갔다.

이런 이유로 나는 두체에게는 반드시 진짜 와인을 줄 필요가 없었다. 이 문제에 관해 그가 이해하지 못하는 것이 유감인데, 그는 나에게 모욕을 당했다 착각하고 기분이 상했을 뿐만 아니라 '눈에는 눈'이라는 정신으로 나에게 복수를 했다.

우리는 라틴계 사람을 상대하면서 좋은 일이 있었던 적이 없다! (페탱 원수 상대의) 기괴한 협력 대책 시뮬레이션을 위해 내가 몬다르에 가서 (프랑코 장군의) 배신 의도를 숨긴 호의를 참으며 안다이에에 간 사이에 제3 라틴계 남성(무솔리니, 나의 진정한 친구였다)은 내가 없는 틈을 이용해 불운한 그리스 원정을 개시했다.

1945년 2월 21일 국방군 총사령부 전황 보도

에스테르곰 북서쪽에서는 적 교두보의 남은 부분을 둘러싸고 심한 전투가 계속되었다. 슈왈츠와사 부근 티보아 북부에서 우리 군의 전선을 뚫으려는 소련군은 실패했다. 브레슬라우 남쪽에서 소련군의 공격도 우리 부대의 강한 저항으로 무너졌다. 니더슐레지엔에 적의 압력은 라우반, 쿠벤 지역에 집중됐지만 소련군은 우리 전선을 돌파하는 데 실패하고 병사와 전차에 중대한 손해를 입었다.

……뷰리츠와 아룬스워디 사이에서 볼셰비키들은 전차 지원을 목적으로 산발적인 공격을 했지만 모두 실패했다. 투헬의 초원, 바이크셀강 서쪽에서 수 센티미터의 토지를 둘러싸고 전투가 계속되고 있다. 보젠의 우리 수비군은 중요 방어지점에 있는 공장에 대기하며 강한 저항을 하고 있다. 소련군의 그라우덴츠 요새 공격은 격퇴했다. 동프로이센을 둘러싼 전투는 강력한 포병부대, 전투기의 참가로 중요지역에서 계속되고 있다. ……리바우 돌파작전은 주요 전쟁 때문에 중지됐다.

라인강과 마스강 사이 전투에서 영국군, 캐나다군에 의해서 계속되고 있는 심한 공격은 어제도 우리 보병부대, 낙하산부대의 강한 저항으로 실패했다. ……프륌과 에히터나흐 사이에서 시작되고 있는 미국군의 공격은 지금 오레강을 옆으로 낀 반원형 진지 서쪽 전선으로 확대됐다. 뷔안덴 동쪽에서 적은 북쪽으로 진출하는 데 성공했다. 모젤강과 자르강 하류의 삼각지대에서 레미히의 북쪽에서 적군이 시도한 강 건너기 작전은 우리 군이 격퇴했다. 이 두 강의 중간에서 미군의 전차부대는 남쪽에서 베스트팔렌(독일 국경 요새)을 향해서 진격, 우리 군의 진지 깊숙이 돌입하는 데 성공했다.

미국군 공군 폭격기 편성은 낮에는 뉘른베르크, 빈에 폭탄을 투하했다. 특히 뉘른베르크에서는 막대한 인적 손실과 주택지구 피해가 생겼다. 밤에는 라이히 수도(베를린), 도르트문트, 라인베스트팔렌 지역이 영국 공군 폭격기 편성으로 인해 공격받았다. 야간전투기와 고사포부대에 의해 73기—주로 4발 폭격기—가 격파됐다. 야간전투기는 이 싸움에 큰 공헌을 했다.

런던에 대한 보복 공격(V2형 로켓)은 계속되고 있다.

나는 언제나 평화를 찾았다—보편주의자, 이상주의자와 유토피아론자에게는 확실한 목표가 없다. 국가사회주의 이론은 수출하기 위해서가 아니다. 첸바렌과 뮌헨의 며칠 동안 이미 1938년에 우리는 전쟁을 시작해야 했다. 세계 여론이 우리 편이었다. 체코의 위기를 힘으로 해결함으로써 얻는 이익—우리의 요구는 동쪽을 향해 있다—적들의 근시안성.

1945년 2월 21일

우리 사업을 성공하기 위해선 평화 이상으로 우리가 필요로 한 것이 없었다. 우리는 항상 평화를 바랐다. 하지만 우리 적들은 우리의 의지는 신경 안 쓰고 전쟁을 강요했다. 전쟁의 기미가 보인 것은 이미 1933년 1월, 즉 정권을 장악한 날 이후이다.

거기에는 두 가지 전쟁이 존재했다. 한쪽에는 세계의 유대인과 그 공범자들, 다른 한쪽에는 민족을 위해 현실정치를 바라는 지도자들. 이 양자는 역사의 흐름 속에서 어느 시대건 화해 불가능한 진영으로 대결해 왔다. 한쪽 사람들은 추상적인 개인의 행복을 위해 노력하면서 그 보편적 해결이라는 허상을 추구하고 있다. 다른 한쪽 사람들은 행위를 하는 인간이고 현실의 인간이다. 국가사회주의가 알고 있는 것은 독일인이라는 것뿐이다. 따라서 국가사회주의에게 중요한 것은 독일 국민의 행복뿐이다.

보편주의자, 이상주의자, 유토피아론을 믿는 사람들에겐 분명한 목표가 없다. 그들은 도달 불가능한 파라다이스를 약속하며 세계를 속이고 있다. 하지만 그들이 그리스도교도들, 공산주의자, 자유주의자, 바보같이 솔직한 인간, 얼굴에 철면피를 깔고 악의를 가진 사기꾼으로 변신하건 다른 어떤 모습으로 변모하건 간에 그들은 철저히 인간을 억압하기 위해 일하고 있다. 그러나 나는 항상 이 세계에서 가능한 것, 우리 힘으로 가능한 것을 우리 국민을 위해 한다는 목표를 잊지 않았다. 그것은 독일 국민의 정신과 육체적 행복이다!

나는 항상 내가 지킬 수 있는 것 그리고 지키려 강하게 결심한 것만을 약속했다. 이것은 내 증오의 근거이다. 내 모든 적들처럼 불가능한 것을 약속하지 않기 때문에 그들의 계획은 실패했다.

나는 인류의 사도라든지 직업적 정치가라 말하는 사람들로부터 떨어진 곳에 있다. 독립된 인간으로 지냈다. 그들이 극비로 다루는 비밀은 인간의 무지를 철저히 이용하는 것이다.

　국가사회주의 이론은—게다가 나는 이 일은 반복해서 강조했다—수출하기 위해서가 아니다. 독일 국민을 위해서 만들어진 것이다. 따라서 국가사회주의가 요구하는 것은 필연적으로 한정된, 달성 가능한 목표이다. 나는 이것과 분리 불가능한 평화에 대해서도, 전쟁에 대해서도 믿을 수 없다.

　뮌헨의 며칠 동안 내가 깨달은 것은 제3라이히의 적들은 싫건 좋건 우리를 말살하려 한다는 것, 그들과 타협할 방법은 없다는 것이다. 금권주의 부르주아 정치가 첸바렌이 히틀러라는 건방진 사람과 얘기하기 위해 평화적이고 기만적인 우산을 쓰고 베르크호프에 오려고 했을 때 그는 이미 영국이 우리에게 잡아먹힐지 우리를 잡아먹을지에 대한 선고를 한다는 것을 알고 있었다. 나를 방심시키기 위해 실행 불가능한 약속을 하려고 준비하고 있었다. 그가 갑자기 뮌헨을 여행하려 한 목적은 단 하나 시간을 벌려는 것이었다.

　그 순간 우리는 바로 전쟁을 시작해야 했다. 1938년에 우리는 행동해야 했다. 그때야말로 한정된 전쟁을 결행하기 위한 최후의 기회였다.

　그들은 모든 것을 수락했다. 정신박약자처럼 그들은 나의 요구를 모두 받아들였다. 이런 요구를 해도 이쪽에서 전쟁을 일으키긴 힘들었다. 피할 수 없는 전쟁의 기회를 눈앞에 두고 전쟁에서 쉽게 승리를 얻을 수 있는 단 한 번의 기회를 뮌헨에서 놓쳤다.

　그즈음 우리 쪽에서도 전쟁 준비가 완벽하진 않았지만 적보다는 준비가 되어 있었다. 1938년 9월 공격이 위험이 적고 가장 유리한 순간이었다. 전쟁을 세계적으로 확대하지 않아도 되는 이점을 가지고 있었다.

　적이 무력을 통한 싸움을 의도한 이상 다른 문제는 고려 않고 강제로 무력대결을 해야 했다. 적이 마지막까지 양보할 용의가 없었으므로 강제로 무력행동을 해야 했다. 그때 주데텐 문제를 무력으로 해결했다면 체코를 석권하고 모든 책임을 베네슈에 미룰 수 있었다.

　뮌헨회담은 일시적인 효과밖에 없었다. 독일 심장부에 아무리 작더라도 체코라는 독립국을 암 덩어리처럼 계속 둘 수는 없었다. 이 암 덩어리를 1939년

3월에 제거했다. 하지만 1938년에 이 일을 성공했다면 세계 사람들 눈에 부정한 사람으로 보였을 것이다. 독일의 자결권을 힘으로 얻어내는 것에 만족 못하고 다른 국민 위에 보호령이라는 이름하에 지배제도를 강요하게 됐다.

1938년에 전쟁이 시작돼 있었으니까 단기전으로 끝낼 수 있었을 것이다. 체코에 압박받은 주데텐·독일인, 헝가리인, 폴란드인까지 해방하는 전쟁으로!

영국과 프랑스는 갑작스런 작전으로 놀라서 허둥대다 적극적인 행동을 취하지 못했을 것이다. 세계 여론이 우리 편을 드니 더욱 그랬으리라.

마지막으로 동유럽에 대한 프랑스 대책의 주요한 근거인 폴란드까지 우리 편이었다. 영국과 프랑스는 그 이유만으로 라이히에 선전포고를 한다면 세계에 나쁜 인상을 주었을 것이다. 양국은 브라크(프라하) 정부를 위해 최후의 수단으로 호소할 생각은 없었다고 생각한다. 그랬다고 하더라도 양국에 대한 세계 여론이 좋아지진 않았지만.

체코 위기를 무력으로 해결한 뒤 우리는 동유럽, 발칸반도에 아직 해결하지 못한 채 남아 있는 영토문제를 조정할 수 있었다. 발트 3국의 위엄에 크게 상처 입은 앵글로·프랑스 양국의 개입을 두려워하는 일 없이.

우리 자신은 이렇게 도덕적이고 물리적인 장비를 준비하는 데 필요한 시간을 벌고 그 결과 제2차 세계대전—이 전쟁이 피할 수 없는 것이라 해도—을 몇 년은 앞으로 당길 수 있었다.

국민들 사이에서는 그들이 우리에게 안고 있는 증오가 사라지고 전쟁의 불안과 쾌적한 생활의 관심이 커짐에 따라 생각지 못할 일이 아니었다. 우리 요구는 동쪽으로 향해 있다는 것을 그들이 이해하게 되는 날이 반드시 온다는 것. 우리의 적은 우리가 언젠가 동쪽과 싸울 것이라 예상했을 것이다.

우리가 어떻게 생각하든 그들은 이중의 이득이 있었다. 서유럽에 대한 절대적 평화, 그리고 소련 힘의 구속과 약체화—소련의 힘은 그들 짧은 시야를 가진 인간에게 있어, 먼 나라 이야기로 국가사회주의 라이히보다 위험이 적다 생각했다.

1945년 2월 22일 국방군 총사령부 전황 보고

헝가리, 슬로바키아에서 보도된 바에 따르면 적의 에스테르곰 교두보에 남은 부분에 우리 군의 공격이 성과를 올렸다. 그리고 즈볼렌 남동 산간도로에 소규모의 소련군 공격을 격퇴했다.

슈왈츠와사 부근, 라티보아 북쪽 돌파작전에 패배한 뒤 적은 어제와 같은 전투지역에서 단순한 국지전을 벌여왔지만 그것도 실패했다. ……니더슐레지엔의 전투 중심점은 계속해서 취브텐 지역, 브레슬라우 남쪽, 라우반—구벤 지역이다.

……서프로이센의 바이테로테와 바이크셀강의 메베 사이에서 소련군의 압력은 계속되었다. 적의 공격은 작은 성과는 올렸지만 우리의 강한 저항으로 앞으로 움직일 수 없었다. 보젠, 그라우덴츠의 우리 수비대는 적에 대해 처음과 변함없이 강한 저항을 계속하고 있다. 동프로이센에 대한 볼셰비키군의 공격은 강화됐다. 심한 공방전 속에서 우리 부대는 적에게 작은 돌입을 허락했을 뿐 우리 진영을 지키면서 86대의 적 전차와 장갑포차, 107개의 포문을 파괴했다. 고사포부대, 공군의 편성에 의한 원조를 받으며 쿠아란토에 우리 전투부대는 리바우 남동, 도블렌 북서쪽 적의 돌파작전을 막았다. 적은 이 전투에서 최후의 이틀까지 전차 141대와 비행기 63기를 잃었다.

슈네아이펠 남동쪽에서 그리고 우르강의 상류에서 미국 제3군부대가 공격을 계속했다. 그들은 우위에 있음에도 고작 몇 군데에서 우리 진지로 들어오려 했다…… 모젤강과 그 하류 레미히, 자르강 하류 사이에서 우리 부대는 자르의 요새를 향해 적의 강력한 보병부대와 전차부대를 맞아 치열한 방위전을 펼쳤다. 포어바흐의 교외지역에서 심한 시가전이 펼쳐졌다. 우리 쪽 부대는 반격할 때 다수의 미국병사를 포로로 잡았다.

에톨리아(토스카나) 지방 아펜니노산맥 지대에서 포레타 북서의 산속에서 국지적인 전쟁이 계속되고 있다. 아펜니노산맥 지대에선 벨베데레산의 진지를 둘러싸고 공방전이 계속되고 있다.

북아메리카 공군 폭격기는 어제 낮에는 뉘른베르크, 빈에 다시 한 번 테러 공격을 했다. 어젯밤 영국 공군 폭격기는 대량의 파괴용 폭탄과 작렬탄을 뷔르무스, 뒤스부르크, 라인베스트팔렌 지역과 그 밖의 도시에 투하했다. 라이히의 수도(베를린)도 영국 공군 고속폭격기의 공격을 받았다. 우리 방공전력이 앵글로아메리카 공군을 밤낮없이 공격했다. 그들은 대부분 4발 폭격기를 잃었다. 이 격추 성과를 봐도 우리 야간 전투기는 또 발군의 실력을 보였다.

14장

루스벨트, 전 세계 유대인들에 의해 선택된 남자—세계 경제공황, 독일과 미국—뉴딜의 실패와 전쟁—미국 국민은 25년 뒤에는 분노로 불타는 반(反)유대인주의자가 될 것이다—루스벨트, 잘못된 우상—독일과 미국은 전통적으로 같은 방향을 지향했다. 즉 식민지는 필요없다!

1945년 2월 24일
미국과의 전쟁은 비극적인 연쇄이다. 반(反)이성적이면서 무의미하다.

불행한 역사적 우연은, (나치에 의한) 정권 장악이 전 세계 유대인들에 의해 선택된 남자, 즉 루스벨트가 백악관 주인공이 된 시기와 일치하듯 딱 맞아떨어졌다. 유대인과 그 사형집행자(루스벨트)가 없었다면 역사는 다른 길로 들어섰을 것이다. 독일과 미국은 특별히 서로를 좋아하여 우정의 연으로 맺어질 만큼 돈독한 사이라고는 할 수 없지만, 적어도 각별히 노력을 하지 않아도 서로를 이해했을 것이다. 본디 구체적 사실을 예로 들더라도 이 입장에 부정적인 것은 없다. 독일인은 결국 미국 인구와 가장 중요한 관계가 있다. 북방 민족의 피가 급류처럼 그들 혈관을 타고 흐르는 것은 우리 덕분이다. 그 밖에도 슈토이벤이 미국 독립전쟁에서 결정적인 역할을 했다.

세계 경제공황은 독일과 미국에 큰 타격을 입혔고 그 시기 또한 같다. 우리가 그 위기를 극복하기 위해 취한 정책 역시 매우 비슷했다.

온갖 어려움에도 굴하지 않은, 우리 독일의 노력은 대단한 성과로 보답을 받았다. 근본적으로 훨씬 유리한 전제가 있었음에도 미국에서 루스벨트와 그의 유대인 두뇌 집단은 약간의 성과를 거두었을 뿐이다. 뉴딜정책의 실패가 전쟁심리에 끼친 영향 또한 결정적인 부분을 차지했다.

미국은 실제 우리 바람이기도 한 자급자족 경제를 위한 조건을 모두 갖추었다. 미국은 에너지 전부를 아무런 제약 없이 이용할 수 있는 넓은 토지를 소유하고 있다. 우리로선 언젠가 우리 인구수에 적합한 생활공간에서 경제적 독립을 확립하기를 바라고 있다. 대(大)국민으로 살기 위해서는 충분한 토지가 필요하다.

독일은 미국에 어떠한 요구도 하지 않았고, 미국 또한 독일에 대해 전혀 우려할 일이 없었다. 평화적 공존을 위한 모든 전제는 어느 쪽이나 갖추어져 있다. 그러나 미국을 자신들의 가장 강력한 요새로 택한 유대인들로 인해 모두가 재앙을 입고 있다. 실로 이 사실만으로 모든 것이 파괴되고 모든 것이 재앙을 당했다.

나의 예측으로 이 유대인이란 기생충—피부에 찰싹 달라붙어 생피를 빨아먹는 녀석—이, 그들에게는 암 덩어리같이 해를 끼치는 존재임을 미국인들 스스로 깨닫기까지는 25년 이상은 넘지 않으리라 본다. 유대인은 미국인을 위험한 모험으로 내몰았지만, 그 모험은 근본적으로 미국인과 전혀 관계가 없다. 모험 대상이 되는 이해관계 또한 미국인과는 아무런 관계가 없다.

실제 유대계가 아닌 미국인들 처지에서 보면, 유대인과 자신들의 증오를 함께 나누고, 또 그러기 위해 유대인에게 고삐를 빼앗기고 끌려다녀야 할 이유가 전혀 없다. 그야말로 억지로 미국인은 다음 4분의 1세기 동안, 분노로 불탄 반(反)유대인주의자가 되거나, 아니면 그러기 전에 영원히 유대인의 노예로 전락해 버릴 것이다.

우리가 이 전쟁에서 패했다면 그때는 유대인이 진정한 승자가 되었을 것이다. 승리에 도취한 그들의 기쁨을 어찌 헤아릴 수 없겠는가. 하지만 내가 조금의 주저함도 없이 단언하건데, 그것은 바로 유대인에게 순간적 승리에 지나지 않으리라는 사실이다. 정말 이 경우 다시 유대인에게 도전장을 던지는 자는 유럽에 단 한 명도 없을 것이다. 한편 미국에서는 그 가능성이 보다 더 확실하리라.

미국은 아직 젊다. 노화되면서 발생하는 장해는 없을지 몰라도, 대신 기초가 튼튼한 정치적인 통찰력은 부족하다. 이제까지 미국인에게는 모든 것이 정말로 우습게 보일 만큼 간단했다. 경험과 난관을 극복하면서 틀림없이 그들은 성숙해 갈 것이다.

미국이 건국되기 이전에는 대체 그런 사람들 수가 얼마나 되었을까? 그들은 세계 곳곳에서 모여든 다양한 개인들, 즉 모험가들이며, 그들을 기다린 것은 개발을 기다린 수많은 대륙이었다. 그 광대한 대륙 안에서 서서히 국가의식이 형태를 갖추어 갔다.

하지만 여러 인종과 국민으로 구성된 개인들의 이런 집단체에는, 아직 미국 국민들을 하나로 이어줄 만한 국가적 감정이 존재하지 않았다. 따라서 그들은 유대인의 욕망을 충족시킬 사냥감이 될 수밖에 없었다!

유대인이 우리를 기반으로 범해 온 폭력적 행위, 그리고 국가사회주의에 의해 겨우 종지부를 찍은 그들의 폭력적 행위가 현재도 계속되고 있다. 새로운 사냥감이 있는 토지에서 말이다. 미래로 이어질 동종 행위까지 고려하면 헤아릴 수조차 없다. 언젠가 미국인은 자신들이 루스벨트라는 잘못된 우상에 의지했고, 유대인이 선조인 이 남자가 실은 범죄자였다는 것—미국과 모든 인종에게도 마찬가지—을 알게 될 때가 올 것이다.

루스벨트는 미국에 연고도 없을뿐더러 잘못된 방향으로 미국을 이끌었다. 미국과는 아무런 관계도 없는 전쟁들에 미국을 강제로 개입시켰다. 그에게 정치적 식견이 조금이라도 있었다면 자타 모두가 인정한 독립주의 정책을 버리지 않았을 테고, 또 그때마다 항쟁으로 미국이 중립국 역할을 고수하면 된다는 생각을 틀림없이 했을 것이다.

미국이 다소나마 정치적으로 성숙하고 좀 더 경험을 쌓았더라면 미국의 결정적 이익을 위해서는, 유럽 항쟁에 대해 경계심을 늦추지 않으면서 중립적인 입장을 지키는 것이라 분명 인식했을 것이다. 개입정책을 택함으로써 미국은, 유대인 착취자들의 먹잇감으로 전락할 위험성만 한층 높였다. 실제 그러했듯 그들은 전 세계 어디에서도 이 사정을 몰랐다. 따라서 그들이 하는 일을 정확히 파악해야 했다. 물론 개인적으로 유대인 입장에서 본 것에 불과하지만 말이다.

만약 운명이 미국을 상대로 이 중대한 시기에, 루스벨트와 다른 인물을 진정한 국가수반으로 선택했다면, 즉 미국인의 생활을 20세기의 다양한 요구에 적응할 수 있도록 만들 능력자를 선택했다면 그 인물은 링컨 이후로 가장 뛰어난 대통령이 되었을 것이다.

1930년대 경제공황은 단순히 경제성장 불균형으로 초래되었다. 전 세계적 규모였지만, 경제 자유주의는 낡은 공식으로서 그 정체를 폭로했다. 책임감 있는 사람들이 이 경제공황의 원인과 파급 정도를 파악했더라면 문제는 적절한 대응책만으로 해결되었을 것이다.

백악관의 대통령으로 적합한 인물이라면 그 한 가지 과제를 거론했으리라 생각한다. 문제 해결로 그는 세계적인 경쟁 무대에서 타의 추종을 불허하는 독자적 위치를 차지하는 결과를 얻었을 것이다. 하지만 목적을 위해 그는 미국 국민들의 주의를 큰 문제로 돌려, 지구 전체로 그들 시선을 열어줄 필요가 있었다―루스벨트라는 이 범죄자가 그러했듯, 미국 국민을 세계전쟁이라는 혼돈상태 속으로 끌어들이는 대신 말이다.

그 일은 미친 짓이라고 할 수밖에 없다! 달리 그 예를 볼 수 없는 야만적인 방법으로 그는 미국 국민의 무지와 어리석음, 쉽게 남을 믿는 성격을 악용했다. 루스벨트는 그 양키들에게 유대인의 시선으로 세계를 바라보게 하여 미처 그들이 깨닫기 전에 파국의 길로 그들을 데려가고자 했다.

미국 국민들 일은 우리와 관계가 없다. 따라서 그들에게 무슨 일이 일어나든 그들 태도가 직접 우리와 유럽 운명에 영향을 미치지 않는 이상 나는 어디까지나 냉정함을 잃지 않을 생각이다.

우리가 미국 국민과 협력할 수 있는 계기가 이것 말고 또 하나 있다. 즉 그들도 우리도 식민지를 만드는 일에 흥미가 없다. 예전 독일 국민은 실제 제국주의에 집착한 적이 한 번도 없었다. 나는 19세기 말 그 어리석은 수고를 우리 역사에서 탈선적 현상이라 생각한다. 1918년 패배에서 굳이 좋은 면을 찾아보자면 딱 하나, 즉 불행한 길을 함부로 독주하려는 우리에게 제동을 걸었다는 점이다.

우리 독일인은 식민지 획득의 성과가 변색해 감도 알아채지 못하고 프랑스인과 영국인들이 보여준 선례에 어리석게 현혹되어, 그들의 성과에 눈이 멀어 그 불행한 길로 독주하려 했다.

제3제국은 그 시대에 뒤떨어진 과거 때문에 추억의 눈물을 조금도 흘리지 않는다. 그리고 우리의 이런 태도야말로 사람들에게 자랑할 만하다. 우리는 시대에 뒤떨어진 과거가 아니라 용기를 가지고 결연하게 미래로 시선을 돌린다. 즉 대륙에서의 광역정책 현실로 눈을 돌리는 것이다. 동시에 자연 그대로의 미국 전통도 같은 방향을 지향한다. 다른 대륙 문제에 간섭하지 않음을, 그리고 신세계 문제에 대한 외국 간섭을 배제함을!

1945년 2월 25일 국방군 총사령부 전황 보도

……루반 북서쪽에서 적군 전차부대의 돌파작전은 어제 또 큰 희생만 내고 궤멸했다. 노이슈테(슈체치네크)틴과 코니츠 사이에서 적군은 강력한 보병대와 전차부대로 우리 측 전선을 압박하여 후퇴시켰다. 한편 투헬의 초원 및

바이크셀강 하류 서쪽에서는 적군의 공격이 성공을 거두지 못하고 끝났다.

동프로이센 큰 전투에선 6주일 뒤에, 쉴 새 없이 격렬한 싸움을 이어가던 우리 측 사단이 소련군 8개 군단의 총공격을 잘 버텨냈다. 잠란트에서 우리 측의 거센 공격은 적군을 북동쪽 방면으로 철수시켰다. 우리 해군 전투부대는 어제도 이 전투에 참가하여 좋은 성과를 거두었다. 리바우 남동쪽에서는 볼셰비키의 공격이 커다란 피해를 입혀, 며칠 전과 달리 더 이상 결속력을 보이지 않게 되었다.

루어강 기슭의 방어전은 너비 60킬로미터에 걸쳐 격렬하게 전개되고 있다. 루아먼트와 철도연선의 가일렌키르헨—에어켈렌츠 사이에서 미국 제9군 부대는 몇 곳에서 우리 측 전투전위부대를 강 동쪽 기슭까지 성공적으로 물리쳤다. 린니히 지역구, 율리히 양측 및 뒤렌에서는 치열한 전투가 계속되고 있다.

······아이펠의 노이어부르크 양측에서는 방어전이 이어지고 있다.

앵글로아메리카 공군의 테러폭격기는 어제 서독일, 북서 및 남동 독일의 각 도시를 공격했다. 주택지구에 대한 폭탄투하 및 저공 기총소사 공격으로 일반 주민에게 피해를 입혔다. 지난밤 독일 공군기는 라인베스트팔렌 지방 몇 곳과 독일 제국의 수도 베를린에 폭탄을 투하했다. 우리 측 방공부대에 의해 적군 비행기 22대가 격추되었다.

15장

시간과 공간—우리에게는 둘 다 부족하다. 유대인, 칼 마르크스=마르크스와 지상 천국—레닌, 스탈린 및 미래의 공산주의 독재자들—독일 국민의 불안정성—누가 횃불을 내걸고 계속 전진하겠는가? 한 인간에게 너무나도 큰 과제—독일 국민은 젊고 강하다.

1945년 2월 25일
우리는 늘 조급하게 쫓기듯 행동해 온 탓에 많은 일들이 실패로 끝났다! 조급한 행동이란 우리의 경우 성급하게 행동한다는 말과 같은 의미이다. 그러나 결심을 강한 인내심으로 성숙하게 하려면 시간과 공간이 필요하다. 그리고 이 둘 모두 우리에겐 부족하다. 러시아인들은 둘 다 남아돌 만큼 넉넉하게 갖고 있다. 더불어 수동적인 성향, 즉 슬라브인 근성의 본질적 특성을 갖추었다.

그들은 또 마르크스주의 교리에 의한 국민 통제수단을 갖고 있다. 대신 그들은 지상에 천국—훨씬 먼 미래 이야기이지만—을 약속한다. 이로써 본질적으로 기독교의 도그마(dogma)와 구별된다.

선량한 히브리인이었던 유대인 칼 마르크스도, 그의 메시아(구세주)를 기다렸던 것이다. 그는 메시아를 바로 그 자리에서 사적 유물론으로 전환시키고 무한성에 대한 동경을 지상 천국, 즉 지상적 행복으로 대치했다. 이 행복은 손으로 잡을 수 있을 만큼 가까이에 있으며 약속된 것이었지만, 사람들은 그 행복을 애써 손에 넣으려 하지 않고 가만히 기다려야 했다. 이것이 바라던 계략이었고 무지한 대중은 그 계략에 걸려들고 말았다.

레닌이 완수하지 못한 일은 스탈린이 완성할 것이다…… 이렇게 공산주의 독재자들 계보가 이어진다…….

이는 교활하다! 그렇다면 역시 유대인 머리에서 나온 기독교, 그 신자들에게 현실 밖 세계에서 비로소 천국을 약속한다는 기독교를 대체 어떻게 생각해야 할까? 이 문제는 비교가 불가능할 만큼 강력한 사상이다!

이와 달리 나는 모든 것이 한 개인의 짧은 인생 동안 완성되어야 하고, 운명의 율법 아래에 놓여 있다고 생각한다. 내가 믿는 것은 현실에 기초한 냉정한 세계관뿐이다. 그리고 현실의 약속은 저마다 구체적 형태를 띠어야 하는데 이는 불가능한 약속을 나에게 금한다.

다른 사람들에게는 시간이 영원할지 몰라도 나에겐 불과 몇 년의 불충분한 시간만 남아 있다. 그들은 선구자들이 일을 멈추었을 때부터 일을 이어갈 후계자들에게 뒤를 맡길 수가 있다. 이는 곧 같은 쟁기 하나로 하나의 땅을 일구며 나아가는 교대자를 의미한다.

나는 늘 스스로에게 묻는다. 나의 직접적인 협력자들 가운데에서 결국 내 손을 떠난 횃불을 들고 전진할 만한 힘 있는 자는 어디에 있을까, 하고 말이다.

운명에 따라 결정된 나의 또 다른 운명은, 일정한 자기주장이 없어 쉽게 영향을 받는 점에서 달리 유례를 볼 수 없는 국민, 예전에 한쪽 끝에서 다른 한쪽 끝으로 타락한 과거를 가진 국민을 내게 지도하게 했다. 나의 경우 이상적인 처방전은 처음에 독일 국민의 존속을 확립하여 국가사회주의 청소년을 육성하고 나아가—결국에는 독일 국민들 가운데에 형태를 갖춘 권력이 적국(敵國)에게 전쟁을 단념하기가 불가능한 이상—그 불가피한 전쟁 작전을 미래 세대에 맡기는 일이다. 그러면 독일은 도덕적으로나 물질적으로 무장을 하게 된다. 세상에 태어나면서 모유와 함께 국가사회주의 정신을 흡수하고, 그 정신 원칙에 따라 성인이 된 사람들로 구성된 관리, 외교관 집단에 참모본부를 갖게 될 것이다.

독일 국민을 위해 양지바른 곳을 정복하고자 내가 착수한 이 일이, 한 인간에게는 너무나도 많고, 한 세대에게는 너무나도 방대하고 포괄적이다! 그러나 나는 독일 국민에게는 그들의 사명에 대한 지식을 전했고, 또한 대(大)독일 제국 안에서 모든 독일인들이 하나가 되기 위해 어쩔 수 없이 커다란 가능성에 대한 지식을 뼛속까지 불어넣었다. 이렇듯 나는 최상의 씨앗을 뿌려두었다. 나는 독일 국민들 머릿속에 그들 자신의 존망이 달린 이 전쟁의 의미를 주입시켜 두었다.

언젠가—그리고 그날은 다가오리라—이 씨앗이 여물어 수확을 하겠지만 그 무엇도 이를 방해하지는 못할 것이다.

독일 국민은 젊고 강하다. 이는 곧 앞으로도 미래가 있는 국민임을 뜻한다.

1945년 2월 26일 국방군 총사령부 전황 보도

이미 보도했듯이 동부전선 남부에서는, 그란(에스테르곰)강을 건너 서쪽으로 진격해 온 적군이 육군 및 무장 친위대 부대의 강력한 반격을 받아 강 동쪽 기슭으로 후퇴했다. 볼셰비키군은 이 전투에서 700명의 포로 및 4000명이 넘는 전사자를 냈다. 전차 90량, 각종 화포 334문이 섬멸 또는 포획되었다. 슬로바키아 에르츠산맥의 협곡을 따라 소련군은 강력한 부대를 이끌고 공격을 개시하여 알졸(즈볼렌) 남쪽과 동쪽에서 약간의 거점을 손에 넣었다.

슐레지엔 방어선 가운데 이제까지의 중심부에선, 어제 또 조브텐 북쪽, 골드베르크 남쪽 및 라우반 부근에서 적군 돌파작전이 우리 군 전차와 특수보병부대의 완강한 저항으로 실패로 끝이 났다.

……프로스트 및 구벤 두 도시의 외곽 부근에서는 볼셰비키군의 수차례

공격이 우리 측 방어 포화를 받고 궤멸했다. 브레슬라우와 글로가우 수비대는 치열한 시가전으로 방어에 임했기 때문에 적군이 이렇다 할 성과는 거두지 못했다.

오데르강 전선에 대한 보도나 서프로이센으로부터의 보도에서도, 소련군의 정찰 전진은 성과 없이 끝이 났다. 노이슈테틴과 코니츠 사이에서는 적군이 보병부대와 전차를 이끌고 좁은 지역이지만 우리 측 방어선을 돌파하여 북서 방향으로 지반을 확보하는 데 성공했다…… 동프로이센 남부전선의 경우 치열한 방어전 가운데에서 우리 측 진영의 수비가 성공을 거두었다.

잠란트에서 육군 부대는…… 6일간에 걸친 전투에서 두 소련군단의 주요 부분을 공격했고, 동시에 단호한 기동적인 공격으로 적군을 북동 방향으로 격퇴했다. 그 결과 일시 중단되었던 연락, 즉 요새화한 쾨니히스베르크로 가는 뱃길, 도로 및 철도에 의한 연락을 다시 확립했다. 볼셰비키 부대의 참담한 손실은 수천 명에 이른다. 포로 550명을 잡고, 전차 59량, 중화기 490문, 척탄통 110문 및 다수의 소화기(小火器)가 섬멸 또는 포획되었다.

……서부전선에서 우리 측은 포격과 화염방사기로 공격하여 크레베 남동 적군부대의 대집합 지점을 분쇄했다. 고흐 지구에서 우리 군부대는, 한 발의 후퇴도 없이 진영을 사수하고 적군의 맹공격을 견지하여 주전장과 적군 전차 23량을 공격했다. 루어강 전투는 더 격렬했다. 린니히와 뒤렌 사이에서, 특히 루릭 지구에선 미국군이 대량의 전차부대를 전투에 투입했다. 우리 측 부대는 적군의 공격을 아군 제2진지의 전방에서 저지했고 또 반격하여 격퇴했다…… 아이펠의 노이어부르크 동쪽에서 적군은 총결집하여 몇 곳에서 프림 지구의 경계선을 넘는 데 성공했다. 자르부르크에선 양측에서 새로운 병력이 전투에 가담했다.

크로아티아의 경우 사라예보의 넓은 지역에서 적군의 공격활동이 최근 눈에 띄게 활발해졌다. 대부분의 지구에서는 강력한 비적(匪賊) 부대를 대상으로 격렬한 전투가 전개되고 있다.

앵글로아메리카의 테러공군부대는 어제 종일 뮌헨, 아샤펜부르크와 린트, 그리고 서독일 각 지역 및 보덴제 부근에 폭탄을 투하했다. 특히 뮌헨에서는 문화적으로 기념해야 할 건축물에 중대한 손실이 발생했다. 어제 영국 공군기는 중부 독일을 비행했다……

16장

처칠은 통찰력이 부족했다. 됭케르크의 비극—영국 침공은 가망이 없음—1940년 여름, 소련의 목표는 확실히 읽혔다. 스탈린, 선천적인 압제자—유고슬라비아 탈락—소련의 공격 위협—모스크바 조약 조인 1주년에—스탈린의 현실감각에 대한 착각.

1945년 2월 26일

영국과 화해가 불가능하다고 확신하게 되었을 때 나는 동부에서 무력으로 결정을 내리기로 결심했다. 영국에 마지막 수단으로 호소하는 것을 피함으로써 나는 기회가 있을 때마다 입증한, 그 막대함과 기사도 정신에 대한 평가가 있어야 한다는 것을 처칠은 몰랐다. 나는 의도적으로, 싸움에서 지고 됭케르크를 도망가는 영국군에 희생이 없도록 했다.

내가 정말 어렵지 않게 달성한, 유럽 대륙에서의 우리 독일인 지휘권을 인정하는 것에, 그들 영국인들은 완고하게 반대했다. 하지만 그것을 인정하려면 그들 자신에게 이익 말고는 다른 어떤 것도 기대할 게 없었다. 됭케르크에서 달아난 영국 병사들 가운데, 비록 한 명만이라도 좋으니 그 사실을 다른 사람들에게 이해시킬 수만 있다면 좋겠다고 나는 생각했다.

이미 7월 하순, 즉 프랑스를 굴복시키고 한 달 뒤에 나는 평화가 우리에게서 더 멀어졌음을 알았다. 때문에 몇 주일이 지나자 나는 영국 본토 침공이 가을 폭풍 철 전에 이미 성공 가능성이 없음을 알았다. 왜냐하면 우리는 제공권(制空權)을 확보하지 못했기 때문이다. 나는 우리가 영국 침공에 절대 성공하지 못하리라는 것을 알았다.

우리가 양손 가득 일을 떠안고 미동조차 못했을 때, 발트해 연안 여러 나라와 바사라비아를 합병한 1940년 여름의 소련 행동은 그 본디 목표를 조금도 의심할 수가 없었다. 진정한 목표가 사실 다른 데 있었다 하더라도 11월 모로토프의 베를린 방문은 그 사실을 감쪽같이 속였을 것이다. 모로토프 외상이 귀국한 뒤에 스탈린이 했던 제안 또한 나를 속이지는 못했다.

스탈린, 이 선천적인 압제자는 오로지 시간을 벌어 핀란드와 발칸에서 그의 공격 상황을 개선하려 했다. 이는 이른바 고양이와 쥐 놀이처럼 시간 벌기가 목표였다.

우리가 5월 15일 이전에 공격하지 못한 게 나로선 비극이었다. 그러나 첫 총공격으로 러시아를 섬멸하려면 무슨 일이 있어도 더 이상 기다리는 것은 우리에게 허락되지 않았다. 이에 비해 스탈린은 언제라도 전쟁을 일으킬 수 있었다. 겨울 내내, 그리고 특히 1941년 봄 첫 며칠간은 소련군대가 나를 따돌리고 공격할지도 모른다는 생각에 잠을 이룰 수 없었다. 실제로 알바니아와 발칸반도의 키레나이카에서 이탈리아군 참패가 전혀 새로운 상황을 만들어 내면서 반란이 일어났다. 우호국에나 적국에나 우리 군대가 지지 않으리라는 명성에 먹구름이 끼었다고 생각한다.

마지막으로 유고슬라비아 탈락 또한 같은 원인이다. 그 탈락으로 우리는 발칸반도를 전쟁으로 끌어들일 수밖에 없는 상태에 몰렸다. 이는 내가 어떻게든 피하고 싶었던 상황이다. 하지만 전쟁이 그 방향으로 움직이기 시작한 이상, 그대로 진군을 이어갈 수밖에 없었다. 러시아 공격을 위해 준비한 부대 일부만으로 근동(近東) 지역을 해방시키기에 충분했다.

그렇지만 우리가 우리 세력의 중추부로부터 이렇게 멀리 벗어나면서까지, 이른바 우리를 습격해 달라고 소련을 권하는 짓을 했어야 했을까. 소련에는 분명 여름 동안, 아니면 가을에는 그 습격을 실행에 옮겼을 것이다. 하지만 가을이 되면 우리에겐 승리의 어떤 희망도 기대할 수 없을 만큼 불리한 조건들이 많았다.

소련이 코끼리처럼 강한 참을성을 보이는 것은 유대인에게 피해를 입은 민주주의 국가를 상대로 한 경우뿐이다. 이 말은 곧 소련은 그런 민주주의 국가들이 결국 홀로, 외부의 공격 없이 그들 먹잇감이 될 것을 알고 있었음을 의미한다. 그것은 만성적인 경제공황으로 야기된 내정적(內政的) 결점의 결과이며, 경제공황은 마르크스주의의 병독에 위협받은 대중 불만이 원인이 된다. 그러나 소련은, 국가사회주의 제국에선 그 모험을 절대 할 수 없다는 점도 알고 있었다. 그들은 우리가 어떤 관계에서나, 게다가 평화로울 때가 전쟁 시보다 더 현저히 그들보다 뛰어나다는 사실을 알았다.

러시아인의 강한 인내심은 유물사관이 그들에게 위험은 되도록 피하고, 그들 계획이 확고해질 때까지—1년이든 평생이든 필요하다면 1세기라도—기다릴 것을 허용한다는 점에서 비롯된다. 시간은 돈이 들지 않는다. 마르크스주의는 그 지배하에 있는 대중에게 지상 천국을 약속한다. 그러나 오늘도 아니고 내일도 아닌, 확실치 않은 미래의 일이다.

하지만 일부는 그들의 강인함이기도 한 강한 인내심에도 불구하고, 소련은 우리가 영국을 섬멸하는 일을 수수방관하지 못했다. 이유는 그것이 그들에게 결국, 그들이 마지막으로 남은 국민으로서 독일 독재에 가차 없이 인도됨을 의미했기 때문이다. 미국과 일본은 이 경우 중립을 지켜야 했으니 말이다. 그때 우리가 원하면 언제든 낡은 청구서를 우리 방식으로 청산하리라는 데는 소련으로서도 의심의 여지가 없었다.

따라서 나에겐 볼셰비즘을 무력으로 근절해 버리는 일 말고는 살길이 없었다. 그래서 모스크바 조약 조인 1주년 기념일에 이 결의를 굳혔다. 이런 나의 확신으로 스탈린은 이미 조인 전에 결심을 굳혔고 가장 유리한 때를 노려 독일 제국을 침공할 작정이었다고 여겨진다.

만 1년 동안, 우리는 지나치게 우호적인 노력은 아니더라도 이성적인 협력이라면 스탈린과의 사이에서 가능하리라는 희망을 꾸준히 품어왔다. 나는 상상했다. 스탈린은 권력과 책임을 짊어진 15년 동안은 의심의 여지가 없는 현실주의자이며, 이유를 알 수 없는 마르크스주의 이데올로기의 미숙한 사상으로부터 해방되었음이 틀림없다고. 이 이데올로기는 단순한 아편으로서, 이 국민을 위해 계속 비축되어 왔다.

러시아 제국의 파괴라는 목적을 달성한 유대인 지식계급은 숙청되었다. 하지만 그 숙청의 잔혹함이 그 추측을 강하게 대변해 준다. 이러한 유대인 지식인들에게 스탈린은 그의 심상으로서 존재하던 대러시아 제국의 구상을 감염시키지 않도록 시기를 놓치지 않고 예방조치를 강구하려 한 인물이라 상상하지 않을 수 없다. 대러시아 제국은 그 범슬라브주의의 목표이며, 사실 근본적으로는 표트르 대제의 정신적 유산 계승에 지나지 않았다.

양측(독일과 소련)은 그러고 나서—물론 중개가 불가능한 대립 사항이 있음을 서로 인정한 다음에—영속적인 화해를 가로막는 조항을 규정하는 노력을 시작해야 했다. 즉 서로 세력권에 대한 정확하고 엄격한 구분과 그 존중 및 상호 이익을 보증한 뒤에 간단한 경제협력을 체결했다. 만반의 준비가 된 상태에서 손가락을 방아쇠에 건 채로 한 화해였다!

17장

유럽의 마지막 기회―새로운 유럽은 폐허 위에만 건설될 수 있다. 나폴레옹의 운명―언제나 영국―미국과 세계의 유대인 채찍.

1945년 2월 26일

나는 유럽의 마지막 기회이다! 새로운 유럽은 의회 투표가 아니라, 토론이나 결의도 아닌 폭력에 의해서만 태어난다.

새로운 유럽은 폐허 위에서만 건설이 가능하다. 내가 말하고자 하는 바는 정상적인 사태라고 생각할 수 없는 물질적 파괴의 잔해가 아니라, 사익이라는 이름의, 편협이라는 이름의, 과거의 유물이 되어버린 자국 본위의 국가주권이라는 이름의, 그리고 애국심 지상주의의 편협한 정치라는 이름의 정신적인 폐허를 말한다. 유럽은 모든 사람의 이익을 위해, 그리고 모든 사람의 희생으로 건설되어야 한다. 이를 나폴레옹은 완벽하게 인식하고 있다.

이 위대한 코르시카인의 고뇌에, 나보다 동감할 수 있는 사람은 없다. 그는 평화를 정복하고자 하는 야심에 휩싸여 이번에야말로 평화를 얻어내겠다는 희망을 끌어안고 끊임없이 새로운 전쟁을 일으켜야 한다고 압박받았다. 1940년 여름 이후, 나는 그와 같은 정신적 고통을 맛보았다.

보이는 것은 언제나 영국이다. 유럽 대륙의 살아갈 권리에 폐쇄적인, 그 영국이다.

영국은 그 뒤 늙고 약해져 있었다. 하지만 그 때문에 한층 더 영악해지고 타락했다. 그리고 그 파괴적이고 반자연적인 행동 속에 영국은 미국이라는 해결책을 꺼냈다. 이 미국은 미국대로 전 세계 유대인의 채찍에 지배받고 있었다. 영원의 유대인은 우리의 불화로 살아가며, 앞으로도 그 불화에서 단물을 빨아먹고자 한다.

1945년 2월 27일 국방군 총사령부 전황 보도

헝가리에서는 볼셰비키들의 작전은 플라텐제 동단에 정찰하고 전진했지만 성과는 없었다. 최종 확인을 해본 결과 우리가 그란 교두보를 분쇄했을 때 적들은 2만 명 이상 사상자가 나왔다고 한다.

이날 작은 전투가 있었던 것만으로는 타트라산과 브레슬라우 남쪽 사이 전선에 아무런 영향도 주지 못했다. 적은 골드베르크와 라우반 지구에 근거지를 만들고자 보병부대와 전차부대를 반복해서 보냈지만 모두 실패로 끝났다. 라우지츠 나이세강 근처 아군 교두보 앞에는 어제도 볼셰비키들이 몇 번이고 공격해 왔지만, 조금의 손실이 생겼을 뿐 대부분 궤멸했다.

중부 포메른에서는 증강된 우리 부대가 룸멜스부르크강 외곽 지대 북서쪽에 진격 중인 소련군 고속부대에 격렬한 방어전을 펼치고 있다. 투헬 초원에서 적은 우리 군의 반격에 남쪽으로 격퇴되었다. 동프로이센 및 잠란트 전선에서는 지금까지의 거대한 손실에 겁을 먹은 볼셰비키들이 크로이츠베르크 북서쪽 지구에 지금까지와 같은 병력으로 공격해 왔을 뿐이었다. 며칠 뒤 격렬한 전투를 이어가고 있는 우리 사단은, 이 지구에 전차군의 지원을 받은 적 보병대의 돌파작전을 좌절시켰다. 쿠를란트에서는 리바우 남동쪽 방어전 7일째에도 완전한 방위의 성과를 올렸다.

매우 격렬한 포격 준비를 마친 뒤 캐나다 제1군은 니더라인과 마스강 사이에서 총공격을 재개했다. 카르카르 남쪽에서 적은 우리 군의 진지에 돌입했다. 우리 쪽 예비군은 적군을 저지하기 위해 반격했고 그 결과 방어전선은 지킬 수 있었다.

우리 군 포병부대는 됭케르크 전방에서 공격하려는 적의 전차대를 분쇄했다.

북아메리카 공군의 포격기 편대는 어제 하루 종일, 라이히의 수도 베를린에 테러 공격을 했다. 주택지구에 커다란 피해를 입었고 많은 주민들이 부상당했다. 그 밖에도 다수의 문화적 건축물과 병원이 파괴되었다. 영국 공군 폭격기는 서독 지역, 밤에는 베를린을 공격했다.

18장

전면패배의 결과―전승국에 의해 토막난 라이히―짐승 같은 볼셰비키들, 미국 갱들―불멸의 라이히―인종이론 법칙―국가사회주의의 영원한 공헌은 독일과 중부 유럽을 위해―불화의 요소 및 통일―영국과 이탈리아의 비극―추락한 프랑스, 5등국―독일 장래에 있어 일본, 중국 및 이슬람제국이 갖는 의미—독립 유럽의 적으로서의 양대국가—그 세력투쟁에서 독일의 역할—유대적 마르크스주의에서 해방된 러시아—미국이라는 거인 아기, 점토로 만들어진 거상—황색인종의 기회—백인종이 살아남기 위해 불가결한 전제.

1945년 4월 2일

만약 우리가 이 전쟁에서 어쩔 수 없이 패배하게 된다면 그때는, 전면패배밖에 없을 것이다. 우리의 적은 그들의 목표를 소리 높여 선언하고, 그들의 의도에 따라 우리가 어떤 환상도 품지 말아야 할 것임을 알려주었다. 세계의 유대인 전체, 볼셰비키들, 그들을 따르는 탐욕스런 하이에나 대집단. 그들은, 국가사회주의의 독일이 파괴되고, 섬멸되고, 그리고 완전히 해체되어 버릴 때까지는, 결코 무기를 손에서 놓지 않을 것이다.

이렇게까지 대립하는 두 세계관이 부딪히는 이 전쟁에서 어느 한쪽이 불행한 결과를 보일 때, 그 결과는 좋든 싫든 전면패배를 의미한다. 이는 양쪽 모두가 모든 힘을 다 써버릴 때까지 이어지는 싸움이다. 따라서 우리는 우리를 기다리는 게 무엇인지 알고 있다. 즉 우리에게는 이길 때까지 싸우든가, 아니면 마지막 피 한 방울까지 버티는 수밖에 없다.

패배를 생각함은 견디기 힘든 일이다. 전승국에 의해 토막난 라이히, 짐승 같은 볼셰비키들이나 미국 갱 병사들이 저지르는 무법행위에 고통받던 주민들을 생각하면, 나는 온몸의 털이 곤두서는 것 같다! 하지만 온몸의 털이 곤두서는 듯한 이런 일들을 예상해도 독일 국민의 미래에 대한 흔들림 없는 확신을 내가 빼앗을 수는 없다. 우리의 고통이 크면 클수록 불멸의 라이히는 점점 더 선명한 모습으로 부활할 것이다!

독일인들의 국민성에 잠재되어 있는 특수한 능력, 곧 국가적인 자기주장의 고집이 오히려 국가의 존속을 위협하게 되면, 언제나 정치적 동면상태에 들어간다는 특수한 능력은 한번 더 우리에게 힘이 되어줄 것이다. 본디 나 자신은 쇠퇴한 제3국가의 뒤를 따를 독일의 이런 과도적인 단계를 살아서 체험할 수는 없겠지만.

1918년 우리가 체험한 굴욕과 배신이 어떤 것이었는지 간에 그것은 이제부터 우리가 마음을 굳히고 덤벼야 하는 고통에 비하면, 전혀 문제될 게 없으리라. 12년간의 국가사회주의정권 뒤에 이런 가능성이 나오다니 이해하기 힘든 일이다! 국민에게 영웅적인 위대함을 가져다준 엘리트들을 잃은 독일국민이 이제부터 몇 년에 걸쳐 진흙 속에서 몸부림치고 살아가야 한다는 것은, 이해할 수 없다!

흔들림 없는 성실함을 갖고 자신의 신념을 관철시키는 사람을 위해 어떤 도덕법칙이, 어떤 규범이 있을 수 있을까? 흙발로 짓밟힌 독일 국민은 국가적 무력상태에서 인종이론의 법칙을 내세우고 그를 관철하기 위해 늘 노력해야 할 것이다.

도덕적으로 점점 더 유대인의 병독이 퍼져 있는 세계에서는 이 독에 대해 면역성을 가진 국민만이 결국 마지막 강자로서 군림하게 될 것이다. 이렇게 생각해 보면 내가 독일과 중부 유럽에서 유대인을 뿌리째 뽑아버린 것에 대해 사람들은 국가사회주의에 영원히 감사할 것이다.

두 번째 기본적인 규칙은 모든 독일인의 불가분의 통일을 유지하는 것이어야 한다. 모든 독일인의 통일 속에 처음으로 우리의 국민으로서 여러 가치가 발전한다. 즉 우리가 프로이센인, 바이에른인, 오스트레일리아인이기를 포기하고, 독일인 외의 그 무엇도 아니게 되었을 때이다. 프로이센 사람들이 모든 독일인을 비스마르크 라이히에 통합하기 시작했을 때, 그들은 그 행동으로 독일 국민에 대해, 몇십 년 사이 유럽 대륙의 명실공히 최초의 국민으로 자리 잡을 기회를 만들어 주었다.

내가 이 모든 독일인을 국가사회주의의 제3국에 통일했을 때, 나는 그들을 유럽 건설의 지도자로 만들어 주었다.

무슨 일이 있어도 독일인은 결코 잊어서는 안 되는 일이 있다. 그들에게 가장 소중한 것은, 불화의 원인분자를 배제함과 동시에, 국가 통일을 위해 꾸준히 노력하는 점이다.

세계 주변 국가들에 대한 우리의 관계에 대해 말해 보자면, 부동의 법칙을 세우는 일은 불가능하다. 왜냐하면 전제조건이 끊임없이 변하고 있기 때문이다.

나는 20년 전에, 유럽 전체를 보면 독일에게 가능성 있는 동맹국은 두 나라밖에 없다, 즉 영국과 이탈리아뿐이라고 적었다. 하지만 운명은 내게, 이 인식에서 논리적인 귀결로 나오는 정책을 실행에 옮기는 것을 거부했다. 만약 영국인이 세계 제국에 어울리는 힘을 아직 갖고 있다고 해도, 그들에게는 이미 이 세계 제국을 유지해 나가기 위해 필요한 도덕적 가치가 결여되어 버렸다. 외견상으로 그들은 세계를 지배하고 있었다. 실제로는 그들 자신은 유대인 세계의 지배 아래 있었다.

이탈리아는 고대 로마의 정치적 야심을 다시 한 번 되찾았다. 야심은 갖고 있었을지 모르지만, 그 밖의 특질—도덕적 엄격함과 물질적 능력—은 갖고 있지 않았다. 이탈리아의 유일한 장점은, 한 진정한 로마인의 지도 아래 있었다는 점이다. 이 인물에게 있어 이 무슨 비극인가! 그리고 이 나라에게 이 무슨 드라마틱한 일인가! 필요한 물질적 기초 없이, 또는 이 기초를 창조하는 가능성조차 없는데 야심을 갖는 일은, 국민 전체에 있어서도 개개의 인간에게 있어서도 더없을 불행이다.

아직 프랑스가 남아 있다. 20년 전에 나는 이 문제에 대해 내 생각을 적었다. 프랑스는 독일 국민에게 늘 선조 대대로 숙적으로서 존재해 왔다. 그 여성적인 연약함의 발작과 히스테리, 때로는 우리의 눈을 속이고 프랑스의 행동 의미를 과소평가시킨 적조차 있었다. 하지만 프랑스가 더 약해졌다 해도—그것은 매우 있을 수 있는 일이지만—그를 위해 우리의 불신이 긴장을 풀어주는 듯한 일이 있어서는 절대 안 된다. 물론 군사대국으로서의 프랑스는 이미 과거 이야기이며, 이 점에서는 우리의 위협이 될 만한 것은 절대로 없으리라.

이 전쟁에는—그것이 어떤 결과로 끝난다 해도—적어도 한 가지만이라도 좋은 점이 있었다고 생각한다. 즉 프랑스를 5등국으로 등급을 매겨준 일이다. 하지만 그럼에도 우리에게 프랑스가 여전히 위험한 존재임이 변함없다고 하면, 그 이유는 단 한 가지, 신도 두려워하지 않는 그 퇴폐성과 정치적 협박을 거는 기술로 상대에게 좋고 싫음을 말하지 못하게 하기 때문이다. 그렇기 때문에 프랑스에 대해서는 끊임없는 불신과 주의(경계)가 필요하다. 독일인은 한시도 주의를 소홀히 하는 법 없이, 이 마녀의 달콤한 속삭임에 결코 속아 넘어가서는 안 된다!

외국에는, 단순한 기본적 규칙 하나만으로는 도움이 되지 않기 때문에 언제나 상황에 적응해 나가는 게 필요하다. 아무튼 확실하게 알고 있는 점은 독일은 언제나 본질적으로 유대인의 병독에 대해 면역성을 가진 가장 신뢰할 만한 친구를 찾아내리라는 것이다.

나는 일본인과 중국인 그리고 이슬람제국민은 프랑스보다 늘 우리 가까이 있는 존재라 확신한다. 독일인과 프랑스인 사이에 존재하는 혈연에도 불구하고 말이다.

마치 불행이 하늘의 뜻인 듯 프랑스는 몇 세기 동안 추락의 길을 걸어감과 동시에 지도층은 유대정신의 종속물로 전락했다. 이는 이미 본디 상태로 되돌릴 수 없는 범위로까지 퍼져버리고 말았다. 프랑스는 유대인이 정치를 해야 한다고 결정 내려버렸다.

국가가 패배한 뒤, 아시아와 아프리카, 그리고 아마도 남아메리카에서도 국가주의 운동이 대두될 때까지는 서로 대등한 입장에서 대결할 수 있는 힘을 가진 두 대국—미국과 러시아—만이 세계에 존재하게 될 것이다. 역사 및 지리적인 위치에서 나온 법칙에 의해 이 양 대국은 힘을 겨루게 되어 있다. 그것이 군사적 영역이든 단순히 경제적 또는 이데올로기 영역이든.

같은 법칙성에서, 이 양 대국은 반드시 독립 유럽의 적이 될 것이다. 하지만 미국이든 러시아든, 필연적인 과정으로 늦든 빠르든, 유럽에서 이 전쟁을 살고 있는 유일한 대국민의 도움을 확보하고자 할 것이다. 독일 국민의 도움을 말이다.

하지만 나는 엄숙하게 선언한다. 전 세계의 어떤 대가를 받든 언제 어느 때이든 독일은 미국인 또는 러시아인의 세력싸움 놀이 속에 조력자로 이용당하는 일은 용납지 않겠다고.

세계관적인 관점에서 무엇이 우리에게 도덕적으로 보다 유해한지, 유대인 사상에 침식된 아메리카니즘인지, 아니면 볼셰비즘인지를 지금 이 순간 정하기는 어렵다.

여러 관계에서 압력을 받아 어느 날인가 유대적 마르크시즘에서 손을 빼고 가장 잔혹하고 가장 야만적인 형태로 변질된, 불멸의 범슬라브주의에만 일신을 바치는 게 러시아인들에게는 가능하다. 미국인들은 미국인들대로 만약 그들이 아주 가까운 장래에 뉴욕의 유대인의 속박을 떨쳐버리지 않는 한—덧붙여 유대인들은 스스로가 생존의 기초를 빼앗으려 하고 있다—미국인은 망해 갈 수밖에 없을 것이다. 국가 정치의 이성이라고 하는 단계에 한 번도 다다르지 못한 채 말이다.

미국인에게는 무한한 자연의 힘과 이와 같은 정신적으로는 어찌할 수 없는 상태가 공존하고 있어 거인 아기(자이언트 베이비)를 떠올리게 하나, 이 거인 아기에게 이성은 병적인 급성장을 위한 영양분을 충분히 공급하지 못하고 있다. 사람들은 이렇게 물어볼 수도 있으리라. 미국은 기생문화라는 예에 해당하지 않겠는가, 라고 말이다. 즉 성장도 빠르지만 썩어 문드러지는 것도 빠른 버섯과 같은 문화의 예 말이다.

만약 미국이 순수한 군중심리와 이른바 그리스도교 과학에 의거한 지금의 유아독존적 도덕 대신 소박한 어린아이 같은 보다 조그만 인생관을 거머쥐는 일에 성공하지 못한다면, 지구의 이 지역이 앞으로 어느 정도 백인의 우선적 지배하에 머무를지 의문이다. 그때가 오면 점토로 만들어진 이 거인에게는 로켓처럼 급격한 상승을 거친 뒤 결국 자기 파괴 능력밖에 없었다는 사실을 알게 될 것이다.

이러한 추락이야말로 황인종에게는 예상치 못한 기회이다! 법적으로 또 역사적으로 보면 그들은 16세기 유럽인과 마찬가지로 지구의 이 부분에 침입한 점에서는 완전히 동등한 권리가 있다 할 수 있다. 혹은 정확히 생각해 보면, 유럽인에게도 황인종에게도 동일한 침입의 권리는 없다고 말하는 게 올바르지 않은가! 그러나 나날이 증가해 가는 영양실조 상태의 황인종 인민 대중은, 이 인류에 대해서 굶주린 자의 권리, 즉 굶주림을 치유하는 권리를 부여하고 있다.

그리고 그것이야말로 역사가 인정하는 단 하나의 권리이다. 이 권리에는 힘이 함께하고 있다는 전제를 둔다.

어떠한 일이 일어난다 해도 두 개의 커다란 전쟁에 의해 우리가 휘말려 들어간 이 잔혹한 시대에 변하지 않을 자연법칙이 있다. 곧 지탱할 수 있는 힘을 가진, 그것도 모든 희망을 잃고도 다시 한 번 죽을 때까지 싸울 용기를 버리지 않는 백인 민족만이 끝까지 살아남아 새로운 꽃을 피울 수 있는 미래를 향한 확실한 통찰력이 있다는 것이다. 그렇지만 이러한 특성은 몸속 유대인의 병독을 섬멸해 버린 민족에게만 그들 고유의 것이 되리라.

1945년 4월 3일 국방군 총사령부 전황 보고

동부전선 남쪽 지구에서 방어전은 계속되고 있다. 플라텐제 남서 방면에서는 나지카니자 지역에서부터 공격해 온 소련군이 우리 군의 방어선에 깊숙이 돌입했다. ……노이지들러 호수 서쪽에서는 아군 사단의 강력한 저항에도 불구하고 적의 부대가 바덴 남쪽 지역까지 진출했다. 프레스부르크 주위의 외측 방어선에 대한 볼셰비키군의 공격은 격파당했다. 투르나우 북서부 및 와크 두 곳에서는 소련군의 압력이 북서 방면을 향해 강화되었다.

오버슐레지엔에서는 적군이 로스라우와 예게른도르프 사이에서 다시 한 번 돌파작전을 개시했다. ……브레슬라우 서부전선에 대해서 볼셰비키군은 전차 및 전투폭격기의 옹호를 받으며 공격을 계속하는 중이다. 용감한 우리 군 수비대는 아주 적은 돌입을 허락한 정도로 진지를 사수했다. 2월 12일 이래 포위당했던 글로가우 요새 수비대는 사령관 오일렌부르크 대령의 지휘 아래 6주 이상 걸친 전투에서 중요한 오데르강 도하점을 전부 적군에게서 차단함과 동시에, 소련군의 강력한 부대를 구속하고 있다. 좁은 지역에 몰린 용감한 우리 수비대는 최후의 탄약을 다 쏘아버린 뒤, 적군에 체포되었다. 단치히만(灣)에서 볼셰비키군의 공격은 옥스헴프터 캄베 및 바이크셀강 연안 서쪽 평야에 의연하고도 격렬한 기세로 이어지고 있다. ……쿠아란토에서는 도블렌 북서부에서 반복된 대대(大隊) 규모 소련군의 대부분 공격은 성과 없이 끝났다.

니더라인─아이셀의 삼각지대에서는 츠토펜과 라이네 사이에서 어제 북쪽 및 북동쪽을 향해 진격한 강력한 영국군 전투부대에 대해 격렬한 방어전이 전개되었다. 토이토부르크 숲의, 테크렌부르크 양쪽 방면에서 적군의 공격은 고지대에 만들어진 우리 군 방어포화에 의해 중단된 채로 끝났다. 비렌페르트 남쪽에서 미국군은, 헬포르트 방향으로 깊숙이 돌입하는 것에 성공했다. ……아이제나흐 북쪽, 왈부르크 및 베라 지역에서는 적군의 압력이 계속되고 있다. 카셀에서 미국군은 격렬한 전투 뒤 시내로 진격에 성공했다. ……후르다 지역 및 그 남서쪽 킨치히강 근처에서 우리 군부대는 특히 동쪽 강변 적의 공격을 저지했다. 슈페사르트에서부터 전진을 시작한 미국군은 로아 근처에서 다시 한 번 마인강 언저리에 다다랐으나, 다른 한편 유루츠부르크바트 메르겐트하임 서쪽 방면에서는 우리 군의 진지 바로 앞에서 저지당했다. 네카르강 유역 뵘휀과 블루호자르 사이에서, 적군은 수많은 곳에 강행돌파를 성공했다. 이탈리아 전선에서 브리튼인 부대는 강력한 포격 뒤에, 아드리아해와 코마키오 호수 사이 좁은 육로를 통해 우리 군 진지에 진입해왔지만, 곧 우리 쪽의 집중포화로 저지되었다.

미국 공군 폭격기 편대는, 남동 독일의 공역에 진입했지만, 그때 특히 그라츠, 장크트 푈텐 및 크렘스에 피해를 주었다. 밤에 영국 공군기는 수도를 공격했다.

히틀러 지하방공호 기록에 대하여

프랑수아 제노

《Bormann Vermerke》라는 이름으로 알려져 있는 이 지하방공호 기록은 1952년부터 1953년에 걸쳐 여러 나라에 공표되었다―프랑스어판은 2권 대형판 《Libres Propos sur la Guerre et la paix(전쟁과 평화에 관한 비망록)》로 간행되었다. 이 책은 아돌프 히틀러가 1941년 7월 5일부터 1944년 12월 30일까지 마르틴 보어만 보좌관에게 구술하여 기록한 내용을 보어만이 교정, 주석, 분류해 놓은 비망록이다. 이 비망록은 1942년 9월 7일까지 일과처럼 쓰였다. 그러나 그 뒤 횟수가 점점 줄어들고 간격도 길어졌다. 보어만이 이 비망록을 특별히 중요하다고 인식, '미래 세대에게 아주 흥미로운 것'으로 생각했음은 잘 알려져 있다.

본문으로 번역(영어·프랑스어 번역)된 기록은 전후에 발견된 것으로 앞서 말한 《Bormann Vermerke》의 일부를 인용했다. 이 기록의 취급기간은 짧지만 다루고 있는 내용은 아주 흥미롭다. 18장뿐인 비망록으로 끝난 것이 아쉽다. (그 가운데 17장은 1945년 2월 4일부터 2월 26일까지 어느 정도 규칙적으로 정리되어 있지만, 18장은 1945년 4월 2일 하루로 끝나 있다.)

이 기록은 모두 보어만이 직접 기록했다는 점이 커다란 특징이다. 지금까지 그가 직접 쓰는 일이 있기는 해도 아주 드물었기 때문이다. 그리 넓지 않은 총통관저 지하방공호의 생활은 굳이 기록 보좌관을 둘 만한 공간이 없었던 사정도 있을 것이다. 그러나 기록 내용을 보면 총통은 상당히 특권적인 신분을 부여받은 당 간부, 또는 히틀러가 보어만이 앞에 있을 때만 입을 연게 아닐까 하고 생각할 만한 내용이 꽤 많다. 이 사실은 왜 보어만 한 사람만이 이 마지막 기록을 독점적으로 담당하게 되었는가 하는 이유를 설명해 주는 것이 아닐까.

여기서 잊지 말아야 할 점은 그로부터 몇 주 뒤 히틀러는 그를 자기 후계자로 지명하는 동시에 자신의 유언장 집행인으로 임명했다는 사실이다. 그런 까닭에 보어만 스스로가 이 지도적인 위치를 이용하여 여러 사건, 마지막 몇 주간의 세계 정세, 마침내 독일의 미래까지 걸린 총통의 마지막 사상을 후세를 위해 기록으로 남겨두는 일을 자발적으로 결정한 게 아닌가 하는 생각이 드는 것도 부자연스럽지 않다.

실제로 보어만은 이 비망록의 전부를, 아마도 총통의 요망에 따라 기록으로 남겼을 것이다. 유감스럽게도 분량이 별로 많지 않은 비망록이기는 하나, 지금까지 유보되어 왔던 몇 가지 문제에 관해 명확한 대답을 보여주려 한 히틀러의 단호한 의도를 분명하게 엿볼 수 있다.

그래서 명확하게 문제가 되는 것은 총통이 이미 몇 개월 또는 몇 주일 전에 완전히 포기해 버린 몇 가지 입장이다. 그것은 특정 신념을 형식적으로 고수하려는 의도에 따랐을지도 모르며, 또 측근 간의 특정 신화에 대한 신앙을 잃지 않게 하려는 의지가 있었는지도 모른다.

어쨌건, 지금 여기 번역된 비망록 또는 기록에 '정치적 유언'이라는 제목을 붙인 이유는 본디 갖고 있는 의도에 맞춘 것이며, 히틀러 총통도 마음속으로 그렇게 제목 붙이기를 원했을지도 모른다. 우리가 개인적으로 믿고 있는 한, 히틀러 총통과 보어만은 겉으로는 지금까지와 똑같이 행동하면서도, 제3라이히가 멸망하는 순간 마지막 메시지를 남기고 싶다는 두 사람의 마음이 서로 분명하게 전해졌을지도 모른다. 그리고 제3라이히의 멸망이라는 사태를 제삼자 앞에서 인정하는 일은 얼마간 거부했겠지만, 몇 주 뒤 어쩔 수 없이 직면할 수밖에 없었다.

분명 히틀러 총통은 가장 깊이 신임했고, 또 가장 친밀했던 보어만과 단둘이 남겨졌을 때, 그에게 자기 의견을 허심탄회하게 털어놓았으리라. 여기 번역한 히틀러의 마지막 비망록과 그 이전의 비망록을 비교해 보면, 바로 눈에 띄는 특징으로, 전자는 논의의 실마리가 줄어드는 동시에 탈선도 적고 더 직설적으로 기술되어 있다. 결정적인 멸망의 시기가 올지도 모른다는 마음의 메아리가, 보어만이 1945년 2월 4일자로 부인에게 보낸 편지에서 울려 퍼지고 있다.

"그대에게 말할 수 있는 것은 우리의 상황이 얼마나 나빠질 수 있는가 하는 점이오. 정직하게 말해, 우리 상황을 나로서는 절망적으로 생각한다오."

그렇지만 몸과 마음을 다해 보좌했던 히틀러 총통의 사상을 보어만이 충실하게 반영한 인간임에는 의심의 여지가 없다.

지금까지 알려진 바로, 보어만은 1945년 2월 2일부터 총통관저 지하방공호에 기거했는데, 그곳에는 그를 위한 전용 방이 하나 있었다. 따라서 이 번역서의 내용을 구성하는 전체 18장의 비망록 첫 장이 2월 4일로 되어 있는 점은 그리 이상할 게 없다. 그러나 왜 2월 26일자로 비망록이 중단되어버렸을까. 왜 17장과 18장 사이에 35일이라는 기간이 중단된 채로 남아 있을까. 왜 긴 침묵의 기간을 두고 느닷없이 4월 2일자 비망록이 단 1회만 나타난 것일까.

그 중단에 대해 결정적인 이유는 아직 발견되지 않았다. 히틀러 자신도, 보어만도 그날그날 긴급한 사건으로 바빴기 때문일까. 상황이 너무 급격하게 악화되었기 때문일까. 또는 총통은 중요한 관심의 대상에 집착하여 자기 사상의 정수를 모두 보어만에 맡기고 끝냈다는 안도의 마음이, 또는 보어만의 마음 어딘가에 있었기 때문일까. 그렇지 않으면 중단 기간 중 비망록은 보어만의 손에서 이미 작성되었고, 예상 밖의 사건 때문에, 그 비망록을 안전한 장소로 옮길 여유가 그에게 없었던 것일까. 어쨌건 이와 같은 갖가지 의문에 대해 과연 명쾌한 대답을 찾을 수 있을지 없을지는 아무도 알 수 없을 것이다.

히틀러의 유서

전세의 역전

히틀러가 동(東)프로이센 쾨니히스베르크에서 남쪽으로 100킬로미터 가량 떨어진 볼프스샨체의 총통 본부에서 철수하여 베를린의 총통관저 지하호로 옮긴 것은 1945년 1월이었다.

베를린의 총통관저 지하호는 동부전선에 가까운 볼프스샨체 본부의 그것처럼 견고하게 만들어지지는 않았던 모양이다. 포탄이 떨어지면 지하호 전체가 대지진을 만난 것처럼 우지끈하는 소리를 냈기 때문에 히틀러는 옆에 있었던 건축기사이자 군수장관인 알베르트 슈페어에게 괜찮을까 하고 자주 물었다고 한다. 슈페어는 이 지하호를 설계한 장본인이었다. 당시에는 폭탄도 차차 대형화되어 한 발에 수 톤까지 나가는 것도 있었으므로 히틀러도 불안을 느꼈을 것이다.

1939년 여름, 폴란드 침공이 시작된 이래 몇 개월 동안은 파죽지세로 진격하는 독일군에게 정면으로 대항하는 적이 없었다. 그러한 독일이 이제 수세에 몰려 목전에 다가온 패배를 각오해야 할 날이 오리라고는 아마도 꿈에도 생각하지 않았던 히틀러는 최전선의 견고한 지하호 따위는 필요가 없다 생각했을지도 모른다.

《유언》의 구술

히틀러의 유언은 모두 18장으로 되어 있다. 1945년 2월 4일에 시작해 26일까지 계속된 뒤 일단 중단되었다가 그 후 35일이라는 공백 기간을 거치고 나서 갑자기 4월 2일에 재개되는데 불과 이 하루만으로 《유언》은 끝나고 있다.

4월 2일, 유언의 마지막 페이지가 보어만의 손으로 타이핑된 지 28일째인 4월 30일에 히틀러는 정식으로 그의 부인이 된 에바 브라운과 함께 자결했다. 그러나 가차 없이 다가오는 죽음을 눈앞에 두고 이제까지와 같은 냉정한 정신적 상황을 유지하면서 유언을 계속 작성해 갈 여유가 3월에 들어서서 과연 히틀러에게 있었을까?

히틀러 자신이나 보어만에게나 유언 작성은 확실히 중요한 과제였을지 모른다. 그러나 유언을 만드는 일만이 두 사람에게 유일한 마지막 작업은 아니었을 것이다. 오히려 히틀러에게는 마지막 순간이 시시각각으로 다가온 지금 긴급히 해결해야 할 중요한 문제는 그 밖에도 산적해 있었을 것이다.

유언은 날짜를 따라 쓰여 있지만 그것은 어디까지나 날짜 그 자체에 대해서만 말할 수 있는 것으로, 앞 날짜와 뒷 날짜 서로 간의 필연적인 관련은 없다. 말하자면 서로 다른 날짜 하나하나가 독립된 한 편(篇)을 이루고 있다. 따라서 각 장이 완결된 한 장이라고 생각해도 될 것이다.

마지막 순간까지 프리드리히 대왕의 유명한 고사를 믿고 틀림없이 그와 같은 기적이 일어나리라 기대하고 독일의 승리를 의심치 않았던 히틀러였으나 1945년 새해를 맞이하자 이제는 그 누구의 눈에도 분명해진 독일 전토를 뒤덮은 패색의 그림자에 히틀러의 신념도 흔들리기 시작한 듯하다.

마침내 동부전선에서 직접 진두지휘를 단념하고 총통 본부를 베를린의 총통관저 지하호로 옮겼으나 이 사실도 그가 받은 충격의 크기를 말해 주고 있다. 여기까지 몰려 그가 후세의 독일인을 위해 '정치적 유언'을 남길 것을 생각했다 해도 결코 부자연스러운 일은 아니다.

참고로 프리드리히 대왕의 유명한 고사는, 이《유언》의 제2장(1945년 2월 6일자) 후반 부분에서 히틀러 자신이 상세히 말하고 있는데, 그것은 이른바 7년전쟁(1756~1763) 때, 프로이센군의 패배로 음독 직전까지 몰린 프리드리히 대왕을 구하고 마침내 프로이센을 승리로 이끈 '기적'에 대한 이야기이다. 그리고 히틀러가 기대했던 그 '기적'은 실제로 일어났다. 그것은 미국 대통령 플랭클린 루스벨트의 갑작스런 죽음이었다.

4월 17일의 일이었다. 지하호의 괴벨스가 마침 프리드리히 대왕의 고사를 꺼내어 히틀러의 기운을 돋우고 있을 때 갑자기 지하호의 전화 하나가 요란스럽게 울렸다. 어떤 예감과 흥분으로 얼굴이 창백해진 괴벨스는 용수철처럼 벌떡 일어나더니 전화로 달려가 수화기를 들었다. 그리고 흥분된 어조로 히틀러에게 큰 소리로 말했다.

"총통! 축하합니다. 운명의 힘은 당신의 최대 적을 해치웠습니다. ……이것

이야말로 브란덴부르크가(家)의 기적이 아니고 무엇이겠습니까. '여제(女帝)'
는 죽었습니다."

선전부에서 걸려온 그 전화는 연합국의 승리를 눈앞에 두고 1945년 4월
12일에 급서한 루스벨트 대통령의 죽음을 알린 전화였다.

그러나 그때는 이미 국제정치의 구조도, 외교 장치도 프리드리히 시대와
는 근본적으로 변하고 있었다. 루스벨트 대통령의 갑작스런 죽음도, 전국(戰
局), 특히 미국의 정책 수행에 아무런 결정적인 영향을 미치는 일 없이 그 정
책은 거의 그대로 트루먼 대통령에게 인계되었다. 그리하여 독일의 결정적인
패배는 더욱더 움직일 수 없는 일이 되었다. 마침내 기적이 되지 못했던 루스
벨트 대통령의 갑작스런 죽음이 루스벨트 대통령이 아니라 히틀러가 한층 증
오의 감정을 품었던 숙적 처칠 영국 수상이었다 해도 결과는 마찬가지였을
것이다.

히틀러의 내면에는 몇 가지, 때로는 심하게 반발하는 모순된 성격이 있었
는데, 평소에는 교묘하게 통제되어 밖으로는 좀처럼 그 정체를 나타내지 않
고 어디까지나 냉철한 합리주의자 아돌프 히틀러를 연출했다. 그런데 다른
한편으로는 이 히틀러가 사실은 미신가라고도 할 수 있는 심정의 소유자로
'기적'을 믿어 의심치 않은 사람이라 들으면 사람들은 그 사실을 도저히 믿지
않았을 것이다. 그러나 이는 히틀러만의 고유한 성질이 아니라, 괴테의 《파우
스트》에 나온 "아, 나의 가슴속에는 두 가지 영혼이 좀먹고 있다"는 말처럼
오히려 독일 국민 전체의 고유한 국민성이라고 할 수 있을지 모른다.

국민의 정신적인 지주여야 할 히틀러 총통 자신이 '기적'을 믿고 그것이 올
것을 대망하고 있었다면 국민 사이에 미신이 퍼져도 이상한 일은 아니다.

두 개의 유언장

히틀러의 소원대로 '여제(루스벨트 대통령)'는 죽었지만 전국(戰局)은 독일
에게 다소라도 유리하게 호전되기는커녕 반대로 악화일로로 치달을 뿐이었
다. 마치 여기에 보조라도 맞추듯 총통관저의 그리 넓지도 않은 지하호 내부
공기는 나날이 무겁게 변해 갔다. 그리고 이것이 히틀러를 비롯하여 지하호
에서 기거하거나 지하호에 출입해 외부와의 연락을 취하고 있는 소수 측근
들을 압살(壓殺)할 정도로 절박하게 되었음은 두말할 필요도 없을 것이다.

4월 17일을 경계로 정국(政局) 또는 전국(戰局)의 만에 하나의 호전에 대한 희망도 완전히 사라지고 말았다.

이날 히틀러는 아직은 베를린에 머물면서 지하호 총통 본부의 히틀러와 끊임없이 접촉을 유지하고 있던 나치당의 고급간부로 경제장관 겸 독일 국립은행 총재인 발터 풍크를 불러서 곧 베를린을 탈출하라고 명령했다.

그리고 그길로 바로 바드 가슈타인(현재는 오스트리아령)으로 가서 거기에 저장해 놓은 금괴를 튀링겐의 암염갱(岩鹽坑)으로 옮기도록 지시했다.

그때 히틀러는 풍크에게 "보어만이 자네에게 어떤 중요한 문서를 맡길 테니 그것을 어딘가 멀리 떨어진 안전한 곳에 보관되도록 수배를 해주기 바란다"고 부탁했다. 풍크 자신도 이 문서가 무엇인가를 이미 알고 있었다.

풍크는 엄중하게 봉인된 한 꾸러미의 문서를 보어만으로부터 받자 소련군에 의한 완전 포위망이 완성되기 직전 무사히 베를린을 탈출하여 바드 가슈타인으로 향했다. 그런데 이 문서야말로 히틀러 《유언》의 독일어 원본, 즉 히틀러가 구술한 내용을 보어만 자신이 충실하게 타이핑한 것이었다.

그로부터 2주일 뒤 4월 30일 오후 3시 30분, 히틀러와 그의 아내 에바(옛날 성은 브라운)는 베를린의 총통관저 지하호에서 자결하여 파란 많은 생애를 마감했다. 히틀러는 7.65밀리 권총을 자기 머리에 쏘았고, 에바는 6.35밀리 권총을 가지고 있었으나 그것을 사용하지 않고 음독 자살했다.

자살 전날, 즉 4월 29일 이른 아침 히틀러와 에바 브라운은 보어만과 괴벨스, 니콜라우스 폰 벨로우(공군 대령, 히틀러의 보좌관) 세 사람을 불러 증인으로서 입회시키고 정식으로 결혼했다. 이 순간부터 에바 브라운은 히틀러라고 성을 바꾸어 정식으로 히틀러의 아내가 되었다. 이 결혼과 관련해서 히틀러는, 화환으로 둘러싼 하켄크로이츠를 독수리가 쥐고 있는 나치 독일의 국장(國章) 아래에 '아돌프 히틀러'의 이름이 인쇄된 정식 용지를 사용해 다음과 같은 유언장을 만들었다.

나의 사적인 유언장

투쟁의 세월이 계속되고 있는 동안에 나는 결혼이라고 하는 책임이 수반된 행위는 할 수 없다고 믿었는데 지금 나는 이 지상에서의 생을 마감함에 있어 그 여성, 즉 오랜 세월에 걸쳐 나에 대한 충실한 우정을 지키고, 스스로 골라서 이미 적의 포위망이 거의 완료된 시내로 잠입하여 그녀의 운명을 나의 운명과 나누려 하는 여성을 아내로 삼음을 결의했다. 그녀는 그녀의 희망에 따라 나의 아내로서 나와 함께 죽는다. 죽음은 우리에게, 국민에 대한 나의 봉사 때문에 우리 두 사람으로부터 빼앗아간 것을 보상해 줄 것이다.

내가 소유하는 것은—그것이 가치 있는 것이라면—당의 것이 된다. 당이 이미 존재하지 않는 경우에는 나라의 것이 된다. 나라도 괴멸해 버리면 나의 그 이상과 같은 결정은 이미 필요가 없다.

오랜 세월에 걸쳐 내가 사 모은 수집품 안에 있는 그림은 결코 사적인 목적을 위해서가 아니라 나의 고향인 도나우강 언저리의 린츠시에 완성되는 화랑을 위해 수집되었다.

이 유산이 그와 같이 유용하게 쓰이기를 나는 충심으로 바라는 바이다.

이 유언장의 집행인으로 나는 나의 가장 충실한 동지인 마르틴 보어만을 임명한다. 그는 모든 결정을 최종적으로, 또한 법적으로 효과적으로 집행하는 권한을 갖는다. 그에게는 개인적인 추억을 위해 가치가 있는 것, 또는 조촐한 시민적 생활을 유지하는 데에 필요한 것을 나의 형제들에게 나누어 주는 일이 허용된다. 마찬가지로 특히 내 아내의 어머니, 그리고 보어만도 잘 알고 있는 비서들, 여성 비서들, 즉 여러 해에 걸쳐 나를 위해 봉사해 준 윈터 부인이나 그 밖의 사람들에게 나누어 주는 일도.

나와 나의 아내는 도망 또는 항복의 굴욕으로부터 벗어나기 위해 죽음을 택한다. 우리 두 사람의 결의는, 내가 국민에게 봉사한 12년 동안 매일 하는 일의 가장 많은 부분을 수행한 그 장소에서 유체가 바로 불태워지는 일이다.

1945년 4월 29일 (오전) 4시

아돌프 히틀러

증인으로서

마르틴 보어만

괴벨스 박사

증인으로서

니콜라우스 폰 벨로우

이 '나의 사적인 유언장' 외에 히틀러는 또 한 통, 제1부와 제2부로 이루어진 정식 '나의 정치적 유언'을 남기고 있다. 이 두 통이 히틀러 자신이 정식 절차를 밟아서 '유언장'으로서 작성한 문서의 전부이다. 다음에 후자, 즉 '나의 정치적 유언장'의 전문을 소개하는데, 참고로 이때 사용된 용지는 '나의 사적인 유언장' 때와 똑같다.

나의 정치적 유언장 [제1부]

1914년, 라이히(통일국가로서의 독일에만 사용되는 정식 명칭)에 대해서 저질러진 제1차 세계대전에서 나는 지원병으로서 미력을 다했는데 그 이래 어느덧 30년이란 세월이 흘렀다.

이 30년 동안 나의 생각, 행동 및 모든 생활에서 나를 움직여 온 것은 나의 국민에 대한 사랑과 충성뿐이었다. 이 사랑과 충성이, 이제까지 그 어떤 산 자에게도 요구되지 않았던 중대한 결정을 내리는 힘을 내게 부여해 주었다. 나는, 나의 시간, 나의 심신 및 나의 건강을 지난 30년 동안 모두 다 써버렸다.

나 또는 다른 독일의 누군가가 1939년에 그 전쟁을 원했다는 것은 옳은 말이 아니다. 그 전쟁은 오직 저 국제적 정치가들, 즉 자기 자신이 유대계이거나 또는 유대인의 이익을 위해 일을 하던 국제적 정치가들에 의해 야기된 것이다.

나는 군비의 제한 및 군축에 대해 지나치게 많을 정도의 제안을 해왔기 때문에, 후세 사람들은 그 제안을 언제까지나 간과한 채로 이 전쟁의 책임을 내게 돌릴 수는 없을 것이다. 또, 나는 불행한 제1차 세계대전 후에 영국에 대해서, 하물며 미국에 대해서 제2차 세계대전이 일어날 것을 바란 적은 결코 없다.

몇 세기가 지나도, 우리의 도시나 예술적인 기념 건조물의 폐허로부터는 우리에게 잊을 수 없는 전쟁의 모든 것에 대해서 궁극적인 책임을 져야 할 민족에 대한 증오가 항상 새롭게 생길 것이다. 국제 유대 민족과 그것에 협력한 국민에 대한 증오가!

나는 독일·폴란드 전쟁이 시작되기 3일 전에 베를린 주재 영국대사에 대해서 독일·폴란드 문제의 한 해결책을 제안했다─자르 지방을 국제적인 관리하에 두는 해결책 같은. 이번 제안도 간단하게 일축할 수 있는 것이 아니다. 부적당하다는 말로 그 제안은 채택되지 않았으나 그 이유는 영국 정치의 주도권을 쥐고 있는 그룹이 전쟁을 원했기 때문이며, 그것은 전쟁이 이익이 될 것이라 기대했기 때문이고, 다른 한편으로는 국제적인 유대인 집단에 의한 선전 선동을 받았기 때문이었다.

그러나 만약에 유럽의 여러 민족이, 다시 이 돈과 금융 음모가들의 주식 거래의 수단으로밖에 간주되지 않을 때에는, 그때야말로 이 살인적인 항쟁에서 본디 책임자인 그 민족도 함께 책임을 추궁당하게 될 것이다. 즉 유대 민족도!

나는 이 점에 대해서는 아무런 의문의 여지를 남기지 않는다. 나는 다시, 이 전쟁에서는 수백만 명의 성인 남자들이 싸움터에서 죽음을 겪을 뿐 아니라, 도시에서는 수십만 명에 이르는 여자나 어린아이들이 타 죽거나 폭탄으로 살해됨에도 불구하고, 그 책임을 져야 할 자(유대인)가, 비록 인간적인 수단을 사용한다 해도, 자기 책임을 보상하지 않고 있는 점에 대해서도 누구나 이를 분명히 알 수 있도록 해왔다.

6년 동안 계속된 이 전쟁은, 수많은 패배에도 불구하고 어느 날엔가 한 민족의 생명력이 가장 영광에 찬, 그리고 가장 용감한 증거로서 역사에 기록될 것이지만, 나는 전쟁이 끝나도 라이히의 수도인 이 땅과 결별할 수 없다. 그러나 어디까지나 이 땅에 남아서 적의 맹공에 대해서 항전을 계속해 가기 위해서는, 우리 세력은 너무나 작고, 더욱이 우리 쪽 저항은 적의 힘에 현혹되거나 절조를 잃은 분자에 의해서 서서히 무력화되고 있기 때문에, 나는 어디까지나 이 베를린에 남아서, 나의 운명을, 수백만 명의 다른 사람들이 스스로 고른 운명과 함께 나누고자 한다. 그 밖에도 나는 선동된 군중을 기쁘게 하기 위해 유대인에 의해 연출된 새로운 흥행물을 필요로 하는 적의 수중에 들어가고 싶지 않다.

그렇기 때문에 나는 베를린에 머물러, 총통 및 수상의 자리조차도 유지할 수 없다고 확신했을 때, 이 장소에서 자발적으로 죽음을 선택할 결심을 했다. 나는 전선의 우리 병사들, 집에 남은 여자들의 헤아릴 수 없는 행동이나 공적, 우리 농민이나 노동자 여러분이나, 역사상 달리 그 예를 볼 수 없는 청소년들, 나의 이름을 붙인 히틀러 유겐트의 헌신―이들 행동이나 공적을 나는 잘 알고 있다—을 보면서 기쁨에 찬 마음으로 죽는다.

내가 여러분의 모든 것에 대해서, 나의 충심으로부터 감사의 마음을 표명함은 당연한 일이지만, 동시에 나의 소원은, 그것 때문에 여러분은 어떠한 일이 있더라도 이 투쟁을 포기하지 말아달라는 점이다. 포기하지 않고, 언제 어떠한 곳에 있든 간에, 조국의 적에 대한 이 투쟁을 계속해 주기 바란다. 위대한 클라우제비츠의 신조를 지켜서 우리 병사의 희생과, 죽음에 이르기까지도 맺어진 나와 병사들의 연대 안에서 어느 날엔가 독일의 역사에서 그 씨앗이 싹트고 국가사회주의 운동의 빛나는 재생이 시작되어 그에 따라 참다운 민족협동체가 실현될 것이다.

가장 용감한 많은 남성 및 여성들은 마지막까지 생사를 같이할 각오를 하고 있었다. 나는 그들에 대해서 그런 일을 하지 말고 앞으로의 싸움에 참가해 주도록 부탁했으나 들어주지 않아서 마침내 그것을 명령했다. 육군, 해군 및 공군의 지휘관들에 대해서 나는 최후의 수단을 써서 우리 병사들의 항전정신을 국가사회주의 정신에 따라 강화함과 동시에, 그 경우 특히 나 자신이 이 운동의 창설자로서, 비겁한 도망보다도, 하물며 항복보다도 죽음을 선택한 점을 잊지 말기를 바란다.

지금 말한 것은 우리 해군에서 이미 실제로 이루어진 일이지만—한 지방 또는 한 도시라도 적에 인도한다는 것은 불가능하다는 것, 그리고 특히 지휘관 되는 사람은 이와 같은 경우 뛰어난 모범이 되어 선두에 서서 죽음에 이르기까지 충실하게 의무를 수행할 것—이러한 생각이 앞으로 독일 장교의 명예에 관한 견해가 되기를 바란다.

정치적 유언장 [제2부]

나는 나의 죽음 직전에, 전 라이히 원수 헤르만 괴링을 당에서 추방함과 동시에, 1941년 6월 29일자의 고시 및 1939년 9월 1일자의 국회에서 행해진 나의 성명에서 생길 수 있는 일체의 권한을 그로부터 박탈한다. 나는 그 대신에 되니츠 원수를 라이히 대통령 및 국방군 최고사령관에 임명한다.

나는 내가 죽기 전에 친위대(SS)의 전 라이히 지도자로 내무장관 하인리히 힘러를 당과 국가의 일체 역직으로부터 추방한다. 나는 그 대신 대관구 지도자 칼 항케를 SS의 라이히 지도자 및 독일 경찰장관으로, 그리고 대관구 지도자 파울 기슬러를 내무장관으로 각각 임명한다.

괴링과 힘러는 내가 모르는 동안에, 더욱이 나의 의지에 위배하여 적과 은밀히 교섭했음과 동시에, 위법하게도 국가권력의 사유화를 시도함으로써 나라와 국민에 대해 헤아릴 수 없는 손해를 끼쳤다―나라는 인간에 대한 충성심의 결여를 전적으로 도외시한다 하더라도.

이 전쟁을 모든 수단을 다해서 계속하고자 하는 의무에 불타고, 명예를 중요시하는 사람들에 의해 구성된 정부를 독일 국민을 위해 만들 목적으로 나는 국민의 총통으로서 다음과 같은 사람들을 새로운 내각으로 임명한다. 라이히 대통령=되니츠, 라이히 재상=괴벨스, 당 장관=보어만, 외무장관=자이스잉크바르트, 내무장관=대관구 지도자 기슬러, 군사장관=되니츠, 육군 최고사령관=쇠르너, 해군 최고사령관=되니츠, 공군 최고사령관=그라임, SS라이히 지도자 겸 독일 경찰장관=대관구 지도자 항케, 경제장관=풍크, 농업장관=바케, 사법장관=티라크, 문화장관=쉘 박사, 선전장관=나우만 박사, 재무장관=슈베린 폰 크로지크, 노동장관=후파우어 박사, 군수장관=자우어, 독일 노동전선장관 겸 내각각료=라이 박사.

이들 멤버 중에서 마르틴 보어만, 괴벨스 박사 등 몇 사람은 그들 아내와 함께 자발적으로 와서 어떠한 일이 있더라도 수도를 떠날 의사가 없음을, 오히려 나와 함께 죽을 각오가 되어 있다고까지 말해 주었는데, 나는 그들에 대해서 나의 요망에 귀를 기울여 주었으면 한다. 그리고 지금의 경우에는, 국민 전체의 이익을 그들 개인적 감정에 우선 시켜달라고 부탁하지 않으면 안 된다. 그들은 그들의 일과 성실성으로 인해 내가 죽은 후에도 좋은 반려자로서 내 옆에 있을 것이다. 마치 나의 정신이 그들과 함께 있어서 항상 그들을 이끄는 일이 나의 소원인 것처럼. 그들이 타협을 허용하지 않는 사람이기를 바란다. 그러나 만에 하나라도 잘못이 없도록, 특히 행동할 때 공포심에 지는 일이 없이, 이 지상의 그 어떠한 것보다도 국민의 명예를 우선시해 줄 것을 바란다.

마지막으로 그들이 무슨 일이 있든 의식해 주기를 바라는 일, 그것은 국가 사회주의에 의해 수립되는 나라의 완성이라고 하는 우리의 사명은, 앞으로 여러 세기에 걸친 일을 의미함과 동시에, 이 일은 각자에게 항상 전체의 이익에 봉사함과 동시에, 이 이익에 대해서는 저마다 자기의 손득(損得)이라는 생각을 버릴 것을 의무지우고 있다. 모든 독일인, 모든 국가사회주의자들, 남자 및 여자들, 그리고 국방군의 모든 병사들에 대해서, 나는 그들이 새로운 전부 및 그 대통령에 대해서 죽음에 이르기까지 충실하고 그 명령에 따라줄 것을 강력히 요구한다.

특히 나는 국민을 지도하는 사람들과 그 지도하에 있는 사람들에 대해서, 인종법의 엄밀한 준수 및 세계의 모든 국민에 대해 해독을 끼치고 있는 것, 즉 국제적인 유대인 집단에 대한 가차 없는 저항을 계속할 것을 의무지우는 바이다.

1945년 4월 29일 (오전) 4시, 베를린에서 작성

아돌프 히틀러

증인으로서
요제프 괴벨스 박사
마르틴 보어만

빌헬름 부르크도르프(육군 대장, 히틀러의 수석 보좌관)
한스 크렙스(육군 중장, 히틀러의 보좌관)

유언의 행방

베를린의 지하호에서 어떤 임무의 지시를 받으면서 중요한 서류가 든 꾸러미가 맡겨진 발터 풍크는 그 꾸러미를 몸에 지닌 채 베를린에서 무사히 탈출했다. 그것은 히틀러 부부가 지하호에서 자살하기 며칠 전의 일이었다.

베를린으로부터의 탈출에 성공한 풍크는 그길로 바드 가슈타인에 있는 친한 공증인에게도 가서 베를린 탈출 이래 한시도 몸에서 떼어놓지 않았던 문서 꾸러미를 그 공증인에게 안전하게 보관해 달라고 부탁했다. 이로써 풍크가 히틀러와 보어만으로부터 위임받은 임무는 일단 끝난 셈이다.

그러나 풍크는 그 후 얼마 안 되어 서방측 연합군에 체포되어 전쟁 범죄에 가담한 죄로 수감되었다. 수감 중에도 그는 문서 꾸러미가 신경 쓰였다. 만일 그 문서 꾸러미가 전승국의 손에 들어가 개봉되어 그 내용의 일부분으로 자기에게 불리한 점이 있을 경우 전범으로서의 죄는 더 무거워질지도 모른다.

이렇게 생각하니 그는 안절부절못했다. 가장 좋은 방법은 그 문서를 공증인으로부터 회수해 한시라도 빨리 불태워 없애는 일이라고 풍크는 생각했다.

이윽고 그는 감옥 안에서 외부와의 연락을 취하는 데에 성공했다. 그는 전부터 친하게 지냈던 친구 한스 레헨베르크를 불러 감옥 면회실에서 만났다. 레헨베르크는 나치 정부에서 상당한 고관으로 있으면서 처음에는 헤르만 괴링 아래에서, 그 후는 발터 풍크 밑에서 일을 한 사람이었다.

풍크는 레헨베르크에게 자기 대신 바드 가슈타인에게 가서 공증인에게 맡겨놓은 문서 꾸러미를 받아서, 그중 두서너 가지의 아주 사적인 서류만을 제외하고 그 밖의 문서는 모두 소각해 달라고 부탁했다. 이 '그 밖의 문서' 안에는 히틀러의 유언이 들어 있었는데, 풍크 자신은 이미 그것을 알고 있었다. 보어만 자신은 문서 꾸러미의 알맹이에 대해서는 아무 말도 하지 않았다.

풍크의 위임장을 가진 레헨베르크가 바드 가슈타인으로 가서 공증인에게 문서 꾸러미를 받아 그의 지시대로 불태우려고 무심코 그 내용을 보았을 때 레헨베르크는 숨이 막힐 정도로 놀랐다. 그는 그 문서가 히틀러의 정치적 유언이라고 하는 것은 이미 알고 있었으나, 기왕 불태울 것이라면 천천히 읽어볼 생각으로 페이지를 넘기는 동안에 그 유언 전체가 예사로운 게 아니라는 것을 알았기 때문이다.

그것은 말하자면 죽음을 눈앞에 둔 히틀러 총통의 마지막 정치적 독백이었으며, 만약에 이대로의 형태로 후세에 전할 수 있다면 그 역사적 가치는 이루 말할 수 없이 크다는 것을 레헨베르크는 분명히 알았다. 풍크의 지시대로 소각해 버리는 것이 좋은가, 그렇지 않으면 그 어떤 방책을 연구해서 원문 그대로의 형태로 후세에 전할 것인가, 레헨베르크는 고민을 한 끝에 마침내 하나의 타협책을 생각해 냈다.

그것은, 먼저 보어만의 손으로 타이핑된 히틀러의 《유언》을 정확하고 완전한 복사본을 만들고 나서 이 복사본만을 남기고 《유언》의 원본은 소각한다는 방법이었다. 이 방법은 고육지책이었는지 모르지만 진정한 의미에서의 타협안이라고 할 수 있는지의 여부는 의문이다. 그러나 아무리 생각해 보아도 레헨베르크에게는 이보다 더 좋은 방법은 떠오르지 않았다.

레헨베르크가 고육지책으로 생각해 낸 이 타협책이 언제까지나 풍크에게 비밀로 될 수는 없었다. 수년 후, 풍크가 베를린 교외의 감옥에서 나와—그는 뉘른베르크의 군사재판 결과, 종신형을 선고받고 슈판다우 감옥에 투옥되었으나 병이 악화되었기 때문에 조기 석방되었다—처음으로 《유언》을 둘러싼 진실을 들었을 때 레헨베르크에 대해서 노골적인 불쾌감을 나타냈다. 분명히 그것은 상사의 엄중한 지시에 대한 명백한 위반이었다. 이미 말한 바와 같이 제3라이히 시대에 풍크는 레헨베르크의 상사였다. 그러나 결국 풍크 자신도 《유언》이 지니는 무엇과도 바꿀 수 없는 역사적 가치를 인정하여 레헨베르크가 후세를 위해 꾀했던 기성사실을 추인할 수밖에 없었다.

풍크는 이 《유언》 문제로 자기(풍크)가 다한 역할을 표면에 나타내지 않는다는 조건으로 레헨베르크가 취한 조치를 양해했다. 따라서 1959년에 처음으로 간행된 《유언》의 영역본에서는 트레버 로퍼가 쓴 '해설' 안에서 발터 풍크의 실명도 그의 진짜 직함(역직)도 숨겨져 '나치당의 어느 고급간부'라고만 되어 있을 뿐이다. 그리고 한스 레헨베르크에 대해서도 풍크와 마찬가지 조치가 취해졌다. 이 두 사람의 애초 나치당 고급간부의 이름과 당시의 역직이 공표된 것은 1981년에 본국인 독일에서 처음으로 출판된 독일어판, 즉 《유언》의 원본에서였다.

1959년이라고 하면 히틀러가 죽은 지 이미 14년이 지났다고는 하지만 당시는 아직 제2차 세계대전의 후유증이 여러 형태로 남아 있어서, 특히 당 고급간부였던 사람의 경우, 본명이나 역직이 공표되면 본인에게 여러 가지로 불편이 생겼을 것이다.

그런데 레헨베르크는 군적을 가지고 있었던 때에는 아프리카 전선에서 랑케 소장 휘하의 낙하산 부대에 속해 있었으나 전쟁이 끝난 후에는 뉘른베르크의 나치 전범재판에서 변호인 측 보좌역으로 활약하고 있었다. 그사이 레헨베르크는 뉘른베르크 감옥으로 자주 풍크를 방문해서 그를 위해서 할 수 있는 일이 있으면 무엇이든 노력을 하고 싶다고 제의했다.

이윽고 풍크는 전범재판에서 형이 확정되어 뉘른베르크의 감옥에서 베를린 교외의 슈판다우 감옥으로 이송되었다. 그리고 나서 수년 뒤에 풍크는 병 때문에 조기에 석방되었다는 사실은 앞서 말한 대로이지만, 그의 이 조기 석방에는 레헨베르크의 남다른 노력이 적지 않게 작용했다.

또 레헨베르크는 아프리카에서 그가 종군 중에 소속하고 있던 부대의 최고지휘관이었던 랑케 소장의 신상에 대해서도 음으로 양으로 노력했다. 이

때 레헨베르크는 은행가이자 출판업자인 프랑스계 스위스인 프랑수아 제노 씨와 알게 되었다. 제노 씨는, 역시 스위스인으로 의사로서 이름이 높았던 뉴 한스 교수와 함께 프랑스군의 포로가 되었던 독일인 장교나 병사들을 잘 돌보고 있던 사람이다.

이러한 우정을 바탕으로 하여 레헨베르크와 제노 씨 사이의 교제는 차차 친밀의 정도를 더해 가서 이윽고 레헨베르크는 평소에 복사본으로 소중하게 보존하고 있던 히틀러의 '유언'을 제노 씨에게 맡기기로 했다.

이전에 나치당의 고급간부(풍크)와 조금 친한 사이였던 나치당 관계자 독일인(레헨베르크)이 히틀러의 '유언'을 소중하게 보존하고 있다는 사실이 알려지면 레헨베르크에 대해서 본의 아닌 혐의가 주어질지도 모른다. 그보다는 중립국 국민으로, 전승국 쪽에도 얼굴이 통하고 더욱이 독일인을 잘 이해하고 믿을 수 있는 이 스위스인에게 맡겨두는 편이 훨씬 안전하리라는 배려가 레헨베르크에게는 있었을 것이다.

현재로는 《유언》의 사실상의 판권도 그 밖의 공표 등에 관한 일체의 권리도 모두 제노 씨가 독점하고 있는 듯하다.

공표된 유언

제노 씨가 레헨베르크에게 받은 18장의 《유언》이 전후 처음으로 공표된 것은, 지금으로부터 30년 전인 1959년의 일인데, 이때에는 왜 그런지 프랑스어와 영어 번역판으로 출간되었을 뿐 중요한 독일어판으로는 간행되지 않았다. 온 세계의 히틀러 연구가나 역사가가 대망하고 있던 독일어로 된 원본이 마침내 출판된 것은 그로부터 다시 22년이 지난 1981년의 일이었다.

1960년대 첫 무렵부터 독일에서는 다시 나치즘의 발소리가 희미하게 들려오기 시작했다. 그리고 마치 이 조류에 호응이라도 하듯이 몇 가지 네오나치 정당도 대두되었다. 이 세력은 미미했으나 히틀러와 그의 나치스에 혼이 났던 유럽 각국은 지나칠 만큼 예민하게 반응하여, 독일의 정치와 사회적 풍토에 대한 불신감은 갑자기 커졌다. 그리고 '독일에 대두된 네오나치즘'에 대한 경계의 목소리는 마침내 국제 여론을 뒤흔들게 되었다.

'네오나치당'이라고 하는 이름으로 불린 극우정당 중에서도 최대의 당 조직을 가지고 지방선거를 위해 착실하게 당세를 신장시키고 있었던 것은 1964

년에 탄생하여 폰 타덴을 당수로 받드는 '국가민주당'(약칭 NPD)으로 이의 눈부신 지방의회 진출로 한때는 연방의회에서 의석 획득도 임박했다는 소문이 나돌 정도였다. 그러나 이 NPD도 1960년대 후반에 이르러 나라 안팎의 비판적인 여론의 목소리가 높아지자 브레이크가 걸려 대망의 연방의회 진출은 끝내 실현되지 않았다.

참고로 이 NPD는 현재도 건재하여 각 지방선거를 비롯하여 연방의회 선거 때마다 비교적 착실한 활동을 하고 있는데, 영향력은 그다지 크지 않다.

이와 같이 1960년대 초에 일어난 독일의 네오나치즘 대두에 대한 유럽 여러 나라의 경계가 너무 컸음이 《유언》의 독일어 원본 간행을 대폭 늦어지게 한 원인이 되었을 것이다. 독일에서의 네오나치즘 대두에 대한 유럽 여러 나라의 비판과 비난 와중에 하필이면 히틀러의 《유언》을 간행함은 그야말로 불에 기름을 붓는 일이 되었을 것이다.

다른 나라 언어로부터의 중역(重譯)이 아니라 히틀러 모국어에 의한 전 18장의 《유언》은 1981년에 초판 5000부가 나오자 바로 절판이 되어 사실상의 발행 금지와 같은 취급을 받았다. 이 원본이 독일에서 처음으로 간행된 1981년 4월 21일에 UPI 통신이 본에서 전해 온 다음과 같은 정치적 사정이 그 가장 큰 원인이 되었을 것이다.

네오나치의 대두를 두려워하는 독일에서 이윽고 히틀러의 《나의 투쟁》의 출판 및 발매금지 조치가 취해졌다.

슘데 법무장관이 21일 밝힌 바에 의하면 현재의 나치활동금지법에는 함정이 있기 때문에 독일 민족의 우월론을 주장하는 이 책의 발매는 위법은 아니다. 그러나 곧 의회에 제출될 새로운 반(反)네오나치활동법에서는 네오나치의 선전뿐 아니라 역사서를 가장한 낡은 나치의 선전문서 출판도 금지된다.

히틀러 연보

<table>
<tr><td>1889년</td><td>4월 20일, 오스트리아 인강 근처의 브라우나우에서, 세무공무원인 알로이스 히틀러와 클라라 필출 사이의 넷째아들로 태어남.</td></tr>
<tr><td>1894년(5세)</td><td>린츠로 이사함. 1895년 아버지가 퇴직한 뒤 97년까지 람바흐 근교 하펠트에서 살았음.</td></tr>
<tr><td>1895년(6세)</td><td>피슐람에 있는 초등학교에 입학, 1896년까지 다님.</td></tr>
<tr><td>1896년(7세)</td><td>베네딕트회의 람바흐 수도원학교 2학년에 다니며, 수도원 소년합창단 성가대원으로 활동함.</td></tr>
<tr><td>1899년(10세)</td><td>초등학교 4학년을 중퇴하고 김나지움에 입학함.</td></tr>
<tr><td>1901년(12세)</td><td>린츠 실업학교에 입학함.</td></tr>
<tr><td>1903년(14세)</td><td>아버지 세상을 떠남. 비로소 어머니로부터 미술학교 입학 허락을 받음.</td></tr>
<tr><td>1907년(18세)</td><td>9월에 빈으로 가서 미술대학에 지원했으나 실패함. 어머니 세상을 떠남. 이때부터 자립생활이 시작됨.</td></tr>
<tr><td>1908년(19세)</td><td>빈에서 날품팔이 노동자로 전락하여, 무료숙박소에서 나날을 보내며 하층사회의 쓴맛을 경험함. 그간 하층 중산계급 출신자들이 나타낸 대독일 민족주의자의 처지가 되어 노동조합을 동원, 마르크시즘과 대립된 반시오니즘 운동을 지지함.</td></tr>
<tr><td>1912년(23세)</td><td>독일 뮌헨으로 거처를 옮김. 그러나 여전히 빈곤한 화가생활을 벗어나지 못함.</td></tr>
<tr><td>1914년(25세)</td><td>8월에 제1차 세계대전 발발. 바이에른 예비보병 제16연대에 입대하여 참전함. 10월 21일 첫 전투에 참가한 이래 서부전선에서 두 차례 부상을 입음.</td></tr>
<tr><td>1918년(29세)</td><td>휴전과 더불어 독일혁명 때 육군병원에 입원하고 있었으나, 혁명 동란기에는 뮌헨에서 사령부 보충대대 교화반 사관이 되어 병사</td></tr>
</table>

의 국수주의적 재교육 및 각종 정치집회 조사를 명령받음.

1919년(30세) 9월 독일노동자당(나치스의 전신)에 입당함.

1920년(31세) 노동자당의 세력을 확대, 나치스의 창립자 겸 조직자가 됨.

1921년(32세) 나치스의 당수가 됨. 군부 및 자본가로부터 지지를 얻어 나치스
의 자금과 조직을 완전히 지배함. 나치스를 군대화하고 돌격대
(SA), 친위대(SS)를 조직함.

1923년(34세) 인플레이션과 프랑스군 루르 점령의 혼란기에 나치스의 세력을
크게 확대함. 중산계급과 농민, 지식인, 프롤레타리아가 나치스를
지지함. 11월 뮌헨 폭동을 일으켜 바이마르공화정을 무너뜨리려
했으나, 왕당과 군부의 반대로 실패함.

1924년(35세) 4월 란츠베르크 감옥에 수감됨. 옥중에서 《나의 투쟁》(1925~26)
집필함. 12월 석방됨.

1925년(36세) 2월에 나치스를 재건하여, 의회운동을 중시하는 합법주의로 대
중운동을 벌임.

1929년(40세) 공산당의 진출을 두려워하는 군부·대자본가·중산계급의 지지를
받아 나치스의 세력을 확대함. 비행기로 전국을 돌며 유세하여,
무책임한 애국적 발언과 사회주의적 공약으로 젊은이와 부녀자
의 열광적인 지지를 얻음.

1932년(43세) 나치스가 국민의회에서 제1당이 됨.

1933년(44세) 1월에 총리로 취임함. 히틀러 내각 성립. 공산당을 탄압하는 한편
의회의 전권위임법을 가결하여 일당 독재를 수립함.

1934년(45세) 대통령 힌덴부르크가 세상을 떠나자, 총리가 대통령 지위를 겸한
총통 자리에 오름. 6월에 돌격대 우두머리인 룀을 처형함. 자신을
견제할 만한 당내 지도자가 모두 사라진 뒤에 게슈타포 조직을
통해 독재권을 강화함.

1936년(47세) 제2차 4개년계획을 강행하여 준전시 경제체제를 확립함.

1938년(49세) 2월에는 정계와 군수뇌부 숙청 단행, 합리파 및 온건파를 모두
추방함. 전시체제 확립과 더불어 군수품 생산에 주력함.

1939년(50세) 9월에 자본가와 군부 내 온건파의 반대를 묵살하고, 선전포고도
없이 폴란드를 침공함으로써 제2차 세계대전을 일으킴.

1941년(52세) 6월 바르바로사 작전으로 소련을 침공, 10월에 모스크바 인근까지 이르렀으나 매서운 추위와 소련군의 반격으로 패배함. 서부전선과 아프리카에서도 연합국의 압박이 거세짐.

1944년(55세) 6월 연합군의 노르망디 상륙작전 성공으로 북부전선이 무너지고, 독일군의 패색이 짙어짐.

9월 20일에 히틀러 암살미수 사건이 일어남.

1945년(56세) 베를린 함락 직전인 4월 30일, 절망한 히틀러는 베를린 총통관저 지하실에서 전날(4월 29일) 결혼한 비서 에바 브라운과 권총자살함.

황성모(黃性模)

서울대학교 사회학과를 졸업하다. 독일 홈볼트재단 후원으로 괴테학원·뮌헨대학교·함부르크대학교·뮌스터대학교에서 사회학을 연구하다. 뮌스터대학교에서 철학박사 학위를 받다. 서울대학교 사회학과 교수를 지내다. 중앙일보 부설 동서문제연구소 소장을 역임하다. 지은책에《일반사회학》《중국공업노동자의 사회의식》《한국공업노동자의 사회학적 분석》등이 있고, 옮긴책에 히틀러《나의 투쟁》등이 있다.

World Book 236
Adolf Hitler
MEIN KAMPF
나의 투쟁
아돌프 히틀러/황성모 옮김
1판 1쇄 발행/2014. 9. 1
1판 8쇄 발행/2024. 7. 1
발행인 고윤주
발행처 동서문화사
창업 1956. 12. 12. 등록 16-3799
서울 중구 마른내로 144 동서빌딩 3층
☎ 546-0331~2 Fax. 545-0331
www.dongsuhbook.com
잘못된 책은 구입하신 곳에서 바꾸어드립니다.
＊
이 책의 출판권은 동서문화사가 소유합니다.
의장권 제호권 편집권은 저작권법에 의해 보호 받는 출판물이므로
무단전재와 무단복제를 금합니다.
사업자등록번호 211-87-75330
ISBN 978-89-497-0832-4 04080
ISBN 978-89-497-0382-4 (세트)